衡 阳 市 人 民 政 府 主 办
衡阳市地方志编纂委员会办公室编

# 衡陽年鑑

# 2016

方志出版社
Publishing House of Local Records

图书在版编目（CIP）数据

衡阳年鉴．2016/衡阳市地方志编纂委员会办公室编．—北京：方志出版社，2016.11
ISBN 978-7-5144-2169-9

Ⅰ．①衡⋯ Ⅱ．①衡⋯ Ⅲ．①衡阳—2016—年鉴
Ⅳ．①Z526.43

中国版本图书馆 CIP 数据核字（2016）第 259657 号

---

**衡阳年鉴（2016）**

**编　　者**：衡阳市地方志编纂委员会办公室
**责任编辑**：顾　洁

**出 版 人**：冀祥德
**出 版 者**：方志出版社
地址　北京市朝阳区潘家园东里 9 号（国家方志馆 4 层）
邮编　100021
网址　http：//www.fzph.org
**发　　行**：方志出版社发行中心
电话（010）67110500
**经　　销**：各地新华书店
**印　　刷**：衡阳顺地印务有限公司

**开　　本**：787×1092　1/16
**印　　张**：39.5
**字　　数**：1138 千
**版　　次**：2016 年 11 月第 1 版　2016 年 11 月第 1 次印刷
**印　　数**：0001～2000 册

**ISBN** 978-7-5144-2169-9　**定价**：320.00 元

# 《衡阳年鉴》编辑委员会

| | |
|---|---|
| 蒋勋伟 | 衡阳市文体广电新闻出版局（版权局）局长 |
| 周小风 | 衡阳市民政局局长 |
| 陈　淼 | 衡阳市统计局局长 |
| 谭春兰 | 衡阳市档案局局长 |
| 周美好 | 中共衡阳市委党史研究室主任 |
| 蒋宏来 | 中共衡阳市委保密办公室（市保密局）主任（局长） |
| 李　军 | 中共衡南县委副书记、县人民政府县长 |
| 孙鹏伟 | 中共衡阳县委副书记、县人民政府县长 |
| 蒋　青 | 中共衡山县委副书记、县人民政府县长 |
| 徐志毅 | 中共衡东县委副书记、县人民政府县长 |
| 胡果雄 | 中共祁东县委副书记、县人民政府县长 |
| 吴岳胜 | 中共常宁市委副书记、市人民政府市长 |
| 李向阳 | 中共耒阳市委副书记、市人民政府代理市长 |
| 王　燕 | 中共南岳区委副书记、区人民政府区长 |
| 何子君 | 中共雁峰区委副书记、区人民政府区长 |
| 刘　浪 | 中共石鼓区委副书记、区人民政府区长 |
| 刘桢干 | 中共珠晖区委副书记、区人民政府区长 |
| 袁谷平 | 中共蒸湘区委副书记、区人民政府区长 |
| 杨伟东 | 衡阳市地方志编纂委员会办公室主任 |
| 肖　泓 | 衡阳市地方志编纂委员会办公室副主任 |

# 《衡阳年鉴》编辑部

主　　编　杨伟东

副 主 编　肖　泓（执行）　蒋大英

编　　辑　曾士青　陈　俊　李旭东　周嘉晖　郭　琦　熊　雯　申沁生

编　　务　张艳辉　胡东捷　陈怡静　阳　敏　陈　胜　祝胜强

# 《衡阳年鉴》2016年卷总撰稿人

（按姓氏笔画顺序排列）

市直单位　马浩铭　王　帆　王　亮　王　威　王灵芝　王　磊　王孟戈　王军云　王国朝　王凌云　王雄军　毛增禄　文新华　文杨晓　尹建恒　孙　浩　孙腾飞　邓石成　邓亚楠　邓翠婷　孔邯郸　卢　霞　冯　栋　伍凌波　任新宇　全志军　刘　凡　刘　全　刘　轲　刘　蓓　刘　毓　刘小云　刘吉锐　刘良平　刘建国　刘春峰　刘景行　刘雪芬　刘辉辉　刘蔚玮　刘黎红　杨　帆　杨　纯　杨祚唐　李　沛　李　政　李　湘　李文杰　李文涛　李优生　李兴隆　李育建　李国栋　李育蓓　李顺立　李跃钧　严海山　肖　孝　肖东庚　肖恒兵　肖振兴　旷碧峰　吴　钊　何　雄　何少吉　何宏伟　何佳瓅　何荣芝　何继伟　何晓钦　何谦礼　邱运鹏　谷仍贤　谷德良　邹　琰　邹东亮　宋奕宏　张子良

张艺于　张新宇　张婉瑶　陆　璐　陆政伦　陈　云
陈　洁　陈　科　陈　艳　陈　清　陈　涛　陈　静
陈　燕　陈洪任　陈志鹏　陈栖梧　陈铭浩　陈智慧
林　强　易　伟　易　芳　罗　玫　罗　辉　罗秀广
周　龙　周　林　周　雪　周乐天　周立平　周叶华
周仲辉　周智毅　郑　果　胡玉苗　胡革立　胡高培
赵　俊　赵利民　钟　辉　段文西　段安圭　段海文
贺广清　贺仕阳　贺国庆　秦　斌　袁　燕　夏平平
徐佳琳　般秀成　高　莹　高尚海　高福生　唐　笑
唐　莉　唐　鹏　唐　薇　唐东荣　唐宁琪　唐华明
唐志军　涂闻卿　宾　丹　宾金琳　黄　俊　黄　彪
黄　鹏　黄舜梅　彭　超　彭亚琼　彭隽华　蒋　鹏
蒋宏伟　湛玉平　曾静静　曾德伟　谢　扬　谢　青
谢水长　谢志纯　谢湘俊　詹剑平　廖文基　廖芬良
廖章立　廖朝华　蔡小志　雷欣雨　谭　娟　谭文兵
谭建林　谭晓华　滕　洁　颜娟华　戴佳兵　魏　英

县市区

仇　琼　刘中芳　李　乐　李云志　李新华　吴　豪
阳美丽　罗红宇　胡英武　胡青燕　贺文君　徐文成
宾科鹏　曹启文　蒋　艳　蒋后园　蒋志辉

# 编辑说明

一、《衡阳年鉴》是由衡阳市人民政府主办、衡阳市地方志编纂委员会办公室编辑的综合性地方年鉴，系统记述衡阳市上一年度自然、政治、经济、文化、社会等方面的情况，是具有权威性、综合性、信息性、史料性、实用性的资料文献、工具书。于1994年创刊，每年一卷，本卷是第23卷本。

二、《衡阳年鉴（2016）》以中国特色社会主义理论为指导，全面、系统、真实地记载2015年全市经济社会发展情况和发展特点，突出经济建设和改革开放的新情况。全书共31个类目，依次是：特载、大事记、衡阳概况、中共党务、纪检监察·巡视、政权、政务、政协、民主党派·工商联、人民团体和社会组织、武装、政法、综合经济与管理、农业·林业·水利、工业、园区经济与区域开发、政府投融资平台、城建城管·环境保护、交通·邮政·通信、商贸服务业、财政·税务、银行·保险·证券、科学技术与科技服务、教育、文体事业、新闻出版广电、卫生和计划生育、社会福利与社会保障、县市区概况、人物、经济统计数据、政策法规选登。

三、《衡阳年鉴（2016）》所用稿件由市直机关、县（市）区政府及国省驻衡单位撰写，并经有关单位领导审核。全市国民经济和社会发展的数据以统计公报为准，其他数据由各部门提供。

四、《衡阳年鉴（2016）》刊登的市、市直机关、县（市）区及国省驻衡单位、市属大型企业领导人名录（不含非领导职务人员），原则上收录到2015年12月底止，范围为行政正、副职和党内专职正、副职，以及纪委书记（纪检组长）、工会主席。

五、《衡阳年鉴（2016）》采用分类编辑法，以类目编纂下设分目、条目，以条目为主体。类目、分目用不同字号、字体区别，条目标题用黑体字加【　】表示。

六、《衡阳年鉴（2016）》的出版得到市委、市政府及各部门、各县（市）区和有关单位的大力支持，在此谨表谢意。因时间仓促，疏漏和差错之处在所难免，敬请社会各界和广大读者指正。

# 目 录

## 中共党务

## 纪检监察·巡视



## 政　　权



## 政　　务

## 政 协



## 民主党派·工商联

## 人民团体和社会组织

## 武　装



## 政　法

## 综合经济与管理

## 农业·林业·水利

## 工 业

## 园区经济与区域开发

## 政府投融资平台

## 城建城管·环境保护

## 交通·邮政·通信

# 商贸服务业

## 财政·税务



## 银行·保险·证券

## 科学技术与科技服务



## 教　育

## 文体事业

## 新闻出版广电



## 卫生和计划生育



## 社会福利与社会保障

## 县市区概况

## 人　物

## 经济统计数据

## 政策法规选登



## 彩版插图

### A 组

衡东县
祁东县
常宁市
耒阳市
南岳区
雁峰区
石鼓区
珠晖区
蒸湘区
衡阳国家高新技术产业开发区
衡阳市白沙洲工业园区
湖南衡阳松木经济开发区
衡阳市衡山科学城
衡阳地方史资料
衡阳年鉴
衡阳数字·2015

## B 组

衡阳警备区
衡阳市人民检察院
衡阳市公安-消防支队
衡阳陆军预备役后勤保障旅
中国人民武装警察部队衡阳市支队
衡阳市雁峰区人民武装部
衡阳市蒸湘区人民武装部
衡阳市人民防空办公室
衡阳市司法局
衡阳市强制隔离戒毒所
衡阳市珠晖区人民检察院
衡阳县公安局
衡阳市人力资源和社会保障局
中共衡阳市委群众工作部　衡阳市人民政府信访局
衡阳市农业委员会
衡阳市林业局
衡阳市农业机械管理局
衡阳市交通运输局
衡阳市公路管理局
衡阳市住房和城乡建设局
衡阳市城乡规划局
衡阳市住房公积金管理中心
衡阳市环保局
衡阳市工商局
衡阳市国家税务局
衡阳市商务和粮食局
中国国际贸易促进委员会衡阳分会
衡阳市科学技术协会
衡阳市慈善总会
衡南县教育局
衡阳县国土资源局
衡阳市蒸湘区地税局
衡阳市蒸湘区长湖乡长湖村
衡阳南岳机场
衡阳市公共交通 集团有限公司
衡阳市交通建设投资有限公司
衡阳市湘江水利投资开发有限公司
衡阳公路桥梁建设有限公司
常宁市公共交通道路运输管理处
湖南融兴融资担保股份有限公司
中国银行衡阳分行
中信银行衡阳分行
华融湘江银行衡阳分行
中国工商银行衡阳分行
中国农业银行衡阳分行
衡南浦发村镇银行股份有限公司
石鼓书院
挑战·跨越·成长

## C 组

中共衡阳市委党校
湖南财经工业职业技术学院
衡阳技师学院
衡阳市商业技工学校

# 特　载

# 政府工作报告

## ——在衡阳市第十四届人民代表大会第五次会议上

## （2016年1月11日）

衡阳市人民政府市长　周海兵

各位代表：

现在，我代表市人民政府，向大会报告政府工作，请予审议，并请各位政协委员和其他列席人员提出意见。

## 一、“十二五”时期及2015年工作回顾

五年来，在党中央、国务院和省委、省政府及市委的正确领导下，全市上下主动适应新常态、积极应对大环境、着力营造小气候，突出稳增长、促改革、调结构、惠民生、防风险，总体完成了“十二五”规划的主要目标任务，为全面建成小康社会奠定了坚实基础。

这五年，经济平稳快速发展，综合实力跃上新台阶。2015年，全市地区生产总值、财政总收入分别达到2600、261.86亿元（预计数，下同），分别是2010年的1.83、2.31倍，同比分别增长8.8%、11.1%，人均GDP突破5000美元，综合实力稳居全省第一方阵；银行业金融机构存、贷款余额分别为2787.27、1445.77亿元，存贷比优化为51.9%，比2010年提高11.2个百分点；城乡居民人均可支配收入分别为26514、14500元，分别是2010年的1.71、2.01倍，人民生活正向全面小康大步迈进。

这五年，项目建设扎实推进，发展基础大力夯实。项目数量和投资规模连创新高，固定资产投资年均增长30.9%。实施重点项目1728个，完成投资3506亿元，分别是“十一五”时期的2.7、3.93倍，富士康、中国五矿等20家世界500强和18家央企来衡发展。融资平台不断夯实，设立和引进金融机构68家；市级投融资公司现代企业制度基本建立，2015年到位融资251.9亿元，是2010年的23.7倍。园区平台实现历史性突破，创新创业园区“135”工程和“五大平台”建设扎实推进，获批国家级湘南承接产业转移示范区、国家级高新区和全省第一家综保区。2015年，省级及以上产业园区规模工业增加值占全市规模工业增加值的比重达61.6%，比2010年提高36个百分点。

这五年，区域统筹不断加强，城乡面貌发生深刻变化。城市骨架全面拉开，“1189”立体交通基本成形，铁路、高速公路总里程分别跃居全省第2、第3位，南岳机场平均客座率在全国新开支线机场中处于领先地位；大力推进来雁新城、滨江新区等一批城市地标项目建设，中心城区辐射和带动能力大幅提升；城区、县城、集镇和新农村建设全面协调发展，全市城镇化率达49.2%。以创建全国文明城市为统揽的“八城同创”扎实推进，城市管理体制改革深入开展，城市管理水平实现质的提升；统筹推进城乡环境同治，中心集镇“五乱”现象得到有效遏制，全市人民的归属感和幸福感明显增强。

这五年，绿色衡阳加快建设，生态环境明显改善。获批国家生态文明先行示范区。圆满完成湘江流域保护和治理第一个“三年行动计划”，水污染、重金属污染、大气污染整治取得明显成效，县级以上城镇生活污水处理率达85.6%。节能减排目标全面完成，六大高耗能行业比重比2010年下降6.9个百分点。扎实推进通道绿化和乡村、裸露山地造林绿化，全市森林覆盖率达46.3%，衡阳的天更蓝、水更清、地更绿。

这五年，社会事业全面进步，人民群众得到更多实惠。坚持财政收入主要用于民生的导向，民生投入累计达1200.76亿元，年均增长24.5%，全面或超额完成127件重点民生实事。强化问题导向，抓实底线工作，安全生产考核连续3年名列全省第一，信访工作连续5年获评全省先进，社会大局稳定和谐。公共服务体系加快完善，社会保障体系不断健全并向农村

延伸。农网升级改造、中心城区商品房产权办理遗留问题、安置房建设等“三最”问题逐步得以解决。

各位代表，刚刚过去的2015年，在全市上下共同努力下，我们总体完成了市十四届人大四次会议确定的主要目标任务，开创了经济社会发展的新局面。一年来，主要抓了以下工作：

一是突出抓产业发展。三次产业结构优化为15.2∶44.7∶40.1，第三产业占比提升2.1个百分点。全年实现高新技术产业增加值358亿元，增长18%。新型工业加速推进。克服清理历史虚增影响，规模工业增加值增速从4月份触底企稳后连续8个月回升。市直“两区一园”完成调规扩区，衡山科学城启动一期建设。水口山经开区获批国家循环化改造示范试点园区，中国五矿（湖南）铜业获批国家工业生态设计示范企业。现代农业加速转型。粮食总产量实现“十二连增”。“一流转五服务”工作深入推进，流转土地507.78万亩。我市成为全国油茶产业发展示范市、全国农业农村信息化示范基地，衡南获批国家现代农业示范区，祁东黄花菜获评国家地理标志产品。现代服务业加速壮大。基本完成国家服务业综合改革试点，服务业对经济增长的贡献率达55.6%。华耀城、崇盛国际、丽波酒店等项目推进顺利，衡缘、白沙洲物流园加快建设。融资性担保公司、小贷公司实现县域全覆盖。我市成为全国32个宽带骨干网重要节点城市之一。耒阳被评为全国休闲农业与乡村旅游示范县，石鼓书院、蔡伦竹海获评4A级景区，乡村生态旅游、中俄红色旅游合作等节会活动成功举办，全市接待国内外游客人次、实现旅游总收入分别增长14.2%、16%。

二是突出抓改革开放。重点改革实现突破。395家市属国有企业改制圆满完成。市县政府机构改革全面到位，合并乡镇工作基本完成，合并建制村工作进展顺利。在全省率先推出商事制度“改革套餐”，全面启动企业“三证合一”登记制度改革。县级公立医院综合改革稳步推进，涉改的18家县级公立医院全部实行药品零差价销售。金融服务“三农”在全国创造“衡阳经验”，农村“五权”抵押贷款余额达15.4亿元。农村土地承包经营权确权登记颁证进入实质性测绘阶段。国有林场改革全面完成。创新创业活力强劲。建立省级产业技术创新战略联盟和省级大学生创业园各3家，新增创业主体2.4万个。耒阳获评国家知识产权试点城市，衡阳运输机械有限公司被评为国家品牌培育示范企业，特变电工衡变公司被评为国家技术创新示范企业，中国科学院湖南技术转移中心衡阳中心正式挂牌。对外开放成效显著。新签约重大项目90个，科大讯飞、神州数码等高新技术企业及万达、卜蜂莲花、唯品会等知名商业品牌落户衡阳。全市实际利用外资10.25亿美元，增长14%；实现进出口总额32亿美元，增长10%。

三是突出抓城乡统筹。外部交通更加顺畅。湘江土谷塘航电枢纽一期蓄水发电，衡阳港松木港区建成投运，怀邵衡铁路和娄衡高速、南岳高速东延线加快建设。中心城区扩容提质。酃湖、东洲岛片区完成征地拆迁，三江六岸风光带建设及幸福河改造推进顺利。船山东路、二环路、三环路建设及107国道城市化改造有序推进。蒸湘南路延伸线建成通车，船山西路延伸线加快建设。县城面貌明显改观。衡南云集大道等8条主干道完成提质改造，衡阳县城区“百园行动计划”和拆围透绿活动深入开展，衡山毛泽建公园加快建设，衡东河西新区和城北片区开发扎实推进，祁东成为全省新型城镇化试点县，常宁一环线基本贯通，耒阳南北正街完成提质改造，南岳统筹城乡发展示范区建设进展顺利。城乡环境大力改善。开启数字城管新模式，占道经营、渣土运输、社区环卫等专项整治扎实推进。建成公路超限超载检测站10个，车辆超限超载率下降到0.34%。9个国、省考核污水处理厂建成投运，城市生活垃圾焚烧发电厂、餐厨废弃物无害化处理中心加快建设。中心城区社区整合工作全面完成，“三清三建”行动有序推进。

四是突出抓民生改善。认真办好民生实事。新增城镇就业7.08万人，新增农村劳动力转移就业6.3万人。机关事业单位养老保险制度改革和全民参保登记稳步推进，五大保险参保人数达803.76万人次。企业退休人员基本养老金实现“十一连调”。省内异地就医实现即时结算。城乡低保人均月补助标准分别提高到276.5、118.5元。开工建设公租房1.5万套，城市棚户区改造2.78万套。解决40.68万农村人口饮水不安全问题。395个贫困村实现驻村帮扶全覆盖。完成农村公路通畅工程456.6千米，通畅率为100%，行政村客班车通达率达97.8%。农村信息基础设施建设“三年行动计划”顺利实施。全面发展社会事业。完成50所合格学校建设、115所农村中小学改造，扎实推进城区小学化解“大班额”三年行动计划，启动职业教育产教融合基地建设。新农合参合率达99%，基本药物制度实现基层全覆盖；人口和计划生育工作平稳推进，在全省率先实行孕产妇产前筛查全免费。市图书馆主体竣工，村镇、社区文化活动中心基本实现全覆盖；市体育馆建成投用，市十运会成功举办。着力坚守底线工作。全市没有发生较大以上安全生产事故。河道管理和保洁全面加强，城区非法砂场、搅拌站全部取缔到位，规模养殖场无害化处理实现全覆盖，城区空气质量达标率达91%。深入开展信访“五零”专项行动，大力创建“平安衡阳”，农村“天网工程”经验在全省推介。严厉打击非法集资，守住了不发生系统性和区域性金融风险的底线。

*五是突出抓自身建设。*取消和下放116项行政审批事项，行政审批精简率达60.2%，全面取消非行政许可审批事项，制定发布“三清单一目录”，全面推进“两集中、两到位”改革，市政务服务中心新址投入使用。扎实推进依法行政，建立完善政府法律顾问制度，建市以来首获地方立法权。自觉接受人大法律监督和工作监督、政协民主监督、社会各界监督，充分吸纳各民主党派、工商联和无党派人士意见、建议，办理市人大代表议案1件、建议355件，办理市政协提案447件。扎实开展“三严三实”专题教育，干部作风持续好转。全面落实党风廉政建设责任制，严格遵守中央“八项规定”，加大腐败案件查处力度，全市纪检监察机关立案1314件，查处1062人。纠错问责机制不断完善，行政监察和审计监督力度持续加大，实现对征地拆迁安置资金的审计全覆盖。

支持国防和军队现代化建设。国防动员和后备力量建设质量提高，优抚安置和民兵预备役建设、人防工作得到加强。双拥共建取得新成效，军地融合发展呈现新局面。

各位代表！

以上成绩的取得，是市委坚强领导、总揽全局的结果，是全市上下团结奋斗、顽强拼搏的结果，是社会各界关心支持、共同努力的结果。在此，我代表市人民政府，向全市人民，向各民主党派、人民团体，向驻衡部队、武警官兵、政法干警，向中央、省驻衡单位，向关心支持衡阳建设发展的各界人士，表示衷心的感谢！

各位代表！

在肯定成绩的同时，我们也清醒地认识到，政府的工作与人民的期待还存在一定差距，发展还面临不少的困难和问题：一是受宏观经济形势严峻、结构调整、清理历史虚增等因素影响，“十二五”规划和2015年确定的部分经济指标没有完成。二是经济发展动力尚未完成转换，农业产业特色不鲜明，工业稳增长基础不牢，现代服务业潜力有待挖掘。三是发展不平衡、不协调、不可持续问题仍然突出，城乡、区域、行业之间的差距较大，县域经济发展总体水平较低。四是扶贫攻坚任务艰巨，部分群众生活还比较困难，群众反映的一些突出问题没有得到彻底解决。五是政府职能转变有待加强，政务环境、亲商氛围有待改善提升。对于这些问题和不足，我们将切实采取措施，努力加以解决。

## 二、“十三五”时期总体思路及目标任务

“十三五”时期是全面建成小康社会的决胜阶段，是实现升级发展的关键时期。我市经过“十二五”时期的快速发展，产业体系不断完善，发展平台持续夯实，综合交通日趋完备，城市发展提质提速，综合实力明显增强，具备了加速崛起的良好基础，正处于全领域推进开发开放的黄金时期。我们要准确把握战略机遇期内涵的深刻变化，有效应对各种风险和挑战，积极对接国家“一带一路”和长江经济带战略，着力在优化结构、增强动力、化解矛盾、补齐短板上实现突破性进展，坚定不移地为实现第一个百年目标而努力奋斗。

今后五年，全市经济社会发展的指导思想是：高举中国特色社会主义伟大旗帜，全面贯彻党的十八大和十八届三中、四中、五中全会精神，以马克思列宁主义、毛泽东思想、邓小平理论、“三个代表”重要思想、科学发展观为指导，深入贯彻习近平总书记系列重要讲话精神，坚持“四个全面”战略布局，贯彻创新、协调、绿色、开放、共享发展理念，坚持发展第一要务，坚持以提高经济发展质量和效益为中心，围绕建设“工业重镇、文化名城、旅游胜地、宜

居家园”目标，深入实施“开放带动、基础先行、兴工强农、创新发展”战略，统筹推进经济建设、政治建设、文化建设、社会建设、生态文明建设和党的建设，确保如期全面建成小康社会，找回全省第二大城市的历史荣光。

“十三五”时期，全市要努力实现以下目标：

一是经济保持中高速增长。地区生产总值年均增长9%左右，2020年总量达到4000亿元（按2015年可比价计算），人均GDP超过8500美元。财政总收入年均增长10%，2020年总量达到420亿元。固定资产投资、社会消费品零售总额、进出口总额年均分别增长16%、12%、15%。规模工业增加值年均增长9.5%，2020年战略性新兴产业增加值比2015年翻一番。

二是发展方式加快转变。工业化和信息化深度融合发展，打造电子信息、高端装备制造、有色金属加工三大千亿产业集群。农业现代化加快推进，建设优质农产品主产区，2020年农产品加工业总产值突破2300亿元。现代服务业加快发展，积极打造国际旅游目的地城市，加快建设中国南部物流中心城市、全国综合运输服务示范城市和区域性金融服务中心。创新驱动能力显著增强，2020年科技进步对经济增长的贡献率提高到60%。

三是城乡统筹扎实推进。成功创建全国文明城市。到2020年，市中心城区建成区面积达160平方千米、常住人口达170万人，全市城镇化率提高到56%。扎实推进交通、产业、配套设施融城战略，形成中心城区和周边县（市）协同发展格局，城区经济与县域经济良性互动，城乡空间布局合理、产业分工明确、发展要素共享，城乡差距持续缩小。

四是生态环境质量明显提升。国家生态文明先行示范区建设扎实推进。主体功能区制度严格落实，生态保护与环境治理全面加强。推动低碳循环发展，绿色生产方式和消费方式加快形成，到2020年，全市森林覆盖率超过50%，城市建成区绿化覆盖率达42%，空气质量优良天数比率超过90%，城镇污水集中处理率达90%，城镇生活垃圾无害化处理和资源化利用率达90%。能源资源开发利用效率大幅提高，建设用地得到有效控制，全面完成节能减排目标任务。

五是社会民生持续大力改善。收入差距不断缩小，中等收入人口比重不断上升，居民人均可支配收入年均增长9%以上。2018年前实现农村贫困人口整体脱贫。城镇调查失业率控制在6%以内。到2020年，劳动年龄人口平均受教育年限10.7年，每千名老年人口养老床位数达到50张；县级以上城区保障性住房覆盖面达23%，农村危房改造覆盖面为100%；公共文化服务体系基本建成，文化及相关产业增加值占GDP比重超过5%，文化遗产得到有效保护，成功申报国家历史文化名城。

## 三、2016年工作安排

完成“十三五”各项目标任务，全面建成小康社会，必须扎实做好2016年各项工作，确保开好局、起好步。

今年全市经济和社会发展的主要预期目标是：地区生产总值增长9%以上，财政总收入增长10%以上，固定资产投资增长18%以上，社会消费品零售总额增长12.5%，进出口总额增长15%，规模工业增加值增长8.5%左右，城乡居民人均可支配收入分别增长9%、9.5%，全面完成省里下达的节能减排、安全生产等约束性指标任务。

实现上述目标，要切实做好以下几个方面的工作：

### （一）坚持创新驱动，着力提高发展质量和效益

全面推进科技创新。在先进装备制造、电子信息、生物医药等重点领域布局重大科技专项，支持研发一批具有自主知识产权的核心技术，实施知识产权和品牌发展战略，实行企业技术需求和科技成果转化清单制度。大力培育高新技术企业，重点扶持天雁机械、南岳电控攻克关键技术，支持二七二、共创光伏等加强技术研发和产品创新。支持企业与高校、科研院所共建企业技术研发中心、重点实验室，年内新建省级企业技术研发中心2家以上。加快湘南自主创新基地、启迪科技园、南华大学科技园规划建设，推动华为公司在衡创立联合创新中心。

大力激发“双创”活力。做大做强创客经济，启动创客平台建设，打造全市科技企业孵化器，建设中小微企业创业基地。大力扶持非公有制经济发展，引导符合条件的个体工商户转型为企业，加快构建现代市场体系，着力培育壮大市场主体。推进创新创业

资助工程、大学生创业引领计划，鼓励高校、科研院所的专业技术人员离岗创业。建设一批农业农村创业园区，引导能人和农民工回乡创业。

努力增强发展动力。充分发挥政府投资的带动作用，扎实抓好500个以上、年度总投资1000亿元以上的重点项目建设。支持社会资本以PPP等模式参与公共基础设施建设。全面优化投资结构，引导更多资金投向技术创新、环境保护、产业升级、公共服务等领域。大力培育新兴消费热点，不断挖掘服务消费、信息消费、农村消费、绿色消费、时尚消费和品质提升型消费潜力。

加快建设人才强市。实施专业技术人才开发工程，加强域外智力引进。实施高技能人才振兴工程，培育一批“衡阳名师工匠”。实施人才培养提升计划，大力培养新生代企业家。实施人才优先发展战略，鼓励人才以专利、技术、知识等投资入股。为在衡工作的高层次人才提供优质的教育、医疗等资源。

（二）全面深化改革开放，进一步激发经济发展活力

持续推进重点改革。从供需两侧同时发力，推进供给侧结构性改革，提升有效供给能力；加强需求侧管理，挖掘释放内需潜力。稳步推进财税体制改革，落实减税政策，推进财政资金统筹使用。深化国有企业改革，盘活改制企业国有资产，不断完善国有企业法人治理结构，建立现代企业制度。深化县级公立医院综合改革，积极探索现代医院管理机制。加快不动产统一登记制度改革，实现统一登记发证。深化城区、园区、文化、生态文明等体制改革。

提升开放型经济发展水平。拓展综保区功能，支持综保购发展。推进湘江衡阳至株洲段2000吨级航道、铁路口岸、大浦通用机场建设。支持“三自三高”企业的产品、装备产能、工程承包、服务外包出国出海，开拓国际市场。鼓励外资以参股并购等方式参与企业改组改造和兼并重组，优化配置存量企业资源。

加大招商引资力度。抢抓产业转型机遇期，创新承接产业转移模式及服务方式，着力引进行业领军企业、科技先导企业，吸引更多企业来衡建立集团总部、区域总部和研发、采购中心。大力开展专题招商活动，积极推行小分队招商、产业链招商，引导衡商回故乡、建家乡。

（三）加快推进新型工业化，打造工业经济升级版

壮大战略性新兴产业。对接“中国制造2025”关键领域，抢占智能制造技术和市场制高点。发挥富士康、欧姆龙等企业的带动效应，打造电子信息产业集群。强化特变电工、天雁机械等企业的龙头牵引作用，培育高端装备制造产业集群。扩大中国五矿的铜精深加工优势，建立有色金属加工产业集群。加大技术研发和产业化运用，支持南岳生物、紫光古汉、恒生制药打造现代生物制药产业。做大做强新能源、新材料产业。

推进传统产业转型升级。积极利用先进适用技术、先进工艺、对标管理改造提升传统优势产业，促进传统产业向价值链中高端迈进。运用先进节能环保技术、工艺和装备，全面推进传统制造业两型化改造，加快汽车零部件等传统产业提质升级，采取兼并重组、债务重组和破产清算等方式，积极稳妥化解钢铁、化工、建材等行业过剩产能。开展质量品牌提升行动，推进纺织、食品、酿酒等消费品行业质量品牌建设。

加快园区扩容提质。深入推进创新创业园区“135”工程和“五大平台”建设，打造工业园区发展升级版。启动建设雨母智慧生态发展区，加快白沙洲工业园东阳渡新扩区域基础设施建设，支持打造建滔电子信息产业园，推动水口山经开区升格为国家级经开区；支持衡山科学城建设高端研发制造基地，加快大数据库、互联网金融众筹服务平台建设。提高各县（市）工业园区配套能力和管理水平，强力推进西渡高新区、归阳工业园基础设施及企业建设，加快大浦工业园、大市循环工业园等循环经济园区建设。

（四）完善农业产业化发展体系，加快农业现代化建设

构建农业产业新体系。提质加速建设8万亩高标准农田，稳固粮食主产区地位，粮食总产量稳定在330万吨以上。整合涉农资金，抓好以水库除险加固、灌区续建配套和节水改造、“五小”水利为重点的农田水利建设。加快构建十大现代农业产业体系，推进城区3万亩蔬菜标准园和8大特色蔬菜基地建设，发展壮大特色农产品基地，抓好衡阳国家现代农

业科技园、华夏湘江农业产业示范园等十大农业园区建设。深入实施农产品加工业振兴规划，扶持农产品精深加工龙头企业发展，推进农业标准化生产和品牌建设，支持农产品地理标志认证，打造全国知名品牌。

创新农业经营新模式。基本完成农村土地承包经营权确权登记颁证工作。稳定农村土地承包关系，加快土地流转，发展多种形式的适度规模经营。深入实施“稻稻油”攻坚工程和油菜全程机械化促进行动，推进“十百千万”现代农业发展工程。加快培育新型农业经营主体和职业农民。实施休闲农业示范区建设工程，因地制宜拓展农业功能。全年新增省级休闲农庄10家、新型农业经营主体1000个。

拓展农业服务新空间。推进政府购买农业公益性服务，推广订单、合作、托管等全过程社会化服务模式。加快乡镇农业服务中心建设。加强农业科技服务，完善现代农业科技创新推广体系。推进农业信息服务，加强村级信息服务站建设，加快实现农产品生产、加工、储藏、运输和销售全过程信息化。规范农村市场服务，推进农超、农社对接，支持农资配送专业公司和农村电商发展，健全农副产品现代购销网络，促进农产品高效流通。加大金融服务“三农”力度，积极创新农村金融产品和抵押信贷模式，探索成立面向“三农”的政策性担保公司，大力发展农业保险。

（五）推进现代服务业发展，加快构建区域性服务业中心

壮大专业化生产性服务业。加快衡缘、白沙洲、铁路物流园及松木水路口岸建设，开拓云集空港物流市场，大力发展第三方物流和智能物流，提高物流行业标准化服务水平。加速快件中心建设，培育建设专业型外贸服务基地。加快发展总部经济、会展经济等新型商业业态，抓好华耀城、唯品会等项目建设。

发展高品质生活性服务业。积极引进集写字楼、大型购物广场、星级酒店等于一体的商业综合体，加快万达商业广场、崇盛国际、丽波酒店建设。改造提升老旧市场，发展新兴专业市场，打造具有区域竞争力的专业市场群。丰富健康、家政、养老等服务产品供给，支持医养结合发展养老产业，大力发展社区日间托管养老、居家养老，推进政府购买养老服务。规范发展教育培训、休闲娱乐、住宿餐饮等服务业。加快文化服务业发展，支持大型俱乐部连锁经营，培育大型文体休闲服务企业。

打造国际旅游目的地城市。实施旅游精品建设工程，提质升级南岳衡山核心景区，推动南岳旅游转型升级。加强雨母山、四方山景区及天堂山、四明山国家森林公园建设。支持石鼓书院、东洲岛、廻雁峰打捆创建5A级景区，推动3A级景区创建4A级景区。培育新兴旅游业态，打造衡阳湘江旅游经济带。推进乡村旅游富民工程，发展以体验型休闲农业为补充的现代都市旅游业。打造2—3条精品旅游线路。力争全年接待国内外游客突破5500万人次，实现旅游总收入350亿元。

培育壮大金融服务业。加快农信社改革发展，完成农信社改革组建农商行任务。创新金融产品和服务，优化信贷结构，力争年内实现社会融资300亿元，其中新增直接融资100亿元。壮大金融服务主体，引进大型金融机构落户衡阳。加快政府投融资公司转型发展。推进湖南机油泵、南岳电控上市，支持企业在“新三板”、区域性股权交易市场挂牌，提高直接融资规模和比重。规范各类融资行为，加强风险监测预警和处置，坚决守住不发生系统性和区域性金融风险的底线。

（六）大力推进新型城镇化，加快城乡一体化进程

提升中心城区辐射力。围绕打造全省次中心城市目标，拓展城市发展空间，加快建设来雁新城、滨江新区、酃湖片区、东洲岛片区、白沙新城。完善城市路网结构，加快怀邵衡铁路、娄衡高速、南岳高速东延和二环路、北三环建设，拉通船山东路，完成107国道城市化改造，加快国省干线公路提质改造。推进管廊城市、海绵城市建设，完善地下管沟和雨污分流系统。加强无障碍通道、人行天桥、地下人行通道建设管理，加快雁栖湖综合改造治理，完成25条主要道路两厢绿化提质。加快社区“两化两体系”建设，全面推进中心城区社区“三清三建”行动。

加速县城建设发展。各县（市）按照“因地制宜、优势优先”要求，差异化打造特色主导产业，实现产城一体发展。推动县城扩容提质，加快基础设施完善与配套，提高城市管理水平。加快衡南融城步

伐，加速衡阳县城蒸水风光带建设，推进衡山开云新城、衡东城东滨水区、祁东玉泉新区、常宁青阳新区及南岳西片区开发，加快耒阳“三纵三横一环线”干线公路建设。

推进小城镇建设。加快交通融城，促进市区与周边卫星城镇的互联互通，确保船山西路延伸线建成通车，启动衡州大道西延工程。加快产城融合，推动建设产业群、经济带和新型特色城镇带。探索建立城乡统一的建设用地市场，乡镇土地增值收益全部用于小城镇基础设施建设。积极创建文明村镇和“秀美村庄”，加强新农村示范片建设，加强风景名胜区及传统村落保护。

提升城市管理水平。从群众需求出发完善城市规划，完成总规修改报批和乡镇规划编制，坚决控制城市规划区内违法违规建设。全面推进“八城同创”，深化城市管理工作市场化改革。加快推进电动摩托车上牌等城市管理地方立法工作。推动客运班线城际公交化改造，加大出租车行业监管，建设高新区公共自行车租赁系统，提升城市公共交通服务水平。巩固殡葬改革成果，加大烟花爆竹限放工作力度。加快户籍和居住证制度改革，推进农民工市民化，实现住房存量资源的优化配置，有序消化现有房地产库存，促进房地产业健康发展。

（七）实施信息化发展战略，建设智慧衡阳

全面夯实信息基础设施。加快实施“宽带中国”战略，建设光网城市和无线城市。大力推进农村信息基础设施建设“三年行动计划”，统筹城乡区域信息网。加快“三网融合”进程，推进电信网和广播电视网基础设施共建共享。促进“数字衡阳”市县一体化和部门信息共享，加快衡阳数据中心、中兴网信全球共享服务中心建设。

扎实推进“互联网+”行动。支持特变电工、衡钢、合力叉车等龙头企业建设自动化车间和智能工厂。加快衡山科学城互联网装备及新材料企业建设，推进电子信息制造业、物联网等产业发展。构建电子商务产业链，加快打造省级电子商务产业集聚示范基地和湘南区域电子商务中心。

提升信息化应用水平。实施衡阳大数据行动计划，促进大数据解决方案在公共服务、城市管理、教育及产业发展等方面的应用。完善“12345”政府服务热线和政务信息资源共享交换平台，推动政府机关和事业单位数据业务外包，构建覆盖全市的电子政务网络，集约建设政府及部门网站群，推动政府实体行政办事大厅向网上迁移。

（八）着力改善生态环境，建设生态文明城市

加大生态建设力度。抓好国家生态文明先行示范区建设。实施绿化增量提质攻坚行动，加强通道绿化建设，拓展城乡绿化空间，全市森林覆盖率超过47%。加快洣水国家湿地公园和幸福河、横江、萱洲、莲湖湾湿地公园建设，提升湿地保护管理能力。推进防洪保护圈、河湖连通工程建设。加强河道保洁与采砂管理，持续推进矿山生态修复治理工程，大力预防和治理水土流失。

加大污染防治力度。站在更高起点推进湘江流域保护和治理第二个“三年行动计划”。加强固体废物污染防治和水口山重金属污染治理。推进垃圾场综合整治，建立城乡一体的垃圾收容体系，确保城市生活垃圾焚烧发电厂、餐厨废弃物无害化处理中心建成营运。建成松木、角山、酃湖污水处理厂，加快乡镇污水处理厂建设。启动市污泥处置中心建设。继续开展农村环境和卫生综合整治，加大农村面源污染治理力度，实施农药、化肥使用量零增长行动。

节约集约利用资源。实施强制性能耗标准，严格执行固定资产投资项目节能评估审查制度，强力淘汰落后产能，健全排污权交易制度。坚持最严格的耕地保护制度，加大闲置土地清理力度。强化用水总量、用水效率、水功能区限制纳污“三条红线”控制。推广绿色建筑和建材。鼓励和支持可再生能源发展，大力发展生产、流通环节的能源经济。

（九）统筹发展社会事业，不断增进人民福祉

全力办好民生实事。落实就业优先战略，实施更加积极的就业政策，以创业带动就业。推行终身职业技能培训制度，全年新增城镇就业6万人，新增农村劳动力转移就业5.8万人。巩固提升农村饮水安全工程。完成900千米农村通客班车路段加宽改造任务。加快安置房建设和中心城区商品房产权办理遗留问题处理进度。全面推进农网升级改造工作。

加快建设教育强市。推进城区中小学化解“大班额”攻坚行动，积极推进义务教育合格学校建设，实施第二轮学前教育“三年行动计划”，加快普及高中

教育。规范、扶持民办教育发展，加快职业教育产教融合基地建设。大力发展继续教育，办好特殊教育。整体推进教育信息化建设，健全教师支教制度，推进城乡教育均衡发展。加大学校债务化解力度。坚持依法治教，推进学校自主办学。加强中小学生思想道德教育。强化教师队伍建设。

着力建设文化名城。加强社会主义核心价值体系建设。加快构建现代公共文化服务体系，大力推进市博物馆、科技馆、规划馆建设，加快实施“户户通”“村村响”“无线数字化覆盖”等文化惠民工程。加强对艺术创作生产的引导，繁荣文学艺术、新闻出版、广播影视事业。做好衡山皮影戏、祁东渔鼓、常宁版画等文化遗产的传承与保护，加大文物古迹保护力度，扎实推进国家历史文化名城申报工作，建设湖湘文化传承与创新示范区。

积极建设健康衡阳。完善新农合制度，巩固基本药物制度实施成果。加强以全科医生为重点的基层卫生人才培养，加快乡镇卫生院、村卫生室标准化建设。扶持中医药事业发展。深化“平安医院”创建，依法惩处涉医犯罪和“医闹”行为。实施食品安全战略，健全食品药品质量安全治理、保障体系，严厉打击食品安全违法违规行为，让人民群众吃得放心、喝得安全。大力发展体育事业，深入推进全民健身运动，扎实做好省十三届运动会、省十届残运会筹备工作。

完善社会保障体系。健全社会保险体系，实施城乡居民大病保险制度，完成全民参保登记，推进被征地农民社会保障工作，加强医疗保险城乡统筹。健全社会救助体系，全面开展重特大疾病医疗救助，加快推进最低生活保障制度城乡统筹。推行货币化安置，启动政府购买棚改服务，全年开工建设保障性安居工程5万套以上，公租房资源重点向基层教师、医生和公务员倾斜。提高住房公积金使用效率。

提高居民收入水平。健全科学的工资水平决定、正常增长、支付保障机制，完善企业工资集体协商制度，落实最低工资保障制度。完善再分配调节机制，增加低收入劳动者收入，扩大中等收入者比重，多渠道增加居民财产性收入。在县级及以下机关推行公务员职务与职级并行、职级与待遇挂钩制度。

扎实推进扶贫攻坚。全面实施精准扶贫战略，更加注重对特定人群特殊困难的精准帮扶，举全市之力，全面落实十大扶贫措施，产业扶贫惠及贫困人口50%以上，推进驻村、联村和结对帮扶全覆盖，年内完成扶贫开发投入2.5亿元以上，完成395个驻村帮扶贫困村D级危房户和无房户的改造建设任务，实现7万贫困人口脱贫。

促进人口均衡发展。坚持计划生育基本国策，完善利益导向机制，落实“全面二孩”政策。完善困境儿童福利制度，构建农村留守儿童关爱服务体系，促进妇女儿童事业全面发展。提升残疾人服务保障水平。加快慈善事业发展。

（十）全面推进依法治市，提升民主法治建设水平

提升全民法治意识。不断加强精神文明建设，全面实施公民道德建设工程，深化群众精神文明创建活动。推进“七五”普法，落实“谁执法、谁普法”责任制，加快推进法治教育全覆盖，增强全社会学法尊法守法用法观念，不断提升群众法治思维和法治意识。依法管理民族、宗教事务和场所。

发展社会主义民主政治。健全权力运行制约和协调机制，坚持重大事项请示报告制度。自觉接受人大法律监督和工作监督、政协民主监督，以及舆论监督、群众监督，认真办理各级人大代表议案、建议及政协提案。全面完成建制村合并工作，做好全市村（居）委会同步换届工作。

努力创新社会治理方式。加快建设覆盖城乡的法律服务体系，完善社会矛盾排查预警和调处化解机制。发挥居民主体作用，构建全民共建共享的社会治理模式。推进信访工作法治化改革，健全涉法涉诉信访依法终结机制。继续抓好“平安衡阳”建设，扎实推进“五打四建”，强化治安防控体系建设。不断健全公共安全体系，提高公共突发事件防范和处置能力。完善和落实安全生产责任和管理制度，确保不发生较大以上安全生产事故。强化防灾减灾能力建设。加强网络信息安全管理。

（十一）持续加强自身建设，打造人民满意政府

加大政府改革力度。全面深化“两集中、两到位”改革，深入推进行政审批制度改革，加大简政放权力度，加快政府职能转变。探索委托乡镇一级行使部分县级行政执法权限。依法有序推进园区“封闭运行”，赋予园区更多发展自主权。深化政务公开，加

强政务服务，不断降低制度性交易成本，努力营造一流的亲商环境。完善政府绩效评价机制。

深入推进依法行政。继续落实“三清单一目录”制度。建立重大决策终身责任追究制度及责任倒查机制。深化行政执法体制改革，完善行政执法程序，大力推进跨部门跨行业综合执法、联合执法，加强行政执法监督。完善政府法律顾问制度。支持监察、审计、财政、法制等部门开展监督工作。

守住廉政底线。全面落实廉洁从政各项规定，深入推进惩治和预防腐败体系建设。认真落实党风廉政建设主体责任和监督责任，落实“一岗双责”，始终保持惩治腐败高压态势。持续巩固党的群众路线教育实践活动和“三严三实”专题教育成果，全面净化政风行风，努力建设廉洁政府。

推进国防建设。坚决支持深化国防和军队改革，做好国防动员、民兵预备役和人防工作，深入开展双拥活动，抓好退役军人安置工作，加强全民国防教育和后备力量建设，加快建设东阳半岛军民融合产业园，推动经济建设和国防建设融合发展。

各位代表，“十三五”宏伟蓝图已经绘就，历史重任落在我们肩上。让我们紧密团结在以习近平同志为总书记的党中央周围，在市委的正确领导下，紧紧依靠全市人民，解放思想、开拓创新、扎实工作，为推动衡阳转型跨越发展、如期全面建成小康社会而努力奋斗！

# 大事记

# 2015年1~12月大事记

## 1月

**1日**

▲ 2015年“体彩杯”元旦环城赛跑活动启动，5000余市民集聚太阳广场，以长跑健身方式迎接新年。

▲ “庆祝元旦，横渡湘江”为主题的冬泳·横渡湘江活动在泰梓码头举行，200余名冬泳爱好者参加。

▲ 首条南岳机场专线大巴——中心汽车站至南岳专线正式开通，票价为26元。

▲ 衡阳市城区瓶装液化石油气最高零售价由90元/瓶（不含送气费）调整至84元/瓶。

▲ 中国电信衡阳分公司在晶珠广场正式对外发布100兆光纤宽带，标志着衡阳正式迈入“家庭100兆光网时代”。

▲ 衡阳市开征城市园林绿化补偿费，收费标准为7000元/平方米。

**1日~3日**

▲ “儿童创意美术作品展”在市图书馆展览厅举行，向市民展示93幅幼儿美术作品。

**3日**

▲ “周末百姓剧场”2015年元旦音乐会在市广电中心举行。

**4日**

▲ 2015年第一个工作日召开衡阳市财税收入工作汇报会指出，2014年全市一般公共预算收入完成235.66亿元，增长11.22%，总量稳居全省第一方阵，增幅高出全省平均水平1.73个百分点。其中，国税部门完成52.2亿元，增长13.11%，增幅居全省第二；地税部门完成103.09亿元，收入总量居全省第二，成为全省除长沙之外首个突破百亿的市州；财政部门完成80.37亿元，增长12.37%。

**5日**

▲ 衡阳市18个项目集中开工，总投资48.66亿元。分别为：松木经开区内的仁发科技、金新莱孚、鑫龙化工、恒荣材料、旭光锌锗、黎达化工、凌云材料、花叶路、松梅路、龙祥路、埝塘路和化工路西延12个项目，总投资14.06亿元；来雁新城来雁塔公园项目及和顺家园一期、江霞、友爱、五一4个棚户区改造项目，总投资26.6亿元；东洲岛暨湘江东岸堤防工程项目，总投资8亿元。

**6日**

▲ 深圳市博大生物技术有限公司投资1.2亿元入驻衡山科学城，设立衡阳市恩赞生物医药有限公司。

▲ 衡阳市陈宇婷在2015年中国射击队奥运会选拔第一站女子10米40发比赛中，以419.3环的成绩夺得冠军；陈克多在2014年全国射击总决赛中，获得男子50米步枪3×40资格赛1170环佳绩。

**7日~8日**

▲ 省水利厅副厅长钟再群到衡阳常宁、耒阳两市督查农村饮水安全工作。

**8日**

▲ 衡阳市与大连万达集团签订战略合作协议，万达集团拟投资30亿元在衡阳打造大型城市综合体。

▲ 东方航空公司开通上海浦东机场至衡阳南岳机场的航班，单程飞行一个半小时。

▲ 中国第四大国有石油公司，世界500强企业中化石油有限公司进驻衡阳。

▲ 省政府正式批复“衡阳财经工业职业技术学院”更名为“湖南财经工业职业技术学院”。

**10日**

▲ 中国首套《拜年》特种邮票在衡阳发行，该邮票1套1枚、面值1.2元。

▲ 衡阳首个城市立体花墙在衡州大道珠晖区杜家冲段落成，为全国第一例采用不锈钢立体框架来进行花木培植的立体花墙。

▲ 白沙洲汽车站正式投入运营，标志着衡阳市城区东、南、西、北四个方向均有客运车站的格局正式形成。

**10日~15日**

▲ “大山古韵·南国荷风”——汤春德、刘岳琥、冯兰

芳、汪新华、刘满衡国画作品联展在市博物馆举行。

**10日~17日**

▲ 市委书记、市人大常委会主任李亿龙率领国资委、市财政局、市金融办、市白沙洲工业园等有关方面负责人赴马达加斯加、南非考察。

**15日~21日**

▲《南山七子绘画作品展》在市书画院展出。

**16日**

▲ 市长周海兵主持召开市政府2015年第1次常务会议，会议审议《政府工作报告》（讨论稿）等提交市十四届人大四次会议的相关报告，研究安全生产等工作，审议《衡阳市集体土地征收与房屋拆迁补偿安置办法》（草案）。

**19日**

▲ 衡阳县井头镇云水村出土战国时期楚剑一把、楚戈一件、疑似匕首的青铜兵器一件。

**20日**

▲ 衡阳陆军预备役后勤保障旅党委召开三届五次全体（扩大）会议。市委副书记、市长、保障旅第一书记、第一政委周海兵强调，保障旅要着眼国家安全和发展战略全局，适应军队建设和改革的新要求，高标准谋划推进新年度各项工作和建设。

▲ 中信银行耒阳支行开业，成为衡阳市第一家进驻县域的股份制银行。

▲ 广东江门市衡阳商会在江门市正式成立。

▲“新启航·新辉煌”湘江土谷塘航电枢纽工程建设成果图片展在衡南县会议中心开幕，共展出图片300余张。

**20日~21日**

▲ 衡阳警备区召开党委十二届二十一次全体（扩大）会议。市委书记、市人大常委会主任、警备区党委第一书记李亿龙强调要实现富民强市与兴武强军有机统一。

**21日**

▲ 央视中文国际频道（CCTV-4）《江河万里行》摄制组抵达衡阳，开启衡阳专题拍摄。

▲ 市园林局承建布展的“雁园”展园获第九届中国茶会博览会室外展园园林造景唯一的特别金奖、珍稀品种栽培金奖及优秀组织奖。

**21日~23日**

▲ 省委组织部副巡视员、省委活动办副主任张宏益率省委督查组来衡阳督查教育实践活动整改落实“回头看”工作。

**23日**

▲ 衡阳市政府部门权力清单清理工作动员大会召开。

**27日**

▲ 衡阳市最大的乡镇“农资超市和农资配送中心”——衡南泉湖二月八农贸市场开业投入使用，结束“二月八”庙会长期占用322国道的问题。

**31日**

▲ 市第三届“网络春晚”之“我要上春晚”总决赛落幕，12个节目获登“网络春晚”。

▲ 湘南民企第一楼“——金化·国贸中心”大楼封顶，楼高99.4米，共31层。

▲ 是月，湖南环境生物职院开发的《高等职业教育园林技术专业教学质量标准包（GTS-TQSP）构建的研究》成果进行评审，达到国际同类先进水平。

▲ 是月，国家林业局正式批准同意衡南县莲湖湾湿地为国家湿地公园试点。

▲ 是月，珠晖区怡心生态园被评为国家五星级休闲农庄。

## 2月

**2日**

▲ 市政协十一届三次会议开幕。

**4日**

▲ 衡阳市农业融资担保有限公司揭牌暨银行授信签约仪式在市财政局举行，标志衡阳农村金融体制改革取得新的突破。

▲ 衡阳市第十四届人民代表大会第四次会议开幕。

**6日**

▲ 省委常委、省纪委书记黄建国，副省长黄兰香到衡阳走访慰问困难企业和困难群众。

▲ 市政协十一届三次会议闭幕。会议审议通过政协衡阳市第十一届委员会提案委员会关于十一届三次会议提案审查情况的报告；审议通过政协衡阳市第十一届委员会第三次会议政治决议及其他各项决议。

**2月6日~3月29日**

▲ 市人力资源与社会保障局与市总工会、市妇联等单位，在全市开展2015年“春风行动”，帮助推动农村转移劳动力就业创业。

**7日**

▲ 湖南省2015年“三下乡”

活动启动式在衡南县洪山镇双林中学举行，省委常委、省委宣传部部长许又声主持并宣布活动启动。

**8日**

▲ 衡阳市十四届人大四次会议闭幕，大会表决通过市十四届人大四次会议关于《政府工作报告》《衡阳市2014年国民经济和社会发展计划执行情况与2015年计划草案的报告》《衡阳市2014年全市及市本级预算执行情况与2015年全市及市本级预算草案的报告》《衡阳市人大代表大会常务委员会工作报告》《衡阳市中级人民法院工作报告》《衡阳市人民检察院工作报告》的决议。

▲ 衡云干线新塘埠大桥合龙，道路工程全线通车。

**10日**

▲ 全省政法工作调研座谈会在衡阳市举行，省委政法委副书记阳红光，市委常委、市委政法委书记谢恒斌出席。

▲ “春润蒸湘·文化进万家”文化志愿服务暨“送戏下乡、演艺惠民”等系列活动拉开帷幕。

**11日**

▲ “春润蒸湘·万福进万家”系列群众文化活动在市博物馆举行，部分市领导和市书协成员在活动现场为市民写春联、送祝福。

**12日**

▲ 衡阳市2015年中共的十八届四中全会精神进农家“三下乡”活动启动式在衡山县萱洲镇举行。

**13日**

▲ 衡阳日报社《掌上衡阳》手机客户端上线。

▲ 特变电工衡变公司自主研制的云南观音岩直流送出工程——永仁至富宁首台±500千伏直流换流变压器一次性通过出厂试验、型式试验和特殊试验，各项性能指标均优于技术协议要求，顺利完成研制任务。

**14日**

▲ 国家电网衡阳供电公司第二座110千伏智能变电站——兴隆变电站正式进入24小时试运行。

**27日**

▲ 湖南省2015年“春风行动”启动仪式暨农民工专场招聘会在衡阳市高新区太阳广场拉开帷幕。

**2月27日~3月5日**

▲ 衡阳市国土资源局组织人员在全市范围内开展汛前地质灾害排查工作。

**28日**

▲ 2015年衡阳“香江杯”万人徒步大拜年活动在石鼓广场启动，此项活动自2011年开启以来，已成功举办五届。

▲ 2014年度湖南省科学技术奖励大会于长沙召开，衡阳市8项科研成果获奖。

▲ 2014年度“湖南专利奖”于长沙颁奖，衡阳市企业获二等奖2个。

▲ 是月，衡阳市公安监管中心正式投入使用。

▲ 是月，衡云干线城区段茅叶滩湘江大桥及各道路标段主道路面沥青全部完成，城区段全线主道贯通。

## 3月

**2日**

▲《人民日报》、新华社、央视等中央新闻媒体和湖南、广东、广西三省区的省级主流媒体组团到衡阳，对中国人民解放军陆军首支女子导弹连队——驻衡阳某防空旅女子导弹连的先进事迹进行集中宣传报道。

**4日**

▲ 衡阳市十四届人大常委会召开第十六次会议。会议审议通过市人大常委会2015年工作要点。

▲ 政协衡阳市第十一届委员会召开第24次主席会议，审议通过相关工作报告草案。

**6日**

▲ 衡阳市“10万农机闹春耕”活动在衡南县三塘镇大广村启动。

**8日**

▲ 衡阳县第四届油菜花节在明翰广场启幕。

**9日**

▲ 由高新区投资1亿元新建的公立小学——衡州小学建设已初具雏形。

**17日**

▲ 中共衡阳市委专题主持召开市委常委会，学习贯彻《习近平总书记和刘云山在省部级主要领导干部学习贯彻中共十八届四中全会推进依法治国专题研讨班上的讲话》精神，学习传达全国人大、政协“两会”精神，研究市委十届七次全委（扩大）会议有关事项，审议《中共衡阳市委

常委会2015年工作要点（讨论稿）》，听取创建全国文明城市有关工作汇报，审议《2015年基层党建工作要点》。

▲ 湖南省首支武警森林灭火救援队在武警衡阳市支队教导队成立。

▲ 首部《衡阳市水利志》正式出版发行。

**18日**

▲ 省委巡视组第一组巡视衡阳市工作动员会召开。

▲ 衡阳市中共十八届四中全会精神进农家“三下乡”活动在衡阳县渣江镇举行。

**19日**

▲《光明日报》对衡阳县曲兰镇邹玉祥家三代百余年为过山人义务挑水煮茶、守亭护路故事进行报道。

**23日**

▲ 衡阳国家高新区与神州数码（中国）有限公司举行合作项目签约仪式。

**25日~27日**

▲ 湖南省为贫困地区搭建科技平台第41期农业新技术培训班在祁东县举行。来自全省12个市州、36个贫困县的种植大户、技术骨干等共55人，免费参加以“中秋酥脆枣栽培技术”为主题的培训班，并获颁结业证书。

**26日**

▲ 衡阳市政府第三次常务会议召开，会议同意将本市社区由191个整合为140个。

▲ 总投资11.8189亿元的蒸湘南路延伸线（原名衡云干线）举行竣工通车仪式，全线竣工通车。

▲ 总投资8.1亿元的廖家湾变电站升压工程暨配套电缆隧道管沟项目开工建设。

▲ 衡阳市“健康与美丽同行”乳腺癌防治宣传长跑活动在衡阳师院举行。

▲ 市区往返于南岳机场的167、168路两条公交专线开通运行。

**26日~27日**

▲ 省政协副主席张大方一行来衡阳调研新兴产业发展情况。

**27日**

▲“欢乐潇湘·美丽衡阳”群众美术、书法、摄影活动启动。

▲“船山故里·国学飘香”系列活动在衡阳广电影视中心启动。

**31日**

▲“新珠晖·美茶山”珠晖区第二届乡村旅游文化节暨梨花节活动启动。

▲ 是月，衡阳市“12345”政府服务热线被全国妇联授予“全国巾帼文明岗”称号，系2014年度全国“12345”热线系统中唯一获此殊荣的单位。

## 4月

**1日**

▲ 衡阳市正式启动县级公立医院综合改革，实行药品（中药饮片除外）零差率销售。

**8日**

▲ 2015年首届南岳茶文化节正式拉开序幕。

▲ 副省长戴道晋来衡阳考察调度水口山金铜项目。

▲ 中国泛华集团副总裁罗云兵一行就樟木乡休闲旅游区项目开发来衡阳考察。

**9日**

▲ 特变电工衡阳变压器有限公司高端集成智能产业技术改造项目开工建设。

**10日**

▲“2015年中华茶祖节、南岳祭茶大典”在南岳大庙拉开序幕。

**12日**

▲ 祁东县首部关注留守儿童系列微电影《望》举行开机仪式。

**13日**

▲ 市政府召开全市湘江保护与治理“一号重点工程”工作会议。

▲ 省台办副主任傅雷一行来衡阳参观陆家新屋和衡阳抗战纪念城。

▲ 衡阳至井冈山旅游专线开通。

**15日**

▲ 在2015年“书香湖南”启动仪式上，市文体广新局荣获湖南省第五届“三湘读书月”活动优秀组织奖，市纪委荣获“书香机关”称号，衡阳师院、华岳试验中学荣获“书香校园”称号，后勤保障旅荣获“书香军营”称号。

**16日**

▲ 衡阳市中小学教师发展中心授牌仪式在衡阳电大举行。

**16~17日**

▲ 省委常委、省委组织部部长郭开朗到衡阳考察调研。

**16~25日**

▲ 省教育督导室对衡阳市申报的石鼓区、雁峰区、蒸湘区和

珠晖区进行第三轮“两项督导评估考核”。

**17日**

▲ 2015年衡阳“广场旬旬演·社区周周乐”群众文化活动启动。

**18日**

▲ 衡阳市江西商会成立，成员企业在衡阳投资逾100亿元。

**18～19日**

▲ 衡阳市第十一届体育舞蹈锦标赛暨全国邀请赛在市体育馆举行，参赛选手达800多人。

**19日**

▲ 在全省水文工作会议上，衡阳市水文局以总分第一名的成绩获全省水文系统2014年先进单位，此为市水文局连续第三年在该项考核中获得总分第一名的荣誉。

**22日**

▲ 市委副书记、市长周海兵会见台湾介面光电股份有限公司董事长叶裕洲一行，洽谈投资合作相关事宜。

▲ 市委副书记、市长周海兵前往蒸湘区调研城乡一体化建设和中储粮整体搬迁工作，强调打造建设好雨母山景区。

**24日**

▲ 衡阳市首家电子商务平台“湘梦网”正式上线。

▲ 衡阳市2015年劳动模范颁奖典礼举行。

▲ 湖南省孕产妇社会保障暨妇女“两癌”免费普查调研座谈会在衡阳召开，“衡阳经验”在会上受到推介。

**28日**

▲ 2015年庆“五一”国际劳动节暨表彰全国劳动模范和先进工作大会在北京召开，衡阳市8人获“全国劳动模范”称号，另有3人获“全国先进工作者”称号。

▲ 衡阳市文艺创作基地授牌暨文艺惠民活动启动仪式在常宁塔山瑶族乡举行。

▲ 全省第一家民营企业科普教育基地落户奇石文化博物馆。

**29日**

▲ 衡阳市13个棚户区改造项目纳入省住建厅年度棚改计划。

▲ 衡阳31处地质遗址入选湖南省地质遗址保护名录，其中国家级12个，省级19个。

## 5月

**5日**

▲ 省委副书记孙金龙到衡阳南岳区、衡山县考察。

▲ 衡阳市3名青年入选“湖湘青年英才支持计划”。

**6日**

▲ 市委副书记、市长周海兵召开商事登记制度改革工作调度会。省政府同意衡阳市纳入全省“三证合一”第二批试点城市。

**7日**

▲ 衡阳市人民政府、中油金鸿投资股份有限公司转让原湖南省界牌陶瓷总厂界牌片生产经营资产签约仪式在衡阳举行。

▲ 吐鲁番地区政协工委党组书记、主任肖勤忠到衡阳考察。

▲ 衡东坳家台风电场项目、衡南天光峰风电项目、耒阳太平风电场二期3个风电项目列入国家核准计划范围，总装机容量14万千瓦。

**12日**

▲ 中国核工业建设集团公司董事长、党组书记王寿君一行来衡阳考察。

**13日**

▲ 120位来自美国、新加坡以及中国台湾地区等地的黄埔同学，来到南岳忠烈祠祭奠在抗战中牺牲的黄埔英烈。

**15～16日**

▲ 胡建明在中国音乐金钟奖（声乐）湖南选拔赛中获民族唱法铜奖，成为衡阳市首位在此类赛事获得大奖的选手。

**17日**

▲ 第八届湖南省青少年机器人竞赛落幕，衡阳市共有15所学校、36支队伍、92名中小学生参赛，获得金牌16枚、银牌29枚、铜牌28枚。

**20日**

▲《衡阳日报》旗下新媒体《掌上衡阳》新闻客户端正式上线。

**23日**

▲“琼瑶故里·世界爱都”2015年衡阳首届玫瑰花节在石鼓区角山乡潇湘和创玫瑰园启幕。

**26日**

▲ 衡阳财经工业技术学院正式更名为湖南财经工业职业技术学院，市委常委、常务副市长段志刚和省政府督学、省职成教育学会会长杨国旗为学院授牌。

**31日**

▲“世界名校走进衡阳”交流会在市政府会议中心举行，来自美国、欧洲的17所著名高校招生官与广大学生和家长进行面对面沟通与交流。

## 6月

**2日**

▲ 含10个子项目，总投资12.2亿元的衡山科学城启动区项目开工建设。

▲ 总投资约10亿元的衡阳首条湘江隧道开工建设。

▲ 概算投资4.13亿元的城市生活垃圾焚烧发电厂在市第二生活垃圾填埋场内动工。

▲ 祁东黄花菜正式纳入国家地理标志产品保护。

**8日**

▲《衡阳日报》旗下新媒体衡阳全搜网改版上线。

**8日~9日**

▲ 省人大常委会副主任陈君文到衡阳祁东县进行调研。

**9日**

▲ "雁城组工，伴您同行"微信平台开通，标志衡阳市开启"指尖上的党建"新时代。

**10日**

▲ 衡阳市首个乡村艺术家部落设立于雨母山。

**11日~12日**

▲ 省政协副主席欧阳斌率督查调研组到衡阳督查调研《政协湖南省委员会关于政治协商、民主监督、参政议政的规定（试行）》情况。

**12日**

▲ 省文物保护成果全民共享现场经验交流会在耒阳举行，省文物局与耒阳市人民政府签订《关于共同推进耒阳市文化遗产保护与发展框架协议》。

**15日**

▲ 中国社科院发布《2014年中国宜商城市竞争力报告》，衡阳名列第147位。

**15日~16日**

▲ 省公安厅警务督查总队政委王建国率省公安厅督导组到衡阳督导调研公安队伍正规化建设情况。

**18日**

▲ 衡阳市政府在深圳举行"衡商回家"主题招商活动，签约合同项目共计8个，总引资额58亿元。

**19日**

▲ 耒阳市白羊渡污水处理厂成功试通水。该污水处理厂系国家环保部督办项目、"省长一号工程"和省"三年行动"计划重点工程，项目总投资3.3亿元，总设计规模20万吨/日，用地240亩，纳污面积约80平方千米，服务人口约80万。

**23日**

▲ 京港澳高速公路衡阳段南北双向的耒阳服务区和雁城服务区新增4处电动汽车充电桩。充电电费0.8885元/度、服务费0.8元/度，充电20~30分钟可达到蓄电池容量的70%~80%。

**26日**

▲ 衡阳市船山公路大桥下公交停车场发生车辆被烧事件，事故造成10辆公交车及1辆小车被烧毁，未造成人员伤亡。

**6月26日~7月12日**

▲ 湖南省考古所对衡阳市祁东县归阳镇唐家窑遗址进行考古调查。

**27日**

▲ 以"缤纷雨母季·彩跑倡文明"为主题的彩跑活动在蒸湘区雨母山乡灵山广场开跑。

**29日**

▲ 湖南省司法行政戒毒系统戒毒医疗工作推进会在衡阳市召开，会议向全省推介衡阳市强制隔离戒毒所在医疗救治方面的创新举措和工作经验。

**30日**

▲ 中俄红色旅游代表团到南岳考察，这是中国红色旅游发展史上首次在国家层面与外国开展的合作。

## 7月

**1日**

▲ 2015年湖南省地理信息发展战略座谈会在衡阳市召开，市委常委、副市长罗东海，省国土资源厅副厅长金勇章出席会议。衡阳市测绘地理信息工作得到长足发展，"数字衡阳地理空间架构建设项目达到国内先进水平，数字城市市县一体化建设作为全省试点，基础地理信息数据实现规划设计、警用地理、数字城管、12345政府服务平台、网格化管理平台共建共享，基础数据生产与提供走在全省前列。

**1日~3日**

▲ 衡阳市出现强降雨天气，92个站点降雨量超过100毫米，99个站点超过50毫米，最大降雨在衡南县宝盖镇达到202毫米，强降雨造成部分河段超警戒水位。

**2日**

▲衡山县境内普降大到暴雨，最大降雨点永和乡降雨量达145.7毫米。全县17个乡镇受灾，其中10个乡镇降雨量达到暴雨量级，受灾人口2.5万人，受灾农田2.75万亩，倒塌房屋115间，紧急转移人口500多人，直接经济损失5000多万元。

▲衡阳市酒企湖南天启酃渌湖之酒股份有限公司在深交所前海股权交易中心挂牌，袁隆平获悉后题词“天启酃渌、葛宝玉液”。

**3日**

▲17名来自全省14个市(州)的全国人大代表、湖南省人大代表在最高人民检察院和湖南省检察院领导的陪同下莅临衡阳视察工作。

**6日**

▲省委深化改革第六督查组督查专员周用金率队到衡阳市督查调研。

**7日**

▲省党史联络组湘南片组组长苏建民、副组长罗月林、蒋松生一行来衡阳调研工作。

▲总投资12亿元的特变电工南方能源科技产业园项目签约仪式在新疆举行，标志着这家全国500强企业正式入驻衡南县。

**7日~9日**

▲市委副书记邓群策、市政协主席廖炎秋带领市委、市政协考察团赴鄯善县考察援疆项目、慰问援疆干部。

**9日**

▲中央组织部组织一局局长、全国基层组织建设协调小组办公室副主任曹毅到衡阳市调研“三严三实”专题教育开展情况。

▲衡阳市非物质文化遗产工作开班，省文化厅副厅长孟庆善出席开班仪式。

▲王桂云、邹玉祥、高玉华入选“中国好人榜”候选人名单。

**16日**

▲省政府党组成员、省公安厅党委书记黄关春到衡阳调研督导公安工作。

**22日**

▲中国地市报研究会第七届理事大会召开，衡阳日报社社长周玉军当选副会长，衡阳日报社成为湖南省唯一的副会长单位。

**23日**

▲英国经济杂志《经济学人》旗下机构经济学人智库发布2015年中国新兴城市报告显示，贵州贵阳、湖北襄阳、湖南衡阳名列前三。

**27日**

▲深圳市桑谷医用机器人有限公司落户衡山科学城。

**28日**

▲雁峰区司法局举行雁峰区社区矫正中心启动仪式，标志着衡阳市首个区级社区矫正中心正式投用。

▲省文化厅副厅长禹新荣一行莅临衡南县调研。

▲衡阳民兵应急中心成立。

**29日**

▲中国文学艺术界联合会、中国舞蹈家协会主办的第八届“小荷风采”全国少儿舞蹈展演在北京落下帷幕。衡阳市青少年宫杨柳老师创编的舞蹈《一把小雨伞》获得金奖，系衡阳市近5年来少儿舞蹈荣获的国家级最高荣誉。

## 8月

**1日**

▲市委副书记、市长周海兵会见中房物产集团中州新能源科技有限公司董事长张意州一行。双方就开发利用新技术、发展新能源达成合作意向。

**4日**

▲省委副书记、省长杜家毫莅临衡阳考察水口山地区污染治理工作及衡阳市项目建设情况。

**5日~6日**

▲永州市政协副主席何明玲、副秘书长刘翼平率政协文史委、文史研究室、周敦颐故居楼田管理处、县志办等负责人一行6人来衡阳考察。

**6日~7日**

▲省人大常委会副主任刘莲玉率省人大常委会水污染防治法执法检查第三组到衡阳考察水污染防治工作。

**12日**

▲市长周海兵会见民生银行湖南省分行行长王周屋，双方就共同推进衡阳经济社会发展和民生银行在衡阳发展进行交流。民生银行将采取PPP等模式，支持衡阳项目建设和企业发展。

**12日~13日**

▲省直工委调研督导组到衡阳市督查调研。

**14日**

▲由中央文明办主办、中国文明网承办的“我推荐、我评议身边好人”活动“中国好人榜”

正式发布8月入榜名单。衡阳市民朱小洋、李绵星、吉湘林、刘庆社4人分别入选“助人为乐好人”“见义勇为好人”“敬业奉献好人”“孝老爱亲好人”。

**15日**

▲“滨江杯”足球赛在市体育中心举行，标志着衡阳市第十届运动会正式开赛。其后在南岳区开赛的乒乓球项目决出本届市运动会第一块金牌。

**17日**

▲衡阳市首家慈善义工服务基地成立并落户市社会福利院。

**18日**

▲新疆鄯善县人大常委会考察组到衡阳考察。

**21日**

▲衡阳市举行第七批中期轮换援疆干部人才对口支援新疆鄯善县欢送仪式。

▲衡阳市十运会田径赛开赛，首日决出23枚金牌，雁峰区毛婷夺得女子甲组100米栏冠军，为本届市运会田径比赛的首枚金牌。本届市运会田径比赛是历届市运会比赛规模最大的一次，共有408名运动员参赛，共产生84枚金牌。

▲衡阳市四城区教育工作集中接受“两项督导教育评估考核”意见反馈。石鼓区、雁峰区、蒸湘区和珠晖区“教育强县（市、区）”评估合格，均被认定为湖南省第二批教育强区。

**25日**

▲省总工会副主席周乐红率领省、市总工会干部到衡阳市的企业生产场地、重点项目建设工地，看望慰问在高温一线的劳动者。

**26日**

▲经市教育局审核，省专家组评估，雁峰区达到湖南省现代教育技术实验区的条件，成功挂牌“湖南省现代教育技术试验区”。

**27日**

▲衡阳市举行“金秋助学·爱心圆梦”2015年希望工程大型助学活动，共筹集善款近400万元，资助贫困学子近200人。

**30日**

▲九三学社衡阳市委纪念建社七十周年暨抗日战争胜利七十周年。

▲是月，衡南县云集镇黄金社区荣获省级两型示范基地称号，成为此次衡阳市唯一获此殊荣的单位。

## 9月

**2日**

▲纪念抗日战争胜利70周年大型图片展在崇盛国际柏石艺术中心举行。

▲衡阳市与启迪科技服务有限公司签署战略合作协议，双方以发展紫光古汉系列产品、拓展全国销售市场为起点，在养生养老健康、节能环保污染治理以及科研技术成果转化等各领域进行深度合作，在衡阳建设启迪科技产业园。

**3日**

▲“中国人民抗日战争胜利70周年暨世界反法西斯战争胜利70周年邮票首发式暨全国集邮巡展衡阳站”启动仪式在太阳广场举行。

**7日**

▲湖南省看守所安全工作会议在衡阳市召开，副省长、省公安厅厅长黄关春考察衡阳市公安监管中心，公安监管工作的“衡阳经验”在会上受到推介。

**8日**

▲衡阳市第十届运动会在市体育馆开幕，省体育局巡视员李贵致辞，参赛运动员达5287人。

▲由市委、市政府主办的中葡国际男篮对抗赛在市新体育馆举行。

▲衡阳市金融支持实体经济发展对接会召开，银企对接现场签约222个，签约总金额339亿元。

▲从市畜牧水产部门获悉，衡阳市出栏生猪、出笼家禽和肉类总产量连续六年居全省第一。

**8日~9日**

▲省人大常委会委员、省人大民侨外委主任委员石光明率省人大调研组到衡阳调研对外经贸工作。

**9日**

▲省委常委、常务副省长陈肇雄莅临衡阳考察调研产业转型升级和新兴产业培育发展情况。

▲衡阳新闻网“凯枫衡阳”专版启动仪式举行。省委防范处理邪教办副厅级纪检员陆波，市委常委、市委宣传部部长刘丽华宣布专版启动。

**10日**

▲广州军区原副司令员吕丁文率军区部分全国人大代表莅衡阳开展专题调研，对衡阳征兵和退伍安置工作给予肯定。

▲ 湖南省道教协会成立30周年庆典系列活动在南岳衡山举行，来自国家宗教局、中国道教协会、省委统战部、省民宗委、省内14个市（州）道教界代表以及国内外名山宫观的道长羽士近千人参加庆典。国家宗教司四局副司长赵忠海、湖南省委统战部副部长龙建湘、市政协副主席刘日煊等出席此次庆典活动。

**11日**

▲ 从国家艺术基金网获悉，国家艺术基金2015年度资助项目名单出炉，由衡阳市歌舞团有限责任公司选送的小歌剧《多多的春天》入选，成为湖南省两个入选项目之一，这是衡阳市首次拿下“国字号”艺术基金。

**13日**

▲ 全国外宣发布微博政务指数排行榜前50名，“衡阳发布”政务微博排名31位，为湖南省唯一挺进前五十名的外宣类政务微博。

**14日**

▲ 市长周海兵赴广州市会见广东农垦集团公司党组书记、董事长雷勇健，双方就推进农业产业化合作进行磋商。

▲ 衡阳首座功能完善的现代化冷链物流基地——衡阳白沙洲物流园冷链项目开业。

**14日~20日**

▲ 第十八届全国推广普通话宣传周湖南开幕式在衡南云集举行。

**16日**

▲ 历时32天的衡阳市第十届运动会闭幕，5287名运动员共决出837枚金牌，刷新16项市运会纪录。

▲ 省委副秘书长、省编办主任魏旋君专题考察衡阳市机构编制工作。

**17日~18日**

▲ 省人大常委会副主任谢勇到衡阳，对“六五”普法工作进行检查验收。

**18日**

▲ 衡阳市正式推行“三证合一”登记制度改革，实施工商营业执照、组织机构代码证、税务登记证合为“一照一码”登记模式。

▲ 2015年第七届湖南茶叶博览会、常宁生态有机茶业品评推介汇报会、2015湖南茶叶“十佳示范乡镇”“十大杰出制茶师”“十强茶叶专业合作社”单位授牌仪式在长沙开幕。开幕式上，常宁市被授予“生态有机茶之乡”称号，常宁塔山瑶族自治乡荣获2015年湖南茶叶“千亿产业十佳示范镇”，常宁天堂塔山生态农业科技发展专业合作社荣获2015年湖南茶叶“十强茶叶专业合作社”。

**22日**

▲ 湖南省新闻战线“好记者讲好故事·价值观的故事”主题演讲比赛中，衡阳日报社刘春艳获得二等奖，市广电台记者罗晔获优秀奖。

▲ 中国科学院湖南技术转移中心衡阳中心揭牌暨项目签约仪式在市科技局举行。

**23日**

▲ 2015年“全国科普日”衡阳活动启动，主题为“科技成就梦想、拥抱智慧生活”。省地震局局长燕为民到衡阳调研防震减灾工作。

▲ 衡阳市中小学首届“名师论坛”在衡阳电大开讲。

**23日~24日**

▲ 副省长蔡振红到衡阳考察调研。

**24日**

▲“互联网+国学”高峰论坛暨全国百家媒体跨界发展研讨会开幕式在市广电中心举行。

▲ 省政府在郴州市举行推进湘南承接产业转移示范区建设工作会议暨第四批重大项目启动仪式，衡阳33个项目列入第四批重大项目。

▲ 长沙、株洲、湘潭、衡阳、常德五市花鸟画联展衡阳巡展暨衡阳市“一花一世界”第四届花鸟画展开幕。

**25日**

▲ 2015年雁城梦·中华艺术文化博览会暨衡阳日报社首届读者文化节开幕。

▲ 衡阳市“志愿你我他，恒爱百万家”公益行动及爱心手工毛衣编织大赛启动。

▲ 衡阳市智能机器人产业发展战略研讨会召开。

**26日**

▲ 2015年衡东秋季乡村生态旅游文化节暨“衡东大花园——洣水花千谷”开园仪式在衡东县城关镇新鹤村举行。

**30日**

▲ 省政府在衡阳县西渡镇陡岭村召开湖南省做优做强湘米产业工程暨高档优质杂交水稻新品种开发新闻发布会，副省长戴道晋、“杂交水稻之父”袁隆平，省

农业委员会主任刘宗林，中国水稻研究所所长程式华，市委副书记、市长周海兵，副市长陈竞等出席会议。会上，湖南省再次推出新育成的5个米质达国标二等优质米标准的杂交稻新品种。

## 10月

**8日**

▲“2015年讲述警嫂故事”为主题的“好警嫂”推选宣传活动揭晓仪式在公安部举行，吉湘林妻子邓靓荣获“好警嫂”荣誉。

**9日**

▲总投资约6.5亿元的北三环湘江大桥、总投资约13亿元的酃湖公园、总投资约6.4亿元的东洲湘江大桥开工建设。

**12日~13日**

▲省委组织部副部长、省人社厅厅长胡伯俊率省政府督查组到衡阳调研，督导稳增长政策落实情况。

▲省人大农业与农村委员会主任委员李小平率省人大调研组来衡阳调研气候资源开发与保护情况。

**13日**

▲省人大环资委主任委员邹学明率人大调研组到衡阳考察，征求《湖南省城市综合管理条例（草案）》的意见和建议。

**16日**

▲衡南县花桥镇竹镇村易家组举行衡阳保卫战“泰山军十三烈士墓”揭牌仪式，此墓葬为目前最早的一处有墓志铭和见证人的参加衡阳保卫战的第十军烈士墓地。

**17日**

▲2015年夜间城市V马挑战赛在市南湖公园举行，近千名选手参赛，这是衡阳首次举行大规模夜跑活动。

**18日**

▲九三学社衡阳市书画院成立。

**17日~18日**

▲全国执业药师考试首次在衡阳市举行，衡阳考区参考人数达到5612人，其中外地考生占30%。

**26日**

▲省经信委主任谢超英一行到衡阳调研核产业发展。

**26日~27日**

▲中国科协党组成员、书记处书记王春法率第三方评估组来衡阳，调研基层公共医疗设施建设、使用和管理政策落实情况。

**27日**

▲唯品会中南地区物流配送中心项目落户衡阳县西渡高新技术产业园，项目总投资12亿元。

**28日**

▲衡阳市首家公共法律服务中心在衡南县成立。

**28日~29日**

▲省政协港澳委员视察团来衡阳，开展以“湖南省外向型经济发展”为主题的视察活动，省政协副主席王晓琴出席。

**10月28日~11月1日**

▲第三届湘绣文化艺术节暨第五届湖南省工艺美术品博览会在湖南国际会展中心开幕，衡钢小学教师刘章群的两件作品获奖。

**30日**

▲郴州市党政代表团到衡阳考察交流园区、企业及项目建设情况。

## 11月

**5日**

▲匈牙利国务秘书、国家政策与特色发展委员会主席佩斯特·伊梅尔一行到衡阳考察。

▲衡阳警备区开展代号“湘江-2015”实兵非战争军事行动演习。

**7日**

▲湖南省乡镇区划调整改革工作交流会在衡阳召开。省委副书记孙金龙对衡阳改革工作进行肯定，省委常委、省委组织部部长郭开朗主持会议，副省长蔡振红出席会议。

▲湖南省首届师范生教学技能大赛在衡阳师范学院举行，全省23所师范学院129名选手参赛。

**9日**

▲中国南岳第三届千年佛教论坛——慧思大师诞辰1500周年纪念活动在南岳磨镜台开幕，来自国内及世界各地20多个国家和地区的近千名高僧大德、专家学者参加开幕式，省委常委、省委统战部部长黄兰香出席开幕式。

**10日**

▲由环境保护部环境保护对外合作中心主办，省环境保护厅承办的“国际汞履约试点项目成果推广会暨履约需求对接会”在衡阳市召开。

▲省人大常委会法工委主任、省人大法制委副主任委员肖迪明率省人大常委会评估组到衡

阳，实地评估衡阳市行使地方立法权条件。

**11日**

▲ 衡阳市美术馆、洛阳市美术馆联手在衡阳举办“丹青墨韵——衡阳·洛阳书画作品展”。省新闻出版广电局党组书记、局长朱建纲宣布活动开展，市人大常委会党组书记、常务副主任谢宏治出席开幕式。

▲ 2015年湖南科技论坛衡阳分论坛开幕。

▲ 市青年企业家商会成立，李嵘当选会长，甘娟娟当选秘书长。

**13日**

▲ 以“生态生活·乡约乡游”为主题的2015年中国·衡阳乡村生态旅游节暨衡南宝盖银杏文化节开幕。

**14日~15日**

▲ 湖南省第二届业余乒乓球团体王冠争霸赛暨2015广州轻工“双鱼杯”百姓乒王·黄金大赛湖南赛区总决赛在衡阳举行。省体育总会专职副主席冯湘江宣布比赛开幕，衡阳市获“两银一铜”成绩。

▲ 由中国地理学会人文地理学专业委员会、古村古镇文化遗产数字化传承湖南省协同创新中心、衡阳师范学院、山西大学共同主办的中国传统村镇协同保护与发展南岳论坛暨《碛口宣言》发表十周年学术研讨会在衡阳举行。会议就中国古村古镇协同保护与发展，“旅游+”时代的古村古镇文化遗产数字化保护进行主题研讨，并在南岳古镇形成《中国传统村镇协同保护与发展的南岳共识》。

**15日**

▲ 历时3个月，800多支队伍参赛，100多场赛事上演，100多万群众现场观看的2015“欢乐潇湘美丽衡阳”全民广场舞大赛总决赛结束，祁东县代表队表演的《碟儿声声》夺得冠军。

**17日**

▲ 衡阳第二届“千叟宴”开席，两千余名老人集聚颐和山水健康俱乐部依次开展活动。

**18日**

▲ 市侨联在衡阳市书画院主办“亲情中华·魅力衡阳”侨界书画作品暨艺术文化交流活动。

**19日**

▲ 省卫计委副主任张义昌率综合调查小组来到衡阳开展年度综合检查。

**19日~20日**

▲ 省人大常委会副主任陈君文率省人大调研组到衡阳，调研人民防空法律法规贯彻执行情况，向全省推介“一法一办法”的“衡阳经验”。

**20日**

▲ 以“新常态与规划创新”为主题的2015年湖南省城乡规划年会在衡阳举行。

**23日**

▲ 国家开发银行湖南省分行行长梁庆凯和浦发银行长沙分行行长李征到衡阳考察，就衡阳与两银行开展更深合作进行交流。

**24日**

▲ 省政府安全生产工作考核组在衡阳召开汇报会，省安监局副局长杨国庆出席会议。

▲ “互联网+众创衡阳”高峰论坛暨衡阳白沙洲工业园湘梦电商产业园开园仪式举行，省商务厅副厅长罗双峰参加仪式。

**26日**

▲ 由衡阳日报社与市委老干部局合办的《今日老年报》正式创刊，定于每周二出版。

▲ 全省首家国地税联合办税服务厅在祁东成立。

**26日~27日**

▲ 省编办副主任黄爱华率省机构编制专项督查组到衡阳，督查减编控编、政府职能转变及机构改革、行政审批制度改革工作。

**11月26日~12月4日**

▲ 由省农业委员会和市人民政府共同举办的2015衡阳第六届农产品博览会在西湖公园举行。

**27日**

▲ 省委宣讲团“学习宣传党的十八届五中全会精神”衡阳市专题宣讲报告会举行。

▲ 全省厂务公开、职代会工作现场经验交流会议在衡阳召开，省总工会副主席黄新民出席会议。

**27日~29日**

▲ 中国报业文化产业联盟电商分会成立大会在衡阳举行，来自全国各地近百位专家参加。

**28日**

▲ 中国报业文化产业联盟电商分会在衡阳成立。

▲ 2015“我爱足球”中国足球民间争霸赛总决赛在海南省海口市落下帷幕，衡阳父子蒋盛、蒋宇轩在家庭秀比赛中荣获亚军。

**11月30日~12月2日**

▲ 省委副书记孙金龙到衡阳市衡东县、常宁市、祁东县调研。

## 12 月

**1 日~8 日**

▲ 2015 年湖南省青少年校园足球联赛初中总决赛在湖南有色金属职业技术学院举行，衡阳市男队获得一等奖，女队获得二等奖。

**2 日**

▲ “天下南岳——衡阳市版画精品主题展”在衡阳市书画院开展。

▲ 湖南省“向志愿者致敬”系列活动在长沙举行，衡阳市共有 5 名志愿者、1 个志愿服务社区、1 个志愿服务组织、1 个志愿服务项目荣获先进典型。

**4 日**

▲ “纪念第 30 个国际志愿者日暨志愿服务先进典型表彰活动”在市体育馆举行。

▲ 湖南省第十二届人民代表大会常务委员会第十九次会议表决通过《湖南省人民代表大会常务委员会关于确定衡阳、株洲、湘潭、岳阳、常德、益阳、郴州市人民代表大会及其常务委员会开始制定地方性法规的决定》。12 月 5 日，该《决定》公布并施行，这标志着衡阳市建市以来第一次获得授权行使地方立法权，在衡阳历史上具有里程碑式意义。

▲ 市长周海兵会见到衡阳考察的华为技术有限公司中国区总工程师胡善勇。

**5 日**

▲ 由市文体广新局、市文化志愿服务支队主办的“纪念国际志愿者日暨衡阳市文化志愿者服务进社区”活动在立新广场举行。

**6 日**

▲ 衡阳报业书画院成立五周年庆典及衡阳报业书画院创作培训基地——浩诚艺术馆开馆。

▲ 2015 年湖南省“欢乐潇湘·群舞飞扬”全民第五届广场舞总决赛在常德市白马湖公园落幕，代表衡阳市参赛的祁东县代表队以《碟儿声声》荣获大赛亚军。

**7 日**

▲ 省委常委、省委政法委书记李薇薇到衡阳考察调研。

**7 日~8 日**

▲ 省督查组来衡阳就乡镇区划调整改革及不动产登记工作开展督查调研。

**8 日**

▲ 衡阳市慈善总会旅游饭店业慈善分会挂牌成立。

**9 日**

▲ 由省文明办、省疾控中心主办的“中国梦文明心·健康行”公益活动暨全民素养促进公益活动在衡阳启动。

**10 日**

▲ 衡阳市公安局交警支队在全省首家推出“微信挪车”便民服务。

**11 日**

▲ 2015 年“南詹正骨杯”湖南省第 35 届象棋锦标赛在常宁市开幕，来自全省各地 18 支代表队 100 多名运动员参赛。

**12 日**

▲ 衡阳市“345 家长学校”启动暨家庭教育首批高级指导师培训班开班仪式在衡阳电大举行，正式拉开打造衡阳家庭教育新模式的序幕。

**15 日**

▲ 省人大常委会委员、省人大内司委主任委员李平率省人大调研组到衡阳，就《中华人民共和国保守国家秘密法》及《实施条例》的贯彻落实情况进行调研。

▲ 全省老年教育工作会议在耒阳召开，衡阳 9 所老年大学成为省级示范，省人大常委会原副主任沈瑞庭、省人大常委会原副主任罗海藩、省政协原副主席游碧竹出席活动，省委老干部局纪检组长李龙出席作工作报告。

**16 日**

▲ “2015 年互联网+湖南微信影响力评选颁奖盛典”在长沙举行，《衡阳晚报》官方微信获“湖南媒体（自媒体）传播类微信十强”称号。

**17 日**

▲ 湖南省监狱安全工作会议在耒阳召开，衡阳市相关部门作为“三共”（共建、共管、共保安全）活动先进单位在会上受到表彰，“衡阳经验”在会上受到推介。

▲ 湖南省政府新闻办通报寻找“最美家庭”“最美创业”“最美最美湘女”活动评选结果。衡阳市公安小区吉湘林家庭、衡东县白莲镇马房村向莲生家庭、衡山县江东乡江东村李伟娥家庭获“最美家庭”称号；衡山县福云生态有限责任公司董事长兼总经理姚建华、衡阳市一淘网络服务有限公司谢娅妮获“最美创业”称号；衡阳市泰康人寿保险公司祁东支公司业务员肖金莲获“最美湘女”称号。

**18 日**

▲ 省关工委主任杨泰波、副主任高锦萍到衡阳视察调研。

**20 日**

▲《人民日报》采用“头版消息导读+二版通讯详解”的形式，对衡阳市“试水农权抵押贷款”改革举措予以重点推介报道。

**21 日**

▲ 上海—衡阳—昆明航线正式通航。

**21 日～23 日**

▲ 省绩效评估验收组到衡阳调研考察。

**22 日**

▲ 国家 AAAA 级旅游景区评定小组对石鼓书院景区进行实地考察，专家组一致认为石鼓书院景区达到国家 AAAA 级景区标准。

**23 日**

▲ 湘江土谷塘航电枢纽工程第一台机组并网发电，省交通厅厅长刘明欣、市委副书记、市长周海兵共同启动发电机组。

**23 日～24 日**

▲ 华菱衡钢通过国家试验室认可评审现场审核。

**24 日**

▲ 10 余万市民聚集于解放大道东段周边区域庆祝“平安夜”，市公安局出动 2706 名警力巡逻执勤。

**24 日～25 日**

▲ 住建部城乡规划督查湖南组组长王智光率领督查组一行到衡阳巡查工作。

**25 日**

▲“中国流动科技馆湖南巡展”衡阳站在衡州小学启动。省科协党组成员、副主席廖任强等出席活动。

▲ 市委副书记、市长周海兵会见启迪科技城投资发展有限公司相关负责人，双方就建设衡阳启迪发展有限公司相关事宜进行磋商。

▲ 衡阳市人才信息库建设动员培训会在市人力资源与社会保障局召开，来自 12 个县（市）区、4 个园区、市直机关各单位、各人民团体、驻衡企事业等单位的 150 余人，参加动员会并进行业务培训，此举标志着衡阳市在全省率先启动人才信息库建设。

▲ 白沙洲工业园区总工会成立，这是全市工业园区成立的首家总工会。

▲ 省教育工委、省教育厅联合下发的《关于公布 2015 年度湖南省文明高等学校认定结果的通知》，确认湖南省财经工业职业技术学院获评“省文明高校”称号。

**26 日**

▲ 衡阳市首部祠堂志书《王家祠堂志》在衡南县栗江镇王家祠堂举行首发仪式。

**27 日**

▲ 中国知名画家杨敬云创作的 20 余幅国画在交通银行衡阳分行一楼大厅展出。

**28 日**

▲ 衡阳市首届廉政微电影大赛颁奖仪式在市广电演播大厅举行。省纪委宣传部长廖丽萍等出席。

**29 日**

▲“润在春秋”何润成国画、版画作品展在雨母山艺术家部落开展。

（李　政）

# 衡阳概况

# 自然地理

【位置与面积】 衡阳，古为三苗故地，称衡州，有“寰中佳丽”之誉。相传“雁不过衡阳”，故衡阳城亦被称之为“雁城”。衡阳市位于湖南省中南部，湘江中游。地处北纬26°07′05″~27°28′24″，东径110°32′16″~113°16′32″。东邻株洲、攸县、安仁，南界永兴、桂阳，西接冷水滩、祁阳、东安、邵阳、邵东，北靠双峰、湘潭。南北长150千米，东西宽173千米，总面积15310平方千米，占全省土地总面积的7.23%，在全省各市、州中，幅员位居第7位。

【地形地貌】 衡阳市处于湖南省凹形面的轴带部分，四周山、丘围绕，为古老宕层形成断续环带的岭脊山地，东部为罗霄山余脉天光山、四方山、园明坳，南部为南岭余脉塔山、大义山、天门仙、景峰坳，西部为越城岭的延伸熊罴岭、四明山、腾云岭，西北部、北部为大云山、九峰山和南岳衡山；中部主体大面积分布白垩系和下第三系红层的红色丘陵台地，使衡阳地区的地貌轮廓成为一个以衡阳市为中心、南高北低，向东北方向稍有延伸的类椭圆形盆地。境内最高点为衡山祝融峰，海拔1289.8米；最低点为衡东的彭陂港，海拔只有39.2米。整个地形比降为7.9‰。地貌类型以岗丘为主，山地占总面积的21%，丘陵占27%，岗地占27%，平原占21%，水面占4%。

【河流】 境内有长5千米或流域面积10平方千米以上的江河溪流393条，总境长达8355千米，河网密度为每平方千米0.55千米。发源于广西临桂的湘江干流，自祁东县归阳镇入境，依次流经祁东县、衡南县、常宁市、衡阳市城区、衡阳县、衡山县和衡东县，境内长226千米。境内流域面积在3000平方千米以上的湘江一级支流有舂陵水、蒸水、耒水、洣水，水电资源理论蕴藏量87.61万千瓦，可供开发量64.17万千瓦。

【动物资源】 已知衡阳市有兽类和鸟类200余种，其中兽类30种，鸟类17目40科170种以上。国家一级保护动物有云豹、白鹳、河麂（车獐）、中华秋沙鸭。国家二级动物有穿山甲、虎纹蛙、水獭、大灵猫、小灵猫、果子狸、水鹿、斑羚、鬣麝、鸳鸯。猛禽类有草峭、猫头鹰、褐林峭、短耳峭、大庐、红脚隼、白鹇、峭鹞、白冠长尾雉、红腹角雉、大鲵等。省重点保护动物有白鹭、环颈雉、竹鸡、白骨顶、珠颈斑鸠、华南虎、山斑鸠、苍鹭、牛背鹭、颀鹚、中华竹鼠、银星竹鼠、狐、青鼬、豹猫、蛇、蟾蛙30余种。

【植物资源】 全市有木本植物99科、342属、1047种。国家一级保护珍稀树种有银杏、金钱树、摇钱树、水松伯乐树（钟萼本）、绒毛皂荚、香果树等。国家二级珍贵树种有蓖子三尖杉、杜仲、榉木、闽楠、红豆杉、厚朴等。国家三级保护树种有黄枝油杉、柔毛油杉，凹叶厚朴、桢楠青檀、银鹊树、青钱柳、香榧、金叶、白兰花、湖南石楮、瑶山梭罗等。速生优良树种有杉树、马尾松、楮、栲、栎类、青冈、枫香橡木、木荷、刺楸等20科120种。引进树种主要有湿地松、火炬松、柳杉、油松、黄山杉、华山松、水杉、池杉、落地杉、光皮桦、桤木、意大利杨等。经济林名特优自选、自繁、自育树种有楠竹、油茶；檀桥板栗、祁东无核香柚、衡山九龙李、苹果李、光皮枣、白果等。

【土地资源】 衡阳市所辖土地总面积为1.53万平方千米，计1529923.97公顷。其中耕地面积39.15万公顷，主要分布在湘江谷地平原及耒水、洣水、蒸水、舂陵水等湘江一级支流两岸，地势平坦、土壤肥沃、灌溉便利，有利于建设高产、稳产农田；在紫色砂页岩丘岗地区的岗间谷地、丘间谷地的耕地，土壤中富含磷、钾，自然生产力也较高。按照耕地质量等级评估，全市一等耕地占62%，二等耕地占25%，三等耕地仅占13%。林地面积71.48万公顷，主要分布在南岳衡山以及市境周边的九峰山、四明山、大云山、天光山、大义山、塔山、五峰山、天门山、四方山等山地一带。园地、牧草地面积分别为3.48万公顷和7.4万公顷，数量少，分布散。城镇村及工矿用地面积12.74万公顷，交通运输用地面积2.59万公顷，水域及水利设施用地面积11.40万公顷，其他土地面积4.69万公顷。按三大类分，全市农用土地125.98万公顷，建设用地15.01万公顷，未利用土地面积12.00万公顷。土地利用类型结构有三个突出的基本特点：（1）土地利用类型结构以林、耕地为主。全市农业用地、建设用地和未利用土地的结构是82.35∶9.81∶7.84，反映衡阳市自然条件和区位比较优越，开发历史悠久，以及工农业生产和交通运输发达的特点。林地面积占46.72%，是全市土地利用比值最高的类型；耕地面积占25.59%，其比例居土地利用类型的第二位，而水田面积又占耕地面积的83.67%，是以水田为主的耕地类型。林、耕地面积占到全市土地总面积的72.31%。（2）类型齐全，数量不丰。全市土地资源8大一级类型俱全，44个二级类型基本齐全，山、丘、岗、平兼有，以岗丘为主，岗丘面积约占全市土地总面积的56.8%。全市人均拥有土地量仅为0.020公顷，为全国人均0.095公顷（既1.125亩）的25%，为全省人均量的63%，人均拥有耕地面积仅0.05公顷，即0.75亩，属土地资源数量极不丰富的地区之一。（3）地域差异明显，类型结构不够均衡，全市土地利用各类型的总量和结构呈现出极大的地域差异，且主要地类林地、耕地和建设用地的分布相对集中连片。位于衡阳盆地中部岗平地区，包括蒸湘、石鼓、雁峰、珠晖4个城区面积51830.58公顷，占全市土地总面积的3.39%。本区地势平坦开阔，交通发达，城镇村居民点及工矿、商贸、文教卫等机关企事业单位的比例大，水域、园地用地面积较多，土地利用效益高于其他土地利用区，但“三废”污染较为严重。东北部丘岗区，包括衡东、衡山两县，面积286168.99公顷，占全市土地总面积的18.70%，地形以丘岗为主，水域面积比例较大，是建设商品粮、优质水果和水产养殖基地的理想之地。南岳山地区，面积17927.78公顷，仅占全市土地总面积的1.17%，地形以山地为主，占81.67%，林业、旅游业用地比例居全市各区之首，土地利用效益高，保护生态环境和人文景观、开发旅游资源任务繁重，前景广阔；但耕地、水域面积比重甚微。西南地区，包括祁东县和常宁、耒阳市，面积为656717.02公顷，占全市土地总面积的42.92%，该地区地形组合结构较为均衡，山、丘、岗、平比例均在20%以上，林、牧产值比例较高，矿产资源丰富，城镇村居民点及工矿用地比例大，工业污染严重，待复垦土地面积大，难利用土地多。中北部丘岗区，包括衡南、衡阳两县，面积为517279.60公顷，占全市土地总面积的33.81%，紫色砂页岩广布是本区的突出特点，而耕地面积尤其是水田面积多、比重大，又是该区的主要优势，是全市重要农业区，是建设商品粮基地的主产区。

【矿产资源】 衡阳市地处华夏系第二沉降带平（江）—衡（阳）凹陷带，位于阳明山—塔山东西向隆起带北缘、祁阳弧形构造南缘，著名的衡阳红色盆地位居本区中部，区内地层发育齐全，构造运动强烈，岩浆活动频繁，矿产极为丰富，是湖南省著名的“有色金属之乡”和“非金属之乡”。截至2000年年底，已发现矿产地500余处（不包括砖瓦用黏土、采石场、采砂场377处）、矿产66种，占湖南省已发现的141种矿产的46.8%。其中探明资源储量的51种，占湖南省已探明资源储量101种矿产的50.5%；在已发现的66种矿产中，已纳入矿产资源储量表的有40种。全市矿产总资源储量1275723万吨，矿产资源潜在价值3511多亿元。在全省37种主要矿产资源中，衡阳市有29种，占78.38%；在对国民经济发展有重要意义的15种大宗支柱性矿产中，衡阳市有10种，能源、有色、黑色及非金属矿产为全市四大优势矿产。主要有煤、石煤、铁、锰、钒、铅、锌、钨、铜、锡、金、银、铍、铌、钽、钼、铀、砷、硼、汞、钴、锑、硫铁、高岭土、石膏、岩盐、钙芒硝、重晶石、萤石、钾长石、钠长石、硅灰石、滑石、大理石、常宁玉、花岗岩、石灰石38种。

固体燃料矿产：以煤为主，已发现矿床17处、矿点13处，为湘南地区重要的产煤区。烟煤、无烟煤累计探明储量50796万吨，截至2000年年底，保有资源储量441018万吨，居全省第三位，主要分布在耒阳、常宁两市，祁东、衡东等县亦有少量分布。煤炭资源储量的90%集中在耒阳白沙、永耒、马水和常宁斗岭、盐湖矿区。全市含煤地层3个，其中龙潭组为主要含煤地层，众多工业矿床产于龙潭煤系；测水煤系和下侏罗纪煤系含煤较差，多不构成工业矿床，仅常宁武房有小型煤矿分布。石煤是水泥生产和民用的重要辅助能源。衡阳市石煤资源已发现矿产地2处，由于工作程度低，暂列为矿点，分布在衡阳礼梓和衡南永兴。

黑色金属：黑色金属矿产有铁、锰、钒矿，主要为铁矿，次为锰矿，发现铁矿床7处，其中大型1处、小型6处，资源总储量37097万吨，主要分布于祁东县，常宁、耒阳、衡山等县（市）亦有少量分布。祁东铁矿为全省规模最大的铁矿，属沉积变质铁矿床，品位偏低，选矿难度较大，2003年开始开发利用。锰矿资源主要分布于耒阳、常宁两市，共发现矿产地15处，其中小型矿床2处，其余均为矿点；锰矿产于二迭系当冲组，经风化淋滤次生富集局部形成矿床，但极少构成工业矿床，已探明耒阳春陵水和仁义圩锰矿，资源总储量43.5万吨。钒矿资源主要分布在衡阳礼梓和衡南永兴，与石煤共生，远景储量大。

有色金属矿产：衡阳市素以“有色金属之乡”著称，矿床规模大、种类多，具有巨大经济价值，是湖南省重要的有色金属矿产基地，已探明有铜、铅、锌、钨、锡和钴、铋、锑、汞等九种；已知矿床（点）132处，其中大型矿床4处、中型矿床10处、小型矿床95处，此外尚有大量矿化点分布各地。区内已知铜矿产地52处，其中单一小型铜矿床9处、共生小型铜矿床2处、伴生铜矿床7处、矿点33处，资源总储量256317吨，居全省第三位，主要分布于常宁和衡南，衡东亦有少量分布。沉积型铜矿床以车江铜矿为代表；同生沉积后期再造型铜矿以常宁大坪铜矿为代表，并有大里矿点、矿化点分布；高—中温热液—接触交代矽卡岩型铜矿床以麻石岭及大义山岩体东侧通天岭、杨柳塘等众多矿化点为代表，矿体赋存于岩体外接触带矽卡岩中；常宁铜鼓塘和衡南谭子山、龙秀桥、金鸡岭铜矿床属中低温热液充填型铜矿。衡阳市铜矿以硫化铜为主，铜品位一般在0.7%~3.8%，共生矿产占57.14%，单一矿产占42.96%。铅锌矿产地44处，其中大型矿床1处、中型4处、小型8处、伴生矿床3处、矿点28处。到2003年年底止，全市已探明铅资源储量629600吨、锌资源储量778900吨，居全省第二位。铅锌矿床主要分布在常宁市，其次在衡东、祁东县，主要矿区有水口山矿田、东岗山矿田和清水塘矿田。铅锌矿石绝大部分是硫化铅锌矿石，矿产组合以共生矿产为主，其次为伴生矿产，综合利用组分多，主要为铜、银、金、锡、铋、锗等。水口山矿田老鸦巢、鸭公塘、康家湾铅锌矿属中温、中高温热液交代型铅锌矿床，规模较大，是大型多金属矿床，占全市铅锌资源总储量的61.17%；东岗山、清水塘、双溪铅锌矿属中温热液充填型脉状铅锌矿床，受断裂构造控制，矿体形态复杂，品位较高，矿床规模小—中型；低温热液充填。矽卡岩。伴生铅锌矿床也有分布。钨矿产地26处，其中大型矿床1处、中型2处、小型7处、矿点16处，已探明资源储量187700吨，居全省第二位。钨矿主要分布在衡南县，其次在衡东县、常宁市；成因类型为高温热液石英脉型；矿石类型主要为黑钨矿，占52.61%，次为白钨矿，占47.63%。钨矿伴生组分丰富，综合回收利用良好，主要回收铜、铋、钼。锡矿产地23处，其中中型矿床6处、小型9处、伴生矿床2处、矿点6处。按成因可分为原生锡矿和砂锡矿床两类，累计探明资源储量172929吨，居全省第二位，主要分布于常宁大义山岩体及其周边地区，衡东、衡山等地也有少量分布。钼、铋未构成独立工业矿床，以伴生矿产赋存于矽卡岩多金属矿床中。汞矿产地有4处，衡东县石峡汞矿探明汞金属量63吨，与金共生，伴生砷，属低温热液型汞矿床。衡东吴集钴土矿系湖南省仅有的2处独立工业矿床之一，已探明资源储量341吨。此外，衡东县潭泊钴土矿远景较大，区内钴矿床均为风化淋滤型次生富集矿床。全市已知锑矿产地8处，分布于耒阳、衡阳、祁东和衡东，资源储量29422吨，属中低温热液矿床。

稀有分散元素矿产：稀有分散元素矿产有铌、钽、锗、镓、铟、铊、锆、镉、硒、碲、铍等11种，除铌、钽、锆、铍呈共生或独立矿产分布外，其余均呈伴生矿分布于水口山和东岗山矿田，均可随主矿产综合回收；水口山矿田锗矿和铊矿是全省唯一上省储量表的锗矿和铊矿。稀有分散元素矿产资源储量位居全省首位。

放射性矿产：主要为铀矿，已知矿产地5处，其中独立矿床2处、伴生矿床3处，独立铀矿床分布于衡东大浦和衡山罗渡。衡东大浦铀矿于20世纪60年代初开发，用作原子核能，中国第一颗原子弹主铀即取于此。

贵金属矿产：主要有黄金、白银，资源较丰富，矿产类型多，分布较集中，已知金矿产地19处，其中大型共生矿床2处（即常宁康家湾铅锌金银矿、常宁市仙人岩金矿）、独立矿床1处、伴生矿床2处、矿点14处，累计探明资源储量73.70吨，居全省第一位。区内金矿均为岩金，主要分布在常宁市，衡山、衡东、衡南、祁东、衡阳等地亦有大量金矿点分布，多处含金品位甚高，资源前景看好；已探明银矿6处，其中大型1处（常宁康家湾铅锌金银矿）、中型2处、小型3处，资源储量1363.1吨，居全省第一位。

非金属矿产：种类齐全、储量大，多种矿产位居全省乃至全国首位，已探明的主要有钠长石、钾长石、高岭土、石膏、大理石、石灰石、石英砂岩、硅石灰、黏土、泥岩、滑石、岩盐、钙芒硝、硼、重晶石、砷、萤石、磷、花岗岩等；按工业用途，可分为化工原料矿产、冶金辅助原料矿产、建筑材料及其他非金属矿产。已知矿床（点）53处，其中大型矿床13处、中型矿床6处、小型矿床17处，形成在全省乃至全国具有广泛影响的非金属矿产基地。化工非金属矿产已探明储量的矿种有硫铁矿、钙芒硝、岩盐、重晶石、砷、硼等6种，累计探明矿产地22处，其中大型矿床9处、中型6处、小型4处；岩盐、钙芒硝矿是江南迄今发现最大的岩盐、钙芒硝矿床，矿区面积大约60平方千米，矿层累计厚度100~150米，全市岩盐远景储量达124亿吨，钙芒硝远景储量达100亿吨；硼矿资源储量仅次于辽宁和青海省，为江南唯一的硼矿产区，由三个中型矿床组成，累计探明资源储量75.6万吨；硫铁矿主要分布在常宁市水口山矿田，耒阳上堡有少量分布，呈共生、伴生矿床出现，累计探明资源储量3630.3万吨。建筑材料及其他非金属矿产已探明矿产资源储量的矿种有硅灰石、钠长石、钾长石、石膏、高岭土、滑石、紫砂陶土、大理石、水泥用泥岩及黏土、水泥用灰岩、玄武岩等12种。衡山马迹钠长石矿为全国独有的特大型钠长石矿床，资源储量占全省的97.4%；常宁硅灰石矿为全省独有，由水底下和张家冲两个大型矿床组成，累计探明资源储量363.7万吨，居全国第二位；高岭土矿床主要分布于衡阳、衡山县和耒阳、常宁市，计有大型矿床2处、小型矿床8处，累计探明资源储量2284.2吨，居全省第二位，其中耒阳集贤片状高岭土矿床规模大、质量优良，矿石可选性好，矿层埋藏浅，水文地质及工程地质条件简单；石膏、钾长石、紫砂陶土、水泥灰岩、水泥泥岩及黏土等多种非金属矿产，储量在全省均占有一定的位次，并具有较大的开发前景。冶金辅助原料已探明资源储量的矿种有萤石、白石、耐火黏土等3种，萤石为衡阳市重要冶金辅助原料，分布于衡南和衡东，由2处大型矿床和1处中型矿床组成，累计探明资源储量481.28万吨，居全省第三位。

特种矿产：有宝石、矿泉水、地下热水和重质碳酸钙。宝石类包括绿柱石、水晶、红柱石、金刚石等。玉石类包括常宁玉和衡南冠市玛瑙。重质碳酸钙矿产地1处，由于工作程度低，列为矿点，分布于常宁张家坪大义山岩体北部外接触带。矿泉水资源丰富，共有24处，其中符合医疗矿泉水标准的12处，符合饮用矿泉水标准的16处，符合工业矿泉水标准的3处，各县（市）均有分布。从1991年起，先后有衡阳县船山、耒阳市汤泉、衡阳市营盘山等矿泉水，经省级及国家级矿泉水技术评审鉴定，陆续投资建设开采。地下热水资源主要分布于衡阳、衡东、祁东县和常宁、耒阳市境内，共12个点（区），均属低温热水，其中常宁大坪、衡东杨桥和耒阳东湖温度稍高，东湖温泉开发利用已初具规模，其他暂未开发利用。

**【地质遗迹资源】** 地质遗迹是指在地球演化的漫长地质历史时期，由于各种内外动力地质作用，形成发展并遗留下来的珍贵的、不可再生的地质自然遗产，包括有重要观赏价值的地质地貌景观和具有重大研究价值的地质剖面、古生物化石等。具有重要观赏价值的地质遗迹也是宝贵的旅游资源，为开发旅游事业起着重要的基础作用。衡阳市有重要地质遗迹点22处，其中地形地貌景观4处、岩溶洞穴15处（目前已调查的）、地层剖面及古生物化石3处。

地形地貌景观：（1）南岳风景名胜区：位于南岳花岗岩体的北体，总面积181平方千米，区内为典型的花岗岩地貌，山势总体呈东陡西缓走势，可划分为：①花岗岩中低山峰林地貌。在南岳岩体中部120平方千米范围内，有48座海拔500米以上的高峰，组成一个长20千米、宽约6千米的北北东向的峰林地貌景观地带，主峰祝融峰海拔为1289.8米，切割深度一般为300~700米，最大1000米，呈中高周低之势，该带具有山坡陡、山顶圆、山脊较宽的特征。②花岗岩低山——残丘地貌。在500米标高以下，至南岳镇附近100米标高之间，环绕着花岗岩中低山峰林地貌景观带分布；上部因水系及地形切割而形成垂直于前述峰林地带长轴方向的一排排山脊和沟谷，具坡陡、谷深的特征；下部则因长期剥蚀、侵蚀而形成馒头状残丘，风化壳较厚，一般达15~30米。③花岗岩球状风化景观。具有典型的花岗岩球状风化特征，造就南岳岩体中的各种奇特地貌景观。（2）天堂山风景区：包括天堂山森林公园、天堂湖、庙前风景区等数十个景点，总面积415平方千米；区内海拔800米以上的山峰51座，其中1000米以上的16座，天堂山主峰海拔1264米；区内水系发育，呈树枝状分布，河谷横断面呈“V”形，纵剖面呈阶梯状下降，在下降地段造成跌水，形成瀑布。地形地貌往北依次为：①浅变质砂页岩低山陡坡侵蚀构造地形地貌。切割深度为350~500米，坡角为30~50度。②构造侵蚀溶蚀地形地貌。海拔200~688米，相对高差100~400米；山脉受构造线控制，常见呈微斜之平台、石芽、石峰、漏斗、落水洞、洼地、溶洞、暗河等微地貌。③剥蚀堆积地形地貌。一般海拔150~300米，相对高差30~100米，山坡坡角为10~20度，呈馒头状零星分布，水系不发育，且呈树枝状，常见溶沟、溶槽、石芽等。总体大致可分为五级夷平面，反映早三叠世末以来至第四纪前的五次间歇性地壳抬升的遗迹，保留部分地史发展的基本框架。（3）岣嵝峰国家森林公园：位于衡阳县境内，总面积2067公顷，地处南岳花岗岩体及外接触带，南岳72峰中的岣嵝、白石、嫘祖等五峰则处园中，主要地貌为浅变质岩中——低山侵蚀构造地形地貌景观与碎屑岩丘陵构造剥蚀地貌景观。①浅变质岩中——低山侵蚀构造地形地貌。由元古界冷家溪群及板溪群砂岩地形形成，海拔标高500~951米，主峰岣嵝峰951米；相对高差一般为400米，最大为700米，坡角为30度，最大可达50度，山尖、脊窄、坡度大、山脊常在平面图呈锯齿状。②碎屑岩丘陵构造剥蚀地貌。位于中、低山侵蚀构造地貌周围，海拔200~500米，相对高差100~200米；坡度5~20度，冲沟发育宽阔，地势较平缓。（4）大义山区：大义山花岗岩体位于常宁市和郴州市桂阳县境内，岩体长38千米、宽约8千米，呈北北西方向展布，最高峰为桂阳境内的泗洲山，海拔1428米；桂阳与常宁交界处的狮子岭海拔1088米，乃著名的“大义山式构造”所在地；地形地貌奇特，种类齐全，集浅变质砂页岩中—低山陡坡侵蚀构造地形地貌、花岗岩中—低山陡坡侵蚀构造地形地貌、构造侵蚀溶蚀地形地貌及侵蚀堆积地形地貌于一体。大义山花岗岩体山顶浑圆，浅变质砂页岩侵蚀构造山脉受构造线控制，山顶尖、山脊窄、脊线呈锯齿状；大义山区地表水系发育，呈树枝状分布，沟谷横断面呈“V”形；纵剖面呈阶梯下降，地表水常流，在阶梯下降地段形成瀑布，构造侵蚀地形地貌分布于大义山岩体周围，石芽、石峰、漏斗、落水洞、洼地、溶洞、暗河等微观地貌随处可见。

岩溶洞穴：（1）衡南县花桥溶洞群：位于衡南县花桥镇龙溪水库东西两侧，地层为上泥盆统余田桥组及锡矿山组灰岩，其中豹泉洞与狮子洞为顺层落水洞，顺层面及裂隙面延伸（深）大于200米，宽0.8~5米，高1~5米，支洞、叉洞频频出现，洞中石笋、石钟乳、石柱、石幔等千姿百态；麦元洞为顺层和裂隙生成之近水平的地下河出口洞，顺近南北方向延伸200米后为水所淹，无法进入，其洞身较大，水流量3000

立方米/日左右，另有川口洞等小溶洞。（2）衡东县石峡—锡岩冲—夏浦岩溶洞穴带：位于金觉峰背斜的东翼、北部转折端及西翼，从东翼的石峡直至夏浦，全长17千米，包括2条地下暗河及锡岩仙洞、敏各冲洞、夏浦风洞、石峡下湾洞等数10个岩溶洞穴。溶洞带包括充水溶洞和无水溶洞，均产于中泥盆统棋子桥组地层中下部。锡仙岩洞位于该岩溶洞穴带中部，已开发约800米，洞口位于锡岩村的瓦子坪，海拔141米，该洞由三个重叠的溶洞组成，上洞长600米，中洞长1100米以上，下洞可进深度150米左右，其余被水所淹；主洞走向为北北东，基本沿顺裂隙带延伸，三层相互贯通，洞身有大有小、有宽有窄，呈串珠状；洞中岩溶景观齐全，有石笋、石钟乳、石芽、石柱、石幔、石磴、石塔、石盘等，晶莹剔透，大小不一，形态各异，具有极高的观赏价值；溶洞堆积物及石柱之形态对于喜山期构造、人类活动史等均具极大的研究价值。（3）常宁庙前岩溶裸露区及岩溶洞穴群：地层为上泥盆统锡矿山组下部，灰岩已经大义山岩体的热接触变质而形成大理岩，走向北北西；岩溶裸露区位于庙前海己湾，面积500余亩，属构造侵蚀地形地貌，区内石芽广布，奇石遍地；岩溶洞穴包括金龙洞、古龙洞、紫云洞、财神洞4个大洞。财神洞全长6千米，面积达数十公顷，溶洞沿地层走向及裂隙延伸，方向各异，互相交叉重叠，主体走向近南北，最底层为地下河；洞中石笋、石柱、石幔十分发育，景观奇特。常宁板桥鸡公塘岩溶洞穴群。包括1平方千米的石林区及具有一定规模的浆衣洞、大井岩洞、半仙洞、猴子岩等洞穴，地层为中泥盆统棋子桥组，属构造侵蚀溶蚀地形地貌。除前述外，祁东县燕子岩洞、步云桥金龙洞、耒阳东湖溶洞群及余庆枫林寺等溶洞，尚待开发。

地层剖面及古生物化石：（1）祁东县双家口中奥陶统剖面。祁东县双家口组笔石相页岩沉积以栅笔石和直笔石为主，双家口笔石的发现，使得中国含笔石的地层得以和英国的卡拉通克阶可对比。祁东县双家口中奥陶统剖面可分为城步组、双家口组、百马冲组。衡南县向阳桥上白垩统戴家坪组和东塘组剖面。该剖面中的戴家坪组岩性组合具有显著特征，轮藻化石极为丰富，其组合是华南晚白垩世的典型；东塘组厚度较大，以盛产古脊椎动物——恐龙蛋化石为特征。（2）衡东县允秀公祠第三系古新统至始新统霞流市组和始新统栗木坪组。自1933年至1986年，不少单位和学者对衡阳盆地的第三系进行不断研究，最后确定第三系古新统至始新统的霞流市组和始新统的栗木坪组。霞流市组为原北京地质学院等单位1960年所创建，创名地点为衡东县霞流市。该组为衡阳盆地岩盐工业矿体所在地层，故具有典型的找矿意义。栗木坪组为石油队1970年所创建，创名地点为衡东县栗木坪，产轮藻、介形类和古脊椎动物化石。该组为研究衡阳盆地古地史、古气候、古生物有特殊意义。

**【气候】** 衡阳气温在经历2013年历史高位后，2015年气温在2014年基础上再次下降，但仍显著偏高，冬暖夏凉是年内主要气候特征，1月气温为历史第三高，7月有多个区域气温值创历史新低。冬、春、夏季开始时间提前9~13天，入秋日期基本正常。全年雨水正常，时间分布不均，前少后多，1~6月偏少（-30.8%），7~12月降水异常偏多（88.1%），湘江流域出现历史少见的冬汛。雨季始日各区域不尽相同，时间跨度较大，3~5月均有出现，雨季结束日期不明。全年日照异常偏少，其中下半年偏少更加明显，衡东县、衡南县年日照小时数创历史新低。年均风速较2014年略有减少，各区域的主导风向更加集中。（1）气温显著偏高。2015年衡阳全市平均气温18.7℃，较历年偏高0.6℃，较2014年偏低0.1℃，气候评价显著偏高。衡山县、衡阳市和常宁1960~2015年气温距平变化曲线显示，2015年气温正距平较2014年减小，但仍处于较高水平，受全球气候变暖影响，衡阳气温值在未来一段时间依然偏高。从2015年气温空间分布可以发现，衡阳气温空间分布有西高东低、南高北低的特点，由于衡南县观测点位置偏高，其全年气温值较周边区域偏低明显。全市气温最高的是衡阳市（19.0℃），衡南县最低（18.4℃）。从气温距平变化分析，各区域均为正距平，衡阳西部各区域偏高更加明显。具体而言，衡阳市、祁东县、常宁市、衡阳县气温显著偏高，衡山县、耒阳市和南岳高山偏高，衡南县、衡东县正常。（2）降水正常，冬汛明显。2015 年衡阳市平均降水 1510.8 毫米，较历年偏多 11.7%，较 2014 年偏多 13.6%，气候评价为正常。自上世纪 90 年代末开始，衡阳年降水量呈下降趋势，2011 年达到历史最低值，2015 年在 2014 年基础上出现一定增幅，在距平线以上。5 年滑动平均分析表明，在经历 2011 和 2013 年降水历史低位后，降水有逐步增多趋势。由于春季度降水偏少，降水空间分布不均，雨季开始时间各不相同，时间跨度较大，大部分区域出现在 4 月，最早的是常宁市，出现在 3 月 15 日，南岳高山雨季开始时间较迟，出现在 5 月 15 日，此外衡山县、祁东县雨季开始日期不明。2015 年衡阳降水空间分布为北少南多，这与 2014 年相反。北部年降水量在 1200～1600 毫米左右，而南部区域年降水量在 1600～1800 毫米左右。降水量较多的是常宁市（1758.7 毫米），衡阳县最少（1235.6 毫米）。降水距平分析结果显示，衡阳大部分区域降水为正距平，常宁市偏多最明显（26.2%），全市降水偏少的有衡阳县（－2.6%）、衡阳市（－1.3%）和南岳高山（－1.5%）。各区域降水气候评价分析，常宁市偏多，其它区域正常。（3）日照异常偏少。2015 年衡阳日照时数为 1151.9 小时，较历年偏少 22.2%，较 2014 年偏少 15.5%。在经历 2013 年的日照峰值以后，已连续两年日照减少，2015 年日照时数已经处于历史低位。5 年滑动平均分析结果显示，20 世纪 80 年代到 90 年代日照的年际间变化都比较小，但进入 21 世纪以后，日照数的年际间变化增大。从 2015 年衡阳各区域日照时数的历史排序分析（1951—2015 年），衡山县，衡南县日照时数创历史新低，衡阳县、衡阳市、祁东县、耒阳市为历史次少，常宁市为历史倒数第 6 位。对衡阳市日照时数空间分布分析，整体呈现东西多，中间少的特点。日照相对多的区域有衡东县（1299.5 小时）和常宁市（1213.6 小时），衡南县最少（1024.2 小时）。日照距分析与日照时数分布状况基本一致，各区域均为负距平，其中衡山县(－29.9%)和衡南县（－29.5%）偏少最为明显，其他区域日照偏少在 25%以内。南岳高山全年日照为 1137.4 小时，较历年同期偏少 20.9%。（陈　涛）

【水文】　2015 年，全市年降水量在 1163.5～1807.5 毫米之间，最大为耒阳市上山田雨量站，最小为衡阳市衡阳雨量站，全市年平均降水量为 1467.0 毫米，比历年平均值 1339.9 毫米偏多 9.5%，比 2014 年的 1323.8 毫米偏多 10.8%，属平水年景。各县（市、区）年平均降水量最多的是常宁市为 1701.9 毫米，最少的是衡阳市区为 1163.5 毫米，衡东县为 1446.6 毫米，耒阳市为 1645.2 毫米，祁东县 1414.4 毫米，衡山县为 1315.0 毫米，南岳区为 1582.1 毫米，衡南县为 1421.7 毫米，衡阳县为 1291.6 毫米。全市降水日数在 149～212 天之间，平均约为 170 天，较 2014 年的 150 天偏多 20 天。2015 年汛期（4 月～9 月），衡阳市平均降雨 818.2 毫米，与历年同期均值 838.4 毫米偏少 2.4%。时间分布上，全市主要的降雨过程基本上集中在 5 月～7 月，这 3 个月累计平均降雨 559.6 毫米，占整个汛期降雨的 66.8%，其中 7 月是全年汛期降雨最为集中时期，累计平均降雨 254.3 毫米，占整个汛期降雨的 30.4%；降雨最小的月份为 9 月，累计平均降雨 76.6 毫米，占汛期降雨的 9.2%，但较历年平均均值 65.8 毫米偏多 16.4%。2015 年汛期，湘江干流归阳站出现 4 次超警戒水位洪水过程，一级支流洣水衡东站出现 1 次超警戒水位洪水过程，其他各干支流控制站均未出现超警戒水位洪水，总体水势较为平稳，没有出现流域性的大洪水，没有发生流域性大的洪涝灾害。汛期主要洪水过程：（1）5月 15～20 日受强降雨及上游来水影响，湘江干流归阳站 17 日 10 时出现洪峰水位 44.40 米，超警戒水位 0.40 米，相应洪峰流量 4600 米$^3$/秒；19 日 22 时出现洪峰水位 45.00 米，超警戒水位 1.0 米，相应洪峰流量 5400 米$^3$/秒；22 日 8 时出现洪峰水位 47.56 米，超警戒水位 3.56 米，相应洪峰流量 9100 米$^3$/秒。衡阳站 22 日 22 时出现洪峰水位 55.62 米，距警戒水位差 0.88 米，实测洪峰流量 9840 米$^3$/秒。衡山站 23 日 8 时出现洪峰水位 48.99 米，距警戒水位差 0.01 米，相应洪峰流量 10200 米$^3$/秒。洣水衡东站 11 日

20：30出现洪峰水位49.55米，距警戒水位差0.95米，相应洪峰流量1760米$^3$/秒。耒水耒阳站20日1：30出现洪峰水位76.79米，距警戒水位差0.71米，相应洪峰流量1920米$^3$/秒。春陵水欧阳站21日12：00出现洪峰水位84.86米，距警戒水位差1.04米，相应洪峰流量770米$^3$/秒。（2）6月10日~11日受强降雨及上游来水影响，12日4时56分衡东站出现洪峰水位51.08米，超警戒水位0.58米，相应洪峰流量2900米$^3$/秒。12日22：45分归阳站出现洪峰水位44.40米，超警戒水位0.40米，相应洪峰流量4640米$^3$/秒。汛期雨水情主要特点：(1)降雨天数较多，强度不大，分布比较均匀。汛前降雨偏少，汛中降雨比较平均，汛期没有特大暴雨，也没有长时间无雨。(2)汛期洪水次数少，洪水量级不大，总体水势平稳，仅归阳站、衡东站出现超警戒水位，且洪水量级不大，其他各控制站水位均较为平稳。(3)全年未发生明显干旱。2015年全市雨水情是一个非常特殊的年份，除洣水外，其余主要干支流控制站的全年最高洪水位都出现在冬天，11月中旬衡阳市出现65年来罕见的冬汛，衡阳水文站出现1950年有连续实测资料以来同期最高洪水，也是全年最大的一次洪水过程，湘江中上游全线超警戒水位。归阳站11月14日10时出现洪峰水位48.32米，超警戒水位4.32米，洪峰流量9870米$^3$/秒；衡阳站11月14日18时出现洪峰水位57.31米，比警戒水位高0.81米，洪峰流量14200米$^3$/秒；衡山站11月15日4时出现洪峰水位50.77米，比警戒水位高1.77米，洪峰流量13400米$^3$/秒；耒水耒阳站13日出现洪峰水位77.33米，洪峰流量2230米$^3$/秒；春陵水欧阳站13日出现洪峰水位86.74米，洪峰流量1630米$^3$/秒；洣水衡东站13日出现洪峰水位50.03米，洪峰流量2080米$^3$/秒；蒸水神山头站18日出现洪峰水位95.41米，洪峰流量843米$^3$/秒。（段安圭）

【水资源】 水量方面，2015年全市自产地表天然径流量为120.35亿立方米，比历年平均值109.4亿立方米偏多10.0%，比2014年的107.67亿立方米偏多10.2%，其中市区（雁峰、石鼓、蒸湘、珠晖四区）为2.381亿立方米、衡阳县为15.83亿立方米、衡南县为19.52亿立方米、常宁市为19.41亿立方米、耒阳市为24.27亿立方米、衡东县为15.79亿立方米、衡山县为7.076亿立方米、南岳区为1.625亿立方米、祁东为14.45亿立方米。全市农田灌溉用水19.0058亿立方米、林牧渔畜用水0.9541亿立方米、工业用水7.6749亿立方米、城镇公共用水1.079亿立方米、城镇居民生活用水2.0174亿立方米、农村居民生活用水1.1787亿立方米、生态环境用水0.1232亿立方米，总用水量为32.03亿立方米，其中地下水用水量为2.5104亿立方米。市境内湘江干流及四大支流实测年径流总量：湘江干流归阳水文站为337.6亿立方米、衡阳水文站为513.7亿立方米、衡山水文站为648.2亿立方米，蒸水神山头水文站为14.81亿立方米，耒水耒阳水文站92.05亿立方米，洣水衡东水文站为96.0亿立方米。根据湖南省水环境监测中心衡阳分中心对全市各主要河流26个水质监测断面水环境监测资料，依据《地表水环境质量标准》（GB3838-2002）进行评价，市境内湘江干流归阳监测点水环境类别为Ⅱ类水，文昌、南大桥、松柏、衡山、三樟、衡阳、合江套、站门前、大浦9个监测点为Ⅲ类水；蒸水石门坎、花果山、神山头为Ⅱ类水，蒸水河口的水质为Ⅲ类水；耒水沙头大桥为Ⅱ类水，耒阳、耒水河口段为Ⅲ类水；洣水衡东、谢家屋场为Ⅱ类水，洣水河口为Ⅲ类水；宜水常宁、宜水河口为Ⅱ类水；涓水白果为Ⅳ类水；祁水砖塘为Ⅱ类水；春陵水欧阳海、春陵水口为Ⅲ类水。监测评价项目为水温、pH值、电导率、溶解氧及溶解氧饱和度、高锰酸盐指数、氨氮、六价铬、汞、砷、镉、铅、铜、锌、氟化物、挥发酚、氰化物、总磷、粪大肠菌群、石油类、悬浮物、五日生化需氧量、总硬度、氯离子、硫酸根、总碱度、矿化度、碳酸根、重碳酸根、钾、钠、钙、镁等。

（段安圭）

## 国民经济和社会发展

【综合】 2015年，衡阳市实现地区生产总值2601.57亿元，按可比价计算，增长8.7%。其中，第一产业实现增加值395.84亿元，增长3.6%；第二产业实现增加值1161.02亿元，增长7.1%；

第三产业实现增加值1044.71亿元，增长12.6%。按常住人口计算，人均地区生产总值35538元，增长7.9%。

全市三次产业比为15.2∶44.6∶40.2。与上年相比，二产业占比下降2.2个百分点，三产业占比提高2.2个百分点。一、二、三产业对全市经济增长贡献率分别为15.1%、20.0%、64.9%，分别拉动全市GDP增长1.3、1.7、5.7个百分点。其中，工业增加值占GDP比重为38.7%，对经济增长贡献率达13.0%，拉动GDP增长1.1个百分点；高新技术产业增加值占GDP比重为12.4%；非公有制经济增加值占GDP比重为64.5%。全市新增城镇就业7.08万人，失业人员再就业3.78万人，就业困难对象再就业1.20万人，新增农村劳动力转移就业6.30万人，城镇零就业家庭100%实现动态清零，城镇登记失业率控制在3.58%以内。

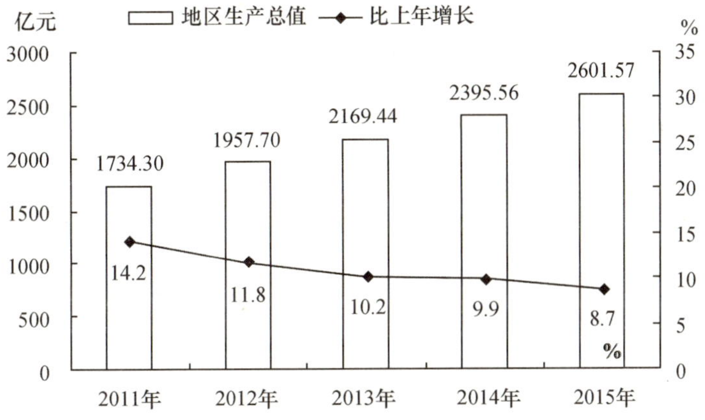


**图1　2011~2015年衡阳市地区生产总值及其增长速度**

【农业】　全市农林牧渔业总产值651.85亿元，增长3.8%。其中，农业产值301.74亿元，增长3.6%；林业产值34.49亿元，增长7.3%；牧业产值255.07亿元，增长2.8%；渔业产值44.32亿元，增长5.5%；农林牧渔服务业产值16.23亿元，增长11.2%。农作物总播种面积1001.45千公顷，增长1.2%；粮食作物播种面积569.91千公顷，增长1.1%；油料种植面积219.67千公顷，增长1.4%；蔬菜种植面积110.02千公顷，增长2.0%。粮食总产量335.77万吨，增长1.5%；出栏肉猪955.61万头，减少2.9%；出栏牛14.27万头，增长5.0%；出栏羊64.32万头，增长2.9%；出笼家禽10787.20万羽，增长3.2%；水产品产量28.98万吨，增长2.6%。

**2015年衡阳市主要农产品产量**

**表1**　　　　单位：万吨、%

| 主要农产品产量 | 产量 | 比上年同期增长 | 主要农产品产量 | 产量 | 比上年同期增长 |
|---|---|---|---|---|---|
| 粮食 | 335.77 | 1.5 | 水果 | 78.39 | 6.4 |
| 油料 | 34.73 | 3.6 | 蔬菜及食用菌 | 359.63 | 2.5 |
| #油菜籽 | 31.17 | 3.9 | 猪、牛、羊肉 | 75.14 | -0.5 |
| 棉花 | 2.23 | -2.1 | #猪肉 | 72.35 | -0.7 |
| 烤烟 | 2.04 | -3.7 | 牛奶 | 0.09 | 1 |
| 茶叶 | 0.27 | 3.1 | 水产品 | 28.98 | 2.6 |

农民专业合作社3427个，增长22.8%；农民专业合作社成员18.22万人，增长11.0%，专业大户58317户；家庭农场1617个；耕地流转面积259.06万亩。全市新增农田有效灌溉面积2.80千公顷，新增节水灌溉面积1.20千公顷。全年农村用电量18.38亿千瓦时，增长3.5%。年末农业机械总动力550.01万千瓦，增长5.7%。

【工业和建筑业】 全市规模工业增加值增长7.1%。在规模工业中，轻工业增长7.8%；重工业增长6.2%。规模工业的六大重点行业中，有色金属冶炼及压延业增长13.2%；电气机械及器材制造业增长9.4%；化学原料及化学制品制造业下降0.8%；黑色金属冶炼及压延业增长7.9%；煤炭开采和洗选业下降30.5%；非金属矿物制品业增长6.9%。2015年年末，全市规模工业企业达到954家。

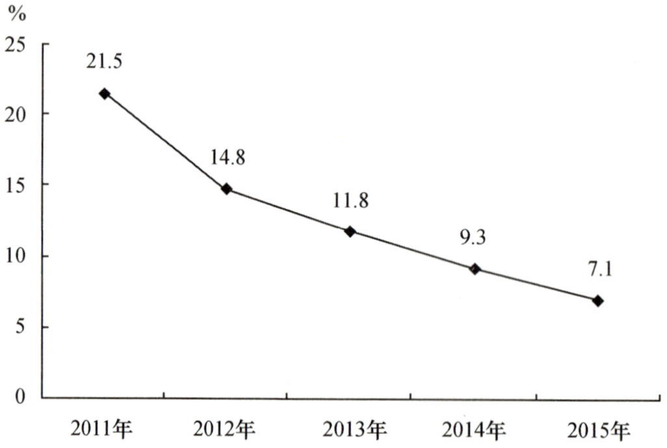


**图2 2011~2015年衡阳市规模工业增加值增速**

全市规模工业实现产销率99.2%，比2014年下降1.2个百分点。主要工业产品产量有升有降。其中：原煤产量313.93万吨，下降42.5%；发电量61.70亿千瓦时，下降2.8%；饲料116.82万吨，下降18.8%；水泥929.78万吨，下降7.0%；钢材109.46万吨，下降3.3%，变压器9731.03万千伏安，下降0.1%；十种有色金属36.01万吨，增长9.9%。全市规模工业中，高加工度工业增长9.4%；高技术产业增长14.8%，分别比规模工业增加值增速高2.3个和7.7个百分点。电子信息产业增长10.2%，增速高于全市平均水平3.1个百分点。六大高耗能产业增长得到有效控制，全年增长5.1%，较2014年减缓0.9个百分点。全市规模工业经济效益综合指数达到267.89，降低15.86个百分点。全年规模工业实现利税183.64亿元，增长1.2%；利润102.27亿元，下降1.0%。

全市建筑业总产值438.95亿元，增长12.5%；全市建筑业增加值154.70亿元，增长10.2%。房屋建筑施工面积2873.91万平方米，下降4.0%；房屋建筑竣工面积1516.96万平方米，增长16.7%。

**2015年衡阳市规模工业主要产品产量**

**表2**

| 产品名称 | 计量单位 | 产量 | 增长（%） | 产品名称 | 计量单位 | 产量 | 增长（%） |
|---|---|---|---|---|---|---|---|
| 原煤 | 万吨 | 313.93 | -42.5 | 变压器 | 万千伏安 | 9731.03 | -0.1 |
| 发电量 | 亿千瓦小时 | 61.7 | -2.8 | 十种有色金属 | 万吨 | 36.01 | 9.9 |
| 饲料 | 万吨 | 116.82 | -18.8 | 原盐 | 万吨 | 191.01 | -3.1 |
| 水泥 | 万吨 | 929.78 | -7 | 机制纸及纸板 | 万吨 | 14.14 | 477 |
| 钢材 | 万吨 | 109.46 | -3.3 | | | | |

【固定资产投资】 全市固定资产投资（不含农户）2125.93亿元，增长20.3%。其中，城镇和非农户固定资产投资1985.05亿元，增长21.9%；国有投资663.48亿元，增长22.6%。年内新开工项目个数3235个，增长50.4%。

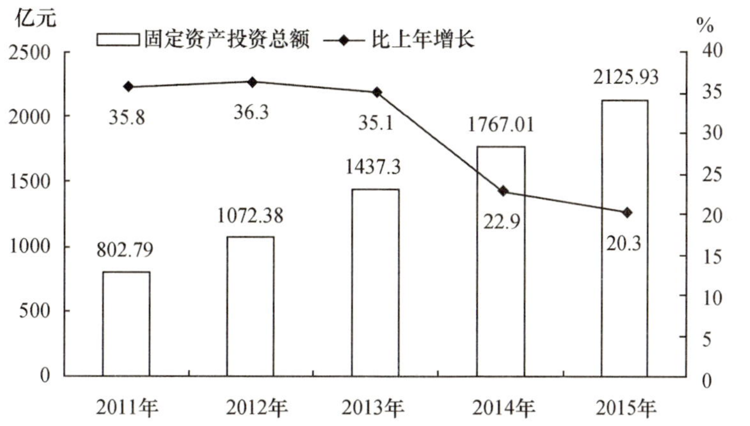


**图3 2011~2015年衡阳市固定资产投资及其增长速度**

全市工业固定资产投资911.23亿元，增长11.0%。其中，工业技术改造投资654.24亿元，增长30.1%，工业投资占固定资产投资的比重为42.9%；制造业投资784.58亿元，增长15.0%；电力、燃气及水的生产供应业投资61.78亿元，增长6.3%；全市基础设施投资461.99亿元，增长27.6%。其中，交通运输、水利设施、民生、卫生投资分别增长149.9%、9.1%、46.8%、25.6%。全市2015年施工项目共有3579个，本年投产项目2836个。亿元以上项目253个，完成投资442.00亿元，占全部投资的比重为20.8%。民间投资1428.08亿元，增长21.1%。全市房地产投资完成140.88亿元，增长1.9%。商品房销售面积375.47万平方米，下降3.9%。

【国内贸易和物价】 全市社会消费品零售总额1009.10亿元，增长12.2%。限额以上批发零售企业实现零售额313.54亿元，增长14.7%。在限额以上批发零售企业零售额中，家用电器和音响类增长22.5%，家具类增长27.6%，文化办公类增长15.6%，通信器材类增长55.4%，汽车类增长28.8%。

居民消费价格总水平上涨1.5%。其中，食品上涨1.6%；烟酒上涨2.1%；衣着上涨1.1%；家庭设备用品及维修服务上涨1.5%；医疗保健和个人用品上涨3.2%；交通和通信下跌0.8%；娱乐教育文化用品及服务上涨5.4%；居住下跌1.5%。商品零售价格指数持平。

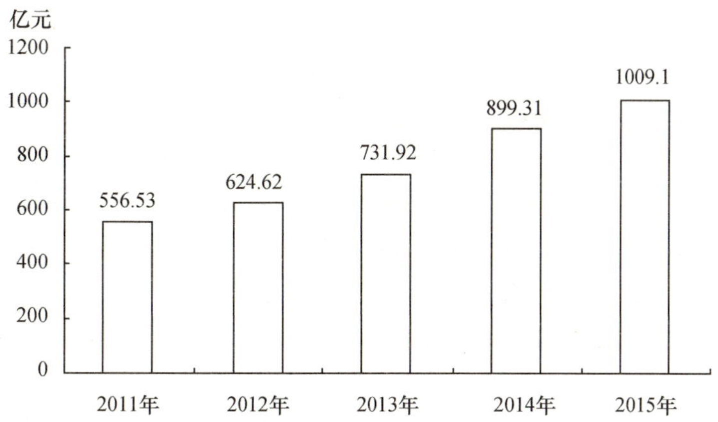


**图4 2011~2015年衡阳市社会消费品零售总额**

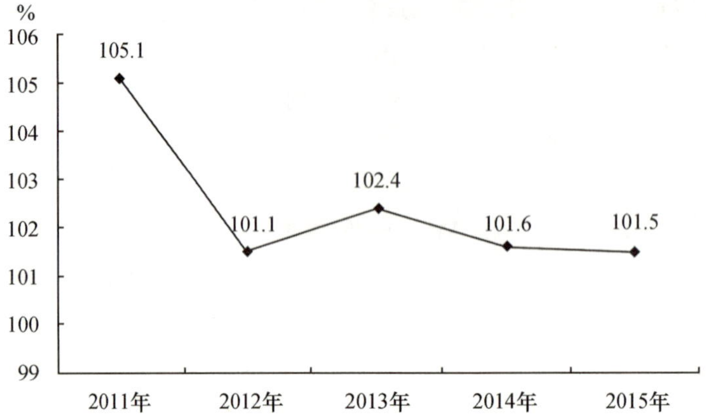


**图 5　2011~2015 年衡阳市居民消费价格指数（CPI）**

**【对外经济和旅游】**　全市进出口总额 195.09 亿元，增长 7.9%。其中，出口 125.32 亿元，增长 4.4%；进口 69.77 亿元，增长 15.0%。对外贸易中，加工贸易进出口总额 22.65 亿美元，增长 59.1%，其中出口额 12.42 亿美元，增长 52.7%，进口额 10.22 亿美元，增长 67.6%。全市引进内资项目 488 个，下降 8.3%，实际到位内资 293.51 亿元，增长 15.0%；新批外资项目 115 个，增长 0.9%；实际利用外资 10.3 亿美元，增长 14.5%。全市实现国内旅游总收入 301.70 亿元，增长 16.0%，旅游外汇收入 0.86 亿美元，增长 0.3%；接待国内外游客 5046.77 万人次，增长 14.2%，其中：国内游客 5027.91 万人次，增长 14.2%；国外游客 18.86 万人次，增长 0.2%；年末，全市共有等级旅游区（点）18 个。

**【交通和邮电】**　全市民用车辆有量达到 73.96 万辆，其中民用汽车为 34.13 万辆，增长 16.6%，民用私人轿车已达到 15.12 万辆，增长 24.5%。公水路客货运换算周转量 354.99 亿吨千米，增长 4.2%，货物周转量 340.18 亿吨千米，增长 4.8%；其中公路货物周转量达 301.08 亿吨千米，增长 6.1%；水运货物周转量 39.10 亿吨千米，下降 4.1%；客运周转量 148.15 亿人千米，下降 7.5%。全市公路线路年末里程 2.07 万千米，其中高速公路 572 千米。全市邮电业务总量（按不变价计算）66.33 亿元，增长 19.0%，其中邮政业务、电信业务总量分别为 7.02 亿元和 59.31 亿元，分别增长 21.2%、18.4%。年末固定电话用户 73.60 万户，下降 4.3%。移动电话用户 417.19 万户，下降 0.4%。年末互联网宽带用户数 72.97 万户，增长 11.1%，固定电话普及率为 10.03 户/百人，每百人减少 0.50 户，移动电话普及率为 56.86 户/百人，每百人减少 0.49 户。

**【财政、金融和保险】**　全市一般公共预算收入达到 261.86 亿元，增长 11.1%；其中，地方收入合计 194.64 亿元，增长 12.2%。一般公共预算支出 479.95 亿元，增长 16.2%，其中社会保障和就业支出 76.20 亿元，增长 23.2%；医疗卫生与计划生育支出 50.73 亿元，增长 23.0%；交通运输支出 19.94 亿元，增长 29.8%。2011 年—2015 年一般公共预算收入占 GDP 的比重稳步提高，分别为 8.8%、9.5%、9.7%、9.8%、10.1%。2015 年一般公共预算收入占 GDP 的比重比“十二五”初提高 2.1 个百分点。年末全市金融机构本外币各项存款余额 2787.27 亿元，增长 15.8%。其中，住户存款 1921.54 亿元，增长 11.5%，非金融企业存款 495.59 亿元，增长 30.8%，广义政府存款 361.07 亿元，增长 22.7%，非银行金融机构存款 7.40 亿元，下降 0.8%。金融机构本外币各项贷款余额 1195.12 亿元，增长 16.5%。其中，短期贷款为 278.09 亿元，增长 9.2%；中长期贷款 326.92 亿元，下降 1.1%。中小企业贷款 439.28 亿元，增长 19.1%。年末银行主要金融机构不良贷款余额 53.62 亿元，下降 8.5%，不良贷款比率 4.49%，减少 1.58 个百分点。

全市证券公司营业部 23 家，比 2014 年年末增加 5 家，证券交易额 9578.20 亿元，增长 307.0%。

全市保险保费收入达 66.03 亿元，增长 28.3%。其中，财产险保险保费收入 19.82 亿元，增长 19.5%；人身险收入 46.41 亿元，增长 33.0%。全年各项赔款支出 22.36 亿元，增长 18.4%。其中，财产险赔款支出 10.03 元，增长 13.9%；人身险赔款支出 12.33 亿元，增长 22.3%。

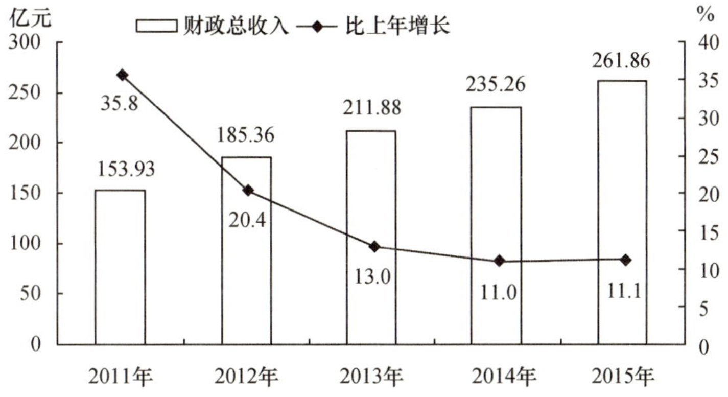


**图 6　2011~2015 年衡阳市财政总收入及其增长速度**

**【教育和科学技术】** 全市有 218 所中小学义务教育合格学校和 22 所农村公办幼儿园建设项目，其中 36 所中小学、14 所农村公办幼儿园重点民生实事项目校（园）已 100%完成投资。全市改造薄弱学校累计投入资金 52375.95 万元，开工面积 38.61 万平方米，竣工面积 24.01 万平方米。改造农村中小学 115 所，其中重点改造和新建学生食堂 60 个，新增教学仪器设备 5986 万元。全市小学生入学率 100%，毕业生升学率 100%；初中生巩固率 98.6%。广泛开展社会捐资助学工作，全市共募集助学金 1851.70 万元。全市初中毕业升入中职学校人数为 2.80 万人，升入技工学校学生人数 0.56 万人，为历年最多。全市中职毕业生 2.50 万余人，一次性就业率 97.0%，其中本市就业率达 50.0%。

**2015 年衡阳市各级学校在校学生、招生及毕业生数**

**表 3**　　单位：万人、%

| 指标 | 招生数 | | 在校人数 | | 毕业人数 | |
|---|---|---|---|---|---|---|
| | 绝对数 | 增长 | 绝对数 | 增长 | 绝对数 | 增长 |
| 研究生教育 | 1164.00 | 11.3 | 3337.00 | 5.1 | 997.00 | 17.4 |
| 高等教育 | 5.04 | -3.3 | 15.12 | 7.6 | 4.09 | 5.4 |
| 中等职业教育 | 2.30 | -11.3 | 7.45 | -4.9 | 2.38 | 9.9 |
| 普通高中 | 4.92 | 9.6 | 13.06 | 6.3 | 3.72 | 3.2 |
| 初中学校 | 9.20 | -3.2 | 28.70 | -0.6 | 9.28 | 11.7 |
| 普通小学 | 10.04 | 11.8 | 56.15 | 1.5 | 9.20 | -4.6 |
| 特殊教育 | 0.02 | 104.2 | 0.13 | 89.3 | — | — |

说明：含技师学院

全年完成高新技术产业增加值 321.87 亿元，增长 18.8%。专利申请量 4664 件，增长 52.0%。湖南安邦新农业科技股份有限公司“现代新型职业农民农业技术服务项目”成功入选 2015 年度国家星火计划项目。常宁市作为2015年度国家可持续发展实验区，已顺利通过省科技厅评审，并上报科技部。共审核推荐省级专利战略项目20项。衡山县为省知识产权示范县、耒阳市为国家知识产权试点城市，争取省级项目资金74万元。全市共有法定计量检定机构8个，特种设备检验机构8个。已完成定期工业产品质量监督抽查603批次，工业产品定期抽查合格率95.5%。发放工业产品生产许可证113张，强制检定计量器具10.32万台件，参与制订国家标准9项，组织制订地方标准4项。测绘部门提供基础地理信息数据成果4325幅，为经济社会发展提供大地成果8点，提供各种航摄成果4609万片。

【文化、卫生和体育】 年末，全市拥有各类艺术表演团体11个，群众艺术馆、文化馆13个，公共图书馆14个，博物馆、纪念馆16个。全市国家级非物质文化遗产保护项目6个，省级11个。文物保护成效明显。申公馆迁移异地保护、来雁塔和珠晖塔的修缮保护方案已通过专家评审，船山书院、接龙塔等修缮保护工程已启动，衡州窑、湘南学联纪念馆等国家重点文物保护单位的保护规划编制已出炉。全市11处国保单位修缮保护规范已在国家文物局立项，启动修缮4处，正在实施的6处。全市有广播电台9座，中、短波广播发射台和转播台39座，广播综合人口覆盖率96.9%。电视台9座，电视综合人口覆盖率99.3%。出版各类报纸5种，期刊7种，期刊出版量90万余册。全年新闻出版业销售收入14.05亿元，全年新闻出版业利润总额1.20亿元。年末，全市共有档案馆14个，已开放各类档案119万卷（件）。全市拥有各类卫生机构6023个，其中医院、卫生院331个，妇幼保健院（所、站）13个。卫生技术人员3.83万人，其中执业医师和执业助理医师1.65万人，注册护士1.50万人。医院、卫生院床位3.80万张。拥有乡镇卫生院203个，床位数1.19万张，卫生技术人员1.02万人，新建、改建乡镇卫生院1所。全市拥有体育场地11589个，其中体育馆21座。运动场976个，游泳池39个，各种训练房958个。完成1403个行政村的农民体育健身工程建设任务，新建全民健身路径100余条。成功举办全市十运会。先后有21人次打破16项市纪录，充分展示全市不断提升的竞技水平。

【资源、环境和安全生产】 全年平均年降水量1510.80毫米，增长14.1%，总用水量33.23亿立方米，下降0.2%，总体水质状况满足Ⅲ类标准的断面比例为100%。全年已发现的矿产69种，已探明资源储量的矿种有57种，其中能源矿产4种，金属矿产29种，非金属矿产23种，水气矿产1种。实施地质勘查项目114个，新发现大中型矿产地4处。全市环境质量总体保持稳定，空气质量达标率91.0%，地表水达标率95.8%，饮用水源达标率100%，主要污染物化学需氧量、氨氮、二氧化硫、氮氧化物排放量同比2014年分别削减2.0%、2.8%、2.0%、14.2%，未发生重大环境污染事故。全市共发生各类事故283起，死亡45人，受伤260人。同比事故起数、死亡人数分别减少37起，31人，分别下降13.1%、40.8%。亿元GDP生产安全事故死亡率0.017；工矿商贸企业十万人生产事故死亡率0.15；道路交通万车事故死亡率0.15；煤矿百万吨事故死亡人率0.32。

【人口、人民生活和社会保障】
全年出生人口10.01万人，出生率12.44‰；死亡率5.99‰；人口自然增长率6.45‰；出生人口性别比为110.07。全市城镇居民人均可支配收入26515元，增长8.8%。城镇居民人均消费性支出17592元，其中食品烟酒支出5750元、居住支出2926元、医疗保健支出969元、文化教育娱乐服务支出2980元。城镇恩格尔系数为32.7%。全市农村居民人均可支配收入14407元，增长8.8%。其中工资性收入6689元、经营净收入4140元、转移净收入3300元。农村居民人均消费支出9834元，其中食品烟酒支出3329元、居住支出2325元、医疗保健支出839元。农村居民家庭恩格尔系数为33.9%。全市五大社会保险参保总量达803.76万人次，其中参加基本养老保险、城镇职工和城镇居民医疗保险、失业保险、工伤保险、生育保险分别达到463.77万人、173.41万人、61.10万人、64.25万人、41.24万人。全市全年共征缴各类基金

73.83亿元，社保基金安全完整率和规范运作率达100%。全市城镇和农村最低生活保障惠及城镇居民、农村居民10.49万人和22.62万人，发放城镇和农村最低生活保障经费3.61亿元和3.87亿元。

全年销售社会福利彩票4.80亿元，增长11.3%；直接接受社会捐赠1800万元，增长64.0%。

### 2015年衡阳市人口及其变动情况统计年报表

**表4**

| | | | 衡阳市 | 市辖区 | 珠晖区 | 雁峰区 | 石鼓区 | 蒸湘区 | 南岳区 | 衡阳县 | 衡南县 | 衡山县 | 衡东县 | 祁东县 | 耒阳市 | 常宁市 |
|---|---|---|---|---|---|---|---|---|---|---|---|---|---|---|---|---|
| 年末总户数（户） | | | 2449756 | 365821 | 102223 | 72302 | 75988 | 95336 | 19972 | 373284 | 341955 | 126425 | 207699 | 356439 | 386929 | 291204 |
| 年末总人口 | 合　计 | | 7992674 | 1003725 | 290259 | 193451 | 202836 | 258936 | 58243 | 1246978 | 1094923 | 452209 | 754393 | 1065670 | 1419974 | 954802 |
| | 城镇人口 | | 2096212 | 712669 | 176169 | 148984 | 160580 | 199251 | 27685 | 144545 | 179073 | 98109 | 123264 | 295609 | 281999 | 260944 |
| | 乡村人口 | | 5896462 | 291056 | 114090 | 44467 | 42256 | 59685 | 30558 | 1102433 | 915850 | 354100 | 631129 | 770061 | 1137975 | 693858 |
| | 性别 | 男 | 4199955 | 505757 | 146685 | 96945 | 101354 | 131540 | 29233 | 658951 | 580891 | 234516 | 391207 | 565089 | 751599 | 511945 |
| | | 女 | 3792719 | 497968 | 143574 | 96506 | 101482 | 127396 | 29010 | 588027 | 514032 | 217693 | 363186 | 500581 | 668375 | 442857 |
| | 年龄 | 0~17岁 | 1911441 | 191944 | 50879 | 34231 | 38010 | 55891 | 12933 | 296392 | 259900 | 102485 | 177959 | 260211 | 379232 | 243318 |
| | | 18~34岁 | 1907979 | 222553 | 61238 | 40837 | 43929 | 62073 | 14476 | 301509 | 275408 | 109438 | 180465 | 251854 | 340844 | 225908 |
| | | 35~59岁 | 2822966 | 398670 | 114216 | 78663 | 82367 | 101773 | 21651 | 434102 | 375183 | 160702 | 268339 | 362268 | 489344 | 334358 |
| | | 60岁及以上 | 1350288 | 190558 | 63926 | 39720 | 38530 | 39199 | 9183 | 214975 | 184432 | 79584 | 127630 | 191337 | 210544 | 151218 |
| 本年度人口变动 | 出生 | 合计 | 110967 | 12621 | 3338 | 2203 | 2308 | 3737 | 1035 | 16498 | 14612 | 7806 | 9420 | 13743 | 22059 | 14208 |
| | | 男 | 59804 | 6749 | 1771 | 1193 | 1229 | 2004 | 552 | 8859 | 7876 | 4177 | 5080 | 7330 | 11812 | 7921 |
| | | 女 | 51163 | 5872 | 1567 | 1010 | 1079 | 1733 | 483 | 7639 | 6736 | 3629 | 4340 | 6413 | 10247 | 6287 |
| | 死亡 | 合计 | 36108 | 5941 | 1983 | 1362 | 1197 | 1042 | 357 | 4391 | 4772 | 1772 | 2009 | 3867 | 10059 | 3297 |
| | | 男 | 22918 | 3425 | 1162 | 759 | 690 | 611 | 203 | 3040 | 3124 | 1173 | 1342 | 2445 | 6163 | 2206 |
| | | 女 | 13190 | 2516 | 821 | 603 | 507 | 431 | 154 | 1351 | 1648 | 599 | 667 | 1422 | 3896 | 1091 |
| | 迁入 | 省内迁入 | 26909 | 14117 | 1857 | 1994 | 1829 | 8068 | 369 | 1988 | 4269 | 687 | 780 | 1628 | 2157 | 1283 |
| | | 省外迁入 | 13691 | 2617 | 618 | 432 | 603 | 833 | 131 | 1776 | 1639 | 506 | 805 | 1830 | 2324 | 2194 |
| | 迁出 | 迁往省内 | 22236 | 3708 | 946 | 842 | 519 | 1187 | 214 | 3351 | 4202 | 1145 | 1403 | 2975 | 2768 | 2684 |
| | | 迁往省外 | 19196 | 4730 | 1528 | 931 | 716 | 1436 | 119 | 2558 | 2125 | 843 | 1150 | 2842 | 2970 | 1978 |

### 2015年衡阳市城镇人口增减情况统计年报表

**表5**

| | | | | 衡阳市 | 市辖区 | 珠晖区 | 雁峰区 | 石鼓区 | 蒸湘区 | 南岳区 | 衡阳县 | 衡南县 | 衡山县 | 衡东县 | 祁东县 | 耒阳市 | 常宁市 |
|---|---|---|---|---|---|---|---|---|---|---|---|---|---|---|---|---|---|
| 年末城镇人口数 | | | | 1966212 | 712669 | 176169 | 148984 | 160580 | 199251 | 27685 | 144545 | 179073 | 98109 | 123264 | 295609 | 281999 | 260944 |
| 增加情况 | 合计 | | | 351045 | 124054 | 29228 | 20074 | 22963 | 45588 | 6201 | 18440 | 34097 | 10563 | 24261 | 52578 | 45921 | 41131 |
| | 出生 | | | 30084 | 7412 | 1408 | 1367 | 1538 | 2637 | 462 | 1456 | 2956 | 1457 | 2138 | 5546 | 4692 | 4427 |
| | 城镇人口迁入 | | | 13911 | 7854 | 806 | 1099 | 979 | 4710 | 260 | 574 | 1154 | 378 | 445 | 1417 | 1113 | 976 |
| | 乡村人口转城镇人口 | 小计 | | 304577 | 108139 | 26896 | 17452 | 20324 | 38055 | 5412 | 16028 | 29655 | 8660 | 21558 | 45442 | 39792 | 35303 |
| | | 来自地区 | 本市（地） | 289374 | 102812 | 25978 | 16484 | 19278 | 35745 | 5327 | 15738 | 27381 | 8240 | 21018 | 42578 | 38168 | 33439 |
| | | | 本省外市（地） | 6538 | 2346 | 364 | 418 | 366 | 1174 | 24 | 86 | 1522 | 200 | 178 | 1014 | 702 | 490 |
| | | | 外省 | 8665 | 2981 | 554 | 550 | 680 | 1136 | 61 | 204 | 752 | 220 | 362 | 1850 | 922 | 1374 |
| | | 增加原因 | 招生 | 299 | 262 | 88 | 4 | 2 | 168 | 0 | 3 | 18 | 2 | 4 | 0 | 4 | 6 |
| | | | 录(聘）用 | 943 | 653 | 108 | 248 | 76 | 198 | 23 | 28 | 82 | 16 | 26 | 58 | 28 | 52 |
| | | | 务工经商 | 0 | 0 | 0 | 0 | 0 | 0 | 0 | 0 | 0 | 0 | 0 | 0 | 0 | 0 |
| | | | 购(租）房 | 11136 | 9527 | 940 | 1044 | 383 | 7056 | 104 | 49 | 426 | 106 | 78 | 522 | 206 | 222 |
| | | | 投资 | 64 | 18 | 0 | 0 | 0 | 18 | 0 | 0 | 12 | 4 | 0 | 30 | 0 | 0 |
| | | | 投靠亲属 | 10127 | 4842 | 802 | 728 | 1511 | 1698 | 103 | 203 | 962 | 504 | 428 | 1658 | 760 | 770 |

续表 5

| | | | 衡阳市 | 市辖区 | 珠晖区 | 雁峰区 | 石鼓区 | 蒸湘区 | 南岳区 | 衡阳县 | 衡南县 | 衡山县 | 衡东县 | 祁东县 | 耒阳市 | 常宁市 |
|---|---|---|---|---|---|---|---|---|---|---|---|---|---|---|---|---|
| 增加情况 | 乡村人口转城镇人口 增加原因 | 移民搬迁 | 731 | 92 | 0 | 4 | 27 | 48 | 13 | 1 | 234 | 24 | 14 | 64 | 0 | 302 |
| | | 城乡属性调整 | 275575 | 91994 | 24770 | 15288 | 18088 | 28723 | 5125 | 15611 | 26485 | 7926 | 20810 | 42054 | 37626 | 33069 |
| | | 其他 | 5702 | 751 | 188 | 136 | 237 | 146 | 44 | 133 | 1436 | 78 | 198 | 1056 | 1168 | 882 |
| | 退出现役 | | 434 | 212 | 19 | 59 | 33 | 94 | 7 | 43 | 46 | 18 | 5 | 15 | 54 | 41 |
| | 由港、澳、台和国外迁入 | | 1 | 1 | 0 | 0 | 0 | 1 | 0 | 0 | 0 | 0 | 0 | 0 | 0 | 0 |
| | 其他 | | 2038 | 436 | 99 | 97 | 89 | 91 | 60 | 339 | 286 | 50 | 115 | 158 | 270 | 384 |
| 减少情况 | 合计 | | 27957 | 9995 | 2988 | 2394 | 1842 | 2394 | 377 | 1804 | 2728 | 949 | 1157 | 5395 | 2957 | 2972 |
| | 死亡 | | 11804 | 4810 | 1600 | 1225 | 1098 | 806 | 81 | 602 | 1068 | 446 | 617 | 1518 | 1437 | 1306 |
| | 城镇人口迁出 | | 9455 | 4247 | 1256 | 840 | 607 | 1295 | 249 | 747 | 663 | 239 | 415 | 1321 | 1005 | 818 |
| | 迁往港、澳、台和国外 | | 258 | 150 | 28 | 50 | 45 | 25 | 2 | 15 | 19 | 3 | 7 | 34 | 22 | 8 |
| | 服现役 | | 529 | 174 | 39 | 20 | 42 | 67 | 6 | 48 | 73 | 17 | 17 | 58 | 70 | 72 |
| | 其他 | | 5911 | 614 | 65 | 259 | 50 | 201 | 39 | 392 | 905 | 244 | 101 | 2464 | 423 | 768 |

注：

1. 本编数据均为初步统计数，最终核实数据以《2016 年衡阳市统计年鉴》为准，部分数据因四舍五入的原因，存在着与分项合计不等的情况。

2. 本编中各项指标增速无特殊注明均是指 2015 年与 2014 年同比结果。

3. 地区生产总值、各产业增加值的绝对数按现价计算，增长速度按可比价计算。

4. 本编中财政数据来自市财政局；物价、城乡居民收入和支出、恩格尔系数据来自国家统计局衡阳调查队；公路客货运输量、周转量来自市交通局；电信业务量、移动电话用户数、固定电话用户数、互联网宽带用户数来自市电信公司、市移动公司、市联通公司和市铁通公司；邮政业务量来自市邮政管理局；旅游数据来自市旅游局；存贷款数据来自中国人民银行衡阳中心支行；上市公司、证券数据来自市人民政府金融工作办公室；保险业数据来自市保险协会；教育数据来自市教育局；科技数据来自市科技局；专利数据来自市知识产权局；质量检测数据来自市质量技术监督局；测绘数据来自于市测绘院；矿产资源数据来自市国土资源局；艺术表演团体、博物馆、公共图书馆、文化馆、非物质文化遗产保护、报纸、期刊、图书数据来自市文广新局；广播、电视数据来自市广播电视台；卫生、新农合数据来自市卫生局；体育数据来自市体育局；城镇新增就业、社会保险数据来自市人力资源和社会保障局；城乡低保、社会福利、社区服务、敬老院、社会捐赠数据来自市民政局；帮助扶贫对象数据来自市扶贫办；治理水土流失、农村饮水安全数据来自市水利局；农村危房改造、污水和垃圾处理数据来自市住房和城乡建设局；造林、育林、活立木、森林覆盖率数据来自市林业局；空气和地表水质量、污染物排放、工业固体废物利用、噪声达标数据来自市环保局；安全生产数据来自市安全生产监督管理局；农产品加工企业数据来自市农业局、专业合作社数据来自市委农办；农业机械数据来自市农机局；灌溉面积数据来自市水利局；人口及其变动数据来自市公安局；其他数据均来自市统计局。

# 衡阳市各县（市）区乡镇行政区划调整方案

2015 年 11 月 18 日，经省政府批准、省民政厅批复，衡阳市各县（市）区乡镇行政区划调整方案全部确定，由原有的 184 个乡镇合并为 147 个，共减少乡镇 37 个。其中，衡南县减少 4 个、衡阳县减少 1 个、衡山县减少 5 个、衡东县减少 7 个、祁东县减少 3 个、常宁市减少 4 个、耒阳市减少 7 个、南岳区减少 2 个、雁峰区减少 1 个、石鼓区减少 1 个、珠晖区减少 1 个、蒸湘区减少 1 个。各县（市）区乡镇行政区划调整方案摘要如下：

## 衡南县

车江、向阳、云集 3 个镇成建制合并设立云集镇，新设立的云集镇辖 75 个建制村和 17 个社区居委会，总面积 296.7 平方千米，总人口 15.51 万人，镇人民政府驻黄金社区泉梓路（原云集镇人民政府所在地）。

洲市乡、三塘镇成建制合并设立三塘镇，新设立的三塘镇辖46个建制村和10个社区居委会，总面积166.1平方千米，总人口9.7万人，镇人民政府驻环城北路96号（原三塘镇人民政府所在地）。

川口乡、花桥镇成建制合并设立花桥镇，新设立的花桥镇辖49个建制村和4个社区居委会，总面积238.6平方千米，总人口6.45万人，镇人民政府驻花苑西路（原花桥镇人民政府所在地）。

## 衡阳县

潮江乡、集兵镇合并设立集兵镇。新设立的集兵镇辖17个建制村和1个社区居委会，总面积95.39平方千米，总人口4.3万人，镇人民政府驻集兵滩（原集兵镇人民政府驻地）。

## 衡山县

东湖镇、马迹镇成建制合并设立东湖镇。新设立的东湖镇辖29个建制村和2个社区居委会，总面积96平方千米，总人口3.46万人，镇人民政府驻东湖村（原东湖镇人民政府驻地）。

白果镇、长青乡成建制合并设立白果镇。新设立的白果镇辖41个建制村和2个社区居委会，总面积90平方千米，总人口5.3万人，镇人民政府驻桐梓村（原白果镇人民政府驻地）。

岭坡乡、望峰乡成建制合并设立岭坡乡。新设立的岭坡乡辖31个建制村和2个社区居委会，总面积83平方千米，总人口2.76万人，乡人民政府驻龙潭村（原岭坡乡人民政府驻地）。

萱洲镇和贺家乡成建制合并设立萱洲镇。新设立的萱洲镇辖32个建制村和2个社区居委会，总面积99平方千米，总人口4万人，镇人民政府驻萱洲村（原萱洲镇人民政府驻地）。

开云镇、沙泉乡合并设立开云镇。新设立的开云镇辖43个建制村和8个社区居委会，总面积138平方千米，总人口12.61万人，镇人民政府驻岳峰村（原开云镇人民政府驻地）。

## 衡东县

踏庄乡、珍珠乡、城关镇成建制合并设立洣水镇。新设立的洣水镇辖44个村和5个社区居委会，总面积130.91平方千米，总人口14万人，镇人民政府驻迎宾社区（原城关镇人民政府驻地）。

栗木乡、德圳乡、莫井乡、吴集镇成建制合并设立吴集镇。新设立的吴集镇辖82个建制村和1个社区居委会，总面积274.47平方千米，总人口9.27万人，镇人民政府驻龙江村（原吴集镇人民政府驻地）。

大桥镇、三樟乡成建制合并设立三樟镇。新设立的三樟镇辖36个建制村和1个社区居委会，总面积112.19平方千米，总人口4.34万人，镇人民政府驻西园村（原大桥镇人民政府驻地）。

草市镇、高塘乡成建制合并设立草市镇。新设立的草市镇辖36个建制村和1个社区居委会，总面积143.93平方千米；总人口5.91万人，镇人民政府驻丫塘村（原草市镇人民政府驻地）。

## 祁东县

撤销洪桥镇、白鹤铺镇，设立洪桥、玉合、永昌、白鹤街道。新设立的洪桥街道辖21个建制村和4个社区居委会，总面积64.31平方千米，总人口8.83万人，街道办事处驻地设鼎山东路273号（现洪桥镇人民政府驻地）；新设立的玉合街道辖17个建制村和7个社区居委会，面积60.09平方千米，人口6.98万人，街道办事处驻地设永昌大道105号（现祁东经济开发区所在地）；新设立的永昌街道20个建制村和10个社区居委会，总面积52.38平方千米。总人口7.19万人，街道办事处驻地设曙光路兰芝塘村（现县计生局所在地）；新设立的白鹤街道辖23个建制村和11个社区居委会，总面积76.13平方千米，总人口4.07万人，街道办事处驻地设凤形居委会白杨路（现白鹤铺镇人民政府驻地）。

四明山乡并入太和堂镇，行政区划调整后，太和堂镇辖72个建制村和2个社区居委会，总面积163.9平方千米，总人口6.24万人，镇人民政府驻地不变。

## 常宁市

宜潭乡、宜阳街道成建制合并设立宜阳街道。新设立的宜阳街道辖47个建制村和4个社区居委会，总面积104.71平方千米，总人口8.95万人，街道办事处驻宜阳街道常荫路60号（原宜潭乡人民政府驻地）。

松柏镇、水口山街道成建制合并设立水口山镇。新设立的水口山镇辖24个建制村和8个社区居委会，总面积86.18平方千米，总人口7.95万人，镇人民政府驻刘家（原水口山街道办事处驻地）。

盐湖镇、三角塘镇成建制合并设立三角塘镇。新设立的三角塘镇辖51个建制村和2个社区居委会，总面积118.85平方千米，总人口5.87万人，镇人民政府驻牛市坪（原三角塘镇人民政府驻地）。

江河乡、新河镇成建制合并设立新河镇。新设立的新河镇辖42个建制村和两个社区居委会，总面积133.11平方千米，总人口4.72万人，镇人民政府驻新建（原新河镇人民政府驻地）。

弥泉乡、塔山瑶族乡成建制合并设立塔山瑶族乡。新设立的塔山瑶族乡辖17个建制村，总面积120.13平方千米，总人口1.16万人（其中瑶族5939人），乡人民政府驻下板角（原塔山瑶族乡人民政府驻地）。

### 耒阳市

撤销泗门洲、竹市2个建制镇，将这2个建制镇的行政区域调整划入水东江、灶市街2个街道，调整后的水东江街道辖20个建制村和8个社区居委会，总面积113.14平方千米，总人口7.82万人，办事处驻南王岭（原水东江街道办事处驻地）；灶市街道辖15个建制村和10个社区居委会，总面积79.41平方千米，总人口7.32万人，街道办事处驻灶市街（原灶市街街道办事处驻地）。

余庆、磨形2个乡以及三顺街道成建制合并，设立余庆街道，将余庆街道的火田村划入五里牌街道。新设立的余庆街道辖32个建制村和3个社区居委会，总面积129.73平方千米，总人口8.02万人，街道办事处驻余庆圩（原余庆乡人民政府驻地）；五里牌街道辖3个建制村和5个社区居委会，总面积24.33平方千米，总人口4.55万人，街道办事处驻地不变。

沙明乡与导子乡成建制合并设立导子镇。新设立的导子镇辖28个建制村和1个社区居委会，总面积137.3平方千米，总人口4.11万人，镇人民政府驻导子洲（原导子乡人民政府驻地）。

洲陂乡与马水乡成建制合并设立马水镇。新设立的马水镇辖32个建制村，总面积170.01平方千米，总人口5.34万人，镇人民政府驻湖德（原马水乡人民政府驻地）。

上架乡与三都镇成建制合并设立三都镇。新设立的三都镇辖37个建制村和1个社区居委会，总面积117.84平方千米，总人口5.73万人，镇人民政府驻牛脑头（原三都镇人民政府驻地）。

撤销东湖圩乡建制，设东湖圩镇；

撤销大义乡建制，设大义镇。

### 南岳区

岳林乡、拜殿乡和龙凤乡成建制合并设立寿岳乡，新设立的寿岳乡辖10个建制村，总面积52.48平方千米，总人口6475人，乡人民政府驻地设在西岭（原岳林乡人民政府驻地）。

### 雁峰区

湘江乡、黄茶岭街道合并设立黄茶岭街道，新设立的黄茶岭街道辖7个建制村和9个社区居委会，总面积29.55平方千米，总人口5.77万人，街道办事处驻地设蒸阳南路（原黄茶岭街道办事处驻地）。

### 石鼓区

松木乡、黄沙湾街道成建制合并设立黄沙湾街道，新设立的黄沙湾街道辖10个建制村、2个社区居委会和1个农科所（村级），总面积33.05平方千米，总人口3.44万人，街道办事处驻地设在黄沙湾51号（原黄沙湾街道办事处驻地）。

### 珠晖区

东阳渡镇、新湘街道合并设立东阳渡街道，新设立的东阳渡街道辖20个建制村、4个社区居委会和1个农场（村级），总面积95.6平方千米，总人口5.65万人，街道办事处驻东阳渡新街17号（原东阳渡镇人民政府驻地）。

### 蒸湘区

长湖乡、蒸湘街道合并设立蒸湘街道，新设立的蒸湘街道辖4个建制村和13个社区居委会，总面积12.53平方千米，人口7.38万人，街道办事处驻太平小区（原蒸湘街道办事处驻地）。

# 市、市直机关、国省驻衡单位及市属大型企业领导人名录

（截至2015年12月31日）

## 中共衡阳市委员会

书　　记　李亿龙
副 书 记　周海兵　邓群策
常　　委　段志刚　罗东海
　　　　　包昌林　廖茂雄
　　　　　刘丽华（女）
　　　　　邓　柯　何录春
秘 书 长　邓　柯
市副厅级干部　王雄飞
市人大常委会原副主任　刘运定（兼）
副秘书长　张韶晖（常务）
　　　　　王湘淮　蒋崇华
　　　　　伍尤平
　　　　　吕正平（兼）
　　　　　王发贵（兼）
　　　　　孙鹏伟（兼）

## 衡阳市人大常委会

主　　任　李亿龙
党组书记 副主任　谢宏治
副 主 任　李慧星　苏　营
　　　　　王旭明　康　强
　　　　　周晓云
秘 书 长　伍清明
副秘书长　唐振湘　张新华
　　　　　刘红日　罗国清

## 衡阳市人民政府

市　　长　周海兵
副 市 长　段志刚（常务）
党组成员 正厅级干部　陈新文
副 市 长　罗东海　周学农
　　　　　周辉斌　张贺文
　　　　　刘正兴　陈　竞
党组成员 副市长 候选人　王洪斌
原副市长　胡水龙　唐文峰
市人大常委会原副主任　李　辉
秘 书 长　晏华衡
副秘书长　夏平平（兼）
　　　　　颜东程　邹学铭
　　　　　胡深源　罗卫华
　　　　　李传忠（兼）
　　　　　肖春林　刘定安
　　　　　于德辉　张少华
　　　　　魏春生

## 政协衡阳市委员会

主　　席　廖炎秋
党组副书记　何录春　李安平
副主席 党组副书记　李　平　肖长贵
副 主 席　刘日煊
　　　　　李鹏飞（兼）
　　　　　张　亮
　　　　　谢明芳（女，兼）
　　　　　许云生（兼）
　　　　　马俭平（女，兼）
　　　　　黄保锦
秘书长 候选人　胡花云
副秘书长　陈文杰　谢昭亿
　　　　　王平云　贺回乐
　　　　　王　平
　　　　　李康杏（挂职）

## 衡阳警备区

司 令 员　贺小坤
政治委员　廖茂雄
副司令员　王喜滨（兼）
副政治委员　李春华（兼）
　　　　　欧阳大力
参 谋 长　宋玉清
政治部主任　彭国平
后勤部部长　蒋后春

## 衡阳预备役后勤保障旅

旅　　长　王喜滨
党委书记 政委　李春华
副 旅 长　雷文忠
副 政 委　牟作明
参 谋 长　周　君
政治部主任　全建平

## 中共衡阳市纪律检查委员会

书　　记　包昌林
副 书 记　邓小林　肖秀文
　　　　　傅　萍（女）
常　　委　卜茂平　陈辉芝
　　　　　龙亚春　张志波
　　　　　邱小兵
秘 书 长　龙亚春

## 中共衡阳市委巡视工作联络组

办公室
主　　任　龙祝元
副 主 任　万　科（常务）
　　　　　谭刚山
第三组
副 组 长　谭树理
第四组
副 组 长　雷安青

第五组

副 组 长 范高潮 陈麦珍

## 衡阳市中级人民法院

书记 院长 张经伟

副院长 副书记 刘 政(常务)

李来清

副 院 长 阳小云 陈龙飞

匡彬文(女)

政治部主任 王如铁

纪检组长 刘学佩

党组成员 任志恒 曹亚民

罗小韩

## 衡阳市人民检察院

书记 检察长 刘孙承

副书记 副检察长 费旭东(常务)

副检察长 彭生宝 曹文恒

罗 洵(女)

龙仕达

刘丁炳(挂职)

纪检组长 廖桂元

政治部主任 张知义

党组成员 曾建军 曾志平

贺安凡

## 市委工作部门

市委办公室

主 任 邓 柯

副 主 任 黄 伟 张 斌

纪检组长 邓国军

市委全面深化改革领导小组办公室

主 任 邓 柯(兼)

专职副主任 侯健康

市委组织部

部 长 何录春

副 部 长 雷雨时 胡小宁

封哲夫

彭幼平(兼)

张 军

谢 虹(女)

部务会成员 蒋先勤 陈国辉

纪检组长 段海明

市委宣传部

部 长 刘丽华(女)

副 部 长 王郦君(常务)

刘晓军 吕正平

谭崇恩

市委统一战线工作部

部 长 何录春

副 部 长 陈群洲(常务)

张永英(女)

胡新武

纪检组长 周其钢

市委政法委员会

书 记 邓 柯

副 书 记 王东文(常务)

汤守春 孙团才

胡征星(兼)

刘云宝

纪检组长 欧阳强

政治部主任 唐年初

市委政策研究室

主 任 孙鹏伟

副 主 任 邹 舸 朱松泉

副处级纪检员 周晓明

市委直属机关工作委员会

书 记 李瑞荣

副 书 记 黄晓慧 白少友

陈水清

工会主席 廖 青(女)

纪工委书记 廖激扬

市机构编制委员会办公室

主 任 廖秋文

副 主 任 陆亚利

李晓红(女)

纪检组长 曾庆虎

市委防范和处理邪教问题领导小组办公室

主 任 胡征星

副 主 任 宋景军

李百顺(兼)

刘晓军(兼)

资永古

市委群众工作部(市信访局)

局 长 罗卫华

副 局 长 刘泽民 何华榕

唐昌平 张位德

周乾坤

市委党校(市行政学院、市社会主义学院)

校 长 邓群策

副 校 长 尹同君(常务)

副 校 长 李诗衡 李保民

欧正国

副校长 纪委书记 蒋受安

教 育 长 唐云涛(女)

## 市委直属单位

市委老干部局

局 长 谢 虹(女,兼)

副 局 长 卢 蔚(女)

王绍良

刘文娟(女,兼)

纪检组长 戴孝明

市档案局

局长 徐阳林

副局长 副书记 王山诚

副局长 贺春兰(女)

纪检组长 江秀秋(女)

市委党史研究室

主任 周美好

副主任 谢志成 蒋金鑫

副处级纪检员 黄舜梅(女)

市委讲师团

主任 成新平

副主任 洪明星 肖振军

市委台湾工作领导小组办公室

主任 黄常耿

副主任 周强 龙旗胜

市综合治理办公室

主任 魏中发(兼)

副主任 文剑锋 李智

衡阳日报社

书记、社长 周玉军

副书记 总编辑 林新华

副社长 刘虹梅(女)

黄魁斌

纪委书记 邓湘源

副总编辑 王小勤

工会主席 陈文进

## 市委部门管理机构

市委督查室

主任 徐志毅

副主任 彭绍清 刘秩坤

孔维政

市保密局(市委保密办)

局长 蒋宏来

副局长 王加福

市委机要局

局长 王发贵

副局长 刘少荣

总工程师 文建华

专职密码督查员 胡庭伟

市委基层党建工作领导小组办公室

主任 陈国辉

市事业单位登记管理局

局长 范秋平

市老干部活动中心

主任 黄雄

书记 李湖平

市文化产业发展办公室

主任 唐仕龙

市文明办公室

主任 罗东云

市新闻办公室

主任 江勇

市网络新闻宣传管理办公室

主任 王永华

## 市纪委工作部门

办公室

主任 齐文川

组织部

部长 杨宏发

宣传部

部长 刘云

信访室

主任 宋宁生

案件监督管理室

主任 廖尚清

纪检一室

主任 刘伯辉

纪检二室

主任 吴明伟

纪检四室

主任 殷亮

纪检五室

主任 周立友

纪检六室

主任 邹雄杰

案件审理室

主任 许亚春

纪检督察干部监督室

主任 张晓辉

预防腐败室

主任 钟斌

信息技术保障室

主任 李青山

调研法规室
主　　任　曹朝晖

## 市人大专门委员会

内务司法委员会
主任委员　曾　静
副主任委员　李祥云

财政经济委员会
主任委员　何旭明
副主任委员　贺熙欢　周天庆

教育科学文化卫生委员会
主任委员　龙雪一
副主任委员　杨平芳

农业与农村委员会
主任委员　王美志
副主任委员　易　彬(女)

城乡建设环境与资源保护委员会
主任委员　卢劲松
副主任委员　彭有贵

## 市人大常委会工作部门

办公室
主　　任　伍清明
纪检组长　刘文静(女)
信访办主任　曾小军

预算工作委员会
主　　任　贺熙欢
副 主 任　谭丽霞(女)

选举任免联络工作委员会
主　　任　郁晓初
副 主 任　罗卫国

研究室
主　　任　谢慧斌
副 主 任　李光伟　刘红旗

## 市人民政府工作部门

市人民政府办公室
主　　任　晏华衡(兼)
副 主 任　彭　红(女)
　　　　　周　强
纪检组长　蒋小利
党组成员　贺治国　周湘晖

市发展和改革委员会
主　　任　符成安
副 书 记<br>副 主 任　刘乔华
副 主 任　许云生(兼)
　　　　　李　旭　杨云祥
　　　　　奉小明　万韩建
　　　　　邹庆华　肖军阳
　　　　　李定慧
总经济师　邹顺初
纪检组长　吴小艳(女)

市经济和信息化委员会
主　　任　高楚云
副 主 任　张兴二　刘梓恒
　　　　　彭振霖　万克俭
　　　　　周子超
工会主席　李笃清
纪检组长　王大宏

市教育局
局　　长　周法清
副 书 记<br>副 局 长　马建新
副 局 长　罗胜利　彭天文
　　　　　马俭平(女)
　　　　　谭小华
纪委书记　邱兴国
党委委员　李智平
工会主席　宋腾飞
党委委员<br>主任督学　肖智亮

市科学技术局
局　　长　罗春耀
副 局 长　刘启静　谢德文
　　　　　周卿文
　　　　　罗菲菲(女)
工会主席　黄长生
纪检组长　唐　彦

市公安局
局　　长　周学农
副 书 记<br>副 局 长　王成良(常务)
　　　　　肖海波
党委委员　唐　洁
副 局 长　李百顺　钟正军
　　　　　李　衡　吴　起
　　　　　谢先进
　　　　　邓朝晖(挂职)
副 局 长<br>政治部主任　何恒芹
纪委书记　谢少珍
工会主席　杨安东

市监察局
局　　长　邓小林
副 局 长　王东安　石献忠
　　　　　贺公民

市预防腐败局
局　　长　邓小林(兼)
专职副局长　刘志宏

市民政局
局　　长　周小凤(女)
副 书 记<br>副 局 长　冯国旺
副 局 长　李福顺　周建平
　　　　　金姗姗(女)

吴　斌

副局长　纪工委书记　尹晓洪

工会主席　谭民政

市司法局

局长　魏中发

副书记　副局长　单永泉

纪工委书记　刘　文

副局长　匡　华　熊　鹰

政治部主任　谭满林

工会主席　唐宏伟

市财政局

局长　秦振衡

副书记　副局长　邹可成

副局长　何小平　刘　军　陈安平

总会计师　龙海鹰

党组成员　奉伍元　谢树连

纪检组长　文小荣

工会主席　王集文

市人力资源和社会保障局

局长　彭幼平

副局长　张晓平　曾崇伟　郭建中

总会计师　王志刚

纪检组长　万荣禄

工会主席　胡小麦(女)

市国土资源局

局长　邹高帆

副局长　刘兴中　阳秋桂　傅中良　黄光辉

总规划师　李兴国

总会计师　龚国清

工会主席　蒋远翔

纪检组长　盛荣伟

执法支队队长　彭德庆

市住房和城乡建设局

局长　宁资理

副书记　副局长　李卫明

副局长　谢　肃(兼)　曾良贵　夏益才　蒋文龙　唐学清　李佐军　唐修华　吴志强　段菊生

工会主席　万常红(女)

总工程师　张云球

纪工委书记　贺根定

市交通运输局

局长　罗光耀

副书记　副局长　张洁成

副局长　罗端林　李贞生　谢福君　彭　立(兼)

工会主席　冯赤军

总会计师　欧阳巍巍(女)

市农业委员会(市委农村工作办公室)

主任　汪　维

副主任　曾向国　胡高明　肖章平　颜桥生　邱　宁　卢正世　彭素云(女)　胡荣华　罗金华

总农艺师　曾金国

纪检组长　刘庆凡

工会主席　赵爱民

市水利局

局长　岳　健

副局长　王小平　文昌荣　肖志华　刘吉林　李朝华

总工程师　高银生

纪委书记　喻金平

工会主席　刘安平

市林业局

局长　吴伟生

副局长　刘九江　曹敏慧　雷盛华

纪工委书记　朱祥云

总工程师　梁瑞军

工会主席　周德湘

总会计师　陈　伟

市商务和粮食局

局长　书记　黄建军

副局长　刘克春　王凌志　程治纲　张柏君　陈书贵　康新生(女)　夏建华　赵　芳(女)　史子发

总会计师　许任明

工会主席　王春华

纪工委书记　伍　松

市文体广电新闻出版局(市版权局)

局长　蒋勋伟

副书记　副局长　易鸿斌

副局长　肖芳葵　李新祥　张绪伍　吴水根　张衡安　刘晓文　曾　臻

纪工委书记　邹和平

副局长　工会主席　蒋长富

市卫生和计划生育委员会

书记<br>主任 邹爱民

副书记<br>副主任 申惠龙

副主任 陈兰林 邓玉生 胡晓明 刘枚武 谢福生 谭绪平 欧阳琴(女) 陈忠明 刘景友

党组成员<br>计生协会<br>常务副会长 袁金宏

副主任<br>纪工委书记 肖友儒

工会主席 谢笃菊(女)

市审计局

局长 李艳丽(女)

副局长 李鹏飞 廖义伟 邱文

工会主席 周紫娟(女)

纪检组长 许常礼

总审计师 李焕勇

党组成员 段小军

市环境保护局

局长 刘晓利

副局长 蒋宏伟 郭石军 唐小平 曹运才

总工程师 鲁骥

纪委书记 曹运才

工会主席 刘环建

市统计局

书记 李晓霞

局长 陈森

副局长 谢明菊 李尔平 罗理义

纪检组长 刘颖(女)

总统计师 刘霖

市城乡规划局

局长 陈添喜

副局长 杨承友 侯跃泽 汤绍峰

纪检组长 何光

总规划师 杨劲松

工会主席 龙瑞祥

市安全生产监督管理局(市煤炭管理局)

局长 胡小刚

副书记<br>副局长 邹炜

副局长 曹书厚 欧阳早香 吉仕统 谢石中 丁佳生 胡振业(女)

纪检组长 褚启虎

总工程师 何辅韩

市城市管理行政执法局

局长 谢茂文

副局长 谭长青 谢肃 席小平 罗小伟

纪检组长 贺银生

工会主席 符义承

党组成员 邹仁之

总工程师 陈建颖

市食品药品监督管理局(市食品安全委员会办公室)

局长 颜昌正

副书记<br>副局长 李柯俭

副局长 王柱生 谭艳林 武亚明(女) 彭桂华

工会主席 尹建生

纪检组长 屈苏权

市旅游外侨民宗局(港澳事务办公室)

书记<br>副局长<br>副主任 康国雄

局长<br>主任 向前

副局长<br>副主任 沈骏明 晋敦琦 周大可 夏建平 王文华 李欣 许荣华

纪检组长 高文英(女)

市工商行政管理局

局长 蒋云良

副书记<br>副局长 冯建伟

副局长 罗云学 王清(女) 谢卫华 周新春

纪检组长 吕曙光

市质量技术监督局

局长 夏日新

副局长 万新华 阳永庚 肖亚明

纪检组长 吴刚

市人民政府法制办公室

主任 杨安定

副处级<br>纪检员 肖精华

市人民政府金融工作办公室

主任 段映春

副主任 刘国华 郭文波

总经济师 李立

纪检组长 罗新华(女)

市人民防空办公室(市民防局)

主任 刘检元

副主任 王召大 刘和平 邓伟
纪检组长 伍传松
总工程师 宋登飞

## 市政府直属特设机构

市政府国有资产监督管理委员会
主任 白润民
副书记、纪委书记 刘业伟
副主任 彭少波 贺宏光
工会主席 李伯林(女)
总经济师 张晓冬

## 市政府直属事业机构

市供销合作总社
理事会主任 宋贫农
监事会主任、副书记 高轻飏
副主任 王继松 向明 董晓波

市委、市政府接待处
处长 龚志桂
副处长 赵华(女) 朱方群(兼) 刘春晖

市地方志编纂委员会办公室
主任 杨伟东
副主任 肖泓

市移民开发局
局长 贺礼霁
副局长 周高生 刘志斌 刘春贵
纪检组长 邹生华
总工程师 刘良启

市公共资源交易中心
主任、书记 邹学铭
副主任 周轻慧 万潜平

市工业企业改制服务办公室
主任 阳文华
书记、副主任 李朝晖(女)
副主任 邓启明 向为 尹小平 陈书伟 刘小平 陈中文 温妙莲 蒋仕高 洪庆涛 雷福生
纪委书记 唐小忠
工会主席 王宏威

市商业企业改制服务办公室
主任 易长春
书记、副主任 肖俊
副主任、工会主席 凌巍峰
副主任 刘文革
副主任、纪委书记 段秋生

## 部门归口管理的事业机构

市电子政务管理办公室
主任 陶小平
副主任 陈列忠 金洪亮 周晓勇
纪检组长 金长河

市公路管理局
局长 肖仁贵
副书记、副局长 李兴志
副局长 胡庆保 郑晓宏 邹宏
总会计师 颜超美
纪委书记 肖华宝
总工程师 仇斌正
工会主席 唐玉铭

市农业机械管理局
局长 侯明星
副局长 王斌
纪委书记 陈金华
总工程师 周文

市畜牧水产局
局长 张永亮
副局长 邓中华 周笃春 盛衡清 肖小清 陈晔
工会主席 陈建云
纪委书记 全昌盛
总畜牧师 贺晓霞
总水产师 段夙成

市广播电视台
台长 邹斌初
副书记、副台长 朱锡君
总会计师 蒋乐念
副台长 何志勇 蒋清 邹仲奇
副台长、纪检组长 张文标
工会主席 陈娟(女)
党组成员 伍峻极 唐西湖

市农业综合开发办公室
主任 谢树连
副主任 周志刚 贺四清 肖绍甘 刘旭
纪检组长 黄柏青

市文化市场综合执法局
局长 刘小平
副局长 唐能平 王友良 沈登成 谢建军

纪检组长　曾剑鸣

## 政府直属管理部门

市政务服务中心
主　　任　戴新贤
副 书 记
副 主 任　贺治国
副 主 任　谭晓林
　　　　　凌北辰　杨正明

市住房公积金管理中心
主　　任　宋京生
书　　记　刘　建
副 主 任　李文喜　花　明
　　　　　肖华生
纪检组长　匡春凤
总会计师　陈　黎(女)

衡阳弘湘(国有投资控股)集团公司
董 事 长　张力沛
总 经 理　张雨民
监事会主席　袁铁军
工会主席　曾　康
副 书 记
纪检组长　阳丽萍
副总经理　蒋永忠　唐　蔚
　　　　　周名扬
财务总监　龙　玮(女)

市中小企业信用担保公司
董 事 长
总 经 理　段映春
副总经理　刘红粒　陈昕昕
　　　　　李必飞(女)
　　　　　谭雯心(女)

市城市建设开发总公司
总 经 理　陈　卫
副总经理　李任保　任邵江
　　　　　王　集
纪委书记　宋为忠

总工程师　何小巧(女)
总会计师　刘琳琳(女)

市城市建设投资有限公司
董 事 长　陈映森
主持公司
经理工作　田　奇
监事会主席　李育和
副总经理　龙武星　周宗宝
总工程师　钟爱军
财务总监　欧剑菲
工会主席　王立新
纪检组长　魏玉华

市水务投资集团有限公司
董 事 长　郑湘山
总 经 理　唐仲民
副总经理　曹祥生　周铁牛
　　　　　魏晓然
财务总监　陈生满
工会主席　张自钢

市交通建设投资有限公司
董 事 长　陈探宇
总 经 理　周正雄
副总经理
副 书 记　尹茂苏
副总经理　王　翔　胡琼峰
财务总监　宁俊祺
工会主席　陈新骥

市湘江水利投资开发有限公司
总 经 理　唐夏元
副总经理
副 书 记　庞　华
副总经理　王海燕(女)
　　　　　刘建平
财务总监　尹快平
纪检组长　谢振华

市农业科学研究所
书　　记　曾良贵
副 书 记
纪委书记　朱　捷
副 所 长　罗柳青　李建仁
　　　　　周泽友
总农艺师　黄益国
工会主席　陈友平

衡阳南岳机场投资有限公司(南岳机场办公室)
副总经理
副 主 任　张中信　刘建平

## 市政府派出机构

衡阳高新技术产业开发区管理委员会
主　　任　欧　杏
副 主 任　张国庆　龙建民
　　　　　杨为群　李　勇
　　　　　罗仁元
副 主 任
纪工委书记　王小勤

衡阳松木经济开发区管理委员会
主　　任　雷　华
副 主 任　陈新龙　周爱民
　　　　　周建国　廖德萍
纪工委书记　王晓国

市白沙洲工业园区管理委员会
主　　任　曾巧敏(女)
副 主 任　刘向阳
　　　　　尹生文(兼)
　　　　　张金华
工会主席　刘林生

衡阳综合保税区管理委员会
主　　任　尹生文
党 工 委
副 书 记　刘　璋

# 周农履新衡阳任市委书记

2016年4月1日下午，衡阳市召开全市领导干部大会。省委组织部副部长蔡建和宣读省委关于衡阳市委主要领导职务调整的决定：周农同志任衡阳市委书记，提名为衡阳市人大常委会主任候选人。

2016年4月1日下午，衡阳市召开全市领导干部大会。省委组织部副部长蔡建和宣读省委关于衡阳市委主要领导职务调整的决定：3月24日，省委常委会研究决定，周农同志任衡阳市委书记，提名为衡阳市人大常委会主任候选人。

蔡建和指出，省委的决定，着眼于全省工作大局，着眼于推进重要领导干部的交流，着眼于衡阳市领导班子的建设实际需要，是经过反复酝酿认真研究后做出的。

蔡建和指出，周农同志政治上坚定可靠，政治意识、大局意识强，在大是大非面前头脑清醒，旗帜鲜明，在思想上政治上，跟党中央保持高度一致，经过多岗位锻炼，熟悉基层情况，工作经验和领导经验比较丰富，组织能力和应对复杂局面的能力比较强，作风务实，爱岗敬业，事业心责任心强，善于抓班子带队伍，坚持贯彻执行民主集中制，能够调动各方面积极性，为人正派，待人诚恳，自我要求严格，对身边工作人员和家属从严管理，在干部群众中口碑形象好，省委认为周农同志是衡阳市委书记职位的合适人选。

蔡建和说，这次衡阳市委主要领导同志职务的调整，是全市人民政治生活中的一件大事。相信衡阳市各级领导班子和全市干部群众一定会讲政治、讲大局，自觉把思想统一到省委决策部署上来，把智慧和力量凝聚到干事创业上来，坚决拥护省委决定，在以周农同志为书记的衡阳市委领导下，共同努力，奋力拼搏，推动经济社会又好又快发展。

周农说，从今天开始，我就是800万衡阳人民的一员，我将与市委一班人，团结带领全市干部群众，全力谋发展、干工作，不负这份信任，不负这方山水，不负这份重托。

周农表示，将加强学习，保持绝对忠诚，做政治上的明白人；将深入调研，保持为民情怀，做人民群众的贴心人；将勤奋工作，保持责任担当，做发展的开路人；将公道正派，保持干净本色，做班子的带头人。

周农指出，相传大雁南飞，至此歇翅停回，故衡阳又雅称“雁城”，大雁身上那种志存高远、不畏艰辛、团结奋进的精神早已融入了衡阳人的血脉。他说，从今天起，我愿做一只衡阳雁阵的“领头雁”，与全市干部群众一道，更加紧密地团结在以习近平同志为总书记的党中央周围，为实现中国梦的衡阳篇章而振翅高飞。我会与衡阳人民心心相连，同甘共苦，团结奋斗，奋力开创衡阳发展的新局面。

全市在职市级领导，县市区党政主要负责人，市纪委、市委组织部领导班子成员，市直正处级行政事业单位党政主要负责人，市人大、市政协委室主要负责人，市属高等院校主要负责人，市属企业主要负责人，不属于上述人员的市委委员参加了会议。

# 周 农 当 选 市 人

2016年5月18日上午，衡阳市十四届人大六次会议选举周农为衡阳市第十四届人大常委会主任。选举结束后，新当选市人大常委会主任的周农向宪法郑重宣誓。

会上，市委书记、市人大常委会主任周农发表讲话。周农强调，衡阳已站在一个新的发展起点上，正处于爬坡过坎、滚石上山的关键时期。谋划和推动衡阳今后一个时期的发展，必须高举中国特色社会主义伟大旗帜，以马克思列宁主义、毛泽东思想、邓小平理论、“三个代表”重要思想、科学发展观为指导，深入贯彻习近平总书记系列重要讲话精神，按照“五位一体”总体布局和“四个全面”战略布局的要求，牢固树立和贯彻落实“五大发展理念”，着力补齐短板，聚力攻坚克难，努力建设经济繁荣、百姓富裕、生态优美、社会和谐、政治清明的新衡阳。

第一，要以强烈的责任担当加快科学发展。全市上下必须在思想上重视发展、行动上谋划发展、路径上创新发展，用发展来统一思想，用发展来凝心聚力，用发展来改善民生。要扎实推进供给侧结构性改革，坚持把项目建设作为经济工作的主抓手和“牛鼻子”，着力补齐县域经济、工业经济、旅游经济三块短板，加快推进农业现代化，提高社会主义新农村建设水平，大力推进以人为核心的新型城镇化，不断提升新型城镇化水平。

第二，要以强烈的责任担当深化改革开放。改革推进到今天，比认识更重要的是决心、信心，比方法更重要的是担当、责任。我们要把抓改革作为一项重大政治责任，增强推进改革的思想自觉和行动自觉，敢于啃硬骨头，敢于先行先试，敢于向积存多年的顽瘴痼疾开刀。要抓住群众最期盼的事情，抓住制约经济社会发展的突出问题，抓住牵一发而动全身的关键环节，加大攻坚力度，精准发力，定向爆破，确保改革取得更大成效。各级领导干部和广大人大代表要当好改革的促进派和实干家，推动各项改革举措落到实处，把改革的红利转变成发展动力。

第三，要以强烈的责任担当增进民生福祉。始终把人民放在最高的位置，抓住人民最关心最直接最现实的利益问题，抓住最需要关心的人群，努力让全市人民有更多的获得感。坚持把扶贫开发作为改善民生的头等大事来抓，坚决打赢脱贫攻坚这场硬仗，切实抓好化解大班额、安置房建设、农村电网改造、湘江流域保护与治理等民生工作，统筹发展就业创业、教育文化、卫生医疗、社会保障等民生事业。扎实抓好安全生产、信访维稳、环境保护、社会治安、金融风险防控等底线工作，为经济社会持续健康发展创造良好环境。

第四，要以强烈的责任担当加强党的建设。对我们衡阳而言，要净化政治生态、重塑良好形象，从严管党治党尤为重要、更为紧迫，必须抓得更紧、要求更严。要使管党治党真正从宽松软走向严紧硬，认真开展好“两学一做”学习教育，扎实抓好社区“两化两体系”建设，大力开展“纠四风、治陋习”和“雁过拔毛”式腐败问题专项整治。要通过抓党风政风，带社风民风，营造风清气正的良好政治生态和社会环境。

第五，要以强烈的责任担当抓好换届工作。今年是我市市县乡党委、人大、政府和市县政协及市县乡纪委集中换届之年。抓好换届工作，对衡阳来讲，意义特别重大，各界特别关注。要围绕“绘出好蓝图、选出好干部、配出好班子、换出好面貌”的总体目标任务，加强领导，精心组织，有序推进换届各项工作，确保换届风清气正、圆满成功。

周农表示，各级党委要切实加强和改进对人大工作的领导，为人大及其常委会开创工作新局面提供坚强保障。“一府两院”要自觉接受人大监督，认真执行人大的决议决定，不断提高依法行政和公正司法水平。各级各部门要积极支持人大依法行使职权，认真办理人大代表议案建议，主动为代表履职创造有利条件，广泛汇聚推动全市发展的强大正能量！

## 周农同志简历

周农，男，汉族，1962年8月生，在职研究生文化，湖南省益阳市人，1982年7月参加工作，1985年2月加入中国共产党，现任中共衡阳市委书记、市人大常委会主任。

1978.09—1982.07 湖南大学化工系无机化学工程专业学习

1982.07—1985.03 资江氮肥厂技术员、厂团委副书记

1985.03—1991.06 共青团娄底地委副书记 、党组成员

1991.06—1993.11 共青团娄底地委书记、党组书记

1993.11—1997.04 中共双峰县委副书记（正处级）

1997.04—1999.10 中共娄底地委宣传部副部长（正处级）

1999.10—2001.08 中共会同县委副书记、县人民政府县长

2001.08—2001.11 中共会同县委书记、县人民政府县长

2001.11—2004.02 中共会同县委书记

（其间：2003.09-2004.01 中央党校第七期县委书记进修班学习）

2004.02—2006.03 中共溆浦县委书记

（其间：2004.03—2006.01 中央党校函授学院法学专业在职研究生班学员；2005.02—2005.05由省委组织部选派到美国弗吉尼亚州奥德多梅恩大学学习MPA）

2006.03—2006.06 中共怀化市鹤城区委书记

2006.06—2006.11 湖南省监察厅副厅长

2006.11—2010.03 中共湖南省纪委常委、省监察厅副厅长

2010.03—2011.11 中共湖南省纪委常委、省监察厅副厅长、省预防腐败局副局长

2011.11—2014.06 中共湖南省纪委副书记

（其间：2014.02—2014.07 省第十二届人大常委会委员）

2014.07—2016.03 湖南省人民政府党组成员、中共湖南省纪委副书记、省监察厅厅长、省预防腐败局局长

（其间：2015.06—2015.09 任中央第十一巡视组副组长参加中央第二轮巡视）

2016.03—2016.05 中共衡阳市委书记、市人大常委会主任候选人提名人选

2016.05— 中共衡阳市委书记、市人大常委会主任

3

① 1月8日，衡阳至上海航线正式开通

② 1月21日，一场罕见的平流雾让雁城恍若仙境

③ 1月27日，南岳“千僧锅”熬出万份腊八粥普施游客

④ 2月19日，大年初一，冬泳爱好者水上拜年

⑤ 2月26日，中国陆军首支女子导弹连展开训练

① 3月14日，衡阳县农民父子利用废旧汽车做变形金刚年入百万

② 3月28日，衡阳市各个高校的汉服爱好者集聚在西湖公园复原古代花朝节

③ 3月28日，南华大学学生响应地球一小时活动

④ 4月3日，武警官兵祭扫抗日英雄狼牙山五壮士之一的葛振林墓

⑤ 4月11日，衡阳市万人徒步活动在蒸湘区雨母山举行

⑥ 4月10日，南岳祭茶大典在南岳大庙举行

⑦ 5月14日，为迎接抗战胜利七十周年，南岳对忠烈祠进行大规模修葺

⑧ 6月21日，国际瑜伽日表演瑜伽的瑜伽爱好者共聚平湖公园

④

⑤

⑥

⑦

⑧

6月27日，蒸湘区雨母山彩跑活动

7月6日，湖南高铁学院的准“动姐”在高铁站开展文明创建快闪

①8月5日，参加反恐维稳誓师的武警官兵

②8月18日，衡阳县船山广场一位市民正在检验工业机器人作业后的质量

③9月3日，来自衡阳县的大阅兵飞行员常丁球家人正在观看大阅兵直播

1

3

2

①9月8日，中葡篮球赛在衡阳市体育馆开战

②9月24日，游客在蒸湘区雨母山乡百万花海赏花

③9月28日，中秋月与雕塑相映成趣

④9月30日，袁隆平院士在衡阳县西渡镇梅花村品尝自己培育的超级稻米饭

⑤10月7日，高新区某商场举办的儿童跳蚤视察上，一名小“摊主”正在招徕生意

1

2

3

4

5

6

7

①10月17日晚，南岳朱陵宫上空的银河

②10月21日，南岳首届“星空节”一对情侣在帐篷内“接吻”

③11月14日，衡阳遭遇罕见冬汛

④11月16日，衡阳市福利院爱心文化墙，被爱心人士领养的孤残儿童离开前都会在这里印上自己的手印

⑤11月29日，南岳衡山曼妙的夕阳云海让摄影爱好者欣喜不已

⑥12月6日，衡阳师院举行盛大的汉服成人礼

⑦12月24日晚，数十万市民走上街头感受“平安夜”

⑧12月25日，衡州小学的同学们在科技馆内通过仪器认识太空

8

（印象2015图片由彭斌提供）

# 衡南县

衡阳首届乡村生态旅游节暨宝盖银杏文化节

2015年，全县实现GDP287.85亿元，增长8.2%；完成财政总收入16.52亿元，增长12%；完成社会固定资产投资193.71亿元，增长20.3%；规模工业增加值同比增长5.4%；实现社会消费品零售总额89.8亿元，增长12.4%；城乡居民人均可支配收入分别达25636元、16234元，分别增长8.9%、9%；金融机构存贷款余额分别达202.38亿元、72.54亿元，综合实力成功跻身全省经济前20强县行列。重点项目扎实推进，全县48个市重点项目完成投资78.8亿元，占年度计划的101.4%。湘江土谷塘航电枢纽首台机组并网发电；娄衡高速公路、怀邵衡铁路、瓦松铁路等重点工程进展顺利；梦东方·中南国际旅游度假区、特变电工南方能源科技产业园等3个投资额超过10亿元的大项目落户衡南。三次产业结构比调整为22.6：44.3：33.1，第三产业比重提高5.6个百分点。县工业集中区开工建设项目21个，实现工业税收4700万元。粮食播种面积和总产量实现“十二连增”，全年种烟2.45万亩、收烟6.2万担，土地流转面积达98.29万亩，成功获批国家现代农业示范区。成功承办衡阳首届乡村生态旅游节暨宝盖银杏节，累计接待游客、实现旅游综合收入同比分别增长28%、33%。交通网络更加完备，衡阳南岳机场航线增至6条；县城云集与市区融城对接更加深入，蒸湘南路衡南段（衡云干线）全线通车，4条公交线路、2条巴士线路、1条客运班线开通运行。县城形象全面刷新，云集大道、云峰路、新塘路、雅园路等7条主干道提质改造全面竣工；云集大道路灯节能改造全面完成，绿化轴E段、文化广场启动建设。改革活力竞相迸发，政府机构改革、合乡并村改革等重点领域改革全面完成，县本级投融资平台改革、农村信用联社改组农商行等金融体制改革实现突破，融资代建、开发经营权拍卖、PPP模式等项目运作创新成效显著。民生事业有效落实，全年民生支出累计达30.6亿元，占财政总支出的68.9%，城镇职工、居民退休人员养老金实现“十一连增”，实现贫困人口脱贫16773人。社会事业协调发展，教育债务管理得以规范，高考上线率稳居全市前列；大病保险全面启动，人口计生工作继续保持全省先进；文化体育活动日趋活跃，成为全市唯一的“省级公共文化服务示范区”。底线工作全面强化，安全生产工作被评为全省先进，湘江保护与治理“一号重点工程”第一个三年行动计划圆满完成，政法综治工作连续两年荣获省市先进。

特变电工南方能源科技产业园签约仪式

全线贯通的衡云干线新塘埠湘江大桥

提质改造后的云集大道

土谷塘航电枢纽工程首台机组并网发电

# 衡阳县

县委书记王洪斌被评为全国优秀县委书记并得到习近平总书记接见

市委副书记、市长周海兵（左一）视察天天见梳篦有限公司

市委副书记邓群策（右三）视察角山米业

基础设施项目集中开工仪式

唯品会公司与衡阳县人民政府战略合作洽谈会

中国工程院院士、省政协副主席袁隆平到衡阳县出席新闻发布会

省政协副主席张大方到衡阳县调研

县委书记王洪斌接受新华网专访

衡阳县地处湘中偏南，位于湘江中游。总面积2558平方公里，现辖25个乡镇、443个村、48个社区，总人口约123万，矿产资源、农林产品十分丰富，是典型的地域大县、人口大县、农业大县。

2015年，衡阳县委、县政府坚持稳中求进总基调，牢牢把握发展大势，主动适应新常态，全面深化改革开放，着力实施“生态立县、项目兴县、依法治县”发展战略，全县项目建设扎实推进，城乡面貌显著改观，社会事业长足进步，行政行为日趋规范，发展环境日益优化，综合实力稳步提升，实现了经济社会的持续健康发展。全年实现地区生产总值287.6亿元，同比增长（下同）8.8%。完成财政总收入12.78亿元，增长10.2%。完成固定资产投资227.5亿元，增长20.8%。实现社会消费品零售总额83.9亿元，增长12.2%。城乡居民人均可支配收入分别达到26053元、13453元，分别增长9.2%、9.3%。为提前全面建成小康衡阳县奠定了良好基础。

维泰市政等产业重点项目集中开工

衡阳县民生项目开工仪式

# 衡山县

2015年，衡山县地区生产总值134.93亿元，增长8.7%。财政总收入8.66亿元，增长12.86%。固定资产投资88.06亿元，增长18.3%。社会消费品零售总额26.6亿元，增长12.1%。城乡居民人均可支配收入分别达25916元、16341元，分别增长8.8%、8.9%。

新增规模工业企业13家，高新技术企业发展到6家。创新创业园区“135”工程建设标准厂房29万平方米，工业污水处理厂开工建设，工业大道完成改造。继续保持全国产粮大县和生猪调出大县地位，成为全省唯一的湘黄鸡标准化养殖示范县，跻身全省稻田养鱼试点项目县。新增农民专业合作社45家、家庭农场41家，省市农业产业化龙头企业发展到27家。新发展市场主体1432户，新增限额以上商贸企业11家，完成“个转企”221户，外贸企业实现“破零”。华夏湘江国际农业产业示范园建成游客服务中心，白果综合性生态景区启动建设，萱洲古镇成为全省首批湖湘风情文化旅游小镇。城乡居民养老保险覆盖率93.6%，最低养老金由每月60元提高到75元。离退休人员基本养老金实现“十一连调”。城乡低保月人均补差分别达到260元、114元。新中医院投入运营，获评全国妇幼健康优质服务示范县。人口和计划生育工作连续十一年全省先进。

◀衡山席草龙

▶绿色生态衡山

▶恒岳重钢生产线

▶工业园区春昌大道

新金龙环保设施

# 衡东县

2015年，全县完成地区生产总值236.45亿元，增长8.5%；完成财政总收入12.43亿元，增长12.1%；完成固定资产投资133.6亿元，增长18.9%；社会消费品零售总额80.21亿元，增长12.5%；城镇居民人均可支配收入和农村居民人均可支配收入分别达到25895元、15716元，分别增长8.8%、9.0%。

三次产业结构优化为16.88：36.82：46.30，第三产业占比提升3.3个百分点。新型工业增速提质。完成规模工业总产值160亿元,增长12.5%；实现规模工业增加值40.49亿元，增长7.3%。经开区实现工业生产总值109.48亿元、工业增加值30.11亿元、创税3.71亿元，分别增长13.7%、12.5%、11.7%。现代农业加速转型。农林牧渔总产值达74.16亿元，增长3.8%。粮食总产实现十二连增，“一流转五服务”工作深入推进，流转土地面积58.15万亩。规模以上农产品加工产值占农业总产值比重提高到33.6%。现代服务业快速壮大。投资过亿的台湾物流园落地开工，成功创建省级“农村电子商务示范县”。旅游业蓬勃发展，全年接待游客285万人次，实现旅游综合收入20亿元，分别增长11%、9.9%，荣桓镇荣获全市“最佳乡村生态旅游目的地”称号。

改革开放活力全面迸发。创新思路实施合乡并村，并村工作快速推进，工作经验在全省推介。在全市率先完成政府机构改革。深化政府融资平台改革，成功组建农村商业银行。全年新引进项目65个，合同引资46.8亿元，其中投资过亿元的项目10个。碧桂园、天英学校、旭达养生养老等大项目、好项目落户衡东。城乡建设加速提质。深入开展“四城同创”活动，市容市貌进一步美化；扎实推进农村环境综合整治，石湾镇、霞流镇被评为全市十佳乡镇，堰桥、宋坪、李花等村获评

工业园

甘溪河坝

武家山森林公园

吴集白洲

四方山风光

明星示范村。民生保障切实改善。全县民生支出 24.96亿元，占总支出的79.89%。19项重点民生实事指标圆满完成。全面开展扶贫攻坚，“一户一策”实施精准扶贫，帮助8229人成功脱贫，减贫率为25.47%。着力夯实底线工作，在全市率先启动“轻刑快办”，信访工作经验获国、省推介。扎实抓好安全生产工作，顺利通过全省“安全生产示范县”复评。深入开展摩托车专项整治，道路交通事故大幅下降。大力开展打黑除恶、打击非法集资和地下六合彩专项整治，全县社会治安形势持续好转，人民群众安全感和满意度不断提高。

# 祁东县

①副省长、省公安厅厅长黄关春一行在市委副书记、市长周海兵陪同下莅祁调研指导工作

②省委组织部副部长蔡建和调研基层党建工作

③衡阳市委副书记、市长周海兵视察归阳工业园建设

④衡阳市委常委、组织部部长、统战部部长何录春在祁东县凤歧坪村扶贫

⑤省文化厅专家组到祁东县考察调研沙井湾古民居项目

⑥中国蔬菜流通协会莅祁调研指导“中国黄花菜之乡”申报工作

2015年，祁东县面对极其严峻的宏观形势和前所未有的经济下行压力，面对艰巨繁重的发展、治理、改革任务，紧紧围绕“富民强县、振兴祁东”的宏伟目标，主动适应新常态，积极应对大环境，着力营造小气候，全力以赴打基础、做平台、强后劲、惠民生，实现“十二五”的完美收官，经济社会发展再上了一个新的台阶。全县实现地区生产总值240亿元，是2010年的1.84倍，年均增长10.5%；财政总收入10.1亿元，年均增长19%，是2010年的2.39倍，迈上具有历史性意义的10亿台阶；社会固定资产投资141亿元，是2010年的3.59倍；城乡居民人均可支配收入分别达到20898元、11088元，分别是2010年的1.49倍、1.61倍；金融机构存、贷款余额分别为251亿元、69亿元，分别是2010年的2.22倍、2.07倍，年均增长17.3%和15.7%。

祁东县政府广场

祁东黄花菜获评国家地理标志产品

祁东县城夜景图

祁东火车南站夜景

# 常宁市

市委副书记、市长周海兵（前右三）到常调研省政府“一号重点工程”

城市一环通车仪式

“12345”政府服务热线启动仪式

衡阳市“村村响”现场会在常召开

水口山镇揭牌仪式

松柏工业污水处理厂投入运行

荣获“生态有机茶之乡”称号

干净整齐绿树成荫的南一环

2015年，常宁市辖18个乡镇、3个办事处。土地总面积2046.6平方公里，总人口101万。完成地区生产总值269.6亿元，增长9%。完成财政总收入16.31亿元，增长15.6%。完成固定资产投资160.84亿元，增长19.7%。金融机构存、贷款余额分别为205.35亿元、81.85亿元，分别增长17.3%、25.4%。在全省全面小康社会考核中位于全省经济强县第16位。工业经济加快转型。新增规模工业企业8家，完成工业总产值210亿元，规模以上工业增加值42亿元，增长6.8%。金铜项目完成主工艺关键设备试车。金翼铅业、华兴冶化、宏兴化工、大宇锌业、一品新能源等项目入园加快建设。“一区一园”平台不断夯实，水口山经济开发区成功获批国家循环化改造示范试点园区。现代农业蓬勃发展。全年农林牧渔业实现总产值79.54亿元，增长4%。粮食、油茶、油菜、烟叶、茶叶等主导产业增量提效。塔山山岚茶获省茶博会金奖。广济水库修建大坝，白甫水库修建坝基，五龙山水库获国家专项建设债券支持。规模以上农产品加工企业45家。城乡建设提速提质。城乡交通大幅改善，投资11.77亿元、长13.6公里的城市一环道路全线贯通；省道214线水口山至城区段改建工程建成通车；青市车站完成主体工程。歌剧院建成启用。城市经营步入快车道，新组建水口山投、环保投、交通投等公司，投融资能力大幅增强。“四城同创”深入开展，城乡环境卫生状况持续好转。民生事业实现突破。合乡并村全省领先，成为全省第一个完成合乡并村的县（市）。民生安置打破常规，推行以房安置、统规统建。湘江保护和治理完成第一个“三年行动计划”任务。为民办实事任务全面完成，新农村建设、扶贫开发工作评为省先进。“12345”政府服务热线开通运行。城乡低保应保尽保。城乡居民养老保险工作连续五年评为省先进。教科文卫蓬勃发展，广播“村村响”经验在全省推介。平安创建深入推进，社会大局和谐稳定。

天堂山茶叶育苗基地

# 耒阳市

全省裸露山地绿化攻坚暨春季造林现场会在耒阳召开，湖南省人民政府副省长戴道晋视察造林绿化工作

耒阳再次荣膺全国双拥模范城

耒阳被授予“诗词之乡”荣誉称号

耒阳总面积2656平方公里，总人口143万，辖1个省级正处级开发区、24个乡镇、6个街道办事处，是全省城区面积最大、城市人口最多的县级城市，素有“荆楚名区”、“三湘古邑”之美誉，被国家民政部授予“千年古县”称号。近年来，我市紧紧围绕“重回全省第一方阵”目标，真抓实干、加力转型，经济社会平稳较快发展。2015年实现GDP389.95亿元，增长8.4%，完成财政收入25.55亿元，增长18.88%。三次产业结构比为16.1：37.6：46.3。城市承载能力不断提升，中心城区主次干道基本拉通，城区主干道全部油化，南北正街、迎宾大道完成提质改造，五大公园建设顺利推进，城市公共绿地面积达1677公顷，绿地覆盖率达39%，第二消防站、第二水厂、管道燃气、白洋渡污水处理厂先后建成投入使用。城市知名度显著提升，先后获评“中国最具投资潜力中小城市百强县”“全国粮食生产先进县”“全国产粮大县”“全国休闲农业与乡村旅游示范县”。

南北正街完成提质改造

烈士陵园焕然一新

迎宾大道完成提质改造

衡阳市委书记、市人大常委会主任周农（右四）莅耒调研

衡阳市委副书记、市长周海兵（左二）莅耒调研

12个工程项目集中开工

转型发展报告会，诸多在外老乡共商耒阳发展大计

耒阳大桥重建主体工程完工

# 南岳区

2015年12月1日，全国政协原副主席郑万通（图中）到南岳视察

南岳区位于衡阳市区之北侧，南岳衡山72峰穿境而过。2015年，乡镇区划调整合乡并村后，南岳区从辖3乡1镇1街道，27个行政村，9个居委会变为辖1乡1镇1街道，18个行政村，7个社区。全区土地总面积181.5平方公里。年末常住人口数为6.27万人，人口自然增长率8.9‰。全年实现国内生产总值（GDP）32.1亿元，增长9.6%；完成财政总收入6.16亿元，增长13.36%；实现社会消费品零售总额21.74亿元，增长11.9%。城乡居民人均可支配收入30795元，比上年同期增长9%，其中城镇居民人均可支配收入31083元，增长9%，农村居民人均可支配收入16066元，增长9.5%。接待境内外游客794.98万人次，增长12.6%，其中：团队游客76.11万人次，增长8.03%；实现旅游总收入63.45亿元，增长10.68%；实现门票收入3.163亿元，增长3.85%。

南岳文化底蕴深厚而源远流长，宗教文化、寿岳文化、抗战文化和书院文化杂糅交错；自然风光旖旎而四时皆景，是著名的避暑和观冰赏雪胜地。2015年，南岳区成功举办了慧思大师1500周年纪念活动、中国首个室外浪漫星空节、湖南省道教协会成立30周年庆典等各项重大活动，并于9月份获颁湖南省首批两型旅游景区。

2015年3月30日，区委书记杨洪峰（右三）率队调研南岳区四大重点项目

纪念慧思大师诞辰1500周年学术研讨会

祭茶仪式

中国首个室外浪漫星空节

# 雁峰区

2015年，雁峰区辖先锋、雁峰、天马山、黄茶岭、白沙洲、金龙坪6个街道办事处（其中金龙坪街道由白沙洲工业园管理）和岳屏镇、湘江便民服务中心（撤乡后工作机构）。总面积94平方公里。全区常住人口22.09万人。经济总量。全区地区生产总值完成216.95亿元，增长9.3%。全区城镇居民人均可支配收入26647元，增长8.5%。农村居民人均可支配收入15925万元，增长9.8%。全面建成小康社会速度加快，小康社会总体

① 市委副书记、市长周海兵（左二）调度衡山科学城项目
② 魅力雁峰
③ 正在建设中的雁峰区
④ 新农村建设

实现程度达到92.1%。农业、工业和建筑业。全区完成农业总产值4.44亿元，增长4.2%。区本级（不含白沙工业园区）完成规模工业总产值270.71亿元，增长8.3%。全年规模以上工业企业实现利润总额11.88亿元。完成建筑业总产值35.12亿元，增长24.3%。实现建筑业增加值7.32 亿元，增长10.7 %。项目建设。推进“611”重点工程计划，开工项目121个，完成投资110.3亿元，34个市级考核项目开工率100%，累计完成投资53.21亿元，投资完成率123.7%。廻雁峰·巷荫岭、廻雁文化广场、东洲岛、白沙洲片区整体城镇化改造、铜锣湾等一批大项目、好项目顺利推进。财政。区本级（不含白沙工业园区）完成财税总收入16.33亿元，增长12.1%。新家庭计划。国家卫计委“新家庭计划——家庭发展能力建设”项目试点于2014年5月落户雁峰区。雁峰区成立“新家庭计划—家庭发展能力建设”服务活动协调工作领导小组。继2014年在先锋街道光辉社区试点后，2015年在全区推广。2015年4月23日，区人口和计划生育局组织培训。

⑤ 省委组织部领导调研项目

⑥ 雁峰区首届廉政书画作品展

⑦ 雁峰区开展庆七一，重温入党誓词活动

⑧ 吉湘林先进事迹报告会在雁峰区开讲

⑨ 雁峰区开展“公民活动日”文艺汇演

# 石鼓区

视察角山乡小云山村

石鼓区位于衡阳市区西北部，素有衡阳城区“北大门”之称，原名城北区，2001年行政区划调整时，因石鼓书院位居城中而得其名。全区辖1个乡、6个街道办事处、1个片区，45个居民委员会，30个村委会，总面积112平方公里，2014年末全区总人口为24万余人。

石鼓风光绮丽、景色宜人。石鼓区揽三江而依衡岳，山灵水韵，纳学藏识，自古以来就博得了衡阳古八景中的“石鼓区江山锦绣华”之美誉。石鼓广场、莲湖广场是城区两颗明珠，郁郁葱葱，水城相容，靓丽异常，人流如云，繁华至极。蒸、耒、湘三水绕城而去，如城中玉带，波光粼粼，熠熠生辉，增添古城之灵气。石鼓山天然造就，枕三水而眺天际，每每蒸、耒、湘三水交会，犹如有巨鼓雷鸣之声，声声远播。西湖公园如城中之客厅，荷花夜放，阁楼别院，深深几许，是休闲游乐之佳处。蒸水风光带如靓丽霓虹彩裳，扮靓了蒸水，扮靓了城区。

石鼓历史悠久，绵远流长。自西汉开始设县治至中华人民共和国，历经两千多年历史变迁，一直为衡阳乃至湘中南地区的政治、经济、文化中心。境内有“四大书院”之一的石鼓书院，周敦颐、朱熹、王船山等儒家先贤曾于此临江讲学，著书立说，传承文化思想；辖区内的演武坪原为古代练兵场，曾国藩、彭玉麟曾据此练兵，湘军攻必克、战必胜，力挽狂澜，重振晚清中兴局面；来雁塔屹立三江之滨，彭玉麟曾亲笔题写塔名。

石鼓人杰地灵，人文荟萃。雁城古人文八景，石鼓占其四：“石鼓江山锦绣华”反映出石鼓江山的秀美

视察蒸水北堤

视察社区

绝伦、蔚为壮观，令人心旷神怡、流连忘返；“朱陵洞内诗千首”说明了石鼓文化繁荣、熠熠生辉；“青草桥头酒百家”印证了石鼓历来商贾云集、酒肆林立的繁荣景象；“西湖夜放白莲花”描绘了夏夜风凉、白莲竞放的西湖盛景。石鼓书院思想飞扬，演武坪中兵勇来往，这是一片充满生机和活力的热土，湘、蒸、耒三水在此交会，各种思想经此交流，江水北去，百舸争流，形成了石鼓区璀璨的文化之源，绵绵不息，源远流长。

石鼓区内崇盛国际中心一角

流光溢彩的蒸水桥

# 珠晖区

2015年，珠晖区辖2乡、1镇、7个街道办事处，4个农场。土地总面积234平方公里。年末总人口34.44万人。地区生产总值205.83亿元，增长9.7%。农林牧渔业增加值8.53亿元,增长4.6%。2015年，茶山坳镇荣获全省“最美乡镇”、全国第三批“美丽宜居小镇”。规模工业总产值99.4亿元，实现规模以上工业增加值增长5.9%。固定资产投资174.62亿元，增长20.4%。2015年引进投资2000万元以上项目29个。成功争取衡阳铁路口岸、酃湖片棚户区改造、白鹭湖新城等国家专项建设基金1.65亿元，资金量居城区之首。城乡面貌提质提标。船山东路全线贯通，怀邵衡铁路、二环东路、雁城东路、北三环湘江桥、东洲湘江大桥、东三环提质改造等相继开工，“一点一线”广东路西延、双江路、学院路有序推进。城市发展扩容提质，滨江新区、酃湖公园、耒水东西岸风光带、苏洲湾片区加快建设。金甲岭小城镇、铁路文化主题街区、建湘柴油机厂1950创客创业园等加快实施。酃湖片、东方里、扶小里等棚户区改造有序推进。和平小区、临江路、服务里、向荣里等6个示范社区成功打造。高铁沿线农村房屋改造旧貌换新颜。

二环东路

船山东路与东外环互通

鑫都国际

丽波酒店

滨江新区东山安置房

# 蒸湘区

2015年12月7日，省委常委、政法委书记李微微（中）调研蒸湘区综治维稳工作

2016年4月15日，万达广场项目正式开工

蒸湘区于2001年5月28日挂牌成立，位于衡阳市城区西部，因蒸水河在此与湘江合流贯穿全境而得名，现辖有雨母山、呆鹰岭2个镇，蒸湘、红湘、联合3个街道，29个社区居委会，27个行政村，总面积108.44平方公里，常住人口30.02万。

**蒸湘是宜业之区。**借助衡钢集团坐落我区的地缘优势，把配套衡钢、发展钢管深加工产业作为全区工业发展的主攻方向，打造了钢管深加工产业园，形成了以衡钢为核心的西外环线沿线地段的衡钢管材配套加工企业集群。钢管深加工产业园已经发展钢管深加工配套企业30余家，年钢管加工能力达70余万吨，累计产值超过100亿元，累计上缴利税超过5亿元，2010年被国家工信部授予“国家新型工业化产业示范基地”。近年来，我区继续加速推进新型工业化进程，致力抓好华菱钢管及区属钢管深加工产业园和呆鹰岭中小企业创业园两个工业园区的建设工作，以衡钢获得核用钢管生产资质为契机，推进特种钢管深加工，以金坤包装为龙头发展纸品深加工产业，使“蒸湘工业板块”更具特色，更增活力。

**蒸湘是宜商之区。**近年来，我区按照衡阳市“东文西商”的总体布局，紧紧围绕“现代服务业领先”的发展战略，现代服务发展向高端化迈进，引进了世界五百强的泰国正大集团卜蜂莲花、国内五百强的万达商业广场，以及香港铜锣湾广场、奢侈品保税行邮直购广场、上海喜盈门家居广场、法国迪卡侬等数十个大项目、好项目。现有新建千万元以上商贸服务业项目18个，新建商业街6条，新建和改造各类专业市场6个，商业网点增加到5230个，专业商品市场达18个，其中鸿运数码广场、泰阳电器、晶珠广场、步步高等8大商业综合体脱颖而出，年成交额均突破亿元大关。正在建设的衡阳商业步行街将为我区打造中央商务区奠定基础。以蒸湘北路、解放西路、船山西路、蔡伦大道为主轴线的“蒸湘商圈”已初步形成。

**蒸湘是宜学之区。**我区人文氛围浓厚，科技资源丰富。南华大学、湖南环境生物学院（南院）、湖南交通工程学院等高校坐落其中，南华大学是我市唯一已被列入本科一批招生院校，并在我区雨母山镇征地1000余亩，建设了一个功能完善、环境优美的主校区。

2016年7月22日，市委书记、市人大常委会主任周农（左二）调研雨母景区及美丽乡村建设

2015年5月29日，市委副书记、市长周海兵（左二）在雨母山乡艺术家部落与艺术家续翔（左一）亲切交谈

**蒸湘是宜游之区。**我区境内城乡连体，山水独具。距城区仅10公里的雨母山生态环境清雅、人文景观优美，被誉为“城市绿肺”和“后花园”。长约28公里的雨母绿道更是全省最长的郊野型绿道，得到了广大游客的亲昵。雨母山历史文化底蕴深厚，景点众多，乃三皇五帝之一帝喾南巡之地，现有全国唯一祭祀帝喾的寺宇。目前，雨母山景区总体规划已经出台，详细规划也正在加紧制定，并有望在年内成功申报国家3A级景区和湖南省风景名胜区。

2016年3月26日，市委常委、宣传部部长刘丽华（前）带头参加雨母山徒步比赛

**蒸湘是宜居之区。**我区境内湘桂铁路、322国道、S315线、西外环线、衡枣高速连接线纵横交错，潭衡西高速、衡邵高速贯通其中，城区主干道解放大道、华新大道、船山大道、蔡伦大道、立新大道在辖区穿过，基本形成了纵横交错、便捷舒适的交通网络。我区还是全市唯一一个省级文明城区，也是全市中高档住宅最为集中的城区，冠都现代城、融冠亲城、英伦首府、蒸水湾1881、衡府、沐林美郡、尚邦领域、中泰峰境、水映豪廷、蒸湘世纪城、愉景湾等一大批房产项目为我区积聚了旺盛的人气，有效提升了我区的居住品质。正向着打造“山水宜居新城”的目标迈进。同时，2016年初，我区被省委、省政府确定为全省20个“全面建成小康社会达标县市区”之一，也是全市唯一获此殊荣的县市区，正式迈入基本现代化建设新征程。

雨母绿道

# 衡阳国家高新

高新区党工委副书记
管委会主任　欧　杏

衡阳国家高新技术产业开发区（以下简称高新区）1992年6月经湖南省人民政府批准成立，2012年8月19日经国务院批准升级为国家高新区,总面积达137.35平方公里，其中，核心区面积43.35平方公里。

核心区经过20多年的建设，已形成了“四横九纵”道路网络，通讯、供电、供气、给排水等基础设施配套齐全。学校、医院、商贸等配套设施齐全，已成为全市高新技术产业发展的重要阵地、新型城市化的重要区域、展示衡阳形象的靓丽名片。现下辖1个街道（华兴街道），有10个社区居委会，10个村民管理处。有2家三甲医院、1所省重点中学、1所普通中学、8所小学、20余所幼儿园、1家五星级假日酒店。区内常住人口13万余人，其中农村人口2万人，流动人口2万余人。建区至今，累计完成基础设施投资70亿元，修建道路总里程约80公里，亮化道路69公里；建成平湖公园、生态公园、船山公园、太阳广场、蒸水风光带、全名健身广场，完成绿化面积近300万平方米，绿地率达35%；建有2座日供水能力分别为8万吨的二级自来水加压站，2座110KV变电站，日供电能力可达163000KW；还有国家3A景区陆家新屋——清代古民居和衡阳保卫战遗址。

“十三五”期间，高新区将紧紧围绕“一年打基础、三年见成效、五年大发展”的总体目标，实施“打造新产业、塑造新形象、营造新环境、实现新跨越”发展战略，坚持创新、协调、绿色、开放、共享的发展理念，以改革创新为动力，以项目建设为抓手，以优质环境为保障，高新区将重点打造全市现代产业核心区、改革创新先行区、高端人才集聚区、科学发展示范区、宜居宜业新城区，真正成为衡阳市乃至湘南的政治经济中心、科技文化中心、金融中心。到“十三五”末，高新区实现建成区面积和综合实力“双倍增”计划总目标，地区生产总值要达到100亿元以上，财政收入达35亿元以上，固定资产投入达300亿元以上，高新投资产达到300亿元以上，综合实力进入全省园区前3名，全国高新区综合排名进入前50位。

高新区鸟瞰图

# 技术产业开发区

| | |
|---|---|
| ① | ② |
| ③ | ④ |
| ⑤ | |

①留学人员创业园

②临水路效果图

③中兴网信

④陆家雨母新区概念规划

⑤帝斯曼维生素有限公司

# 衡阳市白沙

白沙洲工业园区位于衡阳市城区南部，实际管辖区域37.57平方公里，其中：湘江以北、以西20.99平方公里，东阳渡镇成建制划转5个行政村16.58平方公里。实际开发区域近14平方公里。产业定位为电子信息、智能制造、先进制造和现代物流。园区先后被授牌为“国家火炬计划输变电装备产业基地”“国家级承接产业转移基地”“湖南十大最具投资价值产业园区”，与“湖南衡阳深圳工业园”“湖南衡阳台湾工业园”“湖南两型社会建设改革试验区白沙示范区”实行“多块牌子，一套人马”运作。2012年10月，坐落在园区范围内的湖南省首家综合保税区—衡阳综合保税区经国务院批准设立；2014年9月9日封关运行。珠晖工业园于2015年底从珠晖区划归园区管理。

2006年3月开园以来，园区致力于推进新型工业化，打造园区升级版，已发展成为承接产业转移的优质平台。到目前止，累计完成基础设施投资95.69亿元，建成了白沙南路、工业大道、金叶路、长塘路、鸿园路、高平路、新民路、新湘路、桔园路、中航路、富园路等“11纵3横”共14条道路，总里程33.4公里，首期区域路网已经贯通。水、电、燃气、通讯、宽带等公用设施配套到位，项目入园即可使用。建成第一、二、三、四创业园标准厂房78.5万余平方米；建成安置房31.43万平方米，廉租房、公租房16.89万平方米，在建廉租房和公租房40.87万平方米；建成2个商品房住宅区，共61万平方米商品房。征(腾)地1.92万余亩，平整土地1.1万余亩。已交付使用的衡阳公路口岸及白沙洲物流园都坐落在白沙洲工业园内。衡阳公路口岸集海关和商检于一体，产品进出口报关手续极为便捷。园区内集聚了103个法人单位，其中规上企业32家。拥有燕京啤酒、南岳电控、合力工业车辆、华菱汽车、欧姆龙、富士康等一批国内外知名企业，实现了电子信息产业、先进制造业和现代物流业的集群发展。开园以来，入园项目累计完成投资241.56亿元，共实现规上工业总产值483.08亿元、财政总收入97.59亿元。其中2016年1-5月实现工业总产值37.9亿元、财政总收入11.87亿元。

园区办公大楼

# 洲工业园区

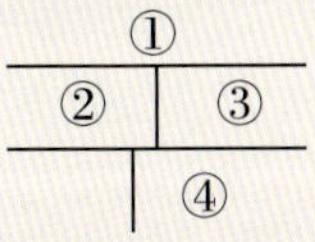

①湖南省首家综保区——衡阳综合保税区

②富士康鸿富锦精密有限公司生产车间

③拥有一流生产技术水平的南岳生物制药有限公司

④园区拥有完善的生活配套设施，图为园区一楼盘外景

# 湖南衡阳松木经济开发区

市领导在松木经开区调研

松木经开区是第七批省级开发区、第一批国家级循环化改造示范试点园区，是国家高技术产业基地、湖南省信息化和工业化融合试验区。2015年实现GDP总量14.66亿元，增速15.5%；规模工业总产值82.5亿元，同比增长15%，规模工业增加值24.5亿元，同比增长16%；财政总收入8亿元，同比增长21.8%。

区内已探明岩盐储量140亿吨，芒硝可利用储量4.4亿吨，是长江以南最大的岩盐、芒硝资源基地。初步形成企业内部、企业之间、园区与外界三重循环经济模式。2015年，万元生产总值能耗降至1.07吨标准煤、取水量降至7.5立方米；工业固废综合利用率提高到97%、处置率达到93%，工业用水重复利用率93%，工业废水达标排放率达到100%。

107国道、衡大高速和在建的衡邵怀铁路穿境而过；衡阳港松木港区即将投入运营，年吞吐量可达130万吨。园区通车里程32.3公里；建有50.5万平米标准厂房、5.2万平米廉租房和18.5万平米公租房；水厂、污水处理厂、变电站、天然气调压站、电镀中心等配套设施一应俱全；松木投公司累计融资58亿元，总资产98亿元。

推行“一站式”服务。新能源、新材料、盐化工三大产业集群发展，累计引进工业项目93个，其中规模以上企业45家。新能源：瑞达电源、电科电源、鑫晟新能源和理昂电力等10多家企业，形成了储能、太阳能、生物能等三个板块。新材料：中航集团、志远新材料和凌云特种材料等20多家企业。盐化工产业以建滔化工、新澧化工为龙头，带动了恒光化工、达利化工、锦轩化工、骏杰化工、建衡实业、力泓化工等30多家下游企业的发展。

松木经开区局部图

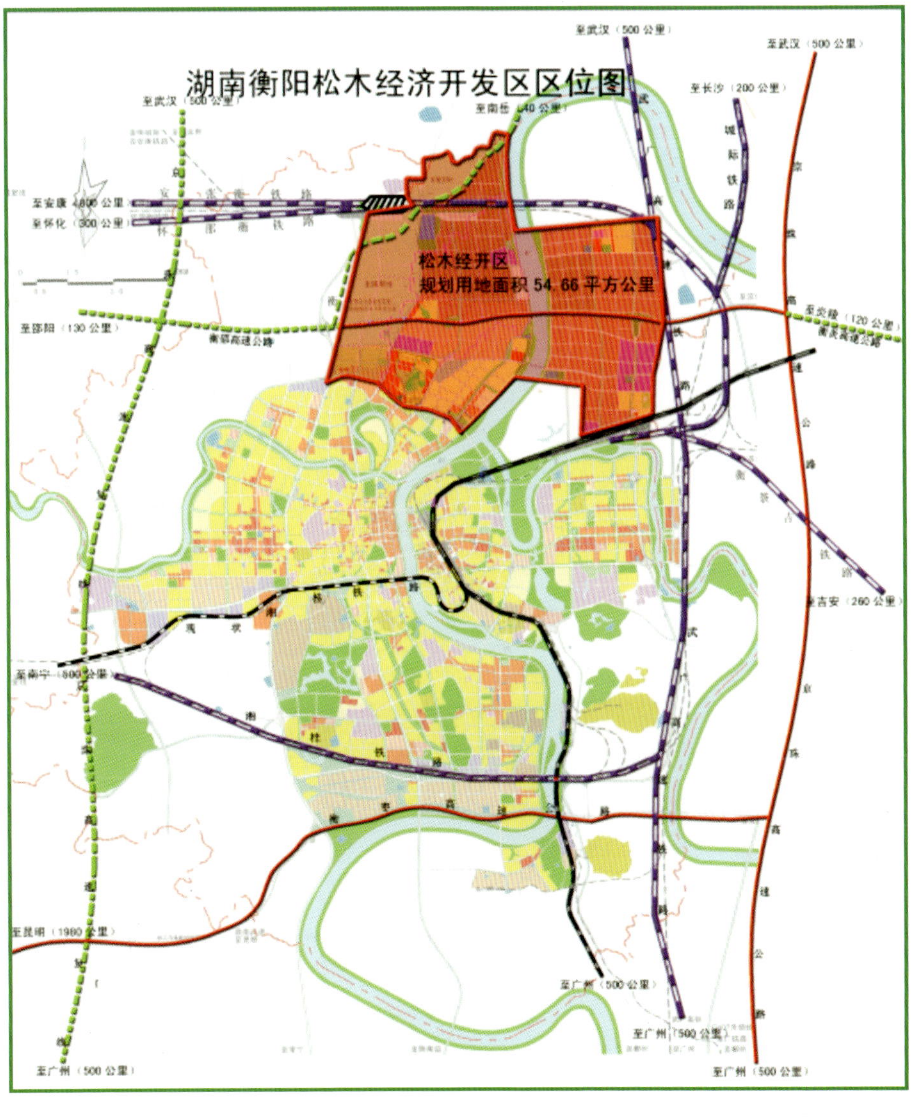


松木经开区区位图

# 衡阳市衡山科学城

衡山科学城投资开发有限公司董事长　王　韬

衡山科学城管委会（筹）主任　谭建华

衡山科学城是由衡阳市人民政府主办、完全按市场化建设的现代生态智能科学新城。衡山科学城占地面积20平方公里，预计投资300亿元。其中起步区5平方公里，预计投资82亿元。包括“智慧谷”、“健康谷”两区。科学城智慧谷致力于为移动互联网、大健康产业及相关新材料、新能源、精密制造提供最好的科技创新环境、资本支撑环境、产业配套环境及人才宜居环境。衡山科学城以培育上市企业和国内行业领军企业为己任，通过直接参股、基金协同、营销协助等手段，扶持高科技企业低成本启动、高效率对接资本与市场。2015年，科学城签约入城项目18个，在谈项目18个，入城的18个项目中产业项目15个，10家企业完成注册，项目总投资55.8亿元，到位资金3.15亿元。包括与北京航空航天大学合作，建设光电信息技术工程中心，无人机飞控技术工程中心及航空航天3D增材打印技术工程中心，与北京邮电大学合作建设北斗技术应用工程中心，与国防科大及哈工大合作建设机器人应用工程技术中心，与南华大学合作建设脊柱骨科新材料工程中心，与冠昊生物及北京大学合作建设干细胞工程中心，与博大生物合作建设的光化学工程技术中心。为打造科学城的项目推动，建设有互联网金融众筹平台及科技成果交易平台。在省发改委的支持下，还建设了智能制造、新材料、生物医药三大产业基金。形成了八大中心两大平台三只基金的联合招商优势。

科学城东风湖项目效果图

科学城安租房项目效果图

2015年9月9日，省委常委、省政府常务副省长陈肇雄（右二）一行衡山科学城红树林样板区建设现场考察

2015年12月9日，省政协主席李微微（左二）一行考察科学城工地现场

科学城120平方公里效果图

红树林一期项目效果图

红树林二期效果图

衡阳

地方史资料

# 稿 约

《衡阳地方史资料》由衡阳市人民政府主管，衡阳市地方志编纂委员会办公室主办。2013年创刊，每年编纂1-2辑，系内部资料，免费向社会各界赠阅。

《衡阳地方史资料》通过征集衡阳境内自然、政治、经济、文化和社会的历史与现状的资料性文献，记述衡阳的过去和现在，为衡阳当下和未来的发展提供历史参照，以起到地方志“存史、资政、教化”的作用。

稿件要求内容真实，资料翔实，秉笔直书，文字流畅。来稿一经刊用，即致稿酬。

地址：湖南省衡阳市先锋路98号衡阳市志办《衡阳地方史资料》编辑部

邮编：421001

电话：0734-8226327

传真：0734-8143228

电邮：hynj8226327@126.com

联系人：周嘉晖　申沁生

# 衡阳数字·2015

总面积：15310平方公里

年末总人口：7337500人

年末总户数：2067800户

地区生产总值（GDP）：2601.57亿元

人均生产总值：35538元

第一产业增加值：395.84亿元

第二产业增加值：1161.02亿元

工业增加值：1006.33亿元

第三产业增加值：1044.71亿元

三次产业结构：15.2∶44.6∶40.2

高新技术产业增加值：321.87亿元

公共财政总收入：2618616万元

公共财政支出：4799475万元

固定资产投资额：2125.93亿元

社会消费品零售总额：1009.10亿元

外贸出口总额：12.42亿美元

外贸进口总额：10.22亿美元

实际利用外资：10.30亿美元

本外币存款余额：2787.27亿元

本外币贷款余额：1195.12亿元

居民储蓄存款余额：1921.54亿元

城镇居民人均可支配收入：26515元

农村居民人均可支配收入：14407元

民用汽车拥有量：34.13万辆

城镇居民人均消费性支出：17592元

农村居民人均消费性支出：9834元

城镇居民家庭恩格尔系数：32.7%

农村居民家庭恩格尔系数：33.9%

接待国内外游客数：5046.77万人次

普通高等学校数：9所

高等学校在校学生人数：151200人

各类卫生机构数：6023个

卫生技术人员：3.83万人

（衡阳市统计局）

衡山科学城投资开发有限公司
董事长 王韬
监事会主席 蒋倩倩
副总经理 刘国庆
工会主席 贺志文

市政府驻北京办事处
主任 夏平平
副主任 周明秋 李征洪

市政府驻广州(深圳)办事处
主任 唐志军
副主任 刘安华

市政府驻长沙办事处
主任 陈洪任

## 市政协工作机构

办公室
主任 胡花云(兼)
纪检组长 乐慧华(女)

提案联络委员会
主任 傅小林
副主任 谢斌
周胜(女)

经济委员会
主任 易晔
副主任 罗湘衡

人口资源环境委员会
主任 徐云会

社会和法制委员会
副主任 陈侃

教科文卫体委员会
主任 左琼颖
副主任 李文康

文史学习和港澳台侨外事委员会
主任 万春生
副主任 王平

政策研究室
主任 唐时明
副主任 彭峥嵘 麻小平

## 工商联、民主党派

市工商业联合会
主席 谢明芳(女)
书记
副主席 伍祥乐(兼)
副书记
副主席 吕国荣
副主席 凌均梅(女)
吴高兴 李宏雪
纪检组长 任诗文

中国国民党革命委员会市委员会
主任委员 谢肃(兼)
专职
副主任委员 郭露璐(女)
兼职
副主任委员 曹晓娟(女)
刘文华 文祥锋

中国民主同盟市委员会
主任委员 马俭平(女,兼)
专职
副主任委员 廖喜云
兼职
副主任委员 谢宏
付美云(女)
刘启静 廖可兵

中国民主建国会市委员会
主任委员 李鹏飞(兼)
专职
副主任委员 李康杏
兼职
副主任委员 肖高君 陈生满

中国民主促进会市委员会
副主任委员
(主持工作) 陈森
专职
副主任委员 廖晟
兼职
副主任委员 曾海燕(女)
赵桂芝(女)

中国农工民主党市委员会
主任委员 许云生(兼)
专职
副主任委员 陈其芳(女)
兼职
副主任委员 刘吉元 谢文彪
夏建平

中国致公党市委员会
主任委员 刘日煊(兼)
专职
副主任委员 曾小蕙(女)
兼职
副主任委员 何叔金
江红(女)
唐小平

九三学社市委员会
主任委员 苏营(兼)
专职
副主任委员 谢芳(女)
兼职
副主任委员 龚学余
唐林生
王桂田(女)

## 群众团体

市总工会
主席 李慧星(兼)
书记
副主席 肖吉顺
副主席 万进辉
张群峰(女)
段志阳 蒋孝仲
纪检组长 李诗文

女工委主任 刘彦香(女)
经费审查委员会主任 谭志平

共青团市委
书记 刘英(女)
副书记 范苏媛(女) 谢韬 邓明君
纪检组长 戴诗庭(女)
青少年宫主任 蒋新星

市妇女联合会
书记、主席 周红玲(女)
副书记 王辉(女)
副主席 资艳(女) 聂玉萍(女) 龙华(女)
纪检组长 雷继红(女)

市科学技术协会
书记 杨辉
副主席 刘花园
纪检组长 谢雅萍(女)

市社会科学界联合会
主席 王柏新
副书记 副主席 李岳平
副主席 邹燕娇(女)

市文学艺术界联合会
主席 林乐伦
副主席 周厚君

市归国华侨联合会
主席 李玲(女)
书记 张永英(女,兼)
副主席 徐志明 胡仲敏 戴毅明(兼) 王文军(兼) 谢芸鸿(女,兼)

市残疾人联合会
理事长 刘红丹
副理事长 曾东华 张桂生 张含英(女)
纪检组长 陈倩(女)

中国国际贸易促进委员会衡阳市支会
会长 魏岩
副会长 廖雄燕(女) 李绍铭
副处级纪检员 李国生

## 双重领导、以省厅(局)为主管理的机构

市国家安全局
局长 李传思

市国家税务局
局长 李立平
副局长 刘小明 陈洪贵 罗捷 梁文辉 钟志荣
纪检组长 李济民
总经济师 李炜
总会计师 张沙丽

市地方税务局
局长 曾秀
副局长 宋桂福 张位喜 黄信伟
纪检组长 黄湘衡
总会计师 唐建华
总经济师 佘南涛
工会主席 唐振辉

衡阳海关
关长 戴勇
副关长 于瑞华 张振
缉私分局局长 刘自力
缉私分局政委 王宇

衡阳出入境检验检疫局
局长 肖向东
纪检组长 谢先军
副局长 蒋晓明

中国人民银行衡阳市中心支行
行长 杜文
副行长 何小平 陈海彦 邓齐荣
工会主任 曾辉
纪委书记 丁云骏

中国银行业监督管理委员会衡阳监管分局
局长 王剑星
纪委书记 罗安宝
副局长 周治宇

中国农业发展银行衡阳市分行
行长 梁刚
副行长 赵幼平 陈良东
副行长 纪委书记(兼) 蒋春林
副行长 工会主任(兼) 刘峰

市气象局
局长 谭湘民
副局长 黄峰 袁智生
纪检组长 工会主席 肖健(女)

市邮政局
局长 李永忠
副局长 谭远 宁之华 李文剑

国家统计局衡阳调查队
副队长 魏冬伍
（主持全面工作）
纪检组长 吕柏林

省煤矿安全监察局衡阳分局
局长 张永成
书记 易承长
副局长 张弘
监察专员 黄跃明

衡阳水文水资源勘测局
局长 汤灿飞
副书记 副局长 黎华
副局长 纪委书记 段安圭
总工程师 何江波
工会主席 洪自强

市烟草专卖局
局长、经理 万伟
副局长 王勇
副经理 熊海韬 陈览
总农艺师 刘兰芬（女）

国网湖南省电力公司衡阳供电分公司
总经理 谢运来
副总经理 党委书记 熊巨
副总经理 陈孜孜 刘光良 田国元
纪委书记 工会主席 陈庆祯
总工程师 尹建国
总经济师 梁跃龙

湖南盐业股份有限公司市分公司（市盐务管理局）
总经理 副书记 刘小伟
副总经理 刘军 黎红辉

衡阳航道管理局
局长 谢大华
书记 钟家生
副局长 黄平实 周述冬 罗泽雄
纪检书记 常巧云

## 武警、消防、司法机构

武警湖南省总队衡阳市支队
支队长 黎升旗
政治委员 黄向红
副支队长 蒋建军
副政治委员 王成刚
参谋长 金亮
政治处主任 柳杨
后勤处处长 罗衡军

市公安消防支队
支队长 孙高峰
政委 王三红
副政委 李玉荣
政治处主任 罗毅
后勤处处长 甘向前
防火处处长 李政

市华新地区检察院
检察长 黄龙庆
副书记 杨晓春
纪检组长 范明
政治处主任 杨期华
副检察长 陈顶生

耒阳上堡地区检察院
检察长 董谢云
副书记 陈文新
政治处主任 李俊
纪检组长 陈炜

湘南监狱
书记 监狱长 卜江清
政委 副书记 张小平
万世达公司总经理 李世荣
纪委书记 孟克辉
副监狱长 刘斌 伍衍波 陈安德 周孝生
工会主席 张从根
政治处主任 伍碧海
万世达公司副总经理 伍尤明 张国芳 刘奇
万世达公司总经济师 伍良哲

雁北监狱
书记 监狱长 李志军
政委 副书记 朱永红
副书记 纪委书记 吴卉
副监狱长 陈平湖 彭小强 谢广
瑞奇织造副总经理 杨良雄 卢浩 黄小衡
工会主席 李金明
瑞奇织造总工程师 武权

雁南监狱
书记 监狱长 刘波
政委 副书记 欧阳海涛
副书记 总经理 周乾
副书记 纪委书记 李长冲
工会主席 曹水平
凌风实业常务副总经理 肖小华

凌风车架公司总经理 黄本忠
政治处主任 罗国辉
副监狱长 王孝庆 罗宏国
曾宪金
凌风实业副总经理 宁建防 伍川南

衡州监狱
书记
监狱长 冯加业
政委
副书记 侯德康
副政委
副书记 彭智勇
副监狱长 常振军 戴金定
刘衡 王斌绪
纪委书记 彭靖华
政治处主任 周春艳（女）

市强制隔离戒毒所
书记
所长 屈国原
政委
副书记 李孝连
副所长 钟剑勇 刘卫民
唐承利
纪委书记 蒋丽芳（女）
政治部主任 唐恒

## 部门内设副处级机构

市政府研究室
主任 黄健骅

市政府应急办公室
主任 钟小健

市政府督查室
主任 周湘晖

市无线电管理委员会办公室
主任 李逢各

市中级人民法院执行局
局长 罗小韩
政委 阳泉江

市中级人民法院司法警察支队
政委 张兴德

市人民检察院反渎职侵权局
局长 曾建军

市人民检察院反贪局
局长 贺安凡
政委 吕云斌

市人民检察院公诉局
局长 宾湘锡

市公安局警令部
主任 何致远

市警官培训中心
主任 成立伟
书记 欧召荣

市公安局警务保障处
处长 贺启航
政委 熊卓卫

市公安局监察室
主任 王松林

市公安局直属分局
局长 吴洪均
政委 李久扬

市公安局国内安全保卫支队
支队长 曾郴生
政委 农勇

市公安局刑事侦察支队
支队长 颜海波

市公安局（治安防暴）警察支队
支队长 沈华国

市公安局交通警察支队
支队长 唐耀兵
政委 何湛

市公安局特巡警支队
支队长 周志清

市公安局经济犯罪侦查支队
支队长 钟天视

市公安局禁毒支队
支队长 张爱国
政委 李育衡（女）

市公安局警务督察支队
支队长 何玉竹
政委 杨君伟

市公安局监管支队
支队长 夏剑
政委 欧建雄

市公安局网监与行动技术支队
支队长 刘小龙
政委 肖波

市公安局人口与出入境管理支队
支队长 宁杰（女）
政委 王桂芳

市综合执法警察支队
支队长 罗小伟
政委 邹仁之

市公安局警卫处
处　　长　刘国良
政　　委　曹忠良

市公安局雁峰分局
局　　长　陈俊华
政　　委　廖　勇

市公安局石鼓分局
局　　长　朱建社
政　　委　肖鸿元

市公安局珠晖分局
局　　长　史瑞光
政　　委　李绍力

市公安局蒸湘分局
局　　长　吴小平
政　　委　谭　璇

市公安局八角塘分局
局　　长　徐海生
政　　委　袁丰力

市公安局森林分局
局　　长　秦洪伟
政　　委　彭彰学

市环卫处
处　　长　李晓斌
书　　记　屈　路

市园林管理局
局　　长　王荣华

市依法治市办公室
副 主 任　旷文政

南岳衡山国家级自然保护区管理局
局　　长　杨东亮
书　　记　尹朝晖（女）

市公证处
主　　任　刘慧明

市人力资源服务中心
主　　任　濮龙文
书　　记　李金华

市军转干部安置工作领导小组办公室
主　　任　邹　泓

市劳动保障监察支队
支 队 长　彭庆衡
政　　委　刘　昱

市公务员局
局　　长　岳　红

市外国专家局
局　　长　周丽萍（女）

市社会养老保险处
处　　长　陈　军

市劳动就业服务处
处　　长　刘国芒

市医疗保险基金管理中心
主　　任　张建华
副 主 任　刘晓辉（女）

市机关事业单位社保处
处　　长　谭立蓉（女）

市社会保险基金征缴处
处　　长　屈安群

市工伤保险基金管理中心
主　　任　黄晓林

市干部培训中心
主　　任　王上元

市劳动人事争议仲裁院
院　　长　田开华

市退役士兵安置办公室
主　　任　王巧明

市老龄办公室
主　　任　张巧营

市民间组织管理局
局　　长　倪强华

市军供站
站　　长　谢才生

市社会救助管理处
主　　任　陈楚颖

市军队离退休干部管理办公室
主　　任　江石初

市文物局
局　　长　吴建波
副 局 长　陈　默

市红十字会
专职副会长　尹向阳

市疾病预防控制中心
主　　任　陈秋生
书　　记　陈康明

市卫生监督所
所　　长　谢培岳

市食品药品检测检验中心
主　　任　傅黎春（女）
书　　记　杨学军

市地震局
局　　长　何黎明

市计生协会
常务副会长　袁金宏
办公室主任　刘小兵（女）

市第三产业办公室
主　　任　曹永福

市能源局
局　　长　龙朝华

市重点工程建设办公室
主　　任　曾广庆

市投资咨询中心
主　　任　伍守国

市城调队
队　　长　刘贤君

市成本调查队
队　　长　曾怀民

市道路运输管理处
处　　长　许运良
书　　记　宋世文

市交通工程质监处
处　　长　贺宇顺
书　　记　廖运华

市地方海事局
局　　长
书　　记　王军波

市场服务中心
主　　任　张万林
书　　记　舒金剑（女）

市商务综合执法支队
支 队 长　陈　林
政　　委　陈福生

市非税收入征收管理局
局　　长　奉伍元

市财政监督检查局
局　　长　邹祥利

市政府采购管理办公室
主　　任　杜中毅

市国库集中支付核算中心
主　　任　李玉芳（女）

市领导干部经济责任审计中心
主　　任　段小军

市固定资产投资审计中心
主　　任　彭云生

市粮食储备处
处　　长　罗宏华

市现代农业示范园管委会
主　　任　邹远国

市烟叶生产管理办公室
主　　任　罗颂军

市能源办公室
主　　任　谢文辉

市农民素质教育管理办公室
主　　任　邹友明

市蔬菜办公室所
主　　任　旷碧峰

市农业行政执法支队
支 队 长　梁长城
政　　委　林金桥

市防汛抗旱指挥部办公室
主　　任　康志毅

市城市防洪管理处
处　　长　罗共产

市市政工程公司
书　　记　申湘伟

市城市道路建设总公司
总 经 理　贺善达
书　　记　鲁晓强

市建设工程质量监督站
书　　记　王时雄

市环境监察支队
支 队 长　杨承书
政　　委　段华斌

市环境监测站
站　　长　彭　放

市人防（民防）指挥信息保障中心
主　　任　苏惠翔

市国有土地房屋征收管理办公室
主　　任　蒋小兵

市房地产产权监理处
处　　长　李逢丁
书　　记　梁　建

市规划设计院
院　　长　龙青云
书　　记　刘　彬

市教育考试院
院　　长　李智平

衡阳广播电台
台长　唐西湖

衡阳电视台
台　　长　王小山

衡阳有线电视台
台　　长　伍峻极

市广电传输中心
主　　任　聂永红

## 大中专院校

南华大学
书　　记　邹树梁
校　　长　文格波
副 书 记　罗成翼
副 校 长　丁德馨　龚学余
　　　　　阳小华　刘升学
　　　　　唐振平　姜志胜
纪委书记　熊哲琰

衡阳师范学院
书　　记　刘沛林
院　　长
副 书 记　皮修平
副 书 记　刘福江
副 院 长　张登玉
　　　　　李玲玲（女）
　　　　　聂东明　郑金华
　　　　　陈　敏
纪委书记　唐国华
工会主席　廖北文
常委委员　涂　昊

湖南工学院
书　　记　谢国保
院　　长
副 书 记　张　力
副 书 记　罗建华
副 院 长　刘俊学　张　平
　　　　　陈世平　王利华
　　　　　曹执令
　　　　　崔晓利（女）
纪委书记　刘龙昌

湖南环境生物职业技术学院
书　　记　罗振新
院　　长　左家哺
副 院 长　雷小生　屈中正
　　　　　雷巍娥（女）
　　　　　周凌云　刘振湘
纪委书记　李友华

湖南财经工业职业技术学院
书　　记　邹国富
院　　长
副 书 记　陈春泉
副 书 记　廖三宁
副 院 长　戴　旻　戴前虎
　　　　　夏由清　蒋团成
　　　　　邓昌大
纪委书记　刘荣策
工会主席　赵　琼（女）

湖南高速铁路职业技术学院
书　　记　刘一华
院　　长
副 书 记　戴力斌
副 院 长
副 书 记　邹学琼
纪委书记　李　岚（女）
工会主席　李社初
副 院 长　陈志刚　曹　毅
　　　　　粟　清　赵宏旭

衡阳技师学院
书　　记　何东球
副 书 记　唐远春
副 院 长　常家增　唐和平
　　　　　刘金春　王　静
　　　　　陈干甲　蒋崇华
纪委书记　刘忠贤

市广播电视大学
校　　长
副 书 记　萧　烽
书　　记　马建新（兼）
副 校 长　龙永保　阳　年
　　　　　陆秀艳（女）
　　　　　肖海源
纪委书记　刘　智
工会主席　刘　燕（女）

衡阳幼儿师范学校
校　　长
副 书 记　杨　旭
书　　记　张淑芝（女）
纪委书记　邓国华
副 校 长　刘益民　吴荣昌
　　　　　林祥春
工会主席　李建熙

耒阳师范学校
校　　长
副 书 记　张子龙
书　　记　杨安季
副 校 长　王胜忠　段春华
　　　　　何继明
工会主席　王新科
纪委书记　匡祯训

市职业中等专业学校
校　　长
副 书 记　黄建国

书　　记　刘秀文
副 校 长　王大生　王乃千
　　　　　胡　燕（女）
工会主席　周理德

市艺术学校
校　　长
副 书 记　刘树明
书　　记　刘爱成

市经济干校
校　　长　张志坚

市商业技工学校
书　　记　廖湘瑛

市第一中学
校　　长　李仲辉
书　　记　罗光伟

市第二中学
校长、书记　彭书敏

市第六中学
校　　长　贺仁忠
书　　记　文思源

市第八中学
校　　长　龚彩福
书　　记　熊晓民

市铁一中学
校　　长　李进杰
书　　记　谭卓伟

市第二十六中学
校　　长　宁中平
书　　记　熊益华

衡钢中学
校　　长　谭欣荣
书　　记　黄子芳

市体育运动学校
校　　长　王延晖
书　　记　张利民

## 金融、保险经营机构

中国工商银行股份有限公司衡阳分行
行　　长　雷东明
副 行 长　刘晓云　杨春宋
　　　　　滕小莉
纪委书记　谭　见

中国农业银行股份有限公司衡阳市分行
行　　长　伍小荣
副 行 长
纪委书记　胡庆华
副 行 长　陈少荣　尚　前
　　　　　杜志坚

中国银行股份有限公司衡阳分行
行　　长　何远年
副 行 长
纪委书记　胡继红
副 行 长　陈永红　陈志云

中国建设银行股份有限公司衡阳市分行
行　　长　尹向东
副 行 长　龚激光　赖　俊
　　　　　胡　旻　滕红斌
　　　　　郭顺英（女）
　　　　　阳晓莲（女）

华融湘江银行股份有限公司衡阳分行
行　　长　李　锐
副 行 长　王　鹏　谭学良
　　　　　王衡锋　韩志农
行长助理　易宏友　邹海军

中国邮政储蓄银行股份有限公司衡阳市分行
行　　长　张　军
副 行 长　刘社忠　雷朝晖
　　　　　何中意　潘清山
纪委书记
工会主席　龙华梁

湖南省农村信用联社衡阳办事处
主　　任　陈伟林
副 主 任　孙小平　常　力
党组成员　吕宏忠

交通银行股份有限公司衡阳分行
行　　长　聂玉辉
副 行 长　唐　砚（女）
　　　　　李晓斌　周　旭

中国民生银行股份有限公司衡阳分行
行　　长　李祖来
副 行 长　孙曙光（女）
行长助理　阳　健（女）

广东发展银行股份有限公司衡阳分行
副 行 长　谭　婧（女）
　　　　　杜小龙　罗文军

招商银行股份有限公司衡阳分行
行　　长　谢　伟
副 行 长　刘舟生　陈燕鸣
　　　　　刘源文（女）
　　　　　陈栖梧

中信银行股份有限公司衡阳分行
书　记　隋　洁
行　长　刘　波
副行长　刘　科　黄亚克
　　　　王晓洪
行长助理　左小华　熊丰龙
　　　　刘宇帆

中国光大银行股份有限公司衡阳分行
行　长　钟文辉
副行长　张孝友
风险总监　马　仓

衡南浦发村镇银行
行　长　陈力平
副行长　吴　军　陈燕鸣
综合部副总经理　欧阳海青

衡阳县沪农商村镇银行
董事长、书记　戴赋期
行　长　何文新
副行长　蒋先军　夏小兰
综合部经理　赵卫东

常宁珠江村镇银行
董事长　东　铭
营销总监　任绍豪
监事长　吴贵明
副行长　张世林

耒阳融兴村镇银行
行长、书记　王桂霞（女）
副行长　梁　倚
行长助理　蒋义达

中国人民财产保险股份有限公司衡阳市分行
总经理　赵智国
副总经理、工会主席　陶新华
副总经理　周　华
总经理助理、纪委书记　何朝晖
总经理助理　刘数一　左齐团

中国人寿保险股份有限公司衡阳分公司
总经理　钟　飞
副总经理　李慧明　樊世红
总经理助理　谭晓东　廖　凯

中华联合财产保险股份有限公司衡阳中心支公司
总经理　刘树清
总经理助理　何长征　李国宏

## 卫生事业机构

南华大学第一附属医院
院　长　曹仁贤
书　记　姜　浩
纪委书记　李志高
副院长　王元星　吴善良
　　　　刘江华　王文军

南华大学第二附属医院
院　长　汤永红
书　记　张　琍
副院长　王　毅　赵兴斌
　　　　廖勇仕　周玉生
　　　　肖美美
纪委书记、工会主席　颜亚平

南华大学附属南华医院
院　长　彭秀达
书　记　阳学风
副书记、纪委书记　陈端阳
副书记、工会主席　赵立新
副院长　覃事范　马嫦英
　　　　邹　伟

中国人民解放军第169医院
院　长　郭立新
副院长　李中秋　陈　斌
　　　　晏红超

市中心医院
院　长　申锦林
书　记　申惠龙
副院长　黄志坚　资小龙
　　　　刘小平　邹建军
　　　　唐业华
副院长、总会计师　罗晓波
工会主席　蔡春香（女）
纪委书记　周素英（女）

市中医医院
院　长　王诚喜
书　记　龙双才
副院长　邹岳萍（女）
　　　　徐基平　钟新林
　　　　罗国生
工会主席　匡　肇
纪委书记　董秋萍（女）

市第一人民医院
院　长　傅友生
书　记　李主慧

市妇幼保健院
院　长　刘志伟
书　记　许荻琰（女）

市第三人民医院
院　长　李　北

市中心血站

站　　长　曹晓娟（女）

书　　记　唐先绪

## 重点驻衡国省属企事业单位

中国电信股份有限公司衡阳分公司

书　　记
总 经 理　周小玩

副总经理　方　胜　肖劲凤

　　　　　肖昊亮　康　劲

中国移动通信集团湖南有限公司衡阳分公司

书　　记
总 经 理　胡思贤

副总经理　朱振辉　胡　滨

中国联合网络通信有限公司衡阳市分公司

书　　记
总 经 理　伍文亮

纪委书记　刘方平

副总经理　李志武

　　　　　高亚红（女）

中国石化股份有限公司衡阳石油分公司

经　　理　冯赛松

书　　记　张志勇

副 经 理　龙志俏　谢　华

　　　　　杨丛生

湖南新华书店有限责任公司衡阳市分公司

总 经 理　陈志辉

副总经理　梁继辉　邹亿平

　　　　　马建春

市新华实业分公司

书　　记　刘文兵

南岳电视调频发射台

台　　长　王泽勇

副 台 长
副 书 记　王振楚

副 台 长　李向军　张沐兴

总工程师　李小春

工会主席　刘承彰

省有色地质勘查局217队

队　　长　邹长安

书　　记　曾维平

副 队 长　雷世平　李剑雄

总工程师　宛克勇

省地质矿产勘查开发局417队

队　　长　孟德保

书　　记
纪委书记　王根生

副 队 长　谭海明　阳慕尧

工会主席　吴贤均

总工程师　吴志平

湖南省地质测绘院

院　　长　赖继文

党委书记
工会主席　阳志芳

副 院 长　刘德辉　张铁红

　　　　　王小云

总工程师　史与正

纪委书记　王向阳

湖南省煤田地质局第一勘探队

队　　长　吴兵良

队　　长
总工程师　廖光明

纪委书记
工会主席　袁勇茂

副 队 长　龙文韬

湖南衡阳华菱钢管有限公司

董 事 长
总 经 理　赵建辉

书　　记　左少怀

副总经理　凌仲秋（常务）

　　　　　殷世清　宁建成

　　　　　刘光穆

副总经理
财务总监　戴佐军

工会主席　肖东田

总经理助理　吴乐胜　程斯祥

湖南水口山有色金属集团有限公司

总 经 理　吴世忠

书　　记　肖富国

副总经理　肖功明（常务）

　　　　　何从行　曾祥虎

　　　　　胡清华　李诚星

副 书 记
工会主席　吴保华

副总经理
纪委书记　关亚君（女）

总会计师　张跃进

湖南省煤业集团白沙实业有限责任公司

总 经 理　徐泽民

书　　记　刘航朝

副总经理　颜建辉　蒋厚今

湖南省煤业集团红卫矿业有限公司

董 事 长
总 经 理　周益文

书　　记　郭立群

工会主席
纪委书记　刘求生

副总经理　饶　高　许长清

总工程师
副总经理　蒋益森

湖南省煤业集团兴源矿业有限公司

总 经 理　胡瑞连

书　　记　石武军

副总经理　樊五即　王　清
　　　　　周　新　张俊杰

白沙矿区安全生产管理局
局　　长　王双开
副局长
总工程师　刘国泉
副局长　谢阶平　裴凯雄

湖南省煤业集团南阳矿业有限公司
总经理　谭景茂
书　　记　李永富
副总经理　阳忠义　袁振华
总工程师　廖春林
工会主席
纪委书记　王建军

湖南省煤业集团白山坪矿业有限公司
董事长
总经理　何文飞
书　　记
工会主席
纪委书记　陈秋华
总工程师　陈再安
副总经理　龙秋根　罗秋德
　　　　　周晓明　梁瑞虎

中钢集团衡阳重机有限公司
书　　记　张耀明
副总经理　李传林　甘育林
　　　　　谢驰中
副总经理
总工程师　曾　星
财务总监　蔡顺利

湖南天雁机械有限责任公司
总经理　刘鹏展
书　　记　袁天奇
副总经理　刘耀光　胡辽平

湖南核工业宏华机械有限公司
董事长
书　　记　张存新
总经理　王春来
副总经理　华云飞　杨卫国
　　　　　刘军生

中核二七二铀业有限责任公司
总经理　谢凌峰
党委书记　姚泽军
总会计师　崔蜀鄂
副总经理　蒋树武

衡阳中地装备探矿工程机械有限公司
总经理　贺建设
书　　记　王永扬
副总经理　肖钢庆
总工程师　欧阳志强
纪委书记　陈法安

湖南省工业设备安装公司五公司
经　　理　黄烟泉
书　　记　黎海平
副经理　谭朝前
总工程师　宁　煌

大唐耒阳电厂
厂　　长　彭朝晖
书　　记　罗崇锡
副厂长
纪委书记　田海军
副厂长　邓昌安　肖重德
　　　　周亦可　冯　伟
工会主席　杨宏业
总工程师　龚资林
总会计师　张启葵

湘衡盐化有限责任公司
董事长
书　　记　周立葆
总经理　吴荣都

副总经理　赵昌武　王冬云
财务总监　肖　彧
副书记
纪委书记
工会主席　刘发云

金杯电工衡阳电缆有限公司
总经理　周祖勤
书　　记　李伟光
副总经理　夏君山（常务）
　　　　　周正初　王桃明
　　　　　唐竞成
总工程师　陈善求
财务总监　李永强

衡阳恒飞电缆有限责任公司
书　　记
董事长　何忠诚
副书记
总　　裁　何厚廷
副书记
工会主席　刘永坚
项目总指挥　厉春阳
副总裁　欧名利

湖南星马汽车有限公司
总经理　肖小华
副总经理　彭少勇　何建元

衡阳风顺车桥有限公司
书　　记　杨华文
总经理
副书记　贺四清
副书记
工会主席
纪委书记　杨新浩
财务总监　邱玉华（女）
副总经理　王喜亮
总经理助理　周广明

## 市属大型企业

衡阳五强动力有限公司
董事长
总经理　邹开利

书记、纪委书记 苗建平
副总经理 王平安 段超

南岳电控（衡阳）工业技术有限公司
董事长 樊江
总经理、书记 周志金
常务副总经理 龙美彪
副书记、副总经理 邹凡丁
副总经理 欧阳玲湘 胡文祥
工会主席 徐庆收
高级经理 凌黎明 谭天诚

市公共交通有限公司
董事长、书记 何咕桦
副董事长 刘忠诚
总经理 邓世鹏
副总经理 凌铁民 陈传胜 戴林峰
工会主席 王爱民
副书记、监事会主席 吴学群
财务总监 傅翔燕（女）
总经理助理 王秋生 廖文君

紫光古汉集团有限公司
董事长 王书贵
总裁、书记 陈风华
副总裁 刘炳成 曹定兴
财务总监 袁瑞芝
技术总监 伍新滨（女）
行政总监 张孝柏
纪委书记 周华佗
监事、工会主席 谢卫华（女）
董事长助理 刘映

（李政）

# 中共党务

## 重要会议、文件

【市委第五次常委会议】 2015年2月25日，召开2015年第五次市委常委会议。会议对新一年的工作进行具体部署安排。会议指出，2015年以来，全市各项工作开局良好，经济发展稳中有进，社会大局和谐稳定。1月，全市完成财政总收入17.77亿元，较2014年同期增加1.78亿元，增长11.1%。预计到2月底，全市规模工业增加值增长8.9%；完成固定资产投资75亿元，增长20%。面对当前取得的成绩，会议指出，大家一定不能沾沾自喜，因为2015年面临的发展压力绝不会比2014年小。各级各部门一定要提前谋划、科学应对，认真贯彻市委经济工作会议和市“两会”精神，既着眼全年，统筹推进各项工作，又立足当前，确保一季度顺利实现“开门红”。会议强调，要咬定目标，突出重点，统筹推进全年各项工作。要狠抓项目稳增长，集中力量抓好已经发布和即将发布的重点项目，以大项目带动大投入、促进大建设、推动大发展。要抓创新调结构。加快推进新型工业化，突出抓好衡山科学城、高新技术开发区、白沙洲工业园、松木经开区等工业园区建设；要有针对性地对各行业、各部门、各单位、各企业提出技术创新、管理创新、工艺创新、产品创新和发展模式创新的一系列目标和要求，并在政策上给予支持，通过创新促进转型升级。要抓改革增活力。统筹抓好政府机构改革、农村综合改革、商事制度改革、财政制度改革、天然气阶梯价格改革、公车改革等各项改革工作，不断释放发展活力。要抓统筹强基础。重点抓好城乡统筹工作，狠抓县域经济发展，引导和支持各县市立足本地实际，发展特色优势产业，加快推进小城镇建设。要抓民生促和谐。会议指出，2015年已经明确的民生投资不能降低、民生项目不能减少、民生事业不能退步，让老百姓得到实实在在的实惠。会议认为，要大干一季度，实现开门红，首先要确保完成主要经济指标。一季度，全市GDP要力争完成448亿元以上，同比增长不低于9%；财政收入完成63亿元以上，同比不低于12%；固定资产投资完成116亿元以上，同比增长不低于20%。同时，要抓好工业的运行达产，引导工业企业尽快复工复产，有针对性地帮助企业解决实际困难和问题。要做好春耕备耕和植树造林工作，统筹抓好重点项目建设、重点领域改革、社会事业发展等各项工作，确保社会和谐稳定。市直各单位要开好专项工作会议，科学谋划部署全年工作。会议强调，全市各级各部门把主要精力放到谋发展、促发展、抓发展上来，持之以恒改作风，强化责任抓落实，确保完成各项工作任务，向全市人民交上一份满意的答卷。市领导李亿龙、周海兵、邓群策、廖炎秋、谢宏治、谢恒斌、段志刚、罗东海、包昌林、廖茂雄、刘丽华、邓柯、何录春、王雄飞出席会议。陈新文、周学农、周辉斌、刘正兴、陈竞、黄保锦列席会议。

（李　政）

【市委第六次常委会议】 2015年3月17日，召开第六次市委常委会，学习贯彻《习近平总书记和刘云山同志在省部级主要领导干部学习贯彻中共十八届四中全会推进依法治国专题研讨班上的讲话》精神，学习传达全国人大、政协“两会”精神，研究市委十届七次全委（扩大）会议有关事项，审议《中共衡阳市委常委会2015年工作要点（讨论稿）》，听取创建全国文明城市有关工作汇报，审议《2015年基层党建工作要点》。市委副书记、市长周海兵出席会议。会议认真学习贯彻《习近平总书记和刘云山在省部级主要领导干部学习贯彻党的十八届四中全会推进依法治国专题研讨班上的讲话》精神。会议认为，习近平总书记和刘云山同志在省部级主要领导干部专题研讨班上的重要讲话，从统筹推进“四个全面”的战略布局出发，就全面依法治国进行再动员再部署，抓住关键少数，点准关键问题，提出关键举措，体现高度的历史自觉和使命担当，彰显党依法治国的坚定决心，为深入学习领会中共十八届四中全会精神提供有力指导，为贯彻落实全面依法治国战略部署提供重要遵循。全市各级各部门要进一步增强使命感和紧迫感，统一思想、坚定信心、抓紧行动，树立法治思维、掌握法治方式，把中央领导的重要讲话精神学习好、贯彻好、落实好，加快全面建设法治衡阳。会议学习传达全国人大、政协“两会”精神。会议要求，全市各级各部门要把传达学习贯彻好大会精神作为一项重要政治任务，层层组织传达学习和宣传宣讲。要在中央“四个全面”战略布局的大背景下，抓好发展改革、创新驱动、社会治理、从严管党治党和民主法治建设等各项工作的推进落实。会议研究市委十届七次全委（扩大）会议有关事项，审议并原则同意出台《中共衡阳市委贯彻落实〈中共中央关于全面推进依法治国若干重大问题的决定〉的实施意见》（以下简称《意见》）和《中共衡阳市委常委会2015年工作要点》。会议指出，《意见》体现中央和省委决定精神，符合衡阳实际，对加快全面推进依法治市进程具有积极意义，要求进一步修改完善，提交市委十届七次全会讨论审议发布实施。会议听取创建全国文明城市有关工作汇报。会议指出，创建全国文明城市是一件大事、难事、好事，有利于弘扬社会主义核心价值观，有利于提升城市形象，有利于提高市民素质，有利于规范行政管理、日常管理。要明确标准，对标全国文明城市标准，将创建任务分解落实到年度、到城区、到部门、到个人。要正视差距，找准衡阳市离全国文明城市测评指标存在的差距，加强软硬环境建设，特别要在提高市民文明素质上下功夫，要通过生动活泼、喜闻乐见的宣传形式，让创建全国文明城市的思想入脑入心，促进市民文明习惯养成。要重在创建，围绕力争3年成功创建全国文明城市目标，广泛发动、健全机构、落实责任、强化措施，加强工作协调保障，确保各项创建工作扎实有力推进。会议审议《2015年基层党建工作要点》并强调，全市基层党建工作要务实、创新、经常。务实就是要坚持问题导向，落实责任，加强保障。创新就是要适应基层党建工作的新特点、新形势，创新工作方式和思维模式，提高基层党建工作科学化水平。经常就是要通过制度化的规定督促基层党建工作开展经常化、规范化。市领导李亿龙、周海兵、邓群策、廖炎秋、谢宏治、谢恒斌、段志刚、罗东海、包昌林、廖茂雄、刘丽华、邓柯、王雄飞出席会议。全体在职副市级以上领导列席会议。（李　政）

【市委十届七次全委扩大会议】2015年3月24日，衡阳市召开市委十届七次全委（扩大）会议。会议审议通过《中共衡阳市委贯彻落实〈中共中央关于全面推进依法治国若干重大问题的决定〉的实施意见》（以下简称《实施意见》）。会议强调，要全面推进依法治市进程，确保到2020年法治衡阳基本建成。市委副书记、市长周海兵主持会议。会议指出，要认真学习贯彻中共十八届四中全会精神，深刻认识加快法治衡阳建设的重大意义。加快法治衡阳建设是全面建成小康衡阳的内在要求、全面深化改革的有力保障、全面从严治党的必然选择、促进社会和谐稳定的重要途径，全市上下要深入学习贯彻中共十八届四中全会精神，全面加快法治衡阳建设。会议要求，要突出法治建设重点任务，加快法治衡阳建设步伐。要维护宪法法律权威，保证宪法法律实施。新修订的《中华人民共和国立法法》提出，“依法赋予设区的市地方立法权”。市人大、市政府要积极做好立法准备，坚持科学立法、民主立法、发挥立法在城乡建设和管理、环境保护、历史文化保护等领域的规范引导作用。要深入推进依法行政，加快建设法治政府。要切实转变政府职能，进一步厘清政府和市场、政府与社会的关系。坚持依法决策，重大行政决策事项必须严格执行法定程序。要深化行政执法体制改革，坚持严格规范公正文明执法，要加强对政府内部权力的制约与监督，全面推进政务公开。要努力促进公正司法，切实维护公平正义。要保证司法机关依法独立行使职权，建立健全领导干部违法干预司法活动的预防和惩处等制度和机制。要坚持严格公正司法。努力让人民群众在每一个司法案件中感受到公平正义。要深化司法体制改革，优化司法职权配置。努力提高司法公信力。要着力夯实法治基础，推动法治社会建设。要把全民普法守法作为一项长期性基础性工程来抓，将法治宣传教育纳入国民教育体系和精神文明创建内容，推动多层次多领域依法治理，坚持法治与德治两手抓。要加强法治队伍建设，强化法治人才保障。要抓好法治专门队伍建设，加强法律服务队伍建设和专业人才培养。会议强调，要加强和改进党的领导，确保法治衡阳建设顺利推进。要发挥党委总揽全局、协调各方的领导核心作用，坚持依法执政，依规依纪管党治党，推动法治衡阳建设落到实处。会议还强调，要抓住领导干部这个“关键少数”，发挥领导干部在法治衡阳建设中的模范带头作用。全市各级领导干部要带头坚定不移地走中国特色社会主义法治道路，带头尊法学法守法用法，带头把法治建设贯穿到改革发展稳定的各方面和过程，以法治引领推进改革，以法治优化发展环境，以法治化解社会矛盾，为全面建成小康社会、全面深化改革、全面从严治党提供有力的法治保障。市委副书记邓群策作《中共衡阳市委贯彻落实〈中共中央关于全面推进依法治国若干重大问题的决定〉的实施意见》的起草说明。在进行分组讨论之后，全会表决通过《中央衡阳市委贯彻落实〈中共中央关于全面推进依法治国若干重大问题的决定〉的实施意见》。市领导李亿龙、周海兵、廖炎秋、谢宏治、谢恒斌、段志刚、罗东海、包昌林、廖茂雄、刘丽华出席会议并在主席台就坐。全体市委委员、市委候补委员出席会议；不是市委委员、市委候补委员的市级领导，各县（市）区主要负责人，市纪委常务委员，市直有关单位党员负责人列席会议。（李　政）

**【市委十届八次全委扩大会议】** 12月3日召开市委十届八次全委（扩大）会议。会议听取市委常委会一年来的工作报告，审议并原则通过《衡阳市国民经济和社会发展第十三个五年规划纲要（草案）》。会议强调，要以创新、协调、绿色、开放、共享“五大理念”引领衡阳“十三五”发展。市委副书记、市长周海兵出席会议，并作关于《衡阳市国民经济和社会发展第十三个五年规划纲要（草案）》的说明。市领导李亿龙、周海兵、邓群策、廖炎秋、谢宏治、谢恒斌、段志刚、罗东海、廖茂雄、刘丽华、邓柯、何录春出席会议并在主席台就坐。全体市委委员、市委候补委员出席会议；不是市委委员、市委候补委员的在职市级领导，各县（市）区主要负责人，市纪委常务委员，市第十次党代会代表和部分专家学者列席会议。会议指出，要准确把握衡阳市“十三五”发展的条件和环境，理清发展思路，明确发展目标。“十二五”时期，是衡阳市发展历程中很不平凡、极具挑战、富有成效的五年，是历史上发展最好的时期之一，取得“经济实力显著增强、基础设施明显改善、城乡面貌大为改观、改革开放成果丰硕、民生福祉大幅提升、党的建设全面加强”的巨大成就，为“十三五”发展奠定坚实基础、积蓄强大势能。“十二五”发展形成的宝贵经验，为“十三五”发展提供有力借鉴。“十三五”时期机遇和挑战并存，形势总体于衡阳有利。谋划和推动“十三五”发展，必须坚持正确的指导思想。要紧紧围绕全面建成小康社会，科学确定衡阳市“十三五”发展目标。会议强调，要坚定不移地将五大发展理念贯穿“十三五”发展全过程和各方面，推动经济社会向更高水平更高质量发展。必须坚持创新发展，加快培育经济发展新动力。要加快构建现代产业体系，紧密对接“中国制造2025”和“互联网+”战略，做大做强核心制造业，打造电子信息、高端装备制造、有色冶炼三大千亿产业群，发展壮大生物医药、新能源、新材料等战略性新兴产业，促进传统产业智能化、绿色化、品牌化，抓好高新技术产业园和循环经济产业园两大板块建设，打造园区发展升级版，加快构建现代农业产业体系、生产体系、经营体系，推动现代粮经饲统筹、种养加一体、农牧渔结合、一二三产业融合发展，深入推进“一流转五服务”工作，走产出高效、产品安全、资源节约、环境友好的农业现代化道路，大力发展现代服务业，推动生产性服务业向专业化和价值链高端延伸、生活性服务业向精细和高品质转变，加快建设国际旅游目的地城市；要提高自主创新能力，围绕重点产业发展，实施一批科技创新专项，突破一批关键共性技术，发展一批创新型企业，建设一批国家级、省级研发平台，引进一批科技创新领军人才，建设国家创新型城市；要推动大众创业、万众创新，健全创新创业支持体系，搭建创新创业平台，加快构建市场化、专业化、集成化、网络化的众创空间，建成一批创新创业基地；要全面深化改革，紧紧围绕充分发挥市场在资源配置中的决定性作用和更好发挥政府作用这一主线，扎实推进行政管理体制、财税体制、金融体制、产权制度、城市管理体制等重点领域改革。必须坚持协调发展，加快构建平衡发展新格局。要推动区域协调发展，加快中心城区扩容提质，促进产城融合，以创建全国文明城市为总揽，统筹推进“八城同创”，提升城市的竞争力和美誉度，发挥中心城区辐射带动作用，加快周边重要城镇融城步伐，建设大衡阳都市经济圈，下大力气进一步完善县域基础设施，加快发展县域特色产业，推动县域经济做大做强；要推动城乡协调发展，加大农村基础设施及公共服务建设力度，促进农业发展、农民增收，抓好特色小城镇建设，打造一批工业强镇、农业重镇、商贸旺镇、旅游名镇，开展农村人居环境整治行动，加大传统村落民居保护力度，发展农村中心社区，建设美丽乡村；要推动物质文明与精神文明协调发展，把衡阳建设成为知名度高、影响力强的文化名城，确保成功申报国家历史文化名城；要推动经济建设与国防建设融合发展，努力创建全国双拥模范城。必须坚持绿色发展，加快建设生态宜居新家园。要加强生态保护、修复和建设，严格落实主体功能区制度，科学划定林业生态红线、湿地保护蓝线，加强人工造林、封山育林和森林管护，推进石漠化及紫色页岩综合治理，确保森林覆盖率每年至少增长一个百分点；要促进发展方式绿色化，对能源和资源消耗、建设用地等实行总量和强度双控，加强高能耗行业管控，促进节能、节水、节地、节材，大力发展循环经济，扎实抓好松木、水口山两个国家级循环化改造示范园区建设；要加大环境治理力度，推进湘江流域保护与治理“一号重点工程”，抓好重金属污染耕地治理和修复，深入开展大气污染防治行动，切实解决好群众反映强烈的环境问题；要健全生态文明制度，对违背科学发展要求、造成资源环境生态严重破坏的实行终身追责。必须坚持开放发展，加快形成全面开放新局面。要提升承接产业转移水平，引进一批投资额大、带动力强、支撑性好的项目，促进“引进来”专业化、高端化、配套化；要推动优势产能走出去，支持优势产业、优秀企业抱团出海，推动产品、装备、技术、服务走出去，深入融入全球产业链、价值链、物流链；要加强开放平台建设，完善和发挥综合保税区功能，推进铁路口岸、航空口岸建设，加强国际国内通关合作，不断提高贸易便利化水平。必须坚持共享发展，加快共创幸福美好新生活。要坚决打赢脱贫攻坚战，因地制宜、因户施策，落实好精准扶贫“十项举措”，确保到2017年，实现省级扶贫开发工作重点县祁东县和全市395个贫困村全部摘帽、现有35.2万贫困人口基本脱贫，到2018年，贫困人口实现整体脱贫；要促进居民就业增收，实施就业优先战略，促进城乡充分就业，让所有劳动者体面而有尊严地生活，建立科学的工资水平决定机制、正常增长机制、支付保障机制，进一步缩小收入差距；要全面提升公共服务水平，统筹抓好教育、医疗、卫生、人口、养老、计生、食品药品安全等社会民生事业；要完善社会保障体系，健全社会养老保险、医疗保险、生育保险、失业保险、工伤保险制度，完善社会救助体系，积极发展社会福利事业，切实兜住民生底线，加大“两房两棚”建设力度，努力改善群众住房条件。会议强调，要加强和改善党的领导，为实现“十三五”规划提供坚强保障。要提高领导经济社会发展的能力，广泛凝聚发展力量，营造良好发展环境，把优化发展环境作为“十三五”时期一项十分重要的工作来抓。会议就当前的重点工作进行部署。要求要深入学习贯彻党的十八届五中全会、省委十届十五次全会和本次会议精神，努力完成全年各项目标任务，尽快科学编制好“十三五”规划纲要和专项规划，提前安排好明年工作。会议还举行分组讨论。

（李　政）

【市委经济工作会议】　2015年12月30日，衡阳市委经济工作会议召开，贯彻落实中央、省委经济工作会议精神，总结2015年经济工作，分析当前经济形势，研究部署2016年经济工作，动员全市上下统一思想，坚定信心，真抓实干，主动适应新常态，努力谋求新发展，实现“十三五”良好开局。市委副书记、市长周海兵主持会议并讲话。会议指出，2015年是“十二五”收官之年，面对复杂多变的宏观环境、持续加大的经济下行压力和艰巨繁重的改革发展稳定任务，市委团结带领全市广大干部群众，积极应对大环境，着力营造小气候，书写出“经济发展稳中有进、项目建设成效明显、城乡面貌大为改观、改革开放深入推进、民生福祉持续提升”的精彩答卷，推动衡阳市较好完成“十二五”规划的各项目标。同时，由于多方面因素影响和国内外条件变化，衡阳市经济发展也还存在“创新能力不强、产业结构不优、县域经济不强、生态绿量不足”等短板。会议强调，要科学研判经济发展形势。特别是对明年的宏观经济发展形势，要重点把握好三个方面，即：要准确把握经济发展新常态呈现的新特征；准确把握结构性改革释放的新信号；准确把握国家经济政策带来的新机遇。会议提出，2016年是全面建成小康社会决胜阶段的开局之年，也是推进结构性改革的攻坚之年。做好“加减乘除”。大力推进供给侧结构性改革：会议指出，要把结构性改革作为主攻方向，就必须从供需两端同时发力，以创新供给带动需求扩展，以扩大有效需求倒逼供给升级，实现由低水平供需平衡向高水平供需平衡的跃升。一方面，要强力推进供给侧结构性改革，提高有效供给能力。做好“加法”“乘法”，按照高端化、智能化、绿色化、服务化的方向，加快产业结构优化升级，大力推进大众创业、万众创新，提高劳动力、土地、资金、技术全要素生产率；做好“减法”“除法”，减少对正常经济活动的行政干预，减轻企业负担，实实在在扶持实体经济，化解过剩产能。同时，要加强需求侧管理，充分挖掘释放内需潜力。牢牢抓实项目建设，进一步发挥投资的关键作用。顺应消费升级要求，进一步发挥消费的基础作用。抓实重点工作，努力实现“十三五”良好开局。会议强调，做好明年的经济工作，重点要抓好六个方面：一是深化改革开放，进一步增强发展的动力与活力。要继续强力推进金融体制、经济体制、农村综合改革和社会体制改革等重点领域的改革。同时，要努力提升开放型经济发展水平。主动对接“一带一路”和长江经济带，充分发挥综保区等开放平台作用，着力构建全方位开放格局。实施装备制造、工程承包、服务外包出国出海行动计划，支持有实力的优势企业走出去，开拓国际市场。推进大浦通用机场、湘江株洲至衡阳2000吨级航道建设，扩大对外开放优势。二是大力推进创新创业，培育新的经济增长点。政府要做创新、创业者的“后台服务器”，着力清除制约“双创”的障碍，搭建各类平台，营造全社会支持“双创”的浓厚氛围。要大力发展实体经济，不断改善实体经济发展环境，帮助企业降低成本。要深入开展企业帮扶活动，对重点企业逐一分析、逐一研究、逐一扶持，实现“精准帮扶”。实体经济企业要学会在市场浪潮中自己“游泳”，不断提升企业核心竞争力。三是加快产业转型升级，提高产业竞争实力。要依托高端制造、自主创新、园区发展加快工业转型升级；通过提高粮食生产能力、优化农业结构、转变农业发展方式等手段，提升农业现代化水平；要以提升商贸业发展水平及大力发展金融业、物流业、旅游业为杠杆，撬动现代服务业的蓬勃发展。四是突出统筹协调，加快城乡一体化发展进程。着力推进城市扩容提质、小城镇建设及新农村建设。五是坚持绿色发展，大力抓好生态文明建设。重点做好环境保护和生态建设、推动循环低碳发展、加大环境治理力度三篇大文章。六是着力保障和改善民生，让全市人民共享改革发展成果。要全力打好脱贫攻坚战、积极促进居民就业增收、进一步提升公共服务水平、完善社会保障体系、加强和创新社会治理，做到把基本民生保住，把底线兜住。要着力提高领导经济社会发展的能力和水平。会议认为，做好明年的经济工作，关键在党，关键在人。新常态下，经济在转轨，结构在转型，领导干部的思维模式和工作方式也要相应转变。大家要看准发展大势、把握发展规律、增强发展合力，形成全市上下心往一处想、劲往一处使、汗往一处流的干事创业新局面。周海兵指出，稳增长依然是明年的头等任务。必须紧紧围绕目标任务，以增强经济发展质量和效益为中心，加快培育增长动力，形成新的增长点。要以项目投资增强发展后劲；以提质升级促进工业发展；以城镇建设拓宽发展空间。要通过各种努力全力稳增长，不断提高发展的质量和效益。要全面深化改革开放，大力推进重点改革、着力激发“双创”活力、加大招商引资，充分激发经济发展新动能。要保住基本民生、兜住底线，使群众有更多的获得感。要大力建设一流亲商环境，增创发展新优势，使衡阳在扩大开放、互利双赢中实现新的跨越。市领导李亿龙、周海兵、邓群策、廖炎秋、谢宏治、谢恒斌、段志刚、罗东海、包昌林、廖茂雄、刘丽华、邓柯在主席台就座。全体在家的副市级以上领导参加会议。

（李　政）

【市委重要文件】　2015年，市委制定颁发的重要文件有：

1月30日《中共衡阳市委衡阳市人民政府〈关于衡阳市人民政府职能转变和机构改革方案的实施意见〉》

1月30日《中共衡阳市委衡阳市人民政府〈关于衡阳市人民政府机构设置的通知〉》

3月11日《关于印发〈衡阳市贯彻落实2014—2018年全国党员教育培训工作规划的具体实施意见〉的通知》

5月14日《贯彻落实〈中共中央关于全面推进依法治国若干重大问题的决定〉的实施意见》

5月19日《关于召开全市创建全国文明城市工作动员大会的通知》

6月29日《中共衡阳市委衡阳市人民政府关于做好2015年度全市目标管理绩效考核工作的意见》

9月29日《关于加强市直单位办公用房出租（借）及资产收益管理的通知》

11月13日《衡阳市2015年度落实党风廉政建设责任制考核方案》

（李　政）

## 办公室工作

【综合工作】　（1）文稿起草优质高效。全年共为市委领导起草、整理各类讲话稿120余篇，60多万字；起草各类会议材料、汇报材料60多个，30余万字；整理衡委纪要、市委常委会纪要、常委办公会议纪要等40余个，编发《领导参阅》10余期，做到零差错、零失误，较好履行以文辅政职责，文稿服务得到市委主要领导的肯定。其中《衡阳市市本级投融资公司管理办法》《关于加快推进衡山科学城建设的意见》等参政设谋得到市领导的充分肯定；《衡阳通讯》积极发挥宣传主阵地作用，办刊质量和水平进一步提升。（2）调查研究有的放矢。2015年，围绕全面建成小康社会、投融资工作、深化改革、工业稳增长、大众创业万众创新、产学研一体化、全市传统村落、社区矫正、职业教育、农村村干部养老等课题，开展专题调研13次，起草高质量调研报告13篇，被省级以上刊物单篇刊发8篇。（3）信息报送及时准确。全年共采用各地各部门信息1782条，上报《衡阳信息》1008条，编发《今日动态》248期，下发市委办信息约稿函74期，以手机短信形式向市委领导报告紧急信息67次。全年上报信息被中央办公厅采用12条；被省委办公厅单条采用131条、综合采用487条，继续保持“全省先进”地位。

（廖文基）

【服务工作】　把综合协调工作融入到政务服务的各个环节，继续发挥办公室承上启下、协调左右、联系内外的中枢作用。（1）综合协调。切实改进会风，严控会议数量，打造会议活动精品，完成各类会务任务。全年共承办各类会议服务90余次，在2014年会议次数精减23%的基础上，再减少12%。成功承办全国“文化遗产日”、全省乡镇区划调整改革工作现场交流等国省会议13次；外出指导和协调基层办会50多次；先后接待党和国家领导人，以及杜家毫、孙金龙等省部级以上领导30余批次，接待郴州、来宾等省内外市（州）党政代表团和政协港澳委员等5批次。组织市党政代表团分别赴郴州、株洲考察学习2批次，市委主要领导到7县市下基层调研22次，承办市委常委会22次，为确保中央、省委、市委政令畅通和服务市委市政府领导、贯彻重大部署做实基础性工作。二是办文工作。2015年，以市委、市委办或以市委、市政府，市委办、市政府办联合发出的公文457个。起草文稿40余个，共计9万余字。报送省委备案的规范性文件34个，其中通过备案审查22个，收到各县市区、市委各部办委报送的规范性文件125个，通过备案审查登记共103个。通过审查，共退回部门文稿近40个，同比减少发文139个，同比减少24.5%。签收、分发密级文件，严格履行签字手续，严防发生失泄密事故。全年共收发中共中央、国务院和省委、省政府纸质文件3519个、13292份，通过电子公文传输系统收发的文件273个，23096份。完成党内规范性文件清理第二阶段工作，对新中国成立以来至1977年12月底原地委、市委、市人委制定的党内规范性文件，进行全面梳理、逐一排查，从近万份各类文件中，甄别出需要清理的文件185件，并提出三类清理建议：宣布废止105个、宣布失效79个、继续有效1个，提前完成省、市委下达的清理工作任务。（3）机要保密。严格履行“人不离岗，岗不离人”的值班制度，坚持节假日和重大活动期间领导带班的双人值班制度，电报签收及办理做到第一时间签收、第一时间登记、第一时间办理，全年共完成密码通信工作7253份，明传通信工作34096份，无一件误办、压办、漏办。根据按需施教、分类培训的原则，组织开展领导干部保密工作培训班，系统学习保密知识、保密制度及保密法规，听取案例教育，分析研讨保密形势。涉密载体印制中心顺利通过省保密局验收，得到省保密局的高度评价，是全国唯一一家涉密载体印制销毁合二为一的机构。全年共销毁纸质文件4吨多，涉密文件15000余份，电脑硬盘390个，切实做到涉密载体安全销毁。（廖文基）

【督查考核】（1）决策督查密度加大。先后牵头组织参与市委经济工作会议精神贯彻落实、上半年重点项目建设、全面小康推进等重大决策督查9次；深入各县（市）区、市直单位、工业企业，实地开展工业经济触底回升、金融服务“三农”、全面深化改革、精准扶贫等专题督查和督查调研6次。配合省委、省政府开展全省作风建设督查，全省绩效评估和重点民生实事考核等7批次实地督查、调研、考核活动，配合做好关于全省党委督查部门推动中央和省委决策部署贯彻落实、全省作风建设有关规定执行情况、平安湖南建设等7次书面督查调研活动，得到至衡阳各督查组以及省委督查室的高度评价。（2）专项查办求快求实。2015年共承办省委交办事项50余件，其中省委书记徐守盛批示件及信访问题8件，人民网“地方领导留言板”网民留言38件，省委督查室接举报电话反映问题2件。市委书记议决的280个事项，落实176项，正在落实的104项；办理市本级领导批示件53件，其中市委书记批示15件，市委秘书长批示32件，其他领导批示6件。办理情况得到市委领导的高度评价。牵头办理“两代表一委员”建议提案70余件，满意率达95%以上，被市政协评为2015年度市政协提案办理工作先进单位。（3）绩效考核科学有效。把绩效考核作为抓落实的“指挥棒”，充分发挥其激励、导向作用。在考核内容上，突出经济、社会、政治、文化、生态等五大建设，以及全面建成小康社会、结构调整转型升级和文明城市创建等工作，提高重点工作、短板工作、底线工作的权重，抓住“牛鼻子”、抓住关键点，继续实行分组别评比、差异化设置指标；在考核方式上，不断完善考评办法，坚持定性和定量相结合，日常调度与季度核查相结合，指标评估、公众评估、内部评估相结合，通过平常督查来推动绩效指标任务的完成，同时努力扩大考核民主，确保考核结果公开、公平、公正；在考核结果运用上，坚持以实绩论英雄，加大考核奖惩兑现力度，实行考核结果与干部评先评优、职务升迁、年度奖金“三挂钩”，切实达到鼓励先进、鞭策后进、创先争优的效果。（4）全面小康精准施策。积极向上汇报衡阳市小康推进工作情况，多次赴省直有关单位对接业务工作，最大程度地争取省直有关部门对衡阳市全面小康推进工作的指导、支持。通过上门督导等方式，主动帮助各县市区、市直单位解决小康推进工作中的困难，并及时向省全面小康办推介衡阳市成功做法，累计编发小康专报11期，小康简报19期，被省小康简报采用稿件3篇。组织全市各级各部门开展全面小康专题业务培训5次，对在2014年排名靠后的小康指标以及牵头责任单位进行重点督查调研，并深入挖掘原因，寻求解决办法，主导解决“有线电视入户率”“社会医疗覆盖率”城区“人均财政总收入”等小康指标问题。

（廖文基）

【后勤保障】（1）健全制度体系。按照“源头治理、标本兼治，注重整体、重点防范，刚性约束、严格问责”的思路，以法治思维和改革精神建制立规，着眼顶层设计，加强源头治理，制订《办公室使用公务卡的通知》《规范办公室财务报账的通知》《规范办公室差旅及下乡补助经费报销的通知》《规范办公用品购置及国有资产管理办法》，修订完善《“三公经费”管理办法》《办公室接待工作规范》《车辆及驾驶员管理制度》等一系列规章制度，转发《关于印发〈衡阳市领导干部“为官不为”问责办法〉的通知》等各项规章制度，进一步扎紧制度藩篱，促进内部管理的制度化、规范化、科学化。（2）强化应急管理。制定轮流值班制度、电话记录请示报告制度、重大领导活动通知报告登记制度、日常值班交接制度等一系列登记制度。认真履行职责，努力推进应急管理、值班值守工作制度化、规范化。2015年，共接听各类电话15000余次，办理落实省委总值班室、省委办公厅秘书二处交办事项20项，办理市委领导来电事项80余次，下发会议活动通知686个。2015年，共接报各类突发事件和预警性突发事件20余起，均按领导指示，及时通报给相关单位，要求他们按领导的指示采取措施，及时处置，没有出过差错。

（廖文基）

## 组织工作

**【班子和队伍建设】** 2015年，衡阳市委组织部共调配县处级干部9批次538人次，一批年纪轻、素质高、口碑好的干部充实到领导班子中。率先在全省完成政府机构改革工作，受到省委领导的高度肯定，湘潭、常德、邵阳、永州、郴州5个市到衡阳学习交流经验。以政府机构改革为契机，优化组织机构设置，加强干部队伍建设，共调整县处级干部380人次，各涉改单位领导班子年龄结构、专业结构等更加合理，行政服务效能明显提升。制订出台《关于认真做好县（市）区政府机构改革中干部人事工作的指导意见》，为县（市）区做好干部人事工作提供有力政策支持。加强和改进优秀年轻干部培养选拔工作，从市直机关选派18名干部到县（市）区挂任乡镇（街道）党政副职，从县（市）区选派25名干部到市直单位挂任副科实职干部。推行新闻媒体现场观摩及当场亮分等措施，做好选调生、公务员、法检两院工作人员招考及市直单位集中遴选公务员工作，没有出现任何违规违纪行为，选人用人的公信度大幅提升。

（黄　彪）

**【干部教育工作】** 率先在全国出台《在干部教育培训中进一步加强和改进党性教育的意见》《关于加强领导班子和领导干部日常学习和教育的意见（试行）》等文件。构建干部在线学习平台，全市共有15935人注册、11006人选课学习，注册人数、参学人数均居全省第一。探索推行“理论学习+现场教学+交流研讨”三位一体的项目式培训方式，先后选派671人到清华大学、浦东干部学院等地参加学习培训，干部队伍的整体素质进一步提升。（黄　彪）

**【干部监督工作】** 全年共受理各县（市）区干部选任预审674人，否定和暂缓任用9人；整改消化超职数配备干部1338人，其中消化处级超职数259名（领导职数40名，非领导职数219名），消化科级超职数1079名（领导职数498名，非领导职数581名）。推进干部档案专项审核，在全省率先完成2088名市管干部档案审核工作，工作经验被省委组织部大力推介。开展领导干部个人有关事项报告工作，共抽查核实208名拟提拔处级干部考察对象，对结果存在误差的82名干部进行函询，并更新2088名市管领导干部系统信息。在12个县（市）区全面开通“12380”专用举报电话，及时查处各类举报90件，“带病上岗”等突出问题得到根治，从严治吏的力度持续加大。

（黄　彪）

**【人才培养、开发和使用工作】** 围绕“人才强市”战略，深入推进人才引进“五人”计划，以全球视野招贤纳才。全市各类企事业单位共引进具有博士学历或高级职称的高层次人才61人，其中4人入选全省“百人计划”。全面启动人才信息库、留学人员创业园和技能大师工作室建设，指导石鼓区建立全国首个法律专业人才库、衡南县建立全省首个乡土人才信息库，湖南安邦公司与湖南农业大学合作建立院士工作站。人才工作竞争优势日益凸显，衡阳特变公司被评为国家技术创新示范企业，高端装备科研团队入选省“企业科技创新创业团队支持计划”，喀麦隆籍专家英萨·加尔巴被授予2015年中国政府友谊奖，并受到李克强总理的亲切接见。

（黄　彪）

【基层组织建设】　按照“2015年为责任落实年，2016年为规范提升年，2017年为成果巩固年”的工作计划，大力强化基层党组织建设。各项工作成效明显，受到孙金龙、郭开朗等领导的肯定，多项工作经验被中央组织部和省委组织部推介。（1）大力推行党建任务清单、党建微信提醒、党建工作问题台账、组织部部长督办卡、督查暗访制度、党建业务知识抽考制度、党建述职等七项措施，进一步强化管党治党责任。采取领导挂点、部门帮扶、派驻工作组等举措，整顿软弱涣散村（社区）党组织518个，调整党组织书记51人、班子成员174人，查处违法违纪村（社区）干部125人，基层党组织的凝聚力、战斗力、向心力进一步增强。从机关事业单位选派1000名优秀中青年干部到村、社区担任“第一书记”，98%以上的软弱涣散基层党组织顺利实现晋位升级。（2）全面推行“贤能治村”工程，全市并村前的4884个村中，4163个村由致富能手、经济合作组织和产业协会负责人、大学生村官担任村主要干部，1845名农民大学生进入村“两委”班子。加强党员队伍教育管理，共为22万“共产党员户”挂牌，组织31万名党员在七一前夕重温入党誓词，处置175名不合格党员，广大党员的党性意识明显增强。在社区探索建立一批“先锋家园”，推进先锋堡垒、先锋课堂，先锋舞台等“七个先锋”建设，城区党员接受教育、发挥作用的平台更为广阔。（3）在全省率先推进乡镇区划调整，全省乡镇区划调整改革工作交流会在衡阳召开，衡阳做典型发言，孙金龙、郭开朗等领导对衡阳经验给予肯定。持续加大党建工作经费投入，依托投融资平台，向金融机构争取约15亿元贷款，筹备建立基层党建服务平台建设基金。全力推进社区“两化两体系”建设，2015年共投入资金2.8亿元，建成新型现代化社区94个。在农村全面推行“一三五”治理模式，在社区全面推行“一体三化”治理模式，全市4884个村全部成立村民议事会、村务监督委员会，70%以上成立经济合作组织，基层组织自治能力、服务群众能力大幅度提升。提高村（社区）工作经费保障标准，村级运转经费达到年均7万元以上，乡镇社区年均8万元以上，县（市）城区社区年均15万元以上，中心城区社区整合后年均30万元以上。（4）扎实推进“一进二访”工作，各地各单位党员干部逐村逐户核实贫困户情况，扶贫资金、扶贫项目按计划陆续落实到位。完善党建网格化管理体系，全市共有6700名乡镇（街道）干部、2.16万名村（社区）干部“沉网入格”联系服务群众，基本实现“网中有格，格中有人，人到格中去，事到格中办”。推进“机关党员到社区报到服务”工作，全市共有13.36万名机关党员到社区报到，认领公益岗位和服务项目21万余个，为社区居民群众办理民生实事23万余件。加快推进“两站三中心”建设，推行代办、代管、代购、代销、代缴、代访等“六代”服务，让群众“进一家门，办所有事”。截至12月份，全市95%的乡镇（街道）建立便民服务中心，87%的村（社区）建立便民服务代办点。

（黄　彪）

【党代表联络工作】　全面规范乡镇党代会年会工作，是全省唯一一个全面试行乡镇党代会年会制的市州。乡镇党代会年会召开期间，全市共有31个乡镇补选党委委员、纪委委员50名，70个乡镇审查党费收缴情况报告，95个乡镇形成重大事项集体决议206项。衡阳县利用乡镇党代会年会防止乡村两级干部“为官不为”的经验，被新华社和《湖南日报》大力推介。组织党代表进站开展联系党员和群众工作，全市共有44名省党代表、389名市党代表进驻党代表工作站，接待党员和群众1765名，收集反映意见建议3296条，解决党员和群众“三最”问题1273个。　（黄　彪）

【党员教育工作】　探索推行“远教站点+”模式，深受基层群众欢迎，省委组织部给予肯定。参加全省党员教育电视片观摩交流活动、党员教育学用工作及“微故事·微视频”创作竞赛，三项工作均获全省优秀组织奖，为全省14个市州和6个省直系统中唯一获三项组织奖的单位。其中，微视频《因为爱》从全省600多部作品中脱颖而出，作为全省唯一作品参加全国党员教育电视片观摩交流“网上观摩点赞”活动，获全省一等奖、全国三等奖。探索推行远程教育进社区、进机关、进学校等“十进延伸工程”，这一做法被中组部《党员教育通讯》大力推介。推进农村远教站点规范化建设，创新性提出“十有”标准和“十制”要求，工作经验被《党员电教与远程教育》杂志推介。扎实开展共产党员微信（易信）订阅工作，全市共有75894名党员订阅，排名全省第二。优化衡阳党建网及手机版栏目设计，日均点击量1.4万次，日最高点击量达12万次；丰富衡阳党建先锋频道节目资源，收视率稳定在3%以上，全市党员教育云平台功能进一步拓展。

（黄　彪）

## 宣传工作

**【概况】** 2015年，全市宣传文化战线贯彻中共十八届三中、四中、五中全会精神和习近平总书记系列重要讲话精神，贯彻中央、省委、市委部署要求，以创建全国文明城市为统揽，按照“讲好衡阳故事，发出好声音，汇聚正能量，提振精气神”的工作思路，切入中心、融入大局，服务创建、服务群众，各项工作取得较好成效。衡阳市被中央文明委授予“全国文明城市提名城市”称号；被中宣部确定为全国开展抗战胜利70周年纪念活动的重点城市之一，衡阳文化元素印上中国人民抗日战争暨世界反法西斯战争胜利70周年纪念邮票；获评全省未成年人思想道德建设工作先进城市，“未成年人养成教育”被《人民日报》推介。“英雄警察”吉湘林被列为全省重大先进典型，徐守盛、杜家毫等7位省领导先后予以批示，并成功入选2015中国好人榜。《衡阳日报》被评为全国地市党报影响力10强品牌媒体；“衡阳发布”政务微博跻身全国外宣类政务微博50强；市图书馆被评为全国“全民阅读先进单位”。在全省“欢乐潇湘”群众美术书法摄影活动中，衡阳市选送的作品质量和获奖数量均居全省前列；祁东代表队选送的《碟儿声声》荣获省全民广场舞大赛亚军。（陆　璐）

**【文明创建】** （1）动员工作。2015年5月20日，市委市政府召开大规模的创建全国文明城市动员大会，揭开以创建全国文明城市为统揽实施“八城同创”序幕。全市各级各单位发挥各自职能作用，主动作为，服务创建。市创建办先后组织召开推进会和调度会20余次，出台《衡阳市创建全国文明城市工作实施方案》《衡阳市创建全国文明城市工作问责办法》等文件，广泛部署动员、落实主体责任。四城区、两区一园、12个专业工作组、7个单项城市荣誉品牌创建组和市直各单位先后层层召开创建工作动员会，对照全市总的创建方案，细化各自方案，明确责任任务，量化考核指标，逐步推开落实，汇聚“八城同创”的强大合力。（2）广泛宣传。各级各单位紧紧围绕习近平总书记系列重要讲话精神，中共十八届三中、四中、五中全会精神等党的创新理论，围绕社会主义核心价值观、文明城市创建等内容，运用社区大学、市民学校、道德讲堂等载体，开展丰富多彩的宣讲活动。市文体广新局、市广播电视台、衡阳日报社、衡阳新闻网等组织开展“文明创建大擂台”“文明用语征集”“不文明行为随手拍”、文艺汇演等活动。其中，“文明创建大擂台”活动按照城区园区、街道乡镇、社区村组、单位企业四个层次，实行传统媒体和新兴媒体同步推进、网上与网下立体互动，分阶段比创建理念、比工作打算、比工作成效、比群众评价，10余万市民参与，100多万人次点赞。四城区、两区一园、市直各有关单位充分利用LED屏、公交车及站台、户外广告、建筑围挡、门店显示屏等，密集宣传社会主义核心价值观24字和文明创建标语，营造浓厚的创建氛围。（3）生动实践。市创建办编印《衡阳市文明市民手册》50余万册，免费发放给广大市民。市、区、街道、社区四级互动，层层开展“讲文明、树新风”文明创建知识竞赛；持续推进文明餐桌、文明交通、文明旅游、文明网络等“四大文明行动”、“我们的节日”等主题教育活动，大力倡导文明风尚；积极开展“文明示范社区”创建工作，打造珠晖区服务里社区、临江社区、向荣里社区、和平社区，雁峰区幸福社区，石鼓区牛角巷社区，蒸湘区太平二社区，高新技术开发区祥光社区等一批示范点。各地各单位广泛开展“文明县城（城区）”“文明单位”“文明村镇”等群众性精神文明创建，市农委创新开展星级文明乡镇评比，市妇联广泛开展“寻找最美”系列活动；市委组织部、市直工委、团市委、市城管局、市交通局、市住建局、市工商局、市交警队等部门立足各自职责，开展专项整治，完善基础设施，改善城市环境。全市志愿者注册人数60多万，数量居全省前列。各级志愿服务组织广泛开展“三关爱”、文明健康衡阳行、“文明创建、党员先行”“志愿你我他、文明靠大家”等志愿服务活动。（陆　璐）

【品牌建设】　（1）创“学国学”活动品牌。衡阳市立足培育践行社会主义核心价值观，广泛开展“船山故里·国学飘香”系列活动。活动设计国学讲座、国学征文、国学竞赛、国学展示“四大版块”，演绎国学经典，弘扬先进文化，培育文明新风。其中，市直国学讲座每周一讲，各县（市）区和南华大学、衡阳师范学院、市中级人民法院、市卫计委、市国税局、市地税局等单位整合文化资源，举办各具特色的国学讲座，全市共举办各类国学讲座1000余场次，参与市民30多万人次，电视观众近百万人次；市委讲师团组织的“学用国学精华，给力衡阳发展”征文活动历时半年多，共收到各类文章300余篇，并评选出优秀作品38篇；衡阳新闻网站承办“互联网+国学高峰”论坛，全国100余家网络媒体集聚衡阳，探讨国学与互联网融合发展的新趋势。国学讲座被列为全省市州唯一的讲座类优秀理论资助栏目，《人民日报》、新华网等先后推介衡阳市“船山故里·国学飘香”系列活动。（2）创“中心组”学习品牌。制定下发《关于全市县处级以上单位党组（党委）中心组2015年理论学习安排意见的通知》，建立健全“一学一报一公布、半年一通报年终一考核”学习机制，全市各级党委（党组）中心组学习进一步规范。制定市委中心组学习计划，市委中心组分别就习近平总书记系列重要讲话、依法治国、从严治党、三严三实等主题组织集中学习11次、时间17天，确保学习内容、学习时间、学习实效。年底，市委宣传部、市委讲师团牵头对全（市）县处级以上单位党委（党组）中心组学习情况开展专项督查，并下发督查通报，列出相关问题和整改意见，提升各级中心组学习的针对性、有效性。市委中心组学习“四求模式”、衡南县“五学两争”活动被《湖南日报》推介。（3）创“微宣讲”理论品牌。市委宣传部联合市委政法委、市委党校、市委讲师团、市社科联等单位，组织开展“党的十八届四中全会精神进基层百姓微宣讲”活动。全市共组建100多支宣讲小分队，精选40多个“微话题”，广泛深入各级机关、企业、学校、村镇、社区开展微宣讲3000多场次，为群众面对面解疑释惑，实现四中全会精神与基层群众的近距离接触。市委讲师团微宣讲经验在全省微宣讲经验交流会上予以推介；衡南县的《农村改革好处多》荣获全省微宣讲竞赛一等奖；祁东县、雁峰区微宣讲视频在全省展播。年底，全市组建由多名处级以上领导带队的中共十八届五中全会精神宣讲团，深入基层开展宣讲。同时，南华大学军工文化与地域文化研究中心、衡阳师范学院船山思想科普基地、湖南环境生物职业技术学院入选第三批湖南省社科普及基地。（陆　璐）

【对外宣传】　（1）搭好宣传平台。紧紧抓住传统媒体和新媒体深度融合的契机，提升新媒体讲故事的质量和水平。“衡阳发布”官方微博、微信实时更新，及时传递时事动态、民生热点，并以讲故事的形式展示衡阳经济社会发展良好态势，点击率、影响力不断增加。截止年底，“衡阳发布”官方微博粉丝将近29万，被评为2015湖南省最具影响力政务微博，并成功跻身全国外宣类政务微博50强。衡阳日报社推出“掌上衡阳”手机客户端，对全市创建全国文明城市动员大会、衡阳市乡村旅游文化节、市十运会等重大活动进行现场直播，开启新媒体传播新模式。衡阳新闻网荣获“中国地方门户十佳人气品牌奖；“衡阳县宣传”微信公众号，“衡东影响”“新常宁”新华社客户端等一批新媒体成为做好新闻舆论工作的生力军。（2）讲好精彩故事。市直各新闻媒体紧紧围绕市委市政府中心工作、决策部署，组织开展“四个全面与衡阳发展”“核心价值观在身边”、“三严三实”、文化创客20多个重大新闻战役，先后策划推出“英雄警察”吉湘林、“邹氏祖孙三代义务送水”“全省最美志愿者黄慧芳”等道德模范的感人故事；推出南岳云雾茶业有限公司总经理胡寅、衡阳海联进出口有限公司董事长周游等创新创业的励志故事，衡阳市共有3人入选全省创新创业巡回宣讲团；推出“衡阳抗战故事会”，邀请抗战老兵深入各地各单位主讲抗战老兵的英雄故事40余场，大力宣传全市各行各业涌现出来的先进典型、先进事迹。（3）推介衡阳形象。坚持主动联络，围绕创新创业、文明创建等主题，在中央、省龙头新闻单位发稿800余篇，发稿数量和质量居全省前列。在各级新闻媒体的宣传推介下，全市先后有16人进入2015“中国好人榜”候选名单，1人正式入选；“邹氏三代义务送水”的故事被《光明日报》头版头条推介，在全国产生重大反响。邀请中央电视台《走遍中国》《江河万里行》《东方主战场》等栏目组来衡阳，围绕名山名水、皮影技艺、传统饮食等衡阳元素，拍摄制作《访寻衡东土菜》《抗战记忆》《水畔渔家，印山竹海》《美丽湘江，寻味衡阳》等系列专题片、纪录片，并相继在央视播出，进一步提升衡阳的知名度和美誉度。

（陆　璐）

【文化产业】　（1）创新体制机制。按照改革要求，将原市文广新局职责与原市体育局职责整合，组建市文体广新局。衡阳日报社和市广播电视台加快内部改革，推行全员竞聘，激发活力。采取BT模式、市场融资、交钥匙工程等方式，融资近20亿元，建设“三馆两中心”（市图书馆、市体育馆、市游泳馆、市影剧艺术中心、市青少年文化活动中心）、市新媒体中心等一批重大文体设施；市体育馆、市游泳馆已投入使用，市图书馆、市新媒体中心主体竣工；湘南地区最大的图书卖场衡阳图书城开门营业，南岳电视调频发射台铁塔重建项目进展顺利。祁东县公共文化服务中心（五馆两院一厅一中心）稳步推进；省级公共文化服务示范区建设项目落户衡南；常宁市大剧院即将交付使用。（2）发展文化产业。衡南县“宝盖银杏节”、衡阳县“油菜花节”、衡山县“白果黑提葡萄节”、衡东县荣桓映山红乡村生态旅游文化节、石鼓区“玫瑰花节”、珠晖区乡村生态旅游节等文化节会有声有色。百万花海艺术庄园、珠江桥文化艺术创意园等6个文化产业项目列入全市第一批重点工程项目，总投资达10多亿元。2688文化产业园有序推进，南岳衡山文艺创作基地招商工作来势喜人，萱洲古镇入选全省首批“湖湘风情文化旅游小镇”；衡阳新闻网3D在线演播中心等7个项目获得省文化产业发展专项资金扶持。（3）繁荣文化事业。市文联组织文艺工作者深入开展“深入生活、扎根人民”主题实践活动，建立一批文艺创作基地；市直各文艺公司围绕纪念中国人民抗日战争暨世界反法西斯战争胜利70周年、省第五届文化艺术节等，新编或新创《父亲》《莲台观世音》《新醉打山门》《妈妈，儿子回来了》等剧目；歌剧《多多的春天》入选2015年度国家艺术基金项目，舞蹈音乐节目《一把小雨伞》获第八届全国“小荷风采”少儿舞蹈比赛金奖；衡阳市在省第五届艺术节展演中获金奖2个、银奖9个。面向群众举办阎肃作品音乐会、多场交响音乐会，开展“欢乐潇湘·美丽衡阳”“春润蒸湘”“三下乡”等群众文体活动；成功举办第十届市运会，开幕式盛况空前，获得省、市领导的肯定；“广场旬旬演、社区周周乐”、雁城市民课堂、“常宁版画艺术课堂”荣获三湘群星奖项目。（4）夯实基层基础。农村广播“村村响”纳入全市“为民办实事”工程，常宁市率先完成任务；全市计划提前一年时间完成直播卫星电视“户户通”，让老百姓看得上电视、看得好电视。整合各类资源，先后在基层建立塔山瑶乡文艺创作基地、雨母山艺术部落等一批基层文化惠民阵地，创建5个省级舆情信息直报点、36个市级基层思想政治工作示范点，基层阵地进一步夯实。建立健全新闻发言人、网评员、舆情信息员、中心组学习秘书等队伍，总人数近2000人；先后举办理论骨干、“非遗”保护、舆情信息员、核心网评员等培训班，提升基层宣传文化队伍素质。

（陆　璐）

## 统一战线工作

【概况】　2015年，衡阳市统一

战线以“同心”为引领，深入学习贯彻中央、省委统战工作会议精神，有效增进政治共识，大力整合资源力量，深入开展“四同创建”，着力服务衡阳发展，切实加强队伍建设，统战事业长足发展。全年以贯彻落实中央、省委统战工作会议和《中国共产党统一战线工作条例（试行）》《中共湖南省委关于贯彻〈中国共产党统一战线工作条例（试行）〉的实施意见》精神为主线，多形式、多层面、多领域抓好学习宣传，对全市各县（市）区、市直相关单位、高等院校开展统战工作调研，为起草《中共衡阳市委关于进一步加强统一战线工作的意见》，推动成立市委统一战线工作领导小组，筹备召开市委统战工作会议打下坚实基础。

（唐　鹏）

【多党合作事业】　健全市委常委与党外代表人士联谊交友制度，创新开展“五个一”活动；组织党外代表人士分赴浙江、河北开展暑期谈心活动；加强党外知识分子工作力度，市委统战部增设党外知识分子科，成立欧美同学会，增加15万元党外代表人士培训经费列入财政预算，为统战工作开展提供保障。（1）政党协商稳步推进。出台《中共衡阳市委2015年度政党协商计划》，市委主要领导就衡阳市“十三五”规划专题听取各民主党派市委、市工商联和市无党派人士联席会主要负责人意见建议；向党外代表人士通报党风廉政建设和反腐败工作、检察院工作、法院工作情况；推动民主党派联合对口联系单位共同开展专项调研，完成13篇调研报告提交市委市政府。（2）参政议政成果丰硕。探索建立各民主党派市委向中共市委建言献策“直通车”制度，全年各民主党派通过“直通车”提交4篇建言稿件，得到市委主要领导批示；进一步指导和发动党外人士围绕经济社会发展建言献策，《基层药物配送不及时不到位问题亟需引起高度重视》得到国务院副总理刘延东的批示，国家卫计委就此问题组建专题调研小组到衡阳调研。（3）民主监督领域拓宽。聘请79名民主党派成员、无党派人士在市司法局等22个市直单位担任新一轮特约人员，为民主监督工作拓展新平台。

（唐　鹏）

【党外代表人士队伍建设】　推荐21名市直单位党外科级干部、2名民主党派市委机关干部作为县处级副职党外后备干部，充实党外后备干部队伍；做好民主党派市委领导班子届中调整工作，从7个民主党派中推荐56名党外后备干部，确保2016年党派换届工作顺利开展。安排9名党外干部到机关单位和重点园区上挂下派，从市直机关、在衡高校和科研院所选拔20名党外人士组成党外专家顾问团，多岗位多形式加强党外干部实践锻炼。完成党外干部调训8批23人次，安排党外干部参加清华大学培训2批8人次；将统战理论政策、中央统战工作会议及《中共中央统一战线工作条例》精神、“同心工程”等统战工作内容纳入党校（社院）主体班教学计划。出台《党外代表人士分级分类管理办法》，完善党外代表人士管理台帐，健全新任党外干部任前谈话制度，首次召开市管党外干部年度履职报告会，进一步规范对党外代表人士的管理考核。

（唐　鹏）

【民族宗教事务】　依法依规管理民族宗教工作事务，强化正面引导，在求同存异中维护宗教领域和谐稳定与少数民族城乡发展。民族工作：以财政资金扶贫、教育扶贫、产业扶贫等方式，助力塔山精准扶贫。争取154万元项目资金助力瑶乡经济发展，立项开发“塔山瑶族风情园”旅游项目，帮扶建设瑞恩幼儿园，填补瑶乡学前教育的空白，瑶乡被评为全省茶叶“千亿产业十佳示范乡镇”，“塔山山岚茶”品牌成为瑶乡靓丽名片。完成市回民管理委员会换届，推进城区少数民族规范化管理。宗教工作：开展“国法与教规的关系”主题宗教政策法规学习月活动。完成所有宗教活动场所重新登记换证工作，全面开展“两滥”专项整治活动；开展全市教职人员备案登记工作。切实加强宗教界代表人士队伍建设，衡阳多名宗教人士进入中国佛教协会、中国道教协会理事会，其中黄至安继续当选为中国道教协会副会长。精心组织举办“纪念老子2586周年圣诞祈福法会”、省道教协会成立30周年庆典暨南岳坤道学院授牌仪式、“第三届佛教千年论坛暨慧思大师诞辰1500周年系列纪念活动”“金秋助学”

等系列活动，发挥宗教界的正面影响，积极引导宗教与社会主义社会相适应。（唐　鹏）

【非公有制经济领域统一战线工作】　深入开展非公经济人士理想信念教育活动，组织四个"十佳"（"守法诚信十佳民营企业家""守法诚信十佳民营企业""守法诚信十佳店（场）"和"守法诚信十佳商（协）会"）评选表彰活动，引导非公经济人士诚信守法。指导青年企业家成立衡阳市青年企业家商会，助力"创二代"健康成长。推荐2名创新创业先进典型参加"全省创新创业先进典型巡回报告团"，并组织深入县（市）及城区巡回报告9场。举办14家异地衡阳商会负责人参加的"雁商回家"招商引资专题座谈会，签约项目8个，引进资金总额58亿元。全年走访非公企业150余家、商业协会30余家，摸清情况，形成3篇理论文章上报相关部门得以采纳，举办中小民营企业新三板上市工作推进会，积极筹建民营企业上市孵化基地，为企业家排忧解难。（唐　鹏）

【港澳台海外统一战线工作】　全市新批台资企业3家，实际到位资金4.2亿元，常宁田野休闲农牧有限公司等台资项目建设稳步推进。先后接待第九届黄埔论坛考察团等到衡阳考察交流的台湾团队20批460人次，对台交流日益频繁。中央统战部《统战工作》刊发题为《依托抗战文化资源，创新做实对台工作》文章，肯定本市的对台工作经验成效。举办"亲情中华魅力衡阳"侨界书画作品展暨艺术文化交流活动，加强与海外华侨社团和知名侨界人士联系，接待旅美湖南同乡会常务副会长张文生等15批100多人次海内外侨胞到衡阳考察、洽谈商贸，对外推介11个重点项目；成立衡阳市侨联扶侨帮困工作领导小组，争取各级帮扶资金100万元、政府配套资金300万元开展扶侨帮困活动，加大与匈牙利华侨投资33亿元的华夏湘江项目的服务对接力度，拓展新侨服务工作。（唐　鹏）

## 对台工作

【概况】　2015年，衡阳市对台工作充分利用衡阳市涉台资源丰富的优势，按照中央、省委和市委关于对台工作的总体部署，围绕服从祖国统一，服务全市经济建设的大局，发挥优势，务实进取，全市对台工作不断取得新成效，实现新突破。（张新宇）

【衡台经贸合作】　（1）对台招商引资务实开展。一是组织小分队招商。2015年，衡阳市台办作为2014年衡阳市人民政府继续保留下来的招商小分队组长单位。积极通过老乡、朋友等关系，广泛捕捉项目信息，走访东莞、深圳、厦门等沿海台资集聚地，深入企业了解驻地产业转移情况，收集到一批有价值的信息，总体看小分队工作取得阶段性成效。小分队继续跟进2014年衡阳市台办引进的手机蓝宝石续建项目。二是运用"活动"招商。2015年，衡阳市政府积极组织参加"湘台会""厦洽会"等省内外各类招商引资洽谈会，衡阳市台办均派人参加，在对台招商上都取得较好的洽谈效果。2015年10月，衡阳市台办以台湾区电机电子工业同业公会率团来湘参加"湘台会"为契机，邀请其公会副秘书长徐兴、升峰资讯、先杰电脑、天立机电等企业负责人一行到衡阳市与台湾工业园、综合保税区、衡山科学城，中兴网信、蝶讯、湘梦电子商务等园区、企业，探讨智慧生活产业合作交流意见。在参加"厦洽会"期间，积极争取与厦门台协会长陈信仲等40多名台资企业家座谈，了解到其经商动态及投资取向，并与其建立较好的联络渠道。三是组团入岛上门招商。衡阳市台办充分发挥自身优势，积极开展入岛招商工作。2015年，衡阳市台办组织及协助有关部门组团赴台招商团4个，先后共考察20余家大型企业，拜会10多个台湾主要工商团体，签订两个合作协议，促成7批台资企业到衡阳市实地考察，收到超预期效果。四是利用服务稳商。对已投资的台资企业，衡阳市台办热心为服务和排忧解难。持续开展"台商服务年"活动，认真贯彻执行《中华人民共和国台湾同胞投资保护法》，制订台办领导、科室分片与台资企业挂钩制度。将工作重心下移，每月走访台企一次，为台资企业办实事，台商投资衡阳的信心得到进一步增强。（2）对台经贸合作喜忧参半。2015年，面对错综复杂的国内外经济形势，衡阳市吸引台资仍然保持较好发展势头。据统计，衡阳市新批台资企业3家，合同利用台资1.08亿美元，新开工和新竣工项目2个（其中，新开工项目1个，新竣工项目1个），总引资额10.2亿元，当年实际到位资金4.2亿元。富士康、得意电子进出口额同比增长达10%。但由于国际市场疲软，导致衡阳市一些重点台资企业业绩下滑，外贸增长乏力，如原定于2015年开工投产的康师傅水物质项目二期尚未有进出口业绩。其次，签约项目履约难。由于实体经济形势严峻，2014年签约的台资项目2015年的总体履约率勉强过半，普遍存在到位资金少、开工进度慢等问题。（3）项目建设有序推进。2015年，富士康继续在衡阳做大做强，富士康正加紧把深圳亚马逊平板生产项目迁入衡阳，得意精密电子也准备策划把广州总部迁到衡阳。祁东县归阳工业集聚区台湾工业园，2014年签约的8家台企，已有4家开工建设。常宁市田野休闲农牧有限公司一期项目建设接近尾声，二、三期项目建设已完成规划。

（张新宇）

**【衡台交流交往】** （1）双向交流持续增长。2015年，衡阳市因公赴台成行的共有15批198人次。其中经贸考察5批、80人次，与2014年同期相比，增长9.6%；交流10批118人次，增长10.7%。赴台交流规模比2014年有所增长。2015年，衡阳市台办系统先后接待到衡阳考察、交流的台湾团队20批460人次。其中经贸考察12批120人次；交流团队8批340人次。主要有台湾工业总会、电电公会等台湾工商团体，以及台湾文化大学李孔智、台中科技大学郭永兴副教授等。接待的大型团组有台湾湖南同乡联合总会副秘书长吴本森一行32人到衡阳市参访等。（2）交流领域不断扩宽。交流内容涉及经济、科技、税务、农业、教育、书画、旅游、体育等方面，一批具有衡阳优势和特色的项目相继赴台交流，各界别、各行业、各领域交流深入推进，与台湾中下层民众、青少年学生交流活动增多。（3）交流成效日渐显现。一方面主要体现在经贸方面，在台深度对接一批企业，加快其投资衡阳的步伐。另一方面扩大衡阳在台的影响，提升美誉度。特别是各县（市）区主要领导亲自赴台考察交流，推动一批重大项目，取得明显成效。如祁东县委书记率团赴台考察交流因黄花菜与台湾花莲县结缘，达成共结姊妹县的意愿。

（张新宇）

**【涉台宣传教育】** 2015年，衡阳市台办配合省台办，开展“湖南抗战名城巡礼——第十二届海峡两岸媒体来湘联合采访”活动，以两岸媒体宣传为窗口展现衡阳抗战在全国中的重要地位，充分展现衡阳人民在抗日战争中所做出的牺牲与贡献。利用各种交流团赴台交流的机会，带去入岛宣传品及招商引资资料1000余份，分发及赠送岛内各界人士，对衡阳进行大力宣传，效果明显。利用衡阳媒体及对台工作网站，加强对外宣传。2015年，共向岛内输送对台宣传品10种2000余份，在各级各类媒体上发表对台宣传稿件100多篇，涉台教育稿件30篇，向《台湾工作通讯》《两岸关系》《华夏经纬网》“湘台连线”网站以及《湖南对台工作》等刊物上报各类对台工作信息200余条，经验交流、调研报告5篇，在《衡阳日报》《衡阳晚报》及台湾等媒体及网络上刊载500多篇相关报道。台湾版的《湖南文献》156、157专题转载《耒阳名胜》《南岳忠烈祠》等图片及文章，介绍衡阳市抗战文化、民族文化等。2015年，共接待来衡阳采访的台湾媒体记者5批80人次，有《联合报》《经济日报》《工商时报》等台湾的主流媒体；接待来衡阳采访的境内新闻媒体6批20余人次。广泛开展涉台教育，2015年衡阳市台办升级衡阳对台工作网站，在网站专门开辟对台工作、台海形势、涉台政务、招商引资等宣传专栏，广泛宣传对台方针、政策、两岸关系和台海局势、衡阳资源、招商项目和优惠政策等。在接待台胞活动中，带领台胞进行实地参访。

（张新宇）

**【服务台胞工作】** （1）强化领导和机制建设，积极构建社会化服务工作格局。2015年衡阳市台办高度重视台胞台企服务工作。年初召开台商恳谈会，研究解决台商提出的困难和问题。成立台胞投诉协调工作领导小组，负责指导全市涉台维稳和台胞台企服务工作。(2) 开展全方位服务，为台胞台企办实事解难题。2015 年，通过海协会、省台办的协助，为台属寻亲 7 起，妥善解决台胞非法滞留 1 起，台胞婚姻问题 2 起、为台胞、台属协助解决医保、小孩上学等问题 12 起。定期走访慰问常住台胞及困难台属，帮助他们解决生产生活中的困难和问题，春节前累计送慰问金 3 万余元。2015 年，结合“三严三实”专题教育活动，衡阳市台办组织机关工作人员大面积走访台资企业及台胞，帮助反映、解决困难和问题 21 件。(3) 妥善处理涉台事务，切实维护台胞合法权益。为做好台资企业服务工作，衡阳市台办曾多次到现有台资企业进行调研，认真听取台商对衡阳市进一步优化投资环境的意见和建议，通过走访调研活动，检查《中华人民共和国台湾同胞投资保护法》(以下简称《保护法》) 的执行情况，了解企业经营、生产中需要政府部门协助解决的问题和困难。利用市台办这个台商与政府及相关部门联系与沟通的桥梁和纽带，帮助台资企业解决融资、土地等实际困难。对违反《保护法》规定，特别是针对一些相关部门仍旧存在的办事拖拉、推诿、扯皮以及公安查办台资企业案件等，与这些部门主要领导进行情况沟通，帮助制订措施，并做进一步的纠正和整改。对一些复杂和棘手问题，及时上报给市委市政府领导，这些问题得到市委市政府领导的高度重视，2015 年 1 月协助省台办经济处做好对台资企业的调研工作。衡阳市贯彻《关于对台工作归口管理》在 2015 年 11 月 16 日省台办秘书处调研活动中，得到调研领导的充分肯定和一致好评。2015 年，全市共受理台胞投诉案 11 件，结案率保持在 95%以上，一批久拖不决的疑难案件得到较好解决，没有完结的案子也取得重大突破，如：协调有关部门妥善处理士特莎餐饮管理有限公司 (台资) 与衡阳市美达房地产公司房租纠纷案；继续跟进督办万福陵园案；协调处理南阳鞋业二期项目迁坟案等。

(张新宇)

## 改革工作

【概况】 2015 年是全面深化改革的关键之年，市委改革办认真贯彻落实中央、省委和市委相关会议和文件精神。在省绩效考核中，衡阳市改革工作获得 104 分 (考核分值为 100，加 4 分)，总分名列全省第二、全省唯一在《人民日报》头版推介改革典型的市州、全省唯一在省委经济工作会议上作改革典型发言的市州、全省唯一承办省委省政府改革专题现场会的市州。 (罗 辉)

【顶层设计】 2015 年，共组织筹备 5 次市委深改组会议，研究审议通过《市委深改组 2015 年改革要点与责任分工》《衡阳市贯彻落实党的十八届四中全会决定重要举措 2015 年工作要点》《衡阳市推进县级公立医院综合改革实施方案》《衡阳市农村土地承包经营权确权登记颁证工作实施方案》等 23 个改革方案，稳步推进全面深化改革 45 项工作和依法治市 30 项重点工作。 (罗 辉)

【调查研究】 强化改革调研和评估工作，会同相关部门先后开展“中国制造 2025”“互联网+”“企业上市”“园区平台建设”“万众创业大众创新”等 6 项课题研究。围绕改革任务，先后进入市直单位调研国资监管体制、科技创新、商事制度改革；围绕工作台账和挖掘工作亮点，深入 12 个县 (市) 区开展改革摸底调研；围绕经济民生，开展工业稳增长、公立医院改革、单独二孩改革等调研。调研力促《衡阳市人民政府关于推进衡阳市工业经济“稳增长、促转型”的意见》《关于实施科技创新发展战略建设创新型城市的意见》等方案的出台，调研报告《大众创业万众创新在衡阳》得到省委改革办内刊《改革调研》专期推介。引进第三方评估机制，先后对农村土地承包经营权确权登记颁证试点、工商注册登记制度改革试点、并村改革试点、“单独二孩”政策实施情况、电视问政等五项改革进行评估，有效化解改革风险，推介改革成果。 (罗 辉)

【宣传引导】 定期编印内刊《衡阳改革动态》和《改革通报》。积极宣传推进衡阳改革典型。金融服务“三农”改革、乡镇区划调整改革、财税体制改革、社区服务微改革、土地精准确权改革、旅游综合改革、教育领域综合改革等改革典型得到省委改革办以简报形式推介；2015 年 2 月 8 日和 12 月 20 日的《人民日报》分别专版、头版和二版以“农村资产活起来”“衡阳试水贷款抵押改革”“衡阳农村资产正醒来”为题大版面报道衡阳市金融体制改革试点经验；衡阳市光辉社区作为全省唯一国家级“新家庭计划—家庭发展能力建设”城市项目试点社区，《人民日报》专题推介；《湖南日报》先后23次报道衡阳市改革经验；《衡阳日报》开辟“全面深化改革进行时”专栏，先后53次对重要改革情况进行专题报道。（罗　辉）

【督察考核】　根据省委要求，结合衡阳实际，在市绩效考核中明确，全面深化改革分值60分、依法治市17分，同时细化改革分值，列出具体考核项目，坚持考核“一把尺”量到底。6月初和9月上旬，聘请改革督察专员，开展全面督察活动，由市委改革办牵头，改革督察专员带队，联合市委市政府督查室对全市12个县（市）区、32个改革牵头单位的改革进展情况开展全面督察，挖掘出一批改革典型和存在的问题，促进改革落实落地。9月初，市委改革办联合市委依法治市办，由市委副秘书长、市委改革办专职副主任、市司法局长带队，分成5个督察组，对12个县（市）区、市直依法治市牵头单位进行依法治市专项督察，推进全面深化改革和全面依法治市工作“两轮同进”。（罗　辉）

【推进改革】　深入开展商事制度改革，在全省率先推出商事制度“改革套餐”，大众创业、万众创新热情高涨。县级公立医院综合改革如期启动，试点医院全面实行药品零差率，减轻老百姓的负担和解决老百姓看病难、看病贵的问题。政府机构改革，市、县两级全部平稳过渡。有序推进社区“两化两体系”建设，中心城区社区由原有191个整合为140个，减少比例达26.7%。进一步推进纪检机构“全覆盖”，制订出台《关于派驻投融资公司纪检机构实行统一管理的暂行办法》，市城建投等市本级投融资公司派驻纪检机构实行由市纪委统一管理。四中心两公司一协会”的金融服务三农改革在全市全面铺开，农村“五权”抵押贷款余额达15.4亿元，惠及1.2万农户，为全省农村融资发展探索出“衡阳经验”，受到《人民日报》、新华网、《湖南日报》等中央、省级媒体的推介；11月7日，全省乡镇区划调整改革工作交流会在衡阳召开，向全省推广衡阳做法；衡阳县成为全省县级公立医院综合改革试点，为全省县级公立医院探索路径；衡南县被农业部列为“信息进村入户整建制推进试点县”，县乡村三级工作体系基本建成；金融服务“三农”改革、社区微服务改革、财税体制改革被省委改革办作为湖南省典型改革案例向中央改革办推送。

（罗　辉）

## 政策研究工作

【概况】　2015年，在市委的领导下，市委政策研究室在室务会的正确带领下，全室党员干部深入学习习近平总书记系列重要讲话精神、中共十八大和十八届三中、四中、五中全会精神，紧紧围绕“调查研究、文稿起草、政策研究、典型推介”四项重点工作，坚持践行“严”“实”精神，开拓创新，务实奋进，较好地完成全年工作任务，开创政研工作新局面。（谭晓华）

【文稿服务】　2015年，共起草领导讲话、重要文件、署名文章124篇，53万字。开展调研活动19次、其中重大课题调研15次、形成调研报告15篇，刊发《政研参考》35期，省以上刊物发表文章10篇。编辑印发《衡阳政研六十年》和《市情手册》。把提高文稿质量放在重要位置，坚持深入研读习近平总书记系列重要讲话原文和《人民日报》《求是》《学习与研究》刊登的重要文章，从文风章法、篇章结构、遣词造句等方面细读深研，着力改进文风，求变、求新、求实，推出一批质量较高、领导满意、反响较好的精品力作，为市委科学决策起到重要的参谋作用。全年文稿一次性通过率达99%、领导采用率达100%。（谭晓华）

【调查研究】　2015年，全室开展15项重大调研活动。重大课题调研次数创近年之最。重点开展全市传统村落、投融资工作、社区矫正、小康工作、衡山高铁西站环境治理、产学研一体化、县域财政、工业稳增长、新农合和居民医保、大众创业万众创新、高岭村扶贫开发、达德置业转型发展、养老服务体系、新塘镇五个“365”等15项重大课题调研。多项调研成果得到市委市政府主要领导肯定。部分调研成果进入省委决策视野，得到省委主要领导的关注。配合省委政研室开展4项重大调研活动，主要是“为官不为”专项调研、全省财税稳增长调研、基层扶贫队伍建设调研、全省经济形势调研，为省委决策发挥积极作用。（谭晓华）

【政策研究】（1）解读经济形势。综合解读国际国内宏观政策和经济走势，对全市经济运行情况分析研判，每季度经济形势分析会上的政策解读成为一大亮点，得到市委主要领导的表扬和肯定。（2）提升《政研参考》质量。改变过去单纯以刊发调研报告为主，只注重刊发期数，不注重刊发质量的简单倾向，转向突出办刊质量，增强刊物影响，发挥参谋助手作用，重点刊发重要理论文章、重大政策解读和重要经验推介。主要内容涵盖碳排放权交易、农业产业化发展、大城市人口发展、消费金融公司试点、供给侧改革、深化农村改革、“三新”经济、金融服务实体经济发展、中小企业发展基金、“十三五”规划等领域。（3）提升网站影响。衡阳政研网影响不断加大，网站访问量不断提升，成为衡阳市政策理论研究的重要窗口、全市公文写作的学习网站。（谭晓华）

【理论成果】全年在省以上重要刊物刊发重要文稿10篇。《衡阳市新农合和居民医保运行情况调查》刊登省委《送阅件》（2015年28期），《衡阳市投融资情况调研与思考》《衡阳市产学研一体化调研》《对衡阳市传统村落的调研与思考》《“双创”之火可以燎原》《狠抓重点改革落实落地，加快推动经济社会发展》等分别刊发《湖南工作》和《城市经济论坛》，《“双创”之火可以燎原》同时被收入省委讲师团市州主要领导调研报告文集。《领导干部要做“三严三实”模范践行者》刊发在《湖南日报》2015年6月3日版，《把纪律和规矩挺在前面、把责任和担当扛在肩上》刊发《湖南日报》（2015年10月26日），《打好亲情文化两张牌》刊发《新湘评论》（2016年第1期）。（谭晓华）

## 党史研究工作

【概况】2015年，市委党史研究室认真学习贯彻习近平总书记有关党史工作的系列重要讲话精神和全国、全省党史工作会议以及2015年第四次市委常委会议精神，突出“以史鉴今、资政育人”主题，围绕“一本、一事、一馆、一平台”党史工作三年规划，大力加强党史征集研究、宣传教育、党史联络等工作，着力构建“大党史”格局，不断催生党史工作的聚合力、战斗力、服务力。（黄舜梅）

【《中国共产党衡阳历史》征编工作】《中国共产党衡阳历史》二卷、三卷的征编工作有序推进，2015年11月完成初稿的编写。全书共5篇、17章，共计61万字。该书拟于2016年6月底前出版成书，向建党95周年献礼。在第二卷征编工作推进的同时，启动《中国共产党衡阳历史》第三卷的编纂工作。2015年4月，市委常委会同意启动编纂三卷，并原则同意三卷编纂纲目。6月，与南华大学的专家签订协编合同，征编工作正式启动，三卷拟于2017年出版成书，向党的十九大献礼。（黄舜梅）

【党史平台建设】着力推进四大平台建设。（1）衡阳党史陈列馆建设。2015年2月9日，市委常委会同意市党史陈列馆、市博物馆、市志馆三馆合建。截至12月，已进行选址、规划、论证等实质性工作，2016年将动工建设。（2）衡阳市中共党史学会成立。2015年4月28日，举行衡阳市中共党史学会第一次代表大会，选举产生会长、副会长、理事、秘书长。截至年底，衡阳市中共党史学会已吸纳党史、高校、党校、社科、文化、教育、经济等领域的会员300多人。（3）“中共衡阳党史网”建成。2015年，市委党史研究室参照省室“百年湘潮网”的做法，依托红网“党务政务云”走融合发展的道路，于11月底建立“衡阳党史网”。截至年底，全省市州中，只有长沙、张家界、衡阳三地建设党史网。衡阳党史网开设工作之窗、党史研究、党史人物、党史遗址、党史宣传、在线阅读等栏目，《中共衡阳党史网》内容丰富，页面清新，编排科学，为党员干部和群众学习党史架设桥梁，搭建平台。(4)《湘潮》的学、用、订工作。2015 年，通过各类渠道，超过省室下达的优秀目标数，发行数量达到 9030 份，创历史新高，发行绝对数居全省第一。（黄舜梅）

**【党史项目库基本建成】** 2015 年，市委常委会同意市委党史研究室启动党史征编项目库建设。党史项目库主要围绕建党 90 多年来，衡阳党史中的重大事件、重要人物、重要工作，面向全市广泛征集项目，建立 100 个左右的党史征编项目库。如《耿飚与水口山》《毛泽东与罗荣桓》《衡阳历届市委书记》《衡阳杂交水稻》《衡阳市项目建设》《衡阳市历届党代会实录》等都可以进入项目库。2015 年 5 月，在《衡阳日报》和红网上发布项目征集公告，征集到一批好项目。10 月，邀请专家学者，对项目库项目进行评审。党史征编项目库建立后，每年将从项目库中拿出 2~3 个项目进行征编。党史项目库体现“大党史”格局的几个特点。一是兼容性。项目库既包括市本级，也囊括县（市）区的一些重大项目。二是开放性。项目库既对市委党研室内部招标，也面向各县（市）区党史人员招标。既面向市内党史专家学者招标，也面向全省、全国招标，目的是网罗一批“顾炎武”“贾谊”式的能家巧手来研究衡阳党史，发掘衡阳党史资源，找准存史资政的切入点、以史铸魂的共鸣点和开门办史的衔接点，尽快把尘封在档案馆里、记忆深处的党史资源，充分开掘出来，有效盘活起来。三是协作性。党史项目启动后，市财政提供资金保障，相关部门提供资料、档案、采编等支持，市委党研室做好协调、后勤保障等工作。2015 年，从项目库中拿出《耿飚与水口山》《毛泽东与罗荣桓》两个项目进行立项招标。截至年底，招标工作已经进行，2016 年将启动征编工作。建立党史项目库是一项打基础、利长远的工程，开全省之先河，受到省委党史研究室的高度肯定和推介。

（黄舜梅）

**【《中共衡阳市委执政纪事》公开出版】** 2015 年，进一步优化纪事各个栏目，并申请正式书号，由中共党史出版社出版发行，这是纪事第一次公开出版。该书以衡阳市委“总揽全局、协调各方”为主线，以“市委中心工作”为重点，宣传衡阳工作，总结执政经验，为“提升新标杆、打造升级版”，全面建设小康社会和“工业重镇、文化名城、旅游胜地、宜居家园”提供精神动力和资政参考。全书共 110 余万字，可读、可鉴、可藏，史料珍贵。

（黄舜梅）

**【党史理论研究成果】** 2015 年，市委党史研究室撰写的《从俄界会议的内含看党的成功之道》，入选由中央党史研究室举办的“俄界会议理论研讨会”优秀论文，周美好应邀到甘肃甘南州参加“俄界会议理论研讨会”。《罗荣桓政治工作的那些事儿》在《湘潮》第 9 期上刊发，被全国优秀期刊《特别关注》转载。在配合中央党史研究室征集抗日战争时期全国重大惨案中，在民间征集到的衡阳城区地图填补城建档案空白。2015 年，组织评选一批优秀党史成果。3 月，室务会邀请党史专家担任评委，对各县市区委党史研究室（史志办）上报参评的 39 部著作、15 篇论文进行评审。对评选出来的优秀党史成果，在 4 月份召开的全市党史工作会议上进行表彰。（黄舜梅）

**【“学史补钙·以史铸魂”活动】** 2015 年，市委党史研究室深入开展“学史补钙，以史铸魂”活动。1 月 13 日，在雁峰区湘江乡召开全市“学史补钙·以史铸魂”现场交流会，6 名乡村基层党员干部在会上介绍学湘潮、用湘潮的体会和感想。省委党史研究室主任张志初，市委常委、原市委秘书长邓柯，市委党史联络组组长刘增科等领导出席会议并作重要讲话，并现场向湘江乡党员干部赠送《湘潮》杂志。中央党史研究室、湖南新闻联播、衡阳电视台、红网、百年湘潮网对这次活动进行重点报道。（黄舜梅）

**【“衡州丰碑”党史宣传活动】** 为发挥党史资政育人作用，推进衡阳创建全国文明城市和全国历史文化名城。2015 年，与市委宣传部、衡阳日报社共同主办“衡州丰碑”系列党史宣传活动。“衡州丰碑”从新闻的角度，用史实为依据，让史实说话，从小切口展示大主题，以小画面展现大场景，用老百姓听得懂的语言、感兴趣的话题，对衡阳市及各县市区有重大影响、感染力强、教育效果好、有重要资政育人作用的党史人物、党史事件、党史遗址进行挖掘、宣传和推介。“衡州丰碑”已成为党史工作的“展示窗”、党史知识的“传播台”、党史部门对外交往的“联通桥”。

（黄舜梅）

【利用党史成果促党建】　发挥党史部门在党史方面的权威和影响，积极参与市委、市政府的中心工作和其他部门的工作，扩大党史工作的影响，彰显党史部门的声威和价值。协助市委组织部拍摄“三严三实”专题宣传片。专题宣传片对衡阳党史中有重大影响的革命烈士、党史人物进行宣传。对征集和提供的党史素材和史实严格把关。在衡阳反腐网开辟“缅怀革命先烈，弘扬廉洁新风”系列党史专栏，对夏明翰、朱少连、徐康、廖焕星、李树一等革命先烈的先进事迹进行宣传。截至年底已推出专栏5期。

（黄舜梅）

## 档案工作

【发展环境】　2015年年初，市委办、市政府办印发《关于进一步加强和改进新形势下全市档案工作的实施意见》，助推市档案工作的发展。5月19日，市委书记携相关部门深入档案局调研，并现场办公解决财政投入、馆库建设和基础设施改造、档案资源建设等问题。8月，省档案行政执法检查组对衡阳市开展执法检查。市长周海兵会见检查组一行，市委常委、秘书长邓柯亲自汇报衡阳市档案工作情况，市人大常委会副主任康强陪同检查。常务副市长段志刚就2016年档案馆的提质改造项目资金问题给予支持性批示。衡南县、衡山县继续将档案工作列入全县目标管理绩效考核内容。雁峰区、石鼓区、蒸湘区把档案工作列入全区目标管理绩效考核，石鼓区将新农村建设档案工作纳入办公室系统“转作风、提效能”考核，南岳区继续将新农村建设档案工作列入全区目标管理考核内容，在2014年目标管理考核分值上再增加1分。珠晖区将新农村建设档案工作纳入全区重点工作绩效考核。这一系列举措的出台为档案工作的深入持续开展提供坚强保障。

（陈志鹏　唐　莉）

【档案宣传工作】　一是开展“国际档案日”宣传活动。联合四个中心城区档案局于6月9日集中在雁峰广场以“档案——与你相伴”为主题开展宣传活动。活动共展出宣传展板200余块，启动电子屏幕60余块，发放宣传资料3000份，编辑档案宣传知识群发手机短信息15000条。衡阳电视台、《衡阳日报》等主流媒体给予新闻报道。6月9日的《衡阳日报》上刊发标题为《揭开档案的神秘面纱》的宣传稿件，6月13日《衡阳晚报》刊发《档案收集有多难?》的专访稿件。二是举办“血战三湘卫山河——湖南纪念抗日战争胜利70周年档案展”活动。市委、市政府将档案展览纳入全市纪念抗战胜利70周年7大块13项系列活动之一。8月27日正式对全社会免费开放，开放期间接待来自全市机关、企事业单位、学校、社区及群众近3万人，接待团体169个。2015年，获评为2015年度全省档案宣传工作先进单位。

（陈志鹏　唐　莉）

【档案业务领域建设】　突出抓好涉改单位档案工作。以市委的名义下发《关于加强机构改革中档案管理的通知》，专门召开政府机构改革涉改单位分管领导和办公室主任会议进行部署。督促涉改单位做到档案工作与机构改革工作同部署同落实，科学制订档案管理和处置方案，并报市档案局审核。对市直涉改单位的文书、财务、人事、科技等档案的清理与整理工作进行多次业务指导，大部分涉改单位已启动移交档案的整理工作。衡南县、衡山县、衡东县、南岳区均以两办名义下发或转发《关于加强机构改革中档案管理工作的通知》，明确机构改革单位档案的归属和流向，并对机构改革前档案的收集、整理和移交等工作提出具体要求。重点推进新农村建设档案工作。2015年年初，召开县（市）区档案部门调度会，要求县（市）区在去年的工作的基础上，细化任务，倒排工期，突出重点，攻克难点，进一步加强对薄弱地区、单位的档案业务指导和工作监督；进一步加强与农办、民政局的衔接、沟通，共同抓好乡镇、村和涉农单位档案工作，充分做好“新农村建设档案工作建设年”活动的验收准备工作。开展土地承包经营权登记颁证档案工作和湖南省新农村建设档案工作示范引领项目申报工作。衡南县将新农村档案工作列入全县专项督查项目。衡山县对工作进展缓慢的单位发出督办函，于7月份进行专题督察并发出督察通报。着力做好基础业务指导工作。加强对市直机关、企事业单位2014年度文件材料归档及部分重点建设项目档案工作的业务指导。重点对省道S211、S214、S314、S317公路改建工程进行业务指导。开展对移动公司、省第一测绘院、祁东县烟草局、衡阳县烟草局四家单位档案室规范化管理省特级复查工作。协助创建办做好创建文明城市活动档案资料收集归档方案制订、业务培训和指导等相关工作。8月17~18日，陪同省局开展档案执法检查，先后对耒阳市档案局、省地质测绘院、雁峰区档案局、雁峰区屏镇和兴隆村等单位进行检查。衡南县、耒阳市、祁东县、衡东县、常宁市分别以县委、政府两办名义或县委督查室的名义开展档案执法检查。

（陈志鹏　唐　莉）

**【档案资源建设和利用】**　（1）做好市直涉改单位档案的移交工作。对一商行管办等涉改单位拟移交的档案进行初步验收。抓好国有改制企业的档案移交工作，指导20家改制企业处置档案，接收8家改制企业档案共16000余卷（册）。（2）强化“三重一特”档案的征集工作，收集整理全市四大家主要领导2014年度重大活动照片档案90余张，新闻报道资料400余件，市委书记李亿龙、市长周海兵讲话文稿6本。收集整理市四大家领导2015年上半年新闻报道资料200多件，重要公务活动照片60多张。征集《衡州诗词》《女权运动先驱唐群英》《衡州北岸濂溪周氏四修续谱》等书籍族谱共180余卷（册）。（3）资源查阅利用工作。注重加强档案查阅中心和文件管理中心的功能建设。简化利用手续，免除利用费用，改善接待条件，提升服务质量；对查阅量大、利用率高的民生档案优先进行数字化。全市各级档案馆（室）提供的原始档案为改制企业职工、下乡知青等群众解决养老保险、工龄等问题及土地、山林权属争议发挥重要作用，有力维护社会的和谐稳定。市县两级国家综合档案馆全年档案资料查阅共接待16000余人次，调卷50000余卷。做到零投诉。（4）保管、鉴定、开放等基础工作。定期做好消毒、温湿度检测等档案日常维护工作，主动做好进馆档案的登记、上架等工作，加强对馆藏部分全宗档案进行清理和鉴定，为实现网上查询做好前期准备工作；及时对有保存价值的破损、褪变档案进行裱糊抢救和修复。加强消防设备的管理，全年来未发生一起档案安全事故。

（陈志鹏　唐　莉）

**【基础设施和数字化建设】**　（1）馆库建设和提质改造工作有新进展。市档案馆新馆建设已提上日程，与规划、发改等相关部门衔接、协商，启动选址、立项等前期工作。现馆四楼、五楼库房提质改造工程正在实施，库房密集架、办公楼电梯正在抓紧安装。监控设施已全部安装调整到位。院内油化亮化等工程已接近尾声。衡山县新档案馆建设已完成选址工作，规划、国土、环评手续已办好。衡东县将档案馆建设项目纳入2015年县重点工程项目，7月份正式动工兴建，主体工程已竣工。耒阳市综合档案馆建设列入市委、市政府重点工程，代市长刘革生担任档案馆项目建设协调领导小组组长，全力推进项目建设如期完工。雁峰区在机关大院整体搬迁之前以两办名义下发《关于加强雁峰区机关搬迁期间档案管理相关工作的通知》，确保档案在搬迁中万无一失。珠晖区借区办公用房清理调整之机，争取到将部分办公室调剂为区档案馆业务用房，区财政投入资金80万元用于馆库增容扩建。档案数字化建设有新进度。（2）数字档案馆建设一期工程已完成，现馆藏三分之一的档案已经实现数字化。档案开放鉴定持续推进，对于可以开放查阅利用的档案，将分批逐步推行网上查阅利用。二期数字化工程市财政已纳入预算，将分年度投入，着手准备项目招投标工作。认真做好党政门户网政府信息公开发布和管理，定期做好档案数据库的管理、维护工作。部分市直单位逐步重视档案信息化建设，市农发行、电网公司等部门90%的室藏档案已实现数字化，系统内部已实行档案电子化管理和网上查借阅。市城建档案馆、市产权处将利用率高的档案进行数字化，查阅利用快捷。部分县（市）区档案数字化建设已提上议事日程。

（陈志鹏　唐　莉）

## 老干部工作

【双先表彰】　（1）通过集中学习、专题教育、宣讲辅导等多种形式及时学习宣传贯彻会议精神。全市组织老干部收看大会盛况100余场次，发放大会精神宣传手册一万多册。多层次召开座谈会面向全市8万名离退休干部宣讲大会精神和习近平等中央领导在接见“双先”代表时所作的重要讲话精神。（2）在全市深入开展离退休干部先进集体、先进个人评选活动。受到表彰的先进集体、先进个人是全市离退休干部集体和个人的优秀代表，集中展示新时期衡阳市离退休干部的精神风貌。（3）充分利用《衡阳日报》、衡阳电视台、衡阳党建网等新闻媒体对离退休干部“双先”事迹的进行广泛的宣传报道，在广大老干部中形成学典型的良好风尚。部分县（市）区把贯彻全国、全省“双先”表彰大会精神作为绩效考核的重要内容，有力促进会议精神贯彻落实。（何宏伟）

【主题活动】　紧扣“展示阳光心态、体验美好生活、畅谈发展变化”这一主题，结合衡阳市实际，组织开展“谈家风、传作风、赞新风”主题活动。与《衡阳日报》联合创办《今日老年》报，教育引导广大老干部讲好衡阳故事，传递衡阳声音。广大老干部通过微信群、论坛、博客等平台，积极在国省市主要媒体网站宣传正能量。全市老干部网宣员在各类网站发帖15000条、跟贴8000条、发表博文2000多篇。市关工委在青少年中广泛开展”三爱“（爱学习、爱劳动、爱祖国）教育和普法教育及捐资助学活动，大力宣传“中国梦”和社会主义核心价值观，被评为全国关心下一代工作先进集体。市老科协致力服务三农，开展各类科技培训102期，被省老科协评为服务三农先进集体。市老年保健协会积极开展老年保健宣传，精心组织义诊巡诊，推选出一批老年健康之星。市老干部书画协会通过创建书画之乡，大力弘扬书香文化，举办纪念“衡阳保卫战”等各类书画展18场次。一些地方通过微宣讲、发倡议、戴党徽等形式，不断丰富正能量活动内容和成效。

（何宏伟）

【两项建设】　深化离退休干部“两项建设”。（1）思想政治建设。把全面从严治党要求贯穿到离退休干部“两项建设”全过程，结合“三严三实”专题教育，进一步加强思想引领，强化政治纪律和政治规矩教育，引导广大老同志在思想上、政治上、行动上与党中央保持高度一致。市委老干局先后举办市级老干部学习贯彻党的十八届五中全会精神研讨班和形势教育专题报告会，邀请中央党校教授为老干部解读党的十八届五中全会精神和十三五规划纲要。组织105名市级老干部对常宁市经济社会发展情况和市区华耀城等重点项目进行视察。召开2次市级老干部情况通报会。各县（市）区、市直单位举办各类通报会、报告会、学习会100余场，参加学习的老干部2.3万人次。（2）加强离退休干部党支部建设。各地各单位积极探索离退休干部党建工作的新途径新办法。市老年（老干部）大学重点探索开展在老年（老干部）大学教学班和老干部各种协会建立临时党支部的工作。全市举办离退休干部党支部书记培训班5期，培训200多人，培训力度进一步加大。全市551个离退休干部党支部组织设置不断优化，作用得到有效发挥。（3）组织开展主题活动。继续开展“同心共筑中国梦”活动，学习宣传老干部崇高精神和先进事迹，鼓励支持老干部为衡阳改革稳定发展贡献力量。开展“五老”志愿服务活动，全市100多支“五老”志愿服务队1000多名老干部队员在社会管理、文化宣传、科技指导、医疗保健、法律援助等方面发挥余热、服务社会。积极开展“纪念抗日战争胜利70周年”主题活动，各地各单位高度重视、精心组织，老干部热烈响应、踊跃参与，全市共召开座谈会近30个，举办文艺演出40多场，收到“纪念衡阳保卫战”等老干部书画作品110多幅。

（何宏伟）

【帮扶工作】　下发《关于抗战时期及以前参加革命工作的离休

干部发放一次性慰问金的通知》等3个政策性文件，为78名抗战时期的离休干部落实慰问金，发放纪念章，为158名困难企事业单位离休干部发放生活补贴658万元。各地各单位及时贯彻执行文件。做好对有特殊困难离退休干部的帮扶工作，市局建立特殊困难离休干部帮扶制度，向市直单位101名离休干部发放帮扶资金近20多万元，帮助其解决燃眉之急。针对“双高期”离休干部出行困难、“空巢”独居、突发情况多等特点，市委老干局建立《局机关党员干部结对联系老干部制度》，通过与老干部结对子、勤联系、听意见、办实事等方式为老干部提供个性化、亲情化、经常化服务。2015年，局机关共计上门走访看望离退休干部2100余人次，发送慰问短信10000余条，拨打慰问电话9000余个，为老干部解决生活与精神方面实际困难300多个。试点探索政府为老干部购买服务工作。通过免费发放爱心联系卡、贴心服务卡，为双高期老干部解决家政服务、医疗保健、上门维修等生活起居方面的困难和问题。（何宏伟）

【硬件建设】 市老年大学、老干部活动中心（华新院）总建筑面积11000平方米，内设健身室、棋牌室、乒羽馆、歌舞厅、报告厅、电脑教室、书画教室、养生保健室、阅览室等，在设施配套上，安装电梯方便老同志行走，各教室安装中央空调和投影仪等现代化教学设施，为全市广大离退休干部提供宽敞、舒适的学习娱乐环境。常宁市、耒阳市、衡南县、珠晖区等县（市）区高起点规划、高标准建设老干部活动学习场所。市政府办、卫计委、国土局等单位腾出办公用房建立集老干部活动、学习、保健于一体的多功能老干部活动室，方便老干部就近活动。（何宏伟）

## 机关党建工作

【概况】 2015年，市直机关各级党组织围绕市委、市政府的重大决策部署，改革创新、奋发努力，为全面深化改革、推进全市经济发展、社会进步提供坚强的组织保证。10月，全省市州机关党建工作经验交流会在衡阳市召开，衡阳机关党建经验在全省推广。市直工委在全省市州工委年度综合考评中，连续第3年被评为全省优秀机关工委。（刘蔚玮）

【党建基础工作】 坚持把抓基层打基础作为长远之计和固本之策，强化工作保障，强化日常管理，强化督促考核，激发机关基层党组织战斗力和党员干部活力。（1）党组织建设标准化。开展基层党建“五位一体”示范体系建设。结合机关实际，制订《机关党建示范点标准化建设工作指南》，按照市直机关基层党组织“六个好”“五个一”标准，确定11个机关党组织为首批市直机关基层党建示范点，通过以典型促规范，以示范带全盘，推进机关党组织平衡发展。2015年，以示范点申创工作为契机，市直单位新建机关“两室两中心”30多个，机关党组织党务公开栏400多个，党建工作相关制度200余项，有力推进基层党组织标准化建设。制订“衡阳市直机关基层党组织发展新党员教育培训考察登记表”，进一步规范党员发展工作流程。（2）党员教育常态化。结合“全民阅读进机关”“书记讲党课”等活动，深入开展“三严三实”专题学习教育。利用市直机关党组织负责人培训班、党员培训班等平台，加大对机关党务干部和普通党员集中培训和分批轮训力度。组织党员干部参与市直机关“素质大提升·争当领头雁”党的基本知识竞赛活动和全省机关党建业务及党纪条规知识竞赛。各机关基层党组织通过进一步严格党内组织生活，教育引导广大党员自觉守纪律讲规矩。（3）党建考核制度化。建立健全日常督促考核机制。开展市直机关各单位和县市区机关党建重点工作专项督查，进一步推动中央条例、省委实施办法和市委实施细则贯彻落实。持续推进机关党建“双述双评”活动。2015年底，按照市委统一部署，工委对90个市直机关党建工作责任制和没有派驻纪检监察机构的54个市直单位的党风廉政建设责任制落实情况进行考核，考核结果纳入全市目标管理绩效考核评分。

（刘蔚玮）

【党建活动载体】 充分运用党建活动载体，增强机关党建工作的吸引力和感染力。（1）优质服务活动。以创建全国文明城市为契机，大力开展机关党员志愿服务和精准扶贫工作。市直各单位干部职工注册志愿者人数达1万余人，建立党员志愿服务队，结合“双联”“金秋助学”“一进二访”“在职党员进社区”等活动，有计划、有组织地开展各类志愿服务行动。积极建立党内帮扶机制，通过“慈善一日捐”、困难党员帮扶基金等平台，为机关困难党员和老党员排忧解难，增强党员的归属感，提升党组织的凝聚力。(2) 机关文明创建活动。利用“石鼓大讲坛”，开辟市直机关“国学讲坛”，邀请国学大师为机关党务干部作专题讲座。组织开展市直机关“讲文明、树新风”知识竞赛32场次，为市直机关干部发放《文明手册》2万余册，积极传播文明之风、礼仪之风、廉洁之风。以弘扬社会主义核心价值观为主题，集中开展“微党课”“微故事”“微动漫”征集评选活动，共评选出优秀作品20余件。认真开展“星级文明单位”初评工作，评选出市直机关一星级单位9个、二星级单位4个、三星级单位4个。(3) 机关文体活动。充分发挥机关工会、妇委会等部门的桥梁和纽带作用。举办市直机关第九届职工运动会，市直机关各单位和国省驻衡单位共派出74个代表队，2700余名运动员参赛，其中有9名市级领导和部分单位“一把手”报名参赛，反响热烈。各机关党组织、机关工会、机关妇委会积极组织开展机关元旦环城赛跑、书法绘画摄影展等形式多样、健康向上的文体活动。 (刘蔚玮)

**【机关作风建设】** (1) 党风廉政教育。加大对市委“两个责任”落实办法和责任追究办法的学习宣传力度。各市直单位党组（党委）主要负责人带头示范，以“两个责任”为主要内容，为机关党员干部上廉政党课。在市直机关抓好新修订的《中国共产党廉洁自律准则》《中国共产党纪律处分条例》及其他党纪条规的学习教育，组织党员干部观看《人生不能重来》《作风建设永远在路上》等警示教育片，不断提高党员干部的勤政廉政意识。“七一”前夕，组织市直机关新党员代表在湘南学联旧址一起重温入党誓词，激励党员牢记使命宗旨。(2) 作风建设督查。市直纪工委配合市纪委等相关部门开展超标配备公车及公车私用、机关干部“庸懒散”行为等专项督查。采取定期督查和不定期抽查、明查与暗访等形式，对事关民生、权责比较集中的市直部门和窗口单位进行作风建设集中整治，对50余人作出相应处理。(3) 案件查办工作。进一步畅通党员群众举报机制，在衡阳机关党建网上开辟案件举报专栏，拓宽案件线索渠道。加强硬件配备和队伍建设，在市直纪工委新设立案件检查室和案件审理室两个内设机构。保持高压反腐态势，加大案件查办力度，2015年立案查处1例，独立审理违纪案件2例，协审案件9起，在市直机关起到一定的震慑作用。

(刘蔚玮)

## 机构编制工作

**【概况】** 2015年，全市机构编制工作在市委市政府的正确领导和省编办的指导下，坚持以中共十八大和十八届三中、四中、五中全会精神为指导，认真贯彻落实习近平总书记系列重要讲话精神，围绕“服务党委政府、服务中心工作、服务基层群众”目标，突出“深化改革、减编控编”主线，扎实推进各项机构编制工作，圆满完成全年各项工作任务，取得预期成效。 (何少吉)

**【行政审批制度改革】** 衡阳市机构编制委员会办公室（简称市编办）坚持把简政放权作为转变政府职能的突破口，作为优化发展环境的关键点来抓。行政审批事项工作。市委常委会两次听取行政审批制度改革工作汇报，市政府常务会议多次专题审议、审定行政审批制度改革事项，及时印发各种文件，全面承接上级下放的53项行政审批事项。“三清单一目录”建设。牵头组织市法制办、市发改委启动该项工作。抽调专业人员历时一个多月拟定市直部门权力清单、责任清单、外商投资准入管理目录和核准投资项目目录清单，三次召集相关专家学者对“权力清单”进行论证会审，市直部门权力清单从5140项精简到3072项。经5月28日市政府常务会议审议，6月2日“三清单一目录”正式对外公布。行政审批“两集中、两到位“改革。市直40个单位在新落成的政务服务中心设立258个窗口，共有494项涉及民生保障和经济社会发展的职权（含205项审批事项）进驻政务大厅。通过流程再造，审批环节大幅精简，承诺时限从法定的4100个总工作日减少到906个总工作日，提速率77.9%；审批环节总数从1025个精简到408个，精简率60.2%，真正实现“进一家门，办所有事”。2015年7月14日，湖南卫视、《湖南日报》专题报道衡阳市行政审批制度改革和“三清单一目录”工作。（何少吉）

**【职能转变和机构改革】** 2015年2月2日，召开市县政府职能转变和机构改革动员大会。5月25日，组织召开市直单位“三定”暨“两集中、两到位”改革工作会。6月下旬，批复县（市）区政府职能转变和机构改革方案及涉改部门领导职数核定方案。7月13日，市政府常务副市长段志刚、市委组织部部长何录春出席县市区政府职能转变和机构改革调度会，再次对县（市）区政府职能转变和机构改革工作提出具体要求。全市政府职能转变和机构改革工作在省里规定的时限内基本完成，通过11月26日省委督查评估组的专项评估，得到督查评估组的充分肯定和高度好评。改革后，市直单位减少正处级机构18个，正处级降为副处级机构2个，撤销副处级机构9个；减少处级领导职数110名（正处级18名、副处级92名）；调剂行政编制131名，盘活事业编制271名；原13个事业单位承担的行政职能划入（或并入）市政府工作部门，共取消12项职责、整合31项职责、加强40项职责、增加40项职责。（何少吉）

**【事业单位登记管理工作】** 一是推进事业单位登记管理制度改革。按照中央、省编办关于事业单位法人年检和开办资金登记制度改革的有关精神，结合全市实际，出台《关于改革事业单位登记管理制度完善事业单位监管机制的通知》，建立事业单位年报公示服务QQ群，在网上开展登记业务培训和指导，提高工作效率；创建“衡阳事业单位登记管理网”，集中向社会公布各类事业单位法人年度报告，开设投诉举报专栏，征求社会公众的意见和建议，切实加强对事业单位的日常监管，确保市直事业单位已上报法人年度报告书合格率达98%以上。二是有序推进事业单位法人治理结构试点工作。按照省编办先行先试的要求，确立市文体广新局下属的市群众艺术馆作为法人结构试点单位，组建工作班子，制订改革时间表、路线图和任务书。在充分调研的基础上，起草《衡阳市群众艺术馆法人治理结构试点实施方案》《衡阳市群众艺术馆理事会议事规则》等文件，并已通过事业登记管理局初审。三是扎实推进中文域名注册和党政机关事业单位网站审核挂标管理工作。通过宣传发动，制作中文域名注册和网站审核流程，扎实做好咨询和释疑工作，积极争取党委政府支持，截至年底，市直事业单位网站审核挂标工作完成率100%，544个机关事业单位完成政务和公益域名注册381个，注册率达70.04%。四是积极探讨落实建立各类事业单位统一登记管理制度。按照《关于深化改革进一步加快民办教育发展的决定》文件精神，市编办多方协调，大力争取各方支持，在征求民办学校和相关职能部门的基础上，起草《衡阳市民办学校法人登记管理办法（试行）》，并经市委市政府审签印发。五是稳妥推进政企、事企分开。按照“分门别类、区别对待，先进笼子、下步明确，成熟一个、处理一个，平衡过渡、逐步规范”的思路，市直13个行政类事业单位中的11个实现行政职能归位。认真落实中央和省有关事业单位人事、收入分配、社会保险、财政等改革配套政策，做好与教育、科技、文化、卫生等行业体制的衔接，积极牵头和参与机关与所属企业脱钩、剥离衡钢社会职能等工作，草拟相关改革工作方案，征求市委组织部等11个部门的意见，于12月上旬送市领导审签。（何少吉）

**【控编减编工作】** 2015年，衡阳市认真落实中央关于“本届政府任期内财政供养人员只减不增”的总要求，严把编制进出关口，坚持“瘦身”和“强身”相结合，有效实现“控总盘活”目标。一是盯紧目标。按照省批复的控编减编基数，市、县编委分别对控编减编工作进行专题研究，出台控编减编工作实施方案，认真开展控编减编工作。截至年底，全市行政编制（含政法编制）较2014年净增加1364名（省工商、质监下放移交增编1577名，军转增编21名，法、检两院增编共33名，省收回公安编制267名），实有人员增加1578名（省工商、质监下放移交人员1515名，安置军转干部21名，机构改革参公事业单位人员划入）；事业编制较上年增加1027名（省工商、质监下放分别增编511、516名），实有事业人员较2014年减少368名。全市行政事业单位实有人员较2014年减少326名。二是健全机制。为确保本届政府财政供养人员只减不增，建立部门协调机制，强化与组织、人事、财政等部门的沟通协调，编委会成员单位每季召开联席会议，会商机构编制及组织人事问题；建立机构编制动态管理机制，做到编制核定“总量控制、内部调剂、按标核定、只减不增”，机构设置实行“从严控制、撤一建一、整合优化、增减平衡”，人员实行“统一管理、内部调剂”；完善实名制管理手段，切实发挥实名制数据库在编制管理中的“总开关”作用，坚持实名制管理数据库与机构编制日常手工台账相对应。三是认真查办。2015年，市编办进一步畅通机构编制监管渠道，共收到各类机构编制信访件和批办件共7件，件件都进行严肃查处，特别是严肃查处耒阳罗才洋违规进人案件，指导衡阳县清退临聘人员1000多人。（何少吉）

【其他机构编制工作】　一是全面完成工商、质监行政管理体制调整工作。根据上级文件精神，市编办主动介入掌握情况，积极向省编办衔接、汇报，牢牢把握工作主动权，顺利完成工商、质监体制下放移交工作。二是积极开展服务经济发展改革工作。在全面完成市县政府职能转变和机构改革任务的同时，还同步推进乡镇区划调整改革、城区社区区划调整等工作。三是圆满完成“两区一园”扩区调规工作。为促进“两区一园”经济发展，根据市委市政府会议精神，及时调整优化配置园区内设机构，理顺园区管理职能，会同市委组织部、市人社局等部门认真做好扩区调规中的人员编制划转工作。四是按时完成不动产统一登记职责整合和机构设置工作。印发《关于整合市级不动产统一登记职责有关事项的通知》，明确市国土资源局、市住建局、市农业委员会、市林业局的职责分工，在市国土资源局设立不动产登记科，拟定市不动产登记中心机构编制方案。五是高标准办理16件人大政协提案议案办理回复工作。（何少吉）

## 党校工作

【概况】　2015年，在市委的正确领导下，在上级党校的指导下，中共衡阳市委党校以中共十八大精神和十八届三中、四中、五中全会精神为指针，以“三严三实”专题教育为抓手，以创建全市文明单位为总揽，以“打磨名课、争当名师、创建名校”为目标，统筹谋划和推进党校事业，各项工作在原有基础上取得新成绩新进步。在全市文明创建工作中，以市直单位综合排名第一名的成绩被评为市级三星级文明单位。

（王　帆）

【教学培训】　坚持把教学培训作为立校之本，积极深化教学改革，优化教学管理，不断提升教学水平和培训实效。（1）按照市委组织部年度调训计划，全年完成12期主体班和2期短训班的培训任务，共轮训培训学员955人，其中包括3个县干班，1个中青班，2个乡镇正职班，1个新型城镇化专题班，1个女干部班，2个城区科干班，2个城区中青班，1个组工干部培训班，1个统战骨干培训班。（2）突出教学中心，提高教学质量。一是紧密联系实际，更新教学专题。根据需求调研及时推出教学新专题26个，专题更新率为44%，如《十八届四中全会精神辅导》《经济新常态与衡阳新发展》等新专题。二是强化教学管理，提升教学水平。实行集体备课，发扬传帮带精神、团队精神，强化教学质量考评。通过集体备课和教学考评，促进整体教学水平不断提高。三是举办教学比赛，开展教学大练兵。举办全市党校系统教学比赛，选派选手参与全省党校系统教学比赛，该校刘召宏老师取得三等奖。（3）突出教学创新，深化项目制教学。围绕“衡阳市推进权力清单的调查与思考”“衡阳市推进地方立法权的调查与思考”等主题在主体班开展项目制教学，形成的调研报告供市委市政府决策参考。（4）突出党性教育，坚持党校姓党原则。抓住党性教育这个“牛鼻子”，落实“德才兼备、以德为先”要求。一是多次对学员进行党性教育。市委副书记、市委党校校长邓群策3次在主体班作开班动员讲话，讲话突出党性教育。二是用传统文化精华为领导干部补钙壮骨。重视采用理论学习与优秀传统文化熏陶相结合的方式，让学员完善人格铸造、提升党性修养。邀请省委党校常务副校长张国冀教授来衡阳举行国学讲座；围绕“文化自信”主题，常务副校长尹同君在主体班开展文化讲座。三是党性教育做到“三个到位”。即教学时间到位、教学内容到位、教材使用到位，每个主体班次都设置专门的“党性教育单元”。四是学员论坛增强党性教育实效。在中青班开展党性教育学员论坛，组织学员到井冈山进行党性锻炼。通过理论武装、情景体验和学员论坛的组合拳，强化党性教育效果。（5）突出学员管理，着力打造优良学风。严格执行中央、省市关于干部教育培训学员管理相关规定和各项纪律要求，从严加强学员管理。一是强化党性要求。狠抓入学教育及党性锻炼考评，强化学员党性修养。二是实行学习承诺制。学员报到时须签“学习承诺”。三是实行考勤公示。学员考勤情况每周公示、接受监督，进一步端正学风作风，学员平均到课率在90%以上，成绩优良率在95%以上。（王　帆）

【调研成果】　坚持科研兴校，重视立足市情搞研究。（1）科研激励。对原有的《科研成果级别认定及奖励与计分办法》进一步修订完善，全校干部职工科研积极性激发。（2）科研成果。2015年共计完成科研项目139项。权威级期刊及CSSCI来源期刊发文2篇，国家级期刊发文26篇，省级期刊发文28篇，国家级网站发文4篇。完成省党校规划课题4项，省党校规划课题立项1项；完成市社科基金市情研究课题2项，重点课题1项，特别委托课题2项，自筹经费课题1项；市社科基金重大课题立项1项，市情研究课题2项。国家级奖项4项，省级奖项24项。（3）科研服务。进一步探索教研咨一体化格局，积极向智库型学校迈进，突出科研为市委中心工作和重大决策服务。完成《关于湖南实施创新驱动发展战略的研究》《湖南省新型农村城镇化模式与路径研究》等课题，申报的“营造衡阳良好政治生态的对策研究”课题成为全市两个重大社科课题之一。

（王　帆）

【服务管理】　行政后勤工作保持管理规范化和服务优质化。（1）后勤保障不断添新。2015年，完成培训中心的装修改造。图书馆过于陈旧老化，根据邓群策副书记、何录春部长在该校现场办公会议精神，图书馆新馆建设完成规划设计等前期工作。实施“靓校、护绿、创卫”等工作，美化亮化校园，获得全市“文明卫生单位”称号。（2）服务管理精细高效。培训中心继续实行企业化改革。秉承“热心、细心、诚心”的理念，不断创优服务水平。委托物业公司进行校园管理。对校内保安、保洁和绿化养护等工作，委托专业物业公司打理，实行规范化管理。实行分区管理，校园环境治安井然有序。按BOT模式优化食堂膳食服务。学校强化管理，满足主体班和大规模培训的需要。（王　帆）

## 讲师团工作

【概况】　2015年，市委讲师团在衡阳市委的正确领导下，坚持以中国特色社会主义理论体系为指导，认真贯彻落实习近平总书记系列重要讲话精神，以理论武装为根本任务，努力为全市各级党委（党组）中心组理论学习提供优质服务；以“微宣讲”活动为载体，深入基层积极开展理论宣讲；紧跟党的理论创新前沿，紧紧围绕当前社会热点、难点问题开展教学科研活动；通过全团人员的共同努力，圆满地完成全年各项工作任务，取得显著成绩。连续第13年被评为全省讲师团系统先进单位。（廖朝华）

【市委中心组理论学习】　2015年年初以来，衡阳市委讲师团把市委中心组学习作为推进理论武装工作的“龙头工程”来抓，竭力为市委集中学习提供优质高效服务。全年共完成11次17天的中心组学习，超额完成上级规定任务（全年任务为6次15天），每次中心组学习参学率均达95%以上。为提高学习质量，邀请多名知名专家学者进行学习辅导。先后邀请环境保护部政策法规司副司长别涛、省环保厅厅长刘尧臣、中南大学兼职教授授何铁山、清华大学马克思主义学院副院长肖贵清教授、省委统战部副部长陈潇、省计生委党组书记詹鸣、中央党校科研部辛鸣教授、省委讲师团副主任邓清柯教授、湖南商学院法学院院长杨峥嵘教授、省委讲师团副主任陈志强教授。通过不断创新学习方式方法，总结经验，形成独具特色的中心组学习模式，中共衡阳市委中心组学习经验《探索“四求”模式提升中心组学习效果》以四千字的篇幅半个版面发表在《湖南日报》(2015年10月15日)上，并被求是网、中国社会科学网、网易新闻网、凤凰网、红网等多家网站转载。 (廖朝华)

**【理论宣讲工作】** 2015年，讲师团的理论教员，积极在全市开展理论宣讲，深入基层开展“微宣讲”，成效明显。2015年年初，制订《全市副处以上单位2015年度党委中心组理论专题学习安排意见》，并以衡办文件下发，为各级中心组统筹安排全年理论学习提供指导和参考。根据年初制订的《全市副处以上单位党委中心组理论学习专题安排意见》，依据教员专长，明确分工，精心准备理论专题讲稿和课件，并下发授课菜单，供各单位按需选课。2015年以来，围绕习近平总书记系列重要讲话精神、十八届四中全会精神、“四个全面”、经济社会发展“新常态”、社会主义核心价值观和“三严三实”、十八届五中全会、意识形态工作等专题在全市开展理论大宣讲活动，共进行理论辅导授课近380场次，受众近10万人。在2015年市委宣传部、政法委与市委讲师团联合在全市开展的“党的十八届四中全会精神进基层”百姓微宣讲活动中，市委讲师团的理论教员充分发挥“理论宣讲轻骑兵”的作用，每名教员深入乡镇、街道、社区、农村、企业、厂矿和学校开展宣讲近30场次，有力推动十八届四中全会精神在基层落地生根。衡阳市委讲师团微宣讲经验在全省讲师团系统微宣讲经验交流会上获高度肯定。在省委讲师团系统组织的2次备课会中，市委讲师团综合科科长凌正华先后参加“四个全面”战略布局和社会主义核心价值观两个专题授课演示，获得与会专家较高评价。2015年举办1期理论骨干培训班，培训理论骨干达300余人次。

(廖朝华)

**【教学科研工作】** 2015年，市委讲师团为贯彻落实省委宣传部《2015年“为改革攻坚献策”社科研究行动实施方案》精神，充分发挥全省讲师团系统在“为改革攻坚献策”社科研究行动中的理论支撑与智力支持作用，瞄准当前理论前沿，紧紧围绕市委中心组学习专题，扎实开展理论研究。完成三大课题，先后联合省委讲师团完成“做有体面收入的体面农民——以衡阳市为例对培育新型职业农民的调查与思考”(该调研报告得到省委书记徐守盛的重视和肯定，并亲自作出批示，要求把衡阳的经验在全省范围内推广，并发表于2016年2月11日的《湖南日报》上)、“湖南省大众创业、万众创新”两个专题的调研任务；以创新的思维、高标准的开题顺利获批2015年湖南省党的创新理论研究重大课题立项申请(全省此次立项仅获批2个重大课题)。撰写并出版《衡阳市委讲师团团志》(近30万字，由湖南人民出版社出版)《奠定成功的基石》(10余万字，与市关工委联合编撰)两本书。组织开展“学用国学精华，给力衡阳发展”征文活动。 (廖朝华)

**【理论研究成果】** 2015年，衡阳市委讲师团团在全省讲师团系统组织的理论征文活动中获得优异成绩，参加省委宣传部、省委讲师团、省社科院联合举办的“四个全面”理论征文，市委讲师团主任成新平撰写的论文《四个全面——引领民族复兴的战略布局》以评分第六名的成绩被收录进入选论文集。参加全省讲师团系统十八届五中全会精神理论征文研讨活动，综合科长凌正华撰写的《适应全球化新变化，打造对外开放升级版》获得一等奖。2015年，全团人员在省级以上媒体公开发表9篇理论文章，其中中央级3篇(成新平撰写的《严于律已，永葆共产党人的政治本色》发表在光明网、人民论坛网，《严以修身，要净化“三圈”》发表在光明网、人民网上；凌正华执笔撰写《探索“四求”模式提升中心组学习效果》发表在求是网)，省级6篇。 (廖朝华)

# 纪检监察·巡视

## 纪检工作

【监督责任】 (1) 组织协调。认真贯彻中办〔2015〕10号文件精神，加强和完善反腐败协调小组工作机制，定期召开反腐败协调小组成员单位会议，健全案件线索通报移送、定期会商、责任追究等机制，使协调更有力，配合更紧密。2015年，各反腐败协调小组成员单位移送案件线索20余条。(2) 宣传教育。在“衡阳反腐网”开辟“一把手谈法治反腐”专栏，在《衡阳日报》“反腐倡廉”专版推出“两个责任书记谈”专栏，对县（市）区委书记开展“两个责任”专题访谈，共推出专题专栏5期。组织各地各部门党委（党组）主要负责人讲授以“两个责任”为主要内容的廉政党课20余次。(3) 责任追究。出台《主体责任和监督责任追究办法》，加大问责追究力度。2015年1～10月，全市共查处“两个责任”落实不力问题25起，责任追究29人。严肃查处衡阳县大安乡党委违规任命违法生育对象为村代理党支部书记，以及衡阳市盐业公司违规发放津补贴等“两个责任”落实不力的典型案件。

(何 雄)

【纪检建设】 坚持挺纪在前，形成纪律审查新常态。(1) 攥紧拳头“打虎拍蝇”。坚持“零容忍、零全覆盖、无禁区”的态度惩治腐败，保持惩腐高压态势，做到有案必查、有贪必肃，“老虎”“苍蝇”一起打，坚决遏制腐败蔓延势头。截至年底，全市纪检监察机关共立案897件，较2014年增长15.4%，立案涉及人数906人，其中涉及县处级领导干部25人，乡科级干部178人；已结案778件，给予党纪处分544人、政纪处分407人。市纪委监察局立案25件，处分县处级干部13人，移送司法机关处理5人。先后查处衡阳县原政协主席彭应龙贪污受贿案，祁东县政协原副主席周新民贪污受贿案，蒸湘区副县级干部李枫秋贪污案，耒阳市经开区副主任伍成凤贪污案，市水利局副调研员刘向阳受贿案，衡山县副县级干部汪灿违反社会主义道德案等典型案件。(2) 改进方式“抓早抓小”。严格按照五类办法处置线索，科学妥善处置每一条线索。2015年1～10月，市本级共接受信访举报件3549件次，受理上级转办交办件2294件次，移送市管干部问题线索92件次。按照“扯袖子、咬耳朵、红红脸、出出汗”的新常态要求，通过函询约谈等方式对94名党员干部存在的苗头性、倾向性问题进行处理。市纪委立案查处的25名县处级干部，只对其中5名贪腐大案对象采取“两规”措施。坚持“以我为主”，快查快结，够罪即移。2015年，市纪委查办的大要案件，从线索摸排、立案初核到案件突破、移送司法，整个过程均由市纪委独立查办，短时间内办结，并在移送司法同时作出党政纪处分决定。(3) 强化安全文明办案。深刻汲取“6·22”事故教训，做到警钟长鸣。印发《关于加强调查谈话期间办案安全工作的通知》，对遵守办案程序、履行办案手续、执行办案纪律和使用重要办案措施等情况进行监督检查。组织办案点安全大检查，从源头上消除安全隐患，督促指导县市区纪委建设好谈话室。

(何 雄)

【四风建设】 (1) 监督检查。围绕中央八项规定，针对公款送礼、公车私用、公款吃喝、违规发放津补贴、违规操办婚丧喜庆事宜等突出问题，抓住春节、清明、端午、中秋、国庆等关键节点，集中开展9次明察暗访，8次点名道姓通报典型案件，形成“节点必查、日常抽查、联合督查”的常态化模式。1～10月，全市共查处违反作风建设规定702人，给予党政纪处分356人。其中，查处违反“八项规定”60人、违反上下班纪律356人，查处打牌赌牌28人、工作日中餐饮酒9人、公职人员吸毒66人。(2)“为官不为”整治。出台《衡阳市领导干部“为官不为”问责办法》，对工作落实不力、敷衍塞责、群众观念淡薄等3类16种“为官不为”情形作出详细问责规定。在全市开展专项整治，共下发“为官不为”问题通报22期，涉及党员干部95名。重拳查处“耒阳市南京小学新建办公楼使用3年即成危房”“市道路运输管理处运输证考试乱象”等问题。2015年来，共对147名“为官不为”人员进行约谈，对在工作中不作为、乱作为的106名党员干部进行问责，给予党政纪处分47

人。这项工作得到省委书记徐守盛的肯定和批示。（3）“四项检查”。紧密结合作风建设新形势、新动态，按照“再监督、再检查”的工作理念，对政府采购、招投标、专项资金、公用经费等四个方面开展专项检查。相关职能部门负责对各单位的监督检查，市纪委负责对职能部门履职情况进行监督检查。对检查发现存在问题的37个单位逐一下发整改督办函，责令限期整改到位。

（何　雄）

【监督制约】　强化监督制约，把权力关进制度的笼子。针对过去“明规则执行乏力、潜规则大行其道”的种种乱象和“衡阳破坏选举案”的惨痛教训，创新监督方式，提高监督实效，防止权力任性。（1）廉洁自律监督。在市本级和全市12个县（市）区设立“5910”廉政账户。全市各级党员干部向廉政账户上交红包礼金504万元。扎实开展县处级党政正职述廉评议工作，对衡山县县长秦方进、雁峰区区长陈骏、市药监局局长颜昌正等3名县处级党政正职开展述廉评议。2015年，共受理领导干部操办酒席申报47次，对8名县处级领导干部因私出国（境）进行备案。（2）选人用人监督。整治违规进人进编问题，全市严肃处理4名县编办主任、副主任，其中1人移送司法；对16批次共200余名拟提拔重用人选进行廉政审查；对市直单位选调招聘考试、公务员招录、教师招考等20余次笔试、面试工作进行监督；指导蒸湘区纪委监督同级党委试点工作，创新出台《蒸湘区委干部任用实名制推荐制度》和用人失误责任追究办法，有效遏制用人腐败。（3）巡视监督。对省委巡视组通报反馈衡阳市存在的问题，逐项建立整改工作台账。先后召开交办会、调度会等相关会议10余次，跟踪、督办事项70余件次。截至年底，63项具体整改任务已全部完成。派出3个巡视组到市人社局、市畜牧水产局、市弘湘公司等单位开展巡视监督，发现问题线索30余条。

（何　雄）

【教育防范】　坚持教育预防在前，筑牢思想防线，大力营造“廉荣贪耻”的浓厚氛围。（1）反腐倡廉宣传教育。着力抓好《习近平关于党风廉政建设和反腐败斗争论述摘编》、新出台的准则和条例的学习宣传，邀请省监察厅副厅长胡旭晟进行专题辅导讲座。加强警示教育，在市看守所新建警示教育基地。2015年8月14日，市委组织全体市级领导以及各县市区、市直单位党政一把手350人到雁南监狱接受警示教育，并让原郴州市副市长雷渊利、洪江区原区区长杨秀涛现身说纪说法，警示效果非常突出。全年组织22批次2300余名党员干部到警示教育基地接受警示教育。积极开展廉政文化创建活动，挖掘衡阳廉政文化“元素”，在蒸水风光带建立“爱莲堂”廉政文化基地；总结推介衡阳县王船山“传家十四戒”、衡东县罗荣桓元帅“为人民做事而不是为当官”等本地家风家规家训，弘扬家风家训正能量；在全市组织开展“守纪律、讲规矩，争做廉洁衡阳人”演讲比赛，举办衡阳首届廉政微电影评比展播活动，共计18部作品参展。办好衡阳反腐网，点击量突破200万人次；在省级以上媒体发表反腐倡廉文章280余篇。（2）涉腐舆情处置工作。制定下发《衡阳市纪委监察局网络舆情处置工作管理办法（试行）》，健全涉腐涉纪网络舆情的监测、报送、处置工作机制，确保涉腐涉纪网络舆情第一时间发现、处置。积极稳妥处理“衡东县委副书记谭建华赌博被免职”等重大舆情，发挥网评员的作用，正面引导网络舆情。今年共办结网络舆情42件，下发舆情交办函13件。（3）推进预防腐败工作。成立市追逃办，建立健全干部因私出国（境）备案登记、报告审批等制度，摸清全市外逃贪官底数。截至年底，全市13名逃匿人员已成功追回5人。加强对因私出国（境）证照的管理，在全市组织开展国家公职人员利用假身份、假信息办理因私出（国）境证照专项整治，共清理出违规人员131人，现已全部处理到位。扎实开展制度廉洁性评估工作，依规备案登记规范性文件91件。

（何　雄）

【体制改革】　改革创新，扎实推进。（1）落实“两个为主”要求。探索落实“两个为主”要求实现路径，严格落实“下级纪委书记、副书记提名考察以上级纪委会同组织部门为主”要求，细化提名考察的程序、方式等。

2015年，实现下级纪检监察领导班子调整补充均由市纪委会同组织部门提名考察；选派市纪委5名干部交流到市政府办等部门任纪检组长。案件查处落实以上级纪委领导为主的要求，惩腐肃贪工作环境更加顺畅。（2）开展纪委监督同级党委的试点工作。指导蒸湘区制定《蒸湘区关于加强纪委对同级党委特别是常委会成员监督试点的工作方案》《关于加强纪委对同级党委及常委会成员监督办法》和《干部选拔任用初始提名双责制度》，在全省创新出台《关于纪（工）委书记（纪检组长）在领导班子中的排序意见》。创新建立同级党委班子成员约谈提醒制度和纪委对同级党委班子成员信访问题的核查制度。（3）探索派驻机构统一管理的办法。创新出台《关于对派驻投融资公司纪检机构实行统一管理的暂行办法》，对市本级8个投融资公司统一派驻纪检组组长，实行统一管理，拟任人选由市纪委会同组织部提出并考察，编制由市编委单列，由市纪委实行统管，促进各投融资公司派驻纪检机构作用的发挥。按照派驻机构“全覆盖”的要求，共对市地方海事局等14个单位设立监察室和专职纪检员。（4）推进县级纪检监察机关内设机构改革。按照省纪委对县市区纪委内设机构改革的指导意见，及时部署开展县级纪检监察机关内设机构改革工作。12个县市区纪委监察局内设机构改革工作于11月底全部到位。调整后，执纪监督力量均将达到60%以上。重申县市区和市直单位纪委书记（纪检组长）落实“三转”要求，专司监督职责，不得分管其他业务工作。（何　雄）

## 巡视工作

**【宣传推介工作】** 中共衡阳市委巡视联络办以省委巡视第一组进驻衡阳巡视为契机，按照省委巡视组规定的宣传口径，在衡阳市主流媒体作相关报道，据不完全统计，省委巡视第一组巡视衡阳市工作的有关专题报道，官网访问量达1万余人次。9月底，配合组织好省委巡视办对衡阳巡视整改工作的宣传报道工作，10月9日，湖南日报头版以《衡阳市巡视整改走笔——整改突出民生账》为题对衡阳巡视整改工作作典型推介，社会效果良好。组织相关媒体对省委巡视第九组、省委巡视第三组、省委巡视第四组先后巡视衡阳十个市县区工作并作相关报道。2015年9月，新的《巡视工作条例》颁布实施，配合省委巡视办组织全市开展学习宣传贯彻《巡视工作条例》工作，党内巡视监督已经成为新常态。2015年，在《衡阳日报》上开辟巡视工作专版，就衡阳市巡视机构成立2年来巡视工作进度、成效和未来发展作阐述；就社会关注的热点、难点问题作解答；并配发评论、言论文章，进一步扩大巡视的影响力。（宾　丹）

**【联络对接工作】** 省委巡视第一组于3月17日至5月底，对衡阳市开展常规巡视。市委巡视联络办做好对接省委巡视衡阳市的联络服务工作，完成各项工作任务，得到市委、市纪委和省委巡视第一组的肯定。（1）组建机构，明确职责。市委巡视联络办建议市委成立中共衡阳市委对接省委巡视工作领导小组，下设办公室及四个工作组，具体承担配合省委巡视第一组到衡阳巡视的组织协调和联络服务工作，落实领导小组和省委巡视第一组交办的工作任务。出台工作方案，细化对接省委巡视第一组巡视衡阳市有关工作安排，明确相关单位和部门的工作任务和工作责任。（2）统筹协调，整合力量。市委巡视联络办加强与后勤保障旅、市委办、市委组织部、市委宣传部、市委市政府接待处、市财政局、市信访局、市公安局、市安监局、市邮政局、蒸湘区委区政府等10余个部门、单位协调，召开有关工作会议近20次，解决具体问题40余项，落实具体工作近80项。期间，巡视办全体工作人员以及10余个相关部门和单位150余人积极配合，全力保障，为巡视组在衡阳市开展巡视工作提供良好的工作和生活环境。（3）无缝对接，做好联络服务。配合省委巡视第一组做好个别谈话、查阅帐目、查阅资料、明察暗访、座谈调研等工作。组织参加省委巡视第一组谈话人员400余人次，陪同省委巡视第一组深入县市区和市直有关单位开展调研30余次，先后到20余个单位调阅资料、材料、账目200余份，配合做好来信、来电、来访接待工作1000余人次。市委巡视联络办省委巡视第九组、省委巡视第三组、省委巡视第四组先后巡视衡阳十个市县区期间，完成省委巡视组巡视衡阳十个市县区的组织协调和联络服务及交办的其他工作，确保省委巡视组工作顺利开展。

（宾　丹）

【巡视整改工作】　省委巡视第一组向衡阳市反馈意见后，市委巡视联络办积极向领导汇报，主动与相关部门衔接，厘清问题，抓落实、攻顽疾、促整改。10月22日，省委巡视第一组在衡阳回访，对衡阳巡视整改工作给予高度肯定，认为衡阳的巡视整改工作“领导有力、措施过硬、成效显著”。（1）细化任务。省委巡视第一组反馈意见，指出衡阳市在党风廉政建设、作风建设、选人用人等方面的问题。经认真梳理，市委巡视联络办建议市委把这些问题细化为3类63项具体整改任务。其中党风廉政建设29项、作风建设12项，选人用人22项。63项整改任务逐一下发交办函，明确责任、时限和要求，完成一项，销号一项。相关牵头单位和责任单位党委（党组）又把整改任务进一步逐一细化，落实到责任领导、责任科室、责任人，对整改措施、整改时限、整改要求进行细化。（2）严格督查。市委巡视联络办建议市委派出4个督查组，通过现场查看、开调度会、发督办函、专项通报、约谈“一把手”等方式，推动问题的整改落实。8月5日，市纪委、市委巡视办、市委组织部、市编办、市人社局对各县市区、市直各单位整改情况开展进行集中督查，就交办问题整改情况及相关材料进行现场集中检查。整改结束后，签发验收函，对问题整改验收销号。（3）确保成效。巡视整改期间，市委巡视联络办加强与各牵头单位、责任单位协调联系，截至10月底，先后召开交办会、调度会等相关会议10余次，收集、汇总材料100余份，跟踪、督办事项70余件次。截至年底，63项具体整改任务已初步完成整改16项，正在整改的13项，需长期坚持的34项。

（宾　丹）

【巡视工作效果】　2015年，市委巡视组为提升巡视工作的效果，借鉴中央、省委巡视工作的经验，致力于探索创新衡阳市的巡视工作。（1）探索创新巡视方式方法。8月上旬至10月底，衡阳市开展第一轮巡视督查工作，3个巡视联络小组进驻到市人社局、衡阳弘湘公司、市畜牧水产局等3个市直单位，开展巡视督查工作。发现党风廉政建设、作风建设、选人用人方面的主要问题40条，有价值的问题线索15条，选人用人问题12条。并分别向三个被巡视单位反馈整改意见，向市纪委、市委组织部移交问题线索18条。在本轮巡视督查工作中，市委巡视联络办尝试运用一些新的方式方法，如抽查领导干部及国家工作人员“个人有关事项报告表”；查看财务账目、会计凭证等。（2）探索创新巡视联动协调机制。在2015年下半年的巡视工作中，市委巡视联络办整合纪检监察、组织、审计、财政、公安等机关和单位的资源，抽调人员参加巡视工作，进一步充实巡视力量，优化巡视队伍，促使巡视工作由“单兵作战”转向“协同作战”。本轮巡视期间，3个巡视联络小组围绕“四个着力”查找问题，发现被巡视单位在党风廉政建设、作风建设、选人用人等方面的110余个问题，彰显巡视工作的震慑力。（3）探索创新开展专项巡视工作。专项巡视相对于常规巡视而言，具有节奏“短平快”、人员“专兼广”的特点。2015年，市委巡视联络办积极探索开展专项巡视，对重点工程项目、财政专项资金、药品价格三个领域的专项巡视工作先后进行近10次专题调研，召开相关会议20余次，反复修订工作方案，拟于2016年年初启动专项巡视。

（宾　丹）

# 政　权

## 重要会议

【市十四届人大常委会第四次会议】 2015年2月4日至2015年2月8日，衡阳市第十四届人民代表大会举行第四次会议。会议听取和审查衡阳市人民政府工作报告；审查和批准衡阳市2014年国民经济和社会发展计划执行情况与2015年计划草案的报告，批准衡阳市2015年国民经济和社会发展计划；审查和批准衡阳市2014年预算执行情况与2015年预算草案的报告，批准衡阳市2015年市本级预算；听取和审查衡阳市人大常委会副主任谢宏治所作的衡阳市人大常委会工作报告、市中级人民法院代院长张经伟所作的衡阳市中级人民法院工作报告、市人民检察院代检察长刘孙承所作的衡阳市人民检察院工作报告。审议通过《衡阳市第十四届人民代表大会第四次会议选举办法（草案）》。补选衡阳市第十四届人民代表大会常务委员会副主任、市人民政府副市长、市中级人民法院院长和市人民检察院检察长。

（陈 燕）

【市十四届人大常委会第十五次会议】 市十四届人大常委会第十五次会议于1月13日举行，会议听取和审议市人民政府关于2014年全市国民经济和社会发展计划执行情况与2015年计划草案的报告、关于全市及市本级2014年财政预算执行情况与2015年全市及市本级财政预算草案的报告。会议决定，衡阳市第十四届人大四次会议召开时间由2015年1月24日调整到2015年2月4日。会议审议通过市人大常委会代表资格审查委员会关于异动和补选的市十四届人大代表的代表资格审查报告，确认廖茂雄、邓柯等10人的代表资格有效。会议审议通过市人大常委会联工委关于接受陈竞辞去省十二届人大代表职务的决定，补选汤立斌、杨龙金为省十二届人大代表，报省人大常委会代表资格审查委员会审查。会议还通过有关人事任免。会议审议市第十四届人大四次会议主席团和秘书长名单（草案）、列席人员名单和补选办法（草案）。

（陈 燕）

【市十四届人大常委会第十六次会议】 市十四届人大常委会第十六次会议于3月4日举行，会议审议通过市人大常委会2015年工作要点，会议还通过相关人事任免。

（陈 燕）

【市十四届人大常委会第十七次会议】 市十四届人大常委会第十七次会议于4月29日举行，会议听取和审议市人民政府关于市本级棚户区改造等项目融资情况的报告。会议还听取和审议市人民政府关于衡阳市城区规划2014年实施情况和2015年计划情况的报告。会议审议通过市人大常委会代表资格审查委员会关于异动和补选的市十四届人大代表的代表资格审查报告，确认彭国喜、伍文亮的代表资格有效。（陈 燕）

【市十四届人大常委会第十八次会议】 市十四届人大常委会第十八次会议于5月12日举行，会议决定任命16名市政府工作部门正职：符成安为衡阳市发展和改革委员会主任；高楚云为衡阳市经济和信息化委员会主任；周小风为衡阳市民政局局长；魏中发为衡阳市司法局局长；秦振衡为衡阳市财政局局长；汪维为衡阳市农业委员会主任；黄建军为衡阳市商务和粮食局局长；蒋勋伟为衡阳市文体广电新闻出版局（版权局）局长；邹爱民为衡阳市卫生和计划生育委员会主任；刘晓利为衡阳市环境保护局局长；胡小刚为衡阳市安全生产监督管理局（衡阳市煤炭局）局长；颜昌正为衡阳市食品药品监督管理局（衡阳市食品安全委员会办公室）局长（主任）；向前为衡阳市旅游外侨民宗局（衡阳市人民政府港澳事务办公室）局长（主任）；蒋云良为衡阳市工商行政管理局局长；杨安定为衡阳市人民政府法制办公室主任；段映春为衡阳市人民政府金融工作办公室主任。

（陈 燕）

【市十四届人大常委会第十九次会议】 市十四届人大常委会第十九次会议于6月29日举行，会议听取和审议市人民检察院关于全市检察机关查办和预防职务犯罪工作情况的报告；会议听取和审议市人民政府关于2014年度市本级财政预算执行及其他财政收支情况的审计工作报告、关于2014年全市及市本级财政决算（草案）的报告，并决定批准市人民政府提出的2014年市本级财政决算；会议听取和审议市人民政府关于全市民办教育工作情况的报告。会议还审议和通过《衡阳市人大常委会关于加强和改进审计整改工作的监督办法》《衡阳市人大常委会人事任免办法（修正案）》和《衡阳市人大常委会讨论决定重大事项的规定（修正案）》。

（陈　燕）

**【市十四届人大常委会第二十次会议】** 市十四届人大常委会第二十次会议于8月27日举行，会议听取和审议市人民政府关于衡阳市2015年上半年国民经济和社会发展计划执行情况的报告、关于2015年上半年全市及市本级财政预算执行情况的报告、关于集体林权制度改革情况的报告；会议听取和审议市人大常委会执法检查组关于《中华人民共和国烟草专卖法》《中华人民共和国农业法》执法检查情况的报告。会议听取和审议市人民政府关于提请审议以优质土地资产置换市四城区农村信用合作联社涉政不良贷款的议案，决定批准此项议案。会议还审议和通过有关人事任免事项。（陈　燕）

**【市十四届人大常委会第二十一次会议】** 市十四届人大常委会第二十次会议于11月2日举行，会议听取和审议市人民政府、市中级人民法院、市人大常委会联工委关于市十四届人大四次会议以来代表建议办理及督办情况的报告；会议听取和审议市人民政府关于《中华人民共和国水土保持法》贯彻实施情况的报告、关于本市民间融资现状及潜在风险的报告、关于全市基层医疗卫生工作情况的报告；会议听取和审议市中级人民法院关于全市法院立案工作情况的报告。会议审议通过市人大常委会主任会议关于提请设立衡阳市人民代表大会法制委员会的议案和提请设立衡阳市人民代表大会常务委员会法制工作委员会的议案，决定设立衡阳市人民代表大会法制委员会，并报请市十四届人大五次会议审议、批准；决定设立衡阳市人民代表大会常务委员会法制工作委员会。会议还审议和通过有关人事任免事项。（陈　燕）

**【市十四届人大常委会第二十二次会议】** 市十四届人大常委会第二十二次会议于11月26日举行，会议对市人民政府办理《关于依法规范管理农村村民建房的议案》情况进行专题询问，对市公安局等4家单位的代表建议办理工作进行专项评议，审议并通过市十四届人大五次会议议程（草案），决定市十四届人大五次会议2016年1月11日召开。会议还审议和通过有关人事任免事项。

（陈　燕）

**【市十四届人大常委会第二十三次会议】** 市十四届人大常委会第二十三次会议于12月29日举行，会议听取和审议市人民政府关于衡阳市国民经济和社会发展第十三个五年规划纲要（草案）的报告以及全市2015年国民经济和社会发展计划执行情况与2016年计划（草案）的报告。会议听取和审议市人民政府关于全市及市本级2015年财政预算执行情况与2016年全市及市本级财政预算草案的报告。会议听取和审议市人民政府及市财政局等10个部门关于2014年度市本级财政预算执行及其他财政收支审计工作报告指出问题整改情况的报告，表决通过10个被审计单位的整改报告。会议审议通过市人民政府关于衡阳市农村综合公共服务中心建设项目政府购买服务资金纳入财政预算的议案，同意该项目实行政府购买服务；审议通过市人大常委会关于表彰2015年度优秀议案、建议及承办先进单位的决定，《依法规范管理农村村民建房的议案》被评为优秀议案，20件建议被评为优秀建议，12个单位被评为承办先进单位。会议还审议市人大常委会工作报告（草稿）、关于2015年度在衡全国人大代表和部分省、市人大代表集中视察的情况报告。（陈　燕）

## 履职工作

**【强化监督工作】** （1）加强对计划财政金融工作的监督。常委会密切关注经济形势变化，多次就全市经济运行情况进行调研。针对本市创新能力不够强、投资后劲不够足、传统消费不够旺的现状，要求市人民政府对接政策、深化改革、包装项目、推进创新、促进就业等举措，推动经济企稳向好。为科学编制好“十三五”规划，常委会多次深入有关部门进行座谈，邀请国、省、市三级人大代表共商良策，提出许多可行性建议。在审议全市财政预算执行情况时提出，要加强后续税源的培育和骨干税源的涵养，切实降低行政成本，深化财政支出管理改革，加快推进绩效管理、投资评审、国库集中支付、政府采购等体制机制建设，改进部门预算编制方法。在对全市民间融资现状及潜在风险专题调研中发现，本市民间融资存在非理性繁荣的现象。为促进本市民间融资行业有序发展，建议市人民政府严格实行贷前审查和贷后追踪制度，加强对担保公司、中介服务等关键环节的监管工作，加大对非法集资犯罪的打击力度。(2) 加强对农业农村工作的监督。为促进林业生产发展，常委会对全市集体林权制度改革情况进行调研，针对有关问题，建议市人民政府要完善、巩固、运用、发展好林改成果，加强林改档案管理，落实林权主体责任，建立高效灵活的林权流转机制，推进林业社会化服务、林木采伐管理等配套改革。为留住衡阳的青山绿水，常委会就《中华人民共和国水土保持法》贯彻实施情况进行调查，建议市人民政府正确处理经济发展与水土保持的关系，将水保责任落实到基层；对水土保持方案审批、监督管理、设施竣工验收等要严格把关；对不履行法律义务的单位和个人以及在开发建设中造成水土流失的行为要敢于“亮剑”，依法追责。常委会还深入工矿企业、地质灾害隐患点，实地调研《地质灾害防治条例》贯彻实施情况，要求市人民政府进一步落实主体责任，加强地质灾害防治工作。(3) 加强对城市建设和规划工作的监督。为推动城市建设，常委会组织代表对城建重点项目进行视察，要求市人民政府在保证安全和质量的前提下，加快工程项目建设进程，多元化筹措资金，确保城建资金足额到位。在视察滨江新区、来雁新城时，建议市人民政府对照既定的时间节点做好配套设施建设、融资、招商等工作，做到经济效益与社会效益、经济发展与文化特色、项目推进与绿色发展、旧城改造与新区建设四个统一。为贯彻落实《中华人民共和国城乡规划法》，常委会对衡阳市城区规划2014年实施情况和2015年计划情况开展专题调研，建议市人民政府进一步做好城市总体规划的修改报批，把规划法纳入公务员培训和普法的重要内容，加大规划公开力度，完善城区道路交通网络，建立科学的控违工作机制。常委会主任会议听取白沙洲工业园和松木经开区扩区调规情况汇报，就两个园区如何做好融城、扩区、兴业三篇文章，如何理顺与当地政府的管理机制提出系列建议。(4) 加强对教育卫生工作的监督。常委会对全市的民办教育进行调研，就师资力量、优惠政策、办学行为等方面存在的问题，建议市人民政府要把民办教育纳入教育事业发展整体规划，确保民办学校教师在职称评定等方面享有与公办学校教师同等法律地位，不断优化民办教育环境，加强对民办学校办学行为的监管，确保本市民办学校健康有序发展。为解决群众看病难、看病贵的问题，常委会对本市基层医疗卫生工作现状进行调查，针对存在的问题，建议市人民政府完善分配机制，调动医疗队伍的积极性；制定符合农村基层实际的卫生人才发展规划，落实卫生院法人单位的用人自主权；提高医疗服务能力，建立完善基本公共卫生服务体系；鼓励社会资本参与基层医疗建设；落实国家医改政策，将有关经费列入财政预算；有序化解乡镇卫生院债务，消除矛盾隐患。 (陈 燕)

**【推进法治建设】** (1) 率先获得立法授权。湖南省第十二届人大常委会第十九次会议作出关于确定衡阳等7个市的人大及其常委会开始制定地方性法规的决定，本市获得立法授权，设立衡阳市人民代表大会法制委员会和衡阳市人大常委会法制工作委员会，组建立法咨询专家库，督促市人民政府对2010年以来制定的有关城乡建设与管理、环境保护、历史文化保护等方面的规范性文件进行全面清理，面向全社会征求25个立法项目，形成立法项目库，为编制2016年立法计划打下基础。(2) 扎实开展执法检查。开展《中华人民共和国烟草专卖法》(以下简称《烟草专卖法》) 执法检查。为发展烟叶生产，规范烟草经营，保障财政收入，促进居民增收，常委会开展《烟草专卖法》执法检查。要求市人民政府加强对烟叶生产的指导，提高烟叶质量；规范烟草市场秩序，严厉打击非法经营、贩销卷烟行为；加强烟草执法队伍建设，促进烟草专卖管理工作规范化、法制化。开展《中华人民共和国农业法》执法检查。为巩固和加强农业的基础地位，促进农业农村经济可持续发展，常委会对《农业法》进行执法检查，建议市人民政府重视农业面源污染治理和森林防火工作；防止耕地抛荒，妥善处理建设用地需求与耕地保护的关系，推进土地流转；逐年增加农业投入总额占财政收入的比重，鼓励和吸引社会资本投入农业，鼓励各级金融机构对新型农业经营主体给予信贷授信额度和差异化的农业保险扶持政策；加强涉农部门的执法联动，为本市农业发展创造良好的环境。(3)加强司法监督。专题调研法院立案工作。为保障人民群众的诉讼权利，常委会调研全市法院贯彻实施立案登记制度改革情况。针对办案压力持续增加、立案认识存在偏差、诉讼服务有待加强等情况，建议法院系统要保障诉权，做到有案必立；健全立案调解机制，将矛盾化解在诉前；引导群众依法维权，避免恶意诉讼、重复诉讼，依法惩戒虚假诉讼，打击违法诉讼；配强立案工作力量，提升立案队伍整体素质。专题调研检察机关查办和预防职务犯罪工作。常委会通过听取汇报、查阅案卷、组织座谈，了解到本市检察机关查办和预防职务犯罪工作存在一些问题，建议检察机关加强对权力部门、重点岗位的监督，集中力量查办一批有影响、有震慑力的案件；主动加强与行政管理、执法执纪等线索来源单位的沟通协作，建立规范的案件移送机制；顺应司法改革的步伐，培养高素质的检察官队伍。专题调研“六五”普法工作。常委会主任会议听取市人民政府关于“六五”普法工作情况的汇报，建议市人民政府进一步深化思想认识，创新工作方法，强化部门责任，完善工作机制，扎实做好“七五”普法工作。(4)高度重视来信来访。常委会十分重视信访工作，进一步完善接访、转办、督办、反馈机制，做到热情接待、及时转办、认真督办，有效化解社会矛盾，促进社会和谐。开通网上信访，建立信访QQ群、微信群，推进信访工作信息化。对群众反映强烈的涉诉案件进行重点督办，听取办案机关的情况汇报，提出相关建议，维护老百姓的诉讼权益。一年来，常委会共受理来信来访3680件次，同比下降7%，所有来信来访依程序依规定进行妥善处理。（陈　燕）

**【加强代表工作】** (1)督办议案办理工作。市十四届人大四次会议主席团将关于依法规范农村村民建房的议案交常委会督办。常委会高度重视议案的督办工作，由主任会议成员牵头，分4个小组分赴各县市区走访调研，摸清本市村民建房现状；召开专题会议，对议案进行面对面交办；多次召开座谈会，听取领衔代表的意见；专门召开常委会，就村民建房有关问题进行专题询问。市人民政府在深入广泛听取县、乡、村三级负责人以及部分人大代表意见的基础上，从明确责任主体、下放审批权限、简化审批程序、加强批后监管、落实责任追究等方面加以规范，制定《衡阳市农村村民建房管理办法》，使本市农村村民建房有章可循、有规可依。(2)专项评议代表建议办理工作。市十四届人大四次会议以来，代表们围绕本市经济社会发展大局共提出建议378件。为促进代表建议办理工作落到实处，常委会创新代表建议办理工作督办方式，对市公安局、市人力资源和社会保障局、市水利局、市卫生和计划生育委员会4个单位的代表建议办理工作进行专项评议。市十四届人大常委会第二十二次会议上，全体组成人员通过认真评议，对4个单位的代表建议办理工作进行无记名投票测评。经测评，4个单位均被评定为满意单位。此举极大地促进本市代表建议办理工作的落实。全部建议在法定期限内办理答复完毕，代表所提问题得到解决或基本解决的占总数的78.6%。(3)畅通代表联系群众渠道。常委会进一步完善代表联系群众工作站建设，实现代表履职、为民办实事、代表建议一网查询。健全代表接待日制度，对群众反映的问题，根据所涉及的权责范围交有关部门限期办理。首次召开人大代表联系群众工作站提交建议交办会，将13件代表建议交市人民政府办理，使闭会期间代表建议交办由分散交办改为集中交办。一年来，全市232个代表联系群众工作站共接待群众47824人次，答复群众咨询22741人次，收集群众提出的问题

7511件，已经解决的4500余件。为很好地汇集民意，常委会组织十二届全国人大代表衡阳小组就衡阳市农村公路建管养问题进行调研和考察，形成调研报告，向全国人大常委会提出系列建议。组织国、省、市三级代表对看守所内部管理、国省干线公路养护管理及超限超载治理工作、基层医疗卫生工作、农产品加工情况、市政务中心建设等人民群众普遍关心的热点难点问题进行集中视察，就相关问题向市人民政府提出合理化建议。（4）切实增强代表履职能力。深入开展以“三联三帮三评”为主要内容的“心系群众，为民履职”主题实践活动，发动各级人大代表在“6·25”为民服务日开展形式多样的爱民助民活动。邀请专家学者就如何适应经济新常态等热点问题进行讲座，开拓代表的视野。组织代表到市“12345”政府服务热线听取群众呼声，对普遍反映的问题，代表将其归纳，形成建议、批评和意见，由市人大常委会交有关部门解决。对热线反映的一些个案问题，部分人大代表协同“12345”政府服务热线的工作人员，深入一线，督促有关部门解决，真正发挥人大代表作为党和国家机关联系人民群众的桥梁和纽带作用。（陈 燕）

【创新人大工作】（1）决定重大事项探索新方法。为落实中共十八届三中全会提出的“健全人大讨论、决定重大事项制度”要求，常委会对原有的讨论决定重大事项规定进行修订。按照议而必决、议而可决、报告备案三个层面对重大事项的处理进行明确。增加报告的内容、提出的时限、向人民代表大会报告、向社会公布以及落实决议决定不力如何追责等条款，使新规定更具操作性。一年来，常委会就市城建投公司、市滨江新区公司、市来雁新城公司、市白沙洲公司、市金源开发公司等单位申请的棚户区改造项目贷款议案进行审议，作出相关决议。审议并批准市人民政府关于以优质土地资产置换全市四个城区农村信用合作联社涉政不良贷款的议案，作出决议，推动农村商业银行的组建工作。审议并批准市人民政府关于将衡阳市农村综合公共服务中心建设项目政府购买服务资金纳入财政预算的议案，作出决议，为完善农村公共产品供给奠定基础。（2）监督工作出台新办法。为加强对“一府两院”的监督，常委会就部分监督工作出台相应的办法，确保监督更有针对性和实效性。为监督审计出来的问题能整改到位，常委会出台《关于加强和改进审计整改工作的监督办法》，就听取审计工作报告特别是专项审计报告的内容和程序作出明确规定。在认真组织对审计指出问题有关单位进行督查的基础上，市十四届人大常委会第二十三次会议听取和审议市财政局、市住建局、市商粮局、市文体广新局、市农委、市国资委、市农开办、市地税局、市残联、市一中等10个被审计单位整改情况的报告并进行测评。司法监督方面，在认真落实《中华人民共和国司法监督办法》的基础上，出台《关于“两院”司法工作人员执法信息管理暂行办法》，对市中级人民法院、市人民检察院所有具有助理审判员和助理检察员以上法律职务的司法工作人员建立执法档案，将个人基本情况、执法情况、奖惩情况和社会反响情况载入其中，作为市人大常委会任免法律职务的重要参考依据。（3）人事任免推出新作法。为规范人事任免工作，常委会修订人事任免办法。除完善个别不太规范的表述外，对一些与现实情况不太适应的地方作较大修改。增加市中级人民法院和市人民检察院被任命的非市委管理的法律人员须进行任前公示，以及由市人大及其常委会选举、决定任命或任命的人员须向宪法宣誓等内容。市十四届人大常委会第十八次会议，首次对决定任命或任命的31名“一府两院”工作人员举行庄严的宣誓仪式。（4）自身建设展现新面貌。常委会始终注重加强自身建设、提高履职水平，致力打造一支政治过硬、业务精良、作风务实、廉洁高效的工作团队。扎实开展“三严三实”专题教育，围绕“严以修身、严以用权、严以律己”三个专题进行深刻的剖析和广泛的讨论，机关工作展现新面貌。集中学习《中华人民共和国宪法》《中国共产党廉洁自律准则》和《中国共产党纪律处分条例》，举办立法工作专题培训，机关干部政治意识、法治意识、廉政意识进一步增强。认真落实省委、市委部署的“一进二访”活动，深入实施精准扶贫，树立权力机关一心为民的良好形象。进一步规范关于政治学习、为民服务、工作研究、内勤管理、走访联系、公务活动等方面的制度，机关工作更加务实、高效、廉洁。组织县市区人大常委会认真学习研讨中央关于加强县乡人大工作和建设的意见，向省人大常委会提出若干建议，本市基层人大工作稳步发展。 （陈　燕）

# 政　务

## 重要会议、文件

【市政府第一次全体会议】 2015年3月17日下午，衡阳市政府召开2015年第一次全体会议暨廉政工作会议。市委副书记、市长周海兵强调，要按照习近平总书记提出的“全面建成小康社会、全面深化改革、全面依法治国、全面从严治党”的要求，切实加强政府自身建设，扎实抓好各项工作落实。会议通报2014年市政府重点工作部门分工落实情况和2015年的分工意见；各县（市）区及市直相关部门递交2015年工作责任状；通报表彰2014年政府系统办理人大代表建议、政协提案工作先进单位，交办2015年市人大代表建议、政协提案。周海兵指出，要在贯彻落实国、省“两会”精神中突出2015年的工作重点：要以全面建成小康社会为引领，加快发展步伐，通过抓项目，增强发展底气；抓产业，把握发展关键；抓县域，补齐发展短板。要以全面深化改革开放为引擎，提振发展活力，既要全面完成政府机构改革、国有企业改制，抓好财税体制改革、商事登记制度改革、金融体制改革、县级公立医院改革、农村综合改革及公车、司法、文化体制等改革，又要全面扩大开放，加快构建开放型经济新体制。要扎实推进创新驱动战略，把握发展主动性，要把科技创新摆在更加突出的位置，充分发挥企业技术创新主体作用，全力建设创新创业园区，建立健全创新体制机制。要尽最大努力保障改善民生，落实发展惠民，要坚持不懈地抓好安全、环保、稳定等发展底线，全力确保广大群众的生命财产安全，办好民生实事，满足民生需求。周海兵要求，要在扎实办理建议提案中凝聚工作合力。办理人大建议和政协提案的认识要提升、再提升，态度要诚恳、再诚恳，问题要落实、再落实。建议和提案是为老百姓鼓与呼的“好声音”，是促进政府部门改进工作的“金点子”，要坚持把建议、提案办理与各级各部门中心工作结合起来，纳入部门全年工作计划同时安排部署、同步跟踪督办，使之成为推动工作、加快发展的具体举措，切实把群众的呼声回应好、把存在的问题解决好。周海兵说，要在打造为民服务的法治政府中切实加强自身建设。要依法加快政府职能转变，依法创新社会治理，依法加强民主政治建设，依法抓好倡廉治奢工作。周海兵强调，要在统筹兼顾中扎实抓好当前各项工作。一要要扎实推进项目建设，已经开工的项目，要继续加大指导帮扶力度，争取完成更多实物工程量；尚未开工的项目，要深入研究分析，找准问题症结，并针对性地解决，促进项目早开工、早建设；二要用心服务企业发展，主动帮助解决企业发展中存在的各类困难和问题，不断提振企业发展信心；三要认真搞好春耕生产，努力为稳定全市粮食总产量奠定坚实基础；四着力加强指标调度，确保各项指标平稳均衡增长。市领导周海兵、段志刚、罗东海、王旭明、陈新文、周学农、周辉斌、刘正兴、陈竞、肖长贵、李辉、胡水龙、唐文峰，市政府秘书长晏华衡参加会议。 （李 政）

【市政府第二次全体会议】 2015年12月17日，市政府召开2015年第二次全体会议，总结全年工作，研究部署明年及当前各项任务。市委副书记、市长周海兵强调，要动员全市上下进一步统一思想、真抓实干、开拓进取，推动全市经济社会持续健康发展。2015年以来，面对宏观经济下行压力，市政府团结带领全市人民科学研判发展形势，积极抢抓发展机遇，知难而进、迎难而上、顺势而为，统筹推进稳增长、促改革、调结构、惠民生各项工作，全市经济运行保持在合理区间。明年，将抢抓机遇、主动作为、化危为机，按照中央和省里的战略部署，以创新、协调、绿色、开放、共享的发展新理念，引领我们的发展新实践，不断提高全市经济发展的质量和效益。周海兵充分肯定2015衡阳市经济社会发展取得的成绩。周海兵指出，全市各级各部门主动适应新常态，经济保持平稳较快增长；深入推进改革开放，发展的动力与活力进一步增强；加快转方式调结构，发展质量和效益不断提升；大力统筹城乡发展，城乡面貌明显改观；全力以赴守底线惠民生，社会大局持续和谐稳定。能取得这样的成绩，主要得益于领导有力、调度有力、施策有力、拉动有力、保障有力。周海兵要求，要以新理念、新举措抓好明年各项工作任务。要加快全面建成小康社会进程，补长生态文明短板、科技创新短板、扶贫开发短板；要着力增强发展动力，通过释放新需求、向改革要动力、支持创新创业添活力，全力以赴稳增长；要加快产业结构调整，着力构建产业新体系，要积极帮扶保产业，建好园区强产业，大力招商引产业；要以文明创建为统揽，加快城乡一体化进程，要提质升级城市建设管理，加快县域经济发展，大力推进小城镇和新农村建设；要坚定守底线防风险惠民生，让人民群众共享更多的发展成果，要牢牢守住安全生产底线，着力防范不稳定因素，切实保障和改善民生；要大力优化发展环境，要加快政府职能转变，加大简政放权力度，持续改进干部作风，减轻企业负担，真正为投资者创造一个政府注重诚信、依法规范行政、市场秩序和社会治安良好的发展环境。周海兵强调，当前已经到各项工作的最后冲刺阶段，一定要全力以赴，争取一个好的收官、好的成绩，给2015年画上圆满的句号，为为明年打下良好的基础。要加紧调度，确保完成年度目标任务；要加强沟通衔接，争取各方面的支持；要统筹兼顾，抓好岁末年初各项工作。市领导周海兵、段志刚、罗东海、周学农、张贺文、刘正兴、陈竞、李辉、胡水龙、唐文峰，市政府秘书长晏华衡参加会议。（李　政）

【市政府第一次常务会议】　2015年1月15日上午，衡阳市市长周海兵主持召开市政府2015年第1次常务会议，审议《政府工作报告（讨论稿）》等提交市十四届人大四次会议相关报告，研究安全生产等工作，审议《衡阳市集体土地征收与房屋拆迁补偿安置办法（草案）》。会议指出，2014年，衡阳面对多重压力，努力拼搏，攻坚克难，保持经济社会平稳健康发展。这是全市广大干部群众共同奋斗的结果，成绩来之不易，值得倍加珍惜。《政府工作报告》既对过去一年的工作进行全面总结，又对2015年的工作予以精心安排部署，既体现市委、市政府的要求，又涉及到各部门的具体工作，各级各部门要高度重视，结合各自实际情况，进一步修改和完善报告，并按照报告完成好2015年各项工作。会议强调，安全生产是政府的底线工作之一，岁末年初是安全事故的高发期，各级各部门要牢固树立安全发展、安全红线、安全责任、安全忧患意识，始终保持清醒的头脑，时刻把安全生产放在心上。春节、“两会”即将来临，相关部门要制定相应的安全生产方案，各级要以上率下带头开展安全检查，抓好应急值守和春节停工停产停机及节后复工复产工作，全力做好烟花爆竹、煤矿和非煤矿山、消防、交通、建筑施工、食品、森林防火、春运、文化活动场所等方面的安全工作，确保全市群众过一个欢乐祥和的春节。会议要求，要进一步对集体土地征收与房屋拆迁补偿安置的标准和方式进行论证，严格执行国家政策和相关规定，做实做细各方面的工作，认真进行测算，做到依法征拆、阳光征拆，维护群众合法权益。会议还研究其他事项。衡阳市领导周海兵、段志刚、陈新文、周辉斌、张贺文、刘正兴、陈竞、李辉、胡水龙、唐文峰，市政府秘书长晏华衡参加会议。

（李　政）

【市政府第二次常务会议】　2015年2月13日下午，衡阳市市长周海兵主持召开市政府2015年第2次常务会议，研究《政府工作报告》任务分解、春节和全国“两会”期间安全生产以及各类保障、2015年最低工资标准调整、“裸露山地”造林绿化及森林防火等工作。会议指出，《政府工作报告》是政府全年工作的指导性文件，全市各级各部门要高度重视，明确任务，勇于担责，认真制订任务完成的时间表和路线图，有计划、按步骤推进各项工作，出色地完成工作任务，向全市人民交一份完美答卷；要进一步强化责任和考核，科学设计考核指标，完善考核体系，严格考核标准，规定动作不打折扣，自选动作精彩纷呈，力争工作在全省进位争先。会议要求全力做好春节和全国“两会”期间安全生产以及各类保障工作。相关部门务必按照市委、市政府要求，本着用心思考、注重细节、紧张有序的态度，把安全生产和保障工作做实、做细、做到位。各项准备要到位，科学应对可能发生的问题；动员要到位，要层层发动，立即进入战备状态；值守要到位，科学安排作息时间，领导带头值班，第一时间处置问题；应急要到位，每项工作都要做好应急预案，确保运行有序。会议认为，调整最低工资标准是一项顺民意、惠民生的重要举措。会议同意调整2015年最低工资标准，最低月工资“五区”由1035元调整为1130元、“五县二市”由945元调整为1030元，非全日制劳动关系的小时最低工资“五区”为11.4元、“五县二市”为10.7元。会议强调，全市开展“裸露山地”造林绿化非常必要，相关部门要制定切实可行的方案，积极争资跑项，强力推进项目实施，并纳入各县（市）区绩效考核范畴，确保工作取得成效。全市各级各部门要高度重视森林防火工作，各县（市）区党政主要领导要亲自调度、带队检查森林防火工作，严格火源管理，做好应急扑救准备；要完善森林防火责任制和责任追究制，加大森林火灾责任追究力度，以责任追究倒逼责任落实；要加快组建武警森林灭火救援队伍，配足救援设备，增强火灾扑救能力。会议还研究其他事项。市领导周海兵、段志刚、罗东海、贺小坤、陈新文、周辉斌、张贺文、刘正兴、陈竞、李辉、胡水龙、唐文峰，市政府秘书长晏华衡参加会议。

（李　政）

【市政府第七次常务会议】　2015年7月30日下午，衡阳市市长周海兵主持召开市政府2015年第7次常务会议，研究食品安全、安全生产、市级专项资金管理、市直公房管理、城镇公共租赁住房保障实施等工作。会议指出，民以食为天，食品安全是政府底线工作之一，关系广大人民群众健康，各级各部门要高度重视，加强调度和检查，确保不发生重大食品安全事故。要以机构改革为契机，整合部门职能，强化安全监管；认真梳理食品安全监管中存在的问题，采取切实有效的措施进行彻底整改，全面提升食品安全管理水平；要加强领导，健全机构，把握方法，突出重点，高密度抽查、多形式举报，严惩食品违法违纪行为；要把食品安全监管与创建全国卫生模范城市相结合，强化源头治理，加大现场力度，形成全社会共抓食品安全的良好氛围。会议审议通过《衡阳市安全生产巡查督办管理办法》。会议认为，安全生产工作要取得实实在在成效，保持全省领先地位，必须以制度做保证，不断创新工作方法。从8月开始，每季度组织一次巡查督办，巡查人员要到位，盯住问题抓整改，对问题整改不及时、不彻底的实行问责、追责。会议审议通过《衡阳市市级专项资金管理办法》。会议要求，要改进专项资金管理模式，规范专项资金管理。专项资金必须根据实际支出，没有用完的转入公共预算；专项资金支出必须与项目挂钩，专款专用，把有限的直接用在“刀刃”上；要规范专项资金审批程序，对项目要进行论证、评估，对资金使用要审计、公示、考核，变资金使用权力为责任，确保资金使用效果。会议同意出台《衡阳市直公房管理办法》和《衡阳市城镇公共租赁住房保障实施办法》。会议强调，市直公房管理要做好资产清理工作，澄清底子，分类制定处置方案，处置一批、改造一批、并轨一批；要督促相关单位加快建设公租房，已建成的公租房要严格把好分配关，让买不起房屋的人有房居住，对不能按期完成公租房建设任务、不严格执行公租房分配政策的责任人要予以问责；要加强市直公房和公租房后续管理，管理职能推行市场化。会议还研究其他事项。市领导周海兵、段志刚、罗东海、贺小坤、周学农、张贺文、刘正兴、陈竞、李辉、唐文峰，市政府秘书长晏华衡参加会议。（李　政）

【市政府第十次常务会议】　2015年11月12日上午，市长周海兵主持召开市政府2015年第10次常务会议，听取省、市重点民生实事落实情况的汇报，研究不动产统一登记、环保、组建市政府法律顾问队伍等相关工作。会议指出，抓好重点民生实事落实是政府的基本工作，是市政府对全市人民的庄严承诺。发展经济的目的就是为改善民生，各级各部门要适应新常态，对照任务找差距，采取措施补短板，把各项工作抓细抓实，确保按期全面完成各项工作任务；要加大督查考核力度，特别是对进度相对落后的项目实行跟踪督办。城镇污水处理要采取多种建设方式，确保“十三五”期间实现全覆盖；农村公路维护和治超工作要主动作为，及早安排，加强调度；农村电网改造要迅速制定行动方案，确保3年内完成；要加强农村信息化建设，畅通农村信息网络，引导发展农村电商；要抓好保障性住房建设，做到专款专用，按计划推进建设进度；要全面推进湘江保护与治理“一号重点工程”，未开工项目必须尽快开工，年度任务必须按期完工。会议认为，不动产统一登记是政府改革和职能转变的一项重要工作各级各部门要认真学习、理解、执行国家相关政策，抓好统筹协调，细化工作流程，加快推进相关工作，方便群众办事。市、县（市）要在11月20日前出台不动产统一登记职责整合文件、不动产登记“三定”方案，按照相关工作时间节点要求完成工作任务。会议讨论研究《衡阳市环境保护工作责任规定（试行）》和《衡阳市重大环境问题（事件）责任追究办法（试行）》，要求进一步收集相关部门意见后修改、完善。会议强调，组建市政府法律顾问队伍是进一步加强政府法制建设的需要。建设法治型政府，坚持依法行政，才能促进经济社会更好更快发展，才能切实维护群众的合法权益。要选择有从业资格且经验丰富的法律人才进入市政府法律顾问队伍，为政府依法行政提供法律支持。会议还研究其他事项。市领导周海兵、段志刚、贺小坤、周学农、张贺文、刘正兴、陈竞、李辉、胡水龙、唐文峰，市政府秘书长晏华衡参加会议。

（李　政）

【市政府第十一次常务会议】

2015年12月11日下午，衡阳市委副书记、市长周海兵主持召开2015年市政府第11次常务会议，听取2015年《政府工作报告》重点工作落实情况、“两会”议案建议和提案办理情况、全市户籍制度改革、信访维稳和安全生产工作情况汇报，研究加快发展养老服务业等相关工作。会议听取2015年《政府工作报告》重点工作落实情况、“两会”议案建议和提案办理情况，以及信访维稳和安全生产工作情况汇报。会议指出，在年底即将收官之际，各级各部门要加快工作扫尾，密切跟踪省里的考核工作，加强与省里的沟通衔接，确保全面完成各项任务并在省里争先创优。会议还指出，市人大、政协建议提案办理工作认真负责，效果较好，市政府工作要秉持对群众负责的态度，接受人大、政协的监督，吸取好的意见建议，针对需要改进的工作，采取有效措施，认真把议案建议和提案办理到位，提升代表、委员满意度。会议认为，发展是第一要务，稳定压倒一切，因此维护社会稳定是政府最为重要的工作之一，相关部门一定要高度重视信访维稳工作，主动出击，担当责任，妥善处置，时刻保持高度的政治警觉和战斗警戒，确保有效维护人民群众生命财产安全，确保衡阳社会大局和谐稳定。会议还认为，安全生产是一项底线工作，一定要时刻警钟长鸣，提前谋划，尤其是要预防发生重大人员伤亡、重大财产损失的事故，切实加强危化品管理，确保全市安全生产形势平稳。会议还听取全市户籍制度改革情况汇报。会议要求，要吃透国、省《关于进一步推进户籍制度改革的意见》精神，根据衡阳实际制定工作方案，明确指导思想，最大限度放宽城镇落户规定；相关部门要积极跟进，落实相关政策要求，合理引导、鼓励农村人口有序向城镇转移，因地制宜、统筹配套，确保农村人口落户城镇享受非农人口的同等待遇；要加强与上级沟通，积极推进改革，确保不滞后、不抢跑。会议研究加快发展养老服务业相关工作。会议提出，要实实在在制订养老服务业规划，明确任务目标，多措并举，全力推进衡阳市养老服务体系进一步完善；要鼓励医养结合的方式，引入社会资本，分批建成一批养老设施；要大力发展日间托管照料中心和居家养老服务，至少在全市每个社区建立一个托管照料中心，每个街道建立一个居家养老服务中心；要把政府托底工作做好，合理建设养老服务机构，大力推进政府购买社会公共服务力度，发挥社会公益力量。会议还研究其他事项。市领导周海兵、段志刚、罗东海、周学农、张贺文、刘正兴、陈竞、李辉、唐文峰；市政府秘书长晏华衡参加会议。

（李　政）

【市政府第十二次常务会议】

2015年12月22日下午，衡阳市委副书记、市长周海兵主持召开市政府2015年第12次常务会议，审议讨论市十四届人大五次会议《政府工作报告》等文件，研究城乡居民大病保险工作。会议审议讨论市十四届人大五次会议《政府工作报告》《2015年国民经济和社会发展计划执行情况与2016年计划草案的报告》、以及全市和市本级《2015年财政预算执行情况与2016年财政预算草案的报告》。会议指出，《政府工作报告》反映市政府及其相关部门的工作，各部门既要认真总结过去一年取得的成绩，又要科学谋划来年工作，以务实、创新的工作举措，提振全市干部群众的信心。各级各部门要发扬敢于担当的精神，本着认真、负责的态度，齐心合力，共同完善和提升报告，使报告成为行动的指南，为衡阳经济社会更好更快发展献计献策。会议听取衡阳市城乡居民大病保险工作情况的汇报。会议认为，城乡居民大病保险是基本医疗保障制度的拓展和延伸，是对大病患者发生的高额医疗费用给予进一步保障的一项新的惠民举措。国家各部门要把城乡居民大病保险当作政府一项重要工作、当作重大民生工程，认真落实相关政策，严格按照省里要求落实到位，让需要帮助的群众真正得到实惠。要按照时间节点逐项完成各项工作，工作要细致，服务要到位，管理要严格，确保公开、公平、公正。会议同意将城乡居民大病保险工作纳入政府绩效考核范畴，确保按期保质推进各项工作。市领导周海兵、段志刚、罗东海、周学农、张贺文、刘正兴、陈竞、李辉、胡水龙、唐文峰，市政府秘书长晏华衡参加会议。

（李　政）

【市政府重要文件】　2015年，市政府制定颁发的重要文件有：

1月9日《衡阳市人民政府关于规范城区道路客运车辆运营的通告》

1月22日《关于〈衡阳市湘江流域重金属污染治理合江片区基础设施建设项目国有土地上房屋征收补偿方案〉征求意见及修改情况的通告》

2月2日《衡阳市人民政府关于衡阳市二环东路项目建设的通告》

2月5日《衡阳市人民政府关于开展城区砂场综合整治的通告衡阳市人民政府关于市城区河道水域岸线定点卸砂的通告》

3月19日《衡阳市人民政府房屋征收决定书》

3月23日《衡阳市人民政府房屋征收决定公告》

4月10日《衡阳市人民政府关于印发《关于高新技术开发区、松木经济开发区、白沙工业园区城乡规划管理的暂行规定〉的通知》

5月18日《衡阳市人民政府关于加快推进气象现代化的意见》

6月8日《衡阳市人民政府关于公布市政府工作部门权力清单的通知》

6月9日《衡阳市人民政府关于发布〈衡阳市政府核准的投资项目目录（2015年本）〉的通知》

6月10日《衡阳市人民政府关于公布市政府工作部门责任清单的通知》

6月12日《衡阳市人民政府关于推进政府购买服务工作的实施意见》

8月18日《衡阳市人民政府关于加强审计工作的实施意见》

9月8日《衡阳市人民政府关于印发〈衡阳市城区公共租赁住房管理办法》的通知》

9月29日《衡阳市军人随军家属就业安置实施办法（试行）》

10月19日《衡阳市人民政府关于印发〈衡阳市直管公房管理办法》的通知》

11月10日《衡阳市人民政府关于印发〈衡阳市2015年行政执法指导案例（第1期）〉的通知》

12月21日《衡阳市人民政府关于加快发展现代保险服务业的实施意见》

12月28日《衡阳市人民政府关于印发〈衡阳市环境保护工作责任规定（试行）〉的通知》

（李　政）

## 办公室工作

【参谋辅政】　2015年，衡阳市政府政策研究室围绕政务服务，强化职责，服务决策，促进落实，发挥参谋助手作用。（1）文稿服务。创新文稿起草方式，实行撰稿人负首责、修改人负主责、把关人负全责的模式，逐级修改、多层负责，确保文稿起草质量。2015年，按时按质完成主要领导各类讲话稿200余篇，完成向国、省领导汇报材料50余篇，完成各类会议主持词、致辞80余篇，特别是高质量完成市《政府工作报告》、市委经济工作会议、市政府全会及市政府党组、市长周海兵等在“三严三实”专题教育过程中的各类材料，牵头或参与起草稳增长“1+X”系列政策文件。（2）信息调研。完善信息报送体系建设，对下畅通信息收集渠道，要求各县（市）区每月、市直各部门每季度至少报送一篇经验材料，有效促进工作交流；对上每天报送动态信息，每月报送经验材料，全年报送《转型升级添活力，挖掘潜力强县域》《化解城区“大班额”，推进教育均衡化》等典型材料15篇，有力推介衡阳工作。不断加大调查研究力度，着眼于领导关注、群众关心的重大课题和热点难点问题，广泛开展农村义务教育、农村电商发展等13个专题调研，起草的调研报告大多转化为市政府的决策部署。不断提升政务宣传力度，全年共编辑内部交流刊物《政务通报》14期、《市长政务动态参阅》10期，公开编发《衡阳政报》12期。积极加强舆情研判，及时收集重要新闻资讯供市政府主要领导参阅参谋。（3）督查督办。全年围绕政府工作报告责任分解，市委、市政府的重大决策、重点工程、重要民生等工作，以及群众反映的热点、难点、焦点问题，强化督查方法运用，共组织或参与各类督查62次，推动落实省市领导批示件91件，下发督办函256件，下发各类督查通报45期，推动落实市政府各类会议议定事项700多项。特别是省、市下达的16大项25个为民办实事指标全部完成，其中农村安全饮水等12项指标超额完成，有效确保决策落实、政令畅通。（王军云）

【服务发展】 围绕事务协调，提高服务效能。扎实履行综合协调、办文办会等职能，确保事务性服务规范有序、优质高效。（1）抓好综合协调。发挥牵头揽总作用，召开交办会、推进会等形式，确保政府议定事项执行到位。周密合理协调市政府领导的各项重要公务活动和重要工作日程安排，科学妥善做好各项工作准备；协调推动项目建设、文明创建、工业服务、打击非法集资等重要工作；协调各部门正确把握改革大局，正确看待利益关系调整，牵头推进投融资机构改革等重大改革；对县（市）区和市直部门在日常工作中反映的要求政府办协调解决的问题，进行妥善处理。（2）规范办文办会。公文办理方面。全年发文607个，较2014年减少20%，各个环节未出现任何差错。会务筹办方面。全年共召开市政府全会2次，市政府常务会议12次，市政府系统工作会议52次，会议总数同比减少26.3%；严格按照相关规定办会，组织和参与8批次省政府领导视察调研的接待工作，定期收集并制订48期市政府领导每周工作预安排、12期市政府月度工作预安排，所承办、主办的会议及活动，做到“零差错”“零失误”，得到市政府领导的充分肯定。（3）加强应急管理。全年共牵头组织修订和公布10个专项应急预案，督促相关单位修订完善《衡阳市境内高速公路突发事件应急预案》等部门应急预案，督促相关部门排查化解安全隐患和矛盾纠纷100余起。会同有关部门举行大型应急演练10次，发放各类宣传资料30余万份。完善市、县、乡三级综合应急救援队伍，及时高效应对低温雨雪冰冻灾害、森林防火、山洪灾害、疫情预防和群体性事件。（4）强化后勤保障。加强机关保卫工作，实行24小时值班制度，有效确保机关大院安全；为慈善一日捐活动募捐43400元；严格车辆管理，确保领导出行顺畅、安全；全力保障市政府各大会议室音响设备的正常运行，确保所有会议“零故障”；加强水电供应和保障，注重开源节流，电费、水费同比大幅下降。

（王军云）

【服务民生】 践行为民服务宗旨。2015年，共办理人大代表议案1件、建议355件，政协提案447件，建议提案办结率100%，答应率、见面率、满意率均为100%，被评为建议、提案办理先进单位。扎实开展“一进二访”活动，政府办各位班子成员亲自率队深入联点村，访贫问苦，商讨发展计策，就村民反应强烈的村道硬化、水库维修、困难群众救助、班子建设等问题，积极组织市县交通、水利、民政等部门进行认真研究和交办。创新接访处访新模式，在办公室一楼专门腾出一间会议室，邀请市信访局派人常驻共同接访处访，全年共接待5人以上的群众集访526起，其中50人以上的群访143起，妥善协调处理征地拆迁、房地产开发、企业改制、医疗纠纷、涉军人员待遇等重大矛盾纠纷和信访突出问题，没有出现一例矛盾激

化情况。（王军云）

## 政务服务工作

【概况】　衡阳市政务服务中心新址装修工程历时8个月，于2015年10月26日运行。新址共四层，10313平方米，设计科学，功能齐全。新建后的政务服务中心，功能设施齐备，设计更为完善，有助于提升衡阳市政务服务的层次和水平。（滕　洁）

【主要工作】　（1）开展新址建设意见征求活动。组织召开两次意见征求会，邀请工业企业、房地产企业、中小企业代表及人大代表、政协委员参与座谈，并与衡阳市互联网产业协会以多媒体形式面向全体市民和广大网友开展问卷调查活动，就衡阳市政务服务中心新址建设和服务改进广泛征求社会各界意见。整个问卷调查覆盖人群达13.54万人次，收到问卷调查4976份，收集各类建议意见150多条。（2）推行行政审批“两集中、两到位”改革。配合市编办推行行政审批“两集中、两到位”改革。截至年底，市直部门已完成改革方案制定，行政审批科成立和人员调配。（3）编制进驻事项流程清单。确定进驻市政务服务中心的职权为494项。其一，编制“行政许可项目流程清单”，共计205项，涉及部门31个，包含审批程序、申请材料、承诺期限、申请地点等16个要素，为办事群众提供统一、全面、规范、清晰的办事指南和办事路径。通过流程再造，承诺时限从法定的4100个总工作日减少到906个总工作日，提速率77.9%；行政审批环节总数从1025个精简到408个，精简率60.2%；即办件达到项目总数的29.8%，市本级行政许可项目中每3项约有1项能在1个工作日内当场办结。其二，编制289项其他进驻职权的流程清单。（4）起草规范性管理规定。起草并以市政府办名义下发《衡阳市政务服务中心窗口绩效考核办法》，积极推行精细化管理，提升政务服务水平；起草《市政务服务中心新址窗口进驻方案》及《市直单位进驻市政务服务中心职权清单》，为新址投入运行做好前期准备；制定市政务服务中心联合审批制度、限时办结制度、一次性告知制度、首问责任制度、服务承诺制度等一系列管理制度，用制度管人管事，积极为企业和群众提供优质高效便捷服务。（滕　洁）

【服务平台建设】　按照“精细、规范、高效”的要求，围绕“建设全省一流政务服务中心”的工作目标，将市政务服务中心全力打造成集行政审批、公共服务、效能监察、信息公开“四位一体”的综合性服务平台，实现“进一家门，办所有事”。（1）设置原则。其一，应进尽进原则。凡是与企业和人民群众密切相关的行政审批事项，包括行政许可事项、管理服务事项和公共服务事项均纳入市政务服务中心办理，凡是涉及办理行政审批事项的部门科室全部整建制进驻市政务服务中心。其二，集中办理原则。推行“一站式审批，一个窗口办事”，所有行政审批事项，实行“一个窗口”统一受理，在市政务服务中心集中办理。其三，充分授权原则。进驻单位签署授权书，充分授权于本单位驻中心窗口首席代表，窗口首席代表在授权书授权范围内以本单位名义履行相关行政审批和管理服务职权。其四，统一管理原则。各进驻单位工作人员由市政务服务中心统一管理，其党组织关系转入政务服务中心，日常管理和年度考核由市政务服务中心负责。（2）设置方案。市政务服务中心新址共设置258个窗口，55个后台。根据中心功能定位，设置6个功能服务区，即A区商事登记服务区、B区社会管理服务区、C区产权登记服务区、D区不动产登记服务区、E区投资建设服务区、F区中小企业服务区。拟进驻单位50个，拟进驻事项494项。凡是与企业和人民群众密切相关的行政许可事项、行政确认事项、行政给付事项、行政征收事项、其他职权等均纳入市政务服务中心集中办理；凡是涉及办理行政审批事项的部门科室全部整建制进驻市政务服务中心，实行“一个窗口办事，一站式审批”；凡是涉及投资项目等审批前置条件服务的投资咨询类、造价审图类、资产评估类、环评水保类、建筑消防设计类、房屋测量类、司法鉴证类中介服务机构均择优进驻政务服务中心。（滕　洁）

【服务制度设计】　主要推行六项

制度：其一，推行分类管理制。将进驻项目分为即办件、一审一核件和承诺件三种类型，分类制定流程清单，为办事群众提供统一、全面、规范、清晰的办事指南和办事路径。其二，推行首席代表制。由各职能部门对市政务服务中心窗口充分授权，确保一般性审批事项在窗口直接办结，最大限度方便企业和群众办事。其三，推行并联审批制。对同一个行政审批事项涉及两个以上部门的，实行并联审批，进一步压缩审批时间，提升审批效率。其四，推行首问责任制。由首位接待办事群众的工作人员承担解答、办理、转交或引导责任，做到“有问必答、有疑必释、礼貌热情、办事高效”，为企业和群众提供优质高效服务。其五，推行一次性告知制。由窗口工作人员在办事群众到窗口申请办理事项或咨询时，一次性告知该事项的办理程序及所需资料等，主动提供相关示范文本及表格，避免办事群众来回跑。其六，推行限时办结制。窗口工作人员按照规定的时间、程序和要求办理行政审批服务事项，对未按要求办理相关事项的人员按照相关规定予以问责，进一步提高审批效率。

（滕　洁）

**【创新服务方式】**　主要推行两项改革：其一，推行“三证合一”改革。依托政务服务中心平台，将企业登记时依次申请的工商营业执照、组织机构代码证、税务登记证，改为一次申请、合并核发，进一步简化企业登记手续，促进市场主体快速发展。其二，推行建设工程竣工综合验收改革。对建设项目竣工验收改部门分散验收为集中综合验收。验收过程实行部门缺席默认和责任追究制。验收合格的，出具“衡阳市固定资产投资建设项目竣工综合验收意见书”。

（滕　洁）

**【提升服务水平】**　主要推行三项服务：其一，推行星级管理服务。全面引入四星级酒店管理模式，进一步完善服务内容，细化服务标准，建立服务规范，实行预约服务、上门服务、优先服务、微笑服务，以规范化管理促服务质量提升。引入高标准物业管理团队，在引导、安保、保洁等方面达到星级酒店水平，让办事企业和群众享受到星级服务。其二，推行网上政务服务。建立网上政务服务大厅，实现网上预约、网上申报、网上审批、网上反馈。建立网上资源共享系统，实现办事人一次提交、全程办理，部门一次采集、全程共享。加强市、县政务服务中心的纵向联网，实现公共信息共享、业务信息流转协同。其三，推行全程代办服务。对纳入省市重点工程的项目，由市政务服务中心免费实行审批代理服务，实行归口受理、指定代理、一次告知、联合踏勘、同步审批、限时办结、全程监督、超时问责，搭建企业服务快速通道。

（滕　洁）

**【完善监察体系】**　完善监察体系，主要采取两种方式：其一，完善电子监察系统。按照“部门全覆盖、事项全覆盖、流程全覆盖”的要求，积极推进电子监察系统改造升级，为每一个事项、每一个办理环节设立办理时限，明确工作责任，设置预警提示，确保实时监控、实时考核。其二，主动接受各界监督。通过设置窗口服务评价器、服务评议箱、投诉电话、投诉邮箱，定期开展政务服务满意度测评等多种形式主动接受群众监督。纪检监察机关通过在中心派驻纪检监察机构，对窗口工作进行实时监督。充分发挥人大代表、政协委员、民主党派、人民团体和新闻媒体的监督作用，强化社会监督。

（滕　洁）

## 地方金融工作

**【金融形势】**　2015 年，完成市委、市政府下达的年度目标考核任务，各项金融工作取得成效显著。(1) 工作呈现“1226”亮点。即 1 项工作全省考核第一：防范和打击非法集资工作综合治理考评全省第一。两项工作获得国家及省里肯定：处非工作成为全省的典型经验，在国务院非法集资部际联席会议内部刊物上介绍；金融服务“三农”工作的农村产权抵押贷款创新模式得到省市领导肯定，并被《人民日报》头版推介。2 项改革工作实现重大突破：城区联社改制组建市农商行完成筹建；融资性担保公司实现市县全覆盖。6 项主要金融指标居全省前列：银行存款余额及增量全省第二，表内贷款余额及增量分别全省第四、第二；保费收入全省第二；证券、期货交易额全省第二；在保余额全省第三；小贷公司贷款余额、开业公司数量全省第二；“新三板”上市公司数量全省第二。（2）各项金融指标继续保持较快增长。截至2015年12月末，全市银行金融机构各项存、贷款余额分别为2787.27亿元、1445.77亿元，同比分别增长15.8%、17%，存贷比为51.9%，较年初提高0.6个百分点；存贷款分别较年初新增369.6亿元、210.3亿元。保费收入66.23亿元，同比增长28.7%。证券交易额9578.2亿元，同比增长307%，期货交易额2065.3亿元，同比增长52.1%，12月末本市股民股票市值284.3亿元，同比增长56.2%。担保公司在保余额64.2亿元，同比增长52.1%，全年累计担保74.5亿元，同比增长56.2%。小贷公司贷款余额18.8亿元，同比增长10.6%，全年累计贷款30.5亿元，同比增长36.2%。典当总额12亿元，典当余额1.3亿元。（黄 俊）

**【融贷情况】** 抓投放，护航经济发展。（1）融资总量再创新高。全年新增各项融资额403.9亿元，同比增长11.9%，其中银行贷款（表内表外）210.3亿元，占融资总额的52.1%，直接融资（债券、上市、基金等）177.1亿元，占融资总额的43.8%，其他融资（小贷、民间融资中介、典当等）16.5亿元，占融资总额的4.1%。（2）信贷投放精准有力。按照年度绩效考核目标，分解下达各银行机构新增贷款目标任务，通过金融机构座谈会、银行行长联席会议等会议，及时调度、督促各银行优化信贷结构，加大信贷投放，有效保障项目建设、“三农”和小微企业资金需求。企业短期贷款、中长期贷款、个人消费贷款及经营性贷款分别新增23.35亿元、47.67亿元、55.91亿元和20.58亿元。12月末，涉农贷款余额513亿元，同比增长11.7%，净增53.8亿元；小微企业贷款余额187.8亿元，同比增长22.7%，净增27.5亿元。（3）政银企合作深化。召开全市金融服务实体经济对接会，222个融资项目成功签约，339亿元资金“输血”实体经济发展。“助保贷”业务已建立6个平台（衡东、白沙工业园、松木经开区、祁东、衡山、常宁），助保金达3700万，平台已对15个企业贷款1.06亿元，实现政府定向扶持、银行大幅增信、企业快速获贷的多赢局面。政府投融资公司积极对接农发行国家专项建设债券，发放金额5.5亿元，有效充实衡阳市重点项目建设资本金。（黄 俊）

**【风险防控】** 防风险，守住安全底线。（1）严厉打击非法集资。按照“防打结合、打早打小、综合施策、标本兼治”的原则，扎实开展处非工作。市政府召开处非专项工作会，与各县（市）区管委会签订处非工作《责任状》，调整处非领导小组成员，加强处非工作领导。以“五进”（进社区村组、进学校、进企业厂矿、进机关、进家庭）为抓手开展“防范打击非法集资宣传月”活动，以风险排查为重点开展处非专项整治活动，同时配合市委督查室和政府督查室对各县（市）区的处非工作进行督查。公布“8800393”举报电话，2015年，接听咨询电话近300个。根据群众举报，下达涉嫌非法集资督办函11件，督查对象公司共计9家，其中4家公司被公安部门立案。联合其他相关部门在各党政机关接访40余次，接待上访群众2万余人次，通过宣讲政策、定期通报案情等举措，稳控上访群众情绪，维护社会稳定。截至年底，全市处非形势基本稳定，局面基本可控，形势好于外地，全年没有发生重大的非法集资案件，没有发生因非法集资而导致的重大群体性事件。（2）规范地方投融资市场。通过严格准入、制度约束、行业规范、现场检查等措施，进一步加强融资性担保公司、小贷公司“两类公司”监管，引导行业规范运作。担保行业组建担保联盟，开展互助合作，建立行业风险准备金防范风险。通过小贷行业非现场监管系统，对一些业务不规范的公司，及时予以通报和责令整改。根据分类评级管理办法，全市有6家小贷公司被评为A级。湘银小贷成为行业规范运作典型，被授予湖南省小贷公司示范学习基地。创新民间融资中介行业监管方式，推动成立衡阳市民间投融资中介服务行业协会，以行业自律方式促进民间融资中介行业规范发展。担保、小贷等正规民间融资渠道畅通，极大地压缩非法融资空间，有效防范民间融资风险的发生。（3）防范化解金融风险。协调人民银行、银监分局进行风险企业帮扶和银行不良贷款化解工作，12月末，全市银行不良贷款余额53.7亿元，较年初减少8.5亿元，不良贷款率4.49%，较年初下降1.58个百分点，不良贷款继续实现“双降”。建立防范和处置区域金融风险联席会议制度，研究和处置金融风险工作。按照“维稳优先、积极稳妥、帮助维权、追债为王、依法依规、协调联动”原则，通过行政、法律和经济手段，协调有关部门做好雁城公司事件处置工作，案件侦办、追债挽损、信访维稳等工作有序开展并取得实效，有力地维护地方金融市场稳定。（黄　俊）

【金融改革】　（1）农信社改革步伐提速。衡南农商行、衡山农商行相续挂牌开业，县域农信社改革任务完成过半。衡东、衡阳、祁东三家联社改革加速推进。城区四联社改制组建衡阳农村商业银行完成清产核资、法律程序、老股金处置等筹建工作，年底向银监会上报筹建申请，等待审批。（2）金融服务“三农”全市推开。市政府在耒阳召开金融服务“三农”工作经验现场推广，出台《衡阳市金融服务“三农”工作方案》，在全市铺开该项工作。通过金融“三农”工作平台，农村“五权”综合抵押贷款余额达15.4亿元，较年初新增4.5亿元，把农村“沉睡资产”转化成创业致富的资本，惠及全市12000余户农户，600余户农村新型经营主体。（3）县域融资担保体系健全。成立衡阳市农业融资担保有限公司，湖南农业信用担保有限公司在衡南县设立办事处，湖南省中小企业信用担保有限责任公司在衡阳县、衡山、衡东、祁东、常宁设立办事处。各办事处全部正常开展业务，基本实现融资性担保公司市县全覆盖。（黄　俊）

【提升服务质量】　（1）强化企业上市服务。加大力度培育上市后备企业，成功举办全市企业上市推进会，17家企业进入2015年省重点上市后备企业资源库，11家企业进入“新三板”挂牌企业资源库，全市“新三板”挂牌公司增至8家。主动做好上市协调服务工作，对衡东机油泵、鸿大特钢、恒缘新材、融兴担保、恒缘电工、金钟传媒等企业进行分类引导服务，为企业上市出谋划策、排忧解难。指导鸿铭科技、天衡股份上市再融资工作，并配合做好紫光古汉控股股东变更、金荔科技重组及维稳工作等工作。（2）推进企业多元化融资。先后组织或指导县（市）区等10场次的各类银企对接活动，有效缓解项目建设、企业融资难题。积极拓宽小贷行业融资渠道，湘银小额贷款公司在重庆金融交易所挂牌交易融资1100万元。推进企业多元化直接融资，全年直接融资总额177亿元，同比增长37.9%。其中，企业上市融资1.81亿元，债券融资42亿元，股权融资3.05亿元，基金融资4.1亿元，信托融资7.2亿元，资产证券化、BT、PPP、融资租赁等融资118.9亿元。（3）加强保险业协调服务。开展保险业“四个十佳”评选表彰活动，加强保险行业诚信文化建设，提升保险业社会形象。组织对保险行业进行目标管理考核，对保协、5家产险公司、5家寿险公司以及对引进保险资金投资做出贡献的2家公司给予奖励。参与全市城乡居民大病保险实施方案起草下发工作，协助市卫计委推动相关工作开展。联合保协开展“新国十条”宣传活动，完善“快处快赔”服务站和集中定损中心。积极推进政策性农业保险及农房统保工作，全市农业保费收入2.68亿元，同比增长21.27%，农房统保保费收入973.82万元，同比增长21.8%。积极引导“险资入衡”，精心指导筛选保障房建设、棚户区改造等项目进入省级“险资项目库”，其中由中信银行担保，市城建投引进中国人寿9.6亿元保险资金用于棚户区改造项目成功落地。全市保险深度（保费收入占GDP比例）为2.55%，同比提高0.4个百分点，保险密度（人均保费收入）约为901元/人，同比提高196元/人。

（黄　俊）

【结构完善】　促发展，壮大金融总量。（1）金融组织体系进一步完善。大力开展金融招商，通过引建并举，推进衡阳市金融机构发展。新引进长沙银行，新增1家保险公司、3家融资性担保公司、1家小额贷款公司。截至年底，在衡阳金融机构146家，银行业金融机构31家，非银行业金融机构115家，其中保险业金融机构35家（财险17家、寿险18家），证券营业部18家，期货营业部2家，融资性担保公司12家（含2家外地分公司），小额贷款公司25家，典当公司23家。（2）金融业实力进一步增强。12月末，全市金融机构（银行、保险、担保、小贷）总资产全市金融业资产总额达3203.5亿元，同比增长17.3%，其中银行业资产3021.4亿元，同比增长13.7%，保险业资产138.7亿元，同比增长12.2%，小贷担保资产额43.3亿元，同比增长23%。担保行业注册资本14亿元，行业平均业务放大倍数4.1倍，担保能力达175亿元，全年获各级担保扶持基金3808万元。融兴担保成功在“新三板”上市，成为湖南省第一家上市的融资性担保公司。小贷行业注册资本金17.85亿元，全年累计放贷30.5亿元。（3）金融业对经济贡献度进一步提升。2015年实现金融业增加值44.36亿元，同比增长20.5%，快于GDP增速11.8个百分点，快于三产增速7.9个百分点，成为三产中增速最快的行业。金融业增加值占GDP比重1.52%，同比提高0.2个百分点，占三产比重4.2%，同比提高0.2个百分点。金融业全年纳税额8.15亿元，其中银行业纳税6.4亿元，保险业纳税1.3亿元，担保小贷纳税0.39亿元，银行、小贷等金融机构成为当地纳税大户，金融业对地方经济发展贡献度稳步提升。（黄 俊）

## 政府法治工作

**【依法行政】** 2015年3月16日，市政府下发《衡阳市人民政府办公室关于印发〈2015年度推进依法行政工作安排〉和〈2015年度依法行政考核方案〉的通知》，分阶段分步骤把中共十八届四中全会确定的法治政府建设工作要点纳入考核内容，重点将全面建立政府法律顾问制度、严格执行重大执法决定法制审核备案制度等内容纳入依法行政考核。4月8日，市政府召开高规格的全市依法行政工作会议，对2015年依法行政进行认真研究和全面部署，强调2020年全面建成法治政府。市政府印发《衡阳市人民政府办公室关于印发〈2015年度衡阳市依法行政示范单位创建活动工作方案〉的通知》，对创建级次、名额和创建步骤、创建标准、考评管理进行规定，明确获得2015年“衡阳市依法行政示范单位”称号的，由市人民政府颁发标牌，给予奖励，并作为2015年度绩效考核评先评优的重要依据。依法行政工作做到年初有部署、年中有督促、年终有考核。2015年，市政府法制办主动通过衡阳法制网站公开信息110余条，向省法制办报送40余条依法行政工作信息。（何佳瓅）

**【责任清单编制】** 根据市政府工作安排，市政府法制办承担责任清单的编制工作。2月4日，市政府法制办印发《衡阳市人民政府法制办公室编制公布市本级责任清单工作方案》，对全市责任清单工作进行具体部署，对市直部门的责任清单（送审稿）进行逐项审核，共发现、纠正错漏3000余处，确定59个市直部门责任清单1784项。其中，部门职责698项、与相关部门职责边界371项、事中事后监管制度360项、公共服务事项355项。配合市编办，编制公布衡阳市权力清单，实现市本级行政审批事项由373项精简至146项。5月28日，市政府2015年第5次常务会议审定衡阳市权力清单、责任清单和《外商投资准入管理目录》，标志着市本级“三清单一目录”编制工作全面完成。“三清单一目录”通过衡阳电视台、《衡阳日报》《衡阳晚报》、衡阳党政门户网等媒体向社会进行公开，接受公众监督。（何佳瓅）

**【专题培训工作】** 5月27日至28日，衡阳市政府举办全市新《中华人民共和国行政诉讼法》（以下简称《行政诉讼法》）培训班，邀请省高级人民法院行政庭副庭长张坤世、湘潭大学法学院教授倪洪涛就新《行政诉讼法》热点问题、行政机关如何应对等进行专题讲学，全市各县（市）区分管领导、复议应诉工作人员，全体市直单位分管应诉工作领导、法制科长，人社、公安、国土、林业、住建、规划、药监、工商等复议案件较多单位的执法支队负责人参加学习。9月25日，武汉大学法学院教授，博士生导师，国家社科基金重大项目“中国特色社会主义司法制度研究”首席专家江国华应邀出席市政府常务会议，作“《行政诉讼法》修改对依法行政的倒逼影响”的专题讲座。讲座由市长周海兵主持，市领导罗东海、贺小坤、张贺文、陈竞，市政府秘书长晏华衡及60余名市直单位负责人参加学习。

（何佳瓅）

【行政决策听证】 2015年，衡阳市重大行政决策严格遵守公众参与、专家论证、风险评估、合法性审查和集体讨论等必经程序。2015年3月23日，市政府法制办牵头组织召开《衡阳市集体土地征收与房屋拆迁补偿安置办法（征求意见稿）》听证会，该听证会原定2014年6月23日举行，后因代表人数未满足规定要求，经公告推迟，严格遵循公开产生听证代表、反馈听证意见及意见采纳情况等听证会规则。8月4日，市政府法制办牵头组织召开“的士营运价格听证会”，拟对起步价和计时计费（低速行驶费）进行调整，来自社会各界的26名听证代表发表听证意见，市发改委认真听取、记录代表意见，并进行公开反馈。（何佳瓅）

【文件规范管理】 （1）合法性审查职责。2015年，市政府法制办共审查各类文件及会议纪要245件，其中审查通过政府规范性文件94件，会议纪要151件，审查通过的政府规范性文件全部统一登记、统一编号、统一公布。市政府法制办严格执行规范性文件制定征求意见程序，全年共组织召开各类协调会议50余次，公开发放征求意见函30余份；积极参与文件的起草，指导和审查《关于集体土地征收与房屋拆迁补偿安置办法的通知》《关于进一步加强食品安全工作的实施意见》等一系列重要规范性文件；对全市25家市直机关单位的“三定”方案一一进行合法性审查，确保方案有法可依，文件出台合法、合规、合理；进一步完善办文程序，与市政府办建立规范性文件审查联动机制，严格执行《衡阳市人民政府规范性文件制定程序规定》的各项规定，市政府办在办文前对于文件是否属于规范性文件都征求法制办意见，由市政府法制办为市政府重大决策把好法律关。（2）规范性文件“三统一”制度。2015年，市政府法制办共备案审查县（市）区政府规范性文件372件，登记审查市直部门规范性文件33件。对报送登记审查和备案审查的规范性文件，除按照《湖南省规范性文件管理办法》的要求对主体和权限进行形式审查外，还对其内容的合法性进行实质性核查，对于发现的问题都要求文件制定部门在报送“三统一”时进行修改，做到有错必纠。进一步规范部门规范性文件“三统一”程序，要求所有部门规范性文件在报送市政府法制办登记审查前，部门法制科必须进行实质审查，部门主要负责人必须按程序签发，文件必须经过市纪委制度廉洁性审查通过，否则市政府法制办不予登记。（3）规范性文件清理。从8月初开始，组织开展规范性文件清理工作，对市政府现行有效的涉及城乡建设与管理、环境保护、历史文化保护方面的117件规范性文件，组织相关部门征求建议意见并梳理研究，基本确定需要继续执行的规范性文件105件。其中继续有效的84件，修改后继续实施的3件，逐步列入立法项目的18件，废止12件，目前暂无规范性文件，建议纳入立法项目的10件，对废止的规范性文件报请市政府领导审定后公开行文发布。（4）规范性文件报备及公示工作。建立规范性文件报备目录，市政府规范性文件报送省政府备案做到应报尽报。11月起，主动与市电子政务办联系，申请文件公示的后台帐号，及时录入和公示政府规范性文件，2015年市政府发文的规范性文件都在党政门户网上进行公示。同时进一步完善规范性文件动态有效期制度，对于有效期届满需要继续执行的规范性文件，在征求文件起草部门意见并论证后，在党政门户网站上对规范性文件有效期进行修正。

（何佳瓅）

【行政执法监督】 （1）探索推行行政许可裁量权基准。2015年，市政府在巩固全市行政处罚裁量权基准基础上转发《湖南省人民政府法制办公室关于推行行政许可裁量权基准试点工作的指导意见》，安排全市探索推行行政许可裁量权基准工作。（2）编撰发布行政执法指导案例。2015年，市公安局、市审计局、市国土资源局、市工商管理局、市住房城乡建设局、市交通运输局、市卫计委、市环保局、市国税局、市商务和粮食局、市畜牧水产局等19个单位遴选报送38个指导案例。11月10日，衡阳市政府印发《衡阳市2015年行政执法指导案例（第1期）》文件，确定市人社局、市环保局、市工商局、市林业局、市运管处报送的5个案例为衡阳市2015年行政执法指导案例。(3) 加强行政执法人员管理。根据年初制定的工作要点，重点对食药、安监、住建、环保、人社、卫生等重点领域执法进行指导。6月29日，市政府法制办与市食品药品监督管理局联合举办培训班，针对新修订的《中华人民共和国行政诉讼法》《中华人民共和国食品安全法》，对食药系统的执法人员开展法律业务培训。11月底，市政府法制办组织对安监、住建、环保、人社、卫生等16个重点单位的执法人员开展年度轮训，邀请省政府法制办、市检察院以及高校教授讲授。(4) 推行行政执法文书公示制度。转发《湖南省人民政府法制办公室关于全省推行行政处罚决定书网上公布工作的指导意见》，在全市推行行政执法文书公示制度，要求行政机关对生效的行政处罚决定书、行政复议决定书等行政执法决定文书通过本部门网站试行公开。(5) 推进行政执法体制改革。2015年1月22日，省政府批复同意在耒阳市开展相对集中行政处罚权工作，衡阳市七县市及南岳区城管领域相对集中行政处罚权工作方案全部获批，工作进入实质运行阶段。同时，衡阳市积极探索城区控违拆违领域联合执法机制。推行联合执法，并就《中华人民共和国城乡规划法》相关法条规定的操作程序予以明确，根据法律规定梳理、制作、开发一系列执法文书，促进城区控违拆违工作严格规范公正文明执法。各城区在开展拆违控违联合执法时，严格按照省人民政府《关于在衡阳市开展相对集中行政处罚权工作的批复》规定，对于该批复明确划归城管的行政处罚权，明确由城管部门进行处罚；对城管部门查处之外的国有土地上的其他违法建筑仍由规划部门进行查处。（何佳瓅）

**【行政复议应诉】** (1) 依法受理、办理行政复议案件。截至2015年12月23日，衡阳市本级共收到行政复议案件100件，其中不予受理12件，办结73件，终止审理11件，转送4件。办结的73件中，维持28件，撤销7件，确认违法6件，驳回复议申请9件，责令履行8件。2015年行政争议处于高发期，案件数量较之往年明显上升，超过省办规定的当年受理、办理案件较之上年度上升15%的比例，案件在法定期限内及时审结，及时审结率达到100%；维持率与2014年基本持平，达到28.4%；终止结案占总数的12.5%；撤销案件占总数的6.8%；驳回案件占总数的10.2%，确认违法占总数的6.8%，责令履行占总数的9.1%。案件处理实事求是，充分发挥复议制度的监督功能，该撤的撤，该驳回的驳回，通过依法、及时审结案件，实现案结事了、定纷止争。(2) 认真履行行政复议被申请人（第三人）、行政诉讼被告职责。2015年，市政府法制办共办理行政应诉案件88件，办理民事诉讼3件，代理市政府在省政府参加行政复议3件。在应诉过程中，市政府法制办积极加强同相关部门和单位的衔接，强化与法院的沟通交流，及时举证和答辩，依法出庭应诉，有效降低行政案件败诉率，维护公共利益和政府形象。(3) 加强行政复议指导和交流。为拓展复议的功能，市政府法制办利用在办案中发现的问题，定期或不定期与相关部门进行讨论交流，或举办专题培训班。2015年市政府法制办与市人社局成功举办一期工伤认定行政复议专题培训班。2015年上半年，市政府法制办通过办理不服石鼓区政府行政强拆的几起复议案，根据办案中发现的问题，有针对性地与石鼓区政府进行讨论交流，指出其在行政征拆工作中存在的问题和不足，反馈成效明显。2015年8月，市政府法制办与市中院、市住建局联合举办全市土地房屋征收及司法强拆培训班，指导和规范全市的行政征拆工作。（何佳瓅）

**【法律服务】** (1) 积极参与矛盾纠纷的协调处理。市政府法制办抽调专人服务市委市政府中心工作，运用法治思维和方式解决房产办证遗留问题，为政府挽回经济损失4亿余元，促成8000余户办理房产证。对市委、市政府重大规范性文件和政策的出台提出建议意见20余件，完成上级交办的各项工作近30件。（2）建立完善政府法律顾问制度。衡阳市政府坚持把建立和完善政府法律顾问制度作为促进政府依法、科学、民主决策的重要举措。2015年11月，市政府法制办牵头起草《组建市政府法律顾问工作方案》《衡阳市人民政府外聘法律顾问工作规则》。（3）组织编制《衡阳市法治政府建设十三五规划》。为科学编制衡阳法治政府建设“十三五”规划，市政府法制办牵头，委托湘潭大学法学院副院长、博士生导师欧爱民教授领衔的五人专家组在衡阳市蒸湘区、常宁市、高新技术开发区、住建局、环保局、城管执法局开展现场调研，其他未参与现场座谈的市直机关也就调研提纲以书面回函的形式提出自己的意见建议。多轮论证与反复修改后，《衡阳市法治政府建设十三五规划》已形成送审稿提交市政府常务会议审定。（4）积极开展政府合同审查和管理工作。截至2015年12月23日，审查合同共109件，其中市政府与市级平台公司签订的投资补偿合同65件、招商引资类合同7件、市政府作为一方主体的担保类合同19件、框架协议13件、其他类型合同5件。借机构改革契机，增设法律事务科，承担政府合同审查具体工作。在借鉴各地成功做法的基础上，制订《衡阳市政府合同管理办法》草案。

（何佳璨）

【地方立法工作】（1）积极准备立法权授予工作。2015年，市政府法制办增设立法科，安排2名专职立法工作人员。通过梳理和论证可以上升到立法项目的规范性文件，共征集到立法项目建议34件。经过研究和论证后，初步选取28项建议纳入立法项目库，建议其中的10项作为第一批立法项目深入征求意见和论证。与市人大法工委配合，起草立法项目征集工作通知，10月底通过报纸、电视等新闻媒体向全社会征集立法项目建议2项。11月中旬起，市政府法制办与市人大法工委针对征集到的立法项目建议，联合市环保局、住建局、城乡规划局、城管执法局、文体广新局、农办等部门进行立法调研。（2）抓紧选定2016年立法项目。根据立法项目建议征集和调研情况，市政府法制办与市人大法工委对收集到的立法项目深入研究、论证，初步建议将《衡阳市农村村民建房管理办法》《衡阳市电动自行车上牌管理办法》等6项纳入2016年立法项目进行筛选，并代市人大法工委起草立法项目建议征集情况及建议报告，向主要领导报告工作情况。与市国土资源局、市交警支队进行沟通，就地方性法规草案的起草工作提出建议意见，组织专家论证，指导起草好相关法律草案。（何佳璨）

## 信访工作

【概况】2015年，衡阳市信访局以“三严三实”专题教育为契机，以“四大信访”（法治信访、责任信访、阳光信访、满意信访）为目标，以“五零”专项行动（联系群众零距离、民意表达零障碍、信访办理零失误、矛盾纠纷零上交、群众满意零差评）为载体，务实为民，创新进取，实现“两降、两规范、三提高”的目标。“两降”即赴省、进京上访大幅下降，“两规范”即受理办理程序和信访秩序日趋规范，“三提高”即及时受理率、按期办结率、群众满意率明显提高，切实维护群众合法权益和社会和谐稳定。全年共接待群众来访1821批21742人次，其中赴省非访184批674人次，人次同比下降18.6%，进京非访94人次，同比下降62.3%；办理群众来信3198件，按期办结3017件，到期办结率100%，办理群众来访事项1524件，按期办结1416件，到期办结率100%，其中办理中央、省交办信访积案16件，到期办结率100%。

（刘良平）

【责任落实】2015年，市委常委会3次、市政府常务会5次研究信访工作。市长周海兵6次主持召开信访例会，研究处理商品房办证、非法集资等信访突出问题。市联席会议召集人每月听取1次情况汇报，每季度召开1次联席会议。其他市领导按照“一岗双责”原则，牵头负责13个专项工作小组的信访工作，每月轮流到中心值班接访1天，调度处理本领域的突出问题。市政府秘书长、副秘书长每月2天，市联席会议成员单位班子成员每月1天到中心值班1天。各县（市）区党委常委会、政府常务会定期研究部署信访工作，党政领导轮流值班接访、带案下访、重点约访、专题研访。市信访联席办成立5个督查组，分片连线督查。全年编发督查通报7期，对3个重点乡镇进行挂牌督办、5个乡镇予以通报批评。（刘良平）

【制度建设】　完善信访联席会议制度，强化联席会议组织领导，扩充联席会议成员，设立13个专项工作小组，由分管市领导任专项小组组长，副秘书长任副组长，牵头单位主要负责人任办公室主任，每月召开1次专项小组工作调度会，每季度召开1次联席会议讲评会；在市、县两级实行联合接访，从联席会议成员单位和县（市）区抽调优秀年轻干部入驻中心值班接访一年，对入驻干部统一组织管理、学习培训、业务考勤，使之常态化、长效化；成立232个人大代表群众工作室、99个政协委员工作室、189个党代表工作室，对“两代表一委员”接待群众、反映和处理群众诉求情况进行考核；在医疗卫生、劳动社保、征地拆迁、房产办证、集资融资、交通事故等领域成立矛盾纠纷调解委员会，组织“两代表一委员”、相关专家、律师、社会工作者参与纠纷调解；在乡、村两级设立群众工作站（室），在便民服务中心设立信访接待窗口，在乡镇街道明确专职信访干部，由村（居）大学生村官兼任信访信息员。（刘良平）

【平台建设】　2015年，全面畅通信访渠道，着力推广使用网上信访平台。健全“书记（市长）信箱”，受理办理群众向书记、市长投诉的信访事项1324件；向社会公示信访部门电话、信访干部手机，受理来电事项728件；开通衡阳“和谐之家”信访微信公众号，受理微信信访328件；设立远程视频信访，受理视频信访119件；升级改版衡阳信访网站，使之成为全省一流信访官网。5月以来，全市集中人力财力物力，大力推广使用网上信访投诉平台，全市12个县（市）区，104个市直机关、企事业单位，216个乡镇街道，847个县直机关、企事业单位，共计1170个单位开通网上信访。同时，坚持边开通边培训，边运行边完善。制订网上信访操作手册，明确网上信访管理办法，举办市直机关单位集训班5期、县（市）区集训班12期、巡回轮训班24期、乡镇培训班84期，培训信访干部1.46万人次，先后2次召开网上信访工作推进会和现场观摩会，5次对网上信访信息录入情况进行通报，对680个网上信访事项办理情况进行核查。全年共受理办理网上信访829件，基本实现数据网上录入、业务网上流转、网上公开办理。

（刘良平）

【法治改革】　2015年，市信访办加强法治化改革，着力推进依法逐级走访。制订《关于进一步完善办信工作制度的意见》等18项工作制度，对办信、接访、受理办理、包案化解、督查督办、信息预警、依法处置、工作考核、责任追究等作出明确规定；规范接谈、审查、登记、转办、交办、督办、复查复核、反馈送达、救助帮扶等环节工作流程，完善各类文书格式，严格办理时效和文书送达凭证；编写《衡阳市依法逐级走访学习读本》1.2万册，开展信访法规和业务培训94场次，组织“依法信访·共促和谐”信访知识抢答赛，提升干部业务能力和工作水平；编印2万册《衡阳信访漫画》，制作信访微电影、微视频，在各级电视台开辟“民生投诉”“信访面对面”专栏，制作依法逐级走访宣传板报，举办《信访条例》法制讲座、广场宣传日活动，用以纪念新《信访条例》颁布实施十周年，让工作新规进村入户；严格受理办理权限，开展信息录入“百日会战”，及时通报信访信息录入情况，加大信访办理的督查督办和办理质量的核查力度，全年共发放《逐级走访办理手册》5674份，办结5178份。（刘良平）

【策略创新】　2015年，坚持“三到位一处理”，推动矛盾化解和问题解决。把信访工作作为“三严三实”专题教育和深化群众路线教育实践活动成果的重要内容来抓，综合施策推动问题解决。一是接访解决。市委书记、市人大常委会主任约访解决3件；市长研访解决信访突出问题12个；其他市领导现场接访、重点约访、带案下访、专题研访219场次，解决信访突出问题268件。二是阅信解决。书记、市长批示、交办信访件87件，其他市领导批示、交办102件。三是包案解决。省委书记徐守盛交由衡阳市办理的16件积案全部由市领导包案解决到位，市委书记、市人大常委会主任交办的78件积案、市信访联席会议交办的216件积案，由县处级领导包案，办结274件，到期办结率为100%。四是听证解决。全市共举办信访事项公开听证19场次，举办第三方评判会12次，受理办理复查复核事项114件，依法终结一大批信访事项。其中在《湖南都市》“调解进行时”中播报3期。五是救助解决。市本级全年发放信访救助资金229.22万元，救助困难信访人139人。六是联动解决。建立人民调解、行政调解、司法调解三调联动机制，共同处理。七是依法处置。加大对违法信访行为的处置力度，全年共依法处理119个违法人员，其中刑拘48人、判刑4人。（刘良平）

【信息化建设】 加强信息化建设，提高工作透明度。结合网上信访工作，升级改造衡阳信访网页，建立微信信访公众号、QQ群，明确专人负责管理，及时发布信访新规和工作动态，通报典型案例，推介成功做法和典型经验，定期在线征集群众意见建议，收集汇总信访数据，发布信访预警信息，举办信访工作新闻发布会。全年共发布信访信息2890多条，编发信访简报42期，撰写调研报告17篇，在中央、省、市媒体宣传报道信访工作94篇，其中《人民信访》2篇，《湖南日报》、湖南卫视、经视及《湖南信访》、省联席办简报21篇，市级媒体71篇。《构建信访督查大格局彰显为民服务新成效》被全省信访工作改革常德现场会推介。（刘良平）

## 外事侨务与港澳工作

【因公出访工作】 筹划组织市级领导的因公出访工作。2015年年初，根据衡阳市对外开放的实际和经济社会发展的需求，以中办发文件和湘办发文件精神为依据，制定符合衡阳市特色的《领导干部因公出国（境）管理专项整治工作方案》和“厅局级党政干部因公出国计划”。2015年，共审核审批因公出访团组37批78人次，其中，党政干部24批56人次。2015年1月，市委书记李亿龙率代表团一行6人赴南非、马达加斯加进行经贸考察，与南非温兹堡市政府就建设大规模光伏电站进行洽谈，与马达加斯加签署“光伏发电项目合作协议”和“售电享受免税协议”。4月初，市委副书记邓群策率团赴德国、荷兰进行经贸洽谈，与德国新格拉斯科技集团签署“铜铟镓硒薄膜光伏组件全套生产设备引进协议”，与荷兰赫尔斯特市生态工业园相关负责人就EIP建设理念和“零排放”技术进行商讨。4月底，应英国纽汉姆市政府、德国汉莎职业学院、意大利圣乔瓦尼尹杜其亚市政府邀请，常务副市长段志刚对以上三个国家进行参访，并就文化教育合作项目进行洽谈，达成初步合作意向。6月份，应俄罗斯亚太联合中心、芬兰临床亚乐文坝戒毒医院、丹麦欧登塞市政府的邀请，衡阳市政法委书记谢恒斌率团对以上三个国家进行参访，并就戒毒技术合作及戒毒设备引进事宜进行重点洽谈，达成初步合作意向。11月，为学习借鉴国外“绿色海绵”城市建设的先进经验，副市长罗东海率市住建局、市城乡规划局等城建系统的主要领导赴美国、加拿大进行参访。（湛玉平）

【涉外事件处理】 （1）王仁丽在卡塔尔意外死亡事件。2015年2月份，接到省外侨办涉外管理处“关于协助处理湖南公民王仁丽在卡塔尔的意外死亡事件”的通知后，衡阳市旅游外侨民宗局高度重视，迅速与死者王仁丽丈夫陈家伟取得联系，多次上门做陈的思想工作，最终使陈同意按卡塔尔当地的风俗处理其妻遗体。（2）欧双喜在英突发急病的救治事件。2015年3月，衡阳市居民欧双喜在英探亲期间突发脑出血入院治疗，面临高额医疗费用和包机回国治疗费用等困难，驻英大使馆专门向湖南省致函说明情况，省长杜家毫、副省长陈肇雄对此非常重视并先后作出重要批示。按照省市领导的指示，为确保欧双喜能够及时顺利回国救治，衡阳市旅游外事民宗局及时与衡阳市附二医院进行衔接，共同商讨救治细节。作为特殊情况，还为欧双喜向市民政局争取1万元的救助资金。由于协调到位、救治及时，欧双喜的病情恢复较快。（3）安哥拉非法扣留建筑务工人员事件。2015年3月，接到衡阳市公民樊有元求助请求，衡阳市旅游外侨民宗局帮助解决由其代理的9名祁东县农民在安哥拉建筑务工被非法扣留一事，了解情况后，立刻向省外侨办汇报，并请省外侨办与中国驻安哥拉使馆取得联系，我方亲自委派专人赴安哥拉协助处理此事，通过协调沟通，得到当地政府和警方帮助，9名祁东县农民安全回国。（4）老挝川圹泽达水泥有限公司劳务纠纷。2014年，解决老挝川圹泽达水泥有限公司劳务纠纷事件未果。2015年9月，由于资金问题该公司再次发生涉外劳务纠纷。衡阳市旅游外侨民宗局迅速与省外侨办和该涉外劳务纠纷当事人王泽火进行衔接，按照省外侨办“务必彻底解决”的工作要求，在全面梳理纠纷细节的基础上，再次向市政府提交处置老挝纠纷问题的方案和报告并获批准。（湛玉平）

**【涉外新闻管控】** 为贯彻落实中央国安办、省委办公厅关于加强境外非政府组织规范管理的指示精神，坚持每季度召开一次境外非政府组织协调会议，准确掌握在衡阳境外非政府组织的活动情况，并根据所掌握的情况制订相应的工作对策。2015年8月，市旅游外侨民宗局对在衡阳境外非政府组织及其活动情况进行走访调研，通过与境外非政府组织正面接触，宣讲相关管理政策，引导和监督其依法开展活动。截至年底，衡阳市境外非政府组织管理正规有序，没有出现违法违纪现象。同时，加强对涉外新闻媒体的舆情管控，防止负面新闻对衡阳市经济社会发展造成不良影响。2015年5月，衡东县大浦镇居民汤东华起诉湖南创大钒钨有限公司环境污染赔偿案进入司法程序，得知消息后，委派人员与市委外宣办、市中级人民法院新闻科负责人取得联系，多次前往衡东县委宣传部、衡东县人民法院与相关人员进行座谈，详细制定法院开庭审理时外国记者采访应对方案，防止事态扩大，造成不良国际影响。（湛玉平）

**【涉外接待服务】** 全年共审核外国人来湘40批76人次，其中企业邀请24批49人次，在衡阳院校邀请16批27人次。在办理邀请外国人来湘审核工作上，着力在邀请源头、实质内容、真实目的等方面加强监管，杜绝虚假邀请。2015年，市旅游外侨民宗局联合市人社局、市教育局、市公安局等单位共同把关，对衡阳市蒸湘区金门桥英语培训中心聘请外国专家的资格进行审查认定。截至年底，全市具有聘请外国专家资格的单位达到23家。全年共接待来访团组10批300余人次，其中比较重要的团组有俄罗斯国际旅游交易会代表团、俄罗斯新西伯利亚旅行媒体记者代表团、葡萄牙国家男子篮球队、俄罗斯莫斯科中央陆军蓝球俱乐部篮球宝贝拉拉队、匈牙利医药卫生与食品安全国务秘书佩斯特伊菲尔代表团、日本京都文化界友好代表团。（湛玉平）

**【侨务维稳工作】** 2015年年初，聘请卜兰芳等3名老年归侨担当义务宣传员，就相关的“侨法”知识进行培训，并以两个“侨法宣传角”为平台，深入社区，进行大力宣传，发放宣传手册300多份，悬挂横幅30多条，切实让归侨侨眷熟悉了解文件精神。2015年，已有6人确定归侨身份并享受每月260元的老年生活补贴，7名“三侨”子女实现高考加分。为切实维护好归侨侨眷的合法权益，市旅游外侨民宗局对涉侨来信来访事件高度重视，明确专人负责信访接待，并认真做好登记工作，建立台账。2015年来，共受理各种上访事件105多起，接待来访人员180多人，90%的信访事件得到落实，切实维护涉侨人员的合法权益。身患重病的归侨贝文友家属龙淑贞，轻信年利24%的高息回报，向湖南红五洲生态科技有限公司集资9万元整，得知自己受骗后，多次向该公司提出返还本金未果，接到该信访件后，局领导非常重视，作出重要批示，并委派专人与公安部门、集资公司及龙淑贞本人进行协调，最终达成由该公司第一时间第一个保证分期支付贝文友9万元的文字协议，贝文友及其家属龙淑贞对协调结果非常满意。（湛玉平）

**【侨务捐赠新成效】** 全年走访慰问困难归侨侨眷五十多户，发放慰问金5万余元。先后发动50多名侨务义工对困难归侨侨眷进行日常帮助，根据“一法两办法”和国务院侨办关于“一带一路”战略的侨务构想及省外侨办关于开展“暖侨敬老活动”的通知精神，在全市侨界开展“两好三优”评选活动。2015年，利用本市侨务资源优势，协调香港惩教社基金会为衡阳市耒阳余庆打鼓州小学和太平乡中心小学各捐赠30台电脑，折合人民币近20万元，为衡阳县唐福小学捐资25万元；为衡南县松江实验小学捐资30万元；协调香港应善良基金会为衡南县松江实验小学、周田完小、因果小学分别捐资25万元。

（湛玉平）

【对外交流】　帮助侨资企业拓展交流平台，2015年7月，市旅游外侨民宗局推荐湖南共创光伏科技有限公司李廷凯博士（美籍华人）团队，参加由国务院侨办和湖北省人民政府在武汉主办的第15届华侨华人创业发展洽谈会。“华创会”是全国侨务系统引智引资的重要平台，主要以海内外侨领代表为主，涉及航空、生物医药、国际物流、华文教育等多个领域，通过会议投票评选，该团队被国务院侨办授予“第四批重点华侨华人创业团队”称号，为湖南共创光伏科技有限公司对外发展获得更多机遇，拓展企业对外交流与合作的平台。（湛玉平）

【港澳交流】　（1）积极主动与港澳保持良性交往，成效更加明显。2015年，加强与港澳特区政府、基金会、工商联、侨界社团联会等10多家政府机构和社会团体的交流往来，先后邀请香港华南城集团董事长郑松兴、香港顺和控股实业集团西南区总裁张蕤、香港东方创天贸易有限公司总经理黄立雄、香港公务员研习班参事黄鸿新、清华同方南方中心总经理廖艳军等到衡阳考察调研。应港澳方邀请，市委副书记、市长周海兵、市人大副主任李慧星、市政协副主席黄保锦、市商务局局长黄建军、市高新开发区主任欧杏和局党组书记康国雄等先后赴港澳学习考察。3月，借香港湾仔中西区工商业联合会第三届董事局就职典礼之机，以发贺信的形式表示祝贺。4月，应港方邀请，市局委派人员赴香港参加全港各区工商联第十六届董事局就职典礼。邀请港澳企业来衡阳投资考察。2015年，接待港澳各类来访团3批30余人，将每次来访当成一次加强交流了解，促进合作的商机。如香港顺和控股实业集团西南区总裁张蕤、香港东方创天贸易有限公司总经理黄立雄及接待香港公务员研习班参事黄鸿新、清华同方南方中心总经理廖艳军等代表团，先后到衡阳市考察访问，经市旅游外侨民宗局建议和安排，实地参观考察衡阳市综保区、衡山科学城、各工业园区、南岳衡山和在衡港澳资企业，召开以项目对接为主题的交流座谈会，重点在电子机械、商贸物流、金融服务、城镇建设等领域进行项目对接和寻求合作。通过系列活动，促进交流合作，提升本市在港澳的美誉度和知名度，助推衡阳经济社会发展。（2）发挥港澳资源优势，招商引资引智取得新的成绩。2015年来，成立市第四招商小分队，围绕全市中心工作，发挥港澳资源，积极开展招商引资工作。截至年底，招商引资项目进行实质性操作的项目有：香港清华同方拟在衡阳创建一个电子商务产业园项目。该项目规划面积为200亩，总投资约20亿元人民币，3年内引进电子商务高新技术企业50~100家，年创利额30亿元人民币。6月，该项目经市旅游外侨民宗局推荐参加衡阳市在深圳组织的专题招商对接会。与海南大中华乐园旅游实业公司达成组团来衡考察意向，该公司拟在衡阳兴建一个真善福天伦乐园高科技国际养生谷项目。（湛玉平）

## 民族宗教工作

【概况】　2015年衡阳市民族宗教工作坚持以科学发展观为指导，认真贯彻落实全省民族宗教工作会议精神，以确保全市民族宗教领域和谐稳定为总目标，牢牢把握“共同团结奋斗、共同繁荣发展”民族工作主题，积极倡导“保护、管理、引导、服务”的宗教工作理念，真抓实干，开拓进取，为构建和谐衡阳做出积极的贡献。（湛玉平）

【构建和谐民族关系】　（1）在全市民宗系统深入开展民族团结进步行动。3月，市旅游外侨民宗局召开全市民宗局长会议，传达贯彻全市民族团结进步行动表彰会精神，明确全市民宗系统开展民族团结进步行动的工作要点，提出有关要求。10月，省民宗委副主任余开家带队到常宁市开展民族团结进步示范点创建工作“互观互检”活动，为全省民族团结进步示范点西江村授牌；局党组书记康国雄赴衡阳技师学院举行全市首个市级民族团结进步示范点授牌仪式，授予衡阳技师学院为市级民族团结进步示范点。（2）深入开展民族团结进步教育活动。2015年，多次组织开展全市民族政策大宣传。5月，在市莲湖广场举办民族政策法规学习宣传月活动。市局深入衡阳技师学院为来自新疆鄯善县回、维、满族的学员授课，宣传党的民族政策，介绍衡阳市民族情况，加强少数民族与汉族之间的相互了解。在《衡阳日报》《衡阳晚报》、衡阳电视台、衡阳新闻网等新闻媒体上开展民族团结进步宣传，集中宣传报道党的民族政策和全市民族团结进步行动中涌现的先进单位和先进个人的感人事迹。（3）积极服务少数民族群众，促进民族团结进步。重视加强来衡阳少数民族群众服务管理工作，完善衡阳市城市民族工作服务体系。6月，市局指导市回民管理委员会召开代表大会圆满完成换届工作，加强回民管理委员会班子建设，促进市回管会更好发挥做好城市民族工作的桥梁纽带作用；9月，市局和市回民管理委员会邀请来自甘肃临夏、湖北、河北、河南和新疆等地15名少数民族代表召开来衡阳少数民族代表座谈会，听取他们在如何更好融入衡阳，服务于衡阳经济发展，为衡阳市申报历史文化名城和创建全国文明城市献言献策，积极联系城管、工商、教育、人社等部门为他们办实事；2015年，市局不断完善“12345”政府服务热线咨询，通过热线更加便捷地为少数民族服务；认真贯彻第四次全国对口援疆工作会议、中央民族工作会议精神，全力做好衡阳市的新疆吐鲁番地区技工（职业）院校教师赴衡阳技师学院培训的任务，市局主要负责同志到技师学院随市领导现场办公，专程赴技师学院衔接有关工作解决有关困难和问题，并参加开班仪式；2015年，协调南华大学新校区外拉面馆与校区内清真食堂矛盾，协调多起外来少数民族烧烤店与城管的矛盾。因工作到位，全年未发生涉及少数民族方面的矛盾纠纷。（湛玉平）

**【促进少数民族地区发展】**（1）加强民族工作调研，积极为发展献计献策。2015年3～4月，会同市政协社会和法制委、常宁市政协对常宁塔山瑶族乡村级组织带头人情况进行进行调研，形成调研报告上报省政协；4月，开展全市少数民族代表人士调研，向省民宗委上报调研报告；5月，向省民宗委推荐上报常宁塔山乡西江特色村寨的经验；6月，开展全市城市民族工作调研，上报省民宗委；10月，开展全市少数民族干部培养选拔及使用情况调研，总结衡阳市少数民族干部现状，查找存在的问题，提出针对性建议；11月，参加省民宗委组织全省民族工作“十三五”规划修订座谈会，提出本市的建议和意见。（2）争资争项促发展。2015年，市旅游外侨民宗局进一步落实扶持任务，促进常宁市塔山乡和弥泉乡的经济发展。向省民宗委申报3个资金项目，分别是塔山乡基础设施提质改造争取39万元资金；弥泉乡扶持资金15万元；常宁塔山乡瑶族风情园项目资金100万元，并组织有关部门专程塔山乡调研瑶族风情旅游项目开发工作，助力瑶乡经济发展。（3）做好少数民族成份更改和民族考生的审核工作。2015年民族考生加分政策有新的调整，为做好新政策宣传工作，市旅游外侨民宗局民族科及时与市教育局招生办、市公安局人口管理支队协调，开展相关政策的宣传解释工作。在民族成份更改和民族考生资格审核工作中，做到层层把关，严格按照有关政策办事，做到程序规范、材料完备、归档及时，2015年共办理民族成份更改44名，审核民族考生86名，没有出现一例差错。（4）组团参加全省少数民族文化盛会，展示衡阳市民族团结进步形象。2015年11月，市旅游外侨民宗局会同市文化局组队参加全省第四届少数民族文艺调演，选送的瑶族小歌剧《卖蘑菇的老师》获得金奖，衡阳市代表队获得优秀组织奖。（湛玉平）

**【宗教活动正常秩序维护】** 2015年7月，衡阳市旅游外侨民宗局会同市委统战部出台《关于开展专项治理私设滥建宗教活动场所和滥塑露天宗教造像的工作方案》，成立治理“两滥”工作领导小组，并将其纳入宗教事务综治目标管理考核的工作。为保证治理工作落实到位，市局紧扣治理责任制，对宗教活动坚持平时检查、重点检查和全面检查相结合，了解情况，找出问题，总结经验，切实规范宗教活动。3月，会同市国保支队、蒸湘区民宗局、红湘街道办制止太平小区基督教徒非法聚会活动；5月，会同市国保支队、石鼓区民宗局取缔市红旗影剧院利用宗教教职人员身份进行拍卖字画活动；9月，指导衡南县民宗局对衡南县百善孝文化公司利用雷峰寺宣传，吸引信众投资问题进行查纠，责成该公司公开道歉并声明其经营与相邻寺庙无任何关联；查处南岳万寿大鼎和雁峰区王船山出生地纪念馆等非宗教场所违法乱设“功德箱”的问题。狠抓治理工作责任制落实，找准抓工作的“牛鼻绳”，在治理私设聚会点、违法乱设“功德箱”、滥建寺庙和违规建设大型露天宗教造像等宗教乱象方面取得实效。（湛玉平）

【规范管理宗教事务】 2015年，市旅游外侨民宗局发动全市宗教界开展创建“文明寺观教堂”助力衡阳创建全国文明城市活动，召开创建活动动员部署会，出台《关于深入开展“文明寺观教堂”创建活动的实施意见》，在衡阳市打造3~5处全省和谐寺观教堂示范场所，10处市级示范场所。鼓励和引导佛、道教及民间信仰场所开展“文明敬香”活动，规范放生活动，建设生态寺观教堂。衡阳市宗教界积极参与并发出助力衡阳创建全国文明城市的倡议书。（1）宗教活动场所登记。完善全市宗教工作数据库，完成全市253处佛道教寺观标志牌信息统计工作。注重把好用人环节，对活动场所负责人认真考察，严格审批，抓好全市近500处宗教活动场所重新换发登记证工作。（2）教职人员备案核查。全面开展宗教教职人员备案工作和教风专项巡查行动，清理净化宗教教职人员队伍。对经过宗教团体认定，符合备案条件的教职人员颁发宗教教职人员证书，实行持证上岗制度，明确没有取得教职人员证书的，不得以教职人员身份从事教务活动。指导宗教团体根据有关法律法规和教义教规，清退不符合认定备案条件、违反教义教规的教职人员15人，劝诫7人。（3）宗教场所财务管理。2015年，市局按照《宗教事务条例》的规定和《宗教活动场所财务监督管理办法（试行）》要求，大力加强宗教场所财务管理。衡阳市宗教活动场所基本建立健全财务管理小组，完善财务管理制度和会计制度，大部分重点场所都在银行开立单位结算账户，改变了公款私存的现象，确保场所资金的安全管理。按照《宗教事务条例》和《宗教活动场所财务监督管理办法（试行）》有关规定，市、县区民宗局成立宗教活动场所财务监督管理工作领导小组，下发《宗教活动场所财务监督管理工作方案》，开展宗教活动场所财务专项检查，通过宗教活动场所自查自评，县区民宗局验收，市民宗局抽查，达到表彰肯定成绩好的宗教活动场所，同时帮助一批成绩差的场所进行整改提高。（4）宗教重大节日和大型活动。在春节、圣诞节、浴佛节、观音诞等重大节日前，积极协调统战、公安、消防、建设、食安等有关部门进行宗教活动场所安全检查，促进宗教活动场所消防安全、饮食卫生、治安保卫等方面措施的不断改进和完善。（5）宗教活动场所内部管理。要求每个宗教活动场所都建立“三簿一册”（人员登记簿、活动记录簿、来往人员记录簿、工作手册）。指导基层宗教工作部门协助各宗教活动场所建立健全各项规章制度。促进各个宗教活动场所重点进行健全民主管理组织、完善规章制度、完备硬件设施等方面的工作。宗教活动场所人员、财务、会计、治安、消防、文物保护、卫生防疫等管理制度得到规范和完善，推动衡阳市宗教活动场所建设迈上规范化、制度化的轨道。（湛玉平）

【团结教育引导工作】 （1）强化教育引导和信仰建设。坚持宗教界代表人士学习制度，组织宗教界代表人士召开座谈会，开展政策教育、法律教育和形势教育，引导他们牢固树立国家意识、公民意识和法律意识。指导宗教团体、宗教活动场所和宗教界人士深入研究经典，提高信仰素质，强化持戒修行，树立宗教界良好形象。制订《衡阳市首届“讲经说法”交流会活动方案》，在南岳大庙佛教开设三德讲堂，倡导宗教界学经、讲经的良好风气，将讲经活动制度化、常态化，办出特色、办出成果，以此推动全市宗教界“教风年”活动开展和人才培养，更好地发挥宗教界在促进经济发展、文化繁荣和社会和谐中的积极作用。（2）解决宗教活动场所和信教群众遇到的困难和问题。为尊重衡阳市基督教信徒在丧葬方面的信仰需求，市局帮助市基督教会解决“复活山”信徒丧葬用地问题；积极帮助困难寺观教堂和教职人员申请维修经费和困难补助；帮助天主教“仁爱之家”养老公寓完善手续，减免有线电视开通费；对市天主教草后街教堂、市基督教癞子石教堂、罗汉寺、雁峰寺、妙音庵、珠晖寺协调在城市建设中的相关矛盾，积极协调有关乡镇和部门加以解决。（3）真心实意关心宗教届人士。每年重要节日前夕，深入到各宗教活动场所对宗教界代表人士进行慰问，主动与他们相互交流、加强沟通、增进感情。（4）充分发挥宗教界人士和信教群众在发展经济、构建和谐社会中的积极作用。引导宗教界积极开展宗教文化交流活动。2015年9月，指导南岳道协承办主题为“上善若水·道济潇湘”的湖南省道教协会成立30周年庆典活动；11月指导南岳佛协成功承办中国南岳第三届千年佛教论坛——慧思大师诞辰1500周年纪念活动。

（湛玉平）

## 地方志工作

【二轮修志】 2015年，衡阳市第二轮修志工作稳步推进，《衡阳市蒸湘区志》完成评审工作，进入修改验收阶段；《衡东县志》《衡南县志》《石鼓区志》《珠晖区志》4部县区志进入资料收集阶段。（申沁生）

【编辑工作】 （1）市、县两级年鉴。《衡阳年鉴（2015年）》120万字，彩照100余幅，于12月由方志出版社正式出版发行。《耒阳年鉴》《常宁年鉴》《南岳年鉴》《衡山年鉴》实现一年一鉴，《衡阳县年鉴》《衡东年鉴》《祁东年鉴》实现两年一鉴。（2）《衡阳地方史资料》。《衡阳地方史资料》第四辑文字28万字、图片115张，除“特稿”“史话”“文物”“人物”“往事”“影像”等常规栏目外，专设“抗战名城”和“工业重镇”两个特色栏目，于10月正式印行。（3）《湖南乡镇简志（衡阳卷）》。4月组织召开《湖南乡镇简志（衡阳卷）》动员大会，正式启动该工程。至2015年年底，各县市区分卷完成资料收集、初稿编写工作。（4）《文献与人物》“衡阳篇”。为省地方志编纂委员会《文献与人物》杂志组织“王船山研究”稿件6篇10余万字。

（申沁生）

【服务社会】 （1）为衡阳市“十三五”新能源规划及衡阳市历史文化名城保护规划提供衡阳历史沿革、城市发展、地方文化特色研究的相关资料1000多万字。（2）市、县（市）区两级志办（史志办）为各类招商引资和重大项目建设提供市情县情区情资料，为经济建设服务。市志办通过查阅大量地方史志资料、召开座谈会等多种形式形成的《耒阳龙石山石斛研究及开发意义》的报告，得到市政府主要领导的肯定。（3）旧志点校工作。2015年清光绪《耒阳县志》由耒阳市志办组织点校出版。（申沁生）

【业务学习和队伍建设】 （1）2015年，衡阳市地方志办公室多次组织学习《全国地方志事业发展规划纲要（2015~2020年）》，增强全体人员对依法治志的认识。（2）全年多次开展年鉴编辑工作研讨会，并编写《年鉴工作指南》作为配套学习资料，发放给年鉴编辑，提高编辑的业务水平。

（申沁生）

## 公共资源管理工作

【概况】 2015年5月，经衡阳市委、市政府研究，决定成立市公共资源交易中心，为市政府直属的正处级公益一类事业单位，主要负责衡阳市的工程招标、土地使用权与矿业权交易、国有产权交易、政府采购及其他公共资源交易业务活动。2015年5月以来，中心按照市委市政府和上级领导的要求，积极推进交易平台一体化工作，打造文明、优质、便捷的行政服务平台和公平、透明、高效的公共资源交易环境。

（刘 凡）

【组织领导】 经第37次市政府常务会议同意，成立市公共资源交易管理委员会，强化对公共资源交易统一集中管理的组织领导。市委副书记、市长周海兵召开市长办公会，专题研究公共资源交易工作，要求市直各部门要吃透政策要求，深化思想认识，要加大各类公共资源交易市场整合力度，创新公共资源交易市场管理体制和监督体制，要明确时间节点，分步加以推进。市委常委、常务副市长段志刚多次召开专题会议，就公共资源交易中心的人员编制问题、公共资源交易市场大楼建设问题和落实“一市一场一中心”的要求问题，进行专题研究和部署，大力推进平台整合工作。（刘　凡）

【考察调研】　2015 年 5 月份以来，为探寻符合衡阳市平台整合的路子，中心赴武汉市、宜昌市、合肥市、广州市 4 个省外城市进行学习考察；赴长沙市、常德市、益阳市、湘潭市、株洲市五个省内城市进行考察调研；与市编办、市发改委、市财政局、市监察局等部门对市土地矿产交易中心、市产权交易管理中心、市有形建筑市场管理中心、市联合产权交易中心、市水利工程招投标中心、市政府采购管理中心等市级主要平台进行调查摸底；对县、市、区现有公共资源交易平台进行专题调研。通过实地参观、座谈交流、翻阅资料等形式，学习和借鉴省内外兄弟城市的先进经验和做法，初步掌握衡阳市公共资源交易监管的现状，为衡阳市公共资源交易平台整合等工作的顺利开展提供科学决策方案。（刘　凡）

【机构筹建】　根据市政府的安排，中心抽调人员，成立筹建机构、制定实施方案，在市政府办公楼落实临时办公场所，并扎实开展制度建设、机构批复、工作人员遴选等工作。根据国办发〔2015〕63 号文件要求，交易场所必须在 2016 年 6 月底以前交付使用，并建成符合国、省要求的设施标准和服务标准。在市弘湘公司、市高新开发区管委会、市城建投等单位的大力支持下，市公共资源交易场所建设选址、规划、概算等前期工作顺利开展，选择市城建投正在建设的位于衡州大道南、蒸德家园楼盘的写字楼裙楼 1～4 楼作为中心的交易场地，主楼 15～16 楼作为中心的办公场地。（刘　凡）

## 电子政务工作

【概况】　2015 年，在市委、市政府的正确领导下，全市电子政务工作坚持以中共十八大和十八届三中、四中、五中全会精神为指导，深入贯彻习近平总书记系列重要讲话精神，坚决落实市委、市政府各项重大决策部署，积极开展“三严三实”专题教育，全面推进全市电子政务建设，狠抓各项工作措施落实，开创电子政务发展新局面。主要工作继续位列全省第一方阵，“数字衡阳”被评为“中国智慧城市优秀案例”，“12345”政府服务热线获得“全国巾帼文明岗”荣誉称号，政府信息公开、政府门户网站在全省绩效评估中位居市州第二，被省政府评为优秀，网上政务服务及电子监察工作在全省排名前茅。（周乐天）

【数字衡阳】　2015 年，市电子政务办在做好“数字衡阳”一期运维管理的基础上，不断优化完善平台系统，挖掘拓展功能应用，项目整体全年运行情况良好，系统平台正常率、外场设施在线率均处于行业较高水平。数字环保项目顺利通过财政评审，市政府正式批准实施。完成全市“大网格化”信息平台建设需求调研，起草《衡阳市“大网格化”信息平台项目建设方案》，常务副市长段志刚组织初步评审。（周乐天）

【政府服务热线】　2015 年，“12345”政府服务热线共受理并解决群众诉求 21 万余件，处理“书记、市长信箱”信件 4400 余件，组织督办 5000 余次，热线办结率 99.68%，市民满意率达 96.08%。召开高规格的全市热线工作讲评会，创新开展热线问政、人大代表接听、热心市民参观座谈等多种活动，取得“转变作风、提高效能、解决问题、满意群众”的效果。热线的建设、运营、管理在全国、全省均属一流。（周乐天）

【政府网站建管】　（1）政府网站普查。启动全市第一次政府网站普查，出台衡政办发〔2015〕21 号文件，明确政府网站建设、管理、运维和保障等要求。经普查，共上报政府网站 231 家，关停 86 家。截至年底，全市共有 145 家政府网站正常上线运行，合格率为 100%。全年未发生被国、省通报批评事件。（2）加强市党政门户网站内容保障。2015 年，市党政门户网站更新发布政务信息13万余条，开展在线问政27期，公开部门听证9期，发布征集调查53个，提供民生服务780项，内容保障各项指标较2014年均有显著提升。（3）启动政府网站集约化建设。多次组织专家对全市政府网站集约化建设技术方案进行论证，形成较为成熟的方案，项目建设经费已经市财政评审，正在组织招投标。（周乐天）

**【电子政务内网】**　进一步加强内网日常管理，出台《衡阳市电子政务内网管理办法（试行）》，集中组织五期共101个单位的收发文人员培训。完成市电子政务内网应用支撑平台提质升级改造工程，丰富内网应用，保障内网安全。2015年，市委、市政府利用电子公文系统向下发文2986个，接收省委、省政府公文3821个，向省委省政府报送公文787个，各委办局利用信息报送系统向市政府报送信息4153条。市电子政务内网整体运行情况良好，全年未出现重大故障。（周乐天）

**【政府信息公开】**　2015年，衡阳市在“中国·衡阳”党政门户网站上主动公开政府信息共143019条，其中市本级公开41124条，县市区公开101895条；县市区发布重点领域相关信息45608条，市直部门发布9349条；发布“三清单一目录”信息5027条，公开全市各部门预算和“三公”经费预算，87个部门（含县市区）主动公开2014年的政府信息公开年度报告。共收到依申请公开件40件，均按时回复。为健全完善机制，细化公开目录，市政府出台多个规范性文件。

（周乐天）

**【网上政务服务和电子监察】**　2015年，以市政务中心搬迁为契机，将市网上政务服务及电子监察系统与新政务中心服务管理平台紧密结合，优化审批流程，推动数据交换，在方便市民办事的基础上大力推进网上政务服务应用。截至年底，衡阳非涉密的行政许可、非行政许可审批和公共服务事项全部纳入网上政务服务办理系统，实现审批事项全程留痕、全程可控、全程监管。截至2015年12月底，全市网上审批办件共计80余万件，没有出现黄牌和红牌。（周乐天）

## 无委办工作

**【优化通信环境】**　（1）市无线电管理委员会（简称无委办）对辖区内的移动通信台站进行规范化管理。2015年年初，对三大运营商2000多个新建基站进行初审；4~8月按计划对辖区内的移动通信台站频率进行清理核查；5~8月，对所有在用台站的执照进行清理更新，实行一站一照，及时更新台站数据库。6月，对三大运营商通信基站在用发射设备进行年检，共测试在用发射设备66台，保障在用设备性能稳定。（2）进行干扰排查，维护正常通信秩序。为了维护航空、铁路的通信安全，确保公众通信畅通，对8起重大通信干扰进行快速、坚决的查处，对2起“黑广播”进行取缔。8起干扰中有3起是公安系统的“伪基站”引起的，另有3起是非法安装的卫星干扰器造成的。（3）坚持和完善监测月报告制度。首先是制定完整的监测计划。为了有计划、有系统地分析信号，摸清本地的电磁环境状况，制定完整的监测计划，对223~235兆赫、821~835兆赫、866~880兆赫、915~930兆赫、1427~1492兆赫、1850~1880兆赫、1920~1940兆赫、1980~2010兆赫、2110~2130兆赫、2170~2200兆赫、3400~3600兆赫频段进行重点监测。其次是建立日常监测档案，将年度月度监测计划，监测日志和监测情况小结等按照日、月、年的顺序进行整理汇总。第三是加强对人防、航空、列调、GSM-R等无线电专用频率及广播电视频段和公众通信频段的保护性监测。还加强对重点台站、重点地区、重点频段的监听监测。不断完善频率监测样本数据库，为干扰排查、清查非法台站提供技术支持，为重点业务、重点区域的电磁环境状况及变化情况提供资料。（4）进行电磁环境测试和电磁辐射监测，为服务单位提供技术保障。2015年，市无委办对衡阳三大营运公司2000多个新建基站进行电磁环境测试，为他们新建基站的站址选定提供依据。对居民有投诉的8个基站进行电磁辐射监测，把测试数据和相关电磁辐射防护标准进行对照，并向当地居民解释，消除他们的疑虑心理。同时对南岳机场指挥塔和大浦直升机场的电磁环境进行

多次检测，为市里重点工程提供优质服务。（肖冬庚）

【强化安全监控】 加强公共安全监控，搞好服务保障。充分发挥无线电监管设施作用，保障“两会”、南岳机场、大浦机场、武广高铁通信安全，保障高考和各种公共考试公平、公正的竞争环境，对机场、高铁专用频率都进行日常保护性监测，对每次考试都进行周密的监测部署。（1）加强“两会”期间的监测监控，保障“两会”通信安全。为保障“两会”通信安全畅通，首先与市广播电视局进行沟通协调，防止非法安装卫星电视干扰器；其次与人防、公安、铁路通信车间等部门进行沟通协调，了解专用频率的使用情况，并在耒阳、衡山、市区高铁沿线对专用频率进行保护性监测；再次是召集移动、联通、电信等通信运营企业负责人召开专题会议，商讨对策，确保正常的公众通信；最后是组织技术力量对本辖区内的航空无线电专用频率进行专项监测，确保航空无线电频率的使用安全。（2）加强高考期间无线电监控、监听工作，维护正常的考试秩序。高考前期，根据市政府的统一部署，市无委办与市教育局招考处、市公安局国安支队成立联合工作组，6月4日到6日，工作小组人员深入到全市五县五区二市各考点进行实地调查，对各考点周边电磁环境进行全面监测了解，并对各考点的屏蔽设备进行随机抽测，避免对其他通信造成干扰。2015年高考，衡阳市共设27个考点，参加人数达42981人，考试期间，市无委办共派出工作人员13人，移动监测车2台，启用无线电信号技术设备5套，有效保障考试的公平公正。（3）加强对各种公共考试的无线电保障工作。2015年，分别完成研究生招生、教师招考、成人高考及自考、司法考试、公务员招考及遴选等选拔类考试保障任务，完成职称外语考试、全国一级建造师资格考试、二级建造师执业资格考试、会计专业考试、医师资格考试、执业药师资格考试、护士执业资格考试等巡考任务。在巡考过程中，技术人员采取压制、阻断、没收设备等多种方法保障考试的有序进行。（4）加强对南岳机场、大浦机场、武广高铁的无线电保障工作。为保障南岳机场的顺利航行，定期对机场周边电磁环境进行测试，对机场所有的多种不同业务、不同用途、不同频率的通信导航台站的电磁环境进行测试，对机场所使用的民用航空专用频率内出现的信号进行连续监测和分析，保障机场的着陆、信标、通信等频率能正常安全使用。对大浦机场和武广高铁沿线的电磁环境定期进行测试，保障通信安全畅通。（肖冬庚）

【专业技术学习】 2015年，市无委办对专业技术学习进行精心的安排和周密和部署，制订详细的学习计划，确定每周星期四为集中学习时间，组织全处人员系统地学习了电磁理论的基础知识，对各种监测设备进行实操培训。10月，与永州市无委联合举行无线电监测演练，检验大家应用移动监测车和便携设备进行信号分析、定位、信号查找等学习效果，通过灵活多样的培训活动，丰富知识，提高技能，开阔视野。（肖冬庚）

【加强执法检查】 2015年，市无委办与公安、广电联合执法，严厉打击非法广播电台和非法使用卫星电视干扰器行为，查处非法广播电台5起；协调处理市广播电视台与常宁市广播电视台无线网络电视互相干扰事件；查处常宁市、祁东县广播电视台非法安装卫星电视干扰设备3起；查处6起考试时利用无线电通信设备作弊案件；勒令进行无线电台站整改21处。对全市广电系统频率使用情况进行清理整顿，完成全年广电系统频率占用费的征缴任务。9月，利用宣传月活动的机会，调动一切因素加大宣传力度，通过电台、电视、报刊、短信、标语横幅、抢答竞赛、现场宣传等多种手段对《中华人民共和国无线电管理条例》和《湖南省无线电管理条例》进行大力宣传。（肖冬庚）

【基础设施建设】 加强基础设施建设，提高服务保障“硬件”设施水平。2015年，市无委办在已有1个固定Ⅰ级站、1个固定Ⅲ级站和2个移动站基础上，积极向省里争取新增1个Ⅰ级站，截至年底，新增站的前期选址、定点、勘测工作已完成。无线电管理指挥中心的建设已完成，通过市财政局验收，待省里验收后即可投入使用。指挥中心的建成为衡阳市有效处置和应对无线电突发事件，保障武广高铁、湘桂铁路、南岳机场、空八师等重点区域的无线电安全，维护全市广播电视、移动通信、社会台站等无线电业务通信秩序，实现全市无线通信指挥、控制、调度、监测、会商等多功能于一体，提供坚实的硬件保障。（肖冬庚）

## 驻北京办事处工作

【概况】 2015年，衡阳市人民政府驻北京办事处在招商引资，央企对接，驻京维稳，信息沟通；宣传推介、公务接待，指导商会工作，促进衡阳与首都经济、文化、信息交流，发挥着重要桥梁和纽带作用。（夏平平）

【项目对接】 （1）2015年，市人民政府驻北京办事处为衡阳争取国家债券、债权投资54.3亿元，共50个项目。（2）服务跟踪中核建二四公司投资衡阳“来雁新城”建设项目。总投资额为70亿元已到位资金7亿元。（3）衔接跟踪中核建能源公司在衡建设核电厂项目进程和投资建设核工业产业园项目。衡东大桥核电厂项目达成厂址土地转让协议，预计2016年投资建设。核工业园区总规模约5平方千米，总投资额80亿元，已与清华启迪公司和中核建能源公司达成合作意向。（4）多次对接北京中关村创业园，北京迪格斯玛科技有限公司、中国国际招商引智、人民网，鼓励企业家们到衡阳发展，一起打造一个更高端的电商平台，建成衡阳的“中关村”。（5）推广南岳机场航线并与中联航公司积极协调争取理想的航班时刻。提高衡阳城市品牌形象。（6）积极牵线大型企业、北京商会企业和首都高校、科研院所，为衡阳市引进资金、项目和技术等做好服务工作。（7）以北京衡阳商会为依托，经多年跟踪协调，商会副会长单位北京天洋集团拟投资约60亿元建设“梦东方·中南国际旅游度假区”，将围绕衡南历史文化和地方特色打造以主题公园、衡州古镇及酒店集群为载体的世界一流文化旅游度假区。该项目已签订合作协议。（8）引进北京国脉互联有限公司在衡山科技城，创建互联网金融融资平台，打造本市互联网创业新思维。（9）引进北京湛为投资公司在衡阳投资1.8亿元开发荒山农田，进行耕地改造。（夏平平）

【公务接待】 2015年，市驻京办严格遵守中央八项规定和省、市接待标准，按照“从严、从细、从精”的方针，完善公务接待标准和公车管理制度，做好服务工作。把厉行节约落到实处，接待来京参加全国人民代表大会的市代表，服务全市来京公务、学习的相关领导接，参加政务和经济活动。协助市工商联组织市民营企业家考察北京衡阳商会代表企业等活动，得到各级领导的认可。市政协在京开展“异地衡阳商会推动衡阳发展”主题调研活动，全程陪同考察并协助商会组织召开座谈会。（夏平平）

【宣传推介】 2015年，围绕市委、市政府中心工作，发挥跨越两地、连接上下的独特优势和桥梁纽带作用，服务发展大局。（1）抓好《驻京信息》的采编工作，每季度1期，向市委、市政府、市人大和市政协等单位和北京部分老乡寄出4期，为衡阳提供权威的前瞻性政策信息，扩大衡阳在京的知名度和影响力。（2）在省办官网“首湘缘”网站和“衡阳市政府驻京联络处”子网站上发布衡阳发展资讯、投资政策、招商信息等。（3）铺路搭桥，宣传推介衡阳。9月，组织经销商在北京湖南大厦参加湖南—北京首届精品湘菜推介会，推广衡阳市名优特农产品，在办事处召开座谈会向北京企业家们宣传衡阳市招商引资优惠政策。

【劝返维稳】 坚持“四个统一”“四个第一”和“三管齐下”，采取“在京妥处理，在衡热办理，重点在“杜绝激访、遏制集访、减少非访”上下功夫，强化源头化解，主动对接相关单位，引导信访人依法表达合理诉求，争取属地解决问题，有效杜绝极端、恶性等事件发生。在“纪念抗战胜利70周年”大阅兵时期和在京召开的十八届五中全会会期，办驻京工作人员表现出较高政治责任感和较强的责任心，配合默契，较好的完成劝访维稳工作，维护首都和社会的稳定。（夏平平）

【公共服务】 （1）搭建平台。

一是牵头筹建北京衡阳企业商会，指导商会规范运作、健康发展，为衡阳企业在京发展搭建平台。二是协助省驻京办筹建共青团湖南省委驻北京工作委员会（简称“湖南省驻京团工委”），推荐1名40岁以下的青年党员当选湖南省驻京团工委委员，为搭建衡阳创业青年交流平台开展服务。(2) 就业指导。在人才与企业之间“牵线搭桥”，全年共帮助50余名衡阳老乡在北京找到工作。(3) 法律服务。组织在京衡阳籍律师为衡阳市在京务工创业人员提供法律咨询等服务。（夏平平）

## 驻广州（深圳）办事处工作

**【概况】** 2015年度，衡阳市人民政府驻广州办事处办坚持紧紧围绕市委市政府的中心工作，积极拓展外部关系，宣传衡阳形象，整合政商资源信息，服务衡阳经济社会发展。按照三定方案的要求，服务来粤人员，提供招商考察方便。在工作思路上大胆创新，变被动服务为主动作为，与广东省各级政府及部门取得联系，了解改革前沿政改经改动向，研究发达地区的经济趋势，服务市委市政府的重点工作决策，并为来粤学习交流的部门和企业推荐样板典型。（唐志军）

**【提供优质服务】** 对衡阳市赴广州、深圳人员及团队，尽力提供各种方便，保障他们在粤期间的工作、生活便利。2015年，共接待大型重要团队10次，其他赴粤人员约30余次。每次接待前悉心准备，事前同牵头单位密切沟通，了解访粤意图，制订详细的接待方案，提前开车预探访粤现场，根据牵头单位要求和相关规定提前安排好用餐住宿，联络车站机场保证交通接驳顺畅，不误点，不误事，也不因安排不当而浪费时间，联络一切资源帮助实现访粤意图，并根据需要采取适当的安全保卫措施。（唐志军）

**【畅通联系渠道】** 与驻地政府企业协会建立广泛联系，在广州市协作办联络处的具体指导下，加强与广州社会各个层面的联系。积极参加广州市协作办组织的各项活动，同腾讯公司总部、华强集团总部、湛氏生态农业公司、冠昊生物、科马集团等大型企业进行互动联系；配合衡阳市政府招商引资，走访广东省农垦集团总公司；配合衡阳市政协“异地商会推动衡阳发展座谈会”，走访广富诚集团总部；积极参加广东省内各地衡阳商会的活动，参加深圳衡阳商会、深圳衡南商会、阳江衡阳同乡会的年会及联谊活动，同广东总裁商会、广东省衡阳商会、珠海衡阳商会、江门衡阳商会等建立经常性的互动往来；加强各地驻广州办事处等同业单位的联系，湖南办、普宁办、天津办以及衡阳市各县市驻广州办事处都互有往来，互享信息，互帮发展；不定期走访衡阳籍在粤政要贤达，凝聚同乡感情，汇聚人心智慧，借力推动衡阳。发挥在粤优势，广泛搜索信息。安排相关人员关注大粤网，广州市政务网，广东省政务网、广州协作网等相关网络资源；订阅《广州日报》《新快报》等相关报纸，收看收听广东地方电视广播节目，及时掌握改的开放前沿信息；参加珠三角的各类经济分析会形势报告会，获取宏观经济信息数据；借助微信添加朋友圈，掌握人脉信息资讯。整合各渠道获取的资讯，筛选比对综合后，报送给衡阳市人民政府决策参考。

（唐志军）

**【助推经济发展】** 推介衡阳，组织赴衡投资考察团九个。经过不断宣传，广东的企业家对衡阳市情有进一步的了解，消除对衡阳的一些误解，对投资衡阳的初步愿望。市驻广办及时引导，牵头组织或鼎力促成9个投资考察团共120人赴衡考察，包括科马集团、万尚红网络科技有限公司、中华国际商贸物流商会、广州总裁商会等。配合广州市协作办区域合作处，选择衡阳作为广东高铁经济辐射的第一站，专程组织企业家到衡阳考察投资。考察团在6月3日成行，10名各部门领导，35名企业家，来自制造、物流、地产、旅游、动漫、互联网、农业等不同行业，历时4天，走访耒阳、祁东、衡南、衡阳、南岳五个县市区及衡阳市本级，考察十余家项目现场。（唐志军）

**【招商引资服务】** 2015年，市驻广办选择赴衡阳考察团中有意向投资衡阳的企业，重点跟进出落地。在衡阳考察期间，很多企业家当时就有投资意向，回来后，继续跟进，疏通联络渠道，加强后续对接，激活投资信心。通过多方共同努力，广东万商红网络科技公司与祁东衡缘物流合作成功，广州奔立尔服装有限公司扩大在衡阳投资规模，广州白云山旅游有限公司加强与南岳的旅游合作，香港福郡各珠房地产公司与耒阳洽谈旅游度假项目合作意向。衡阳三湘农林有限公司也通过这次推介活动，顺利引进合作投资方。（唐志军）

【处置遗留问题】 为处理好衡阳市原珠海办事处的资产处置遗留问题，市驻广办配合市法制办开展工作，三赴珠海调查研究，并按照市政府的研究决定，成立衡珠置业有限公司，广办主任唐志军兼任该公司董事长。截至2015年底，该项目已经启动，重建规划方案已经完成审批论证，原建筑已经拆除，项目建成后，将为衡阳市政府争取300余平方米房产，并为市政府化解资产处置所留下的矛盾隐患。（唐志军）

## 驻长沙办事处工作

【概况】 2015年，在衡阳市委、市政府的正确领导下，在省直机关各部门的大力支持下，驻长沙办事处（以下简称驻长办）全体干部职工深入贯彻习总书记系列讲话重要精神，认真学习落实党的十八届四中、五中全会精神，积极开展“三严三实”专项教育，团结务实、锐意进取，奋力开拓，自身建设、对外联络、接待服务、信访维稳、招商引资等各项工作都取得较好的成绩，完成各项工作任务。（陈洪任）

【强化政务服务】 （1）服务衡阳市经济社会发展。全程跟踪服务五矿集团与衡阳合作投资建设的水口山金铜项目、瓦松铁路建设项目，积极参与项目协调工作。（2）跟进省发改委关于衡阳创建循环经济示范城市、国家第二批专项建设资金项目、核电项目、株冶转移性项目、热电联产项目等的落实工作。（3）向省人社厅对衡阳就业资金的分配、国企改制社保挂账、社保转移支付和绩效考核工作等问题进行汇报，力求多争取国家、省对衡阳相关方面的政策倾斜和资金扶持。（4）与省统计局沟通，及时掌握衡阳经济社会发展各项指标的统计情况，为市领导决策当好参谋。（5）城市建设融资服务。先后为市城建投公司、弘湘公司、担保公司、交通投公司、来雁公司等衡阳市城市建设投资建设主体单位的融资作牵线搭桥工作，与坐落在省会长沙的国家开发银行湖南省分行、长沙银行、华夏银行湖南省分行等金融单位实行对接，促成数十亿资金贷款的落实。（陈洪任）

【服务招商引资】 （1）为省大型国企新天地集团收购衡阳保安公司开展前期工作。对新天地集团的收购意向进行摸底。（2）强化商会工作指导力度。先后多次参加商会组织各种形式的会议，就商会的活动开展、组织建设、发展路线等方面作具体指导，使衡阳省会成功升格为全国5A级商会，为在外地发展的衡阳客商投资衡阳奠定基础。（3）配合市招商部门开展对外联络招商服务。2015年4月，配合市商务局召开异地商会座谈会，做好形象宣传、联络沟通、后勤服务等工作，力促项目回家来、产品走出去。（陈洪任）

【服务质量保证】 2015年度，办事处共接待衡阳市来长沙办事的市级领导和市直部门人员1391人次，接待工作受到市领导和市直部门、县（市）区的高度评价。（1）节假日无休。为做好接待服务工作，办事处全体干部职工基本上没有周六、周日休假的概念，做到全年全时间、全天候都处在待命状态。（2）接待细致。对来长办事的各级领导干部，办事处均安排车辆到高铁站、机场接送，为各级领导和市直部门、县市区人员到长沙联络政务提供出行便利。（3）服务周到。办事处进一步规范食堂的管理运作，提升服务质量，为到长沙联络政务的人员提供方便、平价的就餐场所，提供各方面的后勤保障。（陈洪任）

【规范制度建设】 （1）规范制度。进一步完善办事处内部管理制度，出台《驻长办日常工作制度》《驻长办财务管理制度》《车辆管理制度》等规章制度，确定各项工作分管人员和责任，对财务审计严格把关，对办公车辆严控严管。（2）搭建平台。2015

年，驻长办以良好的服务为基础，以多次重要服务接待工作为契机，与省会党政机关的一些领导干部建立联系，扩大并丰富办事处的人脉资源，为联系政务、招商引资等工作打造一个良好的平台，较好地发挥衡阳市委、市政府的在长沙联络员的角色职能。

(3) 规范机构。根据《国务院办公厅转发国家机关事务管理局〈关于清理规范驻省会城市办事机构指导意见〉的通知》和省政府关于清理规范驻省会城市办事机构的实施意见，驻长办一方面强化机构建设，规范自身运作；另一方面与各县市原驻长沙办事处加强沟通，严格落实国、省清理县市驻省会长沙办事机构的文件精神，就清理工作中遇到的人员、资产等问题与各县市沟通协调，促使清理工作平稳、顺利进行。

(陈洪任)

# 政 协

## 重要会议

**【政协衡阳市第十一届委员会第三次会议】** 2月3日上午，政协衡阳市第十一届委员会第三次会议隆重开幕。本次会议应到委员和特聘委员451人，因事因病请假20人，实到431人，符合《政协章程》及《政协衡阳市委员会全体会议工作规则》规定的有效人数。上午8时30分，大会执行主席李安平宣布大会开幕，全体与会人员起立，奏唱《中华人民共和国国歌》。受政协衡阳市第十一届委员会常务委员会的委托，衡阳市政协主席廖炎秋在大会上作《中国人民政治协商会议衡阳市第十一届委员会常务委员会工作报告》（以下简称《报告》）。《报告》回顾市政协过去一年来的工作。2014年，衡阳市政协围绕全市改革发展大局，以富民强市为己任，以改善民生为重点，以党的群众路线教育实践活动为契机，不断改进工作作风，积极推进协商民主，切实增强履职实效，着力促进社会和谐，为推进衡阳市全面建成小康社会发挥积极作用。受政协衡阳市第十一届委员会常务委员会的委托，政协副主席肖长贵在大会上作《中国人民政治协商会议衡阳市第十一届委员会常务委员会关于十一届二次会议以来提案工作情况的报告》。2014年，衡阳市政协共提出提案546件。经审查，立案543件。截止到2014年11月底，所有提案全部办复完毕。

2月5日上午，政协衡阳市第十一届委员会第三次会议举行第二次大会。市正厅级干部、市政协党组副书记肖长河主持会议。会议听取政协委员唐时明、向前、胡文星、刘炫伶，唐昭、许素珍、罗安宝的发言。内容涉及关于构建绿色住宅体系的建议、发展衡阳临空经济的建议、依法管理土地的建议、推进衡阳市工业园区二次开发升级的建议、大力发展移动互联网产业、充分发挥商会作用，加大招商引资力度、推进民主监督工作的制度化、常态化等。衡阳市委副书记邓群策与衡阳市委常委、常委副市长段志刚亲临大会并对政协委员们的发言给予高度评价。

2月6日下午，政协衡阳市第十一届委员会第三次会议举行第三次大会。本次大会应到委员441人，实到420人，符合《政协章程》及其他规则规定的选举人数。市政协副主席张亮主持会议大会首先通过《政协衡阳市第十一委员会第三次会议补选办法（草案）》；通过《政协衡阳市第十一届委员会第三次会议选举会总监票人、监票人名单（草案）》；指定总计票人、计票人。通过表决，会议选举李平、黄保锦为衡阳市政协副主席、选举万春生、左琼颖、伍尤平、孙团才、张群峰、旷顺年、周强、易晔、徐云会、傅小林、谢树连、谭崇恩（以姓氏笔画为序）12人担任十一届市政协常务委员。大会还表彰市政协十一届二次会议以来优秀提案和提案办理先进单位；表彰2014年度“三好界别”“四有委员”；表彰2014年度优秀建议案、优秀调研报告；表彰2014年度优秀理论征文；表彰2014年度社情民意信息工作先进单位、先进个人、优秀信息稿件特别奖、优秀信息稿件；表彰2014年度衡阳市政协门户网站信息采编先进单位、先进个人；表彰2013、2014年度“政协好新闻”。

2月6日下午，在圆满完成大会各项任务后，政协衡阳市第十一届委员会第三次会议胜利闭幕。会议应到委员和特聘委员451人，实到430人，符合《政协章程》规定的有效人数。会议审议通过政协衡阳市第十一届委员会提案委员会关于十一届三次会议提案审查情况的报告；审议通过政协衡阳市第十一届委员会第三次会议政治决议及其他各项决议。市委书记、市人大常委会主任发表重要讲话，市委副书记、市长周海兵出席会议。本次大会由市政协主席廖炎秋主持。 （周智毅）

**【政协衡阳市第十一届委员会常务委员会第十五次会议】** 2015年1月14日召开。会议的主要议题是：协商增补、辞免和撤销十一届市政协委员名单（草案）；协商政协衡阳市第十一届委员会第三次会议主席台就座人员名单（草案）；协商政协衡阳市第十一届委员会第三次会议委员小组召集人名单及分组原则（草案）；协商政协衡阳市第十一届委员会第三次会议列席人员名单（草案）；审议《政协衡阳市第十一届委员会常务委员会工作报告（草案）》；审议《政协衡阳市第十一届委员会

常务委员会关于十一届二次会议以来提案工作情况的报告（草案）》。（周智毅）

【政协衡阳市第十一届委员会常务委员会第十六次会议】 2015年2月5日上午召开。会议的主要议题是：听取衡阳市委关于人事安排的说明；审议《政协衡阳市第十一届委员会第三次会议补选办法（草案）》；审议《政协衡阳市第十一届委员会第三次会议选举会总监票人、监票人建议名单（草案）》。（周智毅）

【政协衡阳市第十一届委员会常务委员会第十七次会议】 2015年2月6日召开。会议的主要议题是：听取大会秘书处关于各小组讨论情况的综合汇报；听取各小组关于审议大会各项决议的情况汇报；听取各小组关于人事任免酝酿情况的汇报；听取各小组关于《政协衡阳市第十一届委员会第三次会议补选办法（草案）》和《政协衡阳市第十一届委员会第三次会议选举会总监票人、监票人名单（草案）》的协商情况汇报；通过候选人建议名单；审议《政协衡阳市第十一届委员会提案委员会关于十一届三次会议提案审查情况的报告（草案）》。（周智毅）

【政协衡阳市第十一届委员会常务委员会第十八次会议】 2015年4月24日召开。会议的主要议题是：学习全国政协十二届三次会议精神、省政协主席陈求发的讲话和全国政协常委会工作报告。（周智毅）

【政协衡阳市第十一届委员会常务委员会第十九次会议】 2015年5月18日召开。会议的主要议题是：协商增补、辞免、撤销十一届市政协委员名单，协商有关人事任免事项，审议政协衡阳市第十一届委员会各专门委员会兼职副主任名单，通报有关情况。（周智毅）

【政协衡阳市第十一届委员会常务委员会第二十次会议】 2015年7月29日召开。会议的主要议题是：听取市城管执法局工作情况的汇报；听取市政协民主评议工作领导小组对市城管执法局工作情况的评议报告；市政协委员及相关方面代表作评议发言；市政协常委会组成人员对市城管执法局工作进行满意度测评。（周智毅）

【政协衡阳市第十一届委员会常务委员会第二十一次会议】 2015年7月29日召开。会议的主要议题是：通报《关于对市城市管理行政执法局民主评议整改情况的评价报告》。（周智毅）

【政协衡阳市第十一届委员会常务委员会第二十二次会议】 2015年11月25日召开。会议的主要议题是：听取市交通运输局《关于市政协十一届三次会议的提案办理情况》的汇报、市政协民主评议提案办理工作第一小组《关于对市交通运输局2015年度政协提案办理情况的评议报告》、政协委员就市交通运输局提案办理情况的发言；听取市城乡规划局《关于市政协十一届三次会议的提案办理情况》的汇报、市政协民主评议提案办理工作第二小组《关于对市城乡规划局2015年度政协提案办理情况的评议报告》、政协委员就市城乡规划局提案办理情况的发言；市政协常委、提案评议组成员和提案委员对市交通运输局和市城乡规划局提案办理情况进行满意度测评；审议政协衡阳市第十一届委员会第四次会议的有关事项。（周智毅）

【政协衡阳市第十一届委员会常务委员会第二十三次会议】 2015年12月28日召开。会议的主要议题是：协商有关人士任免事项；审议政协衡阳市第十一届委员会第四次会议有关事项；协商《政协衡阳市第十一届委员会第四次会议秘书长、副秘书长名单（草案）》，审议《政协衡阳市第十一届委员会常务委员会工作报告（草案）》，审议《政协衡阳市第十一届委员会常务委员会关于十一届三次会议以来提案工作情况的报告（草案）》。（周智毅）

## 履职工作

【政治协商】 政协衡阳市委员会（简称市政协）积极发挥协商民主重要渠道作用，坚持在拓展协商民主中增添履职活力。在实践中，不断探索，建立“一三五”协商工作机制，即：做好一个年度协商计划；搞好与党委政府、与职能部门、与政协委员的三个对接；抓好科学选题、调查研究、会前沟通、平等协商和成果转化五个重要环节，形成以全体会议协商为总揽、以专题协商为重点、以提案办理协商和界别对口协商为常态的协商议政新格局。年初，围绕市委、市政府的工作重点，在集思广益的基础上，制订《市政协2015年协商工作计划》，确定就“发挥异地衡阳商会作用”“县（市）区采血点建设”“残疾人康复项目医疗保障工作”“全市县域工业园区建设发展”4个议题开展专题协商。市委、市政府对市政协提出的协商意见建议高度重视，大部分都吸纳进出台的相关文件之中，促成一大批事关经济社会发展和民生改善方面的问题得到较好地解决。如：4月7日，市政协召开的“发挥异地衡阳商会作用，促进招商引资工作”专题协商会议引起市委、市政府的重视。市商务和粮食局代市政府起草《关于加快异地衡阳商会建设支持衡商发展的指导意见》（初稿）并报送市政府审定，市商务和粮食局已向各县市区商务（招商）部门和异地衡阳商会下发《关于收集衡阳籍在外经商创业成功人士有关情况的通知》《关于收集异地衡阳商会领导和衡阳籍在外经商创业成功人士有关情况的通知》，主要掌握各异地衡阳商会领导（主要包括会长、常务副会长、秘书长）、衡阳籍在外经商创业成功人士的有关情况，此举将有利于本市招商引资工作的开展。此外，每年春节或清明期间召开一次座谈会，邀请市委、市政府领导出席，向老乡推介招商项目，集中解决老乡在衡阳投资的问题和困难；6月3日，“县（市）区采血点建设”专题协商会后，市血站向市政府报送《关于进一步加强全市无偿献血工作的实施方案》，待市委常委会研究讨论后下发；6月，衡阳市无偿献血志愿者服务中心正式注册成立，带动越来越多的人参与无偿献血活动；9月起，全市实现临床用血核酸检测100%覆盖，确保全市血液质量；10月成立“全市血液质量控制中心”，引导全市临床科学、合理输血；10月份还正式启动“无偿献血免费用血直报工作”，无偿献血者本人及其家属如需临床输血，在医院出院时就可享受直接报销；按照“一县一屋（一车）”的总体目标加强采血点的建设，对已建成采血点但位置较偏或总体效果不佳的县（市）区，都初步确定搬迁新址，并向各级政府呈报；7月24日，市政协就本市残疾人康复项目医疗保障工作，组织各相关职能部门和政协委员进行专题协商。促使市政府出台《衡阳市关于将部分医疗康复项目纳入基本医疗保障范围的实施方案》《关于调整衡阳市城镇居民基本医疗保险有关政策的通知》《关于对迁就性脑瘫儿童康复救助项目实行单项费用结算的通知》等一系列相关文件。同时，市财政局同意，从2016年开始，在残疾人就业保障金中增加残疾康复经费比例，并着手研究残疾人购买辅助器具纳入财政补贴的问题；医疗保障报销费已将项目内城镇脑瘫儿童康复治疗费用由每年3600元提高到6500元；衡阳博爱康复医院已确定为医保、农合脑瘫儿童康复定点医院；衡山县已同意给县残联调剂增加3名工作人员编制；9月17日，市政协召开“关于衡阳市县域工业园区建设发展”专题协商会。会议明确衡阳西渡经济开发区、祁东经济开发区、衡山科学城、常宁工业区的产业定位。会后，市委、市政府出台《关于进一步支持工业经济发展的若干规定》，并在年内全面启动对园区的目标管理绩效考核，并纳入全市目标管理绩效考核体系。市经信委还向各县（市）区和有关部门征求意见，拟将县域园区建设纳入顶层规划范畴，对衡阳市未来5年的工业园区发展战略、产业布局等进行全盘规划。（周智毅）

【提案工作】 （1）市政协充分调动广大市政协委员、市政协各参加单位和各专门委员会撰写提案的积极性，创新提案办理协商方式，把好提案的“质量关”“办理关”和“问效关”，提案工作呈现出新的活力与生机。去年共收到提案496件，立案486件，立案率为98%。其中，委员提案440件，占立案总数的90.5%；党派、团体和政协各专门委员会提案46件，占立案总数的9.5%。经济建设类提案158件，文化建设类提案82件，社会建设类提案143件，生态文明建设类提案103件。提案送交84个承办单位进行办理，截至2015年11月底，立案提案全部办复。其中，解决的

243件，占50%，列入计划拟解决的218件，占44.9%，对因条件所限不能解决的或留作参考的25件，占5.1%。收到提案办理反馈意见437件，其中，反馈满意的414件，占94.7%；反馈基本满意的23件，占5.3%。总体来看，提案整体质量较高，对加快推进全市深化改革、经济发展、社会和谐、民生改善发挥积极作用。(2) 2015年，市政协开展9次提案办理专题协商，如：5月26日上午，就市长周海兵签批的市政协十一届三次会议第1号提案《关于大力扶持本地电子商务发展孵化大众创业万众创新打造衡阳经济发展新的“发动机”》与政府有关部门召开专题督办协商会议，就相关问题的解决和落实出台具体的实施意见。5月26日下午，对第144号提案《关于科学设计和建设城区人行道板，保证路面质量的提案》召开提案专题协商督办会议，会后，市政府以文件的形式将《衡阳市城区人行道建设、使用、管理实施意见》，下发并组织有关部门贯彻实施。7月1日，对第75号提案《关于解决雁峰区黄白路交通混乱、拥堵现状的建议》，协商会后，市政府分管领导又牵头召开现场办公会，多次实地进行调研，市教育局召集黄白路沿线8所学校的负责人进行座谈协商，制定《关于解决雁峰区黄白路沿途学校周末放学高峰期交通拥堵问题的意见》，对沿途学校提出具体要求，交警支队邀请华中科大专家先后7次进行现场勘测，科学规划，雁峰区、市城管执法局专门出台一系列整改措施。黄白路的交通秩序已明显好转。8月11日，对第11号提案《关于保障食品质量安全、加强质量安全监管的建议》进行专题协商。针对协商要求，市食品药品监督局积极办理，下发《关于加强食品药品质量安全监管工作的方案》，开展“四小”“四查”专项整治活动，对全市2170家食品生产小作坊、4382家小食品经营店、1278家小药品店和1561家小诊所等经营单位进行整治，共下达整改通知2870份，补办证照125家，查处小药店9家、小食品店13家、食品生产加工小作坊15家，立案28起，全市食品安全状况明显改善。此外，市政协还分别对第56号提案《关于高铁停车场合理收取停车费的建议》、第58号提案《关于加大农村山坪塘维护管理力度的建议》、第255号提案《关于增设移动信号塔，消除信号盲区的建议》、第260号提案《关于禁止开采山砂防止水土流失的提案》、第346号提案《关于整治生态公园和平湖公园园区环境的建议》召开专题协商督办会，都取得较好的协商效果。 （周智毅）

【社情民意】 2015年，市政协共收到各类社情民意来稿960余篇，共编发《社情民意》专刊248期，其中有3篇稿件被全国政协采用，34篇稿件被省政协采用，继续保持在全省政协系统的前列；有40多篇稿件得到市委、市政府领导的批示，为党政领导科学决策、指导工作提供及时、有益的参考。特别是报送的《惠农文件需要“回头看”》《让医保卡中的钱花得更方便》等稿件在《人民日报》上刊发，产生广泛的影响。报送的市本级社情民意信息《衡州大道部分路段安全隐患亟待解决》《关于解决“新农保”自主缴费进度缓慢的建议》《我市在宣传衡阳历史文化方面出现的文字错误应及时更正》《关于理顺城区防洪堤建管体制的建议》《市职业中专置换土地房屋拆迁的问题不应久拖不决》等，得到市长周海兵、市政协主席廖炎秋的批示，也引起有关部门的重视和整改，帮助老百姓解决一些实际问题。为进一步加强反映社情民意信息工作队伍建设，健全政协反映社情民意信息网络，2015年，从各县（市）区政协、各民主党派市委、部分市直单位和驻衡高校中聘任95名特邀社情民意信息员。

（周智毅）

【民主监督】 市政协围绕事关科学发展的关键问题和人民群众关注的热点问题，本着“监督就是支持”的基本思想，努力做好民主监督这篇文章。2015年，组织委员对全市的城管执法工作进行民主评议，为提升本市的城市管理水平，争创全国文明城市给予有力配合。对市交通运输局、城乡规划局的提案办理情况进行民主评议，切实增强市直各职能部门的提案办理意识。为增强民主监督小组工作实效，按照“认真、求真、较真”的工作要求，将委室作为组织、联系、指导民主监督工作的责任主体，重新委派12个民主监督小组，并制订出台相关工作制度和考核办法，有力推进民主监督常态化、制度化建设，使政协民主监督工作落到实处、不走过场。通过开展委员专项视察、参与重点工作听证和对教育工作评议成果“回头看”等监督形式，有效助推市直各职能部门改进工作、提高效率、转变作风。（周智毅）

**【建言献策】** 市政协紧扣市委的工作部署和市政府的工作重点，积极为改革发展稳定建净言、献良策。先后组织政协委员、专家学者就发展现代休闲农业、大力发展现代服务业、理顺城区公交运营体制、智慧停车管理系统建设等课题，深入开展调研视察，形成重大建议案2份、大会发言36份、调研视察报告43份，提出的意见建议得到市委、市政府的高度重视，为党政科学决策提供重要参考。（周智毅）

**【团结联谊】** 密切与各民主党派、工商联、无党派人士和各人民团体的联系，鼓励、尊重和保障他们在政协这个履职平台发挥更多更好的作用。2015年，他们向市政协提交提案357件，撰写调研报告21篇，反映社情民意信息412条，真正凸显参政议政主力军的作用。积极加强与国、省各级各类新闻媒体的联系与合作，全年共发表宣传稿件320多篇，对提升衡阳的知名度、美誉度起到积极作用。充分发挥市政协理论研究会的平台作用，组织开展政协理论征文活动，推荐一批优秀论文在国、省、市主要媒体上发表。结合市委、市政府统一安排的新农村建设和精准扶贫工作，积极开展“一进二访”“三联三助”等活动，主席会议成员经常深入联系点，走村入户，释惑解难。2015年，发动政协委员捐赠善款逾千万元，帮助困难群众解决生产生活的燃眉之急。民建市委的湖南融达慈善基金会捐助困难群众200多人，发放救助资金120余万元。民革市委以纪念抗战胜利70周年为契机，举办系列庆祝活动，并多方筹措资金，为抗战老兵发放生活补助金76.8万元。市政协机关服务委员、服务履职、服务老干等工作有进一步的加强。精心编撰出版《衡阳政区变迁录》一书，较好展示衡阳的人文历史。（周智毅）

# 民主党派·工商联

## 民革衡阳市委员会

【队伍建设】 （1）思想建设。2015年，民革衡阳市委员会（简称市委会）以建设符合执政党要求的高素质参政党为目标，不断强化思想建设，荣获民革全国宣传思想理论工作先进集体。一是加强理论学习、研究。市委会在各支部和党员中，以开展中国特色社会主义学习实践活动为主线，深入学习贯彻全国两会、中共十八届五中全会精神和习近平总书记系列重要讲话精神，学习中央统战工作会议和《中国共产党统一战线工作条例（试行）》精神，进一步提高大家对参政党地位和职能的认识。市委会结合统战理论、各类征文活动进一步强化参政党理论研究工作。民革衡阳市委荣获2015年度全市统战调研工作优秀组织奖。范林、邓石成、贺桂花、刘秋菊等人的研究成果也分别获奖。二是加强学习培训。2015年，市委会举办新当选基层组织支部班子成员和新党员培训班；输送党员参加省市各级举办的培训班，如谢肃、袁国华等参加省社院的学习，郭露璐参加全国人大的培训等。通过这些平台的培训进修，党员综合素质得到进一步提升。三是加强专题学习。市委会先后成立民革衡阳市委读书会、衡阳市抗战文化促进会，并专门就国学、抗战文化，邀请专家进行专题讲座、研讨，在党员中掀起一股国学热潮和抗战文化研讨热潮。尤其是对抗战文化的研究和发掘，在本市申报国家级历史文化名城的工作过程中，承担编写一部衡阳抗战文化书籍的重任，为本市申名工作做出重要贡献。（2）组织建设。一是抓好班子建设。市委会领导班子一正四副，一名秘书长。在工作开展过程中始终坚持民主集中制，增强班子凝聚力。市委会认真贯彻集体领导和分工负责的领导机制，充分发挥班子成员分管专委会机制的作用，成功举办各种重要活动。二是抓好组织发展，储备高素质人才。2015年以来，民革衡阳市委共发展新党员12人，这些党员都是在行业中担当重任的骨干精英，党员队伍结构得到优化提高。到2015年年末，全市民革党员人数共计410人。三是抓好基层支部换届工作。2015年是民革基层组织换届年。市委会严格按照民革省委有关换届文件精神，遵循组织原则，圆满地完成19个基层支部的换届工作，实现支部领导班子的新老交替，为基层组织生活的开展增添活力。四是加强交流学习。2015年以来，民革上海市委、民革鄂州市委、民革清远市委、民革广州市委、民革广东省委、民革南京市委等先后来衡交流，通过交流与学习，开拓市委会开展基层组织工作的思路，也促进民革基层组织各项工作的开展。（3）机关建设。一是做好办文办会工作及各类大型活动。一年来，市委机关办理的各类公文准确无误，并筹办各次主委办公会议、市委扩大会、总结表彰会、各类培训班等，为成功举办“2015年南岳忠烈祠清明祭扫活动”“纪念中国人民抗日战争暨世界反法西斯战争胜利70周年‘南岳忠烈祠祭奠抗战英烈’活动”“2015年重阳节民革市委养生联谊活动”等保驾护航。二是不断加大干部培训和锻炼。2015年，市委会组织机关干部6人参加民革全省机关建设研讨班。市委会还经常给机关干部上平台、露脸，发声的机会，锻炼他们的自身综合素质。三是做好年终考核工作。民革省委和中共衡阳市委、市政府逐步加强对民革市委机关各项工作的绩效考核。民革市委机关在扎实做好自身各项工作的基础上，认真对待考核工作。在2015年度的民革全省机关办公室、组织、宣传、参政议政四项工作量化考核中，民革市委机关分别获得二等奖、二等奖、一等奖和三等奖。在全市市直机关绩效考核中，民革市委机关被评为优秀单位。四是服务好老领导老党员。2015年重阳节，根据市委会的部署，市委机关举办养生联谊活动，邀请民革市委的老领导和老党员30余人参加，并进行座谈，向其介绍新时期民革各项工作情况，并听取老干部的心声，以及其对民革发展的意见和建议。 （邓石成）

【参政议政】 （1）政治协商。一年来，民革衡阳市委参加中共衡阳市委、市政府和有关部门召开的党外人士协商会、座谈会、情况通报会13次，所提建议包括经济发展、民生教育、环境保护、社会法制等多个领域，为本市各项事业的发展建言献策。李浪、彭钢、曾浩津、张云星、冯志刚等同志为本市科学地编制十三五规划，提出许多真知灼见。持续开展对口联系工作。2015年以来，市委会已邀请市人社局、地税局参与民革市委的走访慰问抗战老兵、纪念纪念抗战胜利70周年等活动。（2）开展调研。今年市委会开展的重要专题调研有“关于促进衡阳市房地产市场健康发展的调研”“关于衡阳市各县市区采血点建设的调研”、“衡阳市公益慈善类社会组织运行现状与发展情况的调研”。其中《关于促进衡阳市房地产市场健康发展的调研报告》准确地发现“库存大，投资降；融资难，市场乱；环境差，配套缺；成本高，收费杂”等问题，同时，报告提出“出台新政，推进“去库存”工作；资金扶持，促进投资增长；提高效能，减少办事环节；规范收费，取缔不合理项目”的对策建议。民革衡阳市委以“直通车”形式将调研报告送中共衡阳市委市委书记阅示后，得到高度重视，并作出“请东海同志结合出台相关政策参阅”的批示，最终促使中共市委、市政府制定颁布《关于保持衡阳市房地产市场持续健康发展的若干意见》。此外，民革衡阳市委还开展“湘江流域重点污染源治理专项民主监督活动”。部分省、市、区县级人大代表、政协委员参加各系统的视察和调研。（3）建言献策。其中省政协常委谢肃提交的《加快智慧城市建设打造智慧湖南》的提案被省政协评为优秀提案。2015年全市两会议案提案，力争做到“三有”。一是领导有批示。2015年全市两会期间，民革衡阳市委及本界别的代表委员共提交议案和提案共三十多件。其中民革衡阳市委提交的《整合衡阳名优土特资源，结合旅游对外全面推介》的提案得到市政协主席廖炎秋的亲笔批示。二是媒体有报道。2015年全市两会期间，民革多篇议案、提案被媒体报道。如民革提交的《关于将新发现国军抗战老兵纳入财政扶助对象的建议》就被本市多家媒体进行报道。三是成果有实效。两会期间，民革提交《关于策划组织举办“纪念抗战胜利七十周年”活动的建议》的提案，提案得到中共衡阳市委的认可，后经中共衡阳市委常委2015年第14次会议研究决定，由民革衡阳市委于2015年8月中旬在南岳忠烈祠主办相关纪念活动。（4）宣传信息工作。一是宣传工作再上台阶。一年来，市委会报送新闻稿百余篇，其中人民政协网、团结报、新浪网等中央级媒体单位采用12篇，三湘统战网、湖南政协网等省级媒体单位采用50余篇，《衡阳日报》、衡阳统战网等市级媒体单位采用60余篇。这些报道充分宣传衡阳民革的形象以及本市经济社会发展的积极面貌。市委会积极抓紧各类宣传平台建设，加入民革e家信息交流平台，注册启动衡阳民革微信公众号，及时发布市委、支部、党员的消息动态，既提升工作效率，也加强三者互动。二是信息工作实现突破。2015年，市委会召开信息工作专题会议，提出量化信息工作的要求，指导党员注意观察社会，关注民生，积极反映“社情民意”，为百姓建言，为政府献策。为拓宽信息获取渠道，市委会挂牌成立“张云星委员工作室”和“周杨勋委员工作室”。2015年以来，市委会向民革省委、市政协、市委统战部共报送社情民意稿件30余篇，其中刘幼翠撰写的《建议继续将盘拖纳入农机购置补贴范围》被全国政协及省政协采用。谢肃同志撰写的《酒后代驾存监管空白，亟待出台规定管理》等多篇社情民意被市政协采用。在统战信息工作方面，报送30余条，被采用多条，其中许志杰同志撰写的《修改完善〈献血法〉有关条款的建议》被中共湖南省委统战部、中央统战部采用。（邓石成）

【社会服务】（1）立足“精准”，深入开展扶贫工作。按照市委、市政府、市扶贫办的相关工作要求和部署，2015年，市委会立足“精准”二字，班子成员三次深入扶贫点衡东县白莲镇洛湖村，根据洛湖村的实际情况制定一系列的扶贫计划。一是成立建筑劳务公司。在市委会的帮助下，当地注册成立建筑劳务公司，村民踊跃参加，市委会将为公司员工提供业务技能培训，并协助公司输送员工到市里各大建筑公司工作。此举有力地推动当地外出务工的村民回乡工作。二是成立农业生产合作社，提供技术培训。市委会根据当地地理条件和生产现状提出成立农业生产合作社的建议，该提议得到村民的积极响应。市委会还安排民革党员、农业专家曾浩津为当地村民进行系统的农业培训，并承诺在农作物成熟后帮助村民销售。三是结对帮扶。市委会班子成员与当地贫困户实行结对帮扶，制定扶贫计划，根据各户实际情况制订不同脱贫方案。市委会在走访过程中还为贫困户送去慰问金，以解决他们的燃眉之急。(2) 走访慰问抗战老兵。2015年，在中共市委、市政府的关心与关怀下，全市原国民党抗战老兵困难生活补助列入市财政预算。民革衡南工委由于关爱抗战老兵工作成绩突出，被民革省委评为“博爱·牵手”活动优秀基层组织。今年是抗战胜利70周年，9月中旬，全市尚有46名符合条件的原国民党抗战老兵未领取到抗战纪念章，多人未领到5000元补助金。市委会马上向中共衡阳市委统战部及宣传部汇报，引起中共市委常委、组织部部长、统战部部长何录春的高度重视，亲笔批示相关部门一定要尽快落实，按政策发放纪念章，民革衡阳市委负责协调发放46名原国民党抗战老兵的纪念章和18名市区抗战老兵的补助金。这些工作的完成对全社会形成铭记英雄、勿忘历史的氛围起到积极作用。 (邓石成)

【祖统工作】 (1) 举行抗战祭奠活动。南岳忠烈祠是国民政府在大陆兴建的唯一一处为纪念抗日阵亡将士的大型烈士陵园。自2012年以来，民革衡阳市委坚持每年清明节都组织民革党员开展忠烈祠祭拜祭扫活动。市委会把在南岳忠烈祠举办清明祭奠抗战英烈活动作为固定纪念方式。2015年4月3日，市委会组织70多名党员在忠烈祠祭拜祭扫烈士墓活动获得社会普遍赞誉。为纪念抗日战争胜利70周年，8月17日，民革衡阳市委在南岳忠烈祠承办纪念中国人民抗日战争暨世界反法西斯战争胜利70周年“南岳忠烈祠祭奠抗战英烈”活动，省政协、中共湖南省委统战部、民革湖南省委、市政协、中共衡阳市委统战部、民革广州市委、民革衡阳市委以及抗战老兵和抗战忠烈后裔代表参加活动。(2) 积极配合衡阳抗战陈列馆的建设，保护抗战文化资源。在本市全力创建全国文明城市之际，为配合衡阳抗战陈列馆的建设，丰富其内容，留住那些珍贵的抗战历史资料，市委会对业已寻访到的，散落于全国各地的衡阳保卫战幸存参战老兵，组织专门班子历时两个多月对其进行走访慰问，制作衡阳保卫战幸存老兵纪录片，为衡阳抗战陈列馆采集展场素材。纪录片制作的各项工作已基本完成。为搞好衡阳抗战陈列馆的建设，市委会还组织相关人员前往中国人民抗日战争纪念馆、台儿庄大战纪念馆、湖南抗战纪念馆等地考察学习，为衡阳抗战陈列馆的建设建言献策。(3) 举办和参加纪念抗战胜利70周年征文活动。为缅怀革命先烈，弘扬伟大的爱国主义精神，根据中央和省市有关指示，民革衡阳市委与中共衡阳市委宣传部、中共衡阳市委统战部、衡阳日报社、衡阳市文联、九三学社衡阳市委联合举办纪念抗战胜利70周年征文比赛活动，共收到来自省内外各界人士的投稿稿件600余篇(首)。范林所写的《衡阳保卫战铭》被评为“优秀作品奖”。市委会还积极组织人员参加民革省委开展的纪念抗战胜利70周年征文活动，范林同志撰写的《星移斗转，为战友守灵七十年——探访衡阳保卫战第十军老兵谢治义》荣获三等奖。(4) 举行“泰山军十三烈士墓”揭碑仪式。1944年，衡阳陷落后，第10军部分官兵在衡南花桥开展游击战。后因敌伪分子挑拨地方民众与这些士兵的关系，发生大规模枪战，十三名战士牺牲。抗战胜利后，牺牲的十三名烈士被安葬于衡南县花桥镇竹镇村易家湾，立碑为“泰山军十三烈士墓”，安排第10军战士梁守好（浙江丽水人，现改名谢治义）守墓至今，梁守好70多年始终如一日，不离不弃，遵命守墓。2014年，市委会向相关部门呼吁将烈士墓列为县级文物保护单位。同年，“泰山军十三烈士墓”被衡南县人民政府公布为县级文物保护单位，并批准予以修缮。2015年，筹措资金50多万元对烈士墓进行修缮。10月，市委会在衡南县花桥镇竹镇村易家组举行“泰山军十三烈士墓”揭碑仪式。

(邓石成)

## 民盟衡阳市委员会

【思想建设】 (1) 学习贯彻全国“两会”精神。3月25日，民盟衡阳市委员会（简称民盟市委）召开市委（扩大）会议，组织市委委员、支部领导班子等80余人就“两会”主要精神进行学习传达。(2) 组织学习传达中央、省委统战会议精神。5月22日，民盟市委首先组织领导班子和机关干部认真学习习近平总书记在中央统战工作会议上的重要讲话，并向支部转发《民盟中央主席办公会学习贯彻中央统战工作会议精神方案》。10月9日，民盟市委组织支部主委认真学习省委统战工作会议精神，并邀请市委统战部副部长张永英详细解读省委统战工作会议的精神实质。（3）统战理论研究工作。民盟市委注重发现、培养理论研究人才，目前已基本形成一支政治素质好、理论水平高的统战理论研究队伍。在2015年民盟湖南省委统战理论研究会常务理事会换届中，陈国生、马汉钦当选为常务理事，颜娟华当选为理事。近年来的7篇高质量的论文被湖南民盟评为优秀统战理论论文，陈国生教授2015年主持的《增强民主党派民主监督实效的路径分析和对策研究》在大会上进行交流。（4）宣传民盟的各项工作。民盟市委在各种不同层次媒体、简报刊登稿件80余篇。其中盟省委网站发稿24篇，三湘统战网发稿5篇，《湘声报》发稿3篇，在《衡阳日报》、衡阳市政协网、衡阳统战网等本市媒体中发稿50篇次。

（颜娟华）

【参政议政】　（1）参与政党协商。民盟市委领导参加市委、市政府、市政协以及检察院、法院等有关部门召开的专题协商座谈会、工作意见征求会、情况通报会协商、提案办理座谈会等，先后就政府工作报告、党风廉政建设和反腐败工作、司法公开、预防职务犯罪以及十三五规划编制等问题提出许多有重要参考价值的意见建议。（2）提交高质量提案、议案，精准“发声”。在省政协会上，由陈国生教授执笔，通过省政协人口资源环境委员会、民盟省委、农工党省委、省工商联名提交的《关于推动湖南农村土地经营权有序流转构建新型农业经营体系的建议》被列为省政协十一届三次会议的一号提案，得到省委书记徐守盛的批示。此提案被评为省政协2015年优秀提案。民盟湖南省委还专门向湖南工学院党委发函通报这一喜讯。在市政协十一届三次会议上，提交39件提案，其中集体提案6件，有4件提案获得主要领导批示、督办，其中盟员胡瑜贞所提交的《关于大力扶持本地电子商务发展，孵化大众创业》的提案被列为会议的一号提案，得到市委副书记、市长周海兵的批示。（3）开展调研活动。2015年，共完成4个调研报告，3个作为市政协的大会发言材料。其中《实施专利战略，助推创新发展》得到市委书记李亿龙的批示，《关于加快休闲农业发展，助推农业转型升级》被推荐作为省政协十一届四次大会的口头发言材料。陈国生承接的民盟省委参政议政一般课题《经济新常态背景下湖南四化协同共进的模式选择、实现路径和制度创新研究》也顺利结题。（4）履行民主监督职能。在市政协2015年委派民主监督小组活动中，有6名盟员被聘为市国土资源局等单位的民主监督员，他们积极深入基层，采取走访、座谈、问卷调查等多种形式，全面了解受派单位的工作情况，为提高职能部门服务水平开展有效的监督活动；10月13日，为保护“湘江母亲河”，了解湘江衡阳段重金属污染综合整治情况，改善湘江流域和全省生态环境质量。民盟市委组织盟内人大代表、政协委员等7人，前往水口山有色金属集团公司总部、水口山第八冶炼厂和康家湾矿区就水口山有色金属集团公司废水处理情况开展专项民主监督，并将监督情况形成专题报告提交至民盟省委。（5）创建委员工作室。今年民盟市委创建两个政协委员工作室，分别是陆秀艳委员工作室和邓寒鸣委员工作室，目前均已正常开展工作。通过委员工作室，民盟界别的政协委员不仅积极收集社情民意、为社区居民排忧解难、大力宣传与百姓密切相关的政策法规，同时还为市民提供法律咨询和帮助。（6）反映社情民意。2015年共编辑信息70余篇，市政协采用15篇，其中《关于推进法务会计师职业发展的建议》《对精神病人合并传染性疾病患者管理的几点建议》《关于推动农村土地经营权有序流转构建新型农业经营体系的建议》3篇稿件被省政协采用，《网络宗教问题应予以高度警惕》《关于建立夫妻分居制度的建议》《建议尽快建立夫妻财产约定申报登记制度》等稿件得到民盟中央的采用。在市政协和民盟省委的专项考评中排名较2014年有大幅提升。

（颜娟华）

【组织建设】　（1）顺利完成基层组织换届工作。年初召开市委

（扩大）会议部署换届工作，印发《民盟衡阳市委基层支部换届工作方案》。30个基层支部顺利完成换届，一批年轻盟员走上基层领导岗位，基层组织换届工作圆满完成。（2）注重组织发展。全年共发展新盟员34人，其中正高级职称1人，博士1人。新盟员呈现出知识化、专业化和年轻化的态势，改善年龄老化和知识结构不优的局面。（3）加强盟员培训。4月28日，民盟市委邀请马汉钦教授对2014年新发展的30多名新盟员进行培训，马教授以详实的历史资料和图片讲述民盟70多年来的历史。马汉钦还结合自身的经历，讲述在参政议政中的经验和体会。进一步增强新成员的政党意识和对盟组织的热爱之情。（4）组织开展盟务交流活动。8月，组织已完成换届的新、老支部主委前往株洲开展盟务交流活动，分享盟务工作经验。（5）加强组织联系，增强组织凝聚力。春节前夕我们联同各区工委慰问20位老盟员；7月21日，为庆祝盟员刘敏录老人90岁生日，举办生日座谈会，学习刘老热爱民盟、关心民盟的的精神；10月19日，在市博物馆举行重阳节活动，邀请来自基层组织的30多位老盟员参加；组织盟员积极参加统战系统“同心同声”红歌大赛，盟员董一静获决赛三等奖，周丽琴、聂晶平获优胜奖。（6）支部活动特色明显。文艺支部举办纪念衡阳保卫战大型文艺演出和抗战纪念邮展，大力弘扬民族精神，缅怀英雄先烈，激发民众的爱国热情。雁峰卫生支部在爱牙日、艾滋病宣传日开展宣讲活动，提高民众的预防意识和能力。石鼓支部举办“石鼓读书沙龙”活动，开拓盟员的思想和眼界，为文明创建献力。值得表扬和推荐的是支部管理方式上有大胆创新，石鼓支部推行“轮值主委”制度，让支部盟员轮流担任支部主委，使每个成员都能感受支部主委肩上的责任，也在活动组织策划中锻炼能力。（颜娟华）

**【社会服务】** （1）开展大型新春“送温暖进社区”活动。2月9~11日，在衡阳市蒸湘区、石鼓区、雁峰区开展新春送温暖活动，为100户困难家庭送去慰问金和春节物资，为构建和谐社会尽一份社会责任。（2）为湖南民盟爱心基金会捐款3万余元。（3）开展“一进二访”精准扶贫活动。9~11月，民盟市委前往常宁市胜桥镇红米田村，通过进村入户、访困问需、访贫问计，给生活十分困难的村民送上慰问物资，还组织盟内的优秀医生开展义诊活动，为村民们诊断病情，送上药品。（4）创建社会服务活动基地。民盟市委以龙泉集团为依托，将“同心”社会服务基地落户于人民社区，建立“同心工作站”“同心书画院”“同心阅览室”“同心活动室”“同心讲堂”等社区活动场所，组建京剧票友协会、爱乐合唱团、50乐队、枫叶艺术团，常年开展书画笔会、送文化进社区、国学讲堂等各项活动，不断满足社区居民的文化需求，12月，民盟市委联合义工协会对社区内的困难失独老人进行心理疏导，为其送上棉被等过冬物资。该基地已成为衡阳市文化工作和同心社区建设的一个重要品牌。（5）鼓励盟员立足本职，岗位建功。南华一支部科研成绩斐然，支部成员共承担国家级科研项目及部省重点科研项目11项，在国家级以上刊物发表论文17篇，SCI论文3篇；熊小民获全国《理论力学》课件一等奖，并成功研制出国内第一台智能分光计；南华附一支部张济承担国家自然科学基金课题，发表SCI论文1篇；师院总支的邓政老师指导学生在全国大学生展演活动中荣获一等奖，田小梅博士获实用新型专利一项，肖松平指导校学生代表队参加第三届全省大学生模拟法庭竞赛获三等奖；湖南工学院总支刘爱群老师荣获校级师德师风标兵，主篇出版规划教材1部，参编出版教材1部，廖可兵教授被教育部聘为高职高专院校人才培养工作水平评估专家；湘环支部付美云教授主持的课题获衡阳市21届自然科学优秀学术论文一等奖，高建亮主持的课题获永州市政府颁发的科技进步二等将；石鼓支部李凤发的新闻作品获“2015年度中国经济新闻”二等奖；天雁支部夏彩霞主持的《CW200四气门结构排气门技术研究与应用》获衡阳市科学技术进步三等奖；蒸湘支部姚舜老师被评为全市中小学骨干教师；文艺支部的张紫映老师获得湖南省2015年文化三下乡表演一等奖、湖南省讲话精神下基层微宣讲比赛一等奖；龙泉支部欧阳名钰的作品《大爱妈祖》在第二届中华妈祖文化全国书法篆刻大展入展，文琦炜书法作品入展湖南省艺术节；艺术支部盟员杨柳创编的少儿舞蹈《一把小雨伞》获得“小荷之星”奖。还有众多盟员在各自的本职岗位上作出骄人的成绩，为民盟组织增光添彩。（颜娟华）

## 民建衡阳市委员会

【“民建成立七十周年和在湘成立组织六十五周年”系列活动】（1）参与湖南民建会史编修工作。民建衡阳市委员会（简称市委会）在《衡阳市政协志》和《衡阳市志》基础上，分别加入衡阳民建主要的会史条目、组织历史沿革、历届市委班子、重要人物等资料，并对重大事件和重要人物等资料作进一步补充，圆满完成《湖南民建简史衡阳篇》的编撰。（2）参加法律巡讲活动。3月18日，市委会组织会内80余名企业家，参加由民建省委主办，主题为“法治中国背景下民营企业及企业家法律风险及其防范”的法律巡讲活动，以帮助民建会员特别是会员企业家在化解矛盾纠纷、预防经营法律风险、维护会员权益等方面，切实提高法律素养和法律常识。（3）参加湖南民建首届运动会。4月25~26日，由衡阳市政协副主席、民建市委主委李鹏飞带队，市委会带领34名会员组成衡阳民建代表团，参加在益阳举行的湖南民建首届运动会。衡阳代表队成绩喜人，分别获得射击团体第三名、羽毛球团体第三名、乒乓球团体第六名、拔河团体第六名。此外，衡阳代表团在本次运动会上组织井然有序，得到运动会组委会的高度肯定，获颁“湖南民建首届运动会优秀组织奖”。（4）参加“庆祝民建成立70周年暨在湘建立组织65周年纪念大会”。11月29日，中国民主建国会成立70周年暨在湘建立组织65周年庆祝大会在长沙田汉大剧院举行。衡阳民建10位女企业家表演的“姹紫嫣红尽风流”（旗袍表演及配乐诗朗诵），为民建70周年献礼。（5）庆祝民建成立70周年受到各级表彰。为纪念中国民主建国会成立70周年，民建中央和民建省委对在民建事业发展进程中作出突出贡献的集体和个人进行表彰。其中，民建衡阳市衡南工委被授予“民建全国先进集体”称号，李鹏飞被授予“民建全国优秀会员”称号；民建衡阳市雁峰一支部和民建衡阳市衡南工委被民建湖南省委授予“基层组织先进集体”称号，王洁等27名会员被民建湖南省委授予“优秀会员”称号。

（严海山）

【组织建设】 积极参与中共衡阳市委统战部举办的统战文化讲座、“衡阳统战知识竞赛”等各项专题活动，进一步提高广大会员对参政党地位和职能的认识，坚定走中国特色社会主义政治道路的决心和信心。深入学习贯彻“三严三实”精神，以好的政治修养，树立起党外干部的良好形象。（1）组织发展。2015年，市委会严格把关，宁缺毋滥，按照民建省委对组织发展的工作要求，共发展新会员26人。其中，45岁以下的23人，占88%；大专以上学历24人，占92%，研究生2人，占7.6%；新的社会阶层人士21人，占80%。组织发展呈现出两个特点：一是新的社会阶层会员比例首次超过公有制经济会员比例；二是新发展的会员年纪轻且学历高，且大都为行业精英和单位骨干。在2015年民建省委组织系统管理工作考核评比中，民建衡阳市委获“先进单位二等奖”，胡序获“先进个人二等奖”。（2）支部活动。2015年，各基层支部总体运转情况较好，会费收缴和使用正常。绝大多数支部能够按照市委会“二三四五”的工作要求，在会员发展、参政议政、社会服务等主要工作上取得突出成绩。（3）加强交流学习。2015年以来，民建新余市委、民建无锡市委、江苏盐城民建盐都区总支等先后来衡交流学习，民建衡南县工委与民建无锡市崇安区基层委缔结为友好工委。通过学习交流、互通有无。（严海山）

【参政议政】 （1）反映社情民意。2015年，衡阳民建共向市政协报送稿件近70篇，其中，被市政协采用39篇（另有10篇被统计到县区稿件），省政协采用4篇，全国政协采用1篇。此外李康杏副主委撰写的《惠农文件需要“回头看”》和綦尤润撰写的《让医保卡中的钱花得更方便》分别在《人民日报》5月20日第20版委员信箱专栏和12月17日问计求策“十三五”专栏发表，实现湖南民建以及衡阳民主党派社情民意稿件在《人民日报》中零的突破。在2015年度社情民意信息工作评比中，民建衡阳市委被评为“民建湖南省委反映社情民意工作先进集体”和“市政协社情民意信息工作先进单位”，李康杏、谢炜分获民建湖南省委反映社情民意工作先进个人一等奖和二等奖，李康杏、陈荣先被市政协评为“社情民意信息工作先进个人”。(2)社会课题调研。2015年，市委会根据市委市政府中心工作确定两个调研课题。7月21日至24日，市委会组织会内省、市、县三级政协委员，先后赴衡阳市住房公积金管理中心、衡东县管理部、衡阳县管理部、衡南县管理部开展“关于提升住房公积金‘双重收益’”的专题调研。由省市县三级政协委员联手组织调研，市委会还与市政协经济委就“白沙洲汽车南站运营问题”开展联合调研，并形成题为《大力整治客运秩序，汽车南站闲置亏损亟待扭转》的调研报告报送市政协。(3)委员履职。在年初的市政协大会上，市委会共报送大会发言2篇。其中，唐昭委员撰写的《大力发展移动互联网产业，打造我市经济新的增长点》，在大会上口头发言。“两会期间”，衡阳民建的政协委员共提交提案43篇，其中，集体提案4篇，李向东委员提交的《关于高铁停车场合理收取停车费用的提案》和肖高君委员提交的《关于加强监管，有效遏制垃圾短信泛滥的提案》被市政协评为“优秀提案”。(4)参与市政协民主评议活动。继2014年参加市政协对市教育局民主评议活动后，2015年市委会连续第二年参与对衡阳市城市管理行政执法局的民主评议活动，其中李康杏副主委担任评议小组第二小组组长。小组先后赴石鼓区、蒸湘区、耒阳市，实地察看各辖区内的公共区域、开放小区、临街门店、沿江风光带、环卫设施的管理情况，广泛征求和收集基层单位和人民群众对市城管局的意见和建议，形成小组评议报告并提交市政协。此外，李康杏副主委还针对调研中市民反映强烈的“市区停车难”问题，撰写《大力发展智能停车，破解我市停车难》的报告，并转化为市政协重大建议案。(5)媒体宣传。2015年，市委会报送新闻稿百余篇，其中在民建中央网站、湖南政协网、三湘统战网、湖南民建网、《湖南民建》杂志、衡阳统战网、《团结报》、衡阳电视台、《衡阳日报》《新视报》等媒体上发表稿件80余篇。同时市委会启动衡阳民建微信公共号建设。目前，微信公众号已经进入内部测试阶段，正式开通后将成为衡阳民建在新网络媒体宣传的一条新的渠道。2015年度民建省委新闻宣传工作表彰中，民建衡阳市委被评为“先进集体二等奖”，严海山被评为“先进个人三等奖”。 （严海山）

【社会服务】 开展“一进二访”扶贫工作。2015年，市委会立足“精准”二字，班子成员两次深入扶贫点——衡阳县关市镇众星村，根据众星村的实际情况制定一系列的扶贫计划。一是改善基础设施。市委会扶贫工作组通过走访、询问村中生产建设情况后，计划筹资25万元，重点复修村中两处堰头，改善其灌溉和蓄水功能；二是开展结对帮扶。扶贫工作组根据村中贫困户实际情况，挑选出5户作为重点帮扶对象，班子成员与这5户实行结对帮扶，计划每户支助2000元。三是捐助敬老院。市委会扶贫工作组牵线湖南融达慈善基金会为关市镇敬老院捐款60万元，用以改善关市镇敬老院老人的生活起居条件，现捐助款已全部到位。(2)继续开展“助学帮困”活动。10月13日，市委会组织湖南融达慈善基金会在华新小学开展助力高新区教育事业捐赠活动，捐资60万元。捐款主要用于衡州、祝融、蒸水、华新四所公立小学购买生活、教学设施的添置和改造，以及对四所小学优秀教师的奖励和贫困学生的资助；民建衡南工委通过整合资源，与衡南一中10名贫困学子开展结对帮扶。年初，衡南工委还组织会员赴谭子山镇敬老院慰问老人，为老人们送去慰问金和大米；6月份，民建会员欧阳严敢发起的衡阳商业微信群在衡阳县金溪镇组织开展一次扶贫帮困、捐资助学活动，十余名民建会员为贫困学生及贫困户捐款2万余元。近年来，许多衡阳民建会员利用网络平台获得各类慈善公益活动信息，通过相互转发分享，并经常性组织开展助学帮困活动，现已成为衡阳民建社会服务工作的又一创新。(3)服务会员企业。市委会积极配合民建中央、民建省委开展服务会员企业工作，分别组织会内企业家参加民建中央举办的第二期民建中央企业家培训班、民建省委举办的建华课堂、2015年中国风险投资论坛、2015中国（湖南）非公有制经济发展论坛等大型培训、研讨活动，充分利用各种平台开展会员培训，或为会员提供培训机会。（严海山）

## 民进衡阳市委员会

【思想建设】（1）开展“三严三实”专题教育。民进衡阳市委员会（简称民进市委）班子严格按照中共中央“三严三实”专题教育的部署与要求，通过各种方式，学习贯彻中共十八大和十八届三中、四中、五中全会精神，学习贯彻习近平总书记系列重要讲话精神，撰写学习体会和理论文章，进一步明确中国特色社会主义参政党的性质、定位、作用，不断巩固道路认同、目标认同、价值认同，为增强衡阳民进的凝聚力和影响力奠定坚实的思想政治基础。班子主要成员参加市委和统战部专题会议和学习8次。（2）举办庆祝民进成立70周年系列活动。承办“我身边的先进”巡回宣讲，举办“会史暨统战知识竞赛”。6月19日，邀请民进省委“我身边的先进”巡回宣讲团来衡做专题宣讲报告，举办会史图片展。民进省委副主委、省社院院长雷鸣强，先进会员代表周湖北、刘华、陈代陆分别宣讲，民进市委班子成员，市委委员，各区工委、总支、支部主委，骨干会员等聆听宣讲。11月14日，在市交通运输局举行会史暨统战知识竞赛，来自各区工委、总支的8支代表队参加决赛。（3）在各媒体共发表宣传信息稿件93篇次。其中，在民进中央网站发稿9篇，在民进省委网站、《楚帆》中发稿44篇，在三湘统战网发稿9篇，在衡阳市政协网、衡阳统战网等本市媒体发稿31篇次。在《湘声报》上发表理论稿1篇。出版《衡阳民进》会刊1期。（4）组织会员积极参加民进省委、市政协和市委统战部征文征稿活动。全年形成重要理论成果5篇，3篇获市政协优秀征文奖。组织支部信息员和骨干会员参加市政协社情民意和统战部信息员培训两次。（王　磊）

【组织建设】（1）巩固“组织建设年”工作成果。2015年年初，民进市委认真研究制定组织工作计划，按照计划稳步有序开展组织工作。配合民进省委组织处、市委统战部高效高质做好各类人才数据的报送。（2）各基层组织和广大会员在民进中央、省、市争先创优活动中获得多项荣誉。在民进中央争先创优活动中，民进衡阳法律支部荣获“民进中央社会服务工作先进集体”和“民进全国先进集体”荣誉称号，民进衡阳市五中支部荣获“民进全国先进集体”荣誉称号，民进衡山总支荣获“民进中央组织建设先进集体”荣誉称号，会员周湖北荣获“民进全国先进个人”荣誉称号，会员周玉霖荣获“民进中央组织建设先进个人”荣誉称号；在民进湖南省委创先争优活动中，民进衡阳市八中支部等5个基层组织荣获“民进湖南省组织建设先进集体”荣誉称号，丁倩茹等3位会员荣获“民进湖南省组织建设先进个人”荣誉称号，曾丽彬等10位会员荣获“民进湖南省组织建设优秀会员”荣誉称号，会员左传益荣获“民进湖南省‘双岗建功’标兵”荣誉称号，张国勋等10位会员荣获“民进湖南省‘双岗建功’先进个人”荣誉称号，民进衡阳市委组织科科长陈静荣获“民进湖南省‘爱岗敬业’优秀专职干部”荣誉称号；在民进衡阳市委争先创优活动中，蒸湘区工委直属支部等5个基层组织荣获“先进基层组织”荣誉称号，肖成云等10名会员荣获“优秀会务工作者”荣誉称号，刘富荣等20名会员荣获“优秀会员”荣誉称号。在2月5日召开的民进全省组织工作会议上，会员沈雁中作为全国先进基层组织代表作经验交流发言，获得好评。（3）加大对后备干部的培养和推荐工作力度。向有关单位相关岗位任职推荐11人次。选送10人次骨干会员参加上级举办的各类学习培训。3月，在市委统战部指导下，严格按照组织程序做好后备干部协商推荐工作。5月，选派机关干部王磊参加“城乡一体、镇村共建”示范村建设工作队，进驻祁东县归阳镇幸福村工作一年。5月26～31日，专职副主委受派到中央社院参加民进中央举办的2015年第一期民进全国市、县级组织专职副主委（秘书长）培训班学习。6月，选送6名担任科级干部或具有中级以上职称的会员，到省社院参加“2015年民进全省骨干会员培训班”学习。9月6~30日，选送衡山总支副主委沈雁中参加省委统战部在省社会主义学院举办的湖南省第18期民主党派骨干培训班学习。10月26日，选送会员、市统计局局长陈森到省社院参加省委组织部、统战部举办的全省党外中青年干部培训班学习。11月1~6日，专职副主委受派参加“全国政协第75期地方政协干部（委员）培训班”学习。（4）做好岳云基地工作。数经调研考察，积极向上级反映设在岳云中学的全省各民主党派政治交接学习教育实践基地存在的困难和问题。5月13日，配合省委统战部副部长崔永平、民进省委专职副主委汤泽培一行，专程到衡山和岳云中学调研，化解基地后续建设管理难题，促进基地发挥独特作用，促成省委统战部形成相关会议纪要。（5）把好组织发展关。在优秀人才匮乏、组织发展面临困难的情况下，多向拓宽发展渠道，通过主动物色和推荐相结合的方式，利用和抓住各种机遇，将组织发展工作融入到参政议政、民主监督和社会服务工作的方方面面。专职副主委带领组织科负责人走访各区政协、区委统战部、工商联商会、行业协会、市海事局、市文物局、奔立尔集团衡阳公司、市纵横企业管理咨询公司等单位，寻人才，找人才，挖人才，全年共发展新会员19人。（6）抓好基层组织换届工作，为2016年民进市委换届做好交接准备。民进市委多次召开组织工作会议，研究基层组织换届事宜，制订换届实施方案和时间表下发各总支、支部。截止12月，大部分基层组织平稳顺利完成换届。民进市委班子进行届中调整和述职考核民主测评，增补1名副主委。

（王　磊）

**【参政议政】**　（1）年初“两会”期间，提交调研报告3件、大会发言材料3篇，集体提案8件、委员个人提案14件，省政协提案1件，市人大建议6件。全年，获市政协优秀提案3件、优秀调研报告1篇、“政协好新闻”1件，优秀理论征文4篇，“四有委员”1人，优秀信息采编员1人；获市人大优秀建议2件。民进市委集体提案《关于加快建立社区居家养老服务体系》和副主委赵桂芝的提案《关于加强城区电动车管理的建议》分别被市政协常务副主席肖长贵、副主席李平签批为重点督办提案，雁峰区工委主委周湖北的提案《关于开通衡阳市市区至南岳公交线路的建议》被市交通运输局采纳并被《衡阳日报》报道。（2）全年报送社情民意稿件19篇。其中十五中支部王福义、唐红旗撰写的《大中城市中义务教育阶段的“贵族式”民办教育不应再大力发展》被民进中央采用，专职副主委廖晟撰写的《户外活动亟需加强安全管理》被湖南省政协采用。此外，省委统战信息专网采用4篇，市政协采用3篇。（3）积极推进调研成果转化。课题调研实行项目负责制，全年，实施课题调研6项。其中4项重点课题被政府采纳：市政协界别协商课题“关于加快建立社会养老综合服务体系的调研报告”“助推法治政府建设加强法律服务人才队伍培养的建议”和市委统战部政党协商课题“关于加强民主党派岳云教育基地管理的建议”“关于市政府支持衡阳幼师升格为高职学院的建议”。同时，配合完成民进省委相关专项调研课题。（4）新创建政协委员工作室2个。根据《衡阳市政协委员工作室创建工作实施意见》，结合衡阳民进自身的特点和优势，制订《民进衡阳市委政协委员工作室创建工作实施意见》，指导创建工作，由专职副主委和界别召集人共同负责实施，机关协助，民进界别市、区两级委员参加，轮值开展工作室的各项工作。（5）各类议政建言、专题调研全方位开展。1月6日，专职副主委偕机关全体干部到衡阳幼师进行专题调研和考察。1月22日，到衡阳2688文化产业创意园进行考察，为撰写集体提案作前期调研。4月23~27日，参加市人大农村村民建房调研组，赴衡山县、衡阳县、石鼓区等地现场调研。5月中旬，调研考察奔立尔教育产业集团衡阳基地，促成“同心项目”合作创建。5月21~22日，参加市人大《中华人民共和国农业法》执法检查组，赴衡南县、衡东县进行执法检查。5月，副主委赵桂芝、雁峰区工委主委周湖北被市政协聘为派驻市食药品监督管理局和市环保局民主监督员。6月3、15、16日，参与市人大到市区、祁东县、耒阳市开展的民办教育工作情况调研。7月9、17、27日，参与市人大财经委到市工商局、市质监局、衡南县就《中华人民共和国烟草专卖法》执法情况进行的检查。7月，专职副主委被国家旅游局聘为全国旅游服务质量社会监督员。11月27日，市委、市政府就“衡阳市十三五规划纲要”向党外人士征求意见，召开座谈会，专职副主委在会上代表衡阳民进作建议发言，得到肯定。（王　磊）

【社会服务】　（1）认真组织开展社会服务年活动。按照民进省委工作实施方案，下发社会服务工作调查问卷到各总支、支部，对问卷调查结果进行认真分析和总结，写出详细分析报告上报民进省委。完成“社会服务与参政党人才培养的关系”“社会服务工作如何整合和优化资源”两项专题调研。（2）连续第24年开展“送教下乡”社会服务精品品牌活动。6月12日，组织蒸湘区工委，通过捐款筹资，购买图书、书包和文具，捐赠给蒸湘区雨母山乡竹灵小学。组织和协助会员任董事长的奔立尔教育产业集团开展大型公益活动4次，到祁东县、常宁市、衡山县、石鼓区，为山区贫困学校捐赠校服8000多套，价值80多万元，捐赠30万元给衡阳广电，用于开辟教育频道专栏，为衡阳的教育事业服务，产生巨大社会影响，省市主流媒体多次报道。（3）连续第三年举办“文化惠民·同心共进”大型文化服务特色品牌活动。2月9日，组织书画家到衡山县开展书法下乡送春联服务活动。10月8、9日，在市八中举行“中华传统文化进校园”公益讲座，邀请香港贤贤教育开发研究院院长唐馨儿为教师和学生家长作“中国文化的教育智慧”和“家庭是一切教育的根本”专题讲座两场，得到学校、教师和学生家长好评。系列活动让文化成果惠及更多社会层面，体现一个参政党地方组织应有的社会责任和使命。（4）组织法律支部实效开展法律服务“六进”品牌创新服务活动。支部工作成绩突出，获得民进中央“全国社会服务工作先进集体”和“组织工作先进集体”两项奖励。（5）积极响应、参加全市各项社会服务活动。3月19日，机关全体干部参加市委统战部“联村建绿”活动，到珠晖区酃湖乡光明村植树。3月26日，邀请民进省委委员、汉语教育专家、湖南师大文学院博导彭泽润教授来衡做专题学术讲座2场。积极参与“精准扶贫”，到祁东县过水坪镇青龙村开展联村帮扶“一进二访”活动，为困难村民送慰问品和慰问金。积极参与“文明城市创建”交通劝导员志愿活动。开展“慈善一日捐”，奉献爱心。

（王　磊）

## 农工党衡阳市委员会

【概况】　2015年，农工党衡阳市委员会（简称农工党衡阳市委）团结带领全市农工党员，全面加强自身建设，积极履行职能，扎实工作，取得一定的成绩，为推动衡阳经济社会健康稳步发展作出贡献。农工党衡阳市委分别被农工党中央、农工党湖南省委评为“优秀地市级组织”“2015年度先进市级组织”。（高尚海）

【思想建设】　（1）组织开展一系列学习教育活动。2015年是开展坚持和发展中国特色社会主义学习实践活动“三年规划”的推进年。根据农工党中央《中国农工民主党开展坚持和发展中国特色社会主义学习实践活动工作方案》、农工党湖南省委《农工党湖南省委开展坚持和发展中国特色社会主义学习实践活动2014年—2017年工作规划》等要求，结合本市实际，农工党衡阳市委参与和开展系列活动。4月28日，选派4名同志参加农工党湖南省委举办的“学精神、学党章、学党史”知识竞赛，获得三等奖1名和优秀组织奖。10月10日、16日，农工党衡阳市委分别召开会议，传达学习中央、湖南省委统战工作会议精神和电视电话会议精神，认真学习习近平总书记、俞正声主席、孙春兰部长在中央统战工作会议上的讲话精神和《中国共产党统一战线工作条例（试行）》，以及省委书记徐守盛，省委副书记、省长杜家毫和省委常委、省委统战部长黄兰香在省委统战工作会议上的重要讲话精神。（2）开展农工党成立85周年暨农工党创始人之一邓演达诞辰120周年活动。11月13～15日，农工党衡阳市委选择在邓演达故乡所在地惠州市社院举办2015年骨干党员、新党员培训班。

邀请《碧血丹心——邓演达传》的作者、农工党党员周后运同志介绍邓演达为创建中国农工民主党，为中国民主革命、民族解放而奋斗的一生的事迹。邀请广州市社会主义学院陈瑞娟老师为学员讲授“一带一路”国家发展战略的形成背景、推进过程、发展前景等，坚定农工党员跟党走的政治信念。组织学员前往农工党党史教育基地——邓演达纪念园和广东省爱国主义教育基地——东江纵队纪念馆开展现场教学。向邓演达铜像敬献花篮，在由农工党中央主席陈竺题名的“农工林”捐种一棵木棉树（英雄树）。(3)宣传稿件报送工作。一年来，农工党衡阳市委主要领导共参加各种协商会、情况通报会、征求意见座谈会等50余场次，提出很多意见建议。同时鼓励党员利用各种会议、调研、视察等，发挥智力优势，提出意见建议100余条。进一步完善《宣传信息工作奖励办法》，要求党员积极向农工党中央刊物《前进论坛》、农工党湖南省委网、三湘统战网、衡阳市政协网、衡阳统战网、农工党市委网、《衡阳日报》《衡阳晚报》等踊跃投稿，累计报送宣传稿件80余篇次。其中，《前进论坛》采用1篇，三湘统战网采用10篇，农工党湖南省委网采用25篇，衡阳市政协网采用20篇，衡阳统战网采用20篇，《衡阳日报》采用2篇，《衡阳晚报》采用3篇。组织党员报送统战理论论文（调研报告）11篇、政协理论征文10篇。《前进论坛》征订率较上年提高8%。（高尚海）

**【参政议政】** 农工党衡阳市委始终坚持把“服务发展作为参政议政的第一要务”，围绕全市经济社会改革发展的重点难点，整合党派资源，积极开展调查研究，为助推发展贡献智慧和力量。(1)参政调研。7月，根据市政协、市委统战部等相关意见要求，农工党衡阳市委联合市政协社法委、市水利局、市民政局、市卫计委、市中级人民法院、市财政局等，围绕农村饮水安全、社会抚养费征收管理使用、医养融合发展三个课题，组织委员、专家对常宁市、耒阳市、祁东县、衡阳县、雁峰区、珠晖区等县市区的50家乡镇水厂、8家乡镇计生服务站和市第一精神病医院、华南康复医院、冶金社区日间照料中心等8家医疗、养老机构进行实地走访调研，召开各类座谈会12场次，历时3个月，形成《关于我市农村安全饮水情况的调研报告》《关于我市社会抚养费征收管理使用情况的调研报告》《关于“医养融合”养老模式的调查及建议》等三个专题调研报告。8~9月，农工党衡阳市委参与市人大常委会、市政协组织开展的民办教育发展情况、农村居民建房情况、新《中华人民共和国行政诉讼法》执行情况、《中华人民共和国地质灾害防治法》执行情况、法院立案登记制度改革等调研。要求党员积极参加各级人大、政协等开展的专题调研、民主评议、视察活动等，建诤言献良策。(2)参与协商“有为有位”。一年来，农工党衡阳市委领导班子成员积极参加“三严三实”专题教育活动，认真查摆问题，深刻剖析根源，制定整改措施，改进作风。同时广泛参与各级党委、政府及有关职能部门举行的协商会、座谈会、政情通报会等，就全市经济运行发展情况、重大人事安排等发表意见，还对《市人民政府工作报告》《市人大常委会工作报告》《市政协常委会工作报告》《市政协常委会提案工作报告》等提出修改意见。5人被推荐（聘请）为民主监督员、特约监督员及“全国旅游服务质量社会监督员”。全年参与各类各级协商会、监督员会议达30次。根据市政协的部署要求，农工党界别挂牌成立赵德琼、彭荣芳、张娅琳3个委员工作室，结合委员的专业特长和界别的团体优势，开展“送医疗服务、送法律咨询、送科普教育、送文化讲座、送慈善爱心”为主要内容的“五送”活动，广泛收集社情民意，竭力做化解矛盾、促进和谐的实事，群众普遍反映良好。(3)建议提案“可圈可点”。围绕制订《衡阳市国民经济和社会发展第十三个五年规划》，农工党衡阳市委广泛征求广大农工党员、专家、学者的意见建议，在11月27日市委书记、市人大常委会主任李亿龙主持召开的各民主党派、工商联和无党派人士意见建议座谈会上，提出《关于衡阳市国民经济和社会发展第十三个五年规划纲要（框架）的几点建议》。在省、市“两会”上，农工党衡阳市委的人大代表、政协委员共提交《加快推动新常态下我市县域经济发展升级》等4件建议案和《积极发挥金融对战略性新兴产业的支持作用》等30件提案。其中，集体提案4件，个人提案26件。《关于加快推动新常态下我市县域经济发展升级的建议》被列为重点建议案，市发改委副主任带队上门面对面办理，收到良好的效果。针对本市突发传染性疾病的情况，农工党衡阳市委提出《关于新建衡阳市突发传染病应急救治中心的建议》，得到市政府的高度重视，2015年4月，市长周海兵在市监管中心召开专题会议，明确提出“由市公安局、市卫生局共同负责，制定市第三人民医院五病区的改造方案，结合市第三人民医院搬迁工程，新建并预留重大传染病收治场地。在县（区）“两会”上，人大代表、政协委员们共提交建议提案18件，集体联名提案8件，个人提案12件。12月9日，召开人大代表政协委员述职评议会，农工党员中的各级人大代表、政协委员对一年来的履职情况进行述职，并对履职过程中存在的问题提出很多好的意见建议，对进一步提升农工党组织整体履职能力起到积极作用。（4）信息工作“稳中向好”。根据市政协、市委统战部相关要求，农工党市委进一步完善报送机制，强化激励措施，要求全市农工党员围绕经济社会发展和民生改善的重点难点问题，认真反映社情民意，及时向农工党中央、农工党湖南省委、统战部、政协等，报送信息。截止到11月底，农工党衡阳市委共收到各基层支部和各科室报送的社情民意信息40条，上报农工党中央、农工党湖南省委10条，市政协20条，统战专网10条。其中，《应高度重视基层基本药物配送不到位不及时问题》被中央统战部《零讯》专刊采用，并获国务院副总理刘延东批示：“此问题很有代表性，要责专人组成小组研究办法”。《积极推进“三网融合”，加快建设“宽带湖南”》等6篇被湖南省委统战部专网采用，《中华人民共和国环境噪声污染防治法亟需修订》《法院司法程序公正应从源头抓起》等3篇被省政协《社情民意》专报采用，《关于持续推进国库集中支付改革的建议》等9件被市政协《社情民意》采用。

（高尚海）

**【组织建设】**　（1）基层组织换届工作。根据《中国农工民主党章程》《中国农工民主党基层组织工作条例》、农工党湖南省委《关于加强基层组织建设的意见》以及中共衡阳市委《关于重视和支持民主党派加强基层组织建设的意见》等要求，农工党衡阳市委下发《关于进一步做好基层组织换届选举工作的意见》，对基本原则、人选条件、选举程序等，进行明确规定。同时成立基层组织换届选举工作领导小组，全程指导基层组织换届，确保换届风清气正、圆满成功，为组织发展奠定坚实基础。2015年，全市21个基层组织圆满完成换届，新一届基层组织负责人平均年龄为45岁，较上一届减少3岁；女性占5名，占比为23.8%。按照《中国农工民主党基层组织工作条例》要求，农工党衡阳市委对原有的《基层组织工作目标管理考核办法》进行全面修订。按照立足当前，着眼长远的原则，大力推进后备干部队伍建设，先后推荐6名后备干部任职或交流，为组织发展储备能量，为接收单位发展贡献力量。为适应新的统战形势需要，加强基层组织建设，新成立农工党雁峰区、蒸湘区、衡南县3个基层工作委员会。（2）抓好党员培训和发展。根据农工党湖南省委、中共衡阳市委统战部意见要求，积极推荐党员参加农工党湖南省委、市委党校举办的各类培训班。农工党衡阳市委推荐3人参加农工党湖南省委、广州市社会主义学院联合举办的农工党湖南省机关干部培训班；推荐1人参加全国人大新《中华人民共和国预算法》培训班；推荐1人参加全国政协县处级干部培训班。认真贯彻落实《组织发展工作规程》和“人才强党”战略，新印制《农工党员入党考察公函》《农工党员入党考察表》等，党员发展规范有序。注重发展一批年富力强、有较大社会影响力的专家学者、实职干部和新社会阶层人士，截至12月底，新发展农工党员21人，发展率为4.8%。党员的专业、年龄结构进一步优化，整体素质明显提高。（3）鼓励党员建功立业。全市农工党员大都是各单位或部门的技术骨干、中坚力量。其立足本职、务实创新，创造不平凡的业绩。如，南华大学唐朝克博士生导师主持国家自然科学基金课题1项；两人参与省级课题2项，他们在省级以上国内外期刊核心发表论文共计15

篇。其中 SCI 收录 4 篇。南华医院张宏文主任当选为衡阳市介入医学专业委员会主任委员，主持省教育厅课题 1 项，开展新技术 3 项；李国娟副主任医师坚持医疗、教学并重，辛勤耕耘，无私奉献，被南华大学评为“优秀教师”，主持省卫生厅、市科技局课题各 1 项；贺洪辉副主任医师主持省卫生厅课题 1 项，开展新技术 5 项。农工党员、珠晖区实验小学教师罗涛精心设计的《从“想要怒放的生命”到“拥有怒放的生命”》教学活动设计获得全国二等奖，设计的《在挫折中成长》视频教学案获衡阳市一等奖，并在全省“一师一优课，一课一名师”活动中，被评为省级优秀课。同时，广大农工党员爱岗敬业，坚持操守，拒收红包礼金 10 余万元，充分展示农工党员高尚的道德情操和良好形象。（高尚海）

【社会服务】 根据农工党中央联合其它部委下发的《关于联合举办 2015（第八届）中国环境与健康宣传周活动的通知》要求，6 月 2 日下午，农工党衡阳市委、市妇幼保健院联合组织 6 名医疗专家赴雁峰区孔子忠信学校举办“关注儿童・关注健康・关注未来”义诊活动，为全校师生进行义务体检。现场体检 240 多人次，免费发放价值 2000 元的防暑补钙感冒类药品。8 月 13 日，农工党市委联合南华大学附属南华医院率领 8 名医疗专家及医护人员，冒着炎炎烈日赴珠晖区荷塘村开展义诊下乡活动。共接诊病人将近 300 人次，发放健康知识宣传资料 500 多份，免费发放价值 3000 余元的药品。9 月 14 日，由农工党市委牵头主导，农工党员积极参与，经衡阳市民政局批准的衡阳市医疗卫生服务质量第三评价研究中心正式成立。该机构是本市第一家挂牌的非营利性民办第三方评价机构，其运行宗旨是通过运用公正、客观的医疗卫生服务质量评价结果，引导居民合理、有序选择就医，为促进本市医疗卫生事业健康发展贡献力量。截至年底，已与 2~3 家医疗卫生机构达成合作协议。11 月 21 日，农工党衡阳市委协助市委统战部和南华大学附属第二医院组织医疗专家团利用周末时间，前往衡南县谭子山镇高村村开展“一进二访”联合义诊活动。活动共接待就诊咨询村民 300 多人次，开出处方 200 多张，赠送药品价值 10000 余元。同时，还与 11 名因病致贫、因病返贫家庭的建立病历档案和联系卡，长期开展对口送医送药等精准帮扶活动。12 月 3 日，农工党衡阳市委牵头，协同衡南县委统战部和市第一人民医院组织 20 名医疗专家，前往茅市镇灯芯坪村开展“一进二访”暨“国际科学与和平周”联合义诊活动。活动共接待就诊咨询村民 300 多人次，开出处方 260 余张，赠送药品价值 10000 元。同时农工党市委还走访慰问 11 名孤寡老人、孤儿、残疾人、“五保”户等，送去慰问金、棉被棉衣以及农工党员捐赠的衣服等物品。多方争取支持，帮助筹措资金 5 万元，用于修缮村里的一座石桥，方便群众出行。衡阳前进医院是农工党市委主管的一家非营利性医疗卫生机构，农工党市委积极争取农工党中央主办的中国初级卫生保健基金会的大力支持，现已就捐赠价值 450 万元的医疗器械设备达成合作协议。（高尚海）

## 致公党衡阳市委员会

【思想宣传工作】 （1）政治理论学习。致公党衡阳市委员会（简称致公党衡阳市委）始终将理论学习放在首要位置，多次集中组织党员学习中共中央的最新理论和国家的方针政策，深入领会和把握习总书记系列重要讲话精神和依法治国精神，学习贯彻中央统战工作会议精神和“三严三实”精神。3 月 28 日，致公党衡阳市委召集全市市委委员和基层支部负责人，学习两会精神和习近平总书记系列重要讲话精神。6 月 5 日，致公党衡阳市委召开扩大会议，组织全市骨干党员学习贯彻中央统战工作会议精神。领导班子在下基层时，总是将要求党员自觉加强理论学习摆在第一位。（2）开展学习实践活动。致公党衡阳市委严格执行《衡阳市委坚持和发展中国特色社会主义学习实践活动的实施方案》，领导带头，上下联动，将学习实践活动与履职实践、自身建设和基层建设紧密结合，开展形式多样的活动，切实把学习实践活动的精神力量转化为广大党员履行参政党职责的自觉行动。广大党员履行职能的热情更加高涨，参政议政水平进一步提高，社会服务的行动更加积极主动。（3）宣传信息工作。上半年编辑出版《侨海》2015年刊，同时加强网络宣传平台建设，扩大对外宣传。保证“衡阳致公网”及时更新，反映市委及各支部最新工作动态，截至12月14日，共编发各类稿件超过200条。积极向上级网站报送稿件，宣传市委工作和党员风采，致公党中央网站采用21条，“湖南致公网”采用超过190条；“三湘统战网”采用7条，“衡阳统战网”采用23条；“衡阳政协网”采用38条。同时，充分利用新媒体的优势，通过组织广大党员关注“中国致公”和“湖南致公”公众微信号、新闻客户端，加入衡阳“致力为公”微信群、QQ群，使广大党员及时了解致公党内外的重大事件，加强基层组织建设的经验交流，增进党员之间的情感，增强广大党员的凝聚力。今年4月，衡南县工委还建立湖南省首个基层组织官方网站。（4）开展各种纪念活动。围绕中国致公党成立90周年和抗战胜利70周年，致公党衡阳市委领导班子高度重视，精心策划，召开市委扩大会统一部署，按计划开展系列纪念活动。举办“三八妇女节”诗歌朗诵会，赞美伟大的祖国和美好的生活；组织党员前往韶山、花明楼、衡东县和重庆武隆等地学习考察，瞻仰革命先辈和抗日英雄；召开多次座谈会、培训班，对新老党员进行党史党章教育；精心组织举办党史党章知识抢答赛；积极参与纪念中国致公党成立90周年征文比赛，上交征文5篇，其中王金枝撰写的《我的致公岁月》获湖南省委一等奖，刘超英《为故土而战——华侨抗战之诗》在致公党中央网站专栏上发表；开展举办庆祝中国致公党成立90周年“同心同声”红歌会。市委还设计、发放“衡阳致公”文化衫。（王孟戈）

【组织工作】（1）扎实开展“创先争优”活动，认真落实“六个一”。五位主委、副主委分别联系五个区工委，重点联系一个支部。刘日煊主委带头深入基层，参加多个支部的换届大会，指导基层组织建设和发展工作，与骨干党员和基层党员座谈，了解他们的想法和需求，要求他们深入开展政治理论学习，鼓励他们在本职工作中尽职尽责，在组织生活中群策群力；开展基层组织调研，形成《致公党衡阳市委基层组织建设情况汇报》；在韶山、花明楼、重庆武隆等地学习考察的同时，集中对骨干党员进行党史党章教育；10月27～28日，举办党史党章知识抢答赛预赛和决赛，参与人数达衡阳党员总数的95%以上；扎实开展“加入党派为什么、历史责任是什么、我为致公做什么”大讨论。专职副主委曾小蕙在每次参与支部活动时都会结合亲身经历谈三个“什么”，带动大家广泛讨论，在考察新党员时，也会让申请加入的党员首先回答这三个问题，极大地增强党员责任意识和奉献精神；在全市范围内开展肖跃莲、卜兰芳、高洁等优秀党员，衡南县工委等先进基层组织的先进事迹宣讲活动。召开表彰大会，六个支部荣获全市先进支部荣誉，其中，雁峰三支部、石鼓二支部及珠晖支部获全省先进支部荣誉称号；鼓励支部之间“结对子”和开展交流活动，南华大学支部与致公卫校支部结对子，前者组织专家党员帮助后者进行学校建设和捐资助学活动。雁峰区三支部邀请其他支部共同开展趣味运动会等。（2）完善主委会议制度和领导班子述职制度。完善主委会议制度，并按制度按时召开6次主委会，领导班子成员亲自撰写述职述廉报告，对全委会述职。（3）成立市直支部。12月8日，致公党衡阳市委按照方案成立市直一支部，选举刘会明为支部主委，王孟戈为支部副主委。计划明年成立三个市直支部后完成市直工委的组建工作。（4）按质按量完成新党员发展工作。今年共发展党员15人，净增率为5.3%；其中11人有侨海关系，侨海比例为73%；8人有中高级职称，占比为53%。致公党衡阳市委按照组织信息平台要求，及时更新新党员的信息资料，并在12月4日上午举办2015年新党员入党仪式，新党员全部参加。（5）组织党员参加各类学习培训。组织党员参加市委统战部组织的双周文化大讲坛；4月9日，党员王孟戈、阳志平参加省社会主义学院举办的参政议政培训课，听取中央统战部研究室黎晓明处长《如何做好零讯工作》的讲座；5月12日，党员王孟戈、阳志平、陈昌平参加市政协举办的“社情民意培训班”，三人被市政协聘为“特邀信息员”。（6）推荐干部挂职锻炼。为更好的培养机关干部，致公党衡阳市委克服机关人手少的困境，积极推荐机关干部挂职锻炼。4月，刘超英赴中国致公党中央宣传部宣传教育处挂职；6月初，王孟戈赴衡东县吴集镇挂职副镇长。（7）圆满完成基层支部换届。今年是基层支部换届年，3月27日，本市委召开扩大会议，就支部换届工作作安排布署，各区工委、各支部根据市委安排，相继召集党员召开换届大会。至12月8日，全市所有支部圆满完成换届，全市现共有基层支部23个。（王孟戈）

**【参政议政】** （1）开展专题调研。5月17日至27日，刘日煊主委带领调研组到天津、济南、株州、岳阳等地，调研留学生创业园的建设的先进经验和留学人员归国创新创业的情况，为衡阳市建设留学生创业园积极谋划，递交《成立衡阳市创新创业管理中心》的建议；6月12日上午，针对老百姓日益关注的“衡阳市老城区停车难”问题，致公党衡阳市委组织致公界别政协委员与部分致公党员，就“建设立体停车场，化解老城区停车难”课题到市规划局开展调研；9月底，组织党员开展《关爱三无精神病患者》的调研。（2）参与省委重点调研课题。10月协助省委调研组就全省高铁经济圈发展情况进行调研，完成《关于构建衡阳市高铁经济圈的建议》调研报告并上报省委。（3）开好两会。积极组织党员参加省、市、区各级人大、政协会议，积极发言，撰写建议提案，共提交省政协提案4篇，市人大建议案3篇，市政协提案43篇，区政协提案24篇。同时，致公党衡阳市委多项工作受到表彰，《大力消除安全隐患，确保城乡居民饮用放心水》被评为衡阳市政协十一届二次会议优秀提案，党员江红、唐小平被评为“四有”委员。（4）根据中共湖南省委统战部要求，开展“同心系湘江，共护母亲河”民主监督活动，长期对湘江河进行观测并提交观测报告。（5）积极开展民主监督。刘日煊、曾小蕙、何叔金、江红、唐小平等党员多次参加市委市政府召开的各类协商会议，如参加“十三五”规划修订听证会、市法院工作通报协商会、检察院工作通报协商会等，为衡阳市发展建诤言、献良策，广大党员也积极发展自身优势，利用人大代表、政协委员的身份参与民主监督，曾小蕙被市纪委聘为“党风政风监督员”，陈沉参加石鼓区教文体局的民主监督会议。曾小蕙、王芳、高洁、肖跃莲等党员多次参加衡阳电视台举办的电视问政。（6）做好社情民意工作。本市委共向市政协提交各类社情民意、专报信息30多条，其中有4条被湖南省委统战信息专网采用。（7）创建政协委员工作室。致公党衡阳市委积极响应市政协号召，拓宽听取社情民意渠道，实实在在为民排忧解难。召集致公界别15名市政协委员，组建委员工作室。现已创建4个委员工作室，反映社情民意13条。（王孟戈）

**【服务社会】** （1）建立完善省级“同心项目”示范点。4月26日，衡阳市“归侨之春”义工小组换届大会暨现场募捐活动在衡阳市雁峰区政府会议室举行。会议总结义工小组近五年来的工作，选举产生以孙晓红、高洁为负责人的新一届的义工小组执委会。在新的执委会领导下，义工小组发挥优势，积极开展各类社会服务活动，并成功申报省级“同心项目”。致公党员、义工小组执委会副会长高洁被致公党中央评为“扶贫开发工作先进个人”。（2）发动党员、联系社会力量捐资助学。5月，致公党衡阳市委发动深圳慈善会燕鹏梦翔公益基金来衡阳助学，通过两个多月的实地调查，在衡阳县溪江乡寻找到53名家庭贫困的中小学生，并与衡阳县电视台一起拍摄专题片《天使的眼泪》，在社会上引起广泛关注。8月29日，致公党衡阳市委、衡阳县人民政府共同举办捐赠仪式，燕鹏梦翔公益基金对这53名贫困学子进行现场捐助，并承诺每人每年资助助学金1600元，直至其高中毕业为止；9月23日上午，致公助学平台、致公党湖南省委医卫工作委员会部分党员到衡阳致公职业学校，资助20名贫困学生每人1000元；10月9日，致公党衡阳市委前往衡阳县溪江乡富田中学，将七台电脑和一台电视机送到老师学生手中，帮助改善学校和老师的教学条件。致公职业中等专业学校积极开展校内助学活动，每年减免80名贫困学生的学费1500元，为20名有经济困难的学生提供勤工俭学岗位、每年减免生活费3000

元，并及时帮助突遭遇变故的学生家庭；还有肖跃莲、龙煌耀、高洁、谢毅强、江红等等许多党员，捐助贫困学子、关爱福利院儿童等，为社会服务工作贡献自己的力量。(3) 到双河村“一进二访”，精准扶贫。按照市委组织部的统一安排，致公党衡阳市委与衡阳县石市乡双河村结对帮扶，10月9日，专职副主委曾小蕙，办公室主任刘会明一行来到衡阳县石市乡双河村“一进二访”，与双河村村干部和村民交谈。11月23日，办公室主任刘会明到双河村“一进二访”，走访慰问贫困户，为其建档制卡，为将来定点扶贫、精准扶贫打下基础。(4) 开展精神助学。致公党衡阳市委带领发动党员，前往各类学校进行义务讲课，开展精神助学。1月1日，在衡阳市少儿图书馆志愿者课堂，为参加活动的70多名小学生及家长带来一堂精彩的儿童诗歌朗诵技巧讲座。8月15日，赴祁东太和堂希望小学，与孩子们互动交流，畅谈如何过好人生的“昨天、今天和明天”。10月16日上午，在衡阳市归国留学生创新创业培训班上，为他们创业提高执行力提供建议。11月29日，赴田家炳中学作励志演讲，用亲切的话语、生动的例子、活泼的形式深入浅出的让学生明白梦想对人生的重要性，激发学生们追逐梦想的豪情。(5) 积极开展致爱小组活动。衡阳市致爱小组由专职副主委曾小蕙任组长，积极开展精神助学活动，加强和受扶助对象的心灵交流，鼓励他们追求美好生活。8月29日，曾小蕙为衡阳县溪江乡53名贫困学子带来《朝着太阳奔跑》的演讲，鼓励他们感受爱、分享爱、传播爱；10月9日下午，曾小蕙前往衡阳县最偏远的溪江乡，走访慰问受捐助学生家庭。并前往溪江乡九峰完小，看望在这里义务支教的深圳老师李克拉，并给该校受捐助的学生带去礼物。全年共缴纳致助金5000多元，申报及发放致助金7000元。（王孟戈）

**【侨海联络工作】** “侨”“海”工作是中国致公党的特色工作。致公党衡阳市委积极作为，努力克服“侨”“海”资源相对缺乏的困难，为吸引留学生来湘来衡创业贡献力量。(1) 积极服务好留学生归国创新创业。5月17～27日，刘日煊主委带领调研组调研省内外留学生创业园的建设和留学人员的创业情况，为衡阳市建设留学生创业园积极谋划，递交《成立衡阳市创新创业管理中心》的建议，得到市委市政府的高度重视，很快得到执行，中心当地已经进入施工阶段；提交的《优化环境，增强引力，打造新生代海归人才创业乐园》的提案，得到市委市政府的高度重视，按衡阳市市委书记李亿龙的指示精神，10月16日至18日，由致公党衡阳市委联手市人社局创新创业指导中心、南华大学，为衡阳市归国留学生专门开设创新创业培训班。10月28至29日，刘日煊主委参与接待湖南省政协副主席王晓琴等30多名省政协港澳委员组成的回湘视察团。（王孟戈）

**【党员荣誉】** 高洁被致公党中央评为“扶贫开发工作先进个人”。6月15日上午，美国百万圆桌会议在新奥尔良开幕，致公党员、衡阳平安保险公司经理龙革英作为中国平安的代表赴美参加此次盛会，也是第一个享有此殊荣的衡阳人。11月3日，中国杂技家协会第七次全国代表大会在北京召开，致公党员、湖南省杂协副主席成步云作为湖南省代表参加大会，并受到中宣部部长刘奇葆、中国文联党组书长赵实等领导亲切接见。（王孟戈）

## 九三学社衡阳市委员会

**【思想建设】** (1) 学“两会”精神以鼓舞士气。4月，九三学社衡阳市委员会（简称社常委）组织市委委员、支社主委及市政协委员等在统战大楼会议室学习全国“两会”和省“两会”会议精神。苏营主委认真传达“两会”精神后，要求与会人员认真领会精神、吃透总理的政府工作报告，积极组织广大社员开展各种形式的学习活动，在坚定信念，立足岗位，建功立业的同时，深入基层调查研究，为更好的参政议政积累素材与经验。6月，社市委组织换届后的新一届基层支社负责人、部分市区政协委员及机关干部到彭德怀元帅故居和陈赓大将故居参观学习。(2) 办社庆活动展社员风采。2015年是中国人民抗战胜利70周年，也是九三学社成立70周年，全国上下都开展隆重的庆祝活动，社市委把握契机，及时贯彻省、市委统战部有关通知精神，在全市社员中开展纪念九三学社成立70周年征文活动，涌现一批情感真挚的好文章，收到征文如《悲惨的逃难童年》《匹夫也要常忧国》30余篇。8月30日，社市委在市广电中心开展纪念九三学社成立暨抗战胜利70周年纪念大会，会上既有高质量的演出，同时也对征文进行评比和表彰，刘密英、李自生等10余名社员获奖。其中谢芳撰写的《衡阳保卫战中的飞虎队》被国家文化部主办的《文化月刊》2015年9月上旬刊登载。由谢芳、李自生创作的诗朗诵《九三之光》被社中央评为九三学社建社70周年征文三等奖。10月，由社市委举办的纪念抗日战争胜利暨九三学社建社70周年省、市社员书画联展在衡阳市博物馆隆重开幕，共展出书法、绘画、摄影作品100余幅，开幕当天还举行书画院授牌仪式，由省、市领导向社市委授牌，苏营主委在开幕式上表示，社市委愿意承担起弘扬传统艺术和湖湘文化的使命，为衡阳创建国家文化名城做出贡献。（3）以同心创建搭履职平台。6月7日，社市委谢芳、唐林生等两位副主委带领全市16个基层组织的新支委成员和部分市区政协委员30余人赴湘潭九三社会服务基地，"同心乡村"系列项目对口扶持地——湘潭县乌石镇景泉村参观考察。通过学习，开阔社市委对社会服务工作的新思考与新思路，更好地为社市委创新社会服务工作提供方向。9月，决定在市青山街道社区卫生服务中心、衡阳市奇石博物馆和珠晖工业园黄龙世家酒业有限公司等地建立委员工作室。（李　沛）

【参政议政】（1）提案工作。在2015年初召开的省、市人大政协会议上，社市委共提交省政协大会发言材料1件，提案4件，市人大代表建议5件，市政协大会口头发言材料1件，集体提案9件、个人提案29件，内容主要涵盖工业园二次升级、中小企业发展等社会发展焦点、难点问题。其中社市委集体提案《关于加大宣传力度，方便群众献血，满足全市临床用血需求的建议》，由于分析透彻、建议实在，可操作性强，被市政协主席廖炎秋批示，并作为重点协商提案进行督办。同时社市委去年提交的《关于关爱我市农村留守儿童的建议》被评为优秀提案，提交的《关于打造衡阳文化及文化名城建设的建议》和《我市耕地重金属污染治理修复调查与思考》分获优秀调研报告二等奖和优胜奖。社员谢芳撰写的《财政转移支付制度亟待提质加速》和《关于杜绝失业保险漏洞确保基金发放安全的几点建议》被评为社情民意优秀稿件特别奖，其中《财政转移支付制度亟待提质加速》被全国政协采用，副主委谢芳和唐林生分别被市政协评为社情民意工作先进个人和“四好”委员，社市委被市政协评为年度社情民意工作先进单位和“三好”界别。（2）社情民意工作。全年社市委紧紧围绕中国经济社会发展和民生问题等方面，报送社情民意稿件40余篇。其中《关于杜绝失业保险漏洞确保基金发放安全的几点建议》今年年初又被全国政协采用；《关于〈工伤保险条例〉亟待修改的几点建议》《治理雾霾应做到治污治碳同步》《抗战胜利纪念日前后应谨慎做好出境游的引导工作》《关于完善残疾等级鉴定的建议》和《实施延迟退休须切实解决系列紧密相关的问题》等6篇稿件被省政协采用；16篇稿件被市政协采用。截止到12月初，社市委在市政协社情民意工作中排名第二。（3）实地调研工作。4月，社市委与市政协教科文卫委对衡阳市“县市区采血点建设”进行专题调研考察，带领部分市政协委员深入到衡南县、南岳区、常宁市和祁东县等地实地参观，详细了解近三年来本市基层无偿献血工作的开展情况，并和基层血站负责人、医疗机构负责人、相关职能部门代表、献血志愿者进行座谈，发放调查问卷，征求其对本市基层无偿献血工作在制度建设、经费保障、队伍建设、志愿者参与等方面的意见和建议，并最终形成调研报告。5月，为贯彻落实中央一号文件精神，全面了解本市新型农业经营主体发展现状、政策需求，促进衡阳现代农业发展，社市委与市政协提案委成立联合调研组，组织部分市政协委员和专家学者，对本市新型农业经营主体发展情况进行专题调研，综合了解本市新型农业经营主体（专业大户、家庭农场、农民专业合作社、农业龙头企业、新型职业农民等）发展现状。10月，为了解本市基层区域文化建设，特别是衡阳文化创新能力建设的现状和存在的困难，副主委谢芳、唐林生带队赴本市南岳区，对文化创新的历史资源开展调查研究，听取南岳区文化局、旅游局、宗教局和区委宣传部等相关职能部门的汇报，为下一步重点研究南岳文化创新的途径和体制机制建设掌握第一手资料，以期进一步推动衡阳文化名城建设。(4) 政治协商履行职能谏铮言。11 月 24 日，社市委就衡阳市“十三五”规划草案专门召集参政议政委员会成员、部分市、区政协委员召开座谈会，广泛征集大家对“十三五”规划的意见与建议。11 月 25 日、27 日，衡阳市人民政府市长周海兵和衡阳市委书记、市人大常委会主任李亿龙分别主持召开各级政协委员和各民主党派、工商联和无党派人士意见建议座谈会，就制定衡阳市“十三五”规划专题，充分听取广大政协委员和各民主党派市委、市工商联主要负责人和无党派代表人士的意见和建议。苏营主委和谢芳副主委分别代表社市委着重对本市如何于十三五期间衡阳发展目标的表述、进一步完善中心城区的功能、强化政策措施，促进医疗和养老相结合和本市养老服务业发展、以及如何加强本市旅游服务业发展等方面发表具有可操作性的意见和建议。（李　沛）

【组织建设】　全年共发展新社员 25 人（截至 11 月 30 日），净增 20 人（调出 4 人，去世 1 人），净增率 4.96%，其中博士 2 人（博士后 1 人）、硕士 9 人、本科 10 人、大专 4 人，副高以上职称占 16%，中级职称 36%，界别分布涵盖高校、医卫、基础教育、科技、文化艺术以及政府部门，截止 2015 年 11 月 30 日社市委共有社员 423 人。2015 年是社市委基层组织换届之年，社市委自 3 月 21 日启动基层支社换届，各基层支社积极响应，合理安排日常工作，并充分利用周末、晚上时间，于 6 月初就已完成全部 16 个支社的换届工作。社市委更是积极组织各支社新一届支委成员赴社湘潭市委就组织建设、社会服务工作进行学习交流。11 月 21 日至 22 日在中共市委党校举办由社市委班子成员、社市委委员、各支社支委班子成员、各级政协委员、人大代表及近年入社的新社员参加的“2015 年度骨干（新）社员培训班”。邀请九三省委、省市政协、市委统战部相关领导和专家为 70 余名参训社员讲授《九三学社发展史》《如何撰写社情民意稿件》《当前国内外经济形势分析》和《解读中央统战工作条例》等。受到广大社员的欢迎与好评。此外，社市委拓展思维促组织发展，从组织发展需要、社务活动开展便利等因素入手，就现有基层组织架构进行建设性的调整，借社市委书画院成立之际成立书画支社。（李　沛）

【社会服务】　(1) 社会服务树品牌展风采。5 月 25 日，社市委联合市妇幼保健院支社在衡南县谭子山镇大塘塅组举行下乡送医送药活动。10 余名社内的各科专家为两个村组的老少村民义诊检查，免费发放近五千元药品和百余份保健知识宣传册（单）。原市政协副主席、原九三学社市委主委、老中医王超然以 81 岁高龄为患病群众问诊把脉；当得知一村民身患重病卧病在床，不能前来活动现场，王桂田副院长当即派三名专家前往家中为其做血糖血压等项目测查，活动受到前来看诊的群众好评，极力为不辞辛劳的老专家教授点赞。11 月 8 日，社市委联合南华大学附二医院妇产科、儿科等专家 5 名赴衡南县冠市镇溪头村开展第 27 届“国际科学与和平周”活动，为当地群众义诊，并为 6 户贫困家庭送上慰问金、冬被及米油等，总价值达 5300 余元。(2) 关注戒毒增信心促和谐。2011 年以来，社市委一直持续关注强制戒毒人员心理咨询工作，曾多次组织本社心理学专家卢原到市强制戒毒所开展心理辅导讲座。今年 6 月 24 日，由市公安局、市妇联和社市委联合在该所开展爱心志愿者活动，卢原教授又一次受邀为强制戒毒人员作题为《“爱”从“心”开始》演讲。（李　沛）

【开展机关能力建设试点工作】
7 月下旬，从九三学社中央传来消息，社市委与社郴州市委、社邵阳市委成为湖南首批入选机关能力建设试点单位，并获得机关能力建设试点工作专项经费 6 万元。经过近三个月的紧张工作与布置，社市委已基本完成此次试点工作内容。如：开辟机关文化走廊，悬挂社员摄影作品，陶冶性情与修养；打造社员图书室，购买各类书籍和书柜，并添置座椅；建立九三之光 APP（安卓系统版本），内设社内新闻、社务工作等板块内容，在青年社员群体运行良好。（李　沛）

## 衡阳市工商业联合会

【对“三类人”重点团结对象的教育引导】　对留学人员、新媒体中的代表人士、非公经济人士特别是年轻一代的“三类人”重点团结对象的教育引导积极探讨，工商联如何结合自身职能和优势探索在“工商联界别政协委员或人大代表”“纳入干部培训体系”“构建平台加强联系”和“选拔使用”等新途径中加强教育引导。对“409 案”中涉及的非公代表人士进行认真清理，并在市工商业联合会（简称市工商联）十五届四次执委会上进行大会表决，辞退 9 名市工商联的副主席、常委、执委职务。（刘吉锐）

【深入商协会及非公企业调查研究】　结合“三严三实”专题教育活动，转变工作作风，深入商协会 6 家和部分会员企业就“创新转型”“社会信誉”等课题进行调查研究，形成《融合“互联网+”，民企产业转型升级的新动力》《进一步采取措施，破解中小企业发展难题》《建立中小微企业统一征信平台势在必行》等理论文章及提案上报相关部门采纳。（刘吉锐）

【宣传创新创业先进典型】　推荐本市 7 个创新创业先进典型组建“全省创新创业先进典型巡回报告团”，并组织深入县市区及城区巡回报告 9 场，讲述他们在创新创业过程中催人奋进的“好故事”。加强网站后台建设，截至目前市工商联网站收录登载信息近千条、浏览上万次、宣传推介非公企业 200 家、非公经济人士百余名，扩大会员企业和非公企业家的影响力。加强机关刊物《雁商》出版调研，先后深入永州及本市商协会等实地见学，积累经验。（刘吉锐）

【四个“十佳”评选表彰活动】　在全市非公经人士中开展“守法诚信十佳企业家”“守法诚信十佳民营企业”“守法诚信十佳店（场）”“守法诚信十佳商（协）会”四个十佳表彰活动。会员部草拟评选方案、标准并下发通知，收集有关资料。为评选表彰活动打下良好基础。（刘吉锐）

【参政议政】　（1）建立中小微企业监测点，开展课题调研。选取 33 个样本企业进行走访调研，并指导企业利用“非公有制经济调查研究系统”平台进行注册并开展后期调查工作以及相关问题进行详细讲解。监测点企业通过该平台，能够加强与各地企业的交流合作，得到专家学者的咨询指导，分享各方研究成果，对加快转型升级、实现科学发展具有重要作用。监测点平台的建立，能够及时反映中小微企业发展过程中遇到的新情况和新问题，是工商联系统合作研究的重要平台。（2）深入调研，探寻企业发展健康向上之路。配合市委党校“衡阳市推进权力清单制度建设调研小组”组织各行业具有代表性的民营企业家参与调研活动并陪同听取他们结合自身实际经验提出存在的问题以及自身的看法和解决方法。为推进温州商会会员单位中科光电与中国社会经济调研中心联合主办《互联网环境下高新技术产业发展研讨会》，撰写如《“官中介”增肥乱收费亟待规范与管理》；《关于深化行政审批改革，提高行政审批效率的建议》等一批提案，其中《关于深化行政审批改革，提高行政审批效率的建议》被廖炎秋主席批准为重点督办提案。（3）社情民意调研工作卓有成效。上半年，通过深入走访各行业商（协）会，了解各方难题后，为企业解决问题，共撰写各类信息有 60 多条，信息工作和社情民意再上新台阶，提高工商联的影响力和凝聚力。（刘吉锐）

【服务社会】　（1）召开全市工商联执常委会议。4 月 10 日，衡阳市工商业联合会（总商会）召开十五届四次执委（扩大）会议。会议围绕全面深化改革工作主线，突出“两个健康”工作主题，坚持服务立会、开放办会、实力兴会的工作路径，以服务和促进非公企业抢抓发展机遇加快转型升级、加强教育引导和建设现代商会为重点。工作重点将指向三个方面：坚持同心引领，进一步引导非公有制经济人士健康成长；创新服务手段，进一步推进非公经济转型发展；夯实工作基础，进一步推动现代商会建设开创新局面。（2）帮助非公经济企业、人士解决融资难题。执委会上邀请市人民政府金融工作办公室总经济师李立为企业家作题为《企业上市专题知识》的讲座。衡阳市政府金融办段映春主任出席会议并就企业家关心金融方面的问题一一作解答。在今年经济形势下行的整体环境下，中小民营企业融资环境更显恶劣，部分企业因融资问题陷入运转困境，本会想方设法破解中小企业融资难题。为大力推进中小企业直接上市融资工作，本会与市金融办合作举行本市中小民营企业新三板上市工作推进会，为企业家出谋划策。同时与上海股权托管交易中心、湖南湘梦电子商务有限公司合作积极筹建本市民营企业上市孵化基地。（3）大力扶持企业走两型化道路。积极推荐企业参加省联组织的引进德国专家推动企业4.0工业革命会议，为企业家们明确未来企业发展方向，同时也为各企业引进德国4.0工业革命方面专家搭建桥梁。帮助企业申请2015年度中小企业专项扶持资金。帮助耒阳市水木芙蓉茶业有限公司申请2015年度国家“星火计划”，同时积极推动该公司为“耒阳端午茶”申请非物质文化遗产和“中华百年老字号”。成功推荐本市共创集团南非、波黑、土耳其、巴基斯坦四个项目进入省“一带一路”项目库，帮助共创集团顺利解决项目涉外问题。（4）招工扶贫工作取得新突破。与市人力资源和社会保障局、市人力资源市场合作举办民营企业专场招聘会，协助民营企业解决招工难、用工难、招高级管理与技术人才难的难题。同时与市人力资源和社会保障局合作举办衡阳市民营企业招聘周活动，拓宽企业招聘、求职者应聘的渠道。打造微信慈善平台，并成功开展两项大型精准扶贫助学工作，并得到省联和全国工商联高度认可。参与深圳衡阳商会“汇聚相亲，播撒希望”爱心助学公益活动，以及“水墨丹心·藏品助困”慈善拍卖活动。（5）招商引资工作出实招。多次和省工商联、兄弟市州工商联、市直其它兄弟单位合作寻求商机。与哈尔滨市工商联（总商会）、兰州市工商联（总商会）缔结为友好工商联（总商会）。大力倡导同行是朋友、抱团共发展的理念，衡阳市餐饮行业协会实现原材料采购一体化，集中配送降低成本、提高效益。组织各行业商会会员外出学习参观，促进各行业的相互交流、对外交流，为招商引资奠定基础。市工商联招商引资工作小组在全市范围内广泛筛选项目，选择投资前景好、周边环境好的项目进行完善和包装，并协助项目公司与所在地国土、环保、税务、工商等职能部门进行沟通，近一年的辛勤最终取得丰硕成果，成功引进香港亚洲王者投资集团与衡山县锦都生态农业开发有限公司合作，投入30亿巨资打造永和日都生态城，并于11月26日在“2015湖南经济洽谈会暨第七届湘商大会”上作为省重大合作项目成功签约。　　（刘吉锐）

【自身建设】　（1）积极加强行业商（协）会建设。截至今年12月，市工商联会员总数为9865个，其中企业会员7627家，团体会员389家，个人会员1840名（含原工商业者和“三小”等老会员）。市直属会员1816个，其中企业会员1362家，团体会员31家，（今年上半年新增团体会员6家），个人会员423个。现市直已在民政局注册的商会31家（含今年发展的6家团体商会：衡阳市餐饮行业商会、衡阳市留学生协会、衡阳市油茶产业协会、衡阳市物流与采购联合会、衡阳市家用电器商会、衡阳市电子商务协会）。（2）召开异地衡阳商会企业家座谈会。市工商联联合市商务局邀请上海、广东、深圳、天津等14余家异地商会会长及部分企业家代表召开异地衡阳商会企业家招商座谈会，在市委市政府的积极引导下，既加强各异地衡阳商会之间的联系，也推动衡阳经济的发展。（3）重视非公经济代表人士的培养。经县市区工商联和市直各行业商会的推荐，经过严格筛选，拟推荐35名非公企业家为非公经济代表人士后备人选。（4）建立商（协）会秘书长工作制度。起草并经过商（协）会秘书长讨论，通过《衡阳市工商联商（协）会秘书长联席会议制度》，加强对市直各行业商（协）会的规范化管理，激发秘书长的工作积极性。并于5月18日、10月28、11月25日如下三次秘书长联席会议，加强工作联系，增强工商联的凝聚力。（5）举办衡阳工商联系统首届商

（协）最强音和“同心同声”K歌比赛。8月至11月，根据中央统战会议精神，结合市工商联工作实际，为全面推动活动的深入开展，更好的活跃企业员工的文化生活，提高企业凝聚力，市工商联机关工会举办衡阳市工商联系统首届“商协最强音”K歌比赛和“同心同声”K歌比赛活动。经过4个月的紧张比赛，两个活动都取得成功。（刘吉锐）

【规范非公党组织建设】

（1）抓党组织负责人和党员出资人培训。协调组织部门将党组织负责人和党员出资人培训纳入市、县（市、区）组织部门统一规划，统一安排，统一组织。6月底，由市委组织部牵头，非公党工委具体负责，对市辖各城区、工业园区党组织负责人和党员出资人举办市级示范培训班，把党员培养成生产经营和工作业务骨干，把党员出资人和负责人培养成党建工作骨干。180余人参加培训。（2）抓非公有制经济组织党群组织建设情况普查。按照省委组织部要求，为准确掌握全市非公有制经济组织和社会组织建立党组织和群团组织情况，进一步扩大党群组织的组织覆盖和工作覆盖，提升党群建设工作水平，由市委组织部牵头，市非公党工委为主，对全市非公有制经济组织和社会组织建立党组织及群团组织情况进行全面普查。（3）召开全市非公有制经济组织庆祝建党94周年暨表彰大会。召开庆祝建党94周年暨表彰大会，回顾党的历史，总结当前工作，表彰全市非公有制经济组织中涌现出的先进基层党组织、优秀共产党员、优秀党务工作者和支持党建工作优秀企业家。全市80个先进单位和个人受到表彰，市委组织部、市委统战部、市非公党工委委员等领导出席大会。（刘吉锐）

# 人民团体和社会组织

## 工　会

【劳模宣传】　(1) 4月24日，衡阳市总工会在劳模管理领导小组的率领下，在时隔多年之后推选35名市级劳模。举行“榜样的力量”——衡阳市2015年劳动模范颁奖典礼，对10名全国劳模、45名省劳模和35名市劳模进行表彰，市委副书记、市长周海兵亲自致辞。(2) 把工会宣传工作纳入全市宣传大格局，在《衡阳晚报》中开辟专栏，在“五一”期间的《衡阳新闻联播》中，每天报道一名劳动模范，广泛宣传劳模事迹，通过宣传身边的典型、劳动模范来引领社会风气的好转。

（何晓钦）

【农民工集中入会】　首次在衡阳县召开现场会，推进农民工入会工作。2015年，全市累计新建工会组织2016家，完成省总工会下达任务数的100.08%；发展会员80454人，完成省总工会下达任务数的114.93%；发展农民工会员60358人，完成省总工会下达任务数的100.60%。　（何晓钦）

【劳动竞赛】　建立市级劳动竞赛联系点15个，新建劳模创新工作室15个，全市共提合理化建议3.68万条，实施率49.5%，技术革新、发明创造1.14万项。开展“五比五赛”为主要内容的非公企业劳动竞赛，全市参赛企业达0.86万家，参赛职工69.27万人。积极开展技术比武、技能竞赛活动，80%以上职工参与。举办技能大赛6场、二类技能大赛160场，免费技能培训职工2万人，其中培育高技能人才3千余人。在湖南省第五届职工职业技能大赛上，衡阳获得团体总分第四名。

（何晓钦）

【协调劳动关系】　积极促进各级协调劳动关系三方机制建设，大力推动工资集体协商工作向纵深发展。截至2015年12月，全市共签订工资集体协商协议1306份，覆盖企业5076家，建制率92%；认真指导改制企业依法依规开好职工代表大会，市总工会被授予“衡阳市改制服务工作先进单位”荣誉称号。开展“安康杯”竞赛活动，提升职工安全意识和能力，市总工会荣获“全国安康杯竞赛优秀组织单位”。

（何晓钦）

【职工医疗互助】　共组织1553家单位141482名职工参加第二期职工医疗互助活动，筹集互助费7074100元；组织1216家单位44574名职工参加女职工特殊疾病保障活动，筹集互助费445740元。截至2015年12月17日，全市共有7046人次申请职工医疗互助补助金，共发放补助金8452826元。共有24人申请女职工特病保障补助金，发放补助金24万元，职工得到不同程度的实惠。

（何晓钦）

【帮扶工作】　全市共为被联企业引进新项目、新技术610项，解决企业生产经营中的困难问题1024个。市帮扶中心窗口先后帮扶六批困难职工共计228人，发放帮扶资金57.83万元。开展“送温暖”，安排送温暖专项资金1000万元，走访困难企业236家，慰问困难职工家庭13600户，困难劳模362户。全市各级工会筹措资金2000余万元，普遍开展“送清凉”活动，慰问职工达30余万人。开展“金秋助学”，资助困难学子225名，发放帮扶金56.7万元。对116名身患尿毒症的困难职工给予特别关爱，发放关爱资金34万元。与企业联合举办一期订单式女职工手工工艺培训班，培训女职工100人并实现全员就业。深入祁东县太和堂镇大塘冲村对口扶贫，帮助村里筹措扶贫资金67万元，结对帮扶87户贫困户。开展农民工工资支付情况维权，荣获2014~2015年全国工会专项工作先进市。

（何晓钦）

【白沙洲工业园区总工会成立】　12月25日，全市工业园区成立的第一家总工会——白沙洲工业园区总工会成立。2015年，白沙洲工业园区企业工会组织建会率达97.8%，会员达12569人，农民工入会率达100%。副市长刘正兴出席成立大会并要求，园区工会要充分发挥服务大局的作用、桥梁纽带的作用，为职工办好各种实事，做好维权工作。　（何晓钦）

## 共青团

【概况】　2015年，衡阳共青团

学习习近平总书记系列重要讲话精神，贯彻落实中央、省委关于加强和改进党的群团工作的相关精神，并结合团中央、团省委、市委全会的具体要求，围绕“凝聚青年、服务大局、当好桥梁、从严治团”四维工作格局，团的各项工作取得成效。在中央、省委关于加强和改进党的群团工作会议召开后，衡阳共青团结合衡阳实际，开展不同层次、不同领域的学习宣传活动。召开党组中心组学习2次，党组专题学习扩大会议3次，开展专题团课、“团干部如何健康成长”大讨论、交流谈心等活动300余场次。结合“三严三实”民主（组织）生活会的开展，收集青年意见建议500余条，并按照省委16号文件的要求，争取青少年事业发展专项经费列入财政预算。（廖章立）

**【青少年思想政治引领】**（1）紧扣学校共青团工作主阵地，把思想政治引领工作贯穿于整个教育活动的始终，多次召开学校共青团思想引领工作推进会，每个季度召开现场经验交流会，年终还将思想政治引领工作作为重要内容进行考核。多次开展学生思想状况大调查活动，先后组织1000余人参与问卷调查和100余人参加座谈，充分解本市学生思想状况，为工作开展提供第一手资料。（2）以进军共青团网络新阵地为重点，组建以团干为核心，大学生、社会组织为中间层，网络意见领袖为外围的衡阳青年网络文明志愿者队伍，数量28000余人。全年组织开展“清朗空间·我来护苗”“网上祭英烈”“网络文明志愿宣言”“清朗网络·青年力量”等系列主题活动30余次，覆盖青年10万人次，做到常发声、勤发声；利用“青年之声”工作平台，结合线上线下开展宣传教育活动，本市“青年之声”平台自10月份开通以来，全市12个县（市）区纷纷跟紧对接。现市级平台有专家总量710人，总访问量达1300余人次，留言提问量突破300条，答问量达200条，点赞数达280次，平台专家数、访问量、留言量等都在持续增长中。（3）充分发挥微信、微博等新媒体在青少年思想政治引领工作中的重要作用。全年共运用微信、微博推送各类信息3000余篇，平均每篇信息的阅读、转发、点赞量在500次以上，粉丝量突破10万人，逐渐成为共青团引导、凝聚青年的有力武器。（廖章立）

**【青年创新创业创优】** 以“大众创业、万众创新”战略为新引擎、以群团工作意见实施为新契机，合理布局全市“双创”工作“五个一工程”（一园一区一空间一中心一基地），并将“双创”工作纳入全市第十三个五年规划纲要。团省委书记汤立斌、副书记冯海燕、市长周海兵等领导多次调研或指导本市青年“双创”工作，均给予较高评价。（1）“筑巢引凤”，千方百计吸引“双创”人才。持续打造青春创业梦想秀品牌活动，准确定位、凝聚一大批“双创”青年人才。全年市本级自筹150万元，为120多名“创客”提供无偿资助；以大赛为“练兵场”“成长阶梯”，评选青年“创业新秀”22名、青年“创业金点子”20个、“创新奖”2名、“青创先锋”3人；选拔11名优秀选手参加“邮储银行杯”第二届创新创业大赛，其中罗明、刘文亮分别夺得全省比赛一、二等奖。一年来，全市选树各类最美系列60多人次，评选“青年文明号”20家、“青年岗位能手”30人，新发掘、倡树“湖湘青年英才”罗秋开、周文、王和平以及“一淘社区O2O创始人”谢娅妮等一大批优秀创业青年。80后“小苏打王子”周游、“南岳云雾茶创始人”胡寅成功入选“全省创新创业先进典型报告团”成员，还受到省政协主席李微微的悉心指导。《人民日报》《中青报》《湖南日报》、央视2台和央视7台、湖南卫视等主流媒体纷纷报道本市青年“双创”优秀事迹和工作。（2）“当好桥梁”，想方设法搭建“双创”平台。重点布局“五个一”工程，即精心打造一个中建衡阳青年创业园：截至年底已成功孵化29家小微企业、入驻率高达90%，成为家喻户晓的“青创乐园”；建活一座逛街36街区：电商培训、创业之星评选、街区创业大赛等活动异彩纷呈；建设一个星美置业奥莱小镇众创空间；开辟一个共赢天下青年创新创业服务中心，融合信息发布、银企对接、金融贷款、公益服务等于一体的“一站式”青创服务平台；布点一批青年“双创”示范基地，自筹40万元无偿扶持首批30家基地。实现从城市到农村、由点及面的全方位“双创”工作骨架，营建扎实有效的基础平台。同时，全市组织开展较大规模培训120场次，创业培训400余期，培训青年6941人次，实现就业2519人，落实培训资金33万元，覆盖城镇待业青年、大中专毕业生、返乡青年农民工等共计1.7万人次。先后推荐1名创业青年出访（印度）、8名优秀创业青年赴清华大学学习。（3）“保驾护航”，四面八方支持“双创”工作。在市委、市政府领导的大力关心支持下，由市政府主导出台《关于促进创新创业带动就业工作的实施意见》，进一步优化“双创”环境；团市委积极为11名创业大学生向省青创会争取42万元扶持资金；积极协调人社、科技、财政、金融等部门，全面梳理相关扶持政策。大胆创新“担保人担保”“三人互助贷”“基金池”等接地气方式，为本市创业青年签订5亿元贷款大单，全市累计为889名创业青年争取小额贷款2176万元，有效打通创新创业的“开始一千米”；充分发挥市、县两级青年企业家协会、青年创业者协会和农村青年致富带头人协会的聚集效应，吸引各类会员1178人，辐射带动创就业3万人次。其中4人当选中农青协会理事或会员，3人成为省农青协副会长候选人，18名优秀青年积极加入省青企协（其中2名为副会长候选人）。“双创”青年社会组织示范带动作用日益增强、自我“造血”功能日益增强，主动承接政府战略政策的自觉性增强，成为本市团组织联系、服务和凝聚青年人才以及不断推进“双创”工作强有力的手臂和载体。

（廖章立）

**【青少年民生工程】** （1）服务成长成才。加强阵地建设，新青少年活动中心建设主体部分已完工，现已进入装修设计、招商运营阶段。市青少年宫举办建宫30周年大型少年儿童公益性体验活动，2000多名少年儿童参与体验，30位贫困儿童成功圆梦并与爱心人士结成对子。改革优化素质教育培训模式，提升培训服务质量，市青少年宫年培训服务青少年近2万人。参加省级以上比赛荣获多个大奖，其中舞蹈《一把小雨伞》荣获第八届“小荷风采”全国少儿舞蹈展演金奖，为全国少儿艺术表演最高奖项。（2）帮扶弱势群体。结合团干部下基层、“一进二访”、精准扶贫等工作，组织机关干部深入祁东县太和堂镇文桥村开展扶贫助困活动。利用“慈善一日捐”“金秋助学”等品牌活动对一大批贫困少年儿童进行资助，市、县两级团组织走访慰问困难青少年近1000人。项目化、品牌化推进“希望工程”事业，拓宽募资渠道，提高资金使用效益。全年筹集希望工程资金400多万元，一年来，先后援助常宁市西岭镇平安小学、衡阳县金溪镇聚英完小、衡南县栗江镇中心完小、衡南冠市镇荫田小学、衡山白果镇岳北小学等10余所小学改扩建工程，直接资助贫困学生1500余人，在帮助贫困落后地区教育事业发展上作出积极贡献。（3）维护合法权益。加强未成年人权益保护工作，扎实开展“共青团与人大代表、政协委员面对面”活动，办理人大代表建议、政协委员提案各2件。积极做好预防青少年违法犯罪工作，推报衡阳市检察院公诉科、衡阳市法律援助中心、衡东县人民法院刑事审判庭为全国青少年维权岗命名单位，起到很好的正面宣传作用。（4）服务普遍性需求。常态化开展学习成长、交流交友、互动联谊、身心健康等活动，品牌化开展“圆梦幸福”相亲交友活动，特别是4月11日举办的“圆梦幸福之非诚勿约”相亲交友活动和5月23日在石鼓区玫瑰花基地举办的万人相亲活动，共吸引6000多名青年参加，服务广大青年婚恋交友需求，打造衡阳青年的“玫瑰节”。（廖章立）

**【基层组织建设】** 把服务型团组织建设作为联系青年、服务青年的有效载体，谋实事、出实招，全面加强基层服务型团组织建设。（1）以推动团员成为注册志愿者为重点，培养青年骨干队伍。抓住衡阳创建全国文明城市重大契机，积极推动团员成为注册志愿者。全年举办各类专题培训班18场次，印发宣传海报、资料、项目手册等6万多份，举办大型主题活动2次，选树志愿者（项目）先进典型40名（个），高标准建成雷锋号社区志愿者工作站94个，全市60.3万名注册志愿者中，专兼职团干部达5290名，占专兼职团干部总数的100%；团员注册志愿者21.9万名，占全市团员总数的70.7%，既提前两年完成团省委规定的年度目标任务，又培养一支数量充足、素质优良的青年骨干队伍。（2）以青少年综合服务平台建设为重点，提升服务青年能力。将团省委要求和衡阳实际结合起来，重点推进培训类、创业类平台建设；将丰富服务内容和建立长效机制结合起来，确保平台长期稳定运转；将团内资源和团外资源结合起来，整合各方资源；将团的各项重点工作和服务平台建设工作结合起来，树立“一盘棋”思想。较好地提升团组织服务广大青年的能力。截至年底，全市共创建国家级服务平台1家、省级服务平台18家（被认定11家）、市级服务平台18家、县级服务平台130家，投入各类建设资金119万元，年服务青少年超过5万人次，青少年综合服务平台成为团组织联系青年的重要组织依托、整合社会资源的重要工作载体、开展活动的重要阵地空间。（3）以城乡区域化团建为重点，健全团的组织体系。在巩固第一阶段街道区域化团建基础上，深化第二阶段区域化团建。搭建好架构：全市33个街道全部建立共建委员会，配备专兼职团干184名，发展成员单位635家，平均每个共建委员会有成员单位19.2个。12个县（市）区都至少成立1个农村青年组织，7个县（市）全部成立农村合作组织团工委、农村青年致富带头人协会、青年创业者协会。开展好活动：33个街道新建各类活动阵地45个，组织开展各类活动336次，覆盖青年16000余名，蒸湘区蒸湘街道的爱心超市、石鼓区青山街道的志愿服务等48个工作项目，已形成品牌，具有一定的影响力；开展团干培训18次，志愿者培训12次，33个街道均全部成立专职志愿者队伍，联系社会组织51个；建立微博、微信、QQ群等联系平台18个，社区团建覆盖率100%。7个县（市）结合实际，分类推进“百县千乡”示范创建活动，全年共建成省级示范乡镇街道19个，省级榜样示范乡镇8个，市级示范乡镇街道37个，市级榜样示范乡镇24个。实现团组织与农村青年的经常性联系，真正与团员青年“对上眼、拉近距离”，提升团组织的吸引力凝聚力。（廖章立）

**【文明创建志愿服务】** 2015年以来，为配合市委、市政府创建全国文明城市的中心任务，团市委积极行动、主动作为，结合自身工作职能，着力抓好志愿服务工作，为衡阳的文明城市创建工作争光添彩。按照文明城市创建测评体系中关于志愿服务工作具体要求，根据衡阳实际，制定注册志愿者人数不少于60万，注册志愿者人数占常住地人口不少于15%的目标，分区域、分层次抓好抓实。通过深入宣传发动、规范注册登记、引导发挥作用、建立保障机制等措施，全年完成注册志愿者60.3万人，组织开展志愿服务进社区、进站场、进学校、进医院等“六进”活动以及“交通文明劝导”志愿服务行动，全市各机关事业单位共3万余人参加为期一个多月的交通文明劝导志愿服务活动，“文明雁城、志愿你我”的理念深深嵌入人心，红马夹和小红帽遍布衡阳各个角落，构建起衡阳人民“奉献、友爱、互助、进步”的志愿精神坐标，志愿服务已成为常态化开展的工作之一。全年共召开全市性的志愿服务工作动员、部署、推进会议6次，开展志愿服务活动3000余场次，较好地起到以活动宣传活动、以实践倡导文明的良好效果。（廖章立）

## 妇 联

**【妇女创业】** （1）衡阳市妇联以典型为引领，营造妇女创业创新氛围。举办“巾帼同行·助力发展”座谈会，16名不同行业、不同领域的妇女代表畅谈创业创新经历。通过座谈交流、听取汇报、查阅资料、现场观摩等方式全面开展国、省级“巾帼文明岗”检查复评，7家单位荣获“全国巾帼建功先进集体”“全国巾帼文明岗”，1人荣获“全国三八红旗手”，3人荣获“全国巾帼建功标兵”荣誉称号。陪同省妇联领导深入湖南中锋投资置业有限公司、衡阳市辣妹子家政服务有限公司等企业开展创业创新工作调研，积极破解创业难题。（2）以培训为载体，拓宽妇女创业创新渠道。依托妇女创业与再就业培训学校、技师学院等机构，组织3000余名城乡女性参加家政服务、手工编织和新型职业女农民培训班。深入开展“春风行动”，帮助18650名女性就业。举办“我创业·我美丽”女大学生创业指导报告会，帮助女大学生创业创新。开展“巾帼手工编织大赛”，28人在省手工编织职业技能创新创业大赛中获奖，市妇联获团体三等奖。开展“恒爱行动”爱心毛衣手工编织大赛，编织爱心毛衣1460件，评选“最美巧手”“最美创意”“最美作品”各10名（件）。（3）以小贷为抓手，解决妇女创业资金难题。不断深化妇女小额担保贷款工作，积极引导涉农金融机构创新推出“妇女+合作社+联保贷款”“妇女+基地+女能人”等服务模式。发放妇女小额担保贷款8217万元，扶持带动2000名妇女创业就业。（陈　静）

【妇女维权】　（1）妇女维权取得突破。率先将预防和制止家庭暴力课程正式纳入警官培训计划，全年培训5期1000余名民警，《中国妇女报》对此进行报道。推进“婚姻家庭纠纷调解专业委员会”（以下简称“婚调委”）建设，新增常宁市为婚调委项目县。衡山县婚调委工作经费纳入县财政预算，选聘17名人民调解员，成立妇女儿童法律顾问团，建立接访调解工作机制和矛盾纠纷化解奖励制度，全年共接待咨询320对，其中接受调解208对，成功调解150对，调解成功率达72.12%。组建“家庭律师讲师团”，携手市律师协会深入12个县（市）区开展“法治衡阳·巾帼同行”大型普法宣传活动。举办“亲近家庭·远离毒品”女性论坛，成立116支禁毒妈妈联盟队伍，广泛开展“不让毒品进我家——无毒万家兴”禁毒宣传活动。2015年以来市本级“12338”“12345”热线接待来信来访来电375件，办结率99%，为贫困妇女提供法律援助案件10件。（2）两纲实施合力倍增。抓住男女平等基本国策实施20周年契机，将男女平等基本国策纳入市委党校主体培训班，将全市妇女儿童发展目标全面纳入统计监测范围，将实施妇女儿童发展规划、保障妇女儿童合法权益纳入政府重点工作，纳入市委、市政府对县（市）区目标管理绩效考核。全面督导评估本市“十二五”妇女发展规划、儿童发展规划实施情况，终期评估得到省政府的肯定。（3）关爱妇女儿童，汇聚温暖。开展留守妇女专题调研，将衡东县作为省级农村留守妇女关爱服务试点县。积极做好PAC公益项目的“宣教、联动、引导”工作，在南华大学举办“守护青春·为爱改变”关爱女性健康知识讲座，项目建设得到中国妇女发展基金会的高度肯定。建立并完善“贫困母亲两癌救助”数据库，发放项目资金19万元；开展“健康与美丽同行”乳腺癌防治宣传长跑和免费普查公益活动。以农村留守儿童信息数据库为平台，开展“温暖微行动·彩虹行”“温暖微行动·常宁行”三下乡“志愿你我他·恒爱百万家”公益行动，实施“儿童快乐家园建设”“让我玩”公益项目，在衡山县福田铺乡白云学校建立留守儿童知心屋，深入推进农村留守儿童关爱服务体系建设。（陈　静）

【文明创建】　（1）全方位加强妇女宣传工作。在衡阳电视台制作“纪念‘三八’国际劳动妇女节105周年”宣传片——《巾帼同行·助力发展——20年衡阳女性发展与进步》8集系列报道，利用市直宣传平台多频道多频率播放“男女平等·儿童优先”公益宣传片，该片荣获全市“微故事·微视频”创作竞赛三等奖。（2）常态化推进家庭文明创建。广泛开展“书香家庭”“两型家庭”等各类特色家庭创建活动，两户家庭获评省“书香家庭”，市妇联获评省级“书香机关”。新创建两所家庭教育指导中心，大力开展现代家庭教育公益巡讲，16场家庭教育讲座让8000多名家长受益。在衡阳电视台、《衡阳日报》推出“寻找最美”专栏，深入挖掘、大力宣传“最美家庭”“最美创业”“最美女性”，其中吉湘林家庭荣获全国“最美家庭”。举办“廉政文化进家庭”“一代女魂唐群英家风家训”讲座等活动，大力弘扬文明家风。（3）规范化拓展巾帼志愿服务。结合本市创建全国文明城市，启动全部公务人员网上实名注册志愿者，壮大巾帼志愿者队伍。深入开展“美丽衡阳·巾帼同行”“邻里守望·姐妹相助”“小手拉大手”“学雷锋”等巾帼志愿服务活动。1400多名巾帼志愿者参与“志愿你我他·恒爱百万家”爱心毛衣手工编织活动，5名志愿者爱心牵手省级儿童心理健康辅导中心示范点衡山县白云学校；市妇联巾帼志愿队开展“志愿者妈妈”微心愿认领活动，为留守、孤贫儿童送去自行车、书包等爱心礼物，

送去妇联组织的温暖。（陈　静）

【教育培训和基层建设】　（1）进一步加强教育培训。制订《2015年衡阳市妇女联合会女干部教育培训计划》，在上海复旦大学举办女干部能力建设研修班；在市委党校举办女干部培训班；与会天心理合作举办妇联干部国家二级心理咨询师培训；举办全市妇联系统办公室业务培训班；开展学法普法培训、党员干部教育实践培训等，不断提升妇联干部能力素质。（2）进一步夯实基层基础。继续延伸工作触角，扩大“妇女之家”覆盖面，帮助中锋置业投资有限公司妇委会创建“妇女之家”，省妇联杜亚玲主席来此调研时，充分肯定本市“妇女之家”创建工作。市委常委、宣传部长刘丽华深入衡东县白莲镇马房村进行“妇女之家”创建指导，并就村级家庭文明建设带动乡风文明进行实地调研。

（陈　静）

## 侨　联

【参政议政】　（1）调查研究，聚智为侨服务。一是先后深入衡阳县、衡南县侨商、侨企和留学归国创业人员中，了解他们在创新创业中遇到的实际困难，就支持侨企转变生产经营方式，提高核心竞争力等方面展开研讨交流，并为侨企争取政府相关部门的项目支持建言献策。二是先后参与省侨联领导深入常宁市贫困老归侨聚集村胜桥镇、洋泉镇、衡阳市区调研慰问。针对侨企的示范村建设情况和农村土地流转林下经济种植示范基地发展情况，支持常宁市首家归侨侨眷农业技术培训基地培训技能人才，为贫困归侨侨眷掌握技术，尽快脱贫致富创造条件。三是联合市政协文史学习和港澳台侨外事委组织侨联界别市政协委员，就新侨创新创业情况开展调研，深入侨企的科研实验室、成果展示厅和生产车间，实地查看侨企的生产经营状况，听取对企业转型升级创新发展情况的介绍，围绕企业产业发展、政府服务和创业环境等方面问题展开交流研讨，掌握侨企生产经营中遇到的实际困难，以及对投资环境、服务工作的意见和建议，撰写提案、社情民意和理论文章，为不断增强企业核心竞争力建言献策。（2）创新工作平台，激活为侨动力。在市政协的支持下，侨联界别市政协委员7人共建立戴明欣、肖启信委员2个工作室。其中在戴明欣委员工作室挂牌仪式上，市政协副主席刘日煊和市侨联主席一起为市侨联第一个委员工作室揭牌。一年来，共接待来信来访50多人次，收集侨情民意100多件（条）。通过参加各级“两会”，撰写《营造良好环境与服务体系吸引新侨来衡创业发展》提案、议案20多篇，《关于简化归国海外华人出入境和居留许可手续的建议》等调研报告4篇，分别被省侨联《侨情专报》和省委统战部、市委办发表，有5篇提案获各级政协的优秀提案。所有建议、意见得到答复和采纳。全市侨联界各级政协委员、侨界人大代表不仅参加各级人大、政协召开的“两会”，还参加各级人大、政协组织的调研、视察活动，各级民主监督员都能认真履行监督员职能，为优化经济发展环境发挥作用。

（邹　琰）

【维护侨益】　（1）积极维护侨益，不断提高为侨服务水平。为落实省侨联法顾委会议精神，邀请省侨联法顾委主任周敦扣一行到衡阳调研督办涉侨案件，加大重点涉侨案件的协调督办力度，使2015年省法顾委重点督办的两大涉侨案件实现突破。永州籍侨眷文小淑案，经市、县两级政法委、法院多次督办，于9月份将当事人移交公安机关刑事立案，以“拒不执行法院判决”提请网上追逃；加拿大华商赵卫光案因涉案当事人涉及刑事案件，停审冻结已达5年之久，在省、市各级侨联的支持下，该案纳入本市政法委涉法涉诉积案领导“包案”范畴，由市中级人民法院党级成员、执行局局长直接“包案”，切实维护归侨侨眷合法权益。（2）加大侨法宣传，营造良好环境。一是依法进党校。首次邀请省侨联主要领导到衡阳为中共衡阳市委党校2015年春季主体班讲授涉侨法律法规和侨务政策理论，衡阳市委党校县干班、中青班、科干班和全市侨联工作人员400余人参与学习。首次通过党校平台宣传侨法，学习侨法，使各级党政干部进一步增强依法办事能力，更新观念，达到预期效果。二是牵线搭桥，帮助高校联系美国洛杉矶王太和律师事务所主任王太和回衡为衡阳师范学院和南华大学国际学院开展学术交流，并向省侨联引荐其担任省侨联系统涉侨法律知识竞赛评委。三是组队参加省侨联组织的“法治湖南·侨联同行”湖南省侨联系统涉侨法律知识竞赛，荣获“组织奖”。四是派员参加2015年全国侨联系统维权工作会议暨培训班，副主席胡仲敏在分组讨论中作典型发言，并荣获全国侨联系统维权工作“先进个人”荣誉称号。

（邹　琰）

【衡阳市侨联召开七届四次全委（扩大）会议】　4月15日上午，召开衡阳市侨联七届四次全委（扩大）会议。徐志明副主席传达省侨联七届二次全委会议主要精神，李玲主席代表市侨联七届常委会作《适应新常态，彰显新作为，为全面建成小康衡阳贡献侨界的智慧和力量》的工作报告。李玲主席指出，2015年，市侨联的主要任务是围绕衡阳市经济发展中心工作实施“2311”工程。即：学习好两个《意见》，开展好3项活动，建设好1个平台，引进来1批项目。通过做好老侨工作、推动新侨工作、拓展海外工作，为开展招商引资引智、引导海外侨胞和侨商积极参与本市经济社会建设而努力。市委组织部常务副部长雷雨时代表市委常委、组织部部长、统战部部长何录春出席市侨联七届四次全委（扩大）会议，并就如何做好2015年侨联工作强调：一是要领会“意见”精神，找准工作方向，二是要汇聚侨力侨智，服务衡阳发展，三是要落实“两个并重”，实现“两个拓展”。

（邹　琰）

【服务经济】　推荐常宁福塔农业科技开发有限公司参加“第十八届中国北京国际科技产业博览会”主题报告会和“新侨创新创业成果展”等各项活动，向世界25个国家、地区展示衡阳的风采和特色。首次同派两位副主席参加省侨联组织的“湘台侨界联谊交流团”赴台进行联谊交流与友好访问，拜访台湾华侨协会总会等多个侨社团，加强两岸侨界进一步交流，宣传衡阳经济社会发展形势，成功促成台湾世界开发建设股份有限公司总裁黄幼林等10位港澳台集团法人到衡阳调研考察投资项目，对接“2015年非公经济论坛和侨领侨商聚三湘”活动，为侨商在衡阳投资兴业提供服务。组织市侨商会领导参加在印度尼西亚举行的以“融聚华商·共赢在印尼”为主题的第13届世界华商大会，与100多个侨社团的两千余名美国、丹麦、新加坡、印尼、中国香港等世界各地华商领袖与商界精英广泛交流，为发展衡阳外向型经济，实施“走出去”发展战略，促进合作做出贡献。积极参加省侨商联合会2015年年会及相关活动，并在侨企项目推介会上重点介绍常宁市大山生态农业有限公司和祁东华侨科技工业园的创业规划和优厚的投资环境等11个对接项目，受到260多位与会海内外嘉宾一致称赞。

（邹　琰）

【联络联谊】　先后接待旅美湖南同乡会常务副会长张文生、副会长王强武、美国南加州湖南同乡会、洛杉矶王太和律师事务所主任王太和等海外侨胞15批100多人次来衡阳考察、探亲访友、洽谈商贸。一是加大横向联谊力度，接待岳阳市侨联莅衡考察交流。双方就侨联机构设置、侨商会成立及运行等情况进行交流座谈，促进兄弟单位之间的联络联谊，共同发展。二是组织机关人员赴友好单位吉安市侨联、侨商会回访，参观学习吉安市经济科技、联络联谊工作方面的先进经验，为更好地开展侨联工作，促进衡阳发展做出努力。三是组织侨商会领导赴吉林省考察交流，寻求合作发展机遇，并与吉林省长春市侨联正式签订友好关系协议书，就如何开展为侨服务、文化交流、经济科技、共同推进两地侨联事业进步、增进两地情谊进行深入交流。

（邹　琰）

【公益事业】　（1）排忧解难，做好侨界群众工作。一是开展“送温暖、献爱心”慰问活动。春节、端午节、中秋节等传统重要节日期间，坚持对重点归侨侨眷和困难对象进行走访慰问，“三必访”制度，把党和政府的温暖送到归侨侨眷的心中。全市先后为困难归侨侨眷周济、林辉倪等100多老归侨困难户送去慰问金10多万元。在重要节假日向海外侨胞发贺信贺电1200余封。二是争取各级支持，依法维护归侨侨眷合法权益。先后成立衡阳市侨联扶侨帮困工作领导小组，完善帮扶制度，争取重点帮扶常宁、南岳3户特困户维修住房资金。帮助支持归侨侨眷参与农业技能培训基，改建归侨侨眷敬老院，在市五中续办第五个珍珠班，免费为特困学生40人就读高中。共争取各级各类帮扶资金50多万元，政府配套资金300万元，使侨界群众感受到“娘家”的温暖。（2）凝聚侨界力量，积极开展公益活动。联合省侨联、侨商会、市侨商会、南华大学、衡阳师范学院侨联在常宁市洋泉镇举行“慈善中华·爱心湖南——走进常宁”义诊义捐义演活动。南华大学附属一、二医院的医务人员为当地1000多位群众免费义诊，发放医疗宣传册和2万元药品。省、市侨商会、省华侨公益基金会共为常宁市洋泉镇捐款17万元。衡阳师范学院侨联组织优秀演员为大家表演精彩的文艺节目。弘扬乐善好施精神，动员组织侨界爱心人士开展爱心助学等捐赠活动，联系侨联界市政协委员到衡南县谭子山镇开展助学活动，共为4名贫困学子送去12000元助学金。

（邹　琰）

【衡阳侨企参加第十八届中国北京科博会新侨创新成果展】　5月13日至17日，第十八届中国北京国际科技产业博览会在北京国际展览中心举行。中国侨联首次作为科博会特邀支持单位，贯彻以围绕一带一路、京津冀一体化、长江经济带以及自贸园区这四个主要内容的展览和推介会，展示最新科技创新成果，交流研讨引领创新的前瞻思想理念，推介产业合作的优质项目。通过“新侨创新创业成果展”，在推动侨联经济科技工作融入社会、融入市场等方面取得较好效果。衡阳市侨联推荐常宁福塔农业科技开发有限公司参加展会。通过衡阳产品参展，宣传衡阳企业的知名度，扩大影响力。展会期间，前来参观咨询的人络绎不绝，并签订合作订单。衡阳市侨联还通过组织侨商、侨企参加本次科博会的主题报告会等各项活动，向全国31个省区市和世界25个国家、地区展示衡阳的风采和特色，促进与海内外的交流联系。　（邹　琰）

【“慈善中华·爱心湖南”义诊义捐义演活动】　5月28日，“慈善中华·爱心湖南”义诊义捐义演活动在常宁市洋泉镇举行。活动现场，来自南华大学附属第一、第二医院的医务人员为当地1000多位群众免费义诊及医疗咨询，并发放1000多本医疗宣传册和20000元药品。衡阳市侨商会、湖南省侨商会、湖南省华侨公益基金会分别为20名品学兼优的贫困学生、20名贫困归侨侨眷、洋泉镇归侨侨眷敬老院捐款3万元、4万元和10万元。衡阳师范学院侨联组织演职人员为大家表演文艺节目。　（邹　琰）

【衡阳市侨联与长春市侨联缔结友好关系】　9月16日，衡阳市侨联主席李玲与吉林省长春市侨联副主席陈坚正式签订友好关系协议书。签约仪式上，双方就如何开展为侨服务、联络联谊、文化交流、经济科技等方面进行深入探讨，就如何共同推进两地侨联事业进步、增进两地情谊、促进两地经济繁荣和社会进步进行交流。经充分商讨，双方就加强服务经济的合作、加强联络联谊的合作、加强信息交流的合作、加强新侨工作的合作及加强学术方面的合作等五个方面达成一致意见。

（邹　琰）

【“亲情中华·魅力衡阳”侨界书画作品展暨艺术文化交流活动开幕】　11月18日，衡阳市侨联在衡阳市书画院举办“亲情中华·魅力衡阳”侨界书画作品展暨艺术文化交流活动开幕式。市委常委、组织部部长、统战部部长何录春向活动发来贺信，市人大常委会党组书记、副主任谢宏治挥毫赠字。市领导李辉亲临活动现场宣布开展。衡山画院、市文联、市文体广新局、市侨联、南华大学侨联等单位嘉宾出席活动开幕式。各县（市）侨联工作者和来自墨西哥、南非、巴基斯坦等国的外国留学生，侨界群众、书画、剪纸、摄影爱好者共500余人参加开幕式并观展。市书画院免费展出来自国内和海外的艺术精品67件：有泼墨挥毫的书画；有精雕细刻的剪纸；有意趣盎然的摄影佳作等。　（邹　琰）

## 社科联

【市社科重点研究基地工作】　针对市社科重点研究基地工作现状中存在的问题，2015年6月12日，市社科联组织召开市社科重点研究基地工作推进会。重点改革创新市社科重点研究基地管理的举措，强调科研经费要打破原来的平均主义，引入竞争机制，广泛调动全市的人才资源、智力资源和研究资源，特别要突出服务大局、服务衡阳、服务中心工作的宗旨，为市委、市政府科学决策服务。（彭隽华）

【市社科基金项目】 2015年9月22日，市社科联举行2015年市社科基金项目评审会。经专家进行筛选、评审，共评选出176个立项项目。其中，重大项目2项，重点项目10项，市情研究课题13项，一般项目20项，自筹经费项目128项，特别委托项目3个。为确保立项课题能够为本市经济社会发展实际服务，更加具有科学性、可行性和创新性，12月4日，市社科联还专题召开“市社科基金项目管理工作座谈会”，进一步明确立项课题管理办法。（彭隽华）

【优秀学术著作出版资助工作】 2015年12月23日，市社科联邀请专家对19部申请2014年度出版资助的学术著作进行审评。经过社科联党组初评和专家们的资格认定、分类审读、集体会评，共有11部著作获得2014年度衡阳市优秀社会科学学术著作出版资助。（彭隽华）

【完成《衡阳抗日保卫战史稿》】 为纪念中国人民抗战和世界反法西斯战争胜利70周年，同时为把衡阳打造成中国历史文化名城做出贡献，市社科联李岳平牵头，与李银、陈桂芬合著《衡阳抗日保卫战史稿》，已经完成写作和定稿工作。（彭隽华）

【纪念船山学社100周年文稿】 市社科联熊考核、王柏新完成纪念船山学社成立100周年论文《民族复兴的启蒙先声——论船山思想对中国近代社会变革的启蒙影响及现代意义》。（彭隽华）

【协助办好国学讲座】 为充分发挥中华优秀传统文化在构建社会主义核心价值体系中的积极作用，进一步打造“书香雁城·文化衡阳”，营造全市上下学国学、知礼仪、讲文明的浓厚氛围，市社科联参与市委宣传部主办的“船山故里·国学飘香”活动，从邀请讲座专家、审定讲稿、观摩试讲、主持讲座、组织听众等方面全程参与，先后协助市委宣传部组织多场雁城市民讲坛及高端国学讲座。（彭隽华）

【努力办好《衡阳社会科学》杂志】 《衡阳社会科学》是社会科学工作者发表成果的园地，学术交流的平台，传播社科知识的主阵地，也是为市委市政府领导提供社科咨询服务的重要形式。为了把杂志办好，市社科联加强栏目的特色性和针对性，加强重点栏目的建设，加强约稿工作。编辑将原来的栏目版块重新进行设计，使之既能反映自已的特色，又不失稳重，同时对个别栏目也做一些调整，使之也更加灵活。（彭隽华）

## 文　联

【文艺活动】 2015年，市文联主办的艺术展览大小累计有17个，基本上每个月有1~2次。主要活动有：“临摹经典书法大赛作品展”“风云际会——民国名人书画文献展”“孤城涅槃——衡阳市纪念抗战胜利七十周年摄影图片展”。市文联举办“欢乐潇湘，美丽衡阳”群众美术、书法、摄影作品展。这次活动共征集美术、书法、摄影作品9000余件，参与创作的业余作者达8000余人。本次展览共展出195件作品，其中美术作品65件，书法作品65件，摄影作品65件，这些作品充分展现衡阳市创建文明城市的最新成果，谱写“中国梦”衡阳篇的壮丽图景。（卢　霞）

【文艺创作】 （1）部署工作计划。年初，市委宣传文化工作会议把2015年定为文艺创作年。5月，市文联在岣嵝峰召开2015年衡阳文艺界文艺创作调度会，制定文艺精品创作生产五年规划，确定2015年度创作10大项目。（2）指导创作。市文联组织主要协会围绕省以上大赛大展进行精品力作创作。如市作家协会组织作家瞄准第十三届湖南省“五个一”工程奖进行长篇小说、报告文学创作；市书法协会瞄准四年一届的全国第十一届书法篆刻展进行创作；市美术协会组织画家瞄准第二届湖南省文学艺术奖进行创作；市摄影协会组织艺术家瞄准二年一届的全省第十七届摄影艺术展及第16届中国国际摄影艺术展进行创作。市音乐家协会组织音乐家瞄准全国、全省“金钟奖”与第十三届湖南省“五个一”等工程奖进行创作；市曲艺家协会瞄准第六届中国中部六省曲艺大赛进行创作；市诗词与市楹联围绕全国诗词之市、全国楹联城市的复评进行国学与传统文化创作。（3）演讲比赛屡创佳绩。5月2日，湖南响语演讲团团长兼总教练李梅老师，亲率湖南响语团参战在广东顺德举办的“拔萃杯”全国演讲大赛，以团体最好成绩荣获团体一等奖。5月4日，李梅参加“中国梦·环球行·赴欧演讲团”在首都机场正式启航，前往意大利、梵蒂冈、法国、瑞士、英国欧洲文化交流和演讲。5月13日，李梅在牛津大学参与演讲《上善若水与天长地久》。牛津大学罗素精英教育集团牛津大学代表王韦伟为李梅等颁发演讲证书。5月14日，李梅剑桥大学演讲的主题是《上善若水与天长地久》。7月19日，李梅主办的“响语杯”少儿讲美德故事大赛在湖南省科技馆角逐。湖南响语演讲团又获团体金奖。（4）扶持创作展览。2015年，市文联组织和扶持一系列创作展览活动。1月，连续组织“南山七子绘画作品展”“大山古韵南国荷风”国画展“乡关行旅——陈湘波、刘洪镇书画作品家乡汇报展”。二季度，省书法看稿会在衡阳举行，“墨香书法展示”活动、龙开胜书魏源诗词专题作品展、李浩文师生书法作品展均圆满收官。在年底全省“欢乐潇湘”书画摄影评选活动中，本市获得6个一等奖，在全省仅次于长沙，排名第二。

（卢　霞）

【基地建设】　（1）把基地建设与采风创作相结合。今年4月28日，本市在常宁市塔山瑶族乡举行衡阳市文艺创作基地授牌暨文艺惠民活动启动仪式，市委常委、宣传部长刘丽华宣布启动，艺术家们捐献书画、摄影作品，在现场举办笔会，把作品留给塔山瑶民。全市城区的文艺惠民活动也很活跃，如省文艺惠民基地衡阳市三缘文化艺术中心不断开展文艺惠民演出活动，先后走进衡阳高铁站、衡南茅市镇等地演出达50多场次。5月，本市作协专门组织30名女作家深入常宁电力系统进行采风创作。（2）把品牌活动与文艺惠民相结合。市文联每年都要举办“春节送福送春联”“元宵喜乐会猜灯谜”“送欢乐下基层文艺演出”等群众喜闻乐见的文艺品牌活动。2月，举办“春润蒸湘万福进万家”送春联活动，市领导和市书协成员现场为市民写春联、送祝福。同时，市文联组织10名书法家参加衡阳市文化科技卫生“三下乡”活动，现场挥毫泼墨，为百姓写春联、赠福字上千幅。3月，市文联与衡阳市楹联家协会在岳屏公园举办“春润蒸湘，万福进万家”2015年元宵节灯谜活动，共设2015条内容新颖、涵盖面广的灯谜。文联还成立“衡阳市志愿者服务团”，开展文艺进社区、学校、军营、厂矿、边远山区等活动。

（卢　霞）

【杂志出版】　《文学天地》杂志社来势看好。2015年，市文联经过多方面工作，把《文学天地》杂志归回公益类，并成立“文艺创作交流中心”，与杂志社合为两块牌子，一套人马。本会组织编辑和发行人员系统性地进行期刊出版的法律、法规的培训，提高杂志社干部职工的政治、业务素质。市文联强化编辑力量，坚持三审制度，确保期刊质量，圆满完成全年24期的出版任务。同时创办并出版的两期《衡阳文艺》增刊，在全国文联系统获得好评。

（卢　霞）

【基层调研】　2015年上半年，市文联积极配合省文联领导赴基层搞好调研，就如何加强基层文联建设，在出人才、出精品等方面建言献策。下半年，在市委宣传部、市政协文教卫体委员会的统一安排下，市文联分别对县（市）区基层文联与市属各文艺家协会进行深入调研，形成《衡阳市县市区基层文联工作现状调查》与《衡阳市文联文艺家协会工作现状调查》。（卢　霞）

## 浙江商会

【概况】　衡阳市浙江商会是一家由在衡阳投资创业的浙商自愿组成的异地商会，成立于2008年12月，有会员600多家，在衡阳投资额逾500多亿元，商会以创建党和政府满意、衡阳人民满意、浙商会员满意的“三满意商会”为目标，以“团结浙商、服务浙商、共同发展、建设衡阳”为宗旨，开展一系列活动，充分展现浙商的精神面貌。（刘景行）

【组织活动】 2015年年初，浙江商会组织《2015·衡阳浙商创新创业大会》，鼓舞会员斗志，提升商会凝聚力，扩大商会在衡阳商界的影响。浙江商会作为市政府招商引资小分队的成员单位，在有关市级领导的带领下，组织会员多次考察衡山科技城，甚至还远赴哈尔滨学习考察。组织众多会员单位选送代表参加雅士林杯首届“商协好声音”K歌大赛。商会副会长单位“衡阳今朝百货有限公司”选手王立青获得大赛一等奖，商会会长单位“湖南中库投资有限公司”的选手陈晓盼获得大赛二等奖。2015年，组织党员和部分会员乘高铁赴广东韶关参观学习。为让会员更加了解衡阳的特色和历史，先后组织会员参加茶山坳的梨花节，衡南宝盖的银杏节以及石鼓角山的玫瑰花节。年内与本市的江苏商会、福建商会、中小企业联合会、射箭射击协会，成功开展多次活动，开创横向交流的正常机制。

（刘景行）

【树立形象】 浙江商会借助本地媒体《衡阳日报》《衡阳晚报》《衡阳电视台》，多角度、多层次地宣传在衡浙商在衡发展的优秀案例。衡阳电视台以介绍在衡浙商为主题的专题片《第二故乡》影响广泛，较好地宣传浙商的优秀事迹和对衡阳经济腾飞作出的贡献。同时把本商会宣传工作做到浙江的媒体上，如《江南游报》《金华日报》等，取得一定成效。

（刘景行）

【讲座活动】 浙江商会先后安排会员参加《企业发展高峰论坛》《中小企业品牌战略》研修班、《杰出雁商招商论坛》《城市商务中心论坛》《互联网+创新创业论坛》，以及《衡阳市中小企业财务管理与税务筹划》讲座等学习，提高会员了解经济发展形势，管控自己企业的能力。同时，还根据会员的要求开展法律讲座，与衡阳市南舫律师事务所合作，讲解《劳动合同法》《经济合同法》以及民间借贷风险防范及法律运用等课。（刘景行）

# 武装

## 衡阳警备区

【概况】　2015年，在省军区党委、首长机关和衡阳市委、市政府的领导下，衡阳警备区圆满完成上级赋予的各项任务，被评为省军区军事训练、安全工作、后勤管理先进单位；衡阳市被原广州军区评为征兵工作先进单位。

（徐佳琳）

【思想政治建设】　着眼政治建军的时代要求，以贯彻落实古田政工会议精神和“三严三实”专题教育整顿为抓手，强化政治引领，凝聚军心士气。把学习习主席重要系列讲话作为精神旗帜，认真组织党委中心组理论学习，开展以“进步观”“学先辈、懂感恩、讲奉献”、正确行使民主权力等为主要内容的党课教育，纯正思想灵魂，强化自信自觉。认真组织召开师团两级专题民主生活会，组织涉郭涉徐信息清查清理，深刻反思衡阳破坏选举案教训，纯洁官兵思想，纯净政治生态。围绕部队中心工作和阶段性任务，深入开展宣传教育活动，不断凝聚正能量。大力宣扬许中辉见义勇为先进事迹，着力培养新一代“四有”革命军人，在军地引起强烈反响。结合纪念抗战70周年，广泛开展采访慰问抗战老兵、组织学生军训成果汇报表演、开展民兵歌咏比赛等系列活动。高标准建设警备区文体活动中心、强军文化长廊、荣誉室，大力营造浓厚的强化文化氛围。着力打造富有衡阳特色的国防教育品牌，建立融网站、微信、电视和报纸专栏、《衡阳武装》专刊等“五位一体”的市全民国防教育宣传中心，巩固国防教育阵地，全市军民国防观念不断增强。召开警备区第十三次党代表大会，圆满完成换届任务。（徐佳琳）

【战备训练】　坚持战斗力唯一根本标准，狠抓战备训练落实。集中组织对师团两级××个战备方案（计划）进行修改完善，在湘江演习中得到检验。投入××余万元改造指挥控制系统，统一全区监控网络，实现作战值班集中监控。投入××余万元完成应急营建设，建设标准全省前列，为市县两级应急力量体系建设提供样板。开展军事和社会要素研究作业，警备区首长带头接受省军区抽考。把首长机关训练考核纳入综合考评和干部管理体系，每季度组织全区官兵基础体能技能考核。遴选人员参加省军区参谋业务和专武干部集训，取得优异成绩。专武干部集训，加大训练强度，组织20千米冒雨徒步拉练，湖南国防教育频道全程进行拍摄和播报。组织军地多部门、多要素全力参加“湘江—2015”演习，全面检验备战情况。投入××余万元加强民兵队伍应急应战能力建设，民兵专业分队骨干集训、舟桥分队水上实兵演练和高炮分队摩托化机动与实弹射击取得优异成绩，受到省军区表扬。贯彻落实省军区学生军训现场观摩会精神，规范军训秩序，全年完成××人的学生军训任务，在衡阳市二中组织学生军训成果汇报表演取得圆满成功，祁东县人武部自训军训教官80余人，进一步正规军训保障。

（徐佳琳）

【国防后备力量建设】　扎实抓好民兵整组，按照省军区“作战任务牵引民兵整组”要求，着力构建以京广、湘桂铁路，京港澳、衡昆高速公路等交通干线为骨架，以辖区内重点防卫目标为节点的网状编组布局，确保一有情况，就地就近执行任务。以地方机构改革和合乡并村为契机，进一步调整优化编组布局，调整民兵分队××支，编组单位××家，基层武装机构××个，没有出现套编、套建、套用现象。认真抓好征兵工作，坚持以“确保完成任务、确保兵员质量，再创征兵先进”为目标，科学研判形势，及早筹划部署，深入搞好宣传发动，加强组织领导，严格落实责任。2015年“征兵难”“当兵冷”的问题得到明显扭转，多数县市出现久违的当兵热潮。坚持廉洁征兵，做到征兵数量、体检结果、征集去向“三公开”，全程实施封闭式体检，坚持集体定兵，严格落实三级政审和区域联审制度，设立举报电话和举报信箱，机关分片督查，顺利完成今年××名新兵征集任务，没有一起责任退兵，衡阳市连续两年被广州军区评为征兵工作先进单位。（徐佳琳）

【部队安全稳定工作】　牢固树立安全发展理念，坚持依法从严抓管理。坚持每周大交班提醒，每月办公会讲评，每季度常委会分析，切实把安全工作摆上位。深入推行“五种管理方式”，以大项演训活动为重点，组织安全形势分析及安全检查，狠抓政策法规制度学习，积极开展“条令学习月”、“百日安全无事故”活动，提高条令法规执行力和官兵学用条令自觉性。严格一日生活制度落实，突出抓好人、车、枪、弹、密和营院等重点部位、重点目标管控。组织开展安全法规教育和集中文印室建设、涉密载体清查回头看专项检查，机关办公秩序、涉密文件管理不规范，营院管理不正规等问题得到有效纠治；狠抓八小时以外管理，严格落实请销假、晚点名、查铺查哨和军官留营制度；突出临时职工、转业待安置干部和未报到干部等重点对象教育管理，确保人员思想稳定；认真履行区域性管理职能，强力打击假军车、假军人、假证件，维护军人军车良好形象；严格车辆派遣，确保人员、车辆始终不脱离安全管理视线。针对衡阳复退军人数量多、成分结构复杂的特点，市县两级分别建立涉军重点人员台账，落实“三包一”防范措施。组织召开全市涉军维稳工作座谈会，“八一”前夕，结合开展“双带双促”活动，常委分片负责指导各县（市、区）组织五大家联合表彰一批退役军人先进典型，收集整理××名突出典型代表事迹并编印成《退伍不褪色》一书，印发基层学习推广，对退役军人贫困家庭进行帮扶，对重点人员进行谈话，确保全市退役军人群体思想稳定，“9·3”大阅兵期间全省××名退役军人进京上访本市没有一人，得到军地各级领导充分肯定；不少网民在网上热议：“广大退役军人现在受到军地领导的关怀和关注，找到自己的‘娘家’”。充分发挥“红枪手”队伍作用，建立网络舆情值班员“零报告”制度，进一步健全完善军地协作机制，组织驻地隐蔽斗争、涉军维权、网络舆情底数军地联合排查，严密防范涉军矛盾纠纷。（徐佳琳）

【后勤建设与改革】 始终把纪律和规矩挺在前面，注重问题导向，自觉对表看齐，持续整风整改，推行公务卡结算，行政消耗性开支大幅降低，师团两级家底达标，严格按时间节点组织财务大清查，共纠治××类××个具体问题，清退各类违规款项××万元。狠抓公寓住房和办公用房清理整改，圆满完成1名老干部和1名转业干部经济适用房清退工作，全区办公、住宅用房全部符合上级标准。强化资产管理，组织对全区固定资产进行彻底清查，做到账物相符。集中财力优先保障战备训练、人才培养、基层建设和重大演训活动，全年投入战备训练经费××万元、为基层解决实际问题××余万元，财务管理更加规范，行政消耗性开支明显压缩，工程建设、对外有偿服务管理规范有序，正风肃纪氛围深厚，作风建设常态推进。警备区和雁峰区人武部被省军区评为后勤建设先进单位。

（徐佳琳）

【党管武装工作】 始终注重强理念、建机制、抓协调、促融合，组织县（市）区第一书记述职，到珠晖、石鼓、南岳和常宁四个人武部指导召开党委第一书记宣布任职命令大会，有效强化第一书记落实党管武装的责任意识。积极协调市委市政府制定出台《随军家属就业安置办法》《关于依法加强民兵基层建设的意见》，一次性协调下达安置随军家属计划××名。开展“慈善一日捐”活动，为驻军近100名困难军人家庭发放慈善救助资金30万元。牵头协调驻衡部队积极参与创建全国双拥模范城，成效明显。开展精准扶贫，师团两级认真贯彻习近平主席关于精准扶贫的指示，按照省委省军区和市委关于扶贫开发的统一部署，组织驻衡部队广泛开展“一进二访”活动。警备区常委先后三次到挂钩联系的杨浦村和银杯村进行集体现场办公，解决具体问题，协调落实扶贫资金150万元，指导驻衡部队20个团以上单位，定户帮扶贫困户190多户，扶贫开发工程取得初步成效。组织涉军维稳，按照属地管理、分级负责的原则，把稳控工作责任到人，深入重点人员家中，面对面谈心交流，掌握他们的诉求，有针对性做好化解工作。建立涉军维稳军地合作机制，采取典型示范、重点帮扶的办法，各人武部联合党委政府表彰100名退伍军人先进个人、帮扶一批退役军人困难户，将先进人员事迹材料汇总，编印成册，下发基层单位，使涉军人员切身感受到党和政府的关怀，广大退伍军人带头创业带头维护稳定的氛围正在形成，涉军上访事件明

# 衡阳警备区

衡阳市2015年全民国防教育工作会议

2015年度衡阳市委议军会召开

衡阳警备区是中共衡阳市委员会的军事工作部门和衡阳市人民政府的兵役工作机构，受广州军区和中共衡阳市委、衡阳市人民政府领导，设有司令部、政治部、后勤部、装备部，辖警备、守备部队，负责衡阳市警卫、守备、勤务和民兵、兵役、动员工作。下辖衡阳市武装部、衡阳市兵役局、衡阳市民兵高炮团、离职干部休养所和珠晖区、雁峰区、石鼓区、蒸湘区、高新区、南岳区、耒阳市、常宁市、衡南县、衡阳县、衡山县、衡东县、祁东县等13个县级武装部。2015年，警备区狠抓战备训练工作、扎实抓好国防后备力量建设、牢固树立安全发展理念，从严抓好部队安全稳定工作、注重党管武装工作。较好完成了上级赋予的各项任务，部队全面建设有了新的进步。被评为省军区军事训练、安全工作、后勤管理先进单位；衡阳市被原广州军区评为征兵工作先进单位。

市委副书记、市长周海兵赴衡阳舰慰问

纪念中国人民抗日战争胜利70周年，衡阳警备区首长与获奖单位代表合影

组织衡阳民兵九观桥抗洪抢险集训

组织民兵沅江高炮实弹演练

衡阳市民兵应急营成立

# 衡　阳　市　人

检察长　刘孙承

领导班子成员

衡阳市人民检察院始建于1954年，1978年恢复重建，下辖衡南县院、衡阳县院、衡东县院、衡山县院、祁东县院、耒阳市院、常宁市院、蒸湘区院、石鼓区院、珠晖区院、雁峰区院、南岳区院等12个基层院与华新、上堡等2个派出院，全市检察机关现有干警932人，是全省检察干警人数最多的市州，先后涌现了全国模范检察院、全国先进基层院、“湖南省文明单位”等一批先进单位和“全国模范检察干部”“全国模范检察官”“全国政法系统优秀党员干警”等一批先进个人。市检察院机关共152人、领导班子成员11人（其中党外副检察长1人），设反贪局、反渎局、公诉局等22个内设机构，被市委、市政府授予“文明行业”称号。

2015年，衡阳市检察院16项业务工作中有13项进入全省前四，除反贪、反渎、刑事申诉、民行等工作多项指标屡夺第一外，公诉工作成功改写多年未取得先进的记录，预防工作连续第四年位居全省先进。在全省各项业务比武中，衡阳代表队也均有斩获，监所业务比武，2名选手进入“十佳”；侦查监督业务比武，4名参赛选手囊括第一、二、六、十名的奖杯；公诉辩论赛，团队晋级四强，1名选手获评全省“十佳”公诉人，打破过去13年衡阳代表队在该项赛事中无奖牌的历史。

衡阳市人民检察院办公楼

# 民　检　察　院

主动接受监督——省人大常委会委员、内司委主任李平一行参观一楼大厅检务公开平台

| | |
|---|---|
| ① | ② |
| ③ | ④ |
| ⑤ | ⑥ |

①为社会经济社会发展保驾护航——调研衡钢企业发展情况

②提升业务素质——开展规范司法行为专项整治工作

③服务项目建设——中铁交通衡阳项目启动检企共建活动

④用脚步丈量与群众的距离——开展精准扶贫活动

⑤打造从严铁军——举行升国旗仪式重温检察官誓词活动

⑥彰显公平正义——申诉人送锦旗点赞

# 衡 阳 市 公 安

支队长　温国坤

政治委员　刘兴强

市委召开第十三次常委会专题研究消防工作

市政府常务会议讨论珠晖区市场群区域性火灾隐患整治工作

全市2015年消防工作会议

衡阳市公安消防支队建于1986年，正团级单位，是一支集军事性、公安性于一身的公安现役部队，同时也是市委、市政府领导下的一个重要行政职能部门，担负着全市火灾预防和灭火救援等工作任务。支队设司令部、政治处、后勤处、防火处4个部门，下辖13个大队，15个中队。自创建之日起，支队就始终把国家和人民和利益放在高于一切的地位，全体官兵人人忠诚履职、个个英勇顽强，受到了党委政府和人民群众的广泛赞誉，支队先后被国务院和中央军委荣记集体一等功，被公安部、省委、省政府分别授予公安消防部队“英模群体”荣誉称号。2015年，全市消防部队2015年共接警出动1918次，抢救、疏散受灾涉险群众3128人，抢救财产损失3.114亿元，成功处置了“6·26”船山大桥下公交车火灾、“11·17”湘江批发市场火灾等急、难、险、重任务，有效保障了人民群众生命财产安全。

# 消　防　支　队

①市委副书记、市长周海兵现场调度松木消防站建设

②省消防总队政委卢安生调研衡阳支队石鼓中队工作

③副市长周学农参加“11·9”消防宣传月活动

④支队党委召开“三严三实“专题民主生活会

⑤支队举行迎“七一”重温入党诗词活动

⑥支队参加省消防总队田径比武竞赛荣获全省第二名的好成绩

⑦支队官兵克服炎热天气全副武装开展灭火救援演练

⑧支队成功处置7·22泰阳电器仓库火灾

⑨行政企事业单位消防工程建设审验

# 衡阳陆军预备役后勤保障旅

旅长　王喜滨

政委　李春华

衡阳陆军预备役后勤保障旅于1999年4月开始筹建，2000年元月正式成立，同年5月进驻现营院。平时寓军于民，做好战时动员准备，提升部队快速动员和遂行保障任务能力，参加和支持地方经济社会建设。组建以来，旅党委按照两级军区总体部署和要求，按照“军魂立旅、组训强旅、按纲建旅、人才兴旅、从严治旅、平战用旅”的发展目标，坚持以使命任务为牵引，大力加强思想政治建设，扎实推进军事斗争准备，不断夯实基层建设基础，坚持依法从严治军，严格部队安全管理，积极参建参治，全面建设保持了良好的发展势头，多项工作跨入两级军区先进行列。2015年，旅队被广州军区评为“安全工作先进单位”，被省军区评为“后勤建设先进师级单位”“结合工作搞报道先进单位”“对台宣传先进单位”“湖南国防教育媒体通联工作先进单位”，2个单位、8名个人受到两级军区表彰。

送医送药下乡活动

主题教育兵讲兵课

非战争军事行动演练

参加广州军区”联合行动—2015C“演习

预任军官集训

# 中国人民武装警察部队衡阳市支队

支队长　夏兴伟

政委　黄向红

中国人民武装警察部队衡阳市支队是一支有着光荣传统的部队，先后13次被评为“先进支队”，4000多人次立功受奖，涌现出了被授予“南岳衡山好卫士”荣誉称号的南岳区中队、首届“中国武警十大忠诚卫士”吴宏权、一等功臣朱坤等一批先进单位和个人。

2015年，支队党委在认真分析部队建设形势的基础上，站在对支队历史和全体官兵负责的高度，不辱使命、不负重托、敢于担当，尽心尽力推动支队建设发展，确保了以执勤处突为中心的各项任务的圆满完成。一年来，出动2268名兵力圆满完成武装押解、联勤巡逻、安全保卫等临时勤务216批次，特别是在“10·6”捕歼战斗、南岳除夕夜和八月初一香客安保等任务中不辱使命，赢得了地方党委政府和人民群众高度赞誉。支队被总部表彰为“三无”单位，被总队表彰为“基层建设先进支队”。1个大队、5个中队被总队表彰为基层建设先进单位。

誓师动员

缅怀先烈

水上蛟龙

紧急出动

卫士风采

# 衡阳市雁峰区人民武装部

区委常委、区人武部部长　黄耀武

区人武部政委　龙元河

部党委开会

雁峰区人民武装部自成立以来，在上级军事机关和地方党委、政府的双重领导下，聚焦使命任务，突出党管武装；坚持任务牵引，依托辖区企业发展武装力量；立足乡镇和街道，加强基层武装组织建设；抓好国防潜力动员，广泛开展民全国防教育，提高全民国防意识；积极参加文明创建、应急处突和社会维稳，广泛开展“拥军优属”和“双带双促”活动，为驻地经济社会繁荣稳定做出了应有贡献。先后被省市评为“抗冰救灾先进单位”“先进基层武装部”“军事训练先进单位”“征兵工作先进单位”“国防教育先进单位”“后勤管理先进单位”“安全工作先进单位”“全面建设先进单位”和“先进团级党委”等多项荣誉。50多年的岁月变迁，50多年的艰苦奋斗，雁峰区人民武装部发生了翻天覆地的变化，各项建设呈现出稳步发展、持续推进的强劲势头。

武装部器材室

武装部营区

# 衡阳市蒸湘区人民武装部

区委常委、区人武部部长　邓宗南

区人武部政委　邹志华

衡阳市蒸湘区人民武装部坐落在蒸湘区船山西路21号，担负蒸湘区和华新开发区的武装工作、民兵预备役工作、国防教育、国防后备力量建设等任务，是“应急应战的指挥部、地方党委的军事部、后备力量的建设部、同级政府的兵役部、军民融合的协调部”。人武部现有现役干部8人，职工4人。下设11个基层武装部，配备专职武装干部23名。辖区内共编基干民兵1680人，普通民兵25433人。2015年，人武部被省军区评为“军事训练先进单位”；兵员征集全程公正廉洁、连年实现“零退兵”目标；基层建设不断夯实，各基层武装部已基本实现全面达标；国防教育深入普及，“六进”制度落实得力，辖区内南华大学被评为省国防教育基地；国防动员工作扎实开展，动员能力逐步提升。2016年人武部被省军区评为“先进团级单位党委”。

①省军区参谋长郭辑山到蒸湘区人武部点验应急分队

②征兵报名

③组织高炮训练

④应急分队民兵进行演练

⑤开展军事日活动

# 衡阳市人民防空办公室

主任刘检元向市委常委、衡阳警备区政委廖茂雄、衡阳警备区司令员贺小坤介绍衡阳市人防疏散基地功能布局

原广州军区“准军事化”建设检查组在机动指挥所内考核指挥通信功能

2015年，衡阳市人民防空办公室（衡阳市人防办）围绕市委、市政府中心工作，求真务实，攻坚克难，强化战备，服务发展，人防各项工作在全国、全省领先。衡阳市人防疏散基地在全国首创了集人防疏散指挥、人防教育训练、国防教育和市民休闲娱乐于一体的“四合一”建设模式，成为“衡阳经验”在全国推介。在全国首创了“植入式、嵌入式、开放式、公园式”宣传模式，人防宣传教育由室内封闭式转变为室外开放式。衡阳市人防疏散基地先后被国家人防办、省人防办列为“国家人防教育训练（衡阳）基地”和“湖南省人防教育训练（衡阳）基地”。在原广州战区五省56个地市人防机关“准军事化”建设考核验收中荣获综合第一、4个单项第一。“三所一基地”建设全省第一。除预备指挥所外，在全省率先完成市级“三所一基地”战备指挥工程（基本指挥所、机动指挥所、预备指挥所和人防疏散基地）建设，指挥通讯实现全面信息化。依法行政工作全省领先。所有园区项目的人防报建都进入政务中心人防窗口，真正做到了人防执法全覆盖。省人大副主任陈君文高度评价衡阳人防执法工作是“全省的一面旗帜”。凭借着卓越的工作成效，衡阳市人防办被评为“全国人防先进单位”“全国人防宣传先进单位”“全省人防绩效考核先进单位”“全市依法行政示范单位”“全市星级文明单位”；衡阳市人防办主任、党组书记刘检元被国家人社部、国家人防办授予“‘十二五’”全国人防先进工作者”荣誉称号。

人防宣传教育和体能训练活动热烈开展

# 衡阳市司法局

2015年11月10日，司法部在衡阳市举行社区参与式法律援助需求评估培训班，图为培训班学员参观衡南县公共法律服务中心

2015年9月18日，省人大检查验收衡阳市“六五”普法工作

2015年10月30日，市司法局业务用房项目开始动工

2015年，全市司法行政系统按照局党委的“一强两好三创”（“一强”即强班子；“两好”即建好基础设施，抓好基层工作；“三创”即服务创优、业务创先、评价创满意）部署，争做“六有”（即心中有党，心中有法，心中有民，心中有责，心中有戒，心中有境）司法行政干部，完成各项工作任务，司法行政事业取得长足发展。（1）监狱强戒工作。2015年，衡州监狱和市强戒所先后开展“查两违、抓两严”和“两不两失”专项活动。衡州监狱连续13年、市强戒所连续17年实现安全稳定。（2）普法教育工作。全面实行网络在线学法考法，12月1－4日，全市各级各部门10万名干部参加普法考试，参考率99%以上。（3）人民调解工作。3月18日全市基层法律服务工作者协会正式成立，并召开第一次会员代表大会。2015年，全市各人民调解组织开展“民间金融纠纷排查化解”专项人民调解活动。（4）法律援助工作。2015年衡阳市各级法律援助机构共办理法律援助案件3315件，持续五年保持5%的案件受理增长率。衡南县、雁峰区公共法律服务中心的建成标志衡阳市司法行政部门公共法律服务体系改革的正式启动。（5）法律服务工作。全市29家律师事务所全面进驻重点工业园和企业，设立重点特色园区律师工作联系点。制定下发《2015年衡阳市“法律顾问百千万”工程任务分解表》，全市12个县市区政府聘请律师担任法律顾问，54个乡镇街道党委政府、950个村（社区）安排律师受聘或者免费提供“一对一”法律顾问服务。（6）矫正安置工作。开展社区服刑人员漏管、脱管和重新犯罪自查自纠专项活动，督查106个司法所。全市累计开展社区矫正社会调查评估4703例，采用率达98%。累计接收社区矫正人员6784名，累计解除3724名；现在册人数3060名，监管率达100%。完成特赦工作。

2015年省司法厅给予我局记集体三等功并评为先进单位

# 衡阳市强制隔离戒毒所

领导班子

衡阳市强制隔离戒毒所前身为建于1983年的“衡阳市劳动教养管理所”，占地面积42.3亩。2009年3月加挂衡阳市头塘强制隔离戒毒所牌子；2010年3月，衡阳市委、市政府在该所设立市特殊病违法犯罪人员隔离管理中心；2012年1月升格为正处级单位；2014年正式更名为“衡阳市强制隔离戒毒所”。目前全所设13个科室、5个强戒大队、1个特殊病违法犯罪人员隔离管理中心；有在职人员238人，其中民警179人，2009年开展强制隔离戒毒工作以来，已累计收治强戒人员6000余人，常年收治强戒人员在1100人左右，是湖南省占地面积较少、所政施舍较差、收治人员最多、收治成分最复杂的市州强戒所。

青年民警拓展训练

民警风采

书香警营

民警为戒毒人员开展心理咨询

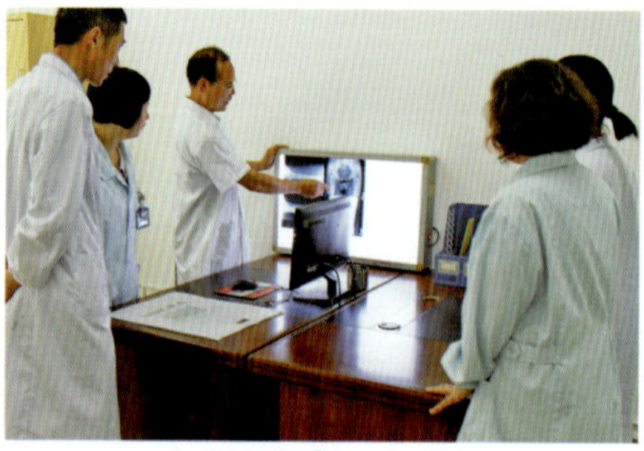
专家为戒毒人员会诊

戒毒人员专用洗衣房

# 衡阳市珠晖区人民检察院

检察长　李　智

衡阳市珠晖区人民检察院位于珠晖区临江路桥头村6号，成立于1980年5月，原为江东区人民检察院，2001年7月改名。现有在编干警54人，内设科室14个，院领导班子成员9人，专职检委会委员2人,其中本科以上学历52人(其中研究生5人)，占总人数的91.2%。现有办公楼使用面积1200平方米，已建成三级专线网和局域网，基本配齐现代化办公硬件设备。2015年，6人次获省级荣誉、9人次获市级荣誉;全市公诉人辩论赛团体第一，综合三项目标管理考核在全市名列第二，全省民调公众评价在全市名列第三。

规范司法行为专题汇报

精品案件评选

大唐衡阳发电警示教育讲座现场剪影

和平乡政府警示教育讲座现场剪影

南华医院警示教育讲座现场剪影

法律咨询服务

司法救助获锦旗

全市优秀公诉人证书

# 衡 阳 县 公 安 局

"衡阳县公安"微信、微博、今日头条客户端2015年所获荣誉

"衡阳县公安"今日头条被评为2015年全国最有影响公安头条号，微警黄周生在北京领奖

衡阳县公安局为推动民生警务，零距离服务人民群众，塑造人民警察可亲、可爱、可靠的良好形象，2014年12月，先后开通了官方微信、官方微博。近一年来，"衡阳县公安"两微一端坚持第一时间发布警务动态、安全防范、服务群众等信息，回应社会关切，聚焦群众需要，讲好警察故事，传播社会正能量，影响力保持全国百强、全国公安三十强、湖南十强、衡阳第一，荣获"2015全国最具影响力新媒体""2015衡阳市最具影响力自媒体"。

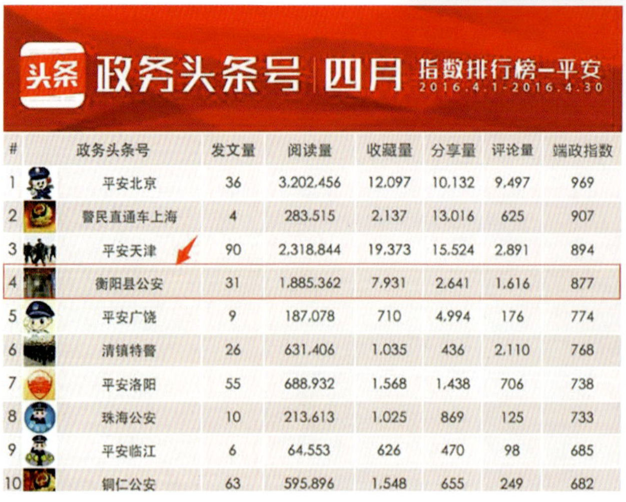

头条 政务头条号 | 四月 指数排行榜—平安 2016.4.1-2016.4.30

| # | 政务头条号 | 发文量 | 阅读量 | 收藏量 | 分享量 | 评论量 | 端政指数 |
|---|---|---|---|---|---|---|---|
| 1 | 平安北京 | 36 | 3,202,456 | 12,097 | 10,132 | 9,497 | 969 |
| 2 | 警民直通车上海 | 4 | 283,515 | 2,137 | 13,016 | 625 | 907 |
| 3 | 平安天津 | 90 | 2,318,844 | 19,373 | 15,524 | 2,891 | 894 |
| 4 | 衡阳县公安 | 31 | 1,885,362 | 7,931 | 2,641 | 1,616 | 877 |
| 5 | 平安广饶 | 9 | 187,078 | 710 | 4,994 | 176 | 774 |
| 6 | 清镇特警 | 26 | 631,406 | 1,035 | 436 | 2,110 | 768 |
| 7 | 平安洛阳 | 55 | 688,932 | 1,568 | 1,438 | 706 | 738 |
| 8 | 珠海公安 | 10 | 213,613 | 1,025 | 869 | 125 | 733 |
| 9 | 平安临江 | 6 | 64,553 | 626 | 470 | 98 | 685 |
| 10 | 铜仁公安 | 63 | 595,896 | 1,548 | 655 | 249 | 682 |

"衡阳县公安"微信被评为2015年度衡阳最有影响力自媒体

# 衡阳市人力资源和社会保障局

2015年，全市人力资源和社会保障系统工作实现了“六个新”。助推发展实现新跨越。国企改制安置职工3.5万人，完成企业改制62家，争取社保挂账5.8亿元，其中市本级2.5亿元，县市区3.3亿元，做到应挂尽挂；享受养老保险费率过渡试点的企业达到近50家；发放小额担保贷款超3亿元；协助企业招工近10万人次。全年向上争取转移支付资金42.3亿元，其中企业养老保险向上争取28.4亿（比上年增加5.4亿），占全省比例的14%。就业创业展示新活力。全市新增城镇就业7.08万人，失业人员再就业3.78万人，就业困难对象再就业1.2万人，新增农村劳动力转移就业6.3万人，城镇零就业家庭100%实现动态清零，城镇登记失业率始终控制在4.5%以内。新增创业主体2.39万个，创业带动就业4.1万人。已建成3家省级大学生创业园，建成各类创业孵化基地255家，进驻小微企业4000家，吸纳10万人就业。同时成功创建湖南省惟一一家首批国家级专家服务基地，全国仅20家。社会保障取得新突破。全市五大社会保险参保总量突破800万人次，达到803.76万；全年征缴基金突破70亿元，达到77.47亿元；发放待遇突破百亿元；被征地农民一次性转保突破7万人；社保卡持卡人数突破300万，达到320万，占全市总人数超40%。人事人才呈现新亮点。考试零失误，坚持“四考合一”，公务员招录、事业单位公开招聘、“三支一扶”等各类人事考试实现零差错、零事故、零投诉。人才建了库，启动了衡阳市人才信息库建设，对全市人才尤其是高层次人才进行了摸底。直评有制度，建立了特别优秀人才中级职称直评制度，首次破格评审了20名特别优秀人才中级职称。改革有力度，县以下机关公务员职务与职级并行制度、乡镇机关事业单位工作人员乡镇工作补贴、机关事业单位工资标准调整和增加离退休人员离退休费等各项工资制度改革工作均在规定时间内高质高效完成。劳动维权取得新成果。建制率创新高，已建工会企业工资集体协商建制率达到93%。结案率创新高，调解仲裁各类人事劳动争议案件4600多起，结案率达到98%。维权成效创新高，为6758名劳动者追回工资3915万元。项目活动创造新特色。平台建设顺利开工。人力资源社会保障服务平台已开工建设，投资过亿元。小康指标实现提升。基本养老保险覆盖率达到90.31%，较去年提升8个百分点；医疗保险覆盖率稳固在100%。我局的小康推进工作被市小康办单独发文表彰。重大活动圆满完成。成功举办了全省“春风行动”启动仪式、全省创业担保贷款培训会，开展了全省规模最大、时间最长、险种参与最多的“社保进园区、服务惠民生”社保政策宣传活动。重要荣誉有了突破。在全省人社系统考核中进入前三，被评为全市目标管理绩效评估先进单位，荣获了全国人力资源市场清理整顿先进单位、全国巾帼建功先进集体称号。

2015年湖南省“春风行动”启动仪式暨农民工专场招聘会

# 中共衡阳市委
# 衡阳市人民

市人民政府副秘书长 罗卫华
市信访局局长

中共衡阳市委群众工作部、衡阳市人民政府信访局（简称衡阳市信访局）隶属市委序列，由市委、市政府双重管理，主要职责是代表市委市政府接待群众、交办督办群众信访事项、提出工作建议。2016年来，我们抓六项重点工作：强化基层基础，变“群众上访”为“干部下访”；搭建网络平台，变“堂前击鼓”为“网上传书”；强化源头预防，变“扬汤止沸”为“釜底抽薪”；推行领导接访，变“单枪匹马”为“齐抓共管”；攻坚信访积案，变“久拖不决”为“清仓见底”；严格执纪问责，变“软要求”为“硬约束”。全力打造“阳光信访”“责任信访”“法治信访”，不断提升信访工作网络化、法治化、科学化水平。一年来，衡阳市群众进京访下降了62.7%、赴省访下降28.5%，网上信访占比达到信访总量的38.4%，及时受理率、按期办结率、群众满意率分别达到98%、92%、78%。

①干部大会

②两学一做中“化解信访积案，做群众贴心人”

③2016全市信访积案化解工作推进会

④市信访局“一进二访”衡南县欧阳村

# 群众工作部
# 政府信访局

①

② ③

①2016年8月30，国家信访局副局长李皋来衡调研

②国家信访局研究室副主任王村理带领调研组莅衡调研指导信访工作

③市委副书记、市长周海兵到市信访局调研13个专项工作小组联合接访工作

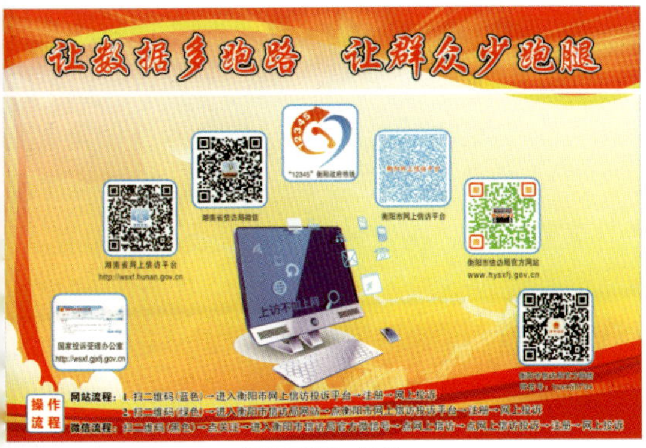

衡阳网上信访

信访干部学习读本

信访漫画读物

# 衡　阳　市　农

市委书记、市人大常委会主任周农（右三）调研珠晖力丰梨园观光示范区

“十二五”衡阳市农业农村发展成就辉煌。

——农业综合产能稳步提升。2015年全市粮食、生猪、家禽、油料、蔬菜和水产品产量分别达到335.77万吨、967.76万头、11519.35万羽、31.18万吨、359.63万吨和28.97万吨，实现农林牧渔业总产值651.85亿元，其中农业产值、粮食保护价收购量，出栏生猪、肉类总产量、家禽出笼量连续五年居全省第一，蔬菜、水产品产量稳居全省第三。

市委副书记邓群策（右四）、副市长陈竞（左二）调研祁东乌骨鸡产业

——农业产业结构不断优化。高档优质稻、双低油菜、油茶、柑桔、茶叶、烤烟、湘黄鸡等优势产业带建设全力推进，黄花菜、席草、山苍子、中秋酥脆枣、葡萄、早熟梨等地方特色产业发展迅速，全市优势和特色农产品比例达75%。农产品加工业保持了年均增长22%以上的良好态势，其中农产品加工企业产值占农业总产值从0.25：1提高到 1.22：1，市级以上龙头企业发展到338家、销售收入过亿元企业发展到至48家。全市省级以上星级农庄发展到82家，国家级休闲农庄发展到10家。

——农业科技水平大幅提升。成功创建水稻、油菜、蔬菜等6个国、省现代农业产业技术体系试验站，衡阳市现代农业示范园成为国家农业科技园，衡南县成为国

市委副书记、市长周海兵（右三）到衡山调研精准扶贫工作

家现代农业示范区。全市良种覆盖率达到98%，主要农作物耕种收综合机械化水平达到56.6%，农业科技进步贡献率达到56%。

——农产品质量安全保障有力。全市标准化生产核心示范区面积达到200万亩，省部级畜禽标准化规模养殖场和水产健康养殖示范场分别达到52个、28个，无公害农产品产地认定达到260万亩，无公害农产品、绿色食品、有机食品发展到200个，全市农产品领域有中国驰名商标8件，占到全市总量近70%，有国家地理标识认证农产品6个。主要农产品抽检合格率达到98%以上，优于全国、全省水平。

——农业农村发展活力不断激发。农村土地流转规范有序，流转总面积达507.78万亩，耕地流转率达53.68%，居全省第一。新型农业经营主体快速发展，现有各类专业大户74087户，家庭农场1671个，农民合作社3427个。在全省率先建设农业信息服务平台，成为全国农业农村信息化示范基地。金融服务"三农"全面铺开，涉农金融机构支持服务现代农业的体制机制初步形成。

——农民群众幸福指数不断攀升。农村环境和卫生综合整治成效显著，重点建设了57个新农村示范村（片），30个村被评为省级"美丽乡村建设示范村"和"秀美村庄示范村"。2015年农村居民人均可支配收入达到14407元，较2010年增长近2倍，连续五年增幅高于城镇居民收入，城乡居民收入缩小至1.84∶1（全省为2.64∶1）。

——农业农村部门创先争优成效显著。成功创建全国农业先进集体、全国粮食生产先进市、全国农业资源与环境保护先进集体、省级文明单位、省政府菜篮子市长负责制目标管理考核先进市，衡阳县、衡南县、祁东县、耒阳市等县市多次被评为全国粮食生产先进县；全省蔬菜产业发展、测土配方施肥、三熟制油菜机械化栽培、南方超级稻、全省早稻机插秧、新农村建设等现场会相继在我市召开，粮食生产、蔬菜生产、农业行政执法、金融服务"三农"等工作先后创造全省、全国的"衡阳经验"。

# 衡阳市林业局

党委书记、局长吴伟生（左二）调研指导基层林业工作

2015年，全市林业工作坚持以建设生态文明为总目标，以发展现代林业为总任务，以全面深化改革为总动力，突出生态建设和产业建设两个重点，坚守森林覆盖率和森林蓄积量两条底线，在全省创造了通道绿化、裸露山地造林、油茶产业建设、国有林场改革、生态红线划定等多项“衡阳经验”。全市林业工作再次被省政府评为“湘林杯”林业建设目标管理考核优胜单位，这也是“十二五”期间，我市林业工作第4次荣获省政府最高嘉奖。

同时，为进一步推进“五位一体”总体布局和树立“创新、协调、绿色、开放、共享”发展理念，衡阳市委、市政府出台了《关于全面实施绿化增量提质攻坚 进一步促进林业生态建设的意见》和《关于鼓励社会主体参与造林绿化的指导意见》两个林业生态建设文件，评审通过了《衡阳市林业发展“十三五”规划》，对促进“绿色衡阳”和“美丽衡阳”建设起到了重要的引领作用，林业已成为推进生态文明建设和绿色发展的主阵地，成为“十三五”期间全面建成小康社会的重要决胜力量。

蔡伦竹海

江口鸟洲

城区通道绿化

乡村造林绿化

# 衡阳市农业机械管理局

局长侯明星检查机育秧情况

近年来，在市委、市政府的正确领导下，全市农机工作取得了一定的成绩，2015年综合工作继续排名全省第一，八项单项工作全部评为先进，其中有五项排名全省第一。一是农机总量快速增长。初步统计全市农机总量达到73万多台（套），总动力达到551.6万千瓦。二是农机短板环节补齐。机插、机保、机烘干等“瓶颈”环节机械化有了突破性进展，机插秧率达26.1%，机烘率达到了22.6%，机保达到43.3%。三是新型主体发展迅速。全市已注册农机合作社347家，有7家被评为全国示范合作社，100家成功申报了省财政扶持建设的现代农机示范社，40家被评为市级现代农机示范社。四是购机补贴日趋规范。全市构建起了一套适合实际的购置补贴监管体系，出台并实施了“一则两法”，近年来未发生较大的违规违纪案件。五是安全生产保持平稳。到2015年底，全市成功创建了全国“农机平安示范县”3个，“平安示范乡镇”59个，新建标准农机驾驶员考场6个。近年来全市没有发生重特大农机安全事故。六是业务培训能力加强。2015年全市开展了农机技术培训121期，培训8850人次，同时还举办了机插秧现场会和油茶机械化演示会17场次，有效提高了农机手的技术素养和致富能力,推动农机手向新型职业农民转变。七是农机产业稳步转型。全市整合农机资源，着力打造了“一园两区”。加强果林地旋耕机、植保飞机等新型农机具研发创新和生产工艺设施的升级换代，全市有21个品牌进入购机补贴目录。

无人飞机植保（水稻）

无人飞机植保（油菜）

机械化插秧

# 衡阳市交通运输局

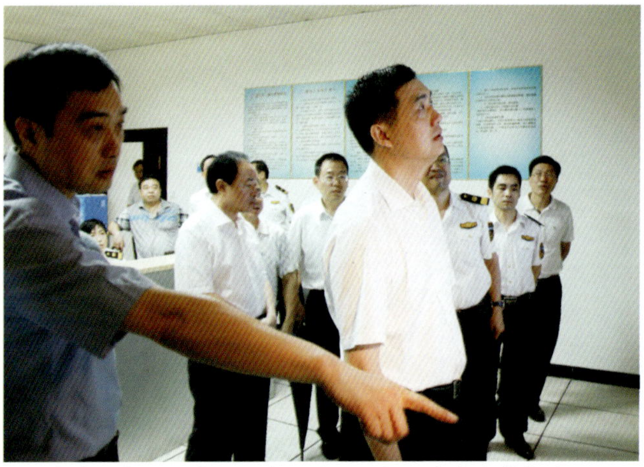

市委副书记、市长周海兵（右四）视察水上监控中心

2015年，全市交通运输系统荣获全省目标管理一等奖。交通项目建设。娄衡高速、南岳高速东延线、土谷塘航电枢纽稳步推进；娄衡高速南延、南岳高速北延得到省厅批准建设；干线公路完成205.8公里建设任务；衡云公路竣工通车，衡西公路、松木互通、衡州大道西延线、北三环、东三环提质改造工程、雨母湖路建设稳步推进；雁城物流、祁东衡缘物流园和白沙物流中心园区建设强力推进。公路治超。圆满完成国省干线公路迎国检工作任务，受到部国检组高度评价。完成耒阳市竹市、蒸湘区呆鹰岭等10个治超站点建设，加大联合治超执法力度，全市超限超载运输现象得到有效遏制，超限超载率下降到0.034%。运输市场监管。开展道路客运市场、驾培市场等专项治理；进一步巩固城区营运格局调整成果。组建综合执法队开展联合执法，先后查处营运车辆各种违规违章等行为3200余台次。重点民生。完成农村公路通畅工程456公里，普通公路安保设施建设1518.62公里，全市行政村通畅率达99.94%，在全省重点民生实事考核中名列第二；市城区每万人公交车拥有率为14.42标台。安全生产。水上交通安全实现零死亡事故；工程建设领域抓好施工作业关键控制点管控和“平安工地”建设，安全生产无重大工伤事故；道路运输安全突出客运站场、危化品运输、校车、旅游包车源头管理，安全形势稳中向好。2015年，分别被省厅、市政府评为安全生产先进单位。

省交通运输厅厅长刘明欣（右二）督查治超工作

2015年全市交通工作会议

市交通运输局局长罗光耀（图中）督查祁东县治超站建设

# 衡阳市公路管理局

市委副书记、市长周海兵（右二）在市公路局局长肖仁贵（左二）陪同下视察衡山沙泉公路超限检测站建设

全市公路系统管养公路总里程20108公里，其中干线公路里程2234公里，即2条国道共计248公里（G107线166公里，G322线82公里），25条省道共计1580公里，66条县道共计406公里；农村公路总里程17874公里，乡镇通畅率达到100%，行政村通畅率达到98.8%。

衡阳市公路管理局是一个负责我市境内国省干线公路和农村公路建设、养护和管理工作的正处级参公管理单位。下设8个直属单位，即珠晖、蒸湘、石鼓、雁峰区分局，衡阳市公路路政执法支队，衡阳市公路桥梁工程建设中心（衡阳公路桥梁建设有限公司）、衡阳市公路应急物资储备调配中心（衡阳市公路沥青供应站），衡阳市公路工程试验检测中心。局机关设14个职能科室，即办公室、组织人事科、计划统计科、工程建设科、干线公路科、农村公路科、桥梁隧道科、质量监督科、法制路政科、财务科、审计科、安全监督科、离退休人员管理服务科、行政事务科。市局机关现有在职干部职工94人，退休76人，局机关定编89人。

"十二五"期间，在市委、市政府的坚强领导和上级行业主管部门的精心指导下，全局按照"保目标、保质量、保畅安，加快干线公路建设；树样板、保重点、促平衡，加强干线公路养护；依法规、严管理、树形象，加强路政管理"的整体工作思路，抢抓机遇，开拓奋进，公路事业实现跨越式发展。一是推进路网优化工程，路网结构不断优化。"十二五"期间，干线公路完工项目21个/653公里，在建项目13个/284公里，创建文明样板路296公里，国省干线和主要县、乡公路全部实现水泥路面硬化，其中，市区通县市区的国省干线逐步改造升级为沥青路面，路网结构不断优化升级。二是推进路况优良工程，公路路况持续改善。全市国省干线公路路况优良路率从"十一五"末的79%提高到2015年底的95%，路况进步连续3年全省第一，农村公路列养率100%，PQI中等路以上里程86.8%。实施路面预防性养护531公里，完成国省干线公路大中修标准里程590公里，国省道大中修工程合格率100%，优良率95%。三是推进民生优质工程，社会化服务水平显著提升。五年间，完成农村公路建设3441公里，全市除3个不宜通公路的村外，通畅率达100%。实施危桥改造404 座（含农村公路343座）。全市列养公路完成安全生命防护工程长度达1911公里（其中，农村公路1148公里，在省政府重点民生实事项目考核中名列全省第二）。强力推进治超工作，全市站点超限超载率稳控在0.034%，超额完成省定1%的目标。

省公路局局长张汉华在市公路局局长肖仁贵陪同下视察G107线示范路改造项目

# 衡阳市住房和城乡建设局

局领导调度新型城镇化建设

局领导视察衡阳县污水处理厂项目

2015年，衡阳市住建局按照市委、市政府提出的“应对大环境，营造小气候，适应新常态，谋求新发展”的工作思路，着重围绕重点项目建设、推动行业发展、稳步改善民生三大主题，团结拼博，攻坚克难，各项工作均取得了较好的成绩。市政重点项目建设方面，全年完成投资11.3亿元，超任务建设项目8个。小城镇建设方面，持续加大投入，全市小城镇开工建设基础设施项目共计75个，完成投资12.6亿元。建设行业发展方面，积极引导、扶持建筑施工企业转型升级，全年建筑业完成产值达396亿元，超目标任务98%。房地产行业发展方面，全市累计完成房地产开发投资140.88亿元，同比增长21.21%。“两房两棚”方面， 农村危房改造，15500户危房改造已全部竣工，入住13175户,入住率85%。公租房：全年完成新增公租房15000套，超目标任务25%。城市棚户区：改造完成27800户，超目标任务23%。国有工矿棚户区：386户改造全部开工。全市租赁补贴发放31249户，累计实施住房保障15.8万户。“两供一治”方面， 供水：新建和改造供水管网298公里，完成投资2.7亿元。供气：新增天然气用户71969户，超目标任务27.3%，新建和改造燃气管网177.92公里。污水处理：全年完成新建和改造污水管网280.55公里。文明创建方面，对首次列入测评10条主干道、15条次干道进行了大面积维护，共完成整修沥青路面8.46万平米、路基5.8万平米、人行道板1.65万平米，更换路缘石7700米，确保了路平、沟通、桥畅，市政设施完好率达95%以上。

①喇叭口沥青铺设

②廖家湾电力管线改迁项目

③白沙洲静苑小区积水点改造

④东风支路改造路面铣刨

# 衡阳市城乡规划局

局长陈添喜赴衡山科学城调研

项目会审会现场

法律法规知识竞赛

衡阳市城乡规划局成立于1996年1月，主要负责市域内城镇体系规划、市本级城市总体规划、分区规划、详细规划、专项规划以及乡集镇规划、村庄布局规划的编制、报批及实施管理；督促、检查、指导各县市及南岳区村镇体系规划、县城总体规划、镇规划、乡规划和村庄规划的编制、报批及实施管理的责任。城市规划区建设项目工程的初步设计方案的审查；城市规划区内《选址意见书》《建设用地规划许可证》《临时建设用地规划许可证》《建设工程规划许可证》《临时建设工程规划许可证》《乡村建设规划许可证》的核发等。城市规划区各项建设项目审批后跟踪管理，查处擅自改变土地使用性质、建筑使用性质和违法违章建设行为，参与查处违反城乡规划占用土地行为。

近20年来，在市委、市政府的正确领导，在社会各界的大力支持下，市城乡规划局加快规划编制，优化规划审批服务，严格规划执法，扩大规划监督，加强队伍建设，为大城衡阳美丽蝶变作出了突出贡献，赢得了社会各界的广泛赞誉，得到了市委市政府的肯定，多次获得“湖南省建设系统先进单位”“湖南省建设系统纪检监察工作先进集体”“全省建设系统精神文明建设先进单位”“全市目标管理先进单位”“全市重点工程建设服务先进单位”“全市招商引资服务单位”“全市新农村建设工作先进后盾单位”等。

# 衡阳市住房公积金管理中心

党组副书记、主任　宋京生

党组书记　刘　建

市委常委、市政府副市长、市住房公积金管委会主任罗东海（右四）在衡阳市第三届住房公积金管理委员会第三次会议上讲话

中心参加市政府办和广电中心联合举办的“庆七一·颂歌献给党”专题活动

中心工作人员在太阳广场设立的新政策宣传点为民众讲解政策

2015年，衡阳市住房公积金管理中心(以下简称中心)在市委、市政府的正确领导及有关部门的大力支持下，深入贯彻党的十八届三中、四中、五中全会和省市经济工作会议精神，积极应对经济发展态势，及时调整工作思路，按照“围绕大局谋发展、建强班子带队伍、规范管理保安全、优化服务树形象”的总体工作目标，着力改革创新，突出公积金管理使用重点。2015年，全市住房公积金新增归集额248597.16万元(含年度结算的利息9848.83万元)，同比增加28884.98万元，增长13.15%，完成年初计划240000万元的103.58%；发放个人住房贷款170119.40万元，同比增加77630.40万元，增长83.93%，完成年初计划95000万元的179.07%；个人提取住房公积金157766.04万元，同比增加57215.26万元，增长56.90%；实现增值收益25135.97万元，同比增加11256.97万元，增长81.11%，完成年初计划11878万元的211.62%。

# 衡阳市环保局

2015年全市环保工作会议

2015年，全市环保系统紧紧围绕全市发展大局，以改善环境质量为核心，以创建全国环保模范城市为抓手，实行了最严格的环境保护制度。强力推进重点领域区域污染治理，全面落实湘江保护和治理第一个“三年行动计划”，大力实施重金属污染治理、大气污染防治及农村环境综合整治。强力推进水、气、重金属主要污染物减排。全面贯彻实施新环保法，深入落实各级各部门环境保护责任。不断强化执法监管，建立网格化监管体系，加强司法联动，严厉打击环境违法行为，全面完成了各项工作任务。全市环境质量总体保持稳定，空气质量达标率77.8%，地表水达标率95.8%，饮用水源达标率100%，主要污染物减排超额完成“十二五”目标任务，未发生重大环境污染事故。在全省环保重点工作综合考核中名列第一，在全市目标管理绩效考核中评为优秀单位。

环保部华北督查中心副主任赵群英一行检查衡阳市污染减排工作

环保部规划院专家就衡阳市环保模范城市创建规划编制考察南岳自然保护区

环保部、省环监局来衡检查环保工作

省人大常委会副主任王柯敏在水口山金铜公司检查环保工作

省环保厅副厅长谢立一行检查衡阳环保工作

局长刘晓利查看水口山重金属污染治理项目现场

# 衡阳市工商局

党组书记、局长　蒋云良

2015年，衡阳市工商局以改革统领全局，以法治建设贯穿始终，努力克服改革带来的各项挑战，围绕中心，凝心聚力，开拓创新，真抓实干，各项工作目标任务推进落实有序有力。全力推进商事制度改革，“三证合一、一照一码”登记制度和企业名称核准全程电子化顺利实施。全市市场主体总量达181910户，比去年同期增加23785户，增长12.6%；通过强化年报公示、企业公示信息抽查、市场主体信用监管，加强事中事后“严管”，上报公开市场主体违法记录478件，年报工作进入全省先进行列；认真履行市场监管执法职责，全市工商系统一般程序案件共立案2055起，办结2034起；升级改造了南岳景区12315行政执法指挥调度系统和市工商局12315指挥中心。全市12315机构共接听消费者申诉举报电话14814起，处理完结14802起，处理完结率99.92%，为消费者挽回经济损失1248.58万元；市工商系统被评为目前全市唯一的“文明行业”，城区工商系统包括市工商局机关在内共7个单位，有6个已创建为省级文明单位；牵头负责第11组全国文明城市创建市场环境建设组工作，以落实工商部门涉及18个方面任务为重点，把本职工作、执法工作和创建工作有机结合起来，创建工作取得显著成效。

国家工商总局党组书记、局长张茅（右一）调研衡阳工商行政管理工作，副省长戴道晋（左二），市委副书记、市长周海兵（左一）陪同

班子成员到扶贫联点村实地考察

庆祝“3·15国际消费者权益日”大型宣传活动

副市长张贺文（右二）颁发衡阳首张“三证合一、一照一码”营业执照

升级改造后的12315指挥中心

# 衡阳市国家税务局

党组书记、局长　李立平

2015年，衡阳市国家税务局以“改革促发展、规范促和谐”为工作主线，努力建设责任国税、文明国税、奋进国税，为促进全市经济社会发展作出了新的贡献。

助力发展取得新成绩。坚持把组织税收收入与落实税收政策融合成一篇大文章来做，服务经济社会和纳税人发展。2015年共组织各项国税收入60.13亿元，其中市县级国税收入完成53.37亿元，收入总量跃居全省第四。严格落实税收政策，为全市纳税人办理减免税11.78亿元，出口退税9.07亿元。征管质效获得新提升。抓好增值税发票管理系统升级和金税三期工程优化版推广，提升税收信息化应用水平。强化税收风险管理，开展水泥及相关行业、汽车经销行业专项整治，纳税评估入库1.38亿元。强化税务稽查，打击虚开虚抵和骗取出口退税行为，查补入库1.24亿元。执法服务开拓新局面。严格规范税收执法，简化税务行政审批，加强普法教育和税法宣传，连续4年荣获“衡阳市依法行政先进单位”。最大限度便利纳税人，在祁东县建设全省首家国地税联合办税服务厅，并推行“三证合一”登记制度改革，减轻纳税人办税负担。在全市统一服务标准，实施延时、预约、上门服务等，提升整体服务质效。干部队伍呈现新气象。切实抓好基层党建、党风廉政建设、作风建设和文明创建工作，市国税局荣获第四届“全国文明单位”和“全国模范职工之家”称号，连续4年被评为全市目标管理绩效考核先进单位，连续9年被评为“市直机关先进基层党组织”，连续3年被评为全市党风廉政建设先进单位。

市委副书记、市长周海兵，市委常委、常务副市长段志刚调研国税工作

全省首家国地税联合办税服务厅在祁东县揭牌

# 衡阳市商务和粮食局

局长、党委书记　黄建军

局党委领导班子

衡阳市商务和粮食局是根据衡发[2015]4号文件合并组建而成的市政府工作部门。2015年5月5日，原市商务局、原市粮食局合并组建为市商务和粮食局，主要负责全市招商引资、开放型经济、内贸流通和粮食的收储、流通、管理等工作；8月8日，新局正式合署办公。2015年该局共有在职干部职工107人，其中局领导21人，班子成员14人，离退休人员161人；党支部8个，党员232人；内设科室23个，直属企事业单位30家。2015年，市商务和粮食局各项工作在省商务厅、省粮食局的精心指导下，在市委、市政府的正确领导下，在市人大、市政协的监督支持下，深入贯彻落实科学发展观，着力促开放、扩市场、打基础、补短板、转方式、惠民生，全市新签约招商引资项目96个，总引资额694.18亿元；全市实际利用外资10.3亿美元，增长14.5%，总量居全省第三，增幅居全省第四；全市外贸进出口31.33亿美元，增长6.5%，总量居全省第二，增幅居全省第三；全市新批对外投资企业14个，全市对外投资中方合同投资额8127.84万美元，新签对外承包工程和劳务合作营业额1.64亿美元，完成营业额1.8亿美元；社零总额首次突破千亿元大关，达到1009亿元，增长12.2%；开放型经济“破零倍增”任务超额完成；28个农贸市场标准化改造全部完成；完成粮食收购82万吨，粮食工作任务圆满完成；主要经济指标均进入全省第一方阵。全面完成了各项目标任务，荣获全省商务工作先进单位和市安全生产、纪检监察、信访维稳、政协提案办理等工作先进单位称号。

2015年5月22日，全市开放型经济暨外事工作会议

局党委中心组学习习近平总书记关于五大发展理念的重要论述

# 中国国际贸易促进委员会衡阳分会

会长魏岩参加米兰世博会与外商座谈

引进普天控股集团董事长詹松林考察滨江新区项目

衡阳市贸促会是由衡阳市经贸界有代表性的人士、企业、协会和团体组成的全市对外经济贸易组织。2015年以来，贸促会围绕全市开放型经济发展和中心工作，狠抓经贸活动、招商引资、展览经济等各项工作，为衡阳经济社会发展做出了积极的贡献。精心组织，重大经贸活动富有成效。在第18届北京科博会上促成签订意向协定2个。在意大利米兰世博会上为南岳旅游、金泰米业、衡阳茶叶产业、共创光伏3个企业走进欧洲提供帮助。湖南（台湾）投资环境推介会上，帮助耒阳市水西村与台湾三峡农会签订了农业合作协议。2015长沙中欧B2B对接洽谈会上，帮助中钢衡重等与各国的企业对接，达成初步合作意向4个。主动出击，招商引资工作实绩突出。2015年，共引进和接待近80位中外客商来衡考察，累计对接项目8个，东莞共享集团来衡投资“城市标识”项目在衡东、耒阳落地，投资额1000万元；另有广州新铁投资有限公司在衡霓裳电商城项目已经签约实施中。注重实效，展会工作取得新成果。组织湖南天雁等企业参加德国汉诺威工业展、印度孟买精细化工展、欧洲高端光伏品牌展等专业性国际展3个，签订多项实质性合约。在绥芬河中国国际口岸贸易博览会上，衡阳2家参展企业对接项目5个，签订意向成交额850万元。深化服务，支撑效应日益凸显。开展专题调研3个，走访调研会员和各类企业50多家，编辑《衡阳贸促信息》3期，组织企业开展各类活动近20个，帮助企业协调解决各类问题和困难15件次。提升水平，贸促业务齐头并进。出证认证方面，1-12月，贸促会共办理一般原产地证1013份，合同出口金额6.24亿美元，外贸单据认证190份，为企业提供代办领事认证业务177份。

组织企业参加澳大利亚宝泽金境外资本市场推介上市活动

贸促会在意大利米兰与法国旅游部高级官员让路易·白兰德罗（左一）、法国前总统萨科齐特别顾问米歇尔先生（左二）会谈

贸促会帮助湖南文正集团2015年5月在上海股交中心成功挂牌

# 衡阳市科学技术协会

2015年是“十二五”规划实施收官之年。一年来，衡阳市科协在市委、市政府的正确领导下，在省科协的精心指导下，紧紧围绕市委、市政府总体工作部署，深入贯彻落实党的十八届三中、四中、五中全会精神，扎实开展“三严三实”专题教育活动，秉承“弱势群团、强势作为”的工作理念，高效履行“三服务一加强”工作职责，圆满完成了上级交给的各项工作任务。市科协被中国科协评为“全国科普日优秀组织单位”，被省科协评为湖南省第八届青少年机器人竞赛优秀组织单位、湖南省科技信息推广先进单位、湖南省市州科协学会工作先进集体和湖南省市州科协科普工作先进集体。市政协科协界别被评为“2015年度三好界别”。市政协科协界别报送的《关于衡阳市农村环境污染情况的调研报告》被评为优胜奖。2015年衡阳市还首次命名5所青少年科技活动示范学校。

①2015年10月26日-27日，中国科协党组成员、书记处书记王春法（右二）带领中国科协第三方评估组莅临衡阳调研基层公共医疗设施

②2015年5月16日，市委副书记、市长周海兵（右一），市委常委、组织部部长、统战部部长何录春（右二）出席市科协承办的第八届湖南省青少年机器人竞赛并视察机器人表演

③2015年9月24日，市委副书记邓群策（右四）出席全国科普日衡阳活动活动并宣布活动启动

④2015年12月11日，市委常委、常务副市长段志刚（左四）等领导出席《全民科学素质行动计划纲要》实施推进会

⑤2015年9月6日，市政协副主席肖长贵（右三）出席市政协科协界别委员工作室揭牌仪式

⑥2015年8月18日，市科协举办科技信息项目推广及科技专利信息应用工程师培训班

⑦2015年9月24日，全国科普日衡阳活动现场，机器人互动受到广大青少年热捧

⑧2015年12月25日，中国流动科技馆湖南巡展衡阳高新区站开馆仪式现场

# 衡阳市慈善总会

市委副书记、市慈善工作协调小组组长邓群策（左），市政府副市长、市慈善工作协调小组副组长陈竞（右）启动首届慈善排行榜发布台

市慈善工作协调小组副组长、市慈善总会会长、市政府老领导蒋勋功为全市首个慈善义工服务基地授牌

衡阳市慈善总会是于2003年12月由市内外热心公益慈善事业的社会各界人士、企事业单位和有关团体自愿成立并依法登记的公益性的民间法人社会团体，业务主管部门为民政局。第一任会长由时任市长贺仁雨担任。2012年换届后，会长由当时分管民政工作的副市长蒋勋功担任。其主要职责是组织和团结社会各界力量，开展扶老、助残、救孤、济困、赈灾、助学等方面的社会救助工作，在社会保障体系中发挥重要的补充作用。到目前为止，市慈善总会共开展助学、助困、安老、助医、助残、助孤等八大类近30个慈善项目，募集款物1.3亿元和价值近千万元的物资，惠及困难群众200多万人。

2015年，在市委、市政府高度重视之下，衡阳市慈善事业加快了发展，成立市慈善工作协调小组，出台了促进发展慈善工作文件，持续开展“慈善一日捐”。创新设立慈善冠名基金；创新推出慈善品牌；完善了慈善组织建设，成立了慈善分会；在全国地市级首次推出《衡阳市年度企业和个人慈善排行榜》，设立慈善义工服务基地。在第三届“湖南慈善奖”评选表彰活动中，珠江合创投资集团有限公司、王一集团、衡洲建设有限公司获得“最具爱心捐赠企业”，邹肇睿获得“最具爱心慈善楷模”，“暖心工程关爱失独家庭慈善救助”荣获“最具影响力慈善项目”。五年来，市本级慈善基金由200万元增至近4000万元，慈善事业为建设幸福衡阳做出了应有的贡献。

衡阳市民政系统带头开展慈善一日捐活动，局长、党委书记周小风现场捐款

关爱军人困难家庭慈善救助发放启动仪式暨慈善一日捐动员会议

“暖心工程·关爱失独”家庭慈善项目启动仪式

2015年衡阳市年度企业慈善排行榜

# 衡南县教育局

衡南县教育局位于云集镇县城雅园路。“十二五”期间，全局干部职工努力创建依法行政、运转协调、公正透明、廉洁高效型机关，教育的各项工作稳中有进。奋力打造了县城现代化教育规模雏形，北斗星中学已成为享誉全市多年的品牌初中，北斗星小学、雅文小学、云集中学等新建学校办学质量声名鹊起，辐射带动作用日益增强；积极改善办学条件，推进了农村义务教育合格学校建设和“校安工程”建设、农村现代远程教育工程建设，优化了教书育人环境；坚持不懈地推进“人才强教”战略工程，努力做好了教师培养培训、教研教改、调整调优工作，铸就了从幼教到高中的具有核心支撑力的教师“脊梁”团队。

2016年，全县高考成绩稳步上升，剔除单招考生，一、二本上线1650人，其中县一中一、二本上线984人，稳居全市高中榜首；县二中、县五中上线人数略有增加，在全市同类学校中名列前茅。全局干部正以此为新的契机，瞄准“办人民满意教育”的目标，立足各自本职工作，内强素质、外树形象，以强烈的责任感、使命感，协力攻坚克难，为推进教育事业跨越式发展蓄势冲刺，奋力书写“十三五”教育事业的光辉宏篇。

县城北斗星实验中学

县城明德小学

衡南县教育局办公楼

# 衡阳县国土资源局

省、市、县领导对不动产登记中心发证准备工作进行检查指导

局不动产登记中心举行不动产统一登记证书首发仪式

衡阳县国土资源局成立于1987年7月10日，2002年6月机构改革更名为衡阳县国土资源局，现辖23个股室，14个二级机构，25个国土资源所，共有干部职工584人。全局始终以“保护资源，保障发展，维护权益，服务社会”为宗旨，不断开创新局面，取得了一系列骄人的成绩。从1990年起，先后获得“全国土地管理先进单位”、“全国建设用地管理先进单位”“全国土地管理系统先进集体”“全国国土资源系统法制宣传教育先进集体”“全国基本农田保护工作先进单位”“全国地籍管理百强县”“全国土地登记和土地调查先进单位”“国土资源节约集约模范县（市）”和“全省土地执法模范县”“全省地籍管理工作先进单位”等荣誉。

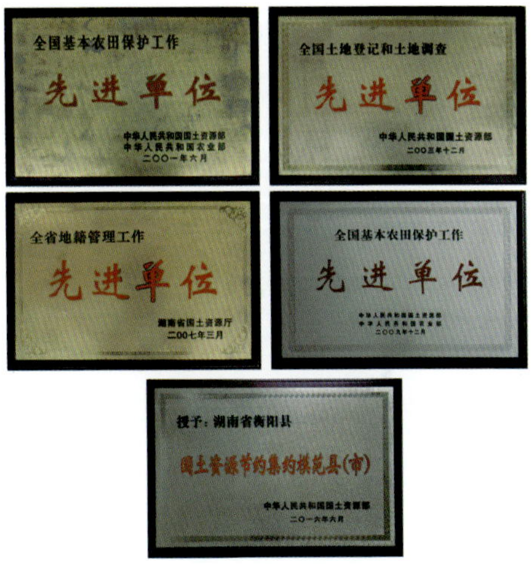

衡阳县国土资源局办公大楼

2009年度国家级土地整理项目——台源项目区SPA50064

# 衡阳市蒸湘区地税局

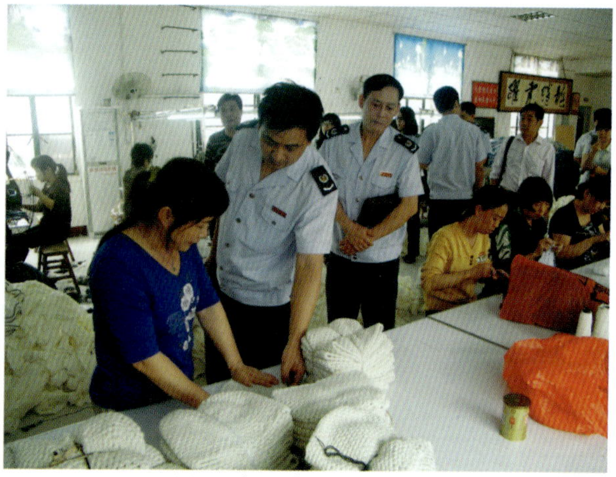

局长王吉文带队走访纳税人

蒸湘区是2001年衡阳市行政区划调整后设立的一个新城区。蒸湘区地税局是以原来的郊区分局为班底于2001年组建，现有干部职工80人，其中男干部49人，女干部37人，平均年龄39岁。党员54人,分别占总人数的70.12%和18.18%。大专以上学历68人，占总人数的88.31%。下设9个科室，1个稽查局，2个税务分局，1个办税服务中心，1个信息中心，担负着蒸湘区国有、集体、股份及个体工商户4000余户纳税户的税收征管。该局先后荣获“全国三八红旗集体”“湖南省文明单位”“湖南省依法办事示范窗口单位”“市先进基层党组织”以及市地税局“优秀和谐团队”等多项荣誉。

近五年来，该局紧紧围绕省局的“三个地税”目标愿景，继续坚持“一调两转三确保”工作基调，以强烈的责任意识和使命意识，上下一心，团结奋进，克难攻坚，负重前行，交出了一份合格的答卷，圆满完成了各项任务目标。2015年入库地方各税8.94亿元，比2011年翻了2番，跨越了5、6、7、8亿元四个大关，连续五年以18%的比例增长，收入增幅和增量均排在城区第一方阵。这五年，全局税收收入量值齐升，征管基础扎实，干部队伍稳中向好，纳税服务整体推进，内务管理规范有序，文明创建硕果累累。在省、市局和区政府考核评比中获得“全省地税系统先进单位”“五星级办税服务厅”“湖南省依法办事示范窗口”“全市地税系统基层单位领导班子工作综合考核先进单位”“示范点”建设推进工作先进单位、绩效考核先进单位、全市政风行风“示范单位”和蒸湘区党风廉政建设优秀单位等荣誉称号。

①

② ③ ④

①走访区内纳税企业

②开展“支、帮、扶”走访活动

③开展业务实战演练活动

④辅导纳税人网上办税

# 衡阳市蒸湘区长湖乡长湖村

书 记 唐跃庚

副书记 阳松华

村委会

坐落在长湖村的平湖公园体育场

坐落在长湖村的平湖公园人口文化园

衡阳市蒸湘区长湖乡长湖村位于蒸湘区东北部要塞地段，其东南西北的界线分别为西湖停车场、立新大道、蒸湘区“四大家”办公楼、沐林美郡住宅群，是典型的“城中村”。全村现有人口2400多人，全村党员人数83人、行政区划占地面积约1平方公里，目前有8个村民小组，其中4个组土地全部被征用、征用80%的2个组、征用60%的2个组，目前尚有土地面积将近300亩。目前已经有90%的村民入住动迁的安置房。

2006年以来，随着衡阳向西拓城建设的加快，长湖乡成为衡阳城市建设开发热土，衡阳市“十一五”规划提出了长湖片区开发建设整体规划，在境内有八项省、市重点工程相继开工建设，近三至五年内这里将成为一片集商贸、物流、信息、文化、生态为一体的现代化新农村。

近几年来，长湖村人民在村“两委”的带领下，与时俱进、求实创新，全面实施城市带动、民营推动、开放促动、项目拉动的发展战略，坚持以人为本、科教兴村的发展观，营造经济、社会良性互动的发展环境，广开门路招商引资，大力促进民营经济发展和农业产业化规模发展。市属重点公共市政工程平湖公园、衡阳中心汽车站均坐落于此。该村党支部式次被评为区、乡先进党支部。

# 衡阳南岳机场

市委书记、市人大常委会主任周农考察衡阳南岳机场

衡阳机场按照国务院、中央军委立项批复的标准新建，定位民用支线机场，场址位于衡阳市衡南县云集镇，机场规模按4D规划、4C建成、4E留足发展空间。当前，衡阳机场飞行区等级4C，跑道长2600米，宽45米，候机楼14300平方米，停机位5个，可保障空客320及以下机型起降。目前已开通至北京南苑机场、上海浦东机场，昆明长水机场，张家界荷花机场、西安咸阳机场、三亚凤凰机场航线6条。2016年，衡阳机场拟计划开通福州、重庆等城市航线。

管理团队。衡阳南岳机场有限责任公司采取委托管理经营模式，由集团委派18名管理人员进行经营管理，是中南地区第一家采取委托经营管理的机场。公司领导子由董事长、总经理袁勇，党委书记叶正华，副总经理瞿宏辉，副总经理向振军，纪委书记、工会主席高峰五人组成。

运输生产。截止2015年12月31日，衡阳机场全年完成旅客吞吐量123319人次，货邮吞吐量484吨，运输起降1394架次，平均客座率达63.2%。。衡阳机场投产第一年，旅客吞吐量即突破12万人次，客座率60% 以上，提前实现计划，创写了湖南除张家界之外的支线机场最好业绩的记录。

安全管理。衡阳机场在集团公司正确领导下，在衡阳市人民政府关心支持下，在行业主管单位的精心指导下，全面践行持续安全理念，按照最新的行业管理规则、建设标准，以强化安全主体责任为重点，不断夯实安全管理基础;以风险管理为手段，以增强机场运行安全裕度为目标，借鉴推进集团公司的SMS和SeMS两个体系建设，努力搭建安全体系管理平台，进一步构建完整的安全管理体系，确保各体系要素在衡阳机场安全生产中“落地生根”。

服务质量。逐步完善旅客服务质量管理体系(CSMS)，健全运输服务质量标准；按照公司统一部署，认真开展“平安机场”建设、“安全生产月”等活动，结合实际，制定“平安机场”建设方案和“安全生产月”活动方案，制定具体工作措施和工作进程表，认真开展相关活动；向社会公布衡阳机场投诉电话，畅通投诉举报渠道，接受社会各界投诉举报，同时不定期开展服务质量走访调查和明察暗访，及时发现和解决服务中存在的问题，努力提升服务水平；针对近期雨雪冰冻天气、流控等原因造成的航班延误，致使旅客长时间滞留机场不能按时出港的情况，衡阳机场启动《大面积航班延误处置预案》等预案，明确岗位职责，提高特殊情况下的处理能力，未发生旅客投诉、吵闹等不正常事件；认真开展“优质服务比赛”，围绕卫生保洁、贵宾室头等舱服务、旅客意见征集、旅客贴心服务四大内容开展工作，发放“乘机温馨提示”宣传单3000多张，收集旅客有效建议并解决1起，获得旅客表扬信2封；针对安检中旅客随身携带物品多样化、复杂化，影响前传放行速度，拉长旅客通关时间，成立提高前传岗位放行速度攻关小组，通过几个月实际的数据分析和整改，使得安检平均放行率上升10%。

岗位业务培训

候机楼工作人员微笑迎接旅客

从衡阳机场起飞飞往上海的航班

塔台管控人员正在协调各单位工作

# 衡阳市公共交通

团结和谐的集团领导班子

衡阳市公共交通集团有限公司是市属国有大型企业，现有职工2600多人，营运线路66条，营运车辆1216台，年营运里程8000万公里，年载客量2亿人次；机关内设14个处室，基层单位18个，子公司4个，主要经营城市公共交通客运、车辆出租、汽车维修、广告发布、驾驶培训等业务，公交线网覆盖衡阳城区及周边城镇，是市民出行的主要交通工具。

集团公司围绕市委、市政府“公交优先”的发展战略以及“四个提升”的指示精神，全力提升网络、提升管理、提升服务、提升形象，构建了东西南北四大中心枢纽、四大站场，统一编制了全市城区公交线路序号，新开、优化、延长、延时公交线路，实现了公交与五站、两园区、一中心以及高速、高铁、高飞的无缝对接，基本形成了现代城市大公交体系；努力推进“智能公交”建设，在公交车上安装了智能调度管理系统、北斗自动定位系统、无线WIFI和车载电视，“掌上公交”投入运行，实现了智慧公交、畅行衡阳；大力推进公交车新能源一体化、空调一体化，推行“五个统一”，即统一车型、统一服务、统一着装、统一配牌、统一用语，实行一天一清洗，一趟一清扫，顺利通过了IS09001质量管理体系认证，获得了国家安全生产标准化一级证书，打造了安全、文明、低碳、和谐的公交。

现代化的公交汽车维修中心

# 集团有限公司

市委副书记、市长周海兵（右一）调研公交

给回乡民工送矿泉水

集团便民、利民、惠民，成立公交志愿者团，积极开展文明创建活动，实施了公交IC卡7折优惠，长期为老弱病残和现役军人、学生提供免费、优惠乘车，为“两会”和市委经济工作会议及重大活动提供优质公交服务，成功创建了全国五一巾帼标兵岗一条，省级文明路线两条，省级青年文明号一条，市级青年文明号两条，荣获了省职业道德建设十佳先进单位、省芙蓉标兵岗和市三星级文明单位等荣誉称号。

集团本着“奉献、文明、服务”的企业精神，着力打造“平安公交、绿色公交、智慧公交、和谐公交”，让政府放心、百姓满意、公交幸福。

新能源环保空调公交车

公交集团高铁站

中心车站

公交集团白沙南站

# 衡阳市交通建设投资有限公司

董事长　陈探宇

衡阳市交通建设投资有限公司是市人民政府授权经营的国有独资公司，主要负责全市交通项目建设的投融资及经营开发。

2015年，紧紧围绕市委、市政府的工作部署和要求，公司一班人攻坚克难、锐意创新，努力夯实公司资产，公司总资产规模达到128亿元，净资产规模达到90亿元，较公司2010年成立时总资产规模0.6亿元增长213倍；突出抓好项目建设，积极调度资金，全年共融资到位资金20.18亿元，承担了8个重点项目投资和建设，项目总投资合计约61.18亿元，2015年度累计投资7.14亿元。其中南岳机场顺利通航，连接机场与市区的蒸湘南路延伸线竣工通车，加大推进了在建船山西路、松木互通工程建设，迅速启动北三环、东三环、衡州大道西延新建工程、雨母湖路项目的前期工作和开工建设。突出抓好公司发展，不断夯实公司基础，增强公司发展实力，抓好公司规范管理，按照现代企业管理制度，不断完善法人治理结构，努力将公司打造成“政府主导、市场运作、规范管理”的市场经营主体。

近几年，公司多次荣获衡阳市重点工程建设目标管理先进单位、融资工作先进单位、基层党建先进单位等荣誉。

# 衡阳市湘江水利投资开发有限公司

白沙片区整体城镇化项目

党组会议商讨公司重大事项

衡阳市湘江水利投资开发有限公司是衡阳市市本级唯一一家专门从事水利设施建设的国有独资公司，公司业务范围包括防洪工程建设、土地经营及开发、农业水利项目建设及河流沿岸城市基础设施建设。公司下设15个部门，现有干部职工67人。2013年底重组以来，公司始终坚持“团结奋进”的正能量精神，始终坚持“三效并举”的总体原则，始终坚持“一体两翼”的创新发展思路，始终坚持“整体推进、重点突破”的工作方法，以践行“五大发展理念”为核心，投资建设了蒸水南堤风光带三期、东洲岛、湘江东岸苏州湾片区综合整理开发、武广新区耒水西岸新型城镇化、白沙片区整体城镇化、万福陵园等一大批高标准、高质量的市重点工程，2016年将开工建设蒸水北堤风光带、耒水南岸新型城镇化、横江湿地公园、农村综合公共服务中心、龙家坪路等5个项目。

衡阳市横江湿地公园项目

志愿者服务队贫困村小学送温暖

耒水南岸风光带项目

『祖国颂』活动合照

蒸水南堤风光带项目

# 衡阳公路桥梁建设有限公司

董事长、党委书记万芃（后排左三）、总经理、党委副书记申仲华（后排左二）在项目部现场办公

董事长、党委书记万芃（右一）深入生产一线现场调度

衡阳公路桥梁建设有限公司，成立于1993年，是经建设部核定的公路工程施工总承包壹级施工企业，注册资金13233万元，位于解放大道与蒸湘路交汇处的西南角，莲湖CBD的核心区域，坐拥总建筑面积1.7万平方米的“财富大厦”15～21层，配套衡阳市首家21层观光电梯、升降式自动停车系统、负离子中央空调。

秉承“建一项工程，创一个品牌”的经营理念和“锐意进取，追求卓越”的企业精神,衡阳路桥在生产经营过程中不断探索,形成了具有深刻内涵和广泛外延的企业文化以及健全完善的现代企业管理制度，通过了ISO9001国际质量体系、ISO14001环境管理体系和GB/T28001职业健康安全管理体系认证，先后荣获中华全国总工会、国家安全生产监督管理总局联合颁发的“安康杯”竞赛优胜企业奖、湖南省人民政府授予的“湖南省重点工程施工先进单位”“重点建设项目施工先进单位”“重合同守信用单位”“全省施工产值、利税十强建筑施工企业”湖南省省总工会授予的“劳动竞赛先进单位”和衡阳市人民政府授予的“市优秀企业”“市重点工程建设目标管理先进单位”“影响衡阳市民生活100品牌”等地市级以上表彰、荣誉称号。公司现为中国公路建设行业协会、湖南省企业联合会、湖南省建筑业协会、湖南省交通协会常务理事单位。工程施工面覆盖北京、湖南、广东、广西、云南、河南、内蒙古、山西、陕西等9省（市），累计完成高等级公路600多公里，大中型桥梁180余座。

诚信的态度、齐全的设备、精湛的技术是衡阳路桥成功的强大后盾，衡阳路桥人将始终恪守“重质量、守信誉、强管理、创精品”的经营宗旨，为构建人本和谐的企业文化氛围和推动经营业绩最大飞跃而不断努力。

# 常宁市公共交通道路运输管理处

常宁市城市公共交通管理处成立于1995年8月，2004年8月升格为副科级全民事业单位，隶属市建设局管理，2012年3月升格为正科级全民事业单位，2015年1月划归常宁市交通运输部门管理，2015年8月经衡阳市编委批准，将市城市公共交通管理处、市道路运输管理所承担的职责整合，重新组建市公共交通道路运输管理处，为市交通运输和旅游局所属正科级公益一类事业单位。主要负责全市道路旅客运输、道路货物运输、客货运站（场）、公共交通、机动车维修和机动车驾驶员培训等行业的行业管理及其从业人员培训工作。内设11个机构和3个派驻机构，即办公室、人事宣教股、财务统计股、货运股、道路客运股、公共客运股、站场股、安全股、机动车维修股、家动车驾驶员培训股、信息化办公室、设置驻常宁汽车站、泉峰汽车站、水口山汽车站办公室。

2016年7月13日，新组建的常宁市公共交通道路运输管理处挂牌

①2015年6月26日，道路运输行业安全生产大会

②中共市运管处总支召开“讲道德、有品行”学习讨论会

③2015年9月22日，邀请衡阳市运管处领导及专家举办道路运输行业安全教育培训

# 湖南融兴融资担

2015年3月，公司进行增资扩股，注册资本金达到2亿，成为衡阳市民间担保机构“龙头企业”

2015年12月16日，公司在“新三板”挂牌，成为全国第五家、湖南省首家登陆境内资本市场的担保机构

湖南融兴融资担保股份有限公司（以下简称“融兴担保”，股票代码：835023），注册资本为20000万元，是由湖南省金融办批准从事融资性担保业务的民营担保机构，为湖南中小企业信用与担保协会常务理事会员。公司于2012年、2013年、2014年、2015年连续四年获得由湖南省中小企业信用与担保协会颁发的“优秀中小企业信用担保机构”，树立了“融兴担保”信誉品牌，为支持中小微企业发展做出来积极贡献。2015年，为挂牌“新三板”做准备，融兴担保开始进行股份制改造，2015年8月13日更名为湖南融兴融资担保股份有限公司，并在同年12月16日在“新三板”挂牌成功。成为全省首家在“新三板”挂牌上市的担保机构。

“融兴担保”正式挂牌“新三板”，开创了我省融资性担保机构挂牌“新三板”的先河。在新的平台上，“融兴担保”将以更强的综合实力，更规范的制度体系，更丰富的担保产品，更专业的服务团队加强为中小微企业的服务。“立足衡阳，面向湖南”，加强与省内银行机构合作，根据银行风险偏好和产品特点，为银行选客户，为客户选银行。充分发挥担保杠杆作用，为企业解难、为银行分忧，达到“企业满意、银行放心、政府支持、合作发

# 保股份有限公司

2015年8月，公司进行股改，更名为湖南融兴融资担保股份有限公司，为冲刺“新三板”迈出了重要“第一步”

展”的共赢目标。把公司建设成为湖南区域领先的股权多元、定位中小微、服务高效、风险可控的新型金融服务机构。

融兴担保在自身信用与资本金的基础上，通过严谨、规范的风险控制体系，实现中小微企业及个人与贷款机构之间的中介与桥梁作用。公司以融资性担保业务为主，并大力开展诉讼保全担保、工程履约担保、二手房按揭担保等非融资性担保业务。随着公司资本实力和信用的提升，银行认可度进一步增强，在银行门槛普遍提高和经济形势严重下行的情况下，各大银行仍继续保持与我公司的合作，且进一步提升授信额度。

融资性担保行业的经营发展依赖于优秀、稳定的员工和管理团队。公司高管团队大多具有多年银行信贷工作经验，面对其他金融机构激烈的人才竞争、公司自成立以来以良好的职业发展环境和人文关怀培养了稳定、高素质的人才队伍。截止2015年末，公司在册员工25人，其中本科及以上学历员工占比为76%，金融管理专业人才占比80%以上。

公司将以不断进取、稳健发展、开拓创新、规模扩张的态势，内强实力、外扩市场，预计组建一个集投融资业务、担保业务、小额贷款业务、供应链金融服务于一体的综合金融旗舰——融兴融资金融控股集团。

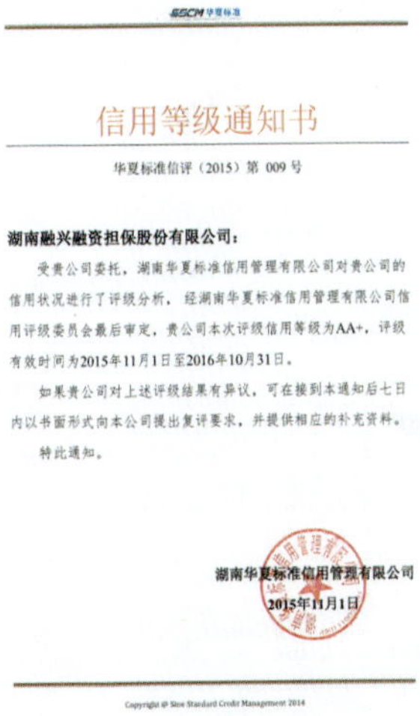

SSCM 华夏标准

信用等级通知书

华夏标准信评（2015）第 009 号

**湖南融兴融资担保股份有限公司：**

受贵公司委托，湖南华夏标准信用管理有限公司对贵公司的信用状况进行了评级分析，经湖南华夏标准信用管理有限公司信用评级委员会最后审定，贵公司本次评级信用等级为AA+，评级有效时间为2015年11月1日至2016年10月31日。

如果贵公司对上述评级结果有异议，可在接到本通知后七日内以书面形式向本公司提出复评要求，并提供相应的补充资料。

特此通知。

湖南华夏标准信用管理有限公司

2015年11月1日

Copyright @ Sino Standard Credit Management 2014

2015年11月1日，公司获得湖南华夏标准信用管理有限公司颁发的“AA+”信用评级

全国中小企业股份转让系统文件

股转系统函〔2015〕8565号

**关于同意湖南融兴融资担保股份有限公司股票在全国中小企业股份转让系统挂牌的函**

融兴担保-同意函

# 中国银行

党委书记、行长　何远年

中国银行衡阳分行是中国银行下属的一家二级分行，成立于1981年，现任领导班子成员为：分行党委书记、行长何远年，分行党委委员、副行长陈永红，分行党委委员、副行长陈志云，分行党委委员、纪委书记、副行长胡继红。内设有10个部门，全辖有34个机构网点，含分行本部、6个县（区）支行、20个城区支行，现有在岗员工628人，其中综合柜员315人、客户经理216人、各级管理人员97人，大学以上（含）文化人员占比90%。截至2015年12月31日，该行本外币各项存款余额198.47亿元，本外币贷款余额97.64亿元，表内本外币余额贷存比49.2%、新增贷存比82.34%，在四大行中均名列第一。“中银信贷工厂”和“微型金融模式”中国银行衡阳分行近年来积极破解我市中小微企业融资难题的新特色业务。除传统的信贷产品外，该行根据小微企业的特点还量身定做服务方案和产品，先后推出了“速押通”“速保通”“园区通”“商圈通”“供应通”“结算通”“企贷保”和“小微贷”等金融新产品，有效解决了小微企业因成立时间不长、抵押物不足等原因难以融资的困难。

2015年职代会

# 衡　阳　分　行

①　②
③
④　⑤

①行长何远年到基层网点调研

②慰问在年终决算夜坚守工作岗位的基层员工

③行长何远年陪同省分行郭德秋行长到华菱衡钢考察

⑤举办服务培训活动

⑤宣传征信知识

# 中信银行衡阳分行

行　长　隋　浩

2015年，中信银行衡阳分行全口径存款为65.34亿元，其中自营性存款50.64亿元，比上年度新增11.71亿元，增幅30.08%。其中：对公存款时点余额39.90亿元，较上年时点新增9亿元，增幅29.12%；零售存款时点余额10.74亿元，较上年新增2.71亿元，增幅33.75%。存款规模、对公存款新增、零售存款新增在当地中小股份制银行中排第1位。截至2015年底，银行各项资产业务余额合计68.59亿元，其中表内贷款余额38.08亿元，比年初新增1.21亿元，增幅3.28%；表外资产30.51亿元，比年初新增18.9亿元，增幅162.29%，不良贷款率为0.91%，其中公司贷款不良率为零。小微企业授信余额21.29亿元，比上年增加2.45亿元，增幅比率13%。截至2015年底，银行实现经济利润0.91亿元，在当地中小股份制银行中排第1，占比48.60%。

①

②　③

①全行工作会议

②2015年2月，中信银行耒阳支行正式开业

③分行全体员工“凭吊忠烈祠　勇登南岳山”

# 华融湘江银行 HUARONG XIANGJIANG BANK 衡阳分行

华融湘江银行总行党委副书记鲁源陵、总监李锐为衡阳县支行开业金狮点睛

2015年，华融湘江银行衡阳分行群策群力、攻坚克难、开拓进取、积极有序有力推动各项工作稳步发展。截至2015年12月末，一般性存款173.52亿元，较年初新增 25.23亿元,增幅17.01%；信用总量 123.16亿元，较年初新增24.04亿元，其中：各项贷款 80.83亿元，比年初新增19.67亿元。全年实现净利润1.05亿元。2015年，该行获得市政府目标管理考核优秀单位称号、市人民银行信用评级A级机构且考核得分排名全市第一。

开展丰富多彩的企业文化活动

开发支行员工向市民进行讲解

开展“参观伟人故居，重温入党誓词”党员主题活动

获得的荣誉

# 中国工商银行衡阳分行

行长雷东明率班子成员参加全行第四届第四次职工代表大会

2015年，全行上下按照总、省行和市分行部署，在市委、市政府的正确领导下，攻坚克难，紧紧围绕质量和效益，在抓好主营业务发展的同时，统筹推进转型、创新、客户发展等各项工作，取得了较好的经营成效，全行实现拨备前利润2.92亿元，实现净利润1.27亿元。全省行长经营绩效综合考核得分1270分，绩效等级B-，名列全省第八，比上年提升1个名次。2015年，银行获得省分行2015年度党风廉政建设和案件防范工作先进单位三等奖；“大零售”创新业务推广三等奖；“大资管”创新业务推广二等奖；“111122”客户发展工程先进单位；在2015年度全省支行分类考评中，衡南支行获得县支行经营先进奖和县支行经营进步奖；金山支行获得城区支行经营先进奖；市分行营业部获得城区支行经营进步奖；南岳支行荣获了“总行精神文明建设工作先进单位”和“省分行文明单位”称号；华新支行荣获“省分行精神文明建设工作先进单位”称号。还有不少专业在省行年度考评中取得了不俗的成绩。

行长雷东明主持召开党委中心组学习

行长雷东明主持召开全市行长工作会议

# 中国农业银行衡阳分行

分行党委全体成员

2015年，中国农业银行股份有限公司衡阳分行（简称衡阳农行）下辖市分行营业部和12个支行，其中：农村支行7个，城区支行6个（含市分行营业部）；营业网点95个，其中：城区网点30个，农村网点65个；全行在职员工1556人。2015年末，衡阳农行各项存款383亿元，各项存款较上年净增35亿元，其中储蓄存款余额316亿元，较上年净增25亿元。价值创造能力增强，实现经济增加值22841亿元。

“农情蜜意”五四青年联谊活动

党员“转作风　强素质”培训

获省分行第五届技术比武团体第一名

“青年讲堂”隆重开讲

浦发村镇银行 SPD RURAL BANK

# 衡南浦发村镇银行股份有限公司

团结务实的衡南浦发人

衡南浦发村镇银行股份有限公司（以下简称“衡南浦发村镇银行”），是由上海浦东发展银行股份有限公司、衡南县人民政府共同发起成立的国有控股商业银行，于2012年12月19日正式开业，主营范围包括：吸收公众存款；发放短期、中期和长期贷款；办理国内结算；办理票据承兑与贴现；从事同业拆借；从事银行卡业务；代理发行、代理兑付、承销政府债券；代理收付款项及代理保险业务；经银行业监督管理机构批准的其他业务。衡南浦发村镇银行以“立足县域、服务三农、支持小微”为经营宗旨，为县域客户量身定制一系列特色产品：有适合批发零售客户的“商超通”“年年红”，适合工业企业的“金园通”“结算贷”，适合农业生产的“银保贷”“养殖通”“创业贷”，适合大宗消费的“金农房2.0”“车贷易”“置业贷”等信贷产品；同时开发了“月利宝”“周财进宝”等个人高收益储蓄产品，得到了客户的广泛认可。2015年，衡南浦发村镇银行荣获衡南县“纳税大户”、县直机关目标管理绩效考核“优秀单位”等荣誉，成为衡南金融行业的生力军。

2015年10月31日，衡南浦发村镇银行三塘支行正式对外营业

行领导一行深入农村考察项目

政银企合作签约

衡南浦发村镇银行大楼

国家AAAA级旅游景区　湖南省省级文物保护单位　湖南省爱国主义教育基地

石鼓书院-大观楼

合江亭

# 石鼓书院

石鼓书院坐落在衡阳城北有“湖南第一之胜地”美誉的石鼓山，海拔69米，面积4.18公顷。蒸水环其左，湘水挹其右，耒水横其前，三水汇合，浩浩荡荡直下洞庭。

石鼓得名，远不可稽，说法不一。一说石鼓四面凭虚，其形如鼓，因而得名；另一说是因它三面环水，水浪击石，其声如鼓。

自唐元和年间（806—820）邑人李宽在石鼓山筑“读书堂”至今，已有1200多年的历史，宋代扬名天下，与岳麓书院、白鹿洞书院、睢阳书院并称“天下四书院”。在我国书院史、教育史、文化史上享有崇高的地位，是湖湘文化的重要发祥地。

重修后的石鼓书院于2007年9月对外开放。整个建筑群为仿清亭式建筑，白墙、黛瓦、深色柱，古朴端庄。以“修旧如旧”的方式，再现了中国古书院的风貌。充分展示了古书院“讲学、藏书、祭祀”三大功能，是一个有深厚文化积淀的人文景点。

七贤雕塑

山门揽翠

蒸水映画

YEARBOOK OF HENGYANG

衡陽年鑑 2016（总第23卷

# 挑战·跨越·成长

显减少，省军区予以充分认可。

（徐佳琳）

## 预备役部队

**【思想政治建设】** 2015年，衡阳预备役后勤保障旅紧扎实开展“学习践行强军目标，做新一代革命军人”和“学习践行强军目标，做新一代国防后备军”主题教育，举办“点赞身边人，共话强军梦”演讲比赛和“拥护支持改革、树好军人样子”群众性大讨论。注重特色军事文化建设，持续开展“书香军营”活动，成立文艺宣传队、篮球队，利用节假日、训练等时机开展系列文体活动，丰富官兵文化生活。积极参建参治，开展走访慰问、义务献血、结对助学、双拥共建、扶贫帮困、慰问参战老兵和“送医送药送书下乡”活动，赢得驻地政府及人民群众的广泛赞誉。坚持紧贴形势抓宣传、结合任务抓报道，新闻报道工作成果丰硕，被省军区表彰为“结合工作搞报道先进单位”“对台宣传先进单位”“湖南国防教育媒体通联工作先进单位”。

（杨祚唐 伍凌波）

**【战备训练】** 紧扣大规模作战支援保障能力形成时间节点，狠抓战备训练落实。结合军事训练、年度整组、回营工作、节日战备等时机，开展国际国内安全形势、全军根本职能和战斗精神教育，激发官兵自觉投身军事斗争准备的紧迫感和责任感。结合整组工作，以上带下修订完善战备方案计划，实现整组备案衔接、统抓落实。深化战备值班系统综合整治成果应用，构建作战值班视频会议系统，改造搬迁战备资料室和战备图库，“三室两库”建设水平进一步提高。严密组织战备演练，随机抽查、拉动值班分队，落实反恐维稳和营区防暴恐行动训练、首长机关战备拉动训练，经验做法被省军区转发。坚持按纲施训正规秩序，全年组织训练22期，参训1379人，完成年度训练任务。组织在职训练、指挥业务集训，开展军事社会要素和国防法规研究作业，首长机关业务工作水平、组织指挥能力进一步提升。组织现役营连长集训、预任军官集训、入队训练、抗洪抢险和森林灭火及反恐维稳训练，1个营部和6个建制连成建制训练，提升干部会组织指挥和部队能打仗、支援保障打胜仗的素质能力。坚持实战化导向，注重在重大演训任务中摔打磨砺部队，本旅组建以来首次跨地区参加广州军区“联合行动-2015C”战役实兵演习，部队得到近似实战的锻炼，出动3个建制连队参加省军区“湘江-2015”演习，演练行动得到省军区肯定。

（杨祚唐 伍凌波）

**【安全管理】** 牢固树立安全发展理念，深入贯彻两级军区预防重大安全隐患和政治性问题会议精神，加强“五种管理方式”运行。开展“条令月”活动，组织警示教育，强化官兵条例意识。严格办事程序，不断巩固领导依法决策、机关依法指导、部队依法行动、官兵依法办事的良好局面，夯实安全发展基础。从办公用品摆放、请销假制度落实、私家车管理和手机使用等入手，从现役官兵起居作息、穿衣戴帽、言行举止养成着力，定期组织军容风纪检查，严格营门出入管理，切实用制度管人、管事，不断正规部队“四个秩序”。组织开展“明责·担责·严责”安全警示教育、“整治军车运行秩序和打击假冒军车专项活动”、网上防间保密教育。适时进行隐患排查整治，坚持抓好涉密载体和存储介质“户籍式”管理，旅队保持高度安全稳定和集中统一，被广州军区评为安全工作先进单位。

（杨祚唐 伍凌波）

**【基层建设】** 认真学习贯彻军队《基层建设纲要》，强化各级按纲指导和按纲抓建的意识和自觉。结合第一期在职训练，理清编组现状，找准突出矛盾和问题。按照“首批动员力量先编、专业对口先编、符合年龄要求和经过专业训练先编”原则，着眼“平时能发挥作用，战时能应征参战”，狠抓整组务实落地，修理二营跨区到郴州7451工厂抽编装甲修理分队，编组布局更加科学、结构不断优化，专业对口率、复退率分别达到94.3%和52.6%。按照“湘潭会议”要求，采取明确标准、规范秩序、典型引导、检查督促等方法，大力加强营连部软硬件建设，基层建设水平整体跃升，物资营、卫生营被旅评为全面建设先进营，物资营药材供给连、卫生营防疫防护队、油料营机动补给连、汽车营汽车二连、修理一营制配连、修理二营修理一连、修理二营制配连和修理所被评为全面建设先进连队。聚焦战备训练和基层建设搞保障，综合保障质效有提升，该旅被省军区评为后勤建设先进师级单位。

（杨祚唐　伍凌波）

## 武装警察

【思想政治建设】　2015年，武警湖南省总队衡阳市支队以党委中心组学习为抓手，突出抓好习近平主席系列重要讲话精神和全军、武警部队政治工作会议精神的学习贯彻。创新主题教育，开办“雁城武警大讲堂”，深挖教育资源，参加总队“四会”优秀政治教员评比竞赛，取得第二名的好成绩，保卫股长张德洪、宣传干事张浩被总队表彰为十佳“四会”政治教员。坚持每季分析官兵思想形势，排查转化思想重点关注对象11人，办理政治退兵3人。持续加强先进军事文化建设，抓好“一队两品”和荣誉室建设，开展“强军风采”系列文化活动，组织“最美军嫂”评选表彰、教唱“雁城武警之歌”，办好“雁城卫士报”，举办“青春献警营，共筑强军梦”文艺汇演，落实“八个到现场”，有效凝聚兵心士气。

（杨　纯）

【中心任务】　围绕“三场维稳战役”，加强工作筹划指导，切实发挥维护社会稳定“压舱石”“稳定器”作用。坚持查勤录像登记，推行常委实地查勤，落实每周录像讲评，正规化执勤水平提升明显。先后在衡阳市中队、五中队承办全省看守所和监狱安全工作两个现场会，受到各级领导和兄弟单位肯定。狠抓执勤隐患整治，严格落实执勤规定，治理执勤硬隐患8起，实现支队连续17年执勤安全无事故，二中队被总队表彰为“执勤标兵中队”。严密组织临时勤务，一年来，出动2268名兵力圆满完成武装押解、联勤巡逻、安全保卫等临时勤务216批次，特别是在“10·6”捕歼战斗、南岳除夕夜和八月初一香客安保等任务中不辱使命，赢得地方党委政府和人民群众高度赞誉。大力加强军事训练，举办军事主官集训、训战法集训和军事比武竞赛，组织4批勤训轮换，七中队尹甲枝、黄聪、陈洪杰荣获“三湘勇士”勋章，许赵明被总队评为“训练标兵”，给23名训练成绩突出的官兵立功授奖，部队实战化训练导向更加鲜明。司令部被总队表彰为“先进司令机关”，作训股长文梦林被表彰为“优秀参谋”。

（杨　纯）

【部队管理】　坚持依法从严治警，认真落实条令法规，强化运用法治思维和法治方式治警带兵，大力纠治不合法治要求的习惯做法，部队管理更加正规。深入开展“学法规、用法规、守法规”“送法下基层”等活动，制作印发《依法治警从严治警资料汇编》，规范管理体系，促进官兵日常养成。扎实开展作风纪律专项治理活动，严密组织法纪教育，着力培养令行禁止的作风。严格落实《关于进一步规范基层工作指导和管理秩序若干规定》，修订完善各类规章制度，提升部队正规化管理水平。落实安全工作“八个基本规范”，严密组织“事故案件警示月”“百日安全竞赛”等活动，狠抓“六个严禁”禁酒令，责令3个违纪单位公开检讨，取消2个单位评先资格，以严肃问责促进各级履职尽责，确保部队安全稳定。

（杨　纯）

【后勤保障】　修订完善各类保障预案，狠抓后勤“一组五队”应急保障训练，达到全员出动自我保障要求。加大现代后勤人才队伍建设，培训后勤人才175人次，提升专业能力。深入开展清查整治活动，后勤管理得到全面规范。以“伙食管理规范年”活动为抓手，督导基层严格落实伙食管理早餐“两个一”、中晚餐“六菜两食一汤一水果”硬性要求。制订下发《基层伙食管理考评实施细则》，实行量化管理机制，基层伙食水平明显提升。全面拓展警民融合式发展，大力推进警地医疗保障协作，解决基层官兵看病难的问题。深入开展后勤安全隐患排查治理活动，严格动、静态枪弹管控，开展私家车、驾驶证清查，夯实后勤安全基础。衡阳市、常宁市中队顺利搬迁，一中队新营房建设稳步推进，衡山、衡东和四中队营房整体规划逐步完成。支队被总队表彰为“运输油料业务工作先进单位”和“优秀计生工作组织单位”，常宁、衡阳县中队食堂被表彰为“先进食堂”，卫生队医生周媛被表彰为“优秀计生工作宣传员”。

（杨 纯）

【基层建设】 结合总队《纲要》网上培训和干部调整，组织基层主官轮训和新任主官岗前培训，有效提高主官按纲抓建能力。持续开展“远学成武、近学浏阳”活动，组织到空八师、空军气象团、空防六处等驻衡部队参观见学，推动基层建设活力迸发。严格落实“三帮一带”、当兵蹲连制度，安排4批88人次深入基层帮带指导，提高帮建实效，三、七中队被总队列为基层建设先进典型推广，衡阳县中队迈入先进行列。每季组织按纲建队考评，召开按纲建队形势分析会和双向讲评会，全面掌握基层建设形势。持之以恒抓好基层经常性工作督导检查，促进基层末端见效。积极协调14名官兵子女入学，解决5名随军家属就业安置，组织10名基层先进单位主官到张家界疗养，救济6名生活困难干部，实现官兵休假率在90%以上，有效激发官兵工作动力。一大队被总队表彰为“基层建设先进大队”，一、二、三、四、衡阳县中队被表彰为“基层建设先进中队”，二中队政治指导员朱珠被表彰为“优秀基层干部”。 （杨 纯）

【打黑除恶】 3月3日，担负衡阳火车站春运执勤的官兵成功抓获一名因抢劫罪被公安部网上通缉的在逃犯。

3月25日，支队出动××名兵力，动用枪支××支，担负衡阳市“1·18”专案公审大会武装押解和庭审现场安全保卫任务。

4月27日至29日，支队出动××名兵力，圆满完成“4·29”专案跨区武装押解勤务。

10月6日10时05分，衡阳火车站北侧广场1名男子突然手持折叠式弹簧刀连续刺伤4人（2人重伤，2人轻伤），造成广场人群恐慌。担负衡阳火车站联勤武装巡逻任务的7名执勤官兵发现情况后，果敢处置，成功将犯罪嫌疑人制服。

11月12日，支队出动××名兵力，动用枪支××支、实弹××发，圆满完成一起死刑犯途中押解及刑场外围武装警戒勤务。

11月27日，支队共出动××兵力，圆满完成“11·8”涉黑案庭审现场安全保卫任务。

（杨 纯）

【安全保卫】 2月18日至19日，支队出动××名兵力，×台车辆，完成南岳“大年三十”香客高峰现场安全保卫任务。

7月4日至7日，支队出动××名兵力，完成“7·5”敏感期衡阳火车站、高铁衡阳东站、高铁衡山西站和南岳大庙及其周边要道的联勤武装巡逻勤务。

8月20日至9月5日，支队出动××名兵力，完成衡阳市主要交通干道和火车站“9·3”特别防护期武装联勤巡逻任务。

9月13日至14日，支队出动××名兵力、×台车辆，完成南岳景区“八月初一”香客高峰期安全保卫任务。

10月1日至7日，支队出动××名兵力，完成衡阳市区两个重点区域联勤武装巡逻勤务。

11月30日至12月1日，支队出动××名兵力，完成全国政协原副主席郑万通一行来湘出席第四届齐白石国际艺术节在衡阳期间的住地警卫勤务。

12月24日至25日，支队出动××名兵力、×台车辆，完成衡阳市中心城区圣诞节“平安夜”巡逻防控任务。 （杨 纯）

【春运执勤】 2月22日至3月9日，支队共出动官兵××人次，担负衡阳火车站、祁东高铁站、耒阳高铁站、衡山高铁站的春运执勤任务。安全输送旅客近75万人次，帮助旅客排忧解难80余起。

（杨 纯）

【抢险救灾】 3月17日，根据省森林防火指挥部、武警湖南省总队司令部、省财政厅《关于建设武警森林灭火救援队伍的意见》，支队隆重召开森林灭火救援队成立仪式。

5月12日，支队共出动××名官兵，参与市“地震·消防”逃生综合演练暨防灾减灾·应急常识宣传周活动启动仪式。

8月27日，支队与市林业局组织全市县级森林消防专业队伍技能大比武。 （杨 纯）

## 公安消防

【概况】 2015年，衡阳市消防支队在市委、市政府和总队党委、市局党委的领导下，以习近平总书记系列重要讲话精神为统领，以“安全发展”为主线，以“两个稳定”为目标，以“民意导向”为牵引，完成各项工作任务，实现消防工作和部队建设的新突破。全市消防部队涌现出“全国优秀执法质量达标大队”蒸湘大队、“全省公安现役部队廉政文化示范单位”衡东大队、全省消防部队“优秀军事干部”廖仲国等大批先进典型。（彭　超）

【消防责任落实】　配合省政府完成2014年度政府消防工作考核，衡阳市以综合排名第一的成绩评为“消防工作先进市州”。将消防工作纳入全市目标管理绩效考评和综治考评，推动消防安全责任落实。提请市长周海兵、常务副市长段志刚、副市长周学农等领导带队开展消防安全检查，联合民政、教育、安监、卫计等职能部门进行综合执法，全面净化消防安全环境。（彭　超）

【综合应急救援】　全市消防部队2015年共接警出动1918次，抢救、疏散受灾涉险群众3128人，抢救财产损失3.114亿元，成功处置“6·26”船山大桥下公交车火灾、“11·17”湘江批发市场火灾等急、难、险、重任务，有效保障人民群众生命财产安全。

（彭　超）

【火灾隐患整治】　深入开展劳动密集型企业、夏季消防检查、“压事故、保平安”等7个消防安全专项行动，强力整改火灾隐患。提请市委召开常委会、市政府召开市长办公会专题研究珠晖区市场群区域性火灾隐患整改工作，启动市场群整体搬迁工作，重大火灾隐患整治工作力度空前。全市共检查单位16772家次，发现火灾隐患16746处，督促整改16445处，临时查封200家，责令“三停”190家，罚款665.75万元，拘留18人，保持整治火患的高压态势。（彭　超）

【消防宣传教育】　扎实开展消防宣传“七进”活动，通过“国旗下的讲话”“开学第一课”、消防宣传车进社区、农村消防宣传服务站建设等形式广泛宣传消防安全常识。在全市同步开展“119”消防宣传周活动，联合衡阳电视台制作《走进119》栏目，拍摄消防公益广告在户外电视循环播放，开通“衡阳消防”官方微信、微博及时发布火情动态，消防宣传影响力不断扩大。（彭　超）

【征召消防新兵】　进一步加大政府专职消防队员征招力度，新征招政府专职消防员96名，有效缓解现有警力不足的困境。在耒阳青麓中队开展政府专职消防员“单编”执勤试点，修订完善政府专职消防员管理规定，提升政府专职消防队员质量效能。积极推动各县（市）重点乡镇建立政府专职消防队，加强企业专职消防队的业务指导，灭火救援专业力量协同作战能力显著增强。

（彭　超）

【优化消防发展环境】　科学编制全市“十三五”消防专业规划，加快推进社会消防安全治理体系和治理能力现代化建设。积极推动《衡阳市城乡消防专业规划》和《市政消火栓管理办法》两个文件出台，为消防工作长远发展灌注新动力。推动65个建制镇编制消防规划，解决消防工作城乡发展不平衡难题。（彭　超）

## 人民防空

【四合一融合建设】　2015年，衡阳市人防疏散基地、人防教育训练基地、国防教育基地和市民休闲公园为一体的“四合一融合建设”模式，为全国首创，为国家人防办制定人防疏散基地标准提供依据。基地建成后，截至2015年已接待游客300多万人次，有126个省、市、县人防办前来参观学习，国家人防办正副主任都曾亲临基地指导。（马浩铭）

【基地建设】　（1）衡阳市人防办充分利用虎形山人防公园这个基地，将人防文化元素巧妙地植入进去，做到寓教于游，寓教于乐。这种“植入式、嵌入式、开放式、公园式”人防宣传教育新模式，使宣传面、宣传效果得到跨跃式提升。（2）市本级“三所一基地”建设已全部落地，建成并投入使用，指挥通讯信息化建设全部落实到位，全省14个市州在“十二五”期末“三所一基地”真正全面完成的只有衡阳一家，并且建设程序规范，建设标准高，建设质量好，得到省人防

办领导的充分肯定。（马浩铭）

**【准军事化考核】** 11月24日，在广州战区五省56个地市人防机关“准军事化”建设考评中，衡阳人防综合排名第一名，并获得4个单项第一。广州军区作战部副部长周旭用“班子很强、队伍很精、训练有素、管理有序、成绩显著”20个字，对衡阳人防工作给予充分肯定。《衡阳日报》以“一支不穿军装的铁军是这样练成”为题进行长篇报道，在全市引起广泛关注。（马浩铭）

**【人防执法】** 严格执行《人民防空法》和湖南省“一令一文件”，杜绝“减、免、缓”，做到应建尽建、应收尽收。特别是2015年在园区人防执法方面找准切入点，实现新突破，所有园区项目的人防报建都进入政务中心人防窗口，真正做到人防执法无死角、无盲区。11月20日，省人大常委会副主任陈君文在衡阳调研《人民防空法》贯彻落实情况时指出：“衡阳人防执法工作为全省一面旗帜，其经验值得推介。”

（马浩铭）

# 政　法

## 总　类

【概述】　2015年，全市政法系统紧紧围绕“保牌进位、一降两升”目标，扎实推进平安衡阳、法治衡阳和过硬队伍建设，衡阳市综治工作考评得分排名全省第四位，再次荣获全省先进，维稳工作考核名列全省第三，稳居全省先进行列。　（殷秀成）

【推进法治建设】　市委、市政府坚持把政法工作纳入经济社会总体规划，把社会治理基层基础工作纳入重要议事日程，把司法和社会体制改革纳入重要工作部署，把社会稳定纳入各级各部门考核的重要内容，出台《中共衡阳市委贯彻落实〈中共中央关于全面推进依法治国若干重大问题的决定〉的实施意见》，为全面推进平安衡阳、法治衡阳建设指明方向。市委副书记、市长周海兵亲自部署治安防控体系建设、严打整治、禁毒等工作，并多次深入政法基层单位现场办公。市委副书记邓群策狠抓具体落实。其他市级领导和全市各级各部门形成齐抓共管强大合力。　（殷秀成）

【维护社会稳定】　面对复杂形势，全市政法系统坚持系统治理、依法治理、综合治理、源头治理，确保社会大局稳定。狠抓源头治理，扎实开展衡阳市垃圾焚烧发电站、市餐厨废弃物循环利用、市污泥处置中心、来雁新城过江隧道、东洲岛跨江大桥等一批涉及公共利益、公共安全项目的稳定风险评估，为项目推进排除稳定风险，得到中央维稳办和省维稳办的赞扬。狠抓“三调联动”，全市共排查化解矛盾纠纷3.62万余起；狠抓包案化解维稳信访突出问题，落实副处级以上领导包案876件；狠抓预防和妥善处置突发事件，有效预防处置各类群体性事件及其苗头390余起；狠抓对敌斗争和特别防护期的安保维稳工作，确保南岳除夕祈福活动、“抗战胜利70周年”纪念活动、中共十八届五中全会等重要节点、敏感时段的平安。

（殷秀成）

【治安防控】　坚持“打防结合、预防为主，专群结合、依靠群众”，狠抓常态化打击，全市共破获各类刑事案件11306起、刑拘6196人，批捕3013人、公诉4133人，审结各类刑事案件3631件4646人，先后破获“4·29—T”反恐专案、部督“2015—213”特大制贩毒品案等大要案件。狠抓信息化防控，全市新增高清探头8000余个，基本覆盖到乡镇，本市《建好农村“天网”，加强治安防控》的经验做法得到全省社会治安防控体系建设工作会议的肯定和推介。全省公安监管体制改革现场会和全省监狱体制改革现场会均在本市召开。狠抓网格化管理，铁路护路工作荣获全省先进，特殊病违法犯罪人员隔离收治扩面提质被省委、省政府称为“开全省先河”，社区矫正工作受到中央综治委、中央禁毒委的高度评价。全市公众安全感测评得分同比净增1.34分。（殷秀成）

## 公　安

【概况】　2015年，全市公安机关实现“保牌进位、一降两升”的奋斗目标。衡阳市公安局（以下简称市局）荣获全省“2015年度市州公安机关四项建设评估先进单位”和公安改革全省优秀单位称号，其中立体化防控体系建设和情报信息主导警务机制两项改革被评为全省优秀改革项目；市局被评为全省唯一的全国公安机关基础信息化建设示范单位。党风廉政建设、命案侦破、打黑除恶、人口与出入境管理、治安管理工作被评为全省先进，市局被评为全市依法行政工作示范单位；维护社会稳定、打击盗窃犯罪、打击毒品犯罪和实有人口管理排名全省第一，执法质量、刑事案件破案率、命案侦破、打击“盗骗毒”排名全省第二。公安部打击食药犯罪、全省监所安全管理、流动人口管理等现场会先后在衡阳召开，监所安全管理、反恐、处置非法集资、警辅管理、执法质量、刑侦、警务督察、网技、国保、理论研究、流动人口管理、纪检、警察协会、刑事技术、情报研判等多项工作在全省作典型发言。全市刑事案件破案率同比提高15%，发案数同比下降8%，公众安全感测评得分同比提高1.34分，警务调查成绩同比提高3.42分。　（李文杰）

【维稳安保】　2015年，全市公

安机关大力强化情报信息工作，全年没有发生规模性非法聚集和规模赴省进京上访事件。办理来信来访件407起，其中办理公安部网上交、转办来信件19起；省厅网上交、转办来信82件；赴京访76起78人、赴省访190起440人；省厅领导交办件4起；省厅网上民声信访件90起；厅纪委交办件12起、市政法委交办件3起；市局领导接访件37起；局纪委交办信访件9起，办结率均为100%。化解公安部、省厅、市政法委交办信访积案9起。完成警保卫任务77批次，确保警保卫对象绝对安全。特别在南岳祈福等重大活动安保工作中，积极探索安保工作新举措，建立完善各项安保工作新机制，推动安保工作社会化运作，提升安保工作的科技信息化含量，提高安保工作水平和保平安的工作能力，南岳安保工作的成功经验和做法得到省委、省政府和市委、市政府的肯定。成功破获“4·29-T”反恐专案，摧毁多个暴恐团伙和“伊吉拉特”团伙，抓获涉恐人员34人，策应公安部及省公安厅“4·29”专案整体行动，阻止一起可能在湖南发生的严重暴恐案件，为全省侦破同类案件树立典范。

（李文杰）

【大要案件侦破】 2015年，全市公安机关高度重视命案侦破工作，持续强化快速反应机制，并配合运用多种技战法，全力开展侦破工作。全市共立现行命案55起，破案55起，另破获命案积案3起。先后破获石鼓区“1·28”入室抢劫杀人案、蒸湘区“3·10”特大杀人案、祁东县肖平元故意杀人案、蒸湘区“5·11”故意杀人案、衡东县“4·30”故意杀人案、衡东县“4·19”故意杀人案、衡阳县“5·20”故意杀人案、蒸湘区“8·11”故意杀人案和雁峰区“9·21”环城南路小学女生被杀害案等一系列重大恶性案件。

（李文杰）

【打黑除恶】 2015年，全市公安机关始终坚持“打早打小，露头就打”的方针，继续深化打黑除恶专项斗争。全力以赴做好耒阳“1·18”涉黑案庭审应对工作，确保庭审工作的顺利进行，该案一审已经宣判。全市共计打掉涉恶团伙45个，破获各类刑事案件500余起，共刑拘以上处理涉黑涉恶成员190人。继续以打击整治重点工程建设违法犯罪专项行动为抓手，重点打击整治农村地区黑恶势力犯罪和村组、社区干部涉黑涉恶等违法犯罪问题，打击一批农村地区特别是村组、社区干部参与的违法犯罪团伙，维护全市社会治安秩序和经济发展环境。

（李文杰）

【治理盗抢】 2015年，开展打击多发性侵财犯罪专项行动，进一步拓展“打多”工作朝常态化发展，制定下发《2015年度衡阳市公安机关打击多发性侵财犯罪实施意见》，对打击多发性侵财犯罪工作落后的县局和派出所主要负责人进行约谈，通过多种措施综合运用，破获一批影响较大的盗抢案件。全市共立侵财类案件20976起；破获侵财类案件6680起，移诉侵财犯罪嫌疑人1751名，破获系列侵财案件130余串，打掉侵财犯罪团伙156个，通过开展全市公安机关抓捕多发性侵财案件网上逃犯专项行动，抓获侵财犯罪嫌疑人70名。（李文杰）

【治理毒品】 2015年，紧紧围绕全国百城禁毒会战、打击“盗骗毒、全力保民安”专项行动，以侦破毒品大要案件为重点，广辟线索渠道，强化侦查措施，破获一批有影响的大要毒品案件。本市“百城禁毒会战”综合排名全国第23位，全省第2位，缴毒数单项排名全国第6位。共破获毒品犯罪案件779起，同比上升305.54%；抓获毒品犯罪嫌疑人1004名，同比上升335.97%；缴获毒品折合海洛因862公斤，同比上升2357.88%；查获吸毒人员7463人，同比上升292.9%；强制隔离戒毒1948人，同比上升253%，其中，侦破部省督办毒品目标案件13起，千克以上毒品案件24起，万克以上毒品案件7起，停业整顿涉毒娱乐场所15家，捣毁制毒工厂3个。全年起诉毒品犯罪嫌疑人758名，缴获毒品折合海洛因737.72公斤，破获部省督目标案10起。同时，加大宣传教育力度，市禁毒委举行以“千名禁毒志愿者进社区”为主题的大型禁毒宣传活动启动仪式，市妇联、市公安局、市禁毒办联合举办“亲近家庭、远离毒品”女性论坛。

（李文杰）

【打击经济犯罪】 突出以侦破大

要案件为主攻方向，部署开展“打传打假”、打击涉税犯罪、打击传销犯罪、打击非法集资专项行动，加大打击金融诈骗、涉税、非法集资、传销等扰乱市场经济秩序和侵害群众切身利益的涉众型经济犯罪力度，规范市场经济秩序。全市共立经济案件438起，破案337起，破案率76.94%；刑拘285人，逮捕90人，移诉182人，直诉80人。大力开展打击非法集资犯罪专项整治行动，2014年以来，破获重大非法集资案件39起，抓获非法集资犯罪嫌疑人99人，抓获率80.5%，为群众挽回经济损失3亿6647.18万元，有力遏制非法集资活动在衡阳蔓延。7月5日，公安部副部长孟庆丰到衡阳调研，对本市的“打非”工作给予肯定，要求向全国予以推介。组织开展“猎狐2015”行动，在册4名逃犯已成功抓获3人，另协助山西太原公安抓获公安部“猎狐行动”B级逃犯1人，并成功将逃匿印度四年之久的境外逃犯李某彬、邵某卜夫妇劝返回国，得到《湖南日报》《潇湘晨报》等省内主流媒体专题报道。

（李文杰）

【治安侦查办案】　市局成立环境与食品药品犯罪侦查支队，加大食品案件、假农药、假医药及其他售假制假案件的打击办理力度，加强与相关职能部门的沟通联系，扩大案件线索来源，建立全市治安侦查工作统一调度、联动协作机制，形成破案攻坚合力，确保全市治安侦破打击工作取得显著实效。全市共移送起诉食、药、环、烟案件犯罪嫌疑人70人，其中食品类案件移诉18人，药品类案件移诉16人，烟草类案件移诉35人。

（李文杰）

【人口与出入境管理】　制定下发《衡阳市户籍业务操作办法》，进一步加强和改进全市常住户口登记管理工作，提高工作效率和服务水平。开展流动人口与出租房屋清理，强化服务和管理，确保流动人口、出租房屋录入率、准确率达到100%。全市共办理项目变更和补充71.2万余条，采集各类实有人口、实有房屋、实有单位信息109.5万余条。积极开展二代身份证换发工作，共受理身份证42.1万张，办理各类户口17.6万余人。进一步加强出入境管理，积极推进示范窗口建设，规范办事流程，严格审批程序，维护正常的出入境管理秩序。截至年底，已创建省级派出所示范户籍室146个，达标户籍室14个，合格户籍室10个，共创建170个派出所户籍室，全省公安派出所示范户籍室“精品工程”连续四年获免检单位。开展打击制贩使用伪假出入境证件犯罪专项行动和户口登记管理专项清理整顿工作，并对全市范围内的派出所户籍室进行摸底和清理，逐步进行规范化建设改造。开展违规办理和持有因私出国（境）证件专项治理工作，全市开展境外人员摸排行动，共掌握底数4079人，并对居住在本市787人常住境外人员进行走访，做到“四知”（知国籍、知姓名、知在衡事由、知在衡住址）。着力抓好境外人员临时住宿登记，全市共登记境外人员临时住宿信息5194条，准确率达99.71%，排名全省第三；外国人办理签证证件住宿登记信息达100%，居全省第一；上报境外人员临时住宿信息及时率达99%，居全省第一。全市共受理公民出国（境）194523人次，同比增长32%，共签发境外人员签证证件787本。认真查处涉外案事件，共查处涉外行政案件52起57人，遣送出境8起12人，维护衡阳涉外治安环境。

（李文杰）

【治爆缉枪】　坚持主动进攻、整体防控的方针，制定下发《2015年衡阳市缉枪治爆专项行动工作方案》，加强对重点单位、重点时段、重点部位的清查，采取“宣传、检查、整改、盘查、收缴、打击”等多种手段，大力整治“枪爆”隐患，取得明显成效。全市共破获涉爆涉枪刑事案件64起，查处治安案件26起，抓获违法犯罪人员97人，刑事拘留67人，批捕23人，移诉79人，治安处罚40人。强化城区烟花爆竹限放工作，制定下发《关于在城区限制燃放烟花爆竹的工作方案》《关于严格依法查处在城区违反限制燃放烟花爆竹行为的通知》等相关文件，遏制城区违规燃放行为，全市共查处城区违规燃放烟花爆竹案件860起，行政处罚890人。强化枪支危爆物品管理，在全市部署开展危爆物品安全大检查大整治，共排查整治危爆物品从业单位109家次，发现和排除安全隐患91起，共收缴各种炸药26.33吨，收缴各类枪支82支，子弹1930发，管制刀具600余把、剧毒化学品897.5公斤。

（李文杰）

【特业管理】　对旅馆业加强监管力度，坚持暗访检查和网上巡查常态化，对违反“四实”登记规定的旅馆业一律按照《湖南省旅馆业治安管理办法》和《治安管理处罚法》的规定，依法顶格处理，查处旅馆业不按要求登记住宿旅客信息的违法行为26起。狠抓旅馆业新治安管理信息系统建设安装，在前期充分宣传发动、摸底排查的基础上，坚持“边安装，边培训”推进新的旅业系统应用，共培训13场次，培训民警600余人次，培训旅馆业主和前台工作人员3000余人，共安装新系统1225家，其中有证旅馆812家，无证旅馆413家，通过新系统抓获网上逃犯56人，增强从业人员的法律意识和旅业系统的前台操作水平，提高住宿旅客信息的登记上传率。组织开锁员法律和业务工作培训、考核，增强开锁人员的依法开锁、服务群众的安全意识，新增开锁发证人员10人，现全市发证备案的开锁人员83人。

（李文杰）

【扫黄禁赌】　依托“断链”行动，加大黄、赌等违法犯罪打击力度，共侦办涉网黄赌刑事案件85起，摧毁实体赌场及赌博、淫秽色情网站35个，查获涉网治安案件425起，抓获犯罪人员118人，查处违法人员1521人，追缴涉案资金78万元。大力整治“黄赌”问题，全市共破获涉黄赌刑事案件107起，刑事拘留275人，逮捕68人，移送起诉167人。查处涉黄赌行政案件510起，行政处罚2576人。　（李文杰）

【交通管理】　交警部门以疏堵保畅为目标，以整顿交通违法为重点，围绕“创文”“创模”工作任务，深入开展“三大整治”“春季攻势”“两打三整”、三轮车整治、“打非查违”、整治“酒驾”、货车治限治超、渣土车、混凝土搅拌车整治、“压事故、保安全”冬季会战等专项行动，确保道路交通秩序良好，全市道路通行能力明显提高。全市共查处各类交通违法行为87余万起，发生道路交通事故991起，死亡174人，受伤1366人，直接经济损失359余万元，道路交通整体情况平稳有序，没有发生有影响的重特大交通事故。　（李文杰）

【消防管理】　消防部门先后部署开展劳动密集型企业专项整治、夏季消防检查、打非治违、“两违”建筑整治、“压事故、保平安”消防安全整治等专项行动，形成强力整治火灾隐患和打击消防违法行为的高压态势，大力开展火灾隐患排查整治，取得明显成效，全市防控火灾能力得到整体提升。共检查单位15617家（次），发现并整改火灾隐患和消防违法行为15609处，罚款627.7万元，“三停”182家，查封192家，拘留18人。全市共发生火灾事故745起、死亡2人、受伤7人、直接财产损失1087万元，同比分别下降23.5%、60%、20%、39.6%，没有发生一起较大以上火灾事故。　（李文杰）

【保障监所安全】　高标准建成全省一流的监管中心，规范健全各项管理制度。积极推进监所医疗卫生社会化，建立公安监管医院，有效解决病残违法犯罪嫌疑人的收治难题，打破病残违法犯罪嫌疑人羁押难的怪圈，实现对患有严重疾病、传染病和精神病等特殊群体的犯罪嫌疑人“应收尽收”的目标。监管场所由看守管理型向学习教育型转变，“以文化人·立德教育”长效工作机制得到公安部、省厅的肯定并向全国推广，看守所AB门建设等安全防范措施全部落实到位。9月7日，全省看守所安全工作会议和全省公安监管重点工作部署会在本局召开，推介衡阳的经验和做法。全市监所共收押收治违法犯罪人员3370人，其中看守所收押2460人，拘留所收押241人，强制隔离戒毒所收治611人，康复中心收治12人，公安监管医院收治46人。　（李文杰）

【基层基础工作】　推动市局毒品存放仓库、应急物品装备仓库、被装仓库等专用仓库的建设，加快警犬基地、禁毒教育基地、警务技能训练基地、反恐基地、驾考中心建设，抓紧城区分局异地搬迁工作。加强装备投入，采购一批头盔、防弹衣、防刺衣、防刺手套等应急装备物资，实现市局应急物质储备数量、品种达标要求；按照“十二五”公安装备规划重点项目建设要求，针对未

完成的项目列出采购明细，采购12项重点装备项目，完成“十二五”装备规划中69项重点建设任务。（李文杰）

【公安信息化建设】 建立城区治安大防控体系，制定完整的建设方案并付诸实施，稳步推进全市治安电子防控系统建设，合理规划县市区建设任务，出台《城市治安电子防控体系建设评估办法》，打造动态化、信息化、立体化治安防控体系。以市政府“数字衡阳”项目为契机，强力推进平安城市建设，出台《平安城市视频监控系统2015~2017年建设布点规划》，根据全国二级技防城市建设要求，结合本市城市道路、重要单位及人口分布，新建社会治安视频监控摄像头3000个，将城区所有警车安装“北斗”卫星导航系统，同时，加快信息化系统、刑事技术、网侦技术、行动技术、图侦技术手段建设，购置卫星通讯车，建立一体化警综平台。充分整合各政府部门的信息资源，完善情报平台数据，充分发挥情报平台海量数据优势，提高情报平台高端研判、分析、碰撞、比对的功能，将信息化应用充分利用到侦察破案中。加强设备维护和安全管理，做好公安网络应用、维护管理和信息中心等工作，有力地保障各系统的正常和安全。维护好、使用好350兆无线集群通信系统和无线图传信息系统，确保系统及设备运行正常。（李文杰）

【派出所建设】 立足于“警情主导警务，基础服务实战”的理念，强力推行派出所警务机制改革，进一步做大做强派出所工作。根据治安形势所需，上报省厅批准新成立4个派出所，分别是衡阳县城西所、石鼓区金源所、雁峰区金农坪所、蒸湘区长峰所。坚持以工作为导向，继续开展派出所等级评定工作，新申报一级所1个，新申报二级所4个。进一步落实“三调联动”，在公安派出所设立调解室，推行司法进所。依托街道、社区成立矛盾纠纷调解小组，深入细致地调解家庭矛盾、邻里纠纷。落实警力下沉，充实辅警力量，加大派出所经费、装备投入，推动派出所落实巡防勤务，最大限度把警力摆上街面。深化社区和新型农村警务战略，配备专职社区民警，落实民警联村制度。对全市社区警务室开展整合，全市社区警务室由243个整合为215个，社区民警由267人调整为259人。探索建立“居民小区”治安防范新模式，加强新建小区物业治安防范工作指导和考核，推动老城区亮化工程，强化老城区居民小区的群防群治工作，出台见义勇为和线索举报奖励办法，推进“零发案”小区建设。（李文杰）

【执法规范化建设】 在全市全面推行刑事案件立案、审核、出口的“三统一”，不断创新执法管理工作新机制，开创法制工作新局面。出台一系列规范性文件，建立健全一系列执法管理制度，巩固执法规范化建设成果。加强执法教育培训，落实民警旁听庭审制度，共安排民警参加庭审旁听350余批次3000余人，提高民警执法能力和水平。规范执法办案区域管理运用，推进全市执法办案区域建设，完善和升级中心执法办案区域的硬件设施，在全省率先成立专门的执法办案区域管理大队。建成11个高标准的中心执法办案区域，有62个所队建立执法办案场所。建立执法效果每月动态排名和定期约谈制度，有效提升规范执法能力水平。开展2015年度执法规范化建设督导评估，检查所队53个，抽取各单位接报警案件、刑事案件，检查执法记录仪使用、案件同步录音录像、法制员“一案一评”、案件执法质量、执法办案区改造等工作情况，提出整改意见。严把案件审核关，开展拘留所收押管理问题专项整治和监视居住案件专项清理，严格实行“每月一考”和“一案一考”，常态化开展执法巡查，市县两级公安机关实行案件质量“每月一考”，抽案比例不少于5%。开展8次网上执法质量考评，共抽取1993起案件进行考评，其中1743起案件合格。对市局直属办案支队办理的所有案件进行每月网上考评，发布执法监督巡查通报9期。全年已发布19期执法监督巡查通报，网上巡查2400余起案件。（李文杰）

【改革经验发声国际讲坛】 应中国警察协会的邀请，衡阳市警察协会专职副主席吴卫民、衡阳市公安局蒸湘分局副局长龙波于10月26日至28日赴浙江杭州参加2015亚洲警察研究协会年会暨

"警察与科学"国际讲坛。会上，龙波就衡阳公安派出所警务改革的经验与展望发表专题演讲。龙波副局长结合基层公安工作实际，向国内外专家和学者系统介绍衡阳公安机关以实战化改革引领派出所警务工作转型升级的成功经验，分析新形势下全面深化公安派出所警务改革的必要性和重要性，并就内陆地区公安派出所如何构建综合警务模式、创新驱动公安工作内涵式发展作探讨交流。与会代表认为：衡阳的警务改革，是辩证思维下科学发展与实践创新的有机融合，体现强烈的信息化、法治化时代精神，对基层公安机关具有较强的示范效应。

（刘景行）

**【政治主题教育】** 大力开展弘扬衡阳公安精神活动，通过全警动员、全警讨论，提炼出"忠诚、为民、敬业、奉献"的衡阳公安精神。为使衡阳公安精神深入警心，增强其感染力，在《衡阳警察》中开辟专栏讨论衡阳公安精神内涵，组织开展"秉公执法、人民公安为人民"主题教育活动，"忠诚、为民、敬业、奉献"的衡阳公安精神大讨论活动和"为警不为"专项整治活动，举办"践行党的群众路线·弘扬衡阳公安精神"先进事迹报告会、从思想理论和工作实践全方位阐述衡阳公安精神实质，引导广大民警自觉弘扬衡阳公安精神。（李文杰）

**【警营文化建设】** 坚持政治建警，加强队伍思想政治工作，推进警营文化建设。积极创新文化育警的方式方法，开展丰富多彩的文化活动，努力提升广大民警的文化品味和精神素养。举办书画摄影展。组织开展衡阳市公安机关"学习吉湘林、传承雷锋精神"美术、书法、摄影大赛。开展"警营文体月"活动，共设有拔河比赛、羽毛球比赛、乒乓球比赛、三项基本功竞赛和书画、美术、摄影比赛等多个项目，先后共有1000余名公安民警参与其中，成为衡阳公安民警年度文体娱乐盛宴。通过一系列活动的开展，让广大民警舒缓心情，陶冶情操，增强团队精神，在全局上下营造"快乐工作、幸福生活"的浓厚氛围。同时，注重民警思想道德素质和人文素养的培养与提升，建设"书香警营"，积极筹建市局图书室。（李文杰）

**【宣传教育】** 以弘扬衡阳公安精神为主题，在抓好传统媒体正面宣传的同时，充分运用微信、微博、QQ等新兴媒体，不断扩大公安宣传的覆盖面，发好衡阳公安声音，讲好衡阳民警故事。做强做大《衡阳警界》和《衡阳警务报道》两个公安专栏品牌，保证衡阳警讯的及时传递，并将其打造成在市民中有影响力、弘扬衡阳公安正能量的主阵地。在衡阳广电新视报开辟"衡阳公安"专版，阶段性报道全市公安重大事件。同时在广播电台开辟即时插播绿色通道，确保重大公安要闻第一时间发布。全年在中央级媒体上发表132篇，在省级媒体发表267篇，市级媒体2350篇。《衡阳警界》已经出版243期，《衡阳警务报道》播出97期。强力推进衡阳公安微信微博（双微）平台建设，各县市区（分）局现均已开通，关注粉丝量正不断增加。自市局"双微"平台开通以来，共累计发布消息428条，"双微"粉丝量正在逐步增长，扩大衡阳公安宣传影响力和覆盖面。同时深入挖掘、继续推介宣传吉湘林、李晖、李江等各类先进典型，充分发挥先进典型的示范引导作用。特别是吉湘林英雄事迹在全国引起强烈反响，《人民公安报》《光明日报》头版头条刊发吉湘林的英雄事迹，湖南卫视《平民英雄》栏目播出吉湘林专题纪录片《烈火中的忠诚勇士》。吉湘林被确定为全省重大先进典型，荣获公安部二级英模，全省"先进工作者""优秀共产党员""人民满意的公务员"荣誉称号。6月12日，由省委宣传部、省委政法委、省公安厅、衡阳市委组织的《吉湘林同志先进事迹报告会》在省委多媒体厅举行，吉湘林家庭被评为"全国最美家庭"，吉湘林妻子邓靓被全国妇联、公安部评为全国"好警嫂"。同时，为弘扬正气，增强民警的荣誉感，进一步完善奖励机制，突出战时奖励，实行一事一奖。上报省厅记集体一等功1个，个人一等功4人，个人二等功7人，省厅先进集体5个，先进个人79个。有277人次荣立三等功，177人次被嘉奖，四个集体被荣记集体三等功，另有48个先进集体和66位先进个人受到表彰。（李文杰）

**【从优待警】** 持续抓好上级优

抚政策的落实，继续推进民警强制年休假、体检以及民警工作期间免费用餐、理发、洗衣等从优待警措施。落实功模疗休养制度，组织第一批10名功模到三亚武警疗养院进行疗休养，各县（市）区公安局相继组织功模外出疗养，在广大民警中形成尊敬功模、学习功模的良好氛围。在全省率先落实《人民警察抚恤优待办法》，按政策足额发放一次性抚恤金，衔接市民政部门，同意对烈士和因公牺牲民警的遗属按照因公牺牲、病故军人遗属抚恤金标准定期发放，为2名因公牺牲民警办理优抚，大幅度提高优抚金额，缓解家属实际困难。建立全局职工医疗互助电子档案，帮助全局80余名民警成功申领互助医疗费用，补助金额达10万余元。为全市6328名公安民警办理人身意外伤害保险。强化民警职业健康保护，进一步关注民警身心健康，加强与省警察学院合作，共同建设民警心理服务中心，同期建设民警健康小屋、心理健康网站和心理服务热线，延伸心理服务中心功能。组织开展民警身心健康状况普查，建立心理健康档案，准确把握民警身心健康问题，并有针对性地开展“关爱民警、情暖警心”活动。年内组织心理咨询师下基层8次，深入医院、基层一线开展心理危机干预、心理咨询20场次。同时，在12月底成立市本级民警基金会，加大优抚工作力度。工、青、妇等群团组织不定期对有特殊困难的民警组织帮扶、捐助活动，对民警及其家属的生、老、病、丧等及时关心、慰问和帮助，共看望、慰问民警及其家属60余人次。

（李文杰）

## 检　察

【概况】　2015年，全市检察机关共立案侦查涉嫌贪污贿赂犯罪案件128件162人、渎职侵权犯罪案件40件66人，立案数同比分别上升27.6%和94.1%，位居全省第一、第二。其中，大案106件，涉嫌犯罪的副处级以上国家工作人员11人。抓获在逃职务犯罪嫌疑人10人。

（李优生　肖振兴）

【社会治理】　（1）2015年，全市检察机关共批准逮捕各类刑事犯罪嫌疑人3013人、提起公诉4133人。突出打击严重影响社会稳定、危害人民群众安全的刑事犯罪，共批准逮捕故意杀人、强奸、“两抢一盗”犯罪嫌疑人1146人、提起公诉1366人；批准逮捕涉枪涉爆、涉黑涉恶、涉毒犯罪嫌疑人766人，提起公诉929人；批准逮捕生产销售有毒有害食品药品犯罪嫌疑人2人，提起公诉5人。（2）推进以审判为中心的诉讼制度改革，出台《关于规范审查逮捕案件办理的若干规定》《衡阳市人民检察院公诉案件质量管理办法》，建立健全非法证据排除机制，确保不枉不纵打击犯罪。审查中发现不构成犯罪的，决定不批捕66人、不起诉40人；审查中认定证据不足的，不批捕535人、不起诉135人。对重大复杂敏感案件，探索引入法学专家、律师、法官及群众代表公开论证程序，相关作法被省检察院推介。注重发挥律师在防止冤假错案方面的特殊作用，落实最高人民检察院《关于依法保障律师执业权利的规定》，开展律师网上预约280余人次，对辩护律师提出的意见和建议，依法核查和采信其合理意见。（3）注重运用法治方式推进社会治理。深化刑事和解、检调对接、释法说理等工作，对主观恶性不大、双方达成和解、邻里纠纷引发的以及未成年人初犯、偶犯等轻微犯罪，依法不起诉506人。加强对未成年人犯罪的跟踪帮教和教育预防，成立“志愿者帮教团队”，为学校上法制课32场次。参与“信访法治建设年”活动，坚持诉访分离，引导群众依法信访，共办结信访案件593件、刑事申诉案件28件，为9名刑事案件被害人提供司法救助。开展社区服刑人员脱管、漏管专项检察活动，对3104名社区矫正罪犯逐一核查，督促相关部门将脱管、漏管的14人重新纳入社区矫正管理。

（李优生　肖振兴）

【查办和预防职务犯罪】　（1）开展查办发生在群众身边、损害群众利益职务犯罪专项活动，突出查办职级不高权力大、数额不多影响大、用权“任性”危害大的“小官贪腐”案件，立案查办教育医疗、社会保障、惠农扶贫等民生领域职务犯罪嫌疑人67人，查办食品药品安全领域职务犯罪嫌疑人3人，查办环境保护领域职务犯罪嫌疑人4人。如衡山、衡东等六地教育系统30人涉嫌受贿、贪污案，耒阳9个乡镇医院（街道卫生服务中心）13人涉嫌受贿案等一批有影响的窝案串案被立案查处。（2）结合办案对重点行业、重点领域开展犯罪分析38件，在中小学食品安全监管、廉租房开发建设和使用、农村危房改造资金管理等民生领域开展预防调查34件，通过提出整章建制、规范管理的检察建议，帮助有关部门更好地预防职务犯罪。为配合“三严三实”专题教育的开展，市检察院对县处级领导干部职务犯罪情况进行专题分析，市委主要领导在该犯罪分析报告上作出重要批示。举办99场（次）职务犯罪警示教育活动，在67个重点单位及项目分门别类设置300余块预防职务犯罪警示牌和视频广告，推进预防职务犯罪警示教育进党校，帮助提升公职人员的“免疫力”。

（李优生　肖振兴）

【诉讼法律监督】（1）强化刑事侦查和刑事审判监督。对应当立案而未立案的，监督侦查机关立案76件；对不应当立案而立案的，监督侦查机关撤案80件。监督纠正侦查活动违法情形486件。纠正漏捕178人，纠正遗漏罪行56件，纠正遗漏同案犯124人。对认为确有错误的刑事判决、裁定提出抗诉28件，法院已审结改判和发回重审14件。对涉嫌犯罪而未移送司法处理的案件，建议行政执法机关向公安机关移送26件27人。部署开展破坏环境资源犯罪和危害食品药品安全犯罪专项监督活动。如纠正漏捕的涉嫌贩卖、运输毒品罪、非法运输枪支罪犯罪嫌疑人林文一审被判处死刑；提起抗诉的李启冬等7名被告人涉嫌贪污案，7名被告人均被改判。（2）强化刑罚执行和监管活动监督。对全国人大常委会《关于特赦部分服刑罪犯的决定》和中华人民共和国主席特赦令的执行情况依法开展监督，对报请特赦的罪犯逐一审核，分别出具检察意见书。开展违法减刑、假释、暂予监外执行专项监督，对刑罚执行机关呈报的3727件罪犯减刑、假释、暂予监外执行案件，监督纠正其中的不当情形408件。加强对监管场所监管活动的监督，着力解决“牢头狱霸”和体罚虐待被监管人等问题，监督纠正监管活动违法及不当情形536件。（3）强化民事行政法律监督。高度重视进入检察环节的民事行政诉求，依法审查处理各类民事行政监督案件162件。对认为确有错误的民事行政生效裁判，提请抗诉10件。对不符合抗诉条件的申请监督案件，及时做好息诉工作，引导当事人依法理性表达诉求。加强对审判人员违法行为和民事执行活动的监督，监督纠正民事审判、民事执行活动中的违法情形33件。推进修改后《行政诉讼法》的实施，办理督促履行职责、支持起诉案件47件。如对3起环境污染问题，提出督促履行职责的检察建议，发挥行政检察工作在保护生态环境方面的积极作用。（李优生　肖振兴）

## 审　判

【概况】　2015年，全市法院共受理各类案件37495件，审结和执行各类案件34256件，同比分别上升28.5%、20.1%。其中，衡阳市中级法院（简称市中院）共受理各类案件7616件，审结和执行各类案件7223件，同比分别上升34.2%、35%。2015年，市中院荣获全国文明单位，市中院刑一庭被评为全国法院先进集体。

（周　龙）

【刑事审判】　全市法院共审结各类刑事案件3631件，判处罪犯4646人。依法审理备受社会关注的周跃飞等47人组织、领导、参加黑社会性质组织犯罪一案，一审被判处五年以上有期徒刑的有16人。依法惩处严重危害人民群众生命财产安全的犯罪，审结杀人、抢劫、故意伤害等犯罪案件576件706人。积极参与禁毒斗争，审结毒品犯罪案件698件921人。依法惩处破坏社会经济秩序犯罪，审结传销、走私、非法集资、金融诈骗等犯罪案件129件249人。维护食品、药品安全，审结生产销售有毒有害食品药品犯罪案件5件5人。坚持铁腕反腐，审结贪污贿赂等犯罪案件108件132人，省中烟工业有限责任公司原总经理周昌贡、省司法厅原副厅长万传友、岳阳市委原常委、副市长陈四海因职务犯罪被依法惩处。（周　龙）

【民商事审判】 全市法院共审结各类民商事案件19936件，同比上升28.4%，结案标的63.96亿元。注重维护平等、和睦的婚姻家庭关系，审结婚姻家庭、抚养和继承等案件6271件。审理与人民群众利益密切相关的道路交通、医疗、工伤事故等人身损害赔偿案件2134件，劳动争议案件797件，环境资源案件18件。加强知识产权司法保护，审结此类案件77件。依法保护农民权益，审结土地承包流转、土地征收补偿、林权转让等涉农案件355件。平等保护市场主体，审结买卖、租赁等合同案件9142件。推行小额速裁便民机制，审结小额诉讼案件169件。南岳区法院成立旅游速裁法庭为民解忧，被评为全省十大最具影响力法治事件。加大调解力度，民商事案件调撤率达到42%。 （周 龙）

【行政审判】 全市法院共审结各类行政案件509件，判决撤销或变更行政行为的40件，促进行政机关依法行政。优化行政审判司法环境，通过指定管辖、提级管辖、交叉审理等措施审理案件12件。强化行政首长出庭应诉机制，市中院审结的行政案件中，行政首长出庭率达31%，较2014年上升21%，“告官不见官”的现象有所改善。加强对行政非诉案件的审查与执行，依法审结行政非诉执行案件1962件。针对立案登记制实施后行政案件增多的情况，市中院与市政府法制办、市住房和城乡建设局联合举办“土地房屋征收及司法强拆”培训班，同时加大与行政机关的沟通协调力度，从源头上预防和减少行政争议。 （周 龙）

【服务社会】 （1）主动加强司法应对。市中院出台《关于新形势下进一步做好房地产和建设工程合同纠纷案件审判执行工作的意见》，指导审判实践。全市法院共审理和执结相关案件877件，一批矛盾尖锐、利益主体多元、法律关系复杂的案件得到妥善处理。开展服务重点工程项目建设的专项审判活动，审理涉及重点工程纠纷案件161件，批准实施司法强拆案件4件，为重点工程建设营造良好的法治环境。努力服务企业改制，审结企业兼并重组、破产清算案件7件，优化资产配置，为企业轻装上阵奠定基础。（2）加大金融债权司法保护力度。全市法院共审结涉及金融纠纷、民间借贷、中小企业融资等案件3854件，涉案标的30.6亿元。市中院按照市委的要求，支持市政府做好衡阳农村商业银行的筹建工作，成立专门的合议庭，共审理专项案件81件，清收金融债权1.29亿元。加大金融纠纷案件调解力度，化解银企矛盾。如建设银行与耒阳某公司金融借款纠纷案，涉案标的一个多亿，市中院从立案当天就组织双方进行协调，2天时间调解结案。（3）积极参与社会治理。深入开展大走访和送法下乡等活动，提升人民群众的满意度。加强诉调对接，诉前调解案件1200余件，把矛盾消除在萌芽状态。加强对未成年人合法权益的保护，对53名未成年被告人依法判处非监禁刑，占判刑总数的37%。规范减刑、假释工作，对不符合条件的135人依法裁定不予减刑、假释。认真落实中央和最高法院关于特赦的规定，对一批符合条件的罪犯依法予以特赦。深入推进司法公开，通过视频直播庭审19次，上网公开裁判文书18186份，发布布告近10万张，提升公众法治意识。 （周 龙）

【服务民生】 （1）着力解决“立案难”问题。全市法院认真落实立案登记制，成立诉讼服务中心，增强力量，增设立案窗口，努力为当事人提供优质、高效的服务。立案登记制实施以来，全市法院当场立案21858件，当场立案率达98.6%。为特困和弱势群体开通“绿色立案通道”，一年来共减缓免诉讼费800余万元，指导当事人通过申请法律援助完成诉讼，确保有理无钱的当事人打得起官司。（2）着力解决“积案多”问题。针对群众反映强烈的案件久拖不结的问题，全市法院开展“清理诉讼积案百日会战”专项活动，对2015年1月以前的诉讼积案进行全面清理和整治，实行一月一督查、一月一通报。通过扎实有效的措施，全市法院共排查出未结案件923件，已结案830件，占90%。同时，进一步完善审判流程管理，对所结案件全程跟踪到位，防止边清边积现象的发生。（3）着力解决“财产保全难”问题。债权人申请财产保全，按法律规定要提供相应的资产担保，很多当事人无法提供足额资产进行担保，致使财产保全无法进行，难以保证判决生效后的顺利执行。针对此情况，市中院创新工作方式，出台《财产保全担保公司担保管理办法》和《财产保全责任保险担保管理办法》，由符合条件的担保公司或保险公司为申请人提供担保，减轻保全申请人的经济负担，有效解决当事人申请财产保全难的问题。（4）着力解决“涉诉信访”问题。全市法院共受理涉诉信访案件374件，化解324件，息访率达到86.6%。严格实行诉访分离，将涉诉信访纳入法治轨道，依法解决问题。如鄢某、胡某与刘某合伙纠纷案，上访近十年，市中院启动再审程序，最终调解结案。开通远程视频接访室，为当事人预约上级法院远程接访35起。如段某等14人行政申诉案，市中院安排其与最高法院视频接访2次，取得较好的效果。（5）着力解决“两庭”建设滞后问题。因经费困难，全市基层法院“两庭”建设进展缓慢。市中院把“两庭”建设作为推进法治建设的一件大事来抓，督促全市法院加大建设力度，基层法院新建的9个审判法庭面积9万余平方米，投入资金2.3亿元。其中雁峰区、石鼓区、衡阳县三家法院的审判庭已投入使用。

（周　龙）

**【执行工作】**　（1）完善执行机制。全市法院共执结各类案件6468件，执结标的43.6亿元，执结率达69%。突出机制建设，建立执行指挥中心，初步构建以信息化平台为支撑的统一指挥、协调联动执行工作机制。市中院推行执行责任倒逼机制，发现未依法执行的，及时追查承办人责任。进一步强化执行抗干扰机制，通过提级执行、指定执行等方式提升执结率。（2）强化执行举措。加大对被执行人及其财产的查控力度，与银行、公安、国土、房产等单位建立点对点查询机制，共查询执行信息20.7万余次。开展“百日执行大会战”活动，期间共执结案件2001件，是2014年同期的2.6倍。对涉党政机关的5起执行案件加大协调力度，有2件得到执行，另外3件达成执行和解。加大对拒不执行法院生效裁判行为的责任追究力度，共司法拘留81人，罚款132人，依法追究刑事责任6人，维护法律尊严和司法权威。（3）加大失信惩戒力度。全市法院均建立失信被执行人名单公布机制，在电视、报纸、网络和繁华地段公布失信被执行人4551人，禁止其乘坐飞机、高铁、软卧，限制其金融贷款、办理信用卡业务，向有关机构建议不得让其担任企业法人代表、董事及高级管理人员。有345名失信被执行人迫于压力主动兑现执行款9331万元。

（周　龙）

## 司法行政

**【概况】**　2015年，全市司法行政系统围绕市委市政府中心工作，按照局党委的“一强两好三创”（“一强”即强班子；“两好”即建好基础设施，抓好基层工作；“三创”即服务创优、业务创先、评价创满意）部署，争做“六有”（即心中有党，心中有法，心中有民，心中有责，心中有戒，心中有境）司法行政干部，完成各项工作任务，司法行政事业取得长足发展，为促进本市经济发展、维护社会稳定做出积极贡献。

（谢水长）

**【强制戒毒】**　2015年，衡州监狱和市强制隔离戒毒所（简称市强戒所）先后开展“查两违、抓两严”和“两不两失”专项活动，加强监所安全管理。衡州监狱不断提升刑罚执行理念，突出教育改造工作实效，强化思想、文化、法制、道德教育，培养服刑人员职业技能，着重提高服刑人员的就业能力。积极推进执法规范化建设，着力维护罪犯生活、卫生合法权益。市强戒所依托场所信息化建设，不断加大对安全防范基础建设投入。完善监舍对讲系统，视频谈话室以及周界报警、一键报警系统建设，引进生产管理系统、医疗管理系统，加强内部局域网建设，提高场所的物防、技防能力。积极探索与社会医院合作模式，得到省戒毒局的肯定和推广。2014年5月，市强戒所所在雁峰区雁峰街道成立全市首家社区戒毒康复工作指导站，截至年底，登记在册吸毒人员186人，加入社区戒毒康复已有105人，帮助58名戒毒康复人员实现就业，涌现出胡新刚等10余名社区戒毒康复典型个人，有效管控率达90%，复吸率仅为5.6%。2015年6月，拍摄以戒毒康复人员胡新刚为原型的禁毒纪实微电影，在央视网、优酷网、腾讯网等媒体上映，反响热烈。截至年底，雁峰社区戒毒康复模式已在雁峰区得到全面推行。2015年该站被省戒毒管理局评为社区戒毒康复一级站，雁峰社区戒毒康复模式已在雁峰区得到全面推行。6月29日，全省司法行政戒毒系统戒毒医疗工作推进会在市强戒所召开。衡州监狱连续13年、市强戒所连续17年实现安全稳定。为进一步适应戒毒工作发展需要，彻底解决场所硬件设施的短板，在多方支持下，衡阳市强制隔离戒毒所迁建项目于2015年9月正式奠基开工，新所项目位于衡南县云集镇，规划总面积42156平方米，设计收治人数为2000人。预计于2017年投入使用。（谢水长 刘齐祯）

【法治宣传】 （1）全面实行网络在线学法考法，进一步规范干部普法考试工作。12月1-4日，全市各级各部门10万名干部参加普法考试，参考率99%以上。各地积极落实党委（组）中心组学法、干部任前考法、干部学法讲座制度，提升各级干部的法律素质。（2）积极开展4月打击传销宣传月、5月农村法制宣传月、9月青少年法制宣传周、“12·4”法制宣传日和“法律六进”活动，通过义务咨询、法制板报、巡回宣讲、电视讲话、法制讲座、普法台历等形式宣传法律法规知识，营造良好法治氛围。全年，本市共开展各种普法宣传活动300场次，发放普法资料30万份。完成“六五”普法检查验收考核，“六五”普法得到省委考核组的肯定和评价。市委法治办与市委改革办进行合署办公，得到上级肯定。（谢水长）

【人民调解】 3月18日，全市基层法律服务工作者协会正式成立，并召开第一次会员代表大会。来自各县市区的60多名法律工作者，表决通过协会章程，选举产生市基层法律服务工作者协会第一届理事会。市编办批复市司法局成立行政审批服务科，基层司法科加挂行政审批服务科，将基层法律服务工作者执业核准等市本级司法行政审批职能归并整合到行政审批服务科。2015年，全市各人民调解组织开展“民间金融纠纷排查化解”专项人民调解活动，深入开展民间金融纠纷拉网式排查，对问题集中的区域进行重点梳理，重点排查。（谢水长）

【社区矫正】 进一步规范社区矫正和安置帮教工作流程，创新工作方式方法，提高矫正质量。加强部门衔接，形成工作合力。开展社区服刑人员漏管、脱管和重新犯罪自查自纠专项活动，督查106个司法所。加大社会矫正中心的建设，雁峰区率先完成全省“为民办实事”社区矫正中心建设任务。全年，全市累计开展社区矫正社会调查评估4703例，采用率达98%。累计接收社区矫正人员6784名，累计解除3724名；现在册人数3060名，监管率达100%。关爱帮教在押服刑人员、强制隔离戒毒人员未成年子女1000余人，取得良好的社会效果。完成特赦工作。（谢水长）

【法律援助】 2015年衡阳市各级法律援助机构共办理法律援助案件3315件（衡阳市法律援助中心办理233件），其中刑事案件605件，民事2666件，行政44件，持续五年保持5%的案件受理增长率。法律援助工作连续2年纳入衡阳市人民政府民生重点项目，衡南县、雁峰区公共法律服务中心的建成标志衡阳市司法行政部门公共法律服务体系改革的正式启动，法律援助纳入衡阳市人民政府购买法律服务范畴并实施，衡阳师范学院等社会团体及志愿组织参与法律援助工作，司法部法律援助中心在衡阳市开展“社区参与式”法律援助调研项目等重点及亮点工作凸显衡阳法律援助迈入全省先进行列。（谢水长）

【法律服务】 2015年，29家律师事务所全面进驻全市13个省、市级重点工业园、93家创新企业。建立服务重点特色园区联系点制度，设立重点特色园区律师工作联系点。制订下发《2015年衡阳市“法律顾问百千万”工程任务分解表》，全市12个县（市）区政府聘请律师担任法律顾问，54个乡镇街道党委政府、950个村（社区）安排律师受聘或者免费提供“一对一”法律顾问服务。律师参与涉法涉诉信访接待工作形成常态。在市信访局专设“律师咨询室”，律师信访接待形成常规化、制度化、规范化。2015年，全市共有246名律师参与这项工作，接待处理信访事项780件，出具法律意见书339件，化解矛盾纠纷800起，疏导放弃上诉311人次，挽回损失8608万元。

（谢水长）

## 监狱管理

【监狱安全稳定】　衡州监狱坚持把安全稳定放在一切工作的首位，严格按照省厅局、市委、市政府要求做好监管安全、生产安全工作。衡州监狱监管安全连续13年实现“四无”（无罪犯脱逃、无重大狱内案件、无重大疫情、无重大安全生产事故）。2月13日，监狱开展为期为期6个月“严明纪律、严格履职”专项教育活动和监狱违禁品、违规品专项清查活动（以下简称“查两违、抓两严”），联合驻监武警部队、驻监检察室，采取突击检查和交叉清查相结合的方式，深入开展清监、搜身等工作，对易藏匿违禁品、违规品的重点部位、重点场所和重点环节进行全面排查，集中清缴违禁品、违规品。活动共查获违禁品8件，处理违规罪犯3名，处理外协人员1名。12月3日，本监狱组织消防应急演练，成功处置狱内“火情”事件。消防疏散演练以假设监狱失火开始，从火情确认、启动应急预案、有序撤离、医疗救助等方面有序开展。整个演练过程有条不紊，顺利完成应急演练处突程序，取得良好效果。

（张云华）

【罪犯教育改造】　衡州监狱坚持创新教育改造措施，提高罪犯教育改造质量。利用新建罪犯视频教学系统开展“教育大讲堂”，通过举办歌曲比赛、主题演讲比赛活动，打造积极向上的监区文化；建立三级顽危犯攻坚体系，组织有奖挂牌攻坚，顽危犯转化率达50%以上，“三课”教育到课率98%以上，职业技能培训获证率100%。严格依法办理减刑、假释，2015年来共完成5批减刑假释，共提请办理减刑假释案件355件，法院裁定减刑321人，假释1人。

【改扩建工作】　根据市委和市委常委办公会议精神，经省、市发改委批复，决定衡州监狱在现有土地基础上进行改扩建，工程项目总用地面积274亩，建筑面积69167平方米，后续发展用地226亩。由市城建投采取“交钥匙”工程方式承建，衡州监狱以土地置换方式筹集建设资金，建设周期为两年。项目总投资：共计4.5055亿元。经过20多个月的努力争取，衡州监狱改扩建工作前期专家评审、环评、勘测、立项报批等前期准备工作已完成，改扩建工程被列为衡阳市2016年重点民生工程项目并纳入衡阳市“十三五”规划。整个主体工程将在2016年2月前完工，预计2018年10月完成监狱整体搬迁工作。10月13日，衡州监狱改扩建项目推进会在衡州监狱办公楼三楼党委会议室召开，会议由市委常委、政法委书记谢恒斌主持，市政法委、市国土资源局、市住建局、市规划局、市城建投、衡州监狱、衡南县政府相关领导和部门负责人参加项目推进会。会议梳理衡州监狱改建项目前期所做的工作，研讨解决项目推进过程中遇到的难题，加快推进改扩建项目建设。

（张云华）

# 综合经济与管理

# 发展和改革

【概况】 2015年，全市地区生产总值达2601.57亿元、增长8.7%；财政总收入达261.86亿元、增长11.1%。完成固定资产投资2125.93亿元、增长20.3%；社会消费品零售总额达1009.1亿元、增长12.2%；外贸进出口总额达到1950.09亿元、增长7.9%。高新技术产业增加值占GDP比重达13.8%，服务业占GDP比重提高达到40.1%，较2014年提高2.1个百分点，节能减排指标超额完成省定任务。城乡居民收入分别增长8.8%、8.8%；就业形势较好，物价水平总体稳定。 （冯　栋）

【规划编制】 2015年规划编制年，衡阳市发展改革委员会（简称发改委）作为全市“十三五”规划编制部门，统筹协调，全面操盘，通过组织开展完成56项重大课题研究、广泛征求发展点子、深入研究“十三五”发展基本思路，编制完成《衡阳市国民经济和社会发展第十三个五年（2016～2020年）规划纲要》，通过市十四届人大五次会议审议，成为全市全面建成小康社会、找回全省第二大城市荣光的发展蓝图和行动纲领。同时，对接国家重大战略导向和扶持重点，建设完善市“十三五”重大项目库，储备项目1340余个，总投资1.36万亿元，为规划实施强化项目支撑。在此基础上，组织相关市直部门及县（市）区编制34个专项规划。 （冯　栋）

【项目建设】 市发改委发挥投资和项目建设主管部门的牵头作用，与市重点办全力抓好统筹管理，强化调度督办，督促整改落实，着力破解发展瓶颈，妥善处理不法行为，有力推动全市重点项目建设，全年实施重点工程项目500个、完成投资903.8亿元，比2014年净增80.67亿元，带动完成全社会固定资产投资2125.93亿元、增长20.3%，增速居全省第二位。 （冯　栋）

【园区建设】 争取省补助资金1.38亿元，居全省之首，开工建设标准厂房312万平方米、建成168万平方米，均超额完成年度任务。在此基础上，全市11家创新创业园区引进企业217家、使用标准厂房面积144万平方米、解决就业31600余人。 （冯　栋）

【争取资金】 （1）国省预算内资金。围绕国家政策导向和投资趋向，调整争资战略，在保障性安居工程配套设施、农村安全饮水、农村电网改造、农村校舍改造等领域，争取国省项目资金13.17亿元，超过全省份额1/9。（2）专项建设基金。牵头各县（市）区和市本级融资平台，反复对接国省发改委、国开行、农发行，使105个项目挤入国家专项建设基金支持范围，获得资金54.32亿元，总量排名全省第二，将带动全市500亿元固定资产规模。（3）债券融资。成功申报发行耒阳城投债券7亿元、耒阳国资债券12亿元、市交通投14亿元债券，同时，建立全市企业债券项目库，初步储备10余支专项债券。 （冯　栋）

【推进改革】 （1）经济体制改革。明确全市2015年经济体制改革13大项、27小项重点任务，牵头协调有关市直部门协作配合，协调推进，投融资体制改革、商事登记制度改革、财税体制改革、国企改革等重点领域改革进展顺利。（2）生态文明体制改革。组织开展全市生态文明体制改革3大项、5小项重点工作任务，编制印发《衡阳市生态文明体制改革实施方案（2014～2020年）》及《两型社会建设综合评价报告》，24个单位、基地、机关成功纳入全省两型示范创建范围。（3）简政放权。推进“三清单一目录”清理制定，牵头制定全市外资准入负面清单和政府核准目录，编制《衡阳市外商投资准入管理目录》以及《衡阳市政府核准的投资项目目录（2015年本）》，并向全社会公开发布；全面梳理部门职权，编制市发改委权力清单和责任情况，清理、整合并明确市发改委41项行政权力及29项部门职责，有力促进部门职能转变。（4）服务业综合改革。出台《全市现代服务业重大项目招商引资奖励操作规程》，进一步规范政策执行；加强申报衔接，石鼓现代商务、南岳文化旅游和健康养老成功跻身全省首批15个服务业示范集聚区。（5）价格改革。推进天然气阶梯价格改革，出台

《衡阳市居民生活用天然气阶梯价格实施办法》，价格机制进一步理顺；推进非居民用存量气价与增量气价并轨，两次降低非居民用天然气销售价格；停止收费许可证和服务价格登记证的办理和年审，放开房地产价格评估等13项专业服务价格。（6）公车制度改革。完成全市数据摸底、综合测算和方案编制。（冯　栋）

【稳控物价】　积极发挥价格杠杆调节作用，完善主要由市场决定价格的机制，加强市场价格监管执法，有效维护市场价格秩序，全市物价水平保持低位增长。（1）完善价格政策文件。编制发布市级政府定价的涉企经营服务收费以及行政审批前置服务收费两个目录清单，进一步规范政府定价的服务收费。（2）强化价格监管执法。抓住春节、国庆、春秋季开学等重要时点，针对教育收费、公立医院医药、旅游价格、窗口行业收费、涉农收费、春运票价等领域，开展20余次专项检查，处理一批价格违法案件。（3）推进出租车价格调整。稳妥把握价格调整的时机和力度，出台实施城区出租车营运价格调整改革方案，城区出租车起步价实现平稳上调，理顺出租车市场价格机制。（冯　栋）

## 国有资产监督管理

【国企改制】　2015年，全市国有企业改制全面完成。全市国企改制从2000年开始，历时15年，涉及395家企业，20万职工，无论是时间跨度，企业数量、规模，职工人数等均在全省排第一。国企改制依托和运作企业资产，支付改制成本120亿元，其中争取社保挂账30亿元，圆满完成改制任务。（蔡小志）

【资本市场】　2015年，市国有资产监督管理委员会（简称国资委）推进由市级国资作为第一大股东的南岳电控IPO上市工作。市级国资作为第二大股东的紫光古汉在启迪控股入驻后，与市政府签订战略协议，定向增发8亿元，其中弘湘公司投资1亿元参与增发，增发资金60%以上投入衡阳，用于做大做强主营业务，整合现有产业链，加紧布局大健康产业，在连续两年亏损的情况下，2015年实现赢利2000多万元，成功实现ST摘帽的目标。（蔡小志）

【服务企业】　2015年，成功引进中油金鸿资产重组界牌瓷厂，打造百亿天然气陶瓷工业园；引进湖南至德汽车收购金星叉车厂，打造衡阳新能源汽车产业园；为一纺机、唯康药业解决新厂区建设问题。为康宁药业协调解决与紫光古汉多年来的相关纠纷，并帮助在白沙工业园征地30亩；协调帮助雁城宾馆五星级改造，年内规划设计完成。多次赴京与国家工信部、国家质检总局沟通协调，成功为衡阳客车厂争取保留汽车生产经营资质，为原白钢争取保留螺纹钢生产经营资质，为下步全市汽车、钢铁行业招商引资奠定坚实基础。主动为中国五矿金铜项目、紫光古汉4亿支技改扩能项目服务。（蔡小志）

【重点项目】　由弘湘公司作为投资业主的幸福河改造工程项目、107国道改造建设项目、湿地公园项目等全力推进，进展良好。依托弘湘公司组建的来雁新城公司全力推进征地拆迁和企业改制腾地。（1）幸福河改造工程项目：2015年年底完成前期所有的工作，7个施工点同时开工建设，完成土石方60万方，累计完成投资约3亿多元，完成整个工程量的50%以上。（2）来雁新城建设项目：项目开工建设江霞村等5个棚户区安置房项目、五一北路等16条主次干道路网，争取银行资金到位12.75亿元。各类投资累计完成54.11亿元。（3）107国道改造建设项目：道路主体工程完成路基挖方80万余方，路基填方60万余方，铺设雨污管道8800余米，地下人行主体工程左幅完成，累计完成投资3.3亿元。（蔡小志）

【改制维稳】　2014年以来扫尾阶段启动的52家企业没有发生一起非访，更没有发生恶性上访事件。根据工作需要，在机构改革中积极争取成立安全维稳科，专门负责处置全市涉企信访维稳的日常工作。2015年以来，通过耐心细致的做工作、与职工对话、宣讲政策、解决矛盾，基本化解和稳控衡汽集团、棉纺厂、毛纺厂、一纺机、内衣厂、小拖、量具刃具厂、雁城宾馆、衡汽集团、一汽运、二建、粮运车队、三化、唯康药业、衡化等36家企业，协调处理涉及企业经济纠纷、债权债务、资产处置、欠缴社保医保、房产办证等近1000余个历史遗留问题。据不完全统计，2015年上访人数及次数比2014年同期均下降85%，涉企稳定形势明显好转。

（蔡小志）

## 国土资源管理

【概况】 2015年，衡阳市6个县（市）低丘缓坡实施方案获省国土资源厅批复。完成第二轮增减挂钩200公顷拆旧项目，启动第三轮增减挂钩项目105公顷、低丘缓坡试点指标684公顷。获批项目用地1456.9公顷（市本级753.7公顷），较好保障用地需求，得到市委市政府主要领导的高度评价。土地融资匹配超额完成，全年落实匹配土地1106公顷，占年度任务的166%，其中城建投298公顷、滨江公司146.53公顷、来雁公司83公顷、弘湘公司99.9公顷、交通投76公顷、水利投78.8公顷、水务投71.8公顷、松木投128.2公顷、白沙投140.87公顷、农商行13公顷、衡山科学城138.9公顷、市担保公司26.7公顷。完善土地利用动态巡查制度，开展出让金缴纳巡查、交地巡查、开工巡查、竣工巡查。严格落实资质认证和“黑名单”制度，进一步规范土地市场中介机构管理。征收上缴土地矿产收入93.6亿元，同比增长8.5%。

（贺仕阳）

【规划修编】 将市中心城区永久基本农田调整为三大片，调整面积15平方千米，用地布局更加科学合理。37个重点项目通过完善规划及时落地。市本级及7个县级矿规完成规划编制、评审和报批工作。 （贺仕阳）

【地质找矿】 开展找矿突破战略行动，配合地勘单位申报4个新立和7个续作的省级两权价款项目。与418队、水利投达成江华县大中铅金矿、永州安乐铅锌矿两个普查项目合作。常宁狮形岭锡矿新增锡资源量7163吨，相当于探获一个中型锡矿床。新增衡东县新虎钙芒硝矿储备。

（贺仕阳）

【耕地保护】 全面落实耕地保护县、乡行政一把手离任审计制度、考核奖惩制度和占补平衡制度，坚决守住耕地底线。完成衡南县100公顷水田开发项目。实施土地整治项目7833公顷，总投资2.39亿元。市本级审核上报占用耕地项目108公顷，同比下降300%。全市经省厅确认新增耕地指标1000公顷，批准占用指标580公顷，占补平衡有节余。（贺仕阳）

【节约用地】 严格项目预审，对不符合产业政策的不予通过，对不符合用地定额的核减面积83公顷。开展市本级和耒阳、常宁城市建设用地集约节约利用评价，完成全市所有县（市）区集约节约模范县（市）创建达标任务。

（贺仕阳）

【矿政管理】 对各县（市）区下达整合指标，凡露天采石场间距小于300米的，一律整合或者关闭；凡距离铁路直线小于1000米的，一律不予新设；凡不符合开采条件又不愿意限期整改的，一律关闭并吊销采矿权证。两年时间注销采矿权证109个，超额完成省政府下达的关闭矿山88个任务。新立、延续、变更采矿权登记，实行“五合一”报告制度，报告编制时间从9个月压缩到3个月内。全面更新“基准矿价”，在原有7个矿种基础上新增风化花岗岩（山砂）等5个矿种，矿产品价格由原来的5档调整到10档。公开选择矿业权评估机构，确保价款评估真实可靠。

（贺仕阳）

【数字城市建设】 （1）数字城市市县一体化项目。数字衡阳市县一体化建设项目被批准作为省级试点立项，8个县（市）区全部签约，下拨省市配套资金2050万元。推进成果应用共享，开发地质灾害指挥、山洪灾害预警、人口网格管理、“两违”（违法用地、违规建设）举报、土地开发项目测绘成果确认5个应用，与市公安、规划、城管、气象、水利等部门交换共享基础数据和有关专题数据。（2）“两控”工作。将基础测绘与“两违”管理深度融合，每月更新市本级道路、房屋层、重大项目推进进度等基础测绘数据，为城市管理提供决策参考。控制“两违”新增面积112.6万平方米，拆除10.25万平方米，节约拆迁成本近1亿元。

(3) 基础测绘管理。及时推进基础数据生产与更新。联合南岳区政府赴原解放军总参谋部、广州军区落实南岳空域航飞，解决南岳因军事驻地基础数据严重缺乏的难题；航飞并更新市本级 1∶2000 基础数据，向省厅交换共享 1∶2000、1∶500 航飞原始数据、地名地址数据、POS 数据等地理信息数据。（贺仕阳）

【土地市场整顿】 (1) 三个专项清查（新开工项目用地清查、闲置土地清查和在建小产权房清查）。查处新开工违法用地 15 宗 48 公顷。清理闲置土地 90 宗 496.67 公顷，有效处置 28 宗 160.8 公顷。清查小产权房 27 宗，依法予以整改查处。(2) 卫片执法检查。对 5155 块土地卫片图斑和 46 块矿产图斑，逐一核对、认定，对违法用地和非法采矿进行严厉查处整改。土地卫片违法案件应立案查处 205 宗，立案查处 205 宗，结案 134 宗，没收非法建筑物 83.9 万平方米，拆除建筑物 0.8 万平方米，行政处分 9 人。矿产卫片违法案件应立案 19 个，立案查处 19 个，结案 17 个。(3) 矿山打非治违和安全生产。采取直奔基层、直插现场、交叉检查的方式深入矿区，从严开展“九打九治”。对无证矿山予以彻底关闭；对证照过期矿山督促停工办理延续手续；对超深越界存在安全隐患的矿山予以关闭或整改；对生产规模、矿区面积较小的矿山予以整合。组织排查 40 余次，联合执法 850 余人次，取缔非法采矿 37 处，封闭非法井硐 15 处，消除矿山安全隐患点 50 多处。耒阳市煤矿由 120 家整合为 46 家，衡阳县 13 家矿山整合为 5 家。（贺仕阳）

【服务民生】 (1) 拆迁评审。建立拆迁项目管理数据库和快评快批通道，完成 47 个重大项目征地拆迁评审，征收集体土地 339.53 公顷，评审金额 17 亿元，资金无挪用、截留现象。提高征地拆迁标准，新拟订的《衡阳市集体土地征收与房屋拆迁补偿安置办法》由市政府上报省政府审批。(2) 地环工作。及时编印年度地质灾害防治方案和应急预案。按照属地管理、捆绑负责原则，对 551 处隐患点落实巡查、监测、预警、避险等防灾责任。对 10 处重大地质灾害隐患点进行专业监测，成功处置衡南县向阳镇一小学重大滑坡事件，转移村民、师生 1600 人。扎实开展矿山复绿工程，5 个矿山复绿面积 10.8 公顷。(3) 信访维稳。开展“五零”专项活动，实行领导包案督办制，受理群众来信 9 件，接待群众来访 35 批次 123 人次。(4) 遗留问题处理。市委、市政府将市城区工业企业土地、房产等 80 件历史遗留问题交由市国土局办理，处理办结 41 件，保障广大购房业主的正当权益。调处土地权属纠纷 67 起，完成城镇地籍宗地入库更新千余宗，涉及土地登记案卷 7006 个，两万余人。(5) 议案意见办理。2015 年 2 月，市人大将规范管理农村村民建房列入市政府办理的唯一议案，市国土局作为牵头单位，制订方案、撰写报告、拟定《衡阳市农村村民建房管理办法》，明确下放审批权限，落实监管责任，对使用集体非农用地的村民建房由县级人民政府委托乡（镇、街道）人民政府审批，议案办理群众满意、代表满意。市政府交办的人大议案 1 件，代表建议 22 件，政协委员提案 16 件，全部办结。（贺仕阳）

## 审　计

【概况】 2015 年，全市市县两级完成审计项目 599 个，查出违规问题金额和管理不规范金额 43.3 亿元，促进上交财政和减少财政拨款 12.8 亿元，审减投资额 8 亿元，市本级促进财政税收入库 6 亿元。全市两级审计机关移送违纪违法问题线索 129 起，其中市审计局移送线索 42 起。市审计局被评为全省审计工作目标管理一等奖、全省依法行政先进单位和全市依法行政示范单位、省级文明单位、连续九年被评为市党风廉政建设先进单位和优秀领导班子。（邹东亮）

【审计监督】 通过对耒阳、衡阳、衡东、衡南四个县的审计，积累经验，理清思路，多项审计成果被审计署、审计厅采纳；全市对 282 个行政事业单位进行预算执行和财务收支审计，促进公共资金的安全高效使用；对 223 名党政领导实施经济责任审计和离任领导经济事项交接，促进领导干部守法守纪守规尽责；市审计局赴永州主审的湖南科技学院院长经济责任审计，得到省审计厅的充分肯定；对12个县（市）区城镇保障性安居工程、2个县区社会抚养费进行审计，维护群众的切身利益；对征地拆迁资金实施跟踪审计和工程结算审计，规范和节约大量建设资金；全市共完成各级党委、政府交办的审计任务162项。（邹东亮）

【审计成效】 强化审计情况反映，有效利用《审计要情》《审计专题报告》等载体，及时报告审计情况，服务领导决策。2015年，市审计局向市委、市政府报送《审计要情》18篇，审计反映的问题都得到较好解决；各县（市）区审计局也都报送一批有份量的审计信息，得到当地党委、政府领导的重视。2015年6月，市人大常委会审议和通过《关于加强和改进审计整改工作的监督办法》，对审计整改工作进行全面规范，实行“双报告”制度，要求被审计单位主要领导向人大常委会汇报整改情况，并对整改情况实行票决。市政府根据审计反映的情况，先后下发《衡阳市市级财政专项资金管理办法》《衡阳市直管公房管理办法》等规范性文件。各被审计单位根据审计指出的问题，认真整改，制定完善系列相关制度，做到审计一个项目，推动一个单位一个系统规范管理、建章立制。（邹东亮）

【基础建设】 多渠道、多层次、多形式培训审计干部，参加署、厅业务培训成为常态，全年有49人参加省审计厅计算机审计培训，占当期培训人数近二分之一，全市计算机水平考试和审计师资格考试通过率为全省最高，审计干部整体水平明显提升。开展审计质量建设，从严规范审计行为，全市审计干部的质量意识和风险防控意识明显增强，在全省优秀审计项目评选中，市局、常宁、石鼓和衡东报送的审计项目分别获得优秀项目和表彰项目。开展审计理论研究和宣传工作，市审计局计算机科长叶善锦撰写的论文获全国青年审计论坛二等奖，为全国市、县审计局中唯一获奖个人。（邹东亮）

## 海　关

【概况】 2015年，全市进出口总值195.1亿元，外贸总额居全省第二，占全省进出口总额的10.7%，增长7.9%，增速居全省第三，高出全省平均增速11.6个百分点。其中，进口69.8亿元，占全省进口总额的11%，进口额居全省第三；出口125.3亿元，占全省出口总额的10.5%，出口额居全省第二。从贸易方式看，加工贸易占主导并保持快速增长。2015年，全市加工贸易进出口141.2亿元，增长61.5%。其中，进口63.7亿元，增长70%，占衡阳市进口总额的91.3%，出口77.5亿元，增长55%，占出口总额的61.8%。全年衡阳海关审结进出口报关单2781份，同比（下同）增长2.3%；监管货运量108.3万吨，增长67.3%；税收入库1.5亿元，增长27.9%；审批征免税证明78份，减免税款1695.7万元，增加1.5倍；备案加工贸易手册28份，减少34.9%；备案金额1.7亿美元，下降20.9%；加工贸易手册实际进出口值22.6亿美元，增长59.1%；内销征税2782.9万元，增长8.2%。（何荣芝）

【综合治税】 对40余家企业2015年税源摸底调查，制定税收征管计划，做好税收动态跟踪分析。主动加强与口岸海关的联系沟通，拓展、疏通转关渠道。向关区企业、报关行宣传各项通关改革举措，引导企业自营进出口，提高属地报关率。建立关区税源企业档案，加强预警监测，掌握企业进出口动向，进行动态分析和跟踪服务，加强与企业高层的对接。创新征管模式，开拓税收新阵地。在确保监管到位的前提下，支持“一头在外”生产企业开展加工贸易，突破传统加工贸易管理方式，有效实现属地内销补税。提升征管质量，加强对敏感商品（如暂定税率、零关税、低关税商品）的归类监控；对高风险、重点商品开展归类核查；加强原产地证明核查，及时发现执法中存在的各种问题，防止税收流失。2015年规范申报率保持在99%以上。（何荣芝）

【贸易管控】 依法依规实施监管，严密监管进出区货物。主动加强政策法规文件的学习研究，及时向综合保税区管委会和区内企业进行宣传。加强接单审核，分管关领导带队到深圳生产厂家对生产流程、工艺进行实地验核；开展执法领域风险定期分析和专项分析，将衡阳华安存储科技有限公司和衡阳欧贝尔电子科技有限公司设定为高风险企业，加大价格审核力度，对衡阳欧贝尔电子科技有限公司进出口的料件、成品申报价格启动价格质疑程序，经与企业进行价格磋商后将出口成品单价从38.1美元调整至20美元，下调幅度达47.5%，进口料件单价相应进行下调；对衡阳华安存储科技有限公司的进出口料件和成品申报价格以相同方式进行下调，防范虚报价格的风险。（何荣芝）

【打击走私】　综合运用刑事、行政执法手段，整治走私突出问题，继续开展“立新某电子科技有限公司涉嫌走私普通货物案”的后续侦查工作，全年移送两起刑事案件；服从总关的统一部署，抽调精干警力积极参与涉嫌走私冻品案、走私大米案及走私气枪配件案多个大要案。办结某橡胶工业有限公司涉嫌擅自串换料件案、祁阳某纺织品印染有限公司涉嫌擅自利用国产料件顶替生产案、某精密电子（衡阳）有限公司涉嫌串料、申报不实案，三起案件案值539万元，罚没收入5.3万元；行政立案查处“衡阳某创”加工贸易违规案；对“7.10”涉嫌走私枪支案的犯罪嫌疑人展开抓捕工作，3名犯罪嫌疑人在南宁抓捕归案，查获涉嫌走私的气枪枪管17根、气枪整枪4支、气枪配件463盒（计3000余件）、少量零散气枪配件，查扣非法所得4.8万元人民币，冻结涉案资金27.4万元人民币。（何荣芝）

【服务综合保税区】　协助抓好衡阳综合保税区项目入驻和配套，切实发挥综保区效益。（1）加大对招商引资工作的前期介入力度，向社会各界广泛宣讲综保区在税收、监管、加工贸易方面的优惠政策；加强与招商部门对接，主动参与市政府组织的招商引资洽谈会，现场答疑解惑，坚定企业投资信心，协助引导规模大、起点高、产业链长、带动力强的企业和项目入区。与综保区管委会签订合作备忘录，抓好约定事项的落实。衡阳综保区审结报关单700份，监管运输工具197辆次，监管货运量41吨；实有注册企业19家，实有加工贸易经营企业（电子帐册）8家，加工贸易手册实际进出口值8.5亿美元。（2）复制推广自贸区监管创新制度，实施卡口验放、简化随附单证、通关无纸化、两单一审、长沙关区内通关一体化等便利措施；（3）督促综保区管委会按照总署、总关要求搞好整改，及时修复监控探头，优化升级辅助监管系统，确保综保区的正常运行。（何荣芝）

## 出入境检验检疫

【概况】　2015年，新增液体氢氧化钠、偶氮二甲酰胺、古汉养生酒等产品出口检验业务。全年完成出入境货物检验检疫4525批、货值2.23亿美元，比2014年分别减少13.1%、33.9%。其中：出境货物4175批，货值1.68亿美元，分别减少9.8%、35.2%；入境货物350批，货值0.55亿美元，分别减少44.3%、28.1%。完成出境货物运输包装检验662批，284.9万件，分别减少17.0%、46.2%。检出不合格出境货物3批，货值11.5万美元；检出不合格入境货物14批，不合格金额220.4万美元。签发各类检验检疫证单4051份，比2014年减少33.4%。（贺国庆）

【原产地业务】　2015年，衡阳出入境检验检疫局签发各类原产地证书2249份，比2014年增长15.0%，签证金额1.01亿美元，比2014年减少4.6%。其中，签发各类优惠性产地证书1227份，增长170.2%，签证金额0.87亿美元，减少37.9%，为出口企业获进口国关税减免430万美元；签发一般原产地证书1022份，增长23.9%，签证金额1443万美元，减少54.0%。（贺国庆）

【动植物疫情疫病防控】　2015年，衡阳出入境检验检疫局积极开展动植物疫情疫病监测和防控工作。设置45个植物疫情监测点，开展检疫性实蝇、斑翅果蝇等监测和外来杂草铲除工作。在辖区内国家粮食储备库、耒阳温氏禽畜有限公司发现检疫性杂草长芒苋，及时组织企业进行拔除、焚烧处理，有效防范疫情扩散。开展供港澳活猪药残“8+37”、香港农食除害剂7项新规、二噁英等项目抽样检测，对古典猪瘟病毒、猪繁殖和呼吸综合征病毒抗原、猪圆环病毒、猪圆环病毒抗体、猪流行性腹泻、非洲猪瘟、口蹄疫等项目进行抽样监测。开展供港蔬菜农食除害剂全项目筛查。开展蜚蠊专项监测，摸清衡阳综保区蜚蠊的种属构成、种群分布、季节消长情况及其携带病原体等情况。（贺国庆）

【进口检验监管】 2015年，衡阳出入境检验检疫局强化进境集装箱检疫工作；开展食品安全周活动和“食品安全社区行”宣传，在《衡阳日报》进行题为《专家支招，教你轻松识别“洋货”》专版报道，设置群众咨询热线，利用衡阳出入境检验检疫局网站、微信公众号普及进口食品安全知识；开展“贯彻落实汽车三包规定，提升汽车售后服务质量”专项活动，对进口机动车辆质量安全监管改进措施落实情况开展检查。（贺国庆）

【质量安全监管】 2015年，衡阳出入境检验检疫局加强进出口企业诚信管理，维护企业信息342家。目前A类企业19家，B类35家，基本覆盖辖区内所有有进出口业务的企业。规范企业监管、报检等行为；加强产品质量服务工作，积极开展全国质量月活动，定期撰写进出口产品质量分析报告；调研辖区供港生猪质量安全状况，开展香港新规排查；对鞋类首次开展目录外出口商品监督抽查，涉及出口鞋靴企业4家，精准掌握主要鞋靴出口的企业及品种；推进玩具检管改革，对辖区4家出口玩具企业开展专项督察，完善后续监管和分类管理；加强出口工业品退运调查工作，加强对退运产品的后续监管，强化对企业处置退运产品的监管力度。对辖区危险化工品生产企业、出境货物木质包装标识加施企业、木制品生产企业进行安全生产检查，及时排除安全隐患。（贺国庆）

【出口危险化学品检验监管】 2015年，衡阳出入境检验检疫局检验出口危险化学品氯酸钾、氟硅酸等62批、1482.5吨、金额136.7万美元，比2014年分别减少55%、94%、95%。新增液体氢氧化钠、偶氮二甲酰胺等危险化学品出口。衡阳出入境检验检疫局提前介入，主动做好业务咨询，帮助开展危险特性分类鉴别、安全数据单、危险公示标签等检测鉴定，现场指导企业规范危包使用，实验室提前做好开验新项目准备工作，确保顺利出口。（贺国庆）

【特色农产品出口】 2015年，衡阳出入境检验检疫局与衡阳市农委组成联合调研组，走访衡阳市七个县以及南岳区，通过调查问卷、与政府部门和有关企业座谈交流、到部分企业实地考察等方式，掌握衡阳特色出口农产品生产、加工、经营的基本情况，形成衡阳市农产品出口调研报告，及时报送地方政府，为其科学决策提供依据。学习借鉴兄弟局推动示范区建设的经验，加强与县市区政府沟通，调动地方政府创建示范区积极性；支持祁东县打造优势特色产业，创建出口农产品质量安全示范区。（贺国庆）

【扶持重点企业发展】 2015年，衡阳出入境检验检疫局大力支持衡阳综保区建设，综保区新增入驻企业11家。对富士康（衡阳）进口的低风险电子元器件产品，采取进口合格保证监管模式（监督管理+符合性声明+抽样检验+检查），实现快报快验快放。对中油金鸿、水口山铜加工等衡阳市重点项目，主动跟进，前置服务，确保其按时达产。（贺国庆）

【认证认可】 2015年，衡阳出入境检验检疫局受理企业申请注册备案、质量许可13家。其中新申请7家，换证复审4家，重新申请2家，均通过省局考核。（贺国庆）

【实验室基础建设】 2015年，衡阳出入境检验检疫局80万元食品检测实验室改造项目竣工，完成食品接样室、前处理室、理化实验室、样品保存间、样品陈列室以及等离子发射光谱-质谱联用仪（ICP-MS）、气相色谱-质谱联用仪（GC-MS）等大型设备仪器室的改造及排风、供气、供电、上下水、仪器安放台面等配套工作。实验室新开发检测项目12个，通过能力验证3项。完成3个市级科研项目结题验收，申报2项实用型专利。（贺国庆）

## 工商行政管理

【概况】 2015年，全市市场主体总量达175673户，比2014年同期增加17548户，增长11.1%。其中企业32289户，比2014年同期增加6163户，增长23.59%；个体户139836户，比2014年同期增加10446户，增长8.07%；农民专业合作社3548户，比2014年同期增加939户，增长36%。

（王灵芝）

【深化改革】 （1）管理体制调整。推进工商管理体制市下县工作。2015年9月8日，正式将7个县（市）工商局移交当地县（市）人民政府。推进“三定”工作，新“三定”方案得到批复并实施。推进财务销赤减债，省工商局核销衡阳市历年欠债360万元，市工商局对部分县级局欠市局130万元债务予以一次性核销，争取省局政策性支持1000余万元。（2）商事制度改革。先后启动以注册资本认缴登记制、放宽经营场所、放宽注册资本登记条件、“先照后证”“年检改年报”“三照合一”“一照一码”等为重点的商事登记制度改革。

（王灵芝）

【市场监管】 开展网络商品交易市场整治，实施动态监管，全年录入网络经济户口28879户，办理网络案件7起，罚款金额6.5万元。开展虚假违法广告整治，以医疗、药品、食品、网络虚假违法广告为打击重点，集中开展整治工作。全年查处办结虚假违法广告案件75件，罚没款42万元，责令停止发布违法广告281条次。开展红盾护农专项行动，在农资经营户中建立“两账两票一书一卡”制度。抽检化肥、农药、种子428个品种，无照经营、未建立台账的立案查处22件；“红盾护农”立案查处67件，罚没金额50.72万元。开展打击传销、规范直销专项行动，联合南华大学举行大型反传销主题活动，面向4000余名师生宣传远离抵制传销；开展打击传销集中整治行动，深入排查“1040工程”等传销组织，查办擎天通宝、“亿云易购”、深圳丑小鸭网络公司等一批典型传销案件。开展商标专用权保护专项行动，全年检查经营主体3278户次，查处、办结商标侵权案件92件，案值881万元，罚没入库金额64.9万元，捣毁制假售假窝点3个，收缴各类侵权商品775件。开展查处取缔无照经营专项整治，全年开展联合整治行动112次；清查市场主体138540户，清出无照经营5580户，下达整改文书5580份，取缔422户，引导办照4500户。开展合同霸王条款整治，在汽车销售服务、医疗、建筑、空气和饮用水净化类生活用品等行业领域开展系列整治行动，重点开展汽车销售服务企业专项整治行动，牵头召开全市汽车经销企业约谈会议，编印《衡阳市汽车市场监管与维权指南》，查办衡阳市畅安汽贸公司、衡阳福海汽车销售有限公司等侵害消费者权益的不正当竞争案件。

（王灵芝）

【优化服务】 （1）商标品牌战略。年内，新增注册商标注册商标874件，较2014年同期增幅达6%，全市拥有有效注册商标8215件，地理标志证明商标3件、马德理国际商标9件，中国驰名商标14件，湖南省著名商标135件，涉农商标注册总量达1860多件，地理标志证明商标3件，“南岳云雾”申请地理标志证明商标被国家工商总局商标局受理。（2）服务小微企业。引导企业做好动产抵押登记，规范动产抵押登记程序，提高工作效率和服务意识，促进银企对接，简化办事程序，帮助企业特别是涉农企业、中小企业、个体工商户和农业生产者解决融资困难的问题。全年办理动产抵押登记1500余件，出质股权数98105.56万元，企业牵线搭桥融资31.64亿元。（3）服务新农村建设。发展农村经纪人，活跃农产品市场流通，促进农民增收、农业增效。全年培育发展一般经纪人35户，农村经纪人107户。

（王灵芝）

【消费维权】 利用“3.15”消费者权益日现场宣传，发放宣传资料，热线咨询，《中华人民共和国消费者权益保护法》宣传进企业、学校、社区等形式，倡导适度消费、绿色消费、健康消费的理念，引导群众科学消费扩内需、促发展。年内，升级改造南岳景区“12315”行政执法指挥调度系统，提质改造市局“12315”指挥中心，提升消费投诉举报能力，方便广大消费者。不断健全完善“12315”社会维权网络体制机制，全年设立消费维权服务站265家，依托工商“12315”平台，对接政府“12345”热线。全市全年“12315”机构接听消费者申诉举报电话14814起，处理完结14802起，处理完结率99.92%；市消费者委员会调处消费者投诉17001件，为消费者挽回经济损失2446.9万元。（王灵芝）

## 质量技术监督

**【概况】** 2015年，全市质监系统以中共十八大和十八届三中、四中全会精神为指针，贯彻落实市委经济工作会议、全省质监工作会议精神，围绕“发展质监事业、服务经济社会”两大工作主题，全面履行质量技术监督职能职责，各项工作都取得较好成绩。常宁市、衡南县、祁东县市场和质量监督管理局被评为全市质量管理工作先进单位；耒阳市、衡阳县、衡东县市场和质量监督管理局被评为全市特种设备安全监察工作先进单位；衡阳计量测试中心、常宁市、衡山县市场和质量监督管理局被评为全市计量管理工作先进单位。（高福生）

**【“质量兴市”与名牌战略】** 全年组织22家企业750余人次开展全面质量管理教育培训，14名企业中层以上管理人员参与省质量管理高级研修班培训，9人参与企业首席质量官任职轮训。特变电工获得中国质量奖提名奖；衡阳合力工业车辆有限公司、衡阳建衡实业有限公司、衡阳运输机械有限公司3家单位荣获2015年度（第二届）衡阳市市长质量奖；衡阳金化高压容器股份有限公司、衡阳市中科光电子有限公司等23家企业的26个产品获评湖南名牌，衡阳市健源体育用品有限公司、衡阳市美佳妮卫生用品有限公司等10家企业的产品获评衡阳名牌。（高福生）

**【标准化战略】** 全年完成25家企业59个产品的企业标准备案，标准实施证书发放、年审57家，3家企业3个产品获得（采用国际标准、国外先进标准的“双采”）采标许可。组织培育旅游、商贸、文化等服务业标准化试点4个，申报2个省级试点项目获省级立项，在建国家服务业标准化项目2个、省级项目6个，在建国家级农业标准化项目8个、省级项目3个。引导、支持12家优势企业主导参与国际标准、国家标准、行业标准、地方标准的制修订工作。向市政府汇报，为衡阳华菱钢管有限公司等13家企业争取奖励经费290万元。配合省质监局和烟草部门实施烟草收购前的标样制作、收购期间的标准监督，确保全市25万担烟叶收购任务的圆满完成。（高福生）

**【地理标志产品保护】** “祁东黄花菜”顺利通过国家质监总局组织的专家评审团最终审定，正式纳入国家地理标志产品保护。（高福生）

**【条代码管理】** 全年代码新办、变更、换证6072个，年报14360个，清理数据722个，数字化档案建档率100%。新注册商品条码系统成员单位45家，成员单位续展75家，配合省物品编码中心完成商品条码监督抽样18批次，订制条码胶片700张。（高福生）

**【计量检定与认证】** 全年首次检定、维修检定加油机71台；检查超限超载站8家，对其8台地中衡进行检定；计量标准考核复查单位12家21项标准；实验室计量认证新取证单位4家；自愿性认证单位监督检查8家；检查制造计量器具生产企业9家；检定强检计量器具103120台，其中检定燃气表79120台、电表10120台、水表930块、计价器1400台、加油机718枪、加气机30台、医用计量器具3362台、环境监测用计量器具585件；抽查定量包装商品227个批次，处理计量投诉26起，仲裁检定计量器具176台，合格率为80.8%。为全市72家耗能企业提供检定、校准和检测服务，检测计量器具3100多台。全面完成国家发改委2013年下达的能源审查计划，完成现场审查38家企业。（高福生）

**【产品质量监督抽查】** 全年完成省市两级监督抽查1999批次（其中委托检验1583批次、定期监督检验230批次、国家联动抽查25批次、省抽87批次），各类专项行动样品检验86个批次。（高福生）

【食品相关产品生产许可证监管】 全年有2家企业获得食品相关产品生产许可证，2家企业正在申请办证，注销1家亏损停产企业生产许可证。 （高福生）

【特种设备安全监管】 （1）开展特种设备作业人员培训工作。举办电梯、锅炉、压力容器及气瓶充装、起重机械及场（厂）内专用机动车辆管理人员、作业员和焊工培训班17期，培训1105人，通过考核合格特种设备作业人员1074人。受理特种设备施工告知2181台、压力管道15单元；办理使用登记1957台、压力管道13单元，钢瓶3687只。（2）组织对全市34家电梯安装和维保单位进行监督检查，将两个盗用其他维保单位公章进行非法维保的单位列入黑名单，清理出维保队伍。重点对医院、车站、宾馆、酒楼、商场等人员密集场所的公共交通领域电梯和商业公共场所电梯及大型居民区楼盘的电梯进行安全执法检查。全年检查电梯使用单位416家，电梯1423台，其中15年以上老旧电梯10台、“三无”电梯4台。发现安全隐患69台，发出安全监察指令46份，整改65台。（3）开展油气管道定期检验工作，全市9家压力管道燃气企业与省特检院衡阳分院签订压力管道定期检验协议，定期检验工作走在全省的前列。湘潭到衡阳的138千米压力管道全部检验合格。对全市34家气瓶充装单位及气瓶检验单位进行年度检查，排查特种设备事故隐患293处，下达《特种设备安全监察指令书》157份，督促企业整改到位，全年督促特种设备综合检验机构定检设备5837台（其中锅炉225台、压力容器142台、电梯4444台、起重机械734台、场（厂）内专用机动车辆292台），定检液化石油气钢瓶46671只、定检压力管道27.55千米，锅炉水质监测176台，安全阀校验827只；安装监督检验设备1212台（锅炉42台、电梯928台、起重机械242台），安装监督检验压力管道0.26千米；制造监督检验设备832台（其中锅炉203台、压力容器629台），液化石油气钢瓶33300只。 （高福生）

【执法打假】 全年组织开展道路交通安全、日常消费品、建材、纺织服装、车用汽柴油、机动车安检机构、特种设备“九打九治”打非治违、“查两节，保安全”、“查农资，保春耕”等专项整治行动，严厉打击制售假冒伪劣产品和特种设备违法行为。查处各类违法案件86起，大要案7个，捣毁制售假冒产品黑窝点7个，其中查处特种设备案件26起、建材案件12起、食品定量包装少量案件4起、农资案件17起、食品相关产品案件3起、查处假冒厂商识别代码和相应条码案件9起、查处未经3C认证和无生产许可证案件8起。及时处理上级交办、“12345”“12365”举报投诉案件113起。 （高福生）

【行政管理体制改革】 （1）推进质量技术监督管理体制省下市、市下县。2015年7月20日，省向市的人事移交工作全面完成，移交人员779人，编制639个。8月21日，完成7个县（市）质监局机构编制和人员移交地方政府管理的工作。省质监局于2015年10月22日召开财务移交会议，完成质监部门财务划转工作，从2015年11月1日起，衡阳市质监局财务移交到市财政管理。自此，衡阳质监15年的省局垂管成为历史，正式回归地方管理。（2）9月28日，设立衡阳市质量技术监督局，为市人民政府工作部门。依据职责设立办公室、政策法规科、质量管理科、标准化科、计量科、认证监督管理科、特种设备安全监察科、产品质量监督科、行政审批服务科，计划财务与科技科、组织人事科、离退休人员管理服务科等12个内设机构和机关党委、纪检监察室。继续保留衡阳市质量技术监督局南岳分局，设立衡阳市质量技术监督局蒸湘、石鼓、雁峰、珠晖4个城区分局，为市质量技术监督局的派出机构，分别加挂“衡阳市质量技术监督局XX稽查大队”牌子，正科级。 （高福生）

【登记制度改革】 从2015年10月1日起，将原来分别由工商行政管理部门核发的工商营业执照、组织机构代码管理部门核发的组织机构代码证、税务部门核发的税务登记证，改为一次申请、合并核发一个营业执照。分步推进全市统一社会信用代码制度改革，在2015年9月30日前，配合工商部门，一次性将“三证合一”改革前已发放组织机构代码证的企业、民办非企业和个体存量数据信息打包移交工商部门，做好存量组织机构代码向新的社会统一信用代码的转换工作；从2016年1月1日后，质监部门不再向机关、事业单位、社会团体及其他依法成立的机构发放和更换组织机构代码证书。至此，质监部门由前台的发证管理转为后台数据管理，并通过信用信息共享交换平台、信息公示平台、政务信息平台等相关系统，及时采集和更新组织机构相关信息，在1个工作日内完成数据校核，并通过组织机构代码分支机构报送至全国组织机构代码管理中心，顺利完成全市“三证合一”工作的平稳过渡。（高福生）

## 食品药品监督管理

【概况】 2015年，全市食品药品安全形势稳中向好，食品安全工作绩效考核成绩继2014年后又列全省第一，被评为全省食品安全工作优秀市。药品流通、餐饮安全、保健品监管等工作在全省考评中名列第一，机关党建、信访专题工作等进入市级先进行列。（钟　辉）

【“四小四查”行动】 根据省食品药品监督管理局统一部署，上半年，对全市“四小”行业（食品生产加工小作坊、小食品经营店、小诊所、小药店）进行整顿规范，打击违法违规行为。下半年，为全面摸清监管底数，治理突出问题，在全市范围内开展主体大普查、风险大排查、执法大检查、问题大清查行动。全年检查“四小”主体10765家，责令整改2685家，逐户签订食品药品安全承诺书。普查登记入网食品药品生产经营主体18982家，建立风险清单1756个，全市城区所有生产经营单位均张贴食品药品信息公示牌，实施责任“上墙”。（钟　辉）

【食品生产经营监管】 （1）依法规范食品市场准入关。查处取缔无证生产经营食品、酒类的违法行为。全市新办食品生产许可证23户，换证49户，新办食品流通许可证2284户，换证114户，办理酒类批发许可证和酒类零售备案登记证402户，取缔无证经营食品、酒类108户，对4家食品生产企业下达不予许可决定书。（2）厘清责任强化日常监管。将监管重心下移，落实食品安全日常监督检查机制和属地监管责任制，层层签订责任状传导压力，将任务和责任明确到每个基层监管所和监管人，建立监管清单，留下工作痕迹，日常监督检查覆盖率达100%，下达责令整改通知书1874份。（3）抓住重点强化源头治理。抓好大型食品生产企业、食品加工小作坊，食品总经销、总代理、总批发大型商场超市和食品批发市场，学校周边等重点区域的监管，采取飞行检查、增加日常检查频次等手段加强对企业的巡查力度，发现风险隐患266个，责令停产停业39家，立案查处123件，从源头上把控食品安全。（钟　辉）

【餐饮市场监管】 （1）加强校园及周边食品专项检查。全市检查各级各类学校和幼儿园3112家次，下达监督文书3112份，整规周边食品店、小餐饮店510余家。（2）重大活动和节日食品安全保障。完成市人大、政协“两会”、市十运会、全省青少年机器人大赛等重大活动的餐饮保障任务120余起，重大节日期间抽检食品及餐饮具300余批次，出动执法人员6800余人次，检查各类餐饮单位3000余家，及时排查安全风险隐患，餐饮食品安全无投诉。（3）餐饮食品安全专项整治。对全市小餐饮店和家庭厨房进行集中整规，打造样板店220家，提质改造1780余家，责令停业165家；对旅游景区餐饮单位、农家乐、宗教场所和“三自”食品进行重点监管，全市餐饮食品安全稳控向好。（4）餐饮单位动态等级评定，全年评定7805家，量化率100%，完成首批省级餐饮示范单位复验，市成章实验中学、衡钢中学、南华大学雨母校区成功申创省级食品安全示范学校。全市开展“明厨亮灶”示范创建工作，得到国家总局食品司领导的肯定。（5）食品安全强制险。与市人保财险公司、市餐饮协会合力推动，开展学校和连锁餐饮企业投保工作，投保总额达80余万元，在全省处于前列。（钟　辉）

【保健食品、化妆品和医疗器械监管】 （1）落实监督检查制度。全年检查保化品生产经营单位2219家，完成保健食品经营企业备案126家，录入监管信息1415

家，责令整改306家。检查医疗器械生产经营单位354家，制作现场笔录182份，日常监督检查率均达100%。(2) 重点监管。管好保健品的销售环节，着力排查虫草、燕窝、孢子粉等热销品种，重点检验监测具有特殊功效的化妆品和虚假保健食品广告；加强医疗器械的使用环节，二级以上医疗机构的植入类、介入类医疗器械体外诊断试剂和大型检验设备监督检查。（钟 辉）

【药品监管】 推进GMP、GSP认证工作，全年完成1385家药品零售批发企业GSP认证换证工作，以及恒生药业、紫光古汉集团、东健药业等7家企业落实GMP认证检查，督促企业规范药品质量管理，落实GMP和GSP缺陷项目的整改。落实日常监管网络化、检查项目格式化、检查情况直报化要求，对监管对象实施全覆盖、全过程、全方位的监管，监督覆盖率达100%。全市所有药品零售企业全部导入中国药品电子监管网，入网工作和预警处理率位居全省前列。组织检查人员410人次，开展对药品、包材生产企业，医疗机构制剂室，三甲医院及麻醉、精神药品经营企业2次常规检查，下达整改通知书59份并进行跟踪核查。以特殊药品、含特殊成分的药物制剂、“两非”药品、疫苗、中药饮片等为重点内容，全面检查涉药单位的进货渠道、存储养护、制度管理等，打击购销假劣药品行为，严防流弊事件发生。（钟 辉）

【抽检工作】 全年完成各类检验检测2656批次，并在媒体上公布，完成任务率103%，其中药品类1070批次，食品类1542批次，保化类44批次，均无一差错。药械化不良反应监测紧紧围绕数据报表和网络平台两个基础，建成7个药物滥用监测点、2个省级化妆品哨点和19个市级化妆品监测点，收到药品、医疗器械和化妆品不良反应监测报表12614份，其绩效考核成绩列全省第一名。

（钟 辉）

【稽查打假】 市食品药品监督管理局开展食品“十小”店、中药材及中药饮片、非药品冒充药品、医疗机构药品销售、违法药品广告、保健食品“四非”、酒类、白板肉等九个专项整治行动。全年出动执法人员5.7万人次，稽查单位3.3万家次，立案1082起，移送犯罪嫌疑人21人，捣毁食品生产黑窝点9处，查扣假冒“五粮液”“茅台酒”“红花郎酒”300余件，涉案金额30余万元。查办重大案件6起。（钟 辉）

【不良反应监测】 全市建成不良反应四级监测网络，开展角膜塑形镜、射频消融仪的重点监测；牵头制定全省化妆品不良反应监测市级监测机构的制度，参与化妆品不良反应和国家药物滥用监测系统升级试用。国家中心组织的壳聚糖类产品风险再评价研讨会在衡阳市召开。药物滥用和化妆品监测报表数量居全省前列。

（钟 辉）

【依法行政】 市食品药品监督管理局建立“三清单一目录”，对行政职权实施清理、精简和规范，经合法性审查，确认权力清单的行为许可10项、行政处罚61项、行政强制5项、行政检查7项、其他职权3项。所有行政许可一律进入政府窗口，实行“一条龙”办理。通过建立事前审查、事中监控、事后纠错制度，规范权力运行流程图，落实执法责任追究，推进依法科学民主决策，推行信息公开，强化行政执法综合监督职能，创新行政复议体制机制，营造最优监管环境。全年公布行政处罚案件165件，发放各类许可证13800余个。设立“12331”投诉举报中心、衡阳市互联网食品药品监管中心、衡阳市食品药品信息管理中心，受理投诉举报1018起，回复率100%。受理“12345”服务热线工单149件，其中举报类52件，投诉类72件，建议类5件，求助类20件，回复率100%，回访满意率100%。

（钟 辉）

【文明卫生城市创建】 市食品药品监督管理局成立文明卫生创建工作领导小组，制订创建工作方案，细化、分解创建目标和任务。以“认识到位、责任到位、措施到位”，落实网格化管理机制，将责任落实到人，任务落实到点。加大对食品生产企业、商场、超市、集贸市场、餐饮单位、酒店等场所巡查和执法力度，及时化解无证经营，环境卫生“脏、乱、差”等突出问题，确保创建工作无遗漏、全覆盖。（钟 辉）

【应急管理】 严格执行24小时值班工作制度，完善食品安全应急管理预案，形成信息联通、渠道通畅、反应灵敏的管理机制。有效处置疑似食物和酒类中毒突发事件5起。 （钟 辉）

【科普宣传】 全系统在各级各类新闻媒体发表信息694条，组织开展“3·31”食品药品安全投诉举报日、“食品安全宣传周”、“安全用药月”，食品药品“五进”活动，设立宣传点43个，举办讲座1084场次，发放宣传资料20余万份。全面培训食品药品质量负责人、从业人员，举办各类培训班1245个，全市培训63000余人次，培训执法人员1230人次。率先在全省开通“智慧食药监”公众微信平台，在市级主流媒体刊发“食品药品投诉小贴花”，播放“食品药品知识温馨提示”微电影。 （钟 辉）

【体制改革】 县级食品药品监管体制改革于2015年12月底全部完成。依据精简统一效能和重心下移的原则，整合食品安全监管职能和机构，全市除南岳区独立设置食品药品监督管理局外，其他七个县市按照“四合一”改革方案，组建市场与质量监督管理局，加挂食品药品监督管理局、食安委办公室牌子，各乡镇街道都设立食品药品监管所（站），确保改革后食品药品监管的专业性、系统性和监管地位，稳定食品药品监管队伍。2015年10月份，珠晖、雁峰、石鼓、蒸湘、园区5个直属分局由全额拨款事业单位改为行政单位，事业编制人员全部解决参公身份。 （钟 辉）

## 安全生产监督管理

【概况】 2015年，原市安全生产监督管理局和原市煤炭工业局合并组建新的衡阳市安全生产监督管理局。2015年，全市发生各类事故283起，死亡45人，受伤260人，同比事故起数、死亡人数分别减少37起，31人，分别下降13.1%、40.8%，在省委、省政府考核中衡阳市安全生产工作又一次排名第一，连续第三年获得安全生产工作先进市州的荣誉。 （王 亮）

【“一岗双责”制度】 市安监局按照习近平总书记安全生产一系列重要指示精神，贯彻落实“党政同责，一岗双责”的要求，积极推动市委、市政府建立健全安全生产“党政同责、一岗双责”责任制度，举全市之力抓好安全生产工作。2015年春节之后，市委、市政府召开的第一个全市性会议就是安全生产工作会议。在市委、市政府的直接推动下，全市“一岗双责”更加强化，“五级五覆盖”得到有效落实。市委、市政府主要领导多次下基层进工厂实地检查企业安全生产情况；市政府分管领导每月定期都带领市政府安全生产常年督查组都开展巡视督查，推动工作落实。 （王 亮）

【巡查督办】 市政府2015年出台《衡阳市安全生产巡查督办管理办法》，对安全生产督查检查的重点内容、程序、问责进行明确。截至11月30日，市安委组织两轮“交叉检查”和“综合督查”，市县两级负有安全监管职责的部门出动执法人员3万人次，检查企业近万家，查处并督促整改一大批安全隐患，全市排查治理各类安全隐患5万余处，整改到位率达到92%。在安全生产“交叉检查”中，对重点行业、重点领域、重点企业经常开展暗查暗访，对查出的问题实行零容忍，列出清单，限期整改。省安委办于11月2日以《湖南省安全生产委员会办公室关于转发衡阳市安全生产巡查督办管理办法的通知》文件将衡阳市的《安全生产巡查督办管理办法》转发全省，重点推介。 （王 亮）

【小煤矿关闭退出】 2015年关闭落后小煤矿10处，完成2015年度的任务目标。2014、2015年关闭落后小煤矿48处，超额完成省政府下达的关闭42处落后小煤矿的整体目标。衡阳、衡南、常宁、祁东四县（市）相继整体退出煤炭行业，全市淘汰煤矿落后产能299万吨/年，安全生产基础进一步提升。 （王 亮）

【烟花爆竹淘汰关闭退出】 全年全市关停烟花爆竹生产企业91家，其中衡南县14家、衡阳县5家、衡东县11家、衡山县6家、祁东县42家、耒阳市4家、常宁市8家、石鼓区1家，超额完成2015年度关闭90家的工作任务。

省安委办于11月2日以《湖南省安全生产委员会办公室转发衡阳市、衡东县烟花爆竹生产企业淘汰关闭退出工作方案的通知》文件转发衡阳市烟花爆竹生产企业淘汰关闭退出工作方案，在全省推广。（王　亮）

【危化企业“进园入市”】　衡阳市危险化学品企业“进园入市”工作所涉企业243家，部分企业与民居杂处，存在巨大的安全隐患。市政府出台《衡阳市危险化学品企业“进园入市”工作方案》（以下简称《方案》），市安监局按照《方案》大力开展“进园入市”工作，城区17家生产企业有5家已在松木经开区落户生产；7家已确定入园；2家原地改造；1家督促予以关闭；剩余的2家也已启动工作，完成2015年的“进园入市”工作任务。（王　亮）

【职业卫生工作】　强化职业卫生基础建设，在全市1112家职业病危害申报企业中，积极推动职业卫生管理示范创建工作，编辑《衡阳市职业卫生工作指导手册》《职业卫生常识一百问》等科普宣传资料。积极开展职业病危害因素检测与评价工作。强力推动多部门联席会议制度，形成全市职业卫生监管合力。2015年开展的职业健康监护体检惠及2.7万余名企业职工，并建立职业卫生体检档案。对全市70余家存在严重职业病危害的用人单位及建设项目进行职业卫生现状评价和“三同时”审查工作。督促全市35家企业投入3500万元开展职业病危害专项整治工作，政府给予部分企业20万元鼓励企业开展专项整治工作。（王　亮）

【工贸行管】　2015年全市冶金等八大工贸行业通过开展粉尘防爆、液氨制冷、有限空间作业等安全生产专项整治活动，效果明显，全年工贸行业未发生较大以上生产安全责任事故，确保工贸行业安全生产形势持续稳定。（王　亮）

【打非治违】　市安委下发《衡阳市安全生产“九打九治”工作方案》，督促强化县、乡政府“打非”主体责任，企业“治违”主体责任，营造打非工作氛围。市安委组织4个督导组，对耒阳市的煤矿安全、祁东县的烟花爆竹安全、常宁市的非煤矿山安全和珠晖区的消防安全进行驻点督导，督促各县市区成立专门“打非”队伍，强力打非治违。对非法违法生产经营建设行为，坚决做到“四个一律”。2015年，全市未出现非法违法现象严重的地区，未出现因非法生产经营建设导致事故的情况。（王　亮）

【隐患治理】　继续完善隐患自查自报体系。逐步将安全隐患自查自报体系向冶金、机械、工贸行业企业延伸，企业抓隐患排查治理的意识更强，本质安全水平大幅提升，把安全隐患控制、消除于萌芽状态。各县市区积极推进隐患排查治理体系建设，公布隐患举报电话，设立隐患举报奖励专项资金。市安委办对7个县市区、3个乡镇和12家企业进行约谈，督促整改隐患遏制事故。市政府于11月初对45处重大安全隐患实施挂牌督办，明确整改责任人和整改期限，限期整改销号。（王　亮）

【宣教培训】　（1）安全生产宣传。市委常委会、政府常务会和市委学习中心组先后9次专题学习领会新《中华人民共和国安全生产法》。市安委会办公室制订并印发《衡阳市学习宣传贯彻修改后的〈中华人民共和国安全生产法〉实施方案的通知》，各级各部门组织新安法专题培训150场次，同时开展新安法知识抢答赛、有奖问卷调查等一系列活动。通过新闻媒体开展安全知识宣教和舆论监督。2015年，在衡阳电视台、《衡阳日报》、衡阳人民广播电台发稿300余篇。（2）安全培训。4月9日，举办领导干部安全生产专题培训班，全市四大家领导及各县市区、各部门党政主要负责人全部参加。在顶层带动下，市、县、乡三级联动，开展送教上门，为企业提供高效培训服务，各层级培训十万人次以上。（王　亮）

【示范创建】　衡阳市所有乡镇、街道设立安全生产办公室或安监站；高新技术开发区、白沙洲工业园和松木经开区成立安监局。积极开展安全生产示范乡镇创建工作，2015年，耒阳市夏塘镇、祁东县过水坪镇、衡山县白果镇、蒸湘区蒸湘街道、耒阳市龙塘镇、衡阳县西渡镇等6个乡镇（街道）

被省安委会评为“省安全生产示范乡镇（街道）”，衡南县成功创建全国平安农机示范县。

（王　亮）

【基层基础工作】　建立安全生产村级信息联络员制度和关停企业专人盯守制度，保障安全信息员每年1000元的工作经费，确保违法生产行为和安全隐患及时发现和上报。建立安全隐患举报与奖励制度，对举报安全生产重大隐患、安全生产非法违法行为属实的，给予最高1万元的奖励，形成有效的社会监督机制。建立安全生产信息提示制度，重点时段、极端天气及时发布安全生产警示信息。（王　亮）

## 煤矿安全监察

【概况】　（1）煤矿基本情况。2015年，辖区在册煤矿77处。其中：湘煤保留16处；衡阳关闭10处，保留45处。保留的77处煤矿中，煤与瓦斯突出矿井10处，高瓦斯矿井21处，瓦斯矿井46处，分别占比12.7%；27.2%；59.9%。（2）煤矿安全状况。辖区内煤矿发生事故3起、死亡11人，较去年同期（10起、15人）减少7起、4人，分别下降70%、26.7%，有效控制事故总量和死亡人数。（3）监察计划执行情况。2015年，湖南煤矿安全监察局衡阳监察分局（以下简称分局）计划监察132矿次（定期监察55矿次，重点监察40矿次，专项监察37矿次），实际监察132矿次，其中定期监察55矿次，重点监察40矿次，专项监察37矿次。共查处隐患2469条，其中重大安全隐患109条，除因煤矿停工停产未下井监察矿井（32处）外，单井查处隐患24.7条/矿；下达监察意见（建议）10份。（4）行政处罚情况。全年共立案查处53矿次，下井监察矿井立案率为53%。其中：经济处罚23矿次，决定罚款81.3万元（其中事故罚款41.8万元，监察罚款39.5万元），到位罚款56.3万元；责令停产整顿3矿次，暂扣证46矿次。

【重点工作】　（1）关闭落后小煤矿。2015年，辖区内共关闭落后小煤矿47处，特别是常宁市、衡阳县、祁东县等3个产煤县（市、区）实现整体退出煤炭产业。（2）煤矿安全隐患排查。全年对辖区内各片区开展安全隐患排查。其中对衡阳片区，选择18对重点矿井，集中开展隐患排查。分局与衡阳市煤炭局联合制作“隐患排查治理检查表”，并分发到各产煤县市煤炭局和煤矿。对排查发现的重大隐患，及时向地方政府下达监察意见，提请挂牌督办，并责成明确专人驻矿督促整改。不定期开展暗访巡查、跟踪督办，及时掌握煤矿隐患整改进度，推动煤矿隐患整改工作。

（刘春峰）

【监察执法规范化】　（1）规范监察计划，开展三项监察。全面推广预防式监察方式，结合监察员联系矿井的“五项制度”，摸清煤矿安全生产动态信息，确定全年重点监察矿井和监察内容。（2）规范隐患查处。对任何一个煤矿的监察做到“查深查透”，不漏项目，不掉环节，不留死角，必要时聘请专家会诊，务求细查安全隐患，深挖违法行为。（2）规范监察执法行为。分局研究印发《监察执法工作流程》和《衡阳分局监察执法工作手册》，提出监察执法的工作标准和要求，统一规范现场监察内容和监察方法，避免出现监察漏项、错项问题。（4）执法监督。对执法案件的定期通报、文书评查、备案审查、批复结案等环节加强监督检查，严格自查自纠，确保依法行政。

（刘春峰）

【事故防范】　（1）规范事故调查程序。重新修订完善相关制度，加强与相关部门的沟通和协调，使事故查处制度更加健全，部门协作机制更加完善，提高事故调查工作效率和事故按期结案率。（2）查处煤矿事故。2015年结案的事故中，8名事故责任者受到处理，其中给予行政处分8人，建议给予党纪处分2人，对事故单位罚款共计20万元。（3）事故责任追究。加大与地方政府及相关部门的联系和协作。9月份，分局对结案的1起较大事故和1起一般事故责任追究落实情况进行全面督查，对检查中发现的问题及时依法予以纠正。（4）警示教育。对每起事故均组织召开煤矿事故警示教育通报和事故集体约谈二个专题会议，分析事故原因，总结事故规律，吸取事故教训，研究对策措施。对每起查处结案的事故报告在分局网站向社会公示，以发挥事故的警示和教育作用。

【规范煤矿安全生产】 （1）加强对煤矿企业停产整顿期间的督查。对给予责令停产整顿处理的矿井，按照停产整顿相关要求对地方煤矿停产整改情况进行严格监督检查，严防非法违法生产经营建设行为。7月份，分局组成3个专项督查组，13次到各产煤市县暗查煤矿非法违法生产及经营建设等行为。并规定在每月月度工作例会上报告上个月的暗查暗访情况，重点报告停产到位情况和发现的重大安全隐患整改情况，确保发现一起，查处一起。（2）加强复工复产验收期间督查。为促使各县市煤矿复工复产验收工作高标准严要求进行，3月，分局分别与衡阳市煤炭局联合成立督查组，对复工复产验收工作进行督导，确保辖区煤矿复工复产安全有序进行。 （刘春峰）

【业务培训】 （1）利用联合执法或监察执法的机会，现场向地方煤矿监管人员规范演示煤矿隐患排查过程，以具体案例和隐患排查中常见的问题，讲解煤矿隐患排查程序、重大案件查处及调查取证、文书制作、告知到处罚的全过程。（2）组织对地方监管人员开展业务培训讲座，提高地方监管人员业务水平。全年对辖区煤矿安全监管部门开展7次行政执法专题培训讲座，涉及监管方式、隐患检查方法、如何督促煤矿企业整改和依法行政等方面。 （刘春峰）

## 统　计

【概况】 2015年，面对国内外宏观经济发展环境趋紧，经济下行压力加大和清理历史虚增等诸多不利因素，全市统计部门加强调查调研，强化监测分析，深化部门协作，完善评估体系，改进核算方式等关键环节上狠下功夫，确保全市经济发展成果得到客观反映，实现主要经济指标增幅进位前移，综合实力稳居全省第一方阵，全市GDP继续保持全省第4名。除工业增加值外，GDP、财政收入等主要经济指标增幅排位全部进入全省前6名，其中，固定资产投资增幅位列全省第2名；进出口总额增幅位列全省第3名；实际利用外资、城镇居民可支配收入增幅均位列全省第4名。配合市小康办，全力抓好全面建成小康监测工作，小康监测各项指标考核取得全省综合排名第一的佳绩。 （曾静静）

【推进改革】 （1）数据生产现代化。构造市、县两级联网直报指挥调度系统，数据整理和报送实现信息化、网络化，“四上”企业单位报送率和直报率均达100%。（2）数据采集即时化。利用移动终端管理平台，在1%人口抽样、劳动力等统计调查中，做到随采随报，提高数据的真实性和调查效率。（3）方法制度科学化。全面实施核算、投资、能源、就业、服务业、贸易等六大统计方法制度改革，实行统一核算，统计方法制度更接地气，统计手段更加先进，指标设计更加科学，统计制度更加规范。（4）机构队伍稳定。全市统计部门按照机构改革的总体部署，提早谋划，加强汇报，注重衔接，12个县市区统计局全部进入政府组成部门，职能更明晰、地位更巩固、队伍更稳定。 （曾静静）

【依法治统】 （1）数据质量隐患排查整治。制定《统计数据质量隐患排查及整治工作方案》，对数据源头、中间环节、最终结果等进行全面深入排查，去伪存真，消除隐患。规范业务流程，完善质量控制办法，提高统计数据可信度。（2）统计普法宣传教育。协调推动统计法进党校、进机关、进企业、进农村、进社区，邀请省统计局领导和有关专家授课，结合“六五”普法、统计开放日、法制宣传周、统计法宣传日等重要时点，开展统计普法宣传。（3）统计执法检查。组织执法力量对全市各级机关、企事业单位、学校、医疗机构等467个单位进行统计执法检查，责令对17个有轻微违法行为的单位进行整改，对4个存在严重违法行为的单位进行立案查处，法治统计环境明显改善。 （曾静静）

【统计服务】 （1）提升服务质量。加强对经济运行情况的调度和分析，准确判断全市经济运行态势和发展趋势，提出对策建议。全市有92篇统计分析、78篇统计信息被国家和省统计网采编，多篇分析材料获市委、市政府有关领导的批示肯定，多篇统计信息被“两办”采用，为市委、市政府科学决策发挥参谋助手作用。（2）把握服务重点。围绕市委、市政府和有关部门制定年度经济社会发展主要目标，编制全市“十三五”规划等，加强统计数据和分析服务，承担《衡阳市十三五规划目标计划研究》等重点课题任务，为“十三五”规划的顺利批准实施奠定基础。（3）拓宽服务领域。在办好统计信息网的基础上，利用雁城屏媒、手机报、微博、微信等新媒介，发布经济运行情况和统计信息，向社会各界开通统计信息“直通车”。办好年度“中国统计开放日”，开展服务群众活动。全市各级举办统计理论和专业技能培训200余批次，15100余人次，其中300余人通过培训，分别获得统计上岗资格证和初级以上职称证书，进一步夯实统计基础。（曾静静）

**【调查监测】** 采用手持PDA和联网直报方式开展人口调查，完成涉及178个乡镇250个社区的1%人口抽样调查工作。第三次经济普查圆满收官，如期发布普查公报，出版《衡阳市三经普课题研究论文集》等资料。第三次全国农业普查各项准备工作全面启动，市政府印发《关于开展第三次全市农业普查的通知》，成立市级普查领导小组及机构，编制经费预算。精心实施20余项常规统计调查，内容涵盖国民经济各行业。高质量完成社会综合治理、大学生创业等多项民意调查，完成有效访问对象3万多个。协助市考核办完成全市绩效目标考核评价工作。（曾静静）

## 国家统计局衡阳调查队

**【概况】** 2015年，国家统计局衡阳调查队坚持“为国调查、为民服务”的理念，全面贯彻落实全省国家统计调查暨文明创建工作会议精神，先后召开全市统计与调查工作会议、县市区统计局局长座谈会、县级调查队领导班子座谈会等3个高规格会议，推动建立认识到位、配合有力、协调顺畅的工作机制，奠定以保障数据质量为核心推进统计调查改革的基础。主动向市委市政府领导汇报统计调查改革情况，赢得地方领导的大力支持，为全面完成国家统计调查任务赢得主动。（孔邯郸）

**【业务规范化】** （1）完善业务标准。对照总队统计调查工作规范化标准，对本队所有统计调查业务11个规范化标准进行全面修订和完善，规范各个专业的数据采集、数据审核与评估、数据处理与上报等数据生产流程，以业务标准化建设促进工作规范化。（2）强化业务考核。制定所有统计调查业务工作9个专业考核评比办法，明确对县市区统计局、国家调查队及样本企业规范化考核评比方式方法，提高业务工作考核的针对性、实效性。（孔邯郸）

**【主体业务】** （1）城乡住户一体化调查。坚持“以查促管”的原则，对辖区内8个县市区进行数据质量交叉检查及现场培训，通报交叉检查结果，以敢碰硬的举措促进县市区数据质量的提高；开展全市住户调查业务知识竞赛活动及城区调查点“访住户、查实情”活动，提高业务水平，增进记账户感情。（2）主要畜禽监测调查。组织开展由市畜牧水产局参加的全市生猪监测调查质量及基础工作检查，采取对照报表、实地查看养殖场规模、现场点数方式核实数据台账。（3）县级粮食产量监测调查。联合农业、统计、粮食等部门对全市早稻种植情况进行督查。（4）规模以下工业抽样调查。推进联网直报，组织覆盖12个县市区的企业回访和数据质量检查，加强基层统计台账的规范化建设。（5）消费价格调查。做好基期轮换工作，重点抓好权数测算工作，确保权数符合衡阳市发展现状和居民消费习惯。（6）其他调查。工业生产者价格调查、生产投资价格调查、固定资产投资价格调查、服务业调查、房地产价格调查、采购经理调查等调查工作抓企业报表数据质量回访，每项调查坚持一个季度走访5家以上企业，全年开展2次大型样本企业数据质量检查，加强基层统计台账的规范化建设，有效提高源头数据质量；农民工监测调查严格执行访户制度，到点到户对调查户进行业务辅导，确保数据采集真实完整。（孔邯郸）

**【新增业务】** 2015年新增加月

度劳动力调查、农民工市民化进程动态监测调查、小微企业税收减免政策落实情况调查、小微企业非金融资产投资情况调查等调查业务工作。（1）月度劳动力调查工作。坚持每个干部联系一个调查点，明确专人负责数据的审核，建立举全队之力与专人负责的工作机制；强化业务培训，每月坚持到点到户上门调查，切实保障数据质量。23个调查点、188户调查样本的月度劳动力调查工作平稳有序进行。全市农民工市民化进程动态监测调查建立起以调查队牵头、区政府组织、街道支持、居（村）委会配合的四级联动机制，集中培训、现场模拟，深入基层、细致调查，圆满完成调查任务。（2）小微企业税收减免政策落实情况调查。与市统计局联合将工作任务和责任明确到各县市区国家调查队、统计局；加强与地方工商局、税务局沟通，了解小微企业税收收取标准，税收减免政策标准；加强督查核实，保证调查工作进度、数据质量。（3）小微企业非金融资产投资情况调查培训与任务安排等工作已全面落实，12月份完成报表上报工作。（4）草食动物调研。对全市七个县市开展草食动物调研，调研草食动物发展规模、养殖模式、养殖效益、存在的困难，全面掌握全市草食动物生产发展情况。

（孔邯郸）

【创建文明城市模拟测评】（1）专家讲座。邀请总队专项调查处处长赵菲来衡讲座，改变全市上下对测评不了解、更不知道如何做的现状。（2）模拟测评。作为衡阳市创建全国文明城市模拟测评组的牵头单位，做好2015年衡阳市创建全国文明城市第一次模拟测评工作的方案拟定、报批、实地考察卡片设计、调查问卷制作等工作。（3）建言献策。组织完成《衡阳市创建全国文明城市测评工作指南》《关于迎接全国文明城市国家测评组来衡进行年度测评的建议》《未成年人思想道德建设实地考察测评表》等有针对性、操作性的建议或方案，以专业的水准促进衡阳创建全国文明城市有序开展。（孔邯郸）

【专项调查】充分发挥统计调查快速反应、灵活机动的优势，以服务地方经济社会发展为主线，开展文明创建、环境整治、生活质量、城市管理等方面的专项调查。先后完成“衡阳市空气污染情况调查”“衡阳市城区公交出行满意度调查”“衡阳市城区全民健身状况调查”“衡阳市文明城市创建公众调查”等专项调查。

（孔邯郸）

【调研分析】（1）服务科学决策。开发挖掘各专业的调查数据，与市委市政府信息办建立联网直报系统，第一时间发送《衡阳调查》《调查快讯》等经济数据、调查分析，成为市委市政府领导掌握经济发展的“晴雨表”。（2）加大调研分析。针对领导关注、社会关切、民众关心的经济、民生等问题，组织深入有关部门、企业和社区开展调查分析，写出重大信息50篇，被总队采用38篇；撰写调研分析报告70余篇，被总队采用48篇。信息被市委、政府采用率在全市党政机构中位于前列。（3）课题研究工作。走访调研12个服务企业和相关部门，完成总队招标课题《服务业吸纳劳动力就业问题研究》。正式启动并做好队级课题研究，4个招标队级课题研究项目顺利完成。（4）建立信息交流机制。加强信息要点、特点分析研究，建立与市委市政府政策研究室、市发改委、市农业局、市畜牧水产局、总队业务处室之间的分析研究平台建设，放大服务效应，延伸服务领域，力求服务效益最大化。

（孔邯郸）

# 农业·林业·水利

# 综　述

【概况】　2015年全市农林牧渔业总产值达到651.85亿元，增长3.8%，其中农业产值301.74亿元，增长3.6%；林业产值34.49亿元，增长7.3%；牧业产值255.07亿元，增长2.8%；渔业产值44.32亿元，增长5.5%；农林牧渔服务业产值16.23亿元，增长11.2%。农作物总播种面积1001.45千公顷，增长1.2%；粮食作物播种面积569.91千公顷，增长1.1%；油料种植面积219.67千公顷，增长1.4%；蔬菜种植面积110.02千公顷，增长2.0%。粮食总产量335.77万吨，增长1.5%；出栏肉猪955.61万头，减少2.9%；出栏牛14.27万头，增长5.0%；出栏羊64.32万头，增长2.9%；出笼家禽10787.20万羽，增长3.2%；水产品产量28.98万吨，增长2.6%。

（林　强）

**2015年衡阳市分季农林牧渔业产值及增加值**

表6　（单位：亿元、%）

| | 本季现价产值 | 本季增加值 | 增加值增速 |
|---|---|---|---|
| 一季度 | 129.81 | 70.60 | 3.1 |
| 二季度 | 263.88 | 144.92 | 4.1 |
| 三季度 | 459.69 | 294.27 | 4.4 |
| 全年 | 651.85 | 403.36 | 3.8 |

**2015年衡阳市农林牧渔各产业产值及增加值**

表7　（单位：亿元、%）

| | 总产值 | 增加值 | 增加值增速 |
|---|---|---|---|
| 全年合计 | 651.85 | 403.36 | 3.8 |
| 农业 | 301.74 | 212.39 | 3.6 |
| 林业 | 34.49 | 25.99 | 7.3 |
| 牧业 | 255.07 | 125.52 | 2.8 |
| 渔业 | 44.32 | 31.93 | 5.5 |
| 服务业 | 16.23 | 7.52 | 11.2 |

【农村改革】　2015年7月6日，省委深改第六组到衡阳督导全市农村综合改革工作，盛赞衡阳市农村土地确权登记颁证、金融服务“三农”等工作形成“衡阳特色”，同时本市在省委经济工作会议上就农村综合改革作典型发言。经营主体，年内新增新型经营主体5387个，新型经营主体经营耕地生产的主要农产品占50%以上，居全省前列。将农业“三项补贴”合并为农业支持保护补贴，将耕地保护和粮食安全作为补贴重点，把倾斜支持新型经营主体发展作为优先支持方向，调动农民种粮积极性。（2）金融服务“三农”创造全省全国“衡阳经验”。全市新增小额贷款公司、村镇银行、资金互助社等新型农村金融组织38家，农村“五权”确权颁证工作有序开展，年内新增“五权”抵押贷款余额4.5亿元，达15.4亿元，惠及1.2万余户农户和600余户新型农业经营主体。（3）农业信息化服务成效明显。在全省率先启动“衡阳智慧农业”信息服务平台建设，通过整合“12316”“三农”服务热线、“2812316”专家热线、在线农业专家诊断系统、移动手机农业信息服务平台等四大板块，在主要农业生产基地安装农业生产数据智能采集系统，基本实现农业生产的数据采集与实时监管，“衡阳智慧农业”公众微信号上线，为1万多个新型经营主体的农业信息

服务全面铺开，衡阳市农业委员会（简称农委）被农业部评为2015年度全国农业农村信息化示范基地。（林 强）

【农业产业结构】 粮食“整万千百”梯级高产示范和水稻“四双”绿色增产模式攻关稳步实施，超级稻和优质稻占比均提高10个百分点，共完成“百千万”高产示范创建梯级示范5316个，面积13.28万公顷，比2014年增加1.28万公顷，完成超级稻示范推广22.01万公顷，集中育秧10.33万公顷，专业化统防统治服务面积11.81万公顷，测土配方施肥技术推广面积达到11.81万公顷；以茶山坳镇、角山乡、雨母山乡为主的3个万亩高标准蔬菜基地建设全面推进，在全省率先出台《衡阳市城区蔬菜生产保险实施方案》，将城区0.2万公顷高标准蔬菜基地纳入保险范畴；全市省部级畜禽标准化规模养殖场和水产健康养殖示范场分别发展到56个、36个，分别位居全省第1和第4；以化肥、农药零增长行动、实施湘江保护与治理农业项目、农业部秸秆综合利用试点、循环农业示范市创建等工作为载体，全市实现化肥、农药使用量同比下降2.1%和12%，全市秸秆综合利用率提升17.6%。全市实施农机购置补贴资金8540万元，补贴购买农机具1.58万台，机插秧率从2014年的21.7%提高到2015年的26.1%，全市水稻耕种收综合机械化水平达到70.18%。（林 强）

【农业产业化经营】 2015年，全市农产品加工业实现总产值796亿元，增长23%，，增速居全省第1，其中规模以上农产品加工总产值586亿元，增长23.6%，高于全省4.3个百分点，规模以上农产品加工企业产值占农业总产值之比从0.72：1提高到0.97：1，提高25个百分比；全市1689个休闲农业经营主体共接待游客472万人次，实现营业收入5.74亿元，增长16.6%。角山米业、首龙渔牧、茗福居茶业、宏鑫农业、裕丰农业、南岳红叶寨、欧阳海休闲山庄等企业成功登录湖南股权交易所农业（休闲农业）专板，新增5家国家级休闲农庄，耒阳市被评为全国休闲农业与乡村旅游示范县、珠晖区怡心生态园被评为全国十佳休闲农庄。成功创建衡南县绿彤有机茶叶特色产业园等15个现代农业特色产业园省级示范园。（林 强）

【农产品质量安全】 在省部级例行抽检中，没有检出违禁农药，蔬菜平均合格率为97.1%，合格率高出国家和省定目标1个百分点；水果合格率为100%，均居全省前列。全市全年共抽检农产品64000余批次，合格率为98.8%，其中市级农产品检验检测中心开展蔬菜农残速测16779批次，合格率为99.6%，开展蔬菜定量检测1006批次，合格率为99.9%；定量检测水果240批次、大米120批次，合格率均为100%，超额完成省定的监督抽查和例行检测任务。常宁市和衡南县、衡阳县分别被列入国家级农产品质量安全县和省级农业标准化建设、农产品质量安全诚信体系建设试点县。常宁市等县市在农产品质量安全综合监管、农产品质量安全追溯体系以及农业标准化建设方面所作的有益探索，多次得到省领导的充分肯定，受到《湖南农业情况通报》推介。全市未发生重大农产品质量安全责任事件。（林 强）

【新农村建设】 衡南县三塘镇、车江镇，衡阳县渣江镇、洪市镇等20个小城镇建设示范点，总投资超4亿元，用于道路建设、污水处理、路灯安装、垃圾处理等。21个省市领导联系示范村累计投入资金14500余万元，其中市级财政投入520万元，县市区财政投入5300余万元，整合部门项目和资金8680余万元，用于公路硬化，山塘清淤，村庄绿化，产业发展等项目，每个村基本形成1～2个主导产业。将35个“美丽乡村”建设同20个行政村环境和卫生综合整治工作相结合，完成省政府考核任务。注重农村环境和卫生综合整治长效机制建设，全年检查乡镇（街道）1536个村组3072个，全面完成422个行政村的人居环境整治任务。耒阳市新市镇水西村等14个村成为全省美丽乡村建设示范村和秀美村庄示范村，常宁市平安村荣膺“全国生态文明村”，常宁市、雁峰区成为湖南省新农村建设先进单位。（林 强）

【农村生态环境】 农村环境和卫生综合整治成效明显，农村基本消除暴露垃圾，中心集镇街上“五乱”现象整治到位，衡东县、祁东县、常宁市垃圾处理率分别达97.5%、93%和99%，其余县市区均达100%，全部达到省考核标准；关停搬迁107个规模养殖场，规模以上养殖场无害化处理率达到60%以上。完成造林2.14万公顷，占年度计划的104.3%，完成通道绿化3774千米。（林　强）

【农民合作社建设】　衡南馨一蔬菜水产专业合作社等15个农民专业合作社被评为2015年度省级示范合作社，超计划5个，全市共发展农民合作社3427个，其中去年新发展656个，超计划456个。（林　强）

【农村沼气工程建设】　2015年共完成中央预算内户用和联户小区沼气池建设任务1700户，其中户用沼气1100户，养殖小区和联户沼气600户，同时开工建设耒阳爱群、衡南相市新五丰等7处大型沼气工程。（林　强）

【扶贫开发】　明确30名市级领导联点帮扶30个贫困村，全市所有处级以上领导干部带头与联点村的贫困户“结穷亲”。围绕三年扶贫攻坚计划，出台《关于实施精准扶贫加快推进扶贫开发工作的意见》等7个扶贫政策性文件，突出抓好产业、安居、金融、创业就业、教育、救助、基础设施、流通服务、兜底保障和基层党建等十大扶贫举措。全市精准识别贫困人口35.2万人，395个贫困村实现驻村帮扶全覆盖，116645户贫困户实现结对帮扶全覆盖，动员全市207个党政机关实现联村帮扶全覆盖，市县财政投入的扶贫开发资金比2014年增长301%，全市共减少贫困人口92116人，减贫率达到23.1%，超省定任务6.6个百分点。衡阳市的扶贫开发工作经验在全省推介。（林　强）

## “十二五”时期农村经济发展

【农业经济总量攀升】　2015年全市实现农林牧渔业总产值651.85亿元，比2011年增加177.19亿元，农林牧渔业增加值403.36亿元，比2011年增加114.17亿元。（刘景行）

【农产品产量增长】　粮食等主要农产品产量稳步增长。2015年粮食平均亩产达到392.77公斤，总产达到335.77万吨。（刘景行）

**2011~2015年衡阳市农林牧渔业产值及增加值**

表8　（单位：亿元、%）

| | 本年现价产值 | 本年增加值 | 增加值增速（可比价） |
|---|---|---|---|
| 2011年 | 474.66 | 289.19 | 4.0 |
| 2012年 | 527.15 | 322.89 | 4.3 |
| 2013年 | 548.49 | 338.41 | 2.8 |
| 2014年 | 591.07 | 365.68 | 4.5 |
| 2015年 | 651.85 | 403.36 | 3.8 |

**2011~2015年衡阳市粮食生产情况**

表9　（单位：千公顷、万吨、公斤）

| | 粮食作物播种面积 | 粮食作物总产量 | 粮食平均亩产 |
|---|---|---|---|
| 2011年 | 548.73 | 323.56 | 393.10 |
| 2012年 | 556.84 | 329.71 | 394.74 |
| 2013年 | 552.29 | 321.48 | 388.06 |
| 2014年 | 563.8 | 330.84 | 391.20 |
| 2015年 | 569.91 | 335.77 | 392.77 |

【经济作物产量增长】 主要经济作物的产量均有明显增长。2015年，全市油料作物总产34.73万吨，比2011年增长13.7%。水果、蔬菜总产分别为78.39万吨、359.63万吨，分别比2011年增长20%、17.5%。 （刘景行）

**2011~2015年衡阳市主要经济作物生产情况**

表10 （单位：千公顷、万吨）

| | 油料作物 | | 蔬菜（含菜用瓜） | | 水果总产量 |
|---|---|---|---|---|---|
| | 播种面积 | 总产量 | 播种面积 | 总产量 | |
| 2011年 | 196.91 | 30.54 | 94.89 | 306 | 65.21 |
| 2012年 | 201.6 | 30.46 | 99.19 | 317.68 | 69.38 |
| 2013年 | 214.73 | 32.60 | 103.07 | 329.97 | 72.70 |
| 2014年 | 216.61 | 33.51 | 107.91 | 350.86 | 73.68 |
| 2015年 | 219.67 | 34.73 | 110.02 | 359.63 | 78.39 |

【畜牧业生产规模扩大】 2015年，衡阳市生猪存栏545.53万头，其中能繁母猪存栏54.93万头，比2011年分别减少21.53万头、1.5万头；生猪出栏967.76万头，比2011年增加21.88万头。家禽饲养保持基本稳定。2015年，衡阳市家禽存笼6829.91万羽，家禽出笼10787.2万羽，比2011年分别增长802.78万羽、387.28万羽。食草动物持续较快发展。2015年末，衡阳市牛存栏31.42万头，出栏14.27万头，牛肉产量1.73万吨，分别增长6.6%，5.0%，6.2%；羊存栏53.15万头，出栏64.32万头，羊肉产量1.06万吨，分别增长2.4%、2.9%和2.8%。 （刘景行）

**2011~2015年衡阳市畜牧业生产情况**

表11 （单位：万头）

| | 出栏猪 | 出栏牛 | 家禽出栏 | 牛存栏 | 生猪存栏 | 能繁母猪 | 活家禽存笼 |
|---|---|---|---|---|---|---|---|
| 2011年 | 945.88 | 11.67 | 10399.92 | 26.32 | 567.06 | 56.43 | 6027.13 |
| 2012年 | 974.26 | 12.59 | 10929.41 | 27.56 | 578.4 | 57.28 | 6280.65 |
| 2013年 | 976.89 | 13.19 | 10820.12 | 28.63 | 558.1 | 58.35 | 6442.82 |
| 2014年 | 996.43 | 13.59 | 10452.24 | 29.49 | 566.47 | 57.77 | 6636.11 |
| 2015年 | 967.76 | 14.27 | 10787.2 | 31.42 | 545.53 | 54.93 | 6829.91 |

【农民收入增长】 农村居民人均可支配收入由2011年的8127元提高到2014年的13242元。农民收入结构不断优化，工资性收入比例由2011年的38.1%提高到2014年的39.7%。农民消费结构日趋合理，生活质量明显提高，2014年农民人均生活消费支出达到8929元。 （刘景行）

2011~2014 年衡阳市农村家庭收支情况

表 12 （单位：元）

| | 农村居民总收入 | 工资性收入 | 农村居民可支配收入 | 农村居民总支出 | 农村居民生活消费支出 |
|---|---|---|---|---|---|
| 2011 年 | 10824 | 4155 | 8127 | 8363 | 5571 |
| 2012 年 | 12854 | 5014 | 9630 | 9789 | 6380 |
| 2013 年 | 14337 | 5233 | 11876 | 12689 | 6986 |
| 2014 年 | 15925 | 6318 | 13242 | 13481 | 8929 |

## 农业综合开发

【概况】 2015 年，全市农业综合开发工作共完成 2014 年度投资总额 27119.01 万元（其中财政资金 20029 万元，自筹资金 7090.01 万元），建设项目 70 个，其中土地治理项目 29 个（高标准农田建设项目 14 个、小流域治理项目 1 个、科技推广项目 1 个、种粮大户项目 3 个、地方项目 10 个），治理面积 0.70 万公顷（高标准农田建设 0.66 万公顷、小流域治理 333 公顷）；产业化经营财政补贴项目 26 个、贷款贴息项目 6 个，全部按计划批复完成建设内容，资金都及时、足额拨付到位；配合完成部门项目 9 个。（谭文兵）

【农村生态环境】 全市农业综合开发土地治理项目共兴建拦河坝 23 座，排灌站 16 座，机电井 3 口，建小型蓄水工程 160 处，衬砌渠道 208.11 千米，修田间道路 58.89 千米，改良土壤 0.25 万公顷，购置农机具 29 台（套），造林 0.004 万公顷，培训 16500 人次，示范推广 0.16 万公顷。项目区的农田水利、农业良种、农机道路等基础设施建设配套完善，做到水源工程和田间渠系结合，灌溉与排渍配套，实现排灌自如，增强抗旱排涝能力，为农业稳定持续发展打下基础。据统计，项目区新增灌溉面积 0.049 万公顷，改善灌溉面积 0.047 万公顷，改善除涝面积 0.21 万公顷，新增节水面积 0.24 万公顷，年节水量 330.34 万方，新增产值 4482.86 万元。（谭文兵）

【农业产业化】 全市产业化经营项目共投入财政资金 3990 万元，扶持财政补助项目 26 个（其中有产业化试点龙头企业带动产业发展项目 1 个，财政资金 910 万元）；扶持财政贴息项目 6 个。（1）龙头企业和农民专业合作组织不断壮大。全市现有国家级龙头企业 3 个，省级龙头企业 30 个，市级农业产业化龙头企业 272 个，龙头企业总产值 183 亿元，占整个农产品加工总产值的 73%。2015 年销售收入过亿元的龙头企业将达到 37 个，比两年前增加 19 个。272 个市级农业产业化龙头企业中有种植类企业 77 个、养殖类企业 57 个、农产品加工类企业 126 个、农产品物流类企业 12 个。农民专业合作组织 1270 个，成员 34.52 万人。实现产值 71.3 亿元，联系基地 12.87 万公顷，带动农户 55.3 万户。（2）农业优势特色产业带初步形成。全市已初步形成四大优势特色产业。一是以金雁、绿海、角山、金鲲、金泰等龙头企业带动的粮食产业发展迅速。全市现有规模粮食加工企业 73 家，年加工优质大米 50 万吨，产值 23.8 亿元。全市高中档优质稻年种植面积 8 万公顷，产量 45 万吨左右，有 10.73 万公顷稻田通过农业部的无公害或绿色农产品认证及产地认证。绿海粮油投资 1.7 亿元，建设 30 万吨粮油产业园；金雁粮食产业园投资 1.3 亿元，建成 30 万吨精米生产线；角山米业、金泰米业也分别建成年加工 20 万吨的生产线，使全市的粮食年加工能力达到 100 万吨。二是以大三湘油茶、金拓天油茶、天福油脂、中粮江山、安邦农资等龙头企业带动的油茶、油菜产业来势喜人。衡阳市是油茶大市，面积、产量均居全省之首。现有油茶林面积 21.33 万公顷，常年产量 6.3 万吨油茶籽，年产茶油 1.5 万余吨，产值 7 个亿，耒阳和常宁先后被授予“中国油茶之乡”的称号。全市油菜种植面积 13.33 万公顷左右，年产菜籽 19 万吨，产值20个亿。全市现有食用油加工规模企业9家，随着“金拓天油茶”“大三湘油茶”“江山茶油”等本地规模加工企业的兴起，衡阳油茶产业迅速得到发展，由毛油到精炼油，高级精油，化装品油，茶皂素提纯，一步一个台阶，发展来势方兴未艾。湖南金拓天油茶投资7000万元新建全国最大的纯茶油生产基地，日加工茶油200吨。大三湘油茶投资8000万元，建成湖南省第一家高科技油茶加工生产线。中粮江山一万吨的冷榨生产线正在建设中，66.67公顷油茶产业文化园把茶油文化推到新的高度。三是以动物庄园、爱平养殖、信旺农牧、湘旗牧业、金叶种猪等企业带动的养殖加工产业势头强劲。全市共有畜、禽饲养加工企业173家，注册畜、禽场67个，其中国家级龙头企业1家、省级龙头企业4家，享受省级龙头企业待遇的1家。湖南爱平养殖有限公司是现代化的大型养殖集团，现有年产3万头商品猪养殖场13栋，年产1.5万头原种仔猪繁育场14栋。湘旗农牧，天水鸡业等龙头企业以加工为突破口，在种鸡供应、养殖基地、宰杀、分割上做文章，迅速做大做强，特别是湘旗农牧有限公司开发的“衡山黄鸡冰鲜加工项目”列入国家科技部重点星火计划。动物庄园200万头生猪冷链物流项目于2012年正式投产，已成为衡阳市高品质猪肉产品主供商。全市累计完成无公害牲猪产地认证536万头，无公害湘黄鸡产地认证2000万羽，无公害牛产地认证5.6万头，无公害水产品产地认证2.19万公顷，无公害畜禽水产品认证17个。四是以怡绿有机茶、南岳云雾茶、宝盖有机茶、江头绿茶、京湘藤茶等领头的茶叶产业发展来势看好。衡阳现有茶叶加工企业25家，规模企业6家，省级龙头企业2家。南岳怡绿有机茶是一家集有机茶生产、加工、贸易和科研于一体的民营企业，拥有11个有机茶基地，茶园总面积0.35万公顷，所产南岳云雾茶为湖南十大名茶之一，是湖南省第二家产品直接出口欧盟的企业。湖南京湘藤茶是衡阳独特品牌，享誉全国，获全国农博会金奖，是省著名商标、省名牌产品，在东南亚、港台很有市场。(3) 品牌效应逐步凸显。全市这两年农产品加工质量有突破性的发展，“三品一标”工作全面实施，成功举办三届农博会，农产品加工企业的国家级品牌占据全市的半壁江山，如“天天见”“超大”“金雁”“绿海”5个农产品被评为国家驰名商标，常宁无渣生姜、耒阳红薯粉皮2个品牌获国家地理标识认证。全市还有省级品牌72个，有机食品18个，绿色食品93个，无公害食品330个。(4) 基地规模不断扩大。这两年，通过抓优势产业带建设，抓产业链条的延伸，抓产品的质量安全，形成一大批规模化、标准化、专业化的农产品生产基地。全市金鲲米业科技发展公司采取“龙头企业+专业合作社+基地+农户”的经营模式，实行订单农业，以企业创基地，基地带农户，引导农户走高产优质的现代农业产业化发展路子。目前，该公司在衡阳县十八个粮食生产重点乡镇，衡南县三塘、泉湖等五个乡镇，按一乡一品进行优质稻基地建设，共建设1.67万公顷高档优质稻基地。还参与省政府“湘米工程”建设，创新式地开展“有机稻”“富硒稻”基地建设，在引导农民科学种粮，发展高效粮食生产，带动农民增收致富发挥应有的作用，取得较好的社会效益和经济效益。神农农业、励群农业、江山生态、燕隆农业、西施生态、银鑫油茶、万达林业等19个企业新开辟油茶基地0.07万公顷；南岳云雾茶新开辟高山优质茶园0.07万公顷。（谭文兵）

**【基础设施建设】** 全市农业综合开发着力加强农业基础设施建设，改善农业生产条件，推进农业生产方式的转变，项目区农业综合生产能力显著提高，农业结构调整速度加快，农民增收明显。据统计，全市2015年项目区年新增粮食1180.16万公斤、油料204.68万公斤、棉花2万公斤、蔬菜199.3万公斤、其它农产品38万公斤，项目区直接受益农民年收入增加总额1703.67万元。通过建设，改善农业生产条件，提高粮食产量和经济效益，项目区内大部分农田实现大户承包，扶持和培养一大批“种粮大户”，加快土地流转进程。衡阳县、衡南县、衡山县引导安邦农资等省级龙头企业及种粮大户采取租赁和入股的形式，与当地村民签订土地流转协议，全面推广良种、良法及机械化耕作，使项目区农业发展进入公司化、机耕化、规模化、集约化生产的快车道。

（谭文兵）

【农业可持续发展】　全市农业综合开发注重增加科技含量和生态环境保护，获得良好的生态和社会效益，增强农业可持续发展能力。（1）推行科技资金向粮食核心产区倾斜。2015年，全市投入191万财政资金进行科技推广，主要依托衡阳市农科所，重点投入各县市粮食核心产区，组织各级农技人员深入项目区推广优良品种和先进适用技术，项目区良种普及率达到100%，使土地产出率、资源利用率和劳动生产效率得到明显提高。（2）发展生态农业。在项目区推广测土配方施肥、平衡施肥等技术，引导农民科学使用化肥、农药，并进行频振式诱蛾灯杀虫等新科技的推广，减少农作物的农药用量，减少农业生产对土地、水资源的污染。工程建设中注重生态环境保护，衬砌渠道创新生态护衬方式，在渠道两边修建"生物通道"，保护有益动物繁殖和活动，实现人与自然和谐相处，促进生态平衡。（3）发展循环农业。培育以非粮油作物为原料的农副产品加工产业，推广立体养殖和生态循环种养模式，推进农林副产品能源化、资源化利用，延伸农业产业链。发展农村沼气池建设，既降低人畜粪便的毒素污染，又使肥料能进行二次利用，循环利用，节约能源，并改善农村居民的生活条件。（4）加强技术培训。为解决科技推广"最后一千米"问题，市县两级农开办想方设法聘请农业院校和地方农技推广部门的专家、技术人员，深入田间地头和农户家中，累计培训农民1.6万人次，大大提高农民的科学种田水平。

（谭文兵）

## 农村合作经济管理

【村级财务专项整治】　（1）组织村级财务和三资问题专项整治回头看。根据《关于对教育实践活动整改落实情况进行"回头看"的通知》的要求，对全市村级财务和三资问题专项整治情况进行回头看，并举一反三，狠抓问题的整改落实。通过一年的专项整治，进一步建立健全村级财务和"三资"管理制度，完善村级财务和三资监督机制，基本实现村级财务和三资管理规范化。（2）全面开展农村集体三资清查村财合并工作。根据《衡阳市乡镇区划调整改革工作方案》的要求，结合本市村级三资管理工作实际，下发《关于在乡镇区划调整改革中村级集体"三资"和财务合并工作的实施意见》，就全市村级三资清查和村财合并工作明确总体目标、基本原则、工作内容和工作要求，保证全市合乡并村改革中村级三资不流失、并村财务顺利融合和合乡并村工作的圆满完成。

（唐东荣　刘小云）

【农村集体"三资"管理】　（1）加强农村集体三资民主监督管理。进一步完善村级民主管理制度，成立民主理财小组或村务监督委员会，实行民主理财，村级重大事项决策履行民主程序，确保农民群众的知情权、参与权和监督权；进一步规范村级财务公开，公开程序规范，公开内容准确全面，公开时间及时；进一步强化农村集体财务审计和村干部任期经济责任专项审计，规范审计程序，建立审计查处事项、问题移交、定期通报和责任追究制度。截止2015年底，农村财务审计结论公开3827个村，占总村数的96.94%。（2）提高农村集体三资代管质量。各地在巩固村级财务代管的基础上，向资产、资源代管拓展，健全农村集体三资管理14项制度，规范票据、账户、台账、登记簿管理；加强对乡镇村级财务代管中心的业务指导、审计核查，不定期对乡镇村级财务代管中心入账的原始凭证、会计账簿、资产台账、资源登记簿进行抽查审核，提高代管工作人员业务素质，提升代管质量，确保集体资金使用安全、集体资产保值增值、集体资源合理开发利用。（3）推进农村集体三资信息化监管平台建设。常宁市、衡南县建立"三资"信息化监管平台，实现县、乡、村三级联网，大大提升"三资"信息公开和监督管理的现代化水平。截止到2015年12月底，全市县级实现三资管理流程网络化的3个，乡镇数47个。

（唐东荣　刘小云）

【村级集体经济发展】　（1）制定发展规划。全市共制定村级集体经济发展规划3475个，占总村数的88%，明确2015年中心城市城区（城镇化率75%以上）和各类经济园区年经营性收入10万元以上的村达到该地区总村数的50%，城乡复合发展县市区年经营性收入6万元以上的村达到该地区总村数的50%，扶贫开发县年经营性收入4万元以上的村达到该地区总村数的50%。（2）加大奖补力度。根据《关于2015年村级集体经济发展奖励专项申报有关事项的通知》的要求，经过县乡筛选推荐，市级考察审核，省级复核同意，成功申报衡南县谭子山镇工联村等39个村为省里村级集体经济奖励村，争取奖励资金390万元。（3）进行动态监测。2015年分两次对各县市区村级集体经济发展计划和目标任务完成情况进行动态监测。截止到11月底，全市村集体经济总收入65438.85万元，总支出56263.3万元，经营性收入7555.91万元。其中经营性收入10万元以上的村106个，经营收入6万元~10万元的村141个，经营性收入4~6万元的村218个，不足4万元的村948个，无经营收入的村3465个。村级集体经济经营性收入较2014年增加375.09万元，增长5.2%，经营性收入10万元以上的村增加32个，经营性收入6万元~10万元的村增加49个，经营性收入4万元~6万元的村增加34个，经营性收入4万元以下的村增加379个，全市减少空壳村1085个。

（唐东荣　刘小云）

**【确权登记颁证】**（1）成立领导机构。市县两级都建立由党政"一把手"为总负责的农村土地承包经营权确权登记颁证工作联席会议制度或领导小组，并在农经部门设立办公室，负责日常工作，形成强有力的组织领导。（2）出台实施意见。市委办、市政府办出台《关于开展农村土地承包经营权确权登记颁证工作的实施意见》，县、乡两级相应制定具体实施方案，明确总体要求，细化工作内容，严格工作程序，拟定时间节点和路径图，保证该项工作的顺利进行。（3）全面动员部署。2月，市委深化改革领导小组、市委常委会和市政府常务会分别对全市确权登记颁证工作进行专题研究，明确提出全市整体推进的总要求，并于7月10日召开全市农村土地承包经营权确权登记颁证工作大会，进行全面动员部署。5月份开始，县市区分别召开党委常委会议、政府常务会议专题研究确权工作，县乡层层召开动员大会，进一步统一思想、明确任务、落实责任。同时，市县两级通过组织参加省确权专题培训班、领导发表电视讲话、举办专题业务讲座、印发《致农民群众的一封信》、张贴宣传标语、印发宣传资料等形式进行广泛的宣传发动，有效地动员广大农民参与，为顺利推进确权工作奠定思想基础。（4）扎实开展确权。第一，明确目标任务。市委、市政府明确规定，衡南县、衡阳县、祁东县、常宁市、耒阳市五个县市按省定的整县推进工作进度要求，2015年12月30日前完成外业调查，2016年3月30日前完成内业整理，2016年8月30日前完成所有工作并通过省验收合格。其他县市区（衡山、南岳除外）2015年全面开展确权登记颁证工作，完成确权技术招标，开展农村土地承包经营权确权登记入户调查工作，基本完成确权外业调查任务，2016年12月30日前完成所有工作并通过省验收合格。衡山、南岳2015年完成确权技术招标，开展确权入户调查，2017年底完成确权登记颁证任务并通过省验收合格。第二，严格政策标准。明确要求，全市确权登记颁证总体上是确权确地到户，从严控制确权确股不确地的范围，坚持农地农用。按照中央三个确权行业技术标准、湖南省的技术方案、操作规范等开展确权工作。第三，全面摸底调查。对农户土地承包经营现状、承包合同、承包农户家庭成员、承包地块、地类等情况进行全面摸底调查，做到村不漏户、户不漏人、人不漏地块、地块不漏项，公示审核到位，确保信息准确无误。（5）是强化考核督查。市委、市政府将农村土地承包经营权确权登记颁证纳入对县市区深化改革和目标管理绩效考核的重要内容。全年市委督查室、市确权办分别牵头组织4次确权专项督查。各县市区、乡镇街道也根据各地工作进度分时段开展专项督促检查，对工作进展不快、政策执行不力、质量把关不严、矛盾问题较多的地方下发督查通报，限期整改。截止到2015年底，衡南县、衡阳县、常宁市、祁东县、耒阳市5个省定整体推进的县市共141个乡镇、3842个行政村、44524个村民小组，共计确权登记面积30.83万公顷，已经按计划100%全部完成外业工作，进入内业整理阶段；全市187个乡镇、4552个行政村、55390个村民小组，共计确权登记面积38.04万公顷，已经100%完成入户调查摸底，雁峰区、石鼓区也已经完成外业工作进入内业整理阶段，所有县市区均已完成确权技术单位招标工作。

（唐东荣　刘小云）

【经营权流转】　（1）加强流转管理和服务。2015年，全市各级依托经营管理机构进一步健全土地流转服务平台，完善县乡村三级服务网络，建立土地流转登记备案制度，为流转双方提供信息发布、政策咨询等服务。指导流转双方签订规范流转合同，合理确定土地经营规模，引导农地向粮食规模经营主体流转，加强土地流转后的用途监管，防止非粮化、严禁非农化。（2）鼓励创新土地流转形式。在全市推广“一流转五服务”经验，鼓励支持农民采取多种形式流转土地，推行有效的土地流转办法，不断创新土地流转模式，涌现一批土地流转规模经营的本土模式，促进全市农业适度规模经营的发展。（3）开展土地流转调查研究。2015年按照省、市有关工作要求，8月和10月，市农经处组织各县市区经管部门开展贯彻落实《关于引导农村土地承包经营权有序流转发展农业适度规模经营的意见》和《市人大常委会关于农村土地承包经营权流转情况报告的审议意见》专题调研。全年按四个季度开展土地流转情况调查，定期上报土地流转报表和土地流转动态，全面掌握全市土地流转现状。截至2015年底，全市土地流转面积达33.85万公顷，占全市农村土地总面积的29.72%，其中耕地流转面积17.27万公顷，占全市耕地总面积的53.68%；92.01万农户参与土地流转，占全市总农户数的57.58%；共签订流转合同144.66万份；2～3.33公顷的规模经营主体78317个，流转面积12.84万公顷，33.33公顷以上的规模经营主体580个，流转面积10.87万公顷。完善县级土地流转服务体系10个，建立土地流转产权交易平台6个，通过流转交易市场完成农村产权交易151宗。　（唐东荣　刘小云）

【纠纷调解】　进一步加强全市农村土地承包经营纠纷、土地流转纠纷、土地确权纠纷的调解仲裁工作；指导督促衡山县、耒阳市实施好国投土地承包仲裁基础设施建设项目；抓好农村土地承包经营纠纷调解仲裁的考评。县、乡、村分别成立农村土地承包纠纷仲裁委员会、农村土地承包纠纷调解委员会、农村土地承包纠纷协调小组，完善“村级协商、乡镇调解、县级仲裁”的三位一体纠纷调解仲裁体系。同时组织全市仲裁员、调解员、协调员参加全国、省里的仲裁业务培训，其中参加市以上培训的203人，大大提高纠纷调处水平和办案质量，逐步将调解仲裁引入规范化、法制化管理轨道。截至到2015年年底，全市已成立县级仲裁委员会12个，建立符合国家仲裁标准的仲裁庭4个，仲裁委员会人数达175人，其中农民代表35人，办公室工作人员69人，各县市区全年累计安排仲裁工作经费74.5万元；2015年全市共发生土地承包纠纷2413起，乡村调解2093起，仲裁委受理320起，其中调解292起，裁决28起，调处率100%。　（唐东荣　刘小云）

【农村经营主体建设】　（1）抓培育发展。始终坚持以稳定农村基本经营制度为建社前提；以“民办、民管、民受益”为办社原则；以优势产业和特色产品为立社依托；以政府推动和多方协作为发展手段；以能人带动和利益联结为发展途径，全面推进全市新型农业经营主体的快速健康发展。截止2015年底，全年新增农民合作社656个，全市累计在工商部门注册登记的农民合作社3427个。其中投资超1000万元的100家，产值过亿、带动农户上千户的18家，大宗农产品联社13家。引领土地流转面积10.44万公顷，合作社入社成员16.37万个，带动非成员农户45.47万户，占总农户数的28.45%。全市农民合作社统一组织销售农产品总值33.74亿元，经营收入34.66亿元，实现盈余10.01亿元，可分配盈余8.87亿元。全市工商登记的家庭农场共计1617个，总产值17.37亿元，其中2015年新发展558个。（2）抓示范创建。按照省农业委员会《关于做好2015年农民合作社省级示范社建设工作的通知》《关于2015年农民合作社省级示范社的批复》和《关于做好2015年市级优秀农民合作社奖补申报工作的通知》要求，各级党委政府和农经部门高度重视、精心组织、周密部署，创建标准，加强业务指导，狠抓工作落实，示范创建工作取得成功。2015年全市共成功申报省级示范农民合作社15个，农民合作社示范创新项目9个，农业部示范项目1个，378个省级示范家庭农场，共争取中央、省级合作社项目资金961万元，家庭农场奖励资金693.15万元；示范创建25个市级优秀示范农民合作社，发放奖补资金200万元。（3）抓规范管理。一是提升服务水平。市县农经部门切实指导农民合作社等新型农业经营主体不断拓展服务内容，延伸服务链，从以前的单纯提供生产技术培训不断拓展到农资供应、质量标准、生产技术、品牌包装、市场营销、产地认证等产加销一体化服务，全市产加销一体化服务合作社1894个，比2014年增长15.28%。服务范围不断扩大，从本乡、本村为主转向跨乡镇、跨县拓展，促进全市优势特色产业带、产业区、产业园的形成。2015年农民合作社统一销售农产品比例达80%以上的合作社达1528个，统一购买农业生产投入品比例达80%以上的合作社1275个，分别比2014年增长19%、15.2%。二是提高品牌效应。不断引导新型农业经营主体逐渐注重科技质量及品牌效益，形成一批知名农产品品牌和商标。截止到2015年底，全市共拥有注册商标的农民专业合作社213个，占合作社总数的6.22%，拥有注册商标数量354个。通过农产品质量认证、产品产地认证的农民合作社485个，占合作社总数的14.15%。三是规范运行机制。通过宣传引导、典型示范、指导规范、奖补鼓励，各类新型农业经营主体内部管理不断完善，监督措施逐步到位，利益分配机制不断健全，盈余分配60%以上按成员与合作社的交易量（额）进行返还，可持续发展能力不断增强。

（唐东荣　刘小云）

【农民负担监督管理】（1）强化组织领导，落实监管责任。继续坚持“党政一把手负总责、分管领导具体抓”的领导负责制，进一步完善农民负担监管工作领导小组，由党政一把手任组长。坚决落实“谁分管、谁负责”的部门分工责任制，明确监管责任，层层签订减负工作责任状，将减负工作考核情况与领导干部提拔任用及单位评先评优挂钩，严格责任追究制。（2）强化损农整改，切实维护农民权益。一是开展上下联动深化损害涉农利益行为整改。根据《关于上下联动深化损害涉农利益行为整改工作的通知》的要求，开展上下联动深化损害涉农利益行为整改工作，进一步落实惠农补贴政策，确保惠农补贴及时、足额发放到位；进一步规范涉农收费行为，减轻农民、村级组织和农民合作社等新型农业经营主体负担；进一步建立健全各项制度。二是开展涉农乱收费乱摊派清理整治。根据省农委《关于转发〈农业部关于开展涉农乱收费乱摊派清理整治活动的通知〉的通知》要求，全市上下开展乱收费乱摊派集中专项整治活动。截止到2015年12月底，本市共取消收费项目15个，降低收费标准1个，减轻农民负担206.51万元，退还农民款项140.61万元，查处违规收费案件77起，查处违规收费金额423.01万元，清退违规收费金额401.03万元，撤销违规文件3件，制定长效机制文件12个，减轻农民合作社负担12.6万元，有效地遏制涉农乱收费和损害农民利益行为，较好地维护农民合法权益。（3）强化监督检查，推动减负政策落实。减负工作点多线长面广，必须强化监督检查。为此，全年开展定期或不定期、全面或专项的常态化监督检查，重点检查惠农补贴资金的发放情况、涉农收费治理情况、监管制度落实情况及全省通报的问题整改情况等。

（唐东荣　刘小云）

## 种植业

【粮食生产】　由于政府政策推动，各地积极建设粮食生产功能区和旱粮生产功能区，粮食生产保持基本稳定，全市实现粮食播种面积569.91千公顷，同比增长1.1%；由于气候适宜，水稻等高产作物种植比重增加，粮食单产有所提高，全市粮食单产392.77公斤/亩，增长0.4%；粮食总产量335.77万吨，增长1.5%。

（刘景行）

【油菜生产】　油料作物生产稳中有增。全市油料作物播种面积

219.67千公顷，增长1.4%；油料作物总产量34.73万吨，增长3.6%。油菜籽播种面积207.29千公顷，增长1.4%；由于春季气候总体良好，温度日照适宜，油菜籽单产明显提高，油菜籽产量31.17万吨，增长3.9%。

（刘景行）

【经济作物生产】 衡阳市各地区大力发展特色农业、生态农业、休闲观光农业、农村电子商务，积极推进农业与互联网、与生态之间的联动效益，农业转型升级步伐加快，加之市委、市政府出台一系列优惠政策，高度整合资源推动蔬菜生产，蔬菜、水果、棉花等成为经济作物主要增长点。衡阳市蔬菜播种面积110.02千公顷，增长2.0%；衡阳市蔬菜产量359.63万吨，增长2.5%，水果（含瓜果类）产量78.39万吨，增长6.4%，茶叶产量2740吨，增长3.1%，烟叶播种面积8.89千公顷，总产量2.06万吨，分别下降0.9%、3.9%。

（刘景行）

**2015年衡阳市主要农产品产量**

表13

| 主要农产品产量 | 产量（万吨） | 比上年同期增长（%） | 主要农产品产量 | 产量（万吨） | 比上年同期增长（%） |
|---|---|---|---|---|---|
| 粮食 | 335.77 | 1.5 | 水果 | 78.39 | 6.4 |
| 油料 | 34.73 | 3.6 | 蔬菜及食用菌 | 359.63 | 2.5 |
| #油菜籽 | 31.17 | 3.9 | 猪、牛、羊肉 | 75.14 | -0.5 |
| 棉花 | 2.23 | -2.1 | #猪肉 | 72.35 | -0.7 |
| 烤烟 | 2.04 | -3.7 | 牛奶 | 0.09 | 1 |
| 茶叶 | 0.27 | 3.1 | 水产品 | 28.98 | 2.6 |

## 畜牧水产业

【概况】 2015年，在市委、市政府坚强领导和上级业务部门的指导下，全市畜牧水产部门坚持以养殖业转型升级为主线，以实现养殖业现代化为目标，适应经济发展新常态，狠抓各项工作措施落实，全市养殖业保持安全稳定发展。衡阳市被湖南省畜牧水产局评为2015年度全省养殖业工作先进市。据统计，全市全年出栏生猪1020万头，出栏家禽1.08亿羽，出栏牛14.6万头、羊70.2万头，分别较2015年同期增加-2.0%、1.9%、6.8%、7.2%、；全市放养水面达到5.47万公顷，水产品产量达31.05万吨，同比增长3.25%和4.01%；饲料总产量达114.8万吨、总产值41.3亿元。其中，出栏生猪、出笼家禽连续五年居全省第一。（黄　鹏）

【生猪定点屠宰】 2015年9月16日，生猪定点屠宰监管职责移交市畜牧水产局接管。移交后，市畜牧水产局主动作为，严厉打击私屠滥宰行为。截止到2015年底，共召开工作协调部署会5次，出动宣传车辆180台次，人员500人次，发放宣传资料20000多份，召开屠宰企业协调会4次，组织屠宰批发商座谈5次，开展打击私屠滥宰执法行动（或联合公安执法）4次，端掉黑窝点6个，查扣未宰生猪90头，已宰生猪131头，合计金额51万元。全市城区生猪定点屠宰监管工作取得明显成效，私屠滥宰现象急剧减少。

（黄　鹏）

【一号重点工程】 按照省市工作要求，履行养殖业主管部门职责，攻坚克难，全面推进湘江养殖污染防治工作。在2014年的工作基础上继续对湘江干流两岸500米范围内的规模养殖场实施关停搬迁，对湘江流域规模养殖场实施污染治理项目，并加强巡查、防止复养。其中2015年省级考核的107个规模养殖场已全部完成关停搬迁工作，已通过省级验收。省级考核的10个污染治理项目也已全部完成。至此，衡阳市湘江养殖污染防治相关工作第一个三年

行动任务全部完成。（黄　鹏）

【标准化规模养殖】　全市开展畜禽标准化规模养殖示范创建和水产健康养殖示范创建活动，指导衡阳县创建农业部渔业健康养殖示范县。2015 年共建设畜禽渔标准化扶持项目（菜篮子）12 个，创建国家级畜禽标准化规模养殖示范场 3 个，省级示范场 6 个，市级示范场 20 个；创建农业部水产健康养殖示范场 4 个，省级休闲渔业示范点 2 个。

（黄　鹏）

【质量安全监管】　创新畜禽水产品质量安全监管机制，开展风险评估、市场准入、检查记录、例行监测等工作；规范检疫证章标识管理，全面推行动物检疫电子出证，规范动物检疫行为。深入开展“瘦肉精”、滥用抗生素、饲料和饲料添加剂质量安全、水产品禁用药物和有毒有害物质残留、逃避检疫等专项整治行动。通过一系列举措，全市“瘦肉精”抽检合格率 100%，畜禽产品抽检合格率 100%，水产品抽检合格率 99.8%，各项指标合格率均超过省政府目标管理的要求，全市全年没有发生畜禽水产品质量安全事故。其中，在北区大市场联合查获的一起销售非法添加氯霉素的花甲案被评为 2015 年全省食品药品案件查办情况 10 起典型案例之一，德润屠宰场非法屠宰案被省公安厅挂牌督办。2015 年 3 月，全省畜禽水产品质量安全监管工作现场会在衡阳市召开。

（黄　鹏）

【动物疫病防控】　落实防控责任，推行强制免疫、疫情监测、监督执法、应急处置等综合防控措施，动物疫病综合防控能力明显提高。全市牲畜口蹄疫、禽流感、猪蓝耳病、猪瘟“四大疫病”免疫率、挂标率、免疫证发放率、免疫档案建档率全部达 100%，免疫抗体检测合格率达 70% 以上，做到应免尽免，不留空当。H7N9 流感和小反刍兽疫得到较好控制，全年没有发生区域性重大动物疫情和动物源性公共卫生安全事件。继续开展“兽医工作规范管理年”活动，全面推进兽医体制改革，全市各级动物防疫工作更加规范细致，痕迹化管理更加到位，尤其是乡镇动物防疫站的管理工作有明显的进步。2015 年，衡阳市动物防疫工作在全省动物防疫工作目标管理绩效考核中被评定为全省优胜单位。（黄　鹏）

【稻田综合种养】　2015 年，祁东县、衡山县、衡东县纳入全省首批 5 个稻田综合种养试点县，试点总面积 200 公顷。通过组织人员外出考察学习、开展技术指导，以点带面，不断扩大稻田综合种养范围。省畜牧水产局局长袁延文，省民建党、湖南师大、湖南农大等领导和专家相继到衡山、祁东等地开展稻田综合种养考察指导。通过一年的试点示范，全市稻田综合种养取得实效，亩平收入是单一水稻种植收入 2.3 倍以上。（黄　鹏）

【新型经营主体】　为转变发展方式，提高养殖效益，衡阳市不断推进新型牧渔业经营主体加速发展。生态环保型、循环利用型和节能节粮型的适度规模家庭牧渔场养殖模式已成为全市新型养殖业的发展方向，全市涌现一大批牧渔业专业合作组织。据统计，全市约有 5954 个家庭牧渔场，各种牧渔业专业合作社 677 个，社员总数达 46428 人。全市有畜禽加工企业 12 家，“湘旗”牌湘黄鸡、“衡金优农”咸蛋王、“文妹子”乌骨鸡、“兴旺”生猪、“长永”甲鱼、“易博士”饲料等品牌在省内有一定知名度。同时加强与广州等地进行生猪产销对接，15 个养殖企业成为广州市的生猪定点生产基地，有 4 个养殖大户在广州、深圳还建立专营点，市内共有 60 多户养殖大户走产销一体之路。（黄　鹏）

## 农业机械管理

【概况】　2015 年，市农机管理部门围绕市委、市政府提出的“经营集约化、产销一体化、生产标准化和耕作机械化”现代农业发展思路，推进“全程、全面、高质、高效”农机化发展，实现“保位置上水平，促平衡争先进，努力推动本市农机工作再上新台阶”的工作目标，全市农机化工作呈现出良好的发展态势，综合工作荣获全省第一名。全市农机总量达到 73 万多台（套），总动力达到 551.6 万千瓦，同比增长 6.0%。全市注册农机合作社 347 家，其中 55 家列入省现代农机合作社项目财政扶持建设名单，20

家被评为市级示范社。全市主要农作物综合机械化率达到56.1%，水稻耕种收综合机械化水平达到70.18%。（朱明生）

【农机补贴】 2015年实施新《方案》后，进一步完善农机购置补贴监管工作，继续实施“一则两法”，在《衡阳日报》上专版刊登农机购置补贴政策答疑，开通热线，构建起一套适合本市实际的购置补贴监管体系。2015年全市实施农机购置补贴资金8540万元，补贴购买农机具1.58万台，受益农户1.1万户，全年未发生一起较大的违规违纪案件。（朱明生）

【推广机械化】 水稻生产全程机械化有突破性进展，耕作、排灌、植保、收获等环节基本实现机械化。2015年机插、烘干等“卡脖子”环节机械化也实现跨越。继续推广低拱小棚、大棚育秧、工厂化育秧三种机育秧模式，有效推动机育插秧在全市的普及。2015年完成机插面积13.79万公顷，机插秧率从2014年的21.7%提高到2015年26.1%。全市水稻耕种收综合机械化水平达到70.18%，提高4.05个百分点。建成区域水稻烘干中心45个。完成油菜机耕面积6.03万公顷，油菜生产机械化3.87万公顷，机械收割5.47万公顷，油菜机械化水平达到56.1%。（朱明生）

【合作组织】 以实施省委、省政府“两个百千万”工程为抓手，发展现代农机合作社。在全市继续推介四种模式，即：企业主导型的“安邦模式”、部门主导股份合作型的“泉湖模式”、村委领办型的“大广模式”和户户联合模式。农机社会化服务实现从单一环节的作业服务向全程化的作业服务转变，并向农机销售、农机维修等市场服务延伸，农机作业服务已经成为农业生产性服务的主要内容。全市已注册农机合作社347家，新发展82家，累计40家农机合作社被评为市级现代农机示范社，100家成功申报省财政扶持建设的现代农机合作社。全市农机合作社专职从业人员1.5万人，流转耕地面积超过0.53万公顷，作业服务面积（含跨区服务面积）超过20.33万公顷，全市农机作业产值超过35.3亿元。（朱明生）

【农机产业】 整合农机资源，着力打造“一园两区”，即衡阳市白沙洲现代农机产业园、耒阳微耕机产业制造区和衡山机育秧烘干设备制造区。支持衡阳市富农农机制造公司，研发遥控式油茶林旋耕机，破解油茶垦覆的难题，提升油茶生产机械化水平。牵线衡阳云雁航空科技有限公司在雁峰区工业项目聚集园投资兴建生产基地。2015年全市拥有各类农机生产企业56家，22家农机企业产品分别列入国家和省购置补贴产品目录。（朱明生）

【安全监理】 落实“一岗双责”，探索农机安全“网格化”管理模式，把牌证管理机械的安全监管职责分号段、分区域分解到每个监理员，实现市、县、乡三级齐抓共管的农机监管网络。新创建全国“农机平安示范县”1个（衡南县），创建“平安示范乡镇”13个，新建标准农机驾驶员考场两个（衡山、耒阳）。目前全市入保机具5572台，投保金额168万余元。全年没有发生重特大农机安全事故，事故指标远低于省市安监部门控制指标。（朱明生）

【教育培训】 以建设农机合作社为平台，通过政策支持、项目帮扶、融资联介、技术指导等一系列措施，着力提升农机手的素质和技术，推动农机手向新型职业农民转变。全市共开展驾驶操作、维护修理、技术指导、经营服务等内容的农机技术培训121期，培训8850人次，同时还举办机插秧现场会和油茶机械化演示会17场次，观摩群众1.1万人次，有效提高农机手的技术素养和致富能力，推动农机手向新型职业农民转变。（朱明生）

## 农业科学研究

【课题研究】 2015年，衡阳市农业科学研究所（以下简称市农科所）以科技创新为主线，继续加大科研投入力度。全年开展科研课题33项，国家级项目有“水稻病虫害预警及关键防控技术集成与示范”“香稻种质系统与一级优质香稻培育利用”“国家、省区域试验”“长江流域大豆联合鉴定试验”“三熟区耕地培肥与合理轮作制”“国家油菜品种区域试验”等10项；省级项目有“水稻优质低镉品种选育”“新型短光敏水稻雄性不育系的选育及应用研究”“抗水稻黑条矮缩病种质资源的筛选、创制和应用”“水稻低镉品种筛选鉴定盆栽试验”“多熟制定位试验”“黄秋葵-水稻生态防虫栽培模式推广”“湖南农业大学衡阳油菜农科教合作人才培养基地”等14项；市级项目有“衡阳市杂交水稻工程技术研究中心建设”“枣新品种的引种与选育”“花期气温对桃坐果影响的研究”等7项；自选项目有“常宁基地早、中、晚稻高产示范试验”和“大豆新品种选育”2项。（彭亚琼）

【研发工作】（1）培育水稻新品种（组合）31个，参加省联合品比试验，进入国家或省区（预）试品种（或组合）12个。其中，进入国家早稻区试的1个，进入省早稻区试的2个，进入省联合品比的有8个（早稻、晚稻各3个，一晚、中稻各1个），进入多点品比的有20个（早稻5个，一晚7个，晚稻8个）。（2）在海南三亚市吉阳镇三郎村南繁加代早稻单株材料150份，中晚稻单株材料660份，三系不育系回交材料182份，两系不育系材料253份，F2代选育材料60份，组合鉴定材料73份，试验面积0.67公顷，繁育材料共计1378份。试制新组合17个，做测交、回交组合550余个。（3）选送96个新组合到桃江进行稻瘟病鉴定，穗瘟达3级（中抗）的有8个，5级（中感）的有35个，合格率达44.79%；选送128份育种材料到省植保所稻瘟病抗性基地进行稻瘟病抗性鉴定，穗颈瘟抗性在3级的有29份材料，穗颈瘟抗性在5级的有35份材料，其余的在7~9级。（4）通过筛选携带黄色带状标记基因选育两系不育系1个，通过香味基因功能分子标记选育高档优质常规香稻1个，选育超级稻1000公斤苗头组合1个，均已申请品种保护。（5）配制大豆杂交组合56个，组织大豆品比试验12个，繁育杂交后代540个。特别是利用野生大豆与栽培大豆的杂交后代进行多次回交、复交，出现一些具有野生大豆结荚密集、节间短的栽培型苗头株系和单株；推荐优质、高产、多抗春大豆新品系“衡春9451”参加长江流域春大豆联合品比试验，平均亩产205.8千克，居参试品种第一位；从南京农业大学引进大豆品种资源200份，从内蒙古、甘肃、黑龙江等地新引进兴佳2号、红美、黑金刚、定西黑薯等马铃薯品种6个；筛选、培育适宜不同间套作模式的优良春大豆新品种1~2个，建立大豆/玉米、大豆/红薯、大豆/幼龄果树等间套种高产栽培模式示范基地66.67公顷。（6）新开垦品种观测园近6.67公顷山地，引进桃、枣、柿、石榴、板栗、枇杷等新品种25个，并开展适宜性栽培技术的研究及幼龄果树间作大豆栽培模式。（7）开展《花期气温对桃坐果影响的研究》项目，已在衡南县栗江、衡阳县樟木、衡山萱洲、店门以及本所建立不同立地条件不同生态桃园观测点五个，分析花期气温与坐果率的关系，明确影响桃坐果的合适气温界限，研究出应对不利于桃坐果的极端气温的技术措施。

（彭亚琼）

【国家水稻体系综合试验】（1）2015年，市农科所按指标圆满完成水稻病虫草害预警及关键防控技术集成与示范、南方籼稻品种改良关键技术研究与示范、水稻生产全程机械化装备及配套技术研发、香稻种质系统研究与一级香稻培育利用、长江中下游稻区单改双关键技术研究与示范、南方水稻黑条矮缩病防控关键技术研究与示范等6个重点任务，自选完成双季晚稻免耕抛秧轻简栽培技术研究与应用、镉低吸收型水稻品种筛选2个课题研究；（2）建立百亩示范片10个，千亩示范方5个，万亩示范片5个，结合示范县生产现状，派出技术专家60人次深入珠晖区、衡南县、衡阳县、常宁市等地指导农业生产，解决技术问题80余个，开展技术培训及田间现场观摩12场次，培训农技人员112人次，种粮大户65户，农民1406人次，免费发放技术资料5340余份、优质水稻种子1500多公斤。向种粮大户和政府部门提出各类建议措施43项次，筛选品种97个，示范品种20个，展示品种16个，审定品种1个，新参试品种22个；（3）2015年，市农科所提高本市新品种覆盖率和新技术到位率。全年在衡阳县西渡镇梅花村、常宁市罗桥镇石盘村、常宁市三角镇江南村、衡南县洲市镇竹塘村、衡南县三塘镇大广村、衡阳县西渡镇青里村等地建立水稻示范点。示范推广水稻新品种有早稻五丰A/08C85、金优388，中稻双龙S/R755、广抗13A/R755，晚稻深95A/T08、五丰优130、H优159、金穗128、T优H505。推广的关键增产新技术有“早稻集中育秧”“水稻生产全程机械化配套技术”“合理密植，安全齐穗技术”“水肥藕合，‘机艺’融合技术”“病虫害绿色防控技术”“南方水稻黑条矮缩病防控关键技术”“优质香稻种植技术”“双季稻全程机械化适度规模生产关键技术”“‘稻—稻—油’三熟制绿色增产关键技术”等；（4）全年在国家水稻产业技术体系专题发表简报3篇，填写日志145篇，完成试验站“十二五”综合考核与验收报告，通过新闻媒体报道试验站工作5次。（彭亚琼）

【国家油菜体系综合试验】（1）开展紫色土区不同三熟制种植模式产量及土壤质量演变定位试验，紫色土区多熟制稻田土壤培肥与障碍修复技术定位试验，油菜秸秆还田不同耕作技术研究，水稻、油菜、绿肥品种筛选与茬口衔接研究，秸秆腐熟剂系列产品筛选田间试验，氮肥用量对直播油菜密度消减动态和产量的影响，三熟制直播油菜田除草技术试验，油菜抗旱耐旱高产关键技术研究，双低广适应性油菜新品种及其配套栽培技术；（2）完成143个品种的品比试验，83个油菜品种抗逆性测试，20个油菜新品种（系）机收适应性试验，24个油菜新品种筛选及生态区域适应性试验。完成2014—2015年度6个区组75个品种的区域试验田间设计、管理、记载等工作，2015~2016年度的3个国家油菜品种生产试验及6个区组64个品种的区域试验田间设计、管理、记载等工作；（3）在衡阳县岘山乡星光村、西渡镇梅花村，耒阳市大市乡长洲村，常宁市烟洲镇江水村，衡南县泉湖乡先锋村，衡山县贺家乡依田村、萱洲镇贺家乡，衡东县甘溪镇甘溪村等地开展双低油菜新品种示范，示范面积达219.6公顷。示范推广的油菜新品种有湘杂油199、沣油730、阳光2009、油研50、湘杂油188、湘杂油763和兴地油2号。推广的新技术有油菜“一促四防”抗灾技术示范、“五化”栽培技术、秋冬早发技术、油菜封闭除草技术、油菜全程机械化生产的油菜精量播种、全村机械化技术、热雾机防治油菜菌核病、油菜高产高效栽培技术；（4）在油菜主产区组织举办技术培训及科技下乡10次，开展技术讲座2次，机播现场会1次，机收现场观摩会2次，培训人员600余人次，免费发放技术资料2000多份；（5）调查5个示范县15个乡镇90户农民的生产现状，并形成调查报告。完成3个示范县27户农户大田考种、现场测产、数据取样、样品送检等工作。（彭亚琼）

【区域试验】（1）国家、省区域试验：南方早稻区试：共2个组25个品种；南方区试生产试验共1个组2个品种；省区域试验：晚稻中熟4个组49个品种；晚稻迟熟1个组13个品种。各项试验均按试验设计方案要求圆满完成。（2）省区域预备试验：早稻共5个组58个品种；一季晚稻共8个组113个品种；双晚中熟共11个组143个品种；双晚迟熟共7个组93个品种；双晚粳稻组共1个组20个品种。（3）绿色通道：晚稻中熟组3组34个品种。所有试验正常进行，区试结果按时总结和上报，成功获得2015年度湖南省联合品比试验优秀承试单位。

（彭亚琼）

【其他经济作物示范推广】（1）示范推广黄秋葵—水稻生态防虫栽培模式57.63公顷，建立黄秋葵—水稻生态防虫栽培模式示范基地4个，面积29.08公顷。各示范基地平均每亩稻田田埂产黄秋葵嫩果466.9公斤，平均每亩稻田新增产值0.56~0.9万元，经济效益十分明显。（2）在市农科所科研基地以及石鼓区领军蔬菜基地，开展香晖菜、叶利青、香椿、台湾番薯、黄秋葵、红秋葵、红栗、锦栗南瓜等特色蔬菜的高产栽培技术研究及示范推广。

（彭亚琼）

【成果奖励】2015年，通过省级审定品种3个，继续保持传统领域早稻杂交稻品种选育全省先进水平。自主选育的中熟春大豆新品种湘春豆28号、籼型三系杂交迟熟早稻品种五丰优317和合作选育的籼型三系杂交中熟晚稻品种H优7601分别通过湖南省审定。这些品种的成功选育和技术的研究，极大增强市农科所科技成果在市场的竞争力，满足广大农户对新技术、新产品的需求；2015年6月，市农科所正式授予湖南省引智基地“优质蔬菜新品种引种示范推广基地”；全年在省级以上刊物发表论文5篇。

（彭亚琼）

【项目建设】 实施国家农业部的农业科技推广，省农开办的农业综合开发科技推广，省农业厅的“超级稻研发”“湘米工程”“水稻低镉品种选育”“水稻低镉品种筛选鉴定”，省科技厅的省市联合基金，市科技局的科技支撑等项目；完善项目库建设，针对国家政策及投资方向，储备一批项目。向国家、省市相关部门申报农业科技攻关和农技推广应用等项目19项，其中农业部科研任务专项5项，省级项目8项。特别是向国家农业部申报湖南省国家级农作物品种综合区试站建设项目（规模达1000万），有望得到批复。

（彭亚琼）

【“十三五”蓝图规划】 根据中国十三五农业发展规划和总体要求，结合本市科研实情，描绘市农科所“十三五”发展蓝图：育成一批具有自主知识产权的农作物新品种；参与国家及省级农业重点项目和大项目平台协作；在农业新技术、农业经营管理及新品种、新技术推广上取得一批创新性科技成果；建设一个高标准的集现代农业新技术、生态农业新模式、资源节约型农业为主体的农业示范及教学培训基地；建设一个符合现代化、信息化要求的科研管理平台和科技服务平台；进一步提升创新手段，完善创新设施，建设符合现代农业发展需要的科研基础试验设施和教育培训设施；培养和引进一批具有创新意识和拼搏精神的高精尖科技人才和领军人才；通过合作，发展一批适应市场需求，创新互助、成果共享的科技成果转化型企业；全面完成示范农场改制任务等。

（彭亚琼）

## 蔬菜品种研发

【概况】 2015年，衡阳市蔬菜研究所共承担国家、省、市科研课题32个，其中蔬菜新品种选育（南瓜、丝瓜、苦瓜、辣椒、西瓜、甜瓜、冬瓜等）及蔬菜新品种推广应用课题14个，食用菌新品种的选育及其栽培技术的研究课题4个，湖南省蔬菜新品种区域试验及所内蔬菜新品种（组合）比较试验和生产示范试验课题8个，蔬菜组培技术研究课题2个，国家、省级项目4个。全年共撰写科技论文、总结材料30篇，在国家、省级专业刊物上发表学术论文15篇。鑫翠苦瓜和鑫帅苦瓜两个蔬菜新品种通过省农作物品种审定委员会组织的现场评议，已在申请湖南省农作物新品种登记；“蔬菜提早延后关键技术研究与示范推广”重大项目通过市科学技术局成果鉴定，正在申报2015年度衡阳市科技进步奖；“大棚茄果类蔬菜春提早、瓠瓜栽培技术规程”获衡阳市科技进步二等奖。一串铃四号南瓜丰产栽培技术推广应用项目获2015年湖南省农业丰收三等奖。（旷碧峰）

【蔬菜新品种选育】 （1）南瓜新品种选育。一是对32个南瓜材料进行田间观察与自交提纯；二是对2014年新配制的世早圆×18（酒）等5个嫩瓜杂交组合进行田间观察，几个组合的田间表现均不突出；三是以一串铃4号、一串铃6号、湘研早丽、亚华湘珑美丰为参试品种，开展南瓜品种比较试验，通过试验发现，本所选育的一串铃4号、一串铃6号在早熟性、座果率以及商品性方面表现较好，特别是在嫩果转色方面表现较优。嫩食型南瓜在果实发育过程中，果实表皮颜色由浅逐渐变深，变化较快，一串铃4号与一串铃6号颜色变化较慢，嫩果采收适期相对较长，而湘研早丽、亚华湘珑美丰颜色变化较快，嫩果采收适期相对较短。（2）丝瓜新品种选育。一是对历年收集提纯的包括皱皮、光皮、白皮和肉丝瓜在内的30个材料进行田间观察与自交提纯，其中包括新引进的材料4个。二是对去年新配的14个白皮丝瓜组合和9个香丝瓜组合进行试种，其中有一3个白皮丝瓜组合表现较优，但未达到理想效果。三是对本所自育的4个白皮丝瓜品种（白1、白2、白3、白4），在所内试验地进行田间比较试验，试验结果表明，本所选育的两个品种白1、白2表现优异，熟性早、瓜条均匀、皮色纯正、食用口感好，具有很好的推广前景。（3）苦瓜新品种选育。在苦瓜种质资源观察方面，全年共种植苦瓜种质资源35份，通过种植观察，发现GS10、GS15、JB03三个品种资源熟性中，连续坐果能力强，产量高，果实外观均属绿色，GS10、GS15属粗密瘤类型，JB03属粗长条油身类型，三个品种可进一步纯化、并进行配组利用。根据育种目标，全年共配制杂交组合8个，并于秋季对配制的杂交组合进行种植观察，从结果来看，杂一代早熟性和果实外观还没达到育种目标。(4)辣椒新品种选育。一是对36份辣椒种质资源进行观察和分离提纯；二是进行雁丰1号、丰辣3号、湘妹子三个辣椒品种的比较试验，试验结果表明，本所选育的雁丰1号早熟，果皮淡绿色、果顺直、果面稍皱、果多整齐，皮薄肉脆，味浓辣而香，丰产性好，前期产量和总产量位居三个参试品种之首，与对照丰辣3号差异极显著。三是对2014年新配的两个黄辣椒组合进行观察，两个组合表现良好，但有一个组合辣味不浓。(5)西瓜新品种选育。全年对4个西瓜亲本材料进行扩繁，试配一定数量的杂一代种子。开展西瓜新品种试种试验，试验在在统一科技进行，取得较好的效果，其中1个中果型绿花皮西瓜表现良好，拟申报参加2016年湖南省西瓜区域试验。(6)甜瓜新品种选育。一是继续对7个薄皮甜瓜育种方面（R2、M、B2、D1、D2、山引、绿宝）材料进行观察提纯，本所多年提纯的品种R2与M在抗病性、食用品质、商品性等方面都要优于其他薄皮类型甜瓜品种。二是配制薄皮甜瓜杂交组合2个，分别为D1×R2，R2×D1。三是对多年自交提纯的厚皮甜瓜H16进行栽培试验，试验结果表明，座果率较好，一致性较好，但存在畸形果较多的情况。(7)黄瓜新品种选育。本年度对收集的13个黄瓜品种资源进行观察、纯化和配组，对2014年配制的6个黄瓜新组合进行品比试验，试验结果表明：JS02×J4-1熟性早，主蔓雌花连续性好，前、后期产量均最高，且抗逆性强，但该组合缺点是，畸形瓜多，瓜头有黄条纹，商品性状有待改观。JS02×LP1前期产量和总产量排名第二，该组合果实外观为淡绿色，有光泽，瓜头无黄条纹，商品性状适合市场需要，但该组合雌花率高，肥水条件要求高，否则会造成畸形瓜多。 （旷碧峰）

**【蔬菜新品种评议】** 6月10日，由湖南省种子管理局组织省内有关专家，对本所选育的鑫秀、鑫帅苦瓜新品种进行现场评议，评议意见为：鑫秀苦瓜为早熟白苦瓜组合，主蔓第12—14节着生雌花，连续坐果能力强，果实外观及品质佳，果实长棒型果实纵径29.8厘米，横径6.6厘米，单果重387.0克。鑫帅苦瓜为早熟绿苦瓜组合，主蔓第10~11节着生第一雌花，雌花节率高，连续坐果能力强；果实长棒形，果表面圆瘤突起，有光泽，果实纵径26.5厘米，横径6.3厘米，单果重317.8克。两个品种田间表现生长整齐一致，未发现疫病、枯萎病、霜霉病等病害。此外，番茄、瓠瓜、红薯、观赏蔬菜的品种选育工作也均按计划完成年度工作任务。 （旷碧峰）

**【食用菌研究】** (1)珍稀食用菌的引进与开发利用研究。一是对新引进的三个茶薪菇品种与杨树菇进行比较试验，试验结果表明：茶薪菇产量比杨树菇低，但品质，口感比杨树菇好，菌柄比杨树菇脆，商品性好。三个茶薪菇品种以茶F2产量最高，生物转化率为102.3%，其次是茶薪菇6号，生物转化率为98.3%，最低是茶薪菇8号为91.0%；二是开展杏鲍菇品种比较试验，从结果看：杏鲍菇528产量最高，其次是湘杏98，杏鲍3号，三个品种品质都较好，菌盖灰色圆整不易开伞，菇体结实、品质好，抗病性也强。(2)开展食用菌优良新品种、新技术引进与推广应用。全年共引进优良食用菌新品种18个，其中包括高温秀珍菇品种2个，适合早秋栽培的平菇品种6个，中低温平菇品种4个，姬菇品种3个，特色平菇品种1个，木耳品种1个，白灵菇品种1个，金针菇品种1个。对这些品种进行栽培试验，试验结果表明，高温秀珍1672、极品秀珍1676两个品种在本市春、夏、秋都可出菇，可作为高温秀珍菇品种进行推广；川平5号、早秋4号可作为早秋、春季栽培品种进行推广，秋抗8号、2011-1、F黑、平5518四个品种可作为秋季栽培品种进行推广。榆黄菇K-13菌盖、菌柄都为金黄色，品质优、口感好，可作为特色平菇品种进行推广。(3)开展本地木耳品种的收集及木耳丰产栽培试验。2015 年从全市菇农种植的优良品种中共收集优良菌株 6 个；以木耳 99 为试验品种，分别采用吊袋出耳、墙式一头出耳、墙式两头等三种出耳方式进行出耳试验。（旷碧峰）

**【蔬菜植物保护研究】** （1）开展辣椒主要病虫害的调查和辣椒病虫害综合防控技术引进与示范。对本所育苗基地辣椒苗期猝倒病、试验地辣椒疫病、炭疽病、病毒病、枯萎病和辣椒蚜虫、蓟马、烟粉虱、茶黄螨和根结线虫的发生动态及成灾规律进行调查。对生物有机肥对作物品质改善技术、蓟马高效诱捕技术、黄板诱虫技术、昆虫性诱剂+诱虫灯技术等非化学防治为主的综合性控害技术在所内试验地进行示范，有效地控制虫口基数，效果显著。（2）开展西红柿青枯病防治药效试验。试验结果表明，农用链霉素 1000 倍液前期具有较好的防治效果，防效达到 83.1%。（3）开展黄瓜病害发生情况调查。本调查在所内试验地黄瓜结果盛期进行，发病率分别为，黄瓜疫病 3.2%、病毒病为 1.2% 角、斑病 5.8%、霜霉病 86.1%、白粉病 60.3%。由此可得出，所内试验地黄瓜易发主要病害为霜霉病和白粉病。（4）开展豇豆病害发生情况调查。调查在所内试验地进行，通过调查，立枯病发病率为 2.3%、根腐病为 8.6%；结果盛期豇豆煤霉病发病率为 60.5%、豇豆锈病为 80.6%。（旷碧峰）

**【组织培养试验】** （1）衡阳市科技重点项目“蔬菜种质资源离体保存技术研究”。已引进马铃薯、百合、芦笋等蔬菜种植资源及其它资源 20 多个，通过外植体诱导、增殖培养，繁殖出组培瓶苗作离体保存材料。成功培育出芦笋和西瓜的愈伤组织和丛芽。（2）开展西瓜亲本材料的组培试验。成功利用西瓜茎尖组织培养出愈伤组织和丛芽，为下一步西瓜组培利用打下坚实基础。（3）开展草莓组培脱毒快繁项目研究。引进红颜、章姬、宁玉 3 个适应湖南栽培的优良草莓品种，将选中的优良草莓单株，取其茎尖、茎段、叶片，进行灭菌处理，然后通过采用不同的培养基配方进行离体培养繁殖。成功诱导出愈伤组织。（4）开展红掌等花卉的组织培养试验。引进阿拉巴马、维多利亚两个红掌品种与一个白掌品种。通过试验已基本掌握红掌、白掌的特性。对八仙花、百合、月季、吊兰等花卉进行离体培养试验，愈伤组织的诱导和分化培养基都已经获得，其继代培养和生根培养也长势良好。（5）开展水培速生花卉快繁研究。在组培试验的基础上，通过水培托盘炼苗，直接用组培苗进行驯化，从而得到水培花卉。四季海棠、八仙花、月季、吊兰等花卉已经进行少量的水培驯化，但目前还不能大量繁殖。（6）开展金银花培养基配方改进试验。对去年从湖南农业大学引进的一批金银花的组培苗，进行扩繁。并对其配方进行改良，得到更优化的愈伤组织诱导、分化、继代培养与生根的培养基。（7）开展组培瓶苗的炼苗试验。通过采用不同基质、培养模式、温度、加湿与否、盖膜的五因素试验，获得将组培苗成功从瓶苗到生产用苗过渡的较佳炼苗方式，即在 25℃ 温度条件下，珍珠岩水培托盘保湿条件下成活率较高。（旷碧峰）

**【国家、省部级项目】** （1）蔬菜优质种苗快繁技术研究与示范推广。本所承担的国家科技部重点项目“蔬菜优质种苗快繁技术研究与示范推广”年度工作全部完成。2015 年春季衡阳蔬菜种苗基地共完成各类蔬菜育苗 1000 万多株，通过利用智能连栋大棚设施，采用电热升温、多层覆盖、穴盘护根等技术手段，从而实现比常规育苗提早 20～30 天出圃，提早 30 天以上蔬菜产品的良好效果，较好地满足广大农户对蔬菜种苗的需求。（2）大宗蔬菜产业技术体系衡阳综合试验站完成年度工作按期完成。筛选出适宜湘南地区栽培的优良蔬菜品种，开展茄果类和瓜类快速育苗技术研究、丝瓜套种南瓜高产高效栽培技术研究、茄果类病害综合防治技术研究。在衡阳县、南岳区、珠晖区、石鼓区、衡东县建立 12 个示范基地，开展蔬菜新品种、新技术示范，累计示范新品种 43 个，新技术 15 项。全年在 12 个示范基地举办蔬菜栽培技术培训班、现场技术指导共 42 次，培训农民、技术员 3500 人。参加科技下乡、蔬菜产地调研 40 次，大型现场展示、交易会 8 次，组织蔬菜新品种现场观摩会 7 次，利用媒体宣传报导共 28 次，上报体系报导材料20篇。调查本地区年度蔬菜产业播种面积、作物种类、产量等总体情况。协助岗位科学家进行茄果类蔬菜新品种生产、示范和区域试验、引进和示范岗位专家研发的露地辣椒施肥技术、IPM综合性控害、控残技术和产品、南方蔬菜病虫害综合防治技术。完成体系所指定填写的各类信息表格任务，共计完成体系6项调查，填写基础信息表和农户调查表101份。参与自然灾害等突发事件调查10次，共计提交报告10篇。(3) 完成蔬菜种苗繁育基地建设内容。该项目依据“农业部关于下达2013年种子工程等3类项目中央预算内投资计划的通知项目建设投资计划表【农计发〔2013〕23号】”“农业部关于2013年湖南省2个良种繁育基地可行性研究报告的批复和“湖南省农业厅关于下达2013年种子工程等6类项目中央预算内投资计划的通知”立项，2013年10通过初步设计评审，2013年3月进行公开招标，2015年5月25日进行项目项目田间工程验收，至2015年11月已全面完成种子发芽室、种子储存室改造；连栋大棚、钢架大棚修复；连栋温室简易大棚、农机具库、种苗包装车间新建；生产道路硬化、排水沟硬化等工程；购置各种仪器设备22台（套），另外，根据项目地点变更和建设实际情况增加田间配套电力改造、水源、土方、绿化、护坡等工程。目前项目正进行结算和审计验收准备工作。(4) 湖南省辣椒区域试验。2015年湖南省辣椒新品种区域试验共有参试品种11个，分QA和QB组，QA组2个品种（含对照）为泡椒类，QB组9个组合（含对照），其中包括5个朝天椒品种和4个羊角椒品种，从结果看，QA组两个品种产量相当，QB组中由本所选育的B06表现早熟、商品性好，产量在所有参试品种中排名第一，另外，B08、B03等三个羊角椒品种和B01、B04、B09等三个朝天椒品种均表现出较好的丰产性。所有参试品种均表现出较强的抗病性、抗逆性和适应性，并且具有一定的特异性，反映各育种单位在品种选育方向上正由传统的产量育种逐步向品质和抗逆育种方向发展。（旷碧峰）

【发展蔬菜产业】 (1) 技术服务带动：一是安排10名科技特派员深入城区和部分重点蔬菜和食用菌基地：其中旷碧峰、余席茂到石鼓区三星蔬菜基地；唐昌林、闵冬青到衡山县景华食用菌专业合作社；肖昌华、谭美丽到珠晖区茶山坳镇蔬菜基地；刘志华、李健生到蒸湘区呆鹰岭镇松陂蔬菜基地；邓先朝、刘剑眉到蒸湘区雨母山乡蔬菜基地驻点指导生产。二是与衡山县景华食用菌合作社、湖南常宏绿色有机蔬菜有限责任公司、衡东县方兴绿色蔬菜种植专业合作社、衡南县馨一现代农贸发展有限公司等合作社、企业签订技术合作协议，履行技术支撑作用。三是服务整个衡阳地区的蔬菜产业、蔬菜基地，开展项目论证、技术咨询、技术培训、技术指导等服务工作，科技人员全年累计下乡开展调研和科技服务活动1200余人次，发挥全市蔬菜技术服务中心的作用。(2) 科技产品带动：利用本所集约化育苗基地的优势，向全社会提供辣椒、茄子、番茄、南瓜、丝瓜、苦瓜、黄瓜、冬瓜等各类蔬菜种苗共计500万株，促进全市上半年蔬菜生产的发展，发挥蔬菜优质种苗中心的作用。(3) 蔬菜新品种、新技术示范带动：2015年，本所共接待来所参观交流的县市区农业管理部门负责人、农户、蔬菜生产企业技术骨干、农业院校或职业技术学校的学生共计500余人次，凡来所参观交流的人员，均安排技术骨干到科研试验示范地，对新品种及大棚栽培、地膜覆盖、穴盘育苗、防虫网、遮阳网、水肥一体化管理、病虫害物理防治技术进行讲解，让更多从业人员以优良品种和现代农业生产设施、技术有更多的了解。(4) 项目带动：为更广泛开展蔬菜新品种、新技术示范，2015年，本所通过项目合作的形式，在珠晖区、石鼓区、衡阳县、衡阳东县等多家蔬菜和食用菌生产企业开展示范，共计下拨示范经费和测试化验加工经费30余万元支持蔬菜基地、企业的发展。（旷碧峰）

【对外交流与人才队伍建设】 6月25~28日，由湖南省园艺学会主办、衡阳市农业委员会及本所承办、市农学会、衡阳县农业局协办的“第十届湖南省园艺学会会员代表大会暨学术年会”在本市成功召开，衡阳市农学会理事、本所全体科技人员及省内200多名园艺工作者参加会议并听取中国农科院谢丙炎、张宝玺及省内园艺界12名专家教授的学术报告，选举产生新一届的省园艺学会理事会，与会人员还出席衡阳县西甜瓜节，参观衡阳市现代农业示范园和本所蔬菜科研基地。此外，本所还接待广东省农科院、湖南省蔬菜所、长沙市蔬菜所、株洲市农科所、怀化市农业局等外地来所参观交流考察活动18次，派出科技人员30余人次外出考察学习。各种学习、参观和考察交流活动进一步增加科技人员的视野和业务能力。（旷碧峰）

## 林 业

【概况】 2015年，衡阳市林业工作在省林业厅的支持、指导和市委、市政府的领导下，坚持以建设生态文明为总目标，以发展现代林业为总任务，以全面深化改革为总动力，推进“绿色衡阳、美丽衡阳”建设，森林覆盖率达到46.38%，增长0.42%，森林蓄积量达到1705.2万立方米，增长4.2%，持续实现林业“双增长”目标，在全省创造通道绿化、“裸露山地”造林、油茶产业建设、国有林场改革、生态红线划定等多项“衡阳经验”，全市林业工作再次被省政府评为“湘林杯”林业建设目标管理考核优胜单位，这也是“十二五”期间，衡阳市林业工作第4次荣获省政府最高荣誉。（蒋 鹏）

【造林绿化】 （1）营造林任务超额完成。2015年，衡阳市紧扣乡村造林绿化和“裸露山地”造林绿化两条主线，全年共完成造林2.14万公顷，其中更新造林0.18万公顷，人工造林1.96万公顷，占年度计划的104.3%。造林面积中涉及“五边”造林1.7万公顷；油茶新造0.94万公顷，占年初计划的201.9%；“裸露山地”人工造林1.34万公顷，占年初计划的167%；完成封山育林1.42万公顷，占年初计划的106.5%；完成低产低效林改造2.29万公顷，占年初计划的127.3%；完成中幼林抚育3.09万公顷，占年初计划的145%；抚育管护7.13万公顷，占年初计划的122.5%；补植补造2万公顷，造林运用测土配方信息系统使用率90%以上，全市营造林总投入达到3.47亿元。 （2）通道绿化稳步推进。2015年，衡阳市在普通铁路、国道、省道两侧完成通道绿化3774千米，占年初计划的121.1%；市局本级筹资160万元，对岳临高速和南岳高速衡阳城区段实施全面绿化提质，建设林带长度5.3千米，绿化里程21千米；在四城区开展通道切坡裸露地覆绿工作，确定切坡裸露地小班262个，切坡绿化长度277.8千米，总面积262860平方米，预计到2016年6月底前全部完成城区通道切坡裸露地覆绿。（3）义务植树持续深入。市委、市政府主要领导在植树节带头开展义务植树活动，用实际行动号召全市人民植树造林，共建宜居家园。全市共有3.95万人次参与，共植树20.8万株，比2014年同期增长11.5%；全年先后共有525万人次参加义务植树活动，适龄公民义务植树尽责率达75%。目前，全市已完成义务植树0.87万公顷，建立义务植树基地12个，植树造林1356万株，完成造林面积45余公顷。

（蒋 鹏）

【资源管护】 （1）资源管护严格有序。市、县两级签订保护发展森林资源目标责任状，本年度林木采伐指标全部入村到户，及时率、公示率和入村到户率均达到100%；在全省率先划定林业生态红线并出台林业生态红线保护监督管理办法；开展林地违法用地清理和查处取缔无证无照经营专项行动，林地管理和林产品经营加工进入良性轨道；督促生态公益林补偿资金发放，细化公益林管护措施和考核办法。（2）森林火灾严防有力。以群防群治为总主线，深入开展“三大一落实”活动。市级举办1期森林防火指挥员培训班，全市各级共培训15000多人次；组织36个督查组，对全市重点火险区进行6次明查暗访，3次向市委、市政府专题报告督查情况。有效遏制森林火灾的高发态势，2015年以来，全市未发生森林火灾。（3）森防野保严控有方。2015年，衡阳市成功承办湖南省2015年“爱鸟周”活动启动仪式，组织修订《衡阳市林业生物灾害应急预案》；全市普查松林6.93万公顷，取样检测样品669株。林业有害生物发生面积2.14万公顷，发生率3.4%。成灾面积0.03万公顷，成灾率0.5‰。防治面积1.87万公顷，其中无公害防治1.81万公顷，无公害防治率97%；全市共出动执法人员2100余人次，清理整顿集贸市场131个，办理行政案件102起、刑事案件5起，收缴野生动物5.1万头（只、条），有力打击非法贩卖野生动植物行为。（4）涉林犯罪严惩不贷。全市森林公安机关接警265起，共立案查处227起，其中行政案件136起，刑事案件91起，打击处理各类违法犯罪人员245人次，挽回国家经济损失153.43万元，有力地维护生态安全。（蒋　鹏）

**【产业发展】**（1）油茶产业提升质量。对全市油茶项目进行重新梳理，暂停立地条件不宜、组织管理不严和预算资金不足的新造项目，重点提升油茶质量和效益，促进油茶产业向规模化、标准化融合。2015年重点发展0.94万公顷油茶新造林，实行苗木分级，采用2年生苗木造林，从源头保障良种造林。对近年来实施的油茶新造进行补植补造，选用与造林地原苗木规格相当的苗木，确保林相整齐和油茶高产。（2）林产工业注重效益。2015年，全市实现林业总产值222.7亿元，同比增长25.01%。其中第一产业69.5亿元，第二产业110.3亿元，第三产业42.9亿元，分别较2014年增长23%、24.1%和30.9%，整个林业产业发展态势良好。对全市30多家林企进行摸底调查，并召开全市林业产业工作会议；成功申报楠竹加工、林产工业省级专项资金项目3个，获批扶持资金70万元。成功申报2个现代林业特色产业园省级示范园项目，获批资金200万元；对龙头企业加大培育与扶持力度，在2015中国森林食品交易博览会上，全市大三湘、神农科技和江山生态3家龙头企业全部荣获产品金奖，现场达成供销协议近亿元。（3）种苗培育严把标准。全市完成新育苗面积165.84公顷，保存面积11.02公顷，可产合格苗木7997.532万株；采取统一调种，确保圃地苗批合格率达100%，主要林木良种使用率达到100%；为确保油茶苗木质量，实行全市统一调剂，2015年本市采穗圃累计供应油茶良种穗条1800多万芽，从外地购进2000多万芽，全市共嫁接生产油茶苗3800多万株。（4）林下经济强力扶持。打造林下经济示范点，在全市范围内开展林下经济调研工作；成功申报1个国家级、3个省级林业经济示范基地，成功争取将2家农林农民专业合作社列入2015年林下经济省级扶持项目建设；全市13家农民林业专业合作社获批省级首批农民林业专业合作社示范社。（蒋　鹏）

**【改革创新】**（1）林场改革稳步推进。全市涉改国有林场12个，经营总面积4.87万公顷，国有林地面积2.35万公顷，林场职工1946人。截至年底，全市12个国有林场改革工作都已通过省政府验收，全面完成各项改革任务，在全省评比中获得一等奖。（2）项目建设卓有成效。全市围绕油茶产业发展、“秀美村庄”和“绿色通道”建设等，共有20个涉林项目列入到本年度市重点工程项目，总投资达124.45亿元，其中2015年计划投资28.89亿元。目前，20个项目已全部开工，开工率100%，到12月底，完成投资26.57亿元，占本年度投资计划的92%。（3）林权流转规范有序。对常宁市、衡南县、衡阳县三地进行林权制度改革和林权流转的调研和检查，对发现的问题进行逐个解决，进一步加强对林权扫尾和林权流转工作的监管；3次开展实地调纠工作，接待林权纠纷信访40余人次；开展林权流转一站式服务，免费为林农、林企上门服务。（4）科技兴林作用明显。组织8次科技下乡及科普活动，发放科技资料4800余份；选派国家、市和县三级科技特派员38人，对口帮扶林农、林企200余人次；开展“测土配方宣传月”活动，确保系统查询率95%以上。成功举办全市中央财政林业科技推广项目暨测土配方工作培训班，培训100余人。补充或纠错系统小班因子232余万条，可查率达95%以上；成功申报1个国家级示范点、7个省级、1个市级林业科研计划和科技推广示范项目，争取资金59万元；完成1个科研成果鉴定，2个中央财政林业推广项目的现场查定，5个中央、省级项目资金使用和支出情况的自查自纠。（5）生态文明深入人心。结合全省爱鸟周活动在衡阳市启动和植树节等林业特色活动，充分发挥各类新闻媒体的舆论主阵地作用，共收集和上报信息600余条，编发《衡阳林业》104期，被省厅和市委市政府以及相关媒体采用460余条，采用率达94%，多次在《衡阳都市频道》《衡阳晚报》《衡阳新闻网》等媒体和杂志中宣传林业工作，特别是在《衡阳日报》开辟“绿色衡阳”宣传专栏16期，营造良好的林业发展氛围，进一步提高全民生态文明意识。

（蒋　鹏）

**【完成森林资源二类调查】**　根据省政府《关于开展全省“十二五”森林资源二类调查的通知》的要求安排，在省林业厅的统一部署下，衡阳市于2013年5月至2014年9月开展“十二五”森林资源二类调查的内外业工作；市林业局于2015年5月底完成全市二类调查市级成果资料汇编。根据汇编资料显示，现全市林地面积790505.2公顷，有林地面积437976.7公顷，森林覆盖率为45.96%，活立木总蓄积量15876863立方米。（刘景行）

**【生态红线划定】**　衡阳市近日出台《衡阳市林业生态红线保护规划》和《衡阳市林业生态红线保护监督管理办法》，标志着衡阳市将全面实施林业生态红线保护工程，严格规范管理，严守生态红线，确保全市林地、森林、湿地资源科学利用，适度增长。保护规划强化森林生态修复和森林资源管理，划定的林地红线是全市林地面积不少于78万公顷，确保现有林地资源得到全面保护；划定的森林红线是全市森林面积不低于70.65万公顷，森林生态系统得到有效保护和恢复，维护全市生态安全；划定的湿地红线是全市湿地面积不少于4.81万公顷，确保全市现有湿地面积不减少，各级湿地自然保护区和国家级湿地公园得到有效保护，维护全市淡水安全。（刘景行）

## 水　利

**【防汛抗旱减灾】**　2015年汛期，全市上下科学应对8次强降雨和6次超警戒水位，转移群众1万余人，减少直接经济损失3亿多元。去年6月18日下午，耒阳市马水乡立新水库出现险情，情况比较危急。市里和耒阳市两级全力应对，成功抢险，最大限度地减少灾害带来的损失。2015年冬天，全市遭遇60年以来的最强冬汛，湘江干流全线超警戒水位，市县两级水利部门将确保群众生命财产安全放在首位，从11月13日8时起恢复24小时防汛值班，迅速启动Ⅲ级防汛应急响应，紧急组织泵站排涝，组织广大干部群众全力抗灾救灾，10余天转移群众1000多人。衡东县荣桓水闸除险加固工程经受住重大险情考验。整个冬汛期间，全市确保无堤坝垮塌、无人员伤亡，得到省市领导的肯定，有关经验做法在全省推广。（谢　扬）

**【项目建设】**　2015年，全市水利系统坚持把水利项目作为“调结构、促增长、惠民生”的重要工作来抓，争资跑项，重点推进小型水库除险加固、中小河流治理、四水治理、农村饮水安全等工程建设，全年共完成水利建设投资13.2亿元，完成土石方6800万方，农田水利基础设施不断夯实，水利项目建设成绩显著。（1）小型水库除险加固走在全省前列。2015年全市共完成474座小型病险水库除险加固任务，完成数量相当于前10年的总和。其中，衡南县完成的数量居全省第一。全市在全省建管工作会上介绍小型水库除险加固经验做法。（2）农村饮水安全工程超额完成。2015年，兴建农村饮水安全工程325处，完成投资1.9534亿元，解决农村饮水不安全人口40.68万人，提前全面完成上级赋予的任务，受到省厅和市领导的肯定。（3）农田水利建设工作突出。2015年面上五小水利工程完成投资6.6896亿元，其中改造山平塘1.5万处，清淤沟渠3200千米，新修加固堤防65千米，疏浚河道50千米，新修改造大型泵站1座，清淤小水泵、机电井改造2400处，修复水毁工程1500处，完成的投资和工程量居历年之最，大大推进全市农田水利建设。（4）其他各项水利工程建设可圈可点。2015年，中小河流治理、四水治理、城市防洪、抗旱应急水源、小水电代燃料、农村电气化、水土保持、灌区节水改造等工程建设都较好地完成任务。

（谢　扬）

**【水资源管理】**　为提升依法治水管水能力，切实保护湘江岸线完整和水生态环境，2015年全市组建市水政监察支队和市城区河道管理联合执法队，开启全市河道管理多部门联合执法新模式。市城区河道管理联合执法队成立后，市中心城区108千米河道的执法能力明显增强，自成立以来，共拖离扣押采砂船134艘，吸砂船13艘，立案查处75起，移送公安机关刑事立案2起，治安拘留3人，关闭非法砂场204处。同时，去年本单位继续以落实最严格水资源管理考核制度为抓手，将禁止小二型水库以上水域化肥养鱼纳入市政府对县市区政府绩效考核范围，抓好水资源管理“三条红线”的落实。新增市级水功能区监测断面13个并纳入水资源考核，经年度抽检，全市水功能区达标率95%以上，38个水功能区监测断面有22个达到Ⅱ类水质标准，其余达到Ⅲ类水质标准。河道保洁工作扎实推进，市县两级共巡查河道10次，打捞垃圾50多吨，取得较好成效。（谢　扬）

【安全生产】　全市水利系统安全生产工作得到省厅和市政府充分肯定。市水利局被市委市政府评为安全生产先进单位。局安全监督与信息宣传科科长谢扬被评为全国水利系统安全生产先进个人。

（谢　扬）

## 移民安置

【概况】　2015年，在市委、市政府的领导下，在省局指导和支持下，全市移民工作坚持以中共十八大和十八届三中、四中、五中全会精神为指导，紧紧围绕“主动适应新常态，努力助推库区移民全面建成小康”的工作思路，深入践行“三严三实”，强基固本、务实创新，圆满完成年度工作任务。在全市移民系统的共同努力下，衡阳市移民开发局（以下简称本局）在全省目标绩效考核中排名第一，荣获优秀单位，实现历史性突破。人口与计划生育综治工作在省局和全市的考评中均获先进单位。（刘　毓）

【后扶工作】　（1）移民后扶科学精准。一是直补资金发放及时准确。截至2015年底，按省局要求按季度将2015年度四个季度直补资金全部及时拨付到县市区，采取“一卡通”的形式共发放资金1.06亿元。二是计划编报科学合理。编制直补资金年度计划项目763个，总投资4073.6545万元。完成重点项目情况验收，共完成上年度后扶资金项目722个，总投资7969.1418万元。三是加强后扶人口动态管理。全年按相关规定及时核减后扶人口489人。四是加强后扶稽察监测工作。9月份组织对衡南、衡阳两县进行后扶稽察，对两县存在的问题提出整改要求，并向省局上报稽察报告。6~12月份对全市移民人口1万以下的县市区后扶政策实施情况进行监测评估工作，及时反馈监测评估结果。五是扶贫帮困工作及时精准。全市“两节”期间共走访慰问库区及移民安置区困难群众866人合计金额47.82万元，资助贫困大学生20人合计金额4.95万元。按省局要求做好祁东县避险解困的前期工作，异地搬迁安置2218人总投资2亿元，纳入2016年市级重点社会民生项目，为下步顺利实施奠定基础。（2）规划计划统筹规范。一是编制移民后扶“十三五”规划。根据《湖南省水库移民开发管理局关于开展大中型水库移民后期扶持“十三五”规划编制工作的通知》的精神，及时启动“十三五”移民规划编制工作，深入库区和移民安置区广泛听取基层意见，做到开门搞规划。组织调度各县市区“十三五”规划编制工作，对全市编制移民后扶“十三五”规划提供技术指导，并协调落实重点项目进入当地和部门“十三五”规划。与此同时，开展市县“十二五”移民经济发展规划总结评估工作，为编制移民后扶“十三五”规划打下良好基础。二是及时编制下达项目计划。全年编制下达项目计划6批计划项目1249个，投资移民资金总计8111万元，指导各县市区抓好库区2015年年度计划项目实施工作，全年已经完成项目1200个，正在实施的项目49个，解决移民饮水安全26071人，完成和改善移民村通村公路468条602.9千米。

（刘　毓）

【新库建设】　（1）土谷塘航电枢纽工程按照省、市党委政府的要求，协调、推进，截止到12月20日，全面完成58米正常蓄水位自验、初验和终验工作，如期实现省市政府交办的年底前并网发电的目标任务，得到省、市两级领导的肯定。移民安置任务全面完成。土谷塘航电枢纽完成68户移民签订搬迁安置协议，29户移民搬入新居。广济水库移民安置已搬迁移民安置129户540人。库区专项工程优质达标。土谷塘航电枢纽工程11月底全面完成库区58.0米以下工程，护岸涵闸工程、抬填工程、移民安置及实物补偿和库底清底工作全面完工，实现年底蓄水发电预期目标。完成库区改复建公路桥9座、机耕桥3座、公路涵6处，30千米护岸、21处涵闸及粟江电站、粟江电灌站改复建工程全面完工，部分工程达到优良标准。（2）其它新库建设妥善推进。做好郭家嘴水库和广济水库移民安置大纲和规划的编制报批工作。加强沟通与协调，妥善推进亲仁电站的补偿工作。（刘 毓）

【产业发展】（1）移民产业基地继续做大。“两茶两水”（指的是油茶、茶叶、水果和水产养殖）主导产业进一步巩固，特色产业快速发展。全年完成新建和改造基地111处0.25万公顷，新建和改造油茶基地44处1140公顷，占年度任务114%；新建和改造茶叶基地6处143.33公顷，占年度任务107%；新建和改造水果基地38处696.67公顷，占年度任务137%；新建中药材基地18处386.87公顷，占年度任务116%；新建和改造楠竹基地5处136.67公顷，占年度任务102%；新建网箱养殖410口，大水面养殖0.67万公顷，占年度任务100%；此外，全年完成基地提质改造0.1万公顷，扶持移民示范合作社10个，占年度任务125%。基地产出效益提升。衡山、祁东、耒阳、珠晖小水果基地喜获丰收，衡南、衡阳、常宁、耒阳等油茶基地，衡南、衡山、南岳茶叶基地和蒸湘、雁峰、石鼓的蔬菜基地又得到巩固发展。白渔潭、近尾洲、大源渡等水库移民养鱼网箱因保护水体适当调减，大水面养殖迅速发展。（2）移民产业组织化程度继续提高。巩固和发展“公司（专业合作社）+基地+移民户”的经营模式，全市联结扶持市级以上移民农业产业化龙头企业65家、移民重点专业合作社190个的基础上2015年新增10个，涌现一批移民开发大户、返乡创业移民户，一大批农业产业化龙头企业和移民专业合作社等农村新型经营主体继续带动移民发展种植业、养殖业、休闲旅游业和其他二三产业，提升移民产业化经营水平。（3）创新开展移民产业资金投入机制。在全面推进移民产业建设的同时，探索、创新经营模式，并成功探索出租赁经营、承包经营、公司+基地+农户经营、合作经营、合伙经营、大户经营等多种成熟的经营模式，让贫困移民分红收益。如神龙农业科技发展有限公司与耒阳市哲桥镇等8个乡镇签订林地流转框架协议，将1.2万公顷林地用于营造油茶林；江山生态农林发展有限公司在常宁市荫田镇以“公司承建、移民部门扶持、移民土地参股分红”的开发模式，租赁土地0.13万公顷，移民在项目建成后可得3成利润分红。成功运用“公司+农户+基地”的开发模式，实现移民增收致富。2015年，本市移民收入稳定增加，预计2015年全市移民人均纯收入为7600元，较2014年增长858元，增长率为12%。（4）以产业发展需求为目标优质高效开展培训。截止到2015年10月底，全市共举办移民技能培训班86期，培训移民5606人，超额完成省局下达的目标任务。其中实用技术培训4698人，技能培训398人，转移就业培训510人，移民干部培训600人。

【移民培训】（1）创新移民培训方式。实用技术培训方面：以产业发展需求为目标，依托乡镇、本地企业和职业学校等，广泛开展现代农业技术讲座和实地指导，把技术服务和致富典型送上移民家门，送到田间地头，以激发移民的参训热情，为移民提供便利的培训条件。如衡南、衡阳、衡山、蒸湘等县区移民机构，因地制宜、有声有色开展实用技术培训。技能培训方面：深入开展市场调研，确立以优质就业为导向培训理念。广泛开展因需培训和订单培训，根据移民培训需求，开设具有明显市场力的特色专业培训班，确保培训的精准性及培训质量。（2）规范移民培训管理。督促、指导市县移民机构，针对移民劳动力结构、培训意愿、就业情况等开展摸底调查，并通过多种渠道了解市场用工信息，在制定培训计划时突出培训与就业的供需对接，加强培训计划管理。结合市局开展的内部审计、监测评估和稽察等检查活动，加大对培训资金的监管力度。（3）实现移民培训产业化。根据移民工作实际而确立的移民培训新思路，做好对接移民需求，开展点菜式培训；对接产业发展需求，开展体验式培训；对接企业需求，开展订单式培训；对接院校资源，开展定点式培训，努力打造“移民+院校+企业的培训产业链，逐步实现移民培训市场化、产业化。

（刘　毓）

【资金监管】　（1）及时足额筹集拨付各类资金。一是协调市财政安排本局本级预算经费367万元，协调拨付全市移民机构工作经费118万元，协调市财政下达移民后期扶持基金14548.92万元、结余资金7641万元、库区基金1827万元、小水库移民扶助金803万元。二是资金到位后，与财政部门联系，及时办理资金入库及拨出手续，并与财政局综合处、银行等部门就资金收支情况进行定期核对，确保资金收入准确，下达及时。（2）资金管理进一步规范。一是完善移民资金使用管理制度。建立健全“阳光行政”“内审规定”等一系列资金管理使用制度29个。制定《报账管理制度》《票据管理制度》《资金财务管理制度》，通过对财务制度的修订完善，确保财务管理进一步规范。二是做细日常管理业务基础工作。及时准确地对年度内各类移民资金拨付情况进行统计汇总，与省年度各类移民资金收支情况进行对账，对年度各类移民资金会计决算报表进行审查汇总，编报局本级固定资产投资决算报表，对财务管理基础工作进行强化和规范。三是强化监管确保资金安全和效益。一年来以审计为抓手，多管齐下，不断强化资金监管。全力配合省审计厅对本市2012~2014年度移民资金使用管理情况专项审计，从4月份至10月份，对祁东县、耒阳市、蒸湘区、石鼓区、珠晖区、南岳区等6个县市区全面进行资金内审，发现问题53个，全部整改到位。4月份对2014年度的移民扶助金（803万元）的支出项目进行自我绩效评价，在审计的过程中，召开全市整改工作会议，到相关县市督察整改工作，将各种审计问题汇总归类建账，按照整改要求向上级汇报整改结果，极大地促进相关人员资金财务管理水平的提升。（3）探索和创新资金管理新手段。上半年，委托软件开发公司开发一套全市移民系统财务管理软件，从2016年启用全市移民财务管理软件，将项目计划、项目实施、资金拨付、项目验收的项目管理全过程录入管理软件，为建立完善衡阳市移民资金信息化管理平台奠定基础。

（刘　毓）

# 工　业

在欧洲，在美洲，在亚洲，在非洲，在大洋
Product Exposition of Hengyang Industry
装备　装备世界
衡阳世界级
亚洲
衡阳
中钢集团衡阳重机有限公司
中钢集团衡阳重机
有限公司
PRODUCT
Product Exposition of Hengyang Industry

## 经济和信息化

【概况】 2015年全市新增153家规模工业企业，占全省新增规模工业企业的10%，在全省排名第三。全市有规模工业企业954家，实现规模工业总产值2075亿元，实现规模工业增加值540亿元，同比增长7.1%。工业发展质量不断提升，三次产业结构比重为15.2∶44.6∶40.2，其中工业增加值占GDP比重为38.7%，对经济增长贡献率达13.0%，拉动GDP增长1.1个百分点。全年规模工业实现利税183.64亿元，增长1.2%。重点企业持续拉动。鸿富锦保持40%以上增速，紫光古汉增长75%，帝斯曼增长28%，天锦纺织增长24%，带动电子信息、生物医药、轻纺等行业保持15%以上的较快增长。（詹剑平）

【结构调整】 全市先进装备制造、电子信息、生物医药、新能源、新材料等战略性新兴产业完成工业总产值850.8亿元，占规模工业总产值的比重突破40%，比“十一五”末增加10个以上百分点。全市规模工业中，高加工度工业增长9.4%；高技术产业增长14.8%，分别比规模工业增加值增速高2.3个和7.7个百分点。电子信息产业增长10.2%，增速高于全市平均水平3.1个百分点。六大高耗能产业增长得到有效控制，全年增长5.1%，较2014年减缓0.9个百分点。（詹剑平）

【项目建设】 全市完成工业固定资产投资911.2亿元，同比增长11%，总量在全省排名第四，其中完成工业技术改造投资654.2亿元，同比增长30.1%，增速全省排名第二。全市推进159个过5000万元的重大项目建设，年内开工率达100%，完成投资228亿元，超额完成投资任务，富士康工业新城、南岳生物制药1000万瓶血液制品、深圳中航标准件等62个项目竣工投产，为经济发展提供新的支撑。积极对接“中国制造2025”，特变电工、共创光伏等2家企业进入国家制造项目支持，紫光古汉中药公司年产4亿支古汉养生精口服液技术改造、洲旗电子手机笔记本电脑液晶显示屏及整条手机产业链等15个项目进入制造强省项目支持。（詹剑平）

【园区经济】 全市园区基础设施建设累计投入119.39亿元，同比增长25.58%；园区新建成面积11.92平方千米；完成标准厂房建设面积195.12万平方米。衡阳县西渡高新产业开发区、祁东归阳工业园等县域园区开工建设，衡山科学城红树木样板区启动建设。唯品会、神州数码、中油金鸿、中民筑友、华电高科等一大批企业进入园区发展，增强园区发展后劲。园区服务日益完善。要素支撑、技术创新和新产品研发促进、市场开拓、综合服务、现代物流等“五大平台”建设，白沙洲、松木等园区的要素保障平台和综合服务平台搭建快速推进，有效提升园区承载能力。（詹剑平）

【规划编制】 联合工信部赛迪研究院编制《衡阳工业发展规划（2016~2025年）》，广泛征求市领导、人大代表、政协委员、市直相关单位、企业负责人意见，凝聚各方面智慧和意见，通过专家组评审，为工业经济发展作好顶层设计。加快“中国制造2025”衡阳行动步伐，联合赛迪研究院编制《中国制造2025衡阳行动计划》《衡阳市“十三五”信息化发展规划暨“互联网+”推进计划》。联合湖南省第一测绘院编制《衡阳市工业产业空间布局规划》，优化产业空间布局，促进产业集群化、差异化、特色化发展。（詹剑平）

【中小企业与非公经济】 深入贯彻落实国省支持非公经济、中小企业发展的政策措施，积极推动“大众创业、万众创新”，截至2015年底，全市培育中小微企业创业基地23家，入驻中小微企业742户，孵化企业170户，吸纳3.6万名劳动力就业。引导中小微企业走“专精特新”发展道路，39家中小企业获评省中小企业“专精特新”示范企业。推进市中小企业公共服务平台建设，松木盐卤化工和白沙输变电两个产业窗口平台也已经建设完毕，全市15家中小企业服务机构获评湖南省中小企业核心服务机构。2015年，全市中小企业、非公经济平稳较快发展，中小工业企业实现增加值1150亿元，同比增长

6.1%；非公经济实现增加值1468亿元，同比增长8.5%；非公经济实缴税金108亿元，同比增长8.8%。（詹剑平）

【科技创新】 新增建衡实业有限公司、合力工业车辆有限公司等2家省级企业技术中心，新认定佳诚新材料、瑞达电源、恒信新型建材、凌云特种材料、大成锅炉、金化高压容器等6家市级企业技术中心。镭目科技有限责任公司“在线检测连铸坯固相内边界及凝固末端位置的系统和方法”、华意机械有限公司“橡胶注射机的交替式连续注射方法”等12个项目新产品列入省“百项专利转化推进计划”与“百项重点新产品推进计划”。特变电工衡阳变压器有限公司被评为国家技术创新示范企业，成为全省2015年度通过评定的两家企业之一。衡阳运输机械有限公司获评国家品牌培育示范企业，为全省获评四家企业之一。（詹剑平）

【信息化】 （1）信息基础设施建设。衡阳市成为全国宽带骨干网32个重要节点城市之一，是湖南省2个重要节点之一。全市宽带接入70万户、互联网宽带出口带宽720G，城区8兆以上宽带接入率达100%，农村行政村通宽带超过88%。（2）两化融合。1200多户企业开展信息化改造，引进工业机器人及智能装备200余套，推进特变电工“数字化车间”改造，支持红光物流等物流信息化建设。信息消费不断扩大。全市发展IPTV用户25万户，手机电视用户50万人。“数字衡阳”一期工程完成一个云中心和平安城市、数字城管、智能交通、应急指挥四大核心应用。（詹剑平）

【电力建设】 全年完成电网建设总投资6.8亿元，其中新（扩）建220千伏变电站2座（廖家湾和衡东变电站），新建110千伏变电站2座、扩建1座，新建35千伏变电站4座、扩建9座，完成农网改造194个行政村，启动改造建设151个行政村。大力推进廖家湾变电站升压改造工程，为城区能源供应安全、助推经济健康持续发展提供坚强保障。2015年，全社会用电126.96亿千瓦时，同比下降0.44%，工业用电量77.7亿千瓦时，同比下降3.13%。（詹剑平）

【服务企业】 （1）政策扶持。研究出台《关于进一步支持工业经济发展的若干规定》，涵盖金融财政、工业“互联网+”、对接“中国制造2025”、总部经济、企业兼并重组、发展环境6个方面，为企业发展注入政策推力。（2）公共服务平台。在市政务中心办公楼建设中小企业公共服务平台，开通省市县三级网络服务平台，为中小企业提供管理咨询、创业服务、融资担保、法律服务、信息服务、市场开拓、人才培训、技术创新等综合服务。（3）融资服务。搭建政银企平台，开展“融资服务走进创业基地”活动，32家中小企业与建设银行进行融资需求对接，金额约1.2亿。加强信用担保体系建设，为全市担保机构争取国、省资金1870万元。全市担保机构新增担保企业313户，新增担保额21.56亿元。（4）管理升级。举办“2015小微企业携手行动”“腾飞杯”管理升级公益活动，提升中小企业管理水平；组织企业家参加省政府支持的清华北大高级研修班，实施国家中小企业银河培训工程，提高企业管理人员和专业技术人员能力水平。（詹剑平）

## 工业企业改制

【机构整合】 2015年初，根据市委、市政府《机构改革方案的实施意见》，撤并原七个工业行业管理办公室（机械、化医、轻工、冶金、纺织、建材、二轻），设立衡阳市工业企业改制服务办公室（以下简称工改办），为市政府直属事业单位，业务归口市国资委管理，主要负责所属国有（集体）工业企业改制相关事务。5月8日，市工改办正式成立。整合后的机构有干部职工391名，在编人员83人（其中：正处实职2人、副处实职12人、正科实职31人、副科实职7人，后勤人员11人），退休人员308名。工改办组建后开展摸家底、搭班子、整章建制等各项工作，设总部和各行业分部14个部，总部内设综合部、改制服务部、党群部、组织人事部、纪委、工会、财务部等七个部，行业分部为原7个工业行业管理办公室工作部。制订一系列制度，规范内部管理，促进人心聚合，做到人事统一、财务

统一、制度统一。（李依蓓）

【企业改制】（1）改制任务。2015年是全市工业企业改制攻坚年。45家目标改制企业，立项完成36家，职工安置费用审定完成30家，召开职代会39家，建湘、无线电三厂、无线电五厂等30家企业职工安置费用兑付达到98%以上，安置人员24427人，安置总费用227396万元，资产移交30家，验收10家。根据市改制办、市国资委对煤炭企业管理授权要求，市工改办承接煤炭企业改制工作，11家煤炭企业改制启动9家，进展顺利，形势稳定。（2）改制方法。在改制推进过程中，责任到位、政策宣传落实到位、工作力度到位，工作方式创新，确保改制的顺利。衡阳界牌陶瓷有限公司、衡阳五强动力有限公司两家全市最大的国企，在历史遗留问题最多、职工安置人数最多、企业矛盾最复杂的艰难条件下，自改制启动后，通过分层次宣讲改制政策、推选职工信息员、维控对象一对一、建立社区街道工作网络、将安置费兑付点设在银行等灵活的工作方法，仅两个月，职工安置率达到95%以上，没有发生一例赴省赴京、到市委市政府群访集访等不稳定事件。（李依蓓）

【项目建设】（1）文化产业园。在成功创建三叶创业园区的基础上，2015年引进“2688文化产业园”项目。该项目是以文化传播为主要业态，整合中西文化和各种时尚元素的文化创意园，在湖南省内属首创，也是衡阳市唯一的综合婚庆文化产业基地。项目的一期工程——万像国际婚纱摄影电影城已完成工程量80%，完成建设1.5万平方米，完成投资近4000万元，该创意园吸引来自广西玉林等省内外100多家企业加盟，并与省内外部分艺术院校合作，为学生提供实习场地以及影视拍摄基地和就业机会。（2）陶瓷工业园。2015年，上市央企中油金鸿能源公司成功收购原湖南省界牌陶瓷总厂界牌生产经营性资产，11月在界牌举行资产和相关人员的交接仪式。该项目计划投入10亿元人民币，打造界牌陶瓷工业园，首期已支付1亿元人民币。界牌分公司生产经营已按照中油金鸿的运行机制、管理模式正在逐步向前推进。

（李依蓓）

【服务企业】（1）优化环境。深。市工改办积极协调相关部门，协同企业积极应诉，顺利解决圳兆佳旺公司起诉市石油化工集团公司，要求解除股权转让协议，并赔偿各项损失8000万元的法律纠纷。及时协调解决灶钢敏感债务处理、白钢螺纹钢生产许可证换证等问题，为企业稳定和资产保值增值提供保障。（2）服务生产。为已改制企业金水塘铅锌矿探矿找点、税收减免、周边残矿点处理、棚户区改造等问题提供优质服务，确保金水塘铅锌矿的正常生产发展。开展企业内部挖潜和对外招租工作，无线电三厂、无线电五厂、冶金供销公司和冶金劳服公司等对外承租的企业，2015年均稳住租赁生产。（3）服务民生。9月，组织企业集中处理改制企业职工住房产权及企业产权的遗留问题，成立领导小组，安排专人专班对企业开展一系列摸底汇总，涉及企业24家、职工3515户，涉及职工住房面积26万平方米、门面8000余平方米。积极解决困难职工生活费问题，湖南唯康药业公司改制后停产，国企职工身份一直未置换，通过与资方协商，从2015年9月起，公司每月给职工发生活费500元/人，直至新厂投产。（李依蓓）

【安全维稳】（1）排查整治安全隐患。在“两会、两节”期间，“五一”、“十一”长假前开展四次安全生产大检查。针对个别安全基础薄弱的煤矿企业，采取不定期的形式进行抽查。对在检查中发现的安全隐患，当场下达《隐患整改通知》限期整改，绝不留后患。查处隐患15余处，整改到位15处。（2）安全宣传。充分利用板报、墙报、广播、标语横幅等形式，广泛开展宣传教育活动。所属企业悬挂安全横幅20余幅，标语300余条，安全专题黑板报、宣传栏50余处，新增安全警示牌、安全标识100多处，安全培训、安全知识讲座3场。（3）建立事故应急机制。市工改办要求各企业建立《安全事故应急处理预案》及《安全隐患台账》，组织企业参加安全事故应急演练10余场次，全面提升企业处理突发事故的能力。2015年达到千名职工因工死亡率、重大设备事故率为零的目标。（李依蓓）

## 企业上市工作

近年来，衡阳市经济社会快速发展，一批具有相对竞争优势的成长型、创新型企业脱颖而出，部分龙头骨干企业已逐步具备上市潜质。为进一步加快本市企业上市步伐，推动企业做大做强，进行了调研，现报告如下：

### 【衡阳市企业上市工作基本情况】

（一）后备资源数量逐年递增。全市共有50家企业进入市重点上市后备资源库，有17家企业列入2014年省重点上市后备资源库，有12家企业列入省新三板资源库。其中12家企业已改制为股份公司，15家企业签订改制辅导协议。恒缘电工、南岳电控等公司进入股改程序。

（二）主板上市工作有所突破。湖南天雁借壳济南轻骑并于2014年2月将注册地迁回，成为本市17年来首家新增上市公司。IPO开闸后，湖南机油泵已完成上市辅导验收，2014年5月份上报首发上市材料，是湖南2014年第1家上报首发上市材料的企业。

（三）新三板上市数量位于全省前列。截至2015年，全市共有6家企业在新三板上市，分别是金化高压容器、世纪钨材、长宏锅炉、鸿铭科技、天衡儿童用品和鸿大特钢，新三板上市企业数量成为全省除长沙外最多的地市。

（刘建国）

### 【企业上市过程中遇到的问题】

（一）政策支持企业上市力度不够。企业上市过程中有大量工作需要政策支持，如改制过程中需要补交税费、用地手续不完整、产权股权模糊、聘请中介机构的资金补助等问题。衡阳市2009年出台的政策已到期，新的优惠政策尚未制定出台，从而影响企业的积极性。

（二）相关部门协调难度较大。支持企业上市，涉及金融办、发改、财政、国税、地税等十余个部门，部分事项需召开市政府专题会议研究解决。有些县（市）较重视，拟上市企业家数多，而有些县市支持企业上市的力度有待加强。

（三）符合上市条件的企业偏少。在中小板上市的企业最近一年的净利润要达到4500万元，创业板上市的企业要达到3000万元。未来实行企业上市注册制，企业的信息披露会更加严格。全市绝大部分企业还不达要求。

（四）一些企业上市意愿不强。一是部分企业担心上市后要建立规范的治理结构，对企业上市产生排斥思想。二是有些企业没有通过资本市场运作实现加快发展、做大做强企业的紧迫感。三是有些企业认为上市的成本太大，因此不愿意上市。（刘建国）

### 【外地促进企业上市的先进经验】

在山东烟台、滨州、沂源等地调研考察时发现，这些地市的上市工作很值得衡阳市学习借鉴。

（一）强化上市宣传，提高企业认识。三地均长时间、不间断地对企业进行资本市场的宣传推介。如烟台每年都召开一次全市企业上市融资工作会议。滨州利用媒体普及资本市场知识。沂源县先后聘请资本市场、企业管理等方面的专家举办专题讲座30余次。

（二）扶持后备企业，整合优质资源。企业上市必须具备一定的规模和持续的盈利能力。沂源县把优势企业的扩张需求与弱势企业闲置资产盘活利用结合起来，先后引导瑞阳公司整体购买益母公司、联合化工公司重组县化肥厂，进行优势企业迅速壮大产业规模的方式进行上市。

（三）完善治理机构，规范企业运作。沂源县近年来，督促企业完善法人治理结构，确保规范运作。烟台督促符合条件的企业进行股改，尤其在土地、环评、募投项目、股权设置等方面，合法合规解决历史遗留问题。

（四）出台扶持政策，鼓励上市融资。滨州市出台《关于加快企业股票发行和上市工作的意见》《滨州市企业上市融资表彰奖励办法》等多个政策性文件。沂源县也先后制定出台《关于培育和发展大企业集团的实施意见》《沂源县促进工业发展奖励政策》文件，促进企业上市。

（五）加强组织领导，深化上市工作。烟台市成立证券协调指导小组，对全市资本市场工作进行综合规划、具体指导，在此基础上，对企业上市采取“一户企业一套班子”的办法，一举扭转早期烟台上市工作力度不够强的局面。

（刘建国）

【加快衡阳市企业上市步伐的对策建议】 (一)加强组织领导,提高思想认识。建议成立高规格的市上市工作领导小组,建立市、县两级联动的扶持企业上市机制。各成员单位要派出专人参与企业上市工作领导小组的日常工作,搭建扶持企业股改上市的绿色工作通道,实行不定期合署办公,为企业的股改和上市申报解决问题并出具相关上市申报所需证明材料。各县市区也应将扶持企业上市作为一项重要工作内容来抓。建议市政府加大对扶持企业上市的工作考核力度。

(二)加强支持力度,出台优惠政策。一是出台鼓励和扶持企业上市的政策,加大对重点上市后备企业上市过程中在财税、行政收费、土地、房产过户、金融、环保等方面的政策扶持,降低企业股改上市过程中办理相关手续的收费标准,鼓励金融机构加强对上市后备企业的金融支持。二是参照湖南省长沙、株洲、湘潭、岳阳、益阳、常德、郴州等地市做法,设立上市引导专项资金或奖励机制,适当给予企业上市奖励。

(三)加强上市服务,创新扶持模式。建议市政府出资2000万元设立一支基金,该基金与拟上市企业进行合作,负责聘请中介机构对企业进行规范、上市申报和审核沟通,中间所涉及的股改规范成本和中介机构的费用均由该基金先行垫付,待企业上市成功后再按照事先约定的利率向基金返还本息。

(四)加强资源培植,夯实上市基础。建议对已完成借壳上市的中油金鸿等做好跟踪服务协调工作,将注册地迁回衡阳。对已上报首发上市材料的湖南机油泵和即将申报新三板的恒缘电工等,及时帮助企业解决材料申报过程中和上市审核意见反馈中的问题。督促具备上市条件的南岳电控、恒飞电缆等企业尽快进入上市申报程序。对创新科技等目前暂不具备上市条件的企业,作为后备资源重点培植,建立健全完善的法人治理结构。要着力培养和引进高科技和创新型企业,为上市后备企业注入新的活力。

(五)加强上市培训,普及直接融资知识。一是要采取引进来的办法,不定期邀请各机构来衡培训,使企业熟悉A股发行、再融资、借壳上市等情况和债券发行、境外上市、公募、创投、风投、PE即直投等私募情况,了解主板、中小板、创业板、新三板和区域性股权市场的各自特点。二是要采取走出去的方法,会同上市重点后备企业负责人赴上海、深圳证券交易所、新三板及国内部分知名券商进行考察和学习。三是要加强对企业股份制改造、股票发行等知识以及相关政策法规的宣传,共同营造企业上市的良好氛围。

(六)加强协调联络,争取上级部门支持。积极向省级金融、证券监管部门多汇报,对本市拟上市企业予以重点扶持。一是加强与中国证监会、上海、深圳证券交易所和新三板的联系和对接,争取上市审核部门在业务上的支持;二是在企业上市辅导报备过程中,请省级金融、证券监管部门加强对本市拟上市企业在规范化管理、历史遗留问题处理和财务重组方面的业务指导,加快上市进程;三是对本市发展前景较好、具备一定行业地位的优势企业予以重点指导和培育,争取使更多企业进入省重点上市后备资源库获得上市方面的政策支持,包括省上市扶持资金的支持。

(七)加强上市指导,加快企业上市步伐。要进一步制订科学策划,指导各拟上市企业在上市过程中必须切实抓好以下落实:一是组织领导的落实。拟上市企业要组建3~5名得力人员组成上市领导班子;二是资金、物资的落实。拟上市企业要拨出专门的经费、车辆及其他办公用品,确保资本运营、企业上市工作的需要;三是中介机构的落实。拟上市企业要选择适合企业规模的券商全程参与企业的改制重组和上市运作,为上市工作出谋划策;四是上市方案的落实。拟上市企业要拿出上市的整体方案,排出工作计划和时间表,抓紧时间按照步骤进行,确保工作进度。

(刘建国)

## 工业承接产业转移情况

【概况】 湘南承接产业转移示范区获批以来,衡阳市抢抓重大历史机遇,按照“提升新标杆、打造升级版”的总要求,瞄准“工业重镇、宜居家园”总目标,实施“开放带动、基础先行、兴工强市、创新发展”的战略,工业承接产业转移取得重大进展，工业经济发展稳中有进、稳中向好。

（刘建国）

【承接产业转移做法】 （一）构筑大平台。一是平台搭建齐备，开放水平提高。全省第一个综合保税区建成通过国家正式验收并封关运行，全省第二家、湘南首家“无水港”运行效益良好，衡阳公路口岸开放使用，“五定班列”高效运行，投资、生产经营便利化水平大为提高。二是承接载体提质，产业特色突出。高新区成功升级为湘南首个国家级园区，松木工业园获批国家循环化改造示范园区；相关企业建立特变电工、金杯电缆、紫光古汉等特色产业园；特变电工成为全球特高压输变电领军企业，衡钢工业园获批国家级新型工业化产业示范基地。三是开放通道畅达，承接能力增强。全市“高速、高铁、水运、航空”立体交通网络全面建成，国内外的人流、物流、资金流、信息流源源不断涌入，城市功能增强；主要园区均靠近交通要津，全市工业园区建成面积113平方千米，吸引400多家企业入驻。目前正加紧启动衡山科学城建设，以研发基地和总部经济为主体，作为“加快科技创新、建设科技强市”的一个重要战略平台。

（二）建设大项目。按照谋划一批、对接一批、签约一批、建设一批、投产一批的梯次，着力以大项目、好项目来打造核心园区。一是大项目引领示范明显。水口山金铜综合回收产业升级技术改造项目总投资69亿元，进入实质性建设阶段。二是转移项目见效较快。共创光伏、华菱重卡、衡泰机械、中科光电、鸿富锦等项目先后建成投产；富士康电子书、大屏幕彩电等产品相继下线，产量不断增长。三是产业项目向高端发展。中兴网信“全球共享服务中心”一期建成并运营，成为本市总部经济的代表作。特变电工、得意电子、镭目科技都具有世界领先的技术水平。四是在建项目质量较高。懿科科技、泽亚电子、盛元半导体、“恒天九五”产业园、海克新能源、中航标准件等工业项目投资大、档次高，正积极推进。五是后备项目来势看好。今年“沪洽周”，本市又引进德国梅塞尔工业气体生产等重大项目，还有一批过10亿元项目在谈。衡山科学城也有一批总部经济、研发设计类项目达成意向。目前全市正合力推进几大板块建设：以高新区和衡山科学城为主的高新技术板块；以白沙洲工业园、松木经开区和水口山循环经济园为主的现代制造板块。

（三）营造大环境。衡阳市着力建设好要素支撑、技术创新和新产品研发促进、市场开拓、综合服务、物流等平台，为工业承接产业转移提供服务。一是项目服务氛围浓厚。本市着眼长远发展、立足实际情况，出台一系列支持政策，鼓励重大工业项目引进。三年多来，市财政支持园区建设直接投入累计超过5亿元。对项目建设实行“领导负责制、定期调度制、跟踪服务制、问题交办制、责任追究制”五制并举，环环相扣、步步推进。二是要素保障能力增强。国家“千人计划”专家圣小珍教授出任天雁机械的增压器总工程师，留美博士后李廷凯担纲共创光伏的首席科学家兼技术总监，一批高端人才投身衡阳园区建设，其数量和人才总量位居全省第一方阵。通过全力打造“技师城”项目，对口培训、建立产学研基地、订单式劳动力培养、企业与学校联动等多种模式，为工业企业解决人力资源问题。本市积极建设大湘南区域性金融服务中心，增强金融为工业经济服务的能力。三是发展环境提升。2014年，市本级行政审批事项由373项清理至147项。各级各部门积极破解发展难题，打通连通企业的最后一千米，2014年摸排出全市272家工业企业需要解决的480个问题，明确责任部门，要求限时办结。

（四）促进大发展。通过承接产业转移，全市工业经济发展水平大幅提高，呈现速度较快、结构优化、效益提升的良好局面。一是经济社会发展跃上台阶。2014年，全市完成GDP2396亿元，增长9.9%，三次产业结构进一步优化，实现财政总收入235亿元，增长11%；“两区一园”完成财政总收入43.25亿元，增长26.3%。二是新型工业化加速推进。2014年规模工业增加值增长9.3%，引进企业106户，年新增产值210亿元。本市积极应对下行压力，保持“稳中有进”态势，适应经济发展新常态，加速换挡流畅推进，主要经济指标增速在全省排名实现整体前移，工业经济交出漂亮成绩单。三是创新能力明显增强。2014 年，已建成国家级重点实验室 1 家、国家级企业技术中心 3 家。近 3 年，获省科技进步一等奖 2 项，国家专利 3680 件，国际专利 8 件，排名全省前列。本市企业还分别与清华大学、天津大学、中南大学、中科院等高校院所签订产学研合作项目 100 余个、校企合作攻关项目 200 多个，为全市经济结构调整、发展质量提升作出重要贡献。

（刘建国）

【存在问题和困难】 一是宏观环境仍然偏紧。国际货币基金组织最近将 2015 年全球经济预期增速下调，全国工业生产和投资均呈回落态势，全省经济运行企稳回升压力很大，本市部分重点企业因市场低迷，有效订单不足，出现生产经营下滑现象，衡钢、运机、中钢等企业均出现订单少于 2014 年同期 50% 的问题。二是要素问题仍然突出。主要表现在：第一，用地指标十分紧缺。今年供地模式出现改变，用地指标比 2014 年大幅度下降，同时用地手续办理更严格，征地拆迁难度加大，影响本市一大批项目的推进，全市用地缺口超过 1 万亩，其中，松木、白沙、高开三个园区工业用地缺口在 333.33 公顷以上。第二，融资依旧较为困难。贷款门槛相对高、融资渠道少，过程太复杂。企业自有资金少，贷款不能按时收回，影响生产。本市最大的饲料生产企业创新生物，因资金链断裂已陷入停产。第三，人力资源仍有缺口。企业招工难，用工成本上升。全市劳动密集型企业用工缺口在 3 万人以上，其中富士康等白沙洲工业园区电子企业用工缺口在 5000 人以上。三是发展环境仍需优化。一些部门服务意识不强，部分项目手续办理慢，优惠政策落实成本高，部分重点项目进展不快，47 号文件落实不到位，影响新型工业化工作的深入推进。 （刘建国）

## 全市规模工业增长统计

2015 年，全市规模工业增加值同比增长 7.1%，其中：轻工业增长 7.8%，重工业增长 6.2%。累计增速比 1~11 月加快 0.1 个百分点；居全省各市州第八位，前移一位。

主要经济类型保持增长。六大经济类型中，除集体企业、股份合作企业外，其余四种经济类型保持一定的增长，外商和港澳台商投资企业增长 13.2%，股份制企业增长 7.1%，其他经济类型企业增长 2.6%，国有企业增长 1.5%。

30 个行业大类实现增长。全市规模工业 35 个行业大类中，有 30 个行业增加值同比增长，黑色金属矿采选业、煤炭开采和洗选业、烟草制品业、汽车制造业、化学原料和化学制品制造业等 5 个行业同比下降，拉低规模工业增长速度 1.4 个百分点。对全市规模工业增长贡献率超过 10% 的行业有 3 个，拉动规模工业增长 3.2 个百分点，这 3 个行业依次是电子信息设备制造、有色金属冶炼和电气机械制造，分别增长 15.5%、13.2% 和 9.4%；对全市规模工业增长贡献率在 5%~10% 之间的行业有 5 个，拉动规模工业增长 2.5 个百分点，这 5 个行业依次是非金属矿物制品业、农副食品加工业、非金属矿采选业、通用设备制造业和专用设备制造业。

全市省级及以上产业园区（含集中区）预计实现工业增加值增长 9.6%，比 1~11 月加快 0.2 个百分点；占规模工业增加值的比重预计达到 61.5%，比 2014 年提高 4.4 个百分点。

全市高加工度工业增加值占规模工业增加值的比重达到 39.8%，同比提高 1.6 个百分点。高技术产业增加值占规模工业增加值的比重达到 9.4%，同比提高 1.6 个百分点。

纳入统计范围的主要产品共 175 种，有 105 种产品实现不同程度的增长，约占产品总数的 60.0%。其中中成药 0.77 万吨，增长 32.1%；电力电缆 108.47 万千米，增长 13.2%；十种有色金属 36.01 万吨，增长 9.9%；泵 25.34 万台，增长 6.8%；变压器 9731.03 万千伏安，增长 -0.1%；无缝钢管 105.25 万吨，增长 -2.8%；原盐 191.01 万吨，增长 -3.1%。 （刘建国）

# 园区经济与区域开发

## 衡阳高新技术产业开发区

【概况】 2015年，高新技术产业开发区（以下简称高新区）按照“打造升级版、再创新高新”的总体目标，实施“打造新产业、塑造新形象、营造新环境、实现新跨越”的发展战略，扎实抓好开发建设和转型发展，为“十三五”良好开局打下坚实基础。（唐 笑）

【经济指数】 2015年，高新区经济运行稳中有进，实现地区生产总值53.87亿元，增速12.1%，高出全市3.4个百分点；完成财政总收入15.55亿元，增速15%，高出全市3.9个百分点；一般预算收入4.25亿元，可用财力突破10亿元；预计实现规模工业总产值27亿元，增速10.8%，实现规模工业增加值8.1亿元，增速8%；实现社会消费品零售总额14.25亿元，增速12.4%；固定资产投资69.64亿元，增速24.9%；规上服务业营业收入47亿元，增速19.55%。各项经济指标增速继续稳居全市前列。（唐 笑）

【招商引资】 2015年，高新区围绕产业强区目标实行精准招商，招商对象从“面”定位到“点”，从大众化服务提升到个性化“VIP”服务，服务由普惠制升级为个性化定制。全年完成内联引资20.5亿元，引进项目4个，分别为神州数码衡阳科技园、长城宽带网络服务中心、启迪科技园以及江苏艾迪尔医疗器械企业，其中神州数码科技园、金瑞肿瘤医院、万恒茶文化广场总投资额均超20亿元，神州数码金融公司在高新区注册；华为衡阳大数据联合创新中心、万达商业广场、万达酒店、麦德龙商场、绿地控股、腾讯创业基地等11个项目开展洽谈；策划包装科技中心、电子商务综合大楼等项目15个，深度开发泰阳电器等项目6个，形成滚动开发的良性局面。进一步促使招商引资向招商引技、招商引智转变。（唐 笑）

【项目建设】 2015年，共有20个项目被列为市重点工程建设项目，累计完成投资13.2亿元，其中竣工项目6个：连卡福百货、衡阳图书城、衡州小学、衡阳市政务服务中心、生态公园配套用房、泰阳电器城，均已投入使用。作为陆家片区最中心的一条主干道，全长2.56千米的临水路已完成80%的路基建设，雁鸣溪风光带施工加快。（唐 笑）

【城市建管】 推进建成区基础设施提质改造和新片区基础设施完善配套。全年累计投入基础设施建设资金5亿元，新建道路共计5.8千米，完成绿化工程共计17.1万平方米，其中解放大道中分带提质改造工程完成，潭衡西匝道森林广场、衡州大道隔离带绿化完成90%；陆家新屋、平湖公园提质改造工程有序推进，蒸水东堤风光带完成规划设计；区内单位、公共场所夜间亮化做到“一街一景、一路一貌”，确保城市亮灯率保持在95%以上；组织区内相关责任单位开展“牛皮癣”专项整治工作，成效明显；完成彩霞、银山、银光、祥光、祥瑞5个社区办公服务用房建设。（唐 笑）

【调规扩区】 突破发展瓶颈，做大发展空间：调规扩区后，核心片总面积达到43.35平方千米，整合后总面积达137.35平方千米。加强创新驱动，搭建好两大平台：投融资平台和创新创业平台。成立衡阳高新投资有限公司，获3个专项建设基金。正式启动债券发行工作，预计发行项目收益债10亿元，发行企业债15亿元，积极筹建高新创业投资基金。实施创新创业示范基地建设，留学生创业园一期400平方米投入使用，湘南自主创新基地、双创中心进行规划设计，被列入国家重点支持项目，启迪科技园、银泰创新基地启动建设。积极引导舆论，抢占宣传高地。升级门户官网，及时更新发展动态；充分发挥自媒体灵活、便捷、新颖的宣传优势，创立高新区微信公众号；与《衡阳日报》联合推出《今日高新》，提高《简报》的印刷标准。（唐 笑）

【文明创建】 2015年，积极响应市委、市政府提出的“八城同创”工作要求，出台具体的创建方案，成立专门的领导班子，制定严格的考核标准。其中，开展“道德模范评选”“抗战70周年知识竞赛”“欢乐潇湘·美丽衡阳全民广场舞比赛”等活动共计20余次；发动志愿服务者积极开展志愿服务活动、“文明交通我先行”等志愿活动；青峰社区、祥光社区获得“最美志愿服务社区”称号；累计发放文明创建宣传资料共10万余份，联合各部门加大对市场的整治力度，严禁占道经营、乱摆乱放，开展烟花爆竹整治活动，组织力量对社区“堆物”进行全面清理，营造洁净优美环境；建立区、街道、社区、网格四级社会治理网格化综合信息平台，实现社区管理的数字化、信息化。

（唐　笑）

【服务优化】　切实抓服务、惠民生。扎实开展信访逐级专访活动，妥善处理群众来信来访387件，“12345”政府热线交办工单1725件，解决遗留问题37个，全年未发生越级上访现象；对区内餐饮业进行全面整改，推进餐饮业油烟及污水治理工作，做好湘江污染防治蒸水河排污口截污工作；加大安全生产隐患排查、事故防控力度，警示约谈企业8家，取缔2家非法加油点和7家非法销售烟花爆竹经营点；全年发放低保、医疗救助等民政资金共1150.6万元，城镇基本医疗保险参保人数达2.2万人，参保率达100%，新型农村合作医疗基金参合人数达1.5万人，参合率达99.8%；持续加大教育投入，衡州小学建成并开始招生，加强师资力量建设，教学资源配优配强；完成金柘北区一期、互助小区、蒸水花苑等安置房建设24万平方米；抓好社区网格化精细管理，实现小事不出网格、大事不出社区的社会管理工作机制。

（唐　笑）

【机制创新】　按照“小政府、大社会”的管理体制，推行“一条龙服务”“重大项目全程代办制度”和“企业跟踪服务制度”等措施，着眼于园区管理和服务体制机制的提升创新，梳理完善机关部室及委属单位的职能，着手高新区招商体制改革，实行精准化招商、产业链招商。研究产业发展规律，开展五大产业发展规划，创新产业发展思路，落实产业发展行动计划。推动华为、腾讯等一批创新型企业在衡阳创建综合创新产业平台。加强高新区创新驱动、转型发展的示范，着手雨母智慧生态园建设，抓紧南华大学科技园规划建设工作，逐步形成中兴、启迪、艾迪尔、神州数码、华为、雨母、南华大学科技园七大科技园总体布局，进一步拉开高新区跨越式发展骨架。

（唐　笑）

## 白沙洲工业园区

【概况】　2015年，白沙洲工业园区克服宏观经济下行压力，积极推进各项工作，主要经济指标稳中有升，重点工程项目建设如期推进，再次进行调区扩规，为园区实现新的腾飞打下坚实基础。

（毛增禄　李育建）

【经济指数】　（1）主要指标增长较快。全年实现地区生产总值49.5亿元，同比（下同）增长9.5%；实现财政总收入26.01亿元，增长15.1%；完成规上工业总产值118.68亿元，规模工业增加值36.5亿元，分别增长20.5%、9.4%；完成进出口总额21.9亿美元，其中综合保税区（以下简称综保区）8.83亿美元。全面完成市里下达的年度绩效目标管理任务。（2）主导产业日益凸显。以富士康、欧姆龙为代表的电子信息产业实现产值85亿元，增长45.5%。输变电、汽车及零部件等制造业实现总产值33.68亿元。现代物流业发展较快，恒大物流稳步向好，白沙洲综合物流园正式营业，运转顺畅。

（毛增禄　李育建）

【招商引资】　2015年，新签杜克机器人智能设备制造、中科院热物理研究所产学研用协同创新、富士康C次集团注塑成型、利宁药膏、希朵曼等64个项目入园，湘梦电商产业园入驻，百度、北京互易联盟、52017控股集团、步步高云猴支付等项目签约进驻。综保区全年新签约项目7家，新注册企业10家，3家加工贸易企业正式投产，全省首家进出口商品展示交易中心——综保购在综保区正式营业。

（毛增禄　李育建）

【服务企业】　（1）成立专门的服务机构。积极争取设立企业服务中心（投资服务中心），专门为企业提供一站式、保姆式服务。（2）协助企业争取政策性资金。为海龙欣、华南装潢彩印等4家企业申报“135”工程标准厂房建设补助资金；为南岳生物制药、华南制造、鸿辉石油管材等4家企业申请2015年度省技术改造项目专项资金；为富泰鸿申报2015年湖南省移动互联网产业发展专项资金；帮助南岳生物制药有限公司申报“国家产业振兴和技术改造专项项目”资金；帮助金则利特种合金有限公司的“湖南战略新兴产业科技攻关类重大核心技术类项目”通过答辩，申报资金；帮助白沙物流园申报2015年承接产业转移专项资金；为特达液压争取纳入全市政府采购优先目录，享受协议供货。争取将园区内企业纳入养老保险过渡试点。(3) 及时调处企业劳资纠纷。维护投资商与员工之间的利益，全年共调处劳资纠纷46起，调解成功率为100%。(4) 协助企业做好员工招募。为富士康、欧姆龙等20余家企业招募各类员工达2000余人，与衡阳工学院、衡阳技师学院对接，签订政校、校企合作协议，为企业培训应用型、专业型人才。（毛增禄　李育建）

【项目建设】　2015年，共实施重点项目29个，完成投资50.5亿元，项目个数及投资完成情况均创历史新高。(1) 基础项目。东三环提质改造工程南侧通车，北侧即将通车。湘江风光带（铜桥港—白沙南路）路基土方及防洪堤挡土墙已完成。富强路、衡常路和铜桥路正在进行路基土石方工程施工，金桥路和奇峰路进场开工。(2) 产业项目。金泓机械、海龙欣激光、林肯液压、华南出版4个项目基本建成，省市重点在建工业项目达到19个，其中，南岳生物制药、白沙物流园年度完成投资都超过1.5亿元。鸿富锦新增4栋厂房，南岳生物制药等8个项目竣工投产，富泰宏新上3条平板电脑生产线，燕京啤酒新上1条罐装生产线。新增规上企业7家（湘玻、南岳生物制药、金玉建材、懿科包材、衡准精密、仪纬机电、华安存储）。(3) 民生项目。市八中初中部开工建设。新民路小学基本完成征地拆迁。新民公租房32栋全部开工建设，其中10栋已完成主体工程。和谐小区71栋廉租房全部竣工。金茶家园11栋公租房完成7栋主体工程，4栋正在基础施工。金桥安置小区36栋安置房已竣工31栋。茶园安置小区16栋安置房已完成8栋主体工程。金雁安置区8栋安置房全部竣工。

（毛增禄　李育建）

【城市管理】　(1) “两违”整治管控有效。2015年，共处理各类违法建筑2.5万平方米，特别是区划调整成立南江办事处后，全面加强新扩区域“两违”整治工作。(2) 市容市貌规范有序。取缔乱设摊点30余起，拆除广告牌匾10余块，清除园区牛皮癣5500余张、横幅49条，及时更换各类破损井盖390余套，整治非法搅拌站场7个，拆除各类罐体35个；出台渣土运输整治方案，处置渣土车辆洒落59车次；全面加强日常保洁工作，投入180万元购置环卫保洁设备，新建两座压缩式垃圾站，园区市容市貌明显改观。(3) 绿化提质推进有力。补植工业大道、中航路、南三环路等行道苗木21390棵，推进绿化养护管理提质升级，园区宜居环境改善。（毛增禄　李育建）

【改革创新】　(1) 扩区调规顺利完成。东阳渡镇的新塘村、曙光村、栗塘村、荷塘村、高山村5个行政村共16.58平方千米成建制划归园区管辖，有效缓解工业用地紧张局面，拓展园区发展空间。东阳渡镇京广线以西其他行政村划归园区管辖事宜正在积极推动。珠晖工业园划归园区管理。(2) 融资工作卓有成效。推进投融资体制改革，全年平台融资26.67亿元，争取地方债券资金4.2亿元、国家专项基金4.4亿元，33亿元资金在落实和跟进中，保障园区项目建设资金需求。(3) 体制机制进一步理顺。综保区并入园区，实行“两块牌子，一套人马”运作；白沙洲开发投资有限公司法人治理结构进一步完善，公司领导班子配齐配强，“一方案、六办法”等多项管理制度修订完善。（毛增禄　李育建）

【社会管理】　(1) 社会保障。办理参保721人，办妥289人退休手续、372人转保手续，启动金龙村一组、五组新参保人员资料整理工作。(2) 安全生产。加强安全生产宣传培训，全面落实安全生产“一岗双责”和企业主体责任；组织安全专家开展交叉循环检查，节假日和汛期值班与安全监管到位；开展安全整治专项行动，共检查室外消防栓136个，对32家企业单位下达责令限期改正通知书28份，发现隐患126处，整改隐患102处，当场改正24处，整改率95%。（3）信访维稳。创新工作机制，以积案化解为抓手，落实领导接访制度，基层责任逐步压实，信访渠道日益畅通，信访秩序不断规范。全年共接待来访群众339人次，化解信访积案5起，办理网上信访件143起，处理突发事件2起、劳资纠纷48起，信访量同比下降40%。（4）人口与计生。围绕“强基础，抓落实，保先进”的工作思路，坚持依法行政。开展计生关爱活动，计生服务以人为本，形式多样。（5）民政工作。共发放城市低保、农村低保、五保供养、临时救助、大病救助、城乡医疗救助等社会救助资金286.17万元。发放被征地农民临时性生活困难补助3597人324.8万元。（6）应急管理。完成应急预案编撰，在欧姆龙、湖南华菱、鸿富锦等企业多次开展应急演练，企业应急处置能力明显提升。（7）基层基础。成立园区总工会，新建园区机关工会和金则利、特达液压、中电物流等15家基层工会组织，企业工会组织的组建率达97.8%；完成志愿者注册1800人，组织志愿者参加全国文明城市创建活动2次。（8）其他方面。国土管理、环境保护、安全生产监管、社会治安、湘江流域治理、食品安全、涉农等工作均取得良好成绩。（毛增禄　李育建）

## 松木经济开发区

【概况】　2015年，松木经济开发区（以下简称松木经开区）实现GDP总量14.66亿元，增速15.5%；实现规模工业总产值82.5亿元，同比增长15%，实现规模工业增加值24.5亿元，同比增长16%；实现财政总收入8亿元，同比增长21.8%；新增规模工业企业7家。（王　威）

【循环经济】　2015年，松木经开区万元生产总值能耗降至1.07吨标准煤，万元生产总值取水量降至7.5立方米，工业固废综合利用率提高到97%、处置率达到93%，工业用水重复利用率93%，工业废水达标排放率达到100%，节约能源达到4.92万吨标准煤，节约水量达到392.95万立方米，物质减量、循环利用带来的直接经济效益将达到4亿元，循环化改造工作成效显著。（王　威）

【招商引资】　2015年，共引进项目14个，签约引资额达22.39亿元，分别是中民筑友、华电高科、盛亚化工、捷瑞化工、旭光锌锗、黎达化工、鑫晟新能源、鸿宇化工、鸿茂生物、恒荣材料、君达木艺、鸿志化工、凯信二期、东氟新材料项目。在谈项目有建滔电子信息产业园、兴华迈特、湖南昊华、与省水运投合作打造湘南地区最大的铁路、公路、水运为一体的港口物流集散基地等10多个项目。（王　威）

【融资工作】　2015年，融资洽谈24.6亿元，签约15亿元，到位资金10亿元，成功申报国家专项建设基金1.782亿元、国家135工程专项资金1600万元，完成债务置换7.75亿元。（王　威）

【项目建设】　2015年，完成固定资产投资41.46亿元；纳入市重点工业项目22个，实际实施26个，重点基础设施项目11个，实际实施12个。其中鑫晟新能源、屹顺化工、新金生物、恒荣半导体、鑫科思生物、君达木艺、瑞科电源等项目已投产，中航紧固件、中航电镀中心项目试投产，旭光锌锗、群立新科、金化科技、凯信化工、虹腾建材、春晓明珠、黎达化工、化工管廊、资家港改造、标准厂房四期、公租房四期、安置房七期和南片安置房二期等项目加速推进。（王　威）

【征地拆迁】　2015年，完成拆迁26.5万平方米；成功报批土地997亩，组卷上报2600亩。（王　威）

【基础工作】　2015年，松木经开区内未发生较大以上安全生产事故。完成松木污水处理厂大修工作；完成湘江污染防治年度任务，辖区内水质、用水量均达标；没有出现重大、一般环境污染事故、涉重金属污染纠纷。已交付使用安置房3.24万平方米，竣工验收6.39万平方米；南片安置房二期14.63万平方米施工加快，北片安置房七期4.7万平方米进行土方平整。（王　威）

【项目集中开工】　2015年1月5日，松木经开区12个项目集中开工。集中开工的12个项目总投资

14.06亿元，其中，工业项目7个、总投资10.8亿元，分别是：仁发科技投资5.1亿元的精锡生产项目、金新莱孚投资1.2亿元的氟钽酸钾项目、鑫龙化工投资1亿元的化工产品储备项目、恒荣材料投资9000万元的高纯锗生产项目、旭光锌锗投资9000万元的一水硫酸锌生产项目、黎达化工投资1.1亿元的金属砷深加工项目和凌云材料投资6000万元的特种复合材料生产项目，竣工达产后，可实现年产值41.6亿元、年税收2.29亿元、新增就业1700人；基础设施项目5个，总投资3.26亿元，分别是花叶路、松梅路、龙祥路、埝塘路和化工路西延。

（王　威）

【金源派出所成立】　2015年6月9日，衡阳市公安局石鼓区分局金源派出所成立，负责松木经开区治安防控、项目建设环境优化、调解社会矛盾等。（王　威）

【项目建设暨“七一”表彰会】　2015年7月5日，松木经开区召开项目建设暨“七一”表彰会，对在项目建设和党建工作中做出突出贡献的部门及个人予以表彰，对影响经开区经济发展环境的案例进行通报，对经开区下段工作进行安排部署，号召经开区党员干部发挥先锋示范作用，加快建设充满生机活力的衡阳北部工业新城。（王　威）

【区划调整】　2015年7月16日，经市委、市政府同意，从石鼓区松木乡将三里村整村和梽木村三字场、鱼子塘、陈冲、过路塘、唐老屋5个组约5.25平方千米划归松木经开区管辖，行政区划面积增加至23.95平方千米。

（王　威）

【文明创建】　2015年，发放全国文明城市创建宣传手册12000份，悬挂宣传横幅228条，制作户外公益广告136幅，喷绘围墙20000平方米；实施城市“美化、绿化、净化”工程，完成江霞大道、松枫路、上倪路、新安路、金源路、化工路、新安路、金源路等道路人行道改造、标志标牌、道路标线、红绿灯监控安装等工作，新建成港湾式停靠公交站台12个，在安置区安装太阳能路灯36盏，完成22.7公顷绿地建设，经开区道路绿化率达到100%，区内所有企业均按要求建设标准化围墙，企业内绿量增加30%以上；专项整治“两违”、渣土、砂场、超载等，实现违法建设零增长，加强渣土管理，保证区内环境干净，安排人员24小时蹲守河边非法卸砂，经开区河道内所有地摊砂场、涉河的非法皮带运输机均清理到位，未出现超载车辆，超限超载治理工作全面落实到位。

（王　威）

## 衡阳综合保税区

【概况】　2015年，在市委、市政府的坚强领导下，在白沙洲工业园区的支持下，衡阳市综合保税区管委会（以下简称综保区）大力加强招商引资，优化发展环境，深化内部管理，圆满完成市政府年初下达的各项目标任务，各项经济指标均处于全省综合保税区第一。（段文西）

【经济形势】　（1）2015年完成进出口贸易总额8.8亿美元，完成省年初下达目标任务的110%，占全市进出口贸易总额1/4，加工贸易总额1/3。其中华安存储完成进出口总额5亿美元，欧贝尔电子完成进出口总额3.5亿美元，两家公司均成为2015年省综合服务体加贸企业。（2）全年新签约项目7家，新注册企业10家，3家加工贸易企业正式投产，3家加工贸易企业完成厂房装修，1家加工贸易企业正在装修。累计注册入区企业22家，有9家投入运营。（3）实现进口商品展示交易新业态的开展。综保购于2015年9月9日在综保区正式营业，占地面积4000平方米，主要经营母婴、化妆品、食品、保健品、酒类、日用品等共计3000余种进口商品。（4）富士康利用综保区平台开展“一日游”业务，节省物流成本，避开繁琐的深加工结转手续，提前实现出口退税。

（段文西）

【招商引资】　为打开招商引资新局面，园区相关工作人员往返深圳、珠海、广州、上海等地，多次派驻小分队深扎长三角、珠三角地区，全年共走访企业35家。除实行平台招商，利用网络、微信平台发布招商引资的项目和鼓励外商投资的政策、奖励办法，大力宣传综保区各方面优势条件，及时收集国内外投资信息外，还采用委托招商方式，聘请一批外地的客商或协会组织负责人作为招商代理人，购买他们的社会服务，扩大影响力。（段文西）

【园区宣传】 为加大综保区宣传力度，让综保区的推介更具形象和说服力，园区高标准制作综保区形象宣传片、PPT和宣传画册，结合海关、商检办事流程印制业务知识手册；新建500平米信息化多功能展示厅，详实介绍综保区的概况、规划、优势、发展历程、入园企业信息等。在广州高铁站、长沙高铁站设置广告灯箱；建立园区网站，申请综保区公众号，编撰园区简报，综保区的宣传氛围全面夯实，提升园区的知名度与美誉度。（段文西）

【环境优化】 （1）做好综合协调。海关、检验检疫、商务等职能部门的综合协调，与海关、检验检疫建立良好的沟通机制，提供完善的后勤保障，做好口岸联检大楼办公大厅物业管理，并为海关、检验检疫配备职工食堂与职工休息用房。（2）突破政策瓶颈。对于贸易政策不断放开，综保区保税作用下降、企业吸引力弱化、产业发展限制"政策倒挂"问题，综保区管委会向海关呼吁争取区域通关一体化改革、贸易多元化放开、一般纳税人抵扣税等政策，与市政府、海关沟通协调，争取综保区"一区两制"创新发展，破解制约综保区发展瓶颈性因素。（3）做好企业服务。一是全程为企业办理工商注册、税务登记、进出口权限、海关、检验检疫局相关手续；为区内企业协调好厂房改造、装修事项，快速解决企业进驻的各项具体问题；二是定期为企业举办服务协调座谈会，编制通关手册、业务手册，实现保税监管优化、审批手续简化，为企业创造良好的通关环境；三是为区内企业积极争取政策，2015年全省批复5家加工贸易平台企业，衡阳综合保税区占其中两家，争取配套资金700余万元。争取市级出口奖励122.43万元，白沙园区奖励93.68万元，为企业预付出口奖励589万元，帮助企业解决实际困难。（4）保障园区运行。加强对综保区基础设施的维护，定期对设施设备进行普查，建立维修档案，跟踪检查进度，保障设备设施稳定运行。全年巡视解决卡口、围网、口岸大楼及公寓楼的各类维护维修问题20余处，空调漏水、电梯维修、墙体漏水、导视系统及路灯亮化问题，均得到及时的处理。完成区内各项改造施工，包括：围网导视系统设置、北区垃圾站建设、公交调度室和人行卡口岗亭建设、卡口停车棚建设和综保购导视系统及停车线的设置，满足园区及各企业单位的发展需求。（5）强化环境管理。加强对卡口、围网区、口岸大楼及公寓楼的卫生监督，每周定期或不定期对其进行卫生巡查，对需要整改的地方勒令物业及时整改。要求物业加强对日常保洁清扫循环密度，将保洁承担范围扩大，减少环境对工作的影响。

（段文西）

## 衡南云集经济开发区

【概况】 2015年，衡南云集经济开发区（以下简称园区）围绕"举全县之力发展衡南工业集中区"这一战略决策，奋发有为，攻坚克难，各项工作扎实有序推进，园区经济发展态势良好。园区首期规划面积9.98平方千米，调增到23平方千米，已开发面积9.9平方千米，建设道路总里程25.41千米，形成三纵三横路网格局，投入各类基础设施建设资金56.48亿元，签约项目总数179家，开工建设和投产企业58家。

（刘振国）

【经济指标】 2015年，在全球经济持续低迷的大背景下，园区经济发展逆势上扬，主要经济指标较2014年同期有较大幅度增长。（1）园区完成固定资产投资56.48亿元，同比增长10.3%，实现技工贸收入137.2亿元，同比增长30.8%；实现税收4.8万元，比2014年同期增长12.04%。（2）向上级部门协调申报项目用地24宗，土地面积796亩，已批回项目用地23宗，土地面积752亩。11个项目如期开工建设。（3）园区组织精干力量，加大安置区拆迁和土地平整工作力度，动迁拆迁户75户，完成土石方工程70万方。其中，园区二安置区提质改造已基本完工；三安置区征地、拆迁、土方、规划等前期工作已完成。（刘振国）

【项目建设】 2015年，园区项目建设扎实有序推进，共有22个项目开工建设。家居产业园首批项目全部开工建设，森香木业已完成厂房和办公楼主体建设，年底前建成投产；茗添家俱、半球家俱等项目正在建设厂房和办公楼。第二批13个项目已完成可研、环评和立项，正在落实土地调规、林地报批等工作。衡锋玻璃、双胞胎、金虹包装、银鑫加工、星科照明正在调试设备或试产运营，蝶讯科技、顺衡工艺、金泰阳彩印、得意电子智能机器手等项目筹备开工建设。

（刘振国）

【招商引资】 2015年，园区招商引资实现重大突破，积极对接白沙洲工业园，就合作建设配套产业园达成初步意向，与泓湘集团公司的战略合作已有实际性的进展，与中建集团的融资代建合作进行洽谈。特变电工与衡南县签署协议，南方能源科技产业园项目成功进驻园区，计划在“十三五”期间再造一个“衡变电工”，实现园区招商引资历史性突破。2015年，园区洽谈项目40余个，已有13家达成投资意向或签约项目。截至年底，与星马重汽、金杯电缆、恒辉电缆、衡阳运机等“退城入园”企业对接良好。

（刘振国）

## 衡阳西渡高新产业开发区

【概况】 2015年，衡阳西渡高新产业开发区贯彻县委、县政府“生态立县，项目兴县，依法治县”战略，紧扣年初既定目标，落实中央、省市县委经济工作会议精神，各项工作有序开展稳步推进。

（谢湘俊）

【招商引资】 （1）加强项目筛选。衡阳西渡高新产业开发区核心片原已签约项目31个，合同约定用地总面积为163.75公顷；根据高新区已编制完成的产业规划和空间规划，将不符合规划的项目采取劝退、解除合约的方式使之退出核心区。经过筛选，核心片拟承接项目20个，规划用地面积共80.29公顷。筛选后，减少项目11个，减少用地面积83.46公顷。（2）提高入园项目质量。推行项目联合审批，建立项目准入机制，严把项目入口关。已签约项目2个，富利来环保产业项目、唯品会衡阳电子信息产业园项目，其中唯品会项目总投资12亿元，总用地78公顷，首期用地约40公顷，项目将建设约20万平方米的仓储中心及物流中心、电子商务中心、运营及结算中心等运营设施。项目建成后将辐射湘中、湘南、赣南、粤北、桂北及黔东南等地1.5亿以上的人口，可解决4000人的就业问题，可实现税收亩平10万元以上。（3）突出“招大引强”。积极引进产业链条和总部经济，重点引进科技含量高、经济效益好、资源消耗低、环境污染少的新兴产业项目。

（谢湘俊）

【项目建设】 2015年，产业园区内共有项目102个，其中建成投产项目58个（规模以上企业36个），签约未动工项目29个，在谈项目9个，停产项目10个，截至2015年底在建项目15个。4月10日，区内共有12个工业项目进行集中开工，总用地面积达62.2公顷，总投资达18亿元。分别为：叮当猫服饰、明旭家居、标准厂房及公租房、三雁铝材、蓝思非标、康和源橱柜、维泰智能交通、安邦农资、喜升钢化玻璃、王牌广告装饰、富华钢化玻璃、云天锅炉二期、长鑫建材二期。随着核心片的推进，落户核心片的其他项目也将陆续开工建设。

（谢湘俊）

【片区建设】 （1）征拆工作基本完成。核心片区已批回土地423.67公顷，已完成征地375.93公顷；房屋拆迁完成签约1027户，拆除1027户；搬迁线杆9.3千米；搬迁祖坟5000余冢；6个集中安置区加快建设。（2）设施建设快速推进。核心片区推进的土地平整作业面达266.67公顷，已完成建安投资约6.5亿元。正在施工的道路有11条，建设总里程达21.1千米，分别为：清江北路（至船山西路）、玉华南路、玉华北路、洪山北路、培园北路、开福路、春园路、岭园路、人和路（全线）、顺济路、联胜东路；即将动工建设的道路有4条，建设里程约7.1千米，分别为：合顺路、岭园路（开福路－洪山路）、顺济东路（至东外环）、东外环。

（谢湘俊）

【服务企业】 （1）全力促进企

业做大做强。面对经济下行压力，引导企业从自身创新挖潜入手，促进企业做大做强。衡泰机械科技有限公司生产线切割机床、龙门铣机床、雕铣机、钻攻机走在行业前沿，高新区积极支持企业打造衡阳乃至全省践行“中国制造2025”行动纲领；湖南恒生制药股份有限公司是全国两家定点生产灯盏花素冻干粉针的企业之一，虽仅有10多公顷用地，但生产规模全国第一，其灯盏花提纯度达到99.99%，位居全球第一，高新区积极支持企业实施“522工程”，在企业周边创建13.33公顷中药材种植示范基地，流转133.33公顷药材种植基地，在全县各乡镇推广3333.33公顷中药种植面积。（2）积极为企业解决实际困难。通过组织召开银企对接会，解决不少企业的资金难题；深入企业现场办公，解决金林鞋业劳务纠纷、得阳鞋业门前摊担、雅典娜石英石出口企业报关难等实际问题。（谢湘俊）

【财税融资】（1）财政税收稳中有升。2015年实现工业生产总值139.66亿元，其中规模工业增加值40.05亿元，税收4.56亿元。（2）积极融资。通过做活土地文章，做大投资公司融资资本；以自来水扩建项目争取中信银行贷款1亿元，以棚户区改造项目争取中江信托发行集合债券融资3亿元，通过公开发布招商招投标公告，采取融资代建的模式引进湖南欣荣建筑公司筹集标准厂房、集宿区建设资金3亿元。（3）积极争资。积极申报园区基础设施建设贷款贴息资金、省政府“135工程”标准厂房补助资金、公租房、棚户区改造资金用于核心片建设。2015年，申报棚户区改造550套，公租房726套。

（谢湘俊）

【四城同创】2015年，高新区管委员遵照县委、县政府要求，扎实开展“四城同创”工作。（1）加强领导。工委书记、管委会主任亲自担任组长，其他工委成员任副组长，各部门负责人为成员，负责本委及园区内的创建工作。（2）保障有力。在建设资金十分紧张的情况下，投入10余万元规划园内环卫、停车、开设宣传栏、设立相关标识等，投入6万元帮助负责区域内的改制企业动力配件厂重新修建排水排污管道。（3）建立长效机制。每季度开展一次健教活动，每月安排志愿者到园区路段值勤，每周五开展全民卫生大清除，区内文明创建效果明显。（谢湘俊）

## 衡山经济开发区

【规划面积、产业定位】衡山县人民政府2007年批准开发区范围：东至湘江，西到107国道绕城线，南至衡山大道，北至长江镇。开发区远景规划14.68平方千米，中期规划9平方千米（省环评批复9平方千米，省政府2013年批复为4.03平方千米），已开发5.5平方千米。园区存量企业和签约人园企业70余家，其中经省、市认定规模以上企业51家。初步形成以嘉力机械、衡山专汽、衡山齿轮、得鑫泰机械为龙头的机械制造业和以中控纸业、宇科纸业为龙头的再生纸业等两大支柱产业，同时服装鞋帽、食品加工以及精细化工等相关配套产业。

（任新宇）

【基础设施及配套设施建设】2015年，建成有“五纵七横”的道路交通网络（五纵：107国道、工业大道、平青路、朝阳路、沿江路；七横：衡山大道、黄花路、青山大道、坪塘路、春昌路、永成路、创品路）。完成基础设施投入2亿元，其中征地800余亩，拆迁5000多平方米，完成约15千米的主干道路（青山大道、工业大道、坪塘路、平青路、朝阳路、春昌路、永成路、创品路、黄花路）建设，完成青山大道、工业大道、坪塘路延伸线、朝阳路、平青路、春昌路、永成路、创品路、黄花路的绿化、亮化。道路覆盖面积达5.5平方千米，约占老县城的80%左右。园区内已建设好田家冲110千伏变电站和中控纸业内35千伏变电站，并已与烟东岭35千伏变电站、沙泉220千伏变电站、开云110变电站开变所完成T接。2015年，新增500千伏变压器一台，为园区企业用电和盛豪地产以及棚房区提供用电保障。园区内电网已架成双回线，确保企业用电需要。园区主干道均已敷设好自来水主管网，自来水管网已建成回路，自来水加压站调试完毕，已正常向企业和长江镇居民供水。工业水厂已进行全面维修。园区主干道天然气主管已全部铺设好。园区雨、污管网沿道路已全部埋设并全部实行雨、污分流。截至年底，涉重工业污水处理厂的厂房、设计以及排污管网已全部启动建设。

（任新宇）

【经济指标及运行情况】 2015年，园区签约入园项目2家，签约资金额16.8亿元，分别是风力发电项目和LED灯型材项目，其中风力发电项目现已投产，年产值达8亿元。2015年，园区重点项目23个，其中投资过亿元项目11个，省重点项目3个。园区全年实现产值65.37亿元，完成固定资产投入13亿元，完成工业税收1.3亿元。

（任新宇）

【恒岳重钢】 恒岳重钢项目规划用地500亩，选址位于园区青山大道北侧、中控国际纸业项目对面。总投资16.68亿元，其中一期投资1.68亿元。项目于2010年8月签约入园，2011年4月实现投产。2013年项目投资方与中国水电四局结成战略合作伙伴，并于2013年3月启动二期工程建设，主要生产风力发电塔设备。2015年，已建成标准厂房2万平方米，产品已成型生产。项目全部投产后，年产值达10亿元，年创税收6000万元以上。2015年，该企业实现产值48260万元，实现工业税收434.39万元。

（任新宇）

【藏富家具】 项目总投资1亿元，一期投资5000万元，规划用地50亩，选址位于衡山工业园坪青路中段西侧，主要生产高档古典红木家具，年产值1亿元以上，年创利税400万元以上，解决就业岗位200个以上。截至年底，项目已完成一期主体厂房建设，加快设备采购。

（任新宇）

【春昌钨业】 该项目由湖南春昌有色选冶有限公司联合上市企业——中钨高新集团共同投资兴建，是衡山县继富士康集团、中国水电四局、华润怡宝、华升集团、华菱衡钢后第六家与央企、上市公司合资合作的项目。该公司是一家主要从事钨的开采、选矿和冶炼的综合性企业，拥有二十条仲钨酸胺生产线，年产能达6000吨以上。其产品硬质合金主要供应矿山钻头、车床刀具的生产原料，产品畅销国内二十八个省、市、自治区，其主要产品中“钨条”出口欧、美、亚十多个国家和地区，在国内外客户享有较高的声誉。项目规划用地110亩，总投资5.2亿元，建成后可新增仲钨酸胺年产能6000吨，实现年产值达10亿元以上，解决就业岗位400个，年创税收过亿元。同时，项目投入3000万元建设国际领先的环保设施，保证工艺流程安全环保无污染，并已取得省级环保手续。截至年底，项目已完成投资2亿多元，完成4万多平方米主体厂房及设备引进，并于2015年12月24日点火试生产。

（任新宇）

【富士康配套核心供应商（宏达威）环保清洗剂项目】 项目总投资2.5亿元，现已完成6栋（共计2万平方米）标准化厂房建设。一期建成后可实现年产值3亿元以上，解决就业岗位400个，年税收1000万元以上。2015年，该项目抓紧一期设备引进和调试，并积极与苹果、小米公司对接，拟引进2条电子新材料生产线，预计投产后可实现年产值10亿元，税收过5000万元的生产能力。

（任新宇）

【弘山科技工业园】 弘山科技工业园项目是由衡山县人民政府与衡阳弘湘国有投资（控股）集团公司合作兴建的高新技术产业“园中园”。衡阳弘湘国有投资（控股）集团公司是一家由市政府出资、市国资委履行出资人职责的大型国有投资类企业，注册资本金2.5亿元，公司资信评级AA，为我省银行信用级别最高的资产经营公司。公司现收储土地达到7378亩，加上地面房产、门面和参控股企业股权等，资产规模近200亿元，发展速度居全省国有资产经营管理同行业首位。该项目规划用地2平方千米，建筑面积25万平方米，计划总投资10亿元，其中2014年投资5000万元，2015年投资3亿元，三至五年内投资10亿元。园区以新能源汽车产业、汽车零部件暨新材料产业、光伏制造业为三大主导产业，打造融产业化、集约化、科技化、市场化于一体的高新技术产业示范园区，引进高新技术产业项目15家以上，建成后将成为湘南地区北部最大的高新技术产业园区，可新增规模工业年产值20亿元以上，创税2.5亿元以上。合作双方已在衡山新成立弘山投资有限公司，新公司注册地和纳税地均为衡山。2015年，该项目国土、规划、环评、备案等前期工作已完成，正开展合作区域初步规划编制，并平整土地100余亩。项目2015年投资3亿元，占地面积0.5平方千米，完成光伏产业聚集区及配套设施建设，启动新能源汽车产业基地建设。计划建设办公、科研、服务大楼3000平方米，标准厂房20000平方米以上，引进入园高新技术产业项目5个以上。（任新宇）

【佳诚汽配】 佳诚汽车配件项目由佳诚实业投资建设。该公司是一家生产销售汽车内装饰特种材料及汽车电子类工业胶带的综合性集团企业，公司集原材料自主开发、成品精密加工为一体，现年产值5亿元，产品主要应用于汽车制造、数码电子、建筑材料、光电、通信、印刷等领域，是广东本田、东风日产、比亚迪、富士康、格力、美的等著名企业的配套厂家。该项目总投资1.03亿元，其中，一期投资5000万元，规划用地3公顷；二期投资5300万元，规划用地2.33公顷，项目全部投产后，可实现年产值4亿元，年创税收2000万元以上。项目一期已于2014年6月份投产，当年实现产值1.1亿元，完成税收300万元。2015年，该公司实现产值2.9亿元，实现工业税收427万元。（任新宇）

【衡山信联食品饮料有限公司】 该项目于2010年9月份签约入园，总投资1.5亿元，建设用地面积90亩，选址位于园区核心区东南侧（原标准厂房处）。其中一期投资1亿元，仅半年时间已投产。2015年，该项目年生产能力已达10亿支瓶装水，是衡山生产的第一个入超市的产品。项目二期主要以建设4.2亿支PET瓶装水及瓶盖生产线为主，计划投资1.5亿元，占地2.67公顷，建成后实现产值1.7亿元，解决就业岗位150个。项目的建成投产将逐渐加强园区食品饮料行业在园区经济发展的地位，成为中南地区最大的怡宝瓶装水生产基地，对推动社会、经济、环境的协调发展具有一定的现实意义。

（任新宇）

## 衡东经济开发区

【概况】 2015年，衡东经济开发区围绕“做热园区、做实园区、做优园区、做美园区”工作思路，以夯实基础为龙头，以项目建设为抓手，以提高发展质量和效益为核心，主动适应经济发展新常态，实施“工业强区”战略，坚持稳增长与转型升级统筹推进，推动园区经济社会各项事业高速、高质、高效发展。（周叶华）

【经济指标】 2015年1~11月，完成工业生产总值97.6亿元，工业增加值25.38亿元，实现税收3.2亿元。同比增长13.2%、12.4%、11.7%。（1）助推企业发展。加强对经济运行的动态分析，做好各项优惠政策、扶持资金和重点项目的争取工作，帮助企业解决发展中的焦点、难点问题。全年帮助园内企业争取无偿扶持资金、贴息贷款资金项目5个、争取资金6000万元。（2）提高安全生产和环境保护管理水平。促进冶炼、化工产业转型升级，严把项目准入门槛，加强对重点领域、重点行业、重点企业的监管，强化企业红线意识和底线思维，在改造升级上做文章，不断优化园区安全生态环境。全年无一件安全生产和环保污染事件。设立园区物业管理机构，保障建成区的环境卫生和美化亮化。（3）加强土地资源利用。把清理闲置低效土地放在突出位置，探索建立依法回收、协议回购的有效机制，通过收购、置换或入股联营等方式，加快盘活现有闲置低效用地。通过转型，原来的中南冶化、鑫大化工、腾波化工用地分别建成物流仓储项目、朝阳建材、朝阳动力等项目，征收储备原华东锌业、金虎铝业等项目用地用以建设园区服务中心、生物制药项目等服务型、科技型项目。全年产业转型用地近500亩。严控落地项目质量，规范土地出让、建设行为，从源头控制土地闲置现象。（周叶华）

【招商引资】 2015年，园区新引进项目8个，合同引资15.4亿元。其中，10万吨铜材深加工、博大生物制药、大地泵业、朝阳动力等项目投资亿元以上；新开工项目7个；大地泵业、谊德科技、和畅食品、益力盛电子、鑫德成鞋业等5个项目实现建成投产。聚豪管业、荣桓科技、子廷有色等3个项目完成技改投资，预计2015年新增企业将为园区增加工业生产总值30亿元以上。新签约、新开工、新投产项目个数、投资额度等指标均创新高，实现园区二次创业的良好开端，得到省、市、县各级领导多次充分肯定。全年招商引资工作呈现出三个方面的特点：一是规划得到贯彻落实。重新调整编制园区总体规划，使规划更趋科学、更具操作性，第一、第二、第三产业布局进一步优化，项目落地和布局始终坚持规划引领原则。二是资源得到充分利用。通过调整老企业边界，整合资源，通盘考虑项目用地范围，有效利用大量的边角地。现有标准厂房利用率达到80%以上，员工宿舍利用率接近100%。三是人气得到大幅提升。新增就业人员2000余人，劳动密集型、物流枢纽型、科技创新型都有代表性的企业。干部职工更加勤政务实，企业老板更具发展信心。（周叶华）

【设施建设】 2015年，园区启动大批基础设施建设项目，完善园区基础设施建设，改变园区面貌，谋划长久发展。截至年底，园区新增基础设施投资达1.8亿余元。（1）污水处理厂工程。项目总投资9300万元。截至年底，污水处理厂主体工程已基本完成，污水管网收集系统敷设已接近尾声。（2）中小企业服务中心。该项目概算总投资约7800万元，拟建设15层主楼及附属楼，建筑面积23677.22平方米。项目已完成立项、初步设计、施工设计及征地工作，截至年底项目正在进行土方平整工作。（3）北片区道路提质改造工程。项目概算总投资6800万元，地下管廊及路基工程已完成。路面改造也将于2016年3月完工。（4）朝阳路、兴园路工程。项目共计里程约2000米，总投资1500万元，已完成立项、设计、招投标工作。（5）工业大道建设。项目规划里程3400米，连接宁国南路和楠木互通口，概算总投资2.12亿元，已完成立项、规划设计初评工作，征地拆迁进入扫尾阶段。（周叶华）

【项目建设】 抓紧抓好基础设施工程建设，重点把握好以下四个环节：（1）在提高执行力上下功夫，狠抓落实。进一步强调严格按照规章制度办事，要求项目建设工作管理人员强化责任意识、担当意识，要敢于、勇于并善于发现问题、解决问题，不推诿扯皮，切实做到事事有落实、件件有回音。（2）在全面性谋划上下功夫，明确目标。提前做好谋划，充分考虑项目规划、用地、环保等手续办理问题以及项目用地范围内的拆迁问题以及施工中各种工序、程序的衔接问题。在项目招标前，全面考虑施工现场状况，确定合理的施工工期和施工计划。（3）在提升工程建设质量上下功夫，严格管控。加强对施工图设计的审查，对施工图进行初步审查，尽可能减少问题，提高质量。坚决贯彻“三检查、两坚持、一过硬”的方针，加大对施工、监理等参建单位的监管及处罚力度，严格做好工程监管。（4）抢抓机遇，大胆创新，破解资金瓶颈。截至年底，园区规划建设的基础设施建设投入近10亿元，建设资金光靠自有财政投入是远远不够的。衡东经济开发区抢抓省“135”工程、中央财政专项建设资金等政策机遇，积极申报上级扶持项目，争取贴息贷款，截至年底已完成融资3.17亿元。

## 祁东经济开发区

【概况】 2015年，祁东经济开发区在县委、县政府的正确领导下，紧盯“基层党建年、项目建设年”目标任务，党工委、管委会一班人精诚团结、共克时艰，全体干部职工积极作为，奋力进取，各项工作稳步推进，全面建设取得新成效。（邱运鹏）

【项目建设】 2015年，祁东经济开发区共有续建项目19个，新建项目5个，市县重点项目24个（其中归阳工业园19个、县城内5个），全年完成实物工程量10.01亿元。（1）做好前期规划。突出规划龙头和引领作用，抓好项目的前期规划。完成总规修编及规划区域的地形测量；做好生态广场管理房、振兴东路等4个预算审核，通港路、千吨级码头、白河风光带等5个设计方案及施工图设计。完成云鹤工业园4个拆迁安置地、曙光村等7个安置地规划设计；完成云鹤工业园总体规划修编及土石方平衡设计；完成“一区两园”内2015年批次用地及土地出让红线图的确定。(2)推进项目建设。金威路创业路衡枣高速下穿等4条道路全面完工；兴园大道、创业路等5条道路完成雨污水管网、路基工程的施工；三期标准厂房完成配套设施并交竣工验收。公租房A区全部完工，公租房B、C区完成所有基础工程及主体工程的施工。污水处理厂区一、二期工程全部完工，配套主干管网的施工基本完成。完成娄衡高速县城连接线招投标工作，并开工建设；完成南山大道（曙光路—城西路）段路面油化、人行道平整、绿化、亮化；完成星洪大道油化、亮化、绿化、人行道铺装，竣工通车；322国道以北段道路动工建设，完成基础路面。完成竹苑路西段（城西路—G322国道）路基工程。完成石家小区道路硬化、绿化、排水等配套设施建设并交付；完成民怡苑小区第一期、二期扫尾、竣工验收，第三期工程的主体工程。完成活禽水产综合批发市场土石方工程，双云路路基填筑；完成六栋钢结构交易厅安装工程及水产交易厅附属设施；启动公租房（234套）、综合服务楼公开招投标及双云路开工建设。(3)安置小区建设。廖家安置等5个安置小区完成土石方工程80万方，完成道路路基工程500米，用电到位，200多户安置户可动工建设。下里桥、曙光2个安置点启动征地拆迁等前期工作。（邱运鹏）

【征地拆迁】 2015年，征地约133.33公顷，拆迁面积4万多平方米。迁坟500余家。协助群众启动安置房建设，打好桩基础300墩，并动工建房220墩。完成移改线路杆线搬迁17处，布放电缆电线1950米，新装630千瓦变压器2台，更换630千瓦变压器1台，归阳工业园供电网络更一步完善。完成兴园路、金威路、台湾工业园、公租房A区、油木安置区、王家坪安置区、白河安置区等自来水管的安装铺设共计3890米，安装消防栓26处，修复生态广场绿化供水系统102处及安装自动喷淋水管。处理用地各类矛盾800起，接访息访46次。第三责任片区土地巡查形成常态，制止和拆除违法占地共9户，总面积1389.4平方米。拆除南区违章铁制厂棚2120平方米。（邱运鹏）

【招商引资】 加大归阳工业园宣传力度，推进政务进驻园区，对照产业定位，积极招商引资。(1)主动服务招商。组团到广州、东莞、深圳、广西等地，上门招商，归阳工业园落地入园项目11个，湖南派驰机械有限公司、湖南衡缘物流有限公司、柳州金茂集团、东莞市途锐机械有限公司、东莞市惠亚新材料科技有限公司、东莞市科谱达光电科技有限公司、东莞市旭阳旅行用品有限公司、广东龙腾科技有限公司、祁东泰豪食品有限公司、祁东翠玉轩工艺品有限公司、祁东冠辉帽业。签约资金12亿元；洽谈合作的有南岭化工、艺博工艺等3个项目；意向入园项目有东莞康泰电子、兴展光电科技等8家。开发区招商和产业发展局会同县经信局、财政局、招商局、电力局等专题研究并形成《关于归阳工业园入园企业电气安装工程相关问题会议纪要》，基本解决入园企业用电难问题。园区政务中心11月正式投入使用。(2)督促签约企业加快建设。富生钢构、明鑫实业、尚鑫科技、万祺科技等18个企业加快建设进度，基本上完成主体施工，派驰机械、泰豪食品等4个企业投产，尚鑫科技、明鑫不锈钢完成设备安装调试，准备投产。（邱运鹏）

【资金筹措】 与农发行、国开行、建设银行、华融湘江银行等金融机构及省安居投主动对接，全年共融资13.81亿元，到位4.11亿元。为缓解中小微工业企业融资难问题，积极推进“助保贷”业务，成立祁东县助保金管理中心，已为5家企业发放贷款8000多万元。（邱运鹏）

【其他工作】 (1)综合协调，保政令畅通。认真领受上级文件指示、决策部署及会议精神，搞好学习传达，抓好落实，接受上级文件、通知、领导批示件等，做到严谨、严密、严肃，确保事事有回音，件件有落实，通过灯箱广告，宣传橱窗、专栏、横幅、电子显示屏等阵地宣传，积极对外公开政务信息，展示良好形象。(2)综治治理，保安全稳定。强化“平安开发区”建设，安装办公监控，认真开展社会治安综合治理工作，年内没有发生重大刑事案件、治安灾害事故和重大群体性事件。2015年，开发区共接访800余人次，处理用地等各类矛盾100多起、信访遗留问题20

多个，处理回复信访件9个，确保大局稳定和谐。严格落实“一岗双责”安全生产责任制，严密排查安全生产隐患，及时整改，确保安全生产形势稳定向好。(3)文明创建，保和谐团结。以文明县城复查、两创一整治、祁东干部新形象大讨论活动为契机，提升开发区文明创建。办理并回复人大代表议案3件，政协委员提案6件，收到电话、信件回复的建议和意见16条。开发区工会、妇委会在维护职工合法权益、开展文体活动等方面，以内容丰富、精彩纷呈的各种活动，凝聚人心，增进团结，强化合力。

（邱运鹏）

## 常宁市水口山经济开发区

【概况】 2015年，常宁市水口山经济开发区（简称开发区）依托丰富的矿产资源、悠久的矿产产业、矿冶技术优势，大力实施循环经济发展战略，区内形成以水口山有色金属集团公司及五矿铜业（湖南）有限公司为龙头的特色产业聚集区，园区现有有色金属冶炼、深加工和化工规模企业30家。2015年6月经国家发改委和财政部批准为国家级循环化改造示范试点园区。 （尹建恒）

【管理体制】 2015年11月9日，衡阳市编办下发《关于常宁市水口山经济开发区管理委员会有关机构编制事项调整的批复》，一是对水口山经济开发区内设机构进行调整：办公室更名为党政办公室，不再加挂财务室的牌子；建设规划部更名为建设局，不再加挂综治办的牌子。保留招商合作局、产业发展局（安全生产监督管理局）、社会事务局、政务代办服务部；二是对人员编制进行调整：将水口山经济开发区管理委员会的编制由原来的20名调整到35名；三是领导职数的调整：核定副处级干部2名，书记主任分设，正科级领导职数7名，其中：副书记1名，副主任4名，纪工委书记1名，工会主席1名；副科级领导职数8名。 （尹建恒）

【设施建设】 2015年，开发区已完成水松地区总体规划（2010~2030）修改工作，规划期末用地为30平方千米，其中工业用地面积10平方千米，并在松柏千吨级码头附近设立2平方千米的仓储物流功能区。全年完成投入8亿元以上，用于完善园区水电路气讯等设施建设。道路方面，全年投入5.6亿元，新建和改造5条园区主干道。2015年11月，启动常青路、大桥路、文明南路、新园路亮化提质，开工双园路、冶金路和五矿路建设。供电方面，完成17条低压线路搬迁及5条高压线改造。供气方面，各入园企业已与中油金鸿公司签订协议，管道已铺至厂区。给排水方面，日供水2万吨自来水厂已建成供水，投资2700万元的排水管网铺设入园。完成66.67公顷土地平整任务。 （尹建恒）

【项目建设】 2015年，新建项目7个。(1)金铜项目核心工程：完成精矿仓主体工程，渣缓冷场、火法熔炼区等完成安装厂房，湿法电解区、硫酸区、220千伏变电站和附属工程耐火材料库抓紧施工。(2)大宇锌业：总投资1.5亿元，用地面积5.33公顷，年产2万吨硫酸锌和1.5万吨氧化锌，已完成厂房钢构安装和部分设备安装，建成试产后可实现产值2.65亿元，创税1200万元。(3)华兴冶化：总投资1.8亿元，用地面积7.13公顷，年产2万吨硫酸锌和1.5万吨次氧化锌，已完成投入4830万元，建成试产后可实现年产值3.85亿元，利税1550万元。(4)宏兴化工：总投资1.3亿元，用地面积5.33公顷，年产6万吨铅盐系列产品，完成1.5万平方米标准厂房钢构结构，建成试产后可达4.5亿元，利税1300万元。(5)金翼铅业：总投资3.6亿元，用地面积17.33公顷，年处理13万吨废旧铅酸蓄电池，年产5.4万吨再生铅和3万吨铅合金，完成房钢构安装，建成试产后年产值25亿元，创税2亿元。(6)一品新能源：总投资2亿元，占地7.07公顷，年产40万吨新型甲醇燃料，已投入9380万元，正在建设3万立方米的罐区。投产后可实现年产值8亿元，利税5000万元。(7)鸿博稀土抛光粉项目：总投资1亿元，用地面积4公顷，年产2000吨稀土抛光粉材料，完成征地工作，建成试产后可实现年产值2亿元，创税2000万元。 （尹建恒）

【常宁市水口山投资公司成立】 2015年6月，经常宁市委市政府批准成立常宁市水口山开发建设投资有限公司，性质为国有独资公司，隶属于常宁市人民政府，由常宁市水口山经济开发区管理委员会代管。公司建立企业法人治理机构，设立董事会、监事会、总经理，董事长、总经理由常宁市水口山经济开发区管理委员会主任蒋渝阳同志兼任，董事长为公司法定代表人。公司负责水口山工业新城范围内土地的开发、综合治理及资本运营；城市基础设施项目投资；公共服务项目投资；房地产投资；工业地产投资；新农村建设；基础设施、公共服务项目代建代管；投资服务等。

（尹建恒）

【获批国家级循环化改造示范试点园区】 2015年4月，常宁水口山经济开发区向国家发改委、财政部报送《水口山经济开发区循环化改造实施方案》，2016年6月5日，国家发改委、财政部批准通过水口山经济开发区为国家级循环化改造示范试点工业园区。

（尹建恒）

## 湖南耒阳经济开发区

【概况】 2015年是“十二五”规划与“十三五”规划承上启下的关键之年。耒阳经济开发区认真贯彻市委、市政府工作要求，围绕年初制定的目标任务，以招商引资和项目建设为中心，以产业升级为主线，以园区建设为载体，以优化环境强化服务为保障，抢抓机遇，积极进取，开拓创新，加快发展，各项工作取得丰硕成果。2015年全区共完成规模工业生产总值118.65亿元；完成工业增加值30.74亿元；完成固定投资10.65亿元，同比增长6.1%；完成税收3.69亿元，同比增长39.2%。全区经济运行保持较好的稳定增长态势。（谷仍贤）

【招商引资】 2015年，全区共引进签约项目10个，总投资约5亿元，分别是：耒阳胖哥食品有限责任公司，总投资1.3亿元；耒阳市江东生鲜冷链物流配送有限公司，总投资1.3亿元；另有8个项目通过租赁标准厂房投产，分别是：耒阳市电子商务孵化基地、中山市睿康科技有限公司传感器项目、耒阳市越威手袋厂、耒阳市天然有机农产品服务公司、耒阳市长宏包装彩印有限公司、凯运鞋业、亿金食品、和兴医疗器械产业园。以上项目中，胖哥槟榔已投产见效，冷链物流项目正在抓紧进行征地等前期工作。正在洽谈且有签约意向的项目7个，分别是：湖北企尚服装、北京古田兴盛农业科技、深圳邦特咖啡餐饮、伍子醉槟榔、雄丽家具、飞马网络配套物流、中科生物科技有限公司。（谷仍贤）

【项目建设】 （1）工业企业项目全面开工。一是项目建设态势良好。2015年，园区开工建设工业项目19个，总投资20.78亿元。其中：胖哥槟榔于10月27日投产，预计可年产槟榔5000吨，年产值3亿元，年纳税1000万元，解决劳动力就业2500余人；星宇电线电缆有限公司已建成厂房12000平方米，已正式投产；颖峰数控机械建成投产后可年产数控机床200台，年产值达2.6亿元；新达微轴承项目全面开工，其中办公楼及职工宿舍已建至三层。二是重点企业投入进一步加大。原有重点企业如绿海粮油二期、汇升生物二期进一步扩大规模。其中：汇升二期新增5000平方米厂房，投产后年产值可达3亿元，年创税收3000余万元。落户中小企业园的凯运鞋业增租厂房扩大生产。（2）基础设施建设稳步推进。2015年，园区累计投入基础设施建设资金10.65亿元，全力加速推进基础设施建设，不断完善工业发展平台。一是进一步完善中小企业园水、电、路、讯配套工程。建成84套3600平方米员工宿舍和相关生活服务设施，启动255套公租房二期建设，中小企业园功能日趋完善；二是启动110千伏变电站的建设；三是完成长4.14千米、宽54米的富民路建设。四是启动占地745亩，总投资5.9亿元的创新创业园16.85万平方米厂房及配套道路——宝塔路、蔡侯路路段及纬二路路段建设。组织征收土地白洋800余亩、迁坟400余冢。项目建设需拆迁房屋约5000平方米，迁坟400余冢，杆线改迁5组。截至11月，征地、拆迁、青苗补偿等前期工作已全部完成，共支付补偿款4704.5万元。创新创业园已完成80%的基础工程；宝塔路路面硬化全面完成，抓紧进行道路两厢人行道、绿化等附属工程。（谷仍贤）

【融资工作】 2015年，园区积极拓宽融资渠道、丰富融资形式，全区共获批各项融资7.13亿元，已到账3.96亿元。（1）在建项目贷款。通过富民路等在建项目向华融湘江银行贷款0.8亿元，全部资料完成并通过初审，上报省行等待获批；(2)包装项目融资。通过包装耒水新城项目从建设银行贷款2.93亿元中，首笔资金2600万元已到账，正在争取第二批放款。(3)发行信托产品融资。通过中信银行借用江西中江公司平台发行信托产品融资2亿元，资金已全额到账。(4)采取项目融资模式。如7月份开工建设的创新创业园及配套道路——宝塔路等一批基础设施项目系通过这类模式融资1.2亿元建设的。(5)流动资金贷款。与中信银行洽谈1亿元流动资金贷款已获省行审批，办理好抵押物手续，预计2016年1月放款。 (谷仍贤)

**【社会事务】** (1)严格落实环境综合治理。认真开展环境卫生综合治理，通过健全管理网络，进一步强化责任，加大投入，新增垃圾箱20余个，增设垃圾池30个，有效保证垃圾的集中处置。并严格督查考核制度，每周巡查4次，整治107国道、联络线、东二路等路段违章搭建、破坏绿化、乱堆乱放、乱披乱挂等现象，为衡阳市顺利通过省卫生文明城市验收做出贡献。(2)积极推进民生保障事业。2015年，新增五保户6人，救助五保户特困户15人，发放五保金及爱心物资折合人民币31万余元；办理大病救助28人；发放优抚社救人头经费23万元、社会救助资金4.34万元；办理老年证15人。截至年底，全区实现新型农村社会养老保险4000余人参保缴费，缴费金额共计45万余元；新农合参保人数20023人，参保金额约178万元，参保率97%以上，全市排名第二。计划生育、综治民调等工作名列全市前茅。积极协调人社局等部门处理青麓340名失地农民问题，提供整理相关资料；妥善处置宝升鞋业600余名员工罢工事件。(3)用活用好惠农惠民政策。2015年，共落实种粮大户3人，面积66.67公顷。落实耕地抛荒32.4公顷，土地流转10多公顷。认真贯彻落实市委、政府森林耒阳的精神，完成植树造林61.8公顷；配备专业巡山员，加强村居森林防火队伍建设。切实增强辖区水库的防洪管理和利用，清理红白支渠13.6千米；成立村居防洪防汛小组，签订安全责任状。(4)严格贯彻精准扶贫精神。坚持把扶贫工作与全面建成小康社会相结合，并列入党工委、管委会重要议事日程。全面树立“抓扶贫开发就是抓全面小康社会建设”的意识，明确“十三五”全面脱贫目标，建立健全精准扶贫责任制，制定扶贫计划，落实帮扶到村、到户、到人措施，全年累计发放扶贫资金近5万元。

(谷仍贤)

**【管理服务】** (1)加强两违执法查处。全年共查处辖区内违章建筑123起，占地面积达18102.48平方米，拆除违章建筑38起，拆除面积达8894.6平方米。成功查处绿海粮油附近存在6年的“两违”建设；扫清颖峰机械、宝塔路等重点项目的障碍，有效制止“两违”现象抬头，确保重点项目的顺利推进。(2)强化规划管理处置。2015年，先后完成哲桥工业新城控制详细规划报批，组织对耒水新城、蔡伦科技工业园片区控规编制，组织完成创新创业园，中心城区敬老院，七岭村、上岭村、双泉村三个集中安置区等8个修建性详细规划编制。累计办理各种手续148宗，下达责令停止违法行为通知书51份，限期整改通知书21份，立案且下达行政处罚决定书19份，规范园区建设秩序。(3)加强全区用地管理。全年共向省厅申报项目用地9批次，报批土地93.33公顷，省厅批准农用地转用、土地征收93.33公顷，完成土地预征133.33公顷，完成土地储备66.67公顷。完成违规违法用地52宗，下达《责令停止国土资源违法行为通知书》65份，立案查处违法用地企业1家，上报清理闲置土地9宗共73.27公顷。保障园区项目落户用地的需要。(4)环境优化不断深入。一是建立跟踪服务制度。为优化企业服务环境，园区对所有在建项目实施跟踪服务制度，及时协调、处理项目在建设过程中遇到的各种困难，为企业排忧解难。2015年来全区共受理项目建设过程中求助电话50余次，现场处理和协调解决问题85%以上。其中，受理宝升鞋业、宝塔路、创新创业园等项目群工事件达30余次，解决村组矛盾40余起，进一步优化园区的施工环境。二是实行“一站式”办结。2015年，园区各部门积极履职行权，主动为企业办理工商登记、规划、国土、环保、林业、水利等部门的各项手续，为在建项目全程提供“保姆”式服务。全年共为新达微轴承二期、绿海产业园二期、颖峰机械等十余个在建项目办理各项证件100余个。三是实施项目调度会。为推进项目建设步伐，全年组织召开项目调度会40余次。创新创业园及宝塔路项目建设实行每周例会制，对项目在建设过程中的各种问题、周边矛盾等实施现场办公、现场解决。每旬向“四大家”主要领导通报项目建设进展，让“四大家”主要领导及时了解创新创业园建设进度及存在的困难及问题，为领导决策提供参考。四是优化园区环境。积极协调蔡子池、五里牌、哲桥、三顺、三架5个派出所，大力整治和规范园区建设秩序，优化经济环境。全面落实重点企业挂牌保护，重点整治企业周边治安环境，打击强揽工程、强买强卖等行为。（谷仍贤）

# 政府投融资平台

## 综 述

【融资总量】 2015年，市县两级投融资公司到位融资327.92亿元。市本级方面，9大公司到位融资251.9亿元，比2014年增加107.04亿元，同比增长73.89%，是2014年的23.7倍。其中，市城建投112.65亿元，弘湘公司18.56亿元，交通投20.18亿元，水利投12.14亿元，水务投3.05亿元，白沙投26.7亿元，松木投10.1亿元，来雁公司16.02亿元，滨江公司32.5亿元。新组建的高新投、衡科投、发展投也取得不错的成绩，高新投获批专项基金1.1亿元，发展投资批专项基金1.8亿元，衡科投到位招商引资资金3.15亿元、获批专项基金3.83亿元。县（市）区方面，耒阳到位融资26.86亿元，祁东县到位融资16.84亿元，常宁市到位融资11.15亿元，衡阳县到位融资7.53亿元，衡南县到位融资3.94亿元，衡东县到位融资3.3亿元，衡山县到位融资2.31亿元，珠晖区到位融资2.2亿元，南岳区到位融资1.3亿元，雁峰区到位融资0.6亿元。 （李 政）

【融资渠道】 一方面融资方式持续突破。除银行贷款外，新型融资实现重大突破，占全部融资的56.94%。市本级方面，市城建投非公开定向债务融资（PPN）15亿元、管网资产融资租赁兴业租赁6亿元、PPP项目融资2.31亿元，弘湘公司融资租赁2亿元，交通投14亿元企业债券，水利投私募债3.5亿元，白沙投非公开公司债券30亿元。县（市）区方面，耒阳市成功发行“15城建债”7亿元、地下管廊专项债券12亿元，常宁市发行债券2亿元，衡南县交通投融资代建模式融资4000万元，祁东县城乡建设投融资租赁1500万元，衡东县城建投以P2P模式贷款2亿元。另一方面，融资对接持续加强。2015年，绝大部分银行与投融资公司都有对接，有到位资金的银行达到15家。同时，对接的项目涉及保障性住房、交通、水利、企业改制、环境治理多个领域，加上正在对接的项目，融资总金额超过330亿元。2016年，市本级12大投融资公司的目标任务：融资目标方面，要实现到位融资270亿元左右；资产目标方面，到2016年底，总资产规模要达到1717亿元以上，其中新增土地等有效资产255.5亿元；项目目标方面，要完成164个项目的年度投资任务，投资额不少于188亿元。

（李 政）

【承建重点项目】 2015年，市本级9大投融资公司承建重点项目69个、总投资879.5亿元、年度完成投资201.89亿元，超出年度计划22.89亿元。其中，各公司承建基础设施项目41个、投资总额达791.5亿元，分别占中心城区基础设施重点项目总数和投资总额的82.4%、91.2%。比如，市城建投承建的船山东路、二环路、“三馆两中心”，弘湘公司承建的107国道改造、瓦松铁路增资，交通投承建的蒸湘南路、船山西路延伸线，水务投负责的“两供两治”项目，高新投、白沙投松木投负责的园区基础设施建设，来雁公司、滨江公司负责的两大新区征地拆迁、基础设施建设等项目。 （李 政）

## 衡阳市城市建设开发总公司

【经济指标】 2015年，衡阳市城市建设开发总公司（以下简称公司）完成经营总收入8149万元，上交地方税收1939万元，实现利润总额1266万元，净资产收率达7.46%，均超额完成市委、市政府、市国资委下达的任务指标，确保国有资产有效增值。公司制订的年度经济指标任务基本实现，除个别辅业外，房地产开发主业的商品房销售指标和其他辅业经营指标均超额完成。市政府、国资委年初对公司下达的税收、利润、资产收益率等经济指标也超额完成。 （刘黎红）

【项目建设】 一是完成已建成项目“中房·阳光远景”和“中房·华新苑”的资料备案、产权办理等所有扫尾工作。二是完成“美丽白沙”项目的土地权证及用地规划手续、征地工作、规划设计前期准备工作。截至年底，投入资金逾1.5亿元。 （刘黎红）

【项目经营】 “中房·华新苑”项目销售调整策略。在全市楼盘大面积滞销、销售额零增长背景下，公司适时调整销售房源、房价。营销部门以报纸广告、电视换频广告、电话彩铃、挂机短信提醒业务、微信朋友圈转发等形式加大商品房销售的宣传力度；采取申请贷记卡购车位（库）等方法和手段，盘活库存商品房和车位（库）销售。发动公司干部职工全员促销，实现4900多万元的收现额，保证公司运营急需资金。做好与主营业务紧密联系的预（结）算审核、建安成本分析、市场调查、工程签证等工作，在经营部、工程部、财务部、综合部等职能部门的配合下，基本做到严谨务实、把控有度、节能降耗。（刘黎红）

【资产经营】 雁东大厦：对消防进行大力整改，自筹资金对大厦内设施、设备进行维修、改造，设立摊位租赁户接待日，加强沟通、提升服务水平。合同签订率和租金回笼率均达100%，连续18年无消防安全事故。市场部：自有资产租赁方面受实体零售业整体不景气的大环境影响，部分门面、住房出现退租现象，但在努力提升服务水平、做细做好各项沟通衔接工作、及时解决租赁户现实困难的基础上，仍超额完成租赁任务指标，成绩稳中有升。太平小区综合市场：适时调整经营手段，采取稳定门面租赁大户等方式，超额完成年度经济指标。保持勤俭节约的优良传统，降低办公费、维修费等开支，发动干部职工每月对市场进行卫生大清洁活动。小太阳幼儿园：教学水平提高，教师素质不断提升，构建和谐互动的家园共育环境，育儿水平得到广泛好评，家长满意度不断提升，生源稳步提高，全年未发生卫生安全责任事故，经济指标任务超额完成。物业公司：提升对都市村庄、华新苑、常胜花园三个小区物业管理服务水平，处置都市村庄小区业委会、业主及管理服务之间的矛盾纠纷。设计室：对美丽白沙项目进行规划设计，提供公司在建项目、设施维修改造等各类工程技术指导和服务，提高施工图设计质量，提升服务水平。（刘黎红）

【安全维稳】 安全方面，专门成立安全生产机构，健全安全工作方案及检查、应急、培训等一套完整的安全管理体系。对公司开发项目施工现场和下属雁东大厦、太平小区综合市场、幼儿园、物管小区等重点监控单位，采取每周一抽查，每月一普查，重大节假日公司班子成员带班值守的常态化管理模式，消除安全隐患，特别是全市重点消防责任单位雁东大厦已连续18年无安全事故。在维护稳定方面，深入基层掌握民情，改进引导沟通方式，及时化解矛盾，公司呈现和谐稳定的良好发展局面。（刘黎红）

## 衡阳市城市建设投资有限公司

【融资工作】 2015年，衡阳市城市建设投资有限公司（以下简称市城建投）积极开拓融资渠道、创新融资方式，融资到位创新高，融资创新高，全年共完成融资签约近200亿元，到位资金约136.6亿元，是目标任务的3.4倍，同比增长了105%。其中：金融机构融资签约143亿元，到位131亿元，资金到位率为92%；招商引资到位资金5.61亿元。科学调度资金，全年完成资金调度约100亿元，完成相关税费缴纳9.61亿元，还本付息约54.4亿元，确保公司的良好信用，保障项目的顺利推进。在融资模式多元化，融资渠道多样化的总体格局下，开拓新的融资领域，开辟新的融资模式。2015年，在银行间交易商协会，发行PPN产品30亿元，利率为4.88%，与同类产品相比，发行规模大、利率低；开辟产业基金的新模式，在华融湘江银行融资31.5亿元，在不增加负债率的前提下，提高公司资产规模。2015年，公司的主体信用评级为AA+，是湖南省地级市城投公司第2家获得AA+信用评级的单位，提升信用级别，增强融资能力，可降低融资成本。（李　政）

【项目建设】 2015年公司共承担建设项目30多个，总投资约300亿元。全年共完成项目投资约81亿元，是年度目标任务的1.7倍，同比增长14.3%。克服多雨天气影响，省重点项目船山东路预计2016年上半年可全线通车；二环路项目建设已全线开工，完成省里目标任务；体育馆、游泳馆已初步交付使用；承担市十运会相关比赛任务；保障房项目1.2万套进入交付环节；高新写字楼、蒸德大厦、清风园、图书馆、“两中心”、铁一中等项目完成主体工程；耒水东岸风光带、蒸湘北路延伸、蒸水西堤风光带等项目快速推进。按照“实施一批、储备一批、谋划一批”滚动机制，做好2016年项目储备申报工作，规划地下综合管廊、南岳第一峰、雨母山景观大道等2016年市重点建设项目，总投资合计约80亿元。

（李　政）

【资产收益】　2015年公司资产规模约620亿元，同比增长55%，位于全国城投类企业资产规模排名前30位。2015年，完成土地挂牌2171亩、土地办证1016亩、土地报批2741亩和组卷上报土地3789亩，年度挂牌土地创公司历年之最。耒水东岸风光带5万平方米1400多个车位的地下停车场工程建设按计划推进，正式运营后可实现年经营收入800万元以上；华新写字楼引入长沙银行高端入驻；蒸德大厦引进市公共资源交易中心；城投建材搅拌站新站建设基本完工；周家坳物流园启动招商工作；城通管网完成增资扩股，实现国有控股，为后期加快发展奠定基础。（李　政）

【经营领域】　2015年，公司经营领域有新突破，在确保保障房建设的同时，开发建设高新写字楼、蒸德大厦和博雅名园等商业房产，拓宽经营领域。资本运作有新突破。在市委、市政府的支持下，完成对衡山科学城的控股，实现控股85.19%；参股市农商行的申请（入股5800万元，约占市农商行法人股的9.67%），已获得市政府以及市农商行的批准，资料上报银监会待批；迈出公司股权投资的新步伐。（李　政）

【清风园开工建设】　5月12日，在雁峰区举行清风园项目的开工奠基仪式。该项目位于雁峰区湘江乡奇峰村和白沙洲街道塑田村，总用地面积约2.7公顷，项目为建设一栋3层楼房，以首层连廊连接，纯框架结构，总建筑面积约3638平方米，建设停车位37个，总投资约2000万元。项目建筑密度为13%，容积率为0.36，绿地率为42%。项目地处白沙工业园，东靠汽车南站，交通便利，地理优越，是市城建投2015年重点商业开发项目之一。

【合江套湘江隧道开建】　6月3日，总投资约10亿元的衡阳首条湘江隧道宣布项目开工建设，计划工期为3年。合江套湘江隧道作为连接来雁新城与滨江新区之间的重要通道，将是衡阳市历史上第一条过江隧道，也将会是全省的第二条过江隧道，该隧道在完善城市路网、促进城市开发、方便市民出行的同时，还将成为衡阳市的又一大景观。合江套湘江隧道位于衡阳市城区北部，处于湘江、耒水、蒸水三水汇水口位置，距离蒸水汇水口下游约2.4千米。作为来雁新城与滨江新区连接的城市快速路，设计时速为60公里/小时，双向4车道，线路起于石鼓区来雁新城中规划的五一路以东约166米的位置，穿越后街路、滨江北路、湘江、滨江新区中规划的湘江东路后，止于珠晖区京广铁路上行线西北侧，线路全长约2.27公里。主隧道采用双向4车道，匝道采用单向单车道，接线道路采用双线6车道的断面形式。隧道在东岸设置W、E、D三条匝道，W、E匝道分别从主线结构西侧跨越主线结构后汇合为一条匝道，然后绕到主线位置，并入隧道主线北线。D匝道接地点位于规划的新庄路口，匝道向北行进，进入规划来雁新城滨江新区和主线隧道重合，最后汇入主线。隧道分南北两线，北线全长1810.684米，南线全长1804.298米。（李　政）

## 衡阳弘湘国有投资（控股）集团有限公司

【概况】　2015年，衡阳弘湘国有投资（控股）集团有限公司（以下简称弘湘公司）以服务企业改革、盘活做实资产、升级规范管理、加快推进项目建设，实现国有资产保值增值为目标，开展各项工作，取得较好进展。全年累计获取融资授信批复39.99亿元；推动界牌陶瓷总厂等21家企业改制，支付改制成本8.33亿元；完成各类投资7.45亿元，实现新增资产53.57亿元。

（蔡小志）

【融资引资】　弘湘公司围绕融资目标任务，以“创新融资方式、调控融资质量，多措并举推进融资工作，确保今年企业改制以及重点项目建设资金需求”为指导原则，全年累计获取融资授信批复共计39.99亿元，超出目标任务23.99亿元，其中：银行融资34.01亿元、融资租赁2亿元、其他3.98亿元，按公司资金需求分批实际到位19.26亿元，超额完成全年融资任务。公司所有融资产品的利率都控制在7%以下。公司以实际需要为原则，掌控各类授信资金的出账时间节点，确保出账资金的最有效使用，杜绝资金沉淀而带来的成本负担，支持全市国企改制及项目建设的推进。（蔡小志）

【企业改制】 在后改制时期，弘湘公司发挥全市国企改制推进平台的积极作用，紧跟市改制办的推进步伐，确保所有改制企业的改制成本费用及时足额支付，全部职工按市改制办批复的改制方案和职工安置方案得到安置。弘湘公司2015年度按照市改制办的批复进度要求实际支付改制企业资金8.33亿元。在获悉国家、省出台为帮扶困难企业职工社保欠账可实行挂账处理的文件精神后，主动对接协调，3个月完成全部申报材料。主动攻关对接，在12月底前获得省政府及省人社厅对衡阳市62家企业职工社保挂账10.96亿元，实现应挂尽挂。（蔡小志）

【项目建设】 弘湘公司2015年重点在基础设施建设、产业发展等方面进行投资，实际完成投资7.45亿元，其中：湘江流域重金属治理合江片区基础设施建设、幸福河改造、湿地公园一期和衡拖棚户区改造等基础设施建设项目完成投资4.36亿元；瓦松铁路增资，组建湘水公用和信息投，跟投紫光古汉定向增发，衡山、衡南县域投资，车江铜矿尾砂综合治理工程等交办项目完成投资3.09亿元。公司按照市委、市政府调度要求，先后为南岳机场周边企业搬迁、衡南三塘3个化工厂的关停改制、市6所职业学校的整合搬迁进行投资，为全市的经济建设和社会稳定发挥应尽的作用。（蔡小志）

【资产收储】 2015年，实际完成新增资产53.57亿元。其中：收储土地127.35公顷，总价值32.64亿元；收储改制企业土地180.95公顷，按改制协议支付改制费用计算总价值达20.69亿元及接收改制企业地面资产0.24亿元。弘湘集团公司下辖的11家全资子公司，尤其是15家参控股公司，大多是高新技术产业，如南岳电控、北方光电、泰豪通信等。通过国有持股，掌控这批具有产品、产能、市场优势的企业继续留在衡阳可持续发展，为衡阳市工业经济乃至经济社会发展做出贡献。（蔡小志）

## 衡阳市交通建设投资有限公司

【概况】 2015年以来，衡阳市交通建设投资有限公司（以下简称交通投）各项工作取得跨越式发展，公司综合实力明显增强，融资工作取得新突破，项目建设取得新进展、现代企业制度建设进一步完善，较好地完成年度各项工作目标任务，为企业发展夯实基础。（李文涛）

【资产规模】 2015年，公司资产总规模达到140亿元，净资产规模达到90亿元，较公司2010年成立时总资产规模0.6亿元增长232倍，较2014年底增长31%，办理土地权证5239.13亩。（李文涛）

【项目建设】 2015年，交通投承担8个重点项目投资和建设，项目总投资合计约61.18亿元，2015年度累计投资7.14亿元，作为项目业主承建6个项目，分别为蒸湘南路延伸线、衡西公路、衡州大道西延新建工程、东三环、北三环、雨母湖路；投资建设2个项目，分别为南岳机场、松木互通工程。项目建设具体情况如下：蒸湘南路延伸线于3月26日全线竣工通车；衡西公路城区段2015年计划完成投资1.1亿元，截至年底完成年度投资1.4亿元，累计完成投资3.5亿元，超额完成投资目标任务的127%；蒸水河大桥于2015年11月28日顺利合拢，较计划工期提前2个月，较省厅要求工期提前1年；衡州大道西延新建工程2015年计划完成投资1亿元，截止目前完成年度投资1.1亿元，累计完成投资1.6亿元，超额完成投资目标任务的110%；北三环已完成两阶段初步设计评审及批复和施工图设计文件，该项目2015年计划完成投资2000万元，截至目前完成年度投资2000万元，完成投资目标任务的100%；东三环提质改造工程项目2015年计划完成投资1亿元，截至目前完成年度投资8600万元，预计到12月底完成全年投资

1.16亿元；现施工、监理招投标工作已全部完成，征地拆迁已全面启动，12月中旬前举行开工典礼，启动工程建设；雨母湖路项目2015年计划完成投资1亿元，截至目前完成年度投资6400万元，预计到12月底完成全年投资1.04亿元；现已全面启动征地拆迁工作；松木互通工程进展顺利，2015年共拨付0.42亿元，累计拨付0.9215亿元；南岳机场累计支付资金共计3.24亿元。（李文涛）

【融资工作】 面对客观经济下行的新形势，克服融资难、规模小等问题，开辟多种途径，分别与省公路投和华融湘江银行、建设银行、华夏银行和中建投信托、华创证券等20余家银行、保险、证券、私募基金等相关金融机构进行对接，公司累计完成融资到位资金48亿元，2015年度完成融资34.53亿元，截至年底到位资金共20.53亿元，其中北京银行3.56亿元，五矿信托5亿元，招商证券1.97亿元，华融湘江银行5亿元、中海信托5亿元，确保公司项目建设及土地收储资金；公司筹备发行的规模间为14亿元企业债券已获得国家发改委批复。

（李文涛）

【经营领域】 （1）中心城区社会公共停车场（库）。完成2015年首期规划布局的13处中心城区社会公共停车场（库）项目已完成可行性研究报告、项目立项批复；先行建设的司前街立体停车库、岳屏立体停车库规划方案于2015年11月9日通过市规划委员会评审，现已完成地质勘察、停车场地下管线摸底，目前正在进行初步设计、设备采购招投标准备工作。（2）广告资源整合开发。经市委、市政府同意，交通投与北京首都机场广告公司合资成立衡阳首广联合广告公司整合开发南岳机场、蒸湘南路延伸线、衡西公路等广告资源，现合资公司已通过审批正式成立，完成南岳机场航站楼内广告媒体建设，正在规划蒸湘南路延伸线两厢广告媒体建设。（李文涛）

## 衡阳市湘江水利投资开发有限公司

【概况】 衡阳市湘江水利投资开发有限公司（以下简称市水利投）是市委、市政府管理的投融资平台之一，主要承担市内防洪工程建设、土地经营及开发、农业水利项目及湘江、蒸水、耒水沿岸城市基础设施建设等任务。2015年，市水利投坚持“团结奋进”的正能量精神，坚持“三效并举”（社会效益、环境效益、经济效益）的总体原则，坚持“一体两翼”（“一体”为市委、市政府赋予的市城区三江六岸风光带及水利基础设施建设、经营、管理职能，“两翼”分别为旅游文化产业和养老产业）的发展思路，坚持“整体推进、重点突破”的工作方法，全年承建蒸水南堤风光带三期、东洲岛、湘江东岸风光带、湘江东岸苏洲湾片区开发、耒水西岸风光带、耒水西岸新型城镇化片区开发、万福陵园和白沙片区整体城镇化建设等多个项目。完成融资12.14亿元，累计完成投资13.98亿元，新增资产37.6亿元，分别为年度计划的101.2%、138.4%和106.9%，完成市政府年初明确的各项目标任务。

（杨　帆）

【融资能力】 市水利投加大融资力度，提升融资能力，不断拓展融资渠道，破解融资难题；树立“长期、低息”的融资理念，注重提高融资质量，降低融资成本，保障平台公司可持续发展。采取“双管齐下”的融资举措，全年融资12.14亿元，其中银行贷款8.04亿元，私募债3.5亿元，专项资金0.6亿元。（1）年内完成审批并已放款的银行融资共8.04亿元，分别为：农发行蒸水南堤三期项目贷款到位1.45亿元，建行耒水西岸新型城镇化建设项目贷款到位2.6亿元，工行耒水南岸新型城镇化建设项目贷款到位0.99亿元，光大银行万福陵园项目贷款到位3亿元。（2）克服国务院国发〔2014〕43号文对私募债注册发行受理工作的影响，最终通过银行间交易商协会成功发行10亿元私募债，并在10月到位3.5亿元。（3）依托项目建设组织申报专项资金，申报并到位国家专项建设基金0.6亿元，分别是农发行水利资金0.3亿元和国开行旅游资金0.3亿元。

（杨　帆）

【项目建设】 市水利投围绕工程“进度、质量、成本”三要素加强工程管理，累计完成投资13.98亿元，为年度计划的138.4%。

(1) 蒸水南堤风光带三期。该项目为续建项目，计划投资1.9亿元，完成投资1.9亿元，为年初计划的100%，其中：征地拆迁完成0.55亿元，工程建设完成1.36亿元。(2) 东洲岛项目。计划投资1.5亿元，完成投资1.53亿元，为年初计划的102.2%，其中：拆迁及二次安置完成1.2亿元，建安工程完成0.33亿元。(3) 耒水西岸风光带项目。计划投资2亿元，完成投资2.05亿元，为年初计划的102.4%，其中：征地拆迁完成1.04亿元，工程建设完成1.01亿元。(4) 湘江东岸风光带项目。计划投资1亿元，完成投资1.02亿元（主要为征地拆迁投资），为年初计划的102%。(5) 耒水南岸风光带项目。计划投资0.5亿元，完成投资0.5亿元（主要为工程建设投资），为年初计划的100%。(6) 万福陵园项目。计划投资1.2亿元，完成投资2.39亿元（主要为征地拆迁投资），为年初计划的199.2%。(7) 耒水西岸新型城镇化片区开发项目。计划投资1亿元，完成投资1.04亿元，为年初计划的104%，其中：征地拆迁完成0.5亿元，工程建设完成0.54亿元。(8) 湘江东岸苏洲湾片区开发项目。计划投资1亿元，完成投资1.05亿元（主要为征地拆迁投资），为年初计划的105%。(9) 白沙片区整体城镇化建设项目。该项目未被列入2015年工程建设投资计划，但先行启动片区征拆工作，完成投资2.5亿元（主要为征地拆迁投资）。（杨　帆）

【资产经营】 至2015年底的资产规模为117.6亿元（市水利投与武广新区新型城镇化有限公司资产之和。武广公司与市水利投为“两块牌子，一套人马”），为年初计划的106.9%；报批和收储土地95.67公顷，为年初计划的139.3%。(1) 资产注入。市水利投报批和收储的土地中分块情况是：珠晖区和平乡15.11公顷、酃湖乡22.2公顷和石鼓区角山乡9.43公顷土地已于2015年办证；珠晖区26.43公顷土地办理报批手续，完成省、市两级报批规费的上缴、征地拆迁承诺函的办理及土地评估工作；市国土储备中心另外匹配的三块共计9.2公顷土地完成规划、测量工作，待完善征地红线图、征地拆迁承诺函及土地评估工作后即可挂牌；收购万福陵园土地资产13.3公顷。此外，市水利投与市矿产储备公司和省地勘418队联合勘探的常宁狮形岭锡矿取得阶段性成果，预计锡矿储量达1.5万吨以上，按当前市场行情估算价值约20亿元。(2) 项目经营。不断强化与衡阳市矿产储备经营有限公司、省地勘局418队合作，在原有常宁狮形岭锡矿项目基础上，签订永州安乐铅锌矿和永州大中铅金矿等2个探勘项目合作协议；继续支持衡阳市工业小额贷款公司的筹建，并配合相关部门对市城区砂场和白沙洲千吨级码头的经营现状进行摸底清查；在市政府和市旅游局的领导下，委托北京大地风景旅游规划院编制《衡阳市旅游总体规划》和《衡阳市旅游“十三五”规划》，完成全市旅游资源考察和初稿汇报工作。(3) 战略转型。为化解融资限制，增强融资功能，邀请从事融资平台转型策划的专门机构——南京卓远资产管理公司对市水利投运行现状进行全面诊断和梳理，逐步形成以“一体两翼”为核心的中远期发展战略；经与有合作意向的金融机构共同商议，拟在市水利投和衡阳市武广新区新型城镇化有限公司的基础上，组建“衡阳市水利投资（集团）有限公司”，已获得市政府主要领导的批准。（杨　帆）

## 衡阳市水务投资集团有限公司

【经营形势】 2015年，衡阳市水务投资集团有限公司（以下简称公司）发挥投融资平台作用，通过银行融资4.17亿，超额完成政府下达的指标任务，保证项目建设资金；加大争资跑项力度，争取国家专项拨款3120万；国有资产保值增值率达200%。企业经济效益的好转，职工福利待遇逐步改善。（李　政）

【重点工程】 克服雨季时间长、规划调整等不可预计因素，推进重点项目建设。松亭污水处理厂一级A标准排放项目基本完成；铜桥港污水处理厂二期扩建工程，演武坪水厂、城南水厂提质改造工程按计划有序推进；松木、酃湖、角山等污水处理厂立项、环评、能评等前期工作全部到位。

（李　政）

【管理工作】 实行工作效能监察制度，对工作完成情况严格考核，工作效能大幅提升；持续整顿慵懒散拖行为，清理“吃空饷”人员，加大正风肃纪力度，处理违规违纪人员 12 人，企业正气上升；健全财务管理制度，严格财务报账程序，各项非生产性开支得到有效控制，“三公”经费同比下降 12. 5%；规范职工用水管理，对职工用水实行装表计量收费，企业集体利益得到维护，职工个人权益得到保障。（李 政）

## 衡阳市湘江流域治理来雁新城建设投资有限公司

【项目融资】 截至 2015 年 11 月底，衡阳市湘江流域治理来雁新城建设投资有限公司（以下简称来雁新城）累计取得各类融资审批及已签订合同资金 42.73 亿元，到位资金 22.51 亿元，其中：银行融资 17.5 亿元到位 14.1 亿元，中央预算内资金到位 0.95 亿元，国家专项债券资金到位 4.2 亿元，国开行 15.62 亿元到位 1.5 亿元，非建安资金到位 1.76 亿元，建信资本 2.7 亿元。（1）积极争取政策资金。截至年底，到位中央预算内资金 9496 万元。其中棚户区（A 片区）项目基础设施配套资金 1200 万元、和顺家园一期棚户区安置房补助资金 4050 万元、水口山二厂拆除、危废处置及土壤修复资金 4246 万元。（2）加紧申报专项债券。申报大唐工业博物馆、市政道路综合管网建设、棚户区改造（A 片区）项目、合江套老工业区环境治理生态修复工程 4 个项目共计 4.2 亿元专项债券基金，已全部到位。已包装策划地下综合管廊等五大类 33 个项目，总投资达 217 亿元，按 20%配置，仅此一项可申报资金达 43 亿元。（3）加强对接金融机构。一是对接财富证券，拟发行公司债券 20 亿元左右，会计师事务所已进场尽职调查，12 月底前完成资料准备；二是洽谈浦发银行股权贷款 5.1 亿元、光大银行项目贷款 4.5 亿元、建设银行流动资金贷款 3 亿元，共计 12.6 亿元，相关手续正在办理，争取 2016 年初融资放款到位。（王雄军 李 政）

【项目建设】 截至 2015 年 11 月底，完成投资 24.55 亿元，占年度计划 26.2 亿元的 94%。（1）全力推进项目建设。推进项目建设，主要是“一带、两片、五点”基础设施建设，年度已完成产值 7.04 亿元。“一带”（湘江西岸防洪堤、道路及风光带项目）：完成防洪工程 4.9 千米，景观土方 39 万方，道路基础 3.3 千米，防洪堤、道路工程已基本完成，总体工程量已完成 50%，完成年度投资 2.13 亿元。“两片”（来雁新城 A 片、B 片路网工程）：建设路、来雁路、后街路、合江套路、源湘路、松梅路、五一北路、滨江北路等 8 条道路已全面动工，占全部 16 条路网的 50%，已完成年度投资 1.56 亿元。“五点”（江霞村、五一村、友爱村、松梅村及和顺家园集中安置区五个棚户区安置房项目）：所有项目施工全面推进，其中江霞安置房已完成第五层，安置房项目已完成年度投资 3.35 亿元。（2）稳步推进征地拆迁。截至 11 月底，完成征地 4238 亩，占总征地任务的 80%。一期项目征地已全部完成。房屋签约累计 1928 户约 35 万平米，房屋拆除累计 1666 户约 32 万平米。已完成年度投资 4.51 亿元。（3）强力推进改制腾地。在市国资委、市工改办的大力支持下，一是认真梳理每个企业的矛盾和问题，稳妥推进企业改制。其中，有机玻璃厂、制革厂已签订资产移交协议；阀门厂已完成厂房拆除工作；天原有色已在市国资委主持下召开相关会议，启动相关程序；第三橡胶厂已启动公示；水口山二厂、衡阳化工厂、电厂、橡胶厂等四个地块已基本整理完毕；二是加紧推进已改制企业及民营企业征收、搬迁及拆除腾地。年度累计腾地 500 亩（其中：阀门厂 43 亩、制革厂 30 亩、莱德生物 18 亩、水口山二厂 222 亩、制药厂 61 亩、有机玻璃厂 32 亩、电厂 88 亩）。企业改制腾地已完成年度投资 12.8 亿元。

（王雄军 李 政）

【产业招商】 一是深度策划包装项目。引进香港戴德梁行、第一财经、北京华浦梁行等片区开发专业策划机构深度策划包装项目，对接招商资源。策划文化风情街、金融聚集区、松梅湖湿地花廊、养老产业园、主题公园、大唐工业遗址博物馆、文化中心、游轮码头等 8 个产业项目，并已入选省、市财政部门 PPP 项目范围；二是主动对接产业招商。养老产业园及土地一级开发正与中国葛洲坝集团、主题公园与佛山长鹿休闲度假农庄、金融聚集区大数据中心与华为集团、大唐遗址博物馆与中国古铜镜博物馆等意向单位多次洽谈，部分即将签订意向协议；三是广泛对接土地招商。就化工厂地块与碧桂园、中建地产、泛华集团等大型地产商多次衔接看地，均表示强烈意向，预计明年下半年市场预热后需推出第一块土地出让工作；四是积极对接公建配套项目招商。引进优质学校、医院资源，已与北京王府学校、长郡中学、附一医院、附二医院等多次沟通。其中王府学校已表示明确的投资意向。

（王雄军　李　政）

【资产归集】　2014年以来，公司总资产已达56亿元，其中2015年新增资产达18亿元。在今年土地指标严重不足的情况下，在市国土局的指导下，想方设法、千方百计运用低丘缓坡、重点项目等政策争取土地指标。完成土地过户办证630亩，实现资产增值18亿元。（王雄军　李　政）

【环境治理】　一是总体规划环评。在市环保局的具体指导下，委托长沙玺成工程技术有限公司对13.12平方千米范围内117家企业污染情况进行系统详尽的调查和检测，已编制总体规划环评报告，待专家评审后根据检测结果确定具体分类治理方案，并按照“招投标程序到位、治理步骤到位、治理目标到位”的原则严格组织实施，确保环保不留死角；二是分步推进实施。针对水口山二厂重金属治理项目，已由威海市工程咨询院、湖南省环境科学研究院编制完成《湖南水口山有色金属集团有限责任公司第二冶炼厂污染场地修复治理项目技术方案》和《衡阳市水口山及周边地区重金属污染防治实施方案（2015~2017年）》，并邀请国家环保部、省环保厅多位专家进行多次评审和修订完善，以确保治理方案科学合理、安全可靠，现治理方案已获批复，正在进行公开招投标程序，待相关程序完成即可迅速推进。

（王雄军　李　政）

【规划目标】　（1）整体纳入国家城区老工业区搬迁改造试点。经过反复多次专家评审论证修订，《合江套老工业基地搬迁改造实施方案》于2015年7月底获得省政府正式批复，纳入全国城区老工业区整体搬迁改造试点范围。11月20日国家发改委东北司在徐州召开全国城区老工业区搬迁改造工作经验交流会议，东北司周建平司长重点表彰合江套城区老工业基地搬迁的“衡阳模式”及“衡阳速度”。（2）系统切入全省“一号工程”。为贯彻落实省委、省政府“一号工程”，在市环保局的具体指导下，将合江套地区重金属污染治理纳入水口山重金属污染治理盘子，成为全省“一号工程”的组成部分，为下一步争取湘江流域治理政策支持奠定基础。（3）统筹列入全省棚户区改造计划。经过积极争取省住建厅支持，将来雁新城棚户区改造总面积201万平方米一次性纳入湖南省2013~2017年棚改计划，为争取基础设施配套资金、棚户区安置房补助资金、专项建设基金及国家开发银行长期低息贷款等各类政策资金支持提供保障。（4）全面列入省、市“十三五”规划。在省、市发改部门的大力支持下，将合江套老工业区整体搬迁改造及33个系列配套项目全面列入“十三五”规划发展纲要，为来雁新城下一步的开发建设提供重要支撑。（王雄军　李　政）

## 衡阳市滨江新区投资有限公司

【项目融资】　2015年，公司项目融资工作取得成果，全年到位资金32.5亿元，是年度目标任务15亿元的217%，是2014年到位资金的近2倍。融资模式更加多元化，在争取传统银行贷款融资的基础上，实现信托资金、专项建设基金等突破。加大与金融机构的接触，合作领域更加广阔，关系更加紧密。粤汉、东山棚户区改造项目纳入2015年省棚改项目计划，为下一步争取基础设施配套资金、棚户区安置房补助资金、专项建设基金及国家开发银行长期低息贷款等各类政策资金支持提供保障。（李跃钧）

【项目建设】　2015年，滨江新区各大项目处于快速建设期，南北两岸全面开工，公司加强工程项目的管理，结合公司实际调整计量、变更等流程，进一步完善工程制度，降低投资成本。工程、审计严格督促施工方保证质量、进度，做到安全生产、文明施工，全年无安全事故发生。同时紧抓“黄金施工期”，克服征地拆迁、企业改制、雨水天气等众多困难，完成项目投资36.04亿元，是年度目标任务20亿元的180.2%。耒水以北路网已经初具规模，多条道路路基基本完工；耒水大桥半幅合拢达到通车条件；防洪堤、道路及风光带、公园全面动工，已完成土石方工程约75%；安置房7栋主体基本完工，其他栋正在进行主体施工；新增北三环湘江大桥、酃湖公园两个项目，稳步推进建设。（李跃钧）

【资产经营】 公司在注入土地资产的同时，开始布局经营性项目。滨江新区范围内逐步收购自行车厂、电筒厂，对外布局酃湖公园PPP项目、完成南岳灵芝山庄收购，资产经营工作呈现新突破，资产规模超过100亿元。初步估计，公司2015年新增土地资产40.36亿元，是年度新增资产20亿元任务的201.8%；总资产规模突破100亿元，是年度总资产目标60亿元的167%。2015年用地报批145.87公顷（2015年第一批次24.87公顷，五四安置房14.47公顷，东山安置房6.53公顷、2015年低丘缓坡100公顷）；办证土地44.93公顷；完成挂牌工作、在上网公示的土地39.67公顷（2015年第一批次24.87公顷，自行车厂14.8公顷）；酃湖公园18.8公顷通过“储委会”审议。

（李跃钧）

## 衡山科学城投资开发有限公司

【概况】 衡山科学城是由衡阳市人民政府主办、完全按市场化建设的现代生态智能科学新城。衡山科学城位于衡阳市雁峰区岳屏镇，雨母山下、湘江水畔，衡枣高速穿境而过，潭衡高速和蔡伦大道从四周环绕科学城。衡山科学城占地面积20平方千米，预计投资300亿元。其中起步区5平方千米，预计投资82亿元。包括“智慧谷”“健康谷”两区。科学城智慧谷致力于为移动互联网、大健康产业及相关新材料、新能源、精密制造提供最好的科技创新环境、资本支撑环境、产业配套环境及人才宜居环境。衡山科学城以培育上市企业和国内行业领军企业为己任，通过直接参股、基金协同、营销协助等手段，扶持高科技企业低成本启动、高效率对接资本与市场。（陆政伦）

【招商引资】 2015年，科学城签约入城项目18个，在谈项目18个，入城的18个项目中产业项目15个，10家企业完成注册，项目总投资55.8亿元，已到位资金3.15亿元。包括与北京航空航天大学合作，建设光电信息技术工程中心，无人机飞控技术工程中心及航空航天3D增材打印技术工程中心，与北京邮电大学合作建设北斗技术应用工程中心，与国防科大及哈工大合作建设机器人应用工程技术中心，与南华大学合作建设脊柱骨科新材料工程中心，与冠昊生物及北京大学合作建设干细胞工程中心，与博大生物合作建设的光化学工程技术中心。为打造科学城的项目推动，建设有互联网金融众筹平台及科技成果交易平台。在省发改委的支持下，建设智能制造、新材料、生物医药三大产业基金。形成八大中心、两大平台、三只基金的联合招商优势。（陆政伦）

【项目建设】 科学城在招商的基础上抓好并对接一批重点项目，主要包括：北京率为科技技术有限公司依托北航张春熹教授团队在科学城首期投资10亿元建设年产10万套件光纤陀螺器件及配套组件、湖南中部芯谷光电技术有限公司总投资5亿元建设军工及民用电子元器件生产基地、科大讯飞投资40亿元在衡阳市建设教育信息化基地、深圳思迈科新材料有限公司投资2亿元在科学城建设年产值5亿元的光固化3D打印基础材料及3D打印设备套件、湖南中部翼天智能制造有限公司投5亿元在科学城建设年产5万台装备级多旋翼无人机、湖南凯讯科技有限公司总投资2亿元开发系列北斗定位高端设备及终端服务、深圳市桑谷医疗机器人有限公司一期投资10亿元建设智能医疗机器人生产基地及研发销售总部。其他项目还有国脉互联、清华IT认证中心、睿智化学的精准医学、新华邦科的高端辅料生产基地、健莱福的健康养生产品基地、香港晟邦的蓝宝石生产基地、冠昊生物的生物材料及蝶讯电子大数据中心的建设项目，以上项目建成达产后将形成200亿元产业规模，初步形成高端制造产业集群及配套生产基地。

（陆政伦）

【平台建设】 （1）做好顶层设计。衡山科学城概念性规划通过国际招标，由新加坡邦城设计院中标，英国阿特金斯公司、德国IBI公司等参与，按照“产城融合、山水相应”的要求，对科学城20平方千米面积实行统一设计。一期起步区即红树林区由德国著名设计师担任总设计师。总体规划、一期5平方千米控制性详规、市政基础设施专项规划都已获市大规委会审批通过。（2）建好基础设施。红树林样板区正式启动建设，占地11.13公顷，总建筑面积13万平方米，总投资约5亿元。已完成土方工程35万方，样板区东区5栋建筑正在施工建设，共计3.3万平方米，西区8栋建筑8.9万平方米和两条长3千米的道路（科学城大道、雁鸣路）启动招标。已建厂房、写字楼和试验室80%被企业预定，其中大部分在方案设计过程中与投资者和设计院反复讨论优化，建成后可迅速安装设备投入使用。（3）办好项目前置手续。科学城首批39公顷土地完成相关报批工作和征拆工作。衡山科学城征地拆迁工作共征收土地66.47公顷，122户，拆地面积50030平方米。

（陆政伦）

# 城建城管·环境保护

## 城乡规划

【规划管理】 2015年，市城乡规划局坚持“依法行政、高效运行、利于管理”的原则，继续深入推进衡阳园区规划管理体制改革，贯彻落实市政府《关于园区城乡规划管理的暂行规定》，召开园区规划管理体制调整交接会议，向各园区授牌授章，撤销园区原规划管理机构，成立衡阳市高新技术开发区、松木经济开发区、白沙洲工业园规划分局，作为市城乡规划部门的派出机构，负责园区规划管理工作。制订出台《关于园区建设项目规划审批流程改革实施方案》，按照园区规划流程优于城区、规划行政效能高于城区的思路，明确园区建设项目规划审批流程，优化机制，为园区项目的报建提供优质高效的审批服务，实现园区规划体制调整后的“零磨合”。 （陈智慧）

【规划编制】 （1）推进总规报批。根据衡阳市经济社会发展实际情况，组织专业技术力量对总规成果进行完善，保障衡山科学城、滨江新区、来雁新城等重点项目建设用地的需要。截至2015年年底，总规修改进入国务院报批并根据总规，完成城区远景发展规划。（2）控规编制。完成对原有控规的再次审查和完善，控规成果实现城市近期建设用地全覆盖，明确城市各地块的开发强度和建设时序。加快控规法定化进程，90多平方千米控规成果经市政府批准后，报市人大常委会备案，并向全社会公示。控规的权威性、法定地位显著增强。（3）专项、专业规划编制。以“八城同创”为契机，加快专项、专项规划编制步伐，完成城区公共自行车租赁系统规划、城区给水、加油加气站布点、消防设施、社区布点、机械立体停车库、城市地名、铁塔基站布点、大型商贸物流设施布局、中小学校布局、垃圾处理和环卫设施、衡阳市融城、横江湿地公园、雨母山核心风景区、回雁峰公园规划等。有序推进动衡阳市历史文化名城、历史文化街区保护规划等编制。（4）园区规划。衡山科学城总体规划已经市政府审批通过，控制性详细规划、供排水等五大专项规划全面完成，明确将其打造成中部地区科技创新的示范区、总部经济的集聚地、改革转型的试验田。核心区已顺利启动，晟邦光电等30多个项目进驻衡山科学城。完成衡阳市高新技术产业开发区、松木经济开发区、白沙洲工业园扩区调规，为园区持续发展提供足够的空间。（5）片区规划。完成武广高铁新城规划，占地24.2平方千米，以商业金融、会议展览、教育科研、文化娱乐为主导的城市新区。推进酃湖公园片规划，将其打造成“山、水、城共融”的生态片区。陆家新区、雨母山智慧生态区规划出台。（6）乡镇规划。编制完成“四镇三乡”（呆鹰岭镇、岳屏镇、茶山坳镇、东阳渡镇、雨母山乡、角山乡、和平乡）总体规划，实现城市规划区内乡镇总体规划全覆盖。

（陈智慧）

【规划审批】 （1）改革提效能。严格按照两集中、两到位的要求，加强规划审批改革，“一书两证”等审批事项由政务中心规划窗口集中受理，强化政务中心规划窗口人员配备，物质保障，明确工作流程，建立规划权力责任清单，提升政务中心服务效能，推进规划审批朝着“一个窗口受理、一个平台审查、一个系统流转、一个科室办结”的方向迈进。（2）明确标准。修改完善《衡阳市城乡规划行政技术准则》，进一步明确建设用地、建筑容量、建筑退让等各项技术指标，使衡阳的规划建设更适合人民群众宜居的需要。严格按照总规、控规等进行规划审批，对违反规划强制性内容的项目实行一票否决，确保规划的实施权威。（3）完善制度优服务。制定衡阳市城乡规划局关于进一步提高行政审批效能的意见，建立绿色通道制度，对重点项目开通“直达车”，学校、医院、养老机构、棚改等公益性项目和重点建设项目实行规划设计方案预审制度，全面推进限时办结制、一次性告知制、首问责任制、超期追责制，行政审批效能进一步提升。（4）保障重点促发展。坚决服务重点项目建设，坚持特事特办，全面完成二环路全线、东三环改扩建规划、北三环及北三环湘江大桥桥型、解放大道等4条路提质改造、石化广场改造、湘江东岸风光带及东洲岛修建性、城西污水处理厂、廖家湾变电站110千伏扩容升级220千伏线路地下管廊、衡阳至常宁天然气长输管线等100多个重点项目规划设计及审查。2015年，市城乡规划局局召开规划建设项目会审会34次，对730多个规划建设项目进行审查。依法出具规划审查意见62件；核发《选址意见书》96份，选址用地面积1128万平方米；核发《建设用地规划许可证》32份，用地面积214万平方米；核发《建设工程规划许可证》113份，建筑面积409万平方米；核发《建设工程规划验收合格证》54份，竣工面积269万平方米；核发《乡村建设规划许可证》29份，建筑面积85万平方米。处理历史房产遗留问题项目24个。各项规划行政许可均在法定时限内高效完成，无行政许可引起的诉讼与复议。（陈智慧）

【规划执法】（1）巡查工作。对建设工程规划放线、验线、施工过程查验和规划验收等批后管理环节严格把关，全程公开。实行网格化、全覆盖的执法巡查机制，全年对234个建设项目进行有效执法监管，对70多个项目及时予以立案调查。组织相关人员对全市8大市场进行进一步摸底排查，对市场存有消防隐患等情况进行研究，积极推进整改。（2）机制完善。报请市政府出台《衡阳市国有土地控违拆违工作方案》，实施部门联合治违，明确规划、住建、各城（园）区部门等职责，量化任务，实行月月汇总、动态考核、末位问责，层层传导压力，落实责任，及时对重大违法建设项目采取停水停电停混凝土供应等措施，激活联合执法机制。（3）程序不走捷径。严格按照《衡阳市城乡规划行政处罚程序》，对违法建设项目依法查处，确保立案登记、调查取证、处罚决定、公示听证等程序到位。2015年，下达《行政处罚决定书》26份，未出现一起因执法不当而引起的行政诉讼与复议。（4）处罚不容讨价。对违法建设的处罚，严格按照自由裁量基准套公式核定标准，集体会议只研究处罚定性，不讨论处罚标准，实现规划处罚“一口价”，2015年实现罚没收入1200万元。（5）“罚补”不再挂钩。对无法满足强制性要求的违法建设项目，处罚违法建设行为之后坚决不予补办规划手续，违法建设处罚跟补办手续不再存在必然的因果关系，从源头杜绝违法建设先上车后补票的投机行为。（6）制裁不留情面。对重大违法建设单位和个人采取“休克疗法”，暂停其在衡阳其他项目的规划审批。在《衡阳日报》《衡阳晚报》中开辟《城乡规划》专栏，对违法建设进行长时间公告，如对雨花新城、华光街非法棚改、杏花村非法棚改、金利彩印厂等30多个项目进行长时间的曝光，引起购房户、材料供应商的足够警惕，效果非常明显。2015年，经审批的建设项目基本无违建现象。（7）拆违不遗余力。坚持拆除一起、威慑一片的原则，对违法建设始终保持零容忍的态度，推进全市拆“违”活动常态化，2015年，组织较大规模拆违行动60多次，拆除各类违法建设约22万平米，城乡建设秩序明显好转。（陈智慧）

【规划监督】（1）强化上级监督，维护政令统一。全面接受住建部驻衡阳规划督察员的监督，认真落实督察建议，做好遥感卫星重点图斑的核查工作，并对有关重点图斑进行整改。做好市人大常委会年度规划实施情况及计划情况的审议，确保执行规划不走样、不打折。接受市政协对规划部门政协委员提案办理情况的民主评议，满意率达到97%。全年办理人大代表建议、政协委员提案共43件，实现答复率、见面率、满意率达到100%以上。（2）强化公众监督，维护公平正义。同衡阳日报社签订打包式的规划宣传合同，在《衡阳日报》《衡阳晚报》开辟常态化的宣传专栏，每个工作日均有专版进行规划公示宣传，将规划编制、审批、执法以及城乡规划法律法规向社会进行全面公示和宣传。充分发挥75名社会规划监督员的作用，邀请社会规划监督员参与规划编制、审批、执法等工作。（3）强化内部监督，促进效能提升。继续发挥行政效能督察的作用，2015年，对红线会议审议的757个项目、审批平台共审批的265个项目、窗口受理的205个项目，立案调查的77个项目等落实情况进行全面清理督查，并进行通报。全年对局机关、二级机构等日常工作纪律进行督查考勤150次，严明纪律。（陈智慧）

## 住房和城乡建设

【概况】 2015年，市住房和城乡建设局（以下简称住建局）按照市委、市政府提出的“应对大环境，营造小气候，适应新常态，谋求新发展”的工作思路，着重围绕重点项目建设、推动行业发展、稳步改善民生三大主题，团结拼博，攻坚克难，各项工作均取得较好的成绩。

（谢志纯 陈艳 唐薇）

【城乡建设】 （1）市政重点项目建设。2015年，市委市政府下达的城建重点项目共计12个，完成投资11.3亿元，超任务建设项目8个。廖家湾变电升压工程220千伏电缆隧道主体工程、旧城区道路提质改造、14座地下通道开通改造完成；长湖北路、红湘北路、华鑫路、演武坪污水提升泵站完成；华耀城路网纵1路、纵2路已通车，凤凰路、望城路基本完工；珠晖水厂10.54千米供水管网建成，完成投资1.06亿元；城南水厂提质改造已完成，演武坪水厂提质改造已完成工程量的80%；铜桥港污水处理厂二期完成土方回填约13万方；二环北路道路工程完成90%，3座桥梁主体工程全部完成；长丰大道北延一标跨蒸水桥下部结构完成，南面桥面已基本完成，河面及北面桥面正在施工，二标道路工程正在进行土石方和排水施工；市城区供水管网新建18.8千米、改造20.4千米；黄沙湾片区水环境综合治理工程望城路污水管网已完成1000米，林科路、欧家町路已建成。（2）小城镇建设。持续加大投入，全市小城镇开工建设基础设施项目共计75个，完成投资12.6亿元；建制镇建成休闲广场21个，超市78个，小城镇基本实现路平、沟通、灯亮；加大环境保护力度，建成三塘镇、归阳镇、洪市镇、大浦镇污水处理厂；重点镇污水管网已建成75千米、雨污分流改造49千米，完成投资1.48亿元，城镇（市县镇）污水处理率达74%，完成省小康考核任务；推进衡阳市传统村落保护工作，衡南县茶市镇怡古村、廖田镇勤丰村、松江乡西桥村3个传统村落，已汇总资料上报省厅，待住建部批准；开展城镇环境卫生整治行动，城镇人居环境明显改善。

（谢志纯 陈艳 唐薇）

【行业发展】 （1）建设行业发展。引导、扶持建筑施工企业转型升级，开展衡阳市首次信用档案评级工作，全年建筑业完成产值达396亿元，超目标任务98%。规范招投标、勘察设计、工程造价等市场秩序，市城区应招投标项目173个，总中标价72.23亿元，建设工程应招标、实招标、应公开招标、实公开招标率均为100%。深入开展“九打九治”、工程质量治理两年行动、混凝土整治、住宅工程建设质量常见问题治理等专项行动，特种作业人员持证上岗查处率、机械设备备案率、质量安全监督覆盖率、一次性验收合格率均为100%，优良率达75%；取缔非法“黑站”50家，按照“废气不外排、废水不外流、废物不外堆”要求，完成环保场站改建10家，市城区无一在建项目存在现场搅拌站，无一个受监建设工程项目使用无资质生产的商品混凝土，成为全省唯一一个淘汰非绿色混凝土生产场站的城市；创全国AAA级文明诚信工地2个，获省级芙蓉奖4个、省优质工程17个、省标准化工地项目110个；全市城区投入使用的房屋未发生倒塌和人员伤亡事故，市城区建设施工未发生一起亡人的安全生产责任事故，建设施工安全生产连续四年实现“零死亡”。（2）房地产行业发展。出台《衡阳市城区商品房预售资金监管办法》《关于促进房地产业平稳健康持续发展的实施意见》等调控政策，规范房地产开发销售秩序，保持衡阳市房地产市场平稳向上的发展势头。截至12月，全市累计完成房地产开发投资140.88亿元，同比增长21.21%；全市新建商品房网签31539套、面积360.1万平方米、金额160.5亿元，同比增长3.6%、9.71%、3.02%。归集物业专项维修资金1.24亿元，超目标任务24%。妥善处理商品房产权办理遗留问题，共办理项目初始登记21个，办理房屋产权分户证5991个。完成国有土地上房屋征收项目29个，征收户数1560户、面积29万平方米，完成清查、控制安置房项目160余起。

（谢志纯 陈艳 唐薇）

【民生改善】 （1）“两房两棚”。

农村危房改造：15500户危房改造已全部竣工，入住13175户，入住率85%。公租房：全年完成新增公租房15000套，超目标任务25%。城市棚户区：改造完成27800户，超目标任务23%。国有工矿棚户区：386户改造全部开工。全市租赁补贴发放31249户，累计实施住房保障15.8万户。（2）“两供一治”。供水：新建和改造供水管网298千米，完成投资2.7亿元，全市城镇公共供水厂出厂水质全面达到《生活饮用水卫生标准》要求，完成南岳区华严湖等水厂提质改造，衡阳县第二水厂、衡山县湘江二水厂新建加紧推进。供气：新增天然气用户71969户，超目标任务27.3%，新建和改造燃气管网177.92千米。污水处理：全年完成新建和改造污水管网280.55千米，衡阳县、衡山县、衡东县、南岳区4个污水处理厂二期工程已完成并投入试运行，松亭、祁东县污水处理厂提标改造工程进入扫尾阶段，铜桥港污水处理厂提标改造工程与二期工程同步进行，县城以上污水处理率达85.7%。

（谢志纯　陈　艳　唐　薇）

【文明创建】　结合文明创建活动，在完成红湘北路等六条道路提质改造的基础上，对首次列入测评10条主干道、15条次干道进行大面积维护，共完成整修沥青路面8.46万平方米、路基5.8万平方米、人行道板1.65万平方米，更换路缘石7700米，确保路平、沟通、桥畅，市政设施完好率达95%以上。拟定《市城区人行道管理办法》，进一步加强人行道管理；做好地下综合管廊预埋工作，新建、改造道路中，地下强电管廊由道路改造施工单位建设，弱电综合管廊由城建投所属城通管网公司结合道路改造中同步建设，避免重复开挖。开展渣土运输、扬尘治理、围挡靓化的文明施工“三治”行动，全市243个在建项目，围挡达标率超过80%，冲洗设施覆盖率达100%，临街、临主干道122个项目100%按要求落实围挡靓化工作，靓化面积达5.96万平方米，创建“省级安全文明示范工地”50个，完成省住建厅的示范工地创建任务。会同市环保局展开黑臭水体整治工作，抓紧推进幸福河改造工程，雁栖湖水体整治项目（角山污水处理厂及配套管网）进入招投标程序。

（谢志纯　陈　艳　唐　薇）

【服务提升】　（1）简化流程，优化服务。按照“两集中、两到位”“一站式”办结要求，全局的52项行政许可、行政确认和行政征收职能，全部进入市政务中心进行集中办理，全年共受理办结行政审批及服务事项580件，简化办事程序，提高服务效能，方便广大市民。（2）多策并举，贴心服务。一是妥善处理。2015年，先后处置遗留项目34个，办理房屋产权分户证3490个，国土分户证780个，追缴入库税款1.2亿元；注意方式方法，科学开展国有土地征收工作，尽量化解矛盾，2015年平稳地完成国有土地上房屋征收项目29个，征收户数1560户、面积29万平方米，完成清查、控制安置房项目160余起。二是完善机制。进一步完善信访接待制度，在局办公楼一楼大厅设立信访接待处，由机关各科室轮流信访值班，保证依法接访、依法办案，真正使群众能够“上访有路，诉求有门”，全年共接待来信来访360件/次、来访人员1300人/次，妥善处理群访案件12起，规定时限内办结率100%。（3）强化落实，高效服务。规范交办事项、建议提案的登记、分配、承办等环节程序，在科室落实后，实行分管领导审查、办公室核实汇总、局长审定三层把关制，严格各类事项落实，2015年，共落实市委常委会、市政府常务会、书记办公会、市长办公会、专题会议交办事项47件，落实率100%；办理人大代表建议、政协委员提案共计82件，答复率、见面率、满意率均为100%；公开各类政务信息近600条；受理“12345”政府服务热线工单569件，办结落实556件，办结率99.82%，回复满意率达97.42%。

（谢志纯　陈　艳　唐　薇）

## 住房公积金管理

【概况】　2015年，衡阳市住房公积金管理中心（以下简称中心）在市委、市政府和省监管办的正确领导及各有关部门的大力支持下，深入贯彻中共十八届三中、四中、五中全会和省市经济工作会议精神，积极应对经济发展态势，及时调整工作思路，按照

“围绕大局谋发展、建强班子带队伍、规范管理保安全、优化服务树形象”的总体工作目标，着力改革创新，突出公积金管理使用重点。2015 年，全市住房公积金新增归集额 248597.16 万元（含年度结算的利息 9848.83 万元），同比增加 28884.98 万元，增长 13.15%，完成年初计划 240000 万元的 103.58%；发放个人住房贷款 170119.40 万元，同比增加 77630.40 万元，增长 83.93%，完成年初计划 95000 万元的 179.07%；个人提取住房公积金 157766.04 万元，同比增加 57215.26 万元，增长 56.90%；实现增值收益 25135.97 万元，同比增加 11256.97 万元，增长 81.11%，完成年初计划 11878 万元的 211.62%。（周　雪）

【归集扩面工作】　一是深化年检年审工作。2015 年中心共完成 700 余家单位的年检年审工作，进一步规范缴存基数和缴存比例。二是加大非公有制企业的建制工作。2015 年中心归集工作把推进非公企业职工建制缴存作为重点，积极争取各级四大家对非公有制企业建制的重视和关注，并争取各级部门的帮助和支持，2015 年，共新建制单位 252 家，其中新增非公企业 97 家，新增归集额 700 万元。（周　雪）

【公积金使用】　一是统一思想，高度重视，把提高公积金使用效率作为重点工作来抓。2015 年 3 月，住建部召开全国电视电话会议后，市委、市政府高度重视，市主要领导多次听取衡阳市贯彻落实全国电视电话会议精神的情况汇报，对衡阳市如何充分发挥好住房公积金的使用效率提出具体明确的要求。2015 年，市政协就全市公积金管理使用情况开展为期一个月的专题调研，并形成专题调研报告供市委、市政府进行决策参考。中心认真贯彻领会部、省相关会议精神，在中心内部明确任务，分解指标、落实责任，调整并充实一线经办业务的工作人员，2015 年，全市住房公积金个贷率达到 54.77%。二是简化流程，优化服务，贷款发放工作快捷有序。2015 年以来，为最大限度地适应新形势发展变化的需要，中心秉着“为群众着想，让客户满意”的服务宗旨，在服务流程、服务方式、审批时限、制度性限制等方面进行大胆的改革和探索。在按揭楼盘的准入审批流程上，减少多层次的审批环节，从准入到签约的时间比过去缩短一半时间以上。对个人住房贷款，中心公开向社会承诺在 5 个工作日内办结。取消过去个人贷款的 3 条具体限制性条款，进一步提高各层级贷款的审批额度。在服务方式上，由过去的“等客上门”转变为现在的“上门服务”，2015 年先后 3 次组织相关业务人员为大型国有企业，密集客户群体进行上门服务。三是加强指导，及时调度，全力确保省监管办下达的目标任务顺利完成。2015 年以来，为尽力提升公积金使用效率，中心采取量化指标、任务到人、倒排工期、定期调度等措施。一是根据政策的调整和任务的变化，及时分析全市住房贷款的走向，适时调整工作思路。中心先后多次召集县（市）管理部、营业部及相关业务部门工作人员进行业务培训和答疑解惑活动。二是对任务指标实行全程跟踪、定期调度。对基础较好、个贷率较高的县（市）管理部，鼓励其再接再励，以先带后，对个贷率较低的县（市）管理部，进行集体会诊，多管齐下帮其走出低谷。三是强化考核，实行目标激励。出台具体的奖罚措施，突出考核重点，把个贷率考核的权重由过去的占 20% 调整为 40%，对个贷率的考核从工作经费、评先评优、绩效工资等方面实行全方位挂钩。通过采取上述措施，有效地提高干部职工的紧迫感和积极性，2015 年，全市共发放个人住房贷款 170119.40 万元，与 2014 年同期的 92489.00 万元比较增加 77630.40 万元，增幅为 83.93%。（周　雪）

【监管和风控能力】　2015 年，中心紧紧抓住“全程管控防风险”的工作主线，完善健全监管机制，严格执行重大事项集体决策制度，完善业务、财务、服务等内部管理制度，业务流程和操作规程更加规范，办理每一笔住房公积金业务做到全程监督，可控可查，加大审核、审批把关力度。进一步健全风险防控体系，强化对关键岗位、重要部门的相互制约措施，坚决杜绝资金管控中的漏洞，严防死守，确保不出现任何资金安全风险。（周　雪）

【信息化建设】 2015年，中心多次到其他地州市学习经验，并于5月份引进灵活性、适用性、容错性较高的北京安泰伟奥公积金业务系统，经系统测试人员与中心业务人员多次沟通，提出需求，不断完善，整个系统可较全面的覆盖目前所有业务，为更好的服务老百姓，打造“数字化公积金”，截至2015年年底，该系统正式投入使用。 （周 雪）

【公积金服务】 为打造具有衡阳公积金特色的服务品牌，更人性化地服务职工，满足职工多元化需求，中心加强服务窗口的软环境建设；完善住房公积金服务规范，实现标准化、规范化服务，统一服务标准；入驻市政务服务中心，方便各区域群众办事；精心维护中心网站、主任信箱，开通“12329”住房公积金服务热线，切实将服务群众“最后一千米”缩短为“零距离”。

（周 雪）

## 城管行政执法

【概况】 2015年，衡阳市城市管理行政执法局以“八城同创”为载体，深入推进城市管理精细化、网格化、常态化、长效化，着力提高城市管养维护标准、城市基础设施质量和城市公共服务水平，进一步提升城市管理能力，各项工作取得较好成绩。

（李顺立）

【改善城市形象】 以“八城同创”为切入点，对标提质，将“八城同创”作为提升城市管理水平的助推器。（1）精心组织，全员发动。建立“一把手”负总责、一名班子成员领衔一项创建、一套创建班子具体负责的责任体系。2015年6月9日，市城管执法局召开创建全国文明城市工作动员大会，8月28日召开创文明城市调度暨创园创卫动员大会，对全局系统开展创建工作进行部署和调度，市城管执法局主要承担牵头创建国家园林城市的专项任务，负责市创园办的日常工作，制订《衡阳市创建国家园林城市工作实施方案》，筹备召开衡阳市创建国家园林城市工作动员大会。（2）专项整治，全面提质。针对有碍“八城同创”的市容市貌方面的顽症难题，组织开展专项整治，提升城市文明形象。整治占道经营：开展占道摊点、马路市场、农贸市场、“十小店”、早夜市等专项整治，取缔解放大道与中山南北路交叉口、广东路“T”型街、南华大学门口等摊点占道乱象，整治肖家湾路等35处马路市场、衡州市场等41处农贸市场周边脏乱差现象，规范早夜市摊点和背街小巷疏导摊点管理，设置广场路等16处季节性瓜果临时疏导点，方便本地农民自产自销瓜果；整治城市“牛皮癣”：开展“牛皮癣清理月”活动，采取专门队伍与群众参与相结合、责任包干与市场运作相结合、全面清理与教育处罚相结合的方式，实现“牛皮癣”清理无死角、全覆盖。整治户外广告：开展户外广告专项整治，拆除大型户外广告150处共456块约5万平方米。市城管执法支队配合廖家湾变电站和二环路建设，迁移大型立柱广告7处；各城区重点对提质改造的“四条主干道”的楼顶、墙面大型户外广告、灯箱广告及违章设置的门店招牌进行全面清理整治。采取政府回购、公开招标的方式，拆除不规范的地名牌974块，安装标准地名牌842块。整治乱停乱放：开展人行道车辆停放管理调查研究，向市政府提出《衡阳市机动车停车场（库）建设和管理办法》《衡阳市城区道路两侧规范停车实施方案》建议。按照全国文明城市测评标准，对人行道停车泊位进行清理规范，对不符合停车泊位设置要求的人行道设置禁停标示和隔离设施。对人行道“三车”停放实施定点划线规范管理。整治卫生死角：开展城郊结合部、背街小巷、老居住区、集贸市场、“城中村”等薄弱环节及辖区公路、河道、桥梁、铁路周边市容环卫综合整治，拆除乱搭乱建简易棚房、雨棚，清理大件垃圾、白色垃圾、屋顶、棚顶积存垃圾，清除绿化带、风光带、河堤边坡菜地。整治环卫设施：开展城市公厕、垃圾收集站、垃圾运输车、果皮箱、垃圾桶、保洁车专项整治，对环卫设施进行全面清洁、维修、更换，确保环卫设施配置和管护达标。整治门店“八乱”：开展临街门店乱贴乱挂、乱摆乱放、乱堆乱搭、乱倒乱扔等乱象，落实“门前三包”责任制管理。整治管护作业行为：规范清扫保洁、果皮箱清掏保洁、道路清洗、洒水车、清扫车、垃圾运输车、公厕管理、垃圾站管理、园林绿化修剪补种、路灯设施检修等管护作业行为，提升作业效果，最大限度减少作业干扰。整治渣土污染：健全完善渣土运输特许经营管理、常态化考评、湘DZ专牌管理工作机制，加大渣土管理联合执法力度。2015年，共组织开展联合执法67次、巡查执法83次，查处违规渣土车416台次，较好地规范渣土文明运输行为，维护城市环境卫生。整治公园广场环境秩序：规范船山公园、生态公园、西湖公园、岳屏公园、莲湖广场、太阳广场、岳屏广场摊点管理，取缔违规摊点56处，拆除摊棚13处，对公园广场实施机动车禁入管理，提升游园环境舒适度和安全感。（3）立足本职，营造氛围。认真履行户外广告管理部门的职责，充分利用立柱广告、楼宇LED屏等阵地开展"八城同创"公益宣传。开展户外广告公益宣传：市城管执法局会同市创建办选定128处户外广告固定开展创建公益宣传。在迎检测评阶段，协调广告公司设置112处创建公益广告。利用衡阳广场、步步高商场等15处楼宇LED屏滚动播放全国文明城市、国家园林城市、国家卫生城市等宣传标语，实现户外广告公益宣传全覆盖。开展公共场所公益宣传：在公园、广场、风光带、主要街道等公共场所，设置宣传栏（牌）132块，利用电信无线发射亭、公交站亭、绿化带公益广告栏广泛传播社会主义核心价值观，实现创建公益宣传多层次。开展志愿者服务活动：市城管执法局686名干部职工在湖南省志愿者服务网注册志愿者，在职干部职工志愿者注册人数比例达到100%。

（李顺立）

【制度提升管理】 以制度创新为增长点，激发活力，管理机制更加有效。（1）健全网格化管理机制。全面实施《衡阳市城市管理网格化工作方案》，充分发挥社区在城市管理中的基层基础作用，以社区为单元，将市容市貌、环境卫生、园林绿化、户外广告、照明亮化、渣土管理、车辆停放、公用设施等管理执法任务分解到每个网格，建立定人、定时、定岗、定责、定标准、定奖惩"六定"工作制度，统筹协调网格内各维护管理责任单位作业行为，借助数字城管平台，实时监控、收集、处理城市综合管理服务、投诉和举报事项，推动城市管理从被动向主动、定性向定量、静态向动态、单一向综合、滞后向实时转变。（2）建立错时管理机制。针对日常管理中出现的"城管下班、摊贩上班"的现象，制定《关于在城管部门开展错时管理的实施意见》，规定每天7：00~8：00、11：30~15：00（夏秋季）或14：30（冬春季）、17：30~20：00三个时段，各区城管部门在重点路段、窗口部位以及市场口部，至少安排2名以上队员值守，实行定人、定岗、定责。相应开展错时督查考核，重点考核错时管理时段人员到位、工作到位情况。各区环卫部门将错时管理措施用于解决上下班时段环卫保洁标准降低、夜间垃圾收集不及时等突出问题，取得明显效果。（3）正式运行数字城管新模式。在数字城管建设上，结合衡阳市实际，改进数字城管系统软、硬件设施，增设渣土管理实时监控子系统和外网接入功能；开发"衡阳城管"公众微信、手机投诉举报APP"市民通"，并上线运行；建立健全和完善《衡阳市数字城管应用工作方案》等管理制度，并汇编成册；公开招聘录用6名数字城管监督指挥中心坐席员；数字城管监督指挥中心通过受理"城管通" "市民通" "12345"工单、"衡阳城管"公众微信、电话投诉、领导督办、社区网格管理员、媒体曝光、视频抽查等渠道获取的问题信息，予以立案、派遣、处置、反馈、核查、结案。系统自9月正式运行以来，共受理案件5272件，办结5166件，办结率达98%，回访满意率达95%以上。通过运行数字城管系统，改变城市管理信息获取滞后，主要靠群众举报、媒体曝光途径，问题处理不及时，管理方式过多依赖突击式和运动式管理，城市管理效率和质量不高等诸多问题，显著提升城市管理运行效率，探索建立城市综合管理新模式。（4）拓宽社会参与机制。推行政府购买服务，在环卫作业、园林绿化、风光带养护、"牛皮癣"清理、绿色照明节能改造、生活垃圾治理项目建设等领域引入市场机制，建立健全市场化监管制度。2015年，城区共计165个社区的环卫作业实现市场化，湘江两岸风光带、蒸水南堤风光带建成移交段的绿化和市政设施、高新开发区道路绿化、环卫作业等招标由专业公司进行管护，管护质量明显提升；推进按EMC模式（合同能源管理）实施绿色照明节能改造，完成蔡伦大道（铜钱渡大桥至衡州大道）、蒸湘南路（衡州大道至南三环）、蒸湘北路（蒸水南路至北二环）、立新大道（蒸湘北路至蔡伦大道）、衡湘大桥等“四路一桥”共计2124盏LED路灯改造；按BOT模式（建设—经营—转让）建设餐厨废弃物资源化利用和无害化处理中心、城市生活垃圾焚烧发电厂。城市生活垃圾焚烧发电厂项目入选全省首批PPP（公私合营模式）示范项目。（5）健全绿化监管机制。建立健全城市绿线管制、市政绿化工程质量监管等制度，落实《衡阳市城市绿线管理办法》，出台《衡阳市工程项目建设绿化验收面积计算方法》，规范新建绿化工程审批程序，建立“绿色图章”制度。市城管执法局参与新、改、扩建绿化工程项目施工图设计、施工管理以及竣工验收，对于绿化指标不达标的绿化工程项目不予审批，对绿地率指标未达标的项目征收异地绿化补偿费，加大绿化执法力度，有力保障绿化自然增长率，促进园林绿化管护水平、工程质量的提升。（6）健全考核督查机制。会同市城管办制定并由市政府办印发《2015年度中心城区城市管理督查考核方案》，市城管委全年奖励资金不少于1680万元，其中1400万元用于对各城区和高新开发区城管、环卫、园林部门的奖励和补助。对各城区和高新开发区的城市管理工作分城管、环卫、园林3个板块实行日督查、月考核、季讲评，按月奖惩，分季结算。2015年前三季度，共兑现城管、环卫奖励675万元，处罚500万元，园林奖补资金351万元，采购一批执法记录仪、对讲机、电脑、电动保洁车、洒水车、压缩垃圾转运车、路面养护车等设施设备，改善工作条件。同市城管办、市爱卫办采取明查与暗访相结合、普检与抽检相结合、考核与督办相结合等方式，开展公园广场、社区环卫、城乡结合部综合整治等专项考核，充分发挥督查考核的指挥棒作用，督促各城区政府、园区管委会和街道、社区切实承担起城市管理的责任。2015年，完成环卫设施设置、市政路灯绿色照明、公共自行车交通系统、户外广告设置专项规划编制。（李顺立）

**【完善基础设施】** （1）重点工程建设。城市生活垃圾焚烧发电厂项目建设基本完工；餐厨废弃物资源化利用与无害化处理中心项目完成主体工程建设；吉兴垃圾场封场改造与生态修复项目完成封场施工；城乡垃圾收运体系项目，建成螺丝山垃圾转运站第3条生产线，年新增垃圾运输能力340吨/天，超额完成年度目标；垃圾场污水泄漏及雨污分流工程，完成污水外运至松亭污水处理厂中途泵站处理和坝挡水堤、AB库区3处漏点补膜堵漏，完成渗滤液处理设施建设；抗战纪念城中心景区项目开工建设；完成路灯照明控制系统智能化节能改造。（2）绿化提质改造。启动大乔木新植补栽“三年行动”，在城区52条主次干道、9个居民社区新植补栽15136株大乔木；开展25条主次干道绿化提质改造，计划改造道路绿化面积14.45万平方米、新增绿地面积34.88万平方米；140个社区创卫创园“三清三建”行动（清理废弃物、违章建筑、“牛皮癣”，建路、建绿、建园）全面启动；市园林局完成蒸湘南路延伸段、衡岳高速出口等重要部口的绿化提质改造工程，景观效果大幅提升。各城区园林局对辖区绿化进行补种，除完成大乔木补种施工外，共补种小苗148.37万株、麦冬草14390公斤。（3）设施配套。启动环卫基础设施建设三年计划（2015～2017年）：10月8日市城管委会议明确环卫设施建设任务，2015年完成添置电动保洁车300辆和园林环卫作业车辆停放保养场选址。各城区自筹资金和利用环卫考核奖励资金建设环卫设施，石鼓区新（改）建压缩式垃圾中转站6座、地坑式垃圾中转站13座，新增加道路清洗专用车辆12台、垃圾收集板车130台、垃圾桶2400个、果皮箱186个；珠晖区新购新型环保果皮箱280余个、添置保洁车100辆，维修破损保洁车80余辆；雁峰区更换果皮箱55个；蒸湘区搬迁压缩式垃圾中转站1座，新增压缩式垃圾运输车1台。推进公园广场风光带设施改造：对石鼓书院、岳屏公园、动物园、回雁峰景区、岳屏广场、营盘山公园、南郊公园、园林技术推广所、湘江两岸风光带的基础设施进行提质改造，油化园内道路，维修更换生态环保道板砖，新增路灯、庭院灯，检修健身设施，设置机动车门禁系统，整修游客服务中心、公厕，治理黄土裸露。石鼓书院成功创建国家“AAAA”级景区，新建管理用房200多平方米、生态停车场700多平方米，维修、改造广场及游路2000多平方米，在广场边缘安装鼓形围挡，启动摩崖石刻保护修缮；岳屏公园与岳屏广场在出入口增设路障，以阻挡社会车辆入园；岳屏公园增设残疾人通道，以方便残疾人游览。风光带绿化和市政设施提质改造完成施工。新建市政路灯工程：承接蒸湘大道（衡云干线）、中航路、富康路、船山东路、蒸水南三期风光带、华耀城、红湘北路、二环北路、南外环、蒸水北堤等10条道路路灯施工，全年共安装路灯890基、2670盏，配电箱16台，新增用电量846千瓦/时。（李顺立）

**【打造宜居环境】** （1）环卫管护作业升级。按照“突出中心城区、覆盖主次干道”的要求，狠抓道路清洗，每个城区白班增加3台、晚班增加2台道路清洗作业车辆，确保每天晚班有40台环卫作业清洗车辆、白班有28台清洗作业车辆对中心城区主次干道进行全面、轮回冲洗，道路清洗质量明显提升；在主次干道全面实施“两扫全保”滚动作业，确保建成区主要街道保洁时间不低于16小时，一般街道保洁时间不低于12小时，生活垃圾日产日清；针对垃圾车运输途中撒漏和堆斗现象，市环卫处每周一上午安排专人到垃圾转运站检查垃圾运输车清运和车容车貌情况，发现问题进行拍照取证，定期组织各区环卫召开业务分析会，通报垃圾运输车车容车貌不整和堆斗撒漏情况，督促整改，成效明显；垃圾场填埋作业按照城市生活垃圾卫生填埋技术规程运行，日处理垃圾1200吨，采取分区、分单元、分层作业，每天对填埋作业区进行覆盖，减少臭气及蚊蝇的产生。对场内采取雨污分流措施，减少渗滤液的产生量，并建立运行情况记录制度，如实记载生活垃圾处理、处置设备工艺控制参数，确保流程规范，排放达标。（2）园林绿化管养升级。市、区两级园林部门对所管的公共绿地实施精细化管养，实行内部招标承包，探索市场化运作。按季节、分类别开展提枝疏枝、樟巢螟、蓑蛾、刺蛾、红蜘蛛等病虫害防治、抹芽施肥、众生枝、枯枝清理、修剪整形、抗旱保苗、中耕除草、树干刷白等日常管养，确保苗木长势良好，成活率达标。市园林局狠抓公园内部管理，完善各项规章制度，落实岗位责任制，提高管理和服务标准，实行24小时治安巡逻和卫生保洁。承包南湖公园管理，抓园容园貌整治，成功举办南湖公园“2015金秋国庆花展”，得到社会各界和广大市民的广泛关注。开展园林科研，抓好苗木、花卉的引种繁殖和生产，2015年引种美国紫薇、花叶络石、吴风草、花叶麦冬、水生美人蕉等各类苗木，新增苗圃用地50亩，出圃各类乔木1532株、各种球类及灌木2354株、小灌木16.8万株、花卉115万盆，主要用于金秋国庆花展和城市摆花，丰富城市色彩，提升景观效果。（3）照明亮化管护升级。2015年共维修路灯68700盏次，更换供电线路8.7千米，维护专用变压器66台，供配电控制箱450台，确保路灯照明设施完好率达99%以上，供电可靠率达100%，主次干道路灯亮灯率达99%以上，背街小巷亮灯率达97%以上。开展灯容灯貌专项整治，拆除船山大道等66条道路灯杆乱挂广告、系留物2700余件，清洗灯杆5550基，刷漆美化解放大道等50条道路3568基路灯杆、155台供配电箱，加固补全蔡伦大道等28条道路2348个路灯接线合盖板，维修更换65基16至30米高杆灯灯盘、灯具，将倾斜不正的灯杆、灯臂、灯具及时矫正，确保照明设施设备美观整洁完好。建立健全“一江六路九桥”亮化值班巡查和交接班制度，每晚进行常态化巡查，发现问题及时督促承包管护单位整改，并与维护经费挂钩。落实《衡阳市城市照明管理办法》，对亮化实行分段分时控制，加强安全隐患排查，对原建设的石鼓广场等地段存在严重安全隐患又无法修复的亮化设施予以拆除，与各城区责任管理单位签订楼宇亮化安全协议，强化管理单位的责任意识，实现全年无安全事故的目标。（李顺立）

**【塑造良好形象】** （1）认真接受市政协民主评议。按照市政协民主评议工作的安排部署和《对市城管执法局工作民主评议的整改意见》的要求，市城管执法局对照意见和建议，认真进行全面整改。10月30日，市政协常委会暨民主评议整改大会对市城管执法局整改工作进行测评，满意率为98%，实现民主评议促进工作提高的目标。（2）坚持依法行政文明执法。完善办事公开、办事承诺、绩效考评、责任追究等制度，确保按“单”用权履责、按“图”行权办事，坚决落实好“两集中两到位”，所有行政审批进市政务中心，授权窗口“一站式”办理，严格执行行政执法自由裁量权基准，杜绝乱罚款、乱收费，把权力关进制度的笼子里。通过清理规范部门权力清单、开展行政处罚案卷评查、重点执法岗位专项督查、严申城管执法“五条禁令”等措施，加强执法监督，落实行政执法责任制。（3）真切关怀一线职工队伍。及时调整环卫临时工人薪酬待遇，提高城区环卫临时工月工资，并就建立环卫临时工工资定期增长、设立工龄工资、增加环卫工工龄补贴问题向市政府作汇报，提请市政府出台《衡阳市临时环卫工人薪酬待遇调整实施方案》；逐步清欠园林职工拖欠工资，从2015年开始，市园林局已按事业单位工资政策全部落实到位（含绩效工资）。原拖欠园林职工工资累计达1081万元，已陆续还欠800万元；开展“夏日送清凉”活动，组织局系统各单位向全体一线城管队员、环卫工人、园林工人发放防暑药品和物资；开展慰问帮扶活动，自筹资金对老党员和特困职工进行慰问。同时，积极争取省、市总工会、市慈善总会、省建设行业协会等组织加大对一线和困难职工的慰问救助力度；联系共青团、微公益等志愿者组织以及倡议热心企业、临街门店，开展为环卫工人捐赠饮用水、提供免费饮水点、义诊等爱心活动，积极呼吁社会各界和广大市民关爱一线环卫工人，珍惜环卫劳动成果，改善环卫工作环境。（6）大力加强宣传引导。充分利用电视、电台、报纸、网络等主流媒体的平台作用，继续在衡阳都市频道设立《今日城管》专栏，在《衡阳日报》中开设《衡阳城管》专版，在红网衡阳论坛设立《城市管理与城管执法投诉专用贴》。积极创新宣传载体，发动各城区城管、环卫、园林等单位，利用城管、环卫、园林执法督查车巡回播放城市管理宣传录音；在环卫、园林作业车身喷涂、张贴宣传标语；在经常发生渣土偷倒、垃圾乱堆的地段设置卡通警示牌；组织城管队员、环卫、园林管理人员逐路段逐门店与经营户签订“门前三包”责任书，宣讲“门前三包”管理要求，引导市民参与城市管理，努力在全社会形成人人关心、人人支持、人人参与城市管理的良好氛围。

（李顺立）

## 供　电

【概况】　2015年，国网衡阳供电公司全年完成电网建设投资6.1亿元，投产35千伏及以上线路78.15千米、变电容量238.9兆伏安。最高负荷208万千瓦，同比增长0.48%；日最大用电量3874万千瓦时，同比增长6.17%。完成售电量100.16亿千瓦时，排全省第二。公司荣获湖南省电力公司安全生产先进单位、湖南省电力公司集体企业管理工作先进单位、湖南省电力公司QC小组活动优秀企业、市重点工程建设目标管理先进单位、市社会治安综合治理先进单位、市信访工作先进单位和市国资委企业党建工作目标管理考核先进单位等荣誉称号。

（陈　清）

【安全生产】　坚持严抓严管，开展安全管理提升、安全检查和隐患排查等工作。纵深发展配网不停电作业，利用自主研发的旁路移动式负荷开关车带电更换柱上断路器作业被中央电视台报道，是省内第一家开展电缆旁路作业的单位。全年累计完成配网不停电作业3447次，排名全省第二。截至2015年底，公司实现连续安全生产3260天，衡阳电网连续安全运行8199天。

（陈　清）

【电网发展】　科学做好电网规划，《饱和负荷密度下衡阳城区10千伏目标网架研究》项目荣获国家电网公司经研系统先进技术推广应用类三等奖，在国内处于领先水平。严把工程设计质量关、设备材料关、施工质量关，工程质量稳步提升。110千伏酃湖I变电工程获评为湖南省2015年第一批变电项目管理流动红旗，35千伏石亭子变电工程被评为全省的样板示范工程。220千伏廖家湾输变电工程实现"当年开工、当年投产"，建设时长之短，创国内同类电压等级全户内式、全电缆输变电工程最短工期记录。 （陈 清）

【营销服务】 精简办电手续，全面推行低压业扩"1+1"服务和用电申请"一证受理"，全年累计完成业扩报装接电1.16万户。积极推动电能替代工程，全年累计完成电能替代电量3.78亿千瓦时。《加强非直购电厂管理，提升服务发电企业的效率效益水平》课题被评为国网公司"三集五大"最佳实践典型案例。 （陈 清）

## 供 水

【经济指标】 2015年，衡阳市水务投资集团有限公司（以下简称公司）围绕预期目标，强化管理举措，加强产销差控制，有价售水量达9646万立方米，同比上升6%，水费收入达1.78亿，同比上升25%，产销差同比下降3.4%；加强污水设备的维护保养，确保正常运行，处理生活污水7526万立方米，同比上升16.35%，化学需氧量（COD）减排12090吨；在持续冬汛、低温多雨的情况下，水质综合合格率达100%，供水单耗均控制在计划指标范围内。兴达公司、名洋公司和湘水物业公司营业收入较上年均有所增长。 （李 政）

【供水安全】 创新水质管理模式，实行生产与监管相分离，水质监控质量大大提升，在国家和省、市水质抽检中，106项指标全部达标。紧跟城市建设步伐，新铺管网59公里，改造旧管网18公里；配合"六路""四路"改造，实施入户管线和户表改造，满足城市提质需要。增设管网压力监控点和区域流量计，发挥后台实时监控功能，科学调度精准有效，爆管大幅减少，水量、水压更有保障。 （李 政）

【营销服务】 创新服务举措，开通用水信息短信提醒服务，安装水表标识牌，让用户及时了解用水情况，明明白白消费；推出微信服务平台，实现资讯、互动、查询、缴费功能，用户足不出户即可享供水服务；整顿用水市场秩序，争取政府支持，出台相关法规文件，开展专项整治行动，查处违章用水2000多起，市民公平用水权益得到维护。 （李 政）

## 供 气

【概况】 2015年度衡阳市天然气有限责任公司完成各项经济指标。实现安全生产零事故，生产运行安全平稳，综合治理和治安内保情况良好，无交通事故，无生产设备事故、无火灾事故、无治安刑事案件，员工健康平安，安全生产态势总体稳定。 （郑 果）

【用户发展】 （1）新区用户开发。2015年紧跟城市发展步伐，先后与滨江新城、来雁新城、茶山坳镇、衡山科学城、呆鹰岭镇签订特许经营框架协议，为公司今后发展该区域的用户奠定基础。（2）工业园区用户开发。2015年先后与瑞麟锰业公司、瑞达电源公司、湖南森泰电器公司等10家单位成功签约。（3）"三同时"项目。受国家政策影响，三同时项目（即：城镇新区开发、老区改造工程，新建、扩建、改建道路、桥梁等市政工程和住宅工程，必须按照燃气专业规划配套建设管道燃气设施，与主体工程同时设计、同时施工、同时竣工验收）有下降趋势，2015年"三同时"合同新增52个。（4）商业用户发展。先后开发吉锐房地产、连卡福、监管中心、海元投资公司、蓝辉宾馆等项目，共签订用气合同390个。 （郑 果）

【科学管理】 （1）便民惠民服务。随着衡阳市政务中心的搬迁，衡阳市天然气公司新增政务中心营业窗口和人员，实现便民一站式服务，热心接听、妥善处理"12345"政府热线和"12315"消费者投诉，全年共解决处理工单206个，在社会上树立为民办实事的良好形象。基本上实现银联全民缴费，并完成2014年低保登记和减免。（2）大客户及非居民用户管理。对地暖用户做好气管安装、表具加封等工作，从源头杜绝违规用气行为；对非居民地下室和停用用户全面排查安全隐患，全部更换金属软管，清理并督促安装报警器；定期对143户流量计清洗过滤器和加油，杜绝大型流量计死表的现象，及时更换不合格表具。（3）点火维修。强化管理，提高点火维修的技术力量和解决问题的能力。对燃气器具、管道等不符合通气条件的一律责令整改后才开通用气，杜绝操作事故发生。（4）气费抄收。从月度抄收数量、到款率、抄收质量三方面考核抄表员工作，实行奖罚制度，提高抄表员的工作责任心和积极性。全面启动IC卡抄表工作，建立健全IC卡表册管理，发现并处理各类表具问题2010户。建立表箱管理台账，及时更换生锈破旧表箱。（5）用气分析。2015年成立用气分析班，设立专职人员，制定工作制度、工作流程、工作内容和考核办法，对用户用气进行分析。2015年分析2008年之前从未安检的800多户用气中，发现其中7户有问题，补回气款8711元；在分析两年未购气的3783户用户中，发现236户有问题，补回气款6469元；在分析IC卡抄表及窗口购气异常用户8908户中，发现125户有问题，补回气款7651元；在分析非居民用气中，查处表具问题387户。

（郑　果）

【工程建设】　（1）衡常管线建设。2015年开工建设的衡阳至常宁长输管线，经过努力，克服沿线地质复杂、农民阻工等困难，工程建设有序进行。（2）全年主干管建设31.2千米。其中有蒸湘北路铸铁管改造新建D406主干管工程，白沙洲工业大道往西延伸DE250主干管工程，华耀城凤凰大道D325主干管和纵二路DE160主干管工程，明翰路铸铁管改造新建DE315主干管工程，立新大道西延DE200主干管工程，常胜路铸铁管改造新建DE315主干管工程，船山东路D325主干管工程等。（3）重点大型商业用户、工业用户建设。全年建成投产通气的有紫光古汉集团衡阳中药有限公司，衡阳瑞达电源有限公司，衡阳市瑞麟锰业技术开发有限公司，湖南森泰电器有限公司，衡阳博瑞新型材料有限公司，南岳电控工业技术有限公司，湖南中航紧固系统有限公司，鑫科思生物科技有限公司，解放路摩登百货餐饮，华新连卡福餐饮等。（4）庭院管网建设。根据城市发展规划和用户发展情况向新城区及城市周边地区扩大管网敷设面积。完成大型庭院管网和通气区域有江东龙锦山庄二期、鸿豪城一期、水映豪庭三期、湘粤明城、华新恒大绿洲三期、水木融城二期、银泰红城二期等，全年累计完成庭院管网建设约200千米，历年累计管见网长度约2000千米。

（郑　果）

【生产运行】　（1）管理制度。完善各班组、各岗位工作职责，整理修订运行部日常作业操作流程与作业指导书，依据班组工作计划、岗位职责内容，制定相关考核和处罚制度，规范员工操作。（2）管理台账。完善设备及工作台账管理制度，对压力表、安全阀、流量计、压力容器、钢管电位检测建立专项台账，建立应急管理台账、调压箱阀门井春检台账、工业用户春检台账、配套设备维护保养记录等，做到事事有数据可查。（3）管网维护。与成都千嘉科技公司合作，建立城区管网压力监控系统，设计34个监测点，初步实现对全市燃气管网运行压力的24小时全天候监控。针对燃气管网点多、面广的特点，线路巡查分区域定员定责。对铸铁管网及立管进行周期性复查，发现问题及时整改。开挖守险做到“七到位”，有效的防止第三方开挖对管网与设施的损坏。（4）维护和保养设备设施。根据节假日期间用气量大增的特点，对城区10座调压站、过江管线、厂站进行24小时巡查维护。定期对管网进行防腐处理、阳极棒装置增补。对积水严重的阀门井（水淹没阀体）采取防水堵漏处理，共计112处。对10座调压站进行季度保养，对调压箱和工业用户调压设备半年保养，有效保证管线的正常运行。（5）出警抢维。全年共完成维修抢险接警共计842次，其中，出警检查354次，管网维修342次、防腐97处，整改289处。

（郑　果）

【安全生产】　（1）安全管理措施。全员签订安全目标责任状，强化安全目标管理考核，修订完善安全管理体系，推动安全生产管理全员、全过程、全方位、全天候的“四全”安全管理。完善18个科目的安全管理基础台账，编制完成2015年《公司重大危险源清单》和《公司危险源风险识别表》，制定隐患整治方案，反恐预案、防讯预案、安全事故综合应急预案。（2）安全宣传。2015年开展第二届“用户安全月”活动，到小区、厂矿定点宣传，并以营业厅窗口宣传，安检人员上门示范等多种形式宣传，有效提高用户安全自查的意识和技能。通过《衡阳晚报》宣传安全用气知识，完善“百街千栏”宣传活动，制作500块社区安全宣传栏，定期更换安全宣传板报和《安全简报》的内容，向市民普及安全用气的知识。（3）安全专项治理及演练活动。2015年春季开展城区燃气管网隐患大排查专项行动，加强节日值班安全检查，确保节日供气平稳。开展员工针对自己工作岗位中的危险源辨识和风险评价活动，提高员工安全意识。组织应急抢险方队参加衡阳市“5.12”应急安全咨询日活动，现场发放宣传资料。在6月30日公司临时定点，启动应急演练，各应急小组响应迅速，处置得当。（4）安全操作。加强日常和月度安全大检查，尤其是国家节假日安全检查，累计检查70余次，员工安全操作和劳动纪律总体良好，查出隐患20余条，并及时整改达标。（4）应急中队训练。2015年每个月公司应急中队进行两次集中训练，提高应急处置能力。公司的综合治理、治安内保形势良好，未发生一起治安刑事案件。加强消防安全检查，对重点场站，重点用户进行消防防火抽查，定时检查消防器材，9月份完成公司生产部门灭火器的年检换药工作，确保消防器材可靠有效，11月进行员工消防演练，提高“消防四个能力”。（郑　果）

## 环境保护

【概况】　2015年，衡阳市环境保护局以建设绿色生态衡阳为目标，突出重点区域、流域、行业的污染防治，持续推进污染减排，强化环境执法监管，深入推进环境改革创新，加强监测监测能力建设，出色完成2015年及“十二五”各项工作目标任务。全市环境质量稳中趋好，地表水达标率95.8%，全市15个县城以上集中饮用水源地水质达标率100%；地表水市级交界断面熬洲断面出水水质达标率100%。按新六项标准，城区空气质量达标率77.8%，PM2.5平均浓度55微克/立方米，与全省平均值基本持平。全省环保重点工作综合考核中名列第一，全市绩效考核先进单位。

（王凌云）

【湘江保护和治理】　全面完成湘江保护和治理第一个三年行动计划，共完成湘江污染治理环保项目158项，其中2015年完成93项，湘江干流500米范围内931户畜禽养殖场全部退出，淘汰网箱养鱼697口。加强饮用水源保护，开展湘江城区段饮用水源保护区2015年度专项整治和县区1000人以上集中式饮用水源保护区划定工作。积极争取重金属污染治理资金3亿多元，实施重金属污染治理项目26个；关停淘汰涉重金属企业117家，完成59个重金属污染源治理项目，重金属排放总量削减率为50.92%，涉重金属企业数量减少58.6%。

（王凌云）

【大气污染防治】　全面实施《衡阳市大气污染防治行动计划实施方案》，建立大气污染防治工作联席会议制度，与气象局合作开展重污染天气监测预警预报。以工业企业废气治理、燃煤锅炉淘汰改造、加油站油气回收、道路建筑扬尘治理为重点，共完成345个重点治理项目，其中2015年完成279个。推进机动车排气污染控制，出台《衡阳市机动车排气污染防治监督管理办法》，完成市级三个机动车排气检测站和信息监控平台建设，并开始运营，核发环保检验合格标志21336张，检测车辆12646台，淘汰黄标车13723辆，超额完成省政府下达的任务。启动县级机动车排气检测站建设。（王凌云）

【农村生态环保】　珠晖区率先实施农村环境综合整治整区推进，列入省政府重点民生实事考核的20个村环境综合整治全部验收；8个县市区纳入2015年度全省农村环境综合整治第一批整县推进项目名单，实现城市郊区农村环境综合整治全覆盖，获得奖补资金1.47亿元，并已启动整治，取得初步成效。积极推动生态乡镇创建，衡东县新塘镇等8个乡镇获得省环保厅第七批省级生态乡镇命名。认真抓好“二区三园”的监管，强化以生态影响为主的农、林、公路、矿山、水利、畜禽养殖等新（改、扩）建项目监管管理和环评审批。（王凌云）

**【主要污染物减排】** 严格按照2015年主要污染物总量减排实施方案的要求，推进各项工作。严控新增污染，实行项目环评与区域总量和环境质量挂钩，否决不符合环境准入条件建设项目25个，共为118个项目进行总量调剂或下达总量控制指标。加强“三同时”环境管理，全年完成“三同时”验收项目44个，确保项目污染治理设施正常投入运行。强化项目建设和调度，全力推进污水处理厂建设、工业污染源治理和畜禽养殖业污染控制，完成62个工程治理项目，24个结构关停项目，火电、水泥、造纸等管理减排项目运行良好。强化减排监测体系建设，全市74家国控企业监督性监测信息发布率100%，自动监控设备数据有效传输率98.5%，99家重点监控企业自行监测信息发布率95.5%。四项主要污染物化学需氧量、氨氮、二氧化硫、氮氧化物排放削减量分别为3537吨、213吨、1657吨、12829吨，同比2014年分别削减2.4%、1.1%、2.0%、21.1%，同比2010年分别减少7.3%、12.9%、11.2%、23.5%，均超额完成“十二五”任务。（王凌云）

**【辐射固废监管】** 规范危废处置，开展涉危废企业清查，完成56家问题企业整改；完善危险废物转移行政审批，严格执行危险废物转移联单制度，建立和健全危险废物转移档案，做到一企一档；加强医疗废物的管理处置，全市7家三甲医院及各县市区80家大医院的医疗废物实现集中规范处置；加强危险废物经营许可管理，新增衡南长恒锌业、衡阳旺发锡业两家危险废物经营许可证企业，全市共有危险废物经营许可证企业13家。加强核与辐射安全许可管理，严格落实辐射审批制度，共办理辐射安全许可证12家，换发辐射安全许可证单位156家，换证率达100%，收贮废旧放射源3枚，审批放射性污染金属转让7批次，共1989吨，全部办理备案手续；加强学习培训，组织核技术利用单位参加培训82人次，开展核安全文化宣贯行动，55家核技术利用单位130余人参加宣贯会；先后组织中核二七二铀业有限公司、湖南宏华机械有限责任公司、华菱衡钢有限公司开展辐射事故应急演练，辐射安全管理水平明显提升。（王凌云）

**【环境宣传教育】** 大力开展新《中华人民共和国环保法》（以下简称《环保法》）宣传，6月5日，市委市政府组织召开规模空前的新《环保法》贯彻实施动员大会，周海兵市长主持，李亿龙书记作动员讲话，省环保厅刘尧臣厅长、环保部政策法规司别涛副司长作专题讲课，全市在职副市级以上领导干部，县市区、市直机关、驻衡省管单位及重点企业主要负责人以及全市环保系统干部职工等1100余人参加会议。对市城区、园区范围内所有乡镇人民政府（街道办事处）主要负责人及分管环保负责人，全市环保系统行政执法人员，组织五期新《环保法》专题培训班。在市广电中心第一演播厅与衡阳电视台联合举办一场主题为“践行绿色生活”——隆重纪念“6·5”世界环境日暨新《环保法》知识抢答赛。在衡阳电视台、户外LED电子显示屏滚动播放环保知识、法律法规等标语，提高社会各界的环保意识。（王凌云）

**【环境执法与信访应急】** 全面落实行政计划执法和网格化管理，市政府下发《衡阳市环境监管网格化方案》，对1100多家企事业单位实施分类执法检查，实施监督性监测219次。深入开展环境保护大检查，严厉打击环境违法行为，市环保局与市公安局建立司法联动机制，成立执法工作联络室，排查出环境违法企业282家，对277家企事业单位环境违法行为进行处理，完成整治180家，行政处罚300多万元，查封、扣押2起，移送行政拘留9起。加强环境应急管理和信访调处，制定和完善《衡阳市突发环境事件应急预案》《衡阳市城区空气重污染应急预案》，督促30多家环境风险较大企业制定突发环境事件应急预案和备案；全年受理上级批转等各类投诉1036起，做到件件有回复，件件有落实。

（王凌云）

**【环境管理改革创新】** 积极探索环境行政管理新举措。建全环保责任体系，市委、市政府出台《衡阳市环境保护工作责任规定（试行）》《衡阳市重大环境问题（事件）责任追究办法（试行）》和《关于加强环境监管执法的意见》三个文件，进一步明确各级各部门环境保护责任，大环保的工作格局正在逐步形成。推广环境信用评价机制，对全市123家企业进行环境信用评价，建立企业环境信息库，实行动态管理，并对外公布及向相关部门通报。积极推进环境保护市场化改革，实施《湘江流域生态补偿暂行办法》，推进排污权有偿使用和交易，征缴503家企业有偿使用费707万元，完成94个项目的排污权交易，交易金额1104万元。开展环保模范城市创建，出台创模工作实施方案，委托国家环境规划设计院启动编制创模规划等工作，为完成创模工作奠定良好基础。

（王凌云）

**【环境基础能力建设】** 加强环境监测网络体系建设，全市完成8个空气自动监测站建设和5个水质自动监测站升级改造，建成17个空气自动监测站，6个水质自动监测站；7个水质自动监测站在建，对全市42个水质断面开展日常监测，58家重点监控企业安装124套自动监控设备，监测网络不断完善。推进执法和应急能力达标建设，建成市级环保移动执法系统，建立应急物资社会贮备机制。加快环保信息化，全面启动“数字环保”建设，完成总体设计方案，通过项目资金财政评审，“数字环保”进入实质性建设阶段。

（王凌云）

# 交通·邮政·通信

## 交通总类

【概况】 “十二五”期间，全市完成公路、水路交通固定资产投资265亿元，较“十一五”增长40.9%。南岳机场2014年底顺利通航；土谷塘航电枢纽一期泄水闸正式通航，衡阳至株洲2000吨级航道建设顺利开工，建成衡阳松木港千吨级码头，新增3个千吨级码头泊位；新增高速公路183千米，通车总里程达到572千米；开工建设干线公路项目32个918千米，新增二级以上公路653千米，二级及以上公路比重提升2个百分点；完成国省道大中修294千米，国省道路况优良率达到95%，路况总体水平逐年攀升。完成农村公路建设3441千米，全市除3个不宜通公路的村外，通畅率达100%；完成危桥改造377座，安保工程2112千米，农村公路渡口改桥9座，码头改造174处。建成衡南三塘汽车客运站、衡东汽车客运站、王江汽车客运站和24个农村客运站以及811个农村客运招呼站；新增道路客运班线345条，新增588个行政村通客班车，行政村客班车通达率达97.78%。城市客运面貌焕然一新，新增、调整公交线路60条，更新新能源公交车780台。

（肖 孝）

【交通项目建设】 娄衡高速、南岳高速东延线、土谷塘航电枢纽稳步推进；娄衡高速南延、南岳高速北延得到省交通厅批准建设；干线公路完成205.8千米建设任务；衡云公路竣工通车，衡西公路、松木互通、衡州大道西延线、北三环、东三环提质改造工程、雨母湖路建设稳步推进；雁城物流、祁东衡缘物流园和白沙物流中心园区建设强力推进。

（肖 孝）

【公路治超】 完成国省干线公路迎国检工作任务，受到交通部国检组高度评价。完成耒阳市竹市、蒸湘区呆鹰岭等10个治超站点建设，加大联合治超执法力度，全市超限超载运输现象得到有效遏制，超限超载率下降到0.034%。

（肖 孝）

【运输市场监管】 加强行业监管力度，开展道路客运市场、驾培市场等专项治理；进一步巩固城区营运格局调整成果。组建综合执法队开展联合执法，坚持巡查与定点执守相结合，始终保持高压态势，先后查处营运车辆各种违规违章等行为3200余台次，城区运输市场秩序明显改观。

（肖 孝）

【服务民生】 完成农村公路通畅工程456千米，普通公路安保设施建设1518.62千米，全市行政村通畅率达99.94%，超额完成省里下达的目标任务，在全省重点民生实事考核中名列第二；市城区每万人公交车拥有率为14.42标台，提前三年完成小康目标任务。

（肖 孝）

【交通安全】 水上安全责任层层落实到乡镇、渡口、码头和船舶，运用视频监控平台强化一线监管，水上交通安全实现零死亡；工程建设领域突出抓好施工作业关键控制点管控和“平安工地”建设，安全生产无重大工伤事故；道路运输安全突出客运站场、危化品运输、校车、旅游包车源头管理，安全形势稳中向好。2015年，分别被省交通厅、市政府评为安全生产先进单位。 （肖 孝）

## 公 路

【概况】 2015年，全市完成大中修里程128千米，创建G107、G322线“畅安舒美”示范路154千米，全市国省干线公路路况年末优良率达95%，高出全省平均水平3个百分点。加大路域环境整治力度，拆除非公路标志2300余块，整治普通国省干线公路两侧违章建筑、乱堆乱放、抛洒漏污染公路、占路为市等违法违规行为200多起，整治“马路市场”5个；采取行道树刷白，全线刷绿色钢护栏、重新刷红白警示线等措施，达到美观、警示的视觉效果。创建标准化公路治超站、中心养护站和公路服务区，进一步提升公路社会服务水平。全市公路系统出色完成迎国检工作任务，荣获全省干线公路迎国检工作优秀单位荣誉称号，干线公路养护进入全省第一方阵，在年末考核中夺得全省干线公路养护目标管理红旗单位称号。全市农村公路年末综合优良率达82%，荣获全省农村公路养护工作红旗单位。

完成危桥改造和渡改桥85座，农村公路桥梁安全通行能力明显提升。（张　银）

【治超工作】　2015年，全市治超工作取得突破性进展，年末超限率调查，站点超限率降至0.034%。全市车辆超限超载运输违法行为得到全面遏制，由“两超”引起的道路交通安全事故明显下降，公路桥梁得到有效保护。全市投入宣传专项资金200余万元。建成10个固定公路超限检测站，在公路节点设置21个临时治超点，全市治超检测网络全面覆盖。开展路面治理，全市检查货运车辆27.49万余台次，查处超限超载车辆3452台次，卸载超限货物1.27万余吨，查处改拼装车辆2659台次，强制恢复改拼装车辆2252台。（张　银）

【重点项目建设】　全市干线公路建设21个项目均按时间节点保质保量完成施工目标计划。S317祁东河洲至白地市等7个项目完工，武广衡山西站至南岳等5个项目完成年度施工计划，耒阳竹市至哲桥、G356常宁宜阳至柏树下等9个项目开工建设。完成农村公路通畅工程456千米，为计划任务的102%，完成1518千米普通公路安保设施建设，有力保障群众安全出行，在省政府重点民生实事项目考核中名列全省第二。（张　银）

## 铁　路

【广铁集团衡阳车务段】　（1）衡阳车务段隶属于广铁集团，地跨衡阳、郴州、永州三市，是湘南地区大型车务站段。2010年10月21日由原衡阳车站、郴州车务段、永州车务段组合而成，设行政办公室、党群办公室、值班监控分析室、安全科、技术统计科、客运科、收入路风科、人事劳资科、计划财务科、职工教育科、信息技术科、保卫科。衡阳车务段管辖京广线茶山坳站至白石渡站、湘桂线衡阳西站至滩头湾站、衡柳线衡阳站至永州站，洛湛线楠木塘站至永州站及资许线桥口站至三都站，管辖里程556千米，固定资产总值2亿元。下辖47个车站，其中客运站6个。按照车站等级分，特等站2个、一等站2个、二等站1个、三等站6个、四等站34个、五等站1个，未定等站1个（永州东站）。截至2015年12月31日，全段有干部职工4091人（含内退及大集体人员），其中干部429人，职工3662人。（2）坚持以客补货，强化假日营销、高铁营销，配合地方政府多开车、开好车，加强售票组织和查堵工作，提高服务质量。客运系统在既有线客车线条减少的情况下，完成客运收入15.8亿元，超计划1.4%。全段完成发送旅客1359.1万人、发送货物612.9万吨，客货运输收入21.9亿元。发挥管内技术站多、拥有特等编组站及集中调度的优势，重点抓好货物作业停留时间分段统计，特别是做好大点车的追踪、考核，2015年，全段停时完成25.3小时，比年计划压缩1.2小时。（3）2015年，扎实推进安优线建设，全年投资1937万元，完成郴北驼峰信号楼改造、郴州运转车间食堂新建；完成郴州站行包房、进站口外扩、信号楼运转室扩建改造；完成衡阳站北场步行板铺设、衡阳、郴州、耒阳站候车室卫生间、衡阳客运车间食堂改造；完成耒阳站广播引导系统、饮水系统、信号楼行车室和公平墟站单身宿舍、街洞站食堂改造等重点基建项目32个，职工生产生活环境得到较大改善。（何继伟）

【高铁衡阳东站】　2015年，衡阳东站全年共发售车票255.6万张；到发旅客885.6万，其中乘车发送439.1万人。为旅客服务提供重点特殊服务352件、好人好事351件，收到锦旗29面，表扬信18封。（1）售票组织。车站售票厅内共开设人工窗口5个、自动售票机15台，全部用于发售各次动车车票。（2）宣传工作。为让广大旅客充分了解车站各个期间的各项便捷措施，衡阳东站将各阶段动车组时刻表和调图变化给衡铁电视台、《衡阳日报》、衡阳电视台等多家新闻媒介，广泛宣传各调图期间动车开行情况，让广大市民充分了解车站运能信息。另将时刻表印制给公汽公司，请求按照动车组开行时刻，相应调整公交车的开行时间。

（宋俊辰）

## 水　运

【概况】　衡阳境内有湘江、洣水、耒水、蒸水、舂陵水五条通航河流，有船水库14座，通航里程769千米（含千吨级航道127千米），其中湘江衡阳境内通航里程251千米；渡口226处（含33道学生渡口）、港口7个、港区13个、码头泊位45个；水运企业14家、港务企业10家、船舶建造厂4家，各类在册船舶1704艘（其中客渡船642艘）、25.7万载重吨、18228客位，持证船员1844人（客渡船船员803人）。“十二五”期间，全市水运完成货运量1220.8万吨、货运周转量39.1亿吨千米、港口货物吞吐量2191万吨，较“十一五”末分别增长77.0%、115.5%、107.3%。

（海事局办公室）

【基础建设】　加强电子化监控系统建设，推动水上安全监管手段向信息化转变，先后建成9个水上交通安全视频监控中心，实现对86个重点渡口、2座桥梁、9个货运码头和110艘客船视频监控，安全监管效率显著提高；加快老旧船舶拆解，完成253艘乡镇渡船、61艘老旧渡船和4艘货船更新改造，642艘客渡船全部实现钢质化；推进“三·三”重点工作，投资三千余万元改造146道渡口、完成215艘客渡船标准化改造任务，船舶安全性能大幅提高；落实省政府“一号重点工程”的船舶防污染治理，完成135艘货船和8艘客船生活污水处理装置安装；建成首个专用船舶锚地——松木船舶停泊区，新增3个千吨级泊位；湘江黄金水道建设全面提速，湘江土谷塘航电枢纽一期泄水闸正式通航。

【安全监管】　制订出台《衡阳市水上交通安全管理办法》，报请市政府首次单独与县市区政府签订水上交通安全责任状，成功组织全市史上规模最大的水上应急救援演练，在耒阳市黄市镇开通国内首艘校运渡船，妥善应对65年来“最强冬汛”，救助遇险船舶22艘，遇险船员56名，遇险人民群众180多人。持续开展“打非治违”等专项整治和“安全生产月”活动，深化隐患排查，严厉督促整改，有效遏制事故多发频发的苗头。先后开展安全大检查、打非治违等专项行动40余次，检查各类船舶33000艘（次），查处和纠正违章船舶2300艘（次），消除市政府挂牌整改的雁栖大桥暗桩碍航、斥资七百余万元整改耒中电站发电尾水威胁船舶安全的重大隐患。确保衡州大道湘江大桥、湘桂铁路大桥、青草桥维修、土谷塘航电枢纽工程等国、省、市重点工程建设水上水下施工作业安全。（海事局办公室）

【水运服务】　实施船检质量管理体系，累计审查船舶设计图纸196套；建造检验船舶351艘，营运检验船舶6489艘，对全市船舶进行有效技术监督管理。加快运力结构调整，规范水运经营行为，积极支持水运企业、港口企业走规模化发展道路，水路运输在钢管、大件设备、矿石、煤炭、建材、盐卤化工等材料的进出口运输中保持一定优势。水运经济逐年稳步增长，十二五期间全市水运货运发送量逐年增高，从2011年的787.06万吨增长到2015年的1201.8万吨，同比增长52.7%，水运为衡阳经济社会发展注入新的活力。（海事局办公室）

## 衡阳机场

【概况】　衡阳机场按照国务院、中央军委立项批复的标准新建，定位民用支线机场，场址位于衡阳市衡南县云集镇，机场规模按4D规划、4C建成、4E留足发展空间。当前，衡阳机场飞行区等级4C，跑道长2600米，宽45米，候机楼14300平方米，停机位5个，可保障空客320及以下机型起降。2015年年底开通至北京南苑机场、上海浦东机场、昆明长水机场、张家界荷花机场、西安咸阳机场、三亚凤凰机场航线6条。衡阳南岳机场有限责任公司采取委托管理经营模式，由集团委派18名管理人员进行经营管理，是中南地区第一家采取委托经营管理的机场。（刘　全）

【运输生产】　2015年，衡阳机场全年完成旅客吞吐量123319人次，货邮吞吐量484吨，运输起降1394架次，平均客座率达63.2%。衡阳机场投产第一年，旅客吞吐量即突破12万人次，客座率60%以上，提前实现计划，创湖南省除张家界市之外的支线机场最好业绩的记录。（刘　全）

【安全管理】　全面践行持续安全理念，按照最新的行业管理规则、建设标准，以强化安全主体责任为重点，不断夯实安全管理基础；

以风险管理为手段，以增强机场运行安全裕度为目标，借鉴推进集团公司的 SMS 和 SeMS 两个体系建设，努力搭建安全体系管理平台，进一步构建完整的安全管理体系，确保各体系要素在衡阳机场安全生产中“落地生根”。

（刘　全）

【服务质量】　逐步完善旅客服务质量管理体系（CSMS），健全运输服务质量标准；按照公司统一部署，开展“平安机场”建设、“安全生产月”等活动，结合实际，制定“平安机场”建设方案和“安全生产月”活动方案，制定具体工作措施和工作进程表，开展相关活动；向社会公布衡阳机场投诉电话，畅通投诉举报渠道，接受社会各界投诉举报，同时不定期开展服务质量走访调查和明察暗访，及时发现和解决服务中存在的问题，努力提升服务水平；针对雨雪冰冻天气、流控等原因造成的航班延误，致使旅客长时间滞留机场不能按时出港的情况，衡阳机场启动《大面积航班延误处置预案》等预案，明确岗位职责，提高特殊情况下的处理能力，未发生旅客投诉、吵闹等不正常事件；开展“优质服务比赛”，围绕卫生保洁、贵宾室头等舱服务、旅客意见征集、旅客贴心服务四大内容开展工作，发放“乘机温馨提示”宣传单3000多张，收集旅客有效建议并解决1起，获得旅客表扬信2封；针对安检中旅客随身携带物品多样化、复杂化，影响前传放行速度，拉长旅客通关时间，成立提高前传岗位放行速度攻关小组，通过几个月实际的数据分析和整改，使得安检平均放行率上升10%。

（刘　全）

## 邮　政

【概况】　2015年，衡阳市邮政业全年累计完成业务量7.02亿元，同比增长24.20%，占全省邮政业务量总量的6.74%，居全省第4位；累计完成业务收入6.72亿元，同比增长21.42%，占全省邮政业务收入总量的8.05%，居全省第2位。　（罗　玟）

【安全生产】　（1）落实安全责任。2015年年初，召开全市邮政行业工作会议，会上与各企业负责人签订安全生产责任状，同时制定针对快递企业的年度考核表，将安全生产作为重点考核指标。（2）强化安全检查。4月、9月组织2次全市快递行业规范整顿、安全生产专项检查行动，检查内容丰富、要求较高、执法严格、持续时间较长，清除行业安全生产隐患，提升安全生产水平。在抗战胜利70周年纪念日等重大节庆活动期间，开展对进京进藏等重点地区快件的实名寄递及100%过机安检工作。10月，开展安全生产大检查暨快递服务质量专项整治活动，同时深化危险化学品和易燃易爆物品安全专项整治工作，保障寄递渠道安全畅通。11月开始，全面推进“收寄验视+实名收寄+过机安检”三项措施要求的落实。（3）组织应急演练。4月，及时妥善处理好衡阳市申通快递珠晖区营业部仓库起火事故，事后针对该事故以及平时检查中发现的安全隐患向快递企业进行通报，提高企业安全防范意识。8月，组织开展全市邮政行业安全应急演练竞赛活动，有效提升全行业安全生产应急处置能力。

（罗　玟）

【行政执法】　（1）严格准入门槛。2015年完成对24家快递公司经营许可年度报告的审核工作，并督促辖区内7家快递企业分支机构开展经营许可年度报告工作。按照核查意见表的要求对申请快递业务经营许可和增设分支机构的快递企业进行现场核查，并如实反馈核查信息，严格执行市场准入制度。2015年受理实地核查22起，含18个快递企业营业场所。（2）开展执法检查。2015年，出检429人次，检查企业135处。约谈企业负责人3人次，下发整改通知书19份，立案查处违法违规行为22起，执法案件数量居全省第一、全国第九。（3）妥善处理申诉。积极发挥申诉系统的作用，在安排专人负责申诉处理的同时，对每月申诉案例进行汇总、分析研判，警告、约谈申诉量居前列的企业，要求其加强管理，妥善处理局长信箱和其他来电来访申诉，做到申诉案件件件有回音。2015年接到有效申诉415件，同比下降11.5%，未出现重大侵害消费者权益事件。

（罗　玟）

【扶持快递行业发展】　（1）缓

解配送难题。2015年3月，衡阳市禁止电动三轮车上路行驶，而快递企业主要通过电动三轮车派件，导致无法正常派件，影响快递企业的利益和消费者的生活。对此，衡阳市邮政管理局多次听取企业负责人汇报，召开企业负责人座谈。同时，数次向衡阳市人民政府主要负责人汇报，请求市政府尽快召集交通、公安、交警等部门制定相关的执行政策。通过积极争取，4月1日，市政府召开一次关于城区快递车辆配送通行问题的专题会议，允许300辆快递电动三轮车分批量分时限给予临时通行。快递三轮车辆临时通行证的发放，有效地缓解市区快递车辆配送难的问题，维护行业稳定。2016年1月10日，衡阳市政府再次就快递车辆城区通行问题召开市长办公会，将到期的电动三轮车临时通行证延长至2016年4月底，在此期间，市中心城区快递公司新购快递面包车每台给予5000元资金补贴，并规定电动三轮车由交警部门设立快递编号牌照，允许在城区通行。(2)推进快递下乡。通过调查快递企业在乡镇设点布局情况、探索"一点多家"经营方式和快递下乡网点备案制度，衡阳市邮政管理局在推动快递下乡，健全农村地区快递服务网络，让广大农民享受优惠便捷的网购服务方面，取得一定成效。2015年，全市乡镇网点覆盖率超过79%。

（罗　玟）

【空白乡镇邮政局所补建】　空白乡镇邮政局所补建工作是国家邮政局为落实国家基本公共服务体系"十二五"规划，进一步完善邮政网络，提升农村地区普遍服务水平的一项重要的惠民工程，纳入省政府为民办实事项目和绩效考核。衡阳市邮政管理局加强与市邮政公司、县级政府部门的协调沟通，加大力度切实推进空白乡镇邮政局所补建工作。2015年是"补白"工作的收官之年，衡阳市邮政管理局领导会同邮政企业相关负责人就空白补建工作遗留问题多次到衡南县、常宁市协助洽谈，大大加快衡阳市空白乡镇邮政局所的建设进程。截至2015年6月，衡阳市58个空白乡镇邮政补建网点已实现交付、运营"双百"目标。空白乡镇网点100%运营后，衡阳市邮政管理局及时督导市邮政公司完成相关备案工作。

（罗　玟）

【部门协调】　(1)建立联防机制。衡阳市邮政管理局贯彻中央综治办等九部门《关于加强邮件、快件寄递安全管理工作的若干意见》，落实省寄递渠道安全管理工作的实施意见。在市政法委、市综治办的重视和统一领导下，衡阳市邮政管理局成立衡阳市综治委护路护线联防专项组寄递渠道安全管理工作办公室，并于2015年9月1日召开第一次联席会议，为寄递渠道的安全防范建立起一条更巩固的战线。此外，1月、6月，衡阳市邮政管理局分别与市食品药品监督管理局、市公安局禁毒支队联合下发相关文件，建立起联合执法协作联动机制，共同打击寄递渠道贩卖假药、交易毒品的违法行为。(2)协作初见成效。2015年上半年，通过快递企业在收寄验视方面的严格要求以及市邮政管理局的积极配合，成功协助公安机关破获3起通过寄递渠道进行毒品交易的违法犯罪行为，衡阳市邮政管理局荣获"全市禁毒先进单位"称号。

（罗　玟）

## 中国电信股份有限公司衡阳分公司

【概况】　2015年，中国电信股份有限公司衡阳分公司业务收入完成7.3762亿元，完成预算目标的101.26%，同口径比2014年增长9.56%，增幅排名全省第2；净利润完成0.96亿元，完成预算目标的100.54%，较2014年增长8.06%。2015年，业务收入份额达24.3%，较2014年年底提升0.81个百分点，提升值排名全省第5；业务收入完成值占全省内部份额7.8%，较2014年提升0.19个百分点，排名全省第一。

（张艺于）

【网络建设】　(1)光网建设。完成新建端口32.3万个，光网端口总数62.65万个，资源利用率由2014年年底的29.1%，提升至39.1%；光网端口造价由2014年的275元/端口，降至202元/端口。城市光网覆盖率由2014年年底的72.5%，提升至98.85%。城乡光网做到无条件受理光网宽带业务；新建光网村1013个。(2)4G网络。优质完成LTE一、二、三期工程，建设904个站点，确

保城区、风景区、乡镇及部分主干道路的信号覆盖。在4G大会战中，荣获集团公司优秀团队奖和省公司二等奖。（张艺于）

【业务发展】（1）移动业务。2015年，发展融合主卡7.7万户，较2014年提升37%，发展79档及以上高值单C为7.3万户，较2014年提升23%。低值单C同比下降34%，在2015年占发展份额37.8%，基本上趋于合理。（2）渠道运营。合理规划布局渠道网点，2015年新建网点145个，其中核心商圈8家，开放卖场27家，次商圈17家，城区网格店11家，农村乡镇82家，商圈部分实现“三分天下有其一”，农村实现“一镇二店”。2015年城市核心商圈移动放号9.7万户，较2014年增长14.52%，高值套餐增长57.3%；城市网格店移动放号较2014年持平，高值套餐增长5.9%；农村网点移动放号10.7万户，增长13.43%，高值套餐增长50.4%。（3）光纤宽带业务。全年新增宽带10.8万户，占全省份额8.5%，较2014年提升0.9%。新增光纤宽带14.3万户，占全省份额9.1%，较2014年提升3%。（张艺于）

【用户结构】（1）光纤宽带快速发展。截至2016年2月，AD期末用户仅12.7万户，占比为33%，较2014年下降42%。（2）宽带用户结构改善。8兆及以下用户占比为48%，较2014年下降49%，20兆及上用户占比达到32%，较2014年提升30%。（3）固定电话占收比下降。固定电话平台占比越来越低。2015年12月，固话平台收入下降182万，平台占比为10.90%，较2014年下降4.32%。（张艺于）

【内部管理】（1）全视图资源管理。开展集中资源抢盘与闲置资产盘活工作，实现集中资源抢盘3000万元，网络资产盘活收益2164万元，综合类资产盘活收益197万元，弥补年初预算缺口，为年度利润任务的完成奠定基础。（2）营收资金稽核。自营工号稽核突出营收资金欠缴、翼支付充值工单稽核。自营工号年末欠缴较年初压缩50万元，年内翼支付充值资金无欠缴。着重规范代理商预存金及集约资金的业财合笼工作，梳理并归纳差异项目，按月整改，有效控制差异的形成。（3）月度资金预算管理。2015年，完成资金缴拨差33947万元，年末营运成本占用模拟计息扭亏为盈。（4）税务筹划工作。对经济事项进行清理归类，实现进项税的“应抵尽抵”。2015年，取得进项税2125万元，有效控制成本。（张艺于）

【客户服务】开展三个精品窗口创建工作，完成10个2~3级营业厅精品窗口创建验收。开展10次“总经理接待日”工作，现场接待客户、处理投诉，实地指导客服工作。强化新媒体客服的推广，荣获省公司微信客服推广先锋奖、“10000号知道”推广先锋奖、新媒体渠道拓展奖。（张艺于）

## 中国移动通信集团湖南有限公司衡阳分公司

【概况】2015年，中国移动通信集团湖南有限公司衡阳分公司（以下简称公司）全年实现通信服务收入17亿，客户规模350万户，新增市场份额、期末通话客户市场份额均排名全省前列。公司大力推进网络能力建设，截至2015年底，基站总规模超5千个，其中4G基站超3千个，LTE综合覆盖率、下载速率充分满足用户需求。全年累计建成宽带端口24万个，覆盖用户45万户；全市汇聚机房累计增至245个，全市总体光缆长度近4万皮长千米。公司全年累计缴纳税费2.24亿元，其中企业所得税1.30亿元，地税0.41亿元，国税0.52亿元。公司通过各代办网点、工程建设和维修项目，全年累计提供就业岗位3千余个。（文杨晓）

【业务发展】2015年，在市场经营方面聚焦收入、4G发展两大核心工作，努力提升营销管理水平，基本完成预期目标，市场经营态势持续向好。通过拓展新增用户、维系存量客户、发展4G客户、发展宽带业务、抓流量经营，与政府、行业单位开展信息化合作等途径，收入增长实现多轮驱动。重点推进4G网络建设、传送网基础资源建设、有线宽带网建设等专项工程建设，为优质网络夯实能力基础。4G网络建设规模排名全省第2，城区、高铁、交通干线、乡镇驻地、AAA以上景区的4G网络覆盖基本达到2G覆盖水平；持续推进汇聚机房、管道、光缆等基础资源储备，全年新建汇聚机房11个，新增光缆交接箱279个，新建光缆287皮长千米，新建管道89.2管程千米，市政道路管道覆盖率由90%提升至92%。

（文杨晓）

【客户服务】 全年累计新建实体渠道上百个，渠道网点遍布城乡，全年完成近500个实体渠道的卖场化改造，创建近30个标杆服务厅，为用户提供更优质的进厅体验和触点服务质量。树立“客户为根、服务为本”理念，聚焦客户感知和客户忠诚，创新服务模式及内容，提升客户投诉问题解决能力；切实保障客户权益，落实实名制工作，按照国家要求开展实名制补登工作；开展垃圾短信治理工作，打击伪基站，全市月均不良信息举报量远低于省公司目标值；开展不知情营销专项治理行动，省内不知情营销投诉量同比下降23.98%；聚焦重点客户，开展精准分析关怀，开展多样化的星级回馈及星级优惠活动，提升流量客户及星级客户感知；主动进行不满意客户修复工作，全年未发生省公司或集团公司定责的重大投诉，公司整体客户满意度领先排名全省第4，客户NPS领先排名全省第3。 （文杨晓）

【服务社会】 打造精品网络，推进网络质量优化工作，全年未发生一起省公司通报的重大故障；落实网络信息安全维护工作，开展“打击网上淫秽色情信息”专项行动，完成网络安全隐患清查整治、网站备案管理、手机“黑卡”治理行动、举报受理和监测处置等工作，为用户创造绿色网络环境；全年共计出动应急通信车20余次，圆满完成衡阳体育场群星演唱会、华耀城开业等重大活动、春节、端午、中秋、国庆等重大节假日的应急信息安全保障工作，保障用户话务通信需求。

（文杨晓）

## 中国联合通信有限公司衡阳市分公司

【网络建设】 2015年，网络建设投资总额近2亿元，进一步完善全市网络覆盖。（1）开展专项活动提升网络质量。开展“8899”专项行动、“4G网络建设大会战”等活动，提升网络质量。全年新建3G无线网基站五百多个，4G无线网基站六百多个，重点提升市区和耒阳城区的4G覆盖水平，实现4G乡镇到达覆盖。（2）城区网络优化。聚焦区域和场景实现场景领先，以场景确定需求和投资，按要求完成村通工程建设任务，在旅游景点、交通干线、商场、超市等区域开展专项网络优化，开通近百个3G室内分布站点，两百余个4G室分站点，解决城区信号弱区、盲区的网络信号覆盖问题。（3）精准化固网投资建设。新增10万个宽带接入端口，实现城区和乡镇宽带的全面覆盖。全年精选100个较偏远的自然村进行宽带网络覆盖，解决偏远农村通信难、上网难问题。

（刘　蓓）

【业务发展】 （1）4G、3G业务发展。凭借良好的网络、技术、产业链优势和完善的销售服务体系，全年新增4G、3G用户超60多万户，移动用户总量达到一百多万户。（2）行业应用发展。依托强大的4G、3G网络，衡阳联通移动行业应用解决方案除了可以满足移动OA、移动ERP等通用的办公应用之外，还可以扩展到多个行业移动信息化领域。2015年，衡阳联通先后与衡阳市地方税务局、市中级人民法院、市农业银行、四海神龙集团、紫光古汉集团等单位签订综合业务、电路、IDC等业务合同，累计创收两千多万元。在教育信息化领域，衡阳联通开发的平安校园、校车监控等业务为全市中小学生的安全保驾护航，赢得广大师生和学生家长的好评。（3）宽带发展。2013年以来，衡阳联通按照国务院“宽带中国”战略的实施推进要求，加大宽带建设投入力度，优化城区宽带网络，把宽带网络逐步延伸到乡镇和村组，先后推出ITV、智慧沃家等综合性业务，不断满足广大市民的通信服务需求。2015年年底，衡阳联通已发展宽带用户二十多万户，宽带业务已成为衡阳联通创收增效的新主力军。 （刘　蓓）

【客户服务】 （1）自营厅连锁化经营。2015年，扩大连锁化运营管理面，将核心社会渠道纳入连锁化运营管理，提升全市一千多家营业厅的服务水平与质量。引入商品零售行业连锁化管理经验，对全市三十多家自营厅实行连锁化运营管理，统一服务标准和宣传布置，树立形象窗口，打造服务标杆。（2）社会渠道分级分层经营。对不同星级的渠道设定不同要求，制定不同的服务规范，引导不同层级渠道执行标准化服务营销动作，提升社会渠道服务质量。（3）“一户一策”个性化服务。依托大数据平台，区分提取用户套餐结构细分模型，开展精准化通信理财服务，结合阶段性营销活动开展炒机炒店活动，持续开展基础客户消费行为变化的生命周期关怀服务，客户满意度大幅度提升。到2015年年底，基本实现每个乡镇拥有1家社会渠道作为示范性服务网点，确保每个示范性服务网点都能针对不同用户提供一对一个性化服务。（4）规范化经营。严格落实实名制工作要求，新入网用户做到100%实名，全面开展老用户资料补登工作。在校园营销互动中，坚持规范化、合理化经营，不搞恶性竞争，不打价格战，营造良好行业发展环境。（刘　蓓）

# 商贸服务业

## 综　述

**【概况】** 2015年，全市新签约招商引资项目96个，总引资额694.18亿元；全市实际利用外资10.3亿美元，增长14.5%，总量居全省第三，增幅居全省第四；全市外贸进出口31.33亿美元，增长6.5%，总量居全省第二，增幅居全省第三；全市新批对外投资企业14个，全市对外投资中方合同投资额8127.84万美元，新签对外承包工程和劳务合作营业额1.64亿美元，完成营业额1.8亿美元；社会消费品零售总额首次突破千亿元大关，达到1009亿元，增长12.2%；开放型经济“破零倍增”任务超额完成。

（曾德伟）

**【招商引资】** 2015年，衡阳市商务和粮食局（以下简称商粮局）开展小分队招商，市本级和各县市区组建招商小分队常年驻外招商。其中，市本级组建队伍4支。发展商会招商，组织“大雁回家”和拜访上海衡阳商会、北京企业商会和石家庄衡阳商会等商会招商活动。组织重大招商活动，包括组团参加的港洽周、湘南投洽会和在深圳举办的“衡商回家”等招商活动。做好以高新开发区和衡山科学城为主的高新技术板块，以白沙洲工业园区、松木经开区和水口山循环经济园为主的现代制造板块，以“两岸新区”、华耀城为主的商贸服务板块，以南岳区为龙头的文化旅游板块的招商。2015年白沙工业园新签中州新能源电能发电机、衡阳峰邸特种零配件高强高精特种零配件生产基地、清华大学苏州汽车研究院项目、美国亿科动力等高新技术项目；衡山科学城签约项目18个，在谈项目18个，引进桑谷医用机器人、翼龙空天无人飞机、科大讯飞等项目，总投资55.8亿元，到位资金3.15亿元。全市新开工和新竣工项目297个（其中，新开工项目147个、新竣工项目150个），总引资额277.43亿元，当年实际到位资金110.1亿元。

（曾德伟）

**【外贸增长】** 2015年，全市外贸进出口额31.33亿美元，总额首次居全省第二，是2011年的2.5倍，增长6.5%，增幅居全省第三。其中，出口201286万美元，增长3.0%，进口112034万美元，增长13.4%。从行业来看，传统钢铁、有色产业进出口额约4.7亿美元，同比下降20%；新兴电子信息产业进出口额18亿美元，同比增长约48%；鞋及服装行业完成进出口总额约2亿美元，同比增长约15%。重点企业富士康外贸业绩达121482万美元，衡钢集团外贸业绩达42861万美元，瑞达电源外贸业绩达10337万美元，欧姆龙外贸业绩达5249万美元，特变电工外贸业绩达4072万美元，水口山外贸业绩达1147万美元。全市加工贸易总量达22.6亿美元，总额首次位居全省第二，增长59.1%，增速居全省第三。2015年，衡阳综保区进出口88345万美元、松木经开区12804万美元、高新开发区44037万美元、白沙洲工业园129843万美元，园区外贸总额已占全市外贸总量的87.9%。2015年，市商粮局引导扶持22家中小企业开拓国际市场，申报项目60个；帮助11家企业由间接进出口转为自营进出口。

（曾德伟）

**【项目建设】** 2015年，继续完善城区商业网点布局，抓好专业批发市场和城市商业综合体的建设，完成江东批发市场搬迁到衡阳华耀城的前期准备工作；推进28家农贸市场提质改造，完成计划投资6000万元；推进67个商贸服务业重点项目建设，总投资715.79亿元，年度计划投资164.44亿元，所有项目100%开工，投资计划100%完成，进度100%达到。加快电子商务发展，发展商贸物流配送，正式上线衡阳电子商务综合服务平台暨中小商贸流通企业服务平台、衡阳物流公共信息平台，建成邮政综合便民服务站1722个，与苏宁云商签署战略合作框架协议，正式上线“中华特色馆衡阳馆”，引进百度、北京互易联盟、52017控股集团、步步高云猴支付、中国邮政衡阳分公司、深速易电商等57个项目签约进驻湘梦电商产业园；举办“湘博会”、汽车展销会、金秋购物节、农副产品展销会等一系列展会活动；全年培育限上企业147家；加强市场监测和重要商品的储备，确保市场平稳运行。

（曾德伟）

**【消费品零售】** 2015年，衡阳社会消费品零售总额首次突破千亿大关，达到1009.10亿元，同比增长12.2%，总额位居全省第三。其中，限额以上法人企业实现零售额324.22亿元，同比增长14.4%。从消费需求看，基本生活类商品零售保持稳定增长。全市限上法人单位中，粮油、食品类实现零售额30.81亿元，同比增长24.6%，饮料类实现零售额5.81亿元，同比增长17%，烟酒类实现零售额10.59亿元，同比增长21.6%；服装、鞋帽、针纺织品类实现零售额24.57亿元，同比增长18.3%。随着市民生活水平的提高，对汽车的需求量增大，使得交通类商品在全市零售市场依旧占主要市场，汽车类实现零售额88.94亿元，同比增长28.8%，其次是家用电器和音像器材类器材贡献较大，实现零售额33.94亿元。此外，通讯器材类和体育、娱乐用品类商品增长较快。全市限上法人单位中，通讯器材类实现零售额4.80亿元，同比增长55.4%；体育、娱乐用品类实现零售额0.56亿元，同比增长35.6%。 （刘景行）

商贸主要经济指标完成情况

表14

| 指标类别 | 总量 | 总量在全省排名 | 增速 | 增速在全省排名 | 年度计划 | 完成年度计划进度 | 进度在全省排名 |
|---|---|---|---|---|---|---|---|
| 实际到位外资 | 103013万美元 | 3 | 14.5% | 4 | 90000万美元 | 114.5% | 3 |
| 内联引资 | 2935097万元 | 6 | 15.0% | 5 | 2800000万元 | 104.8% | 8 |
| 进出口 | 313320万美元 | 2 | 6.5% | 3 | 322000万美元 | 97.30% | 10 |
| 对外投资中方合同投资额 | 8128万美元 | 8 | 76.43% | 6 | 5298万美元 | 153.42% | 6 |
| 社会消费品零售总额 | 10091026.7万元 | 3 | 12.208% | 6 | | | |

## 贸易促进

**【招商引资】** 2015年，市贸促会共引进和接待16起近80位中外客商到衡阳考察，截至年底，在谈项目8个，已落地项目一个，即东莞共享集团来衡投资“城市标识”项目，该项目已在衡东、耒阳落地，投资额1000万元；广州新铁投资有限公司在衡霓裳电商城项目已经签约实施，其他项目正在积极洽谈推进中。

（全志军）

**【展会工作】** 组织企业参加专业性国际展3个，分别是湖南天雁机械参加的土耳其伊斯坦布尔举办的国际汽车零配件及售后服务展览会、共创光伏参加的欧洲高端光伏品牌展，裕华集团参加的2015年印度孟买精细化工展，共创光伏在展览中与德国、塞尔维亚等国企业建立业务联系。此外，1月初在台湾高雄举办的“台湾湖南特色经贸文化美食嘉年华活动周”，衡阳市参会企业所展示的黄花菜、香芋等农产品供不应求，本会因此荣获湖南国际商会颁发的优秀组织奖。8月在黑龙江绥芬河举办的中国国际口岸贸易博览会上，本市企业2家参展企业成功对接项目5个，签订意向成交额850万元。 （全志军）

**【服务商会会员】** （1）2015年，本会开展外向型经济和企业经营状况等专题调研3个，走访调研会员和各类企业50多家，编辑《衡阳贸促信息》3期，提供各类有效经贸信息80余条，上传省贸促会网站信息200多条，组织企业开展各类经贸和展会活动近20个。其中，国际商会会员企业专题活动4个，如，4月组织企业开展的“2015年衡阳国际商会副会长联席会议”，6月组织的湖南文正集团的互联网金融服务平台——“财源天下”上线启动仪式等，8月组织企业参加本会承办的“2015年中国贸促会经贸摩擦应对和法律风险防范（湖南衡阳）培训班”等。第十八届北京科博会上促成本市参会企业与京纪中达科技有限公司、广州郎辰电子科技公司在电子信息微平台项目等方面取得初步合作意向。2015意大利米兰世博会与郴州、永州在世博会中国馆宴会厅成功举办主题推介活动，发放宣传画册、滚动播放宣传视频，重点介绍和推介五岳独秀的南岳衡山；与意大利、法国等国政商界知名人士就如何开展经贸文化交流进行洽谈；与法国湖南商会商定，建立衡阳国际商会巴黎代表处，为共创光伏农业灌溉项目、金泰米业和南岳云雾茶等项目拓展欧洲市场提供实质性帮助。2015年“湖南（台湾）投资环境推介会”上，本市参会的耒阳市新市镇水西村委会与台湾新北市三峡农会签订农业合作协议。2015长沙中欧B2B对接洽谈会上，中钢衡重就机床润滑油、刀具冷却液与德国企业对接，就密封件及材料制造与奥地利企业对接，就物流合作与比利时企业洽谈，均达成初步合作意向。（2）帮助企业协调解决各类问题和困难15个，如，协助湖南文正集团在不到半年时间内完成金融平台注册，团队整合等大量工作；2015年5月，协助其成功在上海股交中心挂牌；帮助副会长单位恒源电工新三板上市获批，并成功收购上海汉罗特电气有限公司，取得法国阿尔斯通电气专委评审通过；支持衡阳特变电工“走出去”，在中南非、南美等地拓展市场，协调解决相关问题；帮助三棵树涂料股份有限公司等会员单位协调解决行政部门频繁检查影响经营等诸多问题。（全志军）

**【业务管理】** （1）出证认证方面，1—11月，本会共办理一般原产地证976份，较2014年同比增长12.7%；合同出口金额5.81亿美元，较2014年同期增长12.5%，外贸单据认证190份，同比增长49.6%；为企业提供代办领事认证业务171份，同比增长128%。（2）商事法律服务方面，发布相关国际经贸风险信息80余条，组织法律风险防范培训1次，发放国际法律服务宣传资料260份，接待进出口企业法律咨询30人次，帮助衡钢国贸、得阳鞋业等企业争取补贴近30万元。（3）国际联络方面，利用各种渠道建立联系，特别是与境外大陆异地商会广泛接触，加大沟通，2015年新建的友好商协会关系有美国滨州福建经济文化交流协会、法国法中协会等，（4）与国内的异地衡阳商会（如昆明、广州、贵阳、上海等地）通过政协、经协办、政府驻外办事机构等通过关系进行广泛深度接洽，为开展经贸联系、招商引资铺路搭桥。

（全志军）

## 商企改制

**【概况】** 根据《中共衡阳市委衡阳市人民政府关于衡阳市人民政府职能转变和机构改革方案的实施意见》和《中共衡阳市委衡阳市人民政府关于衡阳市人民政府机构设置的通知》文件精神，原衡阳市一商行管办（总公司）、衡阳市二商行管办（总公司）、衡阳市物资行管办（总公司）撤销，设立衡阳市商业企业改制服务办公室，为市政府直属事业单位，业务上归口市国有资产监督管理委员会管理。原市一商行管办等三家单位的人员、管理职能等成建制划归市商改办。主要职责为负责所属企业改制、信访维稳、安全生产及机关离退休人员管理服务等事项；承办市委、市政府交办的其他事项。根据上述职责，设综合科、改制服务科、信访科、维稳科、安全生产科、财务科、组织人事科、离退休人员管理服务科等8个内设机构，纪检（监察）机构按照有关规定设置。系统内原有企事业单位48家，其中：国有（集体）商贸、服务及商办工业企业等45家，商业技校、一商干校、二商干校各一家。全系统共有干部、职工22500余人。已完成改制验收34家，安置职工（含改制未验收企业）98%以上。（赵利民）

**【改制工作】** （1）完成全系统改制任务。2015年前，全系统已完成34家企业的改制。剩下的商业大厦等11家未改制企业（共2200余人）已于2015年年内全面启动改制。截至12月底，这11家企业的职工安置（含离退休人员）、资产移交、人员（含党员）移交社区、档案移交、离任审计、专项资金审计、验收公示等各项必备工作已陆续完成，并已逐一经市改制办验收完毕。这标志着商改办系统所辖45家国有（集体）企业的改制工作已经全面完成，22500余名职工已全部按政策妥善安排到位，全系统企业改制工作已顺利结束。（2）协助市弘湘公司，完成对粉丝厂、雁城食品厂等企业租赁场所的清退工作。（3）维护企业稳定。未出现因本办工作原因而越级上访的情况。

（赵利民）

**【管理工作】** （1）决策落实。制订《市商改办领导分工、科室设置方案》，连同电话号码等一并予以公示，方便基层领导、来访群众、来办事人员找领导、找科室办事。对市委、市政府的决策、工作安排及临时指派任务，及时召开党委会或行政办公会部署、落实，及时办理市委、市政府决定事项及领导交办事项，无推诿、拖沓、折扣或拒不办理情况，未造成负面影响。（2）应急管理。成立应急工作领导小组，制订《应急处置方案》，按照市委、市政府要求，落实节假日、特别维护期等值班制度，信息报送及时，无误报、谎报、迟报、漏报、瞒报突发事件信息的现象，无对突发事件处理不当的情况。（3）文明创建与舆情管理。成立《市商改办文明创建工作领导小组》，制定《市商改办创建全国文明城市工作实施方案》；制作四期《创建全国文明城市》专栏；成立志愿者服务队，组织2次志愿者活动，全员参与。（赵利民）

## 粮油流通

**【概况】** 2015年，28个农贸市场标准化改造全部完成；完成粮食收购82万吨，粮食工作任务圆满完成；主要经济指标均进入全省第一方阵。（曾德伟）

**【粮食收购】** 准确把握粮食生产、收购形势和价格走势，及早做好仓容摸底、收购布点、资金、人员、器具等各项收购准备工作和跨省外销工作。安排和部署好粮食收购工作，按规定启动最低收购价敞开收购农民粮食。利用国有粮食企业自身优势，发挥主渠道作用，创新收购方式，改善服务措施，最大限度地满足农民售粮需要。（曾德伟）

**【仓库改造】** 全面完成“危仓老库”维修改造计划，共争取中央补贴1105万元、省配套资金1856万元、市县配套1584.6万元。完成2015年“危仓老库”维修改造计划并进行验收，全市实际完成仓容大修24.5万吨、一般维修15.1万吨、提升功能19.4万吨、改扩建3.8万吨，维修改造后新增仓容37.2万吨，仓储能力和设施条件得到进一步完善和提升。（曾德伟）

**【粮油产业发展】** 全市粮油产业实现总产值95.2亿元，超额完成市政府下达的95亿元粮油总产值目标任务。争资跑项成绩斐然，9个项目获得省粮油千亿产业专项资金扶持，共获扶持金额808.4万元，超过全省14个市州的1/9；7个企业共获全国建仓项目中央预算内投资补助资金2210万元，占全省资金17100万元的12.92%。项目建设如火如荼，角山米业30万吨稻米深加工项目正式建成投入使用，其现代化的设备和技术成为全省乃至全国大米加工行业的佼佼者；祁东归阳公司的大米加工和米粉生产线相继建成投产；衡东长乐年产精米6万吨生线项目、金林面业年产3万吨水磨糯米粉建设项目、星源米业物流项目、衡山岳北和耒阳军粮等企业的建仓项目也已陆续动工建设。（曾德伟）

**【宣传培训工作】** （1）6月18日，衡阳市商务和粮食局在市商务综合执法支队大院门口和香江百货开展追溯体系公益宣传和“粮食安全在身边”公众宣传活动。活动共展出横幅、展板、海报20余（条）块，发放宣传手册等宣传品2000余册，组织“放心油”企业展示符合质量安全标准的粮油产品，演示部分粮食检测仪器的操作和鉴别真假食用油的方法，邀请市民动手体验和互动交流。（2）10月16日，值第35个世界粮食日暨第25个全国爱粮节粮宣传周到来之际，市商务和粮食局组织开展2015年世界粮食日暨爱粮节粮宣传周活动。本次活动启动仪式由市商粮局联合耒阳市政府在遥田镇被塘村共同主办。此次活动启动仪式结束后，又分成2个分会场，分别开展政策宣传、知识普及、征求意见和座谈等活动。同时，对被塘村6户特困村民进行走访慰问，送去慰问金和大米等慰问物资。另外，各主办和承协办单位组织共计12台宣传车，进行走村串户广泛宣传。（3）为全面提高全市粮食统计人员的业务素质，尽快掌握国家粮食局新研发的“粮食流通统计软件”，打好粮食流通统计工作基础，12月28日，市商粮局举办全市粮食流通统计业务培训班。来自市直粮食收储、粮油加工、饲料、转化等用粮企业30多名统计人员参加培训。（刘景行）

## 供销合作

【概况】 2015年，全市供销合作社系统（以下简称全市供销系统）全年完成商品销售87.04亿元，实现利润6540.8万元，同比分别增长9.1%、7.6%，完成市委、市政府下达的绩效考核各项目标任务，被评为2015年度全省供销合作社综合业绩考核特等奖。

（王国朝）

【为农服务】 （1）农资服务更加多元化。2015年，全市系统共销售化肥55.5万吨，虽受外部影响同比下降，但仍占全市总销售的70%左右，巩固主渠道地位，并且由于拓展服务领域，提升服务能力，全市供销系统全年销售各类农资15.65亿元，同比增长31.7%；（2）农产品流通增长迅速。2015年，全市供销合作社系统通过规范发展专业合作社、大力推行“农超对接”等措施，有力促进农副产品流通，更好地帮助农民增收致富。全市供销系统共巩固、培育、发展专业合作社269家，入社社员28万户，种植基地面积53589亩，带动农户59万户，专业合作社农产品销售达5.6亿元，其中4家专业合作社被确定为2015年度全国系统农民专业合作社示范社。全市供销系统有30%农产品专业合作社实现“农超对接”。衡东县兴益达专业合作社和黄贡椒种植专业合作社种植蔬菜23.33公顷，日采摘蔬菜3000多斤，每天为县内4个超市、6个宾馆直接配送蔬菜，并带动周边60多户群众发展黄贡椒和蔬菜种植；耒阳市社参股35%的小岸生态种养殖专业合作社，带动周边农民400余户共同致富，帮助当地农民增收达240万元，与超市对接销售额达120万元；（3）龙头企业带动增强。2015年，全市供销系统推申报全国供销合作社农业产业化重点龙头企业1家，保留全国供销合作社龙头企业资格1家。湖南安邦新农业科技股份有限公司推行“公司+大耕作户+农户”的经营模式，创建4个育秧工厂，全年早中晚三季供秧能力可达800公顷，推行机械化育秧、机械化插秧，流转土地3346.67公顷，土地托管5666.67公顷，服务面积10多万公顷。衡南县宝盖有机茶业专业合作社为茶农统一提供种苗、统一技术服务、统一收购价格，年产中高档有机茶35吨，产品得到欧盟认证，销往德国、日本和台湾、香港，成为当地带动茶农增收致富的龙头。 （王国朝）

【综合改革】 （1）试点县成绩斐然。衡阳县是全省深化供销社综合改革14个试点县之一。2015年，衡阳县社经过不懈努力，完成全县系统3国土、房产“两证确权”和职工养老金挂账工作，为下一步企业改制打下坚实基础。先后获得省财政专项资金共240万元，在省级验收评估中，得分排名全省14个试点县之首，成功跻入全省供销社综合改革4个重点县之列；（2）电子商务蓬勃发展。发展电子商务是深化供销合作社综合改革的突破口之一。2015年，全市供销系统各单位主动适应互联网迅速发展的新形势，积极探索发展农村电子商务，全年网上交易额突破2000万元，较2014年翻了一番。衡阳县社与全国总社北京商业机械研究所开展合作，以“智慧供销”系统平台为载体，正在积极建设衡阳农村信息化综合服务平台。耒阳市社对接民营资本创办的耒阳供销农信电子商务有限公司，2015年被省商务厅和省国家税务局认定为2015年第一批电子商务企业。衡南县社通过开放办社吸纳优秀民营企业入社，已建立电子商务平台，发展势头良好。（3）基层基础不断夯实。一是基层组织恢复增长。全市供销系统年内新增基层社13家，比省社下达任务多增6家；新增农民专业合作社28家，比省社下达任务多增8家；新增综合服务社159家，比省社下达任务多增9家；建设完善配送中心51个、乡镇超市30个、提质改造城市商业综合体5个，也均完成市委、市政府下达的目标任务。二是项目建设可圈可点。全市供销系统年内共获批项目19个，争取项目资金1865万元，有力地推动自身建设。衡东县社积极争资跑项，协助企业在相关部门成功申报项目13个，争取资金1260万元。衡阳县安合农业服务有限公司在2015年全国供销合作总社首批新型农业社会化服务体系土地托管试点项目申报中，获批财政资金420万元。衡阳县安邦农业公司“2万吨油料加工项目”、衡阳县油茶种植丰产示范基地改建项目、衡山县蔺席加工项目相继建成完工，取得助农增收、促进就业、改善生态的多种效益。三是流通网络日益完善。全市系统的经营网络特别是网络终端，既是服务“三农”的前沿阵地，也是供销社生存发展的基层基础。2015年，全市系统进一步用现代流通方式改造经营网络，基层基础不断夯实。全市供销系统已累计发展连锁企业138个，共有连锁门店8475个。衡南、衡阳、祁东3个县供销社的连锁门店均达到1500个以上。耒阳市也有1496个。南岳区社巩固烟花爆竹配送中心1个，发展连锁网点500多个，并抓好安全监管，参与市场整治，流通网络日益完善。

（王国朝）

## 石油销售

【概况】 2015年，中石化销售有限公司衡阳石油分公司全年成品油销售同比增长2.44%，其中零售同比增长1.08%，直批同比增长11.3%；非油品销售同比增长43%，毛利同比增长9%；加油卡沉淀资金同比增长8.18%，公司整体保持和谐稳定、安全，质量事故为零。（雷欣雨）

【资源供应】 公司以“服务经营，精细调度”为工作目标，优化执行特殊时期经营《保供应、保安全预案》，加强外采资源衔接、送检及接卸入库，确保库存资源稳定；按“车柴周转率和站存量”的置换方案，顺利完成162座加油站国Ⅳ车柴升级置换，维护柴油市场销售稳定。协助完成76117部队柴油置换工作，保证零售加油站和业务直批油料供应。以大浦油库为“辐射点”，配合省公司为省高速、郴州、湘潭等多家兄弟公司提供油料出库支持。

（雷欣雨）

【经营服务】 坚持主导市场，精心组织营销，用情维系客户。紧抓“双节”、中秋、国庆等节日市场契机，积极开展主动营销、造势营销，抢抓高速、主城区、风景旅游区销售高峰扩销增量；积极维系忠诚客户，挖掘市场潜力，加大高速工程、营改增客户和社会加油站客户的维护力度；以提高零售市场份额为目标，以“多卖一吨油”主题活动为契机，灵活开展“好油相伴，酷饮相送”“盛夏回馈，千千有礼”“客户培育普惠季”等营销活动；将“加油站基础管理百日整治”与“可视定置化管理”及“创建标杆站”相结合，狠抓站容站貌和现场管理，有效提升加油站综合服务水平，达到以“督查促提升，以管理增销量”目的；非油品经营方面，大力推进专业化运营和规范化管理，继续打造精品店、标准店，门店销售能力进一步提升，组织易捷年货会、端午中秋特惠促销、“易捷在身边，非油进社区”、“尾气处理液赠送活动”等活动；发挥网点优势，实施“太平保险、油品、非油品服务”的联动模式，将公司42座加油站纳入车险、人寿保险销售平台，扩大门店销售和易捷品牌影响力。

（雷欣雨）

【网络建设】 2015年公司网络内涵和形象进一步提升，网点建设的主要力量和资源集中在中心城区及加气网点，全年完成43座加油站油气回收改造和6座加油站提量改造；创建省级综合性标杆示范站11座，市级示范标杆站19座；城区6座加油站荣获2015年度“衡阳市文明加油站”称号。截至2015年12月，管道耒阳油库完成联调联试。（雷欣雨）

【规范管理】 公司先后围绕“基础管理年、提升管理年、从严管理年和质量效益年”等活动，健全完善管理制度，提升基础管理精细化水平。强化财务管理，围绕利润完成率、吨油利润等效益指标，开展专项经济活动分析，狠抓降本增效。统筹平衡资源、提高管输比例、开展运距复查、启用多维智能监控系统，努力优化物流运行。大力盘活衡山紫巾山、祁东洪桥、衡东新塘等油库闲置资产，实现国有资产保值增值；深入推进“我为安全做诊断”“安全隐患”整改和“碧水蓝天”整治等活动，完成库站“碧水蓝天”项目23个，开展28座加油站33个安全隐患的治理项目，年内100%竣工验收。（雷欣雨）

## 烟草专卖

【概况】 2015年，衡阳烟草公司较好应对宏观经济下行压力，全市共实现“两烟”销售收入68.15亿元，同比增长5.26%；实现税利18.70亿元，同比增长24.76%。三项费用率为6.58%，同比降低0.78个百分点。同时，物流综合管控系统和GIS/GPS公共服务系统两个试点项目工作顺利推进，精益管理工作受到省烟草专卖局表彰；新物流中心提前投入使用，领先行业的现代物流体系初步建成；“雁城风暴”专项行动获得国家局嘉奖；常宁盐湖烟站被评为全国科普示范站和行业烟站标兵单位。

（陈铭浩　孙腾飞）

【烟叶生产】　推动烟叶生产进一步由数量规模型向质量结构型转型升级，实现“五化”：（1）资源配置优化。打破平均主义，全市淘汰种烟乡镇1个、淘汰种烟村64个；优化种植主体，严格控制外来农户、种烟大户和行政干部种烟，种植面积15～50亩的职业烟农占比51.2%，面积占比56.8%；全市50亩以上农户数同比减少39.9%，外籍烟农同比减少78.5%。（2）生产、收购精化。安排落实省、市精益生产示范区6个，示范面积14.67万亩，狠抓绿色防控、GAP管理示范等12个技术推广项目的实施；借助远程高清视频监控系统对烟叶收购情况实时监控，切实规范收购，在60天内全面完成收购任务，收购秩序良好。（3）质管效果显化。围绕提升质量，落实精细管理，实施精准作业，推广精良技术，强化收购质量管控，2015年，全市烟叶收购上等烟比例64.27%，同比提高11.92个百分点，省烟草专卖局工商交接质量检查等级合格率69.68%，烟叶纯度进一步提升，各有关工业公司提报全市2016年烟叶需求量逆势上涨，达到30万担，超过2015年计划量5万担；烟农亩均种烟收入同比提升147.08元、地方烟叶税收维持7200万元数额不减。（4）烟站创优醇化。狠抓标准化建设、人员素质提升、生产技术落实、专业化服务，基层烟站建设水平再上台阶，常宁盐湖烟站被评为全国科普示范站和行业烟站标兵单位。（5）烟基建设深化。投入行业补贴资金1.59亿元，实施烟基项目4009个，并通过国家局、省局烟基验收；建设行业示范合作社2家，省级示范社2家，其中常宁桐江合作社通过国家局认定为全国首批行业示范社。

（陈铭浩　孙腾飞）

【营销改革】　坚定以市场化取向改革为卷烟营销转轨升级的方向。（1）按照中央要求，积极认真落实提税顺价政策，做到新旧价格、客户思想、市场状态“三个平稳过渡”，确保税收、税利、销售均价和毛利“三个稳中有升”。（2）在货源供应上，将市场状态欠佳的41个品牌纳入改革范围，推进货源供应的“应无尽无”；在销售调控上，创新使用“1234”精准销售调控模式，严格按照市场价格、卷烟库存、客户选择面等指标投放货源。（3）重点创新推广客户服务模式，接受集中服务的客户近40000人次，有效推进明码标价向明码实价转变。（4）在耒阳和衡阳市华新、中心、白沙四个汽车站建成4个吸烟室，并在全市建成消费者体验区266处，优化衡阳地区卷烟消费环境。（5）全市共建成现代终端5123户，星级店82户；并按照“两个配齐”要求，为467户现代终端配备扫码枪；121户客户实现“双屏互动”。（6）推广应用“八招育牌”方式，2015年共开展有效事件营销1155场、体验营销20余场；共销售重点骨干品牌23.87万箱，占比91.3%；细支烟销量44.22箱，同比增长78.65%。（7）新建物流中心比省烟草专卖局党组要求提前2个月投入使用，仓储能力提高289%，分拣时速提升75%，创造行业记录，并于11月23日顺利完成配送模式由“一访二配三送”向“一访一配二送”的改革，实现衡烟物流的跨越式发展。　（陈铭浩　孙腾飞）

【专卖打假】　（1）2015年共查处案值5万以上非法收购、贩卖、囤积卷烟案件100起，其中案值100万元的省标真烟网络案6起；共查获涉案卷烟3406.65万支，涉案金额达1601.54万元。（2）共查处国标案7起、省标网络案8起。特别是祁东2014年“11·05”案件查实涉案卷烟4478.2件、案值2500余万元，是一起同时涉及非法流通、非法制售假冒卷烟、销售走私卷烟的“综合型网络案”，对治理整顿卷烟市场起到重要作用。同时，联合公安、工商等部门开展清理整顿烟草市场秩序的“雁城风暴”专项行动卓有成效，获得国家局专项行动嘉奖。（3）加强客户诚信经营体系建设，对23000余户客户进行诚信经营评价打分，对1700余户违法违规经营客户作出扣分和调整经营等级的处理，让经营户不敢售假买私买非。同时，全市系统与工商部门联合开展清理取缔无证户专项行动4次，清出无证经营户238户，有效遏制无证经营。（陈铭浩　孙腾飞）

## 盐务监管

【概况】　2015年，衡阳市盐务管理局（以下简称盐务局）认真贯彻落实市委市政府目标管理考核指标，坚定贯彻中共十八届三中、四中、五中全会精神，大力推进各项工作稳步、健康发展，圆满完成各项经济指标任务，确保食盐合格率100%，食盐市场占有率99.8%以上。（胡玉苗）

【盐政执法】　在市委市政府的大力支持下，在省盐务管理局和市法制办的领导下，衡阳市盐务局抓好盐政管理工作，依法打击各类涉盐违法违规行为，维护市场安全稳定。2015年，共查获违规盐产品0.612吨，出动车次186次，行程18000千米。有力地保证全市盐业市场秩序稳定，确保广大人民群众吃上合格加碘食盐。2015年上半年，常宁市人民法院对被告人王继银、刘吉林、阳何国、阳际仁等4人销售不合格盐案进行刑事判决，对阳何国等4人判处有期徒刑一年，缓刑一年，并对每人处罚2000元，保持打击涉盐违法犯罪行为的高压态势。

（胡玉苗）

【盐务宣传】　为保障食盐安全，切实维护消费者权益，推进全市消费者对食盐安全的全面认识，市盐务局紧紧围绕“国际消费者权益日”的主题，认真履行盐业社会责任，和工商部门一起组织开展“3·15”系列宣传活动。宣传活动以盐政营销人员为主体，并组织团员青年志愿服务队一起在人流密集的广场、集市开展宣传活动，并发放宣传资料1000余份。活动以定点宣传的方式，立足食盐安全、科学用盐，通过设置展台、悬挂宣传口号、张贴海报等形式，向公众普及科学补碘知识；介绍食盐专营的法规和有关政策，让消费者树立理性科学的消费理念、增强消费信心；充分认识食用“私、假、劣质”盐的危害，掌控真假盐的鉴别方法，从而引导广大消费者到正规食盐零售网点购买食盐。（刘景行）

## 物流配送

【概况】　衡阳市现有各类物流法人单位3097家，物流个体户31964家；规模以上交通运输、仓储和邮政业50家；已获批的国家A级物流企业17家，其中AAAA级企业11家，AAA级企业5家。衡阳还是全国45个交通枢纽城市之一和国家70个二级物流园定点城市。（刘景行）

【提升产业增加值】　2015年，前三季度抽样的8家会员单位，有关指标都有5%以上的增长，其中增加值较高的是白沙洲物流园，达132%，红光物流增长60%。

（刘景行）

【完善基础设施】　一方面，政府加大物流基础设施投入，完善水陆空物流基础设施条件；一方面，物流企业加速发展，逐步趋向做大做强。红光物流2015年新增投资额超过1亿元，新增站台面积1万平方米、仓储1.5万平方米、开挖土方超过50万立方米；衡缘物流新增投资2.5亿元，新建铁路专线，已开通公铁联运、无水港、五定班列等多式联运形式物流，保税港、机场及新建的松木港码头和白沙洲冷库等已开始发挥效益。衡阳物流基本形成门类齐全、配套完善的行业产业链群体；衡钢鸿华物流的甩挂运输、衡缘物流的云仓储，福斯柏公司的智慧配送等高技术运用为全市物流业上台阶、上档次提供良好助力。（刘景行）

【壮大实业主体规模】　衡阳市现有产值过亿元物流企业6家，国家A级企业17家，其中AAAA级企业11家，AAA级企业5家。白沙洲物流园为省级示范园区，衡钢鸿华物流被列入“全国物流税收试点企业”和国家物流服务业标准化项目试点单位。（刘景行）

【唯品会中南地区物流配送中心落户衡阳】　唯品会中南地区物流配送中心项目落户衡阳县西渡高新技术产业园，项目总投资12亿元。10月27日，市有关领导会见唯品会（中国）公司董事长沈亚，并共同见证项目签约。唯品会既是全国第三大电子商务企业，也是全国第三大互联网公司。唯品会中南地区物流配送中心衡阳县项目总投资12亿元，总用地约1000亩，首期用地约600亩，项目将建设约20万平方米的仓储中心及物流中心电子商务中心、运营及结算中心等运营设施。项目建成后将辐射湖南、江西、广西等省的广大区域，可解决4000人的就业问题，实现税收亩平10万元以上。（刘景行）

## 电子商务

【概况】 截至2016年1月，全市电商服务企业共4700余家，其中利用阿里巴巴和天猫商城平台的电商企业近1300家（见表13），利用美团平台的电商企业3404家（见表14）；服务平台10个，入驻利用第三方交易平台300余户；电商服务企业人员1万余人。（刘景行）

各县市区利用阿里巴巴和天猫商城平台电商企业数量统计表

**表 15**

| 单位 | 电商企业数量（家） | 单位 | 电商企业数量（家） |
|---|---|---|---|
| 衡南县 | 80 | 耒阳市 | 105 |
| 衡阳县 | 120 | 南岳区 | 189 |
| 衡山县 | 67 | 雁峰区 | 138 |
| 衡东县 | 89 | 石鼓区 | 137 |
| 祁东县 | 151 | 珠晖区 | 147 |
| 常宁市 | 125 | 蒸湘区 | 152 |

全市利用美团平台的电商企业分类统计表

**表 16**

| 重点商品分类 | 商家户数（户） | |
|---|---|---|
| | 城区 | 县区 |
| 食品 | 51 | 26 |
| 餐饮 | 1123 | 431 |
| 酒店 | 341 | 288 |
| 生活服务 | 485 | 20 |
| 休闲娱乐 | 478 | 137 |
| 电影 | 15 | 9 |
| 合计 | 2493 | 911 |

【农村电商发展】 （1）祁东县成立全市首家、全省第二家县级电商会，建立祁东县电子商务产业园，培育引进黄花菜电子商务、吉祥食品、祁商家贸、枣园村等电商企业，邮乐购、农民伯伯等电商平台，建立覆盖所有乡镇的村级服务站点163个，网销黄花菜、酥脆枣、红薯粉丝、菱角等40多种特色农副产品。特别是湖南黄花菜电子商务有限公司作为全国首家黄花菜专业电子商务公司，通过与阿里巴巴合作，已在全国设有营销网点58个，产品出口到马来西亚、印尼、泰国等东南亚国家，每月销售额达100万元以上。据初步统计祁东县2015年电商销售额达1.67亿元。

（2）衡阳县引进唯品会投资13亿元建设中南区运营总部，引进湖南卫视文化传播有限公司投资15亿元建设北斗信息城，兴建物流配送中心、网购体验店、综合服务体等；界牌日用陶瓷、西渡湖之酒、天天见梳篦等企业加快电商化转型，湖南世纪博思科贸公司建设掌上西渡、258网络平台进行O2O交易；县供销系统对全县670多个农家店、农资店和两个物流配送中心进行信息化改造升级；县邮政局建设邮政综合便民服务平台，开展快递收寄、票务、农资分销、网络代购等服务；县商粮局与县委组织部远教中心合作，利用各乡镇、村（社区）的远教站点参加农产品网上购销对接会。（3）衡山县人民政府与湘梦集团于2016年5月6日正式签署《投资合作协议》，投资达5亿元的湘梦衡山智慧农业电商产业园已在衡山县建成。（刘景行）

【销售总额增长迅速】 统计联网直报平台显示：2014年全市限额以上企业通过互联网实现的批零住餐商品销售（营业）额5873.2万元，通过互联网实现的商品零售额171.1万元；2015年全市限额以上企业通过公共网络实现的批零住餐商品销售（营业）额13821.9万元，增长135.3%，通过互联网实现的商品零售额3206.9万元，增长1774.28%。

（刘景行）

【衡阳市首家电商平台上线】 4月24日，衡阳电子商务综合服务平台暨中小商贸流通企业服务平台正式上线。这是湖南省第一个具有综合服务功能的电子商务平台。

（刘景行）

## 服务业

【概况】 2015年1～12月，全市339家规模以上服务业企业实现营业收入107.09亿元，较2014年同期增长18.8%，比1～11月提高2.6个百分点，增长态势良好；营业成本61.07亿元，增长16.3%，略低于营业收入增速；缴纳税金（营业税金及附加、管理费用中税金、应交增值税）3.93亿元，下降6.7%；实现营业利润17.0亿元，增长37.9%；应付职工薪酬18.31亿元，增长18.4%；从业人员平均人数39666人，增长9.3%；人均应付职工薪酬3850元/月，增长8.3%。

（刘景行）

【民生服务业】 随着民生改善的投入，物业管理，水利、环境和公共设施管理业，居民服务、修理和其他服务业，文化、体育和娱乐业等相关行业均呈现出较快增长态势。其中，1～12月，衡阳市物业管理企业实现营业收入1.46亿元，同比增长14.1%；水利、环境和公共设施管理业企业实现营业收入0.34亿元，增长2.1倍。（刘景行）

【“互联网+”相关服务业】 随着李克强总理在2015年政府工作报告中明确提出“互联网+”行动计划，以及一系列简政放权制度的推进，促进与互联网相结合的新兴产业较快发展。1～12月，全市规模以上软件和信息技术服务业实现营业收入2.31亿元，同比增长11.1%。相关的邮政业在网络购物迅速兴起的带动下，实现营业收入5.87亿元，增长23.1%。（刘景行）

【科技服务业】 为加快产业结构调整，衡阳市不断加大科技投入与创新，相关行业较快发展，1～12月，全市科学研究和技术服务业实现营业收入3.65亿元，增长17.4%。其中，专业技术服务业实现营业收入1.39亿元，增长14.9%；科技推广和应用服务业实现营业收入2.23亿元，增长18.6%，高科技服务业相关产业的较快发展为衡阳经济转型升级提供有效支撑。（刘景行）

## 旅游业

【概况】 2015年以来，衡阳市旅游外侨民宗局紧紧围绕省委、省政府建设“旅游强省”和市委、市政府建成“旅游胜地”的发展目标，通过项目建设提高竞争力，通过宣传营销提高影响力，通过产业对接提高拉动力，实现旅游业规模、结构、质量、效益四个提升。全市全年共接待国内外游客5046.8万人次，实现旅游综合收入306.8亿元，分别同比增长14.21%和16.02%，继续保持平稳较快增长的良好势头。

（湛玉平）

【政府主导】 市委、市政府高度重视旅游业发展，组织召开2015年全市旅游发展工作大会暨旅游服务质量提升行动启动仪式，将“大南岳旅游经济圈”建设纳入全市经济社会建设重要议事日程，将旅游重点项目建设纳入市委、市政府对县市区党委、政府的年度工作目标管理绩效考核。市长周海兵等主要领导多次主持会议专题研究或现场调度东洲岛、雨母山等旅游重点项目建设和中俄红色旅游系列交流活动、“2015中国·衡阳乡村生态旅游节暨衡南宝盖银杏文化节”等旅游节会筹办工作；省旅游局王超祥副局长、高扬先副局长、尚斌副局长等领导也先后莅临衡阳检查指导工作，全市旅游发展氛围浓厚。

（湛玉平）

【项目建设】 衡阳市编制《衡阳市“十三五”旅游发展专项规划》，耒阳市、衡阳县、常宁市、石鼓区等也相继完成区域《旅游发展总体规划》和《乡村旅游发展专项规划》的编制和修编工作。全面落实旅游重点项目建设责任制，着力推动旅游业转型升级。2015年，全市共有22个省市重点旅游项目，总投资315.95亿元，全年计划投资41.9亿元，实际完成投资近40亿元。汇景衡南·莱茵水畔运动文化养生度假小镇、南岳旅游农业休闲观光园、蒸湘区百万花海等旅游重点项目建设快速推进。旅游品牌创建取得重大突破，石鼓书院成功获评国家AAAA级旅游景区，雁峰区佳园山庄、衡南宝盖绿野芙蓉山庄、梦缘山庄顺利通过五星级乡村旅游服务区（点）的评定。

（湛玉平）

【宣传营销】 加大旅游宣传创意和策划投入，全力打造“福寿圣地·文化之都”旅游品牌，诚邀国内外游客“上南岳衡山添福寿，游雁城衡阳揽胜景”。在人民网、湖南卫视投放衡阳旅游形象广告；在衡阳电视台、《衡阳日报》《衡阳晚报》等媒体平台上投放文明旅游公益广告，开设旅游专栏专刊；在京广高铁、湘桂高铁等途经衡阳的旅客列车上投放衡阳旅游播音广告。精心编印出版《衡阳之旅》等旅游宣传资料；组织举办衡阳—上海、衡阳—张家界、西安—衡阳—三亚、上海—衡阳—昆明等南岳机场新航线通航暨衡阳旅游推介会；组团参加湖南省旅游产业博览会、义乌国际旅游商品博览会、湘桂高铁旅游合作桂林联盟等活动，广泛宣传推介衡阳旅游品牌。积极开展旅游区域合作，与郴州等平汝高速沿线城市结成大湘东旅游经济带旅游合作联盟，与防城港建立旅游战略合作关系，携手参与21世纪“海上丝绸之路”建设。精心策划举办2015年中俄红色旅游合作交流南岳考察及推介活动、珠晖区2015乡村旅游文化节暨梨花节、衡阳市首届玫瑰花节、“重走元帅路”大型采访报道活动暨衡东·荣桓映山红乡村生态旅游文化节等系列旅游节会活动。特别是成功举办2015中国·衡阳乡村生态旅游节暨衡南宝盖银杏文化节，受到中央、省、市媒体的高度关注，产生广泛而深远的影响。节会自11月13日开幕以来，共接待国内外游客近40万人次，实现旅游综合收入近亿元。（湛玉平）

【提升服务质量】 积极宣传贯彻《旅游法》等旅游新法规、新条例、新标准，全面推进依法治旅、依法兴旅工作。（1）深入开展旅游服务质量提升行动。明确以三年为一周期，整体提升旅游目的地质量、旅游企业服务质量和旅游队伍服务质量。（2）全面启动旅游行业“十个文明”争创活动。在全行业广泛开展“文明机关、文明旅游景区（点）、文明星级旅游饭店、文明旅行社、文明旅游车队、文明导游员、文明游客”等“十个文明”争创和评比活动，推动形成争做文明旅游企业、文明旅游人和文明游客的崭新风气。（3）大力整顿旅游市场。强化对旅游企业和旅游市场的日常监管，组织举办“3·15”旅游消费维权宣传、“5·19”中国旅游日和“文明旅游”宣传活动；选拔推荐20名国家级旅游服务质量社会监督员，参与旅游服务质量监管；与市工商银行紧密合作，在全省率先举办湖南旅游监管网结算平台推广应用培训班。积极开展旅游执法检查，组织参加全省旅游质监执法异地交叉检查活动，联合公安、工商等部门先后开展2次联合执法活动及各类暗访活动15次，严厉打击扰乱旅游市场秩序行为。在《衡阳晚报》、“衡阳旅游网”中开辟诚信旅游红榜和曝光台，对旅游企业、旅游从业人员的违规违法行为和游客的不文明行为及时进行通报。（4）强化旅游安全生产和旅游教育培训。出台《衡阳市旅游突发事件应急预案》，部署开展旅游安全生产月、安全隐患大排查、旅游车辆整治等安全集中检查10余次。2015年以来，全市未发生一起大的旅游安全事故。组织举办全市旅游安全生产培训班、旅游统计人员培训班、旅游饭店服务技能培训班、导游员培训班等12期，指导神龙集团、西湖饭店、衡东恒瑞国际大酒店等10余家星级宾馆举办旅游饭店服务技能大赛，开展形式多样的岗位练兵，培育一大批旅游专业人才和服务明星。

（湛玉平）

**【石鼓书院创建国家“AAAA”旅游景区达标】** 12月22日上午，国家AAAA级旅游景区评定小组对石鼓书院景区进行实地考察，对石鼓书院景区全力创建国家AAAA旅游景区工作给予高度评价，专家组一致认为，石鼓书院景区达到国家AAAA级旅游景区标准。专家组建议，石鼓书院景区能更好地对摩崖石刻等珍贵历史文物制定专项保护规划，并不断丰富旅游商品，多载体更好地展示石鼓书院文化历史，打好特色牌，进一步完善基础设施，提升服务质量及水平，满足游客的需求。（刘景行）

**【南岳忠烈祠全面维修】** 为更好地纪念抗战胜利70周年，中国大陆唯一纪念抗日阵亡将士的大型烈士陵园衡阳南岳忠烈祠进入全面维修期，景区仍正常接待游客。由于年代久远，风雨侵蚀，忠烈祠内建筑和周围墓葬都受到不同程度损坏。为迎接抗战胜利70周年纪念日，营造一个更好的缅怀烈士的环境，中宣部、国家文物局、省民政厅拨款1420万元，对忠烈祠内建筑，园内绿化、文物布展陈列、烈士墓葬进行全面维修升级。（刘景行）

**【水口山工人运动陈列馆成功创评国家级AA景区】** 经湖南省旅游景区质量等级评定委员会组织评定，批准常宁市水口山工人陈列馆为国家级AA景区。这是常宁市首家国家AA级红色旅游景区，也是水口山陈列馆自2013年5月被评为国家级文物保护单位后获得的又一殊荣。（刘景行）

**【《快乐衡阳》创刊号发行】** 12月24日，市旅游文化研究会及市船山画院部分会员和书画家欢聚一堂，庆祝衡阳首本旅游文化刊物——《快乐衡阳》创刊号正式发行。（刘景行）

# 财政·税务

# 财　政

【概况】　2015年，全市一般公共预算收入完成261.86亿元，比2014年增加26.08亿元，增长11.1%。其中地方收入完成194.64亿元，增加21.16亿元，增长12.2%；上划中央收入完成50.3亿元，增加3.42亿元，增长7.29%；上划省收入完成16.92亿元，增加1.5亿元，增长9.72%。全市一般公共预算支出完成479.95亿元，增加66.97亿元，增长16.22%。（孙　浩　周　林）

【收入征管】　面对诸多不利因素，全市财税部门把抓收入、稳增长摆在突出位置，确保财政收支总体平稳增长。（1）突出均衡入库。按照市委突出抓均衡入库的指导思想，从年初起，定期分析讲评，研判形势，查找差距，寻求对策，形成合力。各月财政收入累计增幅均保持在11%左右。（2）强化财税征管。加大重点税源监控，关注重点项目建设进度，继续开展税收清欠和重点行业税收专项稽查活动，全年查补税款4.3亿元。启动综合治税平台建设，推进“金税三期”上线运行。抓好国有土地出让收入，探矿权、采矿权等非税收入征管。（3）争取上级支持。全年争取上级财力性转移支付153.86亿元，增长18.2%，争取地方政府存量债务置换债券64.26亿元、新增债券11.37亿元。“十二五”期间财政实力增强，2015年，全市一般公共预算收入261.86亿元，比“十一五”期末增加148.53亿元，年均增长18.23%，其中地方收入194.64亿元，增加118.75亿元，年均增长20.73%。

（孙　浩　周　林）

【财源培植】　（1）落实减税降费政策。推进营改增改革，实施进一步支持小微企业发展的增值税和营业税优惠政策，实行普遍性降费，为企业减负15亿元以上。（2）支持重点项目融资。市本级全年融资251.9亿元，推进来雁新城、滨江新区、船山东路、二环路、湘江流域重金属污染治理等重点项目建设。（3）推广运用政府和社会资本合作（PPP）模式。全市生活垃圾焚烧发电、污水处理、衡山科学城科技孵化、耒阳市智慧城市等4个项目纳入全省PPP示范项目库，总投资额35.21亿元。（4）支持企业发展。市财政兑现优惠政策资金3125万元，支持特变电工、华菱衡钢、燕京啤酒等骨干企业做大做强。安排中小企业发展资金2000万元，帮助企业缓解资金压力。安排风险补偿资金1.17亿元，鼓励担保机构扶持中小企业发展。为企业争取上级战略性新兴产业、节能补助、汽车工程机械产业等资金1.4亿元。（5）鼓励创业创新。市财政安排1.12亿元，支持企业技术改造、产学研结合、科技成果转化和自主创新，对获得科技进步奖、专利的企业和个人予以奖励补助。通过发放就业补贴、小额贷款贴息等扶持政策，撬动银行发放小额担保贷款1.6亿元，支持和带动大众创业就业。

（贺光清　周　林）

【财政支出】　坚持民生导向，突出保障教育、文化、社会保障、医疗卫生、保障性住房等民生领域的资金需求。2015年，全市民生支出322.33亿元，占一般公共预算支出的67.16%。（1）优先发展教育事业。全市落实城乡义务教育免教科书、免学杂费、补助困难寄宿生生活费7.1亿元，受益学生80多万人，义务教育学校公用经费提高到初中每位学生800元和小学每位学生600元。及时发放本专科生、高中、高职、中职助学金和奖学金等非义务教育助学扶困补助资金。市财政安排7690万元支持城区义务教育薄弱学校改造和化解“大班额”建设。（2）持续加大“三农”投入。落实各种惠民政策，全市通过“一卡通”发放各类惠民补贴14.82亿元，拨付保费补贴1.79亿元，继续扩大农业保险覆盖面。争取病险水库除险加固、农村安全饮水、小农水重点县建设资金2.83亿元，改善农业生产基础条件；支持现代农业发展，衡南、衡东、常宁、耒阳的油茶产业，石鼓、珠晖的蔬菜产业等9个农业产业园区纳入“全省现代农业综合产业园”重点扶持范围。实施精准扶贫，安排专项扶贫经费，加大在产业扶贫、就业培训、危房改造、教育医疗等方面的扶持力度，统筹整合涉农资金，帮助贫困农民增收、脱贫。（3）支持文体事业发展。市财政安排3790万元，开展“周末百姓剧场”“全民读书月”“政府买单，群众看戏”等文化惠民活动。支持南岳区入选全省第三轮特色文化旅游产业重点县，3年可获省级专项资金1.8亿元。（3）落实社保、医疗等提标扩面政策。连续11年提高企业退休人员基本养老金，月人均水平达到1765元。全市累计发放城市低保金3.62亿元、农村低保金3.8亿元，月人均救助水平分别提高到城市276.5元和农村118.5元。拨付3.3亿元，补贴城区被征地农民参加养老保险；新型农村合作医疗和城镇居民基本医疗保险年人均补助标准从320元提高到380元，资助35.2万低保和五保对象参合参保。基本公共卫生服务经费人均补助标准由35元提高到40元，确保13类基本公共卫生服务和6项重大公共卫生服务项目有序开展。（5）推进保障性安居工程建设。全市拨付15.2亿元，开工建设公租房1.5万套，城市棚户区改造2.78万套，对住房困难家庭发放租赁补贴资金2349万元。

（贺光清　周　林）

【财政管理】　围绕中央、省、市全面深化财税体制改革的总体要求，推进财税体制改革。（1）完善全口径预算。从2015年起将地方教育附加等11项政府性基金转列一般公共预算实行统筹使用。（2）加强专项资金管理。出台《衡阳市市级专项资金管理办法》，市级专项资金分配由联席会议集体研究确定，推进专项资金统筹使用，建立资金绩效管理和退出机制，提高资金使用效益。（3）盘活财政存量资金。市财政回收市直单位存量资金近6亿元，统筹用于社会保障等重点支出。开展往来借款清理，回收往来资金13.88亿元，出台《市本级财政出借资金管理办法》，规范资金出借程序，防范财政风险。（4）严防债务风险。严格债务举借限额和程序，加强投融资公司财务监督，对新增债务实行成本审核制度，融资成本同比下降30%以上。（5）推进预决算公开。除涉密部门外，所有使用财政拨款的市直部门预决算和“三公”经费预决算，工业发展资金、科技项目资金、农业公共服务资金等重大专项资金分配全部面向社会公开，主动接受监督。（6）规范行政事业单位资产管理。加强办公用房管理，市财政对486个单位办公用房进行全面清理，整改腾退面积3.2万平方米。

（贺光清　周　林）

## 国家税务

【概况】　2015年，衡阳市国家税务局把握“以改革促发展、以规范促和谐”的工作主线，主动适应新常态，彰显新作为，推动全市国税工作在更高水平、更高层次上取得新的进展。2015年2月，衡阳市国税局被中央文明委授予第四届“全国文明单位”荣誉称号。　（陈　科）

【组织收入】　2015年，组织各项国税收入60.13亿元，其中，市县级国税收入完成53.37亿元，收入总量首次突破60亿元，并跃居全省第四。在保持收入总量不减的前提下，全市国税系统守住“坚决不收过头税”的工作底线，在提高收入质量方面迈出一大步。

（陈　科）

【助力发展】　服从服务于全市经济社会发展大局，一手抓各项税收优惠政策落实，一手抓政策落实的事中事后监管，建立高效运行、规范统一的减免税管理机制，最大限度发挥税收政策效应，累计为纳税人减轻税收负担超20亿元。其中，进一步释放“营改增”政策效应，全市试点纳税人4500余户，全年减税近2亿元，累计减税超4亿元；支持“大众创业万众创新”，全面落实支持小微企业发展、重点群体就业创业、高新技术发展、外贸经济等税收优惠政策，办理各类减免税11.78亿元，出口退税9.07亿元。

（陈　科）

【依法行政】　深入推进简政放权，进一步简化税务行政审批，全市国税系统保留行政许可事项7项。完成第一批税务行政处罚权力清单及权力运行流程图，向社会公布，确保执法公开透明。对内加强普法教育，对外加强税法宣传，国税人员和纳税人的税法遵从度得到普遍提升。市国家税务局连续4年获“衡阳市依法行政先进单位”称号；并作为全市“六五”普法工作先进单位和市直唯一代表，接受省委“六五”普法检查验收。衡山县国税局获得“2015~2016年全省国税系统法治

税务示范基地”称号。（陈　科）

【征管质效】　全市国税系统集中抓增值税发票管理系统升级和金税三期工程优化版推广，确保两大系统成功上线、平稳运行，提升全市税收信息化应用水平。落实税收征管规范和国地税合作规范，进一步优化税收业务流程和资源配置，强化国地税征管协作。坚持以风险管理为导向，开展征管创新，针对征管薄弱环节寻求突破，稳步实施水泥行业“链条式”管理、汽车经销行业精细化管理等，全年推送风险管理应对任务882户次，纳税评估成果1.38亿元。强化税务稽查，查补入库1.24亿元，深入开展打击虚开虚抵和骗取出口退税行为，发挥稽查震慑功能。（陈　科）

【纳税服务】　以最大限度便利纳税人为目标，坚持先行先试，在祁东县打造全省首家国地税联合办税服务厅，真正做到让纳税人“进一个厅、办两家事”，迈出国地税合作的坚实一步，被湖南省国税局评为一类亮点工作。落实纳税服务规范2.0版，及时跟踪服务规范的修订完善情况，清理、更新表证单书，升级相关业务软件，提升整体服务质效。开展纳税信用等级评定，针对A类、B类纳税人推行“税银互动”纳税信用贷款项目，已有45户企业获得信用贷款1.02亿元。推行“三证合一、一照一码”登记制度改革，与地税、工商、质监等部门建立信息数据交换机制，确保改革顺利推进。（陈　科）

## 地方税务

【概况】　衡阳市地方税务局内设12个职能科室，省地方税务局派驻机构2个，直属行政机构2个，直属事业机构4个，下设县（市、区）地方税务局13个。现有人员1448人，其中在职干部1188人，具有硕士研究生以上学历25人，大专以上学历1116人。现管辖地方税收纳税人5.8万余户，其中企业和纳税单位2.4万余户，个体经营户3.4万余户。（李兴隆）

【组织收入】　2015年实现税费收入117.43亿元，同比增长9.88%。其中省地方税务局计划口径完成113.59亿元，同比增长9.84%，稳居全省第二位；市政府考核口径完成114.46亿元，同比增长11.22%；各项规费完成5.87亿元，同比增长10.49%。将“挤水保质”作为重点工作深入推进，各单位始终把牢依法治税原则，全面撤销过渡户，杜绝虚收空转、预缴税款，反映收入质量的工商税收入库81.57亿元，同比增长10.67%，高出全省平均增幅2.3个百分点。（李兴隆）

【税收征管】　按照省地方税务局部署，推行“金三”系统，各级领导靠前指挥，相关科室紧密协作，基层单位努力跟进，升级电脑终端，改造扩容广域网络，抽调业务骨干22人集中办公，分9期培训税干1067人次，做好数据录入及办税服务相关工作，顺利实现“金三”全面上线并平稳运行。深入落实征管规范，结合“金三”的要求，梳理和完善岗责体系、业务流程；修订《税收征管质量考核暂行办法》，完善考核指标17项，实行日常督查和集中评审相结合，市局、县局、分局严格逐级考核，征管质量明显提升，全市申报率保持在90%以上。推进“以地控税”信息管理平台建设，加大土地增值税清算力度，全年清算项目达49个；土地使用税等级税额调整、资源税从价计征改革试点顺利推进；坚持抓大不放小，小税种管理增收效应明显，车船税首次突破亿元大关。加强企业所得税征收方式的核定，规范预缴制度和汇缴程序，汇算清缴面达到99%。加强个人所得税管理，着重抓好私房出租个人所得税查实征收、股权变更税收前置、个人所得税自行申报等工作，入库个人股权转让所得税8019万元，增幅达376.75%。试行购房办证与追究建设单位法律责任相分离的办法，处理房地产遗留问题项目95个，追缴税款3亿余元，为5108户购房户解决办证涉税难题。（李兴隆）

【税收执法】　结合“营改增”和“金三”上线，核实和清理不实欠税数据3.9万笔，每季连续5天在《衡阳日报》上发布欠税公告，公告欠税2300余户、涉税金额4.3亿元；逐户签订清欠计划，通过依法移送公安、申请法院非诉执行等手段，全年入库之前年度欠税6.56亿元。继续做好“营改增”前期准备工作，清理整治房地产税收。落实“一案双查双报告”和执法过错责任追究制，开展执法督查，规范执法行为。稽查部门全年实施稽查618户，查补入库7.48亿元，同比增长225%。（李兴隆）

【纳税服务】 2015年11月26日，全省第一家国地税联合办税大厅在祁东县正式挂牌，实现业务合作12项，减少报送资料60余项，一次办结率从58%提升至85%，《湖南日报》等多家主流媒体跟踪报道。启动自助办税终端，实现自助缴税4720笔，打印完税凭证2123份；推广网上办税服务厅，网厅申报达76151户（次），申报金额5.8亿，入库金额4.63亿元；推进“三证合一”，受理登记户588户，办理纳税申报506户。落实国家税收优惠，减少审批及资料报送90余项。落实小微企业、高新技术企业、固定资产加速折旧、困难减免等优惠2.3亿余元。开展“税收政策咨询日”活动、微视频比赛、“新常态、新税风”系列宣传，开设纳税人学堂，建设好“12366”“12345”服务热线等，促进征纳互动。为纳税信用A级纳税人提供“税融通”“税易贷”“专家服务”等增值服务，“税银合作”为57户企业授信达1.3亿元。（李兴隆）

# 银行·保险·证券

中国邮政储蓄银行
POSTAL SAVINGS BANK OF CHINA
中国邮政储蓄银行衡阳市解放路支行欢迎您！

## 综　述

【概况】　2015年，衡阳市金融继续保持平稳运行，金融对稳增长的支撑作用得到发挥。（1）立体的金融服务体系逐步完善。全市现有银行业金融机构31家，网点915个，从业人员1万余人。其中政策性银行1家（农发行），国有大型银行6家（工、农、中、建、交、邮储），股份制银行7家（华融湘江、民生、招商、广发、中信、光大、浦发），农村商业银行5家（耒阳、常宁、南岳、衡南、衡山），农村信用联社市级办事处1家，7家农村信用联社，村镇银行4家（常宁珠江、耒阳融兴、衡阳县沪农商、衡南县浦发）；保险机构35家（产险、寿险各18家），保险营销服务部185个；证券营业部23家；期货营业部2家；融资性担保公司12家；小额贷款公司25家；典当行23家。（2）存贷款余额、社会融资总量持续增长。截至12月末，全市存款余额2787亿元，同比增长15%，较年初新增369亿元，余额及增量均居全省第一（长沙市除外）。贷款余额1195亿元，同比增长16%，较年初新增169亿元，余额及增量分别排名全省第三、第二（长沙市除外）。全市社会融资总量为196亿元。新型城镇化建设、棚户区改造、园区建设等领域成为资金投入重点，如滨江公司粤汉棚户区改造、衡阳市保障性安居工程、国有老工矿区土地整理和环境治理、湘江水利工程等项目均获得资金较好支持。

（唐宁琪）

【货币政策】　（1）促增长。年初组织开展“信贷早春行、雁城大发展”主题活动，年中跟踪调度信贷重点项目，及时监测评估信贷质效，充分运用“指导—评估—指导”信贷管理模式，推动全辖信贷投放合理适度增长，支持衡阳经济转型升级。（2）调结构。综合运用“差别存款准备金、支农再贷款、支小再贷款、再贴现、常备借贷便利”等政策工具，定向支持休闲农庄、专业合作社、种养殖加工厂等“三农”企业发展。截至12月末，全市涉农贷款余额512.97亿元，较年初净增53.8亿元。小微企业贷款余额189.42亿元，较年初净增27.51亿元。（3）惠民生。运用就业再就业小额担保贷款政策，鼓励金融机构参与创业促就业的信贷支持，截至12月末，全市发放小额担保贷款2854笔，金额3.4亿元，全市下岗失业人员小额担保贷款余额4.02亿元，推进全市就业创业工作；继续做好油茶产业、农村青年创业、妇女创业等金融服务，鼓励支持一批“大众创业、万众创新”典型，全年发放高校毕业生小额担保贷款65笔，金额604万元，扶持自主创业65人，带动就业247人；发放农民工小额担保贷款139笔，金额948万元，扶持自主创业139人，带动就业902人；发放妇女小额担保贷款917笔，金额7239万元，扶持自主创业917人，带动就业4366人。（4）搭平台。深化耒阳“金融创新试验区、金融生态示范区”建设，构建“四中心二公司一协会”（农村权证服务中心、农村产权评估服务中心、农村产权交易服务中心、农村信用服务中心、农业融资担保公司、农村资产管理公司、金融消费权益保护协会）农村金融服务平台，创新“五权”抵押贷款模式，耒阳试点工作被《人民日报》头版、中央电视台、《金融时报》等主流新闻媒体争相报道。

（唐宁琪）

【金融生态改善】　推进金融生态良好城市创建试点工作，联合政府七个部门发布民间投融资风险提示公告。配合市政府打击非法集资，衡阳市打击和预防非法集资工作考评居全省首位。全面推进农村信用体系建设，各县（市）均开展“信用村”创建工作，采集农户信息1.39万户，评定信用农户3423户、信用村12个，451户信用农户获得贷款4732万元。开展大学生诚信宣誓教育活动，建立南华大学诚信教育基地，活动情况被《湖南日报》作全省推介。大力整治网上银行卡非法买卖，联合公安、工商、银监等单位下发《关于联合整治银行卡网上非法买卖专项行动的通知》，组织开展专项行动18场次。加大反洗钱信息化建设力度，推广应用反洗钱信息管理系统。规范“12363”电话运行，实现金融消保信息管理系统银行业金融机构全覆盖，受理投诉24件、咨询68件，办结率达100%。耒阳、衡东、衡南、衡山、常宁5县（市）成功跻身全省县域综合排名前50

强。（唐宁琪）

【金融服务创新】（1）推进耒阳“两区”建设。深化耒阳“金融创新试验区、金融生态示范区”建设，构建“四中心二公司一协会”农村金融服务平台，创新“五权”抵押贷款模式（农村土地流转经营权、山塘水库承包经营权、林权、农民住房财产权、农业机械设备所有权）。截至12月末，耒阳市“五权”抵押贷款余额达4.97亿元，涉及农户1062户、农民专业合作社88个。（2）深化衡南县金融综合服务创新改革试点。继续探索无人行机构县域的金融服务普惠制、均等化、可持续发展之路，进一步充实金融服务内容，延伸“账户管理、征信查询”等便民服务窗口，全省率先启动人民银行“空白县”个人信用报告自助查询服务。至12月月末，受理开户业务828笔、机构信用代码证业务315笔，办理个人信用报告查询1032余人次，自助查询准确率达95.64%。推进衡南县信用体系建设，重点开展新型农业经营主体评级授信和“信用村”创建工作，评定“信用村”51个，新增评级授信农户3522户，贷款授信总额11.95亿元，发放贷款8.42亿元。（唐宁琪）

## 中国人民银行衡阳市中心支行

【概况】2015年年末，中国人民银行衡阳市中心支行辖6县（市）支行，全辖有干部职工278人，其中中支机关157人，县支行121人（耒阳24人，常宁17人，祁东21人，衡阳县16人，衡山23人，衡东20人）。女职工78人。工人编制6人。聘任制人员10人。按职务结构分，全辖正处1人，副处8人，正科42人，副科69人。按党员结构分，全辖有中共党员283人（女65人）。在职中共党员211人，其中中支机关117人，县支行94人；民主党派1人（民进党）；离退休中共党员72人，其中中支机关38人，县支行34人。按学历结构分，全辖有全日制硕士研究生13人，本科学历176人，专科70人，中专8人，高中及以下11人。按职称结构分，高级职称4人，中级职称129人，初级职称74人。2015年，衡阳市中支围绕市委市政府以及上级行工作部署，全面履行基层央行各项职责，在促进地方经济发展、维护金融安全稳定、改善金融服务质效、提升内部管理水平等方面取得成效。（唐宁琪）

【稳健货币政策】（1）年初组织开展“信贷早春行、雁城大发展”主题活动，年中跟踪调度信贷重点项目，及时监测评估信贷质效，充分运用“指导—评估—指导”信贷管理模式，推动全辖信贷投放合理适度增长，支持衡阳经济转型升级。截至12月末，全市各项贷款余额1195.12亿元，比年初净增169.14亿元，余额及增量分列全省第三、一位（长沙市除外）。（2）用好政策工具，缓解实体经济资金需求。综合运用“差别存款准备金、支农再贷款、支小再贷款、再贴现、常备借贷便利”等政策工具，定向支持休闲农庄、专业合作社、种养殖加工厂等“三农”企业发展。搭建银企对接平台，分别在衡山、衡东、常宁、耒阳组织多场银企对接会，达成意向金额52.51亿元，缓解小微企业资金需求。截至12月末，全市涉农贷款余额512.97亿元，较年初净增53.8亿元。小微企业贷款余额187.80亿元，比年初增加34.74亿元。（3）完善服务机制，推动民生金融快速发展。探索建立“两支一扶”“1+N+P”工作机制。构建金融支持现代农业“3456”衡阳模式（三级服务平台、四道防范屏障、五权抵押贷款、六方共担风险），促成衡阳市农业融资担保公司挂牌成立，推动省级贫困县祁东县脱贫致富。“衡阳经验”先后被总行、长沙中支内刊推介。完善“政银企”协作发展机制。督请衡阳市委市政府出台金融服务“三农”工作方案，耒阳金融服务试点经验在全市推广，构建“三农”经济发展良好生态。完善信贷产品创新机制。引导金融机构推出“小微信贷企业通”“税易贷”“POS贷”“结算透”等融资模式和信贷产品。完善民生金融服务机制。大力推动大学村官创业、妇女创业等金融服务创新，鼓励支持一批“大众创业、万众创新”典型。妇女创业贷款做法得到省妇联主席的肯定评价。全年发放高校毕业生小额担保贷款、农民工小额担保贷款、妇女小额担保贷款8791万元，扶持自主创业

1121 人，带动就业 5515 人。

（唐宁琪）

【金融生态建设】 （1）深化金融风险监测，确保全辖金融平稳运行。监测摸底，锁定“农信社、房地产、产能过剩行业、问题突出企业、投融资平台、民间金融中介”六大重点目标，持续加强金融风险监测评估。继续探索完善民间融资监测渠道和监测模式。对全市民间融资情况、第三方支付业务、问题突出企业进行专项风险排查，建立问题企业台账，加强跟踪监测分析。完善应急预案，及时跟踪指导化解雁峰信用联社拆借资金风险，配合市政府处置雁城民间资本投融资中介风险，帮助解决衡东金虎集团、耒阳万元集团资金链风险。（2）规范实施金融管理，推动金融秩序持续改善。修订完善《衡阳市银行业金融机构综合评价办法》，对 2014 年度 C 级金融机构负责人开展约见谈话。运用综合评价结果，按照“十个统一”要求，统筹开展综合执法检查。推动落实重大事项“零报告”制度，完成重大事项报告 9 期，编发风险提示 4 期。规范 12363 电话运行，实现金融消保信息管理系统银行机构全覆盖，受理投诉 24 件、咨询 68 件，办结率达 100%。继续开展金融消费权益保护环境评价及专项评估工作，评估出 A 类金融机构 18 家，评估报告被长沙中支汇编成册，在全省推介。（3）加强金融生态环境建设，县域金融生态明显改善。稳步推进金融生态良好城市创建试点工作，联合政府七部门发布民间投融资风险提示公告，完成县域金融生态评估数据搜集上报。全面推进农村信用体系建设，各县（市）均开展“信用村”创建工作，采集农户信息 1.39 万户，评定信用农户 3423 户、信用村 12 个，451 户信用农户获得贷款 4732 万元。开展大学生诚信宣誓教育活动，建立南华大学诚信教育基地，活动情况被《湖南日报》作全省推介。大力整治网上银行卡非法买卖，牵头组织公安、工商、银监等单位联合下发《关于联合整治银行卡网上非法买卖专项行动的通知》，印发《衡阳市联合整治银行卡网上非法买卖专项行动工作方案》，组织开展专项行动 18 场次，经验成果被长沙中支内刊多次推介。耒阳、衡东、衡南、衡山、常宁 5 县（市）跻身全省县域综合排名前 50 强。

（唐宁琪）

【金融服务创新】 （1）拓宽业务服务领域，打造金融服务品牌。全面推进金融 IC 卡在公交系统运用。耒阳市 11 条公交线路安装移动 POS 机 383 台，成功实现金融 IC 卡刷卡乘车。有序推动衡南县支库代理银行变更。按照“分步实施、整体推进、统一时点、同步调整”工作思路，变更衡南县支库代理银行，解决原代理银行人员配备不足、业务核算不规范、差错率高等问题。衡南农商行成为全省第一家、全国第二家代理国库业务的农商行。规范货币发行管理。加强流通人民币整洁度评估体系建设，完善小面额人民币供应长效机制，创新小面额残损币回收方式，深化反假货币示范区创建工作，推进新版人民币发行工作，开展货币金银业务“规范管理年”活动，实现“操作零违规、业务零差错、管理零漏洞、库款零风险”的“四零”目标。完善征信管理与服务。全面推广应收账款融资服务平台，实现有信贷业务权限的银行分支机构 100%注册。（2）构建监管联动机制，提升外汇监管水平。建立国收、资本和经常项目监测分析联动机制，选择华菱衡钢、特变电工两家企业探索开展主体监测试点工作，提升外汇监管实效，工作成效在全省经常项目重点工作对接会上作经验交流。加强政策传导与落实，推进资本项目外汇政策改革。加强综保区离岸转手买卖业务的专项核查和跟踪，对 7 家银行开展外汇业务专项检查，核实线索 51 条，查实违规单位 3 家。延伸基层外汇服务，县域外汇对公网点增至 10 家，对公结售汇突破 1 亿美元。（3）完善金融宣传机制，营造金融舆情良好氛围。继续发挥“金融大外宣”机制作用，组织开展“金融消费者权益保护日”“信用记录关爱日”“金融消费权益保护”等大型宣传活动，推动征信、金融 IC 卡、支付结算、人民币反假、金融消费权益保护等金融知识“进广场、进社区、进校园、进乡镇”。衡阳中支女子骑行队成为金融户外宣传的靓丽风景线。巩固传统媒体的主阵地宣传作用，在《衡阳日报》上固定开辟“金融”专刊，连续报道推广辖内金融机构信贷创新经验、金融服务典型，发挥先进案例的示范引领作用。同时，引导网络新媒体的监督作用，消除负面舆情。探索建立全方位、立体式金融宣传架构，宣传金融新经验、新形象，传播金融正心态、正能量。（唐宁琪）

## 中国银行业监督管理委员会衡阳监管分局

【概况】 2015年，衡阳银行业各项存款余额2787.27亿元，比年初增加369.56亿元，增长15.84%，总额居全省第二；各项贷款余额1195.12亿元，比年初增加169.14亿元，增幅16.49%，总额居全省第四；实现利润25.94亿元，比2014年减少1.9亿元，减幅7.95%；不良余额53.62亿元，比年初减少8.1亿元，不良率4.49%，比年初下降1.58个百分点。（金　轶）

【风险防控】 处置雁峰联社票据风险事件，收回4.62亿元本金、76万元利息、196万元罚息和126万元延期支付费用；守住不发生区域性、系统性风险底线；没有发生案件；没有大的不良贷款反弹，实现不良贷款双降。

（金　轶）

【推进改革】 2015年，实质性启动改革8家联社，其中挂牌2家。全市共已实质性启动改革11家，其中挂牌5家，处于全省前列。祁东县也基本完成不良清收，资产确权、政府置换等前期重要准备工作。（金　轶）

【规范经营】 （1）规范信贷管理、违规吸储、票据业务、代理业务等业务行为，重点惩治对贷款乱收费、增加客户融资成本等违规行为。（2）在农村中小金融机构开展“经营行为规范年”活动，整改问题1797个，内部追责992人次，移送司法4人，开除7人，罚款58万元。对领导追责19人次，免去网点负责人18名，业务差错率同比下降6个百分点。（3）全年检查33个项目，发现问题285个，检查机构251个，处罚机构15个，罚款到位276万元。

（金　轶）

## 中国农业发展银行衡阳市分行

【概况】 2015年，中国农业发展银行衡阳市分行（以下简称农发行）履行政策性金融职能，主动服务于全市“三农”经济和“四化两型”社会建设。全年累放贷款44.46亿元，其中累放中长期贷款16.6亿元，同比多放9.9亿元。在全省农发行系统369个、148.97亿元重点基金项目中，落地衡阳的项目达58个、金额28.15亿元，项目数占比15.7%、金额占比18.9%，均居全省地市第一。年末贷款余额112.4亿元，比年初增加17亿元，增幅17.8%。贷款净增量居全市15家全国性中资金融机构第5位。

（秦　斌）

【粮食收储】 主动顺应农产品购销政策调整变化新要求，及时足额供应收购资金，确保不出现“卖粮难”和“打白条”问题。全年累放粮棉油贷款20.24亿元，其中最低价收购贷款13.34亿元，支持收购粮食6.08亿斤；支持粮食加工企业开展市场化收购，向金雁、绿海、金鲲、金泰等产业化龙头企业投放粮食收购贷款2.38亿元，支持收购粮食1.72亿斤。（秦　斌）

【服务区域发展】 向东洲岛、衡阳县蒸水河项目投放水利贷款3.43亿元，大力支持湘江流域综合治理；向松木经开区、水口山经开区投放集中住房贷款6.88亿元，大力支持园区提质升级；向衡东富成新区、祁东玉泉新区投放贷款1.61亿元，服务“1189”交通战略和“西南云大”经济圈。

（秦　斌）

【服务城乡发展】 依托“四化两型”社会建设，主动提升站位，跟进全市重大项目建设。与衡阳市唯一省级新型城镇化试点县祁东县签订5年内信贷支持30亿元的战略合作协议，投放贷款1.78亿元，支持新型城镇化试点建设。与衡阳县政府签订5年内信贷支持30亿元的战略合作协议，全力支持该县城乡发展。市农发行加强与市发改委协调，摸清全市重点建设项目资本金缺口情况，截至年末，累计落地基金项目58个、28.15亿元，撬动投资总额563亿元，年内投放53个、26.23亿元。其中，向湖南森特公司投放的1亿元基金为全国第一批项目基金。（秦　斌）

【服务扶贫攻坚】 贯彻落实党中央“精准扶贫”要求，把支持易地扶贫搬迁作为农发行一项重大的政治任务来抓。8月份，与衡阳市唯一省级贫困县——祁东县签订《易地扶贫搬迁框架协议》，开辟办贷“绿色通道”，该县8亿元易地扶贫搬迁项目，从对接到审批投放仅短短20余天，已先期投放3亿元，项目建成后，将惠及周边的归阳镇、粮市镇等6个镇1.4万人。（秦 斌）

【服务农业现代化】 把握服务实体经济这一本质要求，围绕规模种养殖、农业机械化、产品深加工、农产品流通等方面加大信贷投入，创新金融产品，助力产业升级。对受经济周期或行业性影响出现暂时经营困难的企业，实施重点帮扶和跟踪监测管理，贴身维护好客户，不抽贷、不压贷，帮助企业渡过难关。全年累放农业产业化龙头、加工企业和农业小企业贷款7.52亿元，支持国家级产业化龙头企业1家、省级15家，拥有中国驰名商标7个，全力推动衡阳市品牌战略，形成具有衡阳特色的农业产业集群。（秦 斌）

## 中国工商银行股份有限公司衡阳分行

【概况】 2015年，在经济下行、外部风险加大的形势下，全行上下按照总、省行和市分行部署，在市委、市政府的领导下，围绕质量和效益，在抓好主营业务发展的同时，统筹推进转型、创新、客户发展等各项工作，取得较好的经营成效，全行实现拨备前利润2.92亿元，实现净利润1.27亿元。全省行长经营绩效综合考核得分1270分，绩效等级B⁻，名列全省第八，比上年提升1个名次。（廖芬良）

【存款增长】 截至2015年12月31日，各项存款余额257.4亿元，较年初增加22.33亿元，全省排名第四，同业排名第三。储蓄存款较年初新增13.77亿元，全省排名第二。对公存款较年初新增8.56亿元，其中公司存款较年初增长4.6亿元，全省排名第四；机构存款较年初增长4.0亿元，全省排名第三。同业存款较年初下降5457万元，同业排名第三。（廖芬良）

【贷款营销】 到2015年年末，各项贷款余额107.59亿元，消化特变电工、富士康等7个亿贷款归还不再续做以及政府债务置换、贷款批量转让等因素的影响，全年累计投放各项贷款73.62亿元，净增9.97亿元。其中：人民币公司贷款较年初净增3.48亿元，个人贷款较年初净增4.21亿元，票据贴现新增4.79亿元。抓好小微企业各项业务的稳健推进，截至12月末，小微企业贷款余额18亿元，较年初增加16622万元，有贷款余额小微企业252户。信用卡透支余额17.1亿元，分期付款余额8.6亿元，分期交易9.1亿元，在全省二级分行排第三位。（廖芬良）

【风险管控】 全行不良贷款总额9812万元，较年初下降863万元；不良率0.91%，比年初下降0.2个百分点，再次实现不良贷款“双降”目标。全年清收处置不良贷款44892万元，完成计划任务的632.26%。其中现金清收21498万元、核销9348万元、转化处置14044万元。潜在风险贷款退出及转化5081万元，完成计划的142.03%。（廖芬良）

【业务转型】 全年信用卡新发卡3.8万张，累计消费额74.2亿元，较同期增加10.2亿元；累计收单额85.9亿元，较同期增加23亿元；信用卡透支余额17.1亿元，较年初净增1.7亿元。实现信用卡总收入1.18亿元，同比增长25.5%，其中利息收入2102万元，中间业务收入9677万元。大力拓展互联网金融，融e购B2B业务实现全省首家商户签约、首家办理线上交易、首家交易额超亿元；旅游监管平台结算系统推广项目实现全省首批上线交易、83户涉旅企业入网，首家完成100%企业入网任务；电子银行业务实现中间业务收入6410万元。“大资管”“大零售”创新业务发展较快，新的经营效益增长点的作用凸显。全年实现理财业务收入4838万元，较2014年增长389万元，其中养老金理财产品销售270575万元，销售量和日均销售额均居全省第一，实现中间业务收入451万元；养老金个人客户拓户1245户，完成省分行考核任务104%，全省排名第一；个人定期积存金有效户净增4212户，净增数名列全省第一；黄金租赁 600 公斤，实现业务收入 197 万元。

（廖芬良）

【机制建设】 （1）按照省分行“一个办法、两个比例、同步考核、一次兑现”的工作要求，进一步改进和完善费用配置办法和行长经营绩效考核办法，发挥考核激励的导向作用。（2）启动人力资源全面深化改革工作，从机制上引导各类员工不断提高履职能力和提升工作业绩。（3）完成内设机构改革工作，强化干部队伍的配备和管理工作，全行中层干部优选配置和年轻化得到加强。（4）优化营运机制，确保营运安全高效。网点运营标准化工作进一步落实，取得成效。按照人力资源使用效率最大化和节约运营成本的原则，全面实现城区 119 台自动柜员机集中运营管理。

（廖芬良）

## 中国农业银行股份有限公司衡阳分行

【概况】 2015 年，中国农业银行股份有限公司衡阳分行（以下简称衡阳农行）下辖市分行营业部和 12 个支行，其中：农村支行 7 个，城区支行 6 个（含市分行营业部）；营业网点 95 个，其中：城区网点 30 个，农村网点 65 个；全行在职员工 1556 人。2015 年末，衡阳农行各项存款 383 亿元，各项存款较 2014 年净增 35 亿元，其中储蓄存款余额 316 亿元，较 2014 年净增 25 亿元。价值创造能力增强，实现经济增加值 22841 亿元。

（罗秀广 谭 娟）

【资产结构】 2015 年，衡阳农行各项贷款余额 87 亿元，资产结构不断优化，优质法人客户贷款占比提高，A+级法人贷款占比 85%。“两高一剩”行业信用余额较年初压降 1.34 亿元，担保圈贷款余额有效压降 1.97 亿元，完成全年退出计划的 126.47%。在宏观经济持续下行的严峻形势下，实现信用风险整体可控，个人贷款不良率和不良余额实现双降，农户贷款不良余额连续三年下降。

（罗秀广 谭 娟）

【“三农”业务】 2015 年，衡阳农行涉农贷款余额 25 亿元，近两年净增 6.9 亿元，增幅 38%。截至 2015 年底，建立有效惠农通服务点 4387 个。（罗秀广 谭 娟）

【基础管理】 2015 年，衡阳农行以崇尚真抓实干为主线，坚持队伍共建、活动共办、工作共抓、资源共享，形成党建带团建，团建、工建促党建的局面。全行通过深入开展青年讲堂、劳动竞赛、产品创新、素质培训等活动，引领员工建功立业，全方位推动“比学赶超”，汇聚发展正能量。2015 年，衡阳农行在湖南省农行年度考核中取得综合绩效考核、领导班子考核、党风廉政建设、风险考核和运营考核“五个第一”；衡阳农行机关 10 个部室被评为省分行先进部室。

（罗秀广 谭 娟）

【风险防控】 2015 年，衡阳农行持续强化精细管理，在信贷、财务、内控、风险、运营和前台营销等方面推进全流程精细化管理。按照“全行、全员、全过程”的管理思路，建立“分线、分块、分层、分级”的“大内控”考核方案，对各层级实施量化考核，构筑立体式、全方位的内部精细化管理体系，有效夯实经营管理的基础。2015 年，衡阳农行机关和 13 个支行内控评价等级全部达到一类行。全行未发生一起案件和责任事故，被省分行评为“内控案防先进单位”。

（罗秀广 谭 娟）

## 中国建设银行股份有限公司衡阳市分行

【概况】 中国建设银行股份有限公司衡阳市分行（以下简称建行衡阳分行）主动适应经济新常态，寻找新机遇，转型创新，管控风险，巩固和扩大对公业务优势，缩小个人业务与市场领先者的差距，资产质量保持稳定。截至 2015 年 12 月 31 日，建行衡阳分行一般性存款时点余额 395.93 亿元，较年初新增 43.83 亿元；一般性存款日均余额 394.23 亿元，比年初新增 37.7 亿元；各项贷款 174.84 亿元，比年初新增 25.29 亿元；中间业务收入 2.89 亿元；不良贷款率 0.05%；利润 7.9 亿元；向地方政府缴纳税收 8336 万元。

（文新华）

**表 17　　2015 年中国建设银行股份有限公司衡阳市分行主要业务指标完成情况表**

（单位：亿元）

| 项目 | 余额 | 四行占比（%） | 四行排名 | 占比提升（百分点） | 系统排名 | 排名提升 | 新增 | 四行占比（%） | 四行排名 | 占比提升（百分点） | 系统排名 | 排名提升 |
|---|---|---|---|---|---|---|---|---|---|---|---|---|
| **一般性存款** | 396.27 | 32.09 | 1 | 1 | 持平 | 41.55 | 34.4 | 1 | 1 | ↑2 | | |
| 对公存款 | 141.38 | 41.32 | 1 | 2 | ↑2 | 13.12 | 32.02 | 1 | 3 | ↑1 | | |
| 个人存款 | 254.89 | 28.55 | 2 | 1 | 持平 | 28.42 | 35.63 | 1 | 1 | 持平 | | |
| **各项贷款** | 174.84 | 37.45 | 1 | 6 | ↑3 | 25.29 | 42.65 | 1 | 1 | ↑7 | | |
| 公司贷款 | 105.1 | 42.2 | 1 | 6 | 持平 | 21.78 | 56.5 | 1 | 4 | ↑2 | | |
| 个人贷款 | 54.58 | 31.13 | 1 | 6 | ↑1 | 10.04 | 35.41 | 1 | 3 | ↑6 | | |
| **中间业务** | | | | | | 2.89 | 29.44 | 1 | 1 | ↑1 | | |
| 利润 | | | | | | 7.9 | 50.5 | 1 | 2 | ↑2 | | |

（文新华）

**【战略性业务】**　（1）资金结算业务。完成单位人民币结算业务收入 2634.2 万元；单位人民币结算账户比年初新增 1813 户；单位结算卡新增 1396 户；密码器通兑签约客户新增 467 户；对公网络系统客户新增 910 户；电子商业汇票客户新增 38 户；票据池客户净增 4 户。获全省建行结算与现金管理业务竞赛综合考评一等奖第一名。（2）国际业务。实现外汇中间收入 836 万元；新增国际收支客户 13 户；全年国际结算量累计发生额为 9.36 亿美元；结售汇 3.51 亿美元；贸易融资 3.29 亿美元；外汇存款时点新增 6434 万美元。（3）房改金融存款业务。住房资金存款余额 18.73 亿元，维修基金存款 2.87 亿元；发放公积金联名卡 14921 张；公积金贷款新增 6.97 亿。（4）小企业业务。新增授信客户 164 户；小微企业非贴贷款余额达 12.42 亿元，贷款净新增 4.05 亿元；大数据客户新增 135 户，新签约“助保贷”平台 6 个。在湖南省建行小微企业竞赛活动中获综合贡献一等奖。（5）信用卡业务。全年发卡 44154 张；客户净增 32283 户；完成信用卡分期交易额 8.44 亿元。（6）造价咨询业务。在湖南省建行“造价咨询竞赛方案”中获得“综合贡献奖”第一名，“传统造价超产奖”第二名。（7）电子银行业务。手机银行活跃客户净增 64070 户；企业网银活跃客户净增 958 户；全行移动金融柜面替代率达 53.11%。（8）养老金业务。受托资产规模新增 5838 万元；签约个人账户数新增 5420 人；托管资产规模新增 601 万元；营销养颐四方 2 号产品 3 户。（9）私人银行业务。AUM 值 1000 万以上客户新增 8 户，资产新增 2.51 亿元；AUM 值 500 万以上客户新增 42 户，新增 4.98 亿元。在全省建行地市行私行条线综合考核排名第一。（10）金融 IC 卡。发卡量 387395 张，发卡量连续三年在系统内和同业名列第一。（文新华）

**【市场拓展】**　（1）存款增长。一般性存款时点新增 43.83 亿元，日均余额新增 37.7 亿元，均实现系统内排名第一，同业排名第一。（2）信贷投放。各项贷款余额 174.84 亿元，比年初新增 25.29 亿元，贷款新增在系统内排名第一，余额和新增居四行第一。（3）客户营销。全行公司机构有效客户（折算后）新增 2565 户，全省排名第一；个人有效客户（折算后）新增 215177 户、全省排名第一；成功营销市南华大学、技师学院、市公共资源交易中心、衡南县新型农村合作医疗保险基金财政专户、市中级法院执行局案件执行专户、衡州监狱零余额账户等重点机构账户。（4）渠道建设。网卡平台推进得到落实，完成 169 医院及常宁人民医院健康龙卡、市公积金中心 3.0 平台对接、住房维修基金代收、南华大学和财工院校园卡等项目的实施及部署上线；金融 IC 卡行业应用量质齐发展，通过湖南省建行立项10个；物理渠道进一步更新，装修营业网点2个、私人银行中心1个，迁址营业网点1个；建设投产离行自助银行6个；全渠道离柜账务性交易占比达81.62%，交易总量全省排名第一。

（文新华）

【创新转型】 （1）批发业务转型发展。ETC业务发卡21129张，发卡量在全省排名第二，ETC发卡量居本地市场份额第一。（2）零售业务转型发展。个人全量资金时点新增39.8亿，排名全省第一，个人贷款余额全年新增突破十亿元大关，个人住房贷款继续居同业第一。（3）电子银行业务转型发展。实现跨越式增长，手机银行客户新增15.93万户，活跃客户净增额排名全省第一，个人短信客户新增14.05万户，新增排名全省第一，微信银行客户新增4.4万户，善融商务活跃商户数达到46户，善融商务交易额完成3.09亿元。（4）母子公司联动。实现与悉尼分行、建亚分行、大阪分行、米兰分行、首尔分行、建信信托、建信基金等7家子公司合作，累计合作金额达65亿元。（5）国际化和海外业务转型发展。国际业务转型推进KPI考核位居系统第一。

（文新华）

【风险管控】 （1）信贷资产质量保持稳定。截至2015年12月底，全行不良贷款余额957.33万元，不良贷款率0.05%，信贷资产质量全省排名第一。年度内完成耒阳方元豪晟置业有限公司大额不良贷款的核销工作，确保全行资产质量的稳定。（2）信贷管理基础得到加强。通过推进新发放贷款“回头看”工作，开展信贷客户全面排查与专项排查活动；以“控风险、掘商机”贷后管理强化年活动为契机，组织开展关于对公信贷客户贷后管理检查；组织开展“一加强两遏制”检查；通过定期召开预警客户分析会等措施，促进全行信贷管理基础工作的加强。（3）“双基”管理实现“三无”目标。落实省行“双基”管理各项要求，营造合规文化氛围，全面防控各类风险。（4）会计营运基础工作得到夯实。保持衡阳分行“标杆金库”先进旗帜；西渡支行营业部、衡东支行营业部、回雁支行、常宁泉峰分理处等4个网点顺利通过“标杆网点”验收；离行式自助设备平均开机率、缺钞率主要指标考核在全省名列前茅；会计营运条线检查覆盖面、会计稽核差错整改率、条线内外部检查审计发现问题整改率、柜面监测信息回复率、账单回收率均达到100%。（5）“平安建行”创建成果得到巩固。全年实现无案件和重大安全责任事故的目标，在湖南省建行条线考核中被评为优秀，被市公安局授予集体三等功；建行衡阳分行本部被评为综合治理先进单位，衡东支行、光辉路支行等五个单位被湖南省建行评为“平安建行”创建活动先进单位，多名安保条线工作人员被总行、省行和市公安局评为先进个人。 （文新华）

## 中国银行股份有限公司衡阳分行

【概况】 2015年，中国银行股份有限公司衡阳分行（以下简称衡阳中行）践行“担当社会责任，做最好的银行”发展战略，以“百年百亿”为工作主线，以“1211工程”为主要抓手，通过全辖100余位客户经理的努力，营销200个资产项目（含小微企业贷款、中小企业新模式贷款、大中型企业贷款以及个人按揭楼盘贷款、个人投资经营贷款项目等），实现公司贷款和个人贷款各新增10亿元的目标，坚持依法合规经营，业务规模持续扩大，余额市场份额提升，客户基础进一步夯实，截至2015年12月31日，本外币各项存款余额198.47亿元，较年初净增20.65亿元，在四大行中（下同），余额市场份额较年初上升0.13个百分点；本外币贷款余额97.64亿元，较年初净增17.6亿元，其中人民币贷款余额88.63亿元，较年初净增12.35亿元，余额市场份额较年初提升0.18个百分点，外币贷款余额13889万美元，较年初净增8094万美元，余额市场份额较年初提升42.2个百分点。表内本外币余额贷存比49.2%、新增贷存比82.34%，在四大行中均名列第一。资产不良率2.98%，实现业务净收入5.63亿元、利润3.47亿元。

（陈 云）

【增加存款】 重点拓展源头性存款，如推动“代发薪”业务，抓好产品组合和渠道延伸，以“入湘百年”特色礼仪存单、大额存单、主办账户和中银步步高等产品拓展客户，以商贸通卡、汇款套餐、商户通抓结算资金沉淀，服务渠道向农村、园区、社保、社区等延伸增加存款来源。对存款拓展乏力、核心存款增长落后的网点，加强过程管控及督办。

（陈　云）

【加快贷款投放】　根据年初“入湘百年，贷款百亿”的贷款新增目标，在辖内实施“1211”工程。2015 年，衡阳中行“1211”工程全口径授信累计投放 35.36 亿元，新增投放客户数 212 户，同时还培养一批优秀的营销副职和客户经理，为授信业务的快速发展奠定较好的基础。（陈　云）

【拓展战略产品】　2015 年，衡阳中行在代发薪、跨境人民币、电子银行产品、资金业务、银行卡分期、基金销售、信用卡和社保卡的发行等战略产品的拓展上有较大的突破，以产品服务增强客户粘性，拓宽增收道路。

（陈　云）

【风险管控】　（1）加强授信风险管控。出台《关于切实做好资产质量管控，持续推动业务健康发展的意见》，对全行的资产管控任务进行分解，明确责任人，实行盯条线、盯重点、盯细节、盯个人的四盯督促办法。（2）加强操作风险管控。出台《衡阳分行内控操作风险管理工作实施细则》《衡阳分行业务违规操作处理办法》。加强内控合规教育，组织全辖 34 个机构网点员工观看《寻找合规代言人》《合规去哪了》等教育片。实施市分行班子成员对辖内各机构内控工作分片管理制度。2015 年，市分行班子成员先后两次分别对分管机构进行内控工作调研和评价，收集各机构内控管理建议及问题 64 个，形成分片网点调研报告、内控工作通报及行长办公会议纪要。（3）加强声誉风险管理。落实声誉风险管理责任制，完善声誉风险事件预警机制和舆情应对机制，做到风险隐患早发现、风险事件早报告早处理。加强正面宣传报道，不断提升正面品牌形象。2015 年，衡阳中行品牌资讯工作在湖南中行系统内考核中排名第一。（4）加强安全保卫。2015 年，衡阳中行创建“平安中行”，消除安全隐患，全辖未发生任何案件和安全事故，被衡阳市公安局、银监局评为“衡阳市银行业金融机构 2015 年度安全防范优秀单位”。

（陈　云）

## 交通银行股份有限公司衡阳分行

【概况】　2015 年，交通银行股份有限公司衡阳分行（以下简称衡阳交行）秉承“责任立业，创新超越”的理念，坚持“业务经营，风控先行“，依托蓬勃发展的衡阳经济，实现自身的快速发展。截至 2015 年 12 月 31 日，衡阳交行本外币存款余额达 431754 万元，人民币贷款余额 180228 万元，存贷比为 42.05%，人均利润达 180 万元。衡阳交行成功上线住房公积金归集系统，物业维修基金，非税代收缴系统，烟草新商盟系统，国土网上招拍挂系统，二手房交易资金托管、国库集中支付系统，诊疗卡、商品房预售资金监管系统，社保卡在诊疗领域运用、燃气缴费通等系统，成为衡阳系统上线最多的银行。

（高　莹）

【支持重点项目发展】　在符合信贷投向指引的前提下，对接市城建投、交通投、水务投、弘湘公司、来雁公司、滨江公司等政府平台公司的融资需求，推进市区级重点项目的对接，在争取已获审批的重点授信项目贷款资金及时到位的同时，做好与新项目的对接。截至 2015 年 12 月末，衡阳交行实现 11 个项目的有效投放，合计金额 10.71 亿元，纳入交总行重点储备项目库的项目数为 8 个，金额合计 38.2 亿元。

（高　莹）

【服务实体经济】　交通银行在服务实体经济方面，全年新增 3.1 亿元授信款。2015 年，交通银行加大对有色金属、机械、电子等衡阳制造业龙头，房地产、燃气等城市发展建设行业龙头企业及重点工业园区的支持。通过黄金租赁、资产池、总行池等创新方式解决一批企业的融资需求。与此同时，开展境外联动，通过存贷通、内保外贷、跨境人民币等业务为企业解决融资需求，为企业提供更完善的金融解决方案。在扶持中小企业方面，交通银行

通过“电子供应链”创新性地批量开发百货类优质小企业，有效解除多个小微商户资金周转的困扰。（高 莹）

【便民工程】（1）衡阳交行支持衡阳市两家大型三甲医院成功上线“诊疗卡”项目，有效释放医疗资源。（2）通过二手房交易资金监管系统有效规范二手房交易服务，既可确保交易双方资金安全，还可为购房者提供按揭服务，解决其资金需求。（3）在向国家工商总局注册“雁城通”专利商标后，上线运行燃气公众智能缴费系统，市民在家门口即可实现燃气的轻松缴费。下一步将以“雁城通”卡为载体，搭建水电、通讯、有线电视等的一站式智能金融服务。（4）与衡阳市第一家以女性为主题的商场“连卡福商业广场”合作，在2015年12月12日联合发行衡阳市第一张联名卡——连卡福联名卡，并在该商场安装自动取款机和自助发卡机，打造一站式的交行客户金融体验商场。（高 莹）

【加强内控管理】2015年，全体干部员工在开展营运销售的过程中不断强化合规意识，全年全行内控管理由B上升为B+。全行全体干部员工学习并消化各项规章制度，加强教育引导，提高思想认识，加强合规销售和贷后管理，做到自问、自查，防范“飞单”销售和产生不良资产。做好会计内控管理工作。2015年，衡阳交行被人行评为“金融统计公共先进单位”。（高 莹）

## 湖南省农村信用社联合社衡阳办事处

【概况】2015年，各项存款余额654.83亿元，较2014年净增91.55亿元，市场份额居全市第一位；各项贷款余额325.6亿元，较2014年净增37.34亿元，市场份额居全市第一位；实现总收入38.49亿元，同比增收2亿元；利息收入21.1亿元，同比增收1.94亿元；实现经营利润13.79亿，同比增盈0.48亿元。

（邓翠婷 谷德良）

【业务发展】（1）做大做强规模。各行社提高存贷款市场竞争意识，建立相关工作机制和方案，取得较好的营销效果。全市农商行、农信社存款规模在2015年二季度末突破600亿元，贷款规模突破300亿元。其中：衡阳县联社各项存款在2015年2月份突破100亿元，成为全市第一家、全省第九家存款过百亿的县级行社。（2）推进“信用村”建设。全面推开“信用村”创建工作，已建成“信用村”110家，《衡阳日报》等媒体进行集中报道。（3）抓好电子银行推广。“自助银行十百千”工程全面推进。为解决自助银行选址难的问题，衡阳县联社试点在城区设置自助银亭2处，效果较好。雁峰区联社建成ETC一站式服务点，获得全省农信社电子银行产品创新奖。衡南、常宁、蒸湘等行社结合自身实际，开展多种形式的电子银行营销活动，吸引社会关注。

（邓翠婷 谷德良）

【产权改革】（1）大力推进城区联社整合改制。向市委、市政府和相关部门请示、汇报，得到市委政府主要领导的重视，城区四家联社通过清收不良、确认产权、置换包袱、清产核资、退募股金、落实整改，较好地完成筹建准备工作，筹建申请已上报银监会。（2）加强对其他县联社的指导。加强协调指导，争取支持政策，产权改革得到全面推进。衡南、衡山两家农商行在2015年正式挂牌开业；衡东召开农商行创立大会；衡阳县联社完成清产核资验收；祁东县联社正抓紧做好基础工作，争取尽快启动改革。（3）推动农商行提质转型。指导耒阳、常宁、南岳等农商行创新理念、转换机制、管控风险。常宁农商行初步建成与业务系统配套的绩效考核系统。

（邓翠婷 谷德良）

## 中国邮政储蓄银行股份有限公司衡阳市分行

【概况】2015年，全行累计实现收入33949万元，利润12780万元，收入、利润总额排名全省前列。人均创收62.75万元，人均创利23.05万元，均排全省第2位。衡阳市分行在全省业务发展评比中获“全省个人业务发展先进单位”“全省公司业务发展先进单位”“全省小企业贷款业务发展先进单位”“全省消费信贷业务发展先进单位”“全省信用卡业务发展先进单位”“全省金融市场业务发展先进单位”6个业务发展单项奖和业务发展综合奖，被授予“全省业务发展先进单位”称号。衡山县支行、市城区支行获全省“争先奖”，衡南县支行、常宁市支行获全省“进位奖”，市城区支行行长获全省“十佳支行长”称号。（邓亚楠）

【个金业务】 全市个人存款余额达到363.22亿元，其中银行自营余额66.75亿元，年净增8.73亿元。市场占有率18.9%，较2014年底提高0.58个百分点，存款规模在全市各大金融机构中排第二位。电子银行交易替代率较2014年末提高10个百分点。公交金融IC卡在耒阳首发推广应用。全市保险出单14859万元，贵金属交易量97527万元，信用卡发卡10658张，三项业务完成比及绝对值均排全省前列。（邓亚楠）

【零售信贷】 全年发放贷款近30亿元，新增贷款余额11亿。消费类贷款重点突出一手房贷的增量发展，全年新增一手房楼盘16个、续建备案11个。转型拓展二手房及非购房贷款业务，汽车消费贷及信用消费贷服务群体不断扩张，非房贷占比达到增量的26%。小企业贷款突出银企、银政、银担、银团、银协平台搭建与推进，开展小微企业金融服务“走政府”及“走基层、访客户、督发展、促双降”两大营销活动畅通营销渠道。全省首笔政采贷及全市首笔医院贷分别在衡东、祁东支行成功落地。小额贷款进一步深化在农委、团委等涉农领域的合作力度，相继创新土地经营权、农机具抵押、林权抵押及专业设备抵押等担保方式，在“公司+农户”“市场+商户”“协会+会员”合作模式及抵押方式上取得新的突破。耒阳支行成功发放农机具抵押贷款及农村土地经营权抵押贷款，常宁、高新支行实现林权抵押贷款有效突破，衡阳县支行成功发放专业设备抵押贷款。全市的烟农贷款、种养大户贷款、再就业贷款发放连创新高，家庭农场成为新的增长点，服务“三农”日益深入。（邓亚楠）

【公司业务】 全市对公存款余额达36.5亿元。在全省率先实现住房公积金银企直联系统对接及一手房监管系统开发。办理票据贴现5.97亿元，贴现量连续两年排全省前3位。获批开办并成功办理票据承兑业务；发放公司授信业务7000万元，率先在全省审批发放委托贷款1.5亿元。（邓亚楠）

【风控合规】 风险管控不断强化。全市四大专业风险管理委员会工作步入规范化、常态化。全行风险分类、风险监测、风险预警做到每月一通报、每案一点评、每季一考核。率先在衡南、衡山支行推进风险防控联保试点工作。“除隐患、提能力”支行建设集中整治活动扎实推进。市县两级领导深入开展信贷人员家访活动，覆盖面达100%。合规体系日益健全。全行以“管理标准化建设年”活动为抓手，梳理现有岗位、条线、产品、制度、流程，规范管理标准与规程。完善机构风险评价管理体系，基本实现岗位履职、流程操作、风险控制、责任追究标准化。纵深推进“两个加强、两个遏制”专项检查、“合规回头看”等系列活动。宣贯践行“员工行为十条禁令”“14条信贷违规处理铁律”，在全行掀起“以学促改”“四看”对照工作的高潮。顺利通过省银监局、广州审计分局、总行及省分行内控评价组开展的大型检查活动，全行内部控制水平再上新台阶。资产质量日趋优良。（1）强化信贷风险管理控增量。通过重拳查处信贷违规违纪行为，明确管理人员提前介入贷前调查、掌控风险，从源头上严把新增贷款质量关，综合不良率控制在0.2%以内。认真践行1+N风险监控管理模式，出台资产质量控制方案，层层签订责任状，形成部门、专业、支行、信贷人员齐抓共管的局面。主动化解资产风险，实现风险软着陆。出台信贷逾期超标人员停岗停职方案。全市不良余额处于全省较低水平。（2）多措并举抓清收降存量。按照“重视而不懈怠”“担责而不推诿”“协同而不缺位”“快处而不拖延”“灵活而不教条”“维权而不妥协”的“六不”原则，通过自主清收、司法诉讼、经侦协助、委外清收、打包转让、资产协调处置、呆账核销、大额不良领导包干等手段扎实推进不良贷款清收工作，全年清收不良贷款现金2617万元。市分行获全省“2015年不良贷款清

收百日竞赛活动优秀组织单位”称号。（邓亚楠）

【基础管理】 优化人力资源，持续发展能力显著提升。坚定实施后台人员前移。全市前台人员占比为57%，较2013年年末提高15个百分点，其中信贷从业人员占比由2013年9月的18%提高到目前的30%。细化财务管理，经营管控能力逐步增强。强化支撑管理，服务保障体系日益健全。会计稽核管理工作居全省先进水平。安全保卫、信息科技等服务支撑不断巩固。金融网安全运行年竞赛连续三年位居全省第1位。安防基础不断夯实，在衡阳市银行业金融机构安全评估检查工作中，达到“优秀单位”标准。印章管理率先在全省实行全面集中上收，档案管理在全省劳动竞赛评比中达到A级水平。（邓亚楠）

## 华融湘江银行股份有限公司衡阳分行

【概况】 2015年，在市委、市政府及上级行的领导下，华融湘江银行股份有限公司衡阳分行有序有力推动各项工作稳步发展。截至2015年12月末，一般性存款173.52亿元，较年初新增25.23亿元，增幅17.01%；信用总量123.16亿元，较年初新增24.04亿元，其中：各项贷款80.83亿元，比年初新增19.67亿元。全年实现净利润1.05亿元。2015年，获得市政府目标管理考核优秀单位称号、市人民银行信用评级A级机构且考核得分排名全市第一。（1）业务发展有新的突破。公司业务进步较明显，零售业务保持较快发展，小微业务发展来势较好。小微业务指标达到银监部门“三个不低于”的要求，小微条线综合考评排名全行A组第2位。（2）内部管理有新的提升。人力资源工作扎实推进；运营业务管理成效明显；授信审批工作持续优化；放款工作效率不断提升；科技管理实现分支联动；保卫工作跃上新的台阶，实现零案件、零事故，安全评估排名全市第一；品牌宣传工作也有成效。（3）风险防控有新的举措，实现逾期、不良贷款双降的目标。（4）廉政建设有新的进步，继续保持无案件、无重大违规违纪问题发生的良好发展局面。

（李长君）

## 中国民生银行股份有限公司衡阳分行

【重点项目建设】 （1）倾力营销重点项目。对来雁新城成功审批项目贷款10亿元，已提用7亿元；对市天然气公司、自来水公司等企业授信额度达2亿元；对华源市场、晶珠置业等投放贷款近3亿元；对恒飞电缆、南岳电控等累计授信7亿元；对南岳衡山景区及二甲以上医院累计授信1亿元；对白沙洲工业园发放贷款4000万元，后期还将进一步支持白沙洲工业园基础设施建设。（2）项目储备逐步推进。新增已审批项目3个，新增授信额度2.1亿元，已提用2户。（3）公司存款。加大机构大户维护、挖潜力度，新拓一机构客户，存款净增7000万元。截止于2015年12月末，公司存款实现新高，年日均创历史最好水平。（郭 娟）

【转型发展】 （1）优化融资产品。服务实体经济，新推家庭综合消费贷款；发展个人按揭贷款，实行最低的首付比例和优惠的利率定价，满足个人及小微企业融资需求。全年发放个贷1.73亿元，楼盘按揭不良率为0。（2）营销主动负债。在长沙分行主动负责竞赛中，绝对销售量名列长沙分行第一。同时，推出的理财产品和代销产品深受广大客户喜爱和好评，理财全年销售量排名长沙分行第一，人寿保险销售额是2014年的20倍。

（郭 娟）

【金融环境】 面对经济发展形势，以及金融监管与服务新要求，妥善处理好支持当地经济发展和规避金融风险的关系，全力为服务当地经济发展提供一个良好的金融环境。2户公司贷款客户顺利退出，通过重组成功化解3笔公司客户逾期贷款；有效通过诉讼促成重组化解小微不良贷款，收回现金580万元。引进委外催收促进重整落地5户。（郭 娟）

## 招商银行股份有限公司衡阳分行

【概况】 2015年，招商银行股份有限公司衡阳分行（以下简称衡阳招商银行）加快经营模式转变，焦聚风险，优化结构，通过对客户进行分层和细化管理，进一步夯实客群，为加快发展进行布局，取得成绩。(1) 负债业务。截止于2015年12月31日，全行全折人民币自营存款时点余额20.57亿元。其中，对公存款时点余额13.50亿元；储蓄存款时点余额7.01亿元。(2) 资产业务。2015年12月末，全行全折人民币自营贷款余额17.54亿元。其中对公贷款11.66亿元；个人贷款余额4.7亿元；不良贷款余额0.43亿元，不良贷款率2.45%。(3) 降低风险。坚持效益、质量和规模协调发展的指导思想，以有效投放为载体，增强服务；以增效为基础，强化管理；逐步退出“散小差”等劣质客户34户，有效降低潜在的系统性风险影响。(4) 发展轻资产业务。向衡阳市交通投资有限公司提供信托融资5亿元；根据衡阳市经济特色，通过票据贴现、票据开立、票据池、票据再贴现等一揽子业务品种，做大票据业务。截止于12月末，衡阳招商银行实现4家票据池客户建档，并实现票据池项下质押开票业务零的突破；办理票据贴现16.66亿元；办理票据再贴现3.42亿元，大力满足地方经济融资需求。 （陈栖梧）

【夯实客群】 将对公客户经理和个贷客户经理集中上收，对客户实行分层管理，以客户为中心，提升客户服务水平。设置对公无贷户管理专员，满足无贷户客户服务需求。利用信用卡部平台，培育信用卡、储蓄卡等产品使用的良好氛围和环境。全年持续开展5折加周六10元观影平台、5折餐饮平台和加油返现5%活动平台，获得客户的广泛认同。截止于2015年年末，衡阳地区信用卡累计流通户4.29万户，年累计交易额17.60亿元。 （陈栖梧）

【内部管理】 (1) 统计工作。2015年，在人行衡阳市中心支行组织的统计工作评选中，衡阳招商银行获评一等奖，阳倩获“个人一等奖”。在高新区统计局的评比中，衡阳招商银行为唯一一家银行机构获评“先进单位”；(2) 安全保卫工作管理到位。员工廉洁从业、诚信道德、安全教育工作扎实到位，在长沙分行监保部组织的年度监察安全保卫工作评级中，衡阳招商银行成为全行仅有的5家A类行之一；(3) 工会建设。2015年，工会活动获湖南省金融工会模范之家；(4) 内控合规工作到位，实现全年“五无”内控管理目标，即无风险、无案件、无事故、无重大审计发现、无外部处罚。 （陈栖梧）

## 中信银行股份有限公司衡阳分行

【概况】 2015年，中信银行股份有限公司衡阳分行贯彻上级行“加快转型聚焦产能差异竞争乘势而上”的经营理念，取得一系列的成绩。(1) 全口径存款为65.34亿元，其中自营性存款50.64亿元，比2014年度新增11.71亿元，增幅30.08%。其中：对公存款时点余额39.90亿元，较2014年时点新增9亿元，增幅29.12%；零售存款时点余额10.74亿元，较2014年新增2.71亿元，增幅33.75%。存款规模、对公存款新增、零售存款新增在当地中小股份制银行中排第1位。(2) 各项资产业务余额合计68.59亿元，其中表内贷款余额38.08亿元，比年初新增1.21亿元，增幅3.28%；表外资产30.51亿元，比年初新增18.9亿元，增幅162.29%，不良贷款率为0.91%，其中公司贷款不良率为零。小微企业授信余额21.29亿元，比2014年增加2.45亿元，增幅比率13%。(3) 实现经济利润0.91亿元，在当地中小股份制银行中排第1，占比48.60%。 （宾金琳）

【人员机构设置】 有员工76名，平均年龄为27岁，拥有本科及以上学历的人数占比达96%。内设公司银行部、零售银行部、风险管理部、计划财务部和办公室，下属营业部、常胜路支行及耒阳支行。其中耒阳支行于2015年1月20日正式开业，是中信银行股份有限公司衡阳分行第一家异地县域支行，也是衡阳市第一家进入县域的股份制银行。 （宾金琳）

【业务拓展】 (1) 公司金融板块在商行业务方面优势突出，市场敏感度高，反应快，产品落地时间短；在战略客户营销方面，建立立体营销体系，形成“一户一策”管理机制；在机构业务方面实现新的突破；在项目储备方面累计储备项目300余亿元，涵盖市内平台企业以及中小微型企业。(2) 零售金融板块稳步发展，负债规模、客户数增长加快，区域化特色单品拉动显著。负债业务稳居区域同业排名、系统排名前列。2015年，零售个人存款余额10.74亿元，存款时点首次突破10亿大关。(3) 金融市场板块与投行业务发展较快，重点攻克市级和重点大县的平台企业；在产品上，有表内授信的融资性保函，有撮合类非商行投行业务，还有资本市场的债券业务；成功营销衡阳分行有史以来最大一笔同业单品10亿元同业存款；票据业务首次成功办理再贴现业务，再贴现规模5500余万元成为存款来源的有力工具。 （宾金琳）

## 中国光大银行股份有限公司衡阳分行

【概况】 2015年，中国光大银行股份有限公司衡阳分行在长沙分行党委的领导和支持下，转变观念、调整思路、明确目标，坚持以发展为第一要务、以做大规模为当前任务、以推进大资产项目为突破口，抢抓市场机遇，各项业务实现平稳、良性发展，资产、负债规模取得突破性增长。截至2015年年末，在当地同业“5+1”中排名第四，较第三名相差0.09亿元，较第六名超4.22亿元。 （谢 青）

【金融业绩】 2015年，存款规模取得快速增长；大资产项目营销取得丰硕的成果，贷款结构得到优化调整，客户基础不断夯实，为2016年存贷款规模和利润的增长奠定坚实的基础；贷款风险整体可控，资产质量良好；进一步加强政府、财政、平台公司之间的沟通和合作；投行业务成为新的业务增长点；网点建设工作取得长足发展；加强公私联动，带动零售业务存款客户增长。

（谢 青）

## 中国广发银行股份有限公司衡阳分行

【概况】 2015年，中国广发银行股份有限公司衡阳分行内控合规、贷后管理、安全保卫、文明优质服务、运营质量等内部管理和基础工作得到上级行及各级监管部门的肯定。小企业业务和理财业务获得长沙分行“战略业务奖”，运营工作获得长沙分行“运营效能奖”；小企业业务的发展得到总行的肯定，获得2015年小企业优秀支行。华新支行在总行“双百竞赛”中获第二名。截至12月31日，一般性存款25.29亿；授信总额32.87亿元，新增授信6.94亿元，其中表内授信12.43亿元；表外授信20.44亿元；不良贷款114万元，不良率0.09%；服务企业、个人、信用卡客户约10万户；实现利润5222万；缴纳税金533万。 （谭建林）

【中小微企业发展】 2015年，中小微贷款5.166亿元，新增贷款余额2.8亿，增速比率达到71.89%，新增支持中小微企业及个体工商户246户。小企业金融中心也成为长沙分行第一家申报晋升总行“三星级”的中心。个贷日均余额增长超过100%。

（谭建林）

【创新转型】 加大创新转型力度，强化低风险资产和非风险资产盈利能力，金融市场创利能力居长沙分行辖内经营单位第一。

（谭建林）

【合规经营】 坚持依法合规经营，资产质量一直保持优良，对公不良贷款开业至今为零，个人不良贷款余额114万元，不良率0.09%，资产质量居长沙分行辖内经营单位第一。 （谭建林）

## 中国人民财产保险股份有限公司衡阳市分公司

【概况】 2015年，中国人民财产保险股份有限公司衡阳市分公司考虑到大病保险尚未启动的因素，全市系统累计完成生效保费84473万元，完成省分公司下达年计划的95.75%，同比增长15.04%；累计完成实收保费83319万元，完成省分公司下达年计划的94.44%，同比增长15.66%；市场份额为42.51%，继续保持行业领先地位。保费规模继续实现一年一个亿的增长，首破八亿大关。从各险种情况看，车险业务完成保费收入49960万元，同比增长15.23%；财产险业务完成保费收入3942万元，同比负增长5.65%；船货险业务完成保费收入503万元，同比增长5.18%；责信险业务完成保费收入6547万元，同比增长26.39%；意健险业务完成保费收入8068万元，同比增长25.39%；农险业务完成保费收入15453万元，同比增长11.98%。 （段海文）

【社会贡献成果】 全年完成税收4280.74万元，代征代缴车船税3752.41万元；推动中国人保集团公司“险资入衡”，到位城建资金15亿元；救灾募捐100万元，为地方经济建设作出应有贡献。全年累计支付各类直接赔款43932.4万元，同比增加10268.07万元，没有出现惜赔和克扣赔款现象。

（段海文）

【服务水平提升】 以提升全员服务素质和能力为核心，把服务落实到各个环节。服务管理常态化，加大服务标准化建设力度，通过柜面服务监控、职能部门抽查等手段，定期对员工着装、文明用语、职场环境、工具使用等方面进行监督检查，一线人员的服务意识不断提升，规范操作改善，客户满意度达99%；服务措施效能化，有效治理出单速度，开展“满意在人保”主题活动，加大投诉处理和督办力度，全年投诉处理及时率为94%；强化客户实名制管理，大力推广“湖南人保财险”微信平台运用，客户俱乐部建设稳步推进，大幅扩大VIP体验卡客户数量，落实车主秘书、代办年检等增值服务。（段海文）

【队伍结构优化】 通过用工形式转化、人才招录等多种形式，进一步优化队伍结构。全年新进人员55名，全市系统本科及以上学历人员占比达63.53%，35岁以下青年员工占比达61.72%，参加销改的人员占比为33.86%。

（段海文）

## 中国人寿保险股份有限公司衡阳分公司

【概况】 2015年，中国人寿保险股份有限公司衡阳分公司（以下简称中国人寿衡阳分公司）各渠道创新经营，业务指标实现跨越式增长。银保渠道职能考核排名全省第二，团险渠道职能考核排名全省第四。首年标保完成率排名全省第一，短期险综合完成率排名全省第二，首年期交完成率排名全省第七。在业务增长的同时，效益及员工薪酬也得到提升，短期险赔付率25.2%，全省最低；员工人均薪酬增长率达到18.15%。 （蒋宏伟）

【业务发展】 中国人寿衡阳分公司经营考核保费类主要指标超额达成年度预算目标，且同比实现大幅增长。首年标保达成12160万元、达成率124.83%、同比增长29.37%；首年期交达成23159万元、达成率111.68%、同比增长24.99%；10年期及以上首年期交达成13238万元、达成率102.37%、同比增长23.44%；短期险达成8904万元、达成率107.53%、同比增长30.90%。个险渠道，首年期交达成16928万元，同比增长29.46%；10年期及以上首年期交达成11977万元，同比增长23.58%；短期险达成1970万元，同比增长14.02%。收展渠道，首年期交达成3622万元，同比增长74.55%，首年期交业务占个险渠道业务规模的21.4%；10年期及以上首年期交达成2622万元，同比增长55.33%，10年期及以上业务占个险渠道业务规模的21.89%。银保渠道，首年期交达成6229万元，同比增长14.37%；10年期及以上首年期交达成1259万元，同比增长22.60%；新单保费达成36524万元，达成率101.06%。团险渠道，短期险达成6808万元，同比增长36.78%；其中意外险达成4758万元，同比增长43.31%。柜销业务，实现新单保费6198万元，首年期交保费41万元，短期险保费125万元，其中短期险同比增长91.35%。 （蒋宏伟）

【市场份额】 总保费市场份额27.48%，领先市场第二名17.78%。个险渠道首年期交保费市场份额34.89%；银保渠道首年期交保费市场份额45.44%；团险渠道短期险保费市场份额54.13%。

（蒋宏伟）

【政策业务】 全年实现新农合经办业务4733万元，其中新农合短险业务473万元，分别同比增长67.83%和26.8%；新农合带动业务试点成功，实现新的业务增长点，全年新增两县业务合计82万元。城镇职工医保业务375万元，城镇居民医保业务152万元，大病互助短险业务80万元，补充工伤保险业务74万元。 （蒋宏伟）

【经营效益】 2015年，在产品费用率大幅下降的情况下，全年实现新单创费6453万元，完成年度目标的127.27%，较2014年增长1222万元。全年实现短期险保费 8904 万元，较 2014 年增长 2102 万元，通过险种结构优化，全年短险简单赔付率 25.2%，低于全省均值水平 11 个百分点；员工人均薪酬增长率达到 18.15%。

（蒋宏伟）

## 万联证券有限责任公司衡阳证券营业部

【概况】 2015 年，营业部实现营业收入 9209.93 万元，较 2014 年上升 187%，实现营业利润 6052.39 万元，较 2014 年上升 187%，超额完成 2014 年年底预定的目标。营业部全年新增有效户达 6282 户，较 2014 年的 1315 户激增四倍有余。全年营业部的客户成交量总额为 1097 亿元，较 2014 年的 329 亿元增加两倍有余，与市场总体交易量的年度增长幅度基本持平。股票基金市场份额 0.203‰，较年初营业部考核指标的完成率为 95.34%。2015 年年末营业部客户托管资产总额为 38.90 亿元，这项数字在 2014 年年末为 27.03 亿元，全年实现托管资产高达 44%的升值幅度。融资融券累计开户数较年初的 1214 户增加至 1511 户，授信总额度为 12.8 亿元，较 2014 年年末的 6.5 亿元的授信总额度上升 97%，全年融资融券业务方面实现客户交易总量为 305.7 亿元，占营业部客户总成交量的 27.85%。信用业务方面全年获得的营业收入为 4053.50 万元，占营业部总体收入的 36.84%。

（何谦礼）

【减缓佣金下滑速度】 2015 年，全行业都面临客户交易佣金的快速下滑。全年营业部的客户交易量的平均佣金率为 0.839‰，较 2014 年的 0.942‰下滑幅度为 -11%，优于市场平均下滑幅度。

（何谦礼）

【机构协同业务】 营业部全年成功开发 8 个储备项目，并在 2015 年实现签约项目一个，首次取得 100 万的合同，预计收入以及本年度实际到账收入 10 万元。

（何谦礼）

【融资融券业务】 融资融券业务帮助营业部有效的提升客户交易量的平均佣金水平，客户托管资产的周转率。给营业部带来 2199.04 万元的融资利息收入。

（何谦礼）

【产品销售】 在 2015 年年底广发货币基金的销售活动中，营业部实现 2300 余万元的销售业绩。

（何谦礼）

## 方正证券股份有限公司衡阳证券营业部

【概况】 方正证券衡阳船山和东风营业部截至 2015 年 12 月 31 日新开户 25988 户，船山大道中心营业部 2015 年末资金账户户数达到 109764 户，托管资产峰值超过 100 亿，股票基金交易量 641 亿；融资融券交易总额 136 亿，融资融券余额峰值 10 亿以上，信用账户有效户 1800 户，位居公司第一位；期货客户期末数 439 人，成交金额 241 亿元；广义代买收市场占比千分之 0.82，市场份额千分之 0.46，2015 年实现利润 1.2 亿元。2015 年 2 月，股票期权业务上线。全年开通股票期权账户 100 户，成交量近 2 万张。2005 年湖南省证券业协会授予衡阳营业部“2005 年度优秀证券营业部”称号；2015 年 1 月中国人民银行衡阳市中心支行授予衡阳营业部“2014 年度衡阳市金融消费权益保护工作先进单位”称号。2015 年 4 月中国人民银行衡阳市中心支行授予衡阳营业部“衡阳市 2015 年反洗钱工作先进单位”称号。2015 年 7 月至 9 月，衡阳船山大道中心营业部陆续新开下属 4 家二级社区营业部，分别为衡东洣江大道、衡阳解放大道、耒阳金桥路、衡阳衡山人民西路营业部，截至 2015 年 12 月底，四家新设营业部共开立资产账户 13430 户。

（魏　英）

# 科学技术与科技服务

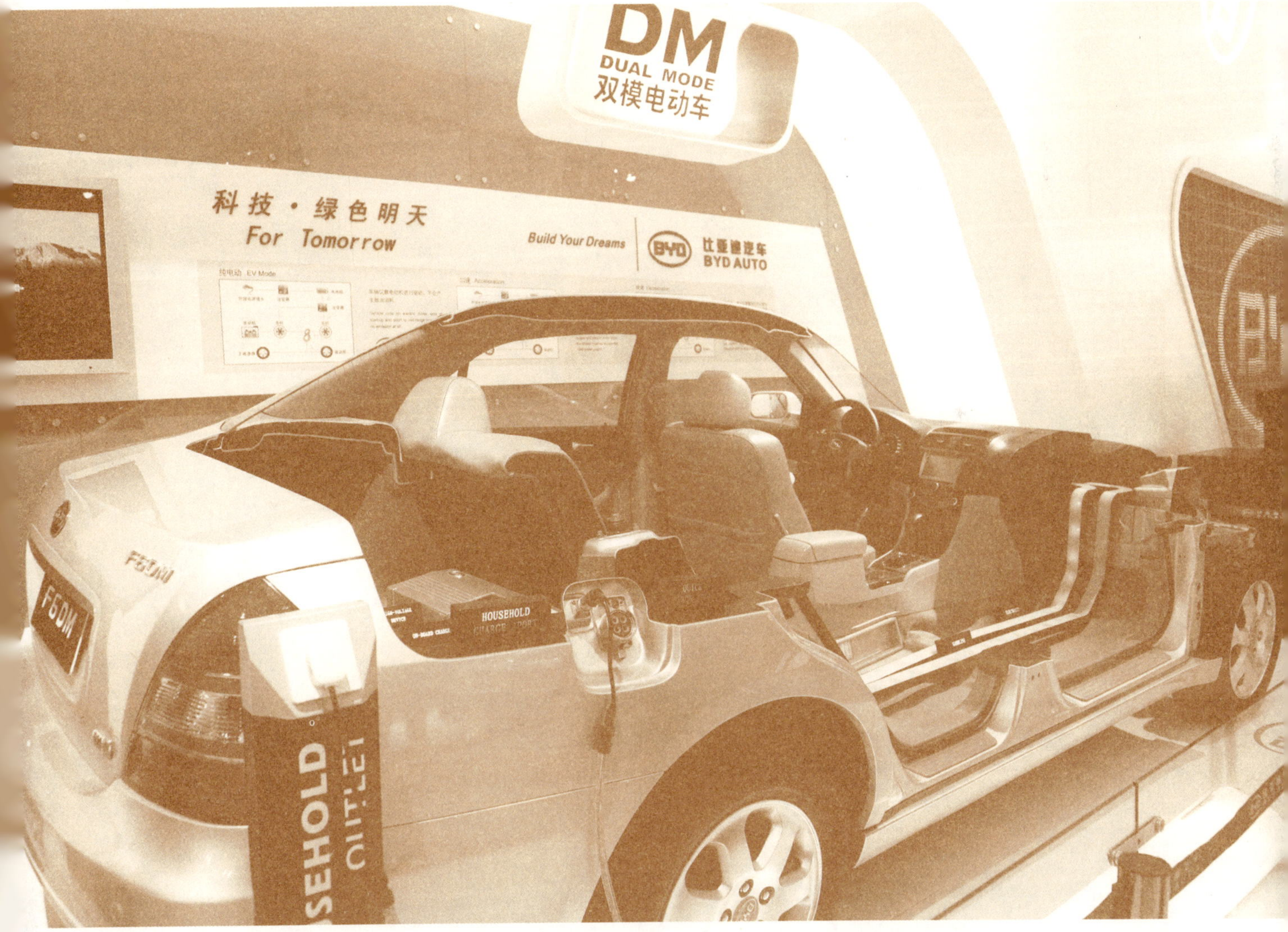

DM
DUAL MODE
双模电动车
科技·绿色明天
For Tomorrow
Build Your Dreams
比亚迪汽车
BYD AUTO
F6DM
HOUSEHOLD
CHARGE PORT
SEHOLD
OUTLET

## 科技工作

【概况】 2015年，全市R&D（科学技术领域的研究与开发）投入为22亿元，占GDP的比重为0.84%，同比增长27.3%；每万人发明专利拥有量：衡阳市有效发明专利633件，每万人0.867件，较2014年底0.595件，增长45.7%。省绩效评估指标落实情况分别为：高新技术产值增加值增速达到全省平均值，2015年，全市高新技术产值为1119亿元，高新技术产业增加值增速达到18.8%，高于全省平均值1个百分点以上；发明专利申请量增加12%，2015年，发明专利申请2169件，全省排名第2位，同比增长117%，全市全年总共查处专利假冒案件100件；处理专利侵权案件4件，结案4件，其他调解专利纠纷咨询10件，结案率100%。（吴　钊）

【高新产业】 通过项目支持、专家指导，重点扶持恒缘电工材料有限公司、天雁机械有限责任公司等5家高新技术企业。分批调研摸底，组织市内符合条件的企业参加高新技术企业认定，共分三批推荐28家企业，26家通过认定。组织耒阳、雁峰、衡阳、衡东、衡山、祁东、石鼓和常宁等8个县区申报52家企业进入高新技术产品统计笼子。（吴　钊）

【创新平台】 2015年，新增湖南省带式输送机工程研究中心、湖南省电工绝缘材料工程技术研究中心。依托湖南工学院、湖南天雁、湖南机油泵、南岳电控和江苏大学合作共同组建汽车泵类零部件设计制造技术国家地方联合工程实验室。跟中国知网合作搭建衡阳市产业科技信息服务平台。为衡阳市企业、高校、事业单位免费提供创新服务和技术支撑，平台主要囊括输变电装备，盐卤化工及精细化工，生物医药等9个产业，累计发放知网账号100余个，全年用户累计检索次数达125470次。组织常宁市申报2015年度国家可持续发展实验区，顺利通过省科技厅评审，并上报科技部。建成衡阳市科普教育基地宣传地震知识，进一步提高民众的防震减灾意识和自救互救能力。（吴　钊）

【项目建设】 争取国、省科技项目70多个，到位经费4100万元。其中，2015年度国家星火计划项目采取限额申报的方式，全省共推荐项目10项。科技局推荐申报的湖南安邦新农业科技股份有限公司“现代新型职业农民农业技术服务项目”成功入选。通过国、省科技项目的实施，攻克关键技术瓶颈80余项，成功研发新产品100余个，科技成果鉴定49项，其中达到国际领先水平8项，国际先进水平15项，国内领先和先进水平26项。完成登记认定技术合同200余份，合同金额3亿元以上，比2014年增长10%。（吴　钊）

【专利培育转化】 扎实推进双百工程（即用三年的时间，开展百家企业知识产权试点和百项专利转化实施转化工程）。发动50家企业申报试点。与松木经济开发区和西渡经济开发区开展试点园区共建，通过宣传发动，到企业座谈，调研等形式调动企业的积极性。共19家企业通过验收。共审核推荐省级专利战略项目20项，其中衡山县为省知识产权示范县、耒阳市为国家知识产权试点城市，争取省级项目资金74万元。引进代理机构。新引进北京风雅颂专利公司长沙分公司，成功与衡阳高新区和西渡高新区对接，在高新区管委会设立固定办公场所，为企业专利申请和专利布局提供更加优质的服务和保障，有十多家长沙的专利代理公司在衡阳市开展专利代理业务；开展好专利行政执法活动。2015年，专利申请4665件，全省排名第3位，比2014上升一位，同比增长52%。专利授权2028件，在全省排名第4位，比2014年上升一位，同比增长31%。（吴　钊）

【产学研结合】 协助湖南工学院，联合湖南天雁机械股份有限公司、湖南机油泵股份有限公司、南岳电控（衡阳）工业技术有限公司以及江苏大学等单位合作共同组建汽车泵类零部件设计制造技术国家地方联合工程实验室。中国科学院湖南技术转移中心衡阳中心成功挂牌，中心成立后，将为地方和企业培训一批科研骨干、培养一支优秀的人才队伍，为衡阳产业结构优化升级、高新技术产业发展等提供科技支撑。

加速中南大学国家技术转移中心衡阳中心的建设，与中南大学技术转移中心进行对接。（吴　钊）

## 科协工作

【概况】　2015年，衡阳市科学技术协会（以下简称科协）获全国科普日优秀组织单位、湖南省第八届青少年机器人竞赛优秀组织单位和湖南省科技信息推广先进单位，市政协科协界别被评为“三好界别”，市政协科协界别报送的《关于衡阳市农村环境污染情况的调研报告》被评为优胜奖。

（唐华明）

【科普工作】　深入贯彻落实《全民科学素质纲要》，创建全国科普示范县（市、区），深入实施基层科普行动计划，扎实开展各类科普宣传活动，全市公民具备基本科学素质的比例达到5%，实现“十二五”目标。12月11日，召开《全民科学素质纲要》实施推进会，会议指出，要把做好全民科学素质工作同实施创新驱动发展战略、推进衡阳市“四个全面”战略目标结合起来。（1）创建全国科普示范县（市、区）。坚持“政府推动，全民参与，提升素质，促进和谐”的方针，强化全国科普示范县市（市、区）创建工作，推荐上报雁峰区、蒸湘区、常宁市、衡阳县四个县（市、区）为申报单位。其中，常宁市、蒸湘区2个县（市、区）被中国科协命名为“2016～2020年全国科普示范县（市、区）”。全省共17个，衡阳市占比11.8%。（2）基层科普行动计划。蒸湘区松陂果蔬产业协会等9个项目和1个示范社区被评为国家科普惠农益民奖补项目，获国家奖补资金170万元。南岳区杉湾村高山有机茶种植基地第8个惠农项目和3个示范社区被评为省级科普惠农益民奖补项目，获省奖补资金85万元。获奖项目总数和金额均居全省前列。（3）全国科普日活动。9月23日，以“科技成就梦想，拥抱智慧生活”为主题的“全国科普日”衡阳活动启动仪式在太阳广场举行。活动期间，展示机器人、3D打印机、珍稀中药、瓜果蔬菜等各类科技创新成果。全市共有500余名科技工作者积极参与，展示科普展板510余块，发放科普宣传资料5万余份，受惠群众5万余人。其中，蒸湘区科协被评为“全国科普日特色活动组织单位”。12月25日，以“体验科学”为主题的中国流动科技馆湖南巡展衡阳高新区站启动仪式在衡州小学隆重举行。流动科技馆设置声光体验、电磁探秘、运动旋律、数学魅力、健康生活、安全生活、数字生活、科学表演、科学实验、科普影视等主题展区，为民众提供参与科学实践的场所。

（唐华明）

【青少年科技创新大赛】　4月，在第36届湖南省青少年科技创新大赛中，衡阳市获省级一等奖2项、二等奖15项、三等奖25项。8月，在第30届全国青少年科技创新大赛上，常宁宜城小学刘梦琪科幻画获得全国三等奖。12月，举办第30届衡阳市青少年科技创新大赛，全市共有1400余名中小学生参赛，参赛项目1200多项，共评出一等奖80项、二等奖98项、三等奖119项。青少年机器人竞赛：5月15日～17日，湖南省第8届青少年机器人竞赛在衡阳市成章实验中学举办。全市36支队伍共92名中小学生参赛，获得金牌16枚、银牌29枚、铜牌28枚。衡阳市科协、市成章实验中学荣获省级优秀组织奖。同时，还举办衡阳市第12届信息学奥林匹克联赛初赛，60名选手顺利进入复赛。青少年科技活动周：5月30日至6月1日，衡阳市第4届青少年科技活动周在市科技馆举行。科技活动周以“科技走进生活”为主题，免费接待观众3000余人，激发广大青少年的科技意识和科技兴趣。高校科学营活动：7月，衡阳市科技馆组织30名优秀高中生分赴重庆、长沙参加青少年高校科学营活动，为高校在青少年群体中开展公益性科普活动提供有效载体。另外，命名高新开发区衡州小学等5所学校为衡阳市首批青少年科技活动示范学校。

（唐华明）

【学会工作】　通过加强学会组织建设，开展各类学会活动。（1）5月20日，举办学会能力提升培训班。邀请省地质学会秘书长胡秋君同志和市民间组织管理局副局长肖忠平2名专家讲座，来自各市级学会的正副秘书长和县市区科协分管领导、学会部长100余人参加培训。（2）市科协联合市人力资源和社会保障局共同开展衡阳市第21届自然科学优秀学术论文评选活动，经过专家评委评审，共评出特等优秀论文1篇，一等优秀论文60篇，二等优秀论文49篇，三等优秀论文37篇。(3) 8月18日，举办科技信息项目推广及科技专利信息应用工程师培训班。来自全市60多家企业负责人、科技人员和市级学会代表等共计120余人参加培训班。通过培训，成功将34家企业新增为科技专利应用单位。(4) 11月11日，湖南科技论坛衡阳分论坛开幕式暨报告会在市广电中心演播厅举行。论坛主题为“衡阳生态农村建设”，旨在充分发挥科协及所属团体在服务科技进步、人才成长和经济社会发展中的重要作用，为衡阳生态农村建设发展建言献策、贡献才智。论坛邀请国务院发展研究中心资源与环境政策研究所副所长李佐军和湖南省发改委党组副书记、副主任刘山两位专家作主题报告，得到全市科技工作者及社会各界的广泛关注和热情参与。同时，征集300余篇学术论文，评选出优秀论文30篇，并编写《关于加强衡阳生态农村建设的建议》供市委、政府制定相关政策、编制相关规划时参考。（唐华明）

## 防震减灾

【概况】 2015年衡阳市地震局以地震监测预报、抗震设防监管为重点，大力开展农村民居示范和推广、示范学校、示范社区、科普教育基地建设、防震减灾科普宣传等工作，取得新成绩，并再次获得全省防震减灾工作先进单位的称号，同时还获得全省地震观测资料评比优秀奖，异常现场核实、有感地震现场考察报告评比优秀奖。（易 伟 刘雪芬）

【精准扶贫】 在衡东县德圳乡太阳村，进村驻户走访贫困户，开展“一进二访”活动，对困难户进行精准扶贫。开展农业技术培训和农村民居建房知识讲座，发放农村民居图集100多本，现场答疑20人次。（易 伟 刘雪芬）

【震情监测】 (1) 做好测震仪器实时数据监测、分析上报工作，及时、准确传输观测信息，无责任事故。(2) 开展震情会商跟踪工作，讨论提出年中和年度地震趋势会商意见，撰写《衡阳市2015年年中地震趋势研究报告》和《衡阳市2016年年度地震趋势研究报告》。(3) 做好地震台站大门的翻修工程。(4) 在衡东县德圳乡太阳村新增1个地震宏观观测点。(5) 进一步完善全市地震监测宏观网络建设。

（易 伟 刘雪芬）

【建设工程抗震设防要求管理】 充分发挥市政务中心服务窗口的作用，把好建设工程设防要求审批关、服务关。全年完成行政审批11项，共计51小项。行政许可工作坚持做到：所有行政许可项目都实行在政务中心设立的办事窗口办理，全面实行网上政务公开；认真落实首问负责制、限时办结制和责任追究制；不断提高办事效率，实现业主投诉率为零的好成绩。（易 伟 刘雪芬）

【示范创建】 联合市民政局，深入社区、基层开展防震减灾示范创建工作，雁峰区白沙洲街道君旺社区、新矿村社区被评为2014年度衡阳市地震安全示范社区，并被评为2015年度省级示范社区。指导衡阳市珠晖区冶金小学、石鼓区建设新村小学成功创建2014年度省级示范学校，衡阳市华新中学、衡阳县西渡中学被评为市级防震减灾科普教育示范学校。

（易 伟 刘雪芬）

【农村民居地震安全工程】 全年共7次组织骨干力量深入农居示范点，为30多名建房农户提供现场技术指导。7月1日，在珠晖区茶山坳镇皇桥村举办一期《农村民居抗震技术培训班》，58名农民参加培训。发放《农村民居抗震设防指南》《农村抗震民居图集》200份。（易 伟 刘雪芬）

【地震应急】 在虎形山公园、南湖公园、苗圃公园等公园、广场新建6处应急避难场所，增加和完善平湖公园、南湖公园、虎形山公园的应急避难场所标识、标牌，市城区应急避难场所数量达到21个，总面积超过60万平方米，基本能满足应急需求。开展地震现场单兵系统训练5次，熟悉仪器设备和操作技能。加强与市政府应急办、民政局、消防支队等部门的衔接，全面提升地震应急水平。（易 伟 刘雪芬）

【依法行政】 （1）按照《湖南省地震局关于开展地震行政执法案卷评查工作的通知》的要求，对2010年1月1日至2014年12月30日依法行政工作进行自查自评，完成行政执法案卷自查报告。（2）按要求完成权利清单、责任清单的梳理及公开工作。制订《衡阳市地震局行政审批“两集中、两到位”改革工作实施方案》，在原震灾防御科上组建行政审批服务科，明确办理事项及分管领导，设立首席代表，向窗口充分授权，进一步优化审批流程。（3）5月27日，召集县市区地震局（办）负责人，专题召开《湖南省“十三五”防震减灾规划（初稿征求意见稿）》意见征求会，对规划初稿里提出的发展目标、主要任务、重点项目和保障措施等方面展开研究讨论，共提出意见和建议6条。（4）按市法制办的要求，完成“六五”普法总结。 （易 伟 刘雪芬）

【宣传工作】 （1）重新制作地震及地震应急知识相关的宣传展板20块，定制防震减灾宣传笔5000支，设计制作防震减灾科普讲座课件及专题宣传单和手册共10000份。（2）联合市政府应急办、市教育局、市民政局、市消防支队等单位在衡阳市第二中学举行一次地震·消防应急演练活动，常务副市长段志刚、市应急委成员单位负责人等相关领导以及其他学校负责人参与观摩此次演练。（3）参加在衡阳师范学院举行科技周宣传活动。（4）向学校、单位发放防震减灾知识相关视频资料40余份；学校组织师生观看《地震来了怎么办》等电影近15余场次，并将系列动漫图书、DVD光盘、防震减灾宣传笔等1000余份，分发到部分机关、企业和社区。（5）在《衡阳日报》《衡阳晚报》、衡阳电视台等开辟专版、专栏对防震减灾知识及整个宣传活动周进行详细的报道，刊发《去“地震屋”体验“山崩地裂”》《我市已建成15处应急避难场所》等多篇报道文章，在各门户网站共计发布简讯35次。 （易 伟 刘雪芬）

【科普教育基地】 衡阳市科普教育基地于2014年立项，2015年6月开始动工建设，总投资达120万元。科普教育基地主要以“地震灾害、地震监测、震害防御、地震应急”等内容为主线进行建设，能全方位、多角度的宣传地震知识，提高民众的防震减灾意识和自救互救能力。教育基地于9月22日正式对外开放。

（易 伟 刘雪芬）

## 气 象

【概况】 2015年，衡阳市气象局坚持公共气象发展方向，以提高气象事业发展质量和效益为中心，继续推进气象现代化和深化气象改革，完成衡阳气象事业发展“十二五”规划。重点加强气象基本业务能力建设。其中天气预报主要是开展定量降水预报、灾害性天气落区预报、精细化格点预报、气候监测预测及影响评估、气象干旱监测预警等业务，提高灾害性、关键性天气分析能力和预报质量。大气探测按照气象业务标准化的要求，稳定运行综合气象观测系统，建立和完善新型观测业务配套的业务流程和考核办法，提高地面气象观测业务质量及各类观测资料的业务应用水平。气象防灾减灾工作以“三农”为重点，推动气象为农服务“两个体系”可持续发展。开展关键农时、重大农业气象灾害实时监测和定量影响评估服务以及面向新型农业规模经营主体的直通式服务。在做好“三农”及防汛抗旱气象服务的同时，为衡阳市生态文明建设、重要节假日和重大活动提供各类专业专项气象保障服务。继续完善城市精细化气象防灾减灾和公共气象服务体系，与市环保部门联合开展空气质量预报、重污染天气监测预警和重大环境污染事件调查评估；与国土资源、住房建设、林业、旅游等部门合作开展地质灾害、城市内涝防治、森林防火气象预报预警。根据中国气象局及湖南省气象局《2015年台风灾害风险区划实施方案》要求，市气象局在年底前已完成山洪地质灾害气象防治保障工程——衡阳市台风灾害风险区划年度工作任务及暴雨洪涝灾害风险普查工作。完善“政府主导、部门联动、社会参与”的气象防灾减灾机制以发挥防灾减灾体系效益，推动市、县两级政府出台气象灾害防御规划、气象灾害专项应急预案和建立政府主导下的重大气象灾害预警社会应急响应机制。由衡阳市、县政府应急办与气象部门共建的国家突发公共事件预警信息发布系统正在建设中；《衡阳市气象灾害预警信息发布管理办法》也已公布；衡阳市发展改革委员会与市气象局联合行文的《衡阳市气象灾害防御规划(2015~2025年)》，将推进气象防灾减灾体系建设和提高应对气候变化能力；县（市、区）政府也相继制定出气象灾害防御规划和灾害应急准备认证管理办法。编制的《衡阳市人工影响天气发展规划（2015~2020年）》将提高人工影响天气业务能力。在推进气象现代化的工作中发挥政府主导作用。2015年，衡阳市政府在《衡阳市人民政府关于加快推进气象现代化的意见》中提出到2020年前衡阳市气象现代化整体实力达到湖南省先进水平，并将气象现代化工作纳入各级政府绩效考核。8个县（市、区）政府均出台加快推进当地气象现代化的文件。使政府在气象现代化政策支持、财政保障等方面实现责任制度化、法规化。衡阳市气象局编制完成《衡阳市全面推进气象现代化行动方案》，以明确气象现代化目标、考核评价指标和主要任务。由衡阳市政府投资兴建的新一代天气雷达塔已完成主体工程建设，雷达天线及相关设备年底前已安装完毕。气象预警中心建设项目正在重新进行总体规划设计。气象法制工作继续完善气象社会管理和气象部门内部监督机制。按照湖南省气象局和衡阳市政府关于取消雷电灾害风险评估行政审批中介服务事项的要求，对防雷减灾事项实行事中事后监管机制。按照市政府关于规范程序、精简环节、审批提速、方便群众的要求，完成气象依法行政管理权力、责任、流程清单的梳理，气象行政审批项目全部进驻市政府服务中心办理，行政审批件100%上网运行。气象科技专业有偿服务受行政审批制度和服务制度改革等因素的影响，衡阳市气象部门总体收益比2014年减少1.97%，其中市气象局减少5.3%，是1998年首次减收后的第二次收益下降。

（周立平）

【基本业务】 2015年，衡阳市、县气象观测台站观测质量保持稳定。地面观测错情率、农业气象测报错情率均为0.00‰；太阳辐射、酸雨测报继续保持无错情；闪电定位、酸雨观测站运行质量达到中国境内同类观测平均水平，酸雨观测质量样品考核指标均为优秀。天气预报业务质量不稳定。城镇天气预报质量比2015年同期有所下降，综合成绩列湖南省14个市（州）气象局的第十一名，其中上半年列第12名，5月份甚至列第14名。经加强预报学习、开展预报竞赛和预报方法分析研究，第三、第四季度预报质量排名上升至第五、第六名。衡阳市气象台作为预报业务技术机构，在提高市级气象预报业务质量同时，通过县级综合业务平台，向县气象台下发各类预报指导产品，结合新建成的市县高清视频会商系统，每天进行市、县天气会商，分析讨论重大、转折性天气，并对县台业务人员进行预报业务培训和预报预警服务实时指导。年内，按照《暴雨诱发中小河流洪水和山洪地质灾害气象风险预警服务试验业务规范》要求，开展气象风险预警服务业务和效益评估；完成国家突发事件预警信息发布系统本地化开发并在市、县两级气象台投入业务运行。

（周立平）

【公共气象服务】 2015年的公共气象服务主要是加强部门联动，扩大与气象相关的其他灾害的预报预警服务面。年内，衡阳市政府将市气象局列为环境保护工作责任单位、大气污染防治联席会议成员单位，同时将气象预报服务纳入衡阳市环境、空气重污染、地质灾害、林业生物灾害、农业、城市供水事故、旅游和高速公路等突发事件公共应急服务体系。为应对重污染天气对衡阳市的环境影响，市气象局与市环保局联合签署《关于开展重污染天气监测预警预报工作的合作协议》，成立衡阳市重污染天气监测预警预报工作协调领导小组和专家委员会，联合发布空气质量预报产品；根据湖南省环境气象预报业务实施方案，衡阳市气象局各类气象指数、空气污染物扩散气象条件等级预报和森林火险气象等级预报已进入常态化预报服务；为解决城市内涝问题，与城市建设有关部门合作，开展本地暴雨气候特征研究和城市内涝研究与防范工作；与市林业部门制定出《衡阳旅游景区森林防扑火能力建设方案》，准备着手建设森林防、扑火，改善生态环境的人工影响天气作业系统；为贯彻落实国家卫生和计划生育委员会办公厅和湖南省卫计委、湖南省环境保护厅、湖南省气象局相关文件要求，市气象局与衡阳市疾病预防控制中心签订《关于人体健康与气象合作协议》，联合开展空气污染、气象因素对人体健康影响及预防研究，建立面向公众的相关预报信息发布机制。（周立平）

【春运气象服务】 根据湖南省气象局关于做好2015年春运气象服务的文件精神，衡阳市气象局于1月底即完成各项准备工作。在2月4日至3月15日40天的服务过程中，一是做好低温、雨雪冰冻、寒潮大风、雾、霾等气象监测工作；二是按照气象保障服务业务流程，遵守预报会商、值守班制度，确保春运期间预报准确，服务及时；三是主动为市、县党政领导和相关部门部署春运、能源供给、市场保障、交通运输提供科学性、针对性决策气象服务，提高应对不利天气的风险管理能力。春运期间，衡阳市天气状况总体较好，气温偏高，降水偏少，无雪及冰冻天气发生，对春运工作无明显不利影响，但雾霾天气多发，对能见度有一定影响。2月9日，市气象局将“春节前期天气较好，衡阳市将出现回暖天气，气温稳步回升，有利户外活动，但要防范雾霾”的天气消息和雾霾天气预警信号通过电视、报刊、微博、96121电话等传媒向社会公众发布。在2月16日春节天气新闻发布会上向各媒体记者介绍春节期间天气趋势及有利出行时段、森林火险、空气质量等情况。市委、市政府根据市气象局2月12日报送的“从18日开始受高空槽前西南暖湿气流及地面弱冷空气影响，进入阴雨相间的转折性天气，气温呈缓慢下降趋势，森林火险等级下降。由于阴雨日数较多，将给春运工作造成一定影响”的决策气象信息，对春节期间的联防保障措施进行调整，加强交通管理及道路疏通。市气象局在春运过程中每周发布一期《春运气象专题预报》共6期，《春节气象专题汇报》材料2期，雷电橙色预警信号3次。春运后期还发布连阴雨天气消息，并通过传真、邮件传送至电力、交通、农业等重要部门及服务单位，将决策服务材料提前呈送到市委、市政府，通过电视、广播、96121信箱、短信平台、腾讯微博等向社会公众通报天气变化情况，保障衡阳市春节期间交通畅通，市民节日出行安全。（周立平）

【春耕春播气象服务】 2015年3月20日~4月30日的春耕春播期间，衡阳市气象局成立春耕春播气象服务领导小组协调各县（市）区气象局开展服务，制订《春耕春播气象服务方案》部署相关工作。根据天气变化趋势，预测2015年春季早稻播种期及育秧期天气气候年景偏好，春播育秧期平均气温正常略偏高，稳定通过8℃和11℃日期较历年提前到3月上旬末（历年3月13日）和3月中旬前期（历年3月26日）。预计4月上旬，气温明显回升，天气状态偏好，有利于早稻播种及春耕春种工作。同时向市委市政府建议在部署春耕春播工作时防范局部强对流天气对早春农作物的影响。针对育秧期出现的春寒、倒春寒天气，雷暴、大风、短时强降水等不利播种天气，均通过96121天气咨询电话中的农业信箱、MAS气象服务短信平台、DAB气象灾害预警广播、微博等方式向市委市政府、相关部门及农户发布重要天气消息、一周天气趋势预报、农事建议及春耕春播气象服务专报。期间共发布一周天气趋势预测7期，春耕春播气象服务专报6期、专题气象服务2期，重要天气消息2期，生态与农业气象情报1期。使早稻、中稻、春玉米、烟草、春大豆、花生等主要农作物均避开不利天气的影响而顺利播种、育秧、移栽。（周立平）

【汛期气象服务】 2015年，衡阳市汛期（3~9月）平均气温22.1℃，其中，3月、6月平均气温偏高1.2℃以上，而7月偏低2.7℃，为1951年以来历史最低值；总降水量891.7毫米，接近常年，3~6月的主汛期降水量比历年偏少3~4成。降水主要集中在7月，月平均降水量比历年偏多近9成，衡山、衡东、常宁、南岳偏多1倍以上。衡南县7月2~3日连续2天暴雨，累计降水量183.9毫米，10天（1~9日）累计降水量205.1毫米，达洪涝标准；最大日降水量149.2毫米，于6月11日出现在耒阳。衡阳市气象部门在汛期服务中始终把为市、县政府提供决策气象服务放在首位，做到重大天气过程来临前准确预报、提前服务，过程中及时预警、跟踪服务，过程后通报实况、及时汇报。汛期共制作和发送各类预报服务材料34期，发布各类气象灾害预警信号99次，其中，暴雨预警38次，冰雹预警2次，高温预警5次，雷电预警53次，雷雨大风预警1次，城市内涝预警1次，联合国土资源局发布地质灾害气象风险等级预警8次，通过报刊、互联网发布重要天气消息9次；启动Ⅲ级气象应急响应命令4次。由于每次天气过程预报准确、服务主动、灾情收集报告及时，气象局在市、县党政部门部署气象灾害防御工作中起到关键作用。例如：4月4日24时~14时，衡阳市大部地区出现雷暴、大风、短时强降水天气过程，其中衡阳市区、耒阳、衡阳县降下冰雹。最大1小时降水量出现在耒阳五陵（37.2毫米）。衡阳市气象局于4月3日将此次天气过程的预报结论制成《重要天气消息》提前呈送至市委、市政府、市防汛指挥部及相关服务单位，同时通过电视、报刊、96121等传媒向社会公众发布。4月3日23点~4日04点共发布2次雷电橙色预警信号。又如6月10日晚到11日，衡阳市大部地区普降大到暴雨，强降水过程主要出现在常宁、耒阳以及衡南县东部。据区域自动雨量站观测：10日08点~11日08点大于25毫米雨量的有88站，大于50毫米有45站，大于100毫米有9站，最大降水量195.5毫米（耒阳七岭），造成城市内涝及局部地质灾害发生，衡南、常宁、耒阳主要烟草种植乡镇被淹，损失严重。10日上午，衡阳市气象台预报10日晚到11日衡阳市将出现一次较明显的降雨天气过程，局部有大暴雨，并伴有雷暴、短时强降水等强对流天气，建议市委市政府及相关职能部门、社会公众注意防范灾害性天气引发的城市内涝、地质灾害，加强病、险水库及尾矿库的巡查、安全保障，并在这一天气出现过程中向市、县、乡镇、村防汛责任人发布强降水天气消息及地质灾害高风险气象等级预警、雷电橙色预警信号、暴雨橙色和红色预警信号，向市委、市政府和防汛、民政等部门通报降水实况和降水发展趋势。再如6月30日，市气象局预报7月2日至5日衡阳市将迎来一次强降水过程，预计累计降水量100~250毫米。实况是：7月1日夜间到2日凌晨，降水由衡阳市北部向南部移动发展，至3日20时普降大到暴雨，局部大暴雨，累计雨量从50毫米到250毫米，最大降水量出现在衡南县宝盖镇为445.1毫米，造成衡南、耒阳局地洪涝及城市内涝。市气象局启动应急响应机制，先后发布雷电橙色预警、暴雨橙色、红色、蓝色预警信号以及地质灾害高风险预警。（周立平）

**【气象为农服务】** 2015年的为农服务工作按照中央一号文件关于“创新气象为农服务机制，推动融入农业社会化服务体系”和中共湖南省委农村工作会议提出的“完善农村基层气象防灾减灾组织体系，开展直通式气象服务”的要求，一是巩固完善基层为农气象服务体系。11月，衡阳市气象局对衡南、衡阳县两个农业气象服务专项实施县发展情况进行督查指导，两县气象局在当地各建成2个气象为农服务示范基地；均利用已建成的乡镇气象电子显示屏和乡村大喇叭系统开展气象服务。这种将气象服务送到田间地头的方式受到农民的欢迎。常宁市局配合湖南省气候中心在当地建成1个“油茶生产区高产高效栽培气象保障示范基地”；衡阳县局构建起由乡镇气象协理员，村级气象信息员、预警大喇叭、电子显示屏、手机短信、党政加密网、微信公众平台、QQ邮箱组成的气象信息发布平台，向境内种养殖大户、农民专业合作社、家庭农场、涉农企业等90%以上的新型农业经营主体提供气象信息、普及农业气象科普知识与灾害性天气防范。二是发挥气象科技优势进行有针对性的专项服务。衡阳市气象局与衡南县局合作，为衡南县烟叶生产大户提供烟叶生长阶段滚动气象预报服务；衡南县局联合县农业局、烟草局适时向种粮、种烟大户发布农事操作和防灾减灾指南；常宁市局按照蓝天种业基地的需求提供对应的气象服务材料；南岳区局对“寿枣基地”“岳龙提子种植基地”“雷竹基地”等规模化种植大户提供专项气象服务。三是做好各关键农时的气象服务。年内共发布春耕春播、夏收夏种、秋收秋种、农业气象情报、粮食产量预报及土壤水分监测公报服务

材料共计32期。（周立平）

【人工影响天气】 2015年，衡阳市天气变化较为平稳。3~6月降水量持续偏少，其中，4月偏少3成以上，5、6月偏少2成以上，而7~8月降水偏多，较强降水主要集中在7月，月平均降水量偏多近9成，仅衡阳县、衡南县、常宁市等地出现旱情。因此人工影响天气作业只在这三个县进行。共出动高炮2门，车载火箭5架，开展作业10余次，发射人雨弹160发、火箭弹18枚。据衡阳市中小尺度气象监测站网显示，作业影响区域普降小到中雨，局部大到暴雨。有效缓解作业地的旱情和高温热害。年内，按照湖南省人工影响天气办公室下达的任务，衡阳市完成衡阳县斜陂堰水库、耒阳市大平水库、常宁市洋泉水库等9个人工影响天气标准化作业站点建设，装备有“三七”高炮11门，火箭17套，设固定炮点和移动炮点各44个，使人影作业网得到进一步完善，安全保障能力和作业效率得到增强和提升。（周立平）

【观测装备保障】 （1）2015年7月至8月，为发挥区域气象观测站网在气象监测、天气预报、气候分析评估等方面的效益，补充完善国家天气站网，根据中国气象局和湖南省气象局关于开展区域气象观测站分类及遴选工作的要求，衡阳市气象局对境内区域骨干站网进行遴选和核实。对候选骨干站址按照区域站探测环境标准和遴选条件逐个进行实地勘察，重新测定周围障碍物、经纬度、海拔高度。结合候选区域骨干站的分布情况、探测环境、站点基础、通信条件和仪器设备等条件，最终拟定39个骨干站点提供给省气象局进行省级骨干站网布局调整。年内按照省气象局要求，新建衡南、衡山、衡阳县、耒阳、祁东5个新型自动气象站；完成9个国家级自动站地面测报标准化建设工作，并通过中国气象局检查组的验收。为贯彻落实2015年1月1日正式实施的《气象探测环境保护规范地面气象观测站》等四项强制性国家标准，于6月完成衡阳市及所辖县（市、区）气象台站探测环境保护相关单位备案工作并上报湖南省气象局。（2）2015年衡阳市气象部门所有网络通信运行正常、平稳。各类常规天气观测资料上行传输（包括城镇天气预报和市气象局负责中转传输的各类天气电报）及时率达到99.9%以上。年内共维修市、县自动气象站仪器设备169台件，使得区域自动气象站的通信率和及时率稳定在99.42%左右，比2015年有所提高，通信质量达到湖南省气象局通信率98%的考核要求。省—市—县高清会商系统运行正常。各类服务器、计算机及各种网络通信系统运行良好，主要设备故障率为0.0%。在湖南省气象局信息中心的指导下，衡阳市气象局先后完成市—县气象局高清视频会商系统的建设、湖南省县级气象综合业务平台的服务器升级工作。完成市—县气象局资料传送与补调平台的搭建，使得预报资料在服务器或网络发生故障的紧急情况下，可通过资料补调平台从湖南省气象局及时下载相关的业务资料数据，供预报服务使用。（周立平）

【气象科技】 2015年3月23日，衡阳市气象学会在市气象局主办以“气候知识支持气候行动”为主题的“世界气象日”纪念暨旱涝趋势研讨会，邀请市水文、水利、农业、林业、环保、国土局的领导和专家共同研讨汛期天气趋势，并形成2015年汛期旱涝趋势预报。《衡阳日报》和《衡阳晚报》等新闻单位的记者进行现场采访。同时协办由省、市10个专业学会发起的主题为“衡阳生态农村建设”旨在为衡阳生态农村建设发展建言献策、贡献才智的2015年湖南科技论坛衡阳分论坛活动。年内对2014年下达的科研课题进行验收，2个课题验收合格，予以结题。《基于GIS与雷达反演的降水临近预警系统》、《湖南省四季时空演变研究》等5个课题获湖南省气象局立项，衡阳市气象局立项课题6个，衡阳市科技项目及市科协课题各1个。在湖南省气象学会2015年学术交流年会上，衡阳市气象部门分别有3篇科技论文获二等奖和三等奖；在长江流域中下游大气探测、通信与信息技术论文交流会上有2篇论文获二等奖；向湖南科技论坛衡阳分论坛报送论文11篇，有2篇获二等奖；向衡阳市第二十一届自然科学优秀学术论文评选活动报送论文5篇，获一等奖1篇，二等奖2篇，三等奖1篇。专业技术人员在国家核心刊物发表论文1篇，省级以上刊物发表论文11篇。5月，《衡阳气象灾害监测预警综合平台研发与应用》获衡阳市科学技术进步二等奖。

（周立平）

【气象防灾减灾】（1）气象应急体系建设。2015年，市气象局继续完成“十二五”气象事业发展规划中的气象灾害应急现代化体系建设，重点是强化气象信息传播手段，提高气象信息覆盖面。衡阳市、衡阳县、常宁市政府均出台《气象灾害预警信息发布管理办法》。衡阳县和常宁市气象局率先在湖南省气象部门建立起县级突发事件预警信息发布中心。7月，湖南省气象局常国刚局长来衡阳指导工作时，对衡阳突发事件预警信息发布系统建设表示肯定。至2015年底，衡阳市气象部门已建成连通省、市、县的高清视频会商系统。衡阳市气象局已建立衡阳市干旱预警监测平台、地质灾害气象风险预警平台、衡阳市空气质量气象条件预报平台等。衡阳城乡已建成包括广播、电视、报纸、电话、手机短信、网络、DAB警报系统、互联网、QQ群、微博等多种传播手段的气象信息发布平台。建立起森林防火、地质灾害预警、交通安全、烟草生产等专用手机短信平台。建成主要面向农村的174个气象信息服务站、143套DAB数字卫星预警信息接收机以及若干块气象预警电子显示屏，成立由5361名乡、镇（村）人员组成的气象信息员队伍，使气象灾害应急响应落实到最基层。（2）积极应对灾害性天气。2015年，衡阳市共出现19次灾害性天气过程，包括冬季严重持续雾霾、寒潮及汛期短时雷雨大风、冰雹、暴雨、局部洪涝等灾害性天气。秋冬因降水偏多，江河水位上涨而出现冬汛。衡阳市气象部门一是做好重大气象灾害监测预报。二是在气象灾害来临前后各时段内向市、县党政领导提供防灾减灾决策服务。三是向政府部门、行业单位、社会公众发布气象灾害预报预警信息，以降低灾害造成的损失。年内共制作和发送各类气象服务材料497期，通过防灾减灾预警平台向343县次、58万人次发布暴雨、雷电、台风、冰雹、霾、大雾、寒潮、高温等各类气象灾害预警信号107次；向市、县、乡镇、村组防汛责任人发布气象预警短信523县次、31万人次。联合国土资源局发布地质灾害气象风险等级预警信息13次。启动气象灾害（暴雨）Ⅲ级应急响应命令4次。市气象局向社会公众免费群发重大天气短信1500万人次，各县局发送57人万次。

（周立平）

## 水　文

【水文监测】　2015年，全市水文监测工作紧紧围绕监测任务，夯实监测基础，抓好监测重点，做好各项内外业工作。在测到测好各次洪水过程的同时，采取一系列切实有效的措施以保证内业资料的质量。严格按照《水文监测资料管理办法》的要求，在观测、测量、测验之后及时完成整理、校核、复核以及数据录入、校对工作，市局监测人员加强技术指导，并采用站与站进行对审，全市的水文监测资料质量很好，在全省获得第二名。积极推广应用新仪器新技术，进一步加强测验整编方法的研究。近两年来，省水文局给全市的许多水文站配置大量的先进测验设备，1月、2月两次组织测站职工进行手持式雷达波流速仪培训，4月底配合省局搞好Bettersize2000激光粒度仪培训工作，7月上旬进行一次应急监测仪器的演练工作。通过对新仪器的培训、比测，全市全年完成多个仪器的比测分析报告，并让部分仪器大量投入使用。5月下旬，衡阳水文站流量在线监测系统经省水文局验收通过，正式投入使用，首创流量在线监测系统在本省大河站的使用，并给流量在线监测系统在大河站的推广使用提供很多好的经验，意义非常大。衡阳、欧阳海、神山头、石门坎、井头江、衡东等6站的激光粒度仪经过多次实验、分析后于11月上交激光粒度仪的比测分析成果。金桥、常宁、衡东、井头江站的雷达波测流系统的比测分析工作正在有序地开展。耒阳站的ADCP比测工作也正在进行。《湖南省中小河流水文资料整编系统》和《湖南省水文监测综合管理系统》是省水文局正在研究的两个系统，全市各水文站正在试运行，11月26日～28日进行培训、演练。随着社会经济的发展，涉水工程建设点也在逐渐增加，全市受涉水工程影响的站点也在逐年增加，结合全市各水文站受水利工程影响的严重程度，2015年对归阳、衡阳、衡东站进行水文测验方式改革方案的分析研究，衡阳站已取得成果，得到省水文局的肯定和好评，新的测验整编方案也得到有关专家的认可，归阳、衡东站也取得阶段成果。根据上级要求，对全市已建的基本站网站点、中小河流站点、洪水易发区站点及衡阳市范围内的山洪预警监测站点、社会水文监测站点的相关信息进行校核，对部分重复建设站点、站名不符要求站点进行调整、更名，站点信息更加符合实际情况、站网更趋合理。

（段安主）

【水文情报预报】 2015年，针对新设备、新技术、新要求，建立健全水文情报预报岗位责任制、水情值班岗位责任制和特殊水情报告制度，切实加强防汛责任制的落实，特别是在特殊洪水和暴雨山洪的情况下，规范洪水预报的发布和会商机制。举行防汛知识讲座和水情信息平台集中培训。由于自动测报站点点多面广、设备不稳定、维护难度大等情况，出台《水位、雨量自动测报系统管理办法》，保证水情信息的准确及时，同时提高工作效率，降低维护成本。入汛以来，坚持24小时值班，严格防汛纪律，严密监视雨水情变化，积极参加防汛会商，及时向各级领导及防汛成员单位提供准确的雨水情信息和预测分析资料，为防汛抗旱提供有力的技术支撑和科学的分析依据，得到市领导的充分肯定和高度评价。全年共收发雨水情报文20余万份，人工收发雨水情报文约4200余份，拦截错报10余份，修改奇异值40余站次，上传省水文局差错率为0，30分钟到报率100%，无缺报、漏报现象，水情网络通畅率为99%以上，水情数据库运行稳定。全年共发布雨水情报简报18期，共作洪水预报17站次，正式发布10站次，预报合格率100%。11月中旬的冬汛期间，正值“冬修水利”的高峰期，许多工程在建，最主要的是冬天涨水的机会少，容易从思想上麻痹大意。在衡阳本地降雨不多的情况下，水情预报技术人员密关注上游雨水情发展趋势，提前2天作出湘江超警戒水位的预警，并根据水库开闸情况，及时作出滚动预报，并多次向防汛指挥部门汇报，建议相关部门及早转移低洼地带的设施设备，做好围堰的安全措施，做好沿河船只的安全避险工作，做好低洼地带人员转移的准备等。据防指统计，洪水通过时，全市有31个乡镇9700余人受灾，直接经济损失6500万元，有762间房屋进水，20多艘大型趸船和快艇失控漂流，多艘船只撞翻或下沉，但由于预测预警准确及时，紧急转移900多人，没有造成人员伤亡。 （段安主）

【水环境水资源】 2015年全市水环境水资源工作紧紧围绕实施最严格水资源管理工作，扎实开展日常监测与分析。全市现有水质监测断面26个，全年完成分析水样1000多个，做好衡阳站和神山头站的泥颗分析任务。认真组织和策划，与市水利局、县（市、区）水利局一道对衡阳市44个水资源监控设备点进行验收。完成衡阳市水功能区确界立碑工作。4月、11月份进行2次计量认证工作内部核查，6月组织完成长江委化学需氧量的盲样考核，7月完成水利部水文局对实验室化学需氧量、总磷、铜的能力验证考核，全年完成省中心26个项目的盲样考核和6个项目的实验室人员比对仪器比对考核。2月2日，衡阳市水利局、衡阳市水文局共同召开2015年第1次水资源工作联席会议，重点研讨如何加强水质监测、水资源基础工作、水资源管理考核，5月、11月又召开第2次、第3次水资源工作联席会议。为进一步加强对水功能区的水质监测工作，7月在开展对原有省水功能区水质监测的基础上，增加对55个市水功能区的水质监测与分析，频次为每月一次，分析结果及时报送市水利局，并每月发布《衡阳市水资源质量状况通报》。2月完成《水资源管理三条红线》方案的编制，并明确要求市水文局配合水利局开展对各县市区“三条红线”“四项指标”的考核工作，先考核“水功能区达标”“用水总量达标”两项指标，各县市区上报的有关水量、水质的完成指标，必须先报市水文局审核，再报送市水利局作为考核依据。年底编制完成《衡阳市水域纳污能力核定报告》初稿。积极参与省政府最严格水资源管理考核工作，协助市水利局在资料工作的准备、所考核点祁东县、蒸湘区的指导、督查、企业现场调查等系列基础工作的准备，并随省政府检查组全程参与。根据市委的安排，2015年衡阳市农村环境综合整治禁止水库化肥养鱼水质监测工作共完成四个季度的监测考核，共监测水库208座，形成考核县（市）区政府的直接依据和报告。根据衡山县政府的要求，对湘江衡阳段的水体进行查勘，提出水资源的保护措施和建议，增设水质监控点。市农村安全饮水水质检测中心实验室的建设已正式开工。（段安圭）

**【水文科研】** 2015年在全省水文系统举办的第三届青年岗位技术竞赛活动中，李静岚的《洞庭湖区蓄洪垸分洪方案模糊优选》和姜琳的《流量曲线率定编程》获得一等奖，李建明的《衡阳市农村山塘水体污染的研究和对策》和匡已香的《2014年衡阳市城区暴雨内涝及成因分析》及《水文缆道信号系统的改进》获得二等奖。在防洪评价、水资源论证、水环境监测、水文分析计算、水土保持等方面开展技术服务工作。在取水许可、排污许可等方面进行全面的水质监测和评价，出具分析报告约100份，规范衡阳市的取、排水工作，为衡阳市的水资源管理工作提供的技术支撑和科学决策依据，同时增强社会影响力。编制完成《三条红线指标体系》《衡阳市水功能区纳污能力核定》《耒阳市饮用水源地达标建设方案》及衡阳市水资源论证报告等。（段安圭）

# 教　育

## 基础教育

【小学概况】 2015年，衡阳市有全日制小学1507所（城区163所，镇区268所，乡村1076所），教学班14010个（城区3049个，镇区3770个，乡村7191个），在校学生561517人（城区159135人，镇区193225人，乡村209157人），其中女生256546人（城区70089人，镇区87107人，乡村99350人）。班均学生40.08人，校均学生373人。有教职员工27505人（城区7419人，镇区8760人，乡村11326人），其中专任教师27397人，其专业技术职称为：中学高级191人，小学高级15327人，小学一级7280人，小学二级708人，小学三级92人，未定职称3799人；其学历结构为：研究生毕业49人，本科毕业9806人，专科毕业13891人，高中阶段毕业3596人，高中阶段以下毕业55人。另有代课教师1061人（城区71人，镇区315人，乡村675人），兼任教师67人（城区15人，镇区1人，乡村51人）。学校占地面积10932862.84平方米，生均19.47平方米；校舍建筑面积4058102.45平方米，生均7.23平方米。校藏图书9778587册，学校固定资产总值355074.71万元，其中仪器设备总值37881.75万。

（张子良）

【中学概况】 全市有普通中学427所（城区69所，镇区160所，乡村198所），其中初中372所（城区45所，镇区131所，乡村196所），高中55所（城区24所，镇区29所，乡村2所）；初中有九年一贯制学校92所，高中有完全中学14所，十二年一贯制学校8所。有教学班6868个（城区2137个，镇区3259个，乡村1472个），其中初中教学班4904个（城区1279个，镇区2236个，乡村1389个），高中教学班1964个（城区858个，镇区1023个，乡村83个），在校学生417950人（城区127789人，镇区209095人，乡村81066人），其中初中在校学生287033人（城区74338人，镇区137254人，乡村75441人），高中在校生130917人（城区53451人，镇区71841人，乡村5625人）。初中学生中有九年一贯制学生28125人，十二年一贯制学生18513人，完全中学中初中生12407人；高中在校学生中有完全中学的高中生23223人，十二年一贯制学校高中生10034人。初中班均学生58.53人，校均学生771.59人，高中班均学生66.66人，校均学生2380.31人。中学有教职员工32383人（城区9100人，镇区15485人，乡村7798人）。中学专任教师26180人，其中初中专任教师19024人，其专业技术职称为：中学高级1454人，中学一级10370人，中学二级4774人，中学三级287人，未定职称2139人；学历结构为：研究生毕业74人，本科毕业13113人，专科毕业5636人，高中阶段毕业211人。高中专任教师7156人，其专业技术职称为：中学高级1958人，中学一级2999人，中学二级1710人，中学三级55人，未定职称434人；学历结构是：研究生毕业183人，本科毕业6775人，专科毕业198人。中学另有代课教师203人，兼任教师31人。初中校园占地面积8852937.88平方米，生均30.84平方米，校舍建筑面积3166247.41平方米，生均11.03平方米。校藏图书6636744册，生均23.12册；学校固定资产总值256697.28万元，其中仪器设备总值26779.28万元。高中校园占地面积4618694.61平方米，生均35.28平方米，校舍建筑面积2323042.83平方米，生均17.74平方米；校藏图书2416067册，生均18.46册；学校固定资产总值257302万元，其中仪器设备总值20997.55万元。 （张子良）

【基础教育质量工作会】 11月18日，市教育局召开2015年全市基础教育质量工作会，市教育局局长、党委书记周法清作总结。副局长彭天文作2014～2015学年度衡阳基础教育质量工作报告，副局长谭小华宣读表彰决定，市教科所所长朱伟成作全市基础教育质量分析，各县市区教育局局长、分管基教和教研的副局长、基教股股长、教研室主任，全市各普通高中学校校长，市直初中学校校长以及市教育局相关科室站所负责人参加会议。大会由市教育局党委委员、主任督学肖智亮主持。 （张子良）

**【省示范性普通高中督导评估】** 衡阳市对省示范性普通高中督导评估实行“日常网评+现场抽评+年度总评”的新模式，引入信息化手段。各省示范性普通高中学校在限抓日常管理的前年下，主动适应新模式，各项工作步入正轨。2015年，全市9所参评的省示范性普通高中学校均通过年度督导评估。其中耒阳市二中被评为2015年省示范性普通高中网络督导评估优秀学校，其网络督导评估空间建设被评为特色工作；衡南一中也通过现场评估。

（张子良）

**【开展养成教育工作暨教学研讨活动】** 10月28日至29日，全市中小学生养成教育工作成果展示暨教学研讨活动在衡阳市一中举行。本次活动共收到学校成果、教学案例、教学论文、教学设计、主题活动、视频专题片等资料1100余件，评选出学校成果一等奖36项，教学设计、教学论文、典型案例、主题活动一等奖247项，说课比赛一等奖22个，各类二等奖、优秀组织奖若干。

（张子良）

**【中小学生必修传统美德课】** 组织开展“少年传承中华传统美德”系列教育活动，引导广大中小学生了解中华民族的文明历史和传统文化，继承党的光荣革命传统，积极践行社会主义核心价值观。该系列教育活动以2年为一个周期，具体分为“小小百家讲坛”“寻访红色足迹”和“争做美德少年”3个类别。其间，全市各级各类学校要充分发挥课堂主阵地、主渠道作用，可自主选取《中华文明传统美德教育读本》等为校本教材，也可自主开发校本教材，选派传统文化积淀丰厚的老师主讲中华传统美德课，帮助中小学生更加全面准确地认识中华民族的历史传统、文化积淀、基本国情。各校中华传统美德课每学期不得少于4个课时。同时还要组织广大中小学生阅读革命传统故事，观看红色电影，走访革命后代，到革命历史遗址、革命历史博物馆、革命先辈纪念馆、烈士陵园等场所参观，并围绕“什么是中华民族美德”“如何传承中华传统美德”“文明创建我可以做什么”展开讨论，在全市范围内评选“美德少年”。

（张子良）

**【市八中国际特色教育实验班学生首次在校内参加美国ACT高考创佳绩】** 2015年10月22日，美国ACT高考首次在市八中考点与美国同步举行。参加这次高考的是2013年进入市八中国际特色教育实验班上高一的学生，其高中学习的课程与美国高中生同步，同时还学习中国高中课程。在这次美国ACT高考中，参考学生人平成绩达32分（满分为36分），且都达到哈佛大学、耶鲁大学等世界一流大学ACT分数要求（录取还须通过其他方面的考查和审核），其中曾安哲、肖越、曾旭健3人数学还获得满分36分。同时，学生的雅思考试成绩（海外名校申请另一个必备条件）也非常优异：其中李念一、肖越获得7分，李炎峰、曾安哲获得6.5分。

（张子良）

**【温哥华岛大学将扩大在衡阳办学规模】** 加拿大温哥华鲍瑞尔市市长戴维先生、温哥华岛大学校长米琪女士莅临衡阳访问船山英文学校，表示将加强合作，扩大在衡阳的办学规模。市教育局局长周法清、弘湘国有投资集团公司总经理张雨民分别与加拿大客人进行诚挚深入的会谈。2013年5月，船山英文学校与加拿大SBS海外学校签订合作办学协议，共同开设船山英文学校国际部。加拿大SBS海外学校派出外籍教师到船山英文学校执教，至2015年，船山英文学校已有5名高二学生被加拿大高校预录取。

（张子良）

**【初中毕业体育考试】** 3月，市教育局下发《2015年衡阳市初中毕业升学体育考试实施方案》，敲定2015年初中毕业升学体育考试项目：1000米跑（男）、800米跑（女）、掷实心球（2公斤），跳绳（1分钟）。方案规定，本年初中毕业升学体育考试成绩共100分，根据衡阳市初中毕业升学考试方案体育考试分值折算进中考成绩作为升学录取成绩。其中跳绳（1分钟）、掷实心球各25分，1000米跑（男）、800米跑（女）50分。考试项目顺序为：跳绳、掷实心球、1000米跑（男）或800米跑（女）。每名考生在半天时间内完成考试。市直属学校、市内四区所属学校和民办学校考试时间由市教育局体卫艺科统一安排，

# 中共衡阳市委党校

团结务实的校委班子

市委副书记、市委党校校长邓群策在秋季主体班强调党员干部要做政治上的明白人

中共衡阳市委党校是市委的重要部门，是培训轮训党员领导干部、国家公务员和理论骨干的学校，是学习宣传研究中国特色社会主义理论体系的重要阵地，是哲学社会科学研究机构。学校创办于1951年。2002年6月，衡阳行政学院与党校合署办公。2005年7月，衡阳市社会主义学院并入党校,实行“三块牌子、一套人马”的“一校两院”管理体制。学校地处衡阳市雁峰区丁家牌楼43号，为原衡阳地位机关大院，北倚营盘山，东临湘江，依山旁水，环境秀美，底蕴深厚。学校占地158亩，公共建筑面积3.56万平方米，具备同时培训600人的规模和能力。学校现有在职教职工88人，其中高级职称23人,研究生以上学历26人。学校内设16个处室机构，即，办公室、组织人事处、教务处、学员管理处、科研处、行政事务处、基础理论教研室、党建教研室、经济教研室、法律教研室、公共管理教研室、领导科学教研室、信息技术室、图书馆、机关工会、培训中心。学校主体班开设有县干班、中青班、科干班、党外班、女干班、各类专题研讨班和城区委托培训的科干班、中青班等班次。近5年来，年均培训轮训各级党政领导干部4100余人。近年来，在市委、市政府的关心和支持下，经过合理规划，分步进行了校园建设改造：开通了东大门，油化了校内道路，装修了报告厅、办公楼和教学楼，修建了食堂、活动广场和健身中心等。现在校园绿树成荫，鸟语花香，被学员和教职工公认为“远看像公园，近看像花园，进来是校园，住下是家园”的干部教育培训的理想场所。学校坚持“党校姓党”的校魂、实事求是的校训、从严治校的校规，坚持“打磨名课、争做名师、创建名校”的理念，努力打造“一流的党性和修养、一流的教学和科研、一流的人才和队伍、一流的管理和服务、一流的硬件和设施、一流的风气和文化”的地市级党校，为我市培养高素质的党员干部队伍和顺利推进“四个全面”战略布局、“五个衡阳”建设做出新的更大贡献。

市委常委、副市长罗东海出席全市新型城镇化培训班开班典礼

市委常委、宣传部部长刘丽华来校为女干部班讲课

# 湖南财经工业职业技术学院

## HUNAN FINANCIAL & INDUSTRIAL VOCATIONAL-TECHNICAL COLLEGE

党委书记　邹国富

院长　陈春泉

湖南财经工业职业技术学院是湖南省教育厅主管、衡阳市人民政府主办的一所全日制公办普通高等学校，2015年1月，经湖南省人民政府批复同意，由原衡阳财经工业职业技术学院更名而成。学院有50多年的办学历史，底蕴深厚，特色鲜明，校园环境优美，依山傍水，交通便利。占地面积1026亩，教学仪器设备总值一亿余元。理实一体的教学大楼、实训大楼、标准化学生公寓、A级学生食堂、标准塑胶运动场、社区医院、驾校等教学、实训和生活设施完善配套。所有教室都配备了多媒体设备。所有学生宿舍都安装了空调和热水系统。

学院设会计系、经济贸易系、电子信息系、机电工程系、汽车工程系、现代物流系等6系，现有21个专业面向全国招生，现有在校学生9600余人。会计电算化和模具设计与制造两个专业为省级精品专业，会计电算化专业立项为省示范性特色专业和省生产性实训基地，会计专业立项为省特色专业，现代企业财务管理专业群立项为省示范性特色专业群，模具设计与制造专业立项为省中高衔接试点项目。学院现有教职员工625人，专任教师383人，硕士学历教师145人，博士3人，教授14人，副教授135人；双师素质教师284人。聘请行业企业兼职教师86人，客座教授50余人，特聘教授1人。现有省级专业带头人5名，省级青年骨干教师6人，省级教学团

宗文楼

队2个。

历年来学院获得教育部人才培养工作水平评估优秀学校、湖南省优秀事业单位法人、省文明高等学校、省就业工作先进单位、省职业技能鉴定十佳单位、省园林式单位、省示范性（骨干）高等职业院校、衡阳市职业教育先进单位等省市荣誉150多项。2015年成功通过省示范高职院校验收并获得优秀等级。学院先后评为中央财政支持的综合实训基地、湖南省高技能人才培训基地、服务外包人才培训基地和衡阳市高技能人才培训基地、失业人员培训基地、财税干部培训基地和职业院校骨干师资培训中心。建院以来，学院有9个专业参加省专业技能抽查，其中7个专业为优秀，2个专业为合格。2015年参加全省首届毕业设计抽查，合格率为100%（全省仅7所）。近三年获全国、全省技能竞赛一等奖30个，二等奖30个，三等奖62个。连续五年获得会计技能赛项省赛团体一等奖，连续三年代表湖南省参加全国比赛，两次获全国团体二等奖。毕业生年终就业率达96%以上，对口就业率达85%以上，就业满意率95%以上，稳居全省高职院第一方阵，年年被评为省招生就业工作先进单位。2016年全省就业创业“一把手”工程督查获评优秀学校。

息中心

大学生活动中心

# 衡阳技师学院

党委书记　何东球

衡阳技师学院是经湖南省人民政府批准成立的全省第一所技师学院，由衡阳市人民政府主办主管，属国家副厅级全额财政拨款事业单位。学院占地701.8亩，有教职工626人，在校学生12000余人。学院设有电气工程学院、机械工程系、工模具制造系、汽车工程系、信息与生物技术系、经济贸易系和物流技术系等7个教学院系，30多个专业。学院先后被评为“全国职业教育先进单位”“全国技能人才培育突出贡献奖”获奖单位、国家高技能人才培养示范基地、全国技工院校师资培训基地、中国人民解放军士官输送基地、中国仓管员培养基地、湖南省服务外包人才培训基地、湖南省大学生创业就业技能培训基地、湖南省汽车制造业高技能人才培养基地、湖南省对口援疆后备人才培训高校、衡阳市党员科技教育基地、衡阳市农业机械化技术人才培训基地、衡阳市青少年廉政教育基地、衡阳市民族团结示范点。

| | | |
|---|---|---|
| ① | ② | ③ |
| ④ | ⑤ | ⑥ |
| ⑦ | | |

①服装与工艺一体化实训室
②机加工实训中心
③机器人技术工作室
④楼宇智能系统实训室
⑤模具钳工一体化教室
⑥数控加工实训中心
⑦汽车发动机电控一体化教室

# 衡阳市商业技工学校

书记、校长　廖湘英

衡阳市商业技工学校（衡阳市烹饪中等职业学校）创办于1977年，是湖南省创建最早的一所国家财政全额拨款的全日制公办学校，是国家职业技能鉴定及培训基地，是衡阳市创业培训及职业技能培训定点基地。

学校坐落于衡阳市区，紧临文化圣地“南岳第一峰”，交通便利，学校拥有一支结构合理、高素质、高学历、高职称的专业教师队伍和配套齐全的教学及生活设施。

学校开设的烹饪、旅游与酒店管理、电算会计等专业在社会上颇具影响。原中央军委主席江泽民同志2003年来衡视察时，我校教师和毕业学生分别担任服务总监、厨师长和首席接待员，受到了江泽民等领导同志的好评。

多年来，学校不断改革创新，以市场需求和良好信誉办学。为社会输送了数千名高素质技术人员，特别是培养出来的厨师遍及国内外，人称我校为“厨师的摇篮”。学校陈国顺老师被省政府授予“湘菜大师”的荣誉称号。

学校办公大楼

HUA XIN SCHOOL
衡阳市华新小学

# 衡阳市华新小学

市委副书记、市长周海兵，市人大常委会副主任李慧星等市领导与华新小学小学生在一起

校长　周群意

华新小学坐落于衡阳市高新技术产业开发区银杏路2号，占地5900平方米，现有25个教学班，学生1300余人，教职工73人。学校先后被评为湖南省中小学管理专业委员会常务副理事长单位、湖南省四星级优秀少先队集体、湖南省红领巾示范学校、衡阳市中小学生创造力培养示范学校、衡阳市中小学养成教育示范学校。

华小人以"给学生最美好的童年，给人生最坚实的起步"为共同愿景，追求本真，爱护童心，崇尚自然，呵护童真。

环境清新幽雅的校园是是师生幸福生活的花园；设施设备一流的校园是师生轻松学习的乐园；坚持"绿色教育，阳光成长"理念的华新小学也是师生共同成长的家园。

学校风景

共植爱心树

跳蚤市场真热闹

# 衡阳市衡州小学

书记　汪美玲

校长　黄　勇

衡州小学于2015年9月创办，位于衡阳高新区光辉路6号，占地67亩，建筑面积3万余平方米，总投资逾1.2亿元，设计教学班48个，设计学位2400个。学校建有高规格的校园文化活动中心及全市中小学首家科技馆。学校以科技创新教育为办学特色，以“向上向善”为校训。立足地区特色，打造以“雁”为主题的校园文化。学校拥有一支年轻、精干的管理团队。书记汪美玲是高新区教文体站站长，高新区基础教育的带头人，出身教学一线，曾多次获得全国教学比赛一等奖，主持课题获省基础教育研究成果一等奖，全国优秀教师，湖南省特级教师，“未来教育家”培养对象。校长黄勇曾任祝融小学校长，教学功底扎实，多次获得国家级、省级教学一等奖，系省“未来教育家”培训班养对象，2014年被评为全国优秀教师。管理团队中的其他成员也均是管理与业务齐发展的多面手。学校还有一支富有朝气、勤于钻研的教师队伍，目前有教师61人，其中全国优秀教师2人，中学高级教师1人，特级教师1人，市级骨干教师6人，小学高级教师24人。

校门远景

校科技馆

“遇见更美的自己”开学典礼

校本选修课开课

校雏雁志愿者服务队

# 衡阳市祝融小学

行政班子

老师正在录播教室上教研课

足球课深受同学们的喜爱

衡阳高新区祝融小学创建于2011年3月，学校占地面积58亩，建筑面积约20000平方米。学校现开设37个教学班，在校学生2266人；在职教职工117人。学校坚持“幸福教育”的办学理念，并围绕这一办学理念开设特色课程，进行教学改革，开展师生活动。校长齐少娟提出幸福教育的三项举措：幸福教育，始于“足”下；幸福教育，从“心”开始；幸福教育，“课”不容缓。办学五年来，在各级领导和社会各界的关心支持下，学校的办学成绩得到了社会的认可，先后被评为“全国足球示范校”“湖南省语言文字示范校”“中小学心理健康教育先进单位”“全国中小学生英语电视大赛优秀培训基地”“湖南省中小学管理专业委员会常务副理事长单位”“衡阳市基层思想政治工作示范点”“衡阳市二星级文明单位”“衡阳市综合实践活动课程常态实施优秀学校”。

①②③
④⑤

①教学楼

②多功能厅

③实验室

④书法教室

⑤阅览室

# 衡阳市蒸水小学

校长　刘作剑

教师合影

蒸水小学2010年秋季开始建校招生，经过几年的探索和研究，2012年底学校确立了“爱”的教育理念，制定了打造“书香校园”这一办学目标。学校现占地32亩，将向南扩建20亩地，现有建筑面积11804.8平方米，学校具有8058平方米的园林绿化，9600平方米的运动场馆，具备36个教学班的规模，现有28个教学班，现共1445名在校学生。现在学校硬件设施已经达到市级一流水平，架设了校园局域网、广播系统及班级多媒体设备，实现了教学手段现代化。学校综合楼现为高新区青少年活动基地，设有音乐室、舞蹈室、电脑室、文体室等专业教室24间，使我校乃至我区的素质教育得到更大的发展。学校拥有一批高素质的教师团队，现有在职教师82名，教师的平均年龄30岁，本科学历72人，小学高级教师29人。整个教师队伍朝气蓬勃，积极向上。

①教学楼
②国学教研活动
③操场综合楼
④教学楼与读书长廊

# 衡阳市实验小学

校长　刘梁生

市委副书记邓群策等市领导来校参加“六一”慰问演出

衡阳市实验小学占地面积30.6亩，建筑面积20000平方米。教学区、家属区、生活区、运动区布局合理，各种功能教室齐全。现有教学班47个，在校学生2776人；教职工96人，其中特级教师2名，中学高级教师8名，是衡阳市城区规模最大、师资最强、管理最严的全日制公办小学。学校先后获得“全国红旗大队”“国家级语言文字规范化示范学校”“教育部体艺工作先进单位”“省文明美德学校”“省经典诵读特色学校”“市十佳书香学校”“市教育教学质量先进单位”等90多项荣誉称号。学校的发展得到上级领导的深切关怀和和社会各界的大力支持。市委副书记邓群策、市政府副市长周辉斌、市教育局局长周法清等领导多次莅临学校现场指导。

学生霸王操在市田径运动会开幕式表演

三月学雷锋活动

在衡阳市教育系统“中华经典诵读”展演活动中，学校选送的节目《满江红》获一等奖

# 衡阳市第九中学

校长　肖三九

书记　王芳

副校长　吴冲

副校长　祝春宝

位于衡阳市雁峰区茅叶滩一号的衡阳市第九中学始创于1941年，至今已经走过了70余年的风雨。学校总占地面积为6997.32平方米。建筑面积为39亩,建筑性质为楼房、教学用房、平房混和构成。目前学校教职工39人。

2007年4月，新任校长肖三九同志“走马上任”，面对艰难的处境，他立志团结一切可以团结的力量，一定要救九中于水火之中。积极探索学校发展的新的思路下。学校采取以德育引导学生的理论学习教育，以社会主义核心价值体系指导学生，注重培养提高学生的实践能力，以人为重，把学生作为成长中的人来对待，这样的教育方式深得学生、家长、社会的认同。

随着园区的飞速发展，必然给第九中学带来前所未有的发展机遇，作为工业园区唯一的公办初中，专题办公会议纪要（〔2012〕第49次）精神，明确指出：“市九中是园区唯一一所初级中学，必须高起点，高规划，高标准，才能适应园区发展要求，规划面积要达到130—150亩，向衡云干到、湘江风光带扩展，征地由市白沙工业园管委会负责，学校内部整体规划由市教育局负责。

根据园区经济平台发展的需要以及周边老百姓对教育资源的需求，确定对衡阳市第九中学进行迁建，学校占地面积为148亩，办学规模为42个教学班，办学性质为全寄宿九年义务制学校。2016年6月12日新的衡阳市九中校舍已破土动工，预期在2017年9月正式招生。

九层之台起于垒土，千里之行始于足下，衡阳市九中又将走向新的起点、新的征程。

# 衡阳艺术学校

2015年教师技能比赛

荷花少年比赛现场

衡阳艺术学校始建于1960年。1986年，经省政府批准定名为“衡阳戏曲学校”，1995年更名为“衡阳市艺术学校”，是湘南地区唯一一所国办专业艺术学校。现有在编教职工88人，在册学生620人。开设有戏曲、舞蹈、音乐、播音与节目主持、美术等专业，是“全国文化工作先进集体”、湖南省“事业单位优秀法人”。经过50多年的辛勤耕耘，衡阳市艺术学校已发展成为湖南省极具示范效应的艺术特色专业学校。

衡阳市艺术学校内景

# 衡阳市特殊教育学校

校长 宋志新

教师合影

湖南省衡阳市特殊教育学校创办于1959年9月，是一所集视障、听障、智障于一体，涵盖学前康复教育、九年义务教育、三年高中兼职业教育的综合型特殊教育学校，共有23个教学班,374名学生。衡阳市特殊教育学校是衡阳市优秀学校、衡阳市三星级文明单位、湖南省特殊教育先进单位、湖南省生态文明示范学校、湖南省安全文明示范学校、全国特殊教育先进单位、全国校园文化先进单位。衡阳市特殊教育学校又是衡阳市特殊教育研究中心，承担全市特殊教育教研、教改工作。学校有一支结构合理、德艺双馨的师资队伍。学校在职在编教职员工76人，本科以上学历47人，大专以上学历26人。其中，10人获得国家、省、市级荣誉。2015年，刘伶琍老师光荣当选“全国党和人民满意教师”。特色兴校，“文”“艺”齐飞。陆细民的美术作品《大鲸鱼》获我省首个全国智障儿童书画大赛一等奖；《吾语·卜算子·咏梅》在魅力校园第三届全国校园文艺汇演获金奖，并参加2008年央视少儿频道春节联欢晚会演出。2015年，我校听障学生舞蹈“一样的青春”代表湖南省参加全国残疾人汇演；全国第五届特奥运动会上，四名学生夺得了两金五银四铜；我校学生参加湖南省“梦飞扬”残疾青少年才艺展演的五个项目的角逐，获得“四金一银”的骄人成绩。我校多名听障学生分别考入天津理工大学、北京联合大学、长春大学和中州大学等高等院校。

教学楼

学生在操场锻炼

# 衡阳市教育科学研究所

所长　朱伟成

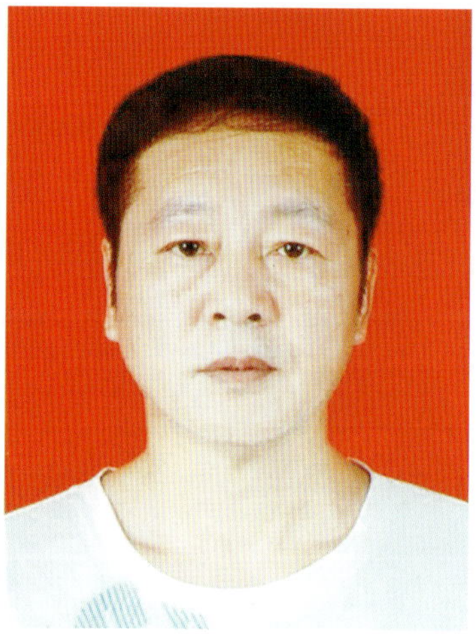

书记　吴建荣

衡阳市教育科学研究所是隶属衡阳市教育局的二级全民事业机构，成立于1984年3月。单位内设文科组教研室、理科组教研室理论室、教育质量监测中心、办公室。现有在职在编人员31人，其中高级教师22人，特级教师2人，7人在省部级学术组织中担任学科专家和评委。主要从事全市普通中学、小学、幼儿园的教育教学研究、教材教学指导、教学质量监测与教育决策服务等业务工作，主要职责是：1、研究各类教育事业发展中的理论和实际问题；2、开展各类教育的理论和教学研究；3、制定并组织实施全市教育科学研究规划；4、指导全市各级各类教育科学研究和教学研究工作；5、组织开展各类教育的教研教改实验；6、总结完善和推广先进教学经验和实验成果，并承担向上级教育科研部门申报教育论文或教学成果的任务；7、收集整理和发布国内外教育方面的最新情况和信息；8、编辑出版教育学报、学刊；9、开展与境内外教育科研机构的合作与交流；10、归口管理并指导与教育有关的省级学会、协会等社团组织工作等。

多年来，提出并实践着“一个重心，四个服务”的教育科研工作理念，即以全面贯彻国家的教育方针，全面提高教育质量作为工作重心，为我市教育决策的科学化、民主化服务，为教育改革与发展实践服务，为普及和繁荣教育科学服务，为促进教师和校长的专业化发展服务。以科学的理论、科学的态度和科学的方法着力构建良性的中小学教育科研运行机制,贴近实际、贴近学校、贴近教师，努力实施“科研育师”“决策智囊”“经验提升”“成果推广”和“信息服务”五项工程，多次被评为湖南省教育科研先进单位。

教育科学研究所工会集体活动

# 衡阳市蔬菜研究所

2015年12月中国工程院院士方智远来蔬菜所与科技人员合影

衡阳市蔬菜研究所创建于1979年，属全额拨款事业单位，占地84亩，现有干部职工46人，其中科技人员28人（高级职称9人，中级职称11人，初级职称8人），有2位专家享受国务院特殊津贴，省、市学科带头人5人，省“121人才”1人，获劳动模范称号2人。建所以来，我所先后获部、省、市科技进步奖87项，其中我所与湖南省农科院共同承担的“蔬菜均衡生产关键技术研究与示范推广”重点研究项目获2011年度获湖南省科技进步一等奖。发表科技论文430余篇，出版专著及科技资料汇编23本，承担部、省、市科研课题390项，其中国家农业部、科技部重点项目4项，是国家农业部授牌的“国家农业综合开发良繁基地”“国家蔬菜优质种苗基地”“国家大宗蔬菜产业技术体系衡阳综合试验站”、国家科技部授牌的“南方蔬菜优质种苗快繁技术中心衡阳蔬菜种苗基地”，衡阳市人民政府授牌的“影响衡阳市民生活100品牌”单位。

衡阳市蔬菜研究所自成立以来，一直从事蔬菜植保、栽培育种，新品种、新技术研究及推广应用，食用菌，组织培养，蔬菜病虫害综合防控等科学技术研究工作，是原湖南省蔬菜植保协作组组长单位，在茄科类、白菜类、豆类等多种蔬菜病虫害科学研究方面取得了丰硕成果，在蔬菜新品种方面先后选育和引进200多个，已经推广应用的有180多个，特别是南瓜、丝瓜、苦瓜、辣椒、茄子系列品种已成为我国许多大型蔬菜基地、合作社种植的主栽品种。在全国各地大面积推广，取得了显著的经济、社会、生态效益。研究和引进蔬菜新技术15项，特别是蔬菜工厂化育苗技术在衡阳市各县市区广泛应用，为“菜篮子”工程建设，蔬菜产业的发展作出了突出贡献。我所先后承担湖南省地方标准、湖南省农业技术规程、中华人民共和国农业行业标准和中华人民共和国国家标准制定(修定)项目26个，其中已正式发布实施的22个，这些标准的制定（修定）均具有较强的科学性、适用性和可操作性，为农业生产提供了可靠的科学依据，现已广泛推广应用实施。

蔬菜所研究的蔬菜新品种：鑫秀苦瓜、一串铃4号南瓜、中丰红茄

# 中国石化衡阳石油分公司

经理　冯赛松

党委书记　张志勇

衡阳石油分公司隶属于中国石化销售有限公司湖南石油分公司下辖7个县（市）支公司及本部东、西、南、高速4个城区片区，现有加油站166座，其中自助（全自助和半自助）加油站48座，建成成品油输油管道160多公里，配套管输油库2座（大浦、耒阳油库），总库容7.6万立方。成品油年销量60万吨，共有员工1192人，固定资产5.7亿元，年上缴税收5000多万元。公司为衡阳市工农业生产、交通运输和社会经济发展提供资源保障。在抗洪抗旱、抗冰救灾、资源紧缺、高速公路“保畅保供”等关键时期，彰显了“讲政治、顾大局、负责任”的国企形象。公司长期以来将油品质量视为“企业生命线”，油品质量和品牌服务赢得广大消费者的肯定和信赖。目前，公司成品油供应量占衡阳地区消费量的85%以上，零售市场占有率达到90%，市场主导地位和主渠道作用突出。目前，公司已形成以汽油、柴油、煤油、润滑油和燃料油的批发、零售、配送，非油品业务销售（烟草、饮料、百货、食品、汽车用品、其他服务）的油非一体化经营格局。近年来，公司先后被评为“国资委先进基层党组织”“省成品油行业协会计量信得过单位”“省商务厅商贸流通先进单位”“湖南省抗冰救灾先进集体”，连续评获衡阳市“市政府目标管理先进单位”“安全管理先进单位”“先进基层党组织”“社会主义新农村建设先进后盾单位”“市重点工程建设目标管理先进单位”“衡阳市文明单位”“档案管理先进单位”“蒸湘区纳税大户”等荣誉称号。

省委副书记、省长杜家毫（左二）一行深入衡阳调研湖南成品油管道二期工程

新型管输油库耒阳油库

# 湖南省地质矿产勘查开发局四一七队

新几内亚开展野外铜矿普查

该队是一家以地质勘查、勘测施工、盐卤井定向钻探为主的综合性地勘事业单位，拥有固体矿产勘查、地质钻探、岩土工程勘察、地灾治理勘查、设计、施工等7项甲级资质。先后荣获“湖南省文明单位”“全国精神文明建设工作先进单位”“全国文明单位”等荣誉称号。

建队以来，先后在衡阳市及毗邻地区发现矿种80余种，发现矿产地300多处，提交各类地质报告近千余份。发现并探明各类大、中、小型矿床近100余处，潜在价值达万亿元人民币。进入新世纪以来，先后成立中韩矿业有限公司、洪鑫源矿业有限公司，勘查发现了祁东留书塘铅锌矿及中南地区首例红土型金矿。同时，积极开拓新几内亚、印度尼西亚、菲律宾等海外地质市场，取得了丰硕成果。

盐井对接施工业是该队的特色产业，施工遍及全国各地。近年来，成功研发三井、四井对接技术，并将该技术成功应用到煤矿堵漏施工中，先后为省内外5家煤矿实现成功堵漏。2012年，成功开辟刚果（布）钾盐勘探市场；2013年，成功中标中石油衡探1井储气库项目；2014年，圆满完成湖南龙山页岩气勘查项目；2015年先后进入福建地热、贵州煤层气、青海钾盐等深井施工，为单位的可持续发展积极了丰富的施工经验。

勘测施工业是该队的优势产业，业务范围涵盖了铁路、公路、桥梁、隧道、房建、矿山、水利、地灾治理等领域，近年来，先后完成了长江干堤加固、京广高速、长昆客运专线、衡阳外环路立交桥桩基等一大批国家、省、市重点工程。

贵州六盘水煤层气勘探

湖南龙山页岩气勘探

青海钾盐勘探

长昆线资江河大桥水上钻探

地质测绘

# 湖南省地质测绘院

HNDZ

Instiute Of Geological Surveying And Mapping Of Hu'nan Province

团结务实开拓进取的领导班子

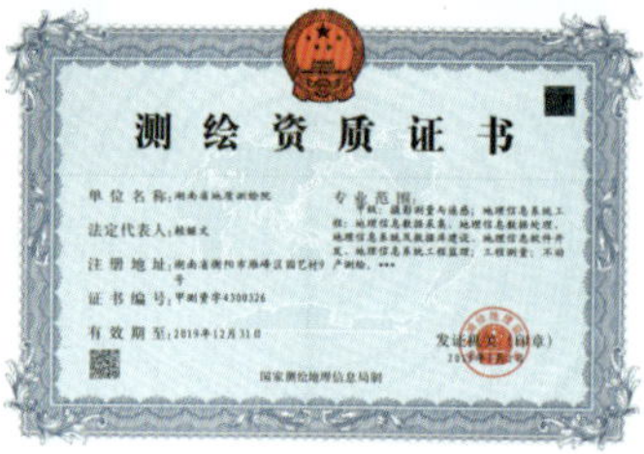


迴雁峰下，湘江之滨。湖南省地质测绘院就坐落于美丽的湖南名城——衡阳市，该院创建于1958年5月，隶属于湖南省地勘局，为该局测绘产业中的骨干核心单位，国家首批甲级测绘资格获证单位，国家测绘学会团体会员单位，全国软件正版化工作示范单位，湖南省文明单位，湖南省科技咨询甲级单位，档案工作规范化管理省特级单位，ISO9001国际质量管理体系、职业健康安全管理体系和环境管理体系认证单位。

该院集测绘地理信息、工程勘察、土地规划、地灾防治、装潢印刷、科研开发为一体，各类管理和科技人员荟萃，现有在职职工300余人，其中研究员级高级工程师1人，高级技术职称人员44人，中级职称技术人员75人，国家注册测绘师19人，各类专业技术人员168人，年实现对外收入1.6亿元，是具有摄影测量与遥感；地理信息系统工程；工程测量；不动产测绘；地图制图；测绘航空摄影；土地规划等资质的综合性大型专业测绘单位。

近年来，该院制定了“抓市场、严管理、强基础、健队伍、促和谐”的发展思路，积极调整产业结构，加大科技投入与装备改造，探索和建立现代管理制度，大力拓展市场，市场竞争能力与综合实力得到较大提高，先后参与完成了全国第二次土地调查、武广高铁施工测量、数字城市空间框架建设、湖南省永久基本农田划定与建库、农村集体土地所有权确权发证、农村土地经营权确权发证、湖南省第二次地名普查、湖南省不动产统一登记基础数据建设等项目的测绘工作，产业经济呈现出良好的发展格局，取得了经济社会和各项事业的显著成就。

多年来，该院始终坚持“以市场为导向、以科技为依托、以质量为生命”的经营理念参与市场竞争，推行“质量第一、用户至上”的经营方针，强化全面质量管理，建立了一整套完善的质量监管和服务体系，在业内树立了良好的品牌形象，业务分布全国20多个省、市、自治区，并参与我国支援非洲项目的测绘技术服务。经过几代测绘人的不懈努力，近十年来，全院共有45个测绘工程、34项科技成果分别获得国家或省部级优秀勘测工程奖、优质产品奖和科技进步奖。

“用心创造价值，真心赢得客户”。测绘院将一如既往的不懈努力，创造美好，服务社会，续写新的辉煌。

# 衡阳顺地印务有限公司

顺地印务 HENGYANG SHUNDI PRINTING CO.,LTD

总经理　邓过

衡阳顺地印务有限公司（原湖南省地质测绘印刷厂），隶属于湖南省地质测绘院，成立于1983年，于2007年11月按现代企业制度重新组建更名。公司始终秉承发扬地质人的“三光荣”传统精神，几十年来在市场风云中摸爬滚打，勇往直前。凭着先进的设备、精湛的技术、严格规范的管理，诚信经营，始终勇立潮头、领先行业。

公司拥有出版物印刷、包装装潢印刷及其它印刷品印刷资质，拥有广告制作发布经营许可证，现已通过ISO9001国际质量管理体系、职业健康安全管理体系和环境管理体系认证。公司每年有近40种送检产品被省新闻出版局评为优质品，多次被授予“湖南省出版物印制质量优秀企业”“湖南省印刷行业诚信示范单位”等荣誉称号。连续多年被衡阳市财政局指定为“衡阳市行政事业单位公务印刷定点印刷企业”。

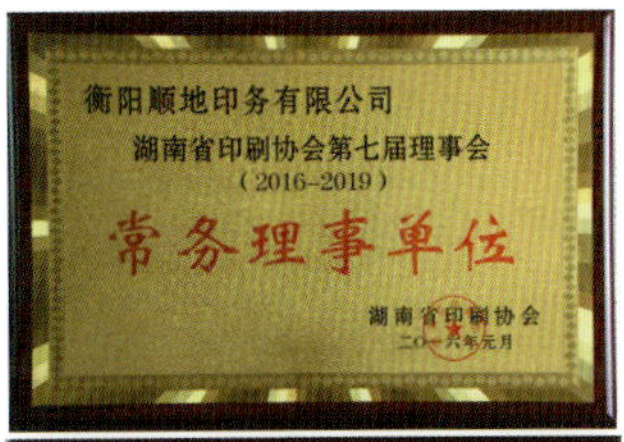


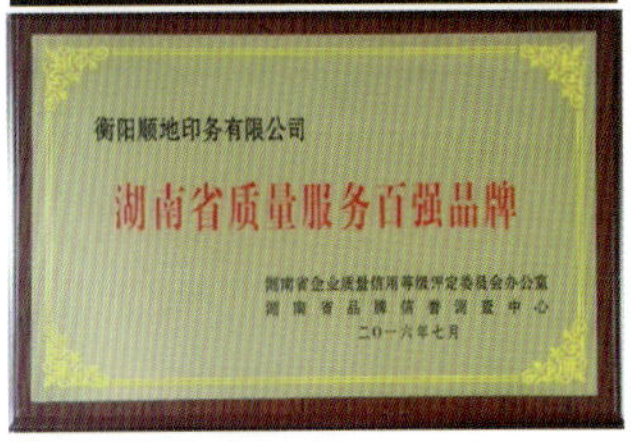


公司现拥有一支具有精湛的专业技能、丰富的工作经验的高素质专业印刷队伍，能确保高质产品和优质服务，月印装能力3500令纸，年生产能力超过两千万。公司先后与省内外十多家出版社建立了良好的合作关系，其设计排版技术力量在全省名列前茅，承担了湖大出版社、湖南科技出版社各类文史、理工专业书刊的设计排版工作。业务范围涉及湘南地区各行政事业单位、各高校，印制了大批优质书刊及地方史志书刊画册，为文化事业的发展、史志资料的留传做出了一定的贡献。

公司地理位置优越，东邻蒸湘南路，西傍南湖公园，对接外环线，毗邻高铁、高速出口，并在衡阳市华新开发区立交桥（蔡伦大道38号）设有顺地文化设计中心。公司环境优美、交通极为便利，欢迎广大客户来公司指导工作，配有专车接送。公司将以最优的质量、最快的时效、最好的服务竭诚为您服务，期待与您合作。

| ① | ② |
|---|---|
| ③ | ④ |

①海德堡印霸PM74-4SE四色胶印机

②顺地文化设计中心

③全自动化装帧设备

④CTP直接制版机

厂区生产部地址：雁峰区园艺村九号（南湖公园东门外五百米）

文化中心地址：蒸湘区蔡伦大道38号（解放路立交桥中天星城前两百米）

联系电话：0734-8470050

13786463128

# 大唐衡阳发电股份有限公司

总经理 刘敏

2015年，大唐湖南分公司党组成员、纪检组长吴启良（右二）来公司调研指导工作

大唐衡阳发电股份有限公司座落在五岳独秀的南岳衡山之南——衡阳，是经湖南省体改委批准，采取定向募集方式，于1993年1月注册成立的湖南省电力系统第一家股份制企业。首期募集资金投资位于衡阳市郊耒水下游的白渔潭水电站，利用闲置机坑安装2台3200KW水轮发电机组。1993年12月，经政府有关部门批准，衡阳发电公司股票简称“衡阳电力”在衡阳工商银行信托投资公司（国泰君安证券衡阳营业部）上柜交易，1998年9月因国家政策停牌。1995年经电力工业部和国家国有资产管理局批准，湖南省电力公司将白渔潭水电站全部经营性资产评估作价2679.76万元入股公司。1996年衡阳发电公司重新规范登记注册，总股本为40463056元，2002年12月31日，湖南省电力公司所持有公司的66.23%股权及所属的白渔潭水电站非经营性资产和人员划转移交到中国大唐集团公司。

衡阳发电公司共有8台机组,设计装机容量2.19万KW，年发电量1.06亿KWH。衡阳发电公司所属白渔潭水电站建于1958年，属耒水梯级开发13座电站中的最后一级电站，也是中国第一座低水头径流式水电站，曾为中国随后兴起的低水头水电站的建设热潮提供了宝贵的建设和运行经验。特别在2008年，受五十年一遇严重冰冻灾害影响，衡阳市发生了罕见的大面积停电。衡阳发电公司立即开展“抗冰灾、保供电”抢修行动，成功执行调度指挥中心发出的“黑启动”指令，衡阳市各变电站站用设备带电，城区医院、通信、自来水及首脑机关等最重要用户逐步恢复供电。在事故期间，衡阳发电公司不断调整战略战术，进行全线巡视、消缺和除冰，在一次次周密的计划和正确的操作中，为恢复衡阳电网的稳定作出贡献。

厂房、大坝

# 南华大学附属第二医院

南华附二新院

南华大学附属第二医院是湖南省继湘雅附一、附二医院之后的第三家教学医院，是一所集医疗、教学、科研为一体的大型综合性三级甲等医院，是省、市、县职工及居民医保、工伤保险、铁路医保、电力医保和新型农村合作医疗定点医院，是全国百姓放心医院。经过60多年的发展，现已形成新院、东院（老院）和一所股份制生殖医院的格局。

医院占地150余亩，建筑面积达16万平方米，编制床位1850张。拥有高级职称200余人，博士30余人，硕士近400人，硕士生导师70余人。设有临床科室37个，病区52个，临床支持科室10个，院前急救中心1个，健康管理中心1个。

医院医疗技术一流，专科特色明显。首批获得卫生部批准开展人体器官移植资质，成功开展了国内首例ABO/Rh双血型不相容肾脏移植术，在衡阳市率先开展角膜移植、造血干细胞移植、肝移植等技术。泌尿外科、消化内科、神经内科和重症医学科系湖南省重点专科。在湘南地区率先成立成人及儿童重症医学科，危重症患者救治的技术力量、支持平台和诊疗水平居省内领先地位。消化系统疾病内镜下治疗、心脑血管疾病介入治疗、胸腔镜、支气管镜镜下治疗、血液净化、关节置换、脊柱疾病微创治疗、无痛治疗等技术均位居省内先进水平。五官专业（眼科、眼视光专科、耳鼻咽喉科、口腔科）特色享誉湘南地区。普外专业突飞猛进，已分为肝胆胰脾外科、胃肠外科、乳甲外科、血管外科、肛肠外科等特色专科。胸心外科、神经外科、妇产科、心血管内科、呼吸内科、肾内科、内分泌科、生殖专科等科室，凸显品牌优势，技术水平居衡阳市领先水平。医院设备齐全，拥有GE3.0T磁共振、GE1.5T磁共振、飞利浦256层iCT、飞利浦128层纳米CT和16排螺旋CT、高能直线加速器、陀螺刀、数字减影X光机(DSA)等高精尖设备。医院教研成果累累。由医院培养的学生代表南华大学参加第五届全国大学生临床技能总决赛获一等奖的殊荣。近年在国内外学术刊物上发表论文600余篇，出版专著40余部，完成各级各类科研课题200余项，是临床医学一级硕士学位研究生培养单位。

装修一新的老院

# 衡阳市妇幼保健院
# 衡阳市儿童医院

团结奋进的领导班子

衡阳市妇幼保健院（市儿童医院）系衡阳地区唯一一家集妇幼保健、医疗、教学、科研于一体的三级甲等妇幼保健机构。医院现占地面积71.03亩，有员工780人（在职640人，退休140人），拥有副高以上职称110余人。设床位编制350张，60个科室。其中妇科为省属重点建设专科，新生儿重症监护科为市属重点建设专科。医院现拥有电子化呼叫系统、中心供氧系统、数字化信息处理系统、网络化内部通讯系统、中央空调、层流净化手术室，配备了先进的仪器设备。先后成立了市新生儿疾病筛查中心、市产前诊断中心、市新生儿听力筛查中心，市女医师协会、市产科质量控制中心、市医学会儿童保健专业委员会、市医学会围产医学专业委员会、市医学会新生儿学组、市护理学会妇产科护理专业委员会等均挂靠在该院。

医院的两个效益得到了同步增长，2015年门急诊64.3万人次，出院2万人次，分娩5500余人次，床位使用率达120%。患者满意率达96%以上，年均收到感谢信300余封，锦旗100余面，牌匾50余块，新闻媒体正面报道50余次。2011年在全省卫生系统47家医疗机构的民意调查中，该院的门诊和住院病人满意度排名分别居全省第5位和第13位。医院先后获得全国三八红旗集体、全国优秀职工小家、全国百姓放心示范医院、全国妇幼卫生工作先进单位、全国文明单位等300多项荣誉。

东院日景效果图

# 衡阳市
# 第二人民医院

衡阳市第二人民医院（衡阳市第一精神病医院）、衡阳市精神卫生中心创建于1972年，占地118亩，坐落于衡阳市珠晖区五马归槽（东风南路309号），是衡阳市卫生和计划生育委员会直属的二级大专科小综合公益性医院。医院是中南大学精神卫生研究所协作医院，湖南省脑科医院医联体成员单位，衡阳市及各县市医保定点医院，衡阳市新型农村合作医疗定点医院，市精神残疾鉴定中心及精神病防治康复技术指导中心，市精神疾病与劳动能力鉴定定点医院。衡阳市康怡精神残疾康复托养中心设在本院。医院每年在省级以上学术刊物上发表论文数十篇，承担了南华大学和湖南环境生物职业技术学院临床教学工作。

医院承担全市七县五区精神疾病的监测、管理、指导、服务，是衡阳市公共卫生体系的重要组成部分之一。编制病床487张，实际开设床位800余张床位，开设12个临床科室；设立四大中心学科，即：重性精神病学科、心理康复学科、老年病学科和精神康复学科。医院拥有先进的医疗、护理、康复、娱乐设施及多种具有专科特色的治疗设备和全套心理测试系统。治疗上采用中西医结合药物治疗、心理治疗、认知行为治疗、无抽搐电休克治疗、康复治疗等于一体的综合治疗方法。护理上形成了医疗护理、生活护理、心理护理、康复训练、健康教育、安全管理为一体的护理体系。对精神分裂症、情感障碍（躁狂症、抑郁症）、神经症、癫痫、失眠症、精神活性物质所致精神障碍、老年痴呆等精神类疾病和心理健康问题均有独特的治疗方式。

第24个精神卫生日义诊活动

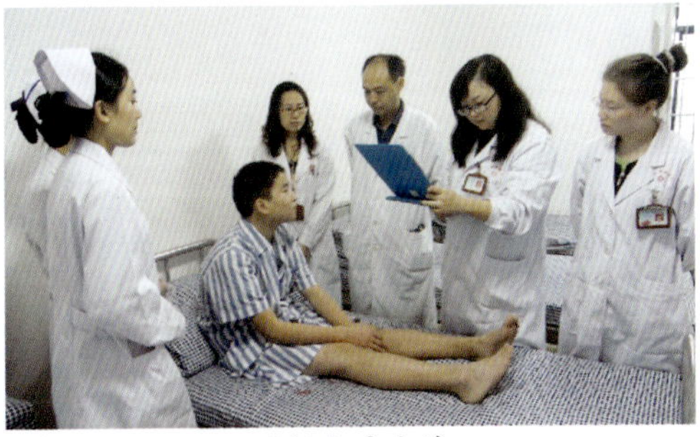

医护查房会诊

导诊

住院部

门诊大厅

护士站

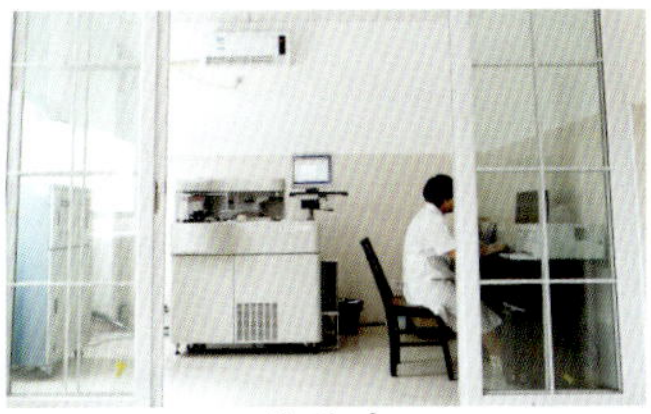

检验室

# 衡阳市第四人民医院

门诊室

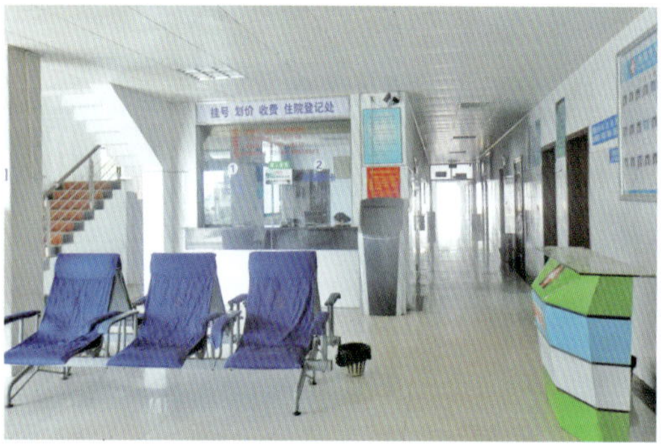
门诊部

衡阳市第四人民医院（原名中核集团公司二七二厂职工医院，于2011年元月移交衡阳市卫生局管理并更为现名）始建于一九五八年，曾是湖南省省定二级医院，现为市直管理的一所二级综合性医院。五十多年的风雨历程，使她不断地得到发展和壮大。医院现为衡阳市城镇职工医疗保险、工伤保险、生育保险、城镇居民医保及新型农村合作医疗保险等定点医院，为衡阳市珠晖区东阳渡区域十三家医保单位职工首诊定点医院。

衡阳市第四人民医院位于衡阳市南郊，地处湘江之滨、风景秀丽、环境优美，是医疗、养老、康复治疗的理想之所。医院卫生专业技术人员117人，其中高级职称10人，中级职称 28人；拥有大学本科以上学历 17人，大中专学历100人，是一支具有较高素质的医疗队伍。医院正在兴建的拥有500张床位的医疗养老康复服务中心一期工程，将为老年人提供医疗、养老、康复三位一体的综合服务；待二期、三期工程峻工，预计拥有养老康复床位2000张，将打造湘南地区最大的医疗养老康复服务专业机构。医院拥有彩色B超、头颅彩色多普勒、DRX光机、全自动生化分析仪、心电图、双光乳腺扫描仪、WDIII型痔疮治疗仪、激光治疗仪等大中型设备仪器，为坐落地及周边的群众提供综合性的医疗、保健及康复服务。先后被评为省军工后勤工作先进单位、衡阳市双文明单位、衡阳市二星级文明单位、文明小区、先进直属党组织、衡阳市医保管理先进单位、衡阳市卫生目标管理先进单位、珠晖区计生先进单位、妇幼保健先进单位、衡阳市抗击非典先进党组织、省消费者协会信得过单位等光荣称号。

住院部

# 衡阳市第五人民医院

院 长 刘 德

该院是一所集医疗、教学、科研、预防及康复于一体的市直属二级综合性医院，使用面积8897.7平方米，建筑面积11122.1平方米，开放床位184张，设内科、外科、妇产科、儿科、急诊科、中医科、五官科、口腔科、皮肤科、药剂科、检验科、放射科、特检科、理疗科、疼痛科、美沙酮门诊、糖尿病门诊。近年来医院调整办院思路，打造特色平价医院，取得了显著成效。医院配置有电子凸阵扫描超声仪、CT、CR(进口计算机成像系统)500mAX光机、消化道电子内窥镜、全自动生化分析仪、全自动血球计数仪、德国进口除颤仪、多参数心电监护仪、动态血压检测仪、呼吸机、24h动态心电图仪、脑电脑地形图仪、微波治疗仪、$CO_2$激光治疗机、多功能母婴监护仪、红外线乳透仪、椎间孔镜射频仪膝关节镜、美国COOK导丝输卵管疏通导丝、美国LEEP利普刀治疗仪、电子阴道镜等先进医疗仪器设备。拥有各级卫生技术人员178人。其中高、中级卫生技术人员82人。

该院与河北医科大学合作开设的糖尿病专科门诊，已建档病人近800人，长期在院治疗的有300人左右；2005年成立了衡阳市药物维持治疗门诊(美沙酮治疗吸毒患者)，属于国家第二批，全省首家门诊及全省培训中心、全国优秀门诊；急诊科拥有完善的急救设备，可进行各种院前及院内急救；内科在糖尿病、高血压病、心脏病诊断治疗方面富有丰富经验；疼痛科是衡阳市首家引进德国Fergle椎间孔镜、关节镜等微创技术，彻底解决颈椎、腰椎间盘突出患者的痛苦；妇产科对平产、剖宫产，实行限价收费，赢得了良好的社会声誉。白沙洲社区服务中心依托该院而设置，是全市四家骨干社区服务中心之一。

干净整洁的住院病房

门诊部

环境优美的住院部

# 常宁市中医院

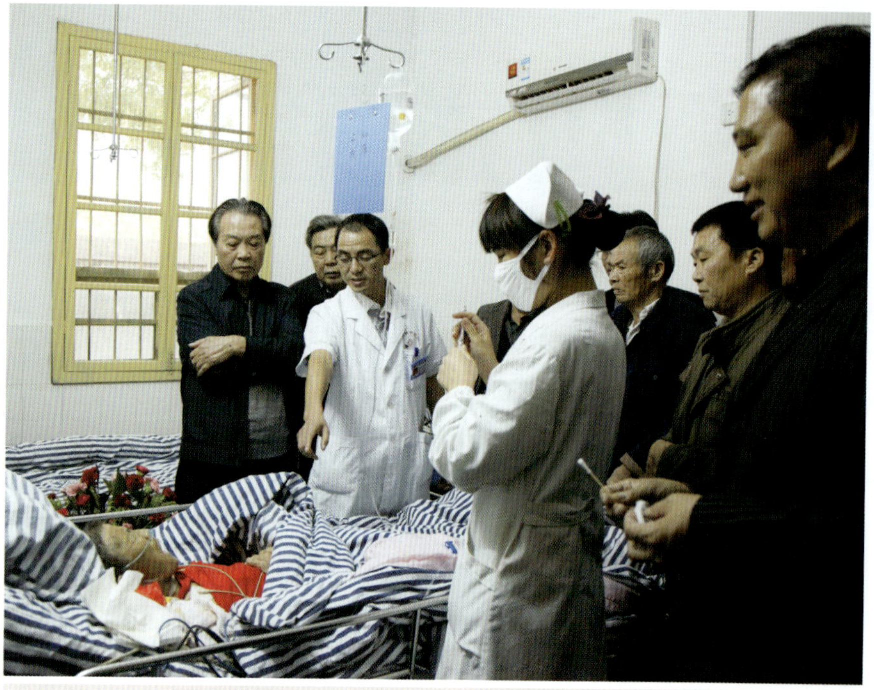

原中央政策研究室主任、全国政协委员滕文生（左一）先后多次到常宁市中医院考察

优质的医疗服务获得患者的点赞

常宁市中医院又名南詹正骨医院，创建于1956年4月。由原来的集体诊所发展发展为一所以骨伤科为特色，集医疗、预防、保健、教学、科研为一体的非营利性国家综合性二级甲等中医医院。开放病床600张，开设临床科室21个，特色专科9个。设有急诊急救、普通门诊、专病门诊和骨伤科、外科、内科、妇产科、儿科、精神病科、中风病科、针灸推拿科和麻醉科等临床科室，放射、检验、功能检查等医技科室齐全。国家级、省市名中医8名，国家、省级重点建设专科6个。拥有价值5800余万元的医疗仪器设备，其中处于国内先进水平的高精诊疗设备有GE螺旋CT机、彩色超声诊断仪、CR、电子胃镜、彩色多普勒、全自动生化分析仪、放免检测仪、血细胞分析仪等共计50余台件。医院先后被评为全国百姓放心优质医院、湖南省先进中医医院、湖南省农村示范中医医院、湖南省医院管理年活动先进单位等荣誉称号。是常宁市新型农村合作医疗、医保、工伤、城镇居民医保、老干医疗等定点医院。

医院的骨伤科是湖南省闻名的中医重点专科，自上世纪五十年代起，在湘南地区一直享有盛誉。2008年7月、2015年12月，医院先后召开省级学术专业会议《南詹正骨传统手法接骨新进展研讨班》《南詹正骨传统手法接骨新技术、新

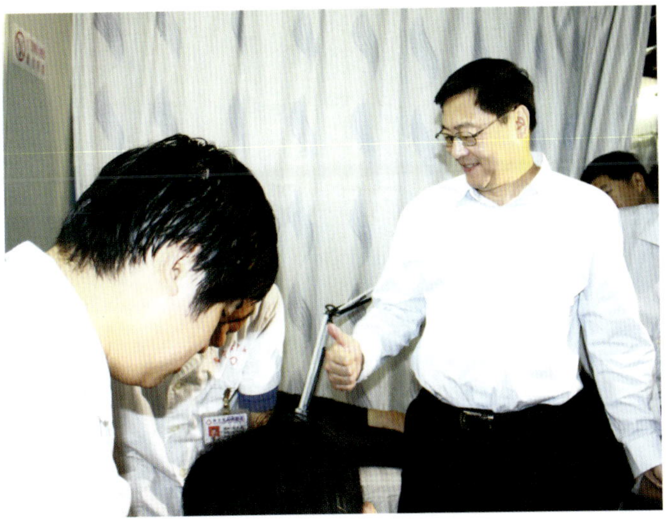

省长杜家毫盛赞南詹正骨疗法

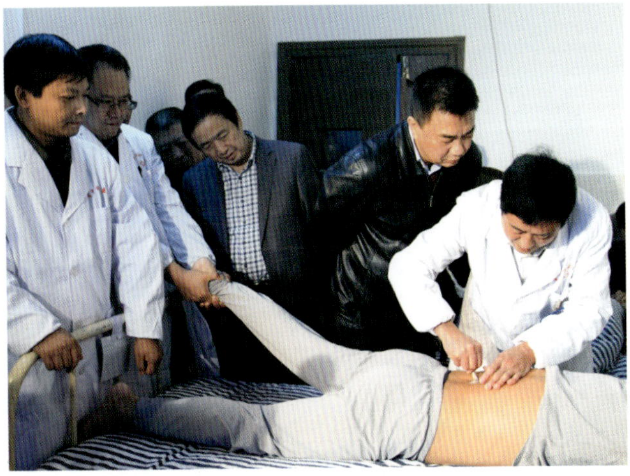

南詹正骨传承人为专家现场演示南詹正骨专长绝技

进展讲习班》。2015年12月，南詹正骨疏经术、南詹正骨理经刀、南詹正骨鹤嘴式整骨钳、南詹正骨波浪板被列入湖南省首批18个中医药专长绝技。经过半个多世纪的发展，骨伤科开设5个病区，200张病床，42位专业医师，其中高级职称10名，中级职称26名，省市名中医5名。医院坚持传统手法复位治疗骨折患者，奉行“能手法复位治疗骨折，决不开刀接骨”的诊疗原则，手法治愈骨折患者比例高达60%以上。

医院在继承传统的基础上大胆创新，自行设计研制的波浪板腰垫治疗胸腰段椎体压缩性骨折获湖南省科技进步三等奖，被列入湖南省推广应用项目。三角板架外固定治疗儿童股骨干骨折，解决了骨折移位和护理上的难题，被列入湖南省卫生厅科研课题。同时充分运用现代医学技术、广泛开展了各类钢板内固定、骨瓣移植、畸形肢体矫正、关节置换等各类高难度骨科手术。先后发表科技论文245篇，获省、市科技进步奖20项。医院骨伤科享誉省内外，前来寻医问药者络绎不绝，在所收治的骨伤科病人中，社区外病人占61%以上，被誉为“湘南骨科泰斗”。

投资1.5亿的新医疗综合大楼

环境舒适的住院环境

# 湖南衡房房地产

董事长　黄五一

团结、进取、有担当的领导班子

湖南衡房房地产经营集团股份公司（简称衡房集团）是由原副处级全民事业单位衡阳市房地产经营集团总公司改制重组后，以经营者员工持股方式发起设立的现代股份制企业。集团注册总资本为1亿元人民币，主要经营范围是衡阳市直管公房和公租房的经营管理、房屋修缮及房地产开发、建筑工程、物业管理等，是中国房地产业协会理事之一、湖南省不动产商会副会长单位、衡阳市房地产业协会常务理事。

集团房地产开发业务在2014年度开工面积15.72万平米，竣工面积8.33万平米；建筑工程业务在2014年度实现总产值1.07亿元，建筑面积10.23万平米，工程合格率达到100%；物业管理总面积已突破120万平米。

集团连续8年被衡阳市市委、市政府授予“双文明单位”先进称号，

集团下属企业新纪元公司具有国家一级物业管理资质，这是员工的风采

# 经营集团股份公司

多次荣获国家住建部“全国房地产业精神文明建设先进单位”、湖南省住建厅“全省职业道德建设”先进和标兵单位等光荣称号。涌现出了被誉为“衡阳徐虎”的五一劳动奖章和全国劳动模范刘秀华，住建部劳动模范、巾帼建功先进个人李国美，“王铁人”式的好工人刘诗贵，优秀共产党员谢树细等一大批先锋模范人物。

集团全资下属企业有：衡阳国联房地产开发有限公司（房地产开发三级资质）、湖南国联建筑工程有限公司（建筑施工总承包二级资质）、湖南衡阳新纪元物业有限公司（物业服务国家一级资质）、珠晖分公司、雁峰分公司、中心分公司、进步分公司、石鼓分公司、廉租房管理分公司、衡阳市华达房地产综合开发公司、衡阳衡房物业咨询有限公司、衡阳市衡房水电安装有限公司等。

董事长黄五一和全国劳模、优秀共产党员刘秀华在公司庆祝中国共产党建党九十周年纪念大会上的合影

董事长黄五一在公司职工高校新入学子弟座谈会上向大学生、研究生发放助学金

集团国联开发公司亿豪名园项目占地面积72亩，建筑面积20万平方米

# 珠江合创 ZHUJIANG HE CHUANG

# 十年创非凡

## 十年，创享一个时代

中国经济的高速发展，催生城市化高歌猛进；一场波澜壮阔的城市建设浪潮，激荡着无数旧城的改造和新城的崛起。

衡阳，这座中国中部重量级城市、湖南省会的副中心，拥有悠久文化底蕴的历史名城，城市的中心也伴随着新旧的时代变革，沿着解放大道这一城市主轴向西发展，一座集行政中心、经济中心、宜居中心为一体的华新开发区拔地而起，现已成为公认的衡阳新中心。

珠江合创集团，作为这座新城的先行者和引领者，从十年前蒸水之滨破土拔城，到如今的十年九城，远见与实力让这座新城迸发出更加耀眼的活力，也见证了衡阳快速发展的“华新时代”。正如深圳的华强北，也正是因为实力企业和政府的合力打造，才发展成为深圳颇具影响力的城市商圈。

## 十年，创造九座经典

当十年前，珠江合创人在珠江愉景湾铲下第一方土时，谁都不曾去想一个外来的企业能够在荒凉的蒸水河畔有多少作为，但是合创人以“责任、思路、激情”为引领，“夯基石，创伟业”的雄心从未改变。

十年里，珠江愉景湾、衡府、珠江愉景新城、东域、珠江棕榈园、珠江帝景山庄、珠江愉景南苑、珠江云锦等合创系精品楼盘拔地而起，珠江愉景湾开创实景体验营销之先河、引爆华新楼市；130万方世界滨河城邦珠江愉景新城连续五年领衔衡阳楼市排行榜，五年一座百万城，创造衡阳楼市开发及销售崭新高度；珠江帝景山庄5000万造衡阳之门，开山造城筑就气势恢宏的欧陆皇家城邦，领袖石鼓惊艳衡阳；珠江愉景南苑首引“花漾城邦”之定位，在蒸水河畔演绎了一段唯美的生活诗篇，销售量跻身衡阳三甲；珠江云锦首度入主南城中心即凭借“精极之美”开启南城5U人居时代……珠江合创“品牌+品质+高性价比”的组合优势迅速迸发，十年九城，无论楼市低迷还是火热，万千幸福家庭力证珠江合创无愧于衡阳楼市信心品牌，“买房就买珠江房”绝不是一句口头禅，而是品牌的责任和百万衡阳人民的信任。

雄关漫道真如铁，而今迈步从头跃，合创人怀着开拓梦想，拓地拔城，新十年，更非凡！

# 湖南四海神龙

神龙大酒店外景

湖南四海神龙实业集团有限公司成立于1995年，是一家集星级酒店、房地产开发和培训学校为一体的综合性合资企业。旗下拥有神龙大酒店（四星）、神龙·新世界大酒店（四星）、神龙·蒸阳大酒店（待评四星）、神龙·盈佳大酒店（待评四星）神龙·百度大酒店（三星）、神龙·传媒大酒店（三星）、神龙花园大酒店（五星筹建中）七家星级酒店，同时还拥有神龙大地房地产开发有限公司及神龙培训学校等。公司现有员工3000多人。年创税收2000多万元。是我省旅游饭店业最具规模的民营企业之一，是衡阳市旅游饭店业的领军企业。公司董事长许冬生先生，任湖南省旅游饭店协会副会长，衡阳市旅游饭店协会会长，衡阳市工商联合会副主席，衡阳市企业家协会副会长。

神龙花园酒店夜景

# 实业集团有限公司

新世界酒店外景图

盈佳酒店外景

盈佳酒店大堂

公司先后获得：“中国优秀民营企业”“泛珠三角最佳服务旅游饭店”“湖南省优秀非公有制企业”“湖南省最佳星级饭店”“湖南优秀品牌酒店”“湖南省顾客最满意酒店”“雁城名店”“衡阳十大明星企业”“衡阳最受欢迎好品牌50强”等众多荣誉称号。公司党团工妇组织建全，发展企业的同时还积极投身社会公益事业，资助寒门学子和福利院孤寡老人，援助边远乡村和灾区灾民，捐建神龙春华希望小学等等。近年来共向社会捐资捐物450多万元。

蒸阳大酒店夜景

# 连卡福（衡阳）商业广场

连卡福（衡阳）商业广场（以下简称连卡福）是摩登大道时尚集团2011 年启动的区域联盟模式下的成果，即与二、三线城市的优秀零售商合作，开设国际名品买手店，为当地市场建立时尚标杆和典范。连卡福就是在这样的经营理念下应运而生，成为集团投资的第一个区域联盟的国际名品买手店，是集团具有里程碑意义的项目。

连卡福作为衡阳市的金色地标项目和重点工程建设项目、重点招商引资项目，从一开始就在设计、定位和文化融入上做足了功课。在品牌设计中融入了衡阳人引以为傲的中国古代四大发明之一蔡伦造纸的元素，和代表湖湘文化的三江四水元素；在定位上以家庭、孩子、科技、娱乐、时尚为重。引进了众多国内外优秀品牌及优质商品，在购物环境上力争给顾客提供极致的舒适体验，为传递高品质和健康生活方式而不遗余力。营业以来，赢得了消费者、客户的高度赞赏。我们也将继续坚守初心，追求完美。

连卡福将不遗余力地营造以科技、时尚、文化、艺术、爱与关怀的消费者购物体验环境。文化传承百年。连卡福不是一座简单的购物中心，它也是一个文化的载体；它还是连接人与生活、家与爱的心灵平台。通过屋顶花园、星光影院、儿童乐园，绘本馆、露天时尚秀场、Miss音乐吧等各种形式，连卡福诉说着每一个亲身体验者的浪漫情怀；在人文关怀的表达上，连卡福更是特别安排有独立母婴室、VIP尊享室等服务延伸。我们希望以细心和用心能够将连卡福打造成为中国的驰名商业品牌，能够将连卡福的品牌文化传承百年，让连卡福成为衡阳人新的骄傲！

立式效果图

# 湖南文正集团

党委书记、董事长　夏正

湖南文正集团成立于2013年5月，是一家包含房地产、物业、酒店、投资等多个领域的综合性服务型企业。办公地址座落于衡阳市华新开发区光辉街24-25号。其注册资金5018万元。目前集团在职职工有170多人，其中高职职称有21人，中职职称有62人，初职职称有50人，有职称的在职职工占总职工人数的比例约63%。

湖南文正集团的前身是衡阳市文正房地产开发有限公司。衡阳市文正房地产发有限公司成立于2005年6月，历经了8年风雨洗礼，发展壮大。逐步成为为如今的湖南文正集团。新组建成立的湖南文正集团下辖七个控股公司（衡阳市文正房地产开发有限公司、衡阳市文正大酒店有限公司、衡阳市雨母田园旅游文化发展有限公司、衡阳市文正物业管理有限公司、湖南文正投资集团有限公司、衡阳市文正经贸发展有限公司、衡阳市广信发信息咨询有限公司）和集团直属管理的二部三室及一个分公司（财务总监室、行政总监室、党工委办公室、审计部、财务部，湖南文正集团投资有限公司·耒阳公司）

湖南文正集团重视企业的行业责任和社会责任，坚守行业准则，坚持以正确方法引领行业规范发展，秉承以人为本、和谐互助、共创互赢、遵章守法为企业的经营理念，集团领导将与各控股公司负责人及职工为湖南文正集团的发展共绘一幅更加美好、灿烂、生机的蓝图。

董事长夏正接待贵宾

文正大酒店

集团开发的“玉溪水岸”项目

# 湖南省水口山宏兴化工有限责任公司

董事长　陈昌礼

时任副省长盛茂林视察公司

湖南省水口山宏兴化工有限责任公司地处世界铅都——水口山，是一家生产型民营化工企业。公司创建于2003年3月，原坐落于常宁市水口山街道办事处松阳村。2016年6月，搬迁至常宁市水口山经济开发区（已被批准为国家级开发区）有色金属工业园，占地100亩，投资1.5亿元。现有职工125人。公司主要产品为一氧化铅、三盐基硫酸铅、二盐基亚磷酸铅和四氧化三铅等铅盐系列产品。其主要原材料为有色金属电解铅。2015年总产量达2.5万吨，总产值达3亿元，上交国家税金900多万元。销售网络已遍布全国广东、重庆、浙江等10多个省市。

公司自创建以来，“湘南宏兴”品牌已通过国家工商总局注册，并连续8年获湖南省著名商标。企业已通过ISO9001：2008国际质量管理体系认证。获湖南省A级纳税单位、湖南省银协守信用企业、湖南省守合同重信用单位、湖南省信用等级AA级企业，衡阳市工商免检企业、衡阳市产品质量先进单位、连续多年被评为衡阳市50强民营企业。

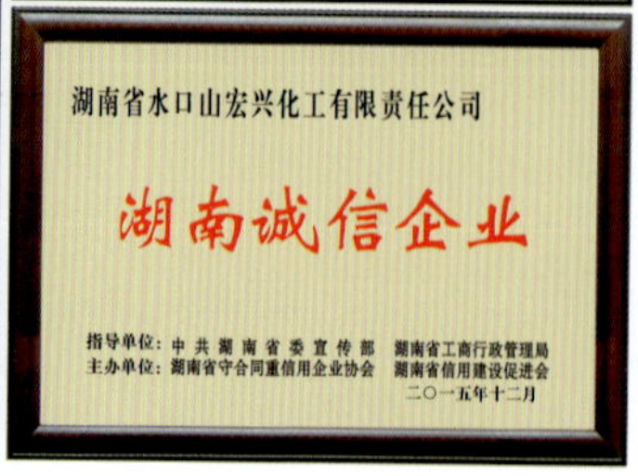


公司主要产品

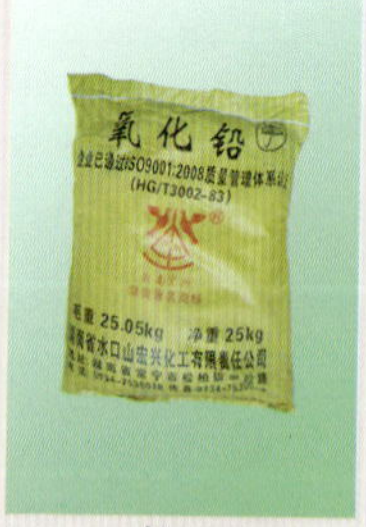


一氧化铅

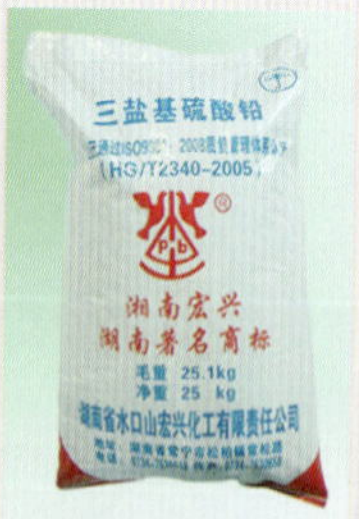


三盐基硫酸铅

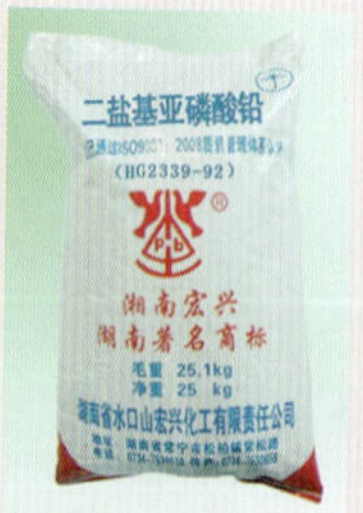


二盐基亚磷酸铅

四氧化三铅

硬脂酸铅

氰尿酸铅

# 衡阳盛创混泥土有限公司

衡阳盛创混泥土有限公司成立于2012年7月12日，系衡阳市雁峰区岳屏镇镇政府招商引资项目。公司坐落在衡阳市雁峰区斯林村黄泥组，距衡阳市约10公里，可确保生产后的商品混泥土供应便捷。盛创混泥土有限公司是一家专门从事商品混泥土生产销售的公司，公司注册资金1000万元，投资总额3200万元。本公司现有在职职工100余人，具有大专以上学历人员18人，中高级职称人员6人。拥有各类专业技术人员10人，在混泥土生产方面经验丰富的管理人员7人。

本公司设财务室、实验室、生产部、材料部、市场营销部、后勤保障等六大部门，目前公司生产能力、运输能力、输送能力在衡阳市混泥土行业中名列前茅——2套全自动化搅拌设备为HZS180型搅拌机，每小时能生产360立方米混泥土，配套设备有：40台12M3 搅拌车，4台46米以上的三一泵车，5台三一车载泵等设备。

资深专业工程师全方位技术指导，能生产C10至C60所有标号的混泥土和特种要求的混泥土，对进站原材料和出站混泥土进行全程监控，确保质量达到100%。

# 祁东县吉祥食品有限公司

董事长　谢富生

祁东县吉祥食品有限公司是农业产业化省级重点龙头企业，是全国放心粮油示范加工企业，拥有十多项专利发明科技开发型企业。自从1999年起步至2003年8月成立公司以来，公司以打造特色农产品品牌加工企业为目标，以“做大做强三大特产——红薯、黄花菜、香芋”为使命，坚持“名在诚信，利在质量”的经营理念，坚守“做强企业，服务三农”为宗旨，已建立了集种植、加工、销售于一体的产业链，成为湘南最大的地方特色农产品加工企业。

加大基地建设，公司实施“公司+基地+农户+市场”的运作模式，引进优良品种繁育推广种植和对基地农户免费技术培训，带动产业发展。形成规模化种植，红薯种植面积10万亩，黄花菜面积13万亩，香芋面积5万亩。获“湖南省科技种植示范基地”。公司依托原料基地，致力品牌加工规模化建设，建成现代化加工生产线9条，其中红薯制品加工生产线5条，黄花菜加工生产线3条，香芋加工生产线1条。产品形成“祁富”牌红薯制品系列、黄花菜制品系列、香芋制品系列三大品系100多款产品，畅销国内市场，部分产品已出口。

公司自成立以来，坚持“以后市场为导向，以质量求生存”的发展理念，以不断创新，锐意进取，与时俱进为发展方向，不断改正加工工艺，在传统的手工生产基础上有质结合，自行研发和引进成套先进的全自动机械设备；祁东县的红薯粉丝（皮）在全国销售市场上颇有名气，公司的“祁富”牌红薯粉丝产品由于“物美价廉”，更是供不应求。销往省外的市场主要有广东省的广州好又多超市、港湾超市、深圳市的布吉农批发市场，广西省的柳州、南宁等市场，海南省的海口干货批发商行，上海市的十六铺商行，湖北省的集家嘴市场，江苏省的无锡干货批发市场，浙江省的义乌干货批发市场；销往本省主要有步步高、新一佳、家润多超市；销往本县的主要是祁东中心市场食品、干货批发商，金果等超市。近几年公司致力打造电商平台和品牌连锁店销售网络建设销售逐渐攀升。

凭着产品的特色和一流的品质，“祁富”牌系列产品相继获得“中国知名品牌”“湖南省著名商标”“无公害产品”“绿色食品”“有机食品”认证。企业全面通过了安全生产许可QS认证和ISO9001质量管理体系认证。

“欲穷千里目，更上一层楼”。企业为了做大做强特色产业，立足现实，展望未来，制订雄伟目标。一是依托科技院校，研发新产品，提高产品科技含量和附加值；二是兴建湘南特色农产品物流中心，引无数凤凰飞祁东。将进一步形成特色农产品产、加、销一体化经营，日益展现出省级龙头企业的蓬勃生机。

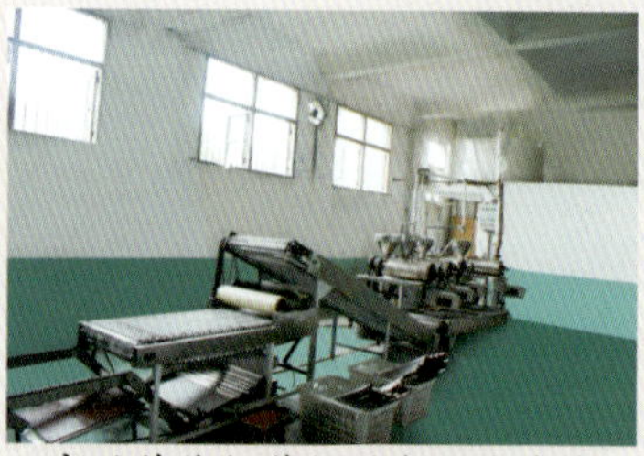

高效节能红薯粉丝成形生产线

全自动方便粉丝生产线

全自动水晶粉丝生产线

全自动拌浆机组

厂房内景

# 祁东县美能包装有限公司

公司一角

祁东县美能包装有限公司位于祁东县归阳工业园，建厂于2002年，前身是祁东美能彩印纸箱厂。于2013年8月改制为祁东县美能包装有限公司，公司注册资金为200万，总投资达2000万，租用厂房面积达万平方米。

公司现拥有湖北京山1.8米七层高速瓦楞纸板生产线一条，佛山浩盛达单瓦线一条，纸箱、彩印生产线各一条。日生产能力10万平方米，年产值达6000万。拥有原纸、纸板、纸箱等全套检测设备，为客户提供高质量、可信赖的产品，公司严格按ISO9001国际质量体系，ISO22000食品安全管理体系运行，不断挑战自我，提高产品质量。现有员工100多人，管理、技术人员全部从珠三角聘请，具有很高的管理水平、技术力量和营运水平，公司全面推行6S管理。

公司建厂至今，本着“重合同、守信用、质量第一、价格合理”的宗旨，以“客户为中心、提供优质产品、实施满意服务”的质量方针，经过十多年的发展，凭着优质的产品，满意的服务，本公司以祁东区域为核心向周边地区辐射，产品和服务遍及衡阳、永州、邵阳、怀化、郴州以及长株潭地区，与大批国内知名企业建立了互信稳定的合作关系，得到了客户的认可和好评。为了更好地为客户服务，向客户提供更优质的产品，公司决定扩大生产，将耗资近千万元，引进五色高速印刷机，使公司的产能翻一翻，日生产能力20万平方米，产值过亿。

面对挑战和机遇，公司以雄厚的设备和人才为基础，以“为客户创造价值”为理念，开拓进取，不断为客户提供优质的包装产品和服务，为本公司产品客户创造更大的价值。本公司将始终以传承、弘扬中华印艺为己任，致力于成为湖南优秀的包装行业，不断追求先进的科学技术、创新的经营管理模式，为包装技术的发展作出贡献。

整齐的原纸仓库

米京山生产线

成品堆码机

陈列有序的成品仓库

一家人精品教育
良好学习习惯的塑造者
One family education
好状态！
好习惯！
好方法！
校训：为改变而来，为梦想而生！
理念：集聚资源，服务社会！
使命：让每个家庭变得更幸福！
扫一扫
关注我们
中小学课外辅导专家：13007349535
总校：红湘北路89号（市城市管理执法局对面）

七县（市）及南岳区所属学校考试时间由各县市区教育局确定。考试地点：市城区设市一中和市八中，各县市区按相对集中的原则组织初中毕业生参加考试。方案要求，因临场伤病或生理原因等特殊情况不能参加体育统一考试的学生，由本人提出书面申请，经考点负责人签字同意，可予以缓考（缓考仅限一次），因残疾或伤病而丧失运动能力或不能、不宜参加剧烈运动的学生，由本人填写《衡阳市初中毕业升学体育免考申请表》，所在学校签署意见加盖公章，并经具有资质的伤残等级鉴定机构或本地二级以上（含二级）医疗机构证明，报市、县教育行政部门审批同意，可免试考试。经批准免考的残疾学生按满分的80%计入升学成绩，伤病学生按满分的60%计入升学成绩，同时须将残疾或伤病证明和审批材料放入该生升学档案。

（张子良）

**【本届初中毕业学业水平考试调整】** 市教育局发布《关于认真做好2015年衡阳市初中毕业学业水平考试工作的通知》，本市初中毕业学业水平考试有调整，体育成绩由2014年的20分提高到50分，增加艺术考试，分值为60分。初中毕业水平考试（考查）成绩作为初中学生毕业证颁发、评价县市区及初中学校教育教学质量、普通高中学校招生录取的重要依据。

4月1日至4月10日报名 2012级、2013级初中在籍学生均应报名参加规定的科目考试。报名时间为：4月1日~4月10日。在籍初二、初三学生由学籍所在学校统一组织初中毕业学业水平考试报名。各学校根据全国中小学生学籍系统学籍信息核实报名信息，所有初二、初三在籍学生未经批准必须报名参加考试，学校不得接受非本校学籍学生报名。外地回衡等无本地有效学籍考生根据市中考办公布的《报名须知》的有关要求，到户口所在县级教育行政部门中考办办理报名手续，属市城区户口的考生于5月4日~5月15日直接到市中考办办理报名手续。

考试（查）科目及卷面分值 考试科目：初中三年级：政治、语文、数学、外语、物理、化学、历史、体育、艺术（音乐、美术）。初中二年级：生物、地理、信息技术。

技能测试科目：初三年级：物理、化学学科实验操作。初二年级：生物学科实验操作。

卷面分值：初中语文、数学、外语学科卷面满分为120分（语文120分中含卷面分2分），政治、物理、化学、历史、生物、地理学科卷面满分为100分（政治100分中含养成教育知识20分），体育学科满分为50分，艺术（含音乐和美术学科）卷面满分为60分，信息技术满分为10分。技能测试科目成绩综合成等第呈现。

初中政治学科仍实行全开卷考试。其他学科均实行闭卷考试。

听力残疾学生（500赫兹、1000赫兹、2000赫兹、4000赫兹的纯音听力检测结果为每侧耳的平均听力损失都等于或大于40分贝〈HL〉）经县市区教育主管部门核准可免试英语听力。免试听力学生英语听力成绩按照其英语非听力部分得分比例计算，计算公式为：免试听力学生英语听力成绩=英语听力部分总分×（非听力部分得分÷非听力部分总分）。

（张子良）

**【义务教育阶段招生入学相关规定】** 衡阳市教育局就义务教育阶段学校招生入学工作提出相关实施意见。规定小学招生以“相对就近、划片招生、计划到校、免试入学”的方式进行，凡年满6周岁（年龄截止日期以当年8月31日为准）的适龄儿童在户籍所在地就近入学。县级教育行政部门应充分利用全国中小学生学籍信息管理系统组织实施招生入学工作，严格实行“一人一籍、籍随人走”，提高学籍管理信息化水平。初中招生方面，全市所有公办、民办初中学校招生，须严格规范招生行为和执行管理规定，实行免试录取入学。公办初中学校招生按照“相对就近、划片招生、计划到校、免试入学”的方式进行，民办初中按照“自主招生、微机派位、计划到校、免试入学”的方式进行。民办初中学校录取学生时，不得以各类竞赛证书或考级证明作为招生入学依据。根据规定，各学校严禁单独或与社会培训机构联合或委托举办以选拔生源为目的的各类培训班；严禁举行或变相举行任何形式的文化考试；严禁以培训学校考试结果作为招生录取依据。同时不得举办招收音乐、美术、体育特长生的特长班，更不得办快慢班、实验班、重点班和直升班等。为保证学校教育质量，小学班额一律不超过45人。为保障残疾儿童少年受教育权利，要通过普通学校随班就读、特教班、特教学校登记入学等形式逐步提高适龄视力、听力、智力三类残疾儿童少年义务教育阶段入学率。同时要做好留守儿童入学管理工作，把保障留守儿童按时入学作为控辍保学工作的重要内容，全面了解留守儿童学籍变动情况，建立留守儿童档案。（张子良）

**【衡阳市39所中小学入选全国青少年足球特色学校】** 7月27日，教育部官网公示2015年全国青少年足球特色学校及试点县区的遴选名单，拟认定8651所中小学校为全国青少年校园足球特色学校，衡阳市共有39所中小学校入围。根据公示，衡阳的39所入围足球特色学校是：高中有衡阳市第一中学、衡阳市第八中学、衡阳市铁一中学、衡南县第三中学4所学校。初中有衡阳市成章实验中学、衡阳市实验中学、衡阳市逸夫中学、衡阳市第三中学、衡南县车江镇中学、衡山县实验中学、衡阳县西渡镇蒸阳中学、衡阳县洪市镇洪市中学、祁东县蒋家桥镇小坪中学、常宁市第七中学、耒阳市实验中学和耒阳市第三中学等12所学校。小学有衡阳市成龙成章实验学校、成章小学（雁栖湖校区）、衡阳市船山实验小学、衡阳市旭升小学、衡阳市蒸湘区衡钢小学、衡阳市祝融小学、衡阳市石鼓区角山乡明德小学、衡阳市蒸湘区实验小学大立校区、衡阳市蒸湘区呆鹰岭镇中心小学、衡阳市珠晖区冶金小学、衡阳市珠晖区酃湖乡中心学校、衡阳市珠晖区东站路小学、衡阳市珠晖区新华实验小学、衡阳市珠晖区凯杰实验小学、衡东县育星小学、衡南县明德小学、衡山县实验小学、衡山县城西完小、衡阳县三湖镇甘泉完全小学、衡阳县金兰镇中心小学、常宁市松柏镇联盟完全小学、常宁市蓬塘乡中心小学、耒阳市金华小学和耒阳市电厂完全小学等23所小学。2015年秋季开学后，这些足球特色学校至少要配备一名足球专项体育老师，因地制宜开发和编制足球校本教材，每年举办一届校园足球文化节；要将足球列为小学、初中体育必修课，每周有一节体育课进行足球教学，并将足球基本技能纳入学校体育课考试内容；高中阶段的特色学校则将开设足球选修课。与此同时，逐步建立起小学、初中、高中、大学四级联赛机制，形成以大学为引领，高中、初中、小学为主体的校、片区、区县、市级层层选拔、逐级比赛的竞赛机制，以开展竞赛活动为载体推动校园足球普及、提升发展。（张子良）

**【义务教育合格学校农村公办幼儿园评估验收】** 衡阳市顺利完成省下达的义务教育合格学校、农村公办幼儿园建设规划任务。其中2015年全市创建并接受评估验收的学校和幼儿园达240所。市、县两级教育行政和教育督导部门紧扣“实事项目学校和幼儿园”“学校项目工程建设”两个重点，取得很好的效果。2015年年底，经过县级自评、市级评估验收、省级抽查认定，当年度创建的240所学校和幼儿园均通过评估验收。（张子良）

**【中小学国防教育要实现常态化】** 8月27日，市委常委、衡阳警备区政委廖茂雄主持召开衡阳市学校国防教育工作会。市委常委、市委宣传部部长、市国防教育委员会主任刘丽华到会并讲话；市政协副主席黄保锦在会上宣读《学校国防教育工作表彰通报》。省国防教育办公室主任赵伍芳，衡阳警备区副政委欧阳大力出席会议。与会人员首先观看《湘潭县高级中学学生军训组织规范纪实》的国防教育宣传片，衡阳市二中、市实验小学、衡南县二中3校负责人在会上作国防教育经验交流发言。市实验小学等27个先进单位和刘良生等27个先进个人受到表彰。（张子良）

**【市八中在全省推介后勤工作经验】** 12月5日，湖南省教育学会中学后勤工作研究专业委员会五届一次常务理事会议在衡阳市八中举行，来自全省的常务理事单位后勤工作负责人、专家及学者100余人汇聚一堂，分享、交流后勤工作经验，共同探讨学校后勤管理与服务的规范化和现代化发展大计。（张子良）

**【衡阳县实施留守儿童关爱工程】** 衡阳县教育局印发关于加强留守

儿童关爱工作实施方案，在全县全面实施留守儿童关爱工程。方案要求，建立留守儿童档案，做到“一人一档”；实施“帮扶”制度，确保所帮扶的留守学生在生活上有人照料、行为上有人管教、学习上有人辅导、心灵上有人抚慰，使留守学生学习安心、生活舒心、情感温馨；建立“家校月沟通”制度，每月底或月初前后为家校沟通日，教师通过电话、走访、信件等形式，向家长汇报其子女的各种情况及突出问题，并征求家长意见，共同形成关爱留守儿童工作的合力。

（张子良）

【幼教概况】 全市有幼儿园1348所（城区409所，镇区493所，乡村446所），教学班8296个（城区2638个，镇区2857个，乡村2801个），在园幼儿226081人（城区69093人，镇区87944人，乡村69044人）；当年毕业95734人（城区23387人，镇区36804人，乡村35543人），本年招生113064人（城区24698人，镇区45620人，乡村42746人）。班均幼儿27人，园均幼儿167.71人。幼儿园有教职工17849人（城区7080人，镇区7017人，乡村3752人），其中专任教师8683人（城区3468人，镇区3351人，乡村1864人）。园长和专任教师（共9981人）专业技术职称为：中学高级30人，小学高级390人，小学一级794人，小学二级269人，小学三级51人，未定职称8447人；其学历结构是：研究生毕业2人，本科毕业683人，专科毕业5601人，高中阶段毕业3427人，高中阶段以下268人。幼儿园占地面积1947563.08平方米，生均8.61平方米；园舍建筑面积1306644.94平方米，生均5.78平方米。园藏图书2136307册，生均9.45册。 （张子良）

【推进学前教育发展】 2015年，衡阳市政府办公室下发《关于印发〈衡阳市实施第二期学前教育三年行动计划（2015～2017）〉的通知》，2015年全市学前三年毛入园率73.8%，市城区学前教育三年毛入园率均超90%，提前达到省、市预定的指标数（2015年学前三年毛入园率为72%）。全市共认定普惠性民办园714所。2015年，该市公办幼儿园和普惠性民办幼儿园总数已占全市幼儿园总数的72.6%。 （张子良）

【努力实现学前教育工作新跨越】 10月27日，衡阳市教育局召开推进幼儿园贯彻实施《3～6岁儿童学习与发展指南》（以下简称《指南》）工作会暨市学前教育协会年会。市教育局局长、党委书记周法清、副局长彭天文、湖南省学前教育学会秘书长张建国教授出席会议，各县市区教育局分管副局长、基教股长、《指南》实验幼儿园园长及市学前教育协会会员单位代表参加会议。

（张子良）

【特殊教育概况】 衡阳市有特殊教育学校6所（城区4所，镇区2所，教学班59个（城区46个，镇区13个），在校学生1314人（城区625人，镇区402人）。本年度毕业72人（城区72人），当年招生243人（城区134人，镇区109人）。有教职工123人（城区102人，镇区21人），其中专任教师88人（城区67人，镇区21人）。专任教师专业技术职称为：中学高级7人，小学高级48人，小学一级8人，小学二级1人，未定职称24人；其学历结构为：本科毕业37人，专科毕业45人，高中阶段毕业6人。学校占地面积60975平方米，生均46.4平方米；校舍建筑面积20787平方米，生均15.82平方米；校藏图书12800册，生均10册。

（张子良）

【衡阳市制定《特殊教育提升计划实施方案》】 衡阳市制订《衡阳市特殊教育提升计划实施方案（2015～2017）》（以下简称《方案》）。《方案》明确，全面推进全纳教育，使每一个残疾孩子都能接受合适的教育。经过三年努力，初步建立布局合理、学段衔接、普职融通、医教结合的特殊教育体系，办学条件和教育质量进一步提升。建立财政为主、社会支持的特殊教育服务保障机制，基本形成政府主导、部门协同、各方参与的特殊教育工作格局。重点抓三个方面工作：

（1）提质改造特殊教育学校，扩大残疾孩子义务教育规模。

（2）加大财政性经费投入，切实保障特殊教育学校正常运转。

（3）提高教职工待遇，深化特殊教育教学改革。 （张子良）

【市特殊教育学校学生全省展演揽大奖】 在湖南省“梦飞扬”残疾青少年才艺展演活动中，衡阳市特殊教育学校选手在展演中夺得4项金奖、1项银奖，金牌数占全省的40%，稳居全省第一。游嘉的独舞《明天我也要上学》、易准的刻纸《清明上河图》、李翔的书法《劝学》、曾晓萌的配乐诗朗诵《你是我的眼》，这四个节目获得金奖；邓慧玲的钢琴弹唱《黑白键》获得银奖。 （张子良）

## 职业教育与成人教育

【中职教育概况】 2015年，衡阳市有中等职业学校38所（中等技术学校1所，中等师范学校2所，成人中等专业学校11所，职业高中24所；地方教育部门办20所，其他部门办8所，民办10所），其他机构1个；在校学生70854人（普通中专27015人，职业高中39046人，成人中专全日制2682人，非全日制2111人），当年毕业23752人，当年招生23078人。中职学校有教职工3372人（女1464人），其专业技术职称为：正高级20人，副高级673人，中级1293人，初级632人，未定职称754人。其中专任教师2267人（女1060人），其专业技术职称为：正高级11人，副高级471人，中级1032人，初级453人，未定职称300人；其学历结构为：博士研究生8人，硕士研究生109人，本科1800人，专科335人，高中阶段15人。此外，尚有聘请校外教师329人。中职学校校园占地面积2447666平方米（学校产权2295120平方米，非学校产权152546平方米），生均34.55平方米；校舍面积1054637.6平方米（学校产权880379.6平方米，非学校产权174258平方米），生均14.88平方米。学校有计算机10331台，校藏图书1360739册，固定资产总值106322.58万元。 （张子良）

【市长专题调研中等职业教育】 8月12日，市委副书记、市长周海兵专题调研中职教育工作。考察部分中职学校，与市相关部门、学校负责人座谈，共同探讨衡阳中职教育的前途和出路。

（张子良）

【副厅长指导衡阳职教发展工作】 5月19日至20日，省教育厅副厅长邹文辉深入衡阳市各级职业院校调研职业教育工作。邹文辉就推进该市职业教育发展提出三点意见：一是衡阳要把职业教育放在全市教育发展的优先位置。二是衡阳要发展职业教育最根本的就是要发挥政府的统筹作用。三是提升全市职业教育办学质量。

（张子良）

【两大“职教集团”助推合作办学】 5月26日，衡阳现代服务业（财贸金融）职业教育集团和衡阳先进装备制造业职业教育集团召开理事长会议，全市近百家理事单位通过职教集团开展校企合作和校校合作，并实现多方共赢。作为牵头单位，湖南财工院现场与衡阳市白沙洲工业园等6家集团成员单位签订合作办学协议。市领导段志刚、马俭平、胡水龙出席会议。 （张子良）

【考察调研中职教育】 9月6日，市有关领导赴市职业中专、市艺校、市电大实地考察调研中职教育，详细了解本市中职学校建设、专业设置、课程开设、师资状况以及学生就业去向等问题，随后召开座谈会，与部分中职学校校长、市直相关部门负责人共商中职教育发展大计，市教育局局长、党委书记周法清作关于市城区公办中等职业教育学校资源整合工作情况汇报。 （张子良）

【加大职业教育发展力度】 市教育局以严禁买卖生源为切入点，制订《2015年衡阳市高中阶段学校招生工作实施方案》，下发《关于下达2015年全市高中阶段招生计划的通知》和《关于严禁买卖生源行为的通知》，加大中等职业教育的宣传力度，编印《2015年衡阳市中等职业学校报考指南》，制作衡阳市中等职业学校的专题影像宣传节目，在衡阳电视台、衡阳都市频道、衡阳生活频道轮流播放。2015年，市初中毕业生升入中职学校学生人数为28012人，升入技工学校学生人数5613人，为历年最多。2015年全市中职毕业生共2.5万余人，一次性就业率97%，其中本市就业率50%，大大缓解市企业“用工荒”问题。为进一步促进职业教育发展，市教育局组织相关专家编制的《衡阳市现代职业体系建设规划（2015~2020年）》正式出台。

支持在衡高校发展，安排高职院校中央专项资金 1188 万元。教育费附加中安排高铁院的培训中心建设经费 500 万元，安排财工院 1300 万元。（张子良）

【启动卓越职业院校建设计划】衡阳市卓越中等职业学校建设计划从 2015 年起开始启动实施，分三年立项，每年立项 3 所左右。卓越中等职业学校建设期为 3～5 年，每年 4～5 月开始申报，市教育局负责遴选评审、过程管理和项目验收。卓越职业院校计划重点支持对接产业紧密、产教融合度高、专业特色鲜明、办学优势明显的职业院校率先发展，充分发挥示范引领作用，带动其他职业院校协同创新、共同发展。主要开设特色专业建设、教师队伍建设和治理能力建设。（张子良）

【市职业中专入围湖南省卓越职业院校】省教育厅公示 2015 年湖南省卓越职业院校建设项目入围学校名单。衡阳市职业中专位列其中，是本市唯一一所入围的学校。本次湖南省卓越中等职业学校项目，是省教育厅继省示范（特色）学校建设之后开启的又一综合性省级重点建设项目。全省 27 所中职学校提出申报，省教育厅经过基本条件审核并公示进入评审名单、组织专家进行评审、答辩、专家投票和评审领导小组审定，最终确定衡阳市职业中等专业学校等 13 所中等职业学校入围。2015 年年末，该校先后获得国家首批中职改革发展示范学校等 5 个国家项目，18 个省级项目。（张子良）

【全市职业教育工作会议】12 月 15 日，衡阳市召开全市职业教育工作会议，明确职业教育的发展目标："到 2020 年力争形成与衡阳经济转型升级相适应、产教深度融合、中职高职有机衔接、职业教育与普通教育相互沟通，体现终身教育理念，具有衡阳特色、全省一流、全国水准的现代职业教育体系，努力把衡阳市建成职业教育强市。"2015 年，全市职业院校在校学生规模位于全省第二，中、高职在校学生分别为 7.22 万、5.1 万，现有中职学校 40 所，高职院校 6 所。办学质量也不断提升，学生的实践能力、创新能力和就业创业能力大大加强，全市共有 180 多人次在全国、全省职业技能大赛中获奖，其中全国金奖 4 个、银奖 21 个，中、高职初就业率均在 96%以上。（张子良）

## 民办教育

【民办教育概况】2015 年，全市有民办教育学校（机构）1285 所，其中中职 10 所，十二年一贯制学校 7 所，完全中学 2 所，九年一贯制学校 19 所，初中 17 所，小学 53 所，幼儿园（班）1176 所；在校学生 332889 人，其中中职 10738 人，高中 13767 人，初中 72492 人，小学 62846 人，幼儿园 172964 人。有教职工 24451 人，其中专任教师 14264 人，其学历为研究生 105 人，本科 5120 人，专科 5823 人，中专（高中）3216 人。学校占地面积 4445682 平方米，校舍建筑面积 1730219 平方米。学校资产总值 248188 万元。教学仪器设备总值 21740 万元，电脑 13021 台，校藏图书 3742665 册。（张子良）

【民办教育工作会】4 月 13 日，市教育局召开全市民办教育年度工作会暨民办教育协会理事会会议。市教育局局长、党委书记周法清、市人民政府教育督导室主任督学、市教育局党委委员罗胜利出席会议并讲话。（张子良）

【谋求创新发展】元月 15 日，衡阳市召开各县市区教育局民管办主任和部分局直民办学校负责人座谈会，传达 2014 年在常德召开的全省第二届民办教育创新发展大会精神，结合本市情况，就贯彻落实省创新大会精神提出具体要求，积极争取市委、市政府的重视和有关部门的支持，做出扎实有效的工作。一是积极向市人大常委会汇报全市民办教育工作情况，配合市人大教科文卫委开展全市民办教育工作情况调研，积极为民办学校排忧解难。二是提请市人民政府组织开展全市民办教育发展情况督查。9 月 28～30 日，由市级领导带队，市政府办牵头组织市教育局、市财政局、市发改委、市人社局、市编办等部门，通过现场抽查、召开座谈会、集中听取汇报等方式，对各县市区民办教育发展情况进行全面督查，并将督查情况汇总报市政府，由市政府办下发《关于全市民办教育发展情况督查的通报》，对下阶段工作提出要求。三是积极与财政部门协调落实民办学校生均公用经费。目前局直民办义务教育阶段的学校的生均公用经费已与公办学校一视同仁落实到位。四是积极与物价部门协调改善民办学校的收费环境。民办学校收费备案制有关政策已经传达到校。五是积极与编制部门协调落实民办事业单位的登记问题。多次与编制部门协商，编制部门已经拟定民办学校事业单位登记管理办法，部分全日制民办学校已与编制部门衔接登记工作。衡阳市民办教育的创新发展，在全省乃至全国引起高度关注。6月25日，《科教新报》以《衡阳民办教育实现跨越式发展》为题报道衡阳民办教育，盛赞衡阳民办教育的政策和管理创新成就。8月，中国发展出版社出版《路在何方　促进民办教育健康发展研究》，此书介绍国务院发展研究中心“促进民办教育健康发展研究”课题研究成果。其中《衡阳市民办教育发展调查报告》介绍衡阳市在民办教育政策和管理创新方面的成功经验。5月，“全省民办教育三湘行”报道组到衡阳采访，该市船山实验小学等9所学校被评选为“全省民办教育三湘行”特色学校。　（张子良）

【谋求规范发展】　为进一步规范衡阳民办教育的发展，2015年完成以下工作：一是进一步完善民办学校法人治理结构，进一步规范民办学校董事会成员构成、议事规则和运行程序。二是严把招生关，切实规范招生行为。根据谁审批谁负责的原则，对民办学校的招生简章严格审核。启动诚信招生工程，层层签订《关于禁止买卖生源的承诺书》，公开发布致全市学生家长公开信；组织专门力量于8月中旬对昂立教育、尚书堂、三味书屋等教育培训机构的规范招生情况进行督查，并对其进一步规范招生行为提出明确的要求。三是开展规范办学行为专项督查。部署各县市区在暑期开展清理整顿非法办学的专项行动，并结合春秋季开学工作检查开展规范办学行为督查。四是扎实开展民办学校年度办学情况评估。10月12日召开全市民办学校年度办学情况评估工作会，下发《关于民办教育机构2015年度年检工作的通知》，全市民办学校年度办学情况评估工作于11月30日前完成。通过办学情况评估，对管理混乱，教学质量低下，条件不达标的民办学校提出整改要求。五是认真落实人大、政协关于民办教育审议评议整改意见。9月结合开学工作检查，对市人大、政协对全市民办教育提出的评议审议意见进行整改，对相关学校面临的困难进行协调和指导。六是召开会议探讨规范管理工作。3月3日在湖南工商职业学院召开民办学校管理工作座谈会，民办教育协会会长杨邦伟、教育局局长周法清等对规范民校工作均作具体部署。　（张子良）

【树立民校品牌】　本着扶优、扶强、扶特色的原则，引导民办学校提质量、创特色、树品牌。（1）积极支持民办学校申报省级奖励项目。2015年，衡阳市获得省规范民办学校建设奖励资金25万元。其中衡南县北斗星中学10万元，衡阳市华新教育幼儿园、南岳区鑫盛幼儿园、耒阳市金色摇篮幼儿园各5万元。2015年12月，祁东县楚源幼儿园、常宁市荫田镇蓓蕾幼儿园、衡阳市华新教育幼儿园、衡阳市高新技术开发区快乐宝贝幼儿园、衡阳县洪市镇幼儿园、耒阳市永济镇惠家乐幼儿园、南岳区百花幼儿园又成功申报为省级“优质民办学前教育资源建设奖励”项目。（2）组织开展骨干民办学校验收和督查。组织专家开展2013年立项的省、市骨干民办学校验收和2014年立项的省市级骨干民办学校督查。（3）表彰先进。4月13日上午，召开全市民办教育年度工作会，表彰2014年度年检优秀单位，同时对2012年度立项建设的市级骨干学校确认授牌。（4）协调推进北师大衡阳基础教育实验学校建设。积极支持并指导北师大衡阳基础教育实验学校筹备组做好学校筹设相关工作，起草学校筹设批文该校筹建工作正在有序推进。　（张子良）

【开展学习交流活动】　为进一步加强民办学校管理队伍建设，全面提高管理水平，一方面广泛开展交流活动，另一方面积极组织开展各类学习活动。年内，接待郴州、娄底等兄弟地市来衡阳考察交流，相互借鉴切磋，取长补短。同时，走出去取经，借他山之石以攻玉。6月23～24日，组织28名民办学校校长参加在长沙举办的校园文化建设研讨会。8月5～7日举办民办教育机构负责人培训班，各县市区教育局分管民办教育的副局长、民管办主任、局直民办教育机构负责人参加学习培训，并参观三所民办学校。为推进民办幼儿园园长持证上岗制度建设，暑期委托衡阳幼师举办民办幼儿园园长任职资格培训班，来自各县市区167名园长参加培训。12月10～11日组织40余名民办学校董事长和校长赴湘潭参加2015年度全省民办教育创新发展大会，参观湘潭市优秀民办学校，受益匪浅。（张子良）

**【市政协调研民办教育发展状况】** 为全面客观掌握本市民办教育现状，进一步优化民办教育的结构布局，9月24日，衡阳市政协副主席肖长贵带领调研组分赴南岳区、衡山县、衡东县，就民办教育发展状况进行专题调研。其间，调研组一行先后到文定学校、鑫盛幼儿园、育星小学、星源学校、博雅学校等处调研。每到一所学校，调研组一行都深入学校教学楼、餐厅、操场等处仔细查看，详细了解学校教师、学生的工作、学习和生活情况。（张子良）

## 高等教育

**【基本情况】** 2015年，衡阳市境内有高等院校13所（南华大学、南华大学船山学院、衡阳师范学院、衡阳师院南岳学院、湖南工学院、湖南交通工程学院、湖南环境生物职业技术学院、湖南财经工业职业技术学院、湖南高速铁路职业技术学院、湖南工商职业技术学院、中钢衡重职工大学、衡阳工业职工大学、衡阳广播电视大学），在校学生177357人（普通教育124890人，成人教育52467人），当年招生61097人（普通教育36487人，成人教育24610人），当年毕业48666人（普通教育32101人，成人教育20096人）；还有其他培训生78023人（普通教育6420人，成人教育78880人）。有教职员工8700人，其中教学科研人员6450人。教学科研人员的学历结构为：博士研究生713人，硕士研究生2202人，本科生3413人，专科及以下122人；其专业技术职称：有教授656人，副教授1936人，讲师2733人，助教1359人，其他673人。高校共有院系科139个，开设专业498个，有硕士研究生授予点124个，博士研究生授予点18个。在衡高校占地面积7456459平方米，生均42.04平方米；校舍建筑面积3551012平方米，生均20.02平方米。学校固定资产总值577880.2万元，校藏图书1023.19万册。（张子良）

**【四所高职院校获单独招生权】** 2015年，衡阳市有4所高职院校单招生，招收2600人，分别是湖南高铁职业技术学院300人，湖南财经工业职业技术学院750人，湖南工商职业学院450人，湖南环境生物职业技术学院1100人。参加2015年高考（含对口招生考试）报名的考生均可登录湖南省高校招生考试信息管理平台（Http：//www.hneao.cn/ks/）进行网上报名。2015年考生可选择测试时间不冲突的1～2所院校报考。对于报考两所院校的考生，录取时将按照报名系统上考生选择的院校顺序处理，不再征询考生意见。是年，所有单招的考核测试由招生学校自行组织。针对普通高中学生的文化测试，学校可自主命题，也可由几个学校共同组织命题，还可直接采用高中学业水平考试成绩，同时，要组织必要的职业适应性或潜能测试；针对中职学生的职业技能成绩，学校可组织技能测试，也可参考或采用学生中职相关专业成绩，同时要组织必要的文化测试。各校要探索高职院校分类招生考试模式，并逐步建立“文化素养+职业技（潜）能”的考核测试方式。另外，被单招学校录取的考生不再参加本年度统一高考和对口招生考试与录取。已录取学生不得转校学习；特殊情况需转专业的学生可在本校单独招生考试范围内按学籍管理的有关规定办理相关手续。通过单招进入高职院校的考生，其在校待遇、毕业生就业政策以及毕业文凭等均与通过高考统考录取的考生完全相同。

（张子良）

**【300专家齐聚南华研讨辐射防护】** 10月13日，中国辐射防护学会2015年学术年会在衡阳举行，来自全国各相关高校、科研院所等单位共计近300名专家学者参加会议。此次会议由南华大

学承办。大会征集到论文及摘要227篇，12篇大会报告，并设立“环境监测与评价”“辐射测量与防护”“放射医学、生物效应与剂量学”以及“核安全、核应急及三废治理”等4个分会场进行深入的学术研讨。（张子良）

**【湖南高铁学院首次“单招”】** 4月11~14日，湖南高速铁路职业学院举行2015年单独招生考试，2000余名考生参加考试选拔。这是该院首次开展单招考试工作，计划招收300人。学院制定出《湖南高速铁路职业技术学院2015年单独招生考试章程》《湖南高速铁路职业技术学院2015年单独招生改革实施方案》(以下简称《实施方案》)，成立单独招生考试工作领导小组，以及综合录取组、命题考务组、宣传组及纪检组、安全保障组4个专门工作组。单招笔试委托衡阳市教育考试院命题，签订保密协议；面试组成人员在纪委的监督下随机抽取。录取工作按向社会公布的《实施方案》严格执行。预录取名单在网上公示，公示结束后再报省教育考试院审批，办理正式录取手续，最后发放录取通知书。（张子良）

**【湖南工学院携手百世物流共建“实践教学班”】** 湖南工学院与百世物流科技（中国）有限公司签署合作协议，共同培养物流专业人才。百世物流综合实力位居全国快递企业前列。湖南工学院是教育部第二批“卓越计划”实施试点高校。此次合作主要由该校的经济管理学院、安全与环境工程学院承担。双方将围绕开设“卓越班”和“实践教学班”，以及校企课程开发、企业导师交流等方面展开深度合作。湖南工学院全面开展应用型本科人才培养模式改革，坚持走“校企合作办学之路”，先后与三一重工、中联重科、中广核电运营公司等国内知名企业开展校企人才培养战略合作，共建“实践班”的企业拓展到20余家单位；“卓越班级”从最初的2个发展到现在的14个，学生规模从60人发展到418人，合作企业从最初的几个发展到现在的40多个。（张子良）

**【衡阳师院将与中兴合建电子信息技术学院】** 4月16日，2015~2020年教育部——中兴通信ICT产教融合创新基地校企合作协议签订仪式在河南省驻马店市举行，衡阳师院院长皮修平与中兴通信副总裁常金芸签约。衡阳师院成为该项目第一批应用技术转型试点本科（公办）合作院校，也是首批签约的30所高校中唯一的一所湖南省高校。衡阳师院将选择计算机科学与技术、电子信息工程专业作为与中兴通讯合作的核心专业，建成全国应用技术型示范专业；建立“开放循环”人才培养模式，真正实现在人才培养上的产教深度融合；与中兴通信专家团队联合开发教材，打造精品课程，共建实践教学平台，联合开发教学资源库，构建“学、教、做”立体覆盖的教育资源；科研创新方面将“智慧旅游”打造大数据、跨平台、高性能的“智慧旅游”平台，合作创新“智慧教育”，构建教育“云平台”，实现高师教育与基础教育(含职业技术教育)、职前教育与职后教育的无缝对接，推进教育信息化、智慧化。为确保项目实施和建设高水平的创新基地，拟成立“衡阳师院——中兴通信电子信息技术学院”，实行学校和中兴通信“双领导制”。（张子良）

**【“衡阳财工院”更名为“湖南财工院”】** 5月26日，衡阳财经工业职业技术学院正式更名为湖南财经工业职业技术学院，市委常委、常务副市长段志刚和省政府督学、省职成教育学会会长杨国旗为学院授牌。2015年1月8日，省人民政府批准该院更名为湖南财经工业职业技术学院；4月23日，教育部正式对学院更名予以备案。（张子良）

**【湖南财工院成立物流系】** 3月1日，湖南财经工业职业技术学院(原衡阳财经工业职业技术学院)与上海博见科技咨询有限公司签订校企战略合作协议，成立物流系。学院的物流系开设物流管理和物流工程两个主要专业，其中物流管理专业2015年预计招收学生200人。（张子良）

**【湖南高铁职院900学生“服务”春运】** 2015年春运前，湖南高铁职院根据广州铁路集团公司的需求，组织900多名大学生参加铁路春运工作，这些学生分别在客运段和车站从事客运和站务工作。学院成立学生春运指挥协调领导小组，与铁路部门一起对学生进行纪律安全教育和岗前培训。这些参加春运实习的同学大都签约南宁铁路局、南昌铁路局、广州铁路（集团）公司、深圳地铁、武汉地铁、长沙地铁等单位。湖南高铁职院从2001年起，历年来累计已有2万多人次参加铁路春运、暑运。（张子良）

**【湖南工学院成立首支高铁志愿者服务队】** 4月28日，湖南工学院社会实践基地在衡阳高铁东站正式挂牌。该校青年志愿者服务活动在高铁东站全面展开。获评“中国大学生自强之星”的湖南工学院学生张高峰，在学校帮助下，成立张高峰志愿者服务队，经常带领200多名志愿者深入全市做公益。（张子良）。

**【湖南财工院首设航空服务专业】** 湖南财工院与北京东方领航教育集团达成协议，校企共同合作开设与建设“航空服务专业”。学院与东方领航集团的合作办学主要采取2+1的合作方式，即前两年在学院上课，第3年转入东方领航集团所属具备资质的培训机构进行专业核心课、实训课及考证学习。毕业后获得学院全日制大专文凭及民航类上岗资格证书。学院航空服务专业2015年秋季计划招生200人，其中单独招生30人。（张子良）

**【南华大学启动反传销系列宣教活动】** 4月29日，南华大学启动“与法同行，大声对传销说‘NO’”为主题的反传销系列宣传教育活动，衡阳市工商行政管理局为该校“反传销志愿者队”授旗。（张子良）

**【湖南工学院148支社会实践团队“下乡”服务】** 7月13日，湖南工学院2015年暑假“三下乡”活动共组织148支校级社会实践团队，奔赴各地开展主题实践和志愿服务活动。该校“三下乡”活动设置基层宣讲、科技支农、教育帮扶、关爱留守、创新创业、医疗卫生、生态环保等社会实践内容。在两个月时间里，148支校级社会实践团队2000余名大学生分赴衡阳市周边地区、各县市区、革命老区等地和企业开展各类社会实践和服务。（张子良）

**【湖南高铁学院排名“湖南十大专科学校”榜首】** 由中国教育在线、中国新闻网等媒体刊发的《最受考生关注的湖南十大专科学校排名》中，根据高考填报志愿系统显示，湖南高速铁路职业技术学院排名榜首。该学院全面对接高铁产业，先后与多个铁路工程局、地铁公司建立长期稳定的合作关系，就业工作体现“三高”，即就业率高，始终保持在98%以上；就业层次高，78.3%的毕业生从事现场技术工作；就业美誉度高，用人单位满意度达97.8%。同时，由于铁路用工需求旺盛，该院大力推行“多学期、分段式”等灵活多样的教学组织模式，以合作企业项目工期为时间节点，实现教学过程和高铁企业生产过程的对接，大部分学生还未毕业就被铁路企业抢订一空。（张子良）

**【衡阳师院获评全省“就业创业示范校”】** 省教育厅通报湖南省第一批第三轮大学生就业创业示范校评选结果，衡阳师院被评为“湖南省大学生就业创业示范校”。衡阳师院确立“厚基础、宽口径、强能力、高素质、重应用”的人才培养总目标，形成理论教学与实践教学相结合、校内教师与校外导师相结合、集体教学与个体帮扶相结合的就业指导体系。与此同时，搭建校企合作、产教融合的就业平台，在校内构建大型供需见面会、行业性招聘会、中小型招聘会和专场招聘会等多种形式的有形就业市场网络；外出拓展毕业生就业市场，突出以湖南为重点、以珠三角、长三角区域为主线、辐射到广东、湖北、贵州、福建、海南等周边省份，建立广阔的就业市场。（张子良）

**【衡阳技师学院首开飞控师专业】** 衡阳技师学院携手衡阳云雁航空科技有限公司，在全省率先开设“植保无人机操控师”专业，2015年9月正式招生，为农业、航拍等领域培养优秀的飞控技术人才。3月25日，双方联合举办无人机应用演示暨飞控师职业现场推介会。快速飞行、悬停、旋转，推介会现场，在工作人员的操控下，一架“航空喷洒”无人机轻盈地演示着各种空中特技。这架航空喷洒无人机每次可以装载10到15升农药，并通过机头下方360度旋转的喷头均匀地喷洒农作物。随着农业产业化步伐加快，传统的植保器械已不能满足大面积短周期的植保作业要求，农用航空植保应运而生。衡阳技师学院将人才培养目标与市场需求紧密对接，与衡阳本土企业云雁航空科技达成合作协议，2015年9月开始新增“无人机及农业植保机操控师”专业并招生，与企业共同培养飞控师。（张子良）

**【湖南财工院获评“省文明高校”】** 2015年12月25日，省教育工委、省教育厅联合下发的《关于公布2015年度湖南省文明高等学校认定结果的通报》，确认湖南财经工业职业技术学院获评“省文明高校”荣誉称号。11月底，省教育工委评估专家组来到学院实地考察，从创建文明高校的领导、教职工思想政治工作、大学生思想政治教育、校园文化与环境建设、教学与科研水平等五大项进行全面考核，对学院文明高校创建工作取得的成绩给予肯定和评价。（张子良）

**【首个托福考点落户衡阳电大】**
2015年4月，进驻衡阳的北京政法集团联合美国教育考试服务中心（ETS）在衡阳市广播电视大学设立托福考点，至此，衡阳市成为湖南省第二座拥有托福考试中心的城市。从下半年起，衡阳的考生就可以在“家门口”报考。此次衡阳首设托福考点，不仅为本市及周边地区考生节省异地考试的时间及经济成本，同时也填补湘南、赣南及桂北地区托福考场的空白。（张子良）

**【湖南财工院“四免”阳光班惠及贫困学生】** 湖南财工院的学生90%以上来自农村，其中老、少、边、穷地区贫困学生3400余人，占比达35%。为了对贫困学生进行精准扶贫，该院决定从2015年起组建“四免”（免学费、书籍费、住宿费及基本生活费）阳光班，每年特别资助60名学生。首批阳光班设在机电工程系，学院从15级模具设计与制造、数控技术、电气自动化技术三个专业学生中遴选了60人为重点资助对象，他们均是城市“低保”和农村特困户或遭遇特殊变故等家庭经济特别困难的学生，资助标准为每生每年10000元。（张子良）

**【衡阳师院百余学子着汉服行“冠笄之礼”】** 12月6日晚上，衡阳师范学院百余名大一学子身着汉服，在新体育馆篮球场，通过加冠、加笄、谢拜、宣誓等传统成人礼仪后，宣告正式迈入成年人的行列。此次成人礼在优雅的筝鼓合奏《梅花三弄》中拉开序幕。百余名身着汉服的学生款款登台，站在冠礼台中央，等待“加礼”。整个仪式分为加冠、加笄、醮礼、谢拜、正宾授酒等环节。礼毕，全场同学一起举起右手，庄严宣誓，“立志做一个有爱心的人，修身进德，立志向善；做一个懂报恩的人，孝亲敬长，尊师爱友；做一个有担当的人，精忠报国，兼济天下。”最后，集体朗诵《师院青年说》为本次成人礼活动画上句号。（张子良）

## 师资队伍

**【加大力度提升中小学教师学历】**
3月6日，市教育局召开加快推进中小学教师学历提升工作会议，全面提升全市中小学教师整体素质，更好更快地实现《湖南省教师队伍建设规划（2010～2020）》的目标，全面贯彻落实教育部、财政部联合颁发的《关于进一步加强中小学财务管理工作的意见》精神，促进教育事业健康发展。争取从2014年到2016年年底，用三年时间基本完成全市中小学教师和管理人员的学历提升培训任务，努力造就一支师德高尚、业务精湛、结构合理、满足要求、充满活力的高素质专业化教师队伍。（张子良）

**【市中小学教师发展中心成立】**
4月16日，衡阳市中小学教师发展中心授牌仪式在衡阳电大举行。此次挂牌成立后的市中小学教师发展中心主要负责编制教师培训计划和专题培训项目计划；承担上级部门布置的国培、省培工作，增加组织开展或协助承办中小学教师市级集中培训和远程培训的组织与管理，承接市教育局教师培训学分与校本研修管理与指导、教师资格认定与教师资格定期注册、名师讲坛与名师工作管理等具体工作职责。（张子良）

**【强化教师队伍建设】** 年内重点抓四项工作：一是进一步强化教师培训工作。教师培训工作顺利推进，2015年，衡阳市教师的国培、省培均100%送培到位。二是积极推进名师工程。加强名师工程建设，至年底，共建立4个名师工作室，评选出27位市级学科带头人，206名市级骨干教师。在省教育厅举行的“一师一优课、一课一名师”活动中，衡阳市共有376堂课被评为省级优秀课，全省排名第二。三是重拳整治师德师风。把师德建设列入考核县市区教育行政部门、考核学校工作、办学质量评估、考核学校领导班子的一项重要指标。将师德考核作为教师考核的核心内容，摆在首要位置。正式实施《衡阳市中小学教师职业道德考核办法》，师德考核不合格者年度考核应评定为不合格，考核登记表入档，并在教师资格定期注册、职务（职称）评审、岗位聘用、评优奖励和特级教师评选等环节实行一票否决。重点整治家教家养，构建学校、教师、学生、家长和社会广泛参与的师德监督体系，公布举报电话和邮箱，及时受理查处。本年度组织开展多轮家教家养集中整治行动，对家教家养行为进行重拳打击，取得明显效果。四是切实关爱教师。大力推进教师周转房建设。市委常委会议确定本年将全市所有县市教师周转房建设纳入保障房计划。2015年进入全省公租房笼子4742套，建成3490套。市直学校教职工公租房684套房源现全部到位，年底以前全部解决。（张子良）

**【衡阳首批名师工作室成立】** 衡阳市首批名师工作室4月正式挂牌成立。经过个人申报、学校推荐、专家评审验收考核，认定船山实验小学刘敏（小学语文）、衡东一中廖湘楚（中学数学）、衡阳市一中周慧颖（中学物理）、衡阳市八中谭文岳（中学地理）为全市首批名师工作室。工作周期为2015年5月至2018年5月。名师工作室均以名师姓名及其专业特色命名，由同一学科骨干教师共同组成，集教学、科研、培训等职能于一体。（张子良）

**【全省小学数学教师比武】** 5月22日，由省教科院主办、市教科所承办、市高新区教文体局及高新区祝融小学协办的2015年湖南省小学数学课堂教学竞赛在高新区祝融小学举行。全省400多名小学数学教师共聚一堂。本次活动为期三天，主要内容是小学数学教师课堂教学竞赛，分别设有上课与评课两个项目。共有来自湖南省各个地州市16支代表队的32名选手参赛。经过激烈角逐，祝融小学的两位参赛老师朱利华与徐娟分别获得评课组一等奖第一名和上课组一等奖第二名。（张子良）

**【全省百余师范生在衡阳开展教学竞赛】** 11年7日，湖南省普通高校首届师范生教学技能竞赛在衡阳师范学院举行，来自全省23所高校的129名选手参加比赛。此次教学技能竞赛由湖南省教育厅主办、衡阳师范学院承办。本次大赛由教学设计、多媒体课件制作、教育问答及片段教学等四个环节组成。参赛选手分学前教育组、小学教育组、中学教育组三个组分别开展竞赛，参赛科目覆盖各个阶段相关学科。经过激烈角逐，衡阳师范学院选送的8名学生获3个一等奖、4个二等奖、1个三等奖；学校还获优秀组织奖。衡阳师范学院南岳学院也取得3个一等奖、1个三等奖的好成绩。（张子良）

**【36名声乐教师竞争“十佳”】** 11月30日，由市教育局主办，市八中协办的衡阳市首届博文杯“雁城十佳声乐教师”总决赛在市八中体育馆音乐厅举行。来自全市教育系统的36名声乐教师登上舞台，倾情开唱，整个赛场气氛热烈，精彩纷呈。通过评委现场打分，评选出一等奖10名、二等奖12名、三等奖14名。其中10名一等奖教师获评“十佳声乐教师”。（张子良）

**【吐鲁番34名技工院校教师来衡阳培训】** 7月16日，新疆吐香番市第二批技工院校教师培训班在衡阳技师学院开班，34名来自吐鲁番市的“双师型”技工教师在此接受为期两个月的专业理论和实操技能培训。培训内容主要为：计算机应用、电子商务、电子电器、电焊工等。通过培训将进一步提升吐鲁番职业院校和职业培训机构师资能力和水平。市委常委、常务副市长段志刚出席开班仪式。（张子良）

**【首届“名师论坛”开讲】** 全市中小学首届“名师论坛”在衡阳电大开讲。来自全市45所中小学校60余位名师结合自己的教学经验开展交流与探讨。衡阳市现有市级骨干教师568名、市级学科带头人27名、名师工作室4个，举办“名师论坛”旨在激活名师队伍活力，发挥名师示范辐射作用，为广大中小学教师提供交流平台，引领素质提升。此次论坛主题围绕“名师示范”“名师团队建设”“送培到校”等话题展开。（张子良）

## 经费保障

**【全市教育经费收支情况】** 2015年，衡阳市教育经费总收入94.17亿元，比2014年的83.97亿元增加10.20亿元，增长12.15%，其中公共财政预算安排的教育拨款比2014年增加7.32亿元，较2014年增长11.38%，人均教育经费总投入1283.19元，比2014年增长11.63%；教育经费总支出94.04亿元，比2014年的84.04亿元增加10亿元，增长11.90%。

（张子良）

**【“两个比例”及“三个增长”情况】** “两个比例”情况：2015年，国家财政性教育经费占国内生产总值的比例为2.77%，比2014年的2.69%增长0.08%；公共财政预算教育支出占公共财政预算支出的比例为14.48%，比2014年的15.11%减少0.63%；。“三个增长”情况：（1）公共财政教育支出为71.24亿元，比2014年的63.74亿元增长11.76%，财政经常性收入为139.99亿元，比2014年的126.67亿元增长10.51%，公共财政教育支出增长高于财政经常性收入增长1.25个百分点。（2）生均公共财政预算教育事业费支出增长情况：普通小学生均为6037.12元，比2014年的5285.48元增长14.22%；农村普通小学为5939.00元，比2014年的5049.10元增长17.62%。普通初中生均为8602.19元，比2014年的8405.61元增长2.34%；农村普通初中为8269.25元，比2014年的8345.88元减少0.92%。普通高中生均为5276.72元，比2014年的4798.65元增长9.96%。中等职业学校生均为750.24元，比2014年的6328.98元增长25.83%。（3）生均公共财政预算公用经费支出增长情况：普通小学生均为1957.83元，比2014年的1904.93元增长2.78%；农村普通小学为1936.69元，比2014年的1681.70元增长15.16%。普通初中生均为2448.03元，比2014年的2980.90元减少17.88%；农村普通初中为2293.19元，比2014年的2933.90元减少21.84%。普通高中生均为447.41元，比2014年的930.78元减少51.93%。中等职业学校生均为2918.94元，比2014年的2448.99元增长19.19%。

（张子良）

**【加大教育投入所做的工作】** 一是建管结合、标本兼治，推进城区小学大班额化解。2014~2016年市政府每年拿出5000万元作为城区小学化解大班额的奖补资金，用于奖励四城区中小学校建设。2015~2016年，市政府将奖补城区危旧校舍改造3060万元，四个城区和两区一园年内投入约6500万元。二是加大对义务教育薄弱学校改造力度。依照衡阳市农村义务教育薄弱学校改造计划相关规定，督促地方政府积极筹措、合理使用薄改资金，2015年，12个县市区共投入资金65395万元。三是加快推进教师公租房建设工作。根据《2014年~2016年衡阳市农村学校教师公租房建设项目规划》，2015年，各县市区完成教师公租房建设4742套，总建筑面积23万平方米，总投资约1.8亿元。同时，市政府还将市直部分学校纳入公租房建设范畴，解决市直教职工300套住房，总建筑面积1.5万平方米，总投资1800万元。（张子良）

**【整治教育乱收费】** 2015年，市教育局出台《衡阳市开展上下联动整治教育乱收费问题工作实施方案》，整治教育乱收费。进一步规范教育收费秩序及办学行为，促进教育公平公正，切实解决教育收费中群众反映强烈的突出问题，保障教育领域综合改革顺利进行。4~8月为全面实施阶段；9月，进行检查评估；10月，进行总结评估。集中整治中小学补课乱收费。治理义务教育阶段择校乱收费。加强普通高中招生及收费行为监管。进一步规范服务性收费和代收费。进一步规范教育收费公示。查处教辅资料散滥问题。抓住春秋两季开学、寒暑假期等乱收费的“高峰期”和“多发期”。开展治理教育乱收费专项检查，对发现的问题要严肃追究责任，督促整改到位。要认真受理群众信访举报，加大直查直办力度，一经查实，除了对相关责任人进行严肃处理外，典型案件要在媒体公开曝光。 （张子良）

**【公布2015年春季中小学收费标准】** 春季开学前夕，市物价局、市财政局、市教育局联合发文，公布本市2015年春季中小学收费标准：农村义务教育阶段，除向自愿在校就餐的学生收取伙食费、饭菜加热服务费、代收教辅资料费和作业本费外，不得另收其他任何费用。农村学校学生使用的作业本，可由学校统一格式、数量按小学1～2年级7元、3～6年级10元、初中15元标准收取，已由市县区财政负担的，继续由财政负担。城市义务教育阶段，除按规定向学生收取课本费和作业本费外，在坚持自愿原则的前提下，还可向自愿接受相关服务的学生收取住宿费、伙食费、午休住宿费、校服费、就餐卡补办费、校外活动费（具体按衡价教〔2013〕210号文件执行）。除此之外，不得另收其他任何费用。省级示范性高中学费标准为每生每期1000元，其他高中为每生每期800元。公办示范性高中要严格执行招收择校生“三限”政策，择校生收费标准按省级示范性学校每生每期不超过2300元，市级示范性学校每生每期不超过1800元收取，择校费不得跨学期预收，学校对择校学生收取择校费后，不得再收取学费，但可按规定对其收取书籍课本费和作业本费。高中阶段服务性收费和代收费按衡价教〔2013〕210号文件规定执行。2015年春季普通高中作业本费为每生每期21元，其中课堂作业本13元、暑假作业本8元。同时还强调各中小学校不得利用教学场地、教育资源举办面向学生的培训补课并收取费用，也不得与社会办学机构合作举办向学生收费的各种培训班、补习班、提高班等有偿培训。 （张子良）

**【省教育基金会资助衡阳贫困学生】** 8月12日，省教育基金会“育才行动”资助衡阳贫困学生及李青林助学金现场发放仪式在市教育局八楼会议室举行。共有66名来自本市贫困家庭的中、小学生及大学新生接受省教育基金会专项资助15.8万元，爱心人士李青林的女儿李邵萍女士向5名在读大四学生捐赠2.5万元，四年来累计资助10万元。 （张子良）

**【实施农村义务教育薄弱学校建设工程】** 截至2015年年底，衡阳市全面改造薄弱学校（3年计划）累计投入资金52375.95万元，累计支出45613万元，开工面积386060平方米，竣工面积240995平方米。改造农村中小学115所，其中重点改造和新建学生食堂60个，新增教学仪器设备5986万元。 （张子良）

**【推进合格化学校建设】** 2015年，衡阳市有218所中小学义务教育合格学校和22所农村公办幼儿园建设项目，其中36所中小学、14所农村公办幼儿园为重点民生项目校（园）。14所为重点民生实事项目园，建设计划投资1936万元，截至12月，100%完成投资。36所重点民生实事合格学校建设计划投资8840.6万元，截至12月，100%完成任务。

（张子良）

## 教育行政

**【全市教育工作教育督导暨党风廉政工作会议】** 3月20日，衡阳市召开2015年全市教育工作暨教育督导工作、党风廉政工作会议。市人大常委会副主任康强、市政府副市长周辉斌、市政协副主席黄保锦、副市级干部胡水龙出席会议。各县市区教育局局长、主任督学、市直单位（学校）负责人，部分民办学校校长、市教育局副处级以上干部及科室负责人、市高新技术开发区教育管理站站长、部分民办学校校长参加会议。会议明确，2015年衡阳市教育工作要以办“均衡普惠、优质特色、人民满意”的教育为目标，坚持“高品位、精内涵、强特色、创品牌”的总体工作定位，以促进教育公平、改善教育民生、提高教育质量、维护安全稳定为核心，全面深化教育领域综合改革，推进全市各类教育协调发展，不断提升城乡教育一体化和现代化水平。会议号召，全市各级教育行政部门、中小学校要以习近平总书记“四个全面”为指针，认真贯彻中共十八届三中全会、四中全会以及市委经济工作会议精神，坚定理想信念、用心用情、努力工作、开拓创新，积极完成市政府工作报告交办的任务，全面落实省教育工作会议部署，坚持依法治教、坚持教育公平、坚持改革创新、凝心聚力抓质量、攻坚克难抓项目、风清气正抓队伍、综合治理抓安全，进一步提升育人治校兴教能力和教育服务公众满意度。会上，各县市区教育局局长、市直单位（学校）负责人、市高新技术开发区教育管理站站长、部分民办学校校长向周法清递交安全工作、食品安全工作、计生工作和党风廉政工作责任状。大会表彰“衡阳市2014～2015学年度市直初中教育教学质量先进学校”“衡阳市2014～2015学年度初中教育教学质量先进县市区”“衡阳市2014～2015学年度普通高中教育教学质量优秀奖”“衡阳市2014～2015学年度普通高中教育教学质量单项奖”获奖单位，并为他们颁发奖牌。大会还组织参会人员观看祁东二中、衡山岳云中学的教育质量典型案例视频专题片，介绍其创新工作方式、努力提高教学质量的典型经验。

（张子良）

**【推进依法行政工作】** 2015年，严格执行《衡阳市人民政府办公室关于印发衡阳市教育局主要职责内设机构和人员编制规定的通知》要求，市教育局各科室全面履行法定职能，严防行政不作为、慢作为、乱作为，年内全局没有行政不作为、慢作为、乱作为的现象发生。市教育局还在局教育信息网设立举报电话，在红网衡阳论坛开通受理投诉专帖。一年来，全局未出现行政行为违法违规现象，也从未被新闻媒体曝光，未出现未履行或拖延履行法定职责现象。严格执行八项规定，全年没有发生一起违规检查、乱收费、乱罚款、乱摊派及索拿卡要、向基层执法单位变相下达执法指标等现象，所有上级交办、督办案件都及时得到受理，实施行政效能监察制度，每月局纪检监察室都会通报行政效能监察通报。认真落实市电子政务办工作部署，切实开展政府信息公开各项工作，全面真实、及时主动公开各类教育信息。在衡阳市党政门户网主动公开各类教育信息270条，未收到依申请公开事项，没有发生因政府信息公开申请行政复议、提起行政诉讼的情况。架设专线与市网上政务服务系统联通，及时办理相关业务，未被电子监察系统发红牌。根据市政府要求，该局梳理权力清单、责任清单，纸质稿报送市法制办，并全部在衡阳市党政门户网上公示，建立衡阳市教育局权力运行流程清单。组织全体干部职工学法，规范用法，在全市教育系统组织开展多种形式的普法宣传活动，联同市司法局在全市开展“法制小品进校园”活动，局长、党委书记周法清在《湖南日报》上发表题为《让法治教育在校园落地生根》的署名文章，反映良好。（张子良）

**【市长调研城区中小学化解大班额工作】** 7月9日，市委副书记、市长周海兵深入各城区，调研中小学化解大班额工作。2014年至2016年，城区中小学化解大班额建设项目共33个，其中新建16个、改扩建17个，三年预计增加教学班780个、学位3.5万个。周海兵现场察看石鼓区明德小学，蒸湘区呆鹰岭中心小学，高新区衡州小学，雁峰区环城南路小学、飞雁小学、欧水岭小学，珠晖区东站路小学、东山小学等项目建设情况。（张子良）

**【聘请教育工作监督员】** 1月8日，根据人民代表大会制度和《政协衡阳市委办公室关于调整委派政协委员担任市中级人民法院、市人民检察院、市政府相关职能部门民主监督员的通知》精神，为加强对全市教育工作的监督，办人民满意教育，经市教育局党委研究，决定接受和聘请下列同志为衡阳市教育系统监督员：

左琼颖　市政协委员、衡阳市政协教科文卫体委主任

唐林生　市政协委员、九三学社衡阳市委兼职副主委、衡阳师范学院人文社会科学系副主任

赵桂芝　市政协委员、民进市委兼职副主委、南华大学军工科技质量处副处长

杨平芳　市人大代表、衡阳市人大教科文卫委副主任委员

曾小慧　市人大代表、致公党衡阳市委副主任委员

唐慧芳　市人大代表、南华大学附一医院心血管内科副主任

（张子良）

**【县级教育“两项督导评估考核”】** 2015年4月，衡阳市四个区在第三轮县级教育工作“两项督导评估考核”省评中呈现满

堂红。其中石鼓区、雁峰区县级政府教育工作和县级党政主要领导干部教育实绩被评为综合优秀；蒸湘区、珠晖区被评为义务教育工作单项优秀；4个区都被认定为教育强县市区，取得自开展“两项督导评估考核”以来的最好成绩。（张子良）

**【强化教育督导职责】** 衡阳市政府机构改革将教育督导机构领导体制进行调整，认真贯彻落实国家“建立相对独立的教育督导机构，独立行使督导职能”的要求，成立衡阳市教育督导委员会，并明确职责和人员组成。职责表明：各级教育督导部门代表同级政府监管下级教育工作的领导机构，应当切实承担对辖区内各级各类教育的监督与指导职责。委员会下设办公室，由教育局教育督导科承担其日常工作任务。到年底，衡东县、衡阳县成立教育督导委员会。（张子良）

**【创新中小学责任督学挂牌督导】** 2015年，全市坚持“平台建设”和“挂牌督导”两手抓，创新推进督学责任区工作，得到国、省两级肯定。一是以督学责任区示范点建设为抓手，加强督学责任区平台建设。督学责任区省级示范点祁东县、耒阳市，市级示范点衡山县、珠晖区。各县市区相应设立1～2个县级示范点。通过三级示范点的建设和带动，全市督学责任区平台建设取得新的突破。二是以创建“全国中小学校责任督学挂牌督导创新县（市、区）”为抓手，创新开展督学责任区挂牌督导工作。市、县两级督学责任区坚持常规督导与专题督导结合，切实为学校发展服务。特别是祁东县中小学校责任督学挂牌督导工作尤为突出，被评为“2015年湖南省中小学校责任督学挂牌督导创新县（市、区）”，并代表湖南推荐申报全国中小学校责任督学挂牌督导创新县（市、区）”。（张子良）

**【积极开展教育阳光服务】** 2015年，衡阳市全面推进教育阳光服务平台建设，搭建政民沟通服务平台，全市各级教育行政部门及中心校以上学校都建立教育阳光服务平台。根据“12345”政府热线平台统计，截至年底，市教育局共受理案件326个，按时办结311件，按时办结率为98.73%，回访满意率为97.76%；市教育局“12345”政府服务热线群众办结率为100%。2015年，衡阳市教育阳光服务中心被评为省教育阳光服务优秀单位。全年办理人大代表建议30件，政协委员提案52件，沟通率、办复率、满意率均达100%。（张子良）

**【市政府下发化解大班额《通知》】** 衡阳市政府下发《关于严格城镇小学招生管理　推动“大班额”化解工作的通知》（以下简称《通知》），要求从2015年秋季开学起，本市将依据“政府主导、统筹规划、分步实施”和“起始年级从严控制，其他年级逐年化解”的原则，逐步消除全市城镇小学“大班额”现象，力争在2016年秋季开学时实现“城镇小学班额控制在50人以内”目标。为确保这一目标顺利实现，就学校招生、学校学籍管理、教育资源均衡、规范编班等工作提出相关要求：各学校要严格执行招生计划，严格控制招生规模，不得擅自增减招生计划；要认真贯彻义务教育阶段免试就近入学政策，严禁一切违规择校行为；市主要城区因特殊情况需要择校的，必须由当地城区政府主要领导签字同意，并报市教育局备案。要规范均衡编班行为：学校一律实行均衡编班教学，按规定控制班额，小学每班一律不得超过50人；学校不得以尖子班、特长班、实验班等名义举办重点班，不得以学生获奖、竞赛、各类考级成绩作为编班依据；教师必须均衡配置。在学生户籍管理方面，小学招生严格控制入学年龄（年满6周岁，年龄截止日期以当年8月31日为准），任何学校不得擅自招收低龄学生；严格执行学生转校的有关规定，严把转校入口关，严格转学的条件和程序，达到50人上限的学校或班级，原则上不得再接收转校学生。对违规招收的学生，一律不予注册。（张子良）

**【市长主持召开第31个教师节座谈会】** 9月6日，市委副书记、市长周海兵来到市衡州小学、市实验中学、市二中走访慰问教师代表，为其送上鲜花和节日的问候，随后在市二中会议室，周海兵主持召开第31个教师节座谈会。市政府副厅级干部胡水龙、市政府秘书长晏华衡、副秘书长刘定安、市教育局局长、党委书记周法清陪同慰问并参加座谈。

（张子良）

**【专家论证“十三五”教育事业发展规划】** 9月24日，市政府在市教育局召开衡阳市“十三五”教育事业发展规划专家论证会。市政府副厅级干部胡水龙主持论证会并作讲话，省教育厅发展规划处处长左清、省教育科学院发展所所长聂劲松、湖南师大教授、博士导师常思亮、市人大教科文卫委主任龙雪一、市政府副秘书长刘定安、市教育局局长、党委书记周法清、市教育局党委副书记、副局长马建新等省市专家参加论证会。（张子良）

## 综合纪要

**【市城区初中招生工作方案】** 《2015年衡阳市城区初中招生工作方案》出台：公办初中按照“相对就近、划片招生、计划到校、免试入学”的方式进行。民办初中按照“自主招生、微机派位、计划到校、免试入学”的方式进行。（1）特色中学招收特长生优先接受报名，进行特长测试、录取 市二中、市外国语学校、市十九中等特色学校，根据市教育局下达的招生计划，优先接受新生报名，进行特长测试并开展录取工作，被录取的小学毕业生不再参加公办学校的划片录取和民办学校的微机派位及自主招生。（2）进城务工人员子女凭“五证”就读公办初中。进城务工人员子女要求在城区中学就读，由其父母或监护人持身份证、户口簿、居住证明（务工所在区域的居住证，或在城区的房产证，或经街道以上机关签署意见加盖公章的租房协议，并同时提供房东房产复印件）、务工证明（务工的劳动合同，须用工单位法人代表签名盖章，并由用工单位所在街道以上的劳动保障部门签署意见加盖公章，个体经营者可用工商税务证代替）和原就读学校出具的学籍证明等材料向服务区范围内公办初中学校提出申请，经核查批准后，就近免试入读。凡符合就读条件的进城务工人员子女，各学校不得拒收。（3）船山、成章采取微机派位与自主招生进行。市船山实验中学、市成章实验中学招生采取微机派位与自主招生（含推荐招生）二种形式进行，其中，各校招生计划中的480个学位用于微机派位，剩余学位用于学校自主招生。其他民办初中自主招生（含推荐招生）。微机派位。微机派位招生对象为具有国网学籍系统市城区学籍的小学应届毕业生和随迁子女就读的应届小学毕业生。具有市城区学籍的小学应届毕业生实行网上报名，符合条件的学生（家长）在规定的时间内登录衡阳教育信息网（http：//www.hhyedu.com.cn/）自主报名。（4）招生违纪一律追究相关责任人员责任 各单位应充分利用全国中小学生学籍信息管理系统组织实施小升初工作，严格实行“一人一籍、籍随人走”，规范完善小学毕业生电子信息。严禁任何学校或培训机构举行任何形式的生源摸底文化考试，未经批准不得跨区域招生；严禁用金钱、礼物等招揽、买卖生源；严禁初中学校分快慢班、特长班、特色班、实验班等；严禁本市各小学及培训机构为外地学校提供学生信息。初中学校招生工作，纳入学校工作年度目标考核，违纪者一律对相关责任人员追究责任。所有招生学校坚持先审批后录取的原则。初中招生录取手续在市中招办规定的时间内统一集中办理。录取过程中，严格执行录取审批手续。未完成录取审批手续，任何学校不得向学生发放录取通知书，不得收取任何费用，未经审批的学生一律不予注册。如违反规定，所有后果由招生学校负责，并追究学校领导责任。

（张子良）

**【2015年高中阶段招生方案】** 4月，《2015年衡阳市高中阶段学校招生工作实施方案》出台。衡阳市高中阶段学校招生工作继续贯彻公平、公正的原则；坚持“六个统一”（即统一领导；统一宣传；统一划定招生区域；统一制定招生计划；统一考试；统一录取）的原则；普职合理分流的原则；尊重志愿，择优录取的原则；公办普通高中择校招生严格执行“三限”政策。（限分数、限人数、限钱数）政策。普职按5：5的比例分流。市、县两级教育行政部门根据各高中阶段学校办学规模和当年初中毕业生的数量和普职分流5：5的比例，合理制定各校招生计划。普通高中招生计划分公费计划、择校计划、

民招计划（即民办普通高中学校招生计划）。职业学校的招生计划分区域内计划和区域外计划。区域内计划实行指令性计划。区域外计划实行指导性计划。城区职业院校的招生计划分校下达到各县（市、区），建立城区职业院校生源基地。志愿填报分六个批次。高中阶段学校志愿按录取批次分为省示范普通高中（普高一批）、经市教育局批准面向全市行政区域招生普通高中学校的计划（普高二批）、非省示范普通高中（普高三批）、国家示范性职高（职高一批）、区域内中职（职高二批）、县域外普通中职（职高三批）等六批次。有意向就读普通高中的市城区考生普高志愿填报时间统一为：第一轮志愿在6月20日上午8：15~8：25英语科考试前填报；第二轮普高征集志愿在7月29日到7月31日到市中招办现场填报补录志愿。有意向就读职高的考生可在考场填涂职业高中学校志愿。职高一批填涂1所、职高二批填涂1所、职高三批可填涂2所。每一批次均设“服从分配”一栏，不填涂，则视为不服从分配。城区和县（市）分类别同步录取。2015年高中阶段学校招生城区和各县（市、区）分类别同步录取，依次为普高一批、普高二批、普高三批；职高一批、职高二批、职高三批。普通高中学校招生以初中毕业学业考试成绩（满分1080分，含新增体育20分，艺术60分。）、理化生实验操作等第、综合素质评定等第和考生志愿作为录取依据。中职招生以初中毕业证书、考生志愿和综合素质评定等第作为录取依据。普通高中继续实行直升生招生制度。市城区的完全中学可在本校初中生中招录直升生，招录人数比例不超过招生计划的5%。将省示范高中学校公费计划的40%定向分配到本区域各初中学校，按考生志愿，学业成绩在省示范高中公费分数线下降30分且综合素质评价达到A等第的三年学籍无异动的学生中择优录取，定向生计划适当向新课改初中合格校倾斜（在基本标准上提高1个百分点的比例）。各省示范性普通高中可招收“创新后备人才培养试点班”各50名，市一中的青化山分校、市八中的二七二分校招收“实验班”各100名，市田家炳中学招收“宏志班”50名，市五中招收“珍珠班”50名，市二中招收“恩萌”班50名，市七中招收“励志班”40名（招生对象均为成绩特别优秀的贫困家庭考生）。市一中、市八中和市二中在专业生的招生计划内（市一中、市八中总招生计划的5%，市二中总招生计划的30%）面向全市行政区域分别招收对体育、艺术、科技类等方面具有特殊才能的学生，市七中招收日语类特长生。

（张子良）

**【打击买卖生源行为　确保招生公平公正】**　7月25日，市教育局发出《关于严禁买卖生源行为的通知》，通知要求，为进一步规范招生秩序和办学行为，坚决刹住招生中买卖生源的歪风，确保招生公平公正。（张子良）

**【部署高考招生和高中学业水平考试工作】**　5月29日，市委常委、常务副市长段志刚主持召开专题会议，对2015年的高考招生高中学业水平考试工作进行安排部署。会议要求，本年高考工作要以考试安全为核心，坚持内外兼顾、标本兼顾。坚决杜绝失密、泄密、窃密等安全事故，坚决杜绝高科技作弊及其他群体性违纪作弊现象；坚决杜绝考试工作人员出现重大违规问题和重大工作差错，将违纪作弊现象和工作差错减少到最低程度。即日起至高考期间，全市教育、纪检、公安、交通、环保等招考委成员单位要联合开展“净化考点周边环境”专项行动、“净化涉考网络环境”专项行动、“打击销售作弊器材”专项行动和“打击替考作弊”专项行动，为平安高考保驾护航。高中学业水平考试也将按高考要求进行统筹管理和组考、监考。段志刚强调，高考是民生大事，同时也是在为国选材，部署高考定位要高，做到“保平安、保质量、保公平”，确保“零差错、零事故、零障碍”；组织高考要求要高，各级各部门确保领导到位、责任到位、安全到位、组织到位。（张子良）

**【本市18万余考生参加“中考”】**　2015年，初中毕业学业水平考试6月18日开考，中考继续实行毕业、学业“两考合一”，全市统一命题、统一考试。2015年参考人数大幅增长，全市共有183951人报名参考。其中初三考生86469人，较2014年增加近9000人，城区初三考生11523人；

初二考生97482人，比2014年增加6000余人，城区初二考生12065人。初三考试科目除以往的语文、数学、外语、物理、化学、历史、政治外，还增加了艺术考试（音乐+美术，分值为60分），再加上体育50分，总分为1080分。政治学科仍实行全开卷考试，其他学科均实行闭卷考试，考生成绩以分数与等级共同呈现。届时，普通高中学校招生将以中考成绩、理化生实验操作等第、综合素质评定等第和考生志愿作为录取依据；中职招生以初中毕业证书、考生志愿和综合素质评定等第作为录取依据。　（张子良）

【高校招生报考情况】　2015年，衡阳市高考报名总人数为44623人，比2014年增加1642人，其中，文科类考生15359人，较2014年减少216人，理科类考生25373人，较2014年增加1428人，职高对口考生3891人，较2014年增加430人。2015年本市专业考生3734人，其中音乐专业考生559人，美术专业考生1572人，体育专业考生1093人，其他考生510人。2015年应届考生39113人，较2014年增加2185人，往届考生5510人，较2014年减少543人。全市少数民族考生269人，残疾考生47人。全市共设高考考点27个，考室1375个，其中市区考点7个（分别为市一中、市二中、市五中、市六中、市八中、衡铁一中、市职业中专），考室298个，县区考点20个，考室1077个。全市所有考点均配备电子监控系统、无线电信号屏蔽仪、安检仪、身份证识别仪、智能广播系统。2015年高考所有批次志愿填报在高考成绩公布后开始，本科提前批志愿“贫困地区定向计划”志愿、“农村学生单独招生”志愿、“农村学生专项计划”志愿6月26日至27日填报，本科一批至高职专科批志愿（含“单科优秀考生”志愿）6月28日至7月2日填报。有关批次的征集志愿填报时间分别为：本科一批征集志愿“贫困地区定向计划”征集志愿7月18日8时至18时，本科二批征集志愿7月25日8时至18时，本科三批征集志愿8月2日8时至18时，高职专科批第一次征集志愿8月11日8时至18时，第二次征集志愿8月14日8时至18时。（张子良）

【2万考生参加成人高考】　2015年全国成人高校招生考试在10月24日、25日举行，衡阳市共有20757名考生参加。此次成人高考全市设有5个考区、13个考点，其中市辖8个考点，参考10313人。衡阳县、衡南县、耒阳市、衡东县共5个考点，参考10444人。本年成人高考全部安排在国家教育考试标准化考点进行，考试实行全程实时监控、实时录像、实时无线电信号监测。每个考场配足配齐居民身份证识别仪、金属探测仪等设备，每个考室统一配置挂钟。为确保考试顺利进行，市教育考试院提示考生可提前熟悉考点，了解出行路况，确保考试当天顺利到达。另外，也提醒考生要遵守考场纪律和规定，诚信应考，赴考时应携带准考证、二代身份证，进场时主动接受监考员按规定进行的身份验证和考试违禁物品检查。考生一旦将手机等设备带入考场，将被视为作弊。成人高考包括专科起点升本科、高中起点升本科和高中起点升专科3种。本省高起本、高起专以及专升本的统考科目全部实行网上阅卷评分，采用答题卡作答的形式。考生须在答题卡规定的区域答题，超出区域的答案无效，不得用规定以外的笔和纸答题，写在草稿纸或答题卡规定区域以外的答案一律无效，不得在答题卡上做任何标记。成人高考所有统考科目每科试题满分均为150分；高起本、高起专的统考科目每门考试时间为120分钟，专升本每门考试时间为150分钟。

（张子良）

【省市领导巡视考点】　6月7日，2015年全国普通高校招生统一考试。市委副书记邓群策，省教育厅巡视组组长、省教育厅党组成员、工委委员王建华，市委常委、常务副市长段志刚，市人大常委会副主任康强，市政府副秘书长刘定安、市政协教科文卫体委主任左琼颖等一行在市教育局局长、党委书记周法清、局领导万和森的陪同下分别深入市教育局考试考务中心、市直各考点巡视。　（张子良）

【800多台公交车参与“爱心送考”】　“2015年衡阳市爱心送考社会公益活动”于6月5日正式启动。高考期间，衡阳市有800多台公交车参与爱心送考，考生

只要持准考证便可免费乘坐所有线路的公交车。为确保考生在考试期间能够安全、快速到达考场，市公交集团对所有车辆进行安全检查和检修，并对重要的考点线路提前进行安排和部署。为做好2015年的爱心送考工作，市公交集团还在部分考点布置机动车辆作为备用，一旦公交车发生故障可就近转乘，并安排服务人员，为考生提供乘车咨询服务。除了在固定线路接送考生外，还特意安排50辆公交车和弘宇公交出租公司的70台的士车与学校对接，实行点对点接送考生。且爱心送考车辆对所有持有高考准考证的考生实行免费乘坐，如发生参与爱心送考的公交车拒载考生或收费等情况，考生可向公司投诉。

（张子良）

【各部门为高考开辟绿色通道】 一年一度的高考，市公安局就安保工作进行认真研究和专门部署，全市公安机关将强化认识、强化措施、强化服务、强化安全，全力保障高考顺利进行。交警部门对各考点周边加强交通安全管理，确保道路畅通。为爱心送考车辆开辟绿色通道，对在市中心的考点，必要时采取交通管制措施，保障其顺利通行。特巡警部门安排警力驻守考点周边，加强巡逻守护。治安、消防、派出所等部门在考前积极配合教育部门做好考点安全检查，发现并及时整改各类安全隐患，防止发生安全事故，维护考点内部秩序。国保、武警部门协助教育部门全力做好高考试卷的押运和保管工作，确保试卷绝对安全、绝对保密。治安部门严密防范，严厉打击各类“助考”违法犯罪行为。人口部门、派出所对考前需要加急办理居民身份证的考生，在符合法律、政策的条件下，尽快办理。对遗失身份证的考生及时提供临时身份证明，确保考生正常入场。

（张子良）

【体育中考测试全程智能化】 5月11日，衡阳市城区初中毕业升学体育考试（以下简称“体育中考”）拉开序幕。在接下来的10天，城区11500名考生分批在衡阳市一中和市八中参加考试。2015年的体育中考项目分别为男生1000米跑、女生800米跑，掷实心球（2公斤）和跳绳（1分钟）。分值由原来的20分提高到50分；而且所有考试设备全部智能化，电子设备上阵监考，对考生动作的要求更为严格、评分也更精准。考试期间，每项考试项目全程语音提示，采用条形码扫描仪识别学生考试信息。每项考试完成后，考试成绩完全由仪器自动生成，考试数据以无线方式自动传输并储存到电脑。男子1000米跑和女子800米跑时，考生不仅要穿着测试背心，左手上还要佩戴一块芯片腕表，在终点也设有红外线感应器。在起跑线前做好起跑准备，未听到起跑命令前脚尖不得踩线、越线，不能抢跑。考生听到提示音“预备”和发令枪响后，即可跑出起跑线，每次经过测量点，主机上会显示出该考生的圈数。每位考生终点冲刺时，将佩戴腕表的左手抬到感应器区域，仪器里就已经对应测试学号呈现出成绩，既准确又快捷。一分钟跳绳也将不再光依靠人工计数，而将使用跳绳智能型测试仪和秒表。考试时考生将站在测试指定区域，听到语音提示后才能开始跳绳。每跳跃一次摇绳一回环（一周圈）为一次（一跳一摇计一次），仪器自动计数。一分钟仪器自动停止，计时并记录成绩。 （张子良）

【周海兵调研城区中小学规划布局】 3月19日，市委副书记、市长周海兵调研城区中小学规划布局。根据本市2014~2016年城区中小学化解“大班额”三年行动计划，2014年共确定项目15个，增加教学班280多个、学位12000多个。珠晖区3个项目全部竣工，雁峰区3个项目有1个基本完成，2个办理相关手续，石鼓区1个项目办理相关手续，蒸湘区4个项目完成3个，高新开发区3个项目有1个正在建设，2个办理相关手续。周海兵现场察看蒸湘区大立小学，高新开发区祝融路小学，衡州小学及华新实验中学建设情况，听取各城区及市相关部门情况的汇报。（张子良）

【确保城市化解大班额】 2015年，市委市政府实施以新建和改扩建为主要内容的化解城区小学大班额“三年行动计划”，将化解城镇小学“大班额”工作纳入市对区教育工作绩效考核内容，明确要求2015年的招生工作必须守住小学一年级招生“城镇小学班额控制在50人以内”。同时，市政府每年拿出5000万元作为城区小学化解大班额的奖补资金，用于奖励四城区中小学校建设。2015年秋季，全市城区小学的一年级班级班额都有效控制在50人以内。省委巡视组对衡阳市化解大班额工作给予肯定，并组织湖南卫视、经视、《湖南日报》等相关媒体对该市化解大班额工作进行专题报道。（张子良）

**【创建全国文明城市暨未成年人思想道德建设动员会】** 6月5日，市教育局召开全市教育系统创建全国文明城市暨未成年人思想道德建设先进城市动员大会，传达市委、市政府创建全国文明城市工作动员大会精神，部署全市教育系统创建全国文明城市和未成年人思想道德建设先进城市具体任务，要求全体师生、干部职工负重奋进，开拓进取，争做创建全国文明城市的排头兵。

（张子良）

**【“两项督导评估考核”意见反馈】** 8月21日，衡阳市人民政府在市政府大会议室召开2015年县级教育工作“两项督导评估考核”意见反馈会。省教育厅副主任督学黄智勇在会上通报对该市县级教育工作“两项督导评估考核”的意见，2015年接受督导评估考核的石鼓、雁峰、蒸湘、珠晖四城区政府主要领导作表态发言，省教育厅党组成员、省高校工委委员、省教育厅副厅长、主任督学、省教育督导委员会专职副主任唐亚武、市领导胡水龙分别代表省教育厅、市政府在会上讲话。市教育局局长、党委书记周法清、市教育局党委委员、主任督学肖智亮、市相关职能部门及各县市区分管教育领导、教育局长、主任督学及四城区相关职能部门负责人参加大会。大会由市政府副秘书长刘定安主持。

（张子良）

**【保障教育公平】** 根据《关于印发<2015年衡阳市全面建成小康社会监测评价工作推进方案>的通知》要求，该市2015年平均受教育年限为10年。据2015年11份全省教育事业统计数据测算，衡阳市平均受教育年限可达到10年，各县市区的考核指标均可完成。控流保学工作效果好，小学生入学率100%，巩固率99.78%，初中生巩固率98.63%。切实关爱贫困学生，生源地信用助学贷款人数3581人，比2014年增加577人，贷款金额2700多万元；广泛开展社会捐资助学工作，全市共募集助学金1851.7万元。出台《关于进一步做好义务教育阶段学校招生入学工作的实施意见》，坚持以流入地为主、以公办学校为主的“两为主”政策，凡符合进城入学条件的务工人员随迁子女做到全接纳、零拒绝，2015年秋季全市随迁子女56800人。市教育局起草《关于开展关爱农村留守儿童工作的实施意见》，建立健全留守流动儿童教育管理长效机制，全市约43万留守儿童全登记进档。（张子良）

**【强化安全稳定工作】** 2015年，市教育局始终把安全工作放在首位，制定一系列安全工作制度，安全工作纳入对市直学校和县市区教育局的年度目标考核重要内容，并实行一票否决。每年春秋季开学，对市直所有学校展开地毯式安全排查，不漏一校一园，发现问题当场下发整改通知书，限期整改到位。同时，采取不发通知、不打招呼、不听汇报、不要陪同、直奔基层、直插现场的“四不两直”工作方法，对学校安全管理工作进行3到4次暗访，对县市区安全工作进行交叉检查，发现问题，下发督查通报。突出抓好校车安全工作，制订县市区校车安全管理工作考评方案，召开全市校车安全管理工作会议，各县市区在市校车办的督查下，严格校车准入，加强校车工作日常管理，至少每季度开展一次校车安全工作暗访，发现问题，及时整改。全年全市共查处黑校车47台次，超载36台次，全市校车没有发生一起安全责任事故。未发生一般性或较大群体性事件，综治工作未被黄牌警告，更未被一票否决，未发生治安、刑事案件。

（张子良）

**【17所世界名校来衡阳招生】** 5月31日，“世界名校走进衡阳”交流会在市政府会议中心举行，来自美国和欧洲的17所著名高校的招生官员与广大学生和家长进行面对面的沟通与交流。市领导马俭平、胡水龙出席交流会。此次来衡的世界名校包括密歇根州立大学、圣母大学、欧洲大学、德州农工大学、加利福尼亚大学伯克利分校等。（张子良）

**【全市高校和中学开展防艾教育宣传活动】** 12月1日是第28个“世界艾滋病日”，2015年也是我国首次报告发现艾滋病30周年。连日来，全市各大高校和中学纷纷开展“行动起来，向‘零’艾滋迈进”的主题教育宣传活动，高校防艾联盟志愿者走上街头向市民宣传艾滋病性病防治知识、倡导健康生活方式。据“2015年艾滋病学术大会”公布的最新数据显示：是年1到10月，全国15到24岁年龄段有1.4万多人感染艾滋病病毒。与2014年同期相比，2015年感染的青少年人数比2014年增长10%。年轻的中学生，不再是艾滋病防控人数中可“忽略”的群体。为此，省教育厅下文要求加强学校预防艾滋病教育工作，在12月1日“世界艾滋病日”前后形成宣传活动高潮。同时还要求各类学校要认真落实初中学段6课时、高中学段4课时的艾滋病专题教育时间，各高校要确保落实每学年不少于1课时的艾滋病专题教育或专题讲座时间，向学生传授预防艾滋病知识和技能。学校图书馆或阅览室应根据师生人数配备相应数量的预防艾滋病、远离毒品、无偿献血等相关知识的科普读物，校园宣传栏、校园网、校园广播、闭路电视等要设置专栏宣传预防艾滋病科普知识，从而确保90%以上的学生掌握艾滋病综合防治知识，最终实现校园“零”艾滋。

（张子良）

**【推普宣传周活动】** 9月14日，第十八届全国推广普通话宣传周湖南省开幕式在衡南县云集镇举行。本届宣传周主题是“依法推广普通话，提升国家软实力”。省政府副秘书长、省语委副主任陈小春、省政府办公厅处长宁资利、省教育厅党组成员、省委教育工委委员王建华在开幕式上致辞。市委副书记邓群策、市政府副厅级干部胡水龙、市政府副秘书长刘定安、市教育局局长、党委书记周法清、副局长谭小华、衡南县委书记曾祥月及省教育厅教师处相关负责人出席会议。

（张子良）

**【衡阳县义务教育完成“国检”】** 在全国义务教育质量监测活动中，作为衡阳地区唯一的样本县，衡阳县完成各项监测任务。专家组高度评价衡阳县基础信息真实准确、准备充分到位、监测规范有序。自2015年开始，国家教育部基础教育质量监测中心在全国建立每三年一个周期的全面“体检”制度，每年6月从全国各小学四年级、初中二年级学生中，按地域、比例随机抽取样本数据，进行教育质量监测，以准确掌握教育现状。湖南省受监测样本县（区）共有12个。衡阳县是衡阳市唯一样本县。全县义务教育阶段360所学校中的21所学校，21名校长、605名学生、320名教师接受测试和问卷调查。截至6月底，监测工作各项任务全部完成。该县教育局、教育督导室专门成立组织领导机构，制订《衡阳县2015年国家义务教育质量监测实施细则》，安排责任督学等336位测试工作人员。同时按照《实施方案》，先后召开动员会和培训会。通过参与国家义务教育质量监测，客观科学地反映衡阳县义务教育的真实情况，为全国提高义务教育办学质量指明努力方向。

（张子良）

**【全面部署寒假工作】** 衡阳市教育局发出通知，全市各幼儿园、小学、初中和普通高中学校高一、高二年级及中等职业学校2015年元月30日开始放假；下学期2015年3月1日至3月2日报到（农历正月十一、十二日），3月3日（农历正月十三日）正式上课。要求各县市区、各学校、各幼儿园要牢固树立“安全至上的”思想，落实安全责任，建立责任追究制。在放寒假前，要集中进行一次安全专题教育活动，尤其要注意安全常识教育，提高应对突发事件的能力。同时，要全面进行一次校园基础设施的安全工作大检查，排除安全隐患。特别要加强对校车接送学生的安全管理，杜绝安全事故发生。要落实值班制度。各学校要制订学校领导值班与保卫值班工作表，切实加强放假前后和假期中的校园值班工作，落实行政领导带班制度与24小时值班制度，确保信息畅通，做好学校安全情况的动态管理。通知指出，学校教师都应重视家访工作，期末要对每个学生都家访一次，把学生在校的学习、生活、纪律、思想品德等情况，实事求是地采用适当的方式与家长进行交流，让家长了解孩子在校的真实情况。同时，了解学生在家的表现，与家长共同商讨教育方法。认真做好中小学生的控流保学工作。科学安排学生的寒假生活。通知强调，寒假期间，各级各类学校不得组织成建制补课，不得举办学科培训或特长（奥赛）培训，不得将校园、校舍出租给其它方办学、办班。要加强教师的职业道德教育，严禁有偿家教家养。

（张子良）

**【市八中举行孔子塑像揭幕仪式】** 在伟大的思想家、教育家、哲学家孔子诞辰2566周年来临之际，衡阳市八中隆重举行纪念孔子诞辰暨孔子塑像揭幕仪式。龚彩福校长表示，市八中将以此为契机，大力开展国学教育，传承、弘扬中华文明。将国学教育与日常行为规范教育相结合，与课堂教学相结合，与课外活动相结合，与家庭教育相结合，教育和引导同学们树立正确的人生观。

（张子良）

**【教育系统开展安全培训】** 市教育局和市安监局联合组织全市中小学幼儿园负责人、安全管理人员和教育行政部门安全管理人员1129人进行安全教育培训。培训内容包括学校安全工作法律法规及主要法律制度，学校安全基础理论、社会安全、公共安全事故的预防和应对，意外伤害、自然灾害、网络信息安全事故的预防和应对等。培训结束后，还对全体参训者进行安全知识考试，给考试合格者颁发安全资格证书。

（张子良）

**【局长带队暗访城区校车】** 3月4日，由市教育局局长、党委书记周法清带队，市交警支队、交通运输管理处等部门组成的检查组深入城区多个交通要道、校车公司暗访校车运行情况。在雁峰区、石鼓区、蒸湘区、珠晖区、高新区的交通要道，检查组先后登上校车查看准驾证、校车标牌、安全技术检测合格证、GPS记录、学生上下学交接手续，查看学生乘坐系安全带、照管员职责落实、校车安全设施配备等情况。检查过程中，均没有发现超载、黑车接送学生、驾驶员无驾驶资格、无配备随车照管人员、无校车标牌等问题。针对部分校车开门过程不规范、没有开警示灯；坐车学生没有系安全带；校车标牌过期；接送学生台账未及时建立等问题，检查组要求相关校车立即加以整改，将校车安全管理的各项规范要求落到实处，确保校车出行零事故。检查组一行随后来到四个城区及高新区校车公司，向公司负责人详细了解校车智能监控系统建设情况，得知少数校车公司还有部分校车未联网监控系统，检查组一行随即要求其在两天内完成全部校车监控系统联网工作，确保校车出行无监控死角。

（张子良）

**【205名寒门学子获宗教界资助】** 衡阳市旅游外侨民宗局通过引导全市宗教界开展公益慈善活动，在开学前夕为寒门学子捐助助学金71.3万元。衡阳市宗教界在衡东举行2015年“五教同行　慈爱学子”金秋助学捐助仪式，全市205名品学兼优的寒门学子接受捐。市人大副主任康强参加捐助仪式。此次接受捐助的205名贫困学生中，有来自常宁市塔山瑶族乡的少数民族优秀学生，也有来自乡镇的特困农家子弟，还有社区的低保户子女。　（张子良）

**【衡阳“345家长学校”正式开课】** 12月12日，衡阳市“345家长学校”启动暨家庭教育首批高级指导师培训班开班仪式在衡阳电大举行，拉开打造衡阳家庭教育新模式的序幕。市委常委、市委宣传部部长刘丽华出席开班仪式。为全面改革和加强家庭教育工作，衡阳市构建以学校为主导、以家长为主体、以社会为依托的家庭教育平台，打造“345家长学校”。即培养“3有”孩子：有快乐、有自信、有目标；培植“4有”家庭/班级：要友好、要安全、要合作、要规则；培训“5会”家长/老师：会示范、会唤醒、会关注、会鼓励、会保护。在接下来一周的时间里，8位国内顶级家庭教育专家围绕“有机教育”“家庭教育和青少年成才”“儿童心理发展”等主题为全市各县市区学校的1000名一线教师作全方位专业指导培训，帮助其实现从教师到指导师的转变，打造衡阳市第一批家庭教育指导师团队。此次大规模的家庭教育培训首批培训家庭教育高级指导师1000名。　（张子良）

## 教改教研

**【全市教育工作会圈定改革发展重点】** 3月20日，衡阳市召开全市教育工作会议，全面部署2015年教育工作任务，明确改革发展创新重点。2015年，衡阳市教育工作以办“均衡普惠、优质特色、人民满意”的教育为目标，坚持“高品位、精内涵、强特色、创品牌”的总体工作定位，以促进教育公平、改善教育民生、提高教育质量、维护安全稳定为核心，全面深化教育领域综合改革，推进全市各类教育协调发展，不断提升城乡教育一体化和现代化水平。(1)《衡阳市“十三五”教育事业发展规划》于2015年9月完成。《衡阳市“十三五”教育事业发展规划》的编制，科学谋划教育事业的长远发展；狠抓城区学校规划落地，落实教育用地上图入库，落实投入和建设主体；推动各县城及中心乡镇中小学开展2015～2020年布局规划工作。(2)教育附加征收计划突破3个亿，全力争取财政政策性投入达到国家规定比例，保证重要专项经费纳入统筹安排；加大教育附加征收力度，年内全市教育附加征收计划突破3个亿，其中市城区达2亿；加大争取中央、省级资金力度，确保向上争取资金占全省本系统总盘子的1/9（11%）以上；加大化解学校债务工作的力度，年内启动市直学校教职工集资款清偿；加大县市区教育化债力度，改善农村学校办学条件。(3)标准化学校试点建设，深入推进合格学校建设和“全面改薄”工作，启动《全面改造薄弱学校项目规划（2015～2018年）》，推进标准化学校建设试点，启动建设衡阳市示范性综合实践基地。适应新型城镇化进程，加强城镇中小学配套建设，继续实施城区化解大班额攻坚行动，全力推进高新区衡州小学、珠晖区东山小学、雁峰区奇峰小学等一批学校的新建以及石鼓区明德小学扩建、衡南县职业中专搬迁等学校的改扩建工作；优化城乡中小学布局，办好一批农村小学和教学点。(4)全市第五届中小学生艺术展演活动暨体艺2+1项目推进会，鼓励学校开发具有自身特色的艺术活动项目，鼓励各学校不断创新校园艺术活动的内容与形式，培养学生掌握一两项艺术爱好，提升学生审美和人文素养。举办衡阳市第五届中小学生艺术展演活动暨体艺2+1项目推进会。深入开展“阳光体育”运动和大课间活动，形成人人有体育项目、班班有体育活动、校校有体育特色，力争在各类体育竞赛中尤其是湖南省首届中学生运动会上获佳绩。继续加大校园足球点校建设工作，把校园足球纳入课程体系，举办全市校园足球现场推进会。启动体育工作评估监测点校和示范校评选工作。全面实施《学生体质健康标准》，做好全市中小学生体质健康抽测工作，提高国家学生体质健康数据上报质量。(5)深化人才培养模式改革，全面落实立德树人根本任务，深入推进养成教育，打造德育品牌。大力实施国学教育进校园工程，实现“一校一特色”。健全中小学班主任队伍培养机制，提升班主任工作水平与艺术。成立心理健康教育指导中心，积极构建心理健康教育工作体系，推动中小学心理健康教育工作深入开展。深化中小学课程改革，推行课改样板校建设，加强实验、实践类课程的开设与实施；推进教学改革，倡导自主、合作、探究式教学模式，推广分层教学和走班教学。对照课堂教学改革“减负增效、提升能力”的总体要求，注重提高学生自主、合作、探究学习的能力。推进国际教育合作，走多元化办学方向。制定印发《深入推进校企合作的意见》，拓宽中职教育人才培养模式，以培养“素质过关、技能过硬、知识适用”的各类技能型人才为目标，深化产教融合、校企合作，培养高素质劳动者和技能型人才。支持衡阳电大向开放大学转型升级。推进学习型城市建设，开展社区教育实验区、示范区遴选工作，发展老年教育，办好2015年全民终身学习周活动。(6)不让一个孩子因贫困失学，建立工作巡回督查制度和进展情况定期跟踪制度，争取2015年全市生源地信用助学贷款人数与金额均比2014年提高20%；进一步加强各类学生资助特别是中等职业教育学生资助监管工作，完善资助信息预警机制；充分利用第二个全国“扶贫日”等捐资助学平台，积极主动开展各类社会捐资助学活动，全年全市社会捐资助学款力争在上年的基础上增长10%，促进社会捐资助学良好氛围的形成。进一步优化教育资源配置，加大对农村、贫困地区的倾斜力度，改善这些地区义务教育学校办学面貌。探索建立对口支援长效机制，组织优质学校采取联盟办学、集团化办学等方式，对口支持农村贫困地区学校发展，积极组织优秀教师和志愿者开展支教服务，让更多身处农村贫困地区的学生能够享有优质教育资源。（7）全面规范办学行为，严格执行义务教育学校“严禁入学考试、严禁办重点校、严禁编重点班、严禁违规补课、严禁违规收费、严禁下达升学指标”六项规定，坚持义务教育阶段就近入学原则，保证所有适龄少年儿童都能按时就近入学接受九年义务教育；实行优质高中学校均衡招生政策，继续实施省、市重点中学高中招生指标均衡分配到初中学校的招生政策；继续严格控制城区中小学班容量。认真执行国家课程计划，开齐开足课程；加强中小学学籍管理，实现与全国学籍管理系统的全面对接，做好防流控辍工作；严格规范高中招生行为，对违规招生一律不予注册；切实减少学生在校时间，减轻课业负担。

（张子良）

**【推进基础教育科研改革】** 市教育局制订《关于全面加强基础教育科学研究工作的意见》。要求改革创新基础教育科学研究工作的运行机制，成立市教育科学规划领导小组办公室，完善财政教育科研经费投入机制，建立成果推广目标责任制，教育科研课题项目建设考核制度，加强教育科学研究基地建设，建立优质教育教学数字资源体系，组建各类教育评价专家库，全面加强基础教育科学研究工作。（张子良）

**【教育科研工作走好“常规教研、教学课改、养成教育”三步棋】** 2015年，衡阳市教育科研工作突出质量，落实“抓常规、抓课改、抓养成”的“三抓”策略。抓好课堂教学改革，开展“一师一优课、一课一名师”活动。建设衡阳教育云平台，有机整合教师成长和优质数字资源，达到培养优秀教师和形成优质数字化资源的目的。教师通过平台“磨课中心”反复磨课，磨课产生的优质课程进入优质课评比，选拔出平台级别的“优课”和“名师”。不断强化全市中小学德育工作，继续落实中小学养成教育。认真实施《衡阳市中小学养成教育实施方案》，坚持“课内抓质量，课外抓养成”的工作思路，遵循学生发展为本的理念，按照学生身心发展规律，培养学生良好的道德品行、良好的行为习惯、良好的生活学习作风和坚强的意志品质。探索实施教育质量监测新路子、新办法，提高教育教学质量。引入绿色评价理念，进一步优化《衡阳市中小学教学质量监测评价实施方案》。注重对教学质量监测结果的数据分析与评价，提高课堂教学效益。同时，以开展增值性评价工作为目的，加强对高考、中考数据的分析，发挥三次联考的指导和引领作用，引导学校把握命题方向，整体提升全市高考复习的科学性、针对性和实效性。抓好市城区教研联组工作，教育科研重心下移，更接地气。完善教研员联系学校制度，充分发挥教研员的职能作用，形成“以校为本，分校联动”“学科为本，多科整合”“骨干为本，全员参与”“典型引路，以点带面”的教研格局。扎实有序地开展好市城区教研联组活动，充分发挥教研活动的功能和作用，大力提倡：活动前，多一些“准备”，引发不同层次的教师参与；活动中，多一些“倾听”，了解教师背后的真实想法；研讨时，多一些“追问”，启发不同教师的积极思考；活动后，多一些“思考”，及时反思教研过程的有效性。（张子良）

**【数百名教师与作文教学专家互动】** 市义务教育阶段作文教学研讨会在祝融小学和市船山实验中学召开，数百教师与湖北少儿文化研究会理事、作文教学专家文自成老师积极互动，深入探讨作文教学中的热点问题。2015年市教育局启动“一师一优课，一课一名师”工程，要求积极学习全国优秀教师先进的教学理念，更好地培育衡阳名师队伍，打造具有全国影响力的教师群体。此次活动由衡阳星瀚文艺协助市教科所举办，旨在引进先进教学理念，增进教师的学术交流。（张子良）

**【北师大高中校长高端研修班学员到市一中考察】** 11月9日，北京师范大学继续教育与教师培训学院副院长黄文峰、北京教育学院教授陈丽、南京顺适教育苏派教育团队学校管理中心首席专家王军等，率领长郡中学校长李素洁、湖南师大附中副校长黄月初等北京师范大学高中校长高端研修班学员，来到衡阳市一中考察调研。此行是学员们到湖南考察调研的第一站，重点考察调研衡阳市一中、衡阳市船山实验中学、衡阳市船山实验小学的“高中、初中、小学一体化教学”及市一中集团化办学。在市一中校长李仲辉、党委书记罗光伟的陪同下，黄文峰同学员们一起参观市一中、市船山实验中学校园。黄文峰主持“专家论坛”，重点就“高中、初中、小学一体化教学”、集团办学进行研讨，专家们对衡阳市一中的办学模式及办学成果给予充分肯定和高度评价，并结合各自的办学经验畅谈有关集团办学的思考与建议。（张子良）

**【深化教育人事制度改革】** 衡阳市加强机构编制管理，出台《关于规范市教育局所属中小学内设机构和领导职数的复函》和《衡阳市教育局直属事业单位临聘人员管理办法》；开展干部轮岗交流，10月底以前完成在局直同一所学校、同一个岗位任职10年及以上，男50岁、女45岁以下班子副职的交流工作；加强聘用制管理，所有新进人员必须签订聘用合同，实行因事设岗，按岗聘任；调研学校绩效工资制度，建立政府管控的市本级普通高中学校教育教学质量评价奖励制度，加大对特殊教育学校的关心和支持，按照事业单位绩效工资基准线的40%标准增核特殊教育学校绩效工资总量，用于发放特殊教育学校教师岗位补贴；启动义务教育学校校长教师交流轮岗试点工作，衡山县被确定为湖南省2015年义务教育学校校长教师交流轮岗试点县，并获省厅专项资金40万元。（张子良）

**【推进体育艺术中考评价机制改革】** 衡阳市从2011年体育中考成绩由等级制调整为分数制，30分进入升学录取成绩，2015年体育中考根据省四项课程建设要求再次实施重大改革，以50分进入升学录取成绩。2015年全市艺术中考与初中毕业生学业水平考试同步，统一命题、统一制卷、统一组考、统一阅卷、统一公布成绩，并以60分进入升学录取成绩，标志着该市艺术中考由普及阶段进入稳步推进阶段。通过一系列的举措，全市从学生到教师、从家庭到学校、从教育行政管理部门到社会都认可艺术中考，促进艺术教育的快速发展。（张子良）

**【衡阳市制定加强中小学心理健康教育的意见】** 市教育局、市文明办联合出台《关于进一步加强中小学心理健康教育的若干意见》（以下简称《意见》）。《意见》指出，中小学心理健康教育工作主要内容包括普及心理健康基本知识，树立心理健康意识，了解心理调节方法，认识心理异常现象，掌握心理保健常识，其重点是生活心理、学习心理、交往心理、个性心理和情绪心理等。其中小学、初中、高中各阶段侧重点不同。对全市中小学心理健康教育的现状，衡阳市将通过实施“三位一体”的心理健康教育网络建设、教师队伍心理素养提升、心理健康教育教研活动、心理课程体系建设、心理健康教育特色学校创建、心理健康教育信息化平台建设等，力图破解“家庭、学校、社会”协作机制尚未完全形成合力、城乡和校际间发展不均衡等问题，从而全面提升全市中小学心理健庚教育的质量水平。根据《意见》，2015年年底，衡阳市城区中小学校和乡镇中心学校实现心理咨询室（心理辅导室）全覆盖。（张子良）

**【三大指标测评中小学艺术素质】** 湖南省教育厅推荐衡阳市作为教育部中小学生艺术素质测评实验区。衡阳市的中小学生艺术素质测评工作全面铺开。9月7日，衡阳市教育局体卫艺科下发《关于认真做好中小学生艺术素质测评工作的通知》。通知要求各县（市）区教育局、各级各类学校认真做好中小学生艺术素质测评工作。每一名学生的艺术素质测评结果纳入学生综合素质档案。初中和高中阶段学校学生测评结果作为学生综合素质评价的重要内容。学生艺术素质测评覆盖全日制小学、初中、普通高中、中等职业学校全体学生。学生艺术素质测评指标体系由基础指标、学业指标和发展指标三部分构成。基础指标是中小学生在校内应参加的课程学习和课外活动；学业指标是中小学生通过校内学习，应具备的基本素质和达到的目标；

发展指标旨在引导学生自主学习和个性发展、学生艺术素质测评以分数形式呈现，基础指标40分；学业指标50分；发展指标20分，其中加分项目10分。

（张子良）

**【未成年人思想道德建设工作“衡阳模式”】** 3月，从中央精神文明建设指导委员会传出喜讯：衡阳市教育局荣获“全国未成年人思想道德建设工作先进单位”称号。衡阳市未成年人思想道德建设工作取得可喜的成绩，《人民日报》《湖南日报》等权威媒体相继推介“衡阳模式”，在全国引起较大反响。自2013年以来，市教育局在全市2296所中小学校、近100万中小学生中大力开展养成教育活动，逐步形成中小学养成教育“衡阳模式”。（张子良）

**【衡阳市大力推进校园足球建设工作】** 衡阳市大力推进校园足球建设工作。4月28日，衡阳市在市成章小学雁栖湖校区召开校园足球工作现场会，对本市青少年校园足球发展、培育足球后备人才行动进行动员部署。从2015年起，全市中小学校（含中等职业学校）将分三个年度申报创建全国校园足球特色学校，力争到2017年年底，校园足球特色学校达到中小学总数的6%~8%。在市教育局公布的首批建设的青少年校园足球特色学校名单中，铁一中等66所学校列为市级青少年校园足球特色学校，其中有39所学校列为省级青少年校园足球特色学校，申报全国青少年校园足球特色学校。根据相关要求，全市首批获得命名的66所校园足球特色学校，至少应有一名足球专项体育教师；同时要具备足球场地、足球及基本训练竞赛器材。此外，这些学校还要因地制宜，开发和编制足球校本教材；需建有校级男、女足球队，学校每年要组织校内足球班级联赛、年级挑战赛，每个班级每年参与比赛场次不少于10场，每年举办一届校园足球文化节。2015年秋季开学后，这些学校要将足球列为小学、初中体育必修课，每周有一节体育课进行足球教学，每个学生都要学习踢足球；高中阶段的特色学校则将开设足球选修课。与此同时，逐步建立起小学、初中、高中、大学四级联赛机制，形成以大学为引领，高中、初中、小学为主体的校、区县、片区、市级层层选拔、逐级比赛的竞赛机制，以开展竞赛活动为载体推动校园足球普及、提升发展。（张子良）

**【北京法政集团来衡创办国际教育学校】** 4月27日，衡阳市教育局与北京法政实业集团有限公司成功签约。衡阳市国际教育尚处于起步阶段。此次北京法政实业集团进驻该市，将在创办国际教育学校、设立托福考点、建设现代远程教育与移动教学平台等方面展开深度合作，以此全面引领和拉动衡阳市国际教育事业的发展。市领导胡水龙参加签约仪式。

（张子良）

**【市八中教育集团首届校长论坛探讨校园文化】** 3月31日，衡阳市八中教育集团举行首届校长论坛，十所成员校校长以“提升校园文化，打造学校特色”为主题展开交流探讨。（张子良）

**【赵志毅教授来衡阳举办讲座】** 1月4日至6日，国培首批专家、杭州师范大学教授、博士生导师赵志毅应邀到衡阳举办讲座，为衡阳教师传经送宝。4日上午，首场讲座在衡阳市船山实验小学举行。赵志毅教授作一场题为《做一个成功幸福的教师》的专题讲座。来自祁东、衡南以及华岳实验小学、市船山实验小学、市实验小学、环城南路小学、高兴小学等学校共400名教师到场聆听。

（张子良）

**【市船山实验小学邀请全国名师前来讲座】** 3月，市船山实验小学邀请“全国模范教师”“全国中小学优秀班主任”“全国三八红旗手”盘晓红老师到学校举办讲座。盘晓红举办《心在哪，风景就在哪》的主题讲座。

**【成立质量监测中心】** 3月31日，《中国教育报》以《动态监测打破质量评价怪圈》为题报道了衡阳市在湖南省率先成立质量监测中心，以品德发展水平、学业发展水平、身心发展水平、兴趣特长养成、学业负担状况为评价内容，每年随机监测一定比例的学校和学生，通过动态的质量监测，准确了解全市基础教育的现状，推动新课程实施和教学质量提高，促进学生全面发展的成功经验。（张子良）

**【打造衡阳家庭教育"升级版"】** 12月11日，衡阳市教育局专门召开全市家庭教育工作会。要求认真贯彻落实党中央、国务院关于加强家庭教育工作的有关指示和教育部有关文件精神，全面改革和加强家庭教育工作，打造衡阳家庭教育工作升级版。为此，全市将以城市为中心，农村为重点，实现家庭教育全覆盖、无缝隙，基本建立学校、家庭、社会三位一体的家庭教育服务体系。确保在校未成年人的家长参加家庭教育的参学率城市和县镇达90%，农村达80%以上；家长家庭教育知识的知晓率达80%以上。（张子良）

**【市职业中专创"一二三三制"素质教育模式】** 衡阳市职业中等专业学校大力加强学生素质培养，结合自身特色开创"一二三三制"素质教育模式，即"一种主渠道、两条途径相辅相成、三种展示、三个提高"。具体而言，就是以思想政治理论课教学为素质教育的主渠道，通过素质教育综合课程改革和丰富多彩的素质教育活动两条基本途径相互结合，针对学生实际情况分年级分阶段开展"三种展示、三个提高"（一年级为才艺展示、提高自信力；二年级为技能展示、提高综合能力；三年级为实力展示，提高就业竞争力），从而切实加强学生综合素质和能力的培养，凸显校园文化亮点，形成学校办学特色。学校每年对学生思想状况进行一次调查分析，提高对学生思想教育的针对性，并结合专业特点、年级特点确定培养方案。同时，还在广泛进行社会调研、毕业生跟踪调查及新生素质调查的基础上，坚持基本理论以必需、够用为度，突出职业能力培养，合理制订人才培养方案，加强实践性教学。并建立就业岗前资格培训、技能培训制度，加强对学生的职业技能培训，增强学生的社会竞争力和职业变化的适应力。此外，还积极组织学生参加国家、省级、行业举办的各种大赛，并大力开展院、系技能竞赛，学生实际操作能力不断提高，创新能力不断增强。该校已成为衡阳技能型人才培养的主阵地、输送技能人才的主渠道、招工培训的主市场。近年来为社会输送技能型人才7928人，培训各类人员6891人次；毕业生就业率达98%，对口就业率达90%。（张子良）

**【北师大教授来衡阳传授经验】** 北师大教授班建武应邀到衡阳开展教育专题讲座，就当代学生成长发展的典型问题，为船山实验小学教师和学生家长答疑解惑。在讲座最后，班建武提醒家长和老师们，在孩子的基础教育阶段，培养孩子的兴趣爱好、培养良好的学习品质更加重要。（张子良）

## 部分成果业绩

**【南华大学获全国大学生临床技能竞赛特等奖】** 5月23～24日，第六届全国高等医学院校大学生临床技能竞赛总决赛在重庆第三军医大学举行，由南华附一医院培训的南华大学代表队勇夺特等奖。作为国内高等医学院校唯一的国家级竞赛项目，本次大赛由教育部医学教育临床教学研究中心主办、重庆第三军医大学承办，由东北、华北、华东、华中、华南和西南西北等6大分赛区115所高等医学院校决出的42所学校的168名大学生选手参加本次总决赛，大学生就受灾现场急救、新生儿复苏、肠外伤吻合术等项目涉及的128项临床技能操作和理论知识展开角逐。南华大学代表队由附一医院负责培训的刘静、雷晓艳、伍文、刘超四位选手组成，其通过省赛、分区赛层层选拔，并以华中赛区最佳风采奖的成绩进入到全国总决赛并最终夺得特等奖好成绩。（张子良）

**【市八中入选"2015中国百强中学"】** 2015（第六届）《中国百强中学》名单发布，湖南省有4所学校入选，其中衡阳市八中上榜。《中国百强中学》评选是权威针对中国最具声望中学（高中阶段）的全国性评选活动，从2005年起，两年举办一次，发布中国内地100所最具声望的中学名单（名单按省份推出，不进行排名）。评选旨在推动中学优质教育发展，倡导正确教育理念，并为省际间名校交流搭建平台。（张子良）

**【在衡三高校获2015年全国大学生"三下乡"优秀单位团队】** 2015年6月，中宣部、中央文明办、教育部、共青团中央、全国学联等联合下发通知，部署开展全国大中专学生志愿者暑期"三下乡”社会实践活动（以下简称“三下乡”活动）。南华大学“三下乡”社会实践服务团下设青年马克思主义者实践团、科技帮扶团、医疗服务团、文艺服务团、宣讲观察团、博士服务团等7个分团，共120余人，7月12日至8月15日先后到娄底冷水江市、涟源市、衡阳衡山县、湘西古丈县等地开展社会实践服务活动。衡阳师院“三下乡”暑期社会实践活动自7月份开始全面启动，历时近2个月，共组建10支校级社会实践重点团队，100支院级社会实践小分队，分赴全国各地开展红色教育、走访调研、教育帮扶、文艺服务、绿色环保、创新创业等实践活动，并组建3支重点团队接力驻扎该校扶贫点祁东县太和堂镇黄鹏村开展专项实践活动，受到老百姓的欢迎。湖南工学院农产品二维码溯源管理系统社会实践团秉执“农产品销售与信息化结合”的理念，通过调研珠晖区附近各类农产品的基本信息，利用所学的计算机专业知识，构建农产品二维码溯源管理系统、应用二维码自动生成技术，帮助农户拓宽销售渠道，提高农户经济收益，扩大该区农产品的影响力。团中央、全国学联秘书处对在2015年全国大中专学生志愿者暑期“三下乡”社会实践活动中表现突出的单位及团队、个人给予通报表彰。在衡阳的三所高校均榜上有名，其中南华大学团委和衡阳师院团委均获评优秀单位，湖南工学院农产品二维码溯源管理系统社会实践团获评优秀团队。

（张子良）

**【财工院师生获全国模具比赛大奖】** 2015年全国职业院校模具技能大赛中，湖南财工院代表队师生同心协力双双获奖。全国职业院校模具技能大赛是在全国机械职业教育教学指导委员会和中国模具工业协会指导下，全国职业院校系统开展的一项全国最高水准的赛事，每年举办一次。湖南财院刘红燕获教师组注塑模项目一等奖和微课赛项三等奖，宫敏利获教师组冷冲模项目三等奖。由刘红燕和袁文昭两位老师指导的刘广龙、唐荣芳、刘振强三位同学获得学生组注塑模具CAD/CAE/CAM项目三等奖。

（张子良）

**【湖南财工院获全国沙盘模拟大赛二等奖】** 由中国职业技术教育学会商科专业委员会主办的第十一届全国职业院校“新道杯”沙盘模拟经营大赛全国总决赛在山东商业职业技术学院举行，全国94所院校的470名选手参加角逐。湖南财工院会计系代表队喜获团体二等奖。本次比赛，湖南财工院会计系代表队获得省一等奖并直接打入国赛，在国赛中取得新突破。（张子良）

**【市职业中专获国家技能大赛类1银5铜】** 2015年全国职业院校技能大赛在天津举行。衡阳市职业中专选派的5个项目9名学生获得1银5铜，获奖总数居全省中职学校第一。全国职业院校技能大赛是教育部等31家部委、单位共同举行的一项全国性职业院校学生竞赛活动。本年大赛共设信息通信、装备制造、环保和气象安全、能源与新能源等15个专业大类98个竞赛项目，全国有500多万名学生参加比赛，1万多名学生参加总决赛。在本次大赛中，衡阳市职业中专有7个项目14名选手代表湖南省参赛，其中5个项目9名学生获奖。分别为服装设计荣获1个二等奖，服装工艺荣获2个三等奖，动画片制作、智能家居、网络搭建各获1个三等奖，8位教师荣获优秀指导教师奖。（张子良）

**【市教育局公示七学生参评宋庆龄奖学金】** 衡阳市教育局对本市参评第十二届宋庆龄奖学金的7名推荐人选进行公示。经逐级推荐、评选、审核，市教育局评审小组拟定以下7名学生为第十二届宋庆龄奖学金衡阳市推荐人选。他们分别是石鼓区都司街小学王之奕、祁东县鼎兴特色教育学校彭雨璐、衡山县实验中学胡湘媛、珠晖区光明路小学王艺璇、蒸湘区实验小学朱阳琦、成龙成章中学胡勇哲和市逸夫中学戴梦琦。第十二届宋庆龄奖学金在全国范围内设1542名宋庆龄奖学金获得者。每人将获得荣誉证书1本、奖学金500元以及《成长的榜样》书籍1本。（张子良）

**【市职业中专一教师摘得全国职教大赛桂冠】** 2015年“凤凰创壹杯”全国职业院校信息化教学大赛落幕。此项大赛由教育部主办，以“促进现代信息技术与教育教学相融合，以信息技术带动职业教育现代化“为主题的一项重要赛事，是全国职教系统展示风采、竞技交流的重要平台。本次大赛共分为高职组、中职组和军事职业教育组三个组别，设置信息化教学设计、信息化课堂教学和信息化实训教学三个大项18个小项。全国37个代表队，888个作品，1926名教师参加比赛。湖南省有32名教师参加全部项目的比赛。在中职组的“服装立体裁剪”信息化实训教学比赛中，衡阳市职业中专服装专业教师曾媚姣从全国28个决赛队伍中脱颖而出，荣获该赛项一等奖。这是湖南省中职学校老师参加本届大赛唯一一个一等奖。（张子良）

**【市实验小学学生演讲获全国一等奖】** 7月22日，由教育部关心下一代工作委员会主办的“少年向上，真善美伴我行”主题教育活动汇报演讲活动在长沙世纪金源大饭店举行。经过激烈角逐，衡阳市实验小学六（1）班蒋东方在来自全国各省、自治区、直辖市选送的60个高手中脱颖而出，勇夺一等奖。蒋东方代表湖南省小学组参赛，是近几年来湖南省在此项赛事中取得的最高奖。

（张子良）

**【四个区被认定为教育强县（市、区）】** 经湖南省委组织部、省教育厅、省教育督导室共同审议，并报省教育督导委员会同意，衡阳市石鼓区、雁峰区、蒸湘区和珠晖区经评估验收合格，被认定为湖南省第二批教育强县（市、区）。（张子良）

**【市八中获授“省文明标兵单位”】** 在4月14日召开的全省精神文明建设工作表彰大会上，衡阳市八中获“省文明标兵单位”荣誉称号并受嘉奖。在全省88家、衡阳市6家“省文明标兵单位”中，市八中是唯一一所获得此称号的中学。（张子良）

**【本市少儿在“书香湖南”系列少儿读书活动中获多个奖项】** “书香湖南”——2015年全省少年儿童“中国梦·汉语美”诵读展演活动暨第五届“三湘少年儿童阅读之星”评选由中共湖南省委宣传部、省文明办、省文化厅、省教育厅、省新闻出版广电局、共青团省委、省妇联、省关心下一代工作委员会主办。11月29日，在长沙举行颁奖仪式，全省14个市州代表队参加活动，衡阳市少儿图书馆、衡阳县图书馆、耒阳市图书馆荣获“组织奖”，雁峰区六一小学荣获“阅读活动奖”。在展演活动中，市少儿图书馆推荐节目《我的祖国》荣获银奖，衡州小学汪贝妮、伍书荫、彭文好、邹欣彤、钱刘一凡、朱棋轲6人荣获银奖，谷云飞等4位老师获优秀指导奖。在“三湘少年儿童阅读之星”评选活动中，都司街小学王之奕、楚源小学李果荣获“阅读之星”；南岳区实验中学伍溪等10人荣获“阅读优秀个人”。在征文活动中，衡阳市有15篇征文获奖，其中石鼓区五一路小学张瑞瑞《看懂中国字，读懂中国心》、祁东县育贤中学张珂奕征文《妞妞曾来过》荣获一等奖，廖玉容老师、刘伶俐老师荣获优秀指导奖；蒸湘区实验三小唐若妍《向上吧，中国少年》等5篇征文荣获二等奖。（张子良）

**【衡阳“梦之队”获省青少年跳水锦标赛“双第一”】** 2015年湖南省青少年跳水锦标赛在永州举行。衡阳跳水队以10金1银7铜的成绩获得金牌总数第一，团体总分第一的佳绩。本次比赛，全省共有衡阳、长沙、株洲、湘潭、永州、常德、邵阳7个地市代表队参赛。在5天的比赛时间里，102名运动员展开对22枚金牌的争夺。最终，以熊倪跳水学校为主体的衡阳跳水队，凭借10金1银7铜的战绩捍卫衡阳“跳水梦之队”的荣誉。作为衡阳队此次参赛年龄最小的运动员，年仅7岁的马唐娜、李佐骜2014年刚从丁丁体育幼儿园选拔进队仅一年时间，便在第一次参加的省比赛中，克服各种困难战胜对手登顶——马唐娜获得女子丙组1米跳板、3米跳台双料冠军，李佐骜登顶男子丙组1米跳板。

附：衡阳跳水队冠军名单

王泽蔚　男子甲组1米跳板、3米跳台

屈芷欣　女子乙组1米跳板、3米跳台

马唐娜　女子丙组1米跳板、3米跳台

张　健　男子乙组3米跳台

李佐骜　男子丙组1米跳板

男子甲组团体

女子丙组团体（张子良）

**【成章学子捧回省青少年科技创新大赛一等奖】** 4月19日，第36

届湖南省青少年科技创新大赛在岳阳市落下帷幕，衡阳市成章实验中学194班吴宸华和195班吴雨蒙两人的作品《氢气在空气中爆炸及爆炸极限的简易安全测定装置》荣获一等奖，203班雷邓渝翰的作品《盐的故事》获三等奖。成章实验中学作为衡阳地区唯一夺得金牌的学校荣获省优秀组织单位奖。（张子良）

**【参加省青少年机器人竞赛获多项奖】** 5月16日至17日，第八届湖南省青少年机器人竞赛在衡阳市成章实验中学举行。本届竞赛以“探索创新，快乐成长”为主题，全省各市州共有349支队伍、850余名选手集聚该市，竞赛包括FLL机器人工程挑战赛、VEX机器人工程挑战赛、以环保为主题的机器人创意比赛、以嫦娥登月为主题的机器人综合技能比赛、机器人足球比赛、教育机器人即兴擂台赛和人形机器人表演赛共七大类项目，每类项目又分设小学组、初中组、高中组三个组别。衡阳市共有15所学校、36支队伍、92名中小学生参赛，获得金牌16枚、银牌29枚、铜牌28枚。其中，市一中、市八中分别获得FLL机器人工程挑战赛高中组金牌4枚；船山实验中学获得教育机器人即兴擂台赛初中组2枚；珠晖区酃湖中心学校、雁峰区环城南路小学、蒸湘区衡钢小学分别获得教育机器人即兴擂台赛小学组金牌2枚。衡阳市科协、市成章实验中学荣获省级优秀组织奖。（张子良）

## 关工委工作

**【调整充实局关工委领导班子】** 9月，根据市教育局人事异动，随即调整本局关工委领导班子，由局长、党委书记周法清担任名誉主任，副局长罗胜利、彭天文任顾问，周国强任主任，副主任常家楚（常务）、夏年新，谢宏荣任秘书长，何光安、王建新、刘伏良任副秘书长。周国强、常家楚、夏年新、戴荣华、谢晓川、唐仲和、王小将、肖仲斌、刘文艳、邓向群、谢宏荣、何光安、王建新、刘伏良为委员，组建一个团结务实、办事认真的工作队伍。（张子良）

**【创建示范性家长学校】** 2015年，全市创建市级示范家长学校28所，分别是：衡南县洪山镇双林中学、衡南七中、三塘镇三塘完小、松江镇松柏中学；衡阳县新塘完小、桐梓完小、英陂完小、东山完小、关市中心小学、檀山完小；衡山县萱洲中学；衡东县大浦镇完小、石湾镇完小；常宁市三角塘镇渔池学校、烟洲中心小学、宜阳办事处东北小学、宜阳办事处嵩塘小学；祁东县灵官中学、白云小学；雁峰区罗家湾中心校、雁城小学、天后街小学；石鼓区同兴路小学、荷池路小学、都司街小学、建设新村小学；市实验中学；市二十三中。截至2015年年底，全市建成国家级示范家长学校1所，省级示范家长学校27所，市级示范家长学校144所。（张子良）

**【家庭教育科研成果】** 参加省家长学校研究会组织的2015年学术年会论文评选，衡阳市有81篇论文获奖，其中获一等奖15篇，二等奖31篇，三等奖35篇。衡阳市教育局关工委2015年10月，组织部分专家对全市家庭教育“十二五”规划的21个课题进行结题工作，经专家评审，确定一等奖6个，二等奖11个，三等奖4个。（张子良）

**【“少年向上　真善美伴我行”读书征文活动】** 按照教育部关工委和省教育厅关工委的部署，2014~2015学年度在全市中小学生中开展五好小公民主题教育“少年向上　真善美伴我行”读书征文活动。在活动中，各级各类中小学共有60余万名师生参加，办墙报、黑板报、手抄报13000余期，举办班团活动、主题教育班会17000余场（次），参加各级演讲比赛的学生14000余人次，购买主题教育读本115600本，撰写读书征文32000余篇。经层层评选、教育部关工委和主题教育活动组委会最后评定，产生特等奖15篇，二等奖279篇，三等奖513篇；807名教师分别获得特等、一等、二等、三等优秀指导奖。衡阳市实验小学蒋东方获省市演讲比赛一等奖，并获全国演讲总决赛小学组一等奖（这是湖南省参加全国演讲比赛以来获得的第一个一等奖）；田家炳实验中学许志鹏获省、市演讲比赛一等奖，获全国演讲总决赛中学组三等奖；衡东城关二小刘志钊、市铁一中李玫、市八中易红钰获省演讲比赛三等奖；另外，有4人获市演讲比赛小学组一等奖，11人获二等奖，12人获三等奖；获市演讲比赛中学组一等奖4人，二等奖15人，三等奖15人。在“少年向上 真善美伴我行”主题教育活动中，衡阳市教育局关工委、衡南县教育局关工委、耒阳市教育局关工委、衡阳县教育局关工委、衡东县教育局关工委、石鼓区教文体局关工委、珠晖区教文体局关工委、衡阳市八中关工委等8个单位被评为全国主题教育活动先进集体。（张子良）

**【组建衡阳市讲师团】** 为进一步加强和完善衡阳市家庭教育工作指导和服务体系建设，经逐级提名推荐、现场说课、评委评审、综合平衡等环节，确定衡阳市八中唐卓然、石鼓区人民路小学张湘钰、衡阳县集兵镇中心小学彭玲莉、衡南县星火实验中学蒋燕、衡山县岳云中学周友朋、衡山县实验小学康慧娟、常宁市松柏镇联盟完小詹文成、祁东县洪桥镇一中席若山等8人组成衡阳讲师团。

（张子良）

**【稳步推进示范性家长学校创建工作】** 2015年，衡阳市教育局关工委制订《衡阳市中小学、幼儿园家长学校建设发展规划》，以衡教通〔2015〕125号文下发到县、校。文件下发后，各县市区教育局和市直学校结合自身实际，均制订家长学校创建实施方案。常宁市教育局重金奖励推动各级示范家长学校的创建，对获评省级示范家长学校每所奖励1万元、市级奖励6000元、县级奖励3000元，全县共18个乡镇，有4个乡镇进入普及示范家长学校先进乡镇。祁东县对获评市级以上（含市级）示范家长学校每所奖励5000元，县级奖励3000元。

（张子良）

# 文体事业

## 文体管理

【概况】 2015年，衡阳市获全国“扫黄打非”工作先进集体，衡阳“3·10”发行非法小学教辅案被列为全国“扫黄打非”十大案件，文体广电新闻出版局（以下简称文体广新局）获全省新闻出版广电（版权）工作目标管理考核先进单位、全省公共文化服务先进单位。（易　芳）

【惠民工程】 常宁市完成农村广播村村响工程建设任务，累计投资1050万元，建成播控平台27个，分控平台706个，其打造的“民生电台、法规讲台、空中舞台、应急平台”四位一体的公共广播信息平台，被推介为全省典型。省长杜家毫亲自批示，高度评价，由此推动全省村村通工程建设，并作为省政府为民办实事项目。启动7座县级广电无线发射台站的建设。完成农村、广场、社区公益放映58367场。群体活动精彩纷呈。组织“雅韵雁城”、周末百姓剧场、周末快乐读书、群文之家等群众活动562场，送戏下乡1100场，“春润蒸湘”、文化志愿服务进社区等志愿服务102次。“广场旬旬演，社区周周乐”“雁城市民课堂”“常宁版画艺术课堂”获三湘群星奖。市图书馆荣膺全国“全民阅读先进单位”。衡南县创建省级公共文化服务体系示范区。“有线电视入户率”和“每万人拥有公共文体设施面积”两项小康指标从2014年的全省排名靠后，跃居全省第一方阵。（易　芳）

【公共文化体育】 组织开展环城赛跑、冬泳、徒步、自行车骑行、8.8全民健身日、彩跑、轮滑等大型活动，承办全省武术、乒乓球比赛，引进中葡国际职业男子篮球对抗赛等高水平群众体育赛事。全民健身服务体系逐步完善。以体育协会为主体的全民健身组织网络进一步完善，全市体育协会总数达到34个。举办各级各类社会体育指导员培训班7期，培训人数1000余人，全市社会体育指导员总数达到5919人，全民健身骨干队伍不断壮大。（易　芳）

【文体工程】 （1）扎实推进市级重大文体工程专业建设和开放运行。9月8日，市体育馆投入使用，市图书馆主体工程竣工，市游泳馆进入设备安装阶段。重点做好市影剧艺术中心、市体育中心运营策划工作。加快对电影院、文化长廊项目的招商引资步伐。协助省体育局做好大埔通用机场建设，10月26日动工，投入资金近1亿元。着力改善城乡文体设施。常宁大剧院竣工，衡阳县夏明翰文化宫改造投入使用。耒阳“两馆一中心”、祁东县文化馆启动建设。建成农民体育健身场地1403个，全民健身路径100余条。为全市4887家农家书屋补充更新出版物240万册。（2）大力发展文体产业项目。衡阳文化艺术城、湖南健源体育用品产业园、首峰古玩城成功落地。湘南地区最大的图书卖场衡阳图书城开门营业。衡阳云集文化产业科技园第一批20家入园企业完成项目立项、规划手续。（易　芳）

【衡阳市十运会】 9月8日上午，衡阳市十运会开幕式在市体育中心举行。这是衡阳迄今为止规模最大的体育盛会，参赛运动员共5287人，为历届市运会之最。本次运动会赛事将持续到9月16日，共设置青少年组、成年组、老年组三大组别28个大项，649个小项，各县（市）区和市直机关工委13个代表团参赛。整个赛会产生837枚金牌，26人次打破16项市运会纪录。石鼓区代表团以231.5枚金牌名列县（市）区代表团总金牌榜首位，蒸湘区代表团以5301分的总分位居县（市）区代表团综合总分榜第一名。（刘　轲）

【全民健身日】 8月8日上午，衡阳市2015年“全民健身与市运同行”主题活动欢乐启幕。上千名全民健身爱好者齐聚平湖公园全民健身广场共同庆祝节日。衡阳市领导康强、胡水龙参加启动仪式。2015年是国务院批准设立“全民健身日”的第七年。活动期间，全市各级文体部门和体育协会将组织内容丰富的系列竞赛活动，开展太极拳、自行车、跳绳、篮球等多项运动展示，彰显运动之美；各类公共体育场馆设施免费对广大市民开放，体育健身俱乐部采取免费或低收费等形式向运动爱好者和市民广派“健身红包”；衡阳市十运会所有赛事将不设门槛、不卖门票，市民可随时前往观看，共赏精彩赛事；各县市区也将结合各自实际，安排丰富多彩的体育健身活动，共同掀起一场全民参与、全民共享的全民健身热潮。（刘　轲）

【全民游泳健身周活动】 衡阳以“我游泳、我快乐、我健康”为主题，在全市开展“7·16全民游泳健身周”系列活动，吸引衡阳市10万游泳爱好者参加。本次全民游泳健身周活动在衡阳28个游泳场（馆）、中心同时举行，在此期间，各游泳场（馆）、中心组织开展形式各样的游泳健身、趣味游泳比赛、免费游泳培训、救生员技能培训等活动。（刘　轲）

【赛事活动】 6月14日，“嘉宝莉漆”大型全城彩色跑活动欢乐来袭，衡阳3000余名“跑友们”疯狂开跑。此次活动由衡阳市文体新局和市体育总会主办。上午8点30分，3000余人身着整齐划一的广告衫，脸庞涂上七彩涂料，开始距离为5千米的狂欢之旅。6月24日，2015年衡阳市“野马杯”全国部分城市男子篮球邀请赛在衡阳市体育馆隆重举行。本次比赛由衡阳市全民健身指导委员会、衡阳市文体广电新闻出版局主办，衡阳市篮球运动协会承办，比赛为期5天，共邀请湖北省黄石市、江西省景德镇市、常宁市、祁东县，市直机关、企业等10支代表队的165名篮球健将前来参加。9月8日晚，由衡阳市委、衡阳市人民政府主办的中葡国际男篮对抗赛在市新体育馆举行。最终，吉林东北虎队以59∶71不敌葡萄牙国家队。10月17日，由衡阳市文体广电新闻出版局主办，北京红牛湖南分公司冠名，衡阳市徒步运动协会承办的集健康、智慧、跑步为一体的大型全民夜跑活动在衡阳市南湖公园夺目上演，800名参赛选手快乐集结，在这场夜光盛宴里“挑战自我”。最终，参赛选手刘建一以29分36秒的成绩，获活动第一名。11月14~15日，湖南省第二届业余乒乓球团体王冠争霸赛暨2015广州轻工“双语杯”百姓乒王·黄金大赛湖南赛区总决赛在衡阳举行。衡阳代表队获得三个团体组别前三名。（刘　轲）

【承办全国青少年体育大会湖南分会场】 8月4日，2015年湖南省青少年足球锦标赛在南华大学体育场打响。全省14个地市州共有24支队伍参赛，其中男女各12支队伍，参赛人数达400余人。本次全省青少年足球锦标赛被纳入到衡阳市承办的2015年全国青少年“未来之星”阳光体育大会湖南分会场活动之中。衡阳负责承办“未来之星”阳光体育大会湖南分会场的具体活动，除8月4日的湖南省青少年足球锦标赛外，主要以8月9日到12日由国家级传统体育项目学校市第八中学承办的湖南省体育传统项目学校第十四届田径锦标赛为主，有来自全省14个地市州的104所体育传统项目学校组队参赛，参赛人数近1000人。（刘　轲）

【全民广场舞大赛】 11月15日下午，2015“欢乐潇湘·美丽衡阳”全民广场舞大赛完美收官，15支代表队登上总决赛舞台，在欢快的旋律中激情炫舞，最终，祁东县代表队表演的《碟儿声声》夺得冠军。此次大赛由衡阳市委宣传部主办，市文体广电新闻出版局、衡阳日报社、市文明办共同承办。本次广场舞大赛历时3个月，800多支队伍踊跃参赛，100多场赛事激情上演，100多万群众现场观看。（刘　轲）

【体育舞蹈锦标赛暨全国邀请赛】 4月18日至19日，衡阳市第十一届体育舞蹈锦标赛暨全国邀请赛在衡阳市体育馆圆满结束。本次比赛不仅吸引省内市州代表队，还吸引北京、天津、云南、江西、广西等省市的体育舞蹈爱好者积极参与。来自全国的40余支代表队800余名运动员参加多个组别的比赛，其中年龄最小的参赛者只有5岁，最年长者65岁。本次比赛既是今年衡阳推动全民健身国家战略实施的大规模特色亮点活动和喜迎市运系列活动之一，更是衡阳面向全省、全国展现美好城市形象，展示市民文明程度的重要机会，还被列入中国体育舞蹈协会的年度重要赛事，意义重大，影响深远。（刘　轲）

【文艺创作】 全市各艺术公司新编排各类大戏大剧20余个。市直4个艺术公司创排大型祁剧《莲台观世音》、大型现代花鼓戏《父亲》和湘剧《妈妈，儿子回来了》，参加第五届省艺术节比赛和展演，获金奖一个，银奖一个。歌剧《多多的春天》入选2015年度国家艺术基金项目。群文方面获“群星奖”项目奖3个、“群文之星”2个、金奖1个，银奖8个。参加第四届全省少数民族文艺调演活动获得金奖。参加全省“三湘蒲公英”大赛获金奖5个、银奖10个、铜奖3个，是全省获奖最多的市州。祁东县的《碟儿声声》获全省“欢乐潇湘”全民广场舞大赛亚军。在全省残疾青少年才艺展演活动中获4金1银的好成绩。“第六届中国少儿合唱节”获得“南湖杯”。（易　芳）

【文化产业】　2015年全市文化产业增加值109.27亿元，增长4.2%。电影业持续飘红，新增影院4家、总票房达1.17亿元。全市7个项目获省文化产业引导资金360万元，位居全省前列。“衡山隐”宗教文化体验游、蒸湘区“百万花海”乡村休闲游项目推进文化与旅游的融合发展。推动176家网吧成功转型升级。全市体育彩票累计销售1.92亿元，居全省第二。全年新增体彩网点33个，全市网点总数达到271个。

（易　芳）

【文化遗产保护】　2015年，衡阳市两次专题部署、调度申报国家历史文化名城工作，“申名”十大工程、95个项目有序推进。新评选公布第五批市级文物保护单位102处，公布总数超过前四批之和。参加全省非物质文化遗产展演活动，获“优秀组织奖”和“最佳表演展示奖”。非遗进校园、进市场、进演出成为新亮点，设立非遗教学基地17个。加快第一次全国可移动文物普查进度，文物数据登录进度位居全省首位。

（易　芳）

【文化市场监管】　2015年，衡阳“扫黄打非”工作成效明显。组织开展“清源”“净网”“护苗”“秋风”四大专项行动，出动执法人员9247人次，检查经营场所2104家次，查办案件441起，有效规范文化市场秩序。新建3处“扫黄打非”工程示范点，开展出版物集中销售市场“扫黄打非”优秀管理办公室创建活动，“扫黄打非”长效预警机制不断完善。统筹加强网吧、娱乐演出、印刷复制、出版发行、广播影视领域的综合治理。对新闻单位驻衡阳机构全面清理整顿，推进广播电视频道频率清理整治。巩固政府机关软件正版化工作成果，有序推进省市属国有企业、金融机构和民营企业软件正版化工作。严抓广播电视安全播出管理，全年未发生安播责任事件。严格依法行政，推进简政放权，编制公布权力清单、责任清单，完成行政审批“两集中，两到位”改革，全年受理商事登记事项76件。选送参评的行政执法案卷获评全省新闻出版广电系统“优秀案卷”。

（易　芳）

【改革工作】　体制改革“软着陆”。行政体制改革在全市率先到位。争取设立市非物质文化遗产保护中心单列，有效推进市群艺馆公益性事业单位法人治理结构改革试点。举办市十运会，历时32天，上万名运动员、裁判员和演职人员，逾20名万观众共同参加。制订省十三运会筹备工作整体方案。坚持实施“一县一品”“一校一品”工程，全年向上级训练组织输送优秀体育后备人才70余名，参加全省青少年儿童20个项目的比赛，金牌、总分名列全省前茅。（易　芳）

## 文物工作

【概况】　2015年，衡阳文物工作启动申报国家历史文化名城，推进一大批文物保护项目，公布102处市级文保单位，突出抗战胜利70周年，增设4城区文物工作机构。（刘辉辉）

【项目申报、实施和储备】（1）大力推进项目申报和实施。全市12处国保单位有11处在国家文物局立项，全年10处国保单位下达项目资金共计3569万元，在实施的有9处，其中启动修缮工程的有南岳大庙、王氏宗祠等4处。市本级实施衡州窑、湘南学联旧址、申公馆迁移、来雁塔、珠晖塔、船山书院等文物保护单位保护规划和修缮方案编制。（2）推进馆藏书画修复项目，国家文物局立项并下达177万元。要求各县（市）区都有一个以上的项目，2015年争取省级补助资金的有5个县（市）区，共计295万元。2015年文物局争取市财政资金100万元，对赵方墓、杨柳邹氏宗祠等近10处市级以上文物保护单位下拨专项经费。（3）推进大遗址保护项目。力推酃县故城、衡州窑、张家山抗战遗址等三大遗址公园建设，明确三个项目的责任单位、资金来源，其中衡州窑保护规划完成省级专家评审。抓好抗战文物保护项目。实施忠烈祠、文立正故居等15处抗战文物维修工程项目，计划投入抗战文物维修资金21577万元。(4)推进传统村落的保护与利用。编制《中田村传统村落保护利用总体方案》并报国家局，启动沙井村等4个传统村落保护规划的编制工作。2015年，衡阳市申报衡南县栗江镇上家村、常宁市白沙镇上洲村、耒阳市南阳镇高岭村等第四批传统村落15处。

(刘辉辉)

**【基础工作】** (1)完成第五批市保单位申报及公布工作。完成全市109个申报点的现场考察、资料收集和专家评审工作，市政府批准公布102处为市级文物保护单位。如期推进“一普”工作。2015年4月，衡阳市完成57家文物认定与收藏单位平台注册工作，位居全省首位；全面完成21家文物系统外单位文物认定工作，初步认定21家文物系统外单位图书古藉、名人手稿、碑刻等文物4372件套(16026册)，全市申报藏品总数27999件/套，普查平台登录27114件/套，登录进度为96.22%，12月底全面完成文物信息登录工作。(2)开展专题文物调查与征集。实施抗战遗址调研。2015年3月，衡阳市组织文物专家对全市90处抗战遗址开展实地调研，调查有迹可寻的抗战遗址23处，保存较好的30处，无迹可寻的37处，形成调研报告。完成衡阳市铁路文物调研工作，发现以粤汉铁路局图书馆旧址为代表的一系列具有衡阳特色的铁路文物10余处。(3)开展文物征集工作，征集工业文物50余件。启动衡阳文物地图编撰工作，采集大部分市级以上文物保护单位的坐标。推进文物保护单位“四有”工作。第六批、第七批共11处国保单位记录档案完成建档并上报。

(刘辉辉)

**【文物安全】** 清理规范行政职权，全面落实依法行政精神。协助省文物局做好《湖南省文物保护条例》修订的准备工作。全面完成清理规范市级文物行政职权工作，并委托市文体广新局政务中心窗口人员代办相关业务。查处违法案件，依法保护文物古迹。2015年7月份，依法查处在省保单位酃县故城遗址保护范围内的一起私搭乱建案件，对该临时建筑物进行拆除，并恢复文物原貌。就重点工程建设涉及的文物保护积极汇报、加强协调、广泛宣传，依法保护酃县故城遗址、文峰塔、船山书院等文保单位。安全巡查和重点检查相结合，确保全市文物安全。先后开展元旦、春节期间文物安全检查、汛期文物安全检查、国庆期间文物安全检查以及季度安全巡查，发现安全隐患68处，整改到位47处，全市文物没有发生被盗、损毁以及保护不力的现象。

(刘辉辉)

**【考古工作】** 参与国家文物局组织的第二届全国水下文化遗产保护(考古)专业人员培训项目，配合国家文物局参与完成福建平潭东洛岛水下考古发掘项目、辽宁绥中姜女石水下考古调查项目；配合故宫博物院完成衡阳地区古窑址调查工作；加强工程建设中的文物保护，完成申公馆、市二环西路、祁东唐家窑、常宁“北二环”工程等6处考古调勘工作，其中配合省考古所实施怀邵衡铁路调勘等项目2处，水口山铅锌矿冶遗址中发现的江洲城址(犁头嘴城址)是衡阳市迄今发现的唯一一处商周古城址。采购先进的文物考古测绘设备天宝RTK、GEO7x，加强衡阳市文物保护的技术力量。

(刘辉辉)

**【博物馆】** (1)新馆建设项目陆续落地。市委市政府同意市博物馆新馆建设，基本选定馆址，新馆占地约50亩、投资估算2亿元。实施大唐工业遗址博物馆建设，项目在国家发改委立项，到位资金6千余万元。衡阳铁路博物馆建设获得广铁集团批准，安排项目经费，设计方案初步形成。民办博物馆——酃酒文化博物馆完成布展工作。祁东县、衡南县等县市博物馆建设项目进入项目选址和规划用地阶段。(2)特色展览和活动。全市各博物馆、纪念馆努力提升免费开放水平，针对中小学生、老年群体等特殊参观人群对讲解员进行培训，推出“孤城涅槃——衡阳市纪念抗日战争胜利70周年摄影图片展”“法治永远在路上——带你聆听中国故事知识图片展览”“三湘四水集萃：湖南出土商、西周青铜器展”“大山古韵，南国荷风五人画展”

等各类精品展览60余次；在南岳忠烈祠举办抗战胜利70周年各届人士公祭抗战英烈大型活动；衡阳市博物馆于11月底与省博物馆、株洲市博物馆联合在深圳博物馆举办《稽古维新——湖南宋元明铜器、金银器展》，全年参观人数近500万人。（3）加强资料的研究整理。配合省博物馆完成湖南省社会科学研究重点项目《湖南出土珠饰研究》撰稿工作；编撰《衡阳农业文化遗产》《馆藏书画作品图录》《民间收藏书画作品图录》《谷朗碑》等图书资料。完成衡阳市各类博物馆、纪念馆、民办博物馆等16家博物馆年检工作，年检结果均为合格。

（刘辉辉）

**【申报国家历史文化名城】** 市文物局经过调研论证，将文物工作要解决的问题全部纳入申名工作方案中的十大工程、95项重大项目。完成申名筹备工作，组织全市申报国家历史文化名城动员大会，出台《衡阳市申报国家历史文化名城工作方案》。撰写《衡阳市文物保护管理办法》初稿，举办多项宣传活动。（刘辉辉）

**【宣传工作】** 围绕“保护成果、全民共享”主题，开展一系列文化遗产日宣传活动。一是协助全省文物保护成果利用现场经验交流会相关工作。6月11~12日，全省文物保护成果全民共享现场经验交流会在耒阳市举行。省文物局与耒阳市人民政府签订《关于共同推进耒阳文化遗产保护与发展框架协议》。二是举办“国际博物馆日”“文化遗产日”宣传展演活动。组织全市“5·18国际博物馆日”“文化遗产日”宣传活动，展出文化遗产保护成果专题板报68块、接待文化遗产知识咨询千余人、发放宣传单5000份，同时各县市区共计发放宣传资料7000余份，以活动为契机加大对《文物保护法》等法律法规的宣传以及“三普”“一普”文物普查成果的展示，开展文物宣传进学校、进社区等活动，增强全民文物保护意识。三是加强与各媒体的互动，宣传全市文物新动态、新成果。全年在各类媒体发表稿件共计37篇，其中《中国文物报》2篇、国家文物局网站1篇、湖南文化遗产网19篇、《衡阳晚报》等市内主流媒体13篇、《潇湘晨报》《湖南日报》各1篇，其中衡山县文物局局长颜高峰舍己救人的事迹被各新闻媒体争相报道。（刘辉辉）

## 文化市场执法

**【概况】** 2015年，市文化市场综合执法局加大执法办案力度，坚决打击违法违规经营行为，保证衡阳市文化市场繁荣、有序、安全。湖南衡阳“3·10”非法发行教辅案被评为年度全国“扫黄打非”十大案件，开创衡阳市“扫黄打非”工作先河。

（宋奕宏）

**【文明创建】** 2015年4月18日，衡阳市文化市场综合执法局组织召开全市网吧整治部署动员大会。市委常委、宣传部长刘丽华到会讲话，400多家经营业主参加会议并签订责任状。通过推行网格化管理、网吧分级监管、新闻出版行业“五化”建设、文化市场安全专管员制度等举措，有力促进监管执法水平的提升，夯实平安文化市场的基础。9月10日至年底，组织开展“进市场、抓整治、促发展”文化市场整治行动。制作《远离网吧，健康成长》宣传册10万余份下发到中小学生手中；在《衡阳日报》和晚报中开设“全市文化市场违法违规经营单位曝光台”，每月曝光违法违规经营单位；在网吧电脑显示器、歌舞和大型演出、游艺场所醒目位置制作、播放文明创建提示屏、宣传牌，大力营造文明创建的氛围。采取局领导分片带队，包括综合科室在内全局干部职工全部下沉到市场一线，与执法人员一道巡查、督查、办案，大力整治市场违规经营。专项整治期间，共给予35家网吧停业整顿的行政处罚，1家网吧被吊销网络文化经营许可证。这些“从严从重”举措，不仅对违规经营的网吧业主起到震慑作用，更是对群众呼声的一次响亮回应，在行业内产生极大的震动和反响。“文明迎检”。全市文化市场有600多个测评点，其中抽查2个网吧、1所影院、1家KTV、四所学校周边，确保秩序良好、顺利过关。（宋奕宏）

**【“两大行动”】** 以严密封堵查缴政治性等非法出版物、抵制“三俗”之风、维护经营秩序为重点的文化市场“百日”行动（每年

12月15日至次年3月25日）和以有效整治校园周边文化经营场所、为未成年人健康成长提供良好文化环境的“护蕾”行动（4月15日至10月15日）。“两大行动”受到省有关厅局领导高度肯定，被誉为衡阳市综合执法独特品牌、衡阳名片。“护蕾”行动被评为“全市未成年人思想道德建设工作创新案例”。该局坚持以“两大行动”统揽各项专项行动，将日常执法巡查、检查贯穿其间，2015年将全国统一组织开展的“扫黄打非·护苗2015”与“净网”两大专项行动和网吧市场专项整治融入进来，使“两大行动”上接“天线”、下接“地气”，更富有前瞻性、针对性和有效性。“两大行动”连续开展4年，取得良好的社会效益和工作效果。

（宋奕宏）

【查办案件】2015年，共出动执法人员16675人次，检查经营单位10646家次，立案441起，结案441起；受理举报317起，办结317起。并联合市公安部门成功查处“湖南衡阳‘2·12’非法出版教辅案”和“衡阳‘3·10’发行小学教辅案”两大案件。其中“2·12”案没收非法出版物12760套，《中国扫黄打非网》以典型大案要案予以全面报道。“3·10”案更是荣登全国“扫黄打非”十大案件，在央视新闻联播予以报道。

（宋奕宏）

## 艺术教育

【概况】　衡阳艺术学校始建于1960年，1995年更名为“衡阳市艺术学校”，是湘南地区唯一一所国办专业艺术学校。2015年，学校有在编教职工88人，在册学生620人。开设有戏曲、舞蹈、音乐、播音与节目主持、美术等专业，是“全国文化工作先进集体”、湖南省“事业单位优秀法人”。

（张婉瑶）

【特色教学】　衡阳艺校是湖南省地市级艺术职业教育的排头兵。其舞蹈表演专业是湖南省中职学校艺术表演类专业唯一的全省示范性特色专业，并于2015年成为衡阳市首批示范性特色专业群；学校围绕国家级非物质文化遗产——湘剧、祁剧、衡州花鼓戏，与各文艺院团实行校团合作，联合开办祁剧、湘剧、衡州花鼓戏等专业。

（张婉瑶）

【教育教学】　学校有国家一级演员1人，高级讲师、国家二级演员和演奏员18人，中青年教师绝大多数来自北京舞蹈学院、中央民族大学、中国音乐学院等国内顶级艺术院校。学校教学团队自编舞蹈专业校本教材8本，于2015年启用。学校常年聘请知名专家、教授来校讲学，如：蒋大为、李谷一、赵小平、郭达、孙毓敏等著名艺术家先后到学校传经授艺，开拓学生们的视野，提高学生的专业水平。

（张婉瑶）

【高考就业】　在2014、2015年全省全国技能竞赛中，衡阳艺校获省级一等奖3个，二等奖1个，三等奖2个，获全国二等奖1个，三等奖2个，受到省教育厅和市教育局的通报表彰。在第三届“荷花少年”全国（校园）舞蹈展演中，衡阳艺校节目《南岳山歌风情》夺得专业院校组金奖（荷花少年奖），是湖南省专业院校在该大赛中唯一一个大奖。

（张婉瑶）

# 新闻出版广电

## 报　刊

【概况】　2015年，衡阳日报社继续当选为“中国地市报研究会”副会长单位，新当选为中国报业协会常务理事单位；《衡阳日报》被评为2014~2015全国地市党报影响力10强品牌媒体；社长、党委书记周玉军被中国地市报研究会第七届理事会选为副会长，被评为中国品牌媒体影响力人物；两报（《衡阳日报》《衡阳晚报》）官方微博影响力稳居全省纸媒前茅，晚报官方微博获“湖南媒体（自媒体）传播类微信十强”称号；广告经营和生产顺利完成目标计划，并略有增长；两报发行实现稳中有升；共有100（日报53篇、晚报47篇）篇作品获省以上新闻奖；党风廉政建设被评为全市先进。　（周仲辉　戴佳兵）

【基础工作】　牢固树立党报“姓党为民”的意识，坚持“守土有责、守土负责、守土尽责”。（1）无政治性错误。作为市委机关报，报社党委班子团结带领全社干部职工，旗帜鲜明地与市委、市政府保持高度一致，从政治上、程序上、纪律上有效避免政治性差错。（2）无重大事实性差错。采编平台的运用从源头上减少差错，采编部门严格实行三审制较好地控制差错，出版部门加强校对，较好地防止差错，印刷前第一读者最后一次校核较好地杜绝差错。（3）安全出版。有效预防政治性差错、重大事实性差错、有效预防设备故障、有效预防群体性事件影响安全出版。

（周仲辉　戴佳兵）

【转型融合】　报社推进报业转型融合发展，形成日报、晚报、掌上衡阳移动客户端、手机报、日报官微、晚报官微、全搜索官方网站等传统媒体与新媒体组成的7大主要媒体。（1）经营机制。3月上旬，报社举行部门正职竞聘及部门副职、普通员工双向选择工作，调整31个部门，32个正科级岗位和42个副科级岗位，形成大策划、大采访、大发布，大出版、大经营“五大中心”和日报、晚报、社区报、新媒体“四大编辑部”。（2）全媒体融合。全力实施新媒体上位为主流媒体的战略，如《掌上衡阳》启动并成功跻身全省市州党报客户端第一方阵；全搜索网成功转型为官方网站；两报微信多次荣登全省榜首。尝试全媒体运作，5月20日，为搞好《掌上衡阳》现场直播全市创建全国文明城市动员大会，报社7个部门近20人通力合作，实现部门之间、人员之间的无缝对接。6月1日，针对游轮“东方之星”的重大突发新闻事件，报社首次主动派出记者前往翻沉事件进行现场采访报道、跟踪报道，在地市报中，行动最快、反应最迅速。

（周仲辉　戴佳兵）

【内容建设】　一年来，报社围绕市委、市政府中心工作以及全市宣传部长会议精神，把“三个深入”“三个关键”“三个氛围”等融入党报新闻宣传工作的实际当中。（1）引导意识。加强新闻评论，自觉维护市委的核心权威，突出党报的旗帜和灵魂，以更加权威和通俗的形式，解读市委的中心工作；加强典型报道，以典型报道汇聚社会正能量。英雄民警吉湘林、不一般的共产党员欧建春、军中楷模许中辉、支教老师何少英等典型的重点报道，在衡阳产生强烈的反响；加强深度报道，树立《衡阳日报》深度报道的品牌，新闻性、可读性俱佳。（2）策划意识。重点策划全国城市文明创建工作报道，及时反映全市上下文明创建的最新动态和经验做法；重点策划中国人民抗日战争暨世界反法西斯战争胜利70周年报道；重点策划《船山故里国学飘香》等重点工作报道，围绕市委、市政府的重大决策、重大部署，强化策划，在版面的安排、栏目的设置上予以重点安排。策划从过去的随意性变成常态性，“引导”从过去的淡化得到强化。　（周仲辉　戴佳兵）

【经营工作】　报社广告经营工作强化服务意识，传统广告的收入在逆势中保持平衡，并略有增长，活动创收开辟新的赢利模式，实施一批好项目，成为报社新的经济增长点。（1）活动策划创收。策划展销活动，报社策划运作2015台湾士林美食嘉年华亚太巡展·衡阳站，承接百万花海包括前期造势推广、试水票务销售、活动营销策划等系列工作，开启报商合作的新模式。（2）多种经营增收。《衡阳日报》的发行量增加近千份，晚报发行量增加10个点以上；印刷业务调整结构，社会印刷业务大幅提高，省内外出版社教辅资料和医疗广告产品成为新的社会印刷业务增长点；文化旅游业务活动增多，产业收入增长加快。万里旅行社营业额逾1000万元，年接待旅游量逾2万人次。报业书画院策划运作成立展厅面积超过1000平方米的艺术馆。（3）项目创收。进军电子商务，“爽够环宇商城”成功上线，引进100余商家1000余品种，同时还策划衡阳首届电商购物节、中国报业文化产业联盟电商分会的成立和衡阳峰会等系列主题活动；开发分众市场，《今日老年》《今日高新》正式创刊，《今日》系列报纸不断壮大；争取省市财政项目支持，“衡阳日报社全媒体建设项目”、衡阳市新媒体中心等项目得到省、市财政资金的支持。

（周仲辉　戴佳兵）

## 图书发行

【概况】　2015年，湖南省新华书店有限责任公司衡阳市分公司在教材教辅、一般图书和多元化经营方面均取得较好的成绩，各项经济指标全部超额完成省公司下达的任务，位列全省十四个市州公司总成绩排名第二。

（胡革立）

【基础工作】　（1）服务社会。深入落实市委、市政府及市委宣传部倡导的“三下乡”活动，切实从实际出发，组织员工不定期地深入集镇、乡村，摆摊设点，将农民期盼的农业科普读物、卫生保健等方面的图书送到他们家门口，让他们早日实现科技致富。做好全民阅读的宣传、倡导，在门店、社区、军营、农村举办各种优秀图书优惠大展销，营造全民阅读的氛围，推动建设书香衡阳。（2）服务教育。中小学教材教辅发行是一项重要的民生工程，事关社会稳定，涉及千家万户。为确保全市1702所中小学校，100万学生“课前到书，人手一册”，公司将教材教辅发行工作视作压倒一切的中心工作，克服部分学校严重拖欠书款导致公司采购教材教辅资金短缺的问题，不断改进发行服务质量，责任到人，细化教材教辅征订、发行流程，确保课前到书，做到学校满意、学生满意、社会满意。（3）校园书店建设。为避免学生被不良书商的盗版书所侵害，确保学生用上正版高质图书，公司努力拓展服务终端，积极筹建校园书店，方便学生读书购书。（4）政治读物的征订发行工作。2015年，为做好习近平总书记系列重要讲话等政治读物的发行工作，全市各级新华书店专门组织员工深入政府机关、企事业单位，进行征订发行工作，取得不错的效果。

（胡革立）

【衡阳图书城】　衡阳图书城总面积约5000平方米，一楼为文化创意数码区、精品图书畅销排行榜、社科文艺图书区、咖啡阅读吧等；二楼为科技馆、生活保健区、旅游摄影、文化教育区、青少年阅读训练营等，负一楼计划为生活超市，三楼为办公区。衡阳图书城建设定位为湖南省中南部面积最大、品位最高、服务最全的综合性图书卖场。衡阳图书城的建设，将改变衡阳地区改革开放三十年来没有大型图书卖场的历史。

（胡革立）

## 广播电视

【概况】　2015年，衡阳市广播电视台从业人员1074人，其中在职人员810人，离退休人员274人，下辖衡阳人民广播电台（新闻频道、交通频道）、衡阳电视时政频道（衡阳电视台）、衡阳电视都市频道（衡阳有线电视台）、衡阳电视生活频道、娱乐频道、资讯频道、党建先锋频道、新视报、衡阳广电网站9个媒体和广播电视有线网络传输中心（湖南有线衡阳分公司）、广告公司、技术中心、物业公司、会计核算中心、产业发展中心、无线数字电视公司、广播电视器材供应站、影视艺术公司、进步影视文化有限责任公司、红色影视文化有限责任公司等11个服务经营部门，共20个二级单位。9个媒体办有《衡阳新闻联播》《都市报道》《政风行风热线》《民声面对面》《天天生活》《乡里乡亲》《石鼓书院大讲坛》《政务公开》《小飞侠闯关》等知名栏目。自办广电节目通过有线、无线无缝隙传输覆盖全市12个县市区及周边地区。

（胡高培）

【新闻宣传】　（1）围绕市委、

市政府中心工作，策划推出《改革进行时》《文明之路》《抗战记忆》和《寻找最美家庭、最美创业、最美湘女》等主题报道，围绕“国学”“抗战胜利70周年纪念活动”开展一系列宣传，彰显主流媒体引导舆论的责任担当。系列报道《改革进行时》，深入推介衡阳全面深化改革经验，责任清单、效能清单、流程清单和负面清单。国学宣传和抗战胜利70周年纪念活动宣传浓墨重彩。《雁城国学讲座》每周一期，专家主讲国学知识；《国学天天读》，每天选取一句国学名言警句，介绍其出处、背景和释义，在《衡阳新闻联播》尾声播出。策划推出的大型纪录片《八年抗战中的南岳》以及《抗战记忆》、《我的抗战》等系列报道。（2）公益宣传方面，台属各媒体播出文明创建、计划生育、未成年人教育、安全生产和消防安全、禁毒防艾、国土资源保护等13类公益广告和宣传片2万多条次。（3）2015年，衡阳市广播电视台在中央电视台和中央人民广播电台共发稿49条，在湖南卫视、经视等省级媒体上稿317条，在中央电视台和省级媒体发稿数量和质量，继续名列全省前茅。电视消息《唐仕海：小村并大村的改革故事》和《衡阳：00后少年的跳跃人生》等稿件在湖南卫视播出时长2分钟以上。《列车临时停车8分钟为生命让道》在央视新闻频道《新闻直播间》栏目播出后，产生良好社会反响。（4）全台有6件作品获得“湖南新闻奖”，19件作品获得“湖南广播电视奖”，连续第19年获“湖南广电宣传创优组织奖”。（胡高培）

【栏目创新】（1）2015年，电视问政栏目《民声面对面》继续发声，犀利问政，是全省市州广电唯一继续保留的电视问政栏目，成为一档在全市乃至全省有影响的名牌栏目。2015年栏目问政14个单位和部门，其中仅衡南县破坏森林资源一事就问责处分28人。（2）电视专题《大江之上》成为2015年全市新闻宣传战线的热点节目。（3）衡阳电台近十年来创作的第一部广播连续剧——《红手印》，该作品获得较高评价，在省市获得大奖。（胡高培）

【活动影响】2015年，衡阳市广播电视台主办和承办市少儿春晚、“创业梦想秀”和衡阳市2015年劳动模范颁奖典礼等30多场活动。“爱心送考”社会公益活动连续举办九年，规模和影响力越来越大，成为衡阳一项品牌公益活动。衡阳广电“重温经典·传承文明”国学经典吟诵会，广电老中青三代播音员主持人轮番登台，以吟诵、浅唱、歌舞等各种形式呈现国学之美。（胡高培）

【事业建设】（1）推动频道整合。按照省局统一部署和自身发展的现实需要，衡阳市广播电视台在2015年12月底撤销衡阳电视娱乐频道，并实现人员分流和资源整合的平稳有序。（2）升级改造设备。投入资金新添置移动广播直播车、高清摄录机、航拍器和数字电视机顶盒等设施设备。按照“全省领先、全国地市一流”的标准，对新闻演播厅、影视中心演播厅的LED背景屏、灯光音响等进行全面升级改造。通过硬件的投入改造，为提高节目生产水平和安全优质播出提供强有力的技术保障。（3）安全播出。全年全台各媒体累计播出时长达43331小时，台内及台外事故停播率均为零秒/百小时，确保春节期间、中央和地方两会、抗战胜利70周年纪念活动、十八届五中全会等重点防护期节目播出万无一失。2015年，全台重点播控单位和部门均实现责任事故率为零，重要保障期停播率为零。（4）新媒体建设。着手成立和推出衡阳网络电视台、衡阳广电微信公众号和衡阳广电新闻客户端等新媒体。衡阳电台交通频道微信公众号粉丝突破18万，成为衡阳粉丝最多的媒体公众号。依托衡阳广播网的成功搭建，广播实现在线收听，衡阳广播加快向全媒体转型。（胡高培）

【产业经营】（1）广告经营。2015年9月1日新《中华人民共和国广告法》实行后，衡阳市广播电视台通过提高医疗药品广告价格，缩短广告播出时长，提高广告制作水平等方式，逐步减轻医疗药品广告所占比重。加大广告清欠力度，挖掘内部潜力，提高广告管理水平。全台广告经营收入实现总量、质量、均量“三量”齐升的目标。全台电影和数字电视经营收入实现平稳增长。（2）产业结构不断优化。在少儿培训教育上探索产业发展的突破口，“衡阳市星光教育培训学校”发挥电视媒体展示和舞台实践的独特优势，与北京“金喇叭”“百小汇”等国际品牌合作，逐步形成“少儿主持”“国学教育”“儿童音乐剧”三大高端少儿教育培训品牌。未来将把星光教育培训学校打造成为全市少儿艺术教育的龙头品牌。（3）以活动和栏目促创收。与职能部门联合开办《直通119》《交警在身边》《寻味衡阳》《政风行风热线》和《廉政视窗》等栏目，丰富节目内容同时又取得较好的经济效益。新视报社与市物业管理协会合办《雁城物业》杂志，拓宽产业创收的新路子。举办的少儿春晚、春季家装博览会、横店影视夏令营、电影展映等活动取得社会效益和经济效益的双丰收，达到以活动促创收的目标。（4）倡导全员自主创业。倡导干部职工自主创业，把发展文化产业作为主要突破口，只要有好的产业发展项目，台里给平台，给政策，给启动资金，实行项目负责制，每个员工都可以申请成为项目负责人。2015年，全台通过主业稳创收、产业促创收、活动保创收，全台经营总收入实现平稳增长。（胡高培）

## 电视调频发射

【概况】 湖南省南岳电视调频发射台（以下简称南岳台）是湖南省的一个骨干高山台。2015年，湖南省南岳电视调频发射台人员83人，其中在职人员70人，离退休人员13人，中高级职称35人。内设机构有办公室、人事宣教科、技术科、资产财务科、保卫科、电视发射科、调频发射科、动力科、微波通信科、产业发展科10个科室。南岳台担负着转播7个电视频道、八套调频广播、两套地面数字电视共17个广播电视频道、频率的发射并完成数字微波信号的中继任务。发出的广播电视信号直接覆盖湘中南22个县市、近3000万人口，同时为湘中、南地区各级广播电视转播台、站提供信号源。2015年，南岳台获湖南广播电视台年度优秀团队、省台安全保卫工作先进集体、衡阳市高新区社会综合治理先进单位等称号。（袁　燕）

【安全播出】 2015年，南岳台在安全优质播出工作中没有出现任何人为事故、重大责任事故和重大技术事故，完成人大、政协“两会”、“五一”、国庆、春节、纪念抗日战争胜利70周年庆典现场直播等特别防护期、十八届五中全会这些重要时段的安全优质播出工作和日常的安全播出任务。全台17套节目中，除96.9兆赫因设备故障，其余16套节目播出台内停播率均实现0秒，无一例因信号源中断造成停播，与2014年相比，台外停播率有大幅度降低台内台外停播率均创历史新低。加大对技术革新的投入力度，新增一套现代化高山杜渐，要求各个机房做到时间落实、人员落实、重点落实、责任供水系统，实现远程监视和控制。根据高山储油情况，给威尔逊机组加装油水分离器，提高发电机组工作稳定性。为了更直观的监看有线网络中的广播信号，调频发射科新安装3块小显示屏，用于监看有线网络广播信号。（袁　燕）

【培训工作】 采取外出培训和内部培训两种方式加强技术队伍建设。台里先后多批次派出技术骨干人员参加省局、省台、生产厂家和上级主管部门专业技术培训。（袁　燕）

【铁塔重建】 2015年上半年，铁塔筹建领导小组加强与省、市、区政府部门的沟通协调，争取相关部门的支持。省政府办公厅下发会议纪要，正式批准南岳台在高山红线范围内重建发射铁塔。2015年，铁塔重建备案工作完成，新址的初勘工作业完成，新址位于原塔东北方向约50米的斜坡上，紧挨发电机房。七月份，与南岳林场和林业局达成一致意见，签署用地协议书。十月份完成《南岳电视台调频发射塔重建项目选址论证报告》的编制，经过南岳区规委会的审议通过准备逐级上报省市相关部门。（袁　燕）

【事业发展】 2015年，对高山基地、南岳山下院、衡阳华新院的基础设施建设提质改造。投入61万元对高山供水管理进行改造，高山基地供水线路全面改造并顺利通过验收，对高山基地监控系统数字化升级及南岳山下院新装数字监控系统，以科技手段增强安全保卫力量，安全保卫工作得到有力保障；装修4间办公楼和2套生活用房，作为铁塔建设办公场所；进行衡阳华新院的工作生活区围栏及大门的提质改造。

（2）经营创收工作迎难而上。台高山宾馆4月至11月的经营创收在2014年的基础上递增5%。

（袁　燕）

# 卫生和计划生育

# 卫生和计划生育

【概况】 2015年5月6日，衡阳市卫生和计划生育委员会由市卫生局和市人口和计划生育委员会合并组建。 （赵 俊）

【人口计生】 2015年，全市共出生人口10.8万，死亡人口5.13万，人口自然增长率7.1‰，控制在责任目标值8‰以内；全市常住人口符合政策生育率78.44%，比责任目标值77.1%高1.34个百分点；出生人口性别比116.68，比2014年省考核认定衡阳市出生性别比117.11下降0.43个比点，连续5年实现下降。2015年，卫计委在省考核中实现工作进位，排在第十二位，较2014年前移一位。全市没有出现重点管理单位。全市卫计系统全年没有发生计划外生育行为。 （赵 俊）

【县级公立医院综合改革】 联合市财政局、市编办等部门印发《衡阳市推进县级公立医院综合改革实施方案》，调整衡阳市深化医药卫生体制改革领导小组，由市长担任组长，领导小组办公室设市卫计委。从4月1日起，全市18家县级公立医院取消药品加成，实施药品零差价销售，并按照物价部门批复，调整医疗服务价格。同时，城镇职工医保、居民医保及新农合支付政策也相应进行调整，全市12个县市区的公立医院开展总额预付、按人头支付等多种形式的医保支付方式改革，在县级公立医院出院病人中，医保支付方式改革覆盖率超过30%。2015年，18家县级医院药占比由2014年的41.5%下降至36.98%，门急诊次均药品费用比下降14.81%，住院次均药品费用比下降19.26%。同时，医院收入结构逐步趋向合理，门急诊人次、门急诊收入、住院人次、住院收入与2014年同期相比，分别上升9.28%、5.63%、6.74%、9.27%，平均住院日下降5.49%。公立医院综合改革取得初步成效。

（赵 俊）

【新农合制度】 （1）2015年，全市参合人数为559.05万人，参合率达99.03%。（2）对全市新农合补偿方案进行优化，市级定点医疗机构参合农民住院起付线调整为：三级医院1000元、其他医疗机构800元，报销比例为60%。专科医院降低100元，报销比例提高5个百分点，全市封顶线由2014年的12万元提高到15万元。（3）出台《衡阳市城乡居民大病保险实施方案》，全面启动大病保险资金追补工作。（4）支持医改工作。扩大药品报销范围和诊疗目录范围，加大支持医改力度，将公立医院改革有关项目费用纳入农合报销范围，全市实际住院补偿率为55.07%，统筹地区政策范围内住院实际补偿率达到75.90%。 （赵 俊）

【基本药物制度】 加强基本药物制度实施监管。截至2015年，全市217个基层医疗机构和实施基本药物制度的3689个村卫生室全年网上采购基本药物21637.3万元，全部实行零差率销售，药品让利达到3245.6万元。全市新增实施基本药物制度村卫生室104个，与2014年同比增长2.90%。开展乡镇卫生院院长业务培训班，组织基层学习非基本药物配备政策和临床使用技能，提高基层医务人员的政策和实施基本药物制度的能力；指导基层医疗卫生机构和村卫生室及时制订新的使用目录并公示，基本药物使用率得到进一步提高。 （赵 俊）

【基本公共卫生服务】 （1）及时足额落实服务项目配套经费，全年市本级财政共配套项目经费757.19万元，县市区财政共配套3161.75万元，并做到专款专用。（2）全面实施基本公共卫生服务项目。2015年，全市基本公共服务项目按进度全面完成，全市城乡居民健康档案规范化电子建档率达91.2%，超过国家年度指标16.2个百分点；0～6岁儿童健康管理率93.26%，超国家年度指标8.26个百分点；孕产妇健康管理率93.5%，超国家年度指标8.5百分点；65岁以上老年人健康管理率98.17%，超国家年度指标33.17百分点；高血压患者管理率42.94%，超国家年度指标7.94%百分点；2型糖尿病患者管理率34.86%，超国家年度指标4.86百分点；0～3岁儿童中医健康管理率51.72%，超国家年度指标11.72百分点；老年人中医健康管理率53.47%，超国家年度指标13.47百分点。 （赵 俊）

**【对口支援】** 加强城市三级医院对口支援县级医院的工作力度，强化对辖区内7所县级人民医院（受援医院）能力建设、机制建设帮扶。2015年，对口支援受援医院完成新技术新项目22项，派驻医务人员91人，免费接收受援医院进修学习人员161人，派驻人员在受援医院举办各类培训讲座355场次，业务教学及查房3212次，参与抢救危重症病人125人次，参与示范手术433台次，帮助受援医院建章建制222条，经济援助及免费设备投入20余万元。（赵　俊）

**【疫情监测和网络直报】** 市、县疾控机构严格落实24小时值班制，疫情管理人员每天进行网络直报巡查，及时发现处理可疑疫情。截至12月31日，全市“传染病自动预警信息系统”共发出预警信号1526次，涉及12个县市区。预警病种共18种，分别为：手足口病（663次）、麻疹（387次）、其他感染性腹泻（188次）、流行性腮腺炎（115次）、流行性感冒（82次）、痢疾（32次）、疟疾（未分型）（12次）、恶性疟（11次）、伤寒+副伤寒（9次）、疟疾（7次）、登革热（5次）、间日疟、急性出血性结膜炎（各3次）、戊肝、出血热（各2次）、人感染H7N9禽流感、风疹、不明原因肺炎（各1次）。经各相关县市区疾病预防控制中心分析判断排除1367起，有疑似事件159起，均及时派出机动队员进行调查处置。（赵　俊）

**【传染病防控】** 全市全年未发生重大传染病疫情爆发流行。（1）突出对急性传染病防治工作。全面落实中东呼吸综合征、埃博拉出血热、人感染H7N9禽流感等急性传染病防控措施。虽然在珠晖区、蒸湘区禽类交易市场检出H7亚型禽流感病毒，但得到及时控制。排查出疑似中东呼吸综合征疫情一起。建立霍乱联防联控工作机制，实施防控关口前移，监测和监管先行，完成霍乱内、外环境监测10635份，调查排查疑似霍乱疫情一起。全市报告手足口病10348例，重症病例报告110人，死亡2例。因及时采取有效防控措施，遏制手足口病的蔓延。（2）突出对艾滋病防治工作。1～11月新发现艾滋病病毒感染者（病人）491例，全市累计报告艾滋病病毒感染者（病人）5346例，死亡1730例。全市建立49家艾滋病初筛实验室、38家自愿咨询门诊、1个确诊实验室，1～11月共咨询检测53.11万人次；完成吸毒人员、性病患者等6类人群10个国家级哨点监测任务4400人。深入开展暗娼、吸毒者、男男同性恋、性病患者、外来务工人员的高危行为干预工作。1～11月共干预暗娼人员1.68万人次、男男同性恋人群1716人次、吸毒人员3.17万人次、性病患者8723人次。认真做好治疗工作。开设6家美沙酮替代维持治疗门诊，累计有2479名吸毒人员入组美沙酮替代维持治疗，1～11月新入组112人。大力开展抗病毒治疗工作。截至12月底，全市累计为2769名艾滋病病人开展免费抗病毒治疗，在治人数为2250人，抗病毒治疗率为81.26%。（3）突出结核病防治工作。1～11月，全市共登记治疗活动性肺结核病人6126例，其中新涂阳病人1830例，分别完成全年任务数的130.9%、101.9%。加强肺结核病人的转诊追踪和治疗管理工作，转诊率96.8%、追踪率99.5%、总体到位率94.1%，均达到上级指标要求。新涂阳病人治愈1642例，治愈率为94.0%。1～11月，共筛查耐多药肺结核可疑患者902人，确诊耐多药患者35例。圆满完成《衡阳市结核病防治规划（2011～2015年）》终期评估工作。（赵　俊）

**【为民办实事工作】** 2015年，卫计委为民办实事任务是救治救助重性精神疾病患者900人，并完成1所精神卫生服务机构（衡山县中医院精神科，要求增加床位50张以上）改扩建项目任务。超额完成任务：全市共救治救助重性精神疾病患者905名，衡山县中医院改扩建项目按期完成并收治病人，共投入资金336万元，新增床位70张。（赵　俊）

**【医政管理】** （1）医疗服务行为的改善。实施“进一步改善医疗服务行动计划”；在全市二级以上医院实行“无假日医院”，继续开展大型检查互信制度；深化优质护理服务。全市二级以上医院100%开展优质护理服务，实施护士“提素”工程和“关爱护士”行动。开展“三下乡”“服务百姓健康行动——大型义诊周”等义诊活动。（2）医院服务能力的提升。开展省级临床重点专科建设，加强县级医院急诊科、重症监护室的建设，做好人感染H7N9禽流感、手足口病医疗救治工作；做好衡阳市埃博拉出血热疫情和中东呼吸综合征医疗救治相关准备工作；加强人员服务能力培训。组织各县（市）区卫生局医政股负责人、全市二级以上医院心血管内科、神经科、介入放射科、急诊科负责人、市紧急医疗救援指挥中心负责人共92人参加全国心脑血管疾病医疗救治方案培训、组织23名县级医院骨干医师参加省卫计委培训。（3）医疗服务的监管。严把人员准入、机构设置审批关口。共办理执业医师首次注册781人、变更注册2274人次，共清理医师注册85人，推行医师多点执业；完成对12家民营医院设置评审和6家民营医院的评审及登记注册工作，对3家医疗机构的医疗技术项目实施准入。完成119家医疗机构的校验、变更和换发证工作，对全市518家个体诊所相关情况进行摸排，并将相关诊所情况调查表上报；加强医院质量监管。制订并出台全市推行医疗质量安全点评制度、衡阳市实施进一步改善医疗服务行动计划工作方案、衡阳市医疗机构巡查工作实施方案（2015～2017年度），建立专家库候选人员库，对首批市中心医院、市第一人民医院、市妇幼保健院3家医院开展大型巡查，进行巡查通报。（3）深化抗菌药物临床应用专项整治，对抗菌药物临床合理应用主要监测指标不达标被省卫计委通报的8家医疗机构的主要负责人、相关科室负责人进行约谈。严格医院感染管理。建立医院自查、县市区卫生计生行政部门督查、市级卫生计生行政部门抽查的三级工作机制，开展抽查通报。加强血液管理，加强采供血机构质量管理与能力建设，加强无偿献血工作，开展无偿献血者及其亲属临床输血费用直报工作。（4）狠抓和谐医患关系的构建。加强医疗行风管理，与各县市区卫生计生局和市直医疗卫生单位签订行风建设工作责任状。2015年继续推进“平安医院”创建，推行医疗纠纷第三方调解。加强医疗机构安全防范能力建设，规范和完善“四室建设”。开展医学鉴定工作，受理鉴定委托101例，鉴定完毕85例。全年无重大恶性“医闹”事件发生。

（赵　俊）

**【中医药事业】** 开展全国基层中医药工作先进单位创建工作，石鼓区成功创建为全国基层中医药工作先进单位；加强县级中医医院服务能力建设，强化县级中医医院区域内中医龙头作用。常宁市、耒阳市、衡山县中医医院完成整体搬迁或综合大楼建设。继续开展中医医院等级评审活动，组织专家对祁东县中医医院进行二级甲等中医医院市级初评，衡阳市中医正骨医院、衡山县中医医院通过省级二级甲等中医医院评审。开展二级中医医院持续改进活动，对常宁市中医医院等5家县中医医院持续改进活动进行市级检查评估；大力开展“治未病”服务工作。举办全市中医“治未病”服务建设会议及培训班，组织专家对全市12个县（市）区进行两轮“治未病”知识巡讲，培训1500人。加强中医医院学科特别是中医重点专科专病建设，进一步加强衡阳市中医医院肾病科、急诊科、心血管科等学科建设，常宁市中医医院“詹氏骨科”被列入湖南省中医专长绝技项目；继续加强乡镇卫生院、社区卫生服务中心建设，共38家中医药适宜技术服务能力建设项目单位全部建设达标。

（赵　俊）

**【基层卫生工作】** 全面开展“群众满意的乡镇卫生院”活动。印发《关于印发〈衡阳市卫生和计划生育委员会开展“建设群众满意的乡镇卫生院活动实施方案的通知》及《关于做好“建设群众满意的乡镇卫生院”活动第一周期工作的的通知》等文件，于6月初召开全市开展“建设群众满意的乡镇卫生院”活动启动大会，11月对申报单位开展抽查复评审核，24个乡镇卫生院被省卫计委评为群众满意的乡镇卫生院；落实老年乡村医生生活困难补助发放工作，核实确定5777位老年乡村医生符合生活困难补助发放条件。此项补助由各县（市）区按月发放；开展农村卫生技术人员培训工作，举办2015年全市乡镇卫生院院长和社区卫生服务中心主任培训班，培训239人。通过IPTV模式对4845名乡村医生进行培训，完成率达113%。安排187个乡镇卫生院内儿科骨干医生进行进修培训；完成5010位乡村医生网上再注册工作；加强乡村医生本土化培养，全市56名农村青年参加省卫生计生委统一安排的乡村医生本土培养自费学习；组织开展“三湘农民健康行及民族团结进步行活动”。（赵　俊）

【应急管理】　（1）高效处置突发公共卫生事件。2015年，全市共报告突发公共卫生事件2起，为衡山县开云镇辉艳幼儿园手足口聚集性疫情、耒阳市余庆中学感染性腹泻暴发疫情，报告病例分别为17例、49例，无死亡。（2）举办埃博拉出血热防治、人感染H7N9禽流感防控技术、中东呼吸综合征疫情防控技术等各类卫生应急培训班30多期并在12个县（市）区开展应急演练，培训专业人员1500余人次。（3）每月均组织专家针对需重点关注的传染病或突发公共卫生事件开展公共卫生风险评估并及时上报，并对传染病自动预警系统发出的1526个预警信号进行及时调查处置。同时，全年未出现值班脱岗、离岗现象。（赵　俊）

【深化改革】　2015年，12个县（市）区18家县级公立医院综合改革全面启动；出台《衡阳市城乡居民大病保险实施方案》，全面启动大病保险追补工作，4月30日前，所有补偿对象的补偿资金将追补到位。（赵　俊）

# 社会福利与社会保障

## 人力资源和社会保障

**【就业创业】** (1) 全市新增城镇就业7.08万人，失业人员再就业3.78万人，就业困难对象再就业1.2万人，新增农村劳动力转移就业6.3万人，城镇零就业家庭100%实现动态清零，城镇登记失业率始终控制在4.5%以内。(2) 新增创业主体2.39万个，创业带动就业4.1万人。(3) 已建成3家省级大学生创业园，建成各类创业孵化基地255家，进驻小微企业4000家，吸纳10万人就业。同时成功创建湖南省唯一一家首批国家级专家服务基地(全国仅20家)。（陈　洁）

**【社会保障】** 全市五大社会保险参保总量突破800万人次，达到803.76万；全年征缴基金突破70亿元，达到77.47亿元；发放待遇突破百亿元；被征地农民一次性转保突破7万人；社保卡持卡人数突破300万，达到320万，占全市总人数超40%。（陈　洁）

**【人事人才】** 坚持“四考合一”(党政群机关公务员、法院工作人员、检察院工作人员、选调生考录)，公务员招录、事业单位公开招聘、“三支一扶”等各类人事考试实现零差错、零事故、零投诉。启动衡阳市人才信息库建设，对全市人才尤其是高层次人才进行摸底。建立特别优秀人才中级职称直评制度，首次破格评审20名特别优秀人才中级职称。县以下机关公务员职务与职级并行制度、乡镇机关事业单位工作人员乡镇工作补贴、机关事业单位工资标准调整和增加离退休人员离退休费等各项工资制度改革工作均在规定时间内完成。（陈　洁）

**【劳动关系】** 已建工会企业工资集体协商建制率达到93%；调解仲裁各类人事劳动争议案件4600多起，结案率达到98%；为6758名劳动者追回工资3915万元。（陈　洁）

**【项目活动】** 人力资源社会保障服务平台已开工建设，投资过亿元。基本养老保险覆盖率达到90.31%，较2014年提升8个百分点；医疗保险覆盖率稳固在100%。衡阳人社局的小康推进工作被市小康办单独发文表彰。成功举办全省“春风行动”启动仪式、全省创业担保贷款培训会，开展全省规模最大、时间最长、险种参与最多的“社保进园区、服务惠民生”社保政策宣传活动。在全省人社系统考核中进入前三，被评为全市目标管理绩效评估先进单位，荣获全国人力资源市场清理整顿先进单位、全国巾帼建功先进集体称号。（陈　洁）

**【被征地农民社会保障新政策实行】** 根据市政府出台的《衡阳市被征地农民社会保障工作实施意见》精神，从2015年1月1日起，衡阳市将实施被征地农民社会保障新政策。此举旨在进一步完善被征地农民社会保障制度，确保被征地农民生活水平不因征地而降低，长远生计有保障。(1) 取消养老生活保障，办理转保手续。在新政策中，衡阳市不再建立单独的被征地农民养老xx保障制度，这意味着被征地农民养老生活保障制度从此取消。凡符合参保条件的被征地农民，可自愿选择参加城镇职工养老保险或城乡居民养老保险，政府和集体经济组织为参保者提供参保缴费补贴。被征地农民不参加养老保险，以及不符合参保条件的，均不享受缴费补贴。(2) 新政同时规定，同一被征地农民保障对象无论选择参加城镇职工基本养老保险或城乡居民社会养老保险，其个人缴费义务不变，缴费补贴一致。原参加养老生活保障的被征地农民，应转入城乡居民社会养老保险或城镇职工养老保险，并按照规定办理转保手续，享受转保补贴。转保后不再享受养老生活保障待遇，待达到条件后再领取城乡居民社会养老保险待遇或城镇职工基本养老保险待遇。(3) 提高政府补贴年限，大力促进参保。(4) 新政策实施后，达到被征地农民保障要求的农民，参保缴费补贴将比原政策提高2年，即其补贴年限为10年。补贴标准为征地后村组首批参保缴费时上年度全省在岗职工年平均工资的60%×12%。(5) 据社会保险基金征缴处相关负责人介绍，这个规定将对被征地农民参加社会养老保险起到促进作用，但达到保障条件而未及时参保的人员，后期参保缴费补贴有可能将随全省在岗职工年平均工资的递增而“缩水”。(6) 增加火葬补助奖励，推进殡葬改革。为推进衡阳市殡葬改革，提高参加城乡居民社会养老保险被征地农民丧葬待遇，新政策对实行火葬的被征地农民（不含参加城镇职工养老保险的被征地农民）死亡后，给予丧葬补助奖励。火葬补助奖励标准为被征地农民死亡时4个月的衡阳市上年度全市在岗职工月平均工资。（7）明确实行社会救助，规定相应待遇。新政策规定，符合城乡居民最低生活保障条件的被征地农民，可按规定享受最低生活保障待遇。符合其他社会救助条件的，按规定享受相应待遇。（8）新政策明确，被征地农民保障对象可用发给其本人的征地补偿费缴纳个人参保应缴的社会保险费。被征地农民社会保障资金主要来源于用地单位缴纳、政府划拨和集体出资。（刘景行）

**【“12333全国统一咨询日”活动举行】** 2015年3月30日，在南华大学举行“12333全国统一咨询日”活动。在活动现场，衡阳市人力资源和社会保障局组织陈列就业创业政策、劳动保障监察、劳动争议仲裁指南等宣传展板，并就大学生关心的就业创业、职业培训、劳动合同、社会保障、劳动权益维护等热点难点问题免费发放宣传册，还设置8个咨询台，为大学生提供现场咨询和宣传。发放宣传资料1000余份，现场接受大学生咨询500人次。

（刘景行）

**【省人社厅谭文波一行到衡阳调研】** 5月26日下午，省人社厅就业服务局局长谭文波率调研组一行来到衡阳，开展人社系统“稳增长、保就业、促改革、惠民生、强法治”专题督查调研。在汇报会上，市人力资源和社会保障局汇报2015年以来全市人力资源和社会保障主要工作进展情况、创新创业工作情况和相关政策落实及重点工作进展情况，并就创新创业资金保障、《事业单位人事管理条例》落实情况等进行坦诚交流，提出中肯的建议。据介绍，2015年以来，衡阳市就业再就业、社保、人事人才等主要工作都较好地完成阶段目标。1～4月，全市新增城镇就业2.81万人，失业人员再就业1.43万人，就业困难对象再就业0.48万人，城镇零就业家庭100%实现动态清零；新增农村劳动力转移就业4万人。2015年5月，全市社保参保总量达到757.31万人次，完成基金总征缴23.14亿元，发放待遇29.77亿元。全市已建成各类创业孵化基地254家，吸纳入驻小企业4000余家，解决就业10万人。同时，在落实养老保险费率过渡试点政策、促进承接产业转移和园区发展、服务地方国企改革政策、培养引进人才等方面工作进展顺利，效果良好。（刘景行）

## 民政工作

**【概况】** 2015年，在市委、市政府的领导和省民政厅的指导下，衡阳市民政局坚持“民政为民生，一心为民生”工作理念，主动适应经济发展新常态，深化民政领域改革，较好地完成全年工作任务，为衡阳民政事业转型发展夯实基础。乡镇区划调整改革、社区建设、双拥创建、殡葬改革、社会组织登记改革等多项工作创造“衡阳经验”，成为全省的亮点。市民政局被评为“全省民政工作先进单位”，老龄、信访、福彩、新闻宣传等单项工作获评全省先进。（李　湘）

**【社会救助工作】** （1）城乡低保。2015年，本市城区和耒阳市城市低保标准是370元/月，农村低保标准是185元/月；其他6县市城市低保标准是330元/月，农村低保是165元/月。全市月均保障城市低保对象6.8万户、10.9万人，占全市非农业人口的6.1%，累计发放低保金36169.54万元，月人均救助水平276.5元，比2014年269.7元（不含补贴）提高6.8元；全市月均保障农村低保对象14.21万户、26.81万人，占全市农业人口的4.34%，累计发放低保金38132.3万元，月人均救助水平118.5元，比2014年113.1元（不含补贴）提高5.4元。（2）五保供养。全市月均供养农村五保对象50682人，累计发放供养资金17078.6万元、临时补贴235.1万元，分散供养水平达到2904元/人。（3）城乡医疗救助。为编密织牢保障基本民生安全网，下发《关于进一步完善医疗救助政策的通知》，新增重大疾病门诊救助和重大疾病住院救助内容，提高普通疾病住院医疗救助的比例，明确重大疾病住院医疗救助的对象、病种、标准和办理程序。拨付2386.14万元资助全市低保对象和五保对象100%参加新农合和城镇居民基本医疗保险。全年共对16038人和57726人实施门诊医疗救助和住院救助，分别发放门诊医疗救助和住院救助金1132.65万元和7426.25万元。为进一步方便救助对象看病，确保看得起病、有病及时治疗，本市开展医疗救助"一站式"结算服务，2015年全市累计筹集医疗救助资金1.12亿元。 （李 湘）

【防灾减灾救灾工作】 2015年，全市发生八轮较大的降雨过程，特别是11月份遭受65年以来最大的冬汛，造成全市12个县市区不同程度受灾。全年累计受灾达130.1592万人次，紧急转移安置25055人次，紧急生活救助16265人次，倒塌房屋累计2978间，严重损坏房屋3461间，农作物受灾面积68045公顷，农作物绝收面积13758.5公顷。市民政局第一时间查灾核灾和上报灾情，及时指导抗灾救灾，稳妥安置灾民，确保灾民的基本生活。全市共创建综合减灾示范社区28个，解决中心城区社区创建经费68.2万元。联合市应急办等部门举办"地震·消防"逃生综合应急演练暨"防灾减灾·应急常识"宣传周活动。开展灾害信息员培训，出台《衡阳市减灾委员会成员单位工作职责》，推进农房保险工作。 （李 湘）

【双拥优抚安置军休工作】 2015年，市民政局全面落实各项双拥优抚安置政策，全方位、多角度宣传双拥工作先进事迹和典型，组织开展清明节祭扫烈士陵园、祭拜抗战英烈、向抗战老兵捐款以及演讲征文等活动，进一步营造浓厚的创建氛围，全国"双拥模范城"考核组到衡阳检查验收，给予高度评价。全市10.16万名优抚对象各项抚恤补助及时足额发放到位，优抚对象定点医院规范运行，实行"五位一体"网上即时结算。伤残等级申报评定248人，带病回乡评定106人。优抚信息管理系统清理8168人。成立市涉军维稳领导小组，明确成员单位及职责分工，召开全市涉军维稳工作会议，确保全市涉军群体稳定。全市共接收退役士兵3163名，其中自主就业退役士兵2751人，转业士官259人，符合政策安置对象411人，安置率达到100%，共发放待安置期间生活费和地方一次性经济补助64.576万元和1799.47万元。培训退役士兵2012人，培训的合格率、获证率达99%以上，就业率92%以上。进一步建设"退役军人之家"示范点，在全市范围挖掘、培育倪永建等一批退役士兵自主创业的先进典型，衡南县原三级士官王亚军被选中参加10月26日的全省"双带双促"活动典型事迹报告会。衡阳军供站全年接待过往部队217批，59770人次，衡阳高铁军供分站建设已纳入全市"十三五"规划纲要。全面完成军休人员接收安置任务，全面落实军休人员各项待遇。 （李 湘）

【社会组织管理】 全市直接登记的社会组织40个，备案社区社会组织1000余个。社会组织登记、变更、注销、年检、评估等工作进驻市政务服务中心窗口，实行"一站式"办理。下发《关于进一步加强和创新社会组织建设与管理的通知》《衡阳市社会组织党组织规范建设标准》等7个文件。查处非法社会组织市早餐协会和市墙体材料协会以地域设立分会的非法行为，市本级依法撤销21个社会组织。出台《关于推进政府购买服务工作的实施意见》，在养老服务等9个民生领域和项目开展政府购买服务试点。全市社会组织共建立113个党组织，符合条件的社会组织党组织组建率达到100%，暂达不到组建条件的，党的工作覆盖率达到100%。 （李 湘）

【乡镇区划调整改革】 坚决贯彻省委、省政府的决策部署，围绕"并乡镇37个、合村2286个"的目标任务，按照"抢占先机、赢取主动，顺势而为、助推发展"的要求，积极稳妥地抓好并乡镇合村工作。9月25日在全省市州中率先召开乡镇区划调整改革工作动员会，下发《衡阳市乡镇区划调整改革工作方案》。10月27日，市委常委会审议并通过《关于开展乡镇区划调整改革的实施意见》。11月9日，常宁市的乡镇合并方案获得省政府批准，为全省第一个获得批复的县（市）。11月18日，本市37个撤并乡镇的合并方案得到省政府批准，是全省第一个获得批复的地州市。并乡合村开展以来，全市没有发生一起因区划调整改革引发的群体性上访、聚众斗殴事件，社会大局和谐稳定。11月7日全省乡镇区划调整改革工作交流会在本市召开，本市在大会上作典型发言。

（李 湘）

**【基层社会治理】** （1）村（居）民自治。全市城镇社区居委会依法自治达标率为95.81%，农村村委会依法自治达标率为93.99%。基层民主参选率97.6%。（2）社区“两化两体系”建设。按照“以党建引领、靠服务升华、促居民自治”的思路，在全市深入开展社区“两化两体系”建设。市中心城区率先展开社区整合，带动县市、南岳区社区整合有序推进，市中心城区社区由原有191个整合为140个；出台《关于中心城区成立社区服务站的通知》，建立健全社区党组织、社区居委会、社区服务工作站“三位一体”的组织管理体系。抓硬件达标。通过新建、购买、改扩建、争取开发商提供、协调改制企业提供和利用机关腾退房等六种方式拓宽社区用房保障渠道；统筹利用社区公共服务信息平台，为社区居民提供“一网式”服务。着力打造社区形象“衡阳模式”，下发《衡阳市社区形象手册》《社区“两化两体系”工作手册》和《关于增加和规范社区功能室门牌的通知》，中心城区投入资金6400多万元，先期启动的37个“两化两体系”建设样板社区，已全部完成建设并投入使用。全市举办社区党建工作培训班和样板社区工作交流暨业务培训班。全市已建成农村社区203个，全市推荐申报石鼓区青山街道牛角巷社区等6个社区为“省级和谐社区建设示范单位”。

（李 湘）

**【社会福利及老龄事业】** 围绕养老服务业改革发展目标，制定下发《关于加快发展养老服务业的实施意见》。2015年，市本级拨付公办养老机构经费达到818.41万元，安排500余万元用于推行老年人意外伤害险、基本养老服务补贴、高龄老人津贴和慰问等专项保障，并对城区部分民办养老机构落实85万元运营补贴资金，市本级福彩公益金按60%以上、1800余万元用于发展养老服务业。全市组织101人参加省厅安排的养老服务职业培训，基本上建立养老服务从业人员培训和技能鉴定机制。部分福利机构也建立工作人员100%实行岗前培训制度。率先在省内推行养老服务标准化工作，形成具有衡阳特色的养老服务业标准体系。全面落实老年人优惠政策，为2.4万人符合条件的老人发放补贴，基本养老服务补贴覆盖率为81.9%。政府为所有五类特殊困难老年人购买老年人意外伤害保险覆盖率100%，养老机构责任险覆盖率为100%。全市福彩销售突破4.8亿元。全市共为4774名孤儿发放生活费3622.7万元，解决伙食、服装被褥、日常用品、教育、基本医疗和康复费等需求。完成18家福利企业年检工作，确保残疾职工基本权益，完成42例肢残人员免费安装假肢任务。

（李 湘）

**【慈善事业】** （1）衡阳市慈善总会募集善款800.53万元，市、县两级慈善总会共募集善款3336.7万元，其中，市本级“慈善一日捐”共募集资金570万元，12个县市区“慈善一日捐”共募集资金1150万元。（2）强化项目建设理念，2015年，全市累计开发10多个新的救助项目以及“关爱军人困难家庭”“特困家庭大病医疗”“暖心工程·关爱失独家庭”三个重点慈善救助项目。（3）9月，衡阳市慈善总会王一集团分会成立，是衡阳市建立的首个企业慈善分会；12月，旅游饭店业协会成立慈善分会，开创全省旅游饭店行业的先河。（4）慈善助学项目持续推进。“放飞梦想·香江给力”贫困大学生慈善项目已经连续开展四年，共计帮助400余名贫困学子。由部队军官邹肇睿发起、挂靠慈善总会的“一对一助学网”开办近十年，共计筹资100余万元，帮助贫困小学生1500余人。（5）加大慈善超市建设，全市共增设6个慈善超市，较好地发挥公益平台和救助效应。2015年全市共救助各类弱势群体4200余人次。（6）在市社会福利院建立本市第一家“慈善义工服务基地”，让志愿者有选择地、有序地开展服务项目。

（刘景行）

**【殡葬改革工作】** 5月29日，召开2015年度全市殡葬改革工作会议。国内首创医院太平间统一管理模式，规范殡仪服务车辆管理，核发殡仪服务营运证。通过报纸、电台、网站等媒体宣传报道殡改工作信息近190条次，编发《殡改简报》18期；完善举报奖励办法，受理举报35起，兑现奖励6100元。巡查暗访逾150次，协调执法41次，督查整改56次，全年巡查发现和市民举报违规殡葬行50起，处置率达98%。出台失地农民殡葬奖励办法，开通免费祭祀公交专线，免费推广提供新型祭祀用品。开展“非殡仪服务车辆专项整治月”活动和非法墓地清理整治工作。大力推行文明治丧，成功实施殡葬场所禁放鞭炮、悼念场所禁止携带纸花圈入内等新规。（李　湘）

**【社会事务工作】**　（1）婚姻登记。严格按照《婚姻登记管理条例》要求，规范登记程序。全市共办理结婚登记56570对，离婚登记11766对。没有出现一例违规操作现象。（2）救助管理。全市民政部门和救助管理站共救助流浪乞讨人员2.7万人次。及时开展“寒冬送温暖”“夏季送清凉”专项救助行动。开展“接送流浪孩子回家”和“帮助流浪孩子回校园”活动。（李　湘）

**【社工队伍和志愿服务工作】**　举办2015“国际社工日”主题宣传活动启动仪式，这是衡阳市首次开展社工主题宣传活动。1537人报考社会工作职业水平考试，超过前几年的总和，全省排名第二，并举办考前培训，培训学员460人。全市注册志愿者603340人，团队1881个，登记注册志愿组织42个。（李　湘）

**【福利机构消防安全专项整治】**　注重和加强应急管理和处置，坚持“预防与处置并重、常态与非常态结合”的原则，提高民政部门应急处置能力。严格执行值班制度，特别是在重要会议召开、重大节日前后，坚持做到值班人员按时到岗，不迟到早退，不空岗，并保证值班人员手机24小时开通，有效地保证信息网络畅通。“5·25”河南鲁山特别重大火灾事故发生后，民政局第一时间在全市范围内开展为期一个月的社会福利、救助等机构消防安全专项整治工作，10月底，启动为期一年的全市民政服务机构消防安全专项治理工作，有效预防和减少火灾事故发生。市委、市政府高度重视社会福利机构消防安全工作，全省首个以市政府名义与各县市区政府签订社会福利机构消防安全专项治理工作责任状，高位强力推动民政社会福利机构消防隐患整改到位，确保民政服务机构消防安全管理万无一失。

（李　湘）

**【民政项目建设】**　坚持以科学理念、超前思维，积极谋划项目，切实加强民政重点工程管理与服务，全市民政项目建设呈现出持续发展的良好态势。全市新改建公办养老机构1所（衡阳县城镇福利院养护楼项目），改扩建敬老院13所，新改建农村幸福院206所，新改建城乡养老服务示范点57个。全年没有发生质量安全事故。

（李　湘）

## 残疾人事业

**【健全残疾人组织网络】**　在衡阳市残疾人联合会（以下简称市残联）的努力下，全市残疾人组织网络进一步得到健全，已形成“横向到边、纵向到底”的工作格局。全市217个乡镇（街道）成立残联，4891个行政村、571个社区基本建立残协，绝大部分县（市、区）的乡（镇、街道）残联、村（社区）残协选聘残疾人专职委员，乡镇（街道）专职委员，列入政府公益性岗位，月工资不少于800元；村（社区）专职委员误工补贴每月100元，纳入财政预算。根据中残联的要求，市、县两级共成立65个残疾人专门协会，各级协会非常活跃，充分发挥专门协会联系残联与残疾人的桥梁纽带作用。2015年，衡阳市智协代表湖南省智亲协会参加中残联在秦皇岛举办的全国特奥运动联谊会，取得三金二银二铜的成绩。为加强志愿者的管理，市残联成立助残志愿者协会，注册助残志愿者超过万人，助残协会倡导“平等参与共享”的服务理念，增强全社会的助残意识，消除人们对残疾人的歧视和偏见。一大批助残协会如衡阳助残志愿者协会、肢体残疾人志愿者服务队、慧家助残志愿者服务队、小红帽助残志愿者服务队等助残志愿者组织，纷纷涌现。为确保残疾人事业得到落实，2015年市残联制订《关于加强社区残疾人综合服务中心项目建设的指导意

见》，并于10月在珠晖区召开社区残疾人综合服务中心示范点建设现场会，开拓基层残疾人事业的新层面。（肖恒兵）

【残疾人康复中心启用】 2013年8月，衡阳市残疾人康复中心与湖南湘雅博爱康复医院携手打造衡阳博爱康复医院正式启用，为康复对象开展脑瘫康复、低视力康复、中医治疗康复、聋儿语训、假肢装配、人工耳蜗移植、辅助器具适配等多项康复服务。市残联依托市残疾人康复中心、衡阳博爱康复医院和市内各专业康复机构，积极争取省残联项目和市财政支持，扎实开展残疾人康复工作，实现残疾人康复服务常态化，为6000余名残疾人完成假肢装配、适配矫形器、免费发放辅助器具；为975名贫困脑瘫、聋儿、孤独症儿童进行抢救性康复；为2700人次精神残疾人免费服药和治疗。（肖恒兵）

【开展残疾人救助工程】 自2012年开始，市残联已连续4年承担省政府为民办实事项目，根据省、市要求，市残联每年都出台《衡阳市为民办实事“贫困残疾人救助工程”项目实施方案》，按照照方案，精心组织，加大投入，强化监督，项目实施进展顺利，项目指标全部完成，部分项目超额完成。2015年“贫困残疾人康复救助工程”省定任务425名救助对象，全市实际完成636名，超额完成任务居全省残联系统之首。“贫困残疾人托养救助工程”，连续3年，托养残疾人数已达6017人次。截至2015年，全市新增和规范集中托养机构24家，并将蒸湘区岳屏残疾人日间照料站打造成规范化建设机构，确定蒸湘区和雁峰区开展购买服务实施居家服务救助试点。各县市区残联系统为民办实事出现“比、学、赶、超”的良好态势，蒸湘、珠晖、祁东等地实事项目各具特色。2014年至2015年，市残联开展的“走近残疾人、服务千万家”残疾人辅助器具流动服务车下乡活动，行程破万里，足迹踏遍全市每一个乡镇，受到广大残疾朋友的欢迎。（肖恒兵）

【提升残疾人保障水平】 2014年起，全市对城区年满十八周岁的贫困重度残疾人实施特殊生活补助，补助标准按非农业户口的生活补助60元/人·月，农业户口的生活补助40元/人·月。2014年10月，市政府出台《衡阳市重度残疾人护理补贴实施办法》，一、二级重度残疾人每人每月将领到护理补贴50元。此两项政策的实施，2015年。就为全市64449名一、二级重度残疾人发放资金7000余万元。截止到2015年，全市32.28万残疾人进入最低生活保障，农村重度残疾人的社保经费交纳的起点经费都是政府买单；全市有42.9万残疾人参加医疗保险，为弥补残疾人受到意外伤害时医保部分的不足，市残联率先在全省为残疾人购买每人20元的意外伤害保险，最高理赔金额30000元，城区1.35万残疾人因此而受益。2014年，衡阳市人民政府办公室下发《关于开展实施“百万贫困家庭无障碍助残工程”活动的通知》根据通知精神，市残联将用三年时间，向社会募集资金1000万元，为1000户贫困家庭进行无障碍改造，结合省残联无障碍改造任务，全市十二五期间已完成改造数1001户。同时市残联争取中残联资金，每年为全市4000多名肢体残疾人发放人均260元机动车燃油补贴。（肖恒兵）

【加强残疾人就业培训】 按照省残联要求，市残联认真制定全市残疾人职业技能和实用技术培训工作方案，组织开展培训工作。五年以来，全市共办各类培训班212期，培训残疾人8586人，70%以上的残疾人实现的就业创业。农村实用技术培训方面，根据各地的种养殖习惯采取“一村一训”的培训方式，聘请专家深入村里授课，为残疾人传授种养技术，让残疾人学有所成，训有所用，深受残疾人欢迎。市残联还协调财政、地税部门加大残保金征收力度，代扣代征金额每年按17.5%递增。（肖恒兵）

## 红十字会救助

【社会救助】 （1）开展红十字博爱送万家活动。2015年的慰问活动不仅涵盖寒门学子、重症病人、五保户等困难群体，还包括为社会作出奉献，勇于捐献爱心的志愿者。衡阳红十字会（以下简称市红十字会）为成功捐献造血干细胞的志愿者滕武送去慰问金1000元以鼓励其乐于助人勇于奉献的博爱精神。市红十字会对成功捐献器捐献者陈善青的孤女陈佳佳和陈四中的儿子陈武进行慰问，送去4000元现金和价值1370余元的衣物和食用油。雁峰区红十字会会长江红及秘书长周春兰等人慰问残疾人李莲生、阳诗丰及各街道特困户共15人发放米、油、大衣、棉被、糖果等慰问品及现金共计27200元。衡东县红十字会的工作人员走访慰问潭江村、丰田村等7个村的75户贫困户，为其送去应急包46个、棉被38床、御寒衣物2包，并发放慰问金6400元。耒阳市红十字会走访慰问2名困难老党员及2户特困群众，给其每人送上慰问金300元，为1名退休困难老党员干部，送去春节慰问金600元。石鼓区红十字会走访慰问17名困难职工、38名困难党员及29名特困户，为其送去价值40000余元的慰问物资和慰问金。衡山县红十字会结合“四帮四促”活动走访开云镇、新桥镇、永和乡等12个乡镇30户贫困家庭送去棉被并发放慰问金13000元。市红十字会清理全市的募捐箱善款并自筹24000元用于慰问，对本市的困难人群进行专门的走访慰问，为其送去食用油、大米、棉被等过年物资并发放慰问金16300元。耒阳市红十字会自筹资金8000余元购买食用油、大米、糖包等慰问物资，结合“三联三促”工作，走访小水镇李家村、黄市镇上堡村40多户因病因残致贫、孤寡老人等特困家庭，给其每户送去1袋糖、1袋米、1桶油等年货。雁峰区红十字会联合区委统战部、区慈善协会等部门举办“同心爱心超市”，把爱心团体和志愿者服务结合起来，为贫困学子、孤寡老人、因病致贫的特困家庭人员进行“一帮一”和“多对一”的服务。珠晖区红十字会组织工作人员为26户困难家庭送去大米、棉被、慰问金等，价值12922元。衡东县红十字会组织医务志愿者分别下到霞流、新塘为村民进行义诊，累计义诊400余人。衡南县红十字会争取到县卫生局拨款30000元作为活动专项经费并联合县财政局、县民政局开展慰问活动，联合县财政局为特困家庭寒门学子每户发放4000元作为春节生活费和学费；谭冰会长率领县红十字会工作人员为相市乡江泉村特困户送去慰问金2400元和棉衣、食用油等物资，同时组织医院及医务志愿者为15100名群众进行义诊，送药价值达240000元。在2015年“红十字博爱送万家”活动中，衡阳市各级红十字会组织共筹集现金328400元、发放物资价值70282元，共计398682元（接收省红十字会物资价值30282元），受益群众达到3123人。（2）做好红十字博爱周纪念宣传活动。5月8日为第68个世界红十字日。8号上午，在南华大学附属第二医院正门开展以“器官捐献，生命永续”为活动主题的纪念宣传活动。活动现场，来自南华附二的医务人员为前来就诊的市民进行义诊，红十字会的工作人员就器官捐献相关方面的知识为市民进行讲解和宣传。市红十字会还组织红十字志愿者前往华新汽车站、香江百货等人流密集的公共场所发放器官捐献、应急救护及红十字基本知识等方面的宣传资料，活动当天共计发放宣传手册、宣传折页10000余份。耒阳市红十字会以“携手人道、关爱生命”为主题，开展红十字青少年及红十字关爱进社区公益活动，向耒阳市一中、二中学校免费赠送“防病防疫、急救避险”等宣传画册12600本，发放在校师生、教职员工人手一册。

（涂闻卿）

**【业务工作成效显著】** （1）应急救护培训工作有新突破。为了在群众中普及初级应急救护知识，提高市民的急救互救能力，市红十字会积极进学校进社区进企业开展各类应急救护普及培训，全年普及应急救护培训人员近10000人，培训红十字初级救护员50名。同时，在雁峰区开展的生命健康安全教育项目，为社区居民、机关工作人员、企业一线工人进行形式多样的应急救护培训，其中：举办12期救护员培训班，累计培训救护员600人；普及应急救护知识1500人；联合区消防大队组织在白沙工业园开展千余人的大型消防应急演练活动；在环城南路小学开展以火灾为模拟，进行拨打“119”、切断电源、人员疏散及救护、迅速撤离、外围集合、清点人数等逃生演练的学生应急演练。衡山县红会于9月在信联食品饮料公司开展急救普及培训，推广和宣传红十字急救掌中宝。衡东县红十字会全年组织开展5期应急救护培训班，培训医护人员、村民等人员共1300余名。(2)红十字青少年工作有声有色。为28名白血病患儿提交基金申请书，并将小天使基金彩票公益项目资助告知书发送至11名白血病患儿家长的手中，患儿家庭获得3万元左右的救助金，共计33万元。7月为纪念抗战70周年，市红十字会组织青少年志愿者前往岳屏公园抗战纪念碑进行爱国主义宣传教育活动。为改善全市大中专院校青少年群体视力下降，眼睛亚健康状况，宣传和纪念“6·6”国际爱眼日，市红十字会于6月5日在南华大学举行“开屏护眼·让你晴彩”校园关爱活动。本次活动，市红十字会向南华大学赠送珍视明滴眼液共计25件12000瓶，累计价值20万元。(3)红十字志愿服务质量稳步提升。为加强红十字志愿者的相关业务能力，市红十字会积极对注册和登记志愿者进行定期培训并组织开展各项志愿服务活动。8月22日，在市卫计委三楼会议室为红十字志愿者举办培训班，为其讲授红十字基本知识、造血干细胞捐献、人体器官捐献及红十字志愿服务工作注意事项。12月5日国际志愿者日，组织志愿者在南湖公园开展系列培训拓展活动，在讲授应急救护基本知识外，并向过往的游人发放宣传手册和资料。（涂闻卿）

**【生命关爱工程】** (1)大力开展无偿献血和造血干细胞捐献宣传工作。通过举办讲座、大型宣传活动，让大家对无偿献血和造血干细胞的步骤有初步的了解。利用重要宣传活动日，积极开展无偿献血和造血干细胞捐献的相关知识的科普和宣传。与中心血站联系，在大型献血活动中开展造血干细胞捐献宣传活动，通过发放宣传册、悬挂横幅、现场咨询答疑等方式，取得较好的效果.全年完成造血干细胞志愿者资料入库122人/份，实现造血干细胞成功捐献1人，11人进入高分辨程序，1人进入体检程序。(2)不断推动人体器官捐献工作。坚持大力开展宣传普及工作，在报纸、网站等媒体上进行宣传普及，着力提高广大市民对遗体和人体器官捐献知识的知晓率和认同率。同时积极组建器官捐献志愿者队伍，定期开展业务培训，将宣传工作常态化、专业化。做好器官捐献完成后的缅怀和纪念工作，陪同捐献者家属前往长沙的凤凰山陵园进行安葬和缅怀，4月3日，市红十字会工作人员陪同捐献者家属在陵园举行清明祭扫活动，为长眠于此的器官捐献者献上花圈与鲜花。全年成功完成19例人体器官捐献。（涂闻卿）

**【人道救助服务】** (1)做好疾病应急救助基金管理工作。为确保本市急重危伤病且身份不明确或无负担能力患者能够得到及时有效的治疗，切实保障弱势群体的生命健康和基本权利，市红十字会作为应急救助基金的经办管理机构具体负责“三无”病人和无支付能力急救病人的医疗救助工作。2015年，市红十字会加强与卫生、公安、财政、民政、人社等部门的联系，联合下发《衡阳市疾病应急救助基金管理实施办法》，并按照职责认真做好疾病应急救助基金的各项管理工作，7月，联合市卫计委前往各相关医院就申报的疾病救助基金资料进行审核。8月12日，召开全市疾病应急救助工作会议，对前阶段疾病应急救助工作进行总结评估，通报审核过程中发现的问题，并对从事疾病应急救助基金经办管理工作人员进行业务培训。共为全市2000名三无病人或无力支付的病人支付应急救助基金598万元。(2)扩大筹资渠道，拓宽救助人群。2015年，全市完成人体器官捐献19例，为对这种大爱无私的奉献精神表示鼓励，帮扶和救助困难的捐献者家庭，市红十字会从南华附二募集善款101.58万元，全部用于慰问器官捐献者家属。同时还在纪念抗战胜利七十周年之际，组织慰问常宁的三户抗战退伍老兵，将募集的善款15000元和慰问物资送到其手上。在2015年“12·1”世界艾滋病日活动中，市红十字会为艾滋病患者送去慰问金及棉被价值6000余元。耒阳市红十字会以新农村建设工作为契机，建立帮扶措施，筹措资金近20000元用于驻点村基础建设以及困难帮扶工作。

（涂闻卿）

# 县市区概况

# 衡南县

【地理、区划与人口】 衡南县位于衡阳市东南部，因地处南岳衡山之南而得其名。东界安仁县，南连耒阳、常宁市，西邻祁东县，北抵衡阳、衡山、衡东县，并从东南西三面环抱衡阳市城区。县城位于距衡阳市城区18千米的云集镇。全县辖21个镇1个乡和3个片区1个办事处，下设85个居委会、741个村委会；278个居民小组、9565个村民小组。总面积2621.1平方千米，其中陆地2378.6平方千米，占90%；水域242.5平方千米，占10%。

2015年年末，全县户籍总人口109.49万人，34.196万户；常住人口97.94万人，城镇人口36.22万人，农村人口61.72万人，城镇化率达37.0%。全年出生人口14594人，出生率12.97‰，死亡率6.36‰，人口自然增长率6.61‰，出生人口性别比为113.67。年内气温日平均18.4℃，极端最高气温37.2℃，出现在8月7日，极端最低气温-0.4℃，出现在12月17日。全年总降水量为1645.6毫米。

【经济总量】 全年完成生产总值（GDP）287.85亿元，增长8.2%。其中第一产业实现增加值65.18亿元，增长3.7%；第二产业实现增加值127.52亿元，增长6.4%，第三产业实现增加值95.15亿元，增长15%。

三次产业结构比由2014年同期的23.7∶48.8∶27.5调整为22.6∶44.3∶33.1，第一产业比重降低1.1个百分点，第三产业比重提高5.6个百分点。三次产业对经济增长的贡献率分别达10.2%、39.0%和50.8%，其中工业对经济增长的贡献率26.3%。

【农业】 全县完成农业总产值106.85亿元，增3.9%，全县实有耕地面积70.33千公顷，增长6.95%，其中水田65.62千公顷，旱地4.71千公顷；全年完成粮食播种面积108.85千公顷，增长2.2%。其中谷物种植面积101.13千公顷，增长0.3%；油料种植面积42.84千公顷，增长2.2%；棉花种植面积4.78千公顷，增长4.8%；烟叶种植面积1.64千公顷，下降15.5%。

粮食总产量达60.4万吨，增长1.3%；油料产量达7.04万吨，增长4.3%；棉花产量达0.66万吨，增长6.7%；烟叶产量达0.41万吨，减少26.6%；瓜果总产量10.64万吨，增长6.4%；肉类产量达14.92万吨，减少6.8%，其中：禽肉产量2.89万吨，较2014年增加4.6%；水产品产量6.16万吨，增长4.5%；牲猪存栏102.6万头，减少5.0%，其中：能繁母猪10.8万头，减少5.2%；牲猪出栏161.16万头，减少9.7%；家禽存笼1190.29万羽，增长4.5%；家禽出笼1926.94万羽，增加4.6%。

全县完成造林面积3067公顷，其中荒地造林面积1000公顷，实有封山育林面积2867公顷。新增农民专业合作社257家，累计达887家。

【工业】 全县完成规模以上工业总产值179.8亿元，规模以上工业实现增加值44.6亿元，增长5.4%。其中铅产量1.7万吨，增长88.9%。；水泥186.6万吨，增加13.7%；有色金属4.1万吨，增长36.7%；电子元件0.4亿只，减少33.3%；钨精矿1337.7吨，减少7.0%。实现主营业务收入175亿元，实现利润10.99亿元，产品产销率99.8%。

【固定资产投资】 全县固定资产投资完成193.7亿元，增长20.3%。其中城镇固定资产投资完成189.14亿元，增长24.9%；房地产投资4.5亿元，下降22.7%。房屋施工面积163.65万平方米，增长14.9%。其中住宅面积145.5万平方米，增长31.3%；房屋新开工面积45.32万平方米，减少17.1%，其中住宅面积40.7万平方米，减少17.7%；房屋竣工面积34.3万平方米，增加86.4%；商品房销售面积28.96万平方米，增长14.96%；商品房销售额28.9亿元，增长14.9%。

【招商引资】 全县共引进外资项目28个，到位外资8500万美元，下降0.9%。引进内资项目51个，到位内资21.3亿元，增长12.5%。其中引进投资额过10亿元项目3个，过亿元项目7个，投资额过5000万元项目29个。全县实现外贸进出口总额3000万美元，下降1.3%。

【建筑业】 全县建筑业完成总产值113.3亿元，增长14.96%，完成增加值29.5亿元，增长10.6%。

【国内贸易与对外经济】 全县实现社会消费品零售总额89.8亿元，增长12.4%。从区域看，城镇实现消费品零售总额75.4亿元，增长12.4%，乡村市场实现消费品零售额14.4亿元，增长12.6%；从消费形态看，批发业营业额完成5.78亿元，增长12.2%，零售业营业额完成74.9亿元，增长12.7%，住宿业营业额完成0.38亿元，增长12.3%，餐饮业营业额完成8.74亿元，增长12.7%。

【运输、邮电与通信业】 全县交通运输、仓储及邮政业实现增加值19.42亿元，增长3.8%。公路运输客运量完成420万人/次，旅客周转量48.88万人千米，货物周转量20100.9万吨千米。全面实施农村公路通畅、通达工程，完成农村公路建设89.2千米，年底全县公路通车总里程达3406千米，其中水泥路1962.2千米。

全县完成邮电业务总量24967万元，同比增长0.83%。其中邮政业务总量5859万元、电信业务总量4218万元、联通业务总量5020万元、移动业务总量9870万元；互联网宽带用户44602户，增长12.2%。

【财政、金融与保险业】 全县财政总收入完成16.52亿元，增长12.0%（国税3.36亿元，增长11.1%；地税7.57亿元，增长12.6%；财政5.59亿元，增长11.1%），其中：一般预算收入12.13亿元，增长10.7%。全县一般预算支出42.21亿元，增长11.8%。其中：教育支出7.08亿元，增长0.5%；社会保障和就业支出6.89亿元，增长7.3%；医疗卫生支出6.12亿元，增长18.2%。全县金融业实现增加值3.26亿元，增长16.1%，金融机构各项存款余额202.38亿元，增长15.5%；金融机构各项贷款余额68.95亿元，增长18.1%。

全县人身保险完成保费收入5716万元，其中人身意外伤害险423万元，健康险1052万元，寿险4241万元。保险赔付支出5615万元。

【教育和科学技术】 全县共有中小学300所，其中普通高中6所，完全中学1所，职业高中1所，初中45所，中心小学25所，完全小学152所，初级小学70所。共有在校学生123595人，其中高中19332人，初中38075人，小学66188人。共有幼儿园102所，其中公办幼儿园19所，民办幼儿园83所，在园幼儿共21876人。共有教师11736人，其中在编在岗教师7783人（小学教师3336人，初中教师3121人，高中教师1326人）、退休教师3953人。

全县高新技术企业实现高新技术产品产值77.1亿元，实现高新技术产品增加值26.59亿元，高新技术产业增加值占GDP比重9.2%，较2014年同期下降5.3个百分点。

【文化、卫生与体育事业】 全县拥有艺术表演团体3个，文化馆1个，公共图书馆2个，博物馆12个、纪念馆2个，省级非物质文化遗产项目保护目录2个，无线数据电视台1座，无线数据电视节目1套，有线数字电视用户达5.5万户。广播和电视综合覆盖率分别达到98%。

全县综合医院3个（不含民营医院），卫生机构拥有床位数3947张，卫生技术人员3889人，其中医师2010人，注册护士1202人。疾病预防控制机构1个，卫生技术人员83人；妇幼保健院1个，卫生技术人员83人。县乡两级新型农村合作医疗住院补偿率达82.1%，农村五保户对象在县乡级新农合定点医疗住院实行基本医疗费全免，国家基本药物制度落实率达100%。

全县拥有各类健身队伍36余支，公共体育场地1167处，举办各类体育活动7余场次，全县运动员在参加各级比赛中，获得国家级金牌2枚，银牌2枚，铜牌3枚。省级金牌21枚、银牌24枚、铜牌28枚。

【旅游业】 全县接待各类游客126.45万人次，增长28%；实现旅游综合收入2.28亿元，增长33%；全县有四星级乡村旅游点7个，省级旅游家庭旅馆4个；农业示范点2个；名镇名村各1个；AAA级景区2个。

【人民生活与社会保障】 全县城镇居民人均可支配收入25636元，增长8.9%，农村居民人均可支配收入16234元，增长9.0%；家庭人均消费总支出12169元，居民人均文教娱乐服务消费支出1858元，居民文教娱乐服务消费支出占消费支出比重达15.3%，人均住房使用面积56.3平方米。

全县各项社会保险参保人数92.5万人次，其中：企业养老保险6.56万人、机关事业养老保险2.83万人、医疗保险（包括职工医保、居民医保、生育保险）15.53万人、工伤保险人数5.84万人、失业保险参保人数5万人、新型农村养老保险人数达56.77万人。城镇职工基本医疗保险、城镇居民基本医疗保险、生育保险、工伤保险赔付支出分别为8398万元、3338万元、186万元和1941万元。

城镇新增就业人数7461人、失业人员再就业3958人、就业困难对象再就业1167人、零就业家庭动态就业援助达100%；新增农村劳动力转移就业8746人。

全县共有1个福利中心、26个敬老院、5个村级“五保之家”，供养人数1907人。销售福利彩票3201.8万元，接收社会定向捐赠195.14万元，“慈善一日捐”活动共收到捐款96.15万元。全县城镇低保月均保障0.99万人，全年累计发放最低生活保障金3221.6万元，月人均补差260.4元；农村低保月均保障4.39万人，全年累计发放最低生活保障金6079.7万元，月人均补差112.5元。全县共发放城乡医疗救助资金1648.5万元，救助5.2829万人次。

全县解决农村饮水不安全人数5.5578万人，新增公共租赁住房705套，改扩建乡镇敬老院2所，完成农村危房改造2530户。

**【资源、环境和安全生产】** 全县城区空气质量优良天数达到144天，优良率达到100%；二氧化硫、氮氧化物、化学需氧量、氨氮等工业企业主要污染物排放总量削减率分别为10.91%、6.99%、30.41%和25.7%；年末全县三座中型水库蓄水总量5175.2万立方米。森林覆盖率40.9%。

全县规模工业综合能源消费量19.12万吨标准煤，单位GDP能耗（2010年不变价）0.434吨标准煤/万元。

全县共发生各类生产安全事故47起，死亡4人，重伤82人，经济损失22.4万元，亿元生产总值（GDP）生产安全事故死亡率0.0139，交通事故死亡率0.1536，火灾事故死亡率0

**【再生资源项目落户三塘】** 1月29日，总投资3亿元的衡阳再生资源产业园项目签约仪式在三塘镇举行。该项目的签订是衡南县加速推进新型工业化进程中的一件大事、喜事、盛事，对于推进县域经济发展，加快“旺市融城”步伐，具有十分重大的战略意义。

**【湘南钢材综合市场开工建设】** 1月29日，由中国龙兴集团投资10亿元的湘南钢材综合市场及其配套项目居民安置点、鳌兴路、三阳路，在三塘镇正式开工。该项目是衡南县大力推进“兴工强农，旺市融城”战略的重大项目，它的开工建设对于加速三塘镇与衡阳市区的融城对接，加快衡南经济社会发展具有十分重要的战略意义。

**【首届房交会圆满落幕】** 2月11日下午，衡南县首届房地产交易展示会圆满落幕。为期3天的衡南县首届房交会于2月9日至11日在衡南县城云集举行。本次房交会由衡南县人民政府主办，衡南县房产管理局、衡南县广播电视台承办，衡南县房地产业协会、衡南县工商业联合会协办。据活动组委会统计，本次房交会现场观摩和办理购房手续的群众达3万余人次，参展楼盘25个，展位面积2300平方米，累计销售房屋380套，面积达5万平方米，实现销售金额1.3亿元。本次房交会期间，衡南县政府、银行、参展企业推出多重让利优惠政策：政府给予购房补贴，房产办证免收服务费用，银行对办理住房按揭贷款免收资料费、手续费；各参展企业也是大幅让利，对每套成交房屋给予不低于1万元的优惠。活动组委会还在房交会现场推出购房抽奖活动，每销售100套房屋设一组奖，每组奖金高达20万元。

**【衡云干线全线竣工通车】** 3月26日上午，备受全市人民关注的蒸湘南路延伸线（衡云干线）全线竣工通车。蒸湘南路延伸线的全线通车，进一步完善全市区域综合交通运输网络，标志着衡阳市“半小时经济圈”建设又迈出实质性的步伐。为衡南不断加快对接融城步伐，着力引进一批重大项目、打造一批特色产业、建设一个生态美丽的县城，奋力推进全县经济社会的跨越式发展创造一重大历史机遇。蒸湘南路延伸线（衡云干线）起于市蒸湘路南端（位于白沙工业园内），两跨湘江，途经珠晖区东阳渡镇、衡南县云集镇，止于衡阳南岳机场。项目全长约 11.47 千米，全线采用城市Ⅰ级主干道标准，道路路基宽度分别按 64 米、48 米、44 米设计，两座跨湘江大桥按 29.5 米宽设计，设计时速 80 千米/小时，总投资约 11.72 亿元。工程通车后，从云集驾车前往市区仅需 15 分钟。3 月 25 日上午，衡南还举办“云集融城、腾飞衡南”全民健身活动，千余名县直机关干部职工通过徒步健身的方式，庆祝蒸湘南路延伸线（衡云干线）的全线贯通。

【云集大道提质改造工程开工】 4 月 1 日，作为衡南县城基础设施建设“三年行动计划”实施的重点项目——云集大道、云峰路提质改造工程正式开工建设。此次提质改造工程范围为：云集大道（东起云集大桥西桥头，西至大三湘油茶公司）；云峰路（北起云集大道，南至正德路），改造内容为：道路黑化、绿化、路灯、雨污分流、人行道板及交通设施等。改造道路全长 7 千米，工期预计 5 个月，项目总投资 8000 万元。

【衡南农商银行挂牌开业】 5 月 27 日，衡南农商银行正式挂牌开业，这也是继耒阳、常宁、南岳农商银行之后，全市第四家农村商业银行。衡南农商银行由原衡南农村信用合作联社改制成立，现辖 1 个营业部、35 个支行、20 个分理处，网点遍布城乡，服务方便快捷。截至 2015 年 3 月底，该行各项存款余额达 88 亿元，各项贷款余额 39.42 亿元，存贷款规模在全县各金融机构当中均位居第一。仪式上，该行还举行了“爱心助学”现场捐赠活动，为全县各个学段的 27 名贫困学生每人捐赠爱心助学金 5000 元，帮助他们完成学业。

【特变电工正式入驻衡南】 7 月 7 日，总投资 12 亿元的特变电工南方能源科技产业园项目签约仪式在新疆举行，标志着这一全国 500 强企业正式入驻衡南县。该项目选址于云集工业集中区南岳机场斜对面沿蒸湘南路旁（原衡云干线）。预计总投资 12 亿元，总面积约 80 公顷，主要建设“能源+科技+物流”三大核功能区，其中能源和科技功能主要包括能源产业中心，能效管理技术研发制造中心；科技智能产业包括一二次融合研发制造区、配网自动化研发制造区等方面；物流功能区包括南方输变电材料及配件供应中心和城市配送仓储中心、国际装备展示交易区、有色金属期货交割区等方面。项目分二期建设，一期建设用地约 47 公顷（含配套商住用地），二期建设约 33.3 公顷。

【金誉化工入驻衡南】 7 月 15 日上午，衡阳市金誉化工有限公司成立暨资产交接仪式在向阳镇举行，这标志着由广东江门金溪实业有限公司和湖南裕华科技集团股份有限公司共同组建的金誉化工正式入驻衡南县。广东江门金溪实业有限公司是一家连续 10 年被中国质量信用评价中心评为“中国质量信用 3A 级企业”，连续 10 年广东液氨市场占有率排名第一的公司。湖南裕华科技集团股份有限公司是一家荣获“湖南省质量信得过单位”“衡阳市民营企业 50 强”“衡阳市优秀企业”称号的公司，公司携手合作，共同打造湘南地区最大的合成氨生产基地，助推衡南县工业经济腾飞。

【首批 PPP 项目成功签约】 9 月 2 日上午，衡南县与北京碧水源科技股份有限公司举行 PPP 战略合作签约仪式，这也是衡南县首批采取 PPP 模式建设和运营的项目。作为国家级创新型企业，北京碧水源科技股份有限公司在滇池流域、太湖流域、南水北调水源地及北京、新疆、珠三角、武汉、内蒙等地区已有近 1500 万吨/日规模的工程应用，占国内膜污水处理市场份额的 70%以上，其子公司“云南水务”是率先采用 PPP 模式的水务上市企业。据悉，此次合作协议包含县污水处理厂、自来水厂、垃圾填埋场等 11 个存量和新建市政工程，总投资近 8 亿元。

【衡阳乡村生态旅游节暨衡南宝盖银杏文化节开幕】 11 月 13 日，

衡南县宝盖镇人头攒动，喜气洋洋。2015中国衡阳乡村生态旅游节暨衡南宝盖银杏文化节在此隆重举行。2015中国·衡阳乡村生态旅游节暨衡南宝盖银杏文化节，由湖南省旅游局、衡阳市人民政府主办，中共衡阳市委宣传部、衡阳市旅游外侨民宗局、中共衡南县委、衡南县人民政府承办，凸显“生态生活·乡约乡游”主题。当天，在宝盖镇主要景区举行节会开幕式和系列文化、艺术、体育和特色产品展销活动。在银杏广场，“衡阳美”“泉湖二月八”“宝盖，我美丽的家乡”等颇具乡土特色的歌舞和民俗节目精彩纷呈，让游客享受丰盛的精神大餐；在广场周围和游客服务中心，衡阳市旅游商品暨特色农产品展销会和“大美衡阳、生态宝盖”旅游书法摄影展吸引不少游客驻足，或购买特色产品，或欣赏摄影作品；在满目金黄的万亩银杏公园，举行一场由500名选手激情参与的“乐跑”健身大赛；在绿野·芙蓉山庄，“芙蓉杯”汽车越野挑战赛火热开赛。此次节会系列活动还包括：12日在衡阳市区举行衡阳乡村旅游发展高峰论坛，衡南县宝盖镇、衡山县岭坡乡、衡东县荣桓镇、常宁市西江村、耒阳市黄市镇、珠晖区茶山坳镇、南岳区红星村、石鼓区角山乡、蒸湘区雨母山乡9个村镇被授予“2015年衡阳市最佳乡村生态旅游目的地”称号；13日，邀请各旅行商、参会嘉宾、媒体记者游览衡阳市颇具特色的乡村旅游景区；14日，在宝盖芙蓉山庄举行钓鱼比赛，在宝盖银杏公园举行自行车越野赛；展销会和摄影展将一直持续到15日。据统计，13日开幕当天，宝盖景区游客接待量突破10万人次，整个节会期间游客突破20万人次。衡南县宝盖镇先后获得“湖南省生态旅游示范点”“湖南省环境优美乡镇”“湖南省特色旅游名镇”等殊荣，亦有“湖南银杏第一镇”“湘南烟叶第一镇”等美誉，并被评为“记忆中的乡愁”原味乡村最佳好去处。近年来，“相约衡南宝盖，共赏银杏芳华”已成为湘南地区最响亮的乡村旅游口号。

**【土谷塘航电枢纽首台机组并网发电】** 12月23日，湘江土谷塘航电枢纽工程第一台机组并网发电，整个工程共安装4台机组，每台机组容量为22.5兆瓦，总装机容量为90兆瓦。按照规划，土谷塘航电枢纽工程发的电将在云集变电站并入衡阳电网，主要供电区域为云集、白沙洲工业园、高新区等地。该项目自开工以来，整个工程项目已累计完成工程建设投资约23.98亿元，约占工程概算总投资81.20%。

**【存在主要问题】** 一是受宏观经济形势严峻、结构调整等因素影响，2015年实现的GDP、规模工业增加值未达到预期目标。二是产业转型升级任重道远，农业特色还不够鲜明，工业主导作用还不够突出，现代服务业潜力还有待挖掘。三是扶贫攻坚任务艰巨，部分群众生活还比较困难。四是政府职能转变有待加强，发展环境还不够优。

## 县委、人大、政府、政协领导名录

中共衡南县委员会

书　记　曾祥月

副书记　邹小敏　吴旭东

常　委　申伟亮　周秋生　曾小成　朱诗军　王振国　黄日荣　黄科卫　徐旭敏

衡南县人大常委会

主　任　邱清燕(女)

副主任　曾庆军　谢小明　阳冬生　邓中文　刘志伟

衡南县人民政府

县　长　邹小敏

副县长　申伟亮　周秋生　倪美平　张东成　李一帆　贺喜洋　杨雪峰(挂职)　谢云梅(女)

政协衡南县委员会

主　席　梁国雄

副主席　王　炜　何龙生　罗平石　夏海蓉　谢　炜

## 县行政企事业单位负责人

| | |
|---|---|
| 组织部部长、统战部长 | 曾小成 |
| 纪委书记 | 朱诗军 |
| 县委办公室主任 | 王振国 |
| 政法委书记 | 黄日荣 |
| 宣传部部长 | 黄科卫 |
| 人武部部长 | 徐旭敏 |
| 政委 | 周久虎 |
| 公安局局长 | 张东成 |
| 工商联主席 | 王芳志 |
| 党校校长 | 贺育生 |
| 总工会会长 | 邓中文 |

检察院检察长 盛云平
法院院长 廖宏伟
衡南工业集中管理委员会主任
刘振国
政府办公室主任 倪小明
监察局局长 李小林
人大办公室主任 谭顺芝
政协办公室主任 王祥彬
纪委办公室主任 刘伟宏
市场和质量监督管理局局长
杨冬明
金融办主任 谢羽萍
老干局局长 宁云忠
社科联主席 瘳飞龙
信息办主任 唐春晖
司法局局长 罗友平
发展和改革局局长 邱清令
统计局局长 谢小平
企业改制服务中心 陈春豫
交通投董事长 周四平
人力资源和社会保障局局长
邓河平
商务和粮食局局长 周新生
贸促会会长 肖力元
粮油服务中心主任 刘宏权
烟叶办主任 王新华
市场管理服务中心主任 唐小云
国有资产管理中心主任 唐云秋
财政局局长 周向阳
审计局局长 胡南云
供销社理事会主任 陆元华
农业局局长 李桂花
林业局局长 胡文电
水利局局长 唐代增
农机局局长 肖　华
畜牧水产局局长 胡良炜
农村经营服务中心主任 胡玉元
气象局局长 成少丽
农业综合开发办公室主任 罗滨峰
民政局局长 黄小琼

残联理事长 唐月生
国土资源局局长 贺遵元
人民防空办公室主任 王旭华
地方志办公室主任 罗中汉
信访局局长 刘华军
移民局局长 贺　信
安全生产监督管理局局长 李文波
卫生和计划生育局局长 王　励
红十字会会长 罗小铃
人民医院院长 王孝诚
编办主任 颜明亮
团县委书记 王国梁
妇联主席 费明巧
科协主席 王志兰
文体广电和新闻出版新局局长
阳祥云
广播电视台台长 贺金平
文联主席 胡　素
交警大队大队长 符方华
消防大队大队长 曾高山
经济科技和信息化局局长 倪勇军
交通运输和旅游局局长 胡忠新
公路局局长 谢秋生
教育局局长 祝小雪
住房和城乡建设局局长 杨松柏
城乡规划局局长 廖承飞
环保局局长 阳文吉
城建投董事长 刘弟军
公共资源交易中心主任 张　苏
城市管理和综合执法局局长
胡宏勇
国家统计局衡南调查队队长
唐代清
邮政局局长 罗琼金
邮政储蓄银行衡南支行行长
刘少华
电信公司经理 赵　冰
移动通讯公司经理 詹伟平
联通公司经理 肖德众
电力局局长 刘　凯

石油公司经理 冯　翔
国税局局长 何　铭
地税局局长 王芳柏
烟草局局长 李祚衡
农业银行行长 李晓喜
浦发村镇银行行长 陈力平
农业发展银行行长 吴文志
农村商业银行行长 邹小平
建设银行衡南支行行长 陈　方
工商银行行长 黄启森
人寿保险公司经理 周余庆
财保公司经理 谭光明
新华书店经理 胡革立
住房公积金
管理中心主任 蒋宏武
市第五技校校长 全昌宏
海事处处长 吴　斌
一中校长 李绍斌
二中校长 贺朝晖（代）
三中校长 朱　斌
五中校长 罗战辉
教师进修学校校长 左国太
职业中专校长 邓红君
云集镇向阳片区服务中心书记
阳俊杰
主任
肖俊毅
廖田镇书记 周全生
镇长 何小衡
茶市镇书记 罗惑敏
镇长 刘小坤
相市乡书记 欧阳海鹏
乡长 刘向群
冠市镇书记 倪　明
镇长 刘建武
江口镇书记 肖建华
镇长 吕孝平
宝盖镇书记 刘小明
镇长 廖维良
花桥镇书记 陈新彬

镇长 邱清毅
花桥镇川口片区服务中心书记 杨宏辉
主任 曾凡琪
铁丝塘镇书记 何龙勇
镇长 胡文海
洪山镇书记 尹小华
镇长 李乔生
泉溪镇书记 谢凌起
镇长 谢秋生
咸塘镇书记 阳晓宏
镇长 康国军
三塘镇书记 段 鸣
镇长 黄红贵
谭子山镇书记 肖明旭
镇长 全昌华
泉湖镇镇长 罗俊元
鸡笼镇书记 刘传伟
镇长 阳姣丽
歧山办事处书记 肖恒会
主任 贺桂香
柞市镇书记 阳永生
镇长 李选军
茅市镇书记 罗文生
镇长 李春辉
硫市镇书记 谢 辉
镇长 肖威威
栗江镇书记 刘 峰
镇长 周小云
近尾洲镇镇长 颜小国
云集镇车江片区服务中心书记 刘桧云
主任 唐荣华
松江镇书记 汤爱民
镇长 孙志芳
云集镇书记 曾利华
镇长 欧 剑

（胡英武 贺文君）

## 衡阳县

**【地理、区划与人口】** 衡阳县地处衡阳市西北部，湘江中游，因位于南岳衡山之南而得名，东与南岳区、衡山县交界，南毗蒸湘区、石鼓区、衡南县，西邻祁东县、邵阳市邵东县，北与娄底市双峰县接壤。东西宽74千米，南北长55千米。2015年年末，全县共辖8个乡，17个镇，443个村民委员会，48个社区居委会。全县户籍总人口124.70万人，比2014年增加12222人。全年出生人口15330人，人口出生率为12.47‰，下降0.08个千分点；死亡人口8198人，死亡率为6.67‰，上升0.21个千分点；人口自然增长率为5.8‰，下降0.29个千分点。出生人口性别比为108.54。年末常住总人口112.27万人，比2014年减少0.25万人，其中城镇人口43.04万人，乡村人口69.23万人，城镇化率38.34%，比2014年提高2.01个百分点。

**【经济总量】** 2015年，全县实现生产总值287.57亿元，按可比价格计算，增长8.8%。其中，第一产业增加值64.03亿元，增长2.8%；第二产业增加值109.14亿元，增长7.7%；第三产业增加值114.39亿元，增长13.8%。第一产业增加值占生产总值的比重为22.27%，第二产业增加值比重为37.96%，第三产业增加值比重为39.77%，一、二、三产业对经济增长的贡献率分别为7.1%、36.6%和56.3%。

**【农业】** 2015年，实现农林牧渔总产值114.83亿元，按可比价格计算，增长3.0%。继续保持“全国粮食生产标兵县”“全国生猪调出大县”地位。全年粮食播种面积106.27千公顷，增加1.75千公顷，增长1.7%，其中稻谷播种面积94.68千公顷，增加1.27千公顷，增长1.4%。油料播种面积50.4千公顷，增加0.35千公顷，增长0.7%。棉花播种面积6.33千公顷，减少1.33千公顷，下降17.4%。全年粮食总产量63.76万吨，增加1.19万吨，增长1.9%，其中稻谷产量58.83万吨，增加0.88万吨，增长1.5%。油料总产量8.09万吨，增加0.35万吨，增长4.5%；棉花总产量0.88万吨，减少0.18万吨，下降17.5%。水果总产量19.75万吨，增加3.44万吨，增长21.09%。全年出栏生猪177.53万头，减少11.76万头，下降6.2%；年末生猪存栏99.2万头，下降6.8%。出笼家禽2135.1万羽，增长1.8%。全年肉类总产量16.88万吨，下降3.4%。禽蛋产量4.22万吨，增长2.5%。全年水产品产量6.39万吨，比2014年减少0.01万吨，下降0.2%。年末农田有效灌溉面积达41133公顷，节水灌溉面积38867公顷。年末农业机械总动力达85.4万千瓦，其中本年新增4.1万千瓦。

**【工业】** 2015年，实现工业增加值101.2亿元，增长7.6%。规模以上工业实现增加值53.71亿元，增长9.0%。在规模以上工业总产值中，股份制企业增长

16.4%，外商及港澳台商投资企业增长9.0%。轻工业增长26.4%，重工业上升12.1%。工业用电量为3.72亿千瓦时。全年规模以上工业企业实现利润总额14.1亿元，增长29.9%。其中股份制企业13.32亿元，增长30.2%，外商及港澳台商投资企业0.24亿元，下降6.8%。

【固定资产投资与项目建设】 2015年，完成固定资产投资（不含农户）227.5亿元，增长20.8%。其中，第一产业投资37.9亿元，增长202.5%；第二产业投资85.2亿元，下降11.6%；第三产业投资104.4亿元，增长31.5%。在第二产业投资中，工业投资85.18亿元，下降12.2%。产业投资78.76亿元，占总投资比重为34.6%。全年房地产开发投资8.3亿元，增长44.0%。其中住宅投资6.7亿元，增长39.4%。商品房施工面积120.5万平方米，下降10.7%；商品房竣工面积4.97万平方米，下降84.7%；商品房销售面积30.7万平方米，下降19.6%；商品房销售额7.3亿元，下降20.3%。实施重点项目246个。娄衡高速衡阳县段路面基础工程基本完工，怀邵衡铁路衡阳县段进入路基施工阶段，蒸西大道、县城污水处理厂二期、截污管网等城建项目竣工投运，高新区核心片、自来水厂、船山西路、光伏产业园、弘扬中学、实验学校建设、中医院和妇幼保健院迁建、城西市场改造等项目全面实施。

【招商引资】 2015年，全县引进外资项目12个，实际利用外商直接投资10400万美元，增长12.0%。实际引进境内省外项目51个，到位资金33.9亿元，增长13.5%。

【建筑业】 2015年，实现全社会建筑业增加值7.9亿元，增长9.4%；实现全社会建筑业总产值26.58亿元，增长24.6%。

【国内贸易与对外经济】 2015年，全县实现社会消费品零售总额83.87亿元，增长12.2%。分地区看，城镇消费品零售额70.01亿元，增长11.6%；乡村消费品零售额13.86亿元，增长15.0%。分行业看，批发业13.04亿元，增长14.0%；零售业60.92亿元，增长11.8%；住宿业1.81亿元，增长10.0%，餐饮业8.1亿元，增长12.5%。全年货物进出口总额9990万美元，增长3.0%。其中，出口7800万美元，增长22.7%；进口2190万美元，增长25.5%。进出口相抵，顺差5610万美元。

【运输、邮电与通信业】 2015年，全县实现交通运输、仓储和邮政业增加值5.11亿元，增长3.1%。全社会货物周转量1.49亿吨千米，与2014年持平。其中公路货物周转量1.46亿吨千米，与2014年持平。全社会旅客周转量3.47亿人千米，与2014年持平。其中公路旅客周转量3.39亿人千米，增长1.2%。行政村客运（公交）班线通达率98.8%。邮电业务总量3.61亿元，增长20.3%。其中，邮政业务总量0.6亿元，增长20%；电信业务总量3.01亿元，增长20.88%。全年发行报刊563.72万份，杂志33.97万份，包件6.23万件，函件16.54万件；年末固定电话用户6.87万户，固定电话普及率为6.12户/百人；年末移动电话用户58.9万户，移动电话普及率为52.46户/百人；互联网宽带用户数33.41万户，普及率为29.76户/百人。

【财政、金融与保险业】 2015年，全县实现财政总收入12.8亿元，增长10.2%，其中税收收入9.15亿元，增长10.3%。实现地方财政收入9.19亿元，增长14.07%；非税收入3.63亿元，增长10.02%；上划中央两税2.56亿元，增长61.63%；上划中央、省所得税1.35亿元，增长7.42%；上划省级收入0.67亿元，下降3.2%。完成一般预算支出43.32亿元，增长17.56%。一般公共服务、教育、科学技术、社会保障和就业、医疗卫生、节能环保、公共安全、城乡社区八大支出分别增长-6.04%、21.73%、9.28%、24.01%、10.09%、-20.18%、-5.65%、24.33%。年末金融机构各项人民币存款余额276.26亿元，比年初增长14.48%，其中住户存款余额226.78亿元，比年初增长12.56%。全县金融机构各项人民币贷款余额86.7亿元，比年初增长15.18%，中长期贷款余额为28.17亿元，比年初下降5.12%。贷存比为31.38%。年末，拥有各类保险机构13家，全年实现保费收入 38653.3 万元，增长 15.9%。其中寿险收入 23987.06 万元，增长 14.4%；财产险收入 8120.99 万元，增长 39.8%；健康及意外险保费收入 2386.77 万元，下降 12.1%；农业保险收入 4158.5 万元，增长 8%。各项保险业务支出 24008.86 万元，增长 1.3%。

【科技、教育与文化事业】 2015 年，全县承担各类科技计划项目 163 项。其中，省级项目 4 项，市级项目 10 项。签订技术合同 11 项，技术合同成交金额 800 万元。取得市级以上科技成果 22 项，获得市级以上科技进步奖 2 项。专利申请量 497 件，增长 86.84%，授权量 163 件，减少 17.67%。其中，发明专利申请量 223 件，增长 185.89%；发明专利拥有量 22 件。实现高新技术产业增加值 27.67 亿元，高新技术产业增加值占 GDP 比重为 9.6%。

年末，全县有普通小学 282 所（另有教学点 63 个），普通初中 71 所，普通高中 7 所，普通小学在校学生 74903 人，减少 2273 人，下降 2.94%，普通初中在校学生 41868 人，减少 1943 人，下降 4.43%，普通高中在校学生 22118 人，增加 959 人，增长 4.53%。全年义务教育阶段建合格学校 66 所，新建农村公办幼儿园 2 所。

年末，全县有艺术表演团体 1 个，文化馆 1 个，公共图书馆 1 个，纪念馆 2 个，夏明翰事迹陈列馆 1 个。25 个乡镇全部有综合文化站。广播电台 1 座，电视台 1 座。有线电视用户 9.55 万户，本年新增 0.8 万户。年末，广播综合人口覆盖率 99.8%，提高 0.05 个百分点，电视综合人口覆盖率 99.9%。

【卫生与体育事业】 2015 年，全县拥有卫生机构 33 个（不含村卫生室）。其中，医院 3 家，卫生院 26 个，妇幼保健院 1 个，疾病预防机构 1 个，私立医院 2 个。医院和卫生院拥有床位总数 4570 张，增长 37.0%。卫生技术人员 3304 人。其中，执业医师和执业助理医师 1905 人，增长 58.2%；注册护士 1053 人，增长 23.6%。

年末，拥有体育场地 235 个。其中，体育馆 4 座，运动场 10 个，游泳池 1 个，各种训练房 25 个。全年体育彩票销量 1000 万元，增长 43.0%。人均拥有公共文化体育设施面积 3.53 平方米。

【旅游业】 2015 年，全县共接待游客 110.03 万人次，实现旅游收入 2.93 亿元，分别增长 18.9% 和 12.7%。

【环境与安全生产】 2015 年，全县县城污水处理率 79.7%，农村垃圾集中处理率为 100%。空气质量达标率 100%。实际监测的地表水断面中，达到Ⅲ类标准的比重为 94.4%，下降 5.6 个百分点。森林资源蓄积量增长率 4.2%，提高 1.1 个百分点。城镇建成区绿化覆盖率 35.5%，提高 3.1 个百分点。单位 GDP 能耗（2010 年不变价 0.431 吨标准煤/万元，下降 17.9%。全年生产安全事故死亡人数 2 人，下降 80%。交通事故死亡人数 16 人，下降 15.8%。亿元 GDP 生产安全事故死亡率 0.007 人。群体性食品安全事故年报告发生数为零。当年刑事犯罪人数 280 人，下降 0.36%。

【人民生活与社会保障】 2015 年，全县城镇居民人均可支配收入 26053.1 元，增长 9.22%；农村居民人均可支配收入 13452.8 元，增长 9.32%。城镇居民人均消费性支出 19581.3 元，增长 3.54%。农村居民人均生活消费支出 9181.3 元，增长 7.87%。城镇居民恩格尔系数为 32.0%，农村居民恩格尔系数为 34.0%。全年新增城镇就业人员 9125 人，比 2014 年减少 953 人。年末全县参加企业基本养老保险和机关事业单位养老保险职工人数 52078 人，比 2014 年末增加 366 人；其中，参保职工 30586 人，参保离退休人员 1720 人。城乡居民养老保险登记参保人数 72.8 万人，全县社会养老保险制度实现全覆盖。参加失业保险职工人数 6.0021 万人，增加 2.3287 万人。参加工伤保险职工人数 5.9302 万人，增加 0.31 万人。参加生育保险职工人数 3.2 万人。全县参加基本医疗保险人数 108.7 万人，基本医疗保险覆盖率为 96.8%。其中，参加城镇职工基本医疗保险人数 4.48 万人，参加城镇居民基本医疗保险人数 10.01 万人，参加新型农村合作医疗人数 94.2 万人。年末全县共有提供住宿的社会服务机构 27 个，收养救助各类人员 1261 人。养老服务机构 28 个，床位 2859 张，收养各类人员 2485 人。年末全县共有 6156 户、11082 人纳入城市居民最低生活保障，27522户、49865人纳入农村居民最低生活保障，9244人纳入农村五保供养。全年救助医疗救助对象60947人；发放基本养老服务补贴人数4863人，基本养老服务补贴覆盖率95.23%。

【存在主要问题】 一是经济增长基础不够牢固，土地、资金、人才的瓶颈还比较突出。二是产业结构不优、质量效益不高等深层次矛盾依然突出，发展和转型双重压力巨大。三是就业、就学、就医等方面问题仍然较多，扶贫攻坚的任务还比较艰巨，民生保障任重道远。

## 县委、人大、政府、政协领导名录

中共衡阳县委员会

书　记　王洪斌

副书记　熊超群　何子君

常　委　王苏龙　阳旭辉　肖正才　蒋达宏　方云耕　贺　畅(女)　聂晓黎　徐振宇

衡阳县人大常委会

主　任　刘　健

副主任　陈先礼　黄威虎　周良光　易成利　廖瑞荣

衡阳县人民政府

县　长　熊超群

副县长　蒋达宏　方云耕　徐振宇　唐宏晖　范振华　邹文胜（女）　宋任飞　王致伟

政协衡阳县委员会

主　席　杨秋良(女)

副主席　彭家果　凌晓林　陈吉红(女)　廖瑞荣　宁春生

## 县行政企事业单位负责人

纪律检查委员会书记　王苏龙
人武部部长　邹永焱
政委　谭文理
监察局局长　黄明初
县委办公室主任　聂晓黎
政研室主任　朱辉日
机要局局长　李向东
县政府督查室主任　陈耀云
保密局局长　冯　华
党史办主任　王　韧
档案局局长　蒋益忠
组织部部长　阳旭辉
编办主任　张云芳
人社局局长　李　勇
党校校长　李绪国
机关工委书记　王振华
老干局局长　郑新生
团委书记　罗　皓
总工会主席　赵国运
妇联主席　张云芳
科协主席　杨晓梅
宣传部部长　贺　畅
文体广新局局长　龙国华
卫计局局长　谭爱平
人民医院院长　龙美成
广播电视台台长　肖高登
新华书店经理　赵建华
文明办主任　屈汉荣
文联主席　王雁鸣
统战部部长　阳旭辉
工商联会长　陈吉红
侨联主席　邱曙光
对台办　凌　源
政法委书记　肖正才
公安局局长　唐宏晖
人民法院院长　张华清
检察院检察长　雷振湘
政法委副书记兼综治办主任　蒋永红
防范和处理邪教办主任　廖红梅
交警大队队长　沈启龙
公安局中心派出所所长　黄　盛
司法局局长　李培运
人大办公室主任　阳蔚文
人大内务司法工委主任　高　峰
人大财政经济工委主任　吴永定
人大教科文卫工委主任　陈　涛
人大城市建设环境与资源保护工委主任　刘伍平
人大农业与农村工委主任　罗仕友
人大选举任免联络工委主任　黄承慧
人大研究室主任　周维龙
政府办公室主任　廖双九
西渡高新技术产业园区主任　刘运文
接待处主任　李海鹏
政府办副主任、信访局局长　曾繁根
政务服务中心主任　刘炳辉
改制服务中心主任　龙平武
国有资产管理中心主任　阳忠球
公共资源交易服务中心主任　屈晓棠
矿管办主任　付仁峰
城市行政执法局局长　罗仕友
界牌工业园主任　邹连春
县志办主任　周海波
法制办主任　洪镇西
人防办主任　李　智
城乡建投资有限公司董事长、总经理　汪荣汉
移民开发局局长　罗义清
国土资源局局长　庾江荣
民政局局长　许耀新

农开办主任　宁新忠
审计局局长　凌奉云
电子政务办主任　王　欣
残联理事长　王辉国
政协秘书长、办公室主任　刘俊辉
政协教科文卫体委员会主任　陈立平
政协提案委员会主任
政协财政经济委员会主任　阳嫦娥
政协文史学习和联络委员会主任　冯余宝
政协人口资源环境和法制委员会主任　邓存良
政协研究室
经济科技和信息化局局长　刘光长
交通运输和旅游局局长　汪衡木
公路局　肖高峰
邮政局局长　祝建华
电信分公司经理　邓卫民
移动公司经理　周旭华
联通公司经理　凌　云
国家电网衡阳县公司经理　杨小平
公路局局长　肖高峰
劳动和社会保障局副局长、县技校校长　廖少华
商务和粮食局局长　廖明亮
供销社主任　胡　平
烟草专卖局局长　尹湘宾
市场服务中心主任　刘培学
石油公司经理　郑安生
财政局局长　王　强
国税局局长　王一名
地税局局长　文素芳
市场和质量监督管理局长　李小龙
人民银行行长　罗俊意
农业银行行长　谢新平
信用联社理事长　谢　罡
农发行行长　彭晓林
工商银行行长　全宏林
建设银行行长　蒋一波
邮政储蓄银行行长　刘　勇
人寿保险公司经理　刘懿龙
农业局局长　黄明成
林业局局长　邹铁合
水利局局长　陈福生
农机服务中心主任　邓玉增
农经服务中心主任　许亚平
畜牧水产局局长　王辉宇
能源办主任　阳友至
气象局局长　王　巍
烟办主任　李云和
发展和改革局局长　贺仕吉
统计局局长　解卫国
教育局局长　李　俊
三中校长　李　俊
一中校长　李和平
六中校长　吴同春
职业中专校长　肖启梁
住建局局长　段卫国
环保局局长　凌晓城
规划局局长　刘国平
樟木乡书记　肖四君
　乡长　陈吉斌
集兵镇书记　吕荫湘
　镇长　刘耀华
岣嵝乡书记　陈新能
樟木乡书记　肖四君
　乡长　陈吉斌
集兵镇书记　吕荫湘
　镇长　刘耀华
岣嵝乡书记　陈新能
　乡长　龙　骁
杉桥镇书记　胡胜利
　镇长　王志宏
樟树乡书记　邹立新
　乡长　陈　昊
板市乡书记　周建军
　乡长　周绍友
潮江乡书记　蒋建平
　乡长　王溢珅
西渡镇书记　徐拥军
　镇长　温松柏
岘山镇书记　周新生
　镇长　彭文辉
井头镇书记　唐仕海
　镇长　范祚海
关市镇书记　罗永忠
　镇长　刘春茂
演陂镇书记　龙红军
　镇长　廖志鹏
栏垅乡书记　肖志龙
　乡长　龙显蓉
库宗桥镇书记　蒋小阳
　镇长　邓　琼
金兰镇书记　张宇宙
　镇长　彭德军
洪市镇书记　张永灵
　镇长　陈向群
曲兰镇书记　熊国样
　镇长　黄山森
大安乡书记　刘载宋
　乡长　贺小娇
金溪镇书记　王水清
　镇长　王成生
溪江乡书记　王志宏
　乡长　胡华忠
界牌镇书记　祝中华
　镇长　廖俊魁
石市镇书记　周忠良
　镇长　左传伟
渣江镇书记　蒋立冬
　镇长　庾仲伟
三湖镇书记　唐春晖
　镇长　贺一琪
台源镇书记　朱　斌
　镇长　刘鸿雁
长安乡书记　冯拓远
　乡长　颜　卫

（仇　琼）

## 衡山县

**【地理、区划与人口】** 衡山县位于衡阳市北部偏东，湘江中游西岸。2015年，衡山县辖5乡7镇，土地总面积934平方千米。年末总人口45.2万人，年末，常住人口39.3万人。人口出生率17.3‰，增长率13.4‰。

**【经济总量】** 地区生产总值134.9亿元，增长8.7%。其中，第一产业实现增加值28.5亿元，增长3.3%；第二产业实现增加值40.2亿元，增长5.8%；第三产业实现增加值66.3亿元，增长12.8%。三次产业比为21.1 ∶ 29.8 ∶ 49.1。人均GDP为34386元。

**【农业】** 农林牧渔业总产值43.2亿元，增长3.5%。其中，农业产值18.35亿元，增长2.2%；林业产值6.1亿元，增长7.8%；牧业产值16.01亿元，增长3.2%；渔业产值1.77亿元，增长1.5%。农林牧渔服务业产值9654万元，增长12.1%。粮食总产量21.3万吨。其他主要产品产量：油料1.7万吨，瓜果3.2万吨，茶叶455吨，水果4.2万吨，席草7359吨。出栏生猪68.4万头，出笼家禽904万羽，水产品1.25万吨。继续保持全国产粮大县和生猪调出大县地位，成为全省湘黄鸡标准化养殖示范县，跻身全省稻田养鱼试点项目县。与2014年比较，种植业占农林牧渔业比重下降2.4个百分点，林业和畜牧业分别上升1.4个百分点和1.1个百分点，渔业和服务业与2014年基本持平。年末，全县农业机械81386台，总动力39.04万千瓦。全年机耕面积46.64千公顷，机插面积8.4千公顷，机收面积38.5千公顷，机电排灌面积40.7千公顷，农副产品加工量26.02万吨。

**【工业】** 规模以上工业企业实现产值81.15亿元，增长8.1%。园区产值59.39亿元，增长12.9%。全年实现全部工业增加值34.26亿元，增长5.3%，其中规模以上工业增加值21.48亿元，增长5.7%。规模以上工业占整个工业的比重62.7%，下降5.3个百分点。园区工业占规模工业的比重达72.2%，上升7.5个百分点。工业对GDP的贡献率18.7%，拉动GDP增长1.6个百分点。园区新增投产企业6家，创新创业园区“135”工程建设标准厂房29万平方米，工业污水处理厂开工建设，工业大道完成改造。全县高新科技企业达28家，实现高新技术产业增加值12.39亿元，占GDP比重9.2%。

**【固定资产投资与项目建设】** 固定资产投资88.06亿元，增长18.3%。其中：城镇投资82.66亿元，增长17.1%；房地产投资5.4亿元，增长39.8%。80个重点项目开工62个，开工率77.5%，完成投资28.11亿元，同比增加5.51亿元。其中，列入市重点工程考核的项目开工率超额完成市定指标任务，投资计划完成率达到市考核要求。

**【招商引资】** 新开工兴建并注册的固定资产投资2000万元以上的产业项目10个，新竣工并注册的固定资产投资在2000万元以上的产业项目12个；内资到位7.64亿元，较2014年增长13.5%；实际利用外资8398.44万美元，较2014年增长20.9%。

**【建筑业】** 实现建筑业增加值5.9亿元，比2014年增长9.6%。全县有资质等级的建筑业企业13家，全年完成建筑施工产值24.75亿元，增长20.8%。房屋施工面积152.87万平方米，增长38.3%。竣工面积85.44万平方米，增长16.4%。

**【国内贸易与对外经济】** 社会消费品零售总额26.6亿元，增长12.1%。实现城镇销售额22.36亿元，增长12.1%；实现乡村销售额4.26亿元，增长11.9%。按行业分，批发零售贸易业销售额21.5亿元，增长11.5%；住宿餐饮业销售额5.12亿元，增长15%。全县自营进出口总额477万美元。

**【运输、邮电与通信业】** 2015年年末，全县拥有大小货车1642辆/9139吨，大小客车236辆/5234客位。城市公交引入电动汽车。邮电事业进一步发展，邮政业务总量和电信业务总量分别增长16.5%和19%。通信更为便捷，通信信号基本实现全覆盖。2015年年末，固定电话用户总量2.85

万户；移动电话用户占据通信主要阵地。国际互联网络用户进一步发展，固定宽带网络用户2.62万户。

【财政、金融与保险业】 全年完成财政总收入8.66亿元，增长12.9%。实现税收收入5.59亿元，税收占财政收入比重64.6%。实现一般预算收入6.33亿元，比2014年增长12.6%。地方财政支出22.09亿元，比2014年增长18.5%。全县各项存款余额109.03亿元，比2014年增长12.3%；各类贷款余额36.62亿元，比2014年增长11.7%。保险业务收入1.18亿元，增长23.8%。其中：财产险4080万元，增长26.2%；人身险7700万元，增长23.8%。

【科技、教育与文化事业】 全县拥有各类专业技术人才12736人。其中：高级职称712人，中级职称5765人，初级职称6259人。万人拥有专业技术人员324人。高考一、二本上线率全市第一。适龄儿童入学率100%，残疾儿童入学率100%，初中生年巩固率为98.6%。本学年新招普通高中生2465人，毕业2154人；招收初中生4121人，毕业5035人。招收小学生5050人，毕业4524人。年末，普通高中在校学生6734人，初中在校学生13773人，小学在校学生27955人。文化事业保持健康发展，继续净化文化、出版、音像市场，促进城乡精神文明建设，《我的老父》荣获全国原创词曲金奖，《光影故事——衡山皮影》获得“三湘群星奖”金奖，新桥镇成为全省诗词之乡。

【卫生与体育事业】 年末，全县医疗卫生机构24个，卫生工作人员1465人，其中卫生技术人员1199人，卫生机构病床1516张。新中医院投入运营，改扩建乡镇卫生院7所、村卫生室34个，获评全国妇幼健康优质服务示范县。人口和计划生育工作连续十一年保持全省先进。大力推进体育场地设施建设，32个行政村完成农村体育健身工程，修建健身路径4条，参加衡阳市第十届运动会的人数、项目均为历届之最，获青少年组赛会总分、综合总分等五项奖项。全年体彩总销量1030万元，增长30%。

【旅游业】 华夏湘江国际农业产业示范园建成游客服务中心，白果西游洞天旅游区启动建设，禹王碑遗址公园广场基本完工，萱洲古镇成为全省首批湖湘风情文化旅游小镇。安排专项资金200万元，提质重点旅游景点基础设施，唐群英故居、萱洲古镇、紫盖峰、紫金山森林公园、百合谷等旅游景点设施设备进一步完善。

【城乡建设】 交通路网日趋完善，南马线竣工通车，衡山大道西线完成路基工程，南岳—武广衡山西站—黄花坪公路建设加快推进。维修国省干道77.8千米，硬化和安保农村公路144千米，新建农村招呼站40个，改造危桥5座、码头2处。城建城管力度加大，义安路、解放路南北段、九龙大道完成油化和人行道改造，毛泽建公园竣工开园，县城防洪堤五期全面完工，污水处理厂二期、LNG加气站、砂石码头投入使用，青云西路接线工程完成硬化和亮化。环卫市场化改革全面完成，县城清扫保洁范围扩大、效果更好。农村条件持续优化，跻身全省农业综合开发水土保持项目县，完成土地综合整治和高标准农田建设2万余亩，除险加固小二型水库13座。金台配电工程通过验收并获全省“农网百佳工程”，27个村完成农网改造。

【环境与安全生产】 湘江流域保护和治理第一个“三年行动计划”圆满完成。地表水水质达标率、空气环境质量优良率均接近100%。削减化学需氧量458吨，削减率为4.38%；削减氨氮68吨，削减率为1.60%；削减二氧化硫20.7吨，削减率为0.7%；削减氮氧化物11.13吨，削减率为0.36%，全面超额完成“十二五”减排任务。全县6家烟花鞭炮企业整体平稳退出，白果镇成功创建安全生产省级示范乡镇，安全生产工作获评全市先进。

【人民生活与社会保障】 农民人均可支配收入16341元，增长8.9%；城镇居民人均可支配收入25916元，增长8.8%。新增城镇就业2780人，农村劳动力转移就业5500人。新建敬老院1所、农村幸福院25所、农村养老服务示范点9个。城乡低保月人均补差分别达到260元、114元。建成公租房620套，改造棚户区500套，改造农村危房1900户。解决农村不安全饮水人口1.2万人。离退休人员基本养老金实现“十一连调”。城乡居民养老保险覆盖面进一步扩大，参保人数23.5万人。行政事业单位参加养老保险人数1.28万人，企业单位职工参加养老保险人数2.62万人，基本医疗保险参保6.67万人，工伤保险参保4.26万人，生育保险参保1.88万人，失业保险参保2.5万人。

**【衡山县荣膺“国家妇幼健康优质服务示范县”】** 在2016年度全国妇幼健康工作会议上，衡山县荣膺“国家妇幼健康优质服务示范县”，成为衡阳市唯一、全省四家获此殊荣的县（市）之一。近年来，衡山县高度重视妇女儿童工作，以实施国家级妇幼健康优质服务示范工程为抓手，坚持政府主导，加强组织领导，加大财政投入，强化体系建设，严格规范管理，优质文明服务，妇幼健康服务体系建设不断加强，妇幼健康服务水平全面提升。

**【萱洲镇获评“湖湘风情文化旅游小镇”】** “湖湘风情文化旅游小镇”是指具有浓厚湖湘文化基因和鲜明独特的主题特色，具有较强旅游吸引力，通过培育和提升，能达到一定规模旅游接待能力的文化旅游产品。2015年5月，在湖南省旅游局和省文化产业改革发展办公室公布的首批12个“湖湘风情文化旅游小镇”名单中，衡山县萱洲镇成功入围。近年来，衡山县萱洲镇依托地理优势和人文环境，积极发展乡村旅游，加大旅游景区配套设施建设，打造油菜花海、萱洲古镇等著名旅游景点和品牌，旅游人气和影响力不断提升。

**【毛泽建公园竣工开园】** 毛泽建公园自2014年11月20日开工建设以来，历时一年多，在农历春节前顺利竣工开园，成为衡山县城第一座真正意义上的城市公园。毛泽建公园位于衡山城西南角，紫巾路与沿江路交汇处。公园规划总用地面积14公顷，总投资3000万元，主要以山体活水为自然本底，通过挖掘和提炼毛泽建烈士的人文要素和湘江、紫巾山的自然要素，突显“文明奥区”文化特色，营造城、山、水、绿交融的景观格局和生态环境，是具有休闲娱乐、体验观赏、游憩健身、防灾避险等功能的综合性中心公园。

**【存在的主要问题】** 应对经济下行的办法举措不多，经济自主增长比较乏力；发展方式比较粗放，产业结构不够优化，工业支柱作用不明显，农业特色不突出，现代服务业活力不强；城乡协调发展不平衡，新型城镇化水平不高、进程不快，农村基础比较薄弱；社会建设任重道远，精细管理难度加大。

## 县委、人大、政府、政协领导名录

中共衡山县委员会

书　记　周　建

副书记　秦方进　蒋　青
　　　　余慧阳(挂职)

常　委　李育全　王新国
　　　　姚宇旺　李世钧
　　　　任中元(女)
　　　　谭秋萌　旷志军
　　　　阳建中　唐　何（挂职)

衡山县人大常委会

主　任　郭新衡

副主任　赵申广　赵晓阳
　　　　唐文育　戴立华(女)

衡山县人民政府

县　长　秦方进

副县长　李育全　阳建中
　　　　唐　何(挂职)
　　　　彭铁良　郭继放
　　　　刘　洋(女)
　　　　廖文伟　肖秋良

政协衡山县委员会

主　席　盛小平

副主席　罗佳贤　文铁良
　　　　胡文星(女)
　　　　周湘宁(女)

## 县行政企事业单位负责人

| | |
|---|---|
| 组织部部长、统战部部长 | 姚宇旺 |
| 纪委书记 | 李世钧 |
| 政法委书记 | 王新国 |
| 县委办主任 | 旷志军 |
| 宣传部部长 | 任中元 |
| 人武部政委 | 谭秋萌 |
| 部长 | 张桂兰 |
| 法院院长 | 胡家舜 |
| 检察院检察长 | 聂志文 |
| 公安局局长 | 郭继放 |
| 政委 | 范　烨 |
| 总工会主席 | 汪炳林 |
| 工商联主席 | 胡文星 |
| 经济开发区管委会主任 | 曹兰平 |
| 党校校长 | 彭汉梅 |
| 城管执法局局长 | 成桂林 |
| 人大办主任 | 刘新周 |

政府办主任　谭　斌
政协办主任　周冬初
矿产资源税费征管办主任　陈伟新
城建投总经理　文更村
政务中心主任　符文忠
法制办主任　周伏立
电政办主任　沈忠辉
司法局局长　沈雁中
财政局局长　曹时国
卫生和计生局局长　旷立伟
审计局局长　颜长坤
监察局局长　陈　琛
发展和改革局局长　符文彬
国土资源局局长　朱向华
环保局局长　颜　靖
商务和粮食局局长　李磊建
市场和质量监督管理局局长　李　刚
民政局局长　戴建衡
经济科技和信息化局局长　江　南
住房和城乡建设局局长　阳　涛
城乡规划局局长　曹波宁
人防办主任　戴玉辉
教育局局长　王维荣
交警大队大队长　刘洪国
文体广新局局长　周湘宁
广播电视台台长　唐立华
农业局局长　黄润葵
林业局局长　张海量
水利局局长　周后冬
畜牧局局长　颜昌茂
农机局局长　王　琪
经营管理局　郭晶亮
农业开发办主任　肖尧阶
能源生态局局长　符汉文
移民开发局局长　廖志光
供销社主任　尹朝阳
信访局局长　符洪钧
安监局局长　郑　彪
统计局局长　李涌文
人力资源和社会保障局局长　刘　伟
交通运输和旅游局局长　李待琪
国有资产管理中心主任　宗维平
公共资源交易中心主任　彭玲珑
萱洲湿地公园管理处主任　徐爱民
档案局局长　杨应军
史志办主任　熊仲荣
接待处主任　曹海龙
老干局局长　杨才能
妇联主席　廖建萍
编办主任　周永兵
残联理事长　杨　群
新华书店经理　文志强
烟草局局长　阳建成
国税局局长　曹麒麟
地税局局长　陈　驰
气象局局长　杨科传
人民银行衡山支行行长　廖先进
工行衡山支行行长　邹岳平
中行衡山支行行长　廖哲谦
农行衡山支行行长　刘仕成
建行衡山支行行长　刘艳平
农发行衡山支行行长　符良炎
邮政储蓄银行衡山支行行长　周永斌
农商行董事长　屈夏清
电力局局长　管小玲
电信衡山县分公司经理　谭彦宇
邮政局局长　单　峰
移动衡山县分公司经理　郭　箭
联通衡山县分公司经理　龙文斌
水文局局长　伍　辉
石油公司经理　田　伟
住房公积金管理中心主任　雷　兵
人民医院院长　张祥林
开云镇书记　彭　华
镇长　李宇坤
长江镇书记　李　伟
镇长　文新民
福田铺乡书记　李春林
乡长　李云国
岭坡乡书记　汪　波
乡长　廖继峰
白果镇书记　刘衡岳
镇长　宾智敏
江东乡书记　罗光辉
乡长　宋少峰
贯塘乡书记　陈燕春
乡长　陈昌义
新桥镇书记　彭　君
镇长　康才伟
东湖镇书记　周智勇
镇长　朱学锋
店门镇书记　颜海峰
镇长　夏　懿
萱洲镇书记　袁晓斌
镇长　曹亚明
永和乡书记　唐自立
乡长　康岳峰
岳云中学校长　李桂元
二中校长　康泰平
三中（职业中专）校长　汪维扬
四中校长　彭文星
教师进修学校校长　肖　荣
开云实验中学校长　郑德宇

（宾科鹏）

## 衡东县

**【地理、区划与人口】** 衡东县位于湖南省东部偏南，居湘江中游洣水流域，东邻攸县，南接安仁、衡南，西濒湘江与衡山、湘潭隔水相望，北与株洲接壤。南北长72.9千米，东西宽53.6千米，地理坐标为北纬26°47′~27°27′，东经112°45′~113°17′，总面积1926平方千米，约占全省总面积的

0.9%。2015年年末，衡东县辖15个镇2个乡，233个村，23个社区居委会。年末，全县常住人口为64.32万人，其中城镇人口23.28万人，乡村人口41.04万人。全年出生人口9043人，死亡人口3844人，人口出生率12.11‰。

【经济总量】 2015年，全县地区生产总值（GDP）236.45亿元，增长8.5%。其中，第一产业实现增加值39.92亿元，增长3.6%；第二产业实现增加值87.05亿元，增长6.7%；第三产业实现增加值109.48亿元，增长12%。按常住人口计算，人均GDP为36790元，增长8.13%。第一、二、三产业占全县GDP的比重为16.88∶36.82∶46.3，产业占比“二降一升”：第一产业占比降低0.69个百分点，第二产业占比下降2.64个百分点，第三产业占比提高3.33个百分点。三产业占GDP的比重持续上升，现代服务业发展提速。

【农业】 2015年，实现农业总产值74.16亿元，增长3.8%。粮食总产达40.59万吨。规模以上企业农产品加工产值24.94亿元，规模以上农产品加工产值占农业总产值比重提高到33.6%。全年粮食播种面积67.4千公顷，增加0.58千公顷，增长0.9%，其中稻谷播种面积61.3千公顷，增加0.54千公顷，增长0.9%。油料播种面积21.67千公顷，增加0.11千公顷，增长0.5%。棉花播种面积1.04千公顷，减少0.01千公顷，下降1.0%。年末农业机械总动力达12.44万千瓦，增长5.03%。全年粮食总产量40.59万吨，增加0.59万吨，增长1.5%，其中稻谷产量38.49万吨，增加0.56万吨，增长1.5%。油料总产量3.2万吨，增加0.03万吨，增长0.9%；棉花总产量1385吨，减少13.6吨，下降1.0%。全年出栏生猪106.21万头，减少0.4万头，下降0.4%；年末生猪存栏60.84万头，减少0.4%。出笼家禽978.9万羽，增长3.8%。全年肉类总产量95999吨，增长1.0%。禽蛋产量2.24万吨，增长4.2%。全年水产品产量1.91万吨，增长5.4%。2015年，衡东县继续保持“全国产粮大县”“湖南省粮食生产先进县”“全国生猪调出大县”地位。

【工业】 工业经济逆势上扬。年末全县规模以上工业企业达到88家，完成规模工业总产值160亿元，增长12.5%；规模工业增加值40.49亿元增长7.3%，新增规模工业企业14家。规模以上工业增加值占全部工业的比重达到76.7%。园区规模工业增加值占规模工业增加值比重为63.2%。2015年全县全部工业增加值81.9亿元，增长6.6%。工业对GDP贡献率为31.1%，拉动GDP增长2.6个百分点。主要工业产品产量有升有降。服装2888万件，增长7.3%；中成药0.34万吨，上升7.3%；水泥108.4万吨，下降25.6%；大米14.5万吨，增长20%；锌5.9万吨，增长21.3%；泵18.81万台，增长11.6%。工业经济效益有所下降。全年规模以上工业实现销售产值155.44亿元，增长9.3%，产销比96.9%；实现利润8.2亿元，增长0.5%；上缴税金6.12亿元，增长13.9%；全部从业人员平均人数2.43万人，增长6.2%。

【固定资产投资与项目建设】 固定资产投资平稳增长。2015年，全县固定资产投资完成133.6亿元，增长18.9%。工程施工项目达392个，增长18.4%，其中本年新开工项目336个，增长34.9%。全年投产项目294个，增长19.1%。工业投资占据主导地位。全县工业投资71.44亿元，增长17.1%，占全县固定资产投资的比重为53.5%。其中：工业技术改造投资48.09亿元，增长5.5%。房地产开发减缓。全年房地产开发投资6.2亿元，下降3.5%。商品房施工面积84.8万平方米，增长41.0%；商品房竣工面积13.7万平方米，下降5.9%；商品房销售面积22.67万平方米，增长4.8%；商品房销售额7.3亿元，下降8.4%。

【招商引资】 2015年，新引进项目65个，合同引资46.8亿元，亿元以上的项目10个，成功引进台湾物流园、旭达养老养生、湘江南温泉、碧桂园、天英学校、电商产业园等一批大项目、好项目。机动车驾考科目二考点获省批复。4个项目成功挤进国家发改委笼子，争资额达1亿多元。

【建筑业】 2015年，衡东县全

县资质以上建筑企业15家，建筑业总产值达10.71亿元，与2014年基本持平，建筑业增加值5.15亿元，增长7.6%。房屋建筑施工面积74.9万平方米，增长11.6%；房屋建筑竣工面积51.3万平方米，增长20.4%。

【国内贸易与对外经济】 2015年，全县社会消费品零售总额80.21亿元，增长12.5%，扣除物价因素，实际增长10.84%。分地区看，城镇消费品零售额68.85亿元，增长17.9%；乡村消费品零售额11.36亿元，增长10.7%。全县实现自营进出口额3644万美元，位居全市第二。

【财政、金融与保险业】 2015年，衡东县财政综合实力实现新跨越。全县财政总收入12.43亿元，增长12.15%。财政收入占GDP的比重为5.14%。人均财政总收入1933元/人。全县税收收入70254万元，税收占财政收入的比重为56.5%。全县财政一般预算收入9.4亿元，增长15.2%。金融业务稳健运行。全县金融机构各项存款总量152.38亿元，增长11.7%；金融机构各项贷款余额58亿元，增长11.5%。全县金融机构存贷比为38.1%。

【科技、教育与文化事业】 2015年，科技创新稳步推进。高新技术产业增加值18.9亿元。占GDP的比重为7.99%。全县高新技术企业22家，增长46.67%。全社会科技投入不断加大。教育事业得到新的发展。基础教育继续得到巩固。小学在校学生47704人；小学适龄儿童入学率100%。初中升学率90.9%。职业教育在校学生规模扩大，普通高中在校学生呈上升趋势。全县中职招生数4265人；普通高中招生数3985人，普通高中在校生24996人，高中阶段毛入学率79.5%。全县平均受教育年限8.8年。文化事业和文化产业朝气蓬勃。全县拥有各类艺术表演团体3个，文化馆1个，公共图书馆1个，博物馆、纪念馆2个。全县有广播电台1座，中、短波广播发射台和转播台3个，电视台1个。年末共有档案馆1个。

【卫生与体育事业】 2015年，全县卫生事业稳步发展。全县拥有二甲医院2个，妇幼保健院1个，疾病预防控制中心1个。年末医疗卫生机构床位数2640张，每千人拥有4.1张，增长20.59%。5岁以下儿童活产数6926人。5岁以下儿童死亡率为6.4‰，低于国家12‰的全面建成小康社会目标值。体育事业取得新成绩。体育基础设施建设稳步推进。2015年，全县公共文化体育设施面积达157.8万平方米，其中，公共文化设施面积52.93万平方米，公共体育设施面积104.91万平方米。人均公共文化体育设施面积达2.27平方米，提前达到小康水平。

【旅游业】 全年共接待游客285万人次，实现旅游综合收入20亿元，分别增长11%和9.9%。成功举办“千年白莲风情园”“洣水花千谷”等乡村生态旅游节会，荣桓镇荣获衡阳市“最佳乡村生态旅游目的地”。

【城乡建设】 2015年，全县城镇化率达到36.2%，提高1.1个百分点。城镇污水处理率达92%；县城建成区面积为11.2平方千米；城镇建成区绿化覆盖率28.3%。重点改造洣江大道二期、文明西路、金堰广场，建设了污水处理厂二期工程和兴衡大道、衡东大道、兴衡西路二期等路网工程项目，加快武家山公园和杨山公园建设。城北片区、河西新区、城东滨水区开发持续推进，县城“一江两岸”的发展格局基本形成。强化城市管理。以创建全国文明县城为统揽，深入开展“四城同创”活动。扩大清扫保洁覆盖面，彻底清扫县城卫生死角，继续狠抓禁止燃放烟花鞭炮和殡葬改革工作，全面整治县城交通秩序和市场经营秩序，大力加强市政设施管护，深入实施“净化、绿化、美化、亮化”工程，县城绿化提质取得明显成效，洁净亮丽、舒适有序已成为市容常态。美化乡村环境。扎实推进农村环境综合整治和乡风文明建设，镇、村生活垃圾集中处理率达97.3%，农村生活污水处理率达64%，乡村卫生状况明显改观，石湾镇、霞流镇被评为全市十佳乡镇，堰桥、宋坪、李花等村获评明星示范村。完成340千米通道绿化和50个“秀美村庄”建设，集镇建成区绿化覆盖率提高到28.3%，农村空气质量、地表水质等环境质量指数达标率均为100%。城镇功能得到进一步完善，城镇集聚辐射能力进一步增强。

**【环境与安全生产】** 环境保护日益加强。2015年，衡东县圆满完成湘江保护和治理第一个“三年行动计划”，启动洣水保护行动，率先推进干流和支流同治，衡东经验被省、市推介。水污染、重金属污染、大气污染整治取得明显成效。环境质量不断提高。2015年，衡东县空气质量监测总天数162天，空气质量良好以上天数162天，达标率为100%，地表水按月监测断面总次数36个，地表水质达标率为100%；全县国土绿化达标率96.7%，活立木总蓄积量253.5万立方米。全县森林覆盖率达48.69%。农村垃圾集中无害化处理的行政村555个，增长1.65%，农村垃圾集中处理率为97.3%，提高1.3个百分点。安全生产稳步发展。2015年，衡东县顺利通过全省“安全生产示范县”复评，群众安全感、满意度不断提高。全县全年生产安全事故死亡人数1人，交通事故死亡人数1人，较2014年都大幅减少。亿元GDP生产安全事故死亡率0.041人。群体性食品安全事故年报告发生数为零。

**【人民生活与社会保障】** 2015年，衡东县城乡居民生活持续改善。城镇居民人均可支配收入25895元，增长8.8%。农村居民人均可支配收入15716元，增长9.0%。全县金融机构居民储蓄存款总量132.06亿元，增长11.9%；人均储蓄存款20548元。全县居民文教娱乐服务支出占家庭消费支出比重为16.4%。民生实事项目超额完成。2015年，全县共完成省、市政府下达的19项重点民生实事指标。吴南公路全线贯通，S314线城关至新塘镇路段、S315线大浦段完成油化和亮化。完成永乐江大桥等8座桥梁改造。实施1座小一型、43座小二型病险水库除险加固工程；建设农村安全饮水工程33处，新建农村幸福院23所，完成2所乡镇敬老院扩建改造。社会保障工作稳步推进。全县参加城镇职工基本医疗保险人数3.1万人，参加城镇居民基本医疗保险人数2.7万人，参加新型农村合作医疗人数56.61万人，全县基本医疗保险覆盖率97.2%。全年共发放基本养老服务补贴人数2430人，基本养老服务补贴覆盖率87.2%。全县全年共发放各类救助资金5676.1万元，保障3.4万多名困难群众的基本生活，城乡低保实现动态管理、应保尽保，月人均补助标准分别增至265元、120元。全县城镇居民最低生活保障人数5331人，农村居民得到政府最低生活保障26522人，农村低保覆盖面进一步扩大。各项社会事业都有较快发展，人民群众满意度明显提升。

**【凤凰山风力发电项目并网发电】** 2014年7月，中国水电建设集团就衡东境内风能资源进行前期测算，预计可利用风电资源共计45万千瓦。9月，衡东县政府与中国水电建设集团新能源资源开发部签订协议，共同开发风电资源。2014年7月8日，衡东县凤凰山风电场工程开工。2015年4月，衡东县凤凰山风力发电项目一期25台风力发电机已安装完毕，进入试运营阶段，6月并网发电。每台风力发电24小时不间断发电，日发电量达2000千瓦。二期工程已完成山顶道路铺设工作，19台风力发电机也进入安装阶段。

**【推进村干部养老保险试点】** 根据省委徐守盛书记2014年4月13日在衡东县开展党的群众路线教育实践活动蹲点调研时提出的“解决村干部养老后顾之忧”的指示，衡东县在全省率先开展村干部养老保险试点（即对符合规定条件、并且自愿参加城乡居民养老保险的村干部，每年由政府增发误工补贴，专项用于其参加城乡居民养老保险增加个人缴费），至2015年4月，试点工作基本完成。全县561个行政村2260名村干部，1857人参加村干部养老保险，覆盖率为82%。村干部参加养老保险实行按年缴费，每人每年起缴城乡居民养老保险费不低于2000元，也可以选择2500元、3000元的缴费档次，多缴多得。即使村干部选择最低档的2000元，且缴费满15年的，到龄后领取养老金也可达到300元/月。

**【罗荣桓故居纪念馆景区获“全国旅游价格信得过景区”】** 2015年5月21日，湖南省旅游局发布《关于湖南省首批“全国旅游价格信得过景区”名单的公告》，衡东县罗荣桓故居纪念馆景区成为湖南省首批“全国旅游价格信得过景区”，位列百家入选景区第21位。此次湖南省共有108个景区自愿加入首批“全国旅游价格信得过景区”行列，占全省等级旅游景区总数的41%。其中AAAAA级景区7个，创建比例达100%；AAAA级景区47个，创建比例为54%；AAA级及以下54个，创建比例为32%。罗荣桓故居纪念馆景区是衡阳市唯一一个进入湖南省首批“全国旅游价格信得过景区”的AAAA级景区。

**【6乡镇获省级生态乡镇】** 2015年5月6日，湖南省环保厅命名第七批省级生态乡镇，衡东县新塘、高湖、白莲、杨林、草市、三樟等6个乡镇获“省级生态乡镇”称号。2011年以来，衡东县以建设良好的生态环境和人居生活环境为目的，积极推进生态建设和农村环境保护工作。在创建工作中，不断加大产业结构调整和生态文明建设工作力度，突出生态与绿色，合理利用资源与能源，把建沼气池与改圈、改厨、改厕配套推进，将经济建设、产业结构调整与生态文明建设协同推进。截至2015年年末，衡东县成功创建国家级生态乡镇1个，省级生态乡镇8个，省级生态村3个，南湾乡、德圳乡和白莲镇马房村也正在积极申报创建“省级生态乡镇”和“省级生态村”工作，为衡东县实施“生态立县、旅游兴县、文化强县”三大战略打下坚实的基础。

**【首次举行新任命人员向宪法宣誓活动】** 在2015年6月15日的县十六届人大常委会第二十六次会议上，新任命的县人民政府副县长刘运仕及21名法院工作人员站在主席台前，面朝国徽，在全体与会人员的见证下，左手持《中华人民共和国宪法》，右手举拳，面向宪法庄严宣誓。这是衡东县首次举行新任命人员向宪法宣誓活动。县人大常委会并决定将公开向宪法宣誓活动常态化，凡经县人大及其常委会选举或者决定任命的国家工作人员正式就职时，都要公开向宪法宣誓，以促进国家工作人员学习贯彻宪法，增强宪法意识，履行宪法使命，始终保持对宪法的信仰和敬畏，在新的岗位上做出更大贡献。

**【举行纪念抗战胜利70周年合唱赛】** 2015年8月15日晚，衡东县纪念抗战胜利70周年“启辉·金滙玉园”杯大型合唱赛暨第四届群众文化艺术节在滨江广场举行，3万余人现场观看。比赛现场，由机关单位、乡镇、民间艺术团体等组建的19支合唱队演绎《保卫黄河》《绣红旗》等经典歌曲。最终，教育科技计生系统合唱队、霞流镇合唱队荣获一等奖；县四大办、人武部、纪委合唱队，宣传系统合唱队，新塘镇合唱队荣获二等奖；组织、统战、群团系统合唱队，政法系统合唱队，发改系统合唱队，金融系统合唱队，白莲镇合唱队荣获三等奖；红枫艺术合唱队荣获特别奖。程少平、谭向勤、夏崇礼等县领导参加合唱赛。

**【“三证合一”营业执照首发】** 2015年9月28日，衡东县第一张“三证合一”营业执照在县政务中心工商窗口举行首发仪式，县钟明生态农业综合开发有限公司拿到衡东县首张“三证合一”营业执照。根据省《关于推行“三证合一”登记制度改革的实施意见》，从2015年9月20日起，全省各类企业（包括公司、非公司企业法人、外商投资企业、合伙企业、个人独资企业和农民专业合作社）全面实施“三证合一、一照一码”登记模式。改革后，通过“一窗受理、互联互通、信息共享”，将由工商行政管理、质量技术监督、税务三个部门分别核发不同证照，改为由工商行政管理部门核发加载法人和其他组织统一社会信用代码（以下称统一代码）的营业执照，企业和农民专业合作社（以下统称“企业”）的组织机构代码证和税务登记证不再发放，企业凭加载统一代码的营业执照办理相关业务。个体工商户暂未纳入“三证合一”改革范围。2015年9月20日至2017年12月31日为“三证合一”登记制度改革过渡期，改革前已登记的企业应在过渡期内办理营业执照换发手续。过渡期内，未换发的证照可继续使用；过渡期结束后，一律使用加载统一代码的营业执照办理相关业务，未换发的营业执照不再有效。

**【草市镇获“湖南省最美古村镇”】** 2015年11月30日，在湖南国际会展中心举行湖南首批最美“古村镇、老手艺”授牌仪式，衡东草市镇获“湖南省最美古村镇”荣誉称号。衡东草市镇是集人文、历史、建筑、民俗等多种文化于一体的古镇。草市镇位于衡东县城关镇东南43千米，地处洣水、永乐江汇合处，东与攸县接壤，南与安仁毗邻。草市镇属洣水流域重镇，历史悠久，明清两个朝代都曾设巡检司，以巡检司和练兵的草坪而名草司，清咸丰三年（公元1853年）更名草市。境内有“灵山胜地”“八仙下棋”“猴子捞月”“合福林寺”等名胜古迹。镇内耕地集中成片，土地肥沃，水源充足，发展农业生产，具有得天独厚的有利条件，早在1990年全镇双季水稻就已过吨粮。草市曾以“柑桔之乡”闻名遐迩。

【乡镇区划调整】 衡东县乡镇区划调整改革工作自2015年9月份正式启动，于2015年12月基本完成。全县乡镇数量由24个减为17个，减少7个乡镇，乡镇的平均区划面积为113.34平方千米，平均人口为4.39万人，并将洣水镇、吴集镇作为中心城镇，增强县城辐射力。具体为：一是将城关镇、踏庄乡、珍珠乡成建制合并设立洣水镇，镇政府驻地设原城关镇政府驻地。二是将吴集镇、栗木乡、德圳乡、莫井乡成建制合并设立吴集镇，镇政府驻地设原吴集镇政府驻地。三是将大桥镇、三樟乡成建制合并设立三樟镇，镇政府驻地设原大桥镇政府驻地。四是将草市镇、高塘乡成建制合并设立草市镇，镇政府驻地设原草市镇政府驻地。其余11镇2乡，即大浦镇、石滩乡、新塘镇、霞流镇、甘溪镇、杨桥镇、荣桓镇、蓬源镇、石湾镇、白莲镇、杨林镇、高湖镇、南湾乡维持现状不变。《省乡镇区划调整改革工作简报》第35期以《勿需扬鞭自奋蹄　并乡合村谱新篇——衡东县全面推进并村工作》为题，向全省推介衡东县乡镇区划调整改革工作经验。

【乡镇村级区划调整】 截至2015年12月，衡东县乡镇村级区划调整工作已全面完成。全县由561个建制村、19个社区调整为233个建制村、23个社区，减少幅度为58.6%，比省、市要求高10个百分点。调整改革后，村平均人口3189人，并设立中心村47个，中心村平均人口4218人。

【存在主要问题】 一是补齐发展短板的措施有待进一步加强，工业经济整体竞争力不强、抗风险能力不强、园区平台建设和管理改革相对滞后的问题亟待解决。二是适应复杂经济形势的能力有待进一步加强，产业结构不合理、招商引资力度不够大、项目落地效率不够高等问题亟待解决，等等。

## 县委、人大、政府、政协领导名录

中共衡东县委员会

书　记　程少平

副书记　廖义智　谭建华

常　委　贺　般　谭春兰(女)　丁秋文　彭丽堂　蒋炳炎　肖金华　尹立鑫　陈　嘉(女)　段忠贤　龙朝华　蒋虎韬

衡东县人大常委会

主　任　谭向勤

副书记　赵良成　彭青松

副主任　彭青松　罗慧斌　晏志君　刘　敏(女)

衡东县人民政府

县　长　廖义智

副县长　彭丽堂　陈　嘉(女)　夏长安　刘光荣　王春生　谭志兴　蒋林宏　刘运仕

政协衡东县委员会

主　席　夏崇礼

副主席　何岳峰　邓岳华(兼)　洪春生　陈斌智(兼)　肖可员(女,兼)

## 县行政企事业单位负责人

| | |
|---|---|
| 纪委书记 | 龙朝华 |
| 县委办主任 | 丁秋文 |
| 组织部部长 | 贺　般 |
| 宣传部部长 | 谭春兰 |
| 统战部部长 | 贺　般 |
| 人武部政委 | 蒋虎韬 |
| 部长 | 赵乔峰 |
| 政法委书记 | 段忠贤 |
| 法院院长 | 冯　卫 |
| 检察院检察长 | 刘永忠 |
| 衡东经济开发区管委会主任 | 周叶华 |
| 公安局局长 | 王春生 |
| 公安局政委 | 陈　皓 |
| 政研室主任 | 刘桂林 |
| 督查室主任 | 陈友力 |
| 保密局局长 | 罗　衡 |

机要局局长 曹建湘
改革办常务副主任 肖文宇
档案局局长、书记 颜金楚
史志办主任 陈华良
接待处主任 刘志新
老干局局长 肖 萍
县直机关工委书记 刘永兴
编办主任 向正平
县委党校校长 廖红徽
妇联主席 文 明
团委书记 倪秋华
科协主席、书记 侯茂根
文学艺术界联合会主席 何彩维
广播电视台台长、书记 彭庆桃
文体广电新闻出版局书记 文 星
局长 陈中平
人防办主任、书记 邓细志
罗帅故居管理处主任 刘凤华
侨联主席 许素珍
对台办主任 颜斌鹏
工商联主席 陈斌智
综治办主任 文晓春
防范和处理邪教办主任 颜亨伏
交警大队大队长 刘晓红
司法局局长、书记 李旭峰
人大办公室主任 李上峰
人大财政经济工作委员会主任 胡 华
人大选举任免联络工委主任 阳忠华
人大农业与农村工委主任 邓富荣
人大教科文卫工委主任 文朝晖
人大内司工委主任 向晓燕
人大规范性文件备案审查室主任 唐志军
人大信访室主任 曾明勇
政协秘书长、办公室主任 向卫平
政协提案法制委主任 朱坤联
政协经济联络委主任 刘春香
政协财政经济委主任 罗国武
政协人口资源环境和法制委主任 邓知云
政协教科文卫体委主任 胡淑娟
政协文史学习委主任 王晓瑜
政府办主任 钱永明
电子政务办公室主任、书记 阳明勇
法制办主任、书记 陈宜中
信访局局长、书记 肖珍珠
民政局局长、书记 赵自文
残联理事长、书记 刘国锋
国土资源局局长、书记 李建华
审计局局长、书记 向平少
移民局局长、书记 赵志辉
交通运输和旅游局局长、书记 李思源
公路局局长、书记 单美中
安监局局长、书记 刘碧兰
卫生和计划生育局局长、书记 彭剑飞
发改局局长、书记 康培远
统计局局长、书记 李中林
人力资源和社会保障局局长、书记 李建芸
农业局局长、书记 谭文灵
畜牧水产局书记 赵衡辉
局长 陈 磊
农机局局长、书记 董小平
农村经营服务中心党组副书记、副主任 马会清
林业局局长、书记 侯鲲鹏
水利局局长、书记 刘仁秋
经济科技和信息化局局长、书记 周琼辉
二轻联社负责人 康红军
商务和粮食局局长、书记 文和平
财政局局长、书记 阳满生
农业综合开发办主任、书记 单志雄
供销社理事会主任 孔德琪
供销社监事会主任 许冬富
住房和城乡建设局局长、书记 谭水光
城乡规划局局长、书记 柳杰夫
环境保护局局长、书记 陈和平
教育局局长、书记 陈宏建
市场和质量监督管理局局长、书记 苏金平
河西新区管委会主任 罗忠奇
书记 刘少雄
公共资源交易中心主任、书记 尹诗明
城市管理行政执法局局长、书记 周志波
国有资产管理中心书记 胡卫民
主任 谢光明
投融资管理办公室主任、书记 罗 湘
城建投资有限公司总经理 侯富喜
大地交通投资有限公司董事长 苏根林
浦园投资有限公司董事长 文亚荣
政务服务中心主任、书记 刘文君
矿产资源税费集中征收管理办公室主任书记 陈建平
洣水湿地公园管理处主任、书记 陈扬荣
重点工程建设办公室主任、书记 丁昭泉
地方海事处处长 伍建仲
国税局局长 彭隆忠
地税局局长 文小潘
气象局局长 杨 华
邮政局局长 洪生合
电信局局长 常艺缤
移动公司经理 赵 敏
联通公司经理 成惊秋
人民银行衡东支行行长 冯新华
工商银行衡东支行行长 张 欣
农业银行衡东支行行长 秦舰军

农发行衡东支行行长 向端武
建设银行衡东支行行长 伍大军
中国银行衡东支行行长 陈太社
信用联社理事长 李家生
主任 肖必胜
邮政储蓄银行衡东支行行长 谢淑兰
华融湘江银行衡东支行行长 朱蓉蓉
盐务管理局局长 周正中
财产保险公司经理 吴珠红
人寿保险公司经理 曹立中
中华联合财产保险公司 石　亮
石油公司经理 彭鲜锋
烟草局局长 黄海涛
电力有限公司经理 易建刚
书记 谷兵辉
新华书店经理 袁　峰
水文水资源局局长 刘四林
消防大队大队长 何文兵
衡汽集团衡东分公司经理 王岳平
75711 部队队长 杜锦华
洣水镇书记 刘志丹
镇长 邓小杨
大浦镇书记 尹友平
镇长 胡国粒
吴集镇书记 谢正辉
镇长 文小辉
新塘镇书记 周　黎
镇长 赵　健
霞流镇书记 许长城
镇长 邓新文
甘溪镇书记 刘　峰
镇长 肖正中
杨林镇书记 谭作仁
镇长 刘雄建
高湖镇书记 向　前
镇长 向文聘
草市镇书记 李远韶
镇长 吴红波
荣桓镇书记 刘　科
镇长 尹乙鸣
杨桥镇书记 李振华
镇长 罗香蓉
蓬源镇书记 彭宏平
镇长 丁明修
石湾镇书记 谷建辉
镇长 刘武扬
白莲镇书记 宋迪云
镇长 朱爱国
三樟镇书记 刘春元
镇长 陈佳东
石滩乡书记 蒋小平
乡长 单梦平
南湾乡书记 胡雪松
乡长 陈中华

（胡青燕）

## 祁东县

【地理、区划与人口】 祁东县位于湖南省衡邵盆地西南边缘，湘江中游北岸，东接衡南、常宁，南连祁阳、冷水滩，西邻东安、邵阳，北抵邵东、衡阳。地理坐标为北纬 26°28′1″～27°4′34″，东经 111°32′16″～112°20′10″。县域周长 372 千米，其中界衡阳县 16 千米，界衡南县 60 千米，界常宁市 18 千米，界永州市（含祁阳县、冷水滩区、东安县）189 千米，界邵阳市（含邵阳县、邵东县）89 千米。2015 年，全县辖 4 个乡、17 个镇、4 个街道办事处，296 个建制村、72 个社区居委会，土地总面积 187.13 千公顷。年末户籍总人口 106.7 万人，性别比为 112.9 ∶ 100。全年出生人口 1.37 万人，出生率 12.8‰；死亡人口 0.24 万人，死亡率 2.2‰；人口自然增长率 10.6‰；出生人口性别比为 114.3 ∶ 100。

【经济总量】 全年实现地区生产总值（GDP）240 亿元，按可比价格计算，增长 9.1%。其中，第一产业实现增加值 60.66 亿元，增长 3.9%；第二产业实现增加值 85.81 亿元，增长 8.4%；第三产业实现增加值 93.52 亿元，增长 13.0%。第一、二、三产业对全县经济增长贡献率分别为 10.5%、37.2%、52.3%，分别拉动全县 GDP 增长 0.9、3.5、4.7 个百分点。按常住人口计算，人均地区生产总值 23977 元，增长 8.6%。全县三次产业比为 25.2 ∶ 35.8 ∶ 39。与 2014 年相比，第一、二产业占比分别下降 0.3、1.8 个百分点，第三产业占比提高 2.1 个百分点。其中，工业增加值占 GDP 比重为 34.2%，对经济增长贡献率达 35.7%，拉动 GDP 增长 3.2 个百分点。

【农业】 全县农林牧渔业总产值 91.76 亿元，增长 4.1%。农作物总播种面积 154.66 千公顷，增长 1.0%；粮食作物播种面积 81.35 千公顷，增长 1.8%；油料种植面积 31.67 千公顷，增长 1.0%；蔬菜种植面积 25.92 千公顷，增长 0.3%。粮食总产量 46.9 万吨，增长 1.6%；出栏肉猪 126.4 万头，下降 1.2%；出栏牛 1.14 万头，增长 2.7%；出栏羊 30.1 万头，增长 1.3%；出笼家禽 998.7 万羽，增长 0.6%；水产品产量 5.38 万吨，增长 0.8%。全县农民专业合作社 442 个，增长 19.8%；农民专业合作社成员 28201 人，增长 21.1%。全年农村用电量 26850 万千瓦时，增长 4.8%。年末农业机械总动力 934161 千瓦，增长 5.0%。

【工业】 全县规模工业总产值 223.11 亿元，增长 11.9%，规模工业增加值 62.53 亿元，增长 9.5%。在规模工业中，轻工业增长 23.2%，重工业下降 8.8%。规模工业行业中，有色金属冶炼及压延业增长 1.1%；电气机械及器材制造业增长 26.6%；化学原料及化学制品制造业增长 3.3%；非金属矿物制品业增长 22.2%。全县规模工业实现产销率 100.1%，比 2014 年增长 0.1 个百分点，实现利税 28.62 亿元，增长 10.2%；利润 18.23 亿元，增长 11.7%。

【固定资产投资】 全县固定资产投资 141.29 亿元，增长 20.6%。其中，城镇和非农户固定资产投资 138.41 亿元，增长 23.2%；国有投资 56.87 亿元，增长 52.3%。年内新开工项目个数 220 个，增长 9.5%。全县工业固定资产投资 71.04 亿元，增长 6.9%。其中，工业技术改造投资 61.98 亿元，增长 12.8%，工业投资占固定资产投资的比重为 50.3%；制造业投资 65.2 亿元，增长 9.4%；电力、燃气及水的生产供应业投资 6.51 亿元，增长 68.7%。全县房地产投资完成 2.88 亿元，下降 40.4%。商品房销售面积 8.2 万平方米，下降 44.9%。

【建筑业】 全县建筑业总产值 12.16 亿元，增长 6.1%；建筑业增加值 3.8 亿元，增长 9.0%。房屋建筑施工面积 143.33 万平方米，下降 33.9%；房屋建筑竣工面积 105.91 万平方米，增长 1.53 倍。

【国内贸易和物价】 全县社会消费品零售总额 94.45 亿元，增长 12.3%。在限额以上批发零售企业零售额中，粮油食品类增长 9.7%，日用品类增长 9.6%，家用电器和音响类增长 13.9%；五金电科类下降 10.7%；通信器材类增长 15.3%；汽车类增长 22.3%。全年物价有涨有跌。居民消费价格总水平上涨 1.5%，商品零售价格持平，城市间交通费价格下降 3.6%；服务项目价格上涨 3.3%；在外用膳食品价格持平；工业生产者出厂价格下降 3.7%；固定资产投资价格上涨 0.4%；新建住宅销售价格下降 6.4%。

【对外经济和旅游】 全县进出口总额 1291 万美元，增长 20.9%。全县引进内资项目 48 个，增长 20.0%，实际到位内资 29.2 亿元，增长 13.2%；新批外资项目 11 个，下降 35.3%；实际利用外资 11111 万美元，增长 44.7%。对外劳务输出 510 人，下降 3.0%。全县实现旅游总收入 3.43 亿元，增长 3.5 倍，接待游客 113.57 万人次，增长 15.6 倍。

【运输、邮电与通信业】 公路货运量 562.93 万吨，下降 1.4%，公路货运周转量 57172.49 万吨千米，下降 1.3%；公路客运量 1287.33 万人，下降 5.3%，公路客运周转量 25445.56 万人千米，下降 9.8%。全县公路线路年末里程 3361 千米。全县邮电业务总量 3.75 亿元，增长 17.2%，其中邮政、电信业务总量分别为 0.91 亿元和 2.84 亿元，分别增长 18.2% 和 16.9%；年末，固定电话用户 6.95 万户，增长 4.5%；移动电话用户 43.42 万户，下降 9.4%；年末，互联网宽带用户数 5.07 万户，增长 3.9%。

【财政、金融与保险业】 全县财政总收入 10.1 亿元，增长 13.5%；其中，一般预算收入 7.43 亿元，增长 15.1%。一般预算支出 41.64 亿元，增长 12.3%；其中教育支出、社会保障和就业支出和医疗卫生与计划生育支出分别为 8.81 亿元、7.44 亿元和 5.9 亿元，分别增长 16.6%、11.2% 和 24.4%。年末全县金融机构本外币各项存款余额 251.02 亿元，增长 15.7%。其中，个人存款 208.92 亿元，增长 12.4%；单位存款 40.75 亿元，增长 30.9%。金融机构本外币各项贷款余额 69.1 亿元，增长 23.3%。其中，短期贷款为 22.1 亿元，增长 13.9%；中长期贷款 40.95 亿元，增长 34.7%。全年保险保费收入 2.32 亿元，增长 17.8%。各项赔款支出 1.04 亿元，增长 26.8%。

【教育、科技与文化事业】 全县小学适龄儿童入学率 100%。平均受教育年限9.16年。中等职业教育在校学生5233人，普通高中在校学生16351人，初中学校在校学生39087人，普通小学在校学生70801人，特殊教育在校学生86人。全年完成高新技术产业增加值12.44亿元，增长5.2%；专利申请量为136件，下降2.2%；授权量为83件，增长72.9%；争取国、省科技项目3个，共获无偿科技资金68万元。湖南新丰果业有限公司与天津科技大学合作研发的祁东酥脆枣酒，经省品酒师鉴定为上等酒。全县免费开放图书馆、文化馆和23个文化站；图书馆全年累计总流通人次87847人次，书刊文献外借人次65473人次，书刊文献外借册次91430册次，新办证1000余个。省级保护单位状元桥的修缮工程，做到修旧如旧，让状元桥恢复其历史原貌。协助省文物考古研究所陶瓷专家对归阳唐家窑遗址进行考古调查，初步确定归阳唐家窑遗址的位置、范围与面积、堆积状况、年代与文化面貌，基本掌握遗址的构成、环境及保存现状。非遗中心组织祁东祁剧、祁东草席传统制作技艺两个项目参加“多彩潇湘——2015年‘文化遗产日’湖南省非物质文化遗产展演活动”。电视综合人口覆盖率99.7%，全县有线电视用户93986户。年末，全县有档案馆1个，馆内存档169206卷，已开放各类档案136037卷。

【卫生与体育事业】 全县有卫生机构40个，其中公办医院27个，妇幼保健院1个，疾病预防控制中心1个，卫生监督所1个，民营医院10个。卫生技术人员1919人，其中执业医师和执业助理医师1017人，注册护士901人，医院床位4308张。全县新建农民体育健身工程15个，新建室外健身路径8条。在市第十届运动会中，获综合金牌、综合总分两项第一；承办市十运会武术、拳击比赛项目，成年男子篮球队、成年组女双羽毛球、老年组女子门球，分别首夺市运会冠军。

【城乡建设】 城乡建设成效明显，积极推进新型城镇化试点，城镇化率达40.02%；实施基础设施建设项目共计23个，完成总投资16亿元；县城全年累计处理污水处理1470万吨，污水处理率为90%，县城新区新增污水管网31千米；县城建成区绿化覆盖率达到40.3%，新增燃气开户4684户，新安装路灯476盏，完成农村危房改造2000户。乡镇街道设施进一步完善，投资20万元以上的市政基础设施项目39个，其中基础设施100万元以上项目5个。

【环境与安全生产】 全年空气质量达标率为100%，地表水质达标率为100%。化学需氧量排放量、二氧化硫排放量、氨氮排放量和氮氧化物排放量分别为14712.96吨、1492.12吨、1730.12吨和2907.12吨，分别减少7.4%、39.4%、5.8%、9.1%。全年共发生各类安全生产事故71起，亿元GDP生产安全事故死亡率0.021，下降0.02个百分点；道路交通万车死亡率为0.2，下降0.03个百分点。

【人民生活与社会保障】 全县城镇居民人均可支配收入20898元，增长8.8%；城镇居民人均消费性支出13096元，其中食品支出4918元、居住支出2971元、医疗保健支出656元、文化教育娱乐服务支出1923元。城镇恩格尔系数为37.6%。全县农村居民人均可支配收入11088元，增长8.3%；农村居民人均消费支出8355元，其中食品支出3048元、居住支出2403元、医疗保健支出635元，文化教育娱乐服务支出1164元。农村居民家庭恩格尔系数为36.5%。全年城镇低保累计保障15.7万人次，农村低保累计保障48.39万人次，发放城镇和农村最低生活保障经费4029.6万元和5344.8万元。全县参加城镇职工基本养老保险7.8万人，城镇基本医疗保险23.1万人，失业保险3.4万人，工伤保险6.84万人，城乡居民养老保险51.7万人，机关事业单位养老保险2.3万人。社保基金安全完整率和规范运作率达100%。

【祁东县中医院搬迁新址】 2月8日，祁东县中医医院顺利搬迁至开发区兰芝塘村南山大道新址营业。县中医医院始建于1957年，1998年晋升为二级甲等医院，是一所集临床，医疗，保健，科研于一体的中医为主的综合性医院。新医院占地面积4公顷，总建筑面积23872.89平方米，项目总投资近1.1亿元。按国家二级甲等医院标准设置，规划编制床位300

张，设有骨伤科、内科、外科、妇产科、急诊科、康复科、微创科及血透科共8个临床科室，其中骨伤科是全国中医特色优势重点专科。医院有主任医师2人，副主任医师13人，主治医师37人。医疗设备齐全，置有美国GE螺旋CT，彩色B超，日本富士CR拍片机，奥林巴氏电子胃镜，迈瑞全自动生化分析仪，五分类血球计数仪，尿沉渣检查仪，德国龙牌腹腔镜及输尿管镜，多功能监护仪，动态心电图，多普勒脑血流图成像仪和全国目前最先进的翔宇理疗康复设备等现代先进医疗设备。

**【祁东县首个“信用村”成立】** 2月10日，祁东县首个“信用村”在归阳镇湘江村创建成功，并举行授牌仪式。县委常委、常务副县长刘桢干出席授牌仪式并致辞。县信用联社主要负责人简要介绍创建“信用村——湘江村”的工作情况，详细阐述“信用村”村民拥有的品牌价值；湘江村负责人就发挥好“信用村”品牌价值，带动村民创业致富作表态发言。

**【三官村骨牌灯重放异彩】** 为传承优秀传统文化，丰富群众精神文化生活，祁东县文广新局联合步云桥镇政府、三官村村委会将三官村祖辈流传下来的民间艺术“骨牌灯”进行抢救性的挖掘、保护、复排，2月15日，在步云桥镇三官村隆重上演。三官村民在家门口享受到一场具有浓郁本土特色的非遗文化大餐。骨牌灯源于明朝永乐年间，在步云桥镇三官村流传至今已有700多年历史。骨牌原是用动物骨头制成的牌，形同现在的麻将。骨牌灯就是由骨牌演变而来。骨牌灯是以牌灯为主，中间穿插有鱼灯、彩龙、彩旗等，还有中西两支乐队进行伴奏，一百多号人在阵图中穿插奔走，阵容庞大，队形变化多端，场面壮观，热闹非凡。一般在春节期间展演，表演套路分三大类：一为挂对联，二为河海系水（即队形），三为阵图。由于骨牌灯每组织展演一次，需要很多的人力、物力、财力，过去生活条件艰苦，祖辈定下规矩，再苦再穷，二十年必演一次。新中国成立以后，三官村共组织3次，即1968年，1974年，1994年。

**【祁东县领导干部赴清华培训】** 3月21日上午，祁东县第一期领导干部“领导力和自身素养提升”专题培训班在清华大学近春园宾馆开班，第一批79名参训领导干部全部到齐参加专题培训。清华大学马克思主义学院院长艾四林出席典礼并致欢迎词，县委副书记、县长杜登峰代表县委县政府讲话。随即，由北京航空航天大学教授、博士生导师，北京航空航天大学廉洁研究与教育中心任建明主任主讲的培训班第一课《我国反腐败的新阶段与新战略》正式开讲。据悉，祁东县此次共组织300余名正科实职以上领导干部赴清华开展培训，分四期进行，每期学员80名左右，学习时间为十天。

**【祁东黄花菜获评国家地理标志保护产品】** 6月2日，经国家质检总局组织的专家评审会评定，祁东黄花菜顺利通过专家评审，成为国家地理标志保护产品。黄花菜又名金针菜，学名萱草，在中国已有2000多年栽培史。祁东种植黄花菜已有500多年历史。清初已成皇室贡品，祁东黄花菜以肉质厚实、味道香甜、营养丰富、保健功能突出享誉全国，每年种植面积近13333公顷，成为全国黄花菜的最大产区。

**【祁东两个半月完成并村改革】** 8月，祁东县启动并村改革试点工作。成立由县级主要领导和职能部门负责人组成的并村改革领导小组，并组建4个巡回督导组，派出25个并村改革驻村工作队。全县各乡镇（街道）实行党政领导班子成员包片、包村干部和村党支部书记工作责任制，确保并村改革稳步推进。为破解并村改革中有关“村名、村干、村部、村财、村债”等5个方面的难题，县委县政府充分听取各方意见，制定“并村改革工作实施方案”及14个配套文件，明确并村改革的原则、流程以及村干部安置、村级财务清理方法和并村工作纪律要求。合并的新村命名充分尊重合并前各村村民的意愿，按照《地名管理条例》有关原则进行；成立新村临时工作委员会，新的村班子成员要求政治过硬、群众公认，对长期不在岗、年老多病、不能胜任现职岗位的村干部实行劝退，并给予一定补助；新村村部选址坚持交通便利、资源集中、位置中心、群众办事方便的原则；村债和村财按照“界定权属、分清类别、分类处置、利益不变”的办法处理，既不影响群众既得利益，又防止集体资产流失。9月全面铺开并村工作，至10月中旬，完成全县并村改革工作，全县839个行政村减至296个，村干部减少30%。

**【石亭子镇光伏电站开工】** 10月11日，石亭子镇光伏电站项目正式开工建设，标志着祁东县继湘祁水电站、官家嘴风电场之后，创建清洁能源示范县征程中又添“主力军”。光伏电站项目位于石亭子镇杨梅、宝丰、秋塘、尚义4村，总投资3.2亿元，由天合光能集团下属的子公司湖南天合太阳能电力开发有限公司投资建设，利用荒山、荒坡、裸岩地87公顷建设分布式光伏地面电站。装机容量40兆瓦，运营时间25年，项目建成后每年可发电3600万度，预计2016年6月完成并网发电。

**【祁东广场舞获全省亚军】** 12月6日，湖南省第五届全民广场舞总决赛在常德市白马湖公园举行。代表衡阳市参赛的祁东县文化志愿者舞蹈队以一曲《碟儿声声》赢得现场观众阵阵掌声，勇夺全省总决赛第二名，取得祁东县参加全省广场舞比赛历史上最好的成绩。原创广场舞《碟儿声声》表演的是“打碟子”，动作柔美，编排独特，极具湘南地方特色，有浓郁的乡土气息，其地道的祁东小调，清新优美，韵味悠长，体现湖湘传统文化源远流长和博大精深。整个演出动作流畅，一气呵成，富有表现力，极具感染力，为现场观众献上一场精彩的广场舞盛宴。

## 县委、人大、政府、政协领导名录

中共祁东县委员会

书　记　雷高飞

副书记　杜登峰　王　燕（女）

常　委　曾洪波　龙建程　周志敏　刘桢干　王朝阳　周跃军　雷建军　旷桂林

祁东县人大常务委员会

主　任　张永法

副主任　刘中奇　赵双凤（女，兼）　周中朝　肖友明　陈金定（女）

祁东县人民政府

县　长　杜登峰

副县长　刘桢干　周跃军　张伟麟　肖良彪　高　瑛（女）　周国栋　陈小云　周　权

政协祁东县委员会

主　席　周艳春

副主席　邹　皓　向德元（兼）　夏文运（兼）　贺安生（兼）

## 县行政企事业单位负责人

| | |
|---|---|
| 人武部部长 | 旷桂林 |
| 政委 | 李东伟 |
| 纪委书记 | 王朝阳 |
| 监察局局长 | 陈焱飞 |
| 县委办主任 | 雷建军 |
| 机要局局长 | 陈小勇 |
| 保密局局长 | 高新生 |
| 督查室主任 | 曾爱军 |
| 党史研究室主任 | 贺重阳 |
| 政策研究室主任 | 张上峰 |
| 档案局局长 | 王和平 |
| 接待处主任 | 肖启军 |
| 组织部、统战部部长 | 周志敏 |
| 基层党建办主任 | 高　全 |
| 老干局局长 | 曾乐群 |
| 直属工委书记 | 唐吉祥 |
| 党校校长 | 曾　志 |
| 编办主任 | 李增庭 |
| 人社局局长 | 陈德元 |
| 总工会主席 | 周中朝 |
| 团县委书记 | 周玉峰 |
| 妇联主席 | 尹美莲 |
| 科协主席 | 旷　麟 |
| 宣传部部长 | 曾洪波 |
| 文广新局局长 | 高尚升 |
| 广播电视台台长 | 何明生 |
| 祁东报社社长 | 肖素芳 |
| 新华书店经理 | 刘中良 |
| 工商联会长 | 向德元 |
| 侨联主席 | 江安民 |
| 台办主任 | 周曙初 |
| 政法委书记 | 龙建程 |
| 防范和处理邪教办主任 | 周利民 |
| 综治办主任 | 王学成 |
| 公安局局长 | 肖良彪 |
| 公安局政委 | 肖乔峰 |
| 检察院检察长 | 蔡　艺 |
| 法院院长 | 陈　忠 |
| 司法局局长 | 陈黎明 |
| 交警大队教导员 | 申瑞红 |
| 交警大队队长 | 刘卫国 |
| 消防大队队长 | 杨震林 |
| 消防大队教导员 | 黎松国 |
| 人大办主任 | 刘高飞 |
| 人大财工委主任 | 何红云 |

人大选举任免联络工委主任 陈安生
人大内务司法工委主任 彭建胜
人大城建环保工委主任 赵北平
人大农工委主任 刘雄知
人大科教文卫工委主任 周国联
人大预算工委主任 严东华
经济开发区管委会主任 刘启明
归阳工业园主任 赵志明
政府办主任 肖钟
法制办主任 曾兰清
信访局局长 李晓球
招商（旅游）局局长 何剑
体育局局长 邹顺民
县志办主任 高志军
电子政务办主任 桂黛丽
政务中心主任 肖卫东
禁毒办主任 邹兴宏
食安办主任 李满元
外事侨务办主任 管晓亮
残联理事长 周建元
中心市场管理处主任 谢之明
机关事务管理局局长 邱全良
重点工程综合服务办主任 王晓红
城乡建设投资中心主任 周军
财政局局长 官三元
科技局局长 周双桥
民政局局长 陈助元
国土资源局局长 周皆民
环保局局长 邹皓
国税局局长 周勇
地税局局长 尹慧
安全生产监督局局长 何东元
移民局局长 陈高良
政协办主任 彭定芳
政协提案法制委主任 刘伟文
政协财政经济联络委主任 罗华榕
政协科教文卫体委主任 曾湘莲
政协文史群团委主任 尹才元
人口资源环境和法制委主任 陈念
经济信息化局局长 汪选民
轻工业集团总公司总经理 张明
供电公司经理 甘昭荣
质监局局长 曾志刚
电信祁东分公司经理 刘光忠
邮政局局长 王勋
移动公司经理 李永新
联通公司经理 陈宗亮
发展和改革局局长 周安德
物价局局长 李祥云
统计局局长 周松生
国家调查队队长 胡登高
农业局局长 谢雪峰
林业局局长 王新喜
农机局局长 李林
畜牧水产局局长 毛文智
经营管理局局长 袁养道
农业开发办主任 李晓阳
农民负担监管办主任 罗立海
水务局局长 王定昊
气象局局长 管斌
商务局局长 刘良宝
商业集团总公司总经理 王泽全
粮食局局长 彭全元
供销社理事会主任 王晓峰
市场管理局局长 匡自强
工商局局长 赵建新
烟草局局长 周辉
盐务局局长 肖飞虎
药监局局长 肖逸仙
人民银行行长 易江
工商银行行长 石生明
农业银行行长 段炼
建设银行行长 贺坚义
中国银行行长 王璐
农业发展银行行长 苏书连
邮政银行行长 刘云华
信用联社理事长 梁新斌
人民保险公司经理 王文军
人寿保险公司经理 仇猛
交通局局长 官东生
公路局局长 张云星
湘运集团祁东公司经理 官志刚
湘运集团祁东公司书记 蔡春红
祁东火车站站长 曾小明
祁东火车站书记 钱常青
教育局局长 唐德鸿
教育督导室主任 刘琳
祁东一中校长 付三元
总支书 陈吉光
祁东二中校长 匡宗春
总支书 李德宝
育贤中学校长 贺安生
书记 邓松柏
职业中专校长 唐卫民
总支书 江佰顺
教师进修学校校长 周所有
总支书 陈红光
卫生局局长 陈玲
建设局局长 郝前景
规划局局长 赵时平
房地产局局长 吕华明
人防办主任 张瑜
人口和计划生育局局长 陈玲
审计局局长 王君辉
洪桥街道办事处书记 陈慧忠
主任 陈琼
玉合街道办事处书记 陈善东
永昌街道办事处书记 雷发明
主任 周超平
白鹤铺街道办事处书记 刘卫华
主任 肖湘东
金桥镇书记 邹凌云
乌江镇书记 肖海军
镇长 李伟成
粮市镇书记 段红卫
镇长 刘康柏
河洲镇书记 陈学军

| | |
|---|---|
| 镇长 | 彭安华 |
| 归阳镇书记 | 张振宁 |
| 镇长 | 陈梅玉 |
| 过水坪镇书记 | 张　瑛 |
| 镇长 | 李　杰 |
| 双桥镇书记 | 王　绅 |
| 灵官镇书记 | 王志英 |
| 镇长 | 高建军 |
| 风石堰镇书记 | 龙新林 |
| 镇长 | 王盛华 |
| 白地市镇书记 | 陈一江 |
| 镇长 | 郝建明 |
| 黄土铺镇书记 | 肖　轲 |
| 镇长 | 周志杰 |
| 石亭子镇书记 | 刘红卫 |
| 镇长 | 丁国顺 |
| 官家嘴镇书记 | 彭应军 |
| 镇长 | 张　峰 |
| 步云桥镇书记 | 彭中华 |
| 镇长 | 龙振华 |
| 砖塘镇书记 | 王克强 |
| 镇长 | 刘文勇 |
| 蒋家桥镇书记 | 旷湘奇 |
| 镇长 | 肖旭东 |
| 太和堂镇书记 | 严衡阳 |
| 镇长 | 陈　鹏 |
| 马杜桥乡书记 | 李兴成 |
| 乡长 | 曾小卫 |
| 风歧坪乡书记 | 谭朝晖 |
| 乡长 | 彭双娣 |
| 城连墟乡书记 | 肖巍峰 |
| 乡长 | 周　波 |
| 四明山国家森林公园管理处书记 | 郝迪林 |
| 主任 | 段海桥 |

（徐文成）

## 常宁市

【地理、区划与人口】　常宁位于衡阳市西部，湘江中游南岸。2015年，常宁市辖18个乡镇、3个街道办事处。土地总面积2046.6平方千米。年末常住人口83.44万，其中城镇人口39.61万人，城镇化率47.5%。人口出生率12.5‰，自然增长率6.06‰。年内气温最高37.2℃，最低0.4℃。年降水量1761.2毫米。

【经济总量】　地区生产总值269.60亿元，增长9.0%。其中，第一产业增加值47.26亿元，增长3.8%；第二产业增加值108.88亿元，增长6.4%；第三产业增加值113.46亿元，增长14.2%。全市三次产业比为17.5∶40.4∶42.1。完成财政总收入16.31亿元，增长15.6%。其中，一般预算收入12.72亿元，增长17.9%。社会固定资产投资160.84亿元，增长19.7%。社会消费品零售总额80.05亿元，增长10.7%。金融机构存、贷款余额分别为205.35亿元、81.85亿元，分别增长17.3%、25.4%。城镇和农村居民人均可支配收入分别为25314元、12812元，分别增长8.9%、9.1%。2015年，在全省全面建成小康社会考核中，位于全省经济强县第16位。

【工业】　全力推进以金铜项目为龙头的重大产业项目。金翼铅业年产10万吨粗铅和处理30万吨铅酸蓄电池生产线即将安装设备，投产后年产值过20亿元，利税上亿元；一品新能源年产40万吨新型甲醇燃料项目正建设厂房，年产10万吨聚氨酯树脂生产线正进行规划设计；华兴冶化、宏兴化工、大宇锌业即将竣工试产，较搬迁入园前产能将扩大一倍以上；鸿博稀土抛光粉厂、北高峰碳酸钙等项目加快推进。水口山经开区新园路加快提质，双园路、冶金路和五矿路加紧建设，水、电、气、讯等设施不断完善。“135”创新创业工程扎实推进，新建标准厂房16万平米。在经开区内设立铜压延加工创新创业园区和化工园区。宜阳工业园调规扩园，引进隆源科技、喜宝鞋业、宝峰板材等项目31个。争取国家专项建设债券11.28亿元，争资总额居全省前列。金融机构新增各类贷款16亿元。强化用地保障，争取低丘缓坡专项指标113公顷。

【农业】　产业效益稳步提升。播种粮食7.9万公顷，出栏生猪126.2万头。新造油茶林2667公顷，年产茶油5000余吨；种植油菜2667公顷；种植烤烟1867公顷，收购烟叶7.33万担；新建及改建生态有机茶园333公顷，塔山山岚茶获省茶博会金奖。农业基础全面夯实。广济水库加紧修建大坝，白甫水库正在修建坝基，五龙山水库获国家专项建设债券支持，126座小二型水库除险加固工程即将完成。规模经营不断壮大。流转耕地29133公顷、林地35066公顷。积极培育新型农业经营主体，发展专业种养大户442户、农业专业合作社106个、家庭农场19家，规模以上农产品加工企业45家。

【城乡建设】　实施交通会战，省

道214线水口山至城区段改建工程建成通车，县乡道路全面维修改造，青市车站完成主体工程。加快市政提质，泉峰东路、常荫路改造项目竣工，砚池山公园、南门湖城市综合体建设稳步推进，歌剧院建成启用。衡阳至水口山天然气管道基本建成。推进电力升级，胜桥35千伏变电站建成投入使用，城北110千伏变电站、新洲35千伏变电站加快建设。城乡管理持续加强。强力开展“控违拆违”，违建乱建行为得到遏制；推进“四城同创”，深入开展城乡同治，推行环卫保洁市场化运作，加强网格化管理，取缔南门马路市场，城市形象稳步提升。生态环境切实改善。36个纳入省考核的重点治理项目全面建成。节能减排任务圆满完成。加强矿区生态环境恢复治理和水源涵养地保护，河道采砂得到规范。城乡绿化攻坚成效明显，完成裸露山地造林2000公顷，人工造林4667公顷。

【改革创新】 政府机构改革基本完成，政府工作部门精简到24个。加快职能转变，取消非行政许可审批事项，发布“权力清单、责任清单”，政府部门行政职权减少358项。“12345”政府服务热线开通运行。加快投融资平台建设，做实城乡投，年内融资近10亿元，收储土地66.7公顷，组建水口山投、环保投、交通投、水务投、农业投、宜阳工业园投等公司，投融资能力大幅增强。各项改革持续深化。财政预算管理、国库集中支付和政府采购管理改革深入推进。县级公立医院综合改革完成。农村土地承包经营权确权登记加紧实施。弥泉国有林场改革通过省验收。不动产统一登记工作有序开展。阶梯式水价改革稳步实施。商事登记制度改革扎实推进。企业改制加快扫尾。

【民生事业】 民生保障不断提升。五大保险覆盖城乡，机关事业单位养老保险制度改革和全民参保登记稳步推进，企业退休人员基本养老金实现“十一连调”，城乡居民养老保险工作连续五年评为省先进。城乡低保实现应保尽保，人均月补差标准分别提高到260.6元、127元。办好重点民生实事。完成16处安全饮水工程；新建通村公路27.5千米；建成1000套公租房、386套棚改房，改造农村危房700户，启动建设幸福老年公寓；水口山民生保障居民搬迁工程拆除房屋200余户，正在建设安置房。底线工作不断加强。严守安全生产底线，全年没有发生较大以上安全生产事故。畅通群众诉求渠道，信访形势总体平稳。深入推进平安创建，开展政法干警和机关干部职工夜间巡逻，加强超载超限治理、金融风险防范等工作，社会大局平安稳定。社会事业不断发展。城区新增中小学学位2000余个，尚宇学校开工建设，农村合格学校和标准化学校建设扎实推进。中医院医疗综合大楼即将交付使用，新增床位300余张。人民医院扩建工程完成征地拆迁，建成后可增加床位1500张。“文化惠民”工程深入实施，广播“村村响”经验在全省推介。新农村建设、扶贫开发工作评为省先进。办理人大代表议案、建议224件，办理政协提案161件。

【金铜项目主工艺关键设备试车】 总投资30亿元的金铜项目一期工程将如期建成，本级财政累计配套投入8.6亿元，完成169公顷用地报批与土地平整，搬迁居民927户，主工艺关键设备完成试车。建成后，年产值60.96亿元，利税3.46亿元，工业经济增添活力。

【水口山经开区成功升级】 经过层层评选，水口山经开区在全国29个园区评比中名列前茅，成功获批国家循环化改造示范试点园区，成为衡阳市第二家“国字号”的工业园区。

【城市一环全线贯通】 投资11.77亿元、长13.6千米的城市一环道路通过多方努力，终于全线贯通，城市骨架全面拉开，城市交通大为改善。

【合乡并村工作全省领先】 率先完成4个乡镇和1个办事处的撤并工作，全市行政村由707个减少到367个，社区由61个减少到41个，超额完成任务，成为全省第一个完成合乡并村的县（市）。

【湘江保护和治理工作卓有成效】 扎实推进湘江保护治理“一号重点工程”，重点整治水口山重金属污染，水口山湘江水质由五类变为三类，区域环境质量明显好转，工作经验得到省、市的充分肯定并大力推介。

**【民生安置打破常规】** 改变传统做法，终止“以地安置、统规自建”，大力推行“以房安置、统规统建”，提高安置效率，集约节约用地，水口山民生保障居民搬迁工程迈出关键性的第一步，并逐步在全市推行。

## 县委、人大、政府、政协领导名录

中共常宁市委员会
书　记　曾义国
副书记　李　涛　邹　锟
常　委　刘启宏　刘　军
　　　　周晓侣　唐奇林
　　　　谌惠渝（女）
　　　　张　斌　刘国荣
　　　　李　骥（挂职）
　　　　陈苏杭
常宁市人大常委会
主　任　李新华
副主任　贺幸禄　唐高峰
　　　　彭芳楠　王一花（女）
　　　　肖孝慈
常宁市人民政府
市　长　李　涛
副市长　刘启宏　刘国荣
　　　　李　骥（挂职）
　　　　黎才发　阳　青
　　　　段政文　周丽华（女）
　　　　郭松青　张　昕
　　　　蒋　隽（挂职）
政协常宁市委员会
主　席　王若君
副主席　肖荣望
　　　　谭云峰　吴之初
　　　　郭云全
　　　　盘　芳（女，瑶族）

## 市行政企事业单位负责人

| | |
|---|---|
| 政法委书记 | 刘　军 |
| 组织部部长、统战部部长 | 周晓侣 |
| 宣传部部长 | 谌惠渝 |
| 市委办主任 | 张　斌 |
| 人武部部长 | 谭盾钢 |
| 纪律检查委员会书记 | 唐奇林 |
| 法院院长 | 陈鸿煦 |
| 检察院检察长 | 宋顺武 |
| 人大办公室主任 | 赵桂文 |
| 政协办公室主任 | 江月华 |
| 保密局局长 | 李运喜 |
| 机要局局长 | 徐富胜 |
| 市委、市政府接待处主任 | 朱俊清 |
| 档案局局长 | 姚小明 |
| 党史室主任 | 廖爱国 |
| 党校校长 | 曾小春 |
| 机构编制办公室主任 | 汪　华 |
| 老干局局长 | 唐贵琳 |
| 总工会主席 | 何　军 |
| 妇联主席 | 刘晓梅 |
| 科协主席 | 唐高峰 |
| 工商业联合会主席 | 盘　芳 |
| 常宁报社社长 | 王学辉 |
| 残疾人联合会理事长 | 周建新 |
| 政府办公室主任 | 梁宇琦 |
| 监察局局长 | 刘国生 |
| 公安局局长 | 段政文 |
| 司法局局长 | 周晓华 |
| 民政局局长 | 肖卫东 |
| 发展和改革局局长 | 王经余 |
| 经济科技和信息化局局长 | 刘文春 |
| 教育局局长 | 封红伟 |
| 国土资源局局长 | 颜　青 |
| 人力资源和社会保障局局长 | 罗更生 |
| 交通运输和旅游局局长 | 张志斌 |
| 商务和粮食局局长 | 张建军 |
| 财政局局长 | 滕　文 |
| 农业局局长 | 郭文峰 |
| 林业局局长 | 谢金山 |
| 水利局局长 | 雷荣华 |
| 住房和城乡建设局局长 | 邓耀龙 |
| 文体广电新闻出版局局长 | 邹求荣 |
| 卫生和计划生育局局长 | 雷青元 |
| 审计局局长 | 詹先辉 |
| 环境保护局局长 | 吕秋明 |
| 统计局局长 | 唐　彬 |
| 安全生产监督局局长 | 许智维 |
| 人民防空办公室主任 | 尹国文 |
| 法制办公室主任 | 王　颂 |
| 市场和质量监督管理局局长 | 段曙辉 |
| 移民开发局局长 | 邓承华 |
| 供销社主任 | 段晓宏 |
| 城市管理行政执法局局长 | 雷知生 |
| 公共资源交易中心主任 | 刘荣辉 |
| 电子政务管理办公室主任 | 刘伟华 |
| 金融办主任 | 谭炎文 |
| 政务服务中心主任 | 刘振华 |
| 天堂山国家森林公园管理处主任 | 谢小平 |
| 农业开发办公室主任 | 黄小南 |
| 公路管理局局长 | 李国儒 |
| 畜牧水产局局长 | 刘志刚 |
| 农业机械管理局局长 | 唐雍钧 |
| 农村经营服务中心主任 | 盘玖余 |
| 国有资产管理中心 | 郭云全 |
| 广播电视台台长 | 吴岳清 |
| 城市公共交通管理处 | 刘建国 |
| 信访局局长 | 段　骁 |
| 城乡规划局局长 | 阳　磊 |
| 房产管理局局长 | 欧秋生 |
| 水口山公安分局局长 | 李云龙 |
| 城市建设投资管理办公室主任 | 李东徽 |
| 优化经济发展环境办公室主任 | 秦源生 |

老龄办主任 宁丽艳
自来水公司经理 邹少文
交警大队大队长 崔琼璋
消防大队大队长 黄铸斌
商业总公司总经理 彭秋桂
轻工业总公司总经理 陈海华
水口山经济开发区党工委书记 蒋渝阳
主任 尹建恒
宜阳工业园管委会党工委书记 刘云华
主任 邓珂
大义山自然保护区管理局 李亚东
油茶办主任 何万裕
市场服务中心 胡铁军
烟叶生产办公室主任 管至善
洋泉水库管理局局长 谢爱平
城市建设开发总公司 邹胜
瓦松铁路专线建设投资管理处 何志雄
投资促进事务中心主任 段全良
粮食服务中心主任 段利圭
建设工程质量安全监督管理站站长 刘四成
一中校长 肖贻华
二中校长 易昕
教师进修学校校长 滕仲春
常宁职专学校校长 郝绍华
三中校长 张永康
爱卫办主任 尹艺瑛
人民医院院长 刘志坚
中医院院长 邓芳文
妇幼保健院院长 胡凡
城乡投 郭雄
水务投 邹少文
环保投 吴良忠
交通投 陈开宝
农业投 黄建国
水口山投 蒋渝阳
宜阳工业园投 刘云华
气象局局长 宾素芝
电力局局长 彭坚
地税局局长 陈全红
国税局局长 欧阳成
邮政局局长 肖永红
电信局局长 邓卫民
移动公司经理 李晖
联通公司经理 何军
烟草局局长 唐海峰
国家统计局常宁调查队队长 彭运瑞
住房公积金管理中心常宁管理部主任 杨伫风
盐务局局长 李晓衡
新华书店经理 张文霞
人民银行常宁支行行长 张向东
工商银行水口山支行行长 石剑平
工商银行常宁支行行长 汪革
农业银行常宁支行行长 胡炜
建设银行常宁支行行长 周足意
中国银行常宁支行行长 梁先耀
农业发展银行常宁支行行长 李爱民
农村商业银行董事长 黄敦福
邮政储蓄银行行长 李小林
珠江村镇银行行长 车铭
华融湘江银行行长 万慕辉
财产保险公司常宁支公司经理 杨明
人寿保险公司常宁支公司经理 周谢宝
宜阳街道办事处党工委书记 周林文
主任 唐成
培元街道办事处党工委书记 罗格文
主任 刘劲松
泉峰街道办事处党工委书记 曹行贻
主任 李芳林
水口山镇党工委书记 彭文忠
主任 刘政兵
水口山铅锌矿社区主任 唐百才
柏坊铜矿社区主任 梁武钢
天堂山风景名胜管理处党工委书记 彭益玲
主任 李尤生
白沙镇书记 邓清华
镇长 雷金荣
洋泉镇书记 彭旭大
镇长 刘朝阳
宜潭乡片区服务中心主任 刘向阳
副主任 张明武
兰江乡书记 彭评
副书记 邓运香
三角塘镇书记 雷发清
镇长 周晓芳
柏坊镇书记 张晓军
镇长 谢春桂
蓬塘乡书记 颜晓曦
乡长 阳韶清
烟洲镇书记 袁立明
镇长 李平
荫田镇书记 阳宏斌
镇长 刘扬来
西岭镇书记 詹辉云
镇长 周志强
盐湖镇片区服务中心主任 刘清河
副主任 刘新华
罗桥镇书记 彭晓洪
镇长 汪珀
庙前镇副书记 彭国喜
镇长 张涛

| | |
|---|---|
| 弥泉林场场长 | 陈辉华 |
| 板桥镇书记 | 刘湛艳 |
| 镇长 | 段　立 |
| 胜桥镇书记 | 王志华 |
| 镇长 | 张良相 |
| 塔山瑶族乡书记 | 彭小冬 |
| 乡长 | 盘凤成 |
| 官岭镇书记 | 易泽忠 |
| 镇长 | 周　泉 |
| 新河镇书记 | 邓志军 |
| 镇长 | 刘卫菊 |
| 大堡乡书记 | 王元成 |
| 乡长 | 吴瑞嵘 |
| 江河片区服务中心主任 | 张静扬 |
| 副主任 | 欧伯春 |

（吴　豪　李　乐）

## 耒阳市

【地理、区划与人口】　耒阳位于湖南省东南部，衡阳盆地南端，五岭山脉北面，东北邻安仁县，东南及南面连永兴县，西南角接桂阳县，西临舂陵水与常宁市隔河相望，北界衡南县。地处北纬26°08′~26°43′，东经112°38′~113°13′。南北长62千米，东西宽58千米，成不规则菱形。面积2656平方千米，占全省面积1.26%。全市辖1个正处级开发区、31个乡镇、5个街道办事处。年末常住人口总户数34.44万户，总人口118.32万人。其中，男性61.08万人，女性为57.24万人；农村人口61.39万人，城镇人口56.93万人；城镇化率达48.12%。全年出生人口1.85万人，出生率12.81‰；死亡率5.57‰；人口自然增长率7.24‰；出生人口性别比为106。

【经济总量】　2015年，耒阳市实现地区生产总值（GDP）389.95亿元，按可比价格计算，增长8.4%。其中，第一产业实现增加值62.84亿元，增长3.5%；第二产业实现增加值146.67亿元，增长5.4%；第三产业实现增加值180.44亿元，增长13%。第一、二、三产业对全市经济增长贡献率分别为6.2%、27.5%、66.3%，分别拉动全市GDP增长0.5、2.3、5.6个百分点。按平均常住人口计算，人均地区生产总值33069元，增长7.7%。全市三次产业比为16.1、37.6、46.3。与2014年相比，第一、二产业占比分别下降0.1、3.1个百分点，第三产业占比提高3.2个百分点。其中，工业增加值占GDP比重为36.8%，对经济增长贡献率达26.7%，拉动GDP增长2.2个百分点。

【农业】　2015年，全市农作物总播种面积156.83千公顷，增长1%；粮食作物播种面积89.39千公顷，增长0.3%；油料种植面积34.56千公顷，增长2.7%；蔬菜种植面积20.59千公顷，增长0.5%。粮食总产量51.95万吨，增长1.4%；出栏肉猪140.55万头，下降1.3%；出栏牛3.71万头，增长2.7%；出栏羊4.11万头，增长2.4%；出笼家禽1969.62万羽，增长6.7%；水产品产量31625万吨，增长4.3%。全市新增农民专业合作社104个，总计有农民专业合作社501个，其中国家级专业合作示范组织3个，省级专业合作示范组织6个，农民专业合作社成员9252人。全市共有家庭农场289家，新增家庭农场130家。全市完成中型水库和72座小二型水库除险加固。耒水泗门洲右岸保护圈治理工程、耒水大市保护圈治理工程。新建68处农村饮水安全工程，解决饮水不安全人口84969人。加强小型农田水利建设，年末，农业机械总动力85.2万千瓦，增长7.9%。

【工业和建筑业】　2015年，全市工业增加值为143.38亿元，增长5.3%。其中规模工业增加值增长5.3%；规下工业增加值增长5.6%。出口交货值为5.83亿元，增长55.6%。在规模工业中，园区规模工业增加值为30.75亿元，占全市规模工业比重达42.5%。全市规模工业实现产销率99.83%，提高0.01个百分点。新产品产值17.65亿元，增长113.5%。全市规模工业实现主营业务收入257.16亿元，下降22.5%；实现利润总额19.44亿元，下降8.2%。吸纳从业人员4.4万人。全市建筑业总产值6.86亿元，增长8.54%；全市建筑业增加值3.3亿元，增长9.3%。房屋建筑施工面积173.99万平方米，增长12.55%；房屋建筑竣工面积45.42万平方米，增长21.93%。

【固定资产投资】　2015年，全市完成固定资产投资351.44亿元，增长19.5%。其中，城镇固定资产投资343.74亿元，增长20%。全市房地产投资完成7.7亿元，增长1.2%。商品房销售面积23.65万平方米，增长15.6%。全市工业固定资产投资163.01亿元，下降10%。工业投资占固定资产投资的比重为46%，下降15.21个百分点。

【国内贸易和物价】 2015年，全市社会消费品零售总额113.9亿元，增长12.5%。其中，限额以上企业商品零售额14.53亿元，增长12%。居民消费价格总水平上涨0.6%，商品零售价格指数下降0.3%。分类别比较，全年食品价格上涨2%，烟酒类上涨4%，衣着上涨2%，家庭设备用品及维修服务下降1%，医疗保健和个人用品上涨3.6%，交通和通信下降3.3%，娱乐教育文化用品及服务下降0.3%，居住下降1.8%。

【对外经济和旅游】 2015年，全市引进产业项目135个，实际到位内外资金33.6亿元，引进过亿元项目6个，其中投资过5亿元的有湖南建工、湖湘商贸流通再造等3个。全年储备项目1141个，深度开发400个，向上申报项目47个。安排重点项目151个，实际开工117个，其中衡阳市重点项目全部开工，完成投资62.4亿元。蔡伦竹海成功创建为国家AAAA级景区，通往蔡伦竹海的公黄旅游专线正式通车。耒水国家湿地公园成功获批，园区道路、鸟类博物馆和观鸟台建设全面推进。全市实现国内旅游总收入50.64亿元，增长11.8%；接待游客645.01万人次，增长12.8%，其中：过夜游客415.31万人次，增长10.1%；一日游游客229.7万人次，增长16.4%。

【交通和邮电】 2015年，全市民用车辆拥有量达到12.26万辆，其中民用汽车为5.12万辆。全年交通运输、仓储和邮政业完成增加值32.9亿元，同比下降0.02%。全年各种方式完成客运周转量6.04亿人千米，增长8.75%。全市公路线路年末里程4400千米。全年完成电信业务总量3.36亿元，比2014年增长58.5%。年末，固定电话用户10.3万户，移动电话用户53.7万户，互联网宽带用户数8.67万户。

【财政、金融和保险】 2015年，全市财政总收入25.55亿元，增长18.88%；其中，一般预算收入18.3亿元，增长22.03%。税收收入为15.36亿元，占总收入的60.11%。一般预算支出55.19亿元，增长32.3%。年末，耒阳金融机构本外币各项存款余额为296.32亿元，比年初增加45.29亿元，其中人民币各项存款余额291.92亿元，比年初净增44.18亿元，增长16.34%。其中，个人存款余额为229.44亿元，比年初增加25.08亿元，增长12.21%；单位存款余额为62.36亿元，比年初增加19.12亿元，增长5.5%。全市金融机构各项贷款余额为108.5亿元，比年初增加9.56亿元，增长9.66%。2015年发行7亿元城投债、12亿元城市地下综合管廊专项债券。年末全市存贷比为37.17%。全市商业保险保费收入达4.24亿元。其中，财产险保费收入2.24亿元，同比增长14.98%；赔款支出1.26亿元，赔付率为56.4%。人身险收入2亿元，增长16.96%。

【教育和科学技术】 2015年，全市有各类基础教育学校（园）710所，其中，幼儿园291所，义务教育学校409所，高中学校8所，特殊学校2所。有在校学生人数23.41万人，其中普通中学在校学生7.4万人，普通小学在校学生10.99万人，在园幼儿5.02万人，特殊学校在校学生169人。全年新增学位1260个、创建合格学校37所，新改建校舍16530平方米，消除危房校舍3740平方米。教育质量稳步提升，高考二本以上上线1891人；高二学业水平正考一次性合格率78.99%。全市完成高新技术产业产值171.83亿元，实现高新技术产品增加值46.45亿元，同比增长28.4%，占全市GDP比例11.91%。是年新增22家家高新技术企业，向科技部、省厅和衡阳市局申报项目17个，立项4个；共申请专利656件（发明专利237件、实用新型277件、外观设计142件）。

【文化、卫生和体育】 2015年，全市有影剧院4个，公共图书馆1个，博物馆、纪念馆3个，广播电台1座，电视台4台，乡镇综合文化站31，农家书屋625个。启动耒阳市“两馆一中心”（图书馆、文化馆、青少年活动中心）项目建设。年内，组织开展各类群众文化活动200余次，其中举办承办大型群众文化活动20余次，指导、协助开展各类文化活动130余次，组织开展送戏下乡惠民演出50场次。成功申报坛下乡铜锣手工制作技艺为省级非遗保护项目。顺利召开全省文物保护利用全民共享现场经验交流会。完成广播电视村村通安装8515户，广播电视综合覆盖率达99.9%，有线电视用户达11.3万户。全市有各类卫生机构717个，其中医院27个（二级医院4个、一级医院14个、专科医院9个）、卫生院（分院）44个、疾控中心1个、社区卫生服务中心5个、村卫生室639个。有卫生技术人员4989人，其中执业医师1268人，执业助理医师2012人，注册护士1682人。医院、卫生院有床位4822张。

全市完成100个行政村农民体育健身工程项目和20多个送体育下乡建设项目，为行政村免费配备篮球架一套和乒乓球台两个，免费配送健身器材200多件，全市新增体育场地面积58万平方米，人均体育面积达到1.87平方米。全年总计举办和承办各级各类群众性体育活动200多次，其中大型体育活动赛事13场次。参加衡阳市十运会，荣获142枚金牌、48枚银牌、19枚铜牌，成绩位居各县市前列，并囊括包括"综合总分"在类的全部8个奖项。摔跤、网球两个项目成功通过湖南省体育后备人才"四强"（强县、强校、强项、强人）工程创建认证。被湖南省体育局授予"湖南省体育后备人才重点县"称号。

【城乡建设】 2015年，全市城市面积49.65平方千米。其中，建成区面积44.8平方千米。自来水用水户数达3.84万户；供水总量达1780万立方米；供天然气总量9.78万立方米；城市污水处理量达860万立方米。城市绿地面积达1418公顷。城市垃圾无害化处理量达20.35万吨。启动马阜岭公园、樟隍岭公园、南岭仙公园、沿江北路风光带建设，拉通金阳东路、群英南路等多条主干道，武岭路、武园路建设进展顺利，耒阳大道东段顺利竣工通车，城市道路长度达286.2千米。完成南北正街、迎宾大道、107国道城区段提质改造，德泰隆路、金阳东路等七条主干道的提质改造工程顺利推进。城市拆违8.1万平方米，城区新增绿地面积241万平方米。全面启动"创建园林城市，打造森林耒阳"三年绿化行动，全市共新造林11133公顷，补植补造7867公顷，完成通道绿化1090千米，森林覆盖率达45.81%。加快小城镇建设，市财政每年安排奖补资金2000万元。新市、小水、公平等8个乡镇小城镇建设进展顺利，43个"美丽乡村"示范点建设扎实推进，其中水西村、被塘村、柏马村、大金村被评为"全省美丽乡村建设示范村"。2015年，在衡阳率先将公租住房延伸至乡镇，26个乡镇新建公租住房，农村危房改造完成6400户。

【环境和安全生产】 2015年，推进城市综合管理集中整治，重点开展乱象整治，取缔沿江路耒河边夜宵摊点和城区马路市场。扎实做好日常清扫保洁和垃圾管理，启动生活垃圾焚烧发电项目，城区垃圾无害化处理率100%。主要污染物排放总量及削减率为：二氧化硫排放量为9221吨，削减率为0.02%；氮氧化物排放量为15857吨，削减率为40.3%。化学需氧量排放20605吨，削减率为37.77%；氨氮排放量2554吨，削减率为12.66%。2015年，全市发生各类生产安全事故9起，死亡2人，受伤2人，直接经济损失151.08万元。分别下降55%、60%、66.7%、57%。其中，工矿商贸共发生事故2起，死亡2人；道路交通共发生事故4起，死亡2人；消防火灾共发生事故3起，无伤亡人员。安全生产形势较好，连续3年被评为"省安全生产先进市"。

【人民生活和社会保障】 2015年，全市民生支出达47.27亿元，占财政总支出的81%。白洋渡污水处理厂、耒阳大桥、鹿岐峰大桥等一批民生项目相继启动或建成。全市人均城乡居民收入21254元，其中城镇居民人均可支配收入27087元，增长8.5%；农村居民人均可支配收入16138元，增长8.7%。居民家庭消费总支出13054元。2015年，全市参加机关事业单位养老保险的人数为3.55万人，企业单位参加养老保险人数6.12万人。城乡居民养老保险参保人数达到66.36万人，发放人数15.96万人。参加城镇职工医疗保险参保人数7.856万人，城镇居民基本医疗保险人数

7.88万人。农村合作医疗参保人数110.418万人，参合率为97.5%。城镇居民最低生活保障人数11276人，农村居民最低生活保障人数50719人。全年新增城镇就业10265人，失业人员再就业5914人，就业困难人员再就业1873人，农村劳动力转移就业11800人，零就业家庭动态援助率实现100%。2015年，全市实施精准扶贫，减少贫困人口10449人。

【深化改革】 2015年，耒阳严格按照上级工作部署，扎实推进9大类44项重点领域改革，政府机构改革、合乡并村、公立医院改革、财税体制改革、国有企业改制、医疗保险制度并轨、纪律检查体制机制等已基本完成，商事制度、民主法制、文化体制、司法体制、社会体制等领域改革进展顺利。同时，坚持以改革先行先试抢占发展先机，在金融服务、综合行政执法、省直管县、干部执行力等领域大胆探索。金融服务“三农”试点工作经验获得中央电视台、《人民日报》等媒体推介及衡阳市现场会专题推广。

【加强执行力和廉政建设】 2015年，以“三严三实”专题教育为契机，继续推进作风建设和执行力建设，把工作执行力作为市委、市政府“一号工程”来部署推动，在全省率先出台《关于切实提高行政执行力的决定》，决定规定，没有特殊原因、未按要求完成工作任务的，第一次进行诫勉谈话，第二次一律责令辞职或免职。至年底，22个单位因工作落实不力被全市通报批评，54名责任人被诫勉谈话或停职。严格落实“两个责任”，严格干部作风，严格案件查处。全年查办违纪违法案件240件，占衡阳市15.4%，在全市形成惩治腐败的高压态势和强大震慑。

【优化发展环境】 2015年，按照“点要深挖、面要扩大、介入要提前、防范要加强、处罚要顶格”要求，以霹雳手段查处破坏经济环境案件158起，涉案资金2.3亿元。针对教育实践活动和“三严三实”活动反映的突出问题，通过实施问题倒逼销号管理、“整改面对面”电视问政、“耒阳百姓论坛”、下发《书记督办专函》《市长督办令》等措施，有效推动文山会海、超标配备公车和办公用房、公款送礼、公款吃喝、机关作风“庸懒散”等问题的整改，共查处党员干部参赌涉赌、违规操办酒席、公款吃请送礼、设立小金库等案件32起40人，查处公车私用案件13起，清理在编不在岗153人、“吃空饷”290人。

【社会治安综合治理】 2015年，耒阳全面实施阳光信访、网上信访、逐级信访，严格落实“定点接访、重点约访、专题接访、带案下访和领导包案”的“四访一包”制度，继续开展“政法干警联村促矛盾纠纷化解，机关干部联村促民生实事办理，乡镇干部联村促村级经济发展”为主要内容的“三联三促”活动。深入推进禁毒会战、“网络扫毒”、打黑除恶等专项行动，社会治安状况持续好转，群众安全感进一步提升，下半年全省综治民调排名耒阳上升到26位。

【存在问题和困难】 一是转型发展压力空前，煤炭行业下行趋势短期内难以改变，新的支柱产业尚未培育成形，财政收支压力大；二是民生改善任务繁重，城乡发展仍不够均衡，涉及群众切身利益的就业、就学、就医、住房、人居环境等问题尚未得到根本解决；三是改革开放任重道远，影响发展的体制机制障碍仍然比较多，发展环境仍有待进一步优化。四是作风建设仍需加强，少数干部思想不够解放、作风不够扎实，缺乏担当精神和争先意识。

## 市委、人大、政府、政协领导名录

中共耒阳市委员会

书　记　彭玉明

副书记　刘革生　李向阳

常　委　管林立　黎家能　段晓赛　张东辉　李　云　汪　军　刘华文

耒阳市人大常委会

主　任　熊国华

副主任　曾阳生　曹晓江　资　雷　刘菊香(女)　徐进先

耒阳市人民政府

市　长　刘革生

副市长　段晓赛　张东辉　谭志锋　黄扬波　李兴武　江方敏　王　卿(女)

何　畅(女、挂职)

政协耒阳市委员会

主　席　李学玲(女)

副主席　罗才国　陈　飞

曾祥礼

刘　英(女,兼)

邓俊义(兼)

伍检告(兼)

## 市行政企事业单位负责人

纪律检查委员会书记　管林立

市委办公室主任　李　云

组织部部长　刘华文

开发区工委书记　雷德芽

人民法院院长　刘卫华

政法委书记　黎家能

人武部部长　汪　军

统战部部长　刘华文

开发区主任　谷文仕

人民检察院检察长　左才轩

市委、市人民政府接待处处长　段　毅

市委应急管理办主任　王　芳

信访局局长　文昌金

档案局局长梁春林老干局局长　曾晓秋

总工会主席　罗育锋

工商联主席　刘菊香

台办主任　谭诗华

政府办主任　李春生

城镇工作办主任　张小勇

重点办主任　李建军

烤烟办主任　肖秀文

采煤沉陷治理办主任　刘又春

发展和改革局局长　黄小平

教育局局长　阳华耕

公安局政委　方雨平

民政局局长　尹坤庚

财政局局长　李连飞

国土资源局局长　曹洲文

竹海办党工委书记、主任　罗茵芾

市委、市人民政府警卫处处长　陈宏国

史志办主任　郑久芳

编办主任　徐冬开

市委党校校长　唐秋成

团市委书记　邓　雅

科协主席　欧阳毅

侨联主席　邓小凤

法制办主任　伍琦伟

政府督查室主任　张海峰

金融办主任　罗国利

电子政务管理办主任　徐玉成

政务中心主任　邓惠远

经济科技和信息化局局长　梁贱芽

公安局局长　谭志锋

监察局局长　阳发云

司法局局长　肖熙仁

人力资源和社会保障局局长　钟文光

住房和城建设局局长　陈　宁

交通运输和旅游局局长　罗锡钢

水利局局长　贺　斌

商务和粮食局局长　伍检告

卫生和计划生育句局长　曾群利

环保句局长　李清河

安全生产监督管理局局长　邓洪元

城乡规划局局长　徐　璞

公共资源交易中心主任　蒋志红

残联理事长　杨松青

欧阳海灌区管理所所长　段诗扬

畜牧水产局局长　欧阳建

农开办主任　李选武

中心主任　陈清华

企业改制服务中心主任　刘功才

煤炭局局长　段甘霖

房产局局长　谷　峰

文联主席　周少鸣

红十字会常务副会长　李林玉

第三人民医院院长　李小保

疾控中心主任　肖龙成

妇幼保健院院长　罗秋生

教师进修学校校长　曾　华

一中校长　曹飞跃

城市和农村建设投资有限公司董事长　周后卫

耒水国家湿地公园管理局局长　何孝任

大市循环经济产业园管委会主任　谭爱民

交通水利建设投资有限公司总经理　刘洪全

农业局局长　周全星

林业局局长　刘　凡

商务和粮食局局长　伍检告

卫生和计划生育局局长　曾群利

环保局局长　李清河

安全生产监督管理局局长　邓洪元

城乡规划局局长　徐　璞

文体广电新闻出版局局长　李乙平

审计局局长　谭红平

统计局局长　谢东平

市场和质量监督管理局局长　徐　坚

人民防空办公室主任　彭校安

国有资产管理中心主任　刘　刚

矿产品税费征收管理局局长　周绍武

移民局局长　陈文胜

农机局局长　张为猛

农村经营服务中心主任　陈平海

贸促会会长　廖　鹏

供销社理事会主任　陈先华

公路管理局局长　曹爱祖

城管局局长　郭　伟

人民医院院长　黄小都

中医院院长　谷井文

卫生监督所所长　李永进

华书店经理　刘明华

中等职业技术学校校长　李松林

二中校长 邓玉明
五峰仙国有林场场长 梁华生
韶能集团耒阳电力实业有限公司总经理 谷碧成
人大办公室主任 郭兴中
人大内务司法工委主任 毛 轩
人大教工委主任 许梦娟
人大农工委主任 王爱民
人大常委会预算工委主任 曹秋华
人大常委会规范性文件备案审查室主任 王桃古
人大常委会信访室主任 鲁 锋
人大常委会民主与法制研究室主任 邓正华
人大财工委主任 刘文芬
人大城工委主任 唐林辉
人大联工委主任 李志成
政协秘书长办公室主任 梁志雄
政协财经委主任 邓承连
政协文史学习和联络委员会主任 曾祥国
政协提案委主任 刘 谭
政协科教文卫体委主任 刘运力
政协研究室主任 李玉凤
人民银行耒阳市支行行长 李 伟
工商银行耒阳市支行行长 胡志岩
农业银行耒阳市支行行长 陈文仕
建设银行耒阳市支行行长 李海军
城市调查队队长 梁晓红
中国银行耒阳市支行行长 王晓军
农业发展银行耒阳市支行行长 伍楚林
邮政储蓄银行耒阳市支行行长 唐冰梅
农农商银行董事长 蒋生文
人民保险公司耒阳市支公司经理 左齐团
中华保险耒阳市支公司经理 陆 彬
人寿保险公司耒阳市支公司经理 资 勇
平安保险公司耒阳市支公司经理 肖用清
城市调查队队长 梁晓红
国家税务局局长 雷小舟
邮政局局长 郭 胜
盐业公司经理 陆文魁
石油公司经理 廖曼君
电信局局长 徐伟国
电力局局长 艾 伟
地方税务局局长 陈昌君
烟草局局长 罗钢跃
气象局局长 凌 亮
蔡子池街道办事处书记 刘书钟
主任 张海清
灶市街街道办事处书记 刘功文
主任 黄从文
水东江街道办事处书记 陆冬生
主任 谢更碧
五里牌街道办事处书记 罗晓华
主任 郑德任
余庆街道党工委书记 谢淑洪
主任 廖秋林
三架街道党工委书记 邱月乃
主任 张小各
马水镇书记 谢慧荣
镇长 谢小龙
亮源乡书记 李 纬
乡长 刘连乃
新市镇书记 陈晓春
镇长 王清元
遥田镇书记 孙宗兵
镇长 邓立英
大市镇书记 郑洪文
镇长 伍运欢
肥田镇书记 段志雄
镇长 罗育义
永济镇书记 李建安
镇长 陈汉成
哲桥镇镇长 刘建国
坛下乡书记 段华金
乡长 钟林国
大和圩乡书记 欧阳洪研
乡长 刘春梅
东湖圩镇书记 贺光辉
镇长 罗 艺
三都镇书记 匡凌云
镇长 刘 歆
导子镇书记 阳华生
镇长 雷 俊
龙塘镇书记 罗湘池
镇长 刘 硕
夏塘镇书记 曾 伟
镇长 曹 云
大义镇书记 谢廷泉
镇长 贺胜亮
南阳镇镇长 王子菲
小水镇书记 谷文华
镇长 李曙光
公平圩镇书记 刘廷斌
镇长 欧阳辉明
太平圩乡书记 刘仁佺
乡长 刘云贵
黄市镇书记 梁育波
镇长 刘 丰
长坪乡书记 曹江富
乡长 梁淑荣
南京镇书记 陈 鑫
镇长 王解琼
仁义镇书记 刘 旭
镇长 伍永方

（曹启文）

## 南岳区

**【地理、区划与人口】** 南岳区位于衡阳市北部，属国家AAAAA级旅游景区。2015年，乡镇区划调整合乡并村后，南岳区从辖3乡1镇1街道，27个行政村，9个居委会变为辖1乡1镇1街道，18个行政村，7个社区。全区土地总面积181.5平方千米。年末，常住人口数为6.27万人，其中：城镇人口4.32万人，农村人口1.95万人，城市化率68.9%；全年出生人口777人，出生率13‰；死亡人口245人，死亡率4.1‰，人口自然增长率8.9‰。

**【经济总量】** 2015年，南岳区全年实现国内生产总值（GDP）32.1亿元，增长9.6%，其中：第一、二、三产业增加值分别为3.34亿元、3.17亿元、8.66亿元，分别增长4.1%、5.8%、10.8%；三次产业结构从2014年同期的10.5∶10.6∶78.9调整为10.4∶9.9∶79.7。其中，第一、二产业比重分别回落0.1、0.7个百分点，第三产业比重提高0.8个百分点；三次产业对经济增长的贡献率分别为4.2%、6.4%、89.3%，分别拉动经济增长0.4、0.6、8.6个百分点；实现社会消费品零售总额21.74亿元，增长11.9%；金融机构各项存款余额515723万元，贷款余额262002万元，分别增长16.38%和11.6%。

**【旅游产业】** 2015年，南岳区累计接待境内外游客794.98万人次，增长12.6%，其中团队游客76.11万人次，增长8.03%；实现旅游总收入63.45亿元，增长10.68%；实现门票收入3.163亿元，增长3.85%。以国家AAAAA级旅游景区复核为契机，强力整治旅游环境，切实加强行业管理，有效打击欺诈游客行为，全面提升标识标牌、公交站点、果皮箱、公厕、电子门禁系统等基础设施，开通启用12315指挥调度系统，妥善解决牌坊废弃公厕、万寿广场游乐设施、城区违法停车场等历史遗留问题。推进城景区交通秩序综合整治，开通中心景区公交车和城区白龙专线，从严打击非法营运、强占公共停车位等违法违规行为。举办中国南岳第三届千年佛教论坛暨纪念慧思大师诞辰1500周年、湖南省道教协会成立30周年庆典、星空节等活动，注重发挥微信等新媒体作用，在央视推出南岳宣传片，成功列入全省文化旅游特色县域经济重点县区。

**【工业与建筑业】** 2015年，南岳区完成工业增加值18608万元，增长3.9%。全年辖区全部建筑业实现增加值13067万元，增长69.2%。商品房销售面积3.96万平方米，增长-55.8%，其中：现房销售面积1.35万平方米，增长-80.8%，期房销售面积2.61万平方米，增长34.5%。

**【农业】** 2015年，南岳区全年实现农林牧渔业增加值33798万元，增长4.3%。全年粮食播种面积2.56千公顷，油料种植面积0.12千公顷；蔬菜种植面积1.25千公顷。全年粮食产量14953吨，油料产量212吨，蔬菜产量38438吨。全年出栏生猪6.96万头、肉牛0.08万头、肉羊0.25万只、家禽38.8万羽。肉类总产量达5973吨、水产品产量616吨。

**【固定资产投资与项目建设】** 2015年，南岳区固定资产投资29.96亿元，增长20.3%。其中，城镇以上及非农户投资28.19亿元，增长23.4%，房地产开发投资完成1.769亿元，增长-14.9%。全区实施重点项目25个，完成投资13.65亿元。天子山火文化公园征地和天子山南路建设、核心景区道路提质优化、南马线改造路面油化全面完成，共和养老养生园开工建设，大庙东片区改造征地及集体土地上房屋拆迁基本完成，古镇景区提质改造南街片区全面实施，新城西片区3条主干道建成通车，西城区开发进入最后完善阶段，污水处理二期工程投入运行，旅游农业休闲观光园和汉韵文化城正在抓紧推进，南水路（改造）、芙蓉路、水濂路等主干道和武广高铁连接线路基成型，公益性墓地投入使用，城区110千伏高压杆线搬迁入地、大庙消防和电力设施改造完成，龙凤度假村、南岳衡山文艺创作基地、核心景区整治、智慧南岳、兴隆水库水源地保护、教育设施等项目有序推进。方广景区详规已通过区级评审，并与战略合作伙伴签订正式合作协议。

**【财政与金融】** 2015年，全年财政总收入6.16亿元，增长13.36%。其中：上划中央收入4188万元，增长18.94%，上划省级收入2665万元，增长15.72%；一般预算支出总计84012万元，增长17.09%。年末，全区金融机

副主席 旷惠丽(女)
黄至安(女,兼)
邓先平(兼)
旷顺年(兼)

## 区行政企事业单位负责人

纪委书记 胡显西
区委办主任 魏仲文
组织部、统战部部长 胡书伟
宣传部部长 曹时桂
政法委书记 蒋炳炎
人武部部长 蓝曙光
政委 陈历昇
法院院长 龚建民
检察院检察长 王一平
督查室主任 王建林
史志办主任 周岳红
档案局局长 邓辉
机要局局长 旷励
党校校长 陈德荣
机构编制委员会办公室主任 伍中明
老干局局长 刘莅芳
区直机关工委书记 旷汀良
事业单位登记管理局局长 袁敏
政策研究室主任 刘运凯
深改办主任 魏仲文
台办主任 杨岳衡
综治办主任 张小平
防范和处理邪教办主任 刘雄
维稳办主任 张国金
基层党建办主任 易铁长
文明办主任 刘科
新闻办主任 文丽贵
网络新闻宣传管理办主任 陈芳
广播电视台台长 刘金林
书记 赵烨平
人大常委会办公室主任 周和平
人大选举任免联络工委主任 蒋和平
人大教科文卫工委主任 旷文益
人大内务司法工委主任 旷文明
人大财政经济工委主任 胡启华
人大城乡建设、环境与资源保护工作委员会主任 沈正恒
人大信访办公室主任 杨迎春
政府办主任 谭建红
统计局局长 郑警
发展和改革局局长 钟焰
农村局局长 陈铁清
旅游局局长 旷诗泰
商务和经信科技局局长 文祥峰
书记 刘元龙
教育局局长 王明海
民政局局长 邓先平
司法局局长 綦新桂
财政局局长 廖飞鹏
人力资源和社会保障局局长 刘鑫
国土资源局局长 廖红武
住房和城乡建设局局长 刘冬林
交通运输局局长 杨承坤
卫生和计划生育局局长 张志煌
审计局局长 旷国华
环境保护局局长 刘元莲
食品药品监督管理局局长 张天明
监察局局长 尹朝晖
文体广电新闻出版局局长 戴慧玲
城乡规划局局长 赵岳峰
人民防空办公室主任 刘宏新
电子政务管理办公室主任 袁冕
自然保护区管理局局长 杨东亮
书记 尹朝晖
水务移民局局长 何良佐
安全生产监督管理局局长 郭刚毅
文物局局长 胡朝军
民族宗教局局长 赵涛
接待处处长 朱方群
环境卫生管理局局长 易仕南
书记 段成学
行政管理综合执法局局长 何小平
公共资源交易中心主任 曹文球
国有资产管理中心主任 董果扬
政务服务中心主任 周建国
书记 王小刚
信访局局长 赖向阳
公安分局局长 肖文斌
政委 左文华
交警大队队长 李永忠
森林公安局南岳分局局长 唐德顺
政委 刘昌其
房产管理处处长 李勇
书记 刘伟
农村和城市建投资开发有限公司经理 胡融峰
交通建设投资公司经理 唐红军
门票管理处处长 赵和金
书记 唐鸣凤
水濂洞景区管理处处长 陈瑶光
公路管理局局长 何文利
树木园主任 彭珍宝
书记 何逢斌
南岳林场场长 周桂廷
书记 李春辉
景区管理处处长 赵生昭
书记 张安星
景区综合执法大队队长 康培红
南岳区第一中学校长 左传益
书记 曾淑云
实验中学校长 伍泗洋
南岳完小校长 谢小才
书记 罗伶
建筑管理站站长 罗如燕
书记 王卫健
疾病预防控制中心主任 杨小红
妇幼保健院院长 郑湘翅
书记 李静
人民医院院长 郑湘翅
书记 阳艳春

新农村合作医疗管理办主任 王　健
农村经营管理站站长 熊　荣
市场服务中心主任 刘克建
投资促进事务中心主任 旷艳平
游客服务中心管理处主任 段佑秋
道路运输管理所所长 陈建军
交通工程质量与安全监督所所长 凌军全
社会保险处处长 刘文辉
医保中心主任 胡宁平
就业服务处处长 陈路云
人力资源服务中心 康志莉
水电站站长 唐国庆
政协秘书长、办公室主任 邹声锋
提案委员会主任 郭国辉
教科文卫体委员会主任 陈敦斌
财政经济委员会主任 杨素芬
人口资源环境和法制委员会主任 周英燕
工商业联合会会长 旷顺年
区总工会主席 符江波
共青团区委书记 周　全
妇女联合会主席 周　艳
残疾人事业联合会理事长 雷泽迅
归国华侨联合会主席 沈海平
文学艺术界联合会主席 康松柏
邮政局局长 周　斌
电信分公司经理 刘卫峰
移动通信南岳分公司经理 黄　彬
气象局局长 丁知明
国税局局长 杨　刚
地税局局长 吴国华
供电局局长 陈　疆
工商分局局长 曹欣耀
质量技术监督局局长 欧阳旭东
烟草专卖局局长 罗　霖
中国银行股份有限公司南岳支行行长 王光智
工商银行股份有限公司南岳支行行长 谢利平
农业银行南岳支行行长 肖大庆
建设银行股份有限公司南岳支行行长 欧阳景卫
南岳农村商业银行股份有限公司理事长 雷小洪
中国邮政储蓄银行湖南省南岳支行行长 王贻武
财产保险股份有限公司南岳支公司经理 王伟民
中华联合财产保险公司经理 胡安峰
住房公积金南岳管理部主任 何双喜
消防大队队长 谭朝晖
　　教导员 唐　明
岳云中学校长 李桂元
南岳电视调频发射台台长 王泽勇
南华大学附属第三医院院长 罗志刚
衡阳市干部疗养院院长 李培荣
南岳镇书记 何　湘
　　镇长 谭庆年
寿岳乡书记 熊水球
　　乡长 周孝兵
祝融街道办事处党工委书记 徐红松
　　主任 高文太

（罗红宇）

## 雁峰区

**【地理、区划与人口】** 雁峰区位于衡阳市南部，东临珠晖区，南邻衡南县，西临蒸湘区，北临石鼓区。相传“北雁南飞，至此歇翅停回”，故名雁峰区。雁峰区地处衡阳盆地，以红岩丘陵地貌为主，丘陵地形。地貌类型以岗丘为主。全年平均气温 18.2℃。2015 年，雁峰区辖先锋、雁峰、天马山、黄茶岭、白沙洲、金龙坪 6 个街道办事处（其中金龙坪街道由白沙洲工业园管理）和岳屏镇、湘江便民服务中心（撤乡后工作机构）。总面积 94 平方千米。全区常住人口 22.09 万人，户籍人口 19.37 万人，其中城镇户籍人口 14.87 万人。人口自然增长率 5.44‰，符合政策生育率 91.1%。

**【经济总量】** 全区（不含白沙工业园区）完成地区生产总值 133.87 亿元，增长 9.2%，其中第一产业增加值 2.77 亿元，增长 4.0%；第二产业增加值 66.34 亿元，增长 6.8%；第三产业增加值 64.76 亿元，增长 12.3%，第一、二、三产业贡献率分别为 0.8%、39.0%、60.1%，三次产业结构为 2.06 : 49.56 : 48.38。

全区城镇居民人均可支配收入 26647 元，增长 8.5%。农村居民人均可支配收入 15925 万元，增长 9.8%。

全面建成小康社会速度加快，小康社会总体实现程度达到 92.1%。

**【农业、工业和建筑业】** 全区完成农业总产值 4.44 亿元，增长 4.2%。全年粮食种植面积 1.60 千公顷，与 2014 年持平，其中稻谷种植面积 1.33 千公顷，比 2014 年增加 0.01 千公顷，增长 0.8%；油料种植面积 0.19 千公顷，与 2014 年持平；蔬菜种植面积 1.29

千公顷，比2014年增加0.01千公顷，增长0.8%。全年粮食总产量9238吨，与2014年持平，其中稻谷产量8002吨，与2014年持平。油料总产量302吨，与2014年持平。蔬菜总产量44195吨，比2014年增加343吨，增长0.8%。全年出栏生猪7.86万头，比2014年减少0.02万头，下降0.3%；年末生猪存栏4.87万头，比2014年减少0.02万头，下降0.4%。出笼家禽27.47万羽，比2014年减少0.02万羽，下降0.1%。全年禽蛋产量471吨，比2014年增加16吨，增长3.5%。全年水产品产量2219吨，比2014年增加43吨，增长2%。

全区（不含白沙工业园区）完成规模工业总产值270.71亿元，增长8.3%，其中，轻工业实现总产值31.24亿元，重工业实现总产值239.47亿元。按注册类型分，国有企业实现总产值0.34亿元，股份制企业实现总产值232.71亿元，外商和港澳台商投资企业实现总产值5.13亿元，其他经济类型企业实现总产值32.53亿元。

全年规模以上工业企业实现利润总额11.88亿元。按国民经济行业分，农副食品加工业实现利润0.07亿元，食品制造业实现利润0.07亿元，酒、饮料和精制茶制造业0.07亿元，木材加工和木、竹、藤、棕、草制品业0.21亿元，家具制造业0.08亿元，造纸和纸制品业0.02亿元，医药制造业0.62亿元，橡胶和塑料制品业0.08亿元，非金属矿物制品业0.63亿元，黑色金属冶炼和压延加工业0.1亿元，有色金属冶炼和压延加工业0.13亿元，金属制品业0.09亿元，通用设备制造业0.99亿元，专用设备制造业0.87亿元，汽车制造业0.49亿元，电气机械和器材制造业6.65亿元，仪器仪表制造业0.71亿元，电力、热力、燃气及水生产和供应业0亿元。

按注册类型分，股份制企业实现利润10.33亿元，外商及港澳台商投资企业实现利润0.02亿元，国有企业实现0.62亿元，其他企业实现0.91亿元。

完成建筑业总产值35.12亿元，增长24.3%。实现建筑业增加值7.32亿元，增长10.7%。

**【固定资产投资和项目建设】** 全区（不含白沙工业园区）完成全社会固定资产投资116.31亿元，增长20.6%。按产业投资分，第一产业完成投资1.84亿元，增长788.1%，第二产业完成投资21.6亿元，下降39.9%，第三产业完成投资92.87亿元，增长53.9%。

全区本级固定资产投资中，城镇固定资产投资103.39亿元，增长27.2%，房地产开发投资12.92亿元，下降15.0%。

房地产开发投资中，住宅投资11.15亿元，增长1.9%；办公楼投资0.01亿元，下降49.4%；商业营业用房0.38亿元，下降49.2%；其他1.38亿元，下降60.4%。

推进“611”重点工程计划，开工项目121个，完成投资110.3亿元，34个市级考核项目开工率100%，累计完成投资53.21亿元，投资完成率123.7%。廻雁峰·巷荫岭、廻雁文化广场、东洲岛、白沙洲片区整体城镇化改造、铜锣湾等一批项目顺利推进。

**【国内贸易与对外经济】** 全区（不含白沙工业园区）社会消费品零售总额为99.04亿元，增长12.5%。按行业分，批发业零售额12.76亿元，增长7.4%；零售业零售额62.18亿元，增长17.6%；住宿业零售额2.5亿元，增长5.3%；餐饮业零售额3.36亿元，增长12.7%。

全区（不含白沙工业园区）内联引资20亿元，新开工项目18个，新竣工项目16个。引进外资项目7个，投资额3915万美元，外派劳务96名。进出口总额5300万美元，出口3337万美元，进口1963万美元。

**【财政】** 全区级（不含白沙工业园区）完成财税总收入16.33亿元，增长12.1%。完成地方一般预算收入2.94亿元，为年度预算的106.7%。一般公共预算支出完成6.35亿元，增长21.5%。用于教育、文化体育与传媒、社会保障与就业、医疗卫生与计划生育、住房保障等民生方面的支出4.48亿元，占财政一般预算支出70.6%，较2014年增长4%。

**【社会保障、教育和卫生】** 城镇零就业家庭100%实现动态就业援助。城市、农村低保对象月人均补助（不包括临时补助）分别为290元、163元。城镇居民基本医疗保险住院费补偿率70%，新型农村合作医疗保险统筹地区住院费补偿率85%。

全区在校小学生13264人，毕业2139人。学前一年教育率100%，小学、初中入学率均100%，小学生巩固率100%，初中生巩固率100%，初中毕业生普高升学率96.6%。全年减免义务教育阶段学生杂费及补助公用经费761.22万元，支付困难学生享受免费教课书经费、补助贫困学生资金共计67万元，补助贫困幼儿498人，资金共计24.9万元。小学教师学历合格率为100%，初中教师学历合格率100%。

卫生医疗管理年度医疗机构执业许可证校验率100%，医疗机构持证率100%，卫生技术从业人员持证率达100%。卫监、疾控、先锋社区卫生服务中心国债项目正在建设。孕产妇系统管理率为85.72%，住院分娩率100%。3岁以下儿童系统管理率为91.51%。全年无重大传染疾病和重大疫情的发生。

**【环保与安全生产】** 全区工业固体废物综合利用率95%，工业项目环保“三同时”执行合格率100%。全年没有发生生产安全死亡事故，工矿商贸生产安全事故零死亡。亿元地区生产总值生产安全事故死亡率为零。

**【文明创建】** 5月26日，召开衡阳市创建全国文明城市雁峰区动员大会。成立以区委主要领导负责的工作领导小组，财政安排创建专项经费550万元。实行“全面发动、全民参与、全程监督”工作机制，区、街（乡）、社区三级责任逐级分解，做到条块结合，人人有责。成立由县级领导牵头的11个专项督查组，对29个测评部位重点督导，发出文明创建督办函46份。开展脏乱差专项整治，推进幸福河改造、跃林路等重点城建项目建设，完成解放路、湘江南路、蒸阳南路、蒸湘南路等主干道两厢提质改造；完成污染源治理项目10个，关停华强玻璃厂等5家污染企业，实施湘江保护和治理“一号重点工程”；翻新路面1.3万平方米，疏通下水道107处，设立文明交通执勤点14个，清运城市死角垃圾11.4万多吨，规范占道经营5438处。文明创建第一次测评顺利通过。

**【政府机构改革】** 政府工作部门优化为18个，17家事业单位的行政职能划入所属政府工作部门，完成全区122家事业单位的分类工作，具有审批权限的13个职能部门的67项审批权全部纳入区政务服务中心，实现统一进厅、统一窗口、统一受理。按照全面清理、统一规范、公开透明的原则，区级行政审批事项从102项减少到67项，精简34.3%；制定并公布“权力清单”，行政职权事项减少301项，精简20.6%，行政效能进一步实现精简统一。

**【省委巡视组巡视雁峰区】** 2015年11～12月，省委第三巡视组进驻雁峰区开展巡视。区委履行党风廉政建设主体责任，全力支持、主动配合，为巡视组开展工作创造良好条件。省委第三巡视组通过个别谈话、信访举报渠道等收集党风廉政建设、选人用人、落实中央八项规定等方面的问题和线索共32件。通过调查核实，党员干部问题线索已办结3件，对21名相关责任人进行处理，给予其中8人党内警告以上党纪处分；选人用人线索调查核实5件，正在进一步处理；群众来信来访问题已办结11件；违反工作作风纪律14人，全部处理到位。

**【新家庭计划】** 国家卫计委“新家庭计划——家庭发展能力建设”项目试点于2014年5月落户雁峰区。雁峰区成立“新家庭计划—家庭发展能力建设”服务活动协调工作领导小组，全面调度项目工作。继2014年在先锋街道光辉社区试点后，2015年在全区推广。2015年4月23日，区人口和计划生育局组织培训。5月8日《人民日报》第19版健康时空栏目刊登雁峰区开展“新家庭计划——家庭发展能力建设”一文。各单位通过宣传倡导、科学培训、深入社区、进入家庭的项目途径，紧紧围绕“家庭保健”“科学育儿”“养老照护”“文化建设”四个方面开展内容丰富、形式多样的培训活动，促进家庭成员的身心健康与文明素质，提高家庭特别是计划生育家庭的综合发展能力。

## 区委、人大、政府、政协领导名录

中共雁峰区委员会

书　记　邹致和

副书记　陈　骏　蒋云新
常　委　单绪平　贺卫红
　　　　孙艳平(女)
　　　　黄耀武　周春华
　　　　欧军林　聂卫华
　　　　李竞雄

雁峰区人大常委会
主　任　李　军
副主任　周　华　黄水刚(兼)
　　　　谷田生　文林森
　　　　李　萍

雁峰区人民政府
区　长　陈　骏
副区长　单绪平　周春华
　　　　陈俊华　江　红(女)
　　　　陈泰山　刘浪涛
　　　　刘中柱　洪　流

政协雁峰区委员会
主　席　欧阳梅芳(女)
副主席　颜新华
　　　　肖越男(女)
　　　　陈祥顺(女,兼)
　　　　郭　强(兼)
　　　　刘桂英

## 区行政企事业单位负责人

纪律检查委员会书记　贺卫红
区委办公室主任　李竞雄
组织部部长、统战部部长　孙艳平
宣传部部长　欧军林
政法委书记　聂卫华
工商联主席　黄永刚
雁峰公安分局局长　陈俊华
政务中心主任　陈祥顺
总工会主席（副县级干部）　勲国华
监察局局长　刘　毅
检察院检察长　张光耀
法院院长　肖家亮
组织部副部长、老干部局局长　周光辉
机关工委书记　陈　芳
机构编制委员会办公室主任　肖美燕
信访局局长　李新华
防范和处理邪教办主任　文美华
共青团区委书记　唐　玲
妇女联合会主席　周志萍
人大办公室主任　全朝虎
人大财经工委主任　邓楚敏
人大内务司法工委主任　龙　霞
人大选举任免联络工委主任　蒋雪梅
人大城建环保工委主任　王秀忠
人大教科文卫工委主任　张继军
政府党组成员、办公室主任　唐　雁
发展和改革局局长、党组书记　邓建华
经济科技信息化局局长　苏飞燕
商务局局长、党委书记　武素梅
安全生产监督管理局局长、党组书记　冯赛柳
工业项目集聚区管委会主任　涂万里
教育文化体育局局长、党委书记　何井盛
民政局局长、党组书记　卢雅琴
司法局局长、党组书记　肖显伟
财政局局长、党组书记　王志运
人力资源和社会保障局局长、党组书记　杨成栋
住房和城乡建设局局长、党委书记　汤　杨
农林局局长、党组书记　曹福寿
水利农机局局长、党组书记　罗东峰
卫生和计划生育局局长、党组书记　黄　昕
审计局副局长、党组书记　邹彩慧
统计局局长、党组书记　罗　飞
人民防空办公室主任、党组书记　李华山
城管管理行政综合执法局局长、党委书记　彭　亮
人民政府法制办主任　姚轲华
重点项目工作办公室主任　张　智
城市建设投资管理办公室总经理　唐红卫
电子政务管理办公室主任　邓轶群
公共资源交易中心主任　何湘军
园林局局长　马建民
机关事务服务办公室主任　许恒旗
城市办主任　代　明
环境卫生管理局局长、党委书记　胡宏斌
残疾人联合会理事长　曾令军
政协秘书长　欧红宇
政协人口资源环境和法制委主任　王晓辉
政协提案委主任　何英文
政协财经主任　朱章冬
政协教科文卫体委主任　陈忠华
先锋街道办事处主任　刘　恒
天马山街道党工委书记　刘　勇
　　主任　张娅琳
雁峰街道党工委书记　彭湘波
　　主任　曾向前
黄茶岭街道党工委书记　谭海荣
　　主任　陈昌华
白沙洲街道党工委书记　蒋福宝
　　主任　孙　辉
岳屏镇书记　许和平
　　镇长　肖　稹
湘江便民服务中心书记、主任　陈　酬

（李云志　阳美丽）

# 石鼓区

【地理、区划与人口】 石鼓区以境内“石鼓书院”而得名，位于北纬26°54′00″～27°01′13″，东经112°31′40″～112°38′59″。地处衡阳市城区西北部，东临湘江与珠晖区隔江相望，南以解放路为界与雁峰区毗邻，西沿蒸湘北路蒸水桥并沿蒸水河而上先后与蒸湘区和衡阳县接壤，北依107国道前行与衡阳县樟木乡和集兵镇相邻。2015年12月底，辖角山1个乡以及人民、青山、潇湘、五一、合江、黄沙湾（2015年12月松木乡、黄沙湾街道成建制合并设立黄沙湾街道）、金源7个街道办事处（金源街道办事处由石鼓区和市松木经济开发区共同管理）；18个村委会，12个管理处，45个社区居民委员会。辖区面积112平方千米（含市松木经开区），全区年末常住人口数为23.17万人，全年出生人口2963人，人口出生率为14.02‰，人口死亡率5.32‰，人口自然增长率为8.7‰，出生性别比110.38。

【经济总量】 全年实现地区生产总值（GDP）（不含松木经济开发区，下同）127.08亿元，增长9.5%，高于全市0.8个百分点。其中第一产业增加值4.16亿元，增长3.7%；第二产业增加值26.86亿元，增长6.8%；第三产业增加值96.07亿元，增长10.7%。第一、二、三产业对全区经济增长贡献率分别为1.5%、17.5%、81%，分别拉动GDP增长0.1、1.7、7.7个百分点。全区财政收入19.79亿元，增长12.15%。一般预算收入4.03亿元，增长4.77%。一般预算支出8.58亿元，全年用于民生支出6.14亿元，占全年一般公共预算支出的71.6%。

【产业转型】 加快调结构、转方式，产业结构进一步优化。全区三次产业比调整为3.3：21.1：75.6，其中一、二产业占比较上年分别下降0.5个和3.6个百分点，三次产业占比较2014年提高4.1个百分点，第三产业对地区生产总值的贡献率达81%，拉动地区生产总值增长7.7个百分点，税收占财政总收入比重达95.22%。成功举办第七届品牌推介节暨第五届君玲粽子文化节、首届玫瑰花浪漫文化节。蔡伦大道及蒸湘北路两厢获评省首批服务业示范集聚区。华源市场被评为全国诚信示范市场。林隐酒店、南北特、鸿业特变等8家企业获评省著名商标。中环餐饮获评湖南餐饮百强企业。石鼓书院被评为国家4A级旅游景区。

【农业】 全区农业凸显“服务城市、服务发展”特色，全年粮食总产量2.3万吨，增长3.6%；种植蔬菜1253公顷、出园蔬菜6.89万吨，同比增长13%以上。瓜果总产量0.13万吨。畜牧水产业稳步发展，出栏肉猪9.98万头，出笼家禽92.3万羽，水产品2530吨。新增农业企业4家，共有各类农业企业20家，其中市级以上龙头农业加工企业12家；建成农产品基地16个，建成标准化生猪养殖场9个。新增农民专业合作社5个，增长12%，农民专业合作社成员共计6000人，增长15%。寒梅蜂业荣获省农博会金奖。乡村旅游、休闲农业增势喜人，成为新的经济增长点。金融服务“三农”全面铺开。

【工业和建筑业】 全区工业增加值15.95亿元，增长5.8%。规模以上工业总产值达38.38亿元，全年新增规模工业企业7家。全区建筑业总产值27.84亿元，增长7.27%，房屋建筑施工面积292.48万平方米。湖南天雁机械有限责任公司成功突破高铁风冷机关键技术，有望纳入高铁采购目录；高档数控机床与基础制造装备研究获得“国家科技重大专项”支持。江霞建材产业园建成投产。

【固定资产与项目建设】 全年完成固定资产投资126.02亿元，增长21.2%。其中城镇固定资产投资109.28亿元，增长29.23%。2000万元以上项目28个，完成投资59.71亿元；亿元以上项目20个，新开工亿元项目12个，完成投资32.71亿元。全年房地产开发投资16.74亿元，其中住宅投资10.61亿元，办公楼投资0.74亿元，商业营业用房投资4.59亿元。

全年实施重点项目82个，完成投资126.35亿元，其中省市重点项目24个，完成投资75.9亿元，排名全市第一。来雁新城完成投资 37.6 亿元，累计征地 296 公顷、拆迁房屋 33.84 万平方米，源湘路、五一北路、来雁西路等 7 条道路全面动工。华耀城完成投资 20 亿元，3 号、5 号、M5、M6 精品区交易中心主体竣工，即将投入运营，纵 1 路、纵 2 路、凤凰路、望城路即将通车。崇盛国际中心、怀邵衡铁路石鼓段、中亿汽贸城、市影剧艺术中心、珠江·帝景等 50 个项目超额完成年度投资计划。包装商贸物流、旅游文化、电子商务、现代服务等重大项目 61 个，总投资 180 亿元，其中，深度开发项目 19 个，超额完成年度计划。

**【招商引资】** 积极开展上门招商、以商招商、政策招商和小分队招商，成功签约金泰星级酒店、果蔬电商中心等 4 个项目。引进顺丰速运、香之玺等 70 余家电商企业。北京师范大学基础教育衡阳实验学校基本完成前期手续办理。上海麦德龙、华创动漫等客商已考察选址。全年内联引资 19.8 亿元，外资到位 3906 万美元。

**【社会消费】** 全年社会消费品零售总额 97.61 亿元，增长 12.2%。限额以上商品零售额，零售业粮油食品、饮料、烟酒类增长 16.6%；服装、鞋帽、针纺织品类增长 31.41%，化妆品类增长 24.07%，日用品增长 27.85%，家用电器和音像器材类零售业增长 30.29%，文化办公用品类增长 48.91%，家具类增长 29.09%，通讯器材类增长 29.11%；石油及制品类增长 9.75%，汽车类增长 29.72%。

**【城乡建设】** 城市扩容提质扎实推进。蒸湘北路延伸、长丰大道、二环路、107 国道城市化改造等项目加快建设。完成常胜路等 4 条主次干道、牛角巷等 239 处背街小巷、易赖街等 2 个农贸市场提质改造，投入资金 1800 余万元，新增沥青路面 12258 平方米，硬化路面 8724 平方米，人行道（火烧）板 3859 平方米，安装路灯 184 盏，新砌路沿石 1214 米；全区绿地面积达 4.78 万平方米。全面启动社区绿化提质，新增绿地 4.78 万平方米，建成区绿化覆盖率达 40.39%。社区“两化两体系”建设成效显著，建成 6 个示范社区，15 个社区办公服务用房面积超过 600 平方米。城市管理水平不断提升。以创建全国文明城市为总揽，统筹推进“八城同创”。强化城市环境综合整治，加强市容市貌、交通秩序等常态化管理。扎实开展社区“三清三建”，获评全市清除城市“牛皮癣”优秀单位，雁栖湖、江雁 2 个社区获评全国综合减灾示范社区，西湖新村、演武坪、雁栖湖 3 个社区被评为全市城市管理样板社区。创建船山路、蒸阳北路等 6 条市级文明卫生样板路。在全市率先全面推行社区环卫和部分路段绿化管护市场化。有序推进中心城区烟花爆竹限放工作。殡葬改革经验在全市推介。美丽乡村建设亮点频现。科学编制乡村旅游发展规划，启动乡村旅游环线和农村房屋“穿衣戴帽”提质工程。严格控违拆违，规范村民建房流程，拆除违章建筑 2.5 万平方米、违规广告 6300 平方米。实施点亮乡村、联村建绿计划，安装太阳能路灯 700 盏，完成乡村道路绿化 35 千米，荒山造林 1100 亩。角山乡获评全市最美乡村生态旅游目的地，角山村成功创建省级美丽乡村。建成农家书屋 10 个。新建农村沼气池 22 口，安装太阳能热水器 22 台，添置垃圾围 120 个，垃圾桶 1000 个。添置垃圾电动保洁车 10 辆，垃圾转运车 2 辆，配套车载式垃圾收集箱 38 个。

**【教育、文化】** 全区有小学 35 所，中学（不含市属）3 所，在校学生 17745 人；幼儿园 44 所，在园幼儿 6094 人。其中，初中升学率 100%，平均受教育年限 11.5 年。现有在职教师 846 人，96%的小学教师拥有专科以上学历，80.7%的中学教师拥有本科以上学历。全区义务教育阶段中小学学杂费全免，并免除农村学生和就读的农民工子女以及城市低保户子女的教辅费，共计 20700 人次，合计 135 万余元。为区内 44 名贫困大学生办理国家生源地信用助学贷款业务，共计 33.12 万元；发放中职助学金 1252 人，共计 137 万元。投入 72 万元建成教育城域网，投入 40 万元建成人民路小学录播室；校园监控实现全覆盖。五一路小学、前进小学等化解“大班额”项目稳步推进。顺利通过全国义务教育基本均衡县市区评估，荣获全省县级教育两项督导评估考核优秀单位。5 处文物入选市第五批文物保护单位。免费开放辖区内的1个公共图书馆、1个文化馆、1个美术馆、2个乡街综合文化站以及6个街道综合文化站。荣获市十运会县市区金牌总数第一名。

【卫生事业】 全区共建居民健康规范档案人数19.16万份，建档率82.27%；全年产妇总数1989人，住院分娩率100%；系统管理1809人，系统管理率90.95%；3岁以下儿童系统管理9225人，系统管理率93%，医药卫生体制改革有序推进，基层医疗卫生工作不断进步，卫生应急和重大传染病工作成效明显。公立医院综合改革深入推进，成功创建全国基层中医药工作先进单位，完成省级预防接种规范化门诊建设，在全市首创基层医院引进数字化远程诊疗服务。流动人口“四个均等化”经验在全省推介。深入开展食品药品安全专项整治，保障群众饮食、用药安全。

【民生保障】 民生保障实现广覆盖。全年民生支出6.14亿元，同比增长12.25%，占财政支出比重达71.6%。全面完成13项重点民生实事项目，其中6项超额完成。办理法律援助案件184件，新增城镇就业5147人，新增社会治安视频监控摄像头103个。成功实现“拆建分离”，73.78万平方米安置房全面动工，中亿汽贸城、桔子山和雁栖湖四期共12.69万平方米安置房投入使用，杨岭安置小区23.77万平方米主体竣工，安置房建设进度位居城区第一。完成棚户区改造60户、农村危房改造66户，新增公共租赁住房1226套，发放廉租房补贴526万元。发放城乡低保资金4029.8万元、城乡医疗救助资金398.65万元。精准帮扶976人脱贫。解决农村6876人饮水安全问题。全区城镇居民人均可支配收入达28149元，增长8.7%，农村居民人均纯收入达15893元，增长9.2%。城镇居民享受最低生活保障13.74万人次，发放城镇居民最低生活保障经费3760.45万元，月保障标准达370元/月；农村居民中享受最低生活保障2.13万人次，发放农村低保经费269.35万元，月保障标准达185元/月，农村五保分散供养标准为3200元/人年。

【平安创建】 坚持底线思维，着力打造“平安石鼓”，社会大局和谐稳定。信访工作扎实有效，深入开展信访“五零”专项行动，化解信访积案32个；大力推进网上信访案件办理，实现网上流转。12345政府服务热线高效运行。社会治理深入推进。严厉打击非法集资，在全市作经验介绍。扎实开展社会治安综合整治，对“两抢一盗”、黄赌毒、重点项目周边环境乱象等开展严打风暴，未发生重大刑事案件和重大群体性事件。积极推进军地融合式发展，民兵预备役、双拥工作、国防教育、国防动员和人防建设全面加强，年度征兵任务和“湘江－2015”演习圆满完成。

【湘江保护和治理任务全部完成】 湘江流域保护和治理（即“一号重点工程”）24项考核任务全部完成。横江河河口段治理工程完成投资924万元，治理河段总长4.8千米，护岸工程5150米，新建自排入河涵闸工程4处，堰坝改造2处，河道清淤疏浚2.5千米。新建供水工程9处，解决不安全饮水人口6867人。巩固采砂整治成果，依法取缔、关停违法砂石场47家。在角山乡三星村三星河和蒸水南堤各设置1个监控点，加强河道保洁在线监控。加强重要江河湖泊水功能区水质监测，完成对蒸水河入河口草桥段水质检测工作。对高耗水工业和服务业实行强制性用水定额管理。严禁化肥养鱼，蒸水沿岸陆域500米范围内畜禽养殖户淘汰搬迁，已全部完成并通过省级验收。绿化造林完成73.3公顷目标任务。投资20万元用于加强农业污染源防治，投资30万元做好VIP重金属污染防治试验，建设2个实验示范点。截至2015年年底，化工已淘汰退出，并全部拆除到位。水口山二厂关停淘汰。农村集中式饮用水源保护区划定和调整任务完成。天雁机械工业废水处理设施全部建成并调试完毕。蒸水污染综合整治及地表水环境质量控制项目和饮用水源保护区水环境质量控制项目有序推进。角山污水厂已异地选址。

【安全生产】 坚持“安全第一、预防为主、综合治理”方针，深入开展烟花爆竹、危险化学品、非煤矿山、八大行业等领域专项整治，强化各级人员安全防范意识。年内全区发生各类生产安全事故22起（其中生产经营性道路交通事故21起，消防事故1起），死亡0人，受伤8人，事故起数与2014年同期减少12起，下降35.29%；受伤人数与2014年同比减少4人，下降33.33%；无较大以上事故发生，非煤矿山、危险化学品、烟花爆竹、八大行业等行业领域保持“零”事故，安全生产形势持续好转。取缔2家烟花爆竹非法经营点，三星烟花鞭炮厂彻底退出并安全拆除。加强加油站（点）管理，取缔2家柴油非法储存点，共有7家通过三级标准化验收。对页岩砖厂开展专项整治。积极创建安全示范乡、街道，组织乡、街道安监员进行安全培训，所有村（管理处、社区）均设立安全监管员。开展安全教育进课堂活动。加强安全准入管理，强化源头治理，共办理行政许可27件，其中烟花爆竹零售许可16件，危险化学品经营许可11件。积极开展全国“安全生产月”活动，发放宣传资料3万余份，放映安全生产警示教育影片30余场，开展应急救援演练10余次。利用石鼓党政门户网、石鼓江山报、石鼓手机报、电子显示屏等媒体宣传安全生产，衡阳电视台、网易新闻、红网等媒体推介区内安全生产经验作法，并被省安委办评为“优秀宣传报道单位”。

**【自身建设】** 坚持改革创新、提升效能，政务环境明显改善。全面完成政府机构改革、乡镇区划调整、社区整合工作。深入实施机关事业单位养老保险与工资制度、城乡养老保险制度、财政国库集中支付和商事制度等改革。积极承接省市取消、下放、继续实施的行政许可事项，加快行政审批“两集中、两到位”改革，优化审批流程，精简率、压缩率分别达45%和35%。公布政府工作部门“两清单”，在全市率先完成人力资源市场改革。稳步推进农村综合改革。区政府自觉接受人大法律监督和工作监督、政协民主监督、社会各界监督，办理人大代表建议45件，政协委员提案118件，办复率、满意率均达100%。加快推进法治石鼓建设，“六五”普法全面完成。在律师事务所建立政府法律人才培养基地，为全国首创；在全省县市区首创建立政府法律专家库，依法行政考核名列全市第一。强化行政监察，审计工作获评全市目标管理考核先进单位。作风建设不断加强。深入开展党的群众路线教育实践活动和“三严三实”专题教育。认真落实《中国共产党廉洁自律准则》《中国共产党纪律处分条例》，重拳整治“四风”，扎实开展“四检查一整治”，廉政建设和反腐败斗争取得积极成效。

## 区委、人大、政府、政协领导名录

中共石鼓区委员会
书　记　杨龙金
副书记　黄　辉（女）
　　　　肖立建
常　委　王　敏　邓昌旺
　　　　郑建芳　尹腾芳
　　　　赵　伟　叶　强
　　　　周文源（女）
　　　　陈平阳

石鼓区人大常委会
主　任　高鸿升
副主任　陈国春
　　　　冯春娥（兼，女）
　　　　祝家元　宁华梁

石鼓区人民政府
区　长　黄　辉（女）
副区长　王　敏　赵　伟
　　　　谢　宏　朱建社
　　　　陈　坚　聂文化
　　　　贺水源　朱鸿波

政协石鼓区委员会
主　席　王仲晓
副主席　曹平阳　刘振湘（兼）
　　　　徐　琼（兼，女）
　　　　卢　行（兼，女）

## 区行政企事业单位负责人

| | |
|---|---|
| 纪委书记 | 陈平阳 |
| 监察局局长 | 吴　颖 |
| 区委办主任 | 郑建芳 |
| 工委书记、机关工会主席 | 李　科 |
| 接待处主任 | 洪云辉 |
| 督查室主任 | 蔡秋云 |
| 机要局局长 | 肖云根 |
| 档案局局长 | 周　英 |
| 保密局局长 | 周朝晖 |
| 总值班室主任 | 李　超 |
| 组织部长 | 叶　强 |
| 老干局局长 | 李妍菈 |
| 宣传部长 | 周文源 |
| 统战部长 | 叶　强 |
| 区工商联主席 | 冯春娥 |
| 政法委书记、群众工作部部长 | 邓昌旺 |
| 防范和处理邪教办主任 | 罗友迪 |
| 综治办主任 | 丁隆义 |
| 维稳办主任 | 李会能 |
| 人民法院院长 | 李立志 |

人民检察院检察长　贺晓斌
编办主任　彭清海
总工会主席　龙平省
团区委书记　万倩雯
妇联主席　张传翠
科协主席　旷春桃
残联理事长　屈光明
红十字会会长　刘名辉
人大办公室主任　阳平剑
人大内务司法工委主任　胡志英
规范性文件备案审查办公室主任　陆英俊
人大财政经济农业工委主任　唐云华
人大城建环保工委主任　邹智明
人大教科文卫工委主任　杨　蓉
人大选举任免联络工委主任　李在定
政府办主任　李亚晖
信访局局长　范云龙
政府督查室主任　蒋传汉
重点项目工作办公室主任　蒋夏林
公共资源交易中心主任　郭金国
城市建设投资管理办公室主任　戴　胜
电子政务管理办公室主任　梁惠清
政务服务中心主任　旷仁秋
监察局局长　吴　颖
发展改革和科学技术局局长　肖　军
科技创业服务中心主任　蒋宗辰
教育文化体育局局长　李长刚
政府教育督导室主任　魏宏志
民政局局长　汪衡湘
区老龄委办公室主任　刘建涛
司法局局长　邓　琳
财政局局长　成志辉
非税资金管理局局长　钟　鸣
乡镇财政管理局局长　张　云
农业开发办公室主任　曾素波
人力资源和社会保障局局长　刘卫国
就业局局长　匡安平
就业局书记　刘光琼
住建局局长　钱　波
农林局局长　曾宏辉
水利局局长　颜国清
商务局局长　阳长辉
卫生和计划生育局局长　何一流
审计局局长　颜福元
统计局局长　陈炜伟
安监局局长　朱永忠
城市管理行政综合执法局局长　曾　鸿
园林局局长　姚礼来
环卫局局长　蒋传汉
环卫局党委书记　刘　珺
旅游外侨民宗局局长　欧阳浩男
法制办主任　孙　宁
政协秘书长、办公室主任　廖明明
政协研究室主任　周　伟
政协财政经济委主任　周显伟
政协人口资源和法制委主任　刘小荣
政协教科文体卫委主任　伍世梅
政协文史学委主任　伍世梅
政协提案和委员联络工委主任　雷玉保
角山乡党委书记　莫尚辉
乡长　石海燕
人民街道党工委书记　王志勇
主任　陈　沧
青山街道党工委书记　王　磊
主任　罗轶达
潇湘街道党工委书记　朱华兰
主任　肖建军
五一街道党工委书记　李阳武
主任　刘礼美
合江街道党工委书记　王　砺
主任　王容易
黄沙湾街道党工委书记　文　鸣
主任　徐崇斌
松木乡（2015年12月底改称为黄沙湾街道松木片区）书记　王元军
乡长　曾利荣
松木片区党务工作负责人　曾利荣
黄沙湾街道办事处副主任　肖大庆
公安分局局长　朱建社
工商分局局长　罗剑波
国税分局局长　周华平
地税分局局长　欧阳志刚
规划分局局长　傅红刚
国土分局局长　曾文杰
环保分局局长　罗成龙
价格监督检查分局局长　周卫平
区信用联社主任　刘鲜华
工行城北支行行长　肖锦伟
华融湘江银行石鼓分行　李　锐
区交警大队大队长　陈　磊
区消防大队大队长　王长飞
市公安局综合执法警察支队　刘平安
食药局石鼓分局局长　罗春武

（李新华）

## 珠晖区

**【地理、区划与人口】**　珠晖区位于流经衡阳市城区的湘江东岸，为衡阳市区"东大门"，因珠晖塔而得名。2015年，珠晖区辖2乡、1镇、7个街道办事处、4个农场。土地总面积234平方千米。年末总人口34.44万人。人口出生率10.32‰，自然增长率4.43‰。

**【经济总量】**　2015年全区实现地区生产总值（GDP）205.83亿元，比2014年增长9.7%（可比价增速，下同）。分产业看：第一产业实现增加值12.74亿元，增长4.7%，对经济增长贡献率为2%，拉动GDP增长0.2个百分点；第二产业实现增加值116.16亿元，增长8.1%，对经济增长贡献率达49.5%，拉动GDP增长4.8个百分点；第三产业实现增加值76.93亿元，增长12.9%，对经济增长贡献率达48.5%，拉动GDP增长4.7个百分点。全区三次产业结构比为6.2∶56.4∶37.4，与2014年比，第一产业上升1.8%，第二产业下降2.6%，第三产业上升0.8%，经济结构进一步改善。

【农业】 年末全区农林牧渔业实现增加值85338万元，增长4.6%。农业产量方面，粮食总产量为32982吨，增长1.3%；油菜籽产量为2558吨，增长3%；蔬菜总产量为189998吨，增长0.1%；瓜果总产量为20665吨，增长2%。畜牧水产业方面，出栏肉猪26.08万头；出栏牛0.02万头；出栏羊0.09万头；出笼家禽62.84万羽；水产品4406吨。

全区有市级以上龙头农业加工企业23家；建成农产品基地4个，扩建蔬菜基地333.3公顷，建成无公害种植面积1000公顷；全年新增农民专业合作社20个，现共有农民专业合作社98个，增长20%，农民专业合作社成员3945人，增长9%。新建和改建各类水利工程10余处，累计投入资金近3000万元。全年完成36户农村危房改造，新建按放农村垃圾桶1.2万个，完成庭院绿化11000户，栽种树木90万余株。全年争取资金245.56万元，续建东阳水厂二期管网铺设工程，解决约2.3万人的饮水困难及饮水不安全问题。

【工业和建筑业】 年末全区拥有规模以上工业企业44个。完成规模以上工业产值99.4亿元，实现规模以上工业增加值增长5.9%。实现规模以上工业销售产值98.9亿元，产销率达99.5%。

年末全区共有资质以上建筑业企业17个，完成总产值117.62亿元，上升8.7%。房屋建筑施工面积28.19万平方米，房屋建新开工面积6.28万平方米。

【固定资产投资】 年末全区完成全社会固定资产投资174.62亿元，增长20.4%。项目建设成效明显，全区全年实施各类项目233个，其中省市重点项目85个。

年末全区房地产开发投资6.74亿元，下降2.3%。商品房竣工面积104967平方米，商品房屋销售面积114896平方米。

【商贸、旅游和招商引资】 在城乡居民收入显著增加、居民消费能力有效提升等利好因素的带动下，城乡消费品市场继续呈现活跃态势。年末全区完成社会消费品零售总额111.95亿元，增长12.3%。全年新增规模以上商贸单位17个，限额以上单位共71个。全年外贸进出口完成2331万美元，增长3.5%。

全年投资2000万以上产业新开工项目15个，引资56.43亿元，到位13.28亿元；全年新竣工项目12个，引资10.81亿元，到位8.61亿元。全区实际利用外商直接投资4200万美元；实际利用内资19.48亿元。

【财政】 年末全区完成财政总收入14.48亿元，增长12.1%；一般预算收入5.84亿元，下降2.4%。税收占财政收入的比重达85.2%，财政总收入占GDP的比重达7.03%。财政一般预算支出12.44亿元，增长11.3%，其中农林水事务支出7215万元，增长18.7%；科学技术支出131万元，增长1.6%；医疗卫生支出14708万元；教育支出18045万元。

【教育、科技】 全区现有在职教师1159人，共有小学37所，九年一贯制学校1所，中学4所，在校学生23243人（含民办学校）。全年完成22所合格学校后续建设，正向教育强区迈出坚实步伐。一是学前教育质量提升。全年投资350万元完成衡州路（公办）幼儿园建设。全区幼儿园拥有量达到60所，在园幼儿9334人，学前三年毛入园率96.8%，学前一年毛入园率100%。二是义务教育全面发展。小学在校学生21092人（含民办小学），小学适龄儿童入学100%，巩固率100%。初中在校学生2151人（含民办学校）；初中适龄人口入学率100%，巩固率100%。

年末全区完成高新技术产品产值183.9亿元增长16.15%；实现增加值60.05亿元，增长14.91%。获上级部门科技项目21项，经费

315万元，按新标准累计认定并有效的国家高新技术企业数15家，专利申请数511件，授权专利数201件，其中发明专利申请数282件，授权发明专利数40件。10万人专利申请数150件，10万人授权专利数59件，10万人授权发明专利数12件。

**【文化、体育和卫生】** 全区共拥有乡镇、街道文化站11个，其中综合性乡镇文化站4个，街道文化站7个。文化馆1个，公共图书馆1个，电影院1个。青少年学生校外活动中心1个，社区文化活动中心55个，6000平米以上的全民健身广场4个，社区文化广场15个，示范性学院1个、学校4个、学习中心9个；新增图书24520余册。文化活动有声有色，全年共举办“广场旬旬演、社区周周乐”65场，其中“广场旬旬演”5场，“社区周周乐”60场；举办“欢乐潇湘．美丽衡阳”大型系列文艺活动，群众文体活动深入人心。体育成绩斐然，参加省青少年常规体育比赛获12枚金牌，网球代表省、市参加全国比赛，获全国比赛获冠军5个，亚军13个，季军3个。

全区共拥有各类卫生机构227个，其中区属医院3家，乡镇卫生院4个，社区卫生服务中心6个，妇幼保健院1个，妇女儿童医院1个，疾病预防控制中心1个，卫生监督所1个，其他各类医疗机构及个体诊所210个。卫生技术人员1019人，其中执业医师和执业助理医师587人，注册护士471人，卫生防疫人员92人；医院、卫生院床位937张。农村合作医疗和医药卫生体制改革深入推进，统筹地区新农合住院费用平均补偿率达到65.5%。着力抓好重大传染病防治，保障人民健康。全区无甲类传染病报告，乙类法定传染病发病数923例，发病率275.47/10万，全年计划免疫接种一类100896苗，接种率96.85%以上；孕、产妇系统管理率89.46%，住院分娩率100%；7岁以下儿童管理率93.86%，5岁以下儿童死亡率5.7‰。

**【城市建设和环境保护】** 全区两厢提质改造总投资约4420万元，东风北路段北起船山东路，南至衡州大道，全长2.37千米，两厢旧貌换新颜。拆除防盗网19894平方米，拆除遮阳罩10160米，新增绿地4543平方米，墙面粉刷101064平方米，规整管线65888米。投资508.42万解决与市民生活息相关的“沟不通、路不平、灯不亮、化粪池淤塞”等问题，硬化路面3971平方米，疏通下水道2528米，清化粪池268座，维修路缘石628米，安装太阳能路灯53盏，修复路灯102盏。投入资金163.79万元对临江路、粤新路进行提质改造。投资24万元对苗圃山体滑坡进行全面修复。年底启动王江汽车站周边道路建设，353米的主道路已成型。

全年单位GDP能耗下降4.8549%。化学需氧量、氨氮排放量、二氧化硫排放量、氮氧化物排放量分别为7910.65吨、2133.94吨、6059.91吨和3233.01吨，分别下降0.33%、-0.99%、15.58%和15.6%。空气质量达标率为91%，饮用水水源地水质达标率为100%。

**【人口、人民生活与社会保障】** 全区发放农村部分计划生育家庭奖励108.77万元，共计1133人、独生子女死亡伤残特别扶助241.33万元，共计483人。全区共办理结婚登记2353对，离婚登记877对，办理老年优待证3214个。各项社会公益事业、社区综合服务事业等都有较快发展。全年发

年末全区共征缴企业养老保险19452万元，完成年度目标任务的157%，发放基本养老金15684万元，按时足额发放率100%；征缴失业保险77.4万元，完成全年目标任务的129%；新农保和城居保268万元，完成全年目标任务的124%，共发放基础养老金1881万元；城镇职工医疗保险1903.4万元，完成全年目标任务136%；城镇居民医疗保险1086万元，生育保险88.5万元，完成全年任务161%；基本医疗保险覆盖率97.8%。发放廉租住房租赁补贴对象为2812户，居民居住条件进一步改善。

年末全区城乡居民现金可支配收入为27736元，增长8.9%。

## 区委、人大、政府、政协领导名录

中共珠晖区委员会

书　记　刘诗真

副书记　陈礼洋　袁谷平

常　委　阳丽红(女)

梁璞存　彭建元

聂百洲　陈爱军
唐黎明　李　健
肖　斌

珠晖区人大常委会
主　任　申　杰
副主任　陈清学　邓春华（兼）
凌小敏　袁　丁
周定缘

珠晖区人民政府
区　长　陈礼洋
副区长　彭建元　聂百洲
陶朝晖（女）
史瑞光　罗　毅
罗宏俊　邹红华
廖永忠

政协珠晖区委员会
主　席　刘　浪
副主席　周春兰（女）
曾刚乔（兼）
何奇志（兼）
丁　倩（女，兼）
党组成员　李　超（女）

## 区行政企事业单位负责人

纪委书记　阳丽红
宣传部长　肖　斌
组织、统战部长　李　健
政法委书记　梁璞存
区委办主任　唐黎明
法院院长　杨硕立
检察院检察长　李　智
衡冶社区服务指导中心党委委员、副主任（负责全面工作）　江　莉
人武部部长　刘毅辉
纪委副书记、监察局长　周治华
直属机关工委书记　陈永进
老干局局长　欧阳承友
区委督查室主任　宋龙绍
区接待处主任　贺国峰
档案局局长　陈婷婷
综治办主任　彭旭升
610办主任　曹绍平
编办主任　王美英
总工会主席　曹湘宁
工商联主席　何奇志
党组书记　罗世美
妇联主席　周宏丽
科协主席　邓春华
人大办公室主任　程玉珂
人大内务司法工委主任　刘　俊
人大财经农村工委主任　赵文萍
人大文教卫计工委主任　阳绪清
人大城环工委主任　吴少华
人大联工委主任　高丽娜
政协办公室主任、秘书长　邓志超
政协提案法制委主任　廖春华
政协经济联络委主任　胡光荣
政协人口资源环境和法制委主任　杨玉琴
政协文教体卫委主任　唐　燕
政府办公室主任　郭　然
发改局局长　刘　蓓
经科信局局长　羊　斌
统计局局长　周宇红
教文体局局长　谢志军
民政局局长　李必根
司法局局长　彭忠阳
财政局局长　朱迎春
城建投经理　王　华
人社局局长　邬　辉
住建局局长　邹淑均
农林局局长　奉满元
水利局局长　危杰林
移民开发局局长　刘夏生
卫计局局长　段文景
审计局局长　邓连生
商务局局长　赵冰峰
民营工委书记　匡巧明
工业园管委会主任　宋顺带
信访局局长　阳佳玉
人防办主任　彭丽梅
城市管理行政执法局局长　王　钧
畜牧水产站站长　刘　辉
农开办主任　李娉婷
安监局局长　贺东甫
环卫局局长　张　伟
残联理事长　刘　勇
电子政务办主任　王　敏
政务中心主任　汤水华
区红十字会会长　欧阳素芳
国有土地上房屋征收中心主任　段智勇
重点办主任　段　斌
民族宗教事务局局长　胡检成
衡阳广场管委会主任、书记　唐　伟
市场管理办公室主任　江忠华
公共资源交易中心主任　聂　朔
广东路街道书记　旷　善
主任　王浩文
粤汉街道书记　卿彰谦
主任　谢亚玲
苗圃街道书记　伍建春
主任　谢子键
东风街道书记　黄秀峰
主任　陆健飞
冶金街道书记　赵　鹏
主任　何庆华
衡州路街道党委书记　彭　钦
主任　雷　宇
和平乡党委书记　彭建军
乡长　胡向东
酃湖乡党委书记　王武军
乡长　肖启贤
茶山坳镇书记　罗军荣
镇长　谭咸龙
东阳渡街道书记　胡岫健
镇长　刘　卫
金甲岭农场场长、书记　陈东方
（蒋志辉　蒋　艳）

## 蒸湘区

**【地理、区划与人口】** 蒸湘区地处衡阳市西部，东起蒸湘南北路，西至衡阳县樟树乡和衡南县三塘镇，南接雁峰区岳屏镇和衡南县车江镇，北连蒸水及石鼓区角山乡。2015年，全区辖2镇3个街道办事处（雨母山镇、呆鹰岭镇，蒸湘、红湘、联合街道办事处），土地面积108.44平方千米，耕地面积2.41千公顷。年末常住人口30.99万人，其中城镇人口28.17万人。

**【经济转型】** 招商引资卓有成效。围绕战略性项目抓招商，引进世界五百强的泰国正大集团卜蜂莲花、国内五百强的万达商业广场，以及香港铜锣湾广场、奢侈品保税行邮直购广场、上海喜盈门家居广场、法国迪卡侬等22个项目。积极探索新兴业态，引进欧唯丝跨境电商有限公司等2家电商企业。2015年实际利用外资9510万美元，同比增长40.04%。内联引资48.14亿元，同比增长11.76%。全区商务工作被评为全省商务工作（外经）先进单位。项目建设扎实推进。全年共实施重点工程项目87个，年度完成投资125亿元，40个市级重点工程管理项目开工率100%。社会资金投资项目完成投资51.56亿元，为年度任务的119.9%。廖家湾变电站升压、幸福河改造、二环西路、船山西路、蒸水南堤风光带三期、蒸水西堤风光带南段、衡阳爱尔眼科医院迁址扩建、杨柳4S店街区二期、华南城市广场、融冠亲城、海洋馆、精创富康食品加工配送园等一批在建项目超时序进度完成投资。百万花海艺术庄园、星美欧洲风情商业街、海通茶叶城等一批续建项目竣工投产。产业结构升级转型。2015年第一、二、三产业实现增加值分别为4.43亿元、101.61亿元、70.42亿元，分别增长4.2%、6.3%和14.7%。现代服务业占第三产业的比重由2014年的85.5%上升到2015年的90.8%。《湖南日报》等媒体相继在重要版面大篇幅报道蒸湘区以现代服务业为主所取得的成绩。

**【经济总量】** 全年实现生产总值（不含衡阳市高新区，下同）176.46亿元，增长9.3%。其中，第一产业增加值4.43亿元，增长4.2%；第二产业增加值101.61亿元，增长6.3%；第三产业增加值70.42亿元，增长14.7%。第一产业增加值占生产总值的比重为2.5%，第二产业增加值比重为57.6%，第三产业增加值比重为39.9%，一、二、三产业对经济增长的贡献率分别为1.0%、41.6%和57.4%，分别拉动经济增长0.1、3.9和5.3个百分点。按常住人口计算，人均GDP达61992元，增长8.4%。

全面小康社会实现程度达92.0%，2015年提升幅度居全省一类地区第4，成为全市唯一、全省首批20个“全面小康达标县”之一。

**【农业】** 全年实现农林牧渔总产值7.20亿元，增长4.4%。全年粮食种植面积3.16千公顷，下降1.9%，其中稻谷种植面积2.99千公顷，比2014年减少0.04千公顷，下降1.3%；油料种植面积0.43千公顷，与2014年基本持平；蔬菜种植面积1.60千公顷，比2014年增加0.03千公顷，增长1.9%。

全年粮食总产量18341吨，比2014年减产64吨，下降0.3%，其中稻谷产量17880吨，比2014年增加19吨，增长0.1%。油料总产量696吨，比2014年增加7吨，增长1.0%；蔬菜总产量54912吨，比2014年增加1544吨，增长2.9%。

全年出栏生猪9.19万头，比2014年减少0.56万头，下降5.7%；年末生猪存栏4.53万头，比年初减少0.2万头，下降4.2%。出笼家禽59.9万羽，比2014年减少2.0万羽，下降3.2%。全年禽蛋产量899吨，比2014年增加2吨，增长0.2%。

全年水产品产量3378吨，比2014年增加98吨，增长3.0%。

新农村建设扎实推进，共投入资金1000万元，雨母山镇荣获“全国文明村镇”“全省环境优美乡镇”称号，灵山村、东阳村荣获“湖南省美丽乡村建设示范村”称号。

**【工业和建筑业】** 全年实现工业增加值92.14亿元，增长6.0%，其中规模以上工业增加值增长6.1%。在规模以上工业中，轻工业实现总产值18.40亿元，增长

3.9%；重工业实现总产值162.59亿元，增长6.2%。按注册类型分，国有企业实现总产值56.31亿元，下降0.4%；股份制企业实现总产值123.18亿元，增长9.1%；外商和港澳台商投资企业实现总产值1.50亿元，增长10.3%。全年规模以上工业企业实现利润总额-3.12亿元，下降233.2%。按国民经济行业分，其中农副食品加工业实现利润0.63亿元，增长93.2%；黑色金属冶炼和压延加工业实现利润-5.67亿元，下降1169.6%；通用设备制造业实现利润0.21亿元，增长52.5%；专用设备制造业实现利润-0.02亿元，下降129.3%；废弃资源综合利用业实现利润0.55亿元，增长23.5%。按注册类型分，其中股份制企业实现利润-3.35亿元，下降253.2%；外商及港澳台商投资企业实现利润0.22亿元，增长41.2%。全年实现全社会建筑业增加值9.47亿元，增长9.4%。其中具有资质等级的总承包和专业承包建筑业企业16家，10亿元，增长10.9%。

**【固定资产投资】** 全年完成固定资产投资191.43亿元，增长20.6%。其中，城镇及非农户投资172.77亿元，增长22.9%；房地产开发投资18.66亿元，增长2.3%。分产业看，第一产业完成投资0.92亿元；第二产业完成投资32.04亿元，下降12.0%；第三产业完成投资158.47亿元，增长29.5%。房地产开发投资中，其中住宅投资13.73亿元，增长33.5%万平方米，增长15.1%。

**【内、外贸易和旅游】** 全年社会消费品零售总额95.63亿元，增长12.4%。按城乡分，城镇消费品零售额70.77亿元，增长12.4%；乡村消费品零售额24.87亿元，增长12.4%。按行业分，批发业零售额10.52亿元，增长8.9%；零售业零售额65.03亿元，增长12.7%；住宿业零售额12.43亿元，增长12.4%；餐饮业零售额7.65亿元，增长14.9%。

全年进出口总额5516万美元，增长191.4%；其中出口4660万美元，进口856万美元。

全年引进外资项目1个，比2014年减少4个，下降80.0%；实际利用外商直接投资3923万美元，增长19.6%。实际引进境内省外项目20个，比2014年增加2个，增长11.1%；到位资金19亿元，增长0.3%。

全年共接待游客62万人次，实现旅游总收入9.6亿元，分别增长85.1%和60.5%。雨母山风景名胜区品质不断提升，成为全区旅游经济一张亮丽的名片。

**【财政】** 全年财政总收入20.41亿元，按市财政局可比口径计算，比2014年增加2.21亿元，增长12.1%，其中税收收入19.67亿元，占财政收入的比重达96.4%。实现地方财政收入3.71亿元，增长12.3%。全区财政一般预算支出7.18亿元，增长11.1%。其中用于教育、文化体育与传媒、社会保障与就业、医疗卫生与计划生育、节能的支出4.34亿元，占财政一般预算支出60.5%。

**【文化、教育、体育和卫生】** 年末拥有文化事业机构8个，其中图书馆1个，文化馆1个，其他6个。年末拥有普通初中4所，小学29所，幼儿园62所。年末拥有体育场馆265个，其中体育馆17个，游泳池5个，运动场36个，各种训练房18个。年末拥有卫生机构37个，床位4437张，从业人员4566人，其中执业（助理）医师1366人，执业护士1843人。

**【安全生产】** 全年共发生各类安全生产事故34起，死亡2人，受伤18人，直接经济损失113.1万元，分别比2014年上升21.4%、下降50%、上升50%、下降73.7%。亿元生产总值生产安全事故死亡人数为0.011人，比2014年下降50.87%。

**【改革创新】** 完成30项年度改革任务。理清164个涉改事业单位的职能，重新制定28个政府组成部门的“三定方案”，圆满完成了政府机构改革任务。制定区政府工作部门权力清单和责任清单，区本级行政职权由1562项减少至1012项，“两个清单”清理与安置房建设工作被省级媒体予以报道。优化行政审批，保留行政许可共79项，总体精简16%。大力优化政务服务，区政务服务中心作为全省典型予以推介，蒸湘党政门户网站被评为全省先进党政门户网站。雨母山乡成功撤乡设镇，增设雨母山景区管理处和社区工作办公室，长湖乡与蒸湘街道成功组成新的蒸湘街道，将42

个村合并成27个村，将34个社区精简为29个社区，圆满完成省、市政府下达的撤乡并镇工作任务。新建社区服务用房5处、改扩建社区服务用房3处，18个社区完成“两化两体系”标准化建设。所有社区和行政村全部实行“四议两公开”和“一事一议”制度，社区（村）依法自治达标率100%。全面实施乡镇财政国库集中支付改革，镇（街）政府（办事处）协税护税改革有效推进。休闲观光农业农产品开启“互联网+”销售新模式。出台创客基地鼓励性措施，成功引进广东汇智产业园，联袂打造创业平台易创空间。建成钢管深加工产业园，新增创业主体736户，带动就业1278人。

【城乡建设】 投入1500万元打造雨母小镇，投入近2000万元用于呆鹰岭镇提质融城建设，整合1000万元资金投入新农村建设。东阳村获评“省级美丽乡村建设示范村”，雨母山镇获评“全国文明村镇”，全市乡风文明暨文明村镇建设工作现场会在蒸湘区召开。沿街沿线建筑改造整体推进，郊野绿道扩点延伸，环境卫生对标提质，学校、医院等设施配套跟进，休闲规模效能农业来势喜人，居民生活水平明显提升。斥资2000万元大力改善城市管理和服务水平，以太平二社区、幸福路社区改造为契机，大力完善旧老社区和背街小巷市政基础设施，新铺下水管道1240米，硬化、油化道路地面约25000平方米，疏通下水道1800米，清理化粪池120座，新建人行道2500平方米、安全护栏68米，安装路灯32盏。对背街小巷及居民院落市政基础设施进行“大修补行动”“大清淤行动”“光明行动”等三大行动。开展“门前三包”专项整治80余次。城市道路清扫清洗、生活垃圾运输、环卫公厕管护、市容质检督查、社区环卫一律实行精细化管理。殡改成效明显，违规治丧现象基本杜绝。组织一百名科级干部赴湖南大学专题学习城管工作方法和经验。注册志愿者7.3万人，开展“弘扬雷锋精神 创建文明城市”等志愿服务活动14场次。城市管理“电视问政”整改成效被中央电视台作为成功经验予以报道。查处违法违规建筑86处，下达《限期自行拆除违法建设通知书》86份，组织大规模集中拆违行动16次，拆除违法建筑5.5万平方米。生态环境极大改善。完成燃煤锅炉淘汰项目12个、工业粉尘治理项目1个、加油站油气回收项目9个。稳步推进餐饮企业油烟治理工作。城西污水处理厂二期建成运行。全区空地绿化率达80%以上，森林覆盖率由14.72%增长到17.9%。

【民生改善】 全年居民人均可支配收入27353元。民生支出占财政总支出达77.2%，较2014年提高4.2个百分点。社会保障大幅提升。新增城镇就业5881人，城镇登记失业率控制在4.5%之内。基本医疗保险、社会基本养老保险覆盖率分别达到99.68%和97.5%。发行并激活社会保障卡2.3万张，激活率居全市第一。由区财政统一补贴居民医疗保险，增加购买人身安全意外保险、蔬菜生产保险、农村房屋保险等多个险种。安居工程有效推进。西合路联合七组、衡西市场5号一期、杏花路9-17号棚户区拆迁安置工作稳步推进，完成3.558公顷，公租房土地施工前期准备工作和第一批808套公共租赁住房分配工作，发放4948户廉租房租赁补贴363万元。社会事业协调发展。本区顺利通过全省教育强区评估验收；在全省义务教育督导评估获得优秀等次；在全国545个县区参与的义务教育发展基本均衡评估考核中，以第一名99分的成绩通过验收。全面推进国家基本药物制度实施工作，国家基本药物制度实施率100%。“单独二孩”政策稳妥实施，获评全省2015年度“两非”典型案件查处工作先进单位。成功举办雨母山彩跑、千人徒步、山地车竞赛、驴友穿越等群众体育活动，新华社、法新社等媒体对本区彩跑活动竞相报道。本区体育健儿取得市十运会上奖牌榜第一名、团体总分第二名的好成绩。科技、科协工作分别获评“全省知识产权试点区”“全国科普示范区”荣誉称号。完成2家农村幸福院和4个城乡养老示范点建设任务。重点推进全区科级以上干部与1070户贫困户“一对一”认亲结对式的精准扶贫和以黄花村为代表的产业扶贫，1312人实现脱贫。食品药品安全工作又一次实现零事故安全年，获评全市优秀单位。圆满完成第三次全国经济普查和

2015年全国1%人口抽样调查工作。“12345”工单办理和网络舆情办理的回复率、办结率、妇联、红十字会、移民、文化、交警、物价、国土、规划、卫生防疫与监督等各项事业均取得新成效。

**【和谐稳定】** 一年来，全区没有发生较大以上安全生产责任事故，省级安全生产示范乡镇（街道）创建率达80%。深入开展“扫黑恶净环境”、“禁毒会战”等公安专项行动，可防性案件同比下降46.2%。承接各类法律援助案件207件。兑付农民工工资8600万元。成功化解信访积案31件，停访息诉近5000人次，调解群众矛盾纠纷728件，调解成功率100%，连续十年实现群众赴省进京非正常上访零登记。接收社区矫正对象237名，解除社区矫正关系152名。

**【效能提升】** 扎实开展“三严三实”专题教育，严格遵守中央“八项规定”，“三公经费”支出较上年下降35%。加大腐败案件查处力度，纪检监察机关立案30件，结案29件，查处29人。对全区87个重点项目、51个单位和12个村（社区）的财务状况进行专项审计检查，查处和规范问题资金2277万元，追回违规资金156.86万元，结合清理盘活存量资金工作，在全区开展预算单位财务大检查及往来款清理，下发整改通知书19份，收回欠款1071.8万元。加强督查督办，严格目标管理考评，强化税收、稳定、商务、计生、生态、信访、国土等约束性指标的考核权重，突出政府执行力和行政能力建设。依法向市政府和区人大常委会报备规范性文件76件，办理区人大代表建议42件，办理区政协提案63件，办结率和基本满意率均达到100%。

## 区委、人大、政府、政协领导名录

中共蒸湘区委员会

书　记　周玉梅(女)

副书记　林喜洋　谢　柯

常　委　刘利民　周宏辉

王　华　尹照明

殷长茗　陈硕果

彭顺利　邓宗南

蒸湘区人大常委会

主　任　汪秋明

副主任　王殿生　陈政军(兼)

肖芳云(女)

罗锡桂(女)

蒸湘区人民政府

区　长　林喜洋

副区长　周宏辉　王　华

杨艳斌(女)

吴小平　罗　琼(女)

李正金　肖军生

罗元辉

政协蒸湘区委员会

主　席　彭东阳

副主席　汪仲兆　云　平(兼)

陈金生(兼)

谢云亚(兼)

吴兰湘(女)

## 区行政企事业单位负责人

纪律检查委员会书记　刘利民

区委办公室主任　彭顺利

组织部、统战部长　殷苌茗

宣传部部长　尹照明

政法委员会书记　陈硕果

处理法轮功问题领导小组办公室主任　李康平

机构编制委员会办公室主任　周世忠

直属机关工作委员会书记　彭伟初

信访局局长　申　弼

档案局局长　陈　玲

工商业联合会主席　谢云亚

总工会主席　陈光华

共青年团蒸湘区委员会书记　梁芷薇

妇女联合会主任　刘锦玲

残疾人联合会理事长　李伯利

科学技术协会主席　刘巧兰

红十字会会长　谢志红

人大常委会、办公室主任　刘力源

人大常委会选举任免联络工作委员会主任　王礼康

人大常委会内务司法工作委员会主任　黄亚君

人大常委会教育科学文化卫生工作委员会主任　肖松柏

人大常委会财政经济工作委员会主任　刘衡学

人大常委会城市建设环境与资源保护工作委员会主任　汤九生

区政府办公室主任　刘朝荣

监察局局长　钟柏喜

发展改革和科学技术局局长　邓冬福

商务局局长　黄文洁

农林局局长　肖泽荣

教育文化体育局局长　廖东笙

民政局局长　谢先铸

财政局局长　欧阳宏伟

人力资源和社会保障局局长　易艳云

住房和城乡建设局局长　郑成庚

卫生和计划生育局局长　夏　敏
审计局局长　钟　波
统计局局长　杨邦生
安全生产监督管理局局长　何湘衡
人民防空办公室主任　刘峥嵘
水利局局长　蒋福员
城市管理行政综合执法局局长　刘　新
环境卫生管理局局长　邓　成
政府信息化工作办公室主任　成振锋
重点工程项目管理领导小组办公室主任　朱忠清
钢管深加工产业园区管理委员会主任　唐续武
杨柳汽车销售街区管理委员会主任　聂　虹
移民开发局局长　陶宏伟
园林绿化所所长　李元昶
城市建设投资管理办公室主任　唐振荣
法制办公室主任　段　威
接待处主任　李　斌
地方金融工作办公室　何跃斌
政务服务中心主任　贺登元
旅游外侨民宗局局长　陶宏伟
雨母山景区管理处处长　谢培武
社区办主任　谢茂群
交警大队大队长　刘　伟
工商分局局长　张社荣
国税分局局长　梁冰琼
地税分局局长　王吉文
环保分局局长　徐小鹏
国土分局局长　罗衡志
规划分局局长　欧阳勇
政协秘书长、办公室主任　杨松滨
政协提案法制群团委员会主任　刘　勇
政协教科文卫委员会主任　唐继红
政协财政经济委员会主任　陈智荣
政协城市建设管理委员会主任　江常军
人武装部部长　邓宗南
　　政委　邹志华
法院院长　谷　敏
检察院检察长　罗名志
公安蒸湘分局局长　吴小平
司法局局长　刘前进
雨母山乡书记　冯时旺
　　乡长　廖章海
呆鹰岭镇书记　郑　刚
　　镇长　彭克俊
蒸湘街道工委书记　邓　勰
　　主任　蒋　承
红湘街道工委书记　杨安平
　　主任　周　晴
联合街道工委书记　刘著章
　　主任　李　嵩
蒸湘街道长湖便民服务中心
党务负责人　李　松
政务负责人　周三清

（蒋后园　刘中芳）

# 人　物

## 市级领导

**罗东海** 男，汉族，1963年4月生，研究生班文化，经济学硕士学位，湖南省衡南县人，1983年7月参加工作，1985年12月加入中国共产党，现任中共衡阳市委常委、市人民政府党组成员、副市长。

1979年9月—1983年7月，江苏工学院金属材料热处理专业本科班学生。1983年7月—1987年2月，任衡阳拖拉机厂技术员。1987年2月—1988年12月，任共青团衡阳市委干事。1988年12月—1991年7月，任共青团衡阳市委轻工部副部长。1991年7月—1994年6月，任衡阳市青少年宫主任。1993年10月—1995年8月，华中师范大学法商学院经济管理专业研究生班学员，获经济学硕士学位。1994年6月—1995月11月，任共青团衡阳市委副书记。1995年11月—1997年8月，任中共衡阳市郊区区委常委、政府副区长。1997年8月—2002年8月，任中共衡山县委副书记。2002年8月—2002年12月，任中共衡山县委副书记、政府副县长、代理县长。2002年12月—2006年6月，任中共衡山县委副书记、政府长、党组书记。2006年6月—2006年9月，任中共衡山县委书记。2006年9月—2010年1月，任中共衡阳市委委员、衡山县委书记。2006年10月—2007年4月，任湖南省第六期赴美国中青年干部培训班学员。2010年1月—2011年10月，任中共衡阳市委常委、秘书长、办公室主任。2011年10月—2014年8月，任中共衡阳市委常委、秘书长、办公室主任、市直工委第一书记。2014年8月—2014年10月，任中共衡阳市委常委、秘书长、办公室主任、市直工委第一书记、市委全面深化改革领导小组办公室主任（兼）。2014年10月-2014年11月，任中共衡阳市委常委、市人民政府副市长候选人。2014年11月—2015年2月，任中共衡阳市委常委、市人民政府党组成员、副市长候选人。2015年2月，任中共衡阳市委常委、市人民政府党组成员、副市长。

**邓　柯** 男，汉族，1960年2月出生，衡阳县人，1976年10月参加工作，1984年7月加入中国共产党，大学文化。

邓柯同志简介：

1976年10月，国营常宁县铜钟岭林场下放知青；1978年10月，衡阳师范专科学校政史专业学生。1981年7月起先后担任衡阳地区行署文教办、市职教办干事，副科长，市教委宣教科副科长，组干科科长。1995年5月起先后任常宁县委常委、组织部长，衡东县委副书记、组织部长，城北区委副书记，代理区长。2000年3月起先后任衡阳市城北区、石鼓区政府区长。2002年8月起任衡阳市石鼓区委书记。2009年7月起任衡阳市副厅级干部、石鼓区委书记。2010年12月起任衡阳市副厅级干部。2011年6月任衡阳市人民政府副市长、政府党组成员。2014年10月任衡阳市委常委、市人民政府副市长、政府党组成员。2014年11月任衡阳市委常委、市委秘书长、办公室主任、市直机关工委第一书记、衡阳市委全面深化改革领导小组办公室主任（兼）。2015年11月，任衡阳市委常委、政法委书记。

**陈　竞** 男，汉族，1971年2月生，大学文化，公共管理硕士学位，湖南省长沙市人，1990年7月参加工作，1993年12月加入中国共产党，现任衡阳市人民政府党组成员、副市长。

1987年9月—1990年7月，湖南省劳动人事学校人事管理专业学生。1990年7月—1994年12月，任长沙市节约用水办公室干部。1991年8月—1994年6月，中共湖南省委党校行政管理专业函授大专班学员。1994年3月—1994年12月，借调长沙市城建局组宣科工作。1994年9月—1997年6月，湖南师范大学中文系汉语言文学专业函授本科班学员。

1994年12月—1995年4月，中国建设银行长沙市分行工作。1995年4月—1996年2月，任共青团湖南省委青工部科员。1996年2月—1997年6月，

任共青团湖南省委青工部副主任科员

1996年12月—1997年12月，在永州市新田县十字乡老夏荣村从事建整扶贫工作。1997年6月—1998年5月，任共青团湖南省委青工部企业科副科长。1998年5月—1999年4月，任共青团湖南省委青工部机关事业科科长。1999年4月—2001年5月，任共青团湖南省委组织部组织科科长。2001年5月—2002年12月，任共青团湖南省委办公室副主任。2002年12月—2003年6月，任共青团湖南省委青工部副部长（主持工作）。2003年6月—2004年2月，任共青团湖南省委青工部部长。2004年2月—2007年2月，任共青团湖南省委常委、青工部部长。2007年2月—2007年12月，任中共张家界市永定区委副书记、政府副区长、代理区长。2007年12月—2011年12月，任中共张家界市永定区委副书记、政府区长。2008.12获湖南师范大学公共管理硕士学位。2009年3月—2009年7月，在湖南省委党校36期中青班学习。2011年12月—2013年12月，任中共慈利县委书记。2013年12月—2014年10月，任中共衡阳市石鼓区委书记。2014年10月—2014年11月，任衡阳市人民政府副市长候选人、中共衡阳市石鼓区委书记。2014年11月—2014年12月，任衡阳市人民政府党组成员、副市长候选人、中共衡阳市石鼓区委书记。

2014年12月—2015年2月，任衡阳市人民政府党组成员、副市长候选人。2015年2月，任衡阳市人民政府党组成员、副市长。

**李　平**　男，汉族，1958年4月生，湖南衡阳县人，中共党员。现任衡阳市政协副主席、党组副书记。

1974年4月—1976年5月，衡南县育苗场下放知青。1976年5月—1979年12月，长沙空军第二航校学员。1979年12月—1980年9月，任长沙市东区检察院干部。1980年9月—1983年9月，任衡阳地区检察院助理检察员。1983年9月—1985年7月，衡阳师范专科学校中文专业学员。1985年7月—1987年1月，任衡阳市城南区检察院副检察长。1987年1月—1987年5月，任衡南县检察院副检察长。1987年5月—1991年5月，任共青团衡阳市委副书记。1991年5月—1993年5月，共青团衡阳市委书记、党组书记。1993年5月—1994年7月，任衡阳市物价局局长、党委副书记。1993年5月—1995年7月，华中师范法商学院经济系政治经济专业研究生班学员，获经济学硕士学位。

1994年7月—1995年6月，任衡阳市物资产业总公司总经理、党委书记。1995年6月—1997年1月，任衡阳市建委党委书记。1997年1月—1999年12月，任衡阳市建委主任、党委书记。1999年12月—2002年8月，任中共常宁市委书记。2002年8月—2003年1月，任中共衡阳市委副秘书长。2003年1月—2006年1月，任衡阳市人民检察院副检察长、党组书记。2006年1月—2014年12月，衡阳市人民检察院检察长、党组书记。2014年12月—2015年1月，任衡阳市政协副主席候选人、市人民检察院检察长、党组书记。2015年1月—2015年2月，衡阳市政协党组副书记、副主席候选人。2015年2月，任衡阳市政协副主席、党组副书记（衡阳市第十届市委委员）。

**黄保锦**　男，汉族，1966年1月出生，湖南祁阳人，大学文化，工程师、政工师。1986年7月参加工作，1990年6月入党。现任政协衡阳市第十一届委员会副主席。

1982年7月—1986年7月，华东地质学院分析系工业分析专业学生。

1986年7月—1992年12月，任301大队办公室秘书、机关团总支书记。1992年12月—1993年7月，任核工业四院南方分院党办主任。1993年7月—1997年6月，任核工业25公司团委副书记、宣传部副部长（主持工作）。1997年6月—1998年8月，任衡阳市政协提案委员会主任科员。1998年8月—1999年10月，任衡阳市政协提案委员会提案科科长。1999年10月—2000年11月，任衡阳市政协学习文史委员会学习文史科科长。2000年11月—2001年11月，任衡阳市政协学习文史委员会副主任。

2001年11月—2004年11月，任衡阳市建工局副局长、党委委员。2002年3月—2003年3月，在中华人民共和国建设部市场司施工处挂职任副处长。2003年9月—2006年6月，衡阳市广播电视大学土木工程专业本科班学员。2004年11月—2010年12月，任衡阳市建工局局长、党委书记。2010年12月—2013年12月，衡阳市住房和城乡建设局局长、党委副书记。2013年12月—2014年3月，任衡阳市住房和城乡建设局局长、党委书记。2014年3月—2014年4月，任衡阳市高新技术产业开发区工委副书记。2014年4月—2015年1月，任衡阳市政协副主席候选人、市高新技术产业开发区管委会主任、工委副书记。

2015年1月—2015年2月，任衡阳市政协党组成员、副主席候选人。2015年2月，任衡阳市政协副主席、党组成员（衡阳市第十届市委委员）。

**张经伟** 男，汉族，1965年5月生，大学文化，医学学士学位，湖南省新化县人，1987年7月参加工作，1989年12月加入中国共产党，现任衡阳市中级人民法院党组书记、院长。

1981年9月—1987年7月，中山医科大学法医专业本科班学生。1987年7月-1988年7月，任湖南省高级人民法院干部。1988年7月—1991年2月，任湖南省高级人民法院书记员。1991年2月—1994年12月，任湖南省高级人民法院副科级助审员。1994年12月—1999年5月，任湖南省高级人民法院正科级助审员。1995年11月—1996年11月，在临武县花塘乡农科村参加扶贫锻炼。1997年3月—1997年7月，参加省直党校中青班学习。1999年5月—2001年11月，任湖南省高级人民法院司法技术处副处长、副处级审判员。2001年2月—2001年7月，参加国防科大领导干部系统工程学习班。2001年11月—2005年7月，任湖南省高级人民法院司法技术处处长、正处级审判员。2005年7月—2007年9月，任湖南省高级人民法院司法装备技术处处长、正处级审判员。2007年9月—2012年12月，任湖南省高级人民法院司法装备技术处处长、司法技术辅助办公室主任。2010年2月—2012年1月，在益阳市沅江市挂职锻炼任市委常委、政府副市长。2012年12月—2014年3月，在湖南省高级人民法院副厅级干部、司法装备技术处处长、审判员。2014年3月—2015年1月，任湖南省高级人民法院副厅级干部、审判员。2015年1月—2015年2月，任衡阳市中级人民法院党组书记、副院长、代理院长。2015年2月，任衡阳市中级人民法院党组书记、院长。

**刘孙承** 男，汉族，湖南益阳人，1963年10月出生，1986年6月入党，大学文化。

1981年9月—1983年7月，湖南省警察学校公安专业学生。1983年7月—1987年4月，任益阳市公安局刑侦大队侦查员、副大队长。1987年4月—1990年9月，任益阳市公安局汽车路派出所所长、汽车路街道办事处党委委员。1990年9月—1992年10月，任益阳市综治办副主任。1992年10月—1995年12月，任中共益阳市政法委副书记、综治办主任。1995年12月—1999年4月，任安化县人民检察院检察长、党组书记。1999年4月—2005年5月，任益阳市人民检察院副检察长、党组成员。2003年7月，湘潭大学法律专业自考本科毕业。2005年5月—2005年11月，任益阳市人民检察院副检察长、党组成员（正处级）。2005年11月—2008年12月，任益阳市人民检察院副检察长、党组副书记。

2008年12月—2010年4月，任娄底市人民检察院副检察长、党组副书记。2010年4月—2010年9月，任娄底市人民检察院副检察长、代检察长、党组副书记。

2010年9月—2011年2月，任娄底市人民检察院副检察长、代检察长、党组书记。2011年2月—2014年12月，任娄底市人民检察院检察长、党组书记。2014年12月—2015年1月，任衡阳市人民检察院检察长候选人。2015年1月—2015年2月，任衡阳市人民检察院党组书记、副检察长、代理检察长、检察长候选人。2015年2月，任衡阳市人民检察院检察长、党组书记负责全面工作。

**尹同君** 男，汉族，1965年12生，衡阳市衡南县人，研究员，中共党员，经济学硕士。

1981年7月—1984年7月，衡阳师范专科学校今衡阳师范学院化学系化学专业学生。

1984年7月—1988年12月，任衡南县六中教师。1989年1月—1991年11月，衡南县委教研室干事。1986年9月—1989年7月，北京师范大学中文专业函授本科班学员，获文学学士。1991年12月—1992年10月，衡阳市纪委干事。1992年10月—1993年6月，任衡阳市纪委副科级纪检员。1993年6月—1997年8月，任衡阳市纪委办公室、纪检三室副主任。1994年7月—1995年11月，广东增城挂职学习。1992年9月—1995年8月，华中师范大学政治经济学专业研究生班学员，1997年6月，获中山大学硕士学位。1997年8月—2000年8月，任衡阳市南岳区委常委、纪委书记。2000年8月—2002年6月，任衡阳市旅游局局长。2002年6月—2008年6月，任衡阳市旅游局局长、党组副书记。2005年1月—2005年7月，湖南省中青年领导干部第四期赴美培训班学员。2008年-2013年6月，衡阳市物价局局长、党组副书记；2013年6月，任衡阳市发改委主任、党组原书记。2015年7月，拟任衡阳市委党校（市行政学院、市社会主义学院）常务副校（院）长。

## 衡阳籍院士

**谭靖夷**（1921— ），湖南衡阳县人，毕业于交通大学唐山工学院（现西南交通大学），为中国水利水电第八工程局顾问、教授级高级工程师，水利水电工程施工专家，中国工程院院士，中国首创高压灌浆技术的水电科学家。长期从事水利水电工程建设。主持建成大坝8座，水电站总装机容量163万KW，灌溉农田150万亩。

1921年11月6日，出生在衡阳县。1938年，考入省立第一高级中学。1941年，被保送交通大学唐山工学院（现西南交通大学）土木工程系学习。毕业后，选择水电开发事业。1948年10月，在福建古田，参加古田溪一级水电站的筹建工作。1956年5月，参加广东流溪河水电站建设。1982年12月，在湖南负责东江水电站的建设。1985年，作为“在岩溶峡谷地区建设乌江渡水电站”项目主要负责人，获得国家科学技术进步一等奖。1989年，从水电八局总工程师岗位退休。1990年到2010年，从事水力发电工程技术咨询。1997年，当选为中国工程院院士。

**周后元**（1932—2013），湖南省衡南县人。1956年毕业于沈阳药科大学。上海医药工业研究院研究员，药物化学专家，从事药物合成研究工作近50年，先后负责糖精、维生素A、维生素B6等重大产品的合成研究和工业化工作。

1946年，就读湖南茶陵第一中学。1950—1956年，就读于沈阳药科大学。1961—1964年，负责研究维生素A工业合成研究，在工业上得到结晶性维生素A。1979—1984年，负责维生素B6恶唑法合成新工艺研究，其合成法已成为中国维生素B6生产的通用方法。1994年，当选为中国工程院院士。2004年，完成麻黄碱和伪麻黄碱工业化合成研究工作，实现规模化生产，为国家减轻西部地区土地沙化提供技术措施。

**方智远**（1939— ），蔬菜遗传育种专家。中国农业科学院蔬菜花卉研究所研究员、原所长，北京市科协副主席、十届全国政协委员、“十五”“863”计划生物技术与现代农业领域专家组成员。长期主持甘蓝遗传育种研究。1973年与课题组成员突破甘蓝自交不亲和系选育技术育成中国第一个甘蓝杂交种“京丰一号”。

1939年9月3日，生于湖南衡阳。1964年7月，毕业于武汉大学。1964 年 8 月，分配到中国农业科学院工作。1973 年，育成中国第一个甘蓝杂交种“京丰一号”。1988 年 5 月—2000 年 11 月先后任蔬菜花卉研究所副所长、所长兼所党委书记。1995 年，当选为中国工程院院士。2000 年 12 月，任蔬菜花卉研究所研究员、所学术委员会主任、博士生导师。中国工程院院士，农业轻纺环境学部副主任。中国农业科学院学术委员会副主任。

**赵淳生**（1938— ），机械工程专家，南京航空航天大学教授，提出超声电机结构参数优化设计理论和方法建立超声电机定子/转子间“粘着—滑动”非线性摩擦界面模型提出行波超声电机定子反共振点恒流驱动模式、频率自动跟踪新方法和压电陶瓷元件分区极化新方式解决行波超声电机定子近频模态混迭及二相频率分离的难题，研发 16 种具有自主知识产权的超声电机及其驱动器，开发出多种激振器并得到广泛应用。

1938 年 11 月，生于湖南衡山。1961 年，毕业于南京航空学院飞机系，1984 年，获法国巴黎高等机械学院工程力学博士学位。提出超声电机结构参数优化设计理论和方法建立超声电机定子/转子间“粘着—滑动”非线性摩擦界面模型提出行波超声电机定子反共振点恒流驱动模式、频率自动跟踪新方法和压电陶瓷元件分区极化新方式解决行波超声电机定子近频模态混迭及二相频率分离的难题。研发 16 种具有自主知识产权的超声电机及其驱动器。开发出多种激振器并得到广泛应用。2005 年，当选为中国科学院院士。

**刘新垣**（1927— ），生于湖南省衡东县，他曾先后研究过 RNA 结构功能，酵母丙氨酸 tRNA 的人工全合成，基因工程、细胞因子（特别是白细胞介素-2 和干扰素）及其胞内信号转导等研究。Parkinson’s 病的基因治疗取得重要成果。发现白细胞介素-2 的镇痛作用，并证实它能与鸦片受体结合，这为免疫因子对神经系统的调节作用第一次提供确切的新证据，肿瘤的基因病毒治疗是他们自己创建的一个肿瘤治疗新策略，有很重要的理论和实际意义。前后共发表论文 270 多篇，已编有刘新垣论文集七册。共获各种奖励 30 多次。

1952 年，南开大学化学系毕业。1953—1956 年，在河北医学院任教。1957 年，考入中国科学院上海生物化学研究所“副博士”研究生班，1963——2000 年，留所任教。1983—1984 年在美国罗氏分子生物学研究所工作过 1 年半。1991 年当选为中国科学院院士（学部委员）。1992 年被选为乌克兰科学院外籍院士。2000 年进入中国科学院生化与细胞研究所工作。2001 年被评选为第三世界科学院院士。2004 年任浙江理工大学新元医学与生物技术研究所所长和浙江省基因治疗研究中心主任。

**黄润乾**（1933—2013），湖南衡山县人，生于北京，天体物理学家、云南天文台研究员。

1958 年，毕业于德国席勒大学。长期从事恒星物理研究。在双星非守恒演化、星风冲击波理论和星风物质损失等问题上作出重要贡献。发现双星有物质损失和角动量损失情况下的各种复杂因素，将双星非守恒演化奠定在严密的数理基础上；与 Weigert 合作，最先提出星风冲击波理论，并为紫外和 X 射线卫星的大量观测结果所证实；与 Weigert 合作，发现对流超射对恒星演化的重要效应，并提出用造父变星的演化程来判别对流超射区大小，从而可以利用天文观测确定对流超射的方法。这些理论均得到国际高度评价和广泛应用，获得多项省、院级科技奖，撰写专著五部，在国际国内重要出版社出版，成为中外天文研究生主要教材之一，并精心培养出一批高水平的中青年人才。主要专著有：《Stellar Astrophysics》《恒星物理》《恒星的结构和演化》《恒星大气理论》《恒星振动理论》（与李焱合著）。先后获中国科学院自然科学二等奖、科技进步二等奖和教学成果二等奖，首届中国天文学会张钰哲奖。还获得 2007 年度云南省突出贡献奖。1999 年，当选为中国科学院院士。

**廖山涛**（1920—1997），湖南衡山县数学家。早年从事代数拓扑学的研究，他创立典范方程组、阻碍集和极小歧变集等数学方法，在常微动力系统方面做出重大贡献，是这一新研究领域的开拓者之一。

1920年1月，出生于湖南衡山县。1935—1937年，在长沙高级中学读书。1938—1941年，在西南联合大学肄业。1942—1945年，任明德学堂教师。1946—1947年，任北京大学数学系助教。1948—1950年，任中央研究院数学所助理研究员。1950—1952年，在美国芝加哥大学陈省身教授指导下获博士学位。1953—1955年，在美国普林斯顿高等研究所作博士后。1956年回国，任北京大学数学系教授。1997年逝世。

廖山涛1986年当选为第三世界科学院院士，1991年当选为中国科学院数学物理学部委员，1994年改称为中国科学院院士。

**王瑞珠**（1940— ），建筑学家，原籍山西，1940年4月2日，出生于湖南省衡阳市。1963年毕业于清华大学建筑系。1981至1984年赴法国巴黎建筑学院（UPA6）进修。现任中国城市规划设计研究院研究员、学术顾问。2003年当选中国工程院院士。

他所编撰的《世界建筑史》系列是在实地考察和收集原始素材的基础上，结合国内外最新研究成果撰写的多卷本世界建筑通史（正在陆续出版中）。该丛书具有大型类书和学科基础工程的性质，具有信息量大、材料新、综合性强等特点，在编排立论和研究方法上亦有独到之处并附有完整的中外文对照检索系统。已出版的几卷获华夏建设科技一等奖。所著《国外历史环境的保护和规划》是中国第一部系统论述历史环境保护的学术专著，具有重要的历史、文化及科学价值和学科建设意义，对当前实践具有较强的针对性。该成果获建设部科技进步一等奖。作为顾问参与摄制的《欧洲古建筑保护》获广播电影电视部优秀影片奖（政府奖）。

**席南华**（1963— ），湖南祁东县人，中国科学院数学与系统科学研究院研究员，数学家。主要从事代数群与量子群领域研究。现任中国科学院大学副校长，中国科学院数学与系统科学研究院学术院长，中国科学院大学数学科学学院院长，中国数学会副理事长。

1981年，毕业于湖南怀化师范专科学校（现怀化学院）数学科；1982年，成为华东师范大学数学系研究生；1985年，获华东师范大学数学系硕士学位；1988年，获华东师范大学数学系博士学位；1988年，中国科学院数学研究所工作；1990年，中国科学院数学研究所博士后流动站，助理研究员，副研究员，研究员。1990年至今，就职于中国科学院数学与系统科学研究院。2009年当选中国科学院院士。

**刘大响**（1937— ），湖南省祁阳县（现属祁东县）人。现任中国一航集团公司科技委副主任，北京航空航天大学教授、博士生导师，湘潭大学荣誉教授。兼任总装备部科技委委员、国防科工委专家咨询委员、国家863航天航空领域专家委员会顾问、南京航空航天大学动力学院名誉院长、中国航空学会副理事长。

1960年，毕业于北京航空学院。1986年，任中国燃气涡轮研究院（原624研究所）总工程师和第一总设计师。现任中国一航集团公司科技委副主任，北京航空航天大学教授、博士生导师，湘潭大学荣誉教授。兼任总装备部科技委委员、国防科工委专家咨询委员、国家863航天航空领域专家委员会顾问、南京航空航天大学动力学院名誉院长、中国航空学会副理事长。1995年，当选中国工程院院士。

**聂建国**（1958— ）衡阳市衡阳县金兰镇香花村人，1958年8月出生，中国工程院院士。现任清华大学土木工程系教授，博士生导师，教育部长江学者

特聘教授，结构工程研究所所长、结构工程与振动教育部重点实验室主任、土木工程系和建设管理系学术委员会主任。兼任中国钢结构协会钢—混凝土组合结构分会常务副理事长、中国建筑学会建筑结构分会副理事长、湖南大学特聘学术顾问等职。2013 年当选中国工程院土木、水利与建筑工程学部院士，全国模范教师，全国先进工作者。

聂建国主要从事钢-混凝土组合结构的研究与应用工作。从 1999 年至今，聂建国先后主持 4 项北京市自然科学基金项目，分别是“钢-混凝土连续组合梁及组合梁截面抗剪研究”“预应力钢-混凝土组合梁的试验研究”“大跨人行桥振动特性及减振方法研究”和“槽型组合梁在轻轨高架桥中的应用技术及设计理论研究”。2013 年 1 月 18 日，清华大学土木工程系教授聂建国研究团队荣获 2012 年度国家技术发明一等奖。2013 年 6 月 13 日，中国工程院第十一次院士大会召开，清华大学土木工程系教授、结构工程专家聂建国等 13 位专家荣获光华工程科技奖。

2013 年 9 月 13 日至 15 日，中国钢结构协会钢-混凝土组合结构分会第十四次学术会议暨中国钢结构协会钢-混凝土组合结构分会首届终身成就奖和杰出贡献奖颁奖仪式举行，仪式由中国钢结构协会钢-混凝土组合结构分会常务副理事长聂建国主持。

## 专家学者

**黄新艳**（1968— ），湖南祁阳人。1990 年，毕业于湖南中医学院中医系中医专业，毕业后就业于衡阳市中医医院；2001 年，在中山医科大学全国肾科高级医师培训班学习，师从原中国中西医结合学会主任委员叶任高教授，深得其真传；2008 年，被聘为衡阳市中医医院肾病科科主任；2010 年获聘为主任医师；2013 年，被评为衡阳市中医医院“名中医”；2014 年，任湖南省中医药管理局中医肾脏病质量控制中心主任；2016 年，被评为湖南省中医药学会肾病专业委员会首任主任委员。

现任国家中医药管理局“十二五”重点专科和重点学科带头人、世界中联医案专业委员会理事、中华中医药学会肾脏分会委员、中国中医研究促进会肾病分会副会长。擅长中西医结合治疗肾脏病，特别是对隐匿性肾炎、尿血、慢性肾功能不全、肾病综合症、痛风、糖尿病肾病、系统性红斑狼疮等疾病，具有独特疗效。主持参与多项国家、省市级科研课题，发表学术论文 13 篇，培养硕士生 10 余人，取得一批相应的研究成果和科技奖项，如：参与十二五国家科技支撑计划《电针治疗女性单纯性压力性尿失禁有效性和安全性-多中心临床试验》、国家 973 项目《腧穴配伍方案优选及疗效影响因素研究》，主持湖南省中医药管理局项目《滋阴益气活血膏治疗维持性血透患者口渴的研究》、衡阳市科技局课题《中药结肠透析治疗慢性肾功能衰竭临床疗效观察》、《养阴柔肝、化瘀通络法治疗高血压病疗效及分子机理研究》获湖南省科学技术进步贰等奖，《自制中成药滋阴益气活血膏的临床应用》获衡阳市优秀创新成果奖。

自参加工作 26 年来，黄新艳长期在医疗卫生第一线工作，医疗技术精湛，带领肾内科不断发展壮大，8 年时间，肾病科由原来的两台血透机、20 张病床发展成为住院部、血液透析室和专家门诊三大部分，拥有病床 60 张，血液透析机 40 台，年门诊量 1.5 万人次，年收治住院患者 1000 余人次，年透析量 18000 余台次。形成“中医一体化治疗慢性肾衰竭”“中医药防治隐匿性肾炎单纯性血尿”“中医药防治慢性肾性水肿病”“以肾为本养生保健的研究”四大特色研究方向，积累丰富的临床经验，取得优异的成绩。使中医医院肾病科在短短七年的时间内，先后被评为湖南省中医药管理局重点学科，国家中医药管理局“十二五”重点专科，国家中医药管理局“十二五”重点学科建设单位，完成从省级重点专科到国家级重点专科、国家级重点学科的“三级跳”。2014 年湖南省中医管理局中医肾脏病质量控制中心落户中医医院。2016 年湖南省中医药学会肾病专业委员会成功在中医医院成立。

**冯耀光**（1971— ），湖南省湘潭市人。医学博士，留美学者，主任医师，硕士生导师。目前担任南华大学附属第一医院心脏、血管外科主任，南华大学附属第一医院大外科副主任。

1994 年大学毕业后一直从事胸、心血管外科的临床、教学及科研工作。1999 年，在中国医学科学院阜外心血管医院进修学习一年；2002 年，就读于中南大学湘雅二医院心胸血管外科，并于 2005 年获得医学博士学位。还先后于 2010 年度在中国人民解放军总医院血管外科进修学习，2012 年度在美国综合实力排名第一的、心脏、血管外科十分著名的 Mayo Clinic（梅奥医学中心）做访问学者。2014 年，在德国心脏中心（柏林）做访问学者 4 个月。

熟练掌握胸、心血管外科常见疾病的诊断及治疗，开展多项新技术及新项目，其中很多都是在湘南地区及湖南省内率先开展。如：冠心病外科技术、大血管外科的介入及外科手术、婴幼儿先心病的外科治疗等。主术独立完成湘南地区第一例胸主动脉瘤的覆膜支架植入术、腹主动脉瘤的分叉支架植入术、主动脉-双股动脉搭桥术、下腔静脉滤器植入术、布-加综合征的球囊扩张及支架植入术、杂交手术治疗复杂的主动脉夹层动脉瘤，主动脉全弓置换加支架象鼻子手术、Bentall 手术等。在科室全体医护共同努力下，将南华大学附属第一医院的心脏、血管外科发展为整个湘南地区规模最大、技术实力最强、手术例数最多、最具影响力的专业科室。

2007 年，被南华大学遴选为外科学心胸外科专业硕士生导师，为南华大学本专业的第一位硕士生导师，现已经教导硕士毕业生 12 名。主持及参与国家级、省部级课题 7 项，编写医学专著 2 部，发表文章 40 余篇。

**李　梅**（1958— ），湖南省祁东县金桥镇人。中国演讲协会副会长、湖南响语演讲团团长，著名演讲家。中国语文报刊协会演讲与口才分会学术顾问。全国第一家演讲产业化机构——湖南响语演讲艺术有限公司 CEO、衡阳市响语演讲培训学校校长、李燕杰演讲艺术团成员、中国梦环球行赴意大利、梵蒂冈、瑞士、法国、英国、俄罗斯等国文化交流以及牛津大学、剑桥大学、俄罗斯新大学、圣彼得堡国立理工大学演讲主要成员之一。先后荣获“中国当代演讲教育事业突出贡献奖”“中国梦”演讲艺术勋章、2004 年度“世界杰出人士”、2005 年度“爱国企业家”、全国优秀演讲辞奖、全国优秀演讲指导老师奖、全国道德文化践行先进个人、全国演讲事业先进个人、全国演讲创新特别贡献奖等荣誉。

李梅率领的湖南响语演讲团在全国演讲大赛中屡获佳绩，被业内称为“演讲冠军团队”。

李梅演讲辞、演讲案例、演讲专著先后被《口才与演讲》、《演讲学》、《演讲大辞典》引用或收录。李梅演讲成功案例成为中国传媒大学出版社出版的《小主持人技能训练》教学书中的经典案例。

李梅从事演讲活动 20 年，以不同的演讲形式，不同的演讲课题在人民大会堂、世界杰出人士代表大会、全国辩论赛场、中国交通银行全国演讲赛、中国演讲与口才协会举办的全国演讲大赛以及大中小学、党政机关、公检法等不同场合演讲约 2000 多场次。主办全国首届“响语杯”我心中最美社区演讲辞征文大赛。演讲系列主要分为三大类：演讲、科普、国学。演讲精彩点评逾 100 场，撰写经典演讲辞逾 100 篇。

公开出版：《雁城风流》报告文学集、《裸情之音》诗歌集、《裸情之魂》思绪集和全球演讲第一奇书《李梅演讲三字经》等。

《人民网》、《央广网》、《中新网》、《凤凰网》、《红网》等网络媒体以及湖南卫视、教育电视台、衡阳电视台等上百家权威媒体对李梅及湖南响语演讲团进行过报道。

李梅被众多媒体称为演讲理论家、演讲实践家。

## 逝世人物

**杨敏之**（1933—2014），河北省丰润县丰登坞乡

杨家庄人，1933年4月生。读书时在村里积极参加抗日组织儿童团的活动，后入唐山省立中学读书。1947年因家庭困难而辍学。同年参加革命工作，先后在中国共产党开办的丰润县银行任会计、会计股长。1948年冬选调入冀东区党委南下工作团第三大队第八中队，不久随军南下。1949年7月在河南新郑加入中国共产党。11月进入湖南，分配到湘南工作。先后在零陵地区干部学校和零陵地委任会计和总务长。1952年9月至1954年10月，任江华县一区、四区区委副书记、书记和县委宣传部副部长。1954年11月调衡阳，先后任湘南区委党校教研科长、衡阳地区科技办公室副主任、衡阳市委宣传部长、市委常委、秘书长。1970年2月后，任衡阳市第三机械厂革委会主任、市革委会办事组副组长、市工交办副主任、主任。1973年11月后，任中共衡阳地委宣传部副部长、衡阳市委副书记、市长。1983年8月，衡阳地区与衡阳市合并，地改市，任衡阳市委副书记、市长。1985年任中共衡阳市委书记。1988年3月至1998年9月任中共湖南省委常委、省纪委书记。1994年兼任湖南省小城镇建设领导小组组长。2014年7月28日，因糖尿病并发症在湖南长沙去世，享年81岁。

**朱玉萍**（1961—2015），汉族，1961年9月出生，四川省内江市人，1982年7月参加工作，1986年6月加入中国共产党，大学文化，历史学学士学位。1978年8月—1982年7月，西南师范学院历史系史学专业本科班学生。1982年7月—1983年7月，任衡阳纺织机械厂宣传科通讯干事。1983年7月—1987年4月，任衡阳纺织机械厂团委副书记。1987年4月—1987年5月，任共青团衡阳市委学少部部长。1987年5月—1992年11月，任共青团衡阳市委副书记。1992年11月—1995年6月，任共青团衡阳市委书记。1995年6月—2001年4月，任衡阳市高新技术开发区管委会主任、工委副书记。2001年4月—2003年1月任衡阳市高新技术开发区管委会主任、工委书记。2003年1月—2006年9月，任衡阳市政协副主席、党组副书记、市高新技术开发区管委会主任、工委书记。2006年9月—2010年1月，任中共衡阳市委委员、政协副主席、党组副书记、市高新技术开发区管委会主任、工委书记。2010年1月—2011年10月，任中共衡阳市委常委、统战部长、政协党组副书记、市高新技术开发区管委会主任、工委书记。2011年10月—2012年11月，任中共衡阳市委常委、政府副市长、党组成员、市高新技术开发区管委会主任、工委书记。2012年11月—2014年4月，任中共衡阳市委常委、政府副市长、党组成员、市高新技术开发区管委会主任。2014年4月—2014年10月，任中共衡阳市委常委、政府副市长、党组成员。2014年10月—2014年11月，任衡阳市人大常委会副主任候选人、市人民政府党组成员。

2014年11月—2015年2月，任衡阳市人大常委会党组副书记、副主任候选人。2015年2月—2015年7月，任衡阳市人大常委会党组副书记、副主任。2015年7月18日，去世。（刘景行）

# 经济统计数据

# 2015年国、省、市主要指标及市占全省的比重统计表

表18

单位：亿元

| | 全　国 | 全　省 | 全　市 | 全市占全省的比重（%） |
|---|---|---|---|---|
| 生产总值（当年价） | 676708 | 29047.21 | 2601.57 | 9.0 |
| 一产业增加值 | 60863 | 3331.62 | 395.84 | 11.9 |
| 二产业增加值 | 274278 | 12955.39 | 1161.02 | 9.0 |
| #工业 | 228974 | 11090.81 | 1006.33 | 9.1 |
| 三产业增加值 | 341567 | 12760.20 | 1044.71 | 8.2 |
| 人均GDP | 49351 | 42968 | 35538 | 82.7 |
| 社会消费品零售总额 | 300930.80 | 12023.97 | 1009.10 | 8.4 |
| 固定资产投资 | 551590.04 | 25954.27 | 2125.93 | 8.2 |
| #房地产开发投资 | 95979 | 2613.75 | 140.88 | 5.4 |
| 财政总收入 | 152217.00 | 4008.10 | 261.86 | 6.5 |
| #地方预算收入 | 82983.00 | 2513.09 | 194.64 | 7.7 |
| 上划中央收入 | — | 1489.17 | 50.30 | 3.4 |
| 税收收入 | 124892 | 1526.07 | 163.43 | 10.7 |
| 税收占比（%） | 82.0 | 38.1 | 62.4 | — |
| 人均财政总收入 | 11070.33 | 5894.27 | 3538.65 | 60.0 |
| 金融机构本外币各项存款余额 | 1397752.11 | 36220.61 | 2787.27 | 7.7 |
| #住房存款 | 551929.00 | 18800.67 | 1921.54 | 10.2 |
| 金融机构本外币各项贷款余额 | 993459.69 | 24221.88 | 1445.74 | 6.0 |
| 城镇居民人均可支配收入（元） | 31195 | 28838 | 26515 | — |
| 农村居民人均可支配收入（元） | 11422 | 10993 | 14407 | — |
| 进出口总额（亿美元） | 39532.15 | 293.67 | 31.33 | 10.7 |
| #出口 | 22759.20 | 191.73 | 20.13 | 10.5 |
| 进口 | 16772.95 | 101.94 | 11.20 | 11.0 |
| 实际利用外资（亿美元） | 1263 | 115.64 | 10.30 | 8.9 |
| 接待旅游人数（万人次） | 400000 | 47300 | 5046.77 | 10.7 |
| 旅游总收入（不含外汇） | 34195 | 3660 | 301.70 | 8.1 |
| 居民消费价格总指数（%） | 101.4 | 101.4 | 101.5 | 100.1 |
| 城镇登记失业率（%） | 4.05 | 4.09 | 3.53 | — |

# "十二五"期间衡阳市主要经济指标完成情况统计表

**表 19**

| | | 2013 年 | 2014 年 | 2015 年 | 总量累计完成（现价）/平均增速 |
|---|---|---|---|---|---|
| 地区生产总值 | | | | | |
| 地区生产总值（GDP） | 亿元 | 2169.44 | 2395.56 | 2601.57 | 7166.57 |
| 增长率 | % | 10.2 | 9.9 | 8.7 | 9.6 |
| 其中：第一产业 | 亿元 | 338.41 | 364.79 | 395.84 | 1098.94 |
| 增长率 | % | 2.8 | 4.5 | 3.6 | 3.6 |
| 第二产业 | 亿元 | 1039.42 | 1119.88 | 1161.02 | 3320.32 |
| 增长率 | % | 10.7 | 9.1 | 7.1 | 8.97 |
| 其中：工业 | 亿元 | 913.63 | 979.50 | 1006.33 | 2899.46 |
| 增长率 | % | 11.1 | 9.0 | 6.7 | 8.93 |
| 第三产业 | 亿元 | 791.61 | 910.98 | 1044.71 | 2747.30 |
| 增长率 | % | 12.8 | 13.1 | 12.6 | 12.83 |
| 财政收入 | | | | | |
| 财政总收入 | 亿元 | 211.88 | 235.26 | 261.86 | 709.00 |
| 增长率 | % | 13.0 | 11.0 | 11.1 | 11.70 |
| 其中：一般预算收入 | 亿元 | 157.2 | 172.85 | 194.64 | 524.69 |
| 增长率 | % | 16.0 | 10.0 | 12.2 | 12.74 |
| 三大需求 | | | | | |
| 全社会固定资产投资 | 亿元 | 1437.30 | 1767.01 | 2125.93 | 5330.24 |
| 增长率 | % | 35.1 | 22.9 | 20.3 | 26.11 |
| 社会消费品零售总额 | 亿元 | 731.92 | 825.51 | 1009.10 | 2566.53 |
| 增长率 | % | 13.9 | 12.8 | 12.2 | 12.97 |
| 进出口总额 | 亿美元 | 18.14 | 29.43 | 31.33 | 78.90 |
| 增长率 | % | -10.4 | 62.4 | 7.9 | 19.98 |
| 人民生活 | | | | | |
| 城镇居民人均可支配收入 | 元 | 22297 | 24370 | 26515 | — |
| 增长率 | % | 10.0 | 9.3 | 8.8 | 9.36 |
| 农村居民人均可支配收入 | 元 | 11876 | 13242 | 14407 | — |
| 增长率 | % | 12.9 | 11.5 | 8.8 | 11.07 |

说明：从 2011 年起，固定资产投资起报点由 50 万元提高到 500 万元，全社会固定资产投资指标调整为固定资产投资

# 2015年衡阳市全面建成小康社会统计监测结果统计表

**表20**

| 指标名称 | 单位 | 目标值（2020年） | 权重 | 2015年 | |
|---|---|---|---|---|---|
| | | | | 数值 | 实现程度 |
| 一、经济发展 | — | — | 22 | | 80.8 |
| 1. GDP（2010年不变价） | 万元 | 比2010年翻一番 | 4 | 23899060 | 84.1 |
| 2. 第三产业增加值占GDP比重 | % | ≥47 | 2 | 40.2 | 85.4 |
| 3. 居民消费支出占GDP比重 | % | ≥36 | 2.5 | 51.5 | 100.0 |
| 4. R&D经费支出占GDP比重 | % | ≥2.3 | 1.5 | 0.84 | 36.6 |
| 5. 每万人口发明专利拥有量 | 件 | ≥3.2 | 1.5 | 0.86 | 27.0 |
| 6. 工业劳动生产率 | 万元/人 | ≥12 | 2.5 | 17.87 | 100.0 |
| 7. 互联网普及率 | % | ≥50 | 2.5 | 39.1 | 78.1 |
| 8. 城镇人口比重 | % | ≥60 | 3 | 49.2 | 82.0 |
| 9. 农业劳动生产率 | 万元/人 | ≥2 | 2.5 | 1.86 | 93.1 |
| 二、民主法制 | — | — | 14 | | 89.1 |
| 10. 基层民主参选率 | % | ≥95 | 3.5 | 97.6 | 100.0 |
| 11. 廉政指数 | 人/万人 | ≤8 | 3.5 | 5.49 | 100.0 |
| 12. 社会安全指数 | % | 100 | 4 | 97.0 | 97.0 |
| 每万人口刑事犯罪人数 | 人 | | | 5.4819 | 92.4 |
| 每万人口交通事故死亡人数 | 人 | | | 0.2432 | 100.0 |
| 每万人口火灾事故死亡人数 | 人 | | | 0.0041 | 100.0 |
| 每万人口工伤事故死亡人数 | 人 | | | 0.0123 | 100.0 |
| 13. 每万人口拥有律师数 | 人 | ≥2.3 | 3 | 1.22 | 53.1 |
| 三、文化建设 | — | — | 14 | | 89.5 |
| 14. 文化及相关产业增加值占GDP比重 | % | ≥5 | 3 | 4.20 | 84.0 |
| 15. 人均公共文化财政支出 | 元 | ≥200 | 2.5 | 130 | 64.8 |
| 16. 有线广播电视入户率 | % | ≥60 | 3 | 64.1 | 100.0 |
| 17. 每万人口拥有“三馆一站”公用房屋建筑面积 | 平方米 | ≥450 | 2.5 | 598 | 100.0 |
| 18. 城乡居民文化娱乐服务支出占家庭消费支出比重 | % | ≥6 | 3 | 5.8 | 96.2 |
| 四、人民生活 | — | — | 28 | | 95.0 |
| 19. 城乡居民人均收入（2010年不变价） | 元 | 比2010年翻一番 | 4 | 17800 | 77.5 |
| 20. 地区人均基本公共服务支出差异系数 | % | ≤40 | 1.5 | 45.60 | 92.2 |
| 21. 失业率 | % | ≤6 | 2 | 3.53 | 100.0 |

**表 20 续**

| 指标名称 | 单位 | 目标值（2020 年） | 权重 | 2015 年 | |
|---|---|---|---|---|---|
| | | | | 数值 | 实现程度 |
| 22. 恩格尔系数 | % | ≤40 | 2 | 33.1 | 100.0 |
| 23. 基尼系数 | — | 0.3~0.4 | 1.5 | 0.29 | 99.9 |
| 24. 城乡居民收入比 | 以农为 1 | ≤2.8 | 1.5 | 1.84 | 100.0 |
| 25. 城乡居民家族住房面积达标率 | % | ≥60 | 2 | 73.8 | 100.0 |
| 26. 公共交通服务指数 | % | 100 | 2 | | 99.0 |
| 每万人拥有公共交通车辆 | 标台 | ≥14 | | 13.7 | 97.9 |
| 行政村客运班线通达率 | % | ≥95 | | 97.8 | 100.0 |
| 27. 平均预期寿命 | 岁 | ≥76 | 2 | 75.0 | 98.7 |
| 28. 平均受教育年限 | 岁 | ≥10.5 | 2 | 9.7 | 92.3 |
| 29. 每千人口拥有执业医师数 | 人 | ≥1.95 | 1.5 | 2.22 | 100.0 |
| 30. 基本社会保险覆盖率 | % | ≥95 | 3 | | 98.6 |
| 基本养老保险覆盖率 | % | ≥95 | | 87.3 | 91.9 |
| 基本医疗保险覆盖率 | % | ≥95 | | 100.0 | 100.0 |
| 31. 农村自来水普及率 | % | ≥80 | 1.5 | 72.0 | 90.1 |
| 32. 农村卫生厕所普及率 | % | ≥75 | 1.5 | 77.0 | 100.0 |
| 五、资源环境 | — | — | 22 | | 87.7 |
| 33. 单位 GDP 能耗（2010 年不变价） | 吨标准煤/万元 | ≤0.62 | 3 | 0.525 | 100.0 |
| 34. 单位 GDP 水耗（2010 年不变价） | 立方米/万元 | ≤110 | 3 | 140.1 | 78.5 |
| 35. 单位 GDP 建设用地占用面积（2010 年不变价） | 公顷/亿元 | ≤62 | 3 | 66.6 | 93.0 |
| 36. 空气质量达标率 | % | 100 | 2 | 77.8 | 77.8 |
| 37. 环境质量指数 | % | 100 | 4 | | 94.3 |
| PM2.5 达标天数比例 | % | ≥95 | | 79.5 | 83.7 |
| 地表水达标率 | % | ≥90 | | 95.8 | 100.0 |
| 森林覆盖率 | % | ≥23 | | 46.0 | 100.0 |
| 城市建成区绿化覆盖率 | % | ≥40 | | 40.0 | 100.0 |
| 38. 主要污染物排放强度指数 | % | 100 | 4 | | 70.4 |
| 单位 GDP 化学需氧量排放强度 | 吨/亿元 | ≤27.7 | | 60.30 | 45.9 |
| 单位 GDP 二氧化硫排放强度 | 吨/亿元 | ≤24.6 | | 21.63 | 100.0 |
| 单位 GDP 氨氮排放强度 | 吨/亿元 | ≤2.78 | | 7.83 | 35.5 |
| 单位 GDP 氮氧化物排放强度 | 吨/亿元 | ≤24 | | 19.00 | 100.0 |
| 39. 城市生活垃圾无害化处理率 | % | ≥85 | 3 | 100 | 100.0 |
| 总实现程度 | — | — | 100 | | 88.6 |

说明：单位 GDP 二氧化碳排放量用空气质量达标率替代，PM2.5 达标天数比例只有 6 个市州有数据，其他市州用平均数据替代

# 2015年衡阳市总户数和总人口

**表 21**

| | 单位 | 2015年 | 2014年 | 比上年±% |
|---|---|---|---|---|
| 一、年末总户数 | 万户 | 206.78 | 205.82 | 0.47 |
| 二、年末常住人口 | 万人 | 733.75 | 730.34 | 0.47 |
| #男性 | 万人 | 380.12 | 378.35 | 0.47 |
| 女性 | 万人 | 353.63 | 351.99 | 0.47 |
| #城镇人口 | 万人 | 361.01 | 354.36 | 1.88 |
| 乡村人口 | 万人 | 372.74 | 375.98 | -1.86 |
| 三、年平均人口 | 万人 | 732.05 | 727.67 | 0.60 |
| 四、人口出生率 | ‰ | 12.44 | 11.65 | 0.79 |
| 五、人口死亡率 | ‰ | 5.99 | 5.49 | 0.50 |
| 六、人口自然增长率 | ‰ | 6.45 | 6.17 | 0.28 |
| 七、常住人口分布密度 | 人/平方千米 | 479.6 | 477.37 | 0.47 |
| #市区 | 人/平方千米 | 1689.41 | 1674.22 | 0.91 |

# 2015年衡阳市农林牧渔业总产值一览表

表22

单位：万元

| | 总产值 | 农业 | 林业 | 牧业 | 渔业 | 服务业 |
|---|---|---|---|---|---|---|
| 总　计 | 6518455 | 3017362 | 344906 | 2550657 | 443220 | 162309 |
| 珠晖区 | 146352 | 77961 | 529 | 56445 | 8658 | 2758 |
| 雁峰区 | 44376 | 20383 | 786 | 19259 | 2907 | 1041 |
| 石鼓区 | 74618 | 30712 | 2242 | 36047 | 4965 | 651 |
| 蒸湘区 | 72034 | 34453 | 1111 | 29613 | 5625 | 1231 |
| 南岳区 | 51169 | 25683 | 3627 | 20103 | 921 | 835 |
| 衡阳县 | 1148338 | 431025 | 61710 | 525919 | 100626 | 29058 |
| 衡南县 | 1068535 | 483083 | 57954 | 406857 | 96058 | 24583 |
| 衡山县 | 431968 | 183530 | 60954 | 160103 | 17727 | 9654 |
| 衡东县 | 741594 | 295739 | 81291 | 305802 | 41354 | 17407 |
| 祁东县 | 917610 | 439611 | 31057 | 325192 | 97796 | 23954 |
| 耒阳市 | 1026467 | 452881 | 47572 | 442566 | 52556 | 30891 |
| 常宁市 | 795396 | 276703 | 86783 | 362549 | 49129 | 20232 |

# 2015年衡阳市规模以上工业企业单位数及总产值一览表

表 23

单位:%

| | 企业个数（个） | 比上年±% |
|---|---|---|
| 全市总计 | 953 | 5.3 |
| 一、按轻重工业分 | | |
| 轻工业 | | 11.9 |
| 重工业 | | 2.9 |
| 二、按经济类型分 | | |
| 1. 国有经济 | 12 | -0.4 |
| 2. 集体经济 | 9 | -8.3 |
| 3. 股份合作制经济 | 1 | -37.9 |
| 4. 股份制经济 | 804 | 4.9 |
| 5. 外商及港澳台经济 | 44 | 16.6 |
| 6. 其他经济类型 | 83 | 3.4 |

# 2015年衡阳市固定资产投资完成额统计表

**表24** 单位：亿元

| | 2015年 | 比上年±% |
|---|---|---|
| 全社会固定资产投资 | 2125.9 | 20.3 |
| 按产业分 | | |
| 1. 第一产业 | 90.7 | 72.8 |
| 2. 第二产业 | 912.5 | 10.2 |
| #工业 | 911.2 | 11.0 |
| 3. 第三产业 | 1122.7 | 26.7 |
| 城镇投资和非农户投资 | 1985.0 | 21.9 |
| 一、按登记注册类型分 | | |
| 1. 内资企业 | 2078.5 | 21.4 |
| 2. 港澳台商投资企业 | 12.0 | 44.8 |
| 3. 外商投资企业 | 29.5 | -30.8 |
| 4. 个体经营 | 5.9 | 173.3 |
| 二、按隶属关系分 | | |
| 1. 中央 | 26.6 | 121.3 |
| 2. 地方 | 2099.4 | 19.6 |
| 三、按构成分 | | |
| 1. 建筑工程 | 1536.6 | 22.0 |
| 2. 安装工程 | 93.9 | 16.9 |
| 3. 设备、工具购置 | 423.0 | 21.4 |
| 4. 其他费用 | 72.5 | -8.1 |
| 四、按性质分 | | |
| 1. 新建 | 892.1 | 7.0 |
| 2. 扩建 | 294.0 | 57.9 |
| 3. 改建及技术改造 | 779.2 | 30.6 |

# 2015年衡阳市社会消费品零售总额统计表

**表25**　　　　单位：亿元

| | 2015年 | 比上年±% |
|---|---|---|
| 总计 | 1009.10 | 12.2 |
| 分地区： | | |
| 城镇 | 911.43 | 12.2 |
| #城区 | 826.22 | 12.3 |
| 乡村 | 97.67 | 12.3 |
| 在总计中： | | |
| 批零贸易业 | 899.90 | 12.2 |
| 住宿餐饮业 | 109.20 | 12.5 |
| 在总计中： | | |
| 珠晖区 | 111.95 | 12.3 |
| 雁峰区 | 99.04 | 12.5 |
| 石鼓区 | 97.61 | 12.2 |
| 蒸湘区 | 109.88 | 12.4 |
| 南岳区 | 21.74 | 11.9 |
| 衡阳县 | 83.87 | 12.2 |
| 衡南县 | 89.80 | 12.4 |
| 衡山县 | 26.60 | 12.1 |
| 衡东县 | 80.21 | 12.5 |
| 祁东县 | 94.45 | 12.3 |
| 耒阳市 | 113.90 | 12.6 |
| 常宁市 | 80.05 | 10.7 |

# 表 26 2015 年衡阳市财政收入与金融收入统计表

**表 26-1** **财政收入** 单位：万元

| | 2015 年 | 增长（%） | 2014 年 | 增长（%） |
|---|---|---|---|---|
| 财政总收入 | 2618616 | 11. 1 | 2352603 | 11. 0 |
| 税收收入 | 1634313 | 6. 8 | 1530988 | 11. 1 |
| 地方财政收入 | 1946410 | 12. 2 | 1728480 | 10. 9 |
| #税收收入 | 962107 | 6. 1 | 906865 | 11. 0 |
| 增值税 | 83329 | 1. 5 | 82308 | 21. 1 |
| 营业税 | 247154 | 10. 6 | 223415 | 19. 2 |
| 个人所得税 | 31693 | 13. 8 | 27838 | 15. 0 |
| 资源税 | 12310 | -8. 8 | 13503 | 19. 4 |
| 城市维护建设税 | 47115 | -2. 4 | 48267 | 22. 0 |
| 房产税 | 27673 | 17. 3 | 23587 | 20. 0 |
| 印花税 | 10917 | -4. 2 | 11398 | 33. 5 |
| 城镇土地使用税 | 41403 | 23. 1 | 33634 | 4. 7 |
| 土地增值税 | 90944 | -9. 0 | 99910 | 7. 1 |
| 车船税 | 10157 | 23. 7 | 8209 | 20. 9 |
| 耕地占用税 | 86389 | -35. 4 | 133801 | -15. 9 |
| 契税 | 210656 | 47. 4 | 142646 | 20. 1 |
| 烟叶税 | 7288 | -10. 2 | 8119 | -1. 1 |
| #非税收入 | 984303 | 18. 9 | 821615 | 10. 8 |
| 上划中央收入 | 503016 | 7. 3 | 469840 | 9. 2 |
| 上划省级收入 | 169190 | 9. 7 | 154283 | 18. 5 |

**表 26-2** **分县市区财政收入** 计量单位：亿元、%

| | 财政总收入 | | 一般预算收入 | |
|---|---|---|---|---|
| | 2015 年 | 增长（%） | 2015 年 | 增长（%） |
| 全　市 | 261. 86 | 11. 1 | 194. 64 | 12. 2 |
| 珠晖区 | 14. 48 | 12. 1 | 5. 84 | -2. 4 |
| 雁峰区 | 16. 33 | 12. 1 | 2. 94 | 10. 5 |
| 石鼓区 | 19. 79 | 12. 1 | 4. 03 | 4. 8 |
| 蒸湘区 | 20. 41 | 12. 1 | 3. 71 | 12. 3 |
| 南岳区 | 6. 16 | 13. 4 | 5. 47 | 12. 8 |
| 衡阳县 | 12. 78 | 10. 2 | 9. 19 | 14. 1 |
| 衡南县 | 16. 52 | 12. 0 | 12. 13 | 10. 6 |
| 衡山县 | 8. 66 | 12. 9 | 6. 33 | 12. 6 |
| 衡东县 | 12. 43 | 12. 1 | 9. 40 | 15. 2 |
| 祁东县 | 10. 10 | 13. 5 | 7. 43 | 15. 1 |
| 耒阳市 | 25. 55 | 18. 9 | 18. 31 | 22. 0 |
| 常宁市 | 16. 31 | 15. 6 | 12. 72 | 17. 9 |
| 高新开发区 | 15. 55 | 15. 0 | 4. 25 | 28. 2 |
| 白沙工业园 | 26. 01 | 15. 1 | 22. 22 | 25. 8 |
| 松木经开区 | 8. 03 | 15. 3 | 5. 89 | -4. 8 |

说明：财政数据雁峰、石鼓、蒸湘不包括园区

**表 26-3** 财政支出 单位：万元

| 项　目 | 2015 年 | 2014 年 | 增减额 | 增减±% |
|---|---|---|---|---|
| 公共财政支出合计 | 4799475 | 4095689 | 703786 | 17.2 |
| 一般公共服务 | 400362 | 397050 | 3312 | 0.8 |
| 外交 | 0 | 0 | 0 | 0.0 |
| 国防 | 10756 | 29980 | -19224 | -64.1 |
| 公共安全 | 191635 | 190430 | 1205 | 0.6 |
| 教育 | 765560 | 620168 | 145392 | 23.4 |
| 科学技术 | 16375 | 19241 | -2866 | -14.9 |
| 文化体育与传媒 | 94946 | 39140 | 55806 | 142.6 |
| 社会保障和就业 | 762014 | 618401 | 143613 | 23.2 |
| 医疗卫生 | 507313 | 411493 | 95820 | 23.3 |
| 节能环保 | 89092 | 89507 | -415 | -0.5 |
| 城乡社区事务 | 654859 | 542680 | 112179 | 20.7 |
| 农林水事务 | 491654 | 391670 | 99984 | 25.5 |
| 交通运输 | 199439 | 140493 | 58946 | 42.0 |
| 资源勘探电力信息等事务 | 228849 | 231005 | -2156 | -0.9 |
| 商业服务业等事务 | 22715 | 29372 | -6657 | -22.7 |
| 金融监管支出 | 1213 | 1680 | -467 | -27.8 |
| 国土资源气象等事务 | 37373 | 61197 | -23824 | -38.9 |
| 住房保障支出 | 181174 | 128735 | 52439 | 40.7 |
| 粮油物资管理事务 | 16051 | 14746 | 1305 | 8.8 |
| 债务付息支出 | 94362 | 122585 | -28223 | -23.0 |
| 其他支出 | 33733 | 16116 | 17617 | 109.3 |

**表 26-4** 分县市区财政支出 单位：万元

| | 2015 年 | 2014 年 | 增减额 | 增减（%） |
|---|---|---|---|---|
| 合　计 | 4799475 | 4095689 | 703786 | 17.2 |
| 县市小计 | 2861849 | 2306168 | 555681 | 24.1 |
| 衡南县 | 422092 | 355793 | 66299 | 18.6 |
| 衡阳县 | 432079 | 368495 | 63584 | 17.3 |
| 衡山县 | 200064 | 180014 | 20050 | 11.1 |
| 衡东县 | 300287 | 271746 | 28541 | 10.5 |
| 常宁县 | 509522 | 365890 | 143632 | 39.3 |
| 祁东县 | 414545 | 347130 | 67415 | 19.4 |
| 耒阳市 | 583260 | 417100 | 166160 | 39.8 |
| 市区小计 | 1937626 | 1789521 | 148105 | 8.3 |
| 市本级 | 1114086 | 1081677 | 32409 | 3.0 |
| 南岳区 | 84003 | 71381 | 12622 | 17.7 |
| 珠晖区 | 131427 | 104057 | 27370 | 26.3 |
| 雁峰区 | 63475 | 50814 | 12661 | 24.9 |
| 石鼓区 | 88298 | 76940 | 11358 | 14.8 |
| 蒸湘区 | 71769 | 61303 | 10466 | 17.1 |
| 石鼓区 | 88298 | 76940 | 11358 | 14.8 |
| 蒸湘区 | 71769 | 61303 | 10466 | 17.1 |
| 高新开发区 | 98777 | 86322 | 12455 | 14.4 |
| 白沙工业园 | 209082 | 191531 | 17551 | 9.2 |
| 松木经开区 | 76709 | 65496 | 11213 | 17.1 |

# 2015年衡阳市金融机构本外币存贷款余额统计表

表 27　　单位：亿元

| | 2015年 | |
|---|---|---|
| | 年末年额 | 比年初增减 |
| 一、各项存款 | 2787.27 | 369.56 |
| （一）境内存款 | 2785.59 | 369.93 |
| 1. 住户存款 | 1921.54 | 200.86 |
| （1）活期存款 | 602.43 | 60.43 |
| （2）定期及其他存款 | 1319.11 | 140.42 |
| 2. 非金融企业存款 | 495.59 | 109.95 |
| （1）活期存款 | 317.24 | 87.61 |
| （2）定期及其他存款 | 178.35 | 22.34 |
| 3. 广义政府存款 | 361.07 | 59.19 |
| 4. 非银行业金融机构存款 | 7.40 | -0.06 |
| 二、各项贷款 | 1445.74 | 210.26 |
| （一）境内贷款 | 1195.09 | 169.13 |
| 1. 住户贷款 | 460.47 | 76.48 |
| （1）短期贷款 | 133.56 | 16.69 |
| （2）中长期贷款 | 326.92 | 59.79 |
| 2. 非金融企业及机关贷款 | 734.61 | 92.65 |
| （1）短期贷款 | 278.09 | 23.35 |
| （2）中长期贷款 | 378.15 | 47.67 |
| （3）票据融资 | 78.38 | 21.62 |
| （二）境外贷款 | 0.03 | 0.01 |
| （三）表外及其他贷款 | 250.62 | 41.12 |

# 2015年衡阳市价格指数一览表

表 28

计量单位:%

| | 2015年 | 2014年 |
|---|---|---|
| | (以上年为100) | |
| 居民消费价格总指数 | 101.5 | 101.6 |
| #服务项目价格指数 | 103.3 | 102.7 |
| 消费品价格指数 | 100.9 | 101.3 |
| 1. 食品 | 101.6 | 102.4 |
| #粮食 | 101.3 | 99.5 |
| 油脂 | 99.0 | 96.0 |
| 肉禽及其制品 | 104.5 | 100.4 |
| 蛋 | 113.6 | 116.6 |
| 水产品 | 105.6 | 99.9 |
| 菜 | 97.6 | 106.4 |
| 干鲜瓜果 | 100.3 | 107.4 |
| 2. 烟酒及用品 | 102.1 | 100.3 |
| 3. 衣着 | 101.1 | 100.0 |
| 4. 家族设备用品及维修服务 | 101.5 | 102.0 |
| 5. 医疗保健和个人用品 | 103.2 | 103.3 |
| 6. 交通和通讯 | 99.2 | 100.1 |
| 7. 娱乐教育文化用品及服务 | 105.4 | 102.6 |
| 8. 居住 | 98.5 | 100.0 |
| 商品零售价格指数 | 100.0 | 100.5 |

# 表 29　2015 年衡阳市各县市区主要经济指标在全省排位情况

**表 29-1**　**地区生产总值**　单位：亿元

| 市县 | 生产总值 | | | |
|---|---|---|---|---|
| | 绝对值 | 位次 | 速度（%） | 位次 |
| 珠晖区 | 205. 83 | 55 | 9. 7 | 37 |
| 雁峰区 | 216. 96 | 49 | 9. 2 | 57 |
| 石鼓区 | 141. 82 | 71 | 10. 1 | 22 |
| 蒸湘区 | 191. 49 | 61 | 9. 6 | 44 |
| 南岳区 | 32. 10 | 120 | 9. 6 | 44 |
| 衡阳县 | 287. 57 | 31 | 8. 8 | 78 |
| 衡南县 | 287. 55 | 30 | 8. 2 | 105 |
| 衡山县 | 134. 93 | 75 | 8. 7 | 82 |
| 衡东县 | 236. 45 | 46 | 8. 5 | 94 |
| 祁东县 | 240. 00 | 45 | 9. 1 | 63 |
| 耒阳市 | 389. 95 | 17 | 8. 4 | 97 |
| 常宁市 | 269. 60 | 38 | 9. 0 | 68 |

说明：雁峰区、石鼓区、蒸湘区各项指标均包含园区

**表 29-2**　**第一产业**　单位：亿元

| 市县 | 第一产业 | | | |
|---|---|---|---|---|
| | 绝对值 | 位次 | 速度（%） | 位次 |
| 珠晖区 | 12. 74 | 82 | 4. 7 | 7 |
| 雁峰区 | 2. 77 | 119 | 4. 0 | 32 |
| 石鼓区 | 4. 16 | 115 | 3. 7 | 73 |
| 蒸湘区 | 4. 43 | 114 | 4. 2 | 16 |
| 南岳区 | 3. 34 | 117 | 4. 1 | 20 |
| 衡阳县 | 64. 03 | 6 | 2. 8 | 113 |
| 衡南县 | 65. 18 | 5 | 3. 7 | 73 |
| 衡山县 | 28. 49 | 49 | 3. 3 | 109 |
| 衡东县 | 39. 92 | 34 | 3. 6 | 95 |
| 祁东县 | 60. 66 | 10 | 3. 9 | 48 |
| 耒阳市 | 62. 84 | 8 | 3. 5 | 102 |
| 常宁市 | 47. 26 | 24 | 3. 8 | 59 |

说明：雁峰区、石鼓区、蒸湘区各项指标均包含园区

表 29-3

**第二产业**

单位：亿元

| 市县 | 第二产业 | | | |
| --- | --- | --- | --- | --- |
| | 绝对值 | 位次 | 速度（%） | 位次 |
| 珠晖区 | 116.16 | 38 | 8.1 | 65 |
| 雁峰区 | 148.90 | 28 | 8.1 | 65 |
| 石鼓区 | 41.66 | 83 | 9.4 | 31 |
| 蒸湘区 | 115.41 | 39 | 6.9 | 90 |
| 南岳区 | 3.17 | 123 | 5.8 | 109 |
| 衡阳县 | 109.15 | 42 | 7.7 | 73 |
| 衡南县 | 127.52 | 34 | 6.4 | 102 |
| 衡山县 | 40.16 | 86 | 5.8 | 109 |
| 衡东县 | 87.05 | 54 | 6.7 | 96 |
| 祁东县 | 85.81 | 55 | 8.4 | 53 |
| 耒阳市 | 146.67 | 31 | 5.4 | 113 |
| 常宁市 | 108.88 | 43 | 6.4 | 102 |

说明：雁峰区、石鼓区、蒸湘区各项指标均包含园区

表 29-4

**第三产业**

单位：亿元

| 市县 | 第三产业 | | | |
| --- | --- | --- | --- | --- |
| | 绝对值 | 位次 | 速度（%） | 位次 |
| 珠晖区 | 76.93 | 58 | 12.9 | 49 |
| 雁峰区 | 65.29 | 69 | 12.3 | 71 |
| 石鼓区 | 96.00 | 38 | 10.7 | 100 |
| 蒸湘区 | 71.65 | 61 | 15.0 | 4 |
| 南岳区 | 25.59 | 107 | 10.8 | 98 |
| 衡阳县 | 114.39 | 25 | 13.8 | 22 |
| 衡南县 | 95.15 | 39 | 15.0 | 4 |
| 衡山县 | 66.27 | 68 | 12.8 | 52 |
| 衡东县 | 109.48 | 29 | 12.0 | 78 |
| 祁东县 | 93.52 | 40 | 13.0 | 43 |
| 耒阳市 | 180.44 | 15 | 13.0 | 43 |
| 常宁市 | 113.46 | 26 | 14.2 | 17 |

说明：雁峰区、石鼓区、蒸湘区各项指标均包含园区

**表 29-5** **规模工业增加值** 单位：亿元

| 市县 | 规模工业增加值 | |
|---|---|---|
| | 速度（%） | 位次 |
| 珠晖区 | 5. 9 | 101 |
| 雁峰区 | 8. 1 | 7. 1 |
| 石鼓区 | 10. 0 | 35 |
| 蒸湘区 | 6. 7 | 94 |
| 南岳区 | -2. 9 | 118 |
| 衡阳县 | 9. 0 | 53 |
| 衡南县 | 5. 4 | 108 |
| 衡山县 | 5. 7 | 104 |
| 衡东县 | 7. 3 | 81 |
| 祁东县 | 9. 5 | 44 |
| 耒阳市 | 5. 3 | 110 |
| 常宁市 | 6. 6 | 95 |

说明：雁峰区、石鼓区、蒸湘区各项指标均包含园区

**表 29-6** **固定资产投资** 单位：元

| 市县 | 固定资产投资 | | | |
|---|---|---|---|---|
| | 绝对值 | 位次 | 速度（%） | 位次 |
| 珠晖区 | 174. 62 | 54 | 20. 4 | 46 |
| 雁峰区 | 196. 35 | 43 | 20. 5 | 45 |
| 石鼓区 | 167. 48 | 58 | 21. 6 | 31 |
| 蒸湘区 | 261. 07 | 30 | 21. 7 | 29 |
| 南岳区 | 29. 96 | 118 | 20. 3 | 51 |
| 衡阳县 | 227. 52 | 36 | 20. 8 | 38 |
| 衡南县 | 193. 71 | 44 | 20. 3 | 50 |
| 衡山县 | 88. 06 | 90 | 18. 3 | 101 |
| 衡东县 | 133. 60 | 73 | 18. 9 | 82 |
| 祁东县 | 141. 29 | 70 | 20. 6 | 41 |
| 耒阳市 | 351. 44 | 13 | 19. 5 | 73 |
| 常宁市 | 160. 84 | 61 | 19. 7 | 66 |

说明：雁峰区、石鼓区、蒸湘区各项指标均包含园区

**表 29-7** **社会消费品零售总额** 单位：元

| 市县 | 社会消费品零售总额 | | | |
|---|---|---|---|---|
| | 绝对值 | 位次 | 速度（%） | 位次 |
| 珠晖区 | 111.95 | 21 | 12.3 | 60 |
| 雁峰区 | 99.04 | 28 | 12.5 | 40 |
| 石鼓区 | 97.61 | 30 | 12.2 | 69 |
| 蒸湘区 | 109.88 | 23 | 12.4 | 49 |
| 南岳区 | 21.74 | 103 | 11.9 | 85 |
| 衡阳县 | 83.87 | 46 | 12.2 | 69 |
| 衡南县 | 89.80 | 40 | 12.4 | 49 |
| 衡山县 | 26.60 | 98 | 12.1 | 76 |
| 衡东县 | 80.21 | 48 | 12.5 | 40 |
| 祁东县 | 94.45 | 35 | 12.3 | 60 |
| 耒阳市 | 113.90 | 20 | 12.6 | 33 |
| 常宁市 | 80.05 | 50 | 10.7 | 113 |

**表 29-8** **农村居民人均可支配收入** 单位：亿元

| 市县 | 农村居民人均可支配收入 | | | |
|---|---|---|---|---|
| | 绝对值 | 位次 | 速度（%） | 位次 |
| 珠晖区 | — | — | — | — |
| 雁峰区 | — | — | — | — |
| 石鼓区 | — | — | — | — |
| 蒸湘区 | — | — | — | — |
| 南岳区 | — | — | — | — |
| 衡阳县 | 13453 | 35 | 9.3 | 69 |
| 衡南县 | 16234 | 12 | 9.0 | 78 |
| 衡山县 | 16341 | 11 | 8.9 | 83 |
| 衡东县 | 15716 | 17 | 9.0 | 78 |
| 祁东县 | 11088 | 52 | 8.3 | 101 |
| 耒阳市 | 16138 | 13 | 8.7 | 93 |
| 常宁市 | 12812 | 38 | 9.1 | 76 |

表 29-9　　城镇居民人均可支配收入　　单位：亿元

| 市县 | 城镇居民人均可支配收入 | | | |
|---|---|---|---|---|
| | 绝对值 | 位次 | 速度（%） | 位次 |
| 珠晖区 | 27736 | 27 | 8.9 | 33 |
| 雁峰区 | 26647 | 36 | 8.5 | 58 |
| 石鼓区 | 28149 | 23 | 8.7 | 49 |
| 蒸湘区 | 27353 | 30 | 9.1 | 17 |
| 南岳区 | 31083 | 16 | 9.0 | 24 |
| 衡阳县 | 26053 | 40 | 9.2 | 12 |
| 衡南县 | 25636 | 44 | 8.9 | 33 |
| 衡山县 | 25916 | 42 | 8.8 | 44 |
| 衡东县 | 25895 | 43 | 8.8 | 44 |
| 祁东县 | 20898 | 80 | 8.8 | 44 |
| 耒阳市 | 27087 | 32 | 8.5 | 58 |
| 常宁市 | 25314 | 47 | 8.9 | 33 |

# 表 30 2015 年衡阳市物价指数

**表 30-1**

## 2015 年 1 月衡阳市民生价格

采价时点：2015 年 01 月 01 日 7 时 36 分

单位/元

| 商品名称 | 规格、等级、单位 | 西园市场 | 龙家坪市场 | 仙姬巷市场 | 后宰门市场 | 君昇市场 | 桑园街市场 | 衡西市场 | 香江百货 | 步步高广场店 | 生源超市衡钢店 |
|---|---|---|---|---|---|---|---|---|---|---|---|
| 早籼米 | 标—500 克 | — | — | 2 | — | 2 | 2 | 2 | — | 2.3 | — |
| 晚籼米 | 标—500 克 | — | — | 2.2 | 2.1 | 2.2 | 2.5 | 2.2 | 1.9 | 2.69 | 1.95 |
| 富强面粉 | 特一粉 500 克 | — | — | 2.5 | 2.5 | — | 2.68 | 2.5 | — | 2.78 | — |
| 标准面粉 | 500 克 | — | — | 2 | 2 | — | 2.28 | 2 | — | 1.99 | — |
| 菜籽油 | 一级桶装 金龙鱼 5L | — | — | 64 | 70 | 70 | 65.9 | 64 | 45.9 | 69.9 | 69.9 |
| 花生油 | 一级桶装 鲁 花 5L | — | — | 148 | — | — | — | — | 144.9 | 149.9 | 149.8 |
| 大豆油 | 一级调和油 金龙鱼 5L | — | — | 51 | — | 55 | — | — | 42.9 | 42.9 | 49.9 |
| 调和油 | 一级桶装 金龙鱼 5L | — | — | 66 | 65 | — | 65.9 | 60 | 59.9 | 65.9 | 59.9 |
| 鲜猪肉 | 精瘦肉 500 克 | — | 14 | 12 | 11.5 | 14 | 13 | 13 | 13.98 | 12.98 | 13.5 |
| 鲜猪肉 | 一刀切 500 克 | — | 12 | 11 | 11 | 11 | 11 | 11 | 8.48 | 8.28 | 9.98 |
| 鲜牛肉 | 新鲜去骨 500 克 | — | 40 | 40 | — | 43 | 48 | 43 | 43.8 | 39.8 | — |
| 鲜羊肉 | 新鲜带骨 500 克 | — | — | 26 | 23 | 28 | 27 | 25 | — | 29.8 | — |
| 鸡 肉 | 白切鸡开膛 上等 500 克 | — | 12 | 13 | 12 | 13 | 11 | 12 | 9.98 | 12.8 | 14.8 |
| 鲜鸡蛋 | 新鲜 鸡场蛋 个 | — | 0.7 | 0.7 | 0.7 | 0.7 | 0.6 | | 0.69 | 0.59 | 0.65 |
| 鸭 蛋 | 新鲜 500 克 | — | 7.5 | 7.5 | 7 | 7 | 6.8 | 6.5 | 6.98 | — | — |
| 草 鱼 | 活 500 克 | 6.5 | 8 | 7 | 7.5 | 7 | 7 | 6.5 | 5.68 | 5.99 | 6.48 |
| 大白菜 | 新鲜一级 500 克 | 0.8 | 1 | 1.5 | 1.5 | 1.5 | 1.5 | 1 | 0.78 | 2.5 | 0.98 |
| 黄 瓜 | 新鲜一级 500 克 | 2.6 | 3.5 | 4.2 | 3.5 | 2 | 3 | 2.5 | 3.48 | 4.28 | 3.98 |
| 青 椒 | 新鲜一级 500 克 | 2.6 | 5 | 4 | 2.5 | 3 | 3 | 4 | 2.98 | 3.88 | 3.48 |
| 茄 子 | 新鲜一级 500 克 | 2.3 | 3 | 3.8 | 3 | 2.5 | 2.8 | 2.5 | 1.38 | 4.68 | 3.48 |
| 西红柿 | 新鲜一级 500 克 | 2.4 | 3 | 2.8 | 3 | 3 | 2.5 | 2.5 | 2.88 | 2.68 | 3.48 |
| 白萝卜 | 新鲜一级 500 克 | 0.6 | 1.5 | 1 | 1 | 1 | 1.5 | 1 | 0.78 | 0.99 | 1.18 |
| 南 瓜 | 新鲜一级 500 克 | 0.7 | 1.5 | 1.5 | 1.5 | 1.5 | 1.5 | 1.2 | 0.98 | — | 0.98 |
| 苹 果 | 红富士 一级 500 克 | — | — | 7.5 | — | 7.5 | 7 | 5.5 | 6.98 | 5.99 | 5.98 |
| 香 蕉 | 国产 一级 500 克 | — | — | 3.5 | — | 3 | 3.5 | 3 | 2.98 | 3.99 | 2.98 |
| 西 瓜 | 当地主销 一级 500 克 | — | — | 2 | — | 2 | 2.8 | 2 | 0.88 | 3.38 | 2.28 |
| 鲜牛奶 | 当地主销 250ML | — | — | — | — | — | — | — | 2.3 | — | — |
| 婴儿奶粉 | 雀巢 3 段 450 克 | — | — | — | — | — | 192.8 | — | — | — | — |
| 白豆腐 | 块 | — | 1.2 | 1.2 | 1.5 | 1.5 | 1.5 | 1.2 | 1.2 | 1 | 1.2 |
| 油豆腐 | 500 克 | — | 7 | 6 | 7 | 6 | 7 | 6 | 7.8 | 8.5 | 5.98 |

表 30-2

**2015 年 2 月衡阳市民生价格**

采价时点：2015 年　02 月　01 日　7 时　36 分

单位/元

| 商品名称 | 规格、等级、单位 | 西园市场 | 龙家坪市场 | 仙姬巷市场 | 后宰门市场 | 君昇市场 | 桑园街市场 | 衡西市场 | 香江百货 | 步步高广场店 | 生源超市衡钢店 |
|---|---|---|---|---|---|---|---|---|---|---|---|
| 早籼米 | 标—500 克 | — | — | 2 | — | 2 | 2 | 2 | — | 2.3 | — |
| 晚籼米 | 标—500 克 | — | — | 2.2 | 2.1 | 2.2 | 2.5 | 2.2 | 1.9 | 2.19 | 1.95 |
| 富强面粉 | 特一粉　500 克 | — | — | 2.5 | 2.5 | — | 2.68 | 2.5 | — | 2.78 | — |
| 标准面粉 | 500 克 | — | — | 2 | 2 | — | 2.28 | 2 | — | 1.99 | — |
| 菜籽油 | 一级桶装　金龙鱼　5L | — | — | 64 | 70 | 70 | 65.9 | 64 | 45.9 | 69.9 | 69.9 |
| 花生油 | 一级桶装　鲁　花　5L | — | — | 148 | — | — | — | — | 149.9 | 149.9 | 149.8 |
| 大豆油 | 一级调和油　金龙鱼　5L | — | — | 51 | — | 55 | — | — | 42.9 | 42.9 | 49.9 |
| 调和油 | 一级桶装　金龙鱼　5L | — | — | 66 | 65 | — | 65.9 | 60 | 59.9 | 65.9 | 59.9 |
| 鲜猪肉 | 精瘦肉　500 克 | — | 14 | 12 | 11.5 | 13.5 | 13 | 12 | 13.48 | 14.98 | 13.5 |
| 鲜猪肉 | 一刀切　500 克 | — | 12 | 11 | 11 | 11 | 11 | 11 | 7.98 | 7.99 | 9.98 |
| 鲜牛肉 | 新鲜去骨　500 克 | — | 48 | 40 | — | 43 | 48 | 43 | 49.8 | 45.8 | — |
| 鲜羊肉 | 新鲜带骨　500 克 | — | — | 24 | 23 | 28 | 27 | 24 | — | 26.8 | — |
| 鸡　肉 | 白切鸡开膛　上等　500 克 | — | 12 | 13 | 12 | 13 | 11 | 12.5 | 9.98 | 12.8 | 14.8 |
| 鲜鸡蛋 | 新鲜　鸡场蛋　个 | — | 0.7 | 0.7 | 0.7 | 0.7 | 0.6 | 0.65 | 0.69 | 0.58 | 0.65 |
| 鸭　蛋 | 新鲜　500 克 | — | 7.5 | 7.5 | 7 | 7 | 6.8 | 6.5 | 6.58 | — | — |
| 草　鱼 | 活　500 克 | 6.8 | 8 | 7 | 7.5 | 7.5 | 7 | 7 | 5.98 | 5.99 | 6.48 |
| 大白菜 | 新鲜一级　500 克 | 0.7 | 1 | 1 | 1.2 | 1.5 | 1.5 | 1 | 0.78 | 1.5 | 0.98 |
| 黄　瓜 | 新鲜一级　500 克 | 2.7 | 3 | 4.2 | 3 | 2 | 3.5 | 3 | 3.98 | 3.99 | 2.98 |
| 青　椒 | 新鲜一级　500 克 | 2.8 | 6 | 4.5 | 3.5 | 3 | 3.5 | 3 | 3.58 | 3.99 | 3.98 |
| 茄　子 | 新鲜一级　500 克 | 2.3 | 3 | 3 | 3.5 | 2.5 | 2.8 | 2.5 | 1.38 | 4.68 | 3.48 |
| 西红柿 | 新鲜一级　500 克 | 1.8 | 2.5 | 3 | 2.5 | 2.5 | 3.5 | 2.5 | 2.98 | 2.68 | 3.98 |
| 白萝卜 | 新鲜一级　500 克 | 0.9 | 1.3 | 1.5 | 1 | 1 | 1.5 | 1 | 0.98 | 1.68 | 0.98 |
| 南　瓜 | 新鲜一级　500 克 | 1.5 | 1.5 | 1.5 | 1.5 | 1.5 | 1.5 | 1.2 | 0.98 | — | 1.28 |
| 苹　果 | 红富士　一级　500 克 | — | — | 7.5 | — | 7.5 | 7 | 6 | 6.98 | 5.49 | 5.98 |
| 香　蕉 | 国产　一级　500 克 | — | — | 3.5 | — | 3 | 3.5 | 2.5 | 3.68 | 3.99 | 2.98 |
| 西　瓜 | 当地主销　一级　500 克 | — | — | 2 | — | 2 | 2 | 2 | 0.88 | 3.38 | 2.28 |
| 鲜牛奶 | 当地主销　250ML | — | — | — | — | — | — | — | 2.5 | — | — |
| 婴儿奶粉 | 雀巢　3 段　450 克 | — | — | — | — | — | 192.8 | — | — | — | — |
| 白豆腐 | 块 | — | 1.2 | 1.2 | 1.5 | 1.5 | 1.5 | 1.2 | 1.2 | 1 | 1.2 |
| 油豆腐 | 500 克 | — | 7 | 6 | 7 | 6 | 7.5 | 6 | 7.8 | 8.5 | 5.98 |

**表 30-3**

## 2015 年 3 月衡阳市民生价格

采价时点：2015 年 03 月 01 日 7 时 36 分

单位/元

| 商品名称 | 规格、等级、单位 | 西园市场 | 龙家坪市场 | 仙姬巷市场 | 后宰门市场 | 君昇市场 | 桑园街市场 | 衡西市场 | 香江百货 | 步步高广场店 | 生源超市衡钢店 |
|---|---|---|---|---|---|---|---|---|---|---|---|
| 早籼米 | 标—500 克 | — | — | 2 | — | 2 | 2 | 2 | — | — | — |
| 晚籼米 | 标—500 克 | — | — | 2.2 | 2.1 | 2.2 | 2.5 | 2.2 | 1.9 | 2.09 | 1.95 |
| 富强面粉 | 特一粉 500 克 | — | — | 2.5 | 2.5 | — | 2.68 | 2.5 | — | — | — |
| 标准面粉 | 500 克 | — | — | 2 | 2 | — | 2.28 | 2 | — | 2.09 | — |
| 菜籽油 | 一级桶装 金龙鱼 5L | — | — | 65 | 70 | 70 | 65.9 | 64 | 52 | 69.9 | 69.9 |
| 花生油 | 一级桶装 鲁 花 5L | — | — | 149 | — | — | — | — | 149.9 | 149.9 | 149.8 |
| 大豆油 | 一级调和油 金龙鱼 5L | — | — | 53 | — | 55 | — | — | 42.9 | 42.9 | 49.9 |
| 调和油 | 一级桶装 金龙鱼 5L | — | — | 66 | 65 | — | 65.9 | 60 | 59.9 | 59 | 59.9 |
| 鲜猪肉 | 精瘦肉 500 克 | — | 14 | 12 | 11.5 | 13.5 | 13 | 12 | 11.98 | 13.98 | 13.5 |
| 鲜猪肉 | 一刀切 500 克 | — | 12 | 11.5 | 11 | 11 | 11 | 10 | 7.98 | 8.58 | 9.98 |
| 鲜牛肉 | 新鲜去骨 500 克 | — | 48 | 42 | — | 45 | 48 | 44 | 49.8 | 49.8 | — |
| 鲜羊肉 | 新鲜带骨 500 克 | — | 45 | 25 | 23 | 28 | 28 | 24 | 24.8 | 26.8 | — |
| 鸡 肉 | 白切鸡开膛 上等 500 克 | — | 12 | 12.5 | 12 | 13 | 11 | 13 | 9.98 | 13.8 | 14.8 |
| 鲜鸡蛋 | 新鲜 鸡场蛋 个 | — | 0.75 | 0.7 | 0.7 | 0.7 | 0.6 | 0.65 | 0.75 | 0.85 | 0.65 |
| 鸭 蛋 | 新鲜 500 克 | — | 7.5 | 7 | 7 | 7 | 6.8 | 6.5 | 6.58 | — | — |
| 草 鱼 | 活 500 克 | 7.5 | 8.5 | 7.5 | 8.5 | 7.5 | 7 | 7.5 | 5.98 | 5.68 | 6.48 |
| 大白菜 | 新鲜一级 500 克 | 1 | 1 | 1 | 1.5 | 1.5 | 1.5 | 1 | 0.78 | 1.68 | 0.98 |
| 黄 瓜 | 新鲜一级 500 克 | 4.2 | 4 | 4 | 3 | 3 | 4.5 | 3 | 3.98 | 1.99 | 3.98 |
| 青 椒 | 新鲜一级 500 克 | 3.5 | 4 | 5 | 3 | 4 | 4 | 3 | 2.98 | 1.99 | 3.48 |
| 茄 子 | 新鲜一级 500 克 | 3 | 3.5 | 3.5 | 3 | 3.5 | 2.8 | 2.5 | 4.58 | 2.41 | 3.48 |
| 西红柿 | 新鲜一级 500 克 | 2.8 | 3.5 | 3 | 3.5 | 3 | 3 | 3.5 | 3.48 | 2.99 | 3.98 |
| 白萝卜 | 新鲜一级 500 克 | 1 | 1.5 | 1.25 | 1.5 | 1.5 | 1.5 | 1 | 0.98 | 1.68 | 0.98 |
| 南 瓜 | 新鲜一级 500 克 | 1.3 | 1.5 | 1.5 | 2 | 1.5 | 1.5 | 1.5 | 1.28 | 2.49 | 1.28 |
| 苹 果 | 红富士 一级 500 克 | — | — | 7 | — | 7.5 | 7 | 7 | 5.98 | 7.98 | 5.98 |
| 香 蕉 | 国产 一级 500 克 | — | — | 3.8 | — | 3.5 | 3.5 | 3 | 3.68 | 3.99 | 2.98 |
| 西 瓜 | 当地主销 一级 500 克 | — | — | 2 | — | 2 | 2 | — | 3.48 | 4.19 | 2.28 |
| 鲜牛奶 | 当地主销 250ML | — | — | — | — | — | — | — | 2.5 | — | — |
| 婴儿奶粉 | 雀巢 3 段 450 克 | — | — | — | — | — | 192.8 | — | — | 260 | — |
| 白豆腐 | 块 | — | 1.2 | 1.2 | 1.5 | 1.5 | 1.5 | 1.2 | 1.2 | 1 | 1.2 |
| 油豆腐 | 500 克 | — | 7 | 6.5 | 7 | 7 | 7.5 | 6 | 7.8 | 9.35 | 5.98 |

表 30-4

**2015 年 4 月衡阳市民生价格**

采价时点：2015 年　04 月　01 日　7 时　36 分

单位/元

| 商品名称 | 规格、等级、单位 | 西园市场 | 龙家坪市场 | 仙姬巷市场 | 后宰门市场 | 君昇市场 | 桑园街市场 | 衡西市场 | 香江百货 | 步步高广场店 | 生源超市衡钢店 |
|---|---|---|---|---|---|---|---|---|---|---|---|
| 早籼米 | 标—500 克 | — | 2 | 2 | — | 2 | 2 | 2 | — | — | — |
| 晚籼米 | 标—500 克 | — | — | 2.2 | 2.1 | 2.2 | 2.5 | 2.3 | 1.95 | 2.29 | 1.98 |
| 富强面粉 | 特一粉　500 克 | — | 2.5 | 2.5 | 2.5 | — | 2.68 | 2.5 | — | — | — |
| 标准面粉 | 500 克 | — | — | 2 | 2 | — | 2.28 | 2 | — | 2.78 | 2.78 |
| 菜籽油 | 一级桶装　金龙鱼　5L | — | — | 67 | 70 | 70 | 65.9 | 65 | 52 | 69.9 | 62.8 |
| 花生油 | 一级桶装　鲁　花　5L | — | — | 150 | — | — | — | — | 149.9 | 149.9 | 149.9 |
| 大豆油 | 一级调和油　金龙鱼　5L | — | 53 | 53 | — | 55 | — | — | 42.9 | 37.9 | 43.5 |
| 调和油 | 一级桶装　金龙鱼　5L | — | — | 67 | 65 | — | 65.9 | 60 | 59.9 | 59.9 | 69.9 |
| 鲜猪肉 | 精瘦肉　500 克 | — | 13 | 11 | 11.5 | 13.5 | 13 | 11 | 11.98 | 13.98 | 12.5 |
| 鲜猪肉 | 一刀切　500 克 | — | 12 | 10 | 11 | 11 | 11 | 10 | 6.98 | 9 | 9.48 |
| 鲜牛肉 | 新鲜去骨　500 克 | — | 45 | 40 | — | 43 | 48 | 43 | 49.8 | 45.8 | — |
| 鲜羊肉 | 新鲜带骨　500 克 | — | — | 23 | 23 | 23 | 28 | — | 24.8 | — | — |
| 鸡　肉 | 白切鸡开膛　上等　500 克 | — | 12 | — | 12 | 13 | 11 | 12 | 9.98 | — | — |
| 鲜鸡蛋 | 新鲜　鸡场蛋　个 | — | 0.6 | 0.65 | 0.65 | 0.7 | 0.6 | 0.65 | 0.59 | 0.49 | 0.58 |
| 鸭　蛋 | 新鲜　500 克 | — | 7 | 6.8 | 7 | 7 | 6.8 | 6.5 | 5.98 | — | — |
| 草　鱼 | 活　500 克 | 6.8 | 8 | 6.8 | 8.5 | 7 | 7 | 6.5 | 5.98 | 5.99 | 6.48 |
| 大白菜 | 新鲜一级　500 克 | 1 | 1 | 1 | 1 | 1.5 | 1.5 | 1 | 1.68 | 2.18 | 1.48 |
| 黄　瓜 | 新鲜一级　500 克 | 1.8 | 3 | 2.8 | 2.5 | 3 | — | 2.5 | 2.38 | 2.99 | 2.48 |
| 青　椒 | 新鲜一级　500 克 | 1.8 | 3.5 | 3.5 | 2.5 | 3.5 | — | 2.5 | 2.48 | 2.88 | 2.48 |
| 茄　子 | 新鲜一级　500 克 | 2 | 3 | 2.5 | 3 | 3.5 | 3.5 | 3.5 | 3.48 | 3.99 | 3.48 |
| 西红柿 | 新鲜一级　500 克 | 2 | 3 | 3.2 | 2.5 | 3 | 3.5 | 2.5 | 2.28 | 2 | 2.98 |
| 白萝卜 | 新鲜一级　500 克 | 1 | 1.2 | 1 | 1.2 | 1.5 | 1.5 | 1.3 | — | 0.99 | 0.98 |
| 南　瓜 | 新鲜一级　500 克 | 1 | 1.5 | 1.6 | 2 | 1.5 | 1.5 | 1.5 | 1.28 | 2.49 | 1.48 |
| 苹　果 | 红富士　一级　500 克 | — | 7 | 7 | — | 7.5 | 7 | 6.5 | 5.8 | 5.99 | 4.98 |
| 香　蕉 | 国产　一级　500 克 | — | 3 | 3 | — | 3 | 3.5 | 2.5 | 2.98 | 2.99 | 2.98 |
| 西　瓜 | 当地主销　一级　500 克 | — | — | — | — | 3 | 3 | — | 2.98 | 2.99 | 3.48 |
| 鲜牛奶 | 当地主销　250ML | — | — | — | — | — | — | — | 2.5 | — | — |
| 婴儿奶粉 | 雀巢　3 段　450 克 | — | — | — | — | — | 192.8 | — | — | — | — |
| 白豆腐 | 块 | — | — | 1.2 | 1.5 | 1.5 | 1.5 | 1 | 1.2 | 1 | 1.2 |
| 油豆腐 | 500 克 | — | 7 | 6.5 | 7 | 7 | 7.5 | 6 | 7.8 | 8.5 | — |

**表 30-5**

## 2015 年 5 月衡阳市民生价格

采价时点：2015 年　05 月　01 日　7 时　36 分

单位/元

| 商品名称 | 规格、等级、单位 | 西园市场 | 龙家坪市场 | 仙姬巷市场 | 后宰门市场 | 君昇市场 | 桑园街市场 | 衡西市场 | 香江百货 | 步步高广场店 | 生源超市衡钢店 |
|---|---|---|---|---|---|---|---|---|---|---|---|
| 早籼米 | 标—500 克 | — | — | — | — | — | — | — | — | — | — |
| 晚籼米 | 标—500 克 | — | — | 2. 1 | 2. 1 | 2. 2 | 2. 5 | 2. 3 | 1. 95 | 2. 29 | 1. 98 |
| 富强面粉 | 特一粉　500 克 | — | 2. 5 | 2. 5 | 2. 5 | — | 2. 68 | 2. 5 | — | — | — |
| 标准面粉 | 500 克 | — | — | 2 | 2 | — | 2. 28 | 2. 2 | — | 2. 09 | 2. 78 |
| 菜籽油 | 一级桶装　金龙鱼　5L | — | — | 65 | 70 | 70 | 65 | 67 | 48. 9 | 69. 9 | 62. 8 |
| 花生油 | 一级桶装　鲁　花　5L | — | — | — | — | — | — | — | 149. 9 | 149. 9 | 149. 9 |
| 大豆油 | 一级调和油　金龙鱼　5L | — | 53 | 53 | — | 55 | — | — | 42. 9 | 37. 9 | 43. 5 |
| 调和油 | 一级桶装　金龙鱼　5L | — | — | 63 | 65 | — | 65 | 65 | 59. 9 | 59. 9 | 69. 9 |
| 鲜猪肉 | 精瘦肉　500 克 | — | 12 | 11. 5 | 11. 5 | 13 | 13 | 11 | 12. 98 | 13. 98 | 12. 5 |
| 鲜猪肉 | 一刀切　500 克 | — | 11 | 9 | 11 | 10. 5 | 11 | 10 | 7. 98 | 8. 58 | 9. 28 |
| 鲜牛肉 | 新鲜去骨　500 克 | — | 45 | 40 | — | 43 | 48 | 42 | 49. 8 | 45. 8 | — |
| 鲜羊肉 | 新鲜带骨　500 克 | — | — | 23 | 23 | 23 | — | — | 24. 8 | — | — |
| 鸡　肉 | 白切鸡开膛　上等　500 克 | — | 12 | — | 12 | 13 | 11 | 12. 5 | 9. 98 | — | — |
| 鲜鸡蛋 | 新鲜　鸡场蛋　个 | — | 0. 6 | 0. 65 | 0. 55 | 0. 7 | 0. 6 | 0. 65 | 0. 49 | 0. 49 | 0. 58 |
| 鸭　蛋 | 新鲜　500 克 | — | 7 | 6. 8 | 7 | 7 | 6. 8 | 6 | 5. 98 | — | — |
| 草　鱼 | 活　500 克 | 6. 8 | 8 | 8 | 8. 5 | 7 | 7 | 6. 5 | 5. 98 | 4. 99 | 6. 38 |
| 大白菜 | 新鲜一级　500 克 | 1. 6 | 1. 5 | 1. 4 | 1. 5 | 1. 5 | 1. 5 | 2 | 1. 68 | 1. 29 | 1. 48 |
| 黄　瓜 | 新鲜一级　500 克 | 1. 9 | 3 | 3. 2 | 2. 5 | 3 | 3 | 2 | 2. 38 | 1. 99 | 1. 78 |
| 青　椒 | 新鲜一级　500 克 | 2. 2 | 3 | 3. 5 | 2. 5 | 3. 5 | 3 | 3. 5 | 2. 98 | 2. 99 | 2. 48 |
| 茄　子 | 新鲜一级　500 克 | 2. 3 | — | 3. 5 | 2. 5 | 3. 5 | 3 | 3. 5 | 2. 98 | 3. 68 | 2. 98 |
| 西红柿 | 新鲜一级　500 克 | 2. 4 | 3. 5 | 3. 2 | 4 | 3 | 2. 7 | 3 | 2. 98 | 1. 99 | 2. 98 |
| 白萝卜 | 新鲜一级　500 克 | 1. 4 | 1. 4 | 1. 2 | 1. 5 | 1. 5 | 1. 5 | 1. 5 | — | 1. 38 | 1. 48 |
| 南　瓜 | 新鲜一级　500 克 | 1. 3 | 1. 5 | 1. 8 | 2 | 1. 5 | 1. 5 | 1. 5 | 1. 28 | — | 1. 48 |
| 苹　果 | 红富士　一级　500 克 | — | 8 | 7 | — | 7 | 7 | 6. 5 | 7. 88 | 5. 99 | 4. 98 |
| 香　蕉 | 国产　一级　500 克 | — | 3 | 3 | — | 3 | 3. 5 | 2. 5 | 2. 98 | 2. 99 | 3. 48 |
| 西　瓜 | 当地主销　一级　500 克 | — | — | — | — | 3 | 3 | 2. 7 | 2. 98 | 1. 99 | 3. 48 |
| 鲜牛奶 | 当地主销　250ML | — | — | — | — | — | — | — | 2. 2 | 3. 49 | — |
| 婴儿奶粉 | 雀巢　3 段　450 克 | — | — | — | — | — | 192 | — | — | — | — |
| 白豆腐 | 块 | — | — | 1. 2 | 1. 5 | 1. 5 | 1. 5 | 1 | 1. 2 | 1 | 1. 2 |
| 油豆腐 | 500 克 | — | 7 | 6. 5 | 7 | 7 | 7. 5 | 6 | 7. 8 | 8. 5 | 6. 98 |

表 30-6 **2015年6月衡阳市民生价格**

采价时点：2015年 06月 01日 7时 36分

单位/元

| 商品名称 | 规格、等级、单位 | 西园市场 | 龙家坪市场 | 仙姬巷市场 | 后宰门市场 | 君昇市场 | 桑园街市场 | 衡西市场 | 香江百货 | 步步高广场店 | 生源超市衡钢店 |
|---|---|---|---|---|---|---|---|---|---|---|---|
| 早籼米 | 标—500克 | — | — | — | — | — | — | — | — | — | — |
| 晚籼米 | 标—500克 | — | — | 2.1 | 2.1 | 2.2 | 2.5 | 2.3 | 1.85 | 2.29 | 1.98 |
| 富强面粉 | 特一粉 500克 | — | 2.5 | 2.5 | 2.5 | — | 2.68 | 2.5 | — | 2.78 | 2.38 |
| 标准面粉 | 500克 | — | — | 2 | 2 | — | 2.28 | 2.2 | — | 2.09 | — |
| 菜籽油 | 一级桶装 金龙鱼 5L | — | — | 66 | 70 | 70 | 52 | 67 | 52 | 69.9 | 62.8 |
| 花生油 | 一级桶装 鲁 花 5L | — | — | — | — | — | — | — | 149.9 | 149.9 | 149.9 |
| 大豆油 | 一级调和油 金龙鱼 5L | — | 53 | 53 | — | 55 | — | — | 42.9 | 37.9 | 42.9 |
| 调和油 | 一级桶装 金龙鱼 5L | — | — | 63 | 65 | — | 59 | 65 | 59.9 | 59.9 | 59.9 |
| 鲜猪肉 | 精瘦肉 500克 | — | 12 | 11 | 11.5 | 13 | 13 | 12 | 12.98 | 13.98 | 12.5 |
| 鲜猪肉 | 一刀切 500克 | — | 11 | 9 | 11 | 11 | 11 | 11 | 7.98 | 9.58 | 9.98 |
| 鲜牛肉 | 新鲜去骨 500克 | — | 45 | 40 | — | 43 | 48 | 43 | 49.8 | 45.8 | — |
| 鲜羊肉 | 新鲜带骨 500克 | — | — | 23 | 23 | 23 | — | — | 24.8 | — | — |
| 鸡 肉 | 白切鸡开膛 上等 500克 | — | 12 | — | 12 | 13 | 11 | 13 | 9.98 | — | — |
| 鲜鸡蛋 | 新鲜 鸡场蛋 个 | — | 0.6 | 0.6 | 0.55 | 0.7 | 0.6 | 0.5 | 0.49 | 0.49 | 0.49 |
| 鸭 蛋 | 新鲜 500克 | — | 7 | 6.8 | 7 | 7 | 6.8 | 6 | 5.98 | — | — |
| 草 鱼 | 活 500克 | 6.8 | 8 | 7 | 8.5 | 7 | 7 | 6 | 5.98 | 5.99 | 5.98 |
| 大白菜 | 新鲜一级 500克 | 1.6 | 2 | 1.5 | 2 | 2 | 1.5 | 1.5 | 1.98 | 1.29 | 1.48 |
| 黄 瓜 | 新鲜一级 500克 | 1.5 | 2 | 2.2 | 2 | 3 | 2.5 | 1.5 | 0.98 | 1.99 | 0.98 |
| 青 椒 | 新鲜一级 500克 | 2.8 | — | 3 | 3 | 3 | 3 | 2.5 | 2.68 | 2.99 | 2.68 |
| 茄 子 | 新鲜一级 500克 | 1.9 | 3 | 2.8 | 2.5 | 3 | 2.5 | 2.5 | 1.98 | — | 2 |
| 西红柿 | 新鲜一级 500克 | 2.7 | 3.5 | 3.5 | 3 | 3 | 2.7 | 3 | 2.68 | 1.99 | 2.98 |
| 白萝卜 | 新鲜一级 500克 | 1.4 | 1.5 | 1.2 | 1.5 | 1.5 | 1.5 | 1.5 | 1.48 | 0.99 | 1.28 |
| 南 瓜 | 新鲜一级 500克 | 1.3 | 1.8 | 1.8 | 1.5 | 1.5 | 1.5 | 1.5 | 1.28 | 1.99 | 1.48 |
| 苹 果 | 红富士 一级 500克 | — | 8 | 7 | — | 7 | 7 | 7 | 7.88 | 6.99 | 7.48 |
| 香 蕉 | 国产 一级 500克 | — | 3 | 3 | — | 3 | 3.5 | 2.5 | 2.98 | 3.68 | 2.98 |
| 西 瓜 | 当地主销 一级 500克 | — | — | — | — | 2 | 2.5 | 1.5 | 0.98 | 3.28 | 0.88 |
| 鲜牛奶 | 当地主销 250ML | — | — | — | — | — | — | — | 2.2 | 3.49 | — |
| 婴儿奶粉 | 雀巢 3段 450克 | — | — | — | — | — | 192 | — | — | — | — |
| 白豆腐 | 块 | — | — | 1.2 | 1.5 | 1.5 | 1.5 | 1 | 1.2 | 1 | 1.2 |
| 油豆腐 | 500克 | — | 7 | 6.5 | 7 | 7 | 7.5 | 6 | 7.8 | 8.5 | 6.98 |

**表 30-7** **2015 年 7 月衡阳市民生价格**

采价时点：2015 年 07 月 01 日 7 时 36 分

单位/元

| 商品名称 | 规格、等级、单位 | 西园市场 | 龙家坪市场 | 仙姬巷市场 | 后宰门市场 | 君昇市场 | 桑园街市场 | 衡西市场 | 香江百货 | 步步高广场店 | 生源超市衡钢店 |
|---|---|---|---|---|---|---|---|---|---|---|---|
| 早籼米 | 标—500 克 | — | — | — | — | — | — | — | — | — | — |
| 晚籼米 | 标—500 克 | — | — | 2.1 | 2.1 | 2.2 | 2.5 | 2.3 | 1.85 | 2.15 | 1.98 |
| 富强面粉 | 特一粉 500 克 | — | 2.5 | 2.5 | 2.5 | — | 2.68 | 2.5 | — | 2.78 | 2.38 |
| 标准面粉 | 500 克 | — | — | 2 | 2 | — | 2.28 | 2.2 | — | 2.09 | — |
| 菜籽油 | 一级桶装 金龙鱼 5L | — | — | 66 | 70 | 70 | 52 | 66 | 52 | 69.9 | 62.8 |
| 花生油 | 一级桶装 鲁 花 5L | — | — | — | — | — | — | — | 149.9 | 149.9 | 149.9 |
| 大豆油 | 一级调和油 金龙鱼 5L | — | 53 | 53 | — | 55 | — | — | 42.9 | 37.9 | 42.9 |
| 调和油 | 一级桶装 金龙鱼 5L | — | — | 63 | 65 | — | 59 | 64 | 59.9 | 59.9 | 59.9 |
| 鲜猪肉 | 精瘦肉 500 克 | — | 12 | 11 | 13 | 13 | 13 | 12 | 15.8 | 13.98 | 12.5 |
| 鲜猪肉 | 一刀切 500 克 | — | 11 | 9.5 | 11 | 11 | 11 | 11 | 9.48 | 7.98 | 9.98 |
| 鲜牛肉 | 新鲜去骨 500 克 | — | 45 | 40 | — | 43 | 43 | 43 | 49.8 | 45.8 | — |
| 鲜羊肉 | 新鲜带骨 500 克 | — | — | 23 | 23 | 23 | — | — | 24.8 | — | — |
| 鸡 肉 | 白切鸡开膛 上等 500 克 | — | 12 | — | 12 | 13 | 11 | 14 | 9.98 | — | — |
| 鲜鸡蛋 | 新鲜 鸡场蛋 个 | — | 0.6 | 0.55 | 0.5 | 0.7 | 0.6 | 0.5 | 0.49 | 0.49 | 0.49 |
| 鸭 蛋 | 新鲜 500 克 | — | 7 | 6.8 | 7 | 7 | 6.8 | 6 | 5.98 | — | — |
| 草 鱼 | 活 500 克 | 6.5 | 8 | 7.5 | 7 | 7 | 7 | 7 | 5.98 | 5.99 | 5.98 |
| 大白菜 | 新鲜一级 500 克 | 1.4 | 2 | 1.5 | 1.5 | 1.5 | 1.5 | 2 | 1.98 | 1.29 | 1.48 |
| 黄 瓜 | 新鲜一级 500 克 | 1.2 | 2 | 1.5 | 2 | 1.2 | 2.5 | 1 | 1.28 | 1.29 | 1.48 |
| 青 椒 | 新鲜一级 500 克 | 1.4 | 2 | 1.5 | 2.5 | 1.5 | 2 | 1.5 | 0.98 | 2.99 | 2.68 |
| 茄 子 | 新鲜一级 500 克 | 1.2 | 2 | 1.6 | 2 | 1.5 | 2.5 | 1.5 | 1.98 | — | 2 |
| 西红柿 | 新鲜一级 500 克 | 1.4 | 2 | 3 | 2.5 | 2.5 | 2 | 1.5 | 1.58 | 1.99 | 2.48 |
| 白萝卜 | 新鲜一级 500 克 | 1.1 | 1.5 | 1.2 | 1.5 | 1.5 | 1.5 | 1.5 | 1.48 | 0.99 | 1.28 |
| 南 瓜 | 新鲜一级 500 克 | 1.1 | 1.5 | 1.5 | 1.5 | 1.5 | 1.5 | 1.5 | 0.98 | 1 | 1.48 |
| 苹 果 | 红富士 一级 500 克 | — | 7.5 | 7 | — | 7 | 7 | 7 | 7.98 | 6.99 | 7.48 |
| 香 蕉 | 国产 一级 500 克 | — | 2.5 | 3 | — | 3 | 3.5 | 2.5 | 2.48 | 3.68 | 2.98 |
| 西 瓜 | 当地主销 一级 500 克 | — | — | — | — | 1.5 | 1.5 | 1.2 | 0.98 | 1.99 | 0.98 |
| 鲜牛奶 | 当地主销 250ML | — | — | — | — | — | — | — | 2.5 | 3.49 | — |
| 婴儿奶粉 | 雀巢 3 段 450 克 | — | — | — | — | — | 192 | — | — | — | — |
| 白豆腐 | 块 | — | — | 1.2 | 1.5 | 1.5 | 1.5 | 1 | 1.2 | 1 | 1.2 |
| 油豆腐 | 500 克 | — | 7 | 6.5 | 7 | 7 | 7.5 | 6 | 7.8 | 8.5 | 6.98 |

表 30-8　　2015 年 8 月衡阳市民生价格

采价时点：2015 年　08 月　01 日　7 时　36 分　　单位/元

| 商品名称 | 规格、等级、单位 | 西园市场 | 龙家坪市场 | 仙姬巷市场 | 后宰门市场 | 君昇市场 | 桑园街市场 | 衡西市场 | 香江百货 | 步步高广场店 | 生源超市衡钢店 |
|---|---|---|---|---|---|---|---|---|---|---|---|
| 早籼米 | 标—500 克 | — | — | — | — | — | — | — | — | 2.39 | — |
| 晚籼米 | 标—500 克 | — | — | 2.1 | 2.1 | 2.2 | 2.2 | 2.3 | 1.85 | 2.29 | 1.98 |
| 富强面粉 | 特一粉　500 克 | — | 2.5 | 2.5 | 2.5 | — | 2.6 | 2.5 | — | — | 2.38 |
| 标准面粉 | 500 克 | — | — | 2 | 2 | — | 2.2 | 2.2 | — | — | — |
| 菜籽油 | 一级桶装　金龙鱼　5L | — | — | 66 | 70 | 70 | 52 | 66 | 48.9 | 59.9 | 62.8 |
| 花生油 | 一级桶装　鲁　花　5L | — | — | — | — | — | — | — | 149.9 | 149.9 | 149.9 |
| 大豆油 | 一级调和油　金龙鱼　5L | — | 53 | 53 | — | 55 | — | — | 42.9 | 42.9 | 42.9 |
| 调和油 | 一级桶装　金龙鱼　5L | — | — | 63 | 65 | — | 59 | 63 | 59.9 | 50 | 59.9 |
| 鲜猪肉 | 精瘦肉　500 克 | — | 15 | 12.5 | 15 | 14 | 13.6 | 14 | 18.8 | 12.98 | 12.28 |
| 鲜猪肉 | 一刀切　500 克 | — | 14 | 11 | 13 | 13 | 12 | 12.5 | 11.98 | 10.98 | 11.88 |
| 鲜牛肉 | 新鲜去骨　500 克 | — | 43 | 40 | — | 43 | 45 | 41 | 49.8 | — | — |
| 鲜羊肉 | 新鲜带骨　500 克 | — | — | — | 23 | 23 | — | — | 24.8 | — | — |
| 鸡　肉 | 白切鸡开膛　上等　500 克 | — | 12 | — | 12 | 13 | 11 | 13.5 | 9.98 | — | — |
| 鲜鸡蛋 | 新鲜　鸡场蛋　个 | — | 0.8 | 0.55 | 0.5 | 0.6 | 0.6 | 0.5 | 0.65 | 0.69 | 0.49 |
| 鸭　蛋 | 新鲜　500 克 | — | 7 | 6.8 | 7 | 7 | 6.8 | 6 | 5.98 | — | — |
| 草　鱼 | 活　500 克 | 6.5 | 7 | 7.5 | 7 | 7.5 | 7 | 7 | 5.98 | 5.89 | 5.98 |
| 大白菜 | 新鲜一级　500 克 | 1.4 | 2 | 1.5 | 1.5 | 2 | 1.5 | 1.5 | 1.58 | 2.59 | 1.48 |
| 黄　瓜 | 新鲜一级　500 克 | 1.6 | 2.5 | 2.5 | 3 | 2 | 1.5 | 1.5 | 1.68 | 2.68 | 1.98 |
| 青　椒 | 新鲜一级　500 克 | 1.5 | 2 | 1.8 | 1.5 | 2.5 | 1.8 | 1 | 0.98 | 2.99 | 1.48 |
| 茄　子 | 新鲜一级　500 克 | 1.5 | 2 | 2.5 | 2.5 | 2 | 1.8 | 1.5 | 1.98 | 2.99 | 1.98 |
| 西红柿 | 新鲜一级　500 克 | 2 | 2.5 | 2.5 | 3 | 2.5 | 1.8 | 2 | 1.58 | — | 2.48 |
| 白萝卜 | 新鲜一级　500 克 | 1.6 | 2 | 1.2 | 1.8 | 1.5 | 1.5 | 1.5 | 1.58 | 1.99 | 1.28 |
| 南　瓜 | 新鲜一级　500 克 | 1.1 | 2 | 1.5 | 1.5 | 1.5 | 1.5 | 1.5 | 0.78 | 1.68 | 1.48 |
| 苹　果 | 红富士　一级　500 克 | — | 7.5 | 7 | — | 7 | 7 | 7 | 6.98 | 6.99 | 7.48 |
| 香　蕉 | 国产　一级　500 克 | — | 2.5 | 3 | — | 3 | 2.8 | 2 | 2.48 | 2.68 | 1.98 |
| 西　瓜 | 当地主销　一级　500 克 | — | 1.5 | 1 | — | 1.5 | 1.5 | 1.2 | 1.28 | 1.68 | 1.28 |
| 鲜牛奶 | 当地主销　250ML | — | — | — | — | — | — | — | 2.5 | — | — |
| 婴儿奶粉 | 雀巢　3 段　450 克 | — | — | — | — | — | 192 | — | — | — | — |
| 白豆腐 | 块 | — | — | 1.2 | 1.5 | 1.5 | 1.5 | 1 | 2 | 1 | 1.2 |
| 油豆腐 | 500 克 | — | 7 | 6.5 | 7 | 7 | 7.5 | 6 | 7.8 | 8.5 | 6.98 |

**表 30-9** **2015 年 9 月衡阳市民生价格**

采价时点：2015 年 09 月 01 日 7 时 36 分 单位/元

| 商品名称 | 规格、等级、单位 | 西园市场 | 龙家坪市场 | 仙姬巷市场 | 后宰门市场 | 君昇市场 | 桑园街市场 | 衡西市场 | 香江百货 | 步步高广场店 | 生源超市衡钢店 |
|---|---|---|---|---|---|---|---|---|---|---|---|
| 早籼米 | 标—500 克 | — | — | — | — | — | — | — | — | 2.39 | — |
| 晚籼米 | 标—500 克 | — | — | 2.1 | 2.1 | 2.2 | 2 | 2.3 | 1.85 | 2.29 | 1.98 |
| 富强面粉 | 特一粉 500 克 | — | 2.5 | 2.5 | 2.5 | — | 2.6 | 2.5 | — | — | 2.38 |
| 标准面粉 | 500 克 | — | — | 2 | 2 | — | 2.2 | 2.2 | — | — | — |
| 菜籽油 | 一级桶装 金龙鱼 5L | — | — | 66 | 70 | 70 | 49 | 66 | 52 | 59.9 | 62.8 |
| 花生油 | 一级桶装 鲁 花 5L | — | — | — | — | — | — | — | 149.9 | 149.9 | 149.9 |
| 大豆油 | 一级调和油 金龙鱼 5L | — | 53 | 53 | — | 55 | — | — | 42.9 | 42.9 | 42.9 |
| 调和油 | 一级桶装 金龙鱼 5L | — | — | 63 | 65 | — | 59 | 63 | 59.9 | 50 | 59.9 |
| 鲜猪肉 | 精瘦肉 500 克 | — | 15 | 14 | 15 | 14 | 16 | 15 | 18.8 | 12.98 | 15.5 |
| 鲜猪肉 | 一刀切 500 克 | — | 14 | 12.5 | 13.5 | 13 | 12.5 | 13 | 10.98 | 10.98 | 12.98 |
| 鲜牛肉 | 新鲜去骨 500 克 | — | 43 | 40 | — | 43 | 47 | 43 | 49.8 | — | — |
| 鲜羊肉 | 新鲜带骨 500 克 | — | — | — | 23 | 23 | — | — | 24.8 | — | — |
| 鸡 肉 | 白切鸡开膛 上等 500 克 | — | 12 | — | 12 | 13 | 10 | 13.5 | 9.98 | — | — |
| 鲜鸡蛋 | 新鲜 鸡场蛋 个 | — | 0.8 | 0.6 | 0.55 | 0.6 | 0.7 | 0.5 | 0.69 | 0.69 | 0.49 |
| 鸭 蛋 | 新鲜 500 克 | — | 7 | 6.8 | 7 | 7 | 6 | 6 | 6.38 | — | — |
| 草 鱼 | 活 500 克 | 6.8 | 7 | 7.5 | 7 | 7.5 | 6.5 | 6 | 5.98 | 5.69 | 5.98 |
| 大白菜 | 新鲜一级 500 克 | 1.6 | 2 | 2 | 2 | 2 | 1.2 | 2 | 1.98 | 2.59 | 1.48 |
| 黄 瓜 | 新鲜一级 500 克 | 2 | 2.5 | 2.3 | 2.5 | 2.5 | 2.5 | 2 | 1.48 | 2.68 | 2.48 |
| 青 椒 | 新鲜一级 500 克 | 1.8 | 1.5 | 1.8 | 2 | 2.5 | 1.5 | 1.5 | 1.48 | 2.99 | 1.98 |
| 茄 子 | 新鲜一级 500 克 | 1.5 | 3 | 2 | 3 | 2.5 | 2.5 | 1.5 | 2.58 | 1.99 | 2.48 |
| 西红柿 | 新鲜一级 500 克 | 2.6 | 3.5 | 3 | 3.5 | 3 | 1.5 | 2 | 1.58 | 1.99 | 2.98 |
| 白萝卜 | 新鲜一级 500 克 | 1.5 | 2 | 1.2 | 2 | 1.5 | 1.5 | 1.5 | 1.58 | 1.99 | 1.78 |
| 南 瓜 | 新鲜一级 500 克 | 1.2 | 1.5 | 1.5 | 1.5 | 1.5 | 1 | 1.5 | 0.68 | 1.68 | 1.48 |
| 苹 果 | 红富士 一级 500 克 | — | 7.5 | 7 | — | 7 | 8 | 7 | 8.58 | 6.99 | 5.98 |
| 香 蕉 | 国产 一级 500 克 | — | 2.5 | 3 | — | 3 | 2.8 | 2 | 2.48 | 2.68 | 1.98 |
| 西 瓜 | 当地主销 一级 500 克 | — | 1.5 | 1.5 | — | 1.2 | 1.5 | 1.5 | 1.28 | 1.68 | 1.18 |
| 鲜牛奶 | 当地主销 250ML | — | — | — | — | — | — | — | 2.2 | — | — |
| 婴儿奶粉 | 雀巢 3 段 450 克 | — | — | — | — | — | 190 | — | — | — | — |
| 白豆腐 | 块 | — | — | 1.2 | 1.5 | 1.5 | 2 | 1 | 2 | 1 | 1.2 |
| 油豆腐 | 500 克 | — | 7 | 6.5 | 7 | 7 | 7.5 | 6 | 7.8 | 8.5 | 6.98 |

**表 30-10　　2015 年 10 月衡阳市民生价格**

采价时点：2015 年　10 月　01 日　7 时　36 分　　单位/元

| 商品名称 | 规格、等级、单位 | 西园市场 | 龙家坪市场 | 仙姬巷市场 | 后宰门市场 | 君昇市场 | 桑园街市场 | 衡西市场 | 香江百货 | 步步高广场店 | 生源超市衡钢店 |
|---|---|---|---|---|---|---|---|---|---|---|---|
| 早籼米 | 标—500 克 | — | — | — | — | — | — | — | — | 2.39 | — |
| 晚籼米 | 标—500 克 | — | — | 2.1 | 2.1 | 2.2 | 2 | 2.3 | 1.85 | 2.15 | 1.98 |
| 富强面粉 | 特一粉　500 克 | — | 2.5 | 2.5 | 2.5 | — | 2.6 | 2.5 | — | — | 2.38 |
| 标准面粉 | 500 克 | — | — | 2 | 2 | — | 2.2 | 2.2 | — | — | — |
| 菜籽油 | 一级桶装　金龙鱼　5L | — | 64 | 66 | 70 | 70 | 49 | 66 | 52 | 59.9 | 62.8 |
| 花生油 | 一级桶装　鲁　花　5L | — | — | — | — | — | — | — | 149.9 | 149.9 | 149.9 |
| 大豆油 | 一级调和油　金龙鱼　5L | — | 50 | 53 | — | 55 | — | — | 42.9 | 42.9 | 42.9 |
| 调和油 | 一级桶装　金龙鱼　5L | — | 55 | 63 | 65 | — | 59 | 63 | 59.9 | 50 | 59.9 |
| 鲜猪肉 | 精瘦肉　500 克 | — | 18 | 14 | 15 | 16 | 16 | 15 | 18.8 | 13.58 | 15.5 |
| 鲜猪肉 | 一刀切　500 克 | — | 14 | 13 | 13 | 14 | 12.5 | 13.5 | 9.98 | 12.98 | 12.48 |
| 鲜牛肉 | 新鲜去骨　500 克 | — | 48 | 42 | — | 45 | 47 | 43 | 49.8 | — | — |
| 鲜羊肉 | 新鲜带骨　500 克 | — | — | — | 23 | 23 | — | — | 24.8 | — | — |
| 鸡　肉 | 白切鸡开膛　上等　500 克 | — | 12 | — | 12 | 13 | 10 | 14 | 9.98 | — | — |
| 鲜鸡蛋 | 新鲜　鸡场蛋　个 | — | 0.65 | 0.6 | 0.6 | 0.6 | 0.7 | 0.6 | 0.59 | 0.69 | 0.49 |
| 鸭　蛋 | 新鲜　500 克 | — | 7 | 7 | 7 | 7 | 6 | 6 | 6.38 | — | — |
| 草　鱼 | 活　500 克 | 7 | 7.5 | 7 | 7 | 7.5 | 6.5 | 7 | 5.98 | 5.99 | 5.98 |
| 大白菜 | 新鲜一级　500 克 | 1.5 | 1.5 | 1.8 | 2 | 2 | 1.2 | 1.5 | 1.98 | 2.59 | 1.48 |
| 黄　瓜 | 新鲜一级　500 克 | 2 | 2 | 2.2 | 2 | 2.5 | 2.5 | 1.8 | 1.48 | 2.28 | 1.78 |
| 青　椒 | 新鲜一级　500 克 | 2.2 | 2.5 | 2 | 2 | 2.5 | 1.5 | 2 | 1.88 | 2.99 | 2.98 |
| 茄　子 | 新鲜一级　500 克 | 1.5 | 2.5 | 2.5 | 3 | 2.5 | 2.5 | 2.5 | 1.68 | 1.99 | 2.48 |
| 西红柿 | 新鲜一级　500 克 | 2.6 | 3.5 | 3 | 3.5 | 3.5 | 1.5 | 3.5 | 1.58 | 1.99 | 3.48 |
| 白萝卜 | 新鲜一级　500 克 | 1.5 | 1.5 | 1.5 | 1.5 | 1.5 | 1.5 | 1.5 | 1.48 | 1.28 | 1.28 |
| 南　瓜 | 新鲜一级　500 克 | 1 | 2 | 1.5 | 1.5 | 1.5 | 1 | 1.5 | 0.98 | 1.68 | 0.98 |
| 苹　果 | 红富士　一级　500 克 | — | 7.5 | 7 | — | 7 | 8 | 6.5 | 5.98 | 5.99 | — |
| 香　蕉 | 国产　一级　500 克 | — | 2.5 | 3 | — | 3 | 2.8 | 2 | 2.48 | 2.68 | 1.98 |
| 西　瓜 | 当地主销　一级　500 克 | — | 1.5 | 1.5 | — | 1.5 | 1.5 | 1.5 | 1.28 | 1.68 | 0.98 |
| 鲜牛奶 | 当地主销　250ML | — | — | — | — | — | — | — | 2.2 | — | — |
| 婴儿奶粉 | 雀巢　3 段　450 克 | — | — | — | — | — | 190 | — | — | — | — |
| 白豆腐 | 块 | — | 1 | 1.2 | 1.5 | 1.5 | 2 | 1 | 2 | 1 | 1.2 |
| 油豆腐 | 500 克 | — | 8 | 6.5 | 7 | 7 | 7.5 | 6 | 7.8 | 8.5 | 6.98 |

表 30-11

## 2015 年 11 月衡阳市民生价格

采价时点：2015 年 11 月 01 日 7 时 36 分

单位/元

| 商品名称 | 规格、等级、单位 | 西园市场 | 龙家坪市场 | 仙姬巷市场 | 后宰门市场 | 君昇市场 | 桑园街市场 | 衡西市场 | 香江百货 | 步步高广场店 | 生源超市衡钢店 |
|---|---|---|---|---|---|---|---|---|---|---|---|
| 早籼米 | 标—500 克 | — | — | — | — | — | — | — | — | 2.39 | — |
| 晚籼米 | 标—500 克 | — | — | 2.1 | 2.1 | 2.2 | 2 | 2.3 | 1.9 | 2.29 | 1.98 |
| 富强面粉 | 特一粉 500 克 | — | 2.5 | 2.5 | 2.5 | — | 2.6 | 2.5 | — | — | 2.38 |
| 标准面粉 | 500 克 | — | — | 2 | 2 | — | 2.2 | 2.2 | — | 2.78 | — |
| 菜籽油 | 一级桶装 金龙鱼 5L | — | 64 | 66 | 70 | 70 | 49 | 66 | 52 | 47 | 62.8 |
| 花生油 | 一级桶装 鲁 花 5L | — | — | — | — | — | — | — | 149.9 | 149.9 | 149.9 |
| 大豆油 | 一级调和油 金龙鱼 5L | — | 50 | 53 | — | 55 | — | — | 42.9 | 42.9 | 42.9 |
| 调和油 | 一级桶装 金龙鱼 5L | — | 55 | 63 | 65 | — | 59 | 62 | 59.9 | 50 | 59.9 |
| 鲜猪肉 | 精瘦肉 500 克 | — | 18 | 14 | 15 | 16 | 16 | 15 | 18.8 | 13.58 | 15.5 |
| 鲜猪肉 | 一刀切 500 克 | — | 14 | 13 | 12.5 | 14 | 12 | 13 | 9.48 | 11.58 | 12.28 |
| 鲜牛肉 | 新鲜去骨 500 克 | — | 48 | 42 | — | 45 | 47 | 45 | 49.8 | — | — |
| 鲜羊肉 | 新鲜带骨 500 克 | — | — | 23 | 23 | 28 | — | 21 | 24.8 | — | — |
| 鸡 肉 | 白切鸡开膛 上等 500 克 | — | 12 | — | 12 | 13 | 10 | 13 | 9.98 | — | — |
| 鲜鸡蛋 | 新鲜 鸡场蛋 个 | — | 0.65 | 0.6 | 0.6 | 0.6 | 0.7 | 0.6 | 0.59 | 0.49 | 0.49 |
| 鸭 蛋 | 新鲜 500 克 | — | 7 | 7 | 7 | 7 | 6 | 6.5 | 6.38 | — | — |
| 草 鱼 | 活 500 克 | 6.8 | 7.5 | 7 | 7 | 7.5 | 6.5 | 6 | 5.28 | 5.38 | 5.98 |
| 大白菜 | 新鲜一级 500 克 | 1.4 | 1.5 | 1.5 | 2 | 1.5 | 1.2 | 1.5 | 0.98 | 0.99 | 1.48 |
| 黄 瓜 | 新鲜一级 500 克 | 1.5 | 2 | 1.05 | 2.5 | 2.5 | 2 | 1.5 | 1.88 | 2.28 | 1.98 |
| 青 椒 | 新鲜一级 500 克 | 1.6 | 3 | 3 | 3 | 3 | 2.5 | 2.5 | 1.78 | 0.99 | 2.98 |
| 茄 子 | 新鲜一级 500 克 | 1.8 | 2.5 | 2 | 3 | 2.5 | 2 | 3 | 1.68 | 1.99 | 2.48 |
| 西红柿 | 新鲜一级 500 克 | 2.4 | 3.5 | 3 | 3.5 | 3.5 | 2.5 | 3 | 2.98 | 4.99 | 3.48 |
| 白萝卜 | 新鲜一级 500 克 | 1.2 | 1.2 | 1.5 | 1.5 | 1.5 | 1.5 | 1.5 | 0.98 | 0.88 | 1.28 |
| 南 瓜 | 新鲜一级 500 克 | 0.9 | 1.5 | 1.3 | 1.5 | 1.5 | 1 | 1.3 | 0.98 | 1.68 | 0.98 |
| 苹 果 | 红富士 一级 500 克 | — | 7 | 7 | — | 7.5 | 6 | 5.5 | 5.98 | 4.58 | 3.98 |
| 香 蕉 | 国产 一级 500 克 | — | 2.5 | 3 | — | 2.5 | 2.8 | 2 | 2.18 | 2.68 | 1.98 |
| 西 瓜 | 当地主销 一级 500 克 | — | 1.5 | 1.5 | — | 1.5 | 1.5 | 1.5 | 1.28 | 1.68 | 0.98 |
| 鲜牛奶 | 当地主销 250ML | — | — | — | — | — | — | — | 2.5 | — | — |
| 婴儿奶粉 | 雀巢 3 段 450 克 | — | — | — | — | — | 190 | — | — | — | — |
| 白豆腐 | 块 | — | 1 | 1.2 | 1.5 | 1.5 | 2 | 1 | 2 | 1 | 1.2 |
| 油豆腐 | 500 克 | — | 8 | 6.5 | 7 | 7 | 7.5 | 6 | 7.8 | 8.5 | 6.98 |

表 30-12

**2015 年 12 月衡阳市民生价格**

采价时点：2015 年　12 月　01 日　7 时　36 分

单位/元

| 商品名称 | 规格、等级、单位 | 西园市场 | 龙家坪市场 | 仙姬巷市场 | 后宰门市场 | 君昇市场 | 桑园街市场 | 衡西市场 | 香江百货 | 步步高广场店 | 生源超市衡钢店 |
|---|---|---|---|---|---|---|---|---|---|---|---|
| 早籼米 | 标—500 克 | — | — | — | — | — | — | — | — | 2.39 | — |
| 晚籼米 | 标—500 克 | — | — | 2.1 | 2.1 | 2.2 | 2 | 2.2 | 1.9 | 2.29 | 1.98 |
| 富强面粉 | 特一粉　500 克 | — | 2.5 | 2.5 | 2.5 | — | 2.6 | 2.5 | — | — | 2.5 |
| 标准面粉 | 500 克 | — | — | 2 | 2 | — | 2.2 | 2.2 | — | 2.78 | 2.38 |
| 菜籽油 | 一级桶装　金龙鱼　5L | — | 64 | 66 | 70 | 70 | 49 | 65 | 52 | 47 | 69.9 |
| 花生油 | 一级桶装　鲁　花　5L | — | — | — | — | — | — | — | 149.9 | 149.9 | 149.9 |
| 大豆油 | 一级调和油　金龙鱼　5L | — | 50 | 53 | — | 55 | — | — | 35.9 | 42.9 | 42.9 |
| 调和油 | 一级桶装　金龙鱼　5L | — | 55 | 63 | 65 | — | 59 | 62 | 59.9 | 50 | 59.9 |
| 鲜猪肉 | 精瘦肉　500 克 | — | 18 | 13 | 14 | 16 | 14 | 14 | 16.98 | 13.58 | 15.5 |
| 鲜猪肉 | 一刀切　500 克 | — | 14 | 12 | 12 | 13 | 11 | 12.5 | 8.98 | 11.58 | 11.68 |
| 鲜牛肉 | 新鲜去骨　500 克 | — | 48 | 42 | — | 45 | 49 | 45 | 49.8 | — | — |
| 鲜羊肉 | 新鲜带骨　500 克 | — | — | 20 | 23 | 28 | 20 | 20 | 24.8 | — | — |
| 鸡　肉 | 白切鸡开膛　上等　500 克 | — | 12 | — | 12 | 13 | 10 | 12 | 9.98 | — | — |
| 鲜鸡蛋 | 新鲜　鸡场蛋　个 | — | 0.65 | 0.6 | 0.6 | 0.6 | 0.7 | 0.6 | 0.59 | 0.49 | 0.5 |
| 鸭　蛋 | 新鲜　500 克 | — | 7 | 7 | 7 | 7 | 6 | 6.5 | 5.98 | — | — |
| 草　鱼 | 活　500 克 | 6.8 | 7.5 | 7 | 7 | 7.5 | 6.5 | 5.8 | 4.98 | 5.98 | 5.98 |
| 大白菜 | 新鲜一级　500 克 | 1.1 | 1.2 | 1.5 | 1.2 | 1.5 | 1.2 | 1.5 | 0.68 | 1.18 | 1.28 |
| 黄　瓜 | 新鲜一级　500 克 | 2.8 | 2.5 | 3.5 | 4 | 2.5 | 2 | 2.5 | 3.98 | 2.28 | 2.48 |
| 青　椒 | 新鲜一级　500 克 | 2.2 | 3 | 3.5 | 3 | 3 | 2.5 | 3 | 1.98 | 2.99 | 2.48 |
| 茄　子 | 新鲜一级　500 克 | 2.2 | 2.5 | 2.5 | 3 | 2.5 | 2 | 3 | 2.98 | 1.99 | 2.48 |
| 西红柿 | 新鲜一级　500 克 | 2.5 | 3.5 | 3.5 | 4 | 3.5 | 2.5 | 3 | 3.48 | 2.99 | 3.48 |
| 白萝卜 | 新鲜一级　500 克 | 1.2 | 1.2 | 1.5 | 1.5 | 1.5 | 1.5 | 1 | 1.48 | 0.78 | 1.48 |
| 南　瓜 | 新鲜一级　500 克 | 1 | 1.5 | 1.3 | 1.5 | 1.5 | 1 | 1.2 | 1.48 | 1.68 | 0.98 |
| 苹　果 | 红富士　一级　500 克 | — | 7 | 7 | — | 7 | 6 | 5.5 | 4.98 | 4.58 | 3.98 |
| 香　蕉 | 国产　一级　500 克 | — | 2.5 | 2.5 | — | 2.5 | 2.8 | 2 | 1.98 | 2.68 | 1.98 |
| 西　瓜 | 当地主销　一级　500 克 | — | 1.5 | 1.5 | — | 3 | 2 | 2.5 | 1.98 | 1.68 | 0.98 |
| 鲜牛奶 | 当地主销　250ML | — | — | — | — | — | — | — | 2.5 | — | — |
| 婴儿奶粉 | 雀巢　3 段　450 克 | — | — | — | — | — | 190 | — | — | — | — |
| 白豆腐 | 块 | — | 1 | 1.2 | 1.5 | 1.5 | 2 | 1 | 2 | 1 | 1.2 |
| 油豆腐 | 500 克 | — | 8 | 6.5 | 7 | 7 | 7.5 | 6.5 | 7.8 | 8.5 | 6.98 |

# 表31　2015年衡阳市及各县（市）区主要经济指标完成情况

**表31-1**　　**2015年1~3月全市及各县（市）区主要经济指标完成情况**

制表单位：衡阳市统计局　　计量单位：亿元、%

| 增速排位 | 地区生产总值 | | | 财政总收入 | | | 规模以上工业增加值 | | 固定资产投资 | | | 社会消费品零售总额 | | |
|---|---|---|---|---|---|---|---|---|---|---|---|---|---|---|
| | 单位 | 1~3月 | 增长 | 单位 | 1~3月 | 增长 | 单位 | 1~3月 | 单位 | 1~3月 | 增长 | 单位 | 1~3月 | 增长 |
| | 全市 | 440.35 | 8.8 | 全市 | 63.38 | 12.0 | 全市 | 7.6 | 全市 | 275.05 | 26.0 | 全市 | 227.86 | 12.2 |
| 第一 | 南岳区 | 5.97 | 10.1 | 衡阳县 | 3.28 | 22.4 | 耒阳市 | 8.6 | 蒸湘区 | 26.47 | 37.0 | 耒阳市 | 25.75 | 12.6 |
| 第二 | 珠晖区 | 26.35 | 9.6 | 衡山县 | 2.15 | 14.2 | 祁东县 | 7.9 | 衡南县 | 21.85 | 36.0 | 雁峰区 | 22.38 | 12.6 |
| 第三 | 雁峰区 | 31.91 | 9.5 | 衡南县 | 4.12 | 13.2 | 常宁市 | 5.2 | 珠晖区 | 24.71 | 34.2 | 珠晖区 | 25.32 | 12.5 |
| 第四 | 石鼓区 | 22.95 | 9.4 | 珠晖区 | 3.51 | 12.7 | 衡南县 | 4.5 | 石鼓区 | 28.07 | 33.0 | 石鼓区 | 22.09 | 12.4 |
| 第五 | 蒸湘区 | 30.20 | 9.3 | 常宁市 | 4.07 | 12.5 | 雁峰区 | 4.4 | 南岳区 | 4.02 | 32.0 | 衡南县 | 20.29 | 12.4 |
| 第六 | 祁东县 | 51.59 | 9.1 | 石鼓区 | 4.88 | 12.4 | 珠晖区 | 2.6 | 衡阳县 | 26.70 | 31.4 | 蒸湘区 | 21.57 | 12.2 |
| 第七 | 耒阳市 | 74.85 | 9.0 | 南岳区 | 1.47 | 12.1 | 石鼓区 | 2.5 | 祁东县 | 13.88 | 30.9 | 衡阳县 | 18.95 | 12.1 |
| 第八 | 常宁市 | 42.38 | 8.5 | 蒸湘区 | 4.96 | 12.0 | 衡东县 | 1.4 | 衡东县 | 19.73 | 29.7 | 南岳区 | 4.92 | 12.0 |
| 第九 | 衡南县 | 49.11 | 5.9 | 雁峰区 | 3.87 | 11.9 | 蒸湘区 | 0.8 | 耒阳市 | 42.54 | 27.0 | 祁东县 | 21.25 | 11.8 |
| 第十 | 衡阳县 | 55.55 | 5.6 | 衡东县 | 2.95 | 3.2 | 衡阳县 | 0.2 | 常宁市 | 21.38 | 26.2 | 衡东县 | 17.99 | 11.6 |
| 第十一 | 衡东县 | 41.21 | 4.9 | 祁东县 | 2.08 | 1.3 | 南岳区 | -0.7 | 雁峰区 | 18.35 | 7.1 | 衡山县 | 5.98 | 11.4 |
| 第十二 | 衡山县 | 22.71 | 4.4 | 耒阳市 | 5.78 | -1.6 | 衡山县 | -6.8 | 衡山县 | 7.07 | -33.7 | 常宁市 | 18.17 | 11.2 |
| — | 高新区 | 14.63 | 9.0 | 高新区 | 3.65 | 12.5 | 高新区 | -1.2 | 高新区 | 5.97 | 13.0 | 高新区 | 3.21 | 12.0 |
| — | 白沙洲工业园 | 33.02 | 16.4 | 白沙洲工业园 | 6.08 | 12.2 | 白沙洲工业园 | 14.9 | 白沙洲工业园 | 10.31 | 34.4 | 白沙洲工业园 | — | — |
| — | 松木经开区 | 3.75 | 16.0 | 松木经开区 | 1.99 | 27.7 | 松木经开区 | 15.1 | 松木经开区 | 3.99 | 32.2 | 松木经开区 | — | — |

说明：雁峰区、石鼓区、蒸湘区各项指标值均不含白沙洲工业园、松木经济开发区、高新开发区

表 31-2

**2015 年 1~6 月全市及各县（市）区主要经济指标完成情况**

制表单位：衡阳市统计局

计量单位：亿元、%

| 增速排位 | 地区生产总值 | | | 财政总收入 | | | 规模以上工业增加值 | | 固定资产投资 | | | 社会消费品零售总额 | | |
|---|---|---|---|---|---|---|---|---|---|---|---|---|---|---|
| | 单位 | 1~6 月 | 增长 | 单位 | 1~6 月 | 增长 | 单位 | 1~6 月 | 单位 | 1~6 月 | 增长 | 单位 | 1~6 月 | 增长 |
| | 全市 | 998.87 | 8.2 | 全市 | 131.10 | 12.1 | 全市 | 5.6 | 全市 | 871.02 | 20.8 | 全市 | 461.74 | 12.3 |
| 第一 | 南岳区 | 12.58 | 9.9 | 石鼓区 | 10.65 | 15.9 | 祁东县 | 7.9 | 珠晖区 | 83.08 | 26.0 | 雁峰区 | 45.34 | 12.7 |
| 第二 | 石鼓区 | 53.05 | 9.5 | 衡东县 | 5.84 | 15.6 | 南岳区 | 6.6 | 石鼓区 | 59.20 | 25.4 | 耒阳市 | 52.06 | 12.6 |
| 第三 | 珠晖区 | 73.40 | 9.4 | 衡山县 | 4.42 | 14.8 | 耒阳市 | 5.8 | 蒸湘区 | 84.85 | 25.0 | 珠晖区 | 51.29 | 12.6 |
| 第四 | 衡阳县 | 127.22 | 8.4 | 衡阳县 | 6.67 | 14.6 | 衡阳县 | 5.4 | 衡南县 | 89.51 | 23.3 | 蒸湘区 | 43.75 | 12.5 |
| 第五 | 祁东县 | 102.55 | 8.2 | 衡南县 | 8.15 | 14.5 | 常宁市 | 4.5 | 雁峰区 | 49.21 | 23.2 | 衡阳县 | 38.46 | 12.5 |
| 第六 | 耒阳市 | 165.61 | 7.4 | 蒸湘区 | 10.71 | 14.4 | 珠晖区 | 3.9 | 南岳区 | 10.02 | 23.0 | 石鼓区 | 44.71 | 12.4 |
| 第七 | 常宁市 | 106.40 | 7.2 | 雁峰区 | 8.25 | 14.3 | 蒸湘区 | 2.1 | 衡阳县 | 88.17 | 22.7 | 衡南县 | 41.04 | 12.3 |
| 第八 | 蒸湘区 | 78.58 | 7.2 | 祁东县 | 4.91 | 13.7 | 雁峰区 | 2.0 | 祁东县 | 53.68 | 21.9 | 衡东县 | 36.59 | 12.2 |
| 第九 | 雁峰区 | 64.21 | 7.1 | 珠晖区 | 7.42 | 13.6 | 衡东县 | 1.3 | 耒阳市 | 140.92 | 21.1 | 南岳区 | 9.96 | 12.2 |
| 第十 | 衡南县 | 108.92 | 6.7 | 常宁市 | 8.43 | 13.3 | 衡南县 | 1.1 | 衡东县 | 58.21 | 20.0 | 祁东县 | 43.09 | 12.0 |
| 第十一 | 衡山县 | 45.87 | 6.6 | 南岳区 | 3.06 | 12.0 | 石鼓区 | 0.6 | 常宁市 | 72.67 | 19.5 | 衡山县 | 12.11 | 11.6 |
| 第十二 | 衡东县 | 96.87 | 6.5 | 耒阳市 | 13.27 | 11.0 | 衡山县 | 0.3 | 衡山县 | 23.48 | -16.3 | 常宁市 | 36.82 | 11.4 |
| — | 高新区 | 24.12 | 9.3 | 高新区 | 8.16 | 19.0 | 高新区 | 3.9 | 高新区 | 19.91 | 25.7 | 高新区 | 6.51 | 12.4 |
| — | 白沙洲工业园 | 26.64 | 8.3 | 白沙洲工业园 | 13.50 | 17.9 | 白沙洲工业园 | 8.8 | 白沙洲工业园 | 19.75 | 3.2 | 白沙洲工业园 | — | — |
| — | 松木经开区 | 6.08 | 15.9 | 松木经开区 | 3.86 | 17.0 | 松木经开区 | 13.9 | 松木经开区 | 18.36 | 20.3 | 松木经开区 | — | — |

说明：雁峰区、石鼓区、蒸湘区各项指标值均不含白沙洲工业园、松木经济开发区、高新开发区

**表 31-3　　2015 年 1~9 月全市及各县市区主要经济指标完成情况**

制表单位：衡阳市统计局　　计量单位：亿元、%

| 增速排位 | 地区生产总值 | | | 财政总收入 | | | 规模以上工业增加值 | | 固定资产投资 | | | 社会消费品零售总额 | | |
|---|---|---|---|---|---|---|---|---|---|---|---|---|---|---|
| | 单位 | 1~9 月 | 增长 | 单位 | 1~9 月 | 增长 | 单位 | 1~9 月 | 单位 | 1~9 月 | 增长 | 单位 | 1~9 月 | 增长 |
| | 全市 | 1801.79 | 8.7 | 全市 | 193.42 | 12.0 | 全市 | 6.6 | 全市 | 1413.85 | 19.6 | 全市 | 712.37 | 12.2 |
| 第一 | 珠晖区 | 140.58 | 9.6 | 衡东县 | 8.66 | 19.0 | 祁东县 | 8.6 | 石鼓区 | 93.64 | 23.1 | 珠晖区 | 79.29 | 12.6 |
| 第二 | 石鼓区 | 94.75 | 9.5 | 石鼓区 | 15.39 | 18.7 | 衡阳县 | 7.8 | 衡阳县 | 149.02 | 22.2 | 耒阳市 | 80.37 | 12.5 |
| 第三 | 雁峰区 | 92.46 | 9.1 | 祁东县 | 7.00 | 18.0 | 珠晖区 | 6.0 | 雁峰区 | 92.8 | 22.1 | 雁峰区 | 69.93 | 12.5 |
| 第四 | 南岳区 | 21.43 | 9.1 | 蒸湘区 | 15.71 | 16.0 | 衡东县 | 6.0 | 蒸湘区 | 115.24 | 21.9 | 石鼓区 | 69.03 | 12.4 |
| 第五 | 蒸湘区 | 117.01 | 9.0 | 珠晖区 | 11.12 | 15.6 | 常宁市 | 5.7 | 祁东县 | 95.28 | 21.5 | 衡南县 | 63.44 | 12.4 |
| 第六 | 祁东县 | 172.08 | 8.9 | 南岳区 | 4.64 | 15.3 | 雁峰区 | 5.5 | 南岳区 | 21.28 | 21.2 | 蒸湘区 | 67.47 | 12.3 |
| 第七 | 衡阳县 | 213.26 | 8.8 | 衡山县 | 6.19 | 14.7 | 蒸湘区 | 5.2 | 珠晖区 | 117.73 | 21.0 | 衡东县 | 56.54 | 12.2 |
| 第八 | 常宁市 | 184.90 | 8.7 | 耒阳市 | 18.23 | 14.2 | 耒阳市 | 5.1 | 衡南县 | 135.94 | 20.3 | 南岳区 | 15.38 | 12.1 |
| 第九 | 耒阳市 | 259.91 | 8.2 | 衡阳县 | 9.85 | 13.0 | 衡山县 | 4.8 | 耒阳市 | 247.31 | 18.8 | 衡阳县 | 59.18 | 12.0 |
| 第十 | 衡山县 | 84.71 | 8.1 | 雁峰区 | 11.95 | 12.5 | 衡南县 | 4.4 | 衡东县 | 93.68 | 18.1 | 祁东县 | 66.47 | 11.9 |
| 第十一 | 衡东县 | 158.01 | 7.3 | 常宁市 | 11.86 | 12.2 | 石鼓区 | 4.1 | 衡山县 | 36.97 | 17.2 | 衡山县 | 18.74 | 11.8 |
| 第十二 | 衡南县 | 180.36 | 7.2 | 衡南县 | 11.67 | 12.1 | 南岳区 | 3.4 | 常宁市 | 108.08 | 16.1 | 常宁市 | 56.45 | 10.5 |
| — | 高新区 | 38.07 | 13.1 | 高新区 | 11.37 | 17.8 | 高新区 | 7.1 | 高新区 | 32.95 | 20.1 | 高新区 | 10.04 | 12.2 |
| — | 白沙洲工业园 | 84.90 | 8.4 | 白沙洲工业园 | 20.72 | 16.1 | 白沙洲工业园 | 8.5 | 白沙洲工业园 | 42.15 | 1.0 | 白沙洲工业园 | — | — |
| — | 松木经开区 | 9.06 | 14.5 | 松木经开区 | 5.87 | 18.9 | 松木经开区 | 14.6 | 松木经开区 | 31.80 | 24.6 | 松木经开区 | — | — |

说明：雁峰区、石鼓区、蒸湘区各项指标值均不含白沙洲工业园、松木经济开发区、高新开发区

**表 31-4**　　**2015 年 1～12 月全市及各县市区主要经济指标完成情况**

制表单位：衡阳市统计局　　计量单位：亿元、%

| 增速排位 | 地区生产总值 | | | 财政总收入 | | | 规模以上工业增加值 | | 固定资产投资 | | | 社会消费品零售总额 | | |
|---|---|---|---|---|---|---|---|---|---|---|---|---|---|---|
| | 单位 | 1～12 月 | 增长 | 单位 | 1～12 月 | 增长 | 单位 | 1～12 月 | 单位 | 1～12 月 | 增长 | 单位 | 1～12 月 | 增长 |
| | 全市 | 2601.57 | 8.7 | 全市 | 261.86 | 11.1 | 全市 | 7.1 | 全市 | 2125.93 | 20.3 | 全市 | 1009.10 | 12.2 |
| 第一 | 珠晖区 | 205.83 | 9.7 | 耒阳市 | 25.55 | 18.9 | 祁东县 | 9.5 | 石鼓区 | 126.02 | 21.2 | 耒阳市 | 113.90 | 12.6 |
| 第二 | 南岳区 | 32.10 | 9.6 | 常宁市 | 16.31 | 15.6 | 衡阳县 | 9.0 | 衡阳县 | 227.52 | 20.8 | 雁峰区 | 99.04 | 12.5 |
| 第三 | 石鼓区 | 127.08 | 9.5 | 祁东县 | 10.10 | 13.5 | 衡东县 | 7.3 | 蒸湘区 | 191.43 | 20.6 | 衡东县 | 80.21 | 12.5 |
| 第四 | 蒸湘区 | 176.46 | 9.3 | 南岳区 | 6.16 | 13.4 | 常宁县 | 6.6 | 祁东县 | 141.29 | 20.6 | 蒸湘区 | 95.63 | 12.4 |
| 第五 | 雁峰区 | 133.87 | 9.2 | 衡山县 | 8.66 | 12.9 | 雁峰区 | 6.4 | 雁峰区 | 116.31 | 20.6 | 衡南县 | 89.80 | 12.4 |
| 第六 | 祁东县 | 240.00 | 9.1 | 蒸湘区 | 20.41 | 12.1 | 蒸湘区 | 6.1 | 珠晖区 | 174.62 | 20.4 | 珠晖区 | 111.95 | 12.3 |
| 第七 | 常宁市 | 269.60 | 9.0 | 石鼓区 | 19.79 | 12.1 | 珠晖区 | 5.9 | 衡南县 | 193.71 | 20.3 | 祁东县 | 94.45 | 12.3 |
| 第八 | 衡阳县 | 287.57 | 8.8 | 雁峰区 | 16.33 | 12.1 | 石鼓区 | 5.8 | 南岳区 | 29.96 | 20.3 | 石鼓区 | 97.61 | 12.2 |
| 第九 | 衡山县 | 134.93 | 8.7 | 珠晖区 | 14.48 | 12.1 | 衡山县 | 5.7 | 常宁市 | 160.84 | 19.7 | 衡阳县 | 83.87 | 12.2 |
| 第十 | 衡东县 | 236.45 | 8.5 | 衡东县 | 12.43 | 12.1 | 衡南县 | 5.4 | 耒阳市 | 351.44 | 19.5 | 衡山县 | 26.60 | 12.1 |
| 第十一 | 耒阳市 | 389.95 | 8.4 | 衡南县 | 16.52 | 12.0 | 耒阳市 | 5.3 | 衡东县 | 133.60 | 18.9 | 南岳区 | 21.74 | 11.9 |
| 第十二 | 衡南县 | 287.85 | 8.2 | 衡阳县 | 12.78 | 10.2 | 南岳区 | -2.9 | 衡山县 | 88.06 | 18.3 | 常宁市 | 80.05 | 10.7 |
| — | 高新区 | 53.87 | 12.1 | 高新区 | 15.55 | 15.0 | 高新区 | 8.0 | 高新区 | 69.64 | 24.9 | 高新区 | 14.25 | 12.4 |
| — | 白沙洲工业园 | 49.50 | 9.5 | 白沙洲工业园 | 26.01 | 15.1 | 白沙洲工业园 | 9.4 | 白沙洲工业园 | 80.04 | 20.3 | 白沙洲工业园 | — | — |
| — | 松木经开区 | 14.66 | 15.5 | 松木经开区 | 8.03 | 15.3 | 松木经开区 | 15.5 | 松木经开区 | 41.46 | 22.8 | 松木经开区 | — | — |

说明：雁峰区、石鼓区、蒸湘区各项指标值均不含白沙洲工业园、松木经济开发区、高新开发区

# 表 32　2015 年衡阳市年度企业和个人慈善排行榜

表 32-1　　2015 年衡阳市年度企业慈善排行榜

| 排名 | 被推荐企业 | 法人代表 | 捐赠现金和有价证券（万元） | 捐赠物资折价（万元） | 现金及物资折价合计（万元） |
|---|---|---|---|---|---|
| 1 | 湖南珠江合创投资集团 | 朱逢才 | 165.608 | 583 | 748.608 |
| 2 | 湖南蓬源鸿达矿业有限公司 | 刘　薇 | 290 | | 290 |
| 3 | 南岳区佛教协会 | 释怀辉 | 200 | | 200 |
| 4 | 湖南旺华莹石矿业有限公司 | 罗芳初 | 100 | | 100 |
| 4 | 深圳市京武投资（集团）有限公司 | 谢鹏程 | 100 | | 100 |
| 5 | 广东阳光雨露公益助学促进会 | 赵学成 | 62.4 | 6.4 | 68.8 |
| 6 | 衡阳万恒置业有限公司 | 游晨辉 | 0.69 | 62.7 | 63.39 |
| 7 | 湖南衡一建设集团有限公司 | 肖　辉 | 60 | | 60 |
| 8 | 湖南王一实业集团有限公司 | 王庆玉 | 59.3304 | | 59.3304 |
| 9 | 湖南奔立尔工贸实业有限公司 | 林　强 | | 58.24 | 58.24 |
| 10 | 湖南衡洲建设有限公司 | 唐仕亮 | 40 | | 40 |
| 11 | 湖南四海神龙实业集团有限公司 | 许冬生 | 24 | | 24 |
| 11 | 湖南恒壹消防工程有限公司 | 何恒峰 | | 24 | 24 |
| 12 | 衡阳海通房地产开发有限公司 | 李　娜 | 20 | | 20 |
| 12 | 衡山农村商业银行 | 屈夏清 | 20 | | 20 |
| 13 | 衡阳市人民金行 | 张金扬 | | 14 | 14 |
| 14 | 广东省老金溪商会 | 唐力新 | 12.8 | | 12.8 |
| 15 | 湖南省电力公司衡阳供电分公司 | 谢运来 | 11.74 | | 11.74 |
| 16 | 湖南烟草公司衡阳市公司 | 万　伟 | 11 | | 11 |
| 17 | 衡阳华菱钢管有限公司 | 凌仲秋 | 10.21 | | 10.21 |
| 18 | 衡阳市高卫汽车销售服务有限公司 | 殷高卫 | | 10 | 10 |
| 18 | 衡东博爱医院 | 荆路茜 | 10 | | 10 |
| 19 | 衡阳市公共交通集团有限公司 | 何咭华 | 9.2 | | 9.2 |
| 20 | 湖南大利集团 | 陈启利 | | 5.94 | 5.94 |
| 21 | 衡阳浙江商会 | 厉建政 | 5.2 | | 5.2 |
| 22 | 中国农业银行衡阳分行 | 伍小荣 | 5.03 | | 5.03 |

表 32-2

2015 年衡阳市年度个人慈善排行榜

| 排名 | 被推荐个人 | 捐赠现金和有价证券（万元） | 捐赠物资折价（万元 | 现金及物资折价合计（万元） |
|---|---|---|---|---|
| 1 | 唐　球（男） | 100 | | 100 |
| 2 | 肖　庄（男） | 57 | | 57 |
| 3 | 童白玲（女） | 43.5 | | 43.5 |
| 4 | 李秋富（男） | 33 | | 33 |
| 5 | 黎志富（男） | 14.75 | | 14.75 |
| 6 | 戴建平（男） | 10 | | 10 |
| 7 | 邓俊杰（男） | | 9.1 | 9.1 |
| 8 | 陈　芳（女） | | 6 | 6 |
| 9 | 刘素平（女） | | 5.6 | 5.6 |
| 10 | 叶信铎（男） | 0.5 | 5 | 5.5 |
| 11 | 陆　军（男） | 5.4 | | 5.4 |
| 12 | 周小初（男） | 4 | | 4 |
| 13 | 曹伟生（男） | 2.2 | | 2.2 |
| 13 | 梁玉忠（男） | 2.2 | | 2.2 |
| 14 | 王文章（男） | 2 | | 2 |
| 14 | 肖卫东（男） | 2 | | 2 |
| 15 | 何永清（男） | 1.8 | | 1.8 |
| 16 | 李小林（男） | 1.5 | | 1.5 |
| 16 | 彭其舟（男） | 1.5 | | 1.5 |
| 16 | 王寅生（男） | 1.5 | | 1.5 |
| 16 | 何春玖（男） | 1.5 | | 1.5 |
| 17 | 陈　琴（男） | 1.3 | | 1.3 |
| 18 | 陈海涛（男） | 1.18 | | 1.18 |
| 19 | 钟训勇（男） | 1 | | 1 |
| 19 | 吴继仁（男） | 1 | | 1 |
| 19 | 全建新（男） | 1 | | 1 |
| 19 | 唐加宝（男） | 1 | | 1 |
| 19 | 李先波（男） | 1 | | 1 |
| 19 | 苏元九（男） | 1 | | 1 |

# 政策法规选登

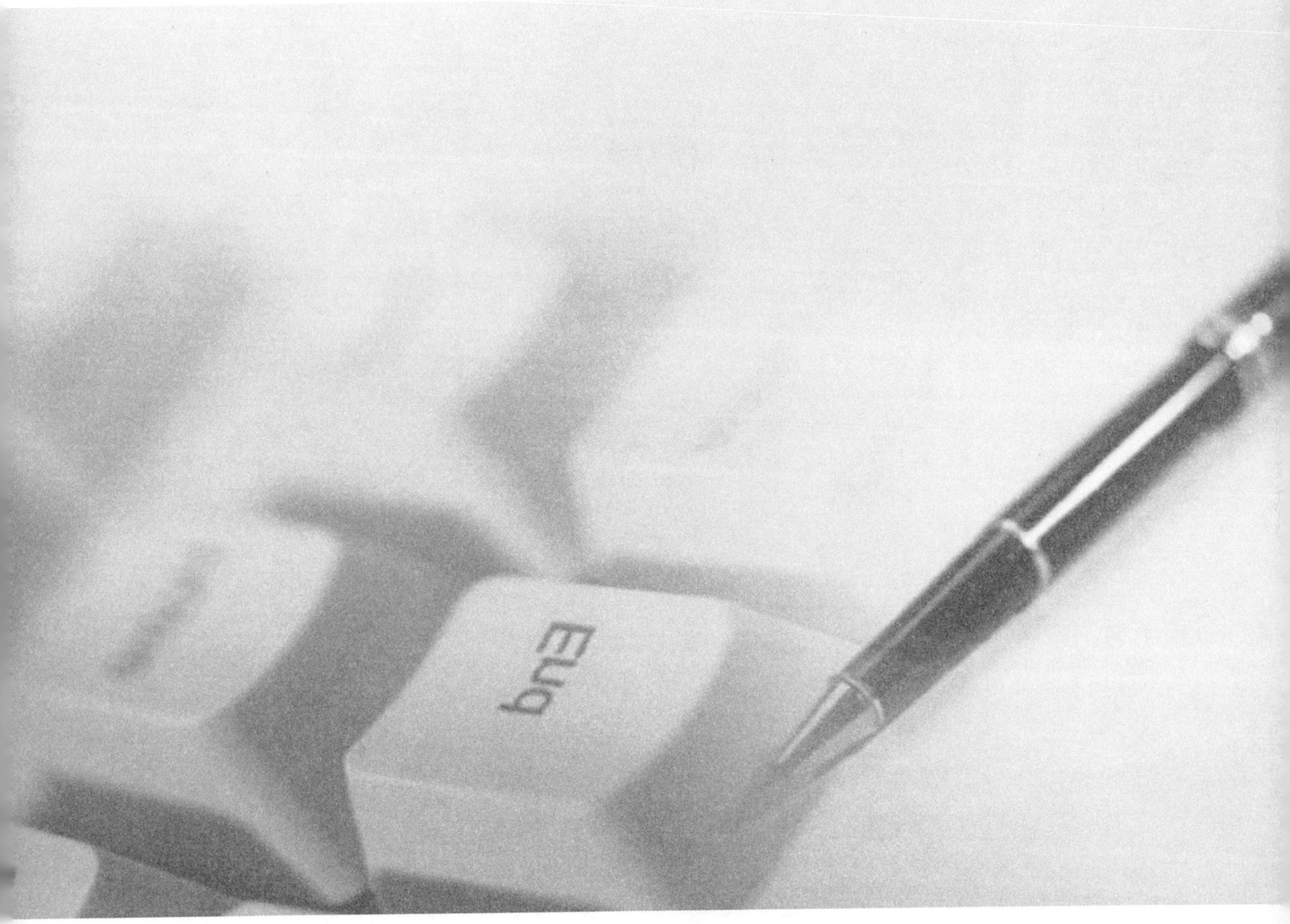

# 衡阳市人民政府办公室<br>关于印发《衡阳市被征地农民社会保障工作实施意见》的通知

衡政办发〔2014〕43号

各县市区人民政府，市直有关单位：

《衡阳市被征地农民社会保障工作实施意见》已经市人民政府同意，现印发给你们，请认真遵照执行。

衡阳市人民政府办公室

2014年12月30日

## 衡阳市被征地农民社会保障工作实施意见

为进一步完善被征地农民社会保障政策，根据湖南省人民政府办公厅《转发省人力资源社会保障厅〈关于做好被征地农民社会保障工作的意见〉的通知》（湘政办发〔2014〕31号）精神，结合我市实际情况，现就做好被征地农民社会保障工作提出以下实施意见：

### 一、基本原则

（一）坚持先落实社会保障资金后批准征地的“先保后征”原则，将被征地农民纳入现行的社会保险制度，足额安排社会保险费。

（二）政府、集体、个人共同负担，权利与义务相对应，保障水平与经济发展相适应。

（三）确保被征地农民生活水平不因征地而降低，长远生计有保障。

### 二、保障对象

被征地农民是指政府依法征收或征用农民集体所有土地，且在征地时依法享有农村集体土地承包经营权的在册农业人口。被征地农民社会保障对象是指农民集体所有土地被政府依法征收或征用并按有关规定足额缴纳被征地农民社会保障资金，以村民小组为单位人均耕地面积不足0.2亩的16周岁以上的被征地农民。

被征地农民年龄确定：以土地补偿安置方案公告日为基准日。

被征地农民社会保障对象确认：由被征地农民本人提出申请，所在村民小组或村民委员会讨论通过并公示，报乡镇人民政府（街道办事处）初审，经市或县市区国土资源、农村土地承包经营管理和公安部门审核后，由市或县市区国土资源部门确定，再返回村民小组或村民委员会公示后，报市或县市区人民政府审定，送市或县市区人力资源社会保障部门复核办理登记手续。

### 三、保障内容和方式

（一）养老保险

全市不再建立单独的被征地农民养老生活保障制度，符合参保条件的被征地农民自愿选择参加城镇职工基本养老保险或城乡居民社会养老保险，政府和集体经济组织为参保者提供参保缴费补贴。被征地农民不参加养老保险，以及不符合参保条件的，均不享受缴费补贴。

1. 参保缴费补贴年限和标准。同一被征地农民保障对象无论选择参加城镇职工基本养老保险或城乡居民社会养老保险，其个人缴费义务不变，缴费补贴标准一致。补贴标准为征地后村组首批参保缴费时上年度全省在岗职工年平均工资的60%×12%。补贴年限为10年。本意见下发前已征地的被征地农民保障对象补贴年限按衡阳市人民政府《关于印发〈衡阳市城市规划区范围内被征地农民就业培训和社会保障工作实施意见〉的通知》（衡政发〔2008〕28号）规定的8年和衡阳市人力资源和社会保障局、衡阳市财政局、衡阳市国土资源局《关于2007年7月24日之前被征地农民参加养老保险享受政府补贴的通知》（衡人社发〔2012〕19号）规定的5年执行，补贴标准为2013年全省在岗职工年平均工资的60%×12%。

用人单位招用劳动年龄段内的被征地农民，与之签订一年以上期限劳动合同，并按规定为被征地农民缴纳城镇职工基本养老保险费的，持被征地农民身份证复印件、户口本复印件、被征地农民社会保障登记证、劳动合同、缴费收据等资料到辖区人力资源社会保障部门申请办理享受用工参保缴费补贴。用人单位用工参保缴费补贴标准为征地后以村组首批参保缴费时上年度全省在岗职工年平均工资的60%×10%。

2. 参加城镇职工基本养老保险及缴费补贴。被征地农民保障对象选择以灵活就业人员身份参加城镇职工基本养老保险，可以享受一次性缴纳基本养老保险费，以增加缴费年限，提高待遇水平的优惠政策。其缴费基数按照参保缴费时上年度全省在岗职工月平均工资的60%确定。

（1）根据征地时的实际年龄，一次性补缴时间不得早于16周岁。年满26周岁以后，每增加三周岁，增加一年补缴年限。补缴年限最多不超过15年。一次性补缴后未达到法定退休年龄的，应当继续缴费，继续缴费年限与一次性补缴年限合并计算。

（2）补缴年限大于10年的，在参保缴费总金额中抵减缴费补贴金额；补缴年限小于10年的，缴费补贴按照实际缴费年限计算在参保缴费总金额中进行抵减，剩余补贴部分由被征地农民保障对象持被征地农民社会保险补贴登记证和衡阳市范围内基本养老保险缴费收据原件，可逐年到辖区人力资源社会保障部门办理缴费补贴。征地前以灵活就业人员身份参保并享受养老金待遇的，可凭上述有效凭证到辖区人力资源社会保障部门申办缴费补贴。

3. 参加城乡居民社会养老保险及缴费补贴。被征地农民社会保障对象选择参加城乡居民社会养老保险，对其缴费进行补贴，在其个人账户增设被征地农民补贴项目，记录补贴情况。

（1）参加城乡居民社会养老保险的被征地农民保障对象，原则上应选择1000元/年（含1000元/年）以上缴费档次缴纳养老保险费。

（2）已参加城乡居民社会养老保险未领取待遇的被征地农民保障对象，缴费补贴根据其缴费年限逐年分配至其个人账户。缴费年限距待遇领取年龄小于10年的被征地农民保障对象，在达到领取待遇年龄前一个月将剩余缴费补贴一次性划入个人账户。

（3）已领取城乡居民社会养老保险待遇的被征地农民保障对象（含没有个人账户人员，先补建个人账户），将缴费补贴划入其个人账户，并从次月起增发个人账户养老金，增发的个人账户养老金月标准=缴费补贴÷城乡居民养老保险个人账户养老金计发月数（参照城镇职工养老保险个人账户养老金计发月数）。

（4）被征地农民保障对象死亡，个人账户中的被征地农民缴费补贴余额可以依法继承。

4. 制度衔接。原已参加城乡居民社会养老保险的农民征地后参加城镇职工基本养老保险按人力资源社会保障部财政部《关于印发<城乡养老保险制度衔接暂行办法>的通知》（人社部发〔2014〕17号）规定办理，并享受缴费补贴。

原按衡阳市人民政府《关于印发<衡阳市城市规划区范围内被征地农民就业培训和社会保障工作实施意见>的通知》（衡政发〔2008〕28号）参加养老生活保障的被征地农民，应按照参加城乡居民社会养老保险的有关规定办理转保手续，并享受转保补贴；自愿选择参加城镇职工基本养老保险的，应按转入城镇职工养老保险的有关规定，办理转保缴费手续，享受转保补贴。转保后不再享受养老生活保障待遇，待达到领取待遇条件，领取城乡居民社会养老保险待遇或城镇职工养老保险待遇。

（二）就业培训

人力资源社会保障部门应加大对法定劳动年龄段内的被征地农民的就业培训工作力度，对有就业愿望且未就业的被征地农民给予享受一次免费职业技能培训（参照城镇失业人员的管理办法和培训补贴标准）。所需资金纳入各县市区就业培训计划，不足部分由各县市区人民政府纳入财政预算。

各级人民政府应按照劳动者自主择业，市场调节就业，政府促进就业的方针，将被征地农民整体纳入城镇就业失业登记管理和城镇就业服务体系。由被征地农民户籍所在地街道（乡镇）劳动保障管理服务机构对被征地农民就业情况进行登记并推荐就业。持《被征地农民社会保障登记证》的被征地农民享有与城镇失业人员同等的相关就业优惠政策。

（三）丧葬补助

被征地农民死亡实行火葬的（不含参加城镇职工养老保险的被征地农民），给予丧葬补助奖励。丧葬补助奖励标准为四个月的死亡时衡阳市上年度全市在岗职工月平均工资。

（四）社会救助

符合城乡居民最低生活保障条件的被征地农民，可按规定享受最低生活保障待遇。符合其他社会救助条件的，按规定享受相应待遇。

## 四、被征地农民社会保障资金

被征地农民保障对象可用发给其本人的征地补偿费缴纳个人参保应缴的社会保险费。被征地农民社会保障资金主要来源于用地单位缴纳、政府划拨和集体出资。

（一）用地单位缴纳。征地时按不少于每平方米60元标准征收被征地农民社会保障费（市政用地每平方米60元，工业用地每平方米70元，商业用地每平方米80元），该标准随征地补偿标准和省在岗职工平均工资标准调整而适时调整。原用地单位欠缴的被征地农民社会保障费，按新标准重新计算并限期缴纳。高速公路和铁路建设项目社会保障费标准仍按湖南省人民政府办公厅《关于进一步做好高速公路和铁路建设被征地农民社会保障工作的通知》（湘政办发〔2010〕63号）规定执行。

（二）政府划拨。按照国务院办公厅《关于规范国有土地使用权出让收支管理的通知》（国办发〔2006〕100号）要求，提取一定比例的国有土地使用收入用于被征地农民社会保障。

（三）集体出资。在征地补偿费中，一次性提取10%的征地补偿费，作为被征地农民社会保障资金。

（四）资金增值收入。被征地农民社会保障资金的利息及其增值收入。

以上资金来源不足以支付缴费补贴的，由同级财政予以解决（市区范围内的，市财政承担70%，区财政承担30%）。

## 五、被征地农民社会保障资金管理和监督

（一）财政部门设立被征地农民社会保障资金财政专户，用地单位缴纳、政府划拨、集体出资的被征地农民社会保障资金都应归缴到被征地农民社会保障资金财政专户，实行收支两条线管理。

（二）财政部门要在国有土地使用权出让收入到位的同时，将从国有土地使用权出让收入中计提的被征地农民社会保障资金及时划入财政专户；国土资源部门负责从征地补偿费中核算10%的征地补偿费作为被征地农民社会保障资金，并将核算结果送财政部门或融资平台，财政部门或融资平台在拨付征地补偿款同时，将10%的征地补偿费划入被征地农民社会保障财政专户。用地单位要在用地手续报批前，将国土资源和人力资源社会保障部门共同核定的被征地农民社会保障费，足额缴入被征地农民社会保障资金财政专户，征地项目未获批准的，经国土资源和人力资源社会保障部门核定后予以返还。

（三）人力资源社会保障部门会同财政部门根据上年度被征地农民社会保障资金使用结余、本年度被征地农民社会保障资金提取和支出计划，编制本级财政被征地农民社会保障资金支出预算，确保所需资金足额到位。

（四）被征地农民社会保障资金要专项用于被征地农民参保缴费补贴、丧葬补助奖励，任何部门、单位和个人都不得挤占、截留、挪用、转借或擅自将资金用于任何形式的直接投资。被征地农民社会保障资金未能足额到位或未及时发放的，要追究有关人员的责任。国家工作人员在被征地农民社会保障资金管理工作中玩忽职守、滥用职权、徇私舞弊的，要依照有关规定追究行政责任；构成犯罪的，依法追究刑事责任。

## 六、被征地农民社会保障落实情况审核

严格执行国务院《关于加强土地调控有关问题的通知》（国发〔2006〕31号）关于“社会保障费用不落实不得批准征地”的规定，加强对被征地农民社会保障措施落实情况的审查。被征地农民社会保障对象、项目、标准以及费用筹集办法等情况，要纳入征地报批前告知、听证等程序，维护被征地农民的知情权、参与权。

人力资源社会保障部门、国土资源部门要加强沟通协作，共同把好被征地农民社会保障落实情况审查关。需报省人民政府批准土地征收和农用地转用的，必须由市人力资源社会保障部门对项目所涉及的被征地农民社会保障对象、保障项目、保障标准以及保障费用筹集办法等情况进行审核，并出具审核意见，审核意见和用地单位缴纳社会保障费的“资金缴纳收款收据”、“银行转账凭证”作为用地报批的必备要件，

否则一律不予报批征地。

七、工作责任及要求

各级人民政府是被征地农民社会保障工作的责任主体。人力资源社会保障部门负责被征地农民社会保障所需资金的测算，组织被征地农民参加社会保险，收缴个人缴纳的社会保险费和发放相关待遇，协同财政部门做好被征地农民社会保障资金管理工作；财政部门负责被征地农民社会保障资金筹集和管理工作；国土资源部门牵头、农村土地承包管理部门和公安部门共同负责审核确定被征地农民保障具体人员；民政部门负责符合条件的被征地农民相关社会救助工作；其他各有关部门密切配合，共同做好工作。各级人民政府要根据工作需要，在财政预算中安排被征地农民社会保障专项工作经费，保障被征地农民社会保障工作的正常开展，各级人民政府要对被征地农民社会保障工作情况定期进行督查，并纳入政府绩效评估体系进行年度考核，确保工作落实。

市人力资源社会保障、财政、国土资源、农业部门要加强对各地被征地农民社会保障工作的指导、监督和检查，健全内部监督机制，确保各项工作依法依规开展。切实维护被征地农民合法权益。市监察、审计部门要加强对各部门履职及资金管理情况的监督检查，严肃查处违纪违规问题。本意见自 2015 年 1 月 1 日起实施。

各县市区按照本实施意见，积极稳妥地推进被征地农民社会保障工作。

# 衡阳市人民政府<br>关于衡阳市人民政府职能转变和机构改革方案的实施意见

为深入贯彻落实党的十八大和十八届二中、三中、四中全会精神，根据《中共中央国务院关于地方政府职能转变和机构改革的意见》（中发〔2013〕9 号）、《中共湖南省委湖南省人民政府关于市县政府职能转变和机构改革的意见》（湘发〔2014〕14 号）和《中共湖南省委办公厅湖南省人民政府办公厅关于印发<衡阳市人民政府职能转变和机构改革方案>的通知》（湘办〔2014〕67 号）精神，结合衡阳市实际，提出以下实施意见。

**一、指导思想和基本原则**

（一）指导思想

高举中国特色社会主义伟大旗帜，以邓小平理论、“三个代表”重要思想、科学发展观为指导，适应社会主义市场经济发展需要，围绕全面深化改革和建立中国特色社会主义行政体制目标，与国务院、省政府职能转变和机构改革相衔接，从衡阳实际出发，以职能转变为核心，大力简政放权，优化机构设置，理顺职责关系，严控人员编制，提高行政效能，努力建设人民满意的法治政府和服务型政府。

（二）基本原则

1. 坚持以转变职能为核心。按照全面深化改革的要求和精简统一效能的原则，探索实行职能有机统一的大部门体制，继续深化行政审批制度改革，减少行政审批事项，取消非行政许可事项，理顺条块关系与职责关系，突出政府履职重点，更加注重公共服务，积极推进政府转变职能。

2. 坚持因地制宜。在搞好上下衔接对应的同时，充分考虑当前各方面的有利条件、不利因素和承受程度，坚持分类指导，统筹兼顾，突出重点，循序渐进，积极探索符合衡阳特点的改革路子，因地制宜推进政府机构改革，在实践中不断补充完善。

3. 坚持依法依规。严格执行国家法律法规，遵守机构改革纪律和机构编制管理规定，按照行政体制改革的总体要求，逐步解决机构设置不规范、行政职能体外循环、权责不一致和政企、政事、政资不分等现实问题和历史遗留问题实现机构编制管理科学化、规范化、法制化。

4. 坚持积极稳妥。正确处理改革、发展、稳定的关系，既要改革创新，力争改革迈出较大步伐，又要坚持统筹规划与分步推进相结合，着重解决当前突出问题，条件成熟的事项积极推进，尚未具备条件的逐步研究解决。

5. 坚持总量控制。建立健全机构编制管理与财政预算管理、组织人事管理的协调配合机制。通过创新管理，盘活存量，优化结构，实现机构编制增减平衡，提高机构编制资源效用。坚持政府机构限额和行政编制总额不突破，坚持机构编制和财政供养人员不突破2012年底基数。

## 二、积极推进政府职能转变

通过政府职能转变，处理好政府与市场、政府与社会，政府层级间的关系，把该放的权力放开放到位，把该管的事情管住管好，强化对行政权力的制约监督，推动政府职能向创造良好发展环境、提供优质公共服务、维护社会公平正义转变，进一步激发市场和社会的创造活力，切实提高政府管理科学化水平。

（一）大力推进简政放权

1. 最大限度精简行政审批事项。全面清理现有投资审批、生产经营活动审批、资质资格许可和认定、评比达标表彰、考核评估、年检年审等事项。社会组织能够承担的事项，一律转给社会组织；直接面向基层和群众、由基层政府就近实施更为方便有效的审批事项，尽量交由基层政府组织实施。做好国务院、省政府取消和下放行政审批事项的承接工作，转给市场和社会的，市政府任何部门不得截留或变相审批；下放给县级政府的，要彻底下放；明确由市级审批的，要接好管好。需要省政府部门进一步取消和下放的，由市政府汇总后向省政府提出调整建议。对以取消、转移、下放等形式调整变动的审批事项，市政府有关部门要依法履行监督责任，防止监管缺位。

2. 加强和规范行政审批事项的管理。2015年建立行政审批事项目录管理办法，在全面清理行政审批事项的基础上，推进行政审批标准化。对保留的行政审批事项，要简化审批程序，创新审批方式，提高办理效率。

3. 建立健全非税收入管理制度。在现有清理的基础上，进一步规范各类行政事业性收费和政府性基金项目，取消不合法不合理的收费基金项目，进一步完善收费公示、听证制度，合理确定征收标准，严格征收管理，把所有非税收入全部纳入预算。定期公布行政事业性收费和政府性基金项目与收费标准。

4. 实行统一的市场准入制度，推行负面清单管理。全面实施工商登记制度改革，推进工商注册制度便利化，消减资质认定项目，2015年全面实行先照后证、注册资本认缴登记制、年度报告公示制。按照省里推进步骤，实行工商营业执照、组织机构代码证和税务登记证“三证合一”登记制度。2015年完成市场主体的清理整顿。对违反法律法规禁止性规定的市场主体，对达不到节能环保、安全生产、食品药品工程质量等强制性标准的市场主体，依法予以取缔，吊销相关证照。

5. 加快培育发展社会组织。按照政社分开、管办分离的原则，分类推进各类社会组织特别是行业协会商会在机构、人员、财务等方面与行政机关脱钩。更好发挥社会组织在管理社会事务中的积极作用，重点培育、优先发展行业协会商会类、科技类、公益慈善类、城乡社区服务类社会组织。探索一业多会，强化行业自律，加强能力建设，使其真正成为提供服务、反映诉求、规范行为的主体。推动社会组织完善内部治理结构，规范社会组织行为，健全社会组织监管和自律制度。在全市大力推进网格化管理和社会信用体系建设，推广试点经验，建立健全各类社会主体自律机制。在2014年试点的基础上，2015年全面推开行业协会商会与行政机关脱钩工作，出台管理办法，指导社会组织完善治理结构，强化行业自律，规范行业管理，充分发挥其提供服务、反映诉求、规范行为的作用。2018年基本形成布局合理、结构优化、功能到位、作用明显的社会组织体系。

（二）进一步改善政府管理

1. 加强和改善宏观管理。推进简政放权、减少行政审批等事项后，各级政府及其工作部门要转变管理理念，改进工作方式，加强事中事后监管，有效履行职责，避免管理缺位，防止“一放就乱”。要着重加强公共服务、市场监管、社会管理、环境保护等方面的职责。强化市县政府执行职责。严格执行国家法律法规、发展规划和产业政策，加强对投资活动中土地使用、能源消耗、污染排放等的管理。

2. 改善和加强市场监管。加大对市场主体和市场行为的监督管理力度，着力规范市场秩序。市场监管原则上实行属地管理，执法重心下移。清理整顿和整合行政执法队伍，推进跨部门、跨行业综合执法，大幅减少政府执法队伍种类，重点在食品药品安全、工商质检、公共卫生、安全生产、文化旅游、资源环境、农林水利、交通运输、城乡建设等领域推行综合执法。加强食品药品、安全生产、环境保护、劳动保障等重点领域基层执法力量。建立权责统一、权威高效的行政执法体制。

3. 加强和改进社会管理。建立健全党委领导、政府负责、社会协同、公众参与、法治保障的社会管理新机制。坚持把社区网格化管理服务平台建设工作作为总抓手，完善利益协调机制、诉求表达机制、矛盾调处机制、权益保障机制。完善公共安全、社会治安防控管理等基层社会管理和服务体系，强化城乡社区自治和服务功能。

4. 改善和加强基本公共服务保障。加强政务服务职能，加大对各服务窗口的综合协调力度，打造更为综合、更为高效的政务服务平台，方便群众和企业办事，大力推进公共服务。2016 年制定政府购买服务标准、完善招投标和监督评估等制度，加快形成提供公共服务新机制。2017 年完成基本公共服务保障体系建设，改进和创新公共服务提供方式，鼓励和公平对待社会力量提供公共服务，因地制宜、积极稳妥推进政府购买服务工作，凡属事务性管理服务，原则上都要引入竞争机制，通过合同、委托等方式向社会购买。

（三）依法行政，规范行政权力运行

1. 加快法治政府建设。完善依法行政的各项制度，坚持用制度管权管事管人，提高政府公信力和执行力。推进政府事权规范化、法律化。梳理各级政府及其工作部门的行政职权，细化和规范行政裁量权，明确责任主体和权力运行流程，严格依照法定权限和程序履行职责。推行政府权力清单和责任清单制度，2015 年完成权力清单和责任清单的公布任务。

2. 加大政务公开力度。坚持以公开为常态、不公开为例外原则，推进决策公开、执行公开、管理公开、服务公开、结果公开。各级政府及其工作部门依据权力清单和责任清单，向社会全面公开政府职能、法律依据、实施主体、职责权限、管理流程、监督方式等事项重点推进财政预算决算“三公”经费和行政经费、保障性住房信息、食品安全信息、环境保护信息、招投标信息、生产安全事故信息、征地拆迁信息、价格和收费等信息公开和行政机关行使行政职权的依据、过程和结果公开。主动接受群众监督，逐步实现政务公开的规范化、标准化和法制化。

3. 完善决策监督制度。认真落实《湖南省行政程序规定》完善科学民主依法决策机制，建立行政机关内部重大决策合法性审查机制，对涉及经济社会发展全局的重大决策和涉及公众切身利益的重大事项，将公众参与、专家论证、风险评估、合法性审查和集体讨论确定为法定程序，并建立决策评估和纠错制度。建立健全各项监督制度，拓宽群众监督渠道，让人民监督权力。强化上级政府对下级政府的督导督查，完善行政问责制度，改进和规范绩效管理，建立重大决策终身责任追究制度及责任倒查机制，严格责任追究，突出责任落实，做到有令必行、有禁必止。

### 三、深化市政府机构改革

按照精简统一效能的原则，结合衡阳实际，稳步推进大部门制改革，进一步规范机构设置，加大机构和职责整合力度，理顺职责关系，加快形成精干高效的市政府组织体系示。

（一）优化组织结构，合理设置政府工作部门

组建市卫生和计划生育委员会。将市卫生局（市爱国卫生运动委员会办公室）的职责、市人口和计划生育委员会的计划生育管理和服务职责整合，组建市卫生和计划生育委员会，为市政府工作部门。将市人口和计划生育委员的研究拟订人口中长期发展规划、年度计划和人口政策职责划入市发展和改革委员会。不再保留市卫生局（市爱国卫生运动委员会办公室）、市人口和计划生育委员会。

组建市农业委员会。将市农业局（市乡镇企业局）的职责、市委农村工作部（市政府农村工作办公室）的职责整合，组建市农业委员会，为市政府工作部门，挂市委农村工作办公室牌子。不再保留市农业局（市乡镇企业局）、市委农村工作部（市政府农村工作办公室）。

组建市文体广电新闻出版局。将市文化广电新闻出版局（市版权局）的职责、市体育局的职责整合，组建市文体广电新闻出版局，为市政府工作部门，挂市版权局牌子。不再保留市文化广电新闻出版局（市版权局）、市体育局。

组建市旅游外侨民宗教局。将市人民政府外事侨务办公室（市人民政府港澳事务办公室）的职责、市民族宗教事务局的职责、市旅游局的职责整合，组建市旅游外侨民宗局，为市政府工作部门，挂市人民政府港澳事务办公室牌子。不再保留市人民政府外事

侨务办公室（市人民政府港澳事务办公室）、市民族宗教事务局、市旅游局。

组建市商务和粮食局。将市商务局（市招商合作局）的职责、市粮食局的职责整合，组建市商务和粮食局，为市政府工作部门。不再保留市商务局（市招商合作局）、市粮食局。

重新组建市食品药品监督管理局。将市食品药品监督管理局的职责、市食品安全委员会办公室食品安全综合协调的职责、市质量技术监督局的生产环节食品安全监督管理职责、市工商行政管理局的流通环节食品安全监督管理职责、市商务局的酒类食品安全监督管理职责整合，重新组建市食品药品监督管理局，为市政府工作部门，挂市食品安全安全委员会办公室牌子。

重新组建市安全生产监督管理局。将市安全生产监督管理局的职责、市煤炭工业局除拟订煤炭工业发展规划和管理以外的职责整合，重新组建市安全生产监督管理局，为市政府工作部门，挂市煤炭管理局牌子。将市煤炭工业局拟订煤炭工业发展规划和管理职责划入市发展和改革委员会。不再保留市煤炭工业局。

将市物价局的职责划入市发展和改革委员会。不再保留市物价局，市发展和改革委员会对外可使用市物价局名称开展工作。

将原由省工商行政管理局垂直管理的市工商行政管理局调整为市政府工作部门。

将原由省质量技术监督局垂直管理的市质量技术监督局调整为市政府工作部门。

将市知识产权局的职责划入市科学技术局。不再保留市知识产权局，市科学技术局对外可使用市知识产权局名称开展工作。

将市人民政府法制办公室调整为市政府工作部门。

将市人民政府金融工作办公室调整为市政府工作部门。

市人民政府办公室挂市人民政府研究室牌子。

市人民防空办公室既是市国防动员委员会的常设办事机构，也是市政府人民防空工作主管部门，列入市政府工作部门序列，不计入市政府机构个数。

市政府机构改革后，设置工作部门32个（含直属特设机构1个）。

（二）加强协调配套，统筹推进相关改革

1. 推进事业单位分类改革。政府机构改革要与事业单位分类改革相协调，对承担行政职能的事业单位，逐步将其行政职能划归相关行政机构或转为行政机构，涉及机构编制调整的，不得突破政府机构限额和行政编制总额。具体做法是：按照“分门别类、区别对待，先进笼子、下步明确，成熟一个、处理一个，平稳过渡、逐步规范”的思路，适时进行调整规范。除部分纳入行政机构序列以外，有的职能整合归并，调整原有建制；有的整合进入所属行政部门的内设机构；有的将所承担的行政职能剥离划入机关，保留事业单位，仍承担相关事务工作，重新明确职责划定类别，相应核核减事业编制；有的将所承担的行业管理职能划入相关行政部门，在事业单位分类改革中逐步实行事企分开。推动公办事业单位与主管部门理顺关系和去行政化，逐步取消学校、科研院所、医院等单位的行政级别。建立事业单位法人治理结构，推进有条件的事业单位转为企业和或社会组织。积极推进事业单位登记管理制度改革，取消事业单位法人年检，实行事业单位年度报告公示制度；取消开办资金验资，实行开办资金确认登记制度，健全事业单位监管机制。认真落实中央和省有关人事、收入分配、社会保险、财政等事业单位改革配套政策，并做好与教育、科技、文化、卫生等行业体制的衔接。

将公路管理局承担的行政职能划入市交通运输局，仍为市交通运输局所属事业单位，暂保留正处级。

将市畜牧水产局承担的行政职能划入市农业委员会，改为市农业委员会所属事业单位，暂保留正处级。

将农业机械管理局承担的行政职能划入市农业委员会，改为市农业委员会所属事业单位，暂保留正处级。

将市农村合作经济管理处承担的行政职能划入市农业委员会，更名为市农村经营服务站，为市农业委员会所属副处级事业单位。

将市园林局承担的行政职能划入市城市管理行政执法局，仍为市城市管理行政执法局所属副处级事业单位。

将市非税收入征收管理局承担的行政职能划入市财政局，仍为市财政局所属副处级事业单位。

将市国库集中支付局承担的行政职能划入市财政局，更名为市国库集中支付核算中心，为市财政局所属副处级事业单位。

将市地方海事局承担的行政职能划入市交通运输局，仍为市交通运输局所属副处级事业单位。

将市城市公共交通管理处、市道路运输管理处承担的行政职能划入市交通运输局，其余职责整合，重新组建市道路运输管理处，为市交通运输局所属副处级事业单位，不再保留市城市公共交通管理处。

将市农村公路管理处承担的行政职能划入市交通运输局，其余职责划入市公路局，不再保留市农村公路管理处。

将市房产管理局的职责划入市住房和城乡建设局，不再保留市房产管理局。

将市行政事业单位资产管理处的职责划入市财政局，不再保留市行政事业单位资产管理处。

将市乡镇财政管理局的职责划入市财政局，不再保留市乡镇财政管理局。

将市人民政府口岸办公室的职责划入市商务和粮食局，不再保留市人民政府口岸办公室。

将市全民健身中心更名为市全民健身服务中心，为市文体广电新闻出版局所属副处级事业单位。

此外，对于完全或主要承担行政职能的科级及以下事业单位，要结合部门“三定”工作统筹研究，切实解决好行政职能体外循环的问题。

2. 深化公共资源交易管理体制改革。整合工程建设项目招投标、土地使用权和矿业权出让、国有产权交易、政府采购等平台，建立健全统一规范、上下衔接的公共资源交易平台。进一步改革完善公共资源管理体制和运行机制，将其他分散的各类公共资源交易逐步纳入公共资源交易平台。统筹推进和有机衔接市公共资源交易平台与市网上办事大厅建设。

撤销与公共资源交易相关的领导小组，成立市公共资源交易管理委员会，办公室工作由市发展和改革委员会承担。组建市公共资源交易中心，为市政府直属事业单位。

3. 深入推进行政执法体制改革。按照减少层次、整合队伍、提高效率的原则，合理配置执法力量。有机整合同一部门、同一领域内的执法机构和队伍，减少执法队伍种类，积极推进综合执法，有条件的领域可以推进跨部门综合执法。健全行政执法和刑事司法衔接机制。严格实行行政执法人员持证上岗和资格管理制度。

理顺城管执法体制，加强城市管理综合执法机构建设，提高执法和服务水平，形成多方参与、分级管理、以块为主、共同治理的新机制。

加强文化市场监管和综合执法，理顺体制机制，建立高效统一的文化市场监管体系。市文化市场综合执法局由市文体广电新闻出版局管理，并受其委托对属地文化市场实施综合执法，机构规格为副处级。

组建市安全生产执法支队（市安全生产应急救援指挥中心）为市安全生产监督管理局所属副处级事业单位，并受其委托对属地安全生产实施综合执法，不再保留市安全生产行政执法支队。

4. 稳慎推进行业管理机构改革。按照政事分开、事企分开的原则，妥善消化市直专业经济部门转制改革遗留问题，不再保留市直有关行业管理机构，现有人员逐步安置到位。

撤销市机械行业管理办公室（市机械工业集团有限公司）、市冶金行业管理办公室（市冶金工业总公司）、市化学医药工业行业管理办公室（市石油化工集团）、市建材行业管理办公室（市建材工业总公司）、市轻工业行业管理办公室（市轻工业总公司）、市二轻行业管理办公室（市二轻工业总公司、市二轻集体工业联合社）、市纺织行业管理办公室（市纺织工业总公司）等7个工业行业管理办公室，有关行政职能划入市经济和信息化委员会。撤销市物资行业管理办公室（市物资总公司）、市一商行业管理办公室（市一商总公司）、市二商行业管理办公室（市二商总公司）等3个商业行业管理办公室，有关行政职能划入市商务和粮食局。有关人员安置办法由市经济和信息化委员会、市商务和粮食局、市国有资产监督管理委员会会商有关部门分别提出意见。

作为过渡，暂设立市工业企业改制服务办公室、市商业企业改制服务办公室，为市政府直属事业单位，业务上归口市国有资产监督管理委员会管理，主要承担企业改制相关事务和离退休人员管理服务等工作。待企业改制工作完成后予以撤销。

（三）规范机构设置，理顺职责关系

1. 严格规范机构设置。市政府不分组成部门和直属机构，统称为市政府工作部门，可分别对应省政府部门类别。市政府不再设部门管理机构，政府工作部门内设机构要综合设置。市政府工作部门的机构规格为正处级，内设机构规格为正科级。全面清理规范限额外自定行政机构，从严规范和管理合署办公机构、政府派出机构、开发区（含各类经济功能园区）管理机构、挂牌机构、议事协调机构和临时机构。不得超限额自定行政机构，挂牌机构不得设为实体机构，议事协调机构不单设办事机构，具体工作由相关职能部门承担。不得新设立承担行政职能的事业单位，也不得将行政机构改为事业单位。部门所属事业单位机构规格一般应低于主管部门的机构规格。

市价格监督检查局改由市发展和改革委员会管理，机构规格为正科级。

将省无线电管理委员会办公室衡阳市管理处的职责划入市经济和信息化委员会，不再保留省无线电管理委员会办公室衡阳市管理处。

将市农业业综合开发办公由正处级调整为副处级，为市财政局所属事业单位。

2. 清理解决部门间职责交叉和分散事项。按照同一件事情由一个部门负责的原则，最大限度解决部门职责交叉和分散问题，建立健全部门间的协调配合磋商机制。根据省政府统一部署，积极做好房屋、林地和土地等不动产登记职责整合工作，将不动产登记职责统一到一个部门，建立不动产统一登记管理制度。将城镇职工基本医疗保险、城镇居民基本医疗保险、新型农村合作医疗的职责整合由一个部门承担。整合业务相同或相近的检验、检测和认证机构，推进具备条件的检验、检测和认证机构与行政部门脱钩、转企改制。

将市经济和信息化委员会的国民经济运行调节职责划入市发展和改革委员会。

理顺招商引资服务职责，加强内外经济贸易合作。组建市投资促进事务局，为市商务和粮食局所属副处级事业单位，不再保留市经济技术协作办公室。

3. 进一步理顺条块关系。在省对市明确事权的基础上，按照权责一致的原则，合理划分市与县市区的事权范围。将适合县市区管理的事项下放给县市区政府，充分发挥县市区政府积极性，最大限度减少市政府直接面对社会、企业、公众的具体管理事项，集中精力履行制定政策、加强监管的职责。按照财力与事权相匹配的原则，科学配置各级政府的财力，增强基层政府提供公共服务的能力。

**四、严格控制机构编制**

按照本届政府任期内财政供养人员只减不增的要求，严格控制机构编制，创新机构编制管理，严肃机构编制纪律，切实解决机构庞杂、人员臃肿、人浮于事等现象，确保机构编制得到有效控制。

（一）严控机构编制总量

涉及改革的部门和单位人员编制调整，必须在编制总量内进行，确保改革后不突破省核定的各级行政编制总额和各类专项编制员额。各地事业编制总额以2012年底统计数为基数，对事业编制实行总量控制，并在总量内有所减少。制定全市控编减编工作方案，细化和落实控编减编工作目标，建立管理长效机制，确保本届政府任期内财政供养人员只减不增。严禁新设承担行政职能的事业单位和从事生产经营活动的事业单位，严禁将行政职能转由事业单位承担，做到参照公务员法管理事业单位、经费自理事业单位、职能萎缩事业单位的机构编制和机关后勤服务事业编制只减不增。严格控制经费自理事业编制转为财政补助事业编制。严格落实人员编制与经费预算联合管控办法，在2012年底市级财政供养人员总量内，以编制数为依据核定经费。严格按中央有关规定和《中共湖南省委办公厅湖南省人民政府办公厅关于印发〈湖南省党政群机关领导职数设置管理规定>的通知（湘办发〔202〕23号）核定领导职数，严格按规定职数配备领导干部，不再实行“低职高配”。对现有机构和人员编制情况进行彻底核查。市级党政机关必须采取切实有效措施清理编外人员，其直属事业单位也要妥善处理编外用人问题。

（二）创新机构编制管理

加大机构编制管理创新力度，向深化改革要编制，向加强管理要编制，不断提高机构编制资源效用。按照严控总量、盘活存量、优化结构、增减平衡的要求，坚持“要增编、必清理、先减法、后加法”的原则，对职能未作大的调整、工作任务没有大幅度增加、内部还有空编、编制未分配完、没有提出编制使用情况评估意见和内部挖潜具体措施的部门，机构编制部门不受理和研究其增编事项；对职责相近、设置重复分散、规模过小的事业单位，予以撤并整合；对职能减少、工作任务不饱和的单位，相应划转、核减、收回人员编制；加强事关中心工作、全局工作和重大民生保障方面的人员力量。鼓励各地探索在总量内跨地区、跨部门、跨层级调剂使用编制，结合简政放权、重心下移，推动编制资源向基层和一线倾斜，防止挤占、挪用乡镇基层和一线人员编制。全面推行和不断完善机构编制实名制管理，进一步完善机构编制与组织、财政、人力资源和社会保障等部门协调配合机制。加大政府购买服务力度，对可由市场提供、社会承担的公共服务，逐步通过政府购买服务或由政府设立公益岗位的方式完成。

（三）严肃机构编制纪律

任何组织、单位和个人都必须严格遵守机构编制各项法律法规和政策。继续深入开展干部人事和机构编制领域突出问题专项治理工作。严禁行政编制和事业编制混用。上级部门不得以会议、文件、领导讲话、项目经费和评比达标等形式，干预下级的机构编制事项。要将机构编制政策规定执行情况纳入党委和政府督查工作范围，纳入审计、绩效评估和领导班子及成员考核内容，健全机构编制监督检查协调机制，加大对机构编制违纪违法行为的查处力度，对相关责任人员，要按照有关党纪政纪规定严肃处理，维护机构编制管理的严肃性和权威性。

**五、切实抓好组织实施**

市政府职能转变和机构改革在市委市政府的统一领导下，由市机构编制委员会负责组织实施，市机构编制委员会办公室具体负责职能转变和机构改革的日常工作。机构改革工作于 2015 年上半年基本完成，职能转变工作在 3 到 5 年内按照中央和省部署要求完成。

（一）加强组织领导

涉及职能转变和机构改革部门的一把手要负总责，成立精干高效的工作班子，负责本部门职能转变和机构改革的具体工作。调整设立的单位，在新机构正式组建之前，原有机构及其工作人员要继续履行现行职能，积极做好衔接工作，防止工作出现脱钩断档现象。涉及职能、机构、人员编制和财产等划转的单位，要做好交接工作，处理好遗留问题。要加强思想政治工作，正确处理改革、发展、稳定的关系，保思想不散、工作不断、秩序不乱。

（二）抓好组织实施

制定市政府职能转变具体实施方案，明确职能转变的目标要求、主要任务和工作重点，研究制定 3 到 5 年内职能转变总体安排和工作步骤，确保职能转变工作规范有序、及时到位。对体制调整、取消和下放行政审批项目、职能整合等，要有细化方案和严密程序，明确任务分工和时间节点，优先取消和下放那些含金量高、能激发社会创造活力的审批权；对应当取消和下放但一时还做不到的事项，明确提出时间表，积极创造条件尽早推出；对应当保留的事项，提出明确意见，优化审批程序。根据职能转变要求，切实做好调整变动部门的“三定”规定工作，进一步理顺职责关系，明确和强化责任，完善内设机构设置，规范领导职数配备。

（三）严格落实责任

市政府各部门要严格执行改革纪律和机构编制管理有关规定，严禁突击提拔干部、突击进人，严防国有资产流失，对违纪违法的，一经发现，坚决查处。机构编制部门要积极履行职责，纪检监察机关与组织、财政、人力资源和社会保障、审计等部门要密切配合，确保顺利完成改革任务。市政府职能转变和机构改革任务完成情况列入绩效考核和领导班子及成员考核内容，市委、市政府适时派出督查组，对各部门职能转变、简政放权情况进行监督检查，对各部门“三定”规定实施情况进行检查和评估，确保各项改革措施落到实处、取得实效。

衡发〔2015〕4 号

衡阳市人民政府

2015 年 1 月 30 日

# 衡阳市人民政府关于衡阳市人民政府机构设置的通知

各县市区党委、人民政府，市高新技术产业开发区，市直机关各单位：

《衡阳市人民政府职能转变和机构改革方案》已经省委、省人民政府批准，现将改革后的市人民政府机构设置通知如下：

**一、市政府工作部门（31个）**

衡阳市人民政府办公室
衡阳市发展和改革委员会
衡阳市经济和信息化委员会
衡阳市教育局
衡阳市科学技术局
衡阳市公安局
衡阳市监察局
衡阳市民政局
衡阳市司法局
衡阳市财政局
衡阳市人力资源和社会保障局
衡阳市国土资源局
衡阳市住房和城乡建设局
衡阳市交通运输局
衡阳市农业委员会
衡阳市水利局
衡阳市林业局
衡阳市商务和粮食局
衡阳市文体广电新闻出版局
衡阳市卫生和计划生育委员会
衡阳市审计局
衡阳市环境保护局
衡阳市统计局
衡阳市城乡规划局
衡阳市安全生产监督管理局
衡阳市城市管理行政执法局
衡阳市食品药品监督管理局
衡阳市旅游外侨民宗局
衡阳市工商行政管理局
衡阳市质量技术监督局
衡阳市人民政府法制办公室
衡阳市人民政府金融工作办公室

衡阳市监察局与中共衡阳市纪律检查委员会机关合署办公，挂市预防腐败局牌子，列入市政府工作部门序列，不计入市政府机构个数。

衡阳市人民防空办公室既是市国防动员委员会的常设办事机构，也是市政府人民防空主管部门，列入市政府工作部门序列，不计入市政府机构个数。

衡阳市人民政府办公室挂衡阳市人民政府研究室牌子；衡阳市农业委员会挂中共衡阳市委农村工作办公室牌子；衡阳市文体广电新闻出版局挂衡阳市版权局牌子；衡阳市安全生产监督管理局挂衡阳市煤炭管理局牌子；衡阳市食品药品监督管理局挂衡阳市食品安全委员会办公室牌子；衡阳市旅游外侨民宗局挂衡阳市人民政府港澳事务办公室牌子。

**二、市政府直属特设机构（1个）**

衡阳市人民政府国有资产监督管理委员会

**三、市政府直属事业单位（7个）**

衡阳市供销合作总社
中共衡阳市委衡阳市人民政府接待处
衡阳市地方志编纂委员会办公室
衡阳市移民开发局
衡阳市公共资源交易中心
衡阳市工业企业改制服务办公室
衡阳市商业企业改制服务办公室

**四、其他**

中共衡阳市委机构编制委员会办公室（对外同时使用衡阳市机构编制委员会办公室名称）既是市委的工作部门，又是市政府的工作机构，列入市委机构序列。

衡发〔2015〕5号
衡阳市人民政府
2015年1月30日

# 衡阳市人民政府关于印发《衡阳市城区公共租赁住房管理办法》的通知

衡政发〔2015〕7号

各县市区人民政府，市直机关各单位：

《衡阳市城区公共租赁住房管理办法》已经市人民政府批准，现予印发，请遵照执行。

衡阳市人民政府

2015年9月6日

## 衡阳市城区公共租赁住房管理办法

### 第一章　总　则

**第一条**　为了建立健全我市公共租赁住房保障制度，保障住房困难家庭的基本住房需求，根据国务院《关于解决城市低收入家庭住房困难的若干意见》（国发〔2007〕24号）、《关于加快发展公共租赁住房的指导意见》（建保〔2010〕87号）、《公共租赁住房管理办法》（住房和城乡建设部令11号）、《住房和城乡建设部、财政部、国家发展改革委〈关于公共租赁住房和廉租住房并轨运行的通知〉》（建保〔2013〕178号）及《湖南省保障性住房分配和运营管理暂行办法》（湘政办发〔2012〕111号）的规定，结合我市实际，制定本办法。

**第二条**　衡阳市城区范围内（不含南岳区）公共租赁住房的分配、运营、使用、退出和管理，适用本办法。

**第三条**　本办法所称公共租赁住房，是指面向符合规定条件的城区低收入、中等偏下收入住房困难家庭，新就业无房职工和在市城区范围内稳定就业的外来务工人员出租的保障性住房，还包括廉租住房和纳入公共租赁管理的直管公房。

本办法所称城区低收入住房困难家庭，是指家庭人均年收入低于本市上年度城镇居民人均可支配收入的60%且人均住房建筑面积低于13平方米的家庭。

本办法所称城区中等偏下收入住房困难家庭，是指家庭人均年收入介于本市上年度城镇居民人均可支配收入的60%至100%之间且人均住房建筑面积低于15平方米的家庭。

本办法所称实物配租，是指向符合规定条件的申请人出租公共租赁住房。

本办法所称租赁补贴，是指向符合规定条件的城区低收入住房困难家庭发放补贴，由其到市场上租赁住房。

**第四条**　市住房和城乡建设局（以下简称市住建局）为全市公共租赁住房的行政主管部门，负责公共租赁住房的管理工作。市住房保障办公室为市住建局公共租赁住房管理的实施机构，承担公共租赁住房管理的具体工作。

各城区人民政府、发展改革、财政、人社、公安、国土资源、城乡规划、民政、税务、监察、审计、住房公积金等部门按照职责分工，负责做好公共租赁住房管理的相关工作。

各城区人民政府应当在区住房和城乡建设局（以下简称区住建局）设立公共租赁住房管理实施机构，负责本区公共租赁住房管理的具体工作，并建立由住房和城乡建设、公安、人社、民政、监察等部门组成的公共租赁住房保障资格联审机制。

街道办事处或乡镇人民政府应当确定专人负责公共租赁住房保障资格初审上报工作。

**第五条**　公共租赁住房管理相关工作经费纳入市、区两级财政预算。

### 第二章　保障方式和标准

**第六条**　公共租赁住房保障采取实物配租和租赁补贴相结合的方式。

**第七条**　对城区低收入住房困难家庭在实物配租之前予以租赁补贴，做到应保尽保；在实物配租以后，不再租赁补贴。

**第八条** 租赁补贴标准。无房户：1人户150元/月、2人户180元/月、3人及以上户200元/月；住房困难户：按人均可享受保障建筑面积13平方米与人均现住房建筑面积的差额以8元/平方米·月的标准发放，每月最高不超过160元/月。租赁补贴按季发放。

## 第三章 申请和审核

**第九条** 城区低收入、中等偏下收入住房困难家庭申请公共租赁住房应以家庭为单位，推举具有完全民事行为能力且符合申请条件的家庭成员为申请人，其他家庭成员为共同申请人。家庭成员都不具有完全民事行为能力的，由其监护人代为申请。

家庭成员关系主要包括：夫妻；夫妻与未婚子女；祖父母、外祖父母与父母双亡的未婚孙子女、外孙子女；子女与丧偶或离异的父（母）；兄姐与父母双亡的未婚弟、妹等。未满18周岁的子女或已成年但未独立生活子女必须作为申请家庭成员。

新就业无房职工和在市城区范围内稳定就业的外来务工人员申请公共租赁住房，以本人为申请人。

**第十条** 城区低收入、中等偏下收入住房困难家庭申请公共租赁住房的，应当向户籍所在地街道办事处或乡镇人民政府提出申请。

新就业无房职工和在城区稳定就业的外来务工人员申请公共租赁住房的，本人向用人单位提出申请，由用人单位代表本单位职工统一申请。无用人单位的，本人向就业所在地街道办事处或乡镇人民政府提出申请。

对在开发区和园区集中建设面向用工单位或者园区就业人员出租的公共租赁住房，用人单位可以代表本单位职工向房屋所有权人申请。

**第十一条** 申请人应当按照本办法规定，如实提交家庭人员、住房、收入、财产、户籍及婚姻状况等有关材料，并对提交材料的真实性负责。申请人应当书面同意审核部门调查核实其申报信息。

**第十二条** 申请公共租赁住房，应当符合以下条件：

（一）城区低收入、中等偏下收入住房困难家庭必须同时具备下列条件：

1. 申请人具有本市城区常住户籍；

2. 家庭收入和住房情况符合本办法第三条规定；

3. 家庭财产（不含住房）不超过20万元。

（二）新就业无房职工必须同时具备下列条件：

1. 年满18周岁；

2. 具有本市城区常住户籍；

3. 本人在市城区范围内无自有住房或家庭人均住房建筑面积低于15平方米；

4. 已在城区范围内就业，且就业时间未满3年；

5. 家庭人均收入不超过本市上年度城镇居民人均可支配收入的1.5倍；

6. 家庭财产（不含住房）不超过20万元。

（三）在城区稳定就业的外来务工人员必须同时具备下列条件：

1. 年满18周岁；

2. 家庭成员在城区均无自有住房；

3. 在城区范围内稳定就业2年以上；

4. 家庭人均收入不超过本市上年度城镇居民人均可支配收入的1.5倍。

**第十三条** 公共租赁住房申请对象自申请之日起前5年内出售、赠与、离婚析产或自行委托拍卖房产的，均不属于本办法规定家庭无房的情形。

**第十四条** 申请公共租赁住房，应提交下列材料：

（一）城区低收入、中等偏下收入住房困难家庭应提交下列材料：

1. 家庭成员身份证件、户口簿；

2. 家庭成员住房情况证明材料；

3. 家庭收入、财产证明材料（低收入住房困难家庭须提供区民政部门认定材料）；

4. 其他需要提供的材料。

（二）新就业无房职工应提交下列材料：

1. 本人身份证件、户口簿；

2. 就业情况证明材料；

3. 家庭成员住房情况证明材料；

4. 家庭收入、财产证明材料；

5. 其他需要提供的材料。

（三）在城区稳定就业的外来务工人员应提交下列材料：

1. 本人身份证件、户口簿；

2. 家庭成员在市城区范围内住房情况证明材料；

3. 就业情况证明材料；

4. 家庭收入证明材料；

5. 其他需要提供的材料。

**第十五条** 申请公共租赁住房，按以下程序办理：

（一）申请：申请人向户籍或就业所在地街道办事处或乡镇人民政府提出书面申请，领取由市住建局统一印制的《衡阳市公共租赁住房申请表》，并提交相关材料。

（二）初审：街道办事处或乡镇人民政府应当自收到申请材料之日起30个工作日内，组织社区居委会或村民委员会对申请人的收入、财产和住房状况进行调查，提出初审意见。符合申请条件的，在申请人户籍或就业所在社区或村进行公示，公示期限为7个工作日。公示期满后，街道办事处或乡镇人民政府应当将申请材料、初审意见和公示情况一并报送区住建局复核；对不符合申请条件的，应当书面告知申请人。

（三）复核：区住建局应当自收到初审材料之日起15个工作日内进行复核。符合条件的，报市住建局审核；不符合条件的，应当向街道办事处或乡镇人民政府退回材料并说明理由，由街道办事处或乡镇人民政府书面通知申请人。

（四）审核：市住建局应当自收到复核材料之日起5个工作日内进行审核。符合条件的，予以公示，公示期限为7个工作日。公示期满无异议或异议不成立的，发放《衡阳市公共租赁住房保障资格证》并建立档案；不符合条件的，应当书面通知申请人。

## 第四章　分配和后续管理

**第十六条** 对享受国家定期抚恤补助的优抚对象、伤残病退军人、荣立三等功以上（含三等功）的复转军人、烈士遗属、因公牺牲军人遗属、孤寡老人、独生子女伤残死亡家庭、三级以上（含三级）残疾人家庭、年满18周岁的孤儿、在本市工作的省部级以上劳（英）模、见义勇为人员、低保户、市重点建设项目征收对象以及市人民政府引进的特殊专业人才等符合规定的申请人，可优先安排公共租赁住房。

**第十七条** 公共租赁住房房源确定后，区住建局应当制订分配方案报市住建局批准后向社会公布。

分配方案应当包括房源情况、租金标准、分配方式等内容。

**第十八条** 申请人可以按照分配方案，在规定的时限和地点进行意向登记。

区住建局应当会同有关部门，在15个工作日内对意向登记的申请人进行复核。对不再符合条件的，报请市住建局取消其申请资格。

对复核通过的申请人，区住建局按照分配方案进行分配。分配结果产生后，应在当日向社会公示，公示期为7个工作日。公示无异议或者异议不成立的，分配对象办理入住手续。

**第十九条** 开发区、工业园区、企事业单位自建或筹集的公共租赁住房优先安排用工单位或者园区就业人员、本单位符合条件的申请人，由房屋所有权人制订分配方案报市住建局批准，分配结果报市住建局备案。剩余公共租赁住房由市住建局调剂分配。

**第二十条** 公共租赁住房的租金标准实行政府定价，由市发改委会同市住建局统筹考虑我市住房市场租金水平、建设成本、供应对象支付能力等因素确定低收入家庭和非低收入家庭租住公共租赁住房的租金标准，报市人民政府批准后实施。

低收入住房困难家庭承租社会资本投资建设的公共租赁住房，房屋所有权人可按非低收入家庭公共租赁住房租金标准收取。

**第二十一条** 对实物配租到位的保障对象，房屋所有权人应当在30日内与其签订公共租赁住房租赁合同，办理入住手续，合同签订后30日内报市住建局备案。公共租赁住房租赁合同应当明确下列内容：

（一）房屋的位置、朝向、面积、结构、附属设施和设备状况；

（二）租金及其支付方式；

（三）房屋用途和使用要求；

（四）租赁期限；

（五）房屋维修责任；

（六）停止实物配租的情形；

（七）违约责任及争议解决办法，包括退回公共租赁住房、调整租金、依照有关法律法规规定处理等；

（八）配合资格核查的约定；

（九）物业服务、水、电、燃气、供热等相关费用的缴纳责任；

（十）其他约定。

承租人应当按照合同约定及时交纳房租。

**第二十二条** 市住建局负责我市城区范围内政府具有完全或部分产权的公租房及配套商业服务设施的管理和运营维护。

**第二十三条** 市城区范围内政府具有完全或部分产权的公租房及配套商业服务设施租金收入纳入基金预算，按照政府非税收入和国有资产管理的有关规定缴入同级国库。

**第二十四条** 开发区、园区、企事业单位和其他机构投资建设的公租房及配套商业服务设施租金收缴使用，实行“谁投资、谁所有、谁管理”的原则。

**第二十五条** 市城区范围区内政府具有完全或部分产权的公租房由市住建局作为购买主体按照政府购买服务方式选择承接主体，实施公共租赁住房社会化后续管理。

**第二十六条** 公共租赁住房的租赁期限一般不超过五年。租赁期满需要续租的，承租人应当在租赁期满三个月前向房屋所有权人申请续租。

**第二十七条** 分配对象对所分配的公共租赁住房无正当理由，拒不办理入住手续，超过6个月的，房屋所有权人有权取消其入住资格。分配对象在2年之内不得申请公共租赁住房。

**第二十八条** 申请人家庭住房、收入财产、家庭人员结构、婚姻状况等情况改变的，应当自改变发生之日起30日内向街道办事处或乡镇人民政府如实提交书面材料，街道办事处或乡镇人民政府根据实际情况按本办法规定的程序重新认定。

租住公共租赁住房的新就业无房职工和外来务工人员相关情况发生变动时，申请人和用人单位应及时向单位所在地街道办事处或乡镇人民政府申请变更。

**第二十九条** 市、区住建局应当会同相关部门对保障对象的相关情况实行动态管理。经审核，对不再符合城区低收入住房困难家庭条件，但符合中等偏下收入住房困难家庭条件的保障对象，已实物配租的，经本人申请，准予续租，按照非低收入家庭租金标准收取租金；已租赁补贴的，停止租赁补贴。对不再符合公共租赁住房保障条件的保障对象，取消其保障资格，已租住公共租赁住房的，责令其腾退公共租赁住房，腾退期不超过6个月，腾退期间按市场租金标准收取租金。拒不腾退的，房屋所有权人可以申请人民法院强制执行。

**第三十条** 承租人有下列情形之一的，应当退回所承租的公共租赁住房：

（一）转借、转租或者擅自调换所承租公共租赁住房的；

（二）改变公共租赁住房用途的；

（三）破坏和擅自装修所承租公共租赁住房，拒不恢复原状的；

（四）在公共租赁住房内从事违法活动的；

（五）无正当理由连续6个月以上闲置公共租赁住房的。

承租人拒不退回公共租赁住房的，市住建局应当责令其限期退回；逾期不退回的，市住建局可以申请人民法院强制执行。

**第三十一条** 承租人无正当理由累计6个月以上拖欠租金的，应当腾退所承租的公共租赁住房；拒不腾退的，房屋所有权人可以向人民法院提起诉讼，要求承租人腾退公共租赁住房。

**第三十二条** 因就业、子女就学等原因需要调换公共租赁住房的，经公共租赁住房所有权人同意，承租人之间可以互换所承租的公共租赁住房。

## 第五章 监督管理

**第三十三条** 申请人以虚报、瞒报情况或提供虚假证明材料等不正当手段，骗取同意或获得公共租赁住房保障的，由市住建局取消保障资格、责令其退回已享受的租赁补贴或住房，5年内不得再次申请公共租赁住房。构成犯罪的，依法追究刑事责任。

**第三十四条** 对出具虚假证明的组织和个人，由市住建局提请其主管部门或监察机关依法追究相关责任人员的责任；构成犯罪的，移送司法机关依法追究刑事责任。

**第三十五条** 对公共租赁住房保障工作有关部门的工作人员违反本办法规定，在公共租赁住房保障审核管理工作中利用职务上的便利，索贿、受贿、玩忽职守、徇私舞弊，不履行监督管理职责的，依法给予行政处分；构成犯罪的，依法追究刑事责任。

**第三十六条** 本办法自公布之日起施行。

**第三十七条** 各县（市）、南岳区可参照本办法执行。

## 衡阳市人民政府办公室关于进一步做好市直机关事业单位城镇独生子女父母奖励金发放工作有关事项的通知

市直各有关单位：

根据《湖南省人民政府关于印发〈湖南省完善城镇独生子女父母奖励办法若干规定〉的通知》（湘政发〔2014〕27号）和《湖南省卫生计生委、财政厅、人力资源社会保障厅、国资委关于印发〈湖南省城镇独生子女父母奖励制度政策解释及操作办法〉的通知》（湘人口发〔2014〕12号）文件精神，经市政府第6次常务会议研究同意，现就做好市直机关事业单位城镇独生子女父母奖励金发放工作的有关事项，通知如下：

**一、奖励对象**

严格按湘政发〔2014〕27号和湘人口发〔2014〕12号文件执行。

**二、奖励标准**

（一）2014年1月1日（含）以后到龄退休的人员。

自到龄退休次月起，每月发放奖励金80元，直至亡故。

（二）原已享受增发本人基本工资5%退休金的人员。

自2014年1月1日起，停止执行原待遇，每月发放80元奖励金，直至亡故。

（三）原已享受一次性奖励5000元的、原应享受而未享受或未完全享受一次性奖励5000元的、原应享受而未享受或未完全享受增发本人基本工资5%退休金的人员。

可以选择一次性5000元或从2014年1月1日起每月80元的奖励方式，但奖励方式只能选择一次，选择后不得更改。如选择每月80元奖励方式，则从2014年1月1日起先抵扣完原领奖励金后，再按每月80元的标准领取奖励金，直至亡故。

可以选择奖励方式的，须与县级卫生计生部门签订《湖南省城镇独生子女父母选择奖励方式协议》。

（四）2009年10月22日（含）以后符合奖励条件的城镇独生子女父母，在《湖南省完善城镇独生子女父母奖励办法若干规定》实施时（注：实施时间为2014年1月1日）已经死亡，未领取或领取奖励金不足5000元的，一次性补足5000元。

**三、奖励资金来源**

（一）行政机关。

机关退休的独生子女父母奖励金由所在单位筹资，从财政部门核拨的行政运行经费中列支。

（二）事业单位。

事业单位退休的独生子女父母奖励金由所在单位筹资，从单位经费中列支。

四、奖励对象确认程序

（一）本人申请。符合奖励条件的，申请人在办理正式退休手续时，持本人居民身份证、《光荣证》或《无子女证明》或《<光荣证>遗失证明》和一寸免冠近照两张，向所在单位提出申请，并填写《湖南省城镇独生子女父母奖励对象申请表》一式两份。已退休的职工在提出申请时还需提交《退休证》。申请人在2014年1月1日以前，属应享受而未享受或未完全享受增发本人基本工资5%退休金或一次性奖励5000元的，还应对一次性奖励5000元或每月奖励80元作出明确选择，待奖励身份确认后与当地县级卫生计生部门签订选择协议。

（二）单位审批确认。申请人所在单位依照奖励对象条件对申请人的申报情况进行审查。审查通过的拟奖励对象名单应在本单位张榜公示5日，同时公布单位举报电话和举报信箱。经公示无异议或异议不成立的，确认为本单位奖励对象，由单位分管负责人在《申请表》上签署具体意见并签名，加盖公章，建立个人档案，按不同情况填写《衡阳市机关事业单位工作人员独生子女父母奖励名册》。

（三）县级卫生计生部门备案。各单位将退休人员申请表1份、协议书2份、奖励名册4份报送至单位所在地的县级卫生计生部门，其中奖励名册需提供电子文档。报送时还需提供申报对象的《独生子女证》或《独生子女父母光荣证》或《〈独生子女父母光荣证〉遗失证明》或《无子女证明》。协议书和奖励名册由县级卫计部门审核盖章。协议书（1份）及申请表留县级卫生计生部门存档。县级卫生计生部门同时将申请表相关信息录入“湖南省城镇独生子女父母奖励信息管理系统”。

**五、审批时间及程序**

（一）2014年1月1日以前退休的人员，经县级卫生计生部门确认备案后，各单位持《衡阳市机关事业单位独生子女父母奖励名册》于2015年9月30日前报送市卫计委、市人社局完成相关申报审批工作。逾期未办理将追究相关单位及责任人责任；

（二）2014年1月1日以后退休的人员，经县级卫生计生部门确认备案后，各单位持《衡阳市机关事业单位独生子女父母奖励名册》，于每年11月—12月集中申报审批。

**六、奖励金发放**

退休金由财政工资统发中心发放的，按相关程序审定，奖励金随退休工资发放；退休金由单位发放的，奖励金由各单位自行发放。

衡政办发〔2015〕38号

衡阳市人民政府办公室

2015年9月28日

## 衡阳市人民政府办公室<br>关于印发《衡阳市集体土地征收与房屋拆迁补偿安置办法》的通知

各县市区人民政府，市直机关各单位，驻衡国省属单位：

《衡阳市集体土地征收与房屋拆迁补偿安置办法》已经省人民政府批复同意，现印发给你们，请认真遵照执行。

衡政办发〔2015〕73号

衡阳市人民政府办公室

2015年12月28日

## 衡阳市集体土地征收与房屋拆迁补偿安置办法

### 第一章　总　则

**第一条**　为规范集体土地征收与房屋拆迁补偿安置工作，维护被征地农村集体经济组织、被拆迁人等权利人（以下简称被征收人）的合法权益，保障各项建设顺利进行，根据《中华人民共和国物权法》、《中华人民共和国土地管理法》、《中华人民共和国土地管理法实施条例》、《湖南省实施〈中华人民共和国土地管理法〉办法》等法律、法规的规定，结合本市实际，制定本办法。

**第二条**　本办法适用于衡阳市行政区域内依法征收或使用集体土地及其附着物（含房屋、青苗、其它构筑物或附属设施）的补偿安置。

国务院、省人民政府对公路、铁路、水利、水电工程等基础设施建设涉及集体土地征收补偿安置另有规定的，从其规定。

**第三条**　市人民政府统一领导全市征地拆迁工作，并负责市本级征地拆迁补偿安置工作。各县（市）、南岳区人民政府负责本行政区域内征地拆迁补偿安置工作。

市人民政府土地行政主管部门负责对全市征地拆迁补偿安置工作的指导和监督。

市县两级人民政府有关部门按照各自职责做好征地拆迁补偿安置相关工作。

**第四条**　市、县（市）、南岳区人民政府土地行政主管部门组织实施本行政区域的征地拆迁补偿安置工作，建立信息公开制度，由相关征拆实施单位承担具体工作。

市人民政府设立市征地拆迁处，负责市本级的征地拆迁补偿安置相关工作。

各县（市）、南岳区人民政府参照前款规定设立征地拆迁机构，负责其辖区内的征地拆迁补偿安置相关工作。

**第五条** 征地拆迁补偿安置应当遵循统一补偿标准、合理安置、依法拆迁的原则，确保被征收人的合法权益。被征收人应当支持、配合征地拆迁工作。

住房拆迁应坚持先安置后拆迁的原则，妥善解决好被征地村民的居住问题。

**第六条** 建立征地拆迁补偿安置标准动态调整机制。本办法规定的补偿标准根据经济社会发展水平进行适时调整，具体方案由市国土资源部门提出、报市人民政府同意并经省人民政府批准后实施。

**第七条** 征地补偿费归农村集体经济组织所有；地上附着物及青苗补偿费归地上附着物及青苗的所有者所有。

## 第二章　征收程序

**第八条** 拟征收农民集体土地，市、县（市）、南岳区人民政府土地行政主管部门应当按规定将下列事项在拟征地所在的村、组发布拟征地告知书，并采取照相等方式进行证据保全：

（一）拟征收土地的用途、位置、补偿标准、安置途径；

（二）申请听证的途径、期限、联系方式等。

拟征地告知书发布后，征地拆迁机构应当组织对拟征土地的权属、地类、面积以及附着物等进行调查登记。征拆实施单位应当公布调查结果和征收补偿情况。

确认结果或调查结果资料作为征收补偿的依据。

**第九条** 拟征地告知书发布后，在拟征地上抢插、抢栽、抢种的青苗，抢搭、抢建的建（构）筑物及其他附属设施和抢装饰装修的，不予补偿。

**第十条** 自拟征地告知书发布之日起1年内（国、省另有规定的除外），在拟征地范围内暂停办理下列手续：

（一）新建、改建房屋，改变房屋、土地用途，土地转让、抵押；

（二）户口的迁入和分户，但因出生、婚嫁、军人复转退或大中专院校学生毕业、刑满释放等依法办理的除外；

（三）以拟拆迁房屋为经营场所的工商、税务登记；

（四）特种养殖证；

（五）土地承包经营权流转；

（六）其他有碍征地拆迁工作的。

征拆实施单位应将拟征地告知书送达相关部门，告知不得办理前款规定的各项手续。

违反法律法规和本办法规定办理上述手续的，不得作为征地拆迁补偿安置的依据。

**第十一条** 征收土地方案获得批准后，市、县（市）、南岳区人民政府应当在收到征收批准文件之日起10个工作日内，在被征地所在的乡（镇、街道）或村、组内发布征收土地公告。征收土地公告应当包括下列内容：

（一）征地批准的机关、文号、用途和时间；

（二）被征地的所有权人、位置、地类和面积；

（三）征地补偿标准和农业人员安置途径；

（四）办理征地补偿登记的期限、地点。

**第十二条** 被征收人应当在征收土地公告规定的期限内，持土地权属等证书到公告指定地点办理征地拆迁补偿登记手续。逾期未办理的，其补偿内容以确认结果或调查结果为准。

**第十三条** 市、县（市）、南岳区人民政府土地行政主管部门会同有关部门根据批准的征收土地方案，在征收土地公告之日起45日内以被征收土地的所有权人为单位拟订征地补偿安置方案并予以公告。

征地补偿安置方案公告应当包括下列内容：

（一）被征收土地的位置、地类、面积，地上附着物的种类、数量，需要安置的农业人口的数量；

（二）征地补偿费的标准、数额、支付对象和支付方式；

（三）地上附着物的补偿标准和支付方式；

（四）农业人员的具体安置途径；

（五）听证的权利与期限，其他有关征地补偿、安置的具体措施。

被征收人可以对征地补偿安置方案提出意见或申

请听证。被征收人申请听证的，应当在公告之日起5个工作日内向听证机关书面提出申请，逾期未提出的，视为放弃听证。

**第十四条** 市、县（市）、南岳区人民政府土地行政主管部门应当研究被征收人对征地补偿、安置方案的不同意见或听证会意见。确需修改的，应当依照有关法律、法规和批准的征收土地方案进行修改。

征地补偿安置方案报同级人民政府批准后实施。

**第十五条** 征拆实施单位应当在征地补偿安置方案批准之日起3个月内，将征地拆迁补偿费用足额支付给被征收人。

在规定期限内未领取征地拆迁补偿费用的，征拆实施单位应当以被征收人的名义专户储存并书面告知。

在征收土地完成后，征拆实施单位应将征地情况抄送农村经营管理部门，农村经营管理部门应及时办理承包户的承包合同和承包经营权证变更手续。

**第十六条** 征拆实施单位可以与被征收人签订补偿协议，作为实施征地拆迁补偿安置的依据。

**第十七条** 被征收人应当在征地补偿安置方案规定的或征拆补偿协议约定的期限内腾地。

征地拆迁补偿费用足额支付后，被征收人在规定或协议约定的腾地期限内拒绝腾地的，由市、县（市）、南岳区人民政府土地行政主管部门依法作出限期腾地决定；逾期拒不履行的，申请人民法院依法强制执行。

## 第三章 补偿与安置

**第十八条** 征地补偿费包括土地补偿费、安置补助费，其标准按照省人民政府公布的标准执行。

**第十九条** 征收专业菜地、专业鱼池补偿标准修正系数分别为邻近水田的1.25、1.15。

**第二十条** 非农业建设用地经批准使用国有农用地的，参照邻近农民集体土地的征地补偿标准执行。

**第二十一条** 对被拆迁人房屋的补偿包括：

（一）房屋结构补偿和装饰装修补偿；

（二）因拆迁房屋造成的搬迁、临时安置的补偿；

（三）因拆迁房屋造成的停产停业损失的补偿。

**第二十二条** 有下列情形之一的，不予补偿：

（一）违法建筑和超过临时用地批准期限的建（构）筑物；

（二）有关批准文书中注明因国家建设需要应无条件拆除的临时建（构）筑物；

（三）在临时用地上建设的永久性建筑。

未超过临时用地批准期限的建（构）筑物按成本和使用年限予以适当补偿。

**第二十三条** 房屋结构补偿标准见附件1。该补偿已包含房屋地基平整费用和房屋基础费用。

房屋装饰装修补偿标准见附件2。

**第二十四条** 房屋拆迁安置方式：货币安置、实物安置、迁建安置。拆迁房屋为住房的被拆迁人只能选择一种安置方式进行安置。但市本级重点控制区范围内，只能选择货币安置或实物安置。

**第二十五条** 拆迁下列房屋按附件1、2规定的标准进行货币补偿，除第（一）项规定的情形外，再按房屋补偿总额的50%给予货币补贴：

（一）村民非住宅用房（指与住房非整体设计的厨房、卫生间、牲舍等）；

（二）学校、寺庙、办公用房等（确需重建的，重建费用由被拆迁人承担，重建用地的相关手续由征地拆迁项目业主协调办理，并承担相关费用）；

（三）生产、经营性用房（不包含住房改变为生产、经营性用房）；

（四）非被征地农村集体经济组织成员且在本市行政区内拥有其他合法住房的。

**第二十六条** 市本级拆迁村民住房实施货币安置的，按附件1、2规定的标准补偿后，另以55㎡/人（符合安置资格的人员，下同）按下列标准给予住房补贴：

（一）重点控制区范围内的，补贴3000元/㎡；

（二）一般控制区范围内的，补贴2700元/㎡。

实施前款规定的被拆迁人在集体土地上有多栋住房的，只能享有一次住房补贴；但本办法实施前征收住房已进行实物安置的，征收其他住房时，仅按附件1、2规定的标准予以补偿，不再给予安置，不发放临时（过渡）安置补偿费。

非被征地农村集体经济组织成员且在本市行政区内只有一处合法住房的，可以按本条规定给予住房补贴。

**第二十七条** 选择实物安置的，以55㎡/人核定被拆迁人安置房建筑面积，被拆迁的住房超过核定安置标准的部分，按附件1、2规定的标准予以补偿。成套安置房面积超出安置标准的，由被拆迁人按高层1600元/㎡、多层1200元/㎡的均价购买。

选择迁建安置的，按附件1、2规定的标准予以补偿。新宅基地由所在集体经济组织调剂，并依法审批。

**第二十八条** 对所得补偿不足以自行建设房屋的五保户、特殊困难户，各级人民政府和相关部门应将其纳入保障房或爱民房等受助范围，或采用其他有效措施以保证其住有所居。

**第二十九条** 被拆迁房屋合法性的认定，按下列规定执行：

（一）已依法取得土地、房屋权属证书的，以权属证书为准；

（二）没有取得权属证书的，以用地批准文件和规划行政主管部门的批准文件为准；

（三）仅取得规划行政主管部门的批准文件或没有任何批准文件的，由市、县（市）、南岳区人民政府土地行政主管部门结合建筑物建设时期的政策法规进行认定。符合当时规定条件的，须按建筑面积30元/$m^2$（市本级按此标准、县市区自行确定）追缴规费后予以认定。不符合当时规定条件的，按违法建筑认定。

按前款第（三）项规定认定村民住房须符合以下几个条件，且认定的建筑面积在100$m^2$/人以内，超出部分，不予补偿：

（一）一户一宅；

（二）符合土地利用总体规划和城乡规划；

（三）建房人为本集体经济组织村民。

**第三十条** 生产、经营性房屋的认定按下列规定办理：

（一）符合本办法第二十九条第一款规定的情形；

（二）办理了工商、税务登记，并连续生产经营半年以上的。

**第三十一条** 拆迁生产、经营性用房，造成被拆迁人停产停业直接损失的，每月按照被拆迁房屋总价值的14‰给予停产停业补偿。停产停业期限按6个月计算。

以上补偿包括设备（或货物）的拆除、搬运、安装、调试及其过程中造成的损失等全部费用。征收时已停产停业的不予补偿。

未经有关职能部门批准，将其它房屋改变为生产、经营性房屋的，不予停产停业损失补偿。

**第三十二条** 拆迁住房给予搬迁费4000元/户。

**第三十三条** 拆迁住房造成的临时安置的补偿按下列规定办理：

（一）货币安置的给予一次临时安置补偿费2000元/人；

（二）实物安置和迁建安置的给予临时安置补偿费300元/人/月。迁建安置补助12个月，实物安置补助24个月。实物安置延长过渡期限的，临时安置补偿费按照标准的150%支付。但实物安置提供现房安置的，补助12个月。

**第三十四条** 青苗和附属设施实行包干与分类补偿相结合的方法。

农用地上的青苗和附属设施按附件3-1的标准进行包干补偿。果园、茶园等按附件3-2的标准进行补偿。苗圃的移栽按附件3-3的标准进行补偿。

**第三十五条** 对个人房屋内外的设施和房前屋后的青苗，除附件3-3、3-4所列项目外，进行包干补偿（含移装、移植费或砍伐费等）。其包干补偿费以被征收住房底层建筑面积为准，补偿标准为150元/$m^2$。

**第三十六条** 拆迁学校、企业厂房、寺庙、办公用房等其用地范围内的青苗与设施已包含在货币补贴内，不再另行补偿。

**第三十七条** 坟墓的迁移补偿按本办法附件4的标准办理。

**第三十八条** 国有农用地的青苗和附属设施补偿参照本办法执行。

**第三十九条** 特种种养殖专业户的搬迁补偿费根据有资质的评估机构的评估结果，进行补偿。

**第四十条** 砂石场、预制场、砖场的补偿按附件5的标准办理。

**第四十一条** 本办法没有明确规定但应当给予补偿的，协商确定补偿标准。不能协商一致的，根据双方认可的具备相应资质的评估机构的评估结果，进行补偿。

## 第四章 奖 励

**第四十二条** 对积极配合征地拆迁的被征收人给予奖励：

（一）农村集体经济组织在规定腾地日期前交地腾房的，给予一次性奖励1万元（含房屋、青苗和附属设施等的腾地奖励）；

（二）被拆迁人在规定腾地日期前完成拆迁腾地的，按其房屋拆迁补偿总额（不含补贴、附属设施及过渡费等）的6%进行奖励；

（三）青苗和附属设施所有人在规定腾地日期前交地的，按青苗和附属设施补偿总额的5%进行奖励。

**第四十三条** 属于被征地农村集体经济组织成员的被拆迁人，其住房建筑面积低于55$m^2$/人，在规定腾地日期前交地的另外给予奖励：被拆迁人按55$m^2$/人核定的建筑面积与实际建筑面积的差额小于或等于55$m^2$的奖励4万元，差额大于55$m^2$、小于或等于110$m^2$的奖励8万元，差额大于110$m^2$、小于或等于165$m^2$的奖励12万元，依此类推。

**第四十四条** 对征地拆迁工作有突出贡献的工作人员，按照有关规定予以奖励。

本条规定的奖励资金在征地拆迁工作经费中列支。第四十二、四十三条规定的奖励资金列入征地拆迁总成本。

## 第五章 责任追究

**第四十五条** 采取暴力、威胁或伪造、变造相关物证书证等方法妨碍征地拆迁补偿安置工作，对相关责任人员，依法追究责任。

在征地拆迁补偿安置工作中，对不严格执行本办法的单位相关责任人员依法予以处理。

## 第六章 附 则

**第四十六条** 本办法所指房屋包括：住房及附属用房；学校、企业厂房、寺庙、办公用房；生产、经营性用房；临时建筑、厂棚等。

**第四十七条** 本办法所称“先安置”是指：选择实物安置的，拆迁前可以为被拆迁人提供现成的房屋；不能提供现房的，能明确预安置房屋的位置、户型、结构等主要指标。选择迁建安置的，村组集体在本办法规定的过渡期限内为被拆迁人调剂好新的宅基地。

**第四十八条** 本办法所称货币安置，是指拆迁房屋按本办法附件1、2规定的标准以货币形式给予被拆迁人补偿，补偿后不再提供安置房或宅基地。

本办法所称实物安置，是指拆迁房屋按本办法规定的标准核定被拆迁人的安置房面积，原住房面积超过标准部分按附件1、2规定予以补偿。

本办法所称迁建安置，是指因线性工程或规划区外的项目建设用地需零星拆迁的村民住房不能集中安置的，按本办法附件1、2规定的标准补偿后，由所在集体经济组织调剂宅基地，村民按规划自行建设房屋。

**第四十九条** 本办法规定的重点控制区、一般控制区范围如下：

重点控制区：衡阳市土地利用总体规划（2006—2020）确定的中心城区建设用地区域，面积约247平方千米，大至范围为东至武广高速铁路，南至湘江，西至潭衡西高速公路，北至衡邵（大）高速公路，包括松木工业园、武广高铁片区确定的建设用地范围；

一般控制区：重点控制区以外的区域，即247平方千米以外的所有区域。

**第五十条** 本办法所称专业菜地，是指经县级以上人民政府农业行政主管部门批准，为供应城市居民蔬菜，连续三年以上常年种植蔬菜且有相关配套设施的商品菜地。

本办法所称专业鱼池，是指经县级以上人民政府农业行政主管部门认可，有相关配套设施连续三年以上常年养殖鱼、虾等精养鱼塘水域。

**第五十一条** 本办法所称被征地农村集体经济组织成员，是指征地时依法享有该集体土地承包经营权、承担该集体义务的农业人口。

**第五十二条** 专业菜地或专业鱼池由该行业的行政主管部门认定。

被拆迁人的户籍信息由公安部门核定，以其户口簿或户籍登记为准。

对持有效独生子女父母光荣证的农村独生子女家庭，经被征地集体经济组织和征拆实施单位共同核定，其总人口增加一人。

**第五十三条** 县（市）、南岳区实施住房补贴的标准由其自行规定，但不得低于本办法规定标准的80%。

**第五十四条** 本办法自公布之日起施行。其他有关规定与本办法不一致的，以本办法为准。

本办法实施前，已实施征地拆迁工作的，按原规定的标准执行。

附件：1. 房屋结构补偿标准

2. 房屋装饰装修补偿标准

3-1. 青苗和附属设施包干补偿标准

3-2. 果园、茶园等青苗补偿标准

3-3. 苗圃及零星风景苗木移栽搬迁补偿标准

3-4. 其他地上附着物补偿标准

4. 坟墓迁移补偿标准

5. 砂石场、预制场、砖场补偿标准

## 附件：

附件1

### 房屋结构补偿标准

单位：元/$m^2$

| 类别 | 房屋结构要求 | 补偿标准 | 备注 |
|---|---|---|---|
| 框架结构 | 桩基础或筏板基础，造型复杂，承重部分为钢筋混凝土结构，卡墙，全现浇楼面和现浇坡屋顶，琉璃瓦屋面，屋面上部有隔热层。 | 1000 | 村民个人非住房按降低一个类别标准包干，不另计装修费用。 |
| 砖混一级 | 以砖墙、柱、梁共同承重，现浇或预制楼面、楼梯，地面水泥拉毛，平顶、现浇坡屋顶或瓦屋面。屋顶与顶层之间有现浇或预制楼面隔离的，按国家标准计算建筑面积，但其结构按该层实际结构标准计算；无现浇或预制楼面隔离的，不另行补偿。 | 650 | |
| 砖混二级 | 以砖墙为承重，预制楼面、楼梯，平顶，地面水泥拉毛。瓦屋面与顶层之间为预制楼面隔离的，按国家标准计算建筑面积，但其结构按该层实际结构标准计算；无现浇或预制楼面隔离的，不另行补偿。 | 600 | |
| 砖木一级 | 以砖墙为承重，无预制楼面、楼梯，瓦屋顶，地面水泥拉毛。指正式住房，另计算装修费用。 | 550 | 易厕所、牲舍；看守瓜、菜、鱼的简易建筑或临时棚以及楼顶隔热用途或地面非抢搭的铁棚按150元/$m^2$包干补偿。违章搭建厂棚，不予补偿。 |
| 砖木二级 | 以砖墙为承重，无预制楼面、楼梯，瓦屋顶，地面水泥拉毛。指非正式住房，费用为总包干，不另计装修费用。 | 450 | |
| 土木或棚结构 | 土砖或土筑墙，部分红砖墙，或木屋架，瓦屋顶或油毡、杉木皮屋面或稻草屋面。如为住房，另计算装修费用；非住房，按此标准全额包干补偿。 | 350 | |

附件 2

## 房屋装饰装修补偿标准

单位：元/$m^2$

| 装饰装修级别 | 装饰装修要求 | 补偿标准 | 说明（以建筑面积为准） |
|---|---|---|---|
| 一级 | 室内地面贴瓷砖或木地板，厨房、卫生间贴墙砖，其他室内墙壁、顶面刮胶，金属窗，部分防盗网，各种包门或金属、塑钢推拉门，室内水电设施齐全，外墙贴瓷砖或刷涂料，不锈钢扶手。 | 480 | 外墙仅水泥拉毛、缺一方贴砖扣10元/$m^2$、依此类推，水电设施不齐全（指无冷热双水路、普通照明设施）扣30元/$m^2$。 |
| 二级 | 室内水泥地面或少量贴瓷砖，室内墙壁、顶面粉白，金属窗或与木门、木窗混杂，一般照明设施，外墙水泥拉毛或粉白、前后墙贴瓷砖，普通钢铁扶手或砖砌扶手。 | 300 | 外墙水泥拉毛或粉白缺一方扣10元/$m^2$，前后墙贴瓷砖缺一方扣10元/$m^2$。 |
| 三级 | 内墙水泥粉刷或粉白，木门、木窗，简单照明设施，外墙无粉刷或外墙前后贴少量瓷砖。 | 180 | |

说明：村民个人的非住房、房屋隔热层、屋顶、架空层不计算装饰装修补偿；本办法未列明的房屋装饰装修项目，如：踢脚、窗帘盒、水电气等的补偿已包含在其他装修项目或设施价值之内，不再另行补偿。

附件 3-1

## 青苗和附属设施包干补偿标准

单位：元/亩

| 土地类别 | 包干补偿标准 | | 补偿要求 |
|---|---|---|---|
| | 青苗补偿 | 附属设施 | |
| 水田 | 3000 | 5000 | 1. 农用地上所有青苗和附属设施按该土地类别征地面积计算补偿。附属设施包括硬化的沟渠、塘埂、水库坝、三杆、电缆、农村道路、大棚、葡萄架等。<br>2. 农用地上无附属设施的，按该土地类别附属设施补偿标准的50%补偿。<br>3. 水田在插秧前已投成本，按青苗补偿标准的50%补偿，插秧后按100%标准补偿。藕田参照执行。<br>4. 征收土地时，地上无农作物时不予青苗补偿。<br>5. 水库水塘兼养鱼的，已投放鱼类的按邻近水田青苗50%补偿，未投放的不予补偿。<br>6. 以上青苗和地上附属设施包干补偿要剔除宅基地及其他集体建设用地面积。 |
| 菜地 | 4000 | 6000 | |
| 专业鱼池（含特种养殖） | 4000 | 6000 | |
| 旱地 | 3000 | 3000 | |
| 林地 | 3000 | 1000 | |
| 未利用地 | 1000（不区分青苗和附属设施） | | |

说明：集体土地上的国有设施如通信（电）塔杆、电（光）缆等另外补偿。

附件 3-2

## 果园、茶园等青苗补偿标准

单位：元/亩

| 种类＼补偿单价＼生产期 | 苗期 | 定植期 | 始果期（衰老期） | 盛产期 | 备注 |
|---|---|---|---|---|---|
| 枣、梨、柚 | 1200 | 2100 | 4600—5800 | 13200—14400 | 1. 桔树等果树的栽种必须符合《中国主要造林树种的栽种要求》；上述补偿中包括套种或混栽的其他作物的补偿。<br>2. 桔、桃、李、柚等合理栽植密度 60—80 株/亩；茶园合理栽植密度 80—90 蔸/亩；超过合理栽植密度的按亩给予补偿；未达到合理密度的按从低标准折算为亩给予补偿。<br>3. 两种或多种果树及其他经济作物混栽的，以栽种最多的一种计算补偿，其余不另计算补偿。 |
| 桃、李、桔等 | 1000 | 1800 | 2300—3500 | 8400—11200 | |
| 茶园（专业精制） | 1200 | 2100 | 4500—5600 | 12000—14000 | |
| 油茶（套种一般） | 900 | 1000 | 1500—2000 | 2500—3000 | |
| 药材 | 3500 | | | | |
| 草莓<br>葡萄<br>红提等 | 苗期 | 试产期 | 定产期 | | 草莓合理密植度 9000 株/亩，葡萄合理密植度 600 株/亩，红提合理密植度 260 株/亩，生产期由农业部门认定。葡萄在试产期提高 10%补偿，定产期提高 20%补偿。 |
| | 4000 | 7500 | 15000 | | |

说明：被征地上述青苗按该标准补偿后，不得再按附件 3-1 进行青苗补偿；且该补偿已包含其涉地范围内的附属设施补偿。

附件 3-3

## 苗圃及零星风景林木移栽搬迁补偿标准

| 品种 | 规格 | | 合理种植密度（株/亩） | 补偿标准（元/亩） | 备注 |
|---|---|---|---|---|---|
| | 胸径 | 高度 | | | |
| 各种苗圃 | | 1 m 以下 | 2000—3000 | 3900—5850 | 1. 苗圃经营种植者必须具有市林业、园林、工商等相关职能部门核发的相关证照。农民个人利用自家承包地种植的苗木和房前屋后风景苗木应予移栽的执行此标准。<br>2. 种植密度低于标准的按实际密度补偿。<br>3. 异地移植的地点由被征地单位（个人）自行解决，不另补偿其他费用。<br>4. 本补偿标准包括苗木移栽的人工工资、车辆运输（含吊车）等一切费用。<br>5. 胸围、胸径以离地 1.3 米处为准。<br>6. 该户有不同规格零星苗木移植时，第 1 株按从高计算。 |
| 各种苗圃 | 4 cm 以下 | 1m 以上 | 700—1000 | 5200—6500 | |
| 各种苗圃 | 4—9 cm | | 600—700 | 8450—9750 | |
| 各种苗圃 | 10—19 cm | | 300—450 | 13100—16380 | |
| 各种苗圃 | 20 cm 以上 | | 150—200 | 23710—29640 | |
| 零星风景林木 | 胸围 | 胸径 | | | |
| 零星风景林木 | 25—47 cm | 8—15 cm | 1000 元/第 1 株 | 第 2 株以上每株为 200 元 | |
| 零星风景林木 | 48—75 cm | 16—24 cm | 1400 元/第 1 株 | 第 2 株以上每株为 400 元 | |
| 零星风景林木 | 76—91 cm | 25—29 cm | 1700 元/第 1 株 | 第 2 株以上每株为 700 元 | |
| 零星风景林木 | 92 cm 以上 | 30 cm 以上 | 2000 元/第 1 株 | 第 2 株以上每株为 1000 元 | |

附件 3-4

**其他地上附着物补偿标准**

| 项　目 | 名　称 | 单　位 | 拆迁单价（元） | 备　注 |
|---|---|---|---|---|
| 院墙 | 2424 厘米眠墙 | $m^2$ | 100 | 包括基础 |
| | 24 厘米空斗墙 | | 80 | |
| | 13 厘米墙 | | 60 | |
| | 通透式围墙 | | 100 | |
| | 抹水泥 | | 20 | |
| 沼气池 | | 个 | 4500 | 混凝土结构，容积在 10 立方米以上，设施包括导气管、进料管、出料口、抽渣管等。 |
| 护坡 | 片石护坡 | $m^3$ | 300 | 未用水泥砂浆砌按补偿标准的 80% 补偿 |
| | 砖（混凝土）护坡 | | 460 | |
| | 风化石护坡 | | 200 | |
| 井 | 砖砌（预制）井 | m | 300 | 直径 1.5 米、深 10 米内；超过 10 米的每增加 1 米单价增加 10%。 |
| | 石砌井 | | 260 | |
| | 土井 | | 120 | 直径 1.5 米、深 3 米内。 |
| | 机械钻井 | 口 | 4000 | 超过 40 米的，每增加 1 米加 100 元。 |
| 道路 | 混凝土路面 | $m^3$ | 400 | 基础、垫层不计方。 |
| | 水泥坪 | | 450 | |

说明：村民房屋周围个人所有的上述设施按此标准补偿，废弃不用的不予补偿；农用地上集体所有的上述设施或个人设施按附件 3-1 补偿。

附件 4

**坟墓迁移补偿标准**

| 类　别 | 单　位 | 搬迁及墓碑移装费用（元） | 新购坟地补贴（元） | 备　注 |
|---|---|---|---|---|
| 土坟墓 | 冢 | 2000 | 城镇规划区以外每冢坟墓补贴新购坟地费 2000 元 | 公告期满后，对无主坟墓和已经按标准给予补偿后仍拒不按期搬迁的坟墓，依法实行代迁或由用地单位作深埋处理。<br>城镇规划区以内的坟墓原则上统一搬迁至政府确定的公墓山，不再补贴新购坟地费。埋葬时间 1 年以内的新坟在相应类别的基础上增加 1000 元的搬运费。同一冢坟增加一块碑的，搬迁费增加 1000 元。 |
| 有碑无圈坟墓 | 冢 | 3000 | | |
| 有碑有圈坟墓 | 冢 | 4000 | | |
| 麻石坟墓 | 冢 | 6000 | | |

附件 5

## 砂石场、预制场、砖场补偿标准

| 项目 | | 规格（单位） | 标准（元） | 备注 |
|---|---|---|---|---|
| 砂石场 | 输送机传输皮带总长度 | 200 米以下的（含 200 米） | 192000 | 1. 合法砂石场内的机械设备拆卸、搬运、安装，交配电设备、电杆电线，场地平整和搬迁等，所有费用包干补偿。<br>2. 输送机传输皮带在 200 米以上的，每增加 1 米，增加补偿费 360 元。 |
| | 停产、停业补助费 | 200 米以下 | 24000 | 每个砂石场的停产、停业补助费按输送机传输皮带总长度包干。 |
| | | 200—500（米） | 36000 | |
| | | 500 米以上 | 48000 | |
| | 按期拆迁腾地奖 | 个 | 72000 | 在征地补偿安置方案公告规定的期限内拆除建（构）筑物，并腾出土地的。 |
| 预制场 | 设施 | 240000 | | 1. 合法预制场内的机械设备拆卸、搬运、安装，交配电设备、电杆电线，水池、机井，场地平整和搬迁等，所有费用包干补偿。<br>2. 用地面积不少于 5 亩、20 厘米厚钢筋混凝土坪不少于 3 亩，以上两项面积任一项每减小 0.5 亩按该项补偿标准的 10%递减。<br>3. 水塔、生产成品搬迁不另外计算补偿。 |
| | 停产、停业补助费 | 个 | 54000 | 每个预制场停产、停业补助费包干。 |
| | 按期拆迁腾地奖 | 个 | 48000 | 在征地补偿安置方案公告规定的期限内拆除建（构）筑物并腾出土地的。 |
| 砖场 | 轮窑 | 1 门 | 96000 | 1. 合法砖场内的机械设备拆卸、搬运、安装，交配电设备、电杆电线、水塔、水池、烟筒、机井、道路、护坡、砼坯坪，场地平整和搬迁等，所有费用包干补偿。<br>2. 用地面积不少于 5 亩，每减少 0.5 亩按该项补偿标准的 10%递减。 |
| | 停产、停业补助费 | 1 门 | 2400 | 每个砖场的停产、停业补助费按轮窑的门数包干。 |
| | 按期拆迁腾地奖 | 个 | 72000 | 在征地补偿安置方案公告规定的期限内拆除建（构）筑物并腾出土地的。 |

说明：合法砂石场、预制场、砖场是指经过国土资源、工商、质监、环保、安监等职能部门行政许可，并依法缴纳了国家税收；发布拟征地告知后，未经行政许可产生的砂石场、预制场、砖场等经营场所不予补偿。

# 衡阳市人民政府办公室
# 关于印发《衡阳市城乡居民大病保险实施方案》的通知

衡政办发〔2015〕74号

各县市区人民政府，市直有关单位：

《衡阳市城乡居民大病保险实施方案》已经市人民政府同意，现印发给你们，请认真组织实施。

衡阳市人民政府办公室

2015年12月28日

## 衡阳市城乡居民大病保险实施方案

为建立我市城乡居民大病保险制度，健全多层次医疗保障体系，有效提高重特大疾病保障水平，根据国务院办公厅《关于全面实施城乡居民大病保险的意见》（国办发〔2015〕57号）以及省人民政府办公厅《关于印发〈湖南省城乡居民大病保险实施方案〉的通知》（湘政办发〔2015〕92号）等精神，结合我市实际，制定本实施方案。

### 一、总体目标

2015年底前，探索建立覆盖城镇居民基本医疗保险、新型农村合作医疗（以下统称城乡居民基本医保）参保（合）人群的城乡居民大病保险（以下简称“大病保险”）制度。到2017年，建立起比较完善的大病保险制度，与医疗救助等制度紧密衔接，共同发挥托底保障功能，有效防止发生家庭灾难性医疗支出，城乡居民医疗保障的公平性得到显著提升。

### 二、基本原则

（一）坚持以人为本，统筹安排。把维护人民群众健康权益放在首位，切实解决城乡居民因病致贫、因病返贫的突出问题。充分发挥基本医疗保险、大病保险与重特大疾病医疗救助等的协同互补作用，加强制度之间的衔接，形成合力。

（二）坚持政府主导，专业运作。市医改办牵头市人力资源社会保障、卫生计生、财政等部门制定细则、筹集资金、组织实施、监管指导等。引入商业保险机构承办，利用其专业优势，提高大病保险的运行效率、服务质量和水平。

（三）坚持责任共担，持续发展。强化社会互助共济的意识和作用，形成政府、保险机构和个人共同分担大病风险的机制。实事求是，因地制宜，建立起步稳妥、运作规范、基金安全、可持续发展的大病保险制度。

### 三、保障内容

（一）保障对象。我市城镇居民医保、新农合的参保（合）人员。

（二）保障范围。大病保险保障范围与城乡居民基本医保相衔接，参保（合）人患大病发生高额医疗费用，经城乡居民基本医保按规定支付后，个人负担的合规医疗费由大病保险按规定比例补偿。合规医疗费用包括《国家基本药物目录》（2012年版）、《湖南省基本医疗保险、工伤保险和生育保险药品目录（2011年版）》、《湖南省新型农村合作医疗基本药品目录》、《国家基本药物湖南省增补品种目录》（2011年版）的药品费用以及经有关部门批准同意已纳入城乡居民基本医保支付范围的医院制剂的药品费用；《湖南省城镇职工基本医疗保险诊疗项目范围》、《城镇职工基本医疗保险医疗服务设施支付标准》的费用。

（三）保障起付线。起付线标准为10000元，即参保（合）人员一个参保（合）年度内个人负担的合规医疗费用累计超过10000元的，可享受大病保险补偿政策。低保困难群众大病保险补偿起付线降低50%。市人力资源社会保障、卫生计生部门会同市财政部门根据统筹地区统计部门公布的上年度城乡居民人均可支配收入及大病保险筹资能力、实施情况适时调整起付线标准。

（四）保障水平。参保（合）大病患者超过起付线标准的个人自付合规医疗费用按分段比例累计补偿。补偿标准：3 万元（含）以内、3 万元—8 万元（含）、8 万元—15 万元（含）、15 万元以上部分分别按 50%、60%、70%、80%比例报销；年度大病保险封顶线为 20 万元。未按相关政策分级转诊的降低 10%支付比例。

## 四、资金筹集

（一）筹资标准。全市城乡居民大病保险筹资，应结合我市经济社会发展水平、基本医保筹资能力、患大病发生高额医疗费用情况、基本医疗保险补偿水平以及大病保险保障水平等因素，精细测算，科学确定筹资标准。在大病保险的起步阶段，大病保险筹资标准原则上控制在当年城乡居民基本医保基金筹资标准的 5%左右。2015 年—2016 年城乡居民大病保险的人均筹资标准为 25 元/年。

（二）筹资渠道。各县市区按照市里确定的大病保险筹资任务数，从城乡居民基本医保基金中划转资金，及时足额缴入市财政设立的大病保险资金专户。

（三）统筹层次。大病保险实行市级统筹。全市统一统筹层次、统一筹资标准、统一补偿范围、统一待遇水平、统一招标承办、统一服务规范、统一信息平台。

每年年底前，市人力资源社会保障、卫生计生、财政、发改等部门根据全市本年度城乡居民参保（合）人数和大病保险筹资标准，确定各县市区下年度筹资任务，各县市区于每年 2 月底前将当年度城乡居民大病保险资金上解。大病保险资金实行“收支两条线，封闭运行”管理，财政专户中城镇居民医保、新农合的大病保险资金实行分账核算。同时，建立市级大病保险风险金制度，风险金累计提取不超过当年度大病保险筹资总额 10%。

## 五、制度衔接

强化基本医保、大病保险、医疗救助、疾病应急救助、商业健康保险及慈善救助等制度间的互补联动，明确分工，细化措施，在政策制定、待遇支付、管理服务等方面做好衔接，努力实现大病患者应保尽保。

建立大病信息通报制度和基本医保经办机构与商业保险机构、民政部门的信息共享机制，及时掌握大病患者医保支付情况，强化政策联动。对于经城乡居民基本医保、大病保险和其他补充医疗保险补偿后自付费用仍有困难且符合医疗救助条件的患者和罕见重大疾病的患者，民政等部门要及时落实相关救助政策。

## 六、承办服务

（一）招标选定承办大病保险的商业保险机构。

市医改办牵头组织市人力资源社会保障、卫生计生、财政、发改、金融办等部门（单位）共同制定招标文件，坚持公平、公正和诚实信用的原则，通过政府招标的方式，从省级招标确定的 5 家商业保险机构中选定 2 家承办我市大病保险业务，并向社会公示，市监察局全程监督。按照国家规定，免征商业保险机构承办大病保险的保费收入营业税、保险业务监管费及保险保障金等。

（二）实行大病保险合同管理。

市医改办牵头组织市人力资源社会保障、卫生计生、财政、发改、金融等部门参照省里合同范本共同制定大病保险承办合同，明确双方的责任、权利、义务及违约罚则；建立大病保险承办服务质量保证金制度，合同中明确质量保证金缴纳、管理要求。城乡居民大病保险分别由市人力资源社会保障、卫生计生部门与中标的商业保险机构签订大病保险承办服务合同，合同期限为 3 年，一年一签。大病保险承办费率（包括盈利率与经营管理成本费率）为大病保险筹资总额的 3%。合同期限末年 11 月份，重新通过招标方式确定下一个三年度承办机构。

商业保险机构因承办大病保险，出现超过合同约定的结余应全额返还基本医保基金。因城乡居民基本医保政策调整等政策性原因给商业保险公司带来亏损时，由商业保险机构和城乡居民基本医保基金按 30%、70%的比例分担；非政策性亏损由商业保险机构承担。因发生区域性重大疾病等不可预见的因素，出现大病保险费用超支的，由市人力资源社会保障局、市卫生计生委、市财政局、商业保险机构提出具体解决方案。

（三）规范大病保险经办服务。

商业保险机构要规范资金管理，对承办大病保险获得的保费实行单独核算，确保资金安全，保证偿付能力；要加强大病保险与城乡居民基本医保经办服务的衔接，建立联合办公机制，并在市、县城乡居民基本医保经办机构设立大病保险服务窗口，配备专职人员、统一服务流程、简化报销手续、提供“一站式”即时结算服务；要发挥商业保险机构全国网络优势，推动大病保险异地即时结算服务；要切实加强内部管理，控制风险，降低管理成本、提升服务效率。鼓励商业保险机构在承办好大病保险业务的基础上，提供多样化的健康保险产品。

（四）强化大病保险监督管理。

1. 加强对商业保险机构承办大病保险的监管。各相关部门要

各负其责，协同配合，切实保障参保（合）人权益。人力资源社会保障、卫生计生部门要建立以保障水平和参保（合）人满意度为核心的考核评价指标体系，加强监督检查和考核评估，督促商业保险机构按合同要求提高服务质量和水平；保险监管部门要加强商业保险机构从业资格审查以及偿付能力、服务质量和市场行为监管，依法查处违法违规行为；财政部门要会同相关部门落实利用城乡居

民基本医保基金向商业保险机构购买大病保险的财务列支和会计核算办法，强化基金管理；审计部门要按规定进行严格审计。政府相关部门和商业保险机构要切实加强参保（合）人员个人信息安全保障，防止信息外泄和滥用。

2. 加强对医疗机构医疗服务行为的监管。市、县两级卫生计生部门要加强对医疗机构的医疗服务行为和质量的监管，健全定点医疗机构考核机制，定期组织考核，规范医疗行为，有效控制医疗费用。商业保险机构要与人力资源社会保障、卫生计生部门密切配合，协同推进按病种付费、按床日付费等支付方式改革。

3. 建立信息公开、社会多方参与的监管制度。商业保险机构要将签订合同情况以及筹资标准、待遇水平、支付流程、结算效率和大病保险年度收支等情况向社会公开，广泛接受社会监督。同时，应每月定期向财政部门及城乡居民医保经办机构提供大病保险统计报表和报告。各相关部门和机构要完善举报、投诉、咨询等群众参与监督管理的有效形式，畅通信访受理渠道，及时处理群众反映的问题。

## 七、工作要求

（一）加强组织领导，强化统筹协调。

在市医改领导小组的统一领导下，市卫生计生、人力资源社会保障、财政、发改、民政、金融等部门共同参与、密切配合、协调推进大病保险工作。将大病保险工作纳入政府年度目标管理考核内容，各县市区要高度重视，统筹协调，精心组织，确保大病保险工作顺利实施。

（二）加强宣传发动，注重舆论引导。

各级有关部门要加强对大病保险政策宣传和解读，注重正面引导，多做解释工作，使广大城乡居民了解政策，掌握政策，理解和支持大病保险工作，为大病保险工作的开展营造良好的社会氛围。

（三）如期启动实施，加强评估监测。

大病保险按照省里规定的时间如期启动实施，城乡参保（合）人员2015年度发生的住院费用符合大病保险政策的追溯报销。各级有关部门要定期评估监测大病保险运行情况，及时研究解决运行中存在的问题，保障大病保险工作稳步推进，健康运行，不断完善。